Die Bonus-Seite

Ihr Vorteil als Käufer dieses Buches

Auf der Bonus-Webseite zu diesem Buch finden Sie zusätzliche Informationen und Services. Dazu gehört auch ein kostenloser **Testzugang** zur Online-Fassung Ihres Buches. Und der besondere Vorteil: Wenn Sie Ihr **Online-Buch** auch weiterhin nutzen wollen, erhalten Sie den vollen Zugang zum **Vorzugspreis**.

So nutzen Sie Ihren Vorteil

Halten Sie den unten abgedruckten Zugangscode bereit und gehen Sie auf **www.galileocomputing.de**. Dort finden Sie den Kasten **Die Bonus-Seite für Buchkäufer**. Klicken Sie auf **Zur Bonus-Seite/Buch registrieren**, und geben Sie Ihren **Zugangscode** ein. Schon stehen Ihnen die Bonus-Angebote zur Verfügung.

Ihr persönlicher Zugangscode: **2mby-pcaw-ingv-ztfs**

Stefan Reimers, Gunnar Thies

PHP 5.4 und MySQL 5.5

Das umfassende Handbuch

Galileo Press

Liebe Leserin, lieber Leser,

dank der einfachen, aber sehr funktionsreichen Skriptsprache PHP und der leistungsfähigen Datenbank MySQL können Sie auf unkomplizierte Weise anspruchsvolle, datenbankgestützte Webseiten programmieren. Dieses Buch hilft Ihnen dabei, einen leichten und zugleich fundierten Einstieg in die Webentwicklung zu finden. Neben den Sprachgrundlagen kommen dabei auch die fortgeschrittenen Themen von PHP 5.4 und MySQL 5.5 nicht zu kurz, so dass sie bereits nach kurzer Zeit eigene Webanwendungen auf dem neuesten Stand entwickeln werden.

Egal, ob Sie Einsteiger in die Programmierung sind oder bereits über Grundbegriffe verfügen, dieses Buch ist auf jeden Fall das Richtige für Sie. Die Autoren Stefan Reimers und Gunnar Thies verbinden auf gelungene Weise theoretisches Grundlagenwissen (z. B. Objektorientierung, Datenbankentwurf, Sicherheit, Model View Controller) und viele anschauliche Praxisbeispiele. So werden Sie Schritt für Schritt zu Ihrem ersten eigenen Projekt geführt.

Darüber hinaus lernen Sie in einem umfangreichen Praxisteil den Aufbau und die Funktionsweise aktueller Webtechnologien wie Blogs, Wikis, Mehrbenutzersysteme und AJAX kennen. Die praktischen PHP- und MySQL-Referenzen unterstützen Sie zusätzlich bei der Programmierung. Mit diesem Buch erwerben Sie alle Kenntnisse, um schon bald selbstständig moderne und sichere Webapplikationen entwickeln zu können.

Um die Qualität unserer Bücher zu gewährleisten, stellen wir stets hohe Ansprüche an Autoren und Lektorat. Falls Sie dennoch Anmerkungen und Vorschläge zu diesem Buch formulieren möchten, so freue ich mich über Ihre Rückmeldung.

Viel Freude beim Lesen und viel Erfolg bei Ihren Projekten wünscht Ihnen nun

Ihr Stephan Mattescheck
Lektorat Galileo Computing

stephan.mattescheck@galileo-press.de
www.galileocomputing.de
Galileo Press · Rheinwerkallee 4 · 53227 Bonn

Auf einen Blick

1	Einleitung	17
2	Grundpfeiler der Webentwicklung	25
3	Installation	43
4	Einführung in PHP	71
5	Objektorientierung in PHP	147
6	Einführung in MySQL	193
7	MySQLi	253
8	Wichtige PHP-Funktionalitäten	289
9	Fortgeschrittenes MySQL	377
10	MySQL Storage Engines	469
11	Sicherheit	499
12	Datenbankentwurf	549
13	Extensible Markup Language	563
14	Ein Basissystem mit PHP und MySQL	591
15	Sichere Webanwendungen	639
16	Mehrbenutzersysteme	707
17	Web 2.0-Technologien	749
18	Blogs und Wikis	843
19	Bildergalerien	881
20	Dauerhafte Objektspeicherung	915
21	Automatische Formularerstellung	961
22	Model View Controller	983

Der Name Galileo Press geht auf den italienischen Mathematiker und Philosophen Galileo Galilei (1564–1642) zurück. Er gilt als Gründungsfigur der neuzeitlichen Wissenschaft und wurde berühmt als Verfechter des modernen, heliozentrischen Weltbilds. Legendär ist sein Ausspruch *Eppur si muove* (Und sie bewegt sich doch). Das Emblem von Galileo Press ist der Jupiter, umkreist von den vier Galileischen Monden. Galilei entdeckte die nach ihm benannten Monde 1610.

Lektorat Stephan Mattescheck
Korrektorat Petra Biedermann, Reken
Coverfoto Valerie Shaff/Gettyimages
Einbandgestaltung Barbara Thoben, Köln
Typografie und Layout Vera Brauner
Herstellung Steffi Ehrentraut
Satz III-satz, Husby
Druck und Bindung Bercker Graphischer Betrieb, Kevelaer

Dieses Buch wurde gesetzt aus der Linotype Syntax Serif (9,25/13,25 pt) in FrameMaker. Gedruckt wurde es auf chlorfrei gebleichtem Offsetpapier.

Gerne stehen wir Ihnen mit Rat und Tat zur Seite:
stephan.mattescheck@galileo-press.de bei Fragen und Anmerkungen zum Inhalt des Buches
service@galileo-press.de für versandkostenfreie Bestellungen und Reklamationen
britta.behrens@galileo-press.de für Rezensionsexemplare

Bibliografische Information der Deutschen Nationalbibliothek
Die Deutsche Nationalbibliothek verzeichnet diese Publikation in der Deutschen National-bibliografie; detaillierte bibliografische Daten sind im Internet über *http://dnb.d-nb.de* abrufbar.

ISBN   978-3-8362-1876-4

© Galileo Press, Bonn 2012
1. Auflage, 1. korrigierter Nachdruck 2013

Das vorliegende Werk ist in all seinen Teilen urheberrechtlich geschützt. Alle Rechte vorbehalten, insbesondere das Recht der Übersetzung, des Vortrags, der Reproduktion, der Vervielfältigung auf fotomechanischem oder anderen Wegen und der Speicherung in elektronischen Medien. Ungeachtet der Sorgfalt, die auf die Erstellung von Text, Abbildungen und Programmen verwendet wurde, können weder Verlag noch Autor, Herausgeber oder Übersetzer für mögliche Fehler und deren Folgen eine juristische Verantwortung oder irgendeine Haftung übernehmen. Die in diesem Werk wiedergegebenen Gebrauchsnamen, Handelsnamen, Warenbezeichnungen usw. können auch ohne besondere Kennzeichnung Marken sein und als solche den gesetzlichen Bestimmungen unterliegen.

Inhalt

Vorwort 15

1 Einleitung 17

1.1 Konzeption 21
1.2 Feedback 24

2 Grundpfeiler der Webentwicklung 25

2.1 Das weltweite Netz 26
2.2 Das HTTP-Protokoll 31
2.3 Hypertext Markup Language (HTML) 34
2.4 Anbieter und Anwender 36
    2.4.1 Anbieter/Ressourceninhaber 37
    2.4.2 Nutzer Ihres Systems 39

3 Installation 43

3.1 Microsoft Windows 45
    3.1.1 Installation des XAMPP-Basispakets 45
    3.1.2 Installation von XAMPP Lite 48
    3.1.3 Starten und Beenden der Server 49
3.2 Linux 50
3.3 Konfiguration von XAMPP 52
    3.3.1 Sicherheitslücken schließen 52
    3.3.2 Konfigurationsdateien anpassen 55
3.4 Aktualisierung der Komponenten 61
3.5 Komponentenweise Installation 63
3.6 Die Minimallösung: PHP als Webserver 68

4 Einführung in PHP 71

4.1 Strukturen einer PHP-Seite 72
4.2 Variablen 74
    4.2.1 Grundlegende Syntax 74
    4.2.2 Datentypen 76
    4.2.3 Namenskonventionen 98

4.3	Konstanten	99
4.4	Kommentare	100
4.5	Funktionen	102
	4.5.1 Syntax	104
	4.5.2 Gültigkeitsbereiche	106
	4.5.3 Namenskonventionen	108
	4.5.4 Anonyme Funktionen	108
4.6	Kontrollkonstrukte	110
	4.6.1 Bedingte Entscheidungen	111
	4.6.2 Wiederholungen	119
	4.6.3 Sprunganweisungen	128
4.7	Vordefinierte Informationen	129
	4.7.1 Superglobale Arrays	130
	4.7.2 Vordefinierte Konstanten	140
4.8	Einbinden externer Dateien	143

5 Objektorientierung in PHP ... 147

5.1	Die Modellierungssprache UML	147
5.2	Klassen und Objekte	149
	5.2.1 Konstruktoren und Destruktoren	151
	5.2.2 Zugriffsmodifizierer	152
	5.2.3 Funktionen oder Methoden	156
	5.2.4 Die Implementierung der Klasse »Fahrzeug«	157
	5.2.5 Magische Methoden	159
5.3	Klassenbeziehungen	163
	5.3.1 Vererbung	163
	5.3.2 Klonen	174
5.4	Automatisches Laden von Klassen	176
5.5	Klassenattribute und -methoden überladen	177
5.6	Namensräume	183
5.7	Objektorientierte Fehlerbehandlung	187

6 Einführung in MySQL ... 193

6.1	Relationale Datenbanksysteme	198
6.2	MySQL und SQL	201
	6.2.1 Eine Serververbindung aufbauen	202
	6.2.2 Grundlegende SQL-Kommandos	209
	6.2.3 Datentypen	227
6.3	Zugriffswerkzeuge	242

	6.3.1	MySQL Administrator	242
	6.3.2	MySQL Query Browser	244
	6.3.3	MySQL Migration Toolkit	245
	6.3.4	MySQL Workbench	247
	6.3.5	phpMyAdmin	249

7 MySQLi ... 253

7.1	MySQLi in PHP einsetzen		253
7.2	MySQLi-Klassen		255
	7.2.1	mysqli	255
	7.2.2	mysqli_result	270
	7.2.3	mysqli_stmt	280

8 Wichtige PHP-Funktionalitäten ... 289

8.1	Datums- und Zeitfunktionen		289
	8.1.1	Erstellung eines Datums	290
	8.1.2	Erstellung von Zeitstempeln	291
	8.1.3	Mikrosekunden	292
	8.1.4	Umgangssprachliche Zeitkalkulation	294
8.2	Datei- und Verzeichnisfunktionen		296
	8.2.1	Auslesen und Schreiben von Dateien	296
	8.2.2	Arbeiten mit Verzeichnissen	300
	8.2.3	Prüfungen im Dateisystem	302
8.3	Reguläre Ausdrücke		303
	8.3.1	Syntax	305
	8.3.2	Reguläre Ausdrücke in PHP	311
	8.3.3	Reguläre Ausdrücke in der Praxis	315
8.4	PEAR und PECL		317
	8.4.1	PEAR	318
	8.4.2	PECL	319
8.5	Datenabstraktion		320
	8.5.1	Abstraktion im Kleinen: DBX	321
	8.5.2	PDO	328
8.6	SQLite		346
8.7	Standard-PHP-Bibliothek		356
	8.7.1	Iteratoren	357
	8.7.2	Datenstrukturen	360
	8.7.3	Exceptions	362
8.8	PHP-Archive		363

9 Fortgeschrittenes MySQL — 377

- 9.1 Benutzerverwaltung — 377
- 9.2 Kontrollfluss und Aggregationen — 382
  - 9.2.1 Bedingte Auswertung — 382
  - 9.2.2 Aggregationen — 384
- 9.3 Performanter Datenbankzugriff — 390
  - 9.3.1 JOIN-Syntax — 390
  - 9.3.2 Indizes — 394
- 9.4 Metadaten — 400
  - 9.4.1 INFORMATION_SCHEMA — 400
  - 9.4.2 Metadatenanweisungen — 405
  - 9.4.3 PERFORMANCE_SCHEMA — 406
- 9.5 Views — 408
  - 9.5.1 Anlegen — 409
  - 9.5.2 Editierbare und erweiterbare Sichten — 413
  - 9.5.3 Ändern und löschen — 415
  - 9.5.4 Ein praktisches Beispiel — 416
- 9.6 Stored Procedures — 417
  - 9.6.1 Anlegen — 418
  - 9.6.2 Aufrufen — 422
  - 9.6.3 Ändern und Löschen — 423
  - 9.6.4 Variablen — 423
  - 9.6.5 Kontrollstrukturen — 424
  - 9.6.6 Error Handling — 429
- 9.7 Trigger — 435
  - 9.7.1 Anlegen — 435
  - 9.7.2 Wozu aber sind Trigger notwendig? — 437
  - 9.7.3 Löschen — 440
- 9.8 Partitionierung — 441
  - 9.8.1 Partitionstypen — 445
  - 9.8.2 Subpartitionierung — 454
  - 9.8.3 Verwaltung von Partitionen — 456
- 9.9 Events — 458
  - 9.9.1 Anlegen — 459
  - 9.9.2 Ändern — 465
  - 9.9.3 Löschen — 467

10 MySQL Storage Engines ... 469

- 10.1 MyISAM ... 471
- 10.2 InnoDB ... 475
  - 10.2.1 Transaktionen ... 477
  - 10.2.2 Referentielle Integrität ... 480
- 10.3 MEMORY ... 483
- 10.4 ARCHIVE ... 485
- 10.5 Maria ... 487
- 10.6 CSV ... 488
- 10.7 MySQL Pluggable Storage Engines ... 491
- 10.8 MySQL Forks ... 493
  - 10.8.1 Percona XtraDB ... 494
  - 10.8.2 OurDelta ... 495
  - 10.8.3 MariaDB ... 496
  - 10.8.4 Drizzle ... 497

11 Sicherheit ... 499

- 11.1 Formulardaten und Validierung ... 501
- 11.2 Verschlüsselung ... 506
  - 11.2.1 Ein-Weg-Verschlüsselung ... 506
  - 11.2.2 Zwei-Wege-Verschlüsselung ... 509
  - 11.2.3 SSL ... 513
- 11.3 Angriffsmethoden und Schutzmaßnahmen ... 515
  - 11.3.1 Cross-Site-Scripting (XSS) ... 516
  - 11.3.2 SQL Injection ... 519
  - 11.3.3 Angriffe auf Sitzungen ... 520
  - 11.3.4 HTTP Response Splitting ... 522
  - 11.3.5 Fazit ... 524
- 11.4 Filter ... 524
  - 11.4.1 Verfügbare Filter ... 525
  - 11.4.2 Filterfunktionen ... 526
  - 11.4.3 Datenvalidierung ... 534
  - 11.4.4 Datenbereinigung ... 542

12 Datenbankentwurf ... 549

- 12.1 ERM ... 550
- 12.2 Normalisierung ... 554
  - 12.2.1 Normalformen ... 554

12.2.2 Denormalisierung 559
12.3 Datenbankentwurf mit phpMyAdmin 560

13 Extensible Markup Language 563

13.1 XML-Grundlagen 563
13.2 XPath 565
13.3 SimpleXML 569
13.4 MySQL-XML-Funktionalität 581

14 Ein Basissystem mit PHP und MySQL 591

14.1 Konfigurationsdateien 592
14.1.1 common.php 592
14.1.2 paths.php 594
14.1.3 settings.php 595
14.1.4 includeAllClasses.php 597
14.2 Die Klasse für HTML 597
14.3 Datenbankverbindungen 600
14.3.1 Die Datenbankverbindungsklasse MySQL 601
14.3.2 Abstraktionsschicht mittels PHP Data Objects 607
14.3.3 Verwendung der PDO-Klasse 612
14.3.4 SQLite-Verbindungsklasse 614
14.4 Sicherheitsklasse 615
14.5 Logging 619
14.5.1 Die Logging-Klasse 619
14.5.2 Verwendung des Loggings 624
14.6 Debugging 625
14.6.1 Die Klasse »DebugConsole« 626
14.6.2 Hilfsdateien für die Debug-Konsole 635
14.6.3 Verwendung der Klasse »DebugConsole« 636

15 Sichere Webanwendungen 639

15.1 Benutzer authentifizieren 640
15.1.1 Klasse »Login« 640
15.1.2 »Login«-Klasse anwenden 644
15.2 Sitzungen mit der Datenbank verwalten 646
15.2.1 Die Klasse der Sitzungsverwaltung 646
15.2.2 Sitzungsverwaltung anwenden 652
15.2.3 Probleme mit der Sitzungsverwaltung 653

		15.2.4	»Race Hazard« bei datenbankbasierter Sitzungsverwaltung	654
		15.2.5	Benutzerstatus abfragen	656
		15.2.6	Benutzer abmelden	657
	15.3	Passwörter sicher gestalten		658
		15.3.1	Passwortstrategie	658
		15.3.2	Zufalls-Passwörter generieren	659
		15.3.3	Passwort-Syntax überprüfen	661
	15.4	Logging realisieren		663
		15.4.1	Daten speichern	664
		15.4.2	Klasse »Log«	665
		15.4.3	Daten mittels JpGraph darstellen	668
		15.4.4	Klasse »Chart«	669
		15.4.5	Daten als PDF-Dokument archivieren	672
		15.4.6	Klasse »PDFMaker«	674
		15.4.7	»PDFMaker«-Klasse anwenden	681
	15.5	Einfache Intrusion Detection implementieren		682
		15.5.1	Konfigurationsdatei für das Intrusion Detection Login	684
		15.5.2	Klasse für Intrusion Detection	685
	15.6	Sichere Formulare		691
	15.7	Eigene Fehlerbehandlung einbauen		697
		15.7.1	Konfigurationsdatei für Fehlerbehandlung	698
		15.7.2	Fehlerbehandlungsklasse	700
		15.7.3	Fehlerbehandlung in das Basissystem integrieren	705

16 Mehrbenutzersysteme ... 707

	16.1	Das Hauptproblem: 2 Benutzer – 1 Datensatz		708
		16.1.1	Szenario 1: Wer zuerst kommt … Ein Änderungsschlüssel	708
		16.1.2	Szenario 2: Datensätze explizit sperren	708
	16.2	Sperren von MySQL-Datensätzen		710
		16.2.1	Die Klasse »Locks«	711
		16.2.2	Beispielanwendung mit Sperren versehen	715
	16.3	Transaktionen im praktischen Einsatz		719
		16.3.1	Klasse »Bank«	721
		16.3.2	Sichere und unsichere »Banktransaktionen« verwenden	724
	16.4	Mehrsprachige Weboberflächen		727
		16.4.1	Klasse »LanguageSupport«	728

        16.4.2   Mehrsprachige Benutzeroberflächen realisieren 732
        16.4.3   Erweiterungsmöglichkeiten 733
  16.5 Mehrsprachige Weboberflächen mit gettext 736
        16.5.1   Vorbereiten einer PHP-Datei 737
        16.5.2   Dateiformat 738
        16.5.3   Ordnerstruktur von »locale« 739
        16.5.4   Klasse »Gettext« 741
        16.5.5   Software für die Erstellung von Locales-Dateien 743

17 Web 2.0-Technologien 749

  17.1 JavaScript Object Notation 749
  17.2 AJAX 752
        17.2.1   Beispiel: Blog-»Suchmaschine« 752
        17.2.2   Klasse »AJAX« 753
        17.2.3   AJAXJavaScript.js 762
        17.2.4   PHP-Skripte für das AJAX-Beispiel 767
        17.2.5   PHPLiveX im Einsatz 770
  17.3 Web-API 780
        17.3.1   Webservices 780
        17.3.2   REST-Services 782
        17.3.3   Interface für unsere eigene Web-API 784
        17.3.4   REST-API 785
        17.3.5   JSON-API 795
        17.3.6   Verwendung und Aufruf der API-Klassen 803
        17.3.7   Klasse »Resolver« 806
        17.3.8   Klasse »Request« 809
        17.3.9   index.php 815
  17.4 jQuery 816
  17.5 Web-Feeds 823
        17.5.1   Technologie hinter Web-Feeds 823
        17.5.2   Erstellen von Feed und Einträgen 825
        17.5.3   RSS-Feed zur Verfügung stellen 837
        17.5.4   Einsatz des RSS-Feeds 841

18 Blogs und Wikis 843

  18.1 Blog 844
        18.1.1   Klasse »Blog« 845
        18.1.2   Blog in der praktischen Anwendung 857
  18.2 Ein konkretes Mehrbenutzersystem: Wiki 862

	18.2.1	Die Klasse »Wiki«	864
	18.2.2	Wiki in der Praxis	877

19 Bildergalerien ... 881

19.1	Standard-Bildergalerie		881
	19.1.1	Klassenübersicht: Bildergalerie	881
	19.1.2	Klasse »AbstractGallery«	885
	19.1.3	Klasse »Admin«	886
	19.1.4	Klasse »Gallery«	907
	19.1.5	Klasse »Picture«	910

20 Dauerhafte Objektspeicherung ... 915

20.1	Persistenz		915
20.2	Umsetzung persistenter Objekte		915
	20.2.1	Klasse Attribute	916
	20.2.2	Klasse Object	918
20.3	Gültigkeitsprüfung von Parametern		935
	20.3.1	Konfigurationsdatei der Gültigkeitsprüfung	935
	20.3.2	Gültigkeitsprüfungsklasse	939
	20.3.3	Gültigkeitsprüfung in die Klasse »Object« einbauen	953
20.4	Objekt-Serialisierung in Cookies mittels Traits		955
	20.4.1	Implementierung eines Traits	955
	20.4.2	Verwendung mehrerer Traits	959

21 Automatische Formularerstellung ... 961

21.1	Klasse »SimpleAutomaticFormular«	964
21.2	Automatische Formulargenerierung anwenden	980
21.3	Verbesserungsvorschläge	981

22 Model View Controller ... 983

22.1	Installation und Konfiguration von CakePHP		986
22.2	Prinzipien in CakePHP		988
22.3	MVC mit CakePHP umsetzen		989
	22.3.1	HABTM-Modell	996
	22.3.2	Validierung von Modell-Attributen	999
	22.3.3	Methoden zum Controller hinzufügen	1000
	22.3.4	Views anpassen (selbst backen)	1002
22.4	Ausblick		1005

Anhang **1007**

A	PHP-Referenz	1009
B	MySQL-Referenz	1039
C	Open Source in der Praxis: Lizenzen	1059
	C.1 GPL	1059
	C.2 LGPL	1061
	C.3 BSD	1062
	C.4 PHP License	1063
	C.5 MySQL-Lizenz	1063
	C.6 Lizenzen im Überblick	1064
D	Glossar	1065
E	Inhalt der CD-ROM	1071

Index 1073

»Die Datenautobahn ist mit guten Erfindungen gepflastert.«
– Sam Ewing (übersetzt aus dem Englischen)

Vorwort

Die Welt hat sich seit der Erfindung und Verbreitung des Internets für uns massiv verändert. Unbestritten ist, dass das Internet in der aktuellen Form im Wesentlichen auf zwei Pfeilern ruht: Es besteht aus einer Unzahl kleiner und großer Datenspeicher und aus einer ebenso großen Menge von Schnittstellen und Frontends, mit denen Sie auf die Daten zugreifen.

PHP und MySQL haben ihren Anteil am Internet. Wie auch das Internet, entwickeln sie sich weiter – dem haben wir hier Rechnung getragen. Das Ergebnis ist eine umfassende Einführung, die Ihnen gleich zu Beginn einige Aha-Erlebnisse verschaffen soll. Sie sollen die Welt von PHP und MySQL fundiert und Stück für Stück kennenlernen, so dass sich das »Aha!« nach dem Praxisteil in ein »So hätte ich es auch gemacht!« verwandelt. In diesem Sinne wünschen wir Ihnen viel Spaß bei der Lektüre.

Für Ihren Lesespaß

In unseren Ausführungen schreiben wir immer von dem Benutzer, dem Hacker, dem Leser usw. Wir wissen jedoch auch um unsere Leserinnen und hoffen, dass sie sich von unserem Vorgehen ebenso angesprochen fühlen wie ihre männlichen Artgenossen. Wenn wir die Benutzerin/den Benutzer, die Hackerin/den Hacker und die Leserin/den Leser zwar meinen, aber nicht ausschreiben, steigert sich der Lesekomfort unserer Meinung nach für alle – egal ob weiblichen oder männlichen Geschlechts.

Danke

An dieser Stelle möchten wir all den Personen unseren Dank aussprechen, die uns während der Arbeit an diesem Buch mit Rat und Tat (sowie Geduld) zur Seite gestanden haben. Ebenfalls gilt unser Dank denjenigen, die uns bereits bei den ersten drei Auflagen des Buches tatkräftig unterstützt haben.

Stefan Reimers und **Gunnar Thies**
Münster

Herzlich willkommen!

1 Einleitung

PHP 5 und MySQL 5 haben sich seit ihrer Veröffentlichung 2004/2005 in den vergangenen Jahren etabliert, sowohl bei Hosting-Providern im Internet als auch in Unternehmen. Diese Major Releases (Freigabe von Hauptversionen) haben dazu beigetragen, die alten Vorurteile über Open-Source-Software und deren Tauglichkeit im professionellen produktiven Umfeld auszuräumen.

Seitdem ist die Entwicklung selbstverständlich nicht stehen geblieben – sowohl die Software als auch deren Hersteller betreffend. PHP hat den Support für die 4er-Version mit dem letzten Release 4.4.9 eingestellt, seither mehrere Minor Releases im 5er-Strang hinter sich gebracht und nun den Stand 5.4 erreicht, genauer gesagt folgten wie gewohnt weitere Bugfixes in Minor Releases innerhalb von 5.4. Dieser Stand verdient eine genauere Betrachtung, denn wieder einmal haben sich die PHP Entwickler sich in ihren Diskussionen nicht leichtgetan. Die öffentlichen Protokolle der Diskussionen lassen vermuten, dass Aberglaube weitverbreitet ist: Der Name PHP 6 scheint ein verbranntes Kind zu sein, weil man sich ursprünglich etwas ganz anderes dafür vorgenommen hatte, als aktuell auf der Featureliste steht. Die Version PHP 5.4 hingegen wollten einige nicht vergeben, weil die Liste der neuen Funktionen das nicht rechtfertige. Ein nachträglicher Blick auf das NEWS Log der Programmiersprache beweist das Gegenteil.

Dass es nun zu einem neuen Release gekommen ist, verdanken wir nicht nur der Klärung bezüglich der Versionsnummer, sondern vielmehr auch dem neuen formalisierten Releasemodell, dem man sich nach ebenso zäher Diskussion unterordnen konnte. Im PHP Wiki kann sich jeder Entwickler und Anwender nun vorab über einen realistischen Zeitplan bis zur nächsten Version informieren. Zumindest für PHP 5.4 hat das sehr gut funktioniert.

Für die ehemals selbständige MySQL AB (»AB« steht für »Aktiebolag« – die schwedische Form einer Aktiengesellschaft) gehören die Jahre nach dem Release der Version 5.0 im Oktober 2005 zu den bewegtesten der Firmengeschichte. Nicht nur, dass man sich mit den Folgereleases 5.1 und 5.4 sehr schwergetan hat und seinen ursprünglichen Zeitplänen weit hinterherhing. Die MySQL AB ging obendrein im Februar 2008 in die Hände von Sun Microsystems über, die wiederum im Januar 2010 nach langwierigen Anhörungen bei den europäischen Kartellbehörden und reichlichem Protest aus der Community durch die Oracle Corporation übernommen wurde. Damit ist die Open-Source-Datenbank letztendlich Teil des Portfolios eines kommerziellen Datenbankherstellers geworden.

Beide Übernahmen wurden von den Abgängen langjähriger MySQL-Mitarbeiter und -Mitgründer begleitet, was zwar nicht die Ursache für eine Vielzahl von sogenannten *Forks* (Ableger und Parallelentwicklungen des Open-Source-Codes) war, diese allerdings begünstigte. Mittlerweile besteht eine ganze Reihe prominenter Forks wie Drizzle oder MariaDB, auf die wir in den folgenden Kapiteln noch zurückkommen werden.

Unabhängig von den Unternehmensstrukturen hat sich auch das Releasemodell der Software verändert. MySQL 5.4 ist die letzte Version, die nach dem ursprünglichen – meist langatmigen – Modell im November 2010 veröffentlicht wurde, mehr als fünf Jahre nach der ersten 5er-Version und zwei Jahre nach MySQL 5.1. Der Übergang zum neuen Meilenstein-Modell, in dem die neuen Entwicklungsstände alle paar Monate aufeinanderfolgen sollen, gestaltete sich anfangs schleppend. Mittlerweile ist nicht nur hier Oracles Einfluss zu merken – die Releasezyklen scheinen sich zu professionalisieren. Aber auch inhaltlich setzt der neue Schirmherr Maßstäbe. Neue Versionen enthalten vermehrt Verbesserungen in Bezug auf die Performance, vor allem im Zusammenhang mit der Storage Engine InnoDB, der Replizierung und den Mehrkernsystemen. Für die kommende Version 5.6 – die zur Zeit der Drucklegung in Form von frühen Meilensteinen vorliegt – ist das nicht anders. Allerdings geben wir hier und dort einen Ausblick auf die kommenden Funktionen, beispielsweise bei dem Partition Exchange in Kapitel 11.

PHP 5 vollzieht den Wechsel zur Zend Engine 2, dem Herzstück der Skriptsprache. Sie gibt PHP einen neuen Unterbau und verleiht Ihren Skripten neuen Schub. Aber auch für Sie als Programmierer, der sich vielleicht schon mit PHP 4 angefreundet hat, bedeutet der Wechsel Änderungen an mancher Stelle bzw. neue Funktionen und Möglichkeiten.

Die sicher am meisten auffällige und beschworene Neuerung für den Nutzer ist das überarbeitete Objektmodell. Zwar gab es Objekte als native Sprachwerte schon in PHP 3, jedoch fehlte dem versiert objektorientiert arbeitenden Programmierer im Vergleich zu anderen Sprachen wie Java oder C++ so manches gewohnte Feature. Darüber hinaus verhielt sich der Code für Umsteiger aus den genannten Programmiersprachen nicht immer wie erwartet. Die Erkenntnis, dass Objekte anders zu behandeln sind als die übrigen Datentypen, hielt jedoch erst in PHP 5 bzw. in die Zend Engine 2 Einzug. Das überarbeitete Objektmodell beseitigt folglich diese alten Missstände. Darüber hinaus unterstützt es die Konzepte der Objektorientierung in weit größerem Umfang; darunter sind beispielsweise:

- Interfaces und abstrakte Klassen
- die Eigenschaften `public`, `protected` und `private`
- Konstruktoren und Destruktoren

PHP 5 macht auch einen Schritt in Richtung Geschäftswelt, nicht zuletzt aufgrund der Community, die mit selbstprogrammierten Erweiterungen die Anforderungen moderner und professioneller Informationstechnologie aufgreift. Die Unterstützung von XML, serviceorientierten Architekturen und Webservices gehört ebenso dazu wie die Erstellung von clientseitiger Software – also PHP-Applikationen mit eigener grafischer Benutzeroberfläche, die direkt beim Anwender ohne einen Webserver laufen – und die Adressierung von Sicherheitsfragen.

Nicht zuletzt bekommt auch MySQL in PHP eine neue Schnittstelle: *ext/mysqli* – ein Pseudonym für »Extension/MySQL improved«. Auch Datenbankschnittstellen kommen also in die Jahre, zumal die MySQL-Client-Bibliothek, auf der sowohl *ext/mysqli* als auch sein Vorgänger *ext/mysql* beruhen, weiterentwickelt worden ist. Die neue Erweiterung wird für MySQL 4.1 und alle späteren Versionen eingesetzt, also auch für MySQL 5. Als Unterbau dieser neuen Schnittstelle hat MySQL einen nativen Treiber *mysqlnd* beigesteuert. Der Name ergibt sich übrigens nur aus der Bezeichnung »MySQL Native Driver«.

Auf Datenbankseite kümmert man sich in MySQL 5 ebenfalls um neue Funktionen und rückt damit dem SQL-Standard ein Stück näher.

> **Hintergrundwissen**
>
> SQL steht für »Structured Query Language« und ist die standardisierte Sprache für relationale Datenbanksysteme, wie beispielsweise MySQL, Oracle oder IBM DB2. Im Standard wird bestimmt, welche Funktionen von Datenbanken unterstützt werden müssen, die SQL als Abfragesprache verwenden. Kaum ein System erreicht hundertprozentige Standardkonformität, zumal der Standard laufend weiterentwickelt wird.
>
> Wir bedienen uns in diesem Buch der im Web üblichen Fachbegriffe. Falls Ihnen einmal ein Begriff oder eine Abkürzung unbekannt sein sollte und Sie im Text keine Erklärung dafür finden, können Sie diesbezüglich in Anhang D, »Glossar«, dieses Buches nachschlagen.
>
> Zusätzlich möchten wir Sie zur Onlinerecherche ermuntern, bei der Sie zu mehr und breiter gefächerten Ergebnissen gelangen werden. Gute Anlaufstellen dafür sind die Suchmaschine Ihrer Wahl und Wikipedia.

Man war sich bei der MySQL AB sehr wohl bewusst, welche Funktionen fehlten und von den Anwendern gewünscht waren, nicht nur, weil man in Foren und Newsgroups danach ausgefragt wurde. Das MySQL-Handbuch enthält eigens spezielle Abschnitte darüber, wie die fehlenden Funktionen in älteren Datenbankversionen mit einigen Handgriffen ausgeglichen werden können. Diese sogenannten *Workarounds* wurden meist nicht in der Datenbank selbst, sondern auf Applikationsebene durchgeführt, also beispielsweise von einem PHP-Skript. Der zusätzliche Aufwand, der durch die Kommunikation und den Datentransport zwischen Datenbank und Applikationsschicht entsteht, macht solche Kniffe vergleichsweise langsam. Schneller geht es, wenn die Daten in der Datenbank verbleiben und dort verarbeitet werden.

Mit den neuen Funktionen aus MySQL 5 ist man wieder auf dem neuesten Stand und dem SQL:2003-Standard näher als mancher Konkurrent; die neuen Funktionen sind im Wesentlichen:

- aktualisierbare Views
- Trigger
- Stored Procedures
- Events
- horizontale Partitionierung

Neben den Neuerungen, die aus dem SQL-Standard herrühren, bereichern die Entwickler ihr Datenbanksystem um neue Storage Engines im Rahmen der hauseigenen erweiterbaren Speicherarchitektur (Pluggable Storage Engine Architecture). Bei Storage Engines handelt es sich um Grundkonfigurationen für einzelne Tabellen, die je nach Anforderung der Anwender beispielsweise auf Datensicherheit oder Abfragegeschwindigkeit ausgelegt sein können. Mit der neuen Vielfalt an Storage Engines ermöglicht MySQL den Einsatz in spezialisierten Anwendungsfällen, der sich letztendlich in Leistungszuwächsen beim Nutzer niederschlägt. Die Standard-Engine ist neuerdings InnoDB, das seit 2005 ebenfalls Oracle gehört.

Um noch einmal die anfängliche Frage aufzugreifen: PHP 5 und MySQL 5 sind mit ihren neuen Möglichkeiten durchaus für den professionellen Einsatz gerüstet. Auch als Open-Source-Entwicklung müssen sie sich nicht hinter der Konkurrenz verstecken, und das auch dank der lebhaften Anhängerschaft auf beiden Seiten der Vorzeigeprodukte. Sicherlich ist man nicht aufeinander angewiesen. Eine der Stärken von PHP ist es, Schnittstellen zu einer Vielzahl von Datenbanken zu bieten. Darüber hinaus hat sich eine breite Palette von Datenbankabstraktionsklassen entwickelt, die den einheitlichen Umgang mit unterschiedlichen Datenbanken garantieren sollen. MySQL seinerseits bietet u. a. Programmierschnittstellen zu Java, Tcl, Python und nicht zuletzt die offene Schnittstelle ODBC. Dennoch hat sich das »dynamische Duo« den jahrelangen Erfolg zu großen Teilen gegenseitig zu verdanken. In seiner Popularität und seiner Verbreitung beflügelt wird man durch diverse populäre webbasierte Applikationen, die auf PHP und MySQL zugeschnitten sind, beispielsweise die Blogging-Software WordPress.

Vom einfachen Besucherzähler – das war der Ursprung von PHP – bis hin zu datenbankgestützten Applikationen: Dies alles lässt sich dank PHP und MySQL nach kurzer, aber intensiver Einarbeitungszeit erstellen. Die erforderliche Hilfestellung soll Ihnen unser Buch leisten. Viel Spaß und Erfolg bei der Lektüre!

1.1 Konzeption

Wir haben das Buch für Sie in drei unterschiedliche Teile gegliedert. Allem voran haben wir jedoch noch ein Kapitel gestellt, das Sie in die Welt des World Wide Web einführen soll.

Der erste Teil richtet sich an unerfahrene Leser, denen in den vier Kapiteln dieses Teils eine Starthilfe, mit PHP und MySQL umzugehen, gegeben werden soll. Dieser Teil umfasst die im Folgenden beschriebenen Themen.

Installation

Am Anfang jeder Programmierung steht die Einrichtung einer Testumgebung. Sie müssen also MySQL und PHP auf Ihrem eigenen Computer installieren. Wir stellen Ihnen ein Paket vor, das Ihnen die Komponenten in einem Rutsch lauffähig und vorkonfiguriert auf die Festplatte bringt. Damit müssen Sie den Webserver, die Datenbank und die Skriptsprache nicht einzeln installieren und einrichten.

Einführung in PHP und MySQL

Variablen, Funktionen und Schleifen gehören zu den Grundbausteinen von Programmiersprachen und natürlich auch zu PHP. Wie Sie diese Konstrukte im Einzelnen nutzen, erfahren Sie ausführlich in diesen Kapiteln. Darüber hinaus beschreiben wir an dieser Stelle die Objektorientierung in PHP. Damit Sie sich zwischen Datenbankmanagementsystem, Datenbank, Tabellen, Attributen und Datensätzen nicht verhaspeln, erklären wir in der Einführung zu MySQL den Unterschied. Außerdem lernen Sie die gängigsten SQL-Kommandos kennen, mit denen Sie den Datenbankalltag bestreiten können.

Im zweiten Teil orientieren wir uns mehr in die theoretische Breite. Die Kapitel lassen sich dazu in drei Unterkategorien gruppieren.

Skriptkapitel

Die Grundbausteine der Programmierung wie Schleifen oder Funktionen bleiben von den weiteren Ausführungen hier unberührt. Auch Objektorientierung ist mehr ein gedankliches Konstrukt der Programmierung. Daraufhin stellen wir Ihnen eine Reihe von Funktionalitäten vor, die zum »täglich Brot« gehören, insbesondere die Datenbankschnittstelle MySQLi mit dem neuen nativen Treiber *mysqlnd*. Abschließend möchten wir Sie noch mit der Datenbankabstraktion vertraut machen, mit der Sie ohne viel Aufwand auch andere Datenbankmanagementsysteme als MySQL ansprechen können.

Datenbankkapitel

Zum einen wollen wir Ihnen ein breiteres Wissen der Abfragesprache SQL vermitteln. Sie sollen lernen, wie die Benutzerverwaltung von MySQL funktioniert, wie Sie Ihre Abfragen optimieren können und wie Sie Informationen über den gespeicherten Datenbestand bekommen. Zum anderen wollen wir Ihnen die neuen Funktionalitäten näherbringen und Ihnen die Storage Engines sowie Forks vorstellen. Andere neue Features wie die Ereignissteuerung oder Partitionierung werden hier ebenfalls fundiert eingeführt.

Applikationskapitel

In diesem Teil gehen wir auf verschiedene Aspekte der Webentwicklung ein, wobei wir MySQL und PHP aus größerer Entfernung betrachten. Zu diesen Teilbereichen zählen wir den Entwurf eines »guten« Datenbankschemas und die Sicherheit eines webbasierten Systems.

Der ausgiebige dritte Teil des Buches widmet sich der praktischen Anwendung.

Grundfunktionen einer Webanwendung

Obwohl die einzelnen Programme des dritten Teils größtenteils überschneidungsfrei sind, liegt allen dennoch ein Basissystem zugrunde. Die Funktionalität beschränkt sich zunächst auf diverse Datenbankschnittstellen, Logging-Mechanismus, Debugging-Hilfsmittel sowie HTML-Grundfunktionalitäten, wächst aber im Verlauf der Kapitel um die jeweils benötigten Module an.

Programmierung größerer Projekte

Zwei Kapitel befassen sich mit der Programmierung von Webapplikationen, die möglichst sicher sind und auf die Bedürfnisse von Benutzern eingehen können. So werden in Kapitel 15, »Sichere Webanwendungen«, einige Sicherheitsaspekte der PHP-Programmierung praktisch gezeigt. Kapitel 16, »Mehrbenutzersysteme«, befasst sich daraufhin mit mehrsprachigen Weboberflächen und der Sicherung der Konsistenz der Daten bei gleichzeitiger Verwendung mehrerer Benutzer.

Aktuelle Webtechnologien

Das komplette Kapitel 17, »Web 2.0-Technologien«, widmet sich den im sogenannten *Web 2.0* gebräuchlichen Technologien. Hier werden Themenbereiche von JSON über Ajax, jQuery und Web-Feeds bis hin zur eigenen Web-API angesprochen und ausführlich mittels Beispielen implementiert.

Blogs, Wikis und Bildergalerien

Kapitel 18, »Blogs und Wikis«, beschäftigt sich mit dem Einsatz von Blogs und Wikis, die es erlauben, die eigene Site im Internet durch das Einbinden des Website-Besuchers interaktiver zu gestalten. Darüber hinaus besprechen wir im anschließenden Kapitel 19, »Bildergalerien«, weitere Möglichkeiten für die »persönlichere« Gestaltung der Website durch das Präsentieren von Bildern.

Fortgeschrittene Themen der Webprogrammierung

Eines der Probleme mit Webapplikationen ist in der Zustandslosigkeit der PHP-Objekte bei der Programmierung zu sehen, denn nach dem Beenden eines Skriptes sind die Objekte zerstört. In Kapitel 20, »Dauerhafte Objektspeicherung«, werden wir einen Ansatz programmieren, der es erlaubt, Objekte persistent in der Datenbank abzulegen. Anschließend beschäftigen wir uns mit der automatischen Generierung von HTML-Formularen aus der Datenbank, was Ihnen sehr viel lästige Arbeit abnehmen kann.

Model-View-Controller-Paradigma

Zum Abschluss der praktischen Programmierung stellen wir in Kapitel 22, »Model View Controller«, das Framework CakePHP vor, das die Trennung von Logik, Datenbehandlung und Darstellung in einem Projekt erlaubt.

Im Einführungs- und Theorieteil (das heißt in den ersten beiden Teilen) verwenden wir in den Beispielen und Skripten deutsche Bezeichner für Variablen und Datenbankstrukturen. Ziel ist es, den Lerneffekt nicht noch durch englische Bezeichner zu erschweren. Im dritten Teil hingegen, dem Praxisteil, setzen wir durchweg auf englische Bezeichner. Sie werden bei der Arbeit mit quelloffenen Bibliotheken und sonstigen Skripten, die Sie aus dem Internet beziehen, größtenteils auf Code treffen, der in Englisch programmiert und dokumentiert ist. Unser Praxisteil soll Sie damit vertraut machen.

1.2 Feedback

Bei all den Vorzügen hat dieses Buch, das Sie gerade in Händen halten, leider auch einen Nachteil: Nach Drucklegung können wir es nicht mehr auf den aktuellen Stand bringen, ohne dafür eine neue Auflage zu veröffentlichen. Die Entwicklung von PHP und MySQL geht jedoch derzeit laufend weiter – wie bereits angesprochen, in noch höherem Tempo denn je.

Damit Sie dennoch aktuelle Fakten zu den hier behandelten Themen erhalten, haben wir eine eigene Website für Sie eingerichtet:

http://www.phpundmysql.de

Dort finden Sie Beispiele, Fehlerkorrekturen, Foren und nicht zuletzt Informationen über uns. Der Weg über diese Website ist auch die beste und schnellste Option, mit uns in Kontakt zu treten. Es interessiert uns, wenn Sie an einer Stelle den Faden verloren haben oder bestimmte Aspekte in diesem Buch vermissen.

Natürlich können Sie sich auch mit Ihren Fragen und Ihrem Feedback direkt an den Verlag wenden. Kontaktmöglichkeiten finden Sie unter:

http://www.galileocomputing.de

Ihre Anfragen werden dann umgehend an uns weitergeleitet.

Im WWW laufen PHP und MySQL zusammen zu Hochtouren auf. Dabei kennen besonders Einsteiger das Web nur aus »Konsumentensicht«. Bevor es im Folgenden in die Vollen geht, erfahren Sie hier nun noch alles Wissenswerte über Server, Parser und Protokolle.

2 Grundpfeiler der Webentwicklung

Internetforen und Mailinglisten sind immer eine gute Anlaufstelle, wenn Sie beim Design von Webseiten oder der Programmierung von Webapplikationen auf Probleme stoßen. Neben den offiziellen Mailinglisten von MySQL und PHP existieren zahlreiche Programmiererforen, die weder auf das eine noch auf das andere beschränkt sind. Eine schnelle Recherche bei der Suchmaschine Ihrer Wahl führt Sie oft zu den gewünschten Ergebnissen.

> **Tipp**
>
> Die offiziellen Mailinglisten von MySQL und PHP finden Sie unter *http://lists.mysql.com* und *http://news.php.net*. Zusätzlich zu der HTML-Version können Sie die Listen auch über *news://lists.mysql.com* und *news://news.php.net* in Ihr Mail-/Newsprogramm – beispielsweise in Microsoft Outlook oder Mozilla Thunderbird – einbinden, um selbst Fragen zu stellen oder zu beantworten.

In solchen Internetforen finden sich auch immer wiederkehrende Fragen, die die Entwicklung von Webapplikationen und das Zusammenspiel der einzelnen Sprachen zum Thema haben. Deutlich wird, dass sich viele Programmierer mit den Techniken des World Wide Web nicht ausreichend auseinandersetzen, bevor sie anfangen, die ersten Zeilen Code zu schreiben. Daraus resultieren dann Programmierprobleme und Bugs, die sich leicht hätten vermeiden lassen. Diese Erkenntnis stützt sich auf Fragen wie diese:

Wie lade ich Daten von PHP in meine Webseite, während ich die Seite schon auf dem Bildschirm sehe?

Dynamische Effekte auf Ihrem Bildschirm erreichen Sie mit JavaScript. JavaScript wird zu Hause auf Ihrem Rechner und nicht auf dem Server ausgeführt. Es beginnt erst dann zu arbeiten, wenn die Webseiten, die per PHP erzeugt wurden, vom Server auf Ihren Heimrechner heruntergeladen sind. Daten von einem Server dynamisch nachzuladen ist dann nicht mehr ohne weiteres möglich. Eine relativ alte, aber lange kaum beachtete Möglichkeit, die Sie im letzten Teil dieses Buches kennenlernen werden, ist Ajax. Hinter diesem Namen, der stark an ein Putzmittel erinnert, verbirgt sich asynchrone Kommunikation zwischen Server und Browser mit Hilfe von JavaScript und XML. Im Wesentlichen handelt es sich dabei um HTTP-Anfragen, die jedoch nicht mit einem Seitenwechsel einhergehen.

Ich habe eine Funktionalität auf einer anderen Webseite gesehen, die ich für meine eigene Seite brauche. Wie kann ich den PHP-Quellcode der anderen Webseite ansehen?

Zuallererst: Der Diebstahl von fremdem Code sollte nicht zu Ihrem Handwerk als Programmierer zählen. Anders verhält es sich mit dem Einsatz von Klassenbibliotheken, die vom Programmierer für die Allgemeinheit freigegeben wurden. Da der Umfang frei verfügbarer Bibliotheken und Codebausteinen stetig wächst, lohnt sich, bevor Sie sich selbst ans Werk machen, in der Regel ein Blick über den Tellerrand, sprich ins Internet. Denn Sie sollten das sprichwörtliche Rad nicht stets aufs Neue selbst erfinden. In diesem Zusammenhang sind Softwarelizenzen jedoch auch ein Thema, von dem die Nutzung freien Codes nie losgelöst gesehen werden kann. Eine Einführung in Open-Source-Lizenzen geben wir Ihnen im Anhang C dieses Buches.

Der Quellcode Ihrer eigenen PHP-Applikation ist vor den neugierigen Blicken Fremder aber ganz gut geschützt. Das liegt bereits in der Natur von PHP. Was bei Ihnen auf dem Bildschirm erscheint, sind nur die Ausgaben von PHP-Befehlen, also das Ergebnis, das beim Verarbeiten des Skriptes herauskommt. Das ist in der Regel HTML; es kann sich aber genauso gut um JavaScript oder XML handeln. Der Quellcode wird vom Webserver ausgeführt, und das Ergebnis wird an Ihren Browser geschickt. Um den Quellcode zu sehen, müssten Sie die Dateien vom Server laden können, ohne dass sie vom PHP-Parser verarbeitet werden. Das ist jedoch nur möglich, wenn der Webmaster unzureichende Sicherheitsvorkehrungen getroffen hat.

Um solchen und ähnlichen Fragen vorzubeugen, geben Ihnen die folgenden Abschnitte einen Überblick darüber, wie PHP, Datenbanken, JavaScript, HTML, CSS und andere im World Wide Web zusammenarbeiten.

2.1 Das weltweite Netz

Das World Wide Web besteht im Wesentlichen aus einer großen Anzahl von Servern, darunter sind Dateiserver – nach dem verwendeten Protokoll auch als »FTP-Server« bezeichnet –, Datenbankserver und Webserver. Über den Zugriff auf einen Webserver erreichen Sie HTML-Webseiten, Multimediadaten und Download-Dateien. Der Client, mit dem Sie Dateien vom Webserver anfordern, ist in aller Regel ein Webbrowser wie der Internet Explorer von Microsoft oder der Mozilla Firefox. Diese Programme übernehmen nicht nur die Kommunikation mit dem Server, sondern stellen die zurückgeschickten Webseiten auch gleich auf dem Bildschirm des Clientrechners dar. Ebenso gut lassen sich Dateien aber auch von beliebigen Rechnern über die Kommandozeile herunterladen, dann allerdings müssen Sie sich noch um die Darstellung kümmern. Browser laden Webseiten oder andere angebotene Dateien herunter, wenn Sie eine gezielte Anfrage danach an einen Server im World Wide Web schicken. Eine Anfrage an einen Webserver senden Sie beispielsweise dann, wenn Sie in der Adresszeile Ihres Browsers eine URL eintippen oder wenn Sie innerhalb einer Webseite einen (Hyper-)Link anklicken. Diese Aktion geschieht clientseitig, also auf Ihrem Computer zu Hause oder im Büro. Die Anfrage wird über das Internet an den entsprechenden Server weitergeleitet und dort bearbeitet.

Webserver warten also permanent auf Anfragen, um Dateien von Ihrer Festplatte an den Client zurückzuschicken. Schematisch stellt sich der Nachrichtenaustausch zwischen Client und Server dar wie in Abbildung 2.1.

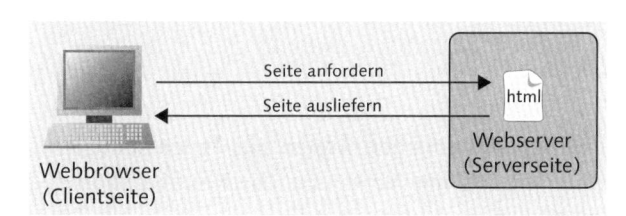

Abbildung 2.1 Kommunikation zwischen Client und Server

Als Beispiel soll eine Anfrage nach einer Webseite, also einem HTML-Dokument, dienen. Der Anwender auf der Clientseite gibt in der Adresszeile seines Browsers eine URL ein. Daraus entsteht beim Client eine HTTP-Anfrage, die der Browser über das Internet an den entsprechenden Server schickt. Beide Informationen – also die gewünschte Datei und die Adresse des Webservers, von dem wir die Antwort erwarten – befinden sich in der URL. Trifft die Anforderung beim Server ein, lädt dieser das HTML-Dokument von seiner Festplatte und schickt es an den Client, also Ihren Webbrowser, zurück. Im Folgenden werden noch alle dazugehörigen Dateien vom Webserver geholt, also beispielsweise Bilder, externe JavaScript- oder CSS-Dateien. All diese Dateien sind statisch, das heißt, sie werden vom Webserver nicht bearbeitet, sondern so an den Client geschickt, wie sie auf der Festplatte gespeichert sind. Ob der Webserver eine Bearbeitung durchführen soll, entscheidet er anhand der Dateierweiterung (also *.html*, *.js*, *.css* usw.) und nicht anhand des Inhalts der Datei. Damit ist für eine statische HTML-Seite die Arbeit auf Serverseite erledigt. Sind alle benötigten Dateien beim Browser angekommen, werden sie dort clientseitig verarbeitet: Die Bilder werden in das HTML-Dokument eingefügt, die Styles angewendet und die JavaScript-Anweisungen ausgeführt. Zu dem Zeitpunkt, an dem sich die Webseite vollständig aufgebaut hat, ist die Anfrage beendet und die Verbindung zwischen Server und Client abgebaut.

Anders verhält es sich mit Webseiten, die über PHP oder sonstige serverseitige Skriptsprachen erstellt werden, sogenannte *dynamische Webseiten*. Die Dateien werden von einem speziellen Programm, einem Parser, verarbeitet, bevor das Ergebnis der Verarbeitung als Webseite an den Browser des Clients zurückgeschickt wird. Der Parser ist beim Webserver als Modul registriert, dargestellt in Abbildung 2.2. Alle Dateitypen, die von einem bestimmten Parser verarbeitet werden sollen, sind ebenfalls in der Konfiguration des Webservers festgelegt. Typisch für die Anwendung des PHP-Parsers sind die Dateitypen

- *.php,
- *.php3,
- *.php4,
- *.php5 und
- *.phtml,

wobei das *-Zeichen einen beliebigen Dateinamen ersetzt. Alle Typen kennzeichnen also PHP-Code, teils in unterschiedlichen Versionen. Die Konfiguration der Dateinamen ist jedoch von Server zu Server unterschiedlich.

> **Tipp**
>
> Gerade bei den Exoten unter den Dateiendungen, also *.phtml oder *.php3, ist ungewiss, ob sie aktuell und in Zukunft noch breite Akzeptanz bei den Betreibern von Webservern finden. Wenn Sie sich also Speicherplatz im Internet mieten und dort mit PHP-Dateien arbeiten wollen, verlassen Sie sich besser auf gängige Dateiendungen und/oder erkundigen Sie sich beim Provider nach der Konfiguration des Servers. Wenn der Server nämlich nicht erkennt, dass eine Datei zuerst vom PHP-Parser verarbeitet werden muss, liefert er den Quellcode als Textdatei aus.
>
> Mitunter sind sogar zwei verschiedene Parser installiert; Dateien, die unter *dateiname.php4* gespeichert werden, verarbeitet dann der alte Parser, Dateien mit *dateiname.php5* oder *dateiname.php* werden vom neuen Parser ausgeführt. Die Erweiterung *phtml* beschreibt lediglich, dass in der Datei sowohl PHP- als auch HTML-Quellcode steht, sagt aber letztendlich nichts anderes aus als die restlichen Dateitypen. Sie als Kunde haben meist keinen Einfluss darauf, welche Parser-Version bei Ihrem Webhoster eingesetzt wird.

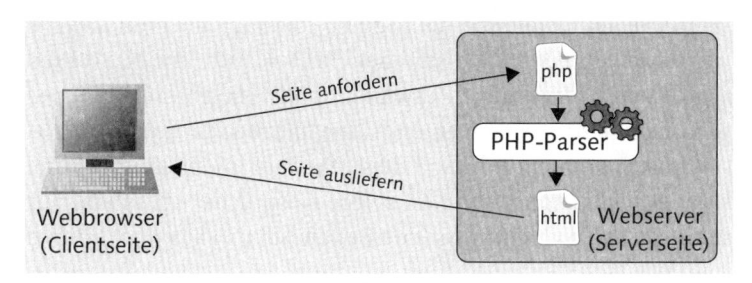

Abbildung 2.2 PHP wird vom Server verarbeitet.

Für den Client unterscheidet sich ein Aufruf einer HTML-Webseite nicht von dem einer PHP-Webseite. Die Ausführung einer HTTP-Anfrage und aller ihrer Teilschritte erfolgt also anders ausgedrückt nach dem Blackbox-Prinzip, das heißt, der Besucher einer Webseite hat im Besonderen keine Kenntnis darüber, ob die angezeigten Daten in der Datei auf dem Server festgeschrieben, in eine externe Datei ausgelagert oder in einer Datenbank gespeichert sind. Bei umfangreichen Seiten kann es lediglich zu einer längeren Ladezeit führen, wenn der HTML-Code von einem PHP-Parser erzeugt werden muss.

> **Hintergrundinformation**
>
> Häufig besuchte Webseiten wie beispielsweise Portale für Nachrichten sind auf die schnelle Abarbeitung vieler Seitenabrufe angewiesen. In solchen Fällen wählen die Anbieter meist nicht die dynamische Variante, bei der die anzuzeigenden Daten mit jedem Abruf aus einer Datenbank geholt und optisch aufbereitet werden. Stattdessen werden die Seiten einmal in eine statische HTML-Seite exportiert oder auf andere Weise zugunsten der Performance zwischengespeichert (»Caching«). Das verhindert zig zeitraubende Datenbankabfragen, entlastet den Webserver und sorgt somit für bessere Performance.

Serverseitig ergeben sich geringfügige Änderungen im Ablauf. Sobald der Webserver die Anfrage empfangen und die PHP-Datei von der Festplatte geladen hat, setzt der Parser ein. Anweisung für Anweisung wird in dem Skript abgearbeitet. Dabei können beispielsweise temporäre Dateien auf der Festplatte des Servers angelegt, externe Quellen wie Datenbanken oder Dateien ausgelesen, weitere Anfragen an entfernte Server gestellt oder E-Mails versendet werden – damit sind aber längst noch nicht alle Möglichkeiten von PHP ausgeschöpft. Letztendlich wird in den meisten Fällen eine HTML-Ausgabe erzeugt.

Die Funktionalitäten sind auch bei PHP als Module angelegt. Jedes Modul erweitert den PHP-Kern um gewisse Funktionalität; beispielsweise lässt sich über das Modul *mysqli* eine Verbindung zu einem MySQL-Server herstellen. Wenn Sie sich eine PHP-Version aus dem Internet herunterladen, ist eine Reihe von Modulen von vornherein aktiviert. Darunter sind die Module *standard* für grundlegende Funktionen, *gd* für Grafikunterstützung und seit PHP 5 auch *mysqli*. Weitere Module können, mit mehr oder weniger Aufwand, in PHP eingebunden werden. Davon sind einige bereits in den Versionen enthalten, die Sie sich von den offiziellen Webseiten besorgen können; nur sind diese Module in der Konfiguration deaktiviert. Falls die mitgelieferten Module für Ihre Ansprüche nicht mehr ausreichen, gibt es noch die Möglichkeit, passende Erweiterungen aus dem Internet zu beschaffen.

Über Module können Sie die Fähigkeiten von PHP in viele Richtungen ausdehnen. Besonders zu erwähnen ist die vielfältige Unterstützung von Datenbanksystemen, allen voran MySQL. Der Bedarf an Datenbanken ist in den vergangenen Jahren extrem gestiegen, auch im World Wide Web. Die Rolle von MySQL oder anderen Datenbankmanagementsystemen ist durchaus mit den Funktionen eines Webservers zu vergleichen: Ein Datenbankserver wartet passiv auf eine an ihn gestellte Anfrage. Sobald eine Anforderung eintrifft, arbeitet der Server sie ab und schickt das Ergebnis zurück an die Quelle der Anfrage.

Relationale Datenbankmanagementsysteme wie MySQL liefern Ergebnisse in Tabellenform; es handelt sich dabei also um Rohdaten, die beim Empfänger weiterverarbeitet oder zumindest in eine darstellbare Form gebracht werden müssen – anders als bei dem Anfrageergebnis von einem Webserver, das ohne Überarbeitung beim Client dargestellt wird.

Die Aufgabe der Weiterverarbeitung oder Aufbereitung übernimmt für Sie forthin PHP. Über Befehle aus dem MySQLi-Modul lassen sich Ergebnisse einer Datenbankabfrage in verschiedene Datenstrukturen überführen, mit denen PHP arbeiten kann. Tabellarische Abfrageergebnisse werden dann Zeile für Zeile abgearbeitet. Die Anwendung einer Datenbank im World Wide Web zeigt Abbildung 2.3.

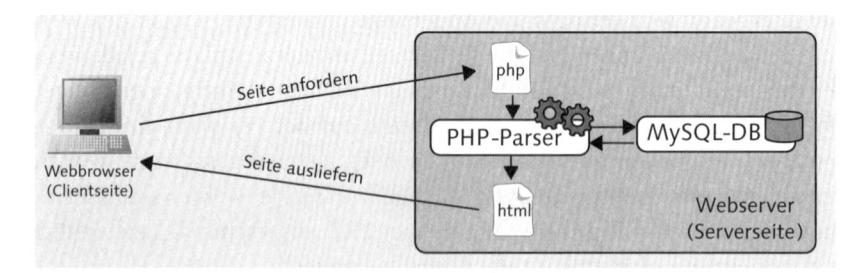

Abbildung 2.3 Interaktionen mit der Datenbank sieht der Anwender nicht.

Natürlich ist es mit PHP auch möglich, Daten in eine MySQL-Datenbank einzutragen. Auch das Speichern von Daten auf einer Webseite geschieht nach dem Blackbox-Prinzip, das heißt, der Anwender weiß nicht, ob die Werte, die er eben in ein Webformular eingegeben hat, in einer Datei auf der Festplatte des Servers oder in einer Datenbank hinterlegt werden. Für den Besucher einer Webseite sind die Situationen aus den Abbildungen 2.1 bis 2.3 also vollkommen identisch.

Der Einsatz von Ajax ändert an diesem Frage-Antwort-Spiel nichts. Ein Ajax-Aufruf wird über JavaScript angestoßen, sobald die Seite per HTTP geladen ist, das heißt, wenn alle benötigten Daten durch den Browser empfangen und interpretiert worden sind. JavaScript schickt dann einen weiteren HTTP-Aufruf an denselben Server und lädt Daten nach. Für den Anwender unterscheidet sich diese Art des Surfens jedoch von der bisherigen: Ohne die Seite (im Sinne von URL) zu wechseln, können dynamisch Daten nachgeladen werden.

2.2 Das HTTP-Protokoll

Der Austausch von Nachrichten und Dateien zwischen Webserver und Browser findet in der Regel über das HTTP-Protokoll statt (HTTP = *Hypertext Transfer Protocol*). Es ist im Besonderen dafür gedacht, Hypertext-Dokumente, also HTML-Seiten, über das Internet zu übertragen. Ebenso gut lassen sich aber auch Multimediadaten und sonstige gängige Dateien über das Protokoll versenden. Zur Übertragung bietet das Protokoll acht verschiedene Methoden an, von denen hier vorerst nur zwei betrachtet werden sollen:

- GET
- POST

Diese beiden Methoden sollten Ihnen aus HTML-Formularen bekannt sein. Mit beiden werden die Parameter des Formulars zum Server übertragen. Bei der GET-Methode werden die Parameter beim Aufruf einer neuen Seite an die URL angehängt. Sie erkennen die Verwendung der GET-Methode daran, dass eine URL in Ihrem Browser etwa so aussieht:

http://www.example.com/index.php?param1=wert1&param2=wert2

Die eigentliche URL wird mit einem Fragezeichen (?) abgeschlossen, es folgen die übermittelten Daten als Name-Wert-Paare mit einem Gleichheitszeichen (=), jeweils getrennt durch ein kaufmännisches Und (&). Im Unterschied dazu enthält eine POST-Anfrage einen gesonderten Datenblock; als Konsequenz sind die Parameter bei POST-Anfragen nicht aus der Adresszeile des Browsers abzulesen.

Eine HTTP-Anfrage, die z. B. nach einem Klick auf einen Link von Ihrem Browser per GET an einen Webserver geschickt wird, sieht wie folgt aus:

```
GET /index.html HTTP/1.1
Host: www.google.de
```

Mit diesem HTTP-Statement wird eine Anfrage an den deutschen Server der Suchmaschine Google geschickt und die Seite *index.html* über die GET-Methode angefragt. Das HTTP-Protokoll kann in zwei Versionen verwendet werden, HTTP/1.0 und HTTP/1.1. Die Versionen unterschieden sich im Wesentlichen darin, dass bei dem älteren HTTP/1.0 alle Dateien, die zur Darstellung der Webseite benötigt werden, einzeln in getrennten Anfragen übertragen werden. Die Google-Startseite enthält eine Bilddatei, das Logo der Suchmaschine: Verwendet der Client die HTTP-Version 1.0, werden also nacheinander zwei Anfragen an den Server geschickt – eine für das HTML-Dokument und eine für die Grafik. HTTP/1.1 kann alle benötigten Daten in einer Anfrage übertragen. Für diesen einfachen Fall einer Anfrage sieht die POST-Variante fast identisch aus. Lediglich das `GET` ist durch ein `POST` zu ersetzen. Signifikante Unterschiede ergeben sich bei Anfragen zwischen den beiden Methoden erst dann, wenn Parameter übertragen werden.

Der Server antwortet auf diese Anfrage direkt mit den angeforderten Dateien. Neben den eigentlichen Daten enthält die Servernachricht einen Header-Block mit Informationen über die Konfiguration des Servers und über die angehängte Datei. Die Antwort, die Google auf diese Anfrage liefert, sieht dann beispielsweise so aus:

```
HTTP/1.1 200 OK
Server: Apache/1.3.29 (Unix) PHP/4.3.4
Content-Length: (Größe von index.html in Byte)
Content-Type: text/html
Connection: close

(Inhalt von index.html)
```

Als Erstes gibt der Server den Status der Anfrage an, codiert als dreistellige Zahl. Es gibt nur gut 40 unterschiedliche Ausprägungen, die ein HTTP-Status[1] annehmen kann. Am bekanntesten sind sicherlich:

- 200 (alles ist glattgegangen)
- 403 (Zugriff verboten)
- 404 (Seite wurde nicht gefunden)
- 500 (interner Serverfehler)

---

1 Eine vollständige Liste aller Statuscodes finden Sie unter
  http://de.wikipedia.org/wiki/HTTP#HTTP-Statuscodes.

Der Header `Server` enthält Informationen, welche Software als Webserver verwendet wird. Diese Daten sind sicherheitsrelevant, zumal sie als Einstiegspunkt für Angriffe auf einen Webserver dienen können! Kennt ein Angreifer die Versionen von Serversoftware und PHP-Parser, kann er sich im Folgenden über deren Sicherheitslücken und Bugs informieren und gezielte Attacken starten. Näheres dazu finden Sie in diesem Buch in Kapitel 11, »Sicherheit«. Um Angreifern das Leben zumindest ein wenig zu erschweren, werden die Versionsinformationen vom Server meist nicht in einer Antwort mitgeschickt.

Alle `Content-*`-Header aus unserem Beispiel beziehen sich auf die Datei, die vom Server mitgeschickt wurde. Sie enthalten u. a. die Größe und den Typ der Datei.

> **Hintergrundinformation**
>
> Dateien, die im WWW oder über E-Mail verschickt werden, sind in verschiedene Typen klassifiziert, die sogenannten *MIME-Typen* (MIME = Multipurpose Internet Mail Extensions). Somit weiß der Empfänger, um welche Art von Datei es sich handelt. Typische MIME-Typen sind:
> - `text` – für Dokument im Klartext wie HTML-Seiten
> - `image` – für alle gängigen Grafikformate wie GIF oder JPEG
> - `application` – für binäre Dateien
>
> Der Versand von Daten bereitet mitunter Schwierigkeiten, wenn Sonderzeichen enthalten sind. In solchen Fällen ist eine Angabe über den verwendeten Zeichensatz zwingend notwendig. Der MIME-Typ enthält dann darüber hinaus Informationen zum Zeichensatz des Inhalts, damit der Empfänger die Daten auch richtig anzeigen kann. Ein gängiger MIME-Typ für HTML-Seiten mit deutschen Umlauten ist beispielsweise:
> `text/html; charset=ISO-8859-1`

Das `Connection: close` signalisiert dem Client schließlich, dass die Anfrage beendet ist und die Verbindung geschlossen wird. Nach dem Header-Block folgt immer eine Leerzeile als Zeichen dafür, dass danach der Inhalt der Datei beginnt. Das bedeutet wiederum, dass im Header-Block *keine Leerzeile* zwischen den einzelnen Headern erlaubt ist. Das HTTP-Protokoll definiert noch eine ganze Reihe weiterer Header-Typen. Neben der Dateicodierung oder Weiterleitungen zu anderen Webseiten können so auch eine Art von Autorisierung und die Steuerung von Zwischenspeichern (Caches) durchgeführt werden.

HTTP ist ein zustandsloses Protokoll. Das bedeutet: Alle Informationen, die während einer Anfrage zwischen Server und Client ausgetauscht werden, gehen bei Beendigung der Anfrage verloren. Fordert derselbe Client eine weitere Datei von dem Server an, weiß der Server nicht mehr, dass er zuvor schon einmal Daten an diesen Client geschickt hat. Das macht die Anwendung des Protokolls sehr einfach, ist aber in solchen Fällen ärgerlich, wenn Sie darauf angewiesen sind, Daten Ihrer

Webseiten-Besucher über mehrere Klicks hinweg zu speichern. Das ist beispielsweise der Fall, wenn sich ein Benutzer mit Benutzernamen und Passwort ausweisen muss, um die Webseite sehen zu dürfen, und das nicht nach jedem Klick wieder tun soll, oder wenn Sie in Ihrem Onlineshop einen Warenkorb haben. Abhilfe schaffen in solchen Fällen Cookies oder Sessions. *Cookies* sind Dateien, die auf dem Client abgelegt und bei späteren Anfragen wieder ausgelesen werden können. *Sessions* werden auf dem Server gespeichert. Beide Konzepte nehmen wir in Kapitel 11, »Sicherheit«, auf Möglichkeiten und Gefahren hin unter die Lupe.

Die Anwendung des HTTP-Protokolls ist zugegebenermaßen sehr technisch und somit auch nicht jedermanns Sache. Ihnen als Benutzer nimmt Ihr Browser den Nachrichtenaustausch mit dem Server ab, so dass Sie die gerade zitierten Statements nicht mühsam in eine Kommandozeile tippen müssen. Für Programmierer von Webapplikationen sind das Hinzufügen eigener Header zu einer Serverantwort und die Erzeugung einer Session mitunter sehr von Vorteil. Das ist beispielsweise der Fall, wenn Sie den Nutzer per HTTP weiterleiten oder eine Datei per PHP erstellen und direkt im Browser ausgeben. Glücklicherweise stellt Ihnen PHP dafür entsprechende Funktionen zur Verfügung.

2.3 Hypertext Markup Language (HTML)

Vorschriften, wie eine Webseite angezeigt werden soll, nimmt Ihr Browser nur in einer Sprache entgegen: der Hypertext-Auszeichnungssprache, kurz *HTML*. Als Konsequenz bedeutet das, dass alle Ausgaben, die Sie mit PHP erzeugen und ansprechend anzeigen lassen wollen, gültiger HTML-Code sein müssen. Zugestanden, Browser sind in der Regel flexibel bei der Interpretation dessen, was der Webserver an Code hinüberschickt. Anders gesagt vergibt ein Browser je nach Hersteller und Modus gewisse Typen von Syntaxfehlern oder versteht auch Statements, die nicht zum aktuellen HTML-Standard gehören.

Wie gesagt müssen PHP-Entwickler, die Code für die Anzeige im Browser schreiben, wissen, wie gültiges HTML aussieht und – besser noch – welche Sprachelemente von den aktuellen Browsern verstanden werden und wo es Unterschiede in der Interpretation gibt. Schließlich hat der Entwickler keinen Einfluss darauf, mit welchem Browser das Ergebnis auf den Monitor gebracht wird. Dafür zu sorgen, dass sein Werk in allen Browserfamilien (Mozilla, Opera, Internet Explorer, Safari, Chrome usw.) akzeptabel aussieht, kann nervenaufreibend sein.

HTML ist eine Anwendung von SGML (Standard Generalized Markup Language), das seit 1986 ein ISO-Standard ist. Das bedeutet, von SGML hat Browsers Liebling die allgemeine Syntax geerbt:

- Ein HTML-Dokument besteht aus einzelnen Elementen in spitzen Klammern.
- Diese Elemente lassen sich beinahe beliebig verschachteln.
- Dazu besteht ein Element aus einem öffnenden Tag (sprich: »Täg«) und einem gleichnamigen schließenden Tag. Darin hierarchisch verschachtelte Elemente befinden sich dazwischen.
- Elemente werden durch Attribute weiter beschrieben.

Die Grundstruktur ist immer gleich: Auf oberster Ebene existiert ein <html>-Tag, in der Ebene darunter kann es nur jeweils ein <head>- und ein <body>-Tag geben. Im Kopfteil werden Informationen abgelegt, die nicht direkt sichtbar sind, wie etwa der Seitentitel, Referenzen zu Style Sheets und JavaScript. Der Rumpfteil enthält dann diejenigen Elemente, mit denen der Browser die Inhalte der Webseite auf den Monitor bringt.

Gültiges HTML lässt sich immer als Baum darstellen (im Sinne der Informatik), das heißt, die Hierarchie und die Beziehung Eltern-Element zu Kind-Element ist eindeutig. Ein Eltern-Element kann beliebige viele direkte und indirekte Kinder haben; ein Kind-Element hat aber immer nur genau ein Eltern-Element – abgesehen von der Wurzel des Baumes, dem elternlosen <html>-Tag.

Die beschriebene Struktur ist die Basis für den sogenannten *DOM-Baum*. DOM steht für »Document Object Model« und definiert Zugriffsmöglichkeiten auf einzelne Elemente in einem HTML-Dokument. In Listing 2.1 ist ein einfaches HTML-Dokument zu sehen. Der Inhalt des Elements <p> ist das Einzige, was durch den Browser damit auf den Monitor gebracht wird.

```
<html xmlns="http://www.w3.org/1999/xhtml">
<head>
</head>
<body>
    <p id="Absatz_1" class="Information">
       Dies ist ein Absatz.
    </p>
</body>
</html>
```

Listing 2.1 HTML in seiner einfachsten Form

Das Dokument enthält neben den obligatorischen Angaben zwei optionale Attribute im <p>-Tag: ein id und ein class. Über die eindeutige ID lassen sich Elemente gezielt in einem Dokument identifizieren, das heißt, es gibt kein Elementpaar mit derselben ID. Dies wird beispielsweise von JavaScript verwendet, um Elemente während der Anzeige zu verändern. Dagegen wird durch eine Klasse beispielsweise in Form von kaskadierenden Style Sheets (*Cascading Style Sheets – CSS*) festgelegt, wie das Layout von Elementen auszusehen hat. Anders als die ID kann eine Klasse gleichzeitig bei mehreren Elementen Anwendung finden.

Der HTML-Code aus Listing 2.1 kann durch DOM-Programme baumartig visualisiert werden; zu sehen in Abbildung 2.4. Leicht wiederzuerkennen ist die grundlegende Struktur, wobei das `<html>`-Tag in dieser Darstellung nicht so elternlos erscheint wie bislang angegeben. Darüber steht noch das generische `document`, das spätestens durch die Verwendung von JavaScript bekannt sein sollte.

DOM-Strukturen werden in PHP durch einen eigenen Befehlssatz unterstützt. Die Manipulation von Webseiten mit JavaScript durch Zugriff auf den DOM-Baum wird uns im Praxisteil dieses Buches wieder begegnen.

> **Hinweis**
>
> Es gibt unterschiedliche Werkzeuge für die Visualisierung und die Manipulation des DOM-Baumes. Sinnvollerweise existieren solche Tools auch als Plug-in für Browser: Der für die Abbildung verwendete »DOM Inspector« ist ein Add-on für den Mozilla Firefox.

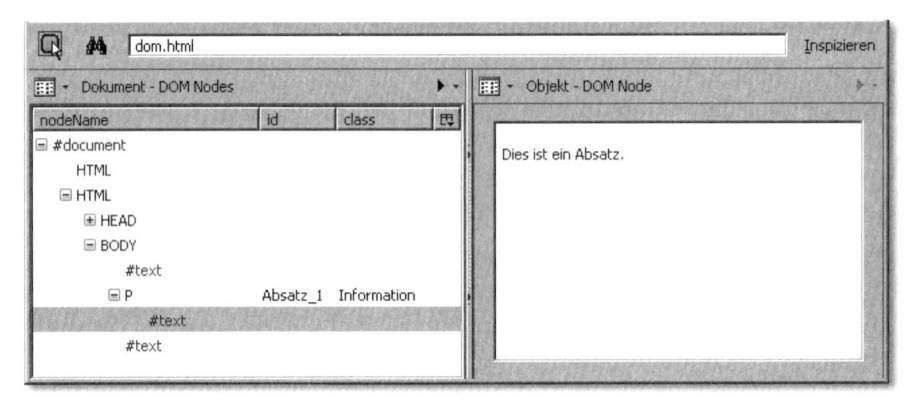

Abbildung 2.4 DOM-Darstellung unserer HTML-Seite

2.4 Anbieter und Anwender

Das Internet wäre wirklich langweilig, wenn Sie dort als Einziger unterwegs wären. Glücklicherweise sind Sie das nicht, anderenfalls könnte man auch wohl kaum von einem »Netzwerk« sprechen. Mit dem Internet haben täglich Millionen Menschen zu tun, in durchaus unterschiedlicher Funktion. Wenn Sie Inhalte im Internet publizieren, sind diese – theoretisch – für jeden anderen Anwender sichtbar. Bis Sie Inhalte einstellen können und sobald es so weit gekommen ist, haben Sie es mit einer Vielzahl von Personen zu tun. Dass das mehr sind, als Sie auf den ersten Blick annehmen, wollen wir Ihnen im folgenden Abschnitt zeigen. Dazu wollen wir zwei Personengruppen getrennt betrachten:

- Anbieter von Ressourcen oder Personen, die darüber Kontrolle haben
- Besucher Ihrer Seite/Nutzer Ihres Websystems

2.4.1 Anbieter/Ressourceninhaber

Anbieter und Inhaber bieten Ihnen Ressourcen an, also in erster Linie Festplattenplatz für Ihre Skripte und MySQL-Datenbanken, und sorgen dafür, dass diese öffentlich erreichbar sind. Ferner ist unter »Ressourcen« auch die Infrastruktur des Webspace zu verstehen, also welche Softwareversionen von Webserver, PHP und MySQL installiert sind und beispielsweise welche Module unter PHP genutzt werden können.

Wenn Sie für das World Wide Web programmieren, mieten Sie in der Regel Festplattenplatz und Infrastruktur bei einem Webhoster an oder nutzen ähnlich umfangreiche freie Angebote. Kostenloser Webspace ist immer noch weitverbreitet, bringt zumeist einen zufriedenstellenden Funktionsumfang mit und ist zuverlässig, also annähernd unterbrechungsfrei erreichbar. Allerdings wird die Nutzung oft – aber nicht immer – mit der Einblendung von Werbung gegenfinanziert. Solche Angebote sind anfangs die richtige Wahl, wenn Sie PHP und MySQL kennenlernen und nicht von Beginn an ein produktives System aufbauen wollen. Die ständige Erreichbarkeit wird nicht garantiert – auch wenn sie de facto gegeben ist –, und Sie bekommen selten eine eigene Top-Level-Domain, sondern eher eine Adresse wie

http://name-des-anbieters.de/ihr-ordner oder
http://ihre-subdomain.name-des-anbieters.de

vom Anbieter zugewiesen.

> **Hinweis**
>
> Kostenlosen Webspace finden Sie am schnellsten über Webseiten wie *http://www.kostenlos.de*. Dort sind viele Anbieter aufgelistet, inklusive Angaben über Funktionsumfang und eventuelle Beschränkungen – wenn etwa keine Dateien größer als 1 Megabyte hochgeladen werden dürfen.

Für Erreichbarkeitsgarantie jenseits der 99 % und spezielle Funktionalitäten, die über die Standardkonfigurationen von Webserver, MySQL und PHP hinausgehen, müssen Sie schon bei einem kostenpflichtigen Webhoster bestellen. Je nach Anspruch des Hosters an sein eigenes Angebot bekommen Sie dort beispielsweise Unterstützung für SSL, also für verschlüsselte Verbindungen zwischen Webserver und Browser, oder Cronjobs, das heißt die zeitlich festgelegte, automatische Ausführung von Skripten oder Programmen. Mit steigendem Paketpreis wächst auch der Festplattenplatz für Skripte und Datenbanken. Wie tief Sie für Webspace in die eigene Tasche greifen, hängt also auch davon ab, was Sie damit zu tun beabsichtigen. Ausreichende Angebote sind aber eigentlich immer zu Monatspreisen im einstelligen Eurobereich zu haben.

> **Hinweis**
>
> Auch für kostenpflichtige Hoster gibt es Webseiten, die einen Überblick liefern und ein schnelles Vergleichen ermöglichen. Ein deutscher Vertreter dieser Gattung ist *http://www.webhostlist.de*. Dort können Sie aus einer Vielzahl von Anbietern nach mehreren Faktoren einen passenden heraussuchen.

Webhoster geben ihren Kunden eine festgeschnürte Entwicklungsumgebung vor. Bei günstigen Angeboten nutzen mehrere Kunden dieselbe Umgebung, das heißt, für sie sind Webserver, Datenbank und Skript-Parser nur ein einziges Mal installiert, und jeder Benutzer darf seine Skripte in einem eigenen Ordner auf der Festplatte speichern. Änderungen an der Umgebung, z. B. eine Neuinstallation von PHP, betreffen alle Benutzer. Die Konfiguration von PHP lässt sich dabei von Kundenhand selten verändern, Module können nicht auf eigene Faust nachinstalliert werden, und manche Befehle sind aus Sicherheitsgründen gesperrt. Mit diesen Maßnahmen schützt der Hoster die Daten seiner gesamten Kundschaft vor Zugriffen Einzelner und sichert den Betrieb gegen ungewollte Störungen – beispielsweise durch schlechte Programmierung – sowie gegen absichtlich durchgeführte Angriffe. Tritt also ein Problem mit den Skripten eines Nutzers auf, ist im schlimmsten aller Fälle die Leistung für alle Nutzer beeinträchtigt. Das lässt sich entweder mit den bereits genannten Begrenzungen verhindern oder dadurch, dass alle Nutzer in einer eigenen Umgebung arbeiten, was für den Hoster mit Kosten verbunden ist. Auch für die Freiheiten, die man bei seinem Webhoster zugestanden bekommt, gilt also: Leistung kostet.

Anstatt ein Webhosting-Paket zu nutzen, gibt es noch die Möglichkeit, virtuelle private Server (VPS) oder ganze Server anzumieten. VPS verhalten sich nach außen hin wie ein Server, sind also voneinander unabhängige Entwicklungsumgebungen. Allerdings können mehrere VPS auf einem physischen Server untergebracht sein. Jedem VPS sind dann Ressourcen wie Speicher fest zugewiesen. Dass ein Server einen anderen beeinträchtigt, ist somit ausgeschlossen. Mit solchen Servern, ob virtuell oder physisch, lässt sich natürlich allerhand anstellen: Sobald Sie Administratorenrechte auf Ihrem Server haben, können Sie nach Belieben Software installieren, Module an- oder abschalten und Änderungen an den Konfigurationen vornehmen. Wenn Sie dann speicherfressende Applikationen programmieren, die den Server zum Absturz bringen, läuft der Hoster nicht Gefahr, mit Beschwerden anderer Nutzer eingedeckt zu werden. Da die Nutzung eines eigenen Servers für die wenigsten von Ihnen zutreffen wird, wollen wir darauf auch nicht weiter eingehen.

Anders verhält es sich, wenn Sie als Programmierer einem Webmaster unterstellt sind. In einem solchen Fall müssen Sie sich keine Gedanken über Konfigurationen oder Zugriffsrechte machen. Das ist dann Aufgabe des Webmasters. Wenn Sie für Ihre Skripte zusätzliche Module benötigen, muss sich der Administrator darum kümmern, sie zu aktivieren, oder er wird Ihnen eine Abfuhr erteilen. Dem Administrator sind dieselben Grenzen gesetzt, die Sie als eigenständiger Programmierer auch hätten und die wir bereits erläutert haben.

Auf jeden Fall – unabhängig davon, ob Sie mit einem Webhoster oder Webmaster arbeiten – sollten Sie die eigene Testumgebung dem Umfeld anpassen, in dem Sie Ihre Skripte späterhin produktiv laufen lassen wollen. Das bedeutet, dass Sie PHP und MySQL auf Ihrem Entwicklungsrechner so konfigurieren, wie es bei Ihrem Hoster der Fall ist. Es wäre doch ärgerlich, wenn Sie Skripte auf dem heimischen Rechner lauffähig programmiert und getestet haben, nur um dann festzustellen, dass der Hoster eines Ihrer benutzten Module nicht unterstützt.

2.4.2 Nutzer Ihres Systems

Sicherlich gibt es ihn, den Idealtypus eines Webseiten-Besuchers: Er nutzt zur Navigation die Links der Webseite und errät nicht aus der Adresszeile des Browsers, wie die einzelnen Unterseiten heißen, um direkt dorthin zu springen. Er drückt nicht dauernd die Schaltflächen »Aktualisieren« und »Zurück« in seinem Browser, um zu sehen, was passiert, wenn die Daten mehrfach in ein Gästebuch bzw. die Datenbank eingetragen werden. Wenn er aufgefordert wird, persönliche Daten einzugeben, tut er das gerne und benutzt für die Postleitzahl auch genau fünf Ziffern.

Wenn es nur solche Anwender gäbe, müssten sich Webmaster und Programmierer, Webhoster und Sicherheitsbeauftragte weniger graue Haare wachsen lassen. Dann würde viel weniger Code produziert werden, mit dem genau die gleichen Funktionalitäten implementiert sind. Stattdessen liegen manche Nutzer Ihrer Seiten und Systeme charakterlich so weit vom Idealtypus entfernt wie irgend möglich. Und damit wollen wir nicht gleich jedem kriminelle Energie bescheinigen. Der Neugierige, der einfach wissen will, wie ein System mit einer vierstelligen Postleitzahl umgeht, ist genauso vertreten wie der Scherzkeks, der ein generelles Verständnis für Schwierigkeiten der Webentwicklung hat und sich an doppelten

Einträgen in Gästebüchern erfreut. Auch häufig anzutreffen sind die Ahnungslosen, die den »Aktualisieren«-Knopf als passables Mittel für jede Situation kennen, jedes auftretende Dialogfenster positiv bestätigen und eigentlich nicht wissen, was es bedeutet, die POST-Daten erneut zu senden (siehe Abbildung 2.5).

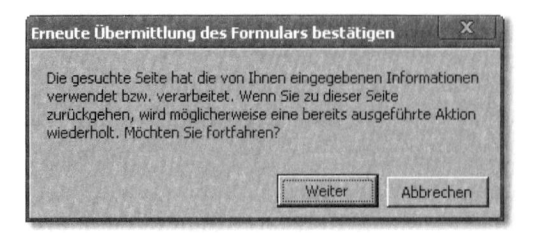

Abbildung 2.5 Wollen Sie das wirklich?

Ebenso vorhanden wie die drei vorigen Kategorien sind allerdings auch die »Hacker«, die gezielt versuchen, Computer unter ihre Kontrolle zu bringen. Hacker zeichnen sich durch gute Kenntnisse aus, was die Lücken und Tücken der Webprogrammierung angeht. Darüber hinaus handeln sie oft mit finanziellem oder ideologischem Hintergrund.

Viele von Ihnen mögen jetzt denken: »Meine Webseite ist so klein und wird relativ selten besucht, so dass sie für eine Verunstaltung durch Hacker sicher nicht interessant genug ist.« Es geht Hackern aber selten darum, Webseiten zu verunstalten, also sogenanntes *Defacement* zu betreiben. Dieser Art von Attacken fallen in der Tat zumeist große und bekannte Webseiten zum Opfer. Es gibt jedoch andere Missbrauchsmöglichkeiten, die von weitaus böswilligerer Natur sind und für die sich nahezu jeder Webspace mit PHP-Unterstützung nutzen lässt. Einerseits stellt PHP beispielsweise einen einfachen Mailbefehl zur Verfügung, mit dem Sie komfortabel viele E-Mails in kurzer Zeit verschicken können. Hat ein Hacker also Kontrolle über Ihren Webspace gewonnen, kann er ungehindert Spam-E-Mails verbreiten. In erster Instanz fällt das dann auf Sie zurück. Andererseits kann ein Hacker Ihren Rechner für *DoS*-Attacken (DoS = *Denial of Service*) benutzen. Dabei ist Ihr Webspace nicht das vorrangige Ziel, sondern nur ein Werkzeug, um einen anderen Server anzugreifen. Das primäre Ziel wird dann dadurch in die Knie gezwungen, dass zeitgleich so viele HTTP-Anfragen von unterschiedlichen gekaperten Rechnern an ihn geschickt werden, bis er sie nicht mehr alle abarbeiten kann.

Das World Wide Web bietet eine Unmenge an Möglichkeiten für Hacker, Angriffe zu starten. Es ist interaktiv, das bedeutet, der Nutzer wird an vielen Stellen dazu aufgefordert, eigene Daten einzugeben. Die Daten werden über Protokolle transportiert, die bei Weitem nicht lückenlos sind. Und zu guter Letzt sind sich die Autoren von Websystemen nicht immer der Gefahren bewusst, die sie selbst heraufbeschwören. Fakt ist, dass die meisten Lücken nicht durch fehlerhafte Software wie etwa Webserver oder Parser entstehen, sondern durch fahrlässige Programmierung. Um dem entgegenzuwirken, müssen Sie als Programmierer selbst kriminelle Energie entwickeln oder entwickeln lassen. Prüfen Sie Ihre Skripte selbst auf bekannte Anfälligkeiten, die wir in den Sicherheitskapiteln des zweiten und dritten Teils näher erläutern; geben Sie ruhig einmal vierstellige Postleitzahlen ein, und prüfen Sie, ob alle Fehler abgefangen werden. Wenn Sie dabei zu milde mit sich umgehen, bitten Sie einfach einen guten Freund oder eine Freundin darum.

Sie können leider nicht voraussagen, welche Art von Menschen Ihre Systeme nutzen und wie weit sie vom Idealtypus entfernt sind. Zwischen tausend anständigen Anwendern kann einer sein, der – aus welchem Grund auch immer – nur vier Stellen bei der Postleitzahl eingibt. In solchen Fällen müssen Sie als Programmierer vorgesorgt haben. Deswegen gilt von nun an das Motto: »Never trust the user.«

Zum Loslegen brauchen Sie neben aktuellen Versionen von PHP und MySQL noch eine Webserver-Software. Alternativen gibt es viele, darunter auch frei verfügbare Software. Durchgesetzt hat sich hauptsächlich ein Webserver: der Apache.

3 Installation

Wie PHP und MySQL ist der Apache Webserver ein Open-Source-Projekt, das speziell in der Linux- und Unix-Welt sehr weit verbreitet ist. Windows-Nutzer kommen aber ebenso in den Genuss, den Webserver nutzen zu können, wie Besitzer eines Macs. Die Software ist das Zugpferd der gleichnamigen Software-Foundation und wird von Freiwilligen permanent weiterentwickelt und mit Blick auf Neuerungen des Webs auf einem aktuellen Stand gehalten. Eigener Anspruch der Entwickler ist es, eine sichere, robuste und auch kommerziell nutzbare Software zur Verfügung zu stellen.

Während der Apache unter Linux ein fast unangefochtenes Dasein fristet, konkurriert er in der Windows-Welt mit dem Microsoft-eigenen »Internet Information Server« (IIS), der mittlerweile in der Version 7.5 in Windows-Betriebssystemen integriert ist. Anders als der Apache ist der IIS nativ mehr als ein Webserver. Er unterstützt ebenso Protokolle wie FTP oder SMTP und das »hauseigene« ASP. Im Gegenzug ist die freie Software in viele Richtungen erweiterbar; u. a. wird der Apache somit auch PHP-fähig. Zusammengenommen laufen die beiden Programme auf ungefähr acht von zehn Webservern weltweit, wobei die freie Software mit 65 % Marktanteil uneinholbar vorn liegt. Fairerweise ist zu sagen, dass der Apache durch die Unix/Linux-Dominanz auf dem Servermarkt begünstigt ist, aber auch davon, dass die Software in mehreren Linux-Distributionen von vornherein verfügbar und damit installationsfrei nutzbar ist. Die gesamte weitere Konkurrenz rangiert nur unter »ferner liefen«.

> **Hinweis**
>
> Statistiken über die Verbreitung von Webserver-Software und über das Wachstum des Internets werden monatlich erhoben und im World Wide Web veröffentlicht. Aktuelle Zahlen finden Sie u. a. unter *http://www.netcraft.com*.

Im Folgenden werden wir ausschließlich auf den Apache eingehen, um Sie als Leser nicht gleich auf ein Betriebssystem festzunageln. Das hat nicht nur den Hintergrund, dass Sie privat oder auf Ihrem Entwicklungsrechner etwas anderes als Windows nutzen könnten, sondern auch, dass Ihr Hoster in der Regel eine Unix- bzw. Linux-Distribution einsetzt. Möchten Sie statt des Apache eine andere Serversoftware installieren, verweisen wir Sie für die Installation auf das entsprechende Handbuch.

Die Kombination aus Apache, MySQL und PHP hat es zu unbestrittenem Ruhm gebracht. Und weil es zu lange dauert, zu sagen: »Auf meinem Rechner laufen Linux, der Apache Webserver zusammen mit MySQL-Datenbank und PHP«, und weil man im Internet mit Abkürzungen ohnehin näher am Puls der Zeit sitzt, sagt man stattdessen: »Bei mir läuft LAMP«, abgeleitet aus den Anfangsbuchstaben der Komponenten. Der Kern des Ganzen ist, wie schon in der vorigen Diskussion über Webserver angeklungen, das AMP, unabhängig vom darunterliegenden Betriebssystem. Im weiteren Sinne geht es also um *AMP-Systeme. So gibt es neben LAMP auch die weitaus unbekannteren Varianten WAMP für Windows und MAMP für den Mac. Das * ist in diesem Fall wieder ein Platzhalter für mehrere Alternativen. AMP-Systeme sind als Pakete in verschiedenen Versionen direkt aus dem Internet zu beziehen. Das erspart dem Nutzer den Aufwand, die einzelnen Bestandteile von unterschiedlichen Webseiten zu besorgen, zu installieren und aufeinander abzustimmen.

XAMPP

XAMPP ist eines dieser Pakete. Das X im Namen ist synonym zum Platzhalter *, den wir bislang benutzt haben. XAMPP ist neben Linux (in verschiedenen Distributionen), Microsoft Windows (seit Windows 2000) und Mac OS X auch für Solaris SPARC zu haben. Das »überschüssige« P im Namen steht für Perl, das ebenfalls integriert ist.

XAMPP wird von den »Apache Friends« zusammengestellt und regelmäßig aktualisiert. Unter *http://www.apachefriends.org* finden Sie immer die aktuellste Version des Basispakets und eventuelle Erweiterungen. Auf der Webseite sind auch Hinweise zu finden, wie Sie XAMPP installieren, und nicht zuletzt eine Liste namens »Häufig gestellte Fragen« (FAQ = *Frequently Asked Questions*). Darin wird nicht zuletzt die häufig auftretende Frage beantwortet, warum XAMPP auch für Linux zu haben ist, wo doch viele Linux-Distributionen die einzelnen Komponenten von Haus aus mitbringen.

Für einen schnellen Start in die Webprogrammierung in einer AMP-Umgebung ist XAMPP die ideale Wahl. Die Installation geht sowohl Einsteigern als auch Profis schnell von der Hand. Die Konfiguration aller Komponenten ist weitgehend durch das Paket schon von vornherein vorgegeben, und für die letzten Einstellungen benötigen Sie kaum mehr als fünf Minuten. Die meiste Zeit werden Sie damit verbringen, eine Version aus dem Internet herunterzuladen. Die Distributionen haben eine Größe zwischen 40 und 150 Megabyte; für diejenigen, die nicht über einen Breitbandanschluss zum Internet verfügen, nach wie vor eine zeitraubende Angelegenheit. Die Downloads werden über *http://sourceforge.net* abgewickelt, eine Plattform für freie Software, zu der Sie weitergeleitet werden, wenn Sie bei den »Apache Friends« eine Distribution aussuchen. SourceForge ist immer einen Besuch wert. Einige freie Pakete und Klassen, die wir Ihnen im Praxisteil dieses Buches vorstellen wollen, werden dort unterhalten.

> **CD-ROM zum Buch**
>
> Auf der CD-ROM zum Buch ist die Version von XAMPP zu finden, die bei Drucklegung aktuell war. Die Distributionen hier ändern sich allerdings noch rapider als diejenigen anderer Software, so dass es zur CD-ROM-Version bereits einen Nachfolger gibt. Auf der Webseite der »Apache Friends« werden jedoch laufend Upgrade-Versionen veröffentlicht, mit denen Sie Ihre Distribution wieder auf den neuesten Stand bringen können.

3.1 Microsoft Windows

Von XAMPP gibt es für Windows zwei Versionen: *XAMPP Lite* ist eine abgespeckte Version des eigentlichen Basispakets. Die beiden Distributionen unterscheiden sich im Funktionsumfang und im Installationskomfort.

3.1.1 Installation des XAMPP-Basispakets

Das Basispaket ist eine komplett lauffähige, sichere und robuste Lösung, die Sie mit optionalen Erweiterungen ergänzen können. Im Paket ist neben den eigentlichen AMP-Komponenten weitere Software enthalten.

Komponente	Beschreibung
Mercury Mail	E-Mail-System für Windows und Novell Netware
FileZilla	FTP-Server zum Anbieten von Dateien
phpMyAdmin	eine Administrationsoberfläche für MySQL-Datenbanken
OpenSSL	eine quelloffene Implementierung für Verschlüsselung des Datenverkehrs zwischen Webserver und Browser
Control Panel	Oberfläche zum Starten und Stoppen der Komponenten
Webalizer	ein Statistikmodul für Webserver-Log-Dateien
Tomcat	Implementierung von Java Servlet und JavaServer Pages

Tabelle 3.1 Bestandteile des Basispakets

Das Paket können Sie auf zwei unterschiedliche Arten installieren:

- Die Installer-Version eignet sich besonders für den Einsteiger, der wenig Erfahrung mit dem Windows-Dateisystem hat. Im Prinzip müssen Sie sich hier nur »durchklicken«.
- Das selbstextrahierende Archiv entpackt die Dateien direkt in das Dateisystem Ihrer Festplatte. Allerdings müssen Sie die Konfiguration danach von Hand ausführen.

Installation mit grafischer Oberfläche

Die Installer-Version hat den Vorteil, dass Sie während des gesamten Vorgangs von Dialogen begleitet werden, in denen genau beschrieben steht, was zu tun ist. Ein weiterer Vorteil ist, dass eine Deinstallation zu einem späteren Zeitpunkt über das Windows-SOFTWARE-Menü mit einem einfachen Doppelklick möglich ist. Damit werden alle Spuren von XAMPP beseitigt, ohne dass Sie auf Ihrer Festplatte Dateien manuell löschen müssen.

Laden Sie sich die Installer-Datei auf Ihre Festplatte herunter, und führen Sie sie dann mit einem Doppelklick aus. Sobald das Programm gestartet ist, müssen Sie das Installationsverzeichnis angeben. Dorthin werden alle Programmdateien kopiert (siehe Abbildung 3.1).

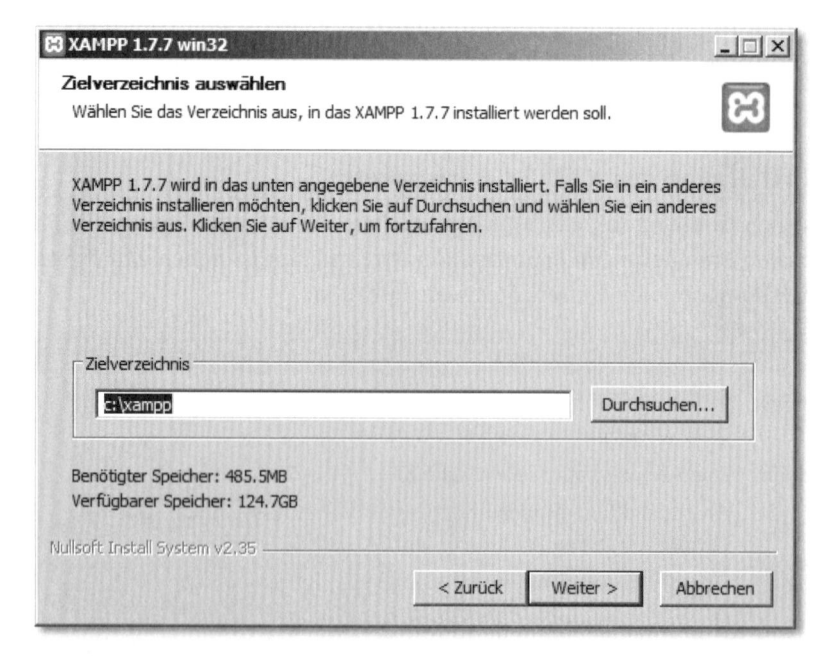

Abbildung 3.1 Wählen Sie ein Installationsverzeichnis.

Achten Sie bei der Wahl des Installationsverzeichnisses darauf, dass Sie auch später noch wissen, wohin die Dateien kopiert wurden. Nach der Installation sind noch einige Anpassungen notwendig. Bei der Installer-Version ist das gewählte Verzeichnis endgültig. Sie können die Dateien im Nachhinein nicht mehr verschieben, ohne die Deinstallationsroutine funktionsuntüchtig zu machen. Sollten Sie die Dateien zu einem späteren Zeitpunkt dennoch woanders ablegen wollen, kopieren Sie die Daten einfach in das neue Verzeichnis und deinstallieren die ursprüngliche Version. Die Funktionsweise bleibt vom Verschieben vollkommen unbeeinträchtigt; lediglich eine neue Konfiguration ist notwendig.

Sobald Sie den Installationsort ausgewählt haben, werden die Dateien kopiert. Das kann einige Minuten dauern. Der Installationsfortschritt wird Ihnen angezeigt, ebenso die gerade kopierten Dateien.

Das gesamte Paket bläht sich auf fast 500 Megabyte auf. Sind alle Dateien und Ordner an ihrem Platz, startet automatisch die Konfiguration in der Kommandozeile (siehe Abbildung 3.2). Hier müssen Sie nicht eingreifen, das Fenster schließt sich nach getaner Arbeit wieder.

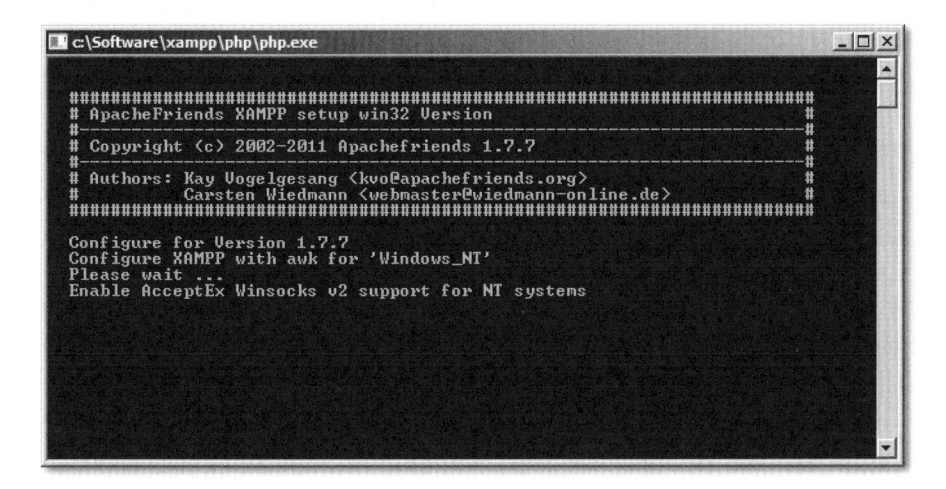

Abbildung 3.2 XAMPP führt die Konfiguration automatisch durch.

Die Konfiguration ist auch zu einem späteren Zeitpunkt möglich, indem Sie die Datei *setup_xampp.bat* im Hauptverzeichnis starten. Damit ist die Installation abgeschlossen, und Ihre Entwicklungsumgebung ist sofort und ohne Neustart des Computers einsatzfähig.

Installation aus einem Archiv

Das ZIP-/7Zip-Archiv kommt etwas spartanischer daher (siehe Abbildung 3.3). Sie werden prompt auf Englisch darum gebeten, das Verzeichnis anzugeben, in das die Dateien extrahiert werden sollen.

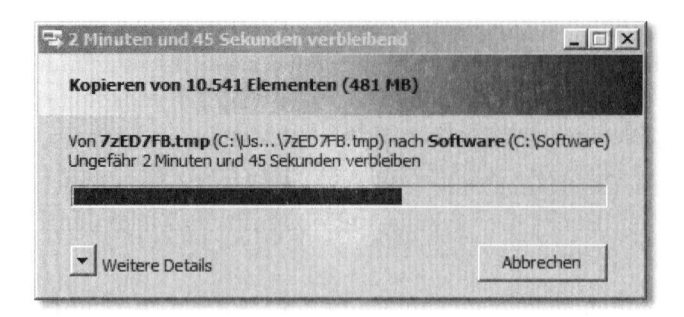

Abbildung 3.3 Spartanisch, aber es erfüllt seinen Zweck.

Bis alle Dateien entpackt sind, dauert es dann wieder einige Minuten. Für die Konfiguration müssen Sie jedoch noch einen Finger rühren. Wechseln Sie dazu in Ihrem Windows-Explorer in den Installationsordner. Darin befindet sich eine Datei mit Namen *setup_xampp.bat*. Führen Sie die Datei mit einem Doppelklick aus. Die Komponenten werden damit ohne Ihr Zutun konfiguriert. Damit ist so weit alles einsatzbereit.

Die gepackte Version ohne grafische Installationsroutine hat den Vorteil, dass keine Einträge in Ihrer Windows-Registrierungsdatei vorgenommen werden. Ob die Tatsache, dass dadurch keine Deinstallation über den SOFTWARE-Dialog in der Windows-Systemsteuerung möglich ist, vorteilhaft oder von Nachteil ist, liegt im Auge des Betrachters. Da die Installation nicht in der Windows-Registry verankert ist, können Sie den gesamten XAMPP-Ordner nach Belieben auf Ihrer Festplatte verschieben. Allerdings müssen Sie, sobald Sie den Ordner woanders abgelegt haben, einmalig die Konfiguration neu ausführen. Um XAMPP wieder zu »deinstallieren«, löschen Sie den kompletten Ordner.

3.1.2 Installation von XAMPP Lite

Die abgespeckte Version enthält die wesentlichen Programmteile, die Sie benötigen, um PHP mit MySQL nutzen zu können. Dafür ist die Download-Datei auch wesentlich kleiner. Was die Version umfasst, zeigt Tabelle 3.2.

Komponente	Beschreibung
phpMyAdmin	eine Administrationsoberfläche für MySQL-Datenbanken
Control Panel	Oberfläche zum Starten und Stoppen der Komponenten

Tabelle 3.2 Bestandteile von XAMPP Lite

Insbesondere fehlen hierbei die Server für E-Mail und FTP. Das beeinträchtigt die Programmierung mit PHP und MySQL allerdings gar nicht. Dennoch kommt das »Leichtgewicht« auf knappe 400 Megabyte an Speicherbedarf.

Installieren lässt sich die Lite-Version nur aus einem Archiv heraus. Das Entpacken der Dateien geht noch einmal deutlich schneller als beim Basispaket und funktioniert analog. Die Konfiguration müssen Sie wiederum von Hand über die Datei *setup_xampp.bat* vornehmen. Obwohl XAMPP Lite nur unregelmäßig erneuert wird, ist es zumeist auf einem akzeptabel aktuellen Stand. Die Version eignet sich also sehr gut, wenn Sie nicht mehr als die AMP-Komponenten benötigen. Außerdem sind weitaus weniger Erweiterungen für PHP in der abgespeckten Version enthalten, darunter Schnittstellen zu Java oder erweiterte XML-Funktionen. Diese können Sie aber nachinstallieren, sobald Sie sie brauchen.

3.1.3 Starten und Beenden der Server

Sowohl das Basispaket als auch die abgespeckte Version verfügen über eine grafische Oberfläche, mit der Sie die einzelnen Server starten und beenden können: das *XAMPP Control Panel* (siehe Abbildung 3.4).

Sie finden das Programm im Hauptverzeichnis Ihres Installationsordners unter dem Namen *xampp-control.exe*. Wenn Sie für die Vollversion den Installer benutzt haben, wurde eine Verknüpfung zum Control Panel auf Ihrem Desktop angelegt.

In der oberen Hälfte des Dialogs sehen Sie die Einstellungen für die einzelnen Server, die untere Hälfte bietet ein Statusfenster, das die letzten Aktionen dokumentiert. Die einzelnen Server starten Sie mit einem Druck auf den entsprechenden Startknopf rechts daneben. Laufende Server werden als RUNNING markiert – Z zeigt, wie die Situation mit aktiviertem Apache und MySQL-Server aussieht. Jeder Server lässt sich als Dienst unter Windows einbinden und damit beispielsweise beim Hochfahren starten. Zum Einrichten eines Dienstes genügt es, ein Häkchen im Kästchen Svc neben dem Servernamen zu setzen und alle auftretenden Dialoge entsprechend zu quittieren.

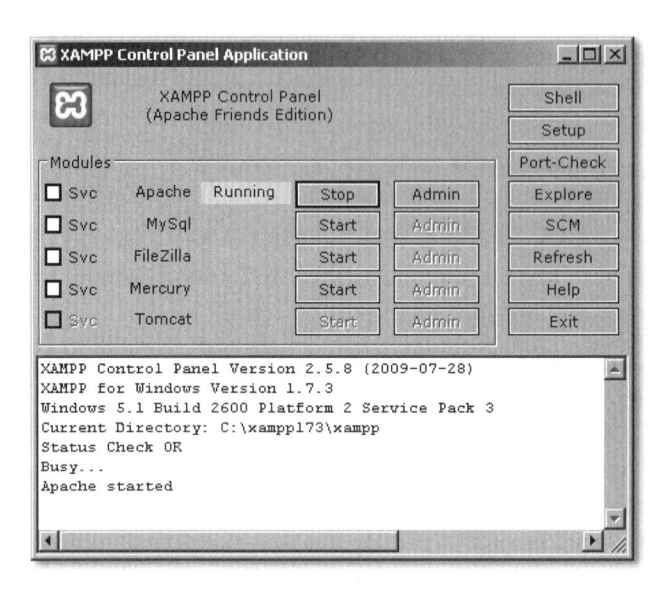

Abbildung 3.4 XAMPP Control Panel

> **Hinweis**
>
> Sollten Sie eine Firewall auf Ihrem Rechner installiert haben, werden Sie unter Umständen von ihr gewarnt, dass der Apache, MySQL und die anderen XAMPP-Komponenten beim Starten auf das Internet zugreifen oder als Server agieren wollen. Das ist okay. Dadurch werden die Komponenten allerdings auch über das Netzwerk erreichbar.

Sobald der Apache Webserver läuft, können Sie ihn testen. Geben Sie dazu in die Adresszeile Ihres Browsers Folgendes ein:

http://127.0.0.1

Diese Adresse bezeichnet immer Ihren lokalen Computer. Alternativ dazu können Sie auch *http://localhost* schreiben. Sofern ein einladendes XAMPP-Logo erscheint, ist alles in bester Ordnung.

3.2 Linux

Für Linux-Nutzer steht eine XAMPP-Version als gezipptes Tarball-Archiv auf den Servern der »Apache Friends« bereit. Das Paket enthält eine ganze Reihe von Programmen und Bibliotheken, von denen nur die wichtigsten in Tabelle 3.3 aufgeführt sind.

Komponente	Beschreibung
SQLite	ein alternatives Datenbanksystem
Perl	unter Linux noch im Paket enthalten
ProFTPD	ein FTP-Server
phpMyAdmin	die Administrationsoberfläche für MySQL-Datenbanken
phpSQLiteAdmin	das Gegenstück von phpMyAdmin für SQLite
Control Panel	Oberfläche zum Starten und Stoppen der Komponenten
OpenSSL	für verschlüsselten Datenverkehr
OpenLDAP	der freie Client für den Verzeichnisdienst Lightweight Directory Access Protocol
Expat	eine XML-Erweiterung für PHP
Sablotron	ein XSLT-Parser für PHP
Webalizer	ein Statistikmodul für den Apache
eAccelerator	Modul zur Beschleunigung von PHP-Skripten

Tabelle 3.3 Komponenten des Linux-XAMPP

Laden Sie das Archiv herunter. Geben Sie dann in einer Linux-Shell den folgenden Befehl ein, um die Dateien zu entpacken:

```
tar xvfz xampp-linux-versionsnummer.tar.gz -C /opt
```

Der Dateiname enthält die Versionsnummer des Pakets, die Datei heißt dann beispielsweise *xampp-linux-1.7.7.tar.gz*.

Hinweis

Für das Entpacken der Dateien benötigen Sie die Rechte eines System-Administrators.

Beim Extrahieren des Archivs wird der Ordner */opt/lampp* angelegt. Falls er schon existiert, wenn Sie also beispielsweise schon eine vorherige Version von XAMPP installiert haben, werden die alten Ordner überschrieben.

Die Server starten Sie mit dem Befehl: `/opt/lampp/lampp start`.

Als Bestätigung erhalten Sie die Meldung: `XAMPP gestartet`.

Um die Installation zu testen, geben Sie in die Adresszeile Ihres Browsers die URL *http://localhost* ein, nachdem Sie die Server gestartet haben. Es sollte sich der Startbildschirm der XAMPP-Oberfläche zeigen.

3.3 Konfiguration von XAMPP

Die Komponenten von XAMPP sind in der Regel bereits aufeinander abgestimmt, so dass eine weitere Konfiguration nicht mehr notwendig ist. Dennoch müssen Sie unter Umständen selbst Hand anlegen, um das Paket an Ihre Ansprüche anzupassen. Das betrifft zwei unterschiedliche Fälle:

1. Bei Sicherheitsbedenken: Im Ausgangszustand ist XAMPP sehr offenherzig. Das ist von den »Apache Friends« auch so beabsichtigt, immerhin handelt es sich um eine Entwicklungsumgebung und nicht um ein Produktivsystem.
2. Zum Anpassen der Funktionalität: MySQL, PHP und der Apache lassen sich in viele Richtungen optimieren. Jede der Komponenten hat daher eine Konfigurationsdatei an Bord, an der sich beliebig »tunen« lässt.

Im Folgenden wollen wir auf beide Fälle im Detail eingehen.

3.3.1 Sicherheitslücken schließen

XAMPP ist nicht dafür gedacht, dass Sie es im Ausgangszustand für ein Produktivsystem einsetzen. Das geben die Ersteller des Pakets auf ihrer Webseite zu bedenken und begründen dies damit, dass leicht zu schließende Sicherheitslecks in der ursprünglichen Konfiguration bestehen. Zwar müssen wir zur Ehrenrettung der »Apache Friends« sagen, dass die Hausmittel zum Schließen dieser Lücken im Paket enthalten sind, allerdings vermittelt diese Vorgehensweise das Bild, dass das Thema Sicherheit nur für Produktivsysteme relevant ist.

Betreff	Status
Diese XAMPP-Seiten sind nicht über's Netzwerk erreichbar	SICHER
MySQL Admin User "root" hat ein Passwort	SICHER
PhpMyAdmin Passwort Schutz wurde aktiviert	SICHER
Das FileZilla FTP-Passwort wurde geändert	SICHER
Ein POP3 Server wie Mercury Mail läuft nicht oder wird von einer Firewall geblockt!	UNBEKANNT
Das Tomcat AddOn ist nicht installiert.	UNBEKANNT

Abbildung 3.5 Ist Ihre XAMPP-Version unter Windows sicher?

Die Verwendung leerer Passwörter ist keine akzeptable Praxis, ebenso wenig wie die Idee, die eigenen Skripte oder Administrationsoberflächen unkontrolliert jedem Teilnehmer eines lokalen Netzwerks oder des Internets zur Verfügung zu stellen. Zwar ist ein leeres Passwort genauso sicher wie »GFhd5$§Ms«, wenn es die Standardeinstellung eines Open-Source-Pakets ist, aber man sollte den Anwender ja nicht noch animieren, leichte Passwörter wie leere Zeichenketten

(»«), die eigenen Vornamen (»Gunnar« oder »Stefan«) oder das Geburtsdatum zu benutzen.

XAMPP bietet eine Übersicht über sicherheitsrelevante Aspekte des Pakets an. Um zu dieser Übersicht zu gelangen, starten Sie XAMPP in Ihrem Browser mit *http://localhost*. In der linken Navigationsleiste finden Sie den Menüpunkt SICHERHEITSCHECK. Die Einträge unterscheiden sich je nach Betriebssystem.

Absichern unter Windows

Das Sicherheitsskript prüft im Wesentlichen, ob der Zugriff auf die Komponenten des Pakets und deren Administrationsoberflächen durch Passwörter geschützt sind.

Unsichere Elemente werden mit einem kurzen Hilfetext erklärt. Abbildung 3.5 zeigt ein weitgehend sicheres System. Alle benötigten Passwörter wurden gesetzt bzw. ihre Standardwerte verändert. Im Einzelnen betrifft das:

- **Verzeichnisschutz für die XAMPP-Verwaltungsoberfläche**
  Damit sind diejenigen Skripte gemeint, die Sie über *http://localhost/xampp/* erreichen, also auch den Webalizer, die Administrationsoberfläche für Ihre MySQL-Datenbanken und ähnliche Webapplikationen. Wenn Sie dort kein Passwort gesetzt haben, geben Sie allen Teilnehmern Ihres lokalen Netzwerks Zugriff auf die Informationen in Ihrer Datenbank.
  - **Abhilfe**
    Das Verzeichnis können Sie serverseitig durch den Apache sperren bzw. mit einer Passwortabfrage versehen lassen. Nutzen Sie das vorgefertigte Skript unter *http://localhost/security/xampsecurity.php*, um einen Benutzernamen und ein Passwort festzulegen.
- **Administratoraccount der MySQL-Datenbank**
  Der Benutzer *root* hat per Voreinstellung uneingeschränkte Rechte auf der Datenbank, darf also die Inhalte aller Datenbanken auslesen, verändern oder sogar löschen.
  - **Abhilfe**
    Nutzen Sie zum Setzen eines neuen Passworts ebenfalls das soeben zitierte Skript.
- **Verzeichnisschutz für phpMyAdmin**
  Analog zu der XAMPP-Verwaltungsoberfläche können Sie auch die Datenbankverwaltung mit einer Passwortabfrage schützen. Ohne Passwort kann ein Angreifer alle Aktionen ausführen, die phpMyAdmin für die Verwaltung Ihrer Datenbank bereitstellt – und das ist, wie Sie noch erfahren werden, eine Menge.

- **Abhilfe**
  Mit dem Ändern des Administratoraccounts über das bereits genannte Skript wird gleichzeitig der Verzeichnisschutz aktiviert.
- **Benutzerrechte für den Dateiserver**
  Auch der FTP-Server *FileZilla* hat standardmäßig einen Kontrollbenutzer, mit dem prinzipiell jeder Dateien auf den Server spielen oder Dateien herunterladen kann.
- **Abhilfe**
  Öffnen Sie das Programm FileZilla aus Ihrem Windows Explorer heraus. Es befindet sich im Unterordner *FilezillaFTP* des Installationsverzeichnisses und heißt *Filezilla Server Interface.exe*. Dort können Sie im Menüpunkt BENUTZER das Passwort ändern.

Absichern unter Linux

Bei der Absicherung von XAMPP unter Linux beschränkt sich der Sicherheitscheck darauf, gesetzte Passwörter zu überprüfen. Dies betrifft zum einen den Zugriffsschutz auf die Oberfläche von XAMPP. Zum anderen werden die Passwörter des Datenbank- und FTP-Servers daraufhin überprüft, ob sie noch den Standardeinstellungen entsprechen. Im Auslieferungszustand, also direkt nach der Installation, sind alle Kennwörter als unsicher anzusehen, wie in Abbildung 3.6 dargestellt ist.

Betreff	Status
Diese XAMPP-Seiten sind über's Netzwerk erreichbar	UNSICHER
Alles was Du hier sehen kannst (diese Seiten, dieser Text), kann potentiell auch jeder andere sehren, der Deinen Rechner über's Netzwerk erreichen kann. Wenn Du zum Beispiel mit diesem Rechner ins Internet geht, dann kann jeder im Internet, der Deine IP-Adresse kennt oder rät auf diese Seiten zugreifen.	
Der phpMyAdmin-Benutzer pma hat kein Passwort	UNSICHER
phpMyAdmin speichert seine eigenen Einstellungen in der MySQL-Datenbank. phpMyAdmin benutzt dazu den MySQL-Benutzer pma. Damit sonst niemand anderes als phpMyAdmin über diesen Benutzer auf die Datenbank zugreifen kann, sollte diesem Benutzer ein Passwort gesetzt werden.	
MySQL-root hat kein Passwort	UNSICHER
Der MySQL-root hat noch kein Passwort gesetzt bekommen. Jeder Benutzer auf dem Rechner kann so auf der MySQL-Datenbank machen was er will. Der MySQL-root sollte also auf alle Fälle ein Passwort gesetzt bekommen.	
Das FTP-Passwort ist noch immer 'lampp'	UNSICHER
Wenn Du ProFTPD im XAMPP aktiviert hast, dann kannst Du standardmäßig mit dem Benutzernamen 'nobody' und dem Passwort 'lampp' Dateien für Deinen Webserver hochladen. Potentiell kann das nun natürlich jeder und daher sollte hier unbeding ein anderes Passwort gesetzt werden.	

Abbildung 3.6 Eine Reihe von Passwörtern sorgt für Sicherheit.

Unter Linux können Sie sämtliche Passwörter mit einem Skript setzen, das Sie über die Shell aufrufen müssen:

```
/opt/lampp/lampp security
```

In Frage-Antwort-Manier können Sie nacheinander neue Kennwörter setzen oder die Standards belassen.

3.3.2 Konfigurationsdateien anpassen

Der Apache Webserver, MySQL und PHP haben je eine eigene Konfigurationsdatei. Unter Windows und Linux unterscheiden sich diese Dateien kaum voneinander, jedoch finden Sie sie an unterschiedlichen Orten. In Tabelle 3.4 sind die Dateien mit den Pfadangaben aufgelistet, und zwar relativ zu Ihrem Installationsordner (z. B. *C:\Xampp\xampp* unter Windows und */opt/lampp* unter Linux):

Konfigurationsdatei	unter Windows	unter Linux
Apache	apache\conf\httpd.conf	etc/httpd.conf
MySQL	mysql\bin\my.ini	etc/my.ini
PHP	php\php.ini	etc/php.ini

Tabelle 3.4 Wo liegen die Konfigurationsdateien?

Die Konfigurationsdateien sind jeweils sehr umfangreich, und es ist keinesfalls vonnöten, dass Sie sie zu diesem Zeitpunkt bis ins kleinste Detail kennen. Generell gilt: Die Einstellungen sind genau richtig, so wie sie im Ausgangszustand vorzufinden sind. An einigen Stellen lassen sich jedoch Anpassungen vornehmen, mit denen Sie Ihr XAMPP individualisieren können. Im Folgenden werden wir einen Auszug von Einstellungen vorstellen. In den weiteren Kapiteln werden wir dann und wann auf die Konfigurationskapitel zurückkommen, speziell wenn es um Performance und Sicherheit geht.

Apache: »httpd.conf«

Die Datei *httpd.conf* steuert die Kernfunktionen des Webservers. Dazu gehören vor allem Pfadangaben, unter denen der Server »sich selbst« und die zur Verfügung gestellten Webseiten findet.

> **Hinweis**
>
> Eine Übersicht über die Inhalte der Konfigurationsdatei erhalten Sie auf der Webseite *www.apache.org*. Die Dokumentation enthält im Teil »Module« einen Abschnitt »core«, der nichts anderes als die Bestandteile der *httpd.conf* beschreibt.

Die Direktive `ServerRoot` beschreibt das Installationsverzeichnis des Webservers. Weitere Pfadangaben, z. B. `LoadModule` zum Einbinden von Modulen wie PHP, können sich relativ auf `ServerRoot` beziehen:

- `ServerRoot "C:/Xampp/xampp/apache"` (unter Windows)
- `ServerRoot "/opt/lamp"` (unter Linux)

Unter `DocumentRoot` ist der Pfad zum Standardverzeichnis angegeben, das vom Web oder vom Intranet aus sichtbar ist:

- `DocumentRoot "C:/xampp/xampp/htdocs"` (unter Windows)
- `DocumentRoot "/opt/lamp/htdocs"` (unter Linux)

Fehler werden vom Webserver in einer separaten Datei mitprotokolliert. Diese Datei wird durch die Direktive `ErrorLog` bestimmt und gibt den Pfad relativ zum `ServerRoot` an:

`ErrorLog logs/error.log`

> **Hinweis**
>
> Neben Fehlern werden auch sämtliche Zugriffe auf Webseiten des Servers geloggt (in der Regel in die Datei *logs/access.log*). Programme wie der Webalizer bereiten Log-Daten grafisch auf und erstellen daraus Zugriffsstatistiken.

Die Direktive `ServerAdmin` ist anders als die vorangestellten Pfade nach außen hin sichtbar. Sie enthält eine E-Mail-Adresse, die in Fehlermeldungen, wie etwa der Fehlerseite 404, eingefügt wird. Wird dem Client so eine Fehlerseite angezeigt, wenn z. B. ein Dokument nicht gefunden werden konnte, kann der Anwender eine E-Mail an den Administrator schicken:

`ServerAdmin eigene@emailadresse.de`

Der Apache ist modular aufgebaut. Damit werden die Flexibilität und die Erweiterbarkeit des Servers gewährleistet. Komponenten wie der PHP-Parser werden beim Start des Servers als Modul über die Direktive `LoadModule` eingebunden:

- `LoadModule php_module "C:/Xampp/apache/bin/php5apache2.dll"`
  (unter Windows)
- `LoadModule php_module modules/libphp5.so`
  (unter Linux)

Ist das Modul eingebunden, können PHP-Skripte verarbeitet werden. Ohne Parser liefert der Webserver PHP-Skripte als reine Textdateien aus. In dem Fall wird der Quellcode im Klartext angezeigt, wenn Sie eine PHP-Datei mit Ihrem Browser laden. Welche Dateitypen als PHP behandelt werden sollen, wird ebenfalls in der Datei *httpd.conf* festgelegt. Mit der Direktive `AddType` wird dem MIME-Typ `application/x-httpd-php` eine Reihe von Dateierweiterungen zugewiesen:

`AddType application/x-httpd-php .php .php4 .php5 .phtml`

Diese Liste lässt sich beliebig erweitern. Sie können Ihre PHP-Skripte auch unter *script.xyz* speichern. Sofern die Dateierweiterung *.xyz* dem gerade zitierten MIME-Typ zugewiesen ist, werden solche Dateien vom PHP-Parser ausgeführt, und die Besucher Ihrer Webseite können sich erst einmal nicht sicher sein, welche Skriptsprache Sie zur Programmierung benutzt haben.

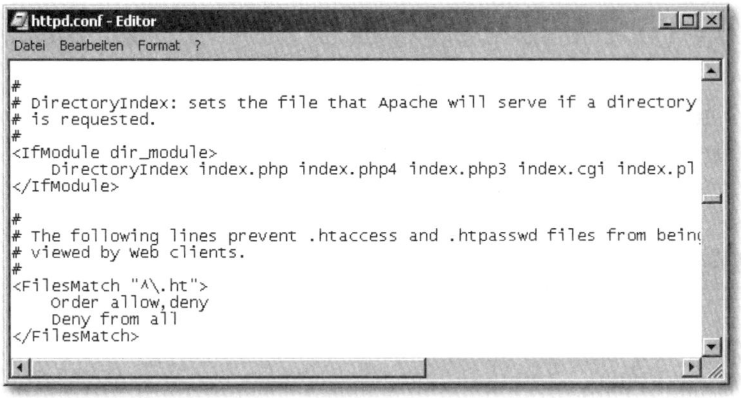

```
#
# DirectoryIndex: sets the file that Apache will serve if a directory
# is requested.
#
<IfModule dir_module>
    DirectoryIndex index.php index.php4 index.php3 index.cgi index.pl
</IfModule>

#
# The following lines prevent .htaccess and .htpasswd files from being
# viewed by Web clients.
#
<FilesMatch "^\.ht">
    Order allow,deny
    Deny from all
</FilesMatch>
```

Abbildung 3.7 Auszug aus der »httpd.conf«

Wenn Sie mit Ihrem Browser einen Ordner auf dem Webserver öffnen, ohne eine spezielle Datei zu laden, wird standardmäßig ein Verzeichnisindex geladen, sofern einer vorhanden ist. Aus diesem Grund heißen Einstiegsskripte auf Webseiten zumeist *index.**. Das bedeutet im Umkehrschluss: Um das Startskript Ihrer Webseite auszuführen, können Sie in Ihrem Browser statt *http://127.0.0.1/webseite/index.php* auch lediglich den Ordnernamen *http://127.0.0.1/webseite/* angeben. Welche Dateinamen als Verzeichnisindex gültig sind und mit welcher Priorität sie aufgerufen werden, beschreibt die Direktive DirectoryIndex durch eine Dateiliste:

```
DirectoryIndex index.php index.php5 index.php4 index.html
```

Die Liste ist ebenfalls in Abbildung 3.7 dargestellt. Verzeichnisse können mehrere Indexdateien enthalten. Die Reihenfolge der Dateinamen in DirectoryIndex beschreibt, welche davon ausgeliefert wird. In unserem Beispiel wird zuerst die Datei mit dem Namen *index.php* gesucht und ausgeführt. Ist diese nicht vorhanden, wird nach *index.php5* gesucht usw. Sobald eine passende Datei gefunden und ausgeliefert wurde, bricht die Suche ab.

> **Hinweis**
>
> Änderungen an der *httpd.conf* werden erst wirksam, wenn Sie den Apache Webserver neu starten.

MySQL: »my.ini«

Die Datei *my.ini* enthält Startoptionen, die beim Hochfahren des MySQL-Servers eingelesen werden. Jedes Kommando, das in der Konfigurationsdatei steht, können Sie also auch benutzen, wenn Sie die Datenbank einzeln über die Kommandozeile starten.

Die Datei ist in Gruppen unterteilt. Eine Gruppe beschreibt alle Optionen, die gemeinsam von einem bestimmten MySQL-Programm ausgeführt werden. Die Gruppe trägt dann den gleichen Namen wie das Programm. So stehen alle Optionen für den Datenbankserver (mysqld.exe/mysqld) in der Gruppe [mysqld], der Kommandozeilenmonitor mysql bedient sich der Gruppe [mysql] usw. Im Folgenden werfen wir einen Blick auf die Serverkonfiguration (siehe Abbildung 3.8).

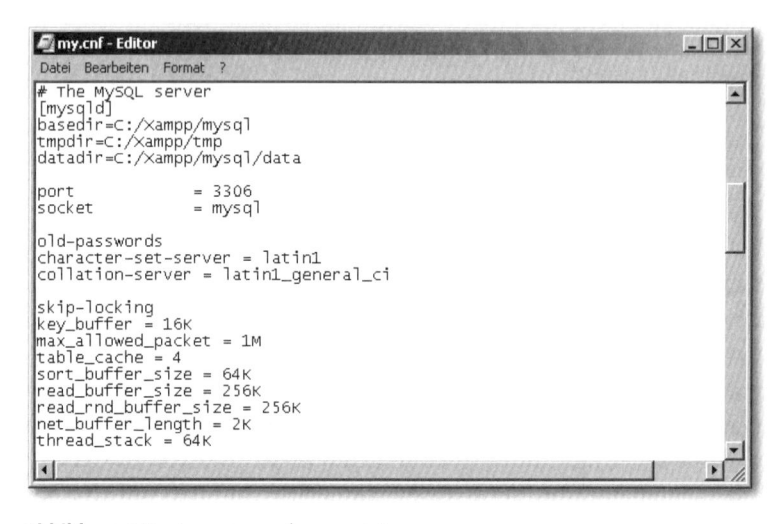

```
# The MySQL server
[mysqld]
basedir=C:/xampp/mysql
tmpdir=C:/xampp/tmp
datadir=C:/xampp/mysql/data

port            = 3306
socket          = mysql

old-passwords
character-set-server = latin1
collation-server = latin1_general_ci

skip-locking
key_buffer = 16K
max_allowed_packet = 1M
table_cache = 4
sort_buffer_size = 64K
read_buffer_size = 256K
read_rnd_buffer_size = 256K
net_buffer_length = 2K
thread_stack = 64K
```

Abbildung 3.8 Auszug aus der »my.ini«

Natürlich werden auch in der *my.ini* Pfade zu wichtigen Serververzeichnissen definiert. Darunter fällt etwa das Basisverzeichnis, dessen sich andere Pfade bedienen können. Es zeigt auf den obersten MySQL-Ordner im XAMPP-Verzeichnis. Als Datenverzeichnis ist der Pfad anzugeben, unter dem die Datenbankinhalte auf der Festplatte gespeichert sind. MySQL legt für jede verwaltete Datenbank einen gleichnamigen Ordner auf der Festplatte an. Alle darin enthaltenen Tabellen werden in eigenen Daten gespeichert. Pro Tabelle gibt es drei Dateien.

> **Hinweis**
>
> Diese Art von Datenhaltung macht es sehr einfach, MySQL-Datenbanken physisch zu sichern. Sie können die Dateien und Ordner, also die Inhalte der Datenbank, einfach aus dem Datenverzeichnis auf eine CD-ROM brennen und sie bei Bedarf wieder einspielen.

Basis- und Datenverzeichnis werden in der XAMPP-Konfiguration nur unter Windows definiert:

```
basedir=C:/Xampp/xampp/mysql
datadir=C:/Xampp/xampp/mysql/data
```

Unter Linux liegen die Daten standardmäßig unter */opt/lampp/var/mysql*. Ein Verzeichnis für temporäre Daten ist in beiden Fällen definiert:

- `tmpdir=C:/Xampp/xampp/tmp` (unter Windows)
- `tmpdir=/tmp/` (unter Linux)

Neben den Verzeichnissen definiert die Servergruppe der *my.ini* auch Verbindungsdaten, also ein Socket und einen Port. Clientprogramme müssen diese Verbindung nutzen, wenn sie mit dem Server kommunizieren wollen. Standardmäßig läuft der Datenbankserver auf Port 3306. Ändern Sie diese Daten nur, wenn Sie wissen, was Sie tun.

```
port = 3306
```

- `socket = mysql` (unter Windows)
- `socket = /opt/lamp/var/mysql/mysql.sock` (unter Linux)

> **Hinweis**
>
> Unter Windows reagiert das XAMPP Control Panel empfindlich auf Änderungen in der *my.ini*, besonders bei den Einstellungen der Ports. Es kann sein, dass sich der Datenbankserver nicht richtig starten oder stoppen lässt.

PHP: »php.ini«

Es mag befremdlich sein, dass es innerhalb von XAMPP unter Windows mehrere Dateien mit dem Namen *php.ini* gibt. Die einzig gültige ist diejenige, die im Ordner */apache/bin* zu finden ist. Die Kopien innerhalb des PHP-Ordners werden nur dann von PHP benutzt, wenn Sie es als Konsolenprogramm laufen lassen, ohne den Webserver zu verwenden.

> **Hinweis**
>
> Sie können PHP nicht nur serverseitig innerhalb einer Webumgebung nutzen, sondern auch clientseitig. Dafür lassen sich mit *PHP-GTK* auch grafische Benutzeroberflächen programmieren.

Fast schon obligatorisch sind die Pfadangaben. Im Falle der *php.ini* sind fürs Erste zwei Pfade relevant:

Im `include_path` werden Verzeichnisse der lokalen Festplatte angegeben, aus denen heraus Dateien standardmäßig in ein PHP-Skript innerhalb des *htdocs*-Ordners eingebunden werden können. Damit einzelne Dateien in den Include-Ordnern jedoch genutzt werden können, müssen sie explizit von einem Skript eingebunden werden. Wie das Einbinden vonstattengeht, erfahren Sie in der Einführung in die PHP-Syntax im folgenden Kapitel. Für Linux und Windows gilt dabei eine unterschiedliche Syntax; unter Linux werden Pfade durch einen Doppelpunkt (:) getrennt, unter Windows durch ein Semikolon (;):

- `include_path = ".;C:\Xampp\xampp\php\pear\"` (unter Windows)
- `include_path = ".:/php/includes"` (unter Linux)

Das Verzeichnis, das unter `extension_dir` angegeben wird, enthält dynamische Module. Dies ist besonders unter Windows interessant, da die Module dort ein- und ausgeschaltet werden können, ohne dass PHP neu kompiliert werden muss:

`extension_dir = "C:\Xampp\xampp\php\ext\"` (unter Windows)

Alle von XAMPP mitgelieferten PHP-Module sind in einem gesonderten Block aufgeführt, zu sehen in Abbildung 3.9.

```
...
;extension=php_msql.dll
extension=php_mysql.dll
;extension=php_oci8.dll
...
```

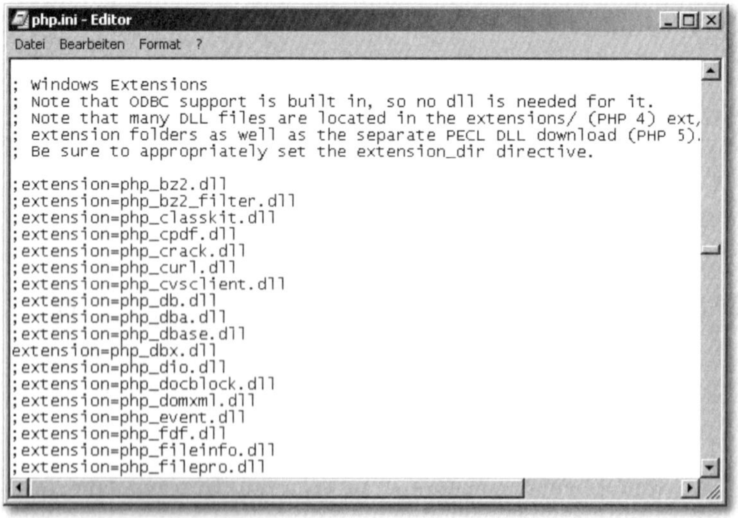

Abbildung 3.9 Auszug aus der »php.ini«

Im Auszug der *php.ini* sehen Sie, dass jede Erweiterung durch einen Eintrag wie `extension=dateiname.dll` definiert wird. Ein Semikolon vor der Definition bedeutet, dass die Erweiterung deaktiviert ist – die Zeile ist auskommentiert. Im gezeigten Fall ist nur die Erweiterung für MySQL vor Version 4.1 aktiv. Wenn Sie unter Windows ein Modul aktivieren wollen, entfernen Sie das Semikolon in der entsprechenden Zeile, und stellen Sie sicher, dass sich die Modulbibliothek in dem Verzeichnis befindet, das unter `extension_dir` angegeben ist.

Unter Linux werden Module kompiliert. Wollen Sie ein Modul aktivieren, bedeutet das ein Rekompilieren. Überlegen Sie also gut, welche Module Sie wirklich brauchen.

Eine weitere Einstellung, die Sie in Zukunft zu schätzen wissen werden, ist `display_errors`; wir wollen Sie Ihnen exemplarisch für alle Einstellungen vorstellen, die nur zwei Zustände haben: an oder aus. Diese zwei Zustände werden in der Konfiguration einfach ausgeschrieben, allerdings auf Englisch:

```
display_errors = Off
```

Ist `display_errors` aktiviert, also auf `On` gestellt, werden Fehler, Warnungen und Anmerkungen vom PHP Parser auch am Bildschirm ausgegeben. Das ist wichtig und sinnvoll während der Entwicklung, um Fehler zu finden und beheben zu können. In der Produktion wollen Sie aber wahrscheinlich nicht, dass eine technische Fehlermeldung bis auf den Bildschirm des Anwenders gelangt. Dort soll höchstens eine Notiz zu lesen sein, dass etwas schiefgegangen ist. Die Fehlermeldung kann dann im Hintergrund per E-Mail an den Administrator verschickt oder in einer Log-Datei festgehalten werden – diese alternativen Aktionen werden aber nicht über den An-Aus-Schalter `display_errors` gesteuert.

3.4 Aktualisierung der Komponenten

Wer sich die Releaselisten von PHP und MySQL einmal ansieht oder einfach die entsprechenden Newsgroups abonniert, der weiß vor allem eines über neue Versionen der Open-Source-Projekte: Sie werden schnell von noch neueren Versionen abgelöst. Zum Teil bieten die Nachfolger neue Funktionalitäten, oder es handelt sich um ein Sicherheitsupdate, in dem bekannt gewordene Lücken geschlossen werden. Für Sie als Entwickler heißt es daher, permanent auf dem neuesten Stand zu bleiben. Die Herausgeber von AMP-Kompilationen hängen den Veröffentlichungen neuer Komponentenversionen naturgemäß immer etwas hinterher, wenn auch nur kurze Zeit. Besonders Vorab- oder Testversionen, sogenannte *Release Candidates*, finden selten Eingang in Kompilationen.

Um Ihre Entwicklungsumgebung aktuell zu halten, haben Sie mehrere Möglichkeiten. Zum einen können Sie immer aufs Neue die aktuellste Komplettversion herunterladen und installieren. Den *htdocs*-Ordner können Sie dabei einfach von der alten in die neue Umgebung übernehmen. Allerdings müssen Sie die Konfiguration jedes Mal erneuern, z. B. den Sicherheitscheck neu ausführen. Komfortabler ist da ein Upgrade. Dabei werden nur die Programmdateien der Komponenten aktualisiert; Ihre Konfiguration bleibt erhalten. Dementsprechend ist eine Aktualisierungsversion auch erheblich kleiner und somit schneller besorgt. Als letzte Möglichkeit bleibt Ihnen, die Komponenten von den offiziellen Webseiten von MySQL oder PHP herunterzuladen und in Ihre Entwicklungsumgebung zu integrieren. Da diese Option am anfälligsten für Fehler ist, empfiehlt sie sich nur, falls keine entsprechende AMP-Kompilation besteht, also für Beta-Versionen und Release Candidates, und wenn Sie über fundierte Kenntnisse verfügen – wie z. B. das Kompilieren von Paketen unter Linux.

Die Upgrades, die Sie von der Webseite der »Apache Friends« herunterladen können, um XAMPP zu aktualisieren, gelten jedoch nur für die direkte Vorgängerversion, also beispielsweise ein Update von Version 1.7.2 auf 1.7.7. Eine Aktualisierung über mehrere Zwischenversionen hinweg ist nicht vorgesehen. Das liegt daran, dass Versionssprünge mit grundlegenden Änderungen der Komponenten begründet sind. Generell steht bei den Upgrade-Paketen explizit dabei, welche Vorgängerversion Sie benötigen, damit das Upgrade funktioniert. Wollen Sie Versionen überspringen, bleibt Ihnen wohl nur die Komplettinstallation als Lösung übrig.

Windows

Auch die Upgrade-Versionen sind sowohl mit als auch ohne Installer zu haben. Welche davon zu wählen ist, hängt davon ab, ob Sie das alte XAMPP mit oder ohne grafische Oberfläche installiert haben. Im ersten Fall sollten Sie auch für das Upgrade den Installer nutzen, anderenfalls das Archiv.

Die Inhalte eines selbstentpackenden Archivs extrahieren Sie in das XAMPP-Hauptverzeichnis. Der Installer wählt den richtigen Ordner selbständig anhand der Registry-Einträge aus, die bei der Installation des Basispakets angelegt wurden.

> **Hinweis**
>
> Bei einem Upgrade werden die Versionsnummer des Basispakets und der neuen Version nicht miteinander verglichen. XAMPP 1.7.7 lässt sich also mit dem Upgrade-Paket 1.7.7 aktualisieren, obwohl das gar nicht nötig ist.

XAMPP Lite lässt sich übrigens gar nicht aktualisieren.

Linux

Das Upgrade-Paket entpacken Sie unter Linux mit dem Befehl:

```
tar xvfz xampp-linux-upgrade-versionsnummern.tar.gz
```

Damit wird ein Ordner */xampp-upgrade* erstellt. In diesem Ordner stoßen Sie mit dem Befehl `start` das eigentliche Upgrade an. Die Server der alten laufenden Version werden angehalten, aktualisiert und aufs Neue gestartet. Das Verzeichnis */xampp-upgrade* müssen Sie daraufhin von Hand löschen.

3.5 Komponentenweise Installation

Wer am Puls der Zeit bleiben will oder muss, ist mit vorkompilierten Paketen wie XAMPP immer schlecht beraten. Die veröffentlichten Distributionen kommen zwar zeitnah heraus, binden aber selten bis nie Alpha-Versionen ein. Eine Beta-Version von PHP ist beispielsweise das Höchste der Gefühle, in der Regel enthalten die Versionen für den produktiven Einsatz freigegebene Pakete.

Wenn Sie aber einmal mit einer Alpha-Version experimentieren wollen, weil Sie etwa neugierig auf ein neues Feature warten, müssen Sie also in der Regel größeren Aufwand betreiben, eine lauffähige Version zusammenzustellen.

Im Folgenden wollen wir Ihnen zeigen, wie Sie grundlegend ein AMP-Gerüst zusammenstellen und es bei Veröffentlichung neuer Versionen von PHP oder MySQL mit wenig Aufwand aktualisieren. Wir werden das nur für Windows-Systeme zeigen. Der Grund hierfür ist einfach: Wir gehen davon aus, dass Linux/Unix-Anwender versiert darin sind, Komponenten aus dem Quelltext heraus zu kompilieren.

> **CD zum Buch**
>
> Die Installation setzt ein grundlegendes Verständnis für Windows, das Entpacken von ZIP-Dateien und die Konfiguration mit absoluten/relativen Pfaden voraus. Wenn Sie sich diese Mühe nicht machen wollen, finden Sie eine vorgefertigte Version auf der Buch-CD.
>
> Nach dem Kopieren von der CD kommt es gegebenenfalls beim Start des Webservers zu Problemen mit Schreibzugriffen. In diesem Fall sind alle Dateien von der CD mit Schreibschutz versehen. Öffnen Sie dann mit einem Rechtsklick die Eigenschaften des kopieren Oberordners, und entfernen Sie den Haken bei SCHREIBGESCHÜTZT. Bestätigen Sie, dass dies für den Ordner und alle seine Inhalte gelten soll.

Als Grundstein erzeugen wir ein Verzeichnis an einem beliebigen Ort, beispielsweise *C:\wamp*. Darunter erstellen wir zunächst nur die Unterordner *htdocs*, in dem wir später die PHP Skripte aufbewahren, *php* und ein Verzeichnis für temporäre Dateien, *tmp*.

Zunächst besorgen wir uns einen Webserver. Weil aktuelle PHP-Versionen für Windows mit Visual C++ 2008 kompiliert werden, benötigen wir einen dazu passenden Apache. Am einfachsten kommen wir an eine solche Version im Download-Bereich unter *http://www.apachelounge.com*. Meist sind dort unterschiedliche Softwarepakete im Angebot, das erstbeste (oberste) sollte passen. Beachten Sie dabei bitte die Systemanforderungen; bei Drucklegung setzt der Apache ein Windows XP SP 3 voraus. Die Installation ist nicht mehr als das Entpacken des heruntergeladenen ZIP-Archivs. Der enthaltene Ordner namens *Apache2* kommt in unser Installationsverzeichnis aus dem letzten Absatz, im Beispiel also *C:\wamp*. Um mit den anderen Komponenten konform zu sein, benennen wir *Apache2* noch in *apache* um, das heißt, der Name wird durchgängig in Kleinbuchstaben geschrieben, und die Versionsnummer verschwindet. Letzteres verhindert, dass der Ordnername irgendwann nicht mehr zum Inhalt passt, sollten wir diese Version (z. B. auf Apache 3) aktualisieren wollen.

Die Konfiguration der zentralen Datei *httpd.conf* erledigen wir zu einem späteren Zeitpunkt, sobald wir PHP integriert haben. Einen Snapshot der Skriptsprache bekommen wir auf *http://windows.php.net/snapshots/*. Mit *Snapshot* bezeichnet man eine Softwareversion, die sehr dicht am aktuellen Entwicklungsstand ist. Solche Stände werden meist regelmäßig automatisiert erzeugt (*Nightly Builds*) und können in frühen Stadien, beispielsweise bei Alpha-Versionen, noch Fehler enthalten. Je dichter man an einen Releasetermin herankommt, desto stabiler werden auch die Snapshots.

Voraussetzung Visual C++ 2008

Wenn wir die VC++ 2008-Komponenten verwenden, müssen wir sichergehen, dass eine Version von Visual C++ 2008 auch installiert ist. Mitunter ist das auf Ihrem Rechner bereits der Fall. Wenn nicht, holen Sie die Installation bitte nach. Sie benötigen mindestens die Laufzeitumgebung, die unter dem Namen *Visual C++ 2008 Redistributable Package* bei Google zu finden und von einem Microsoft Server zu beziehen ist.

Auch von den PHP-Snapshots sind auf der genannten Website mehrere Alternativen verfügbar. Sie unterscheiden sich darin, ob sie mit Threads zurechtkommen oder nicht. Wählen Sie hier VC9 x86 THREAD SAFE, und laden Sie sich das ZIP herunter. Wie beim Apache beschränkt sich die Installation auf das Entpacken nach *C:\wamp\php* (respektive dem Ordner, den Sie stattdessen angelegt haben).

Bevor wir uns um MySQL bemühen, ziehen wir die Konfiguration der *httpd.conf* und der *php.ini* vor, um sicherzugehen, dass die Komponenten miteinander funktionieren. Zuerst nehmen wir uns die Apache-Konfigurationsdatei vor, die in unserem Idealbeispiel unter *C:\wamp\apache\conf* zu finden ist. Folgende Anpassungen sind hier nötig – beachten Sie, dass wir den Server immer relativ konfigurieren. Absolute Pfade, die etwa den Laufwerksbuchstaben enthalten, sind tabu, wenn wir für die Zukunft sicher sein wollen.

- `ServerRoot ".."` – Das Basisverzeichnis des Webservers liegt eine Ebene höher.
- `LoadModule php5_module "../php/php5apache2_2.dll"` – Hiermit wird das PHP Modul geladen. Fügen Sie diese Direktive einfach an die lange Liste der `LoadModule`-Befehle an, und achten Sie darauf, dass am Anfang kein Semikolon steht, das diese Zeile sonst auskommentieren würde.
- `ServerName localhost:80` – Wir wollen im Browser unter *localhost* auf die lokale Installation zugreifen können. 80 ist der Standardport, der im Browser beim Seitenaufruf nicht explizit angegeben werden muss. Wenn Sie hier einen anderen Wert (gängig sind 81 oder 8080) nutzen, ist das anders.
- `DocumentRoot "../htdocs"` – alle PHP-Skripte, HTML, JavaScript, CSS, Bilder etc. kommen in diesen Ordner.
- `<Directory "c:/Apache2/htdocs">` muss abgeändert werden in `<Directory "../htdocs">` – damit konfigurieren wir unser `DocumentRoot`.
- Da wir standardmäßig auch die *index.php* eines Verzeichnisses laden wollen, wenn wir in unserem Browser *http://localhost/* aufrufen, wird aus `DirectoryIndex index.html` unterhalb von `<IfModule dir_module>` die etwas erweiterte Version `DirectoryIndex index.php index.html` – damit bekommt die *index.php* sogar Vorzug vor der *index.html*.
- In dem Abschnitt `<IfModule mime_module>` fügen wir unterhalb der Angaben zu »Compress« und »Zip« die Definition eines MIME-Types für PHP ein: `AddType application/x-httpd-php .php` – damit erkennt der Browser, dass es sich beim Seitenaufruf, dessen URL auf *.php* endet, auch um eine PHP-Datei handelt.
- Als letzte Zeile erweitern wir die *httpd.conf* noch um Verweis zur PHP-Konfigurationsdatei: `PHPIniDir ../php`
- Alle Vorkommen, die jetzt noch auf das Standard-Installationsverzeichnis *C:\Apache2* respektive *C:/Apache2* verweisen, können Sie getrost durch einen einzelnen Punkt (.) ersetzen.

Damit ist die Konfiguration des Webservers eigentlich fertig. Bevor wir ihn starten können, müssen wir aber noch PHP konfigurieren, zumal wir es im Apache bereits aktiviert haben. Wechseln Sie dazu in den Ordner *C:\wamp\php*. Sie werden dort standardmäßig keine *php.ini* finden, sondern nur Beispieldateien gleichen Inhalts, beispielsweise unter dem Namen *php.ini-development*. Benennen Sie diese Datei einfach nach *php.ini* um, und öffnen Sie sie in einem Texteditor. Folgende Einstellungen sind anzupassen – auch hier wollen wir auf absolute Pfade verzichten, um in Zukunft alte Snapshots ohne weiteres durch neue ersetzen zu können:

- `extension_dir = "..\..\php\ext"` – Der Pfad ist augenscheinlich falsch. Allerdings ist hier vom Apache Webserver auszugehen, da wir PHP von dort aus als Modul aufrufen.
- `upload_tmp_dir = "..\tmp"` – Hochgeladene Dateien sollen temporär unter *C:\wamp\tmp* abgelegt werden.
- `session.save_path = "..\tmp"` – Für Sessions gilt der gleiche Zielordner wie für Uploads.
- Aktivieren Sie darüber hinaus wichtige Extensions, darunter `bz2`, `curl`, `fileinfo`, `gd2`, `gettext`, `gmp`, `imap`, `mbstring`, `exif`, `mysqli`, `pdo_sqlite`, `sockets`, `sqlite3` und `xmlrpc`, indem Sie das Semikolon am Anfang einer jeden Zeile entfernen, z. B. `extension=php_bz2.dll`.

Nach den Anpassungen an den Konfigurationsdateien können wir die Umgebung einem ersten Test unterziehen. Eine komfortable Oberfläche zum Starten und Stoppen der Server wie bei XAMPP suchen Sie bei dieser Lösung vergebens. Öffnen Sie also stattdessen eine Kommandozeile, wechseln Sie in das Verzeichnis *C:\wamp\apache\bin*, und starten Sie die ausführbare Datei *httpd.exe*. Wenn daraufhin mehr als ein blinkender Cursor erscheint, gibt es einen Fehler in der Konfiguration.

> **Fehler beim Start des Apache Webservers**
>
> Eine Liste der häufigsten Fehler bei der Konfiguration der Umgebung finden Sie unter *http://www.phpundmysql.de*.

Da das Haupt-Dokumentverzeichnis des Webservers noch leer ist, gibt es unter *http://localhost:80* (siehe den Eintrag `ServerName` aus der *httpd.conf*) nicht viel zu sehen. Am einfachsten testen Sie die Arbeitsfähigkeit von PHP, indem Sie in dem Ordner *C:\wamp\htdocs* eine Datei mit dem Namen *phpinfo.php* erstellen und folgenden Inhalt einfügen:

```
<?php
phpinfo();
?>
```

Nun sollten Sie in Ihrem Browser unter *http://localhost/phpinfo.php* eine farbig aufbereitete und tabellarische Aufstellung der PHP-Konfiguration finden, wie Sie sie auch in Abbildung 3.10 sehen.

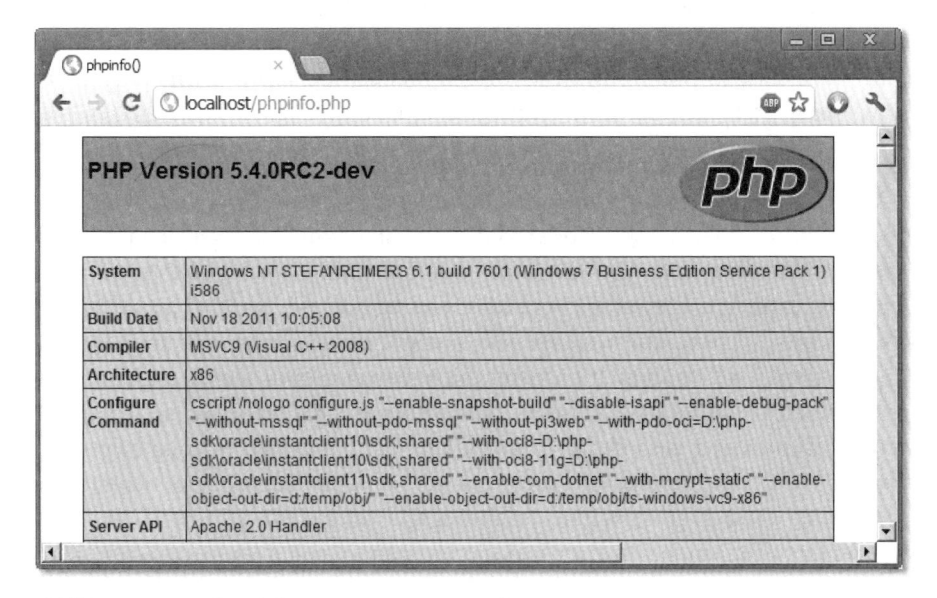

Abbildung 3.10   »phpinfo()« ist unser erster Umgebungstest.

Auch von MySQL gibt es neben den offiziellen und produktiven Versionen Entwicklungsstände, die Sie zum Testen herunterladen können. Die Download-Sektion der MySQL-Website, *http://dev.mysql.com/downloads/mysql/*, ist dafür die richtige Adresse. Den Inhalt des ZIP-Archivs entpacken Sie wie gehabt nach *C:\wamp* und benennen den Ordner von beispielsweise *mysql-5.5.99-win32* in *mysql* um. Vergessen Sie nicht: Wir wollen neue Versionen über die alten Stände kopieren können – also haben Versionsnummern im Ordnernamen nichts zu suchen. Ganz wie bei PHP fehlt die zentrale Konfigurationsdatei anfangs und lässt sich aus vorhandenen Templates ableiten. Wir verwenden hier die *my-small.ini*, die wir nach *my.ini* umbenennen. In der Datei sind nachstehende Änderungen in dem Block unterhalb von [mysqld] vorzunehmen:

- basedir = ".." – Zeigt auf das Hauptverzeichnis *C:\wamp\mysql*.
- datadir = "../data" – Darin werden die wirklichen Datenbankinhalte wie Tabellen und Indizes gespeichert.

Diese beiden Verzeichnisse würden als Optionen ausreichen, wir wollen aber zur Sicherheit noch weitere Verzeichnisse direkt darunter angeben:

- `log_error = "../data/mysql.err"` – Hier hinein kommen Fehlermeldungen.
- `tmpdir = "../../tmp/"` – Dient als unser allgemeines temporäres Verzeichnis.

MySQL besitzt keine Abhängigkeiten zum Rest unserer Testumgebung. Sie können den Datenbankserver also auch starten und laufen lassen, wenn der Webserver heruntergefahren ist. Den MySQL-Server starten Sie mit der *mysqld.exe* aus dem Verzeichnis *C:\wamp\mysql\bin*. Auch hier gilt: Je weniger Meldungen der Server beim Start ausgibt, desto reibungsloser ist er hochgefahren.

Bislang haben wir die einfache Aktualisierung immer als den maßgeblichen Vorteil unserer Testumgebung hervorgehoben. Das müssen wir relativieren: Sie können sorgenfrei eine neue PHP- oder MySQL-Version von den obengenannten Seiten herunterladen und den Inhalt des dadurch entstehenden ZIP-Archivs auf Ihrer Festplatte in das jeweilige Verzeichnis *mysql* oder *php* unter *C:\wamp* kopieren. Ersetzen Sie dabei die bestehenden Dateien. Zumal weder PHP noch MySQL eine vordefinierte Konfigurationsdatei unter dem eigentlichen Namen mitbringen, bleibt Ihre vorige Datei erhalten. Sie müssen erst dann wieder ran, wenn der neue Softwarestand zusätzliche Parameter in den Optionen benötigt. Bei dem Apache Webserver müssen Sie während der Aktualisierung darauf achten, die bestehende *httpd.conf* zu retten. Erfahrungsgemäß ändern sich die Stände des Webservers aber selten.

3.6 Die Minimallösung: PHP als Webserver

PHP agiert seit Version 5.4 selbst als Webserver. Damit wird aus dem *AMP, wie wir es in den vorigen Kapiteln vorangetrieben haben, ganz schnell ein *MP. Prinzipiell benötigt man also keinen Apache mehr, um PHP Skripte auszuführen, die auch noch auf die Datenbank MySQL zugreifen. Die Lösung funktioniert für alle Betriebsysteme, auf denen PHP läuft.

Schreiben Sie Apache aber nicht zwangsläufig ab. Zum einen ist der eingebaute PHP-Webserver nur zum Testen gedacht. Nutzen Sie ihn also nicht in einem produktiven Umfeld, d. h. um beispielsweise Ihre Webseite im Internet zu betreiben. Zum anderen wird Ihr produktives Umfeld – also der Webserver Ihres Hosting-Betreibers – höchstwahrscheinlich auf den Apache (oder IIS oder andere) setzen, und es erweist sich als ratsam, die Testumgebung nach Möglichkeit identisch aufzubauen. Allerdings spricht nichts dagegen, für schnelle Tests oder zum Ausführen einzelner Skripte auf PHP als Webserver zurückzugreifen.

Den eingebauten Server starten Sie über die Kommandozeile. Beim Aufruf können Sie zwei Parameter mitgeben, von denen einer optional ist:

```
php -S localhost:80 -t htdocs
```

Mit dem Parameter `-S` geben Sie an, unter welcher Adresse und welchem Port der Webserver auf einkommende Seitenaufrufe warten soll. Die Angabe der Adresse ohne Port ist nicht gültig. Im Zweifel nutzen Sie den Port 80, der für diese Zwecke gängig ist. Somit entspricht der Parameter `-S` dem `ServerName` aus der Apache-Konfiguration, der hier wie da zum Starten des Webservers zwingend erforderlich ist.

Anders ist das mit der Option `-t`, die Sie zur Definition desjenigen Verzeichnisses verwenden können, in dem die Dokumente liegen, die sich über den Browser anfragen lassen. In der Sprache von Apache ist das der `DocumentRoot`. Die Angabe ist freiwillig. Fehlt sie, wird das Verzeichnis zum `DocumentRoot`, von dem aus der Webserver gestartet wurde.

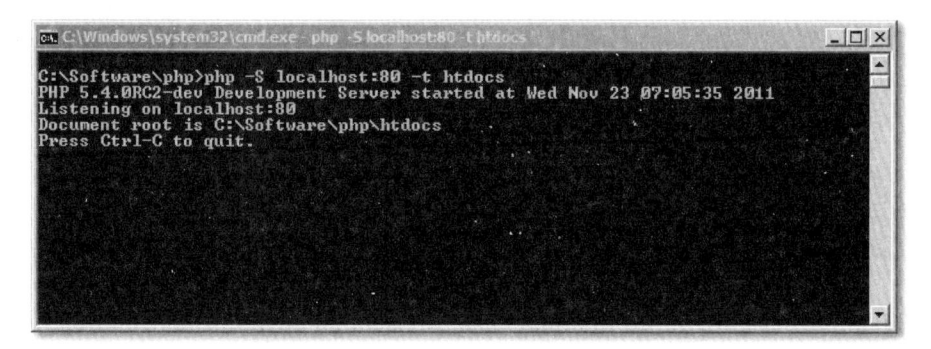

Abbildung 3.11 PHP ist sich selbst genug.

Unabhängig von den beiden oben beschriebenen Parametern können Sie beim Serverstart noch ein PHP-Skript mitgeben, das als sogenannter *Router* fungiert. Es wird bei jedem Aufruf ausgeführt und kann dazu genutzt werden, die Ausführung des Aufrufs noch zu beeinflussen, beispielsweise Logging, zum Umleiten auf andere Ressourcen, aber auch zur Ausgabe von Fehlern. Den Skriptnamen hängen Sie beim Serverstart einfach ans Ende des Kommandos an:

```
php -S localhost:80 -t htdocs router.php
```

Der Router hat zwei Möglichkeiten: Entweder lässt er den Aufruf unverändert passieren, indem das Skript mit `return false;` (Rückgabe des booleschen Wertes `false` – mehr dazu im folgenden Kapitel) endet, oder führt eine Aktion aus.

PHP gilt als sehr leicht zu erlernende Sprache und ist deshalb ein guter Einstieg in die Programmierung. Das folgende Kapitel legt den Grundstein für Ihre dynamischen Webseiten und Applikationen. Also, los geht's!

4 Einführung in PHP

Die Arbeit an Webapplikationen lässt sich mit den richtigen Werkzeugen deutlich erleichtern. Deshalb möchten wir Ihnen für die Programmierung mit PHP zweierlei Dinge ans Herz legen. Dazu gehört zum einen ein vernünftiges Programm, mit dem Sie Ihre Skripte schreiben und das Sie auch aktiv dabei unterstützt, also ein PHP-fähiger Editor. Außerdem sollten Sie die Befehlsreferenz – also quasi das Handbuch, in dem alle vorhandenen Befehle erklärt sind – jederzeit zur Hand haben. In manchen Editoren ist das Handbuch bereits integriert.

Editoren gibt es zuhauf. Jeder hat seine Vor- und Nachteile und ist mehr oder weniger komfortabel. Die Erfahrung zeigt, dass die Wahl des richtigen Programms stark von den eigenen Präferenzen abhängt. Was dem einen gefällt, empfindet der andere als störend, und so hat jeder Editor seine Fangemeinde. Eine Empfehlung zugunsten eines Programms wollen wir deswegen nicht aussprechen, aber Sie auch nicht mit der Wahl alleinlassen. Es gibt eine Reihe von Funktionen, die ein guter Editor beherrschen sollte:

- **Syntax-Highlighting**
  Dabei wird der Code in unterschiedlichen Farben hervorgehoben, was die Übersichtlichkeit stark verbessert.

- **Fehlererkennung**
  Wenn einfache Syntaxfehler wie ein Vertippen oder fehlende Zeilenabschlusszeichen deutlich gekennzeichnet werden, können Sie dies an Ort und Stelle beheben, ohne dass Sie die Skripte im Browser testen und auf eine Fehlermeldung warten müssen.

- **Inhaltsübersichten zu verwendeten Dateien**
  Mitunter enthalten Skripte sehr viele Funktionen. Ein Inhaltsverzeichnis bringt Sie schneller zu der gewünschten Stelle im Skript.

- **Codevervollständigung**
  Wenn Sie einen Befehl zu tippen beginnen, werden Ihnen gültige Befehlsnamen vorgeschlagen. Das geht nicht nur schneller, sondern bewahrt Sie auch vor Schreibfehlern.

Die meisten Editoren können Sie sich über das Internet besorgen. Bekannte Vertreter bei den reinen PHP-Editoren sind beispielsweise *Zend Studio* oder *PHPEdit*. Mit *Eclipse* oder *UltraEdit* greifen Sie zu Programmen, die nicht auf PHP beschränkt sind, aber dennoch effektives Arbeiten erlauben. Die Spartaner, die nur beschränkt komfortabel sind, sind und bleiben *Notepad* unter Microsoft Windows und *vi* unter Linux.

Die Befehlsreferenz können Sie sich von der offiziellen Webseite *http://www.php.net* herunterladen. Darin enthalten sind Definitionen aller verfügbaren Befehle und Funktionen mit Beschreibungen, wie sie zu benutzen sind. Die Referenz ist in HTML oder für Windows auch als navigierbare Hilfsdatei (*Compiled HTML Help* – CHM) verfügbar. Besser ist in jedem Fall die Onlineversion, zumal sie zusätzlich mit Kommentaren und Beispielen von Programmierern auf der ganzen Welt angereichert ist. Wenn Sie also einen ständigen Zugang zum WWW haben, sei Ihnen diese Version empfohlen.

4.1 Strukturen einer PHP-Seite

PHP-Code wird in einfachen Textdateien gespeichert. Die Befehle müssen in gesonderten PHP-Bereichen von anderweitigem Inhalt wie beispielsweise HTML getrennt sein (siehe Listing 4.1).

```
<html>
   <head/>
   <body>
   <?php
      echo "<h1>Willkommen bei PHP5 und MySQL 5</h1>";
   ?>
   </body>
</html>
```

Listing 4.1 PHP-Code kann in HTML eingebettet werden.

Auf den ersten Blick sieht Listing 4.1 aus wie eine ganz normale HTML-Datei, in der zuerst der Kopf und dann der Körper definiert wird. Der PHP-Bereich beginnt, sobald er durch ein `<?php` eingeleitet wird. Ab dieser Zeile werden alle Anweisungen vom PHP-Parser abgearbeitet, bis der Bereich mit einem `?>` endet. Code außerhalb des gesonderten Bereichs wird vom Parser überlesen.

> **Hinweis**
>
> Die Bereiche, in denen PHP vorkommen darf, können Sie neben der vorgestellten Variante noch auf unterschiedliche Weise von anderweitigem Code trennen, u. a. durch ein Tag `<script language="php"/>` ähnlich wie bei JavaScript. Die von uns bevorzugte Alternative ist jedoch konform mit XHTML und XML.

Sie können in einer Datei beliebig viele Bereiche für PHP einfügen. Wichtig ist, dass Sie jeden Bereich wieder schließen, bevor Sie mit anderweitigem Inhalt fortfahren. Jede Anweisung, die der Parser nicht richtig deuten kann, wird mit einer Fehlermeldung quittiert.

Mit dem Befehl `echo` erzeugen Sie eine Ausgabe am Bildschirm. Die Inhalte aller Ausgaben erscheinen nach dem Parsen in der resultierenden Datei. Alternativ zu `echo` können Sie den Befehl `print` verwenden, der sich identisch verhält. Im vorigen Beispiel erfolgt nur eine einzige Ausgabe. Nachdem der Parser das gesamte Skript verarbeitet hat, enthält es nur noch HTML:

```
<html>
   <head/>
   <body>
      <h1>Willkommen bei PHP5 und MySQL 5</h1>
   </body>
</html>
```

Listing 4.2 Ausgabe des vorigen Skripts nach dem Parsen

Die Definition des HTML-, Kopf- und Körperbereichs wurde vom Parser links liegenlassen, der Befehl `echo` resultiert in einer Überschrift erster Ordnung, und alle darauf folgenden Teile sind ebenfalls unberührt geblieben.

Wie sich eine Datei, die Sie neu erstellen, von Grund auf am besten beginnen lässt, hängt von Ihrem Verständnis von PHP ab. Wenn es für Sie nur ein Mittel ist, Ihre HTML-Webseiten mit ein wenig Dynamik auszustatten, dann betten Sie am besten die PHP-Bereiche in Ihr fertiges HTML ein. Wenn Sie hingegen das Ziel verfolgen, Webapplikationen zu erstellen und unter Umständen nicht nur HTML, sondern auch PDF-Dateien, Grafiken oder Excel-Tabellen auszugeben, dann sollte PHP für Sie die Basissprache sein, mit der Sie eine Datei beginnen. Ein Skript besteht dann in erster Linie aus einem einzigen PHP-Bereich von der ersten bis zur letzten Zeile. Dateiinhalte werden über `print` oder `echo` ausgegeben und mit den richtigen HTTP-Headern versehen, so dass sie von Programmen wie Ihrem Browser auch richtig verstanden werden.

4.2 Variablen

Variablen dienen dazu, Daten während der Abarbeitung eines Skriptes zu speichern. Wenn Sie eine Variable deklarieren und an einen Wert binden, ist dies nichts anderes, als dem Wert einen Namen zu geben. Wenn Sie genau diesen Wert zu einem späteren Zeitpunkt in Ihrem Skript wieder benötigen, können Sie ihn über den vergebenen Namen ansprechen.

Der Wert einer Variablen ist veränderlich. Wenn Sie Daten einer Variablen zuweisen, die bereits besteht, wird der bisherige Wert von dem neuen überschrieben. Die Bindung eines Namens an einen Wert wird über den Zuweisungsoperator vorgenommen, symbolisiert durch ein einfaches Gleichheitszeichen (=). Eine gültige Zuweisung sieht dann wie folgt aus:

```
Name = Wert;
```

4.2.1 Grundlegende Syntax

Jeder Variablenname ist in einem PHP-Skript bzw. in einem Gültigkeitsbereich eindeutig. Gültige Namen werden immer eingeleitet durch ein Dollarzeichen ($), darauf folgt zwingend ein Unterstrich oder ein Buchstabe; danach kann der Name eine beliebige Abfolge von Buchstaben, Zahlen und Unterstrichen (_) enthalten.

```
<?php
$ersteVariable = 'Text';      //ein korrekter Name
$_zweiteVariable = '1234';    //auch ein korrekter Name
$3teVariable = 1.2;           //kein korrekter Name
?>
```

Nachdem eine Variable einmal belegt ist, lässt sich ihr Inhalt so lange über den vergebenen Namen ansprechen, bis sie mit dem Befehl unset() gelöscht oder das Skript beendet wird. Ob eine Variable besteht, erfahren Sie über den Befehl isset(), der Ihnen true oder false zurückliefert, je nachdem, ob die Variable im aktuellen Gültigkeitsbereich definiert ist. Bei Variablennamen unterscheidet PHP zwischen Groß- und Kleinschreibung. Die folgenden beiden Variablen sind demnach nicht identisch:

```
<?php
$var = 15;
$Var = 51;      //das hat keinen Einfluss auf $var
$var = $Var;    //das verändert der Wert von $var
?>
```

Die Variablen $var und $Var sind also voneinander vollständig unabhängig. Nach der Belegung von $Var enthält die Variable $var immer noch den Wert 15. Erst durch die letzte Zuweisung wird der Wert von `$var` überschrieben und beträgt danach 51.

PHP unterstützt zwei Arten von Zuweisungen. Das vorige Beispiel verwendet die Methode *pass-by-value*. Wird einer Variablen der Wert einer anderen zugewiesen, wird lediglich deren Wert kopiert. Die Variablen sind danach immer noch voneinander unabhängig, das heißt, eine Änderung von `$Var` im vorigen Beispiel hätte keinen Einfluss auf `$var`. Zuweilen ist es aber durchaus erwünscht, dass zwei Variablen voneinander abhängig sind. Dazu dient die Methode *pass-by-reference*.

```
<?php
$quellVariable = 10;
$zielVariable = &$quellVariable;
echo $zielVariable;
$quellVariable = 17;
echo $zielVariable;
?>
```

Wie Sie sehen, ist der Unterschied in der Schreibweise nicht groß; in der Tat besteht er nur in dem kaufmännischen Und `&`, das die beiden Variablen logisch miteinander verknüpft. Eine Änderung von `$quellVariable`, beispielsweise die Zuweisung des Wertes 17, beeinflusst auch `$zielVariable`. Während die erste Ausgabe noch den Wert 10 erzeugt, ist das zweite Ergebnis 17.

> **Hintergrundinformationen**
>
> Um das Prinzip von Referenzen weiter zu verdeutlichen, müssen wir einen Blick in die Tiefen von PHP riskieren: Eine Variable ist ein Zeiger auf eine Stelle im Speicher, an der der Wert der Variablen hinterlegt wird. Bei einer Zuweisung mit der Methode *pass-by-value* wird der Wert einer Quellvariablen an anderer Stelle im Speicher dupliziert, genau dorthin, wo der Wert der Zielvariablen hinterlegt ist. Eine Zuweisung über *pass-by-reference* hingegen leitet den Zeiger der Zielvariablen um, so dass er auf die Speicherstelle weist, auf die auch die Quellvariable zeigt.

Die Referenzierung mehrerer Variablen gilt natürlich in alle Richtungen:

```
<?php
//Zweiter Teil des Beispiels
$zielVariable = 20;
echo $quellVariable;
?>
```

Nach der neuen Belegung von `$zielVariable` ergibt die Ausgabe von `$quellVariable` ebenfalls 20.

PHP gesteht Ihnen noch eine ganze Reihe weiterer Freiheiten in der Syntax zu. Zum einen ist es erlaubt, mehrere Dollarzeichen nacheinander zu schreiben. Die Auswertung des Variablennamens erfolgt dann derart, dass von innen nach außen – also von rechts nach links – versucht wird, mehrere Namen aufzulösen und den entstehenden Wert mit dem nächsten Dollarzeichen als neue Variable anzusehen:

```
<?php
$pseudoName = 'variable';
$variable = 1000;
echo $$pseudoName;
?>
```

Die Ausgabe dieses Skriptes ist in der Tat die Zahl »1000«. Es handelt sich also um einen variablen Variablennamen. Analog existieren variable Funktionsnamen. Die Funktion `strlen()` ist standardmäßig in PHP definiert und ermittelt die Länge einer Zeichenkette. Sie lässt sich nun wie folgt aufrufen:

```
<?php
$string = 'abcd';
$pseudoName = 'strlen';
echo $pseudoName($string);
?>
```

Auch hier wird das Skript fehlerfrei ausgeführt, die Funktion ergibt erfolgreich das Ergebnis 4, nämlich die Länge der Zeichenkette »abcd«.

4.2.2 Datentypen

Ihnen ist vielleicht aufgefallen, dass wir die Zuweisung von Variablen in den vorigen Beispielen unterschiedlich gehandhabt haben. Teils haben wir die Werte ohne Hochkommas, teils auch mit definiert. Das liegt an den verschiedenen Datentypen, die diese Werte haben.

Indem Sie Datentypen für Werte definieren, legen Sie gleichzeitig die Operationen fest, mit denen Sie die Daten bearbeiten können. Zum Beispiel lässt sich die Zeichenkette `"Das ist ein ganz normaler Satz"` schwerlich zu der Zahl 10 addieren, weil sich mit Sätzen im Allgemeinen nicht rechnen lässt. Ebenfalls ist durch den Datentyp festgelegt, welche Werte für die Operationen gültig sind.

All dies mag für Sie logisch und damit wie Haarspalterei erscheinen. Genauso intuitiv, wie Sie Daten in Ihrem Sprachgebrauch den Kategorien Zahlen, Buchstaben usw. zuordnen, können Sie sie auch in PHP einsetzen. Dafür stehen Ihnen acht Datentypen zur Verfügung (siehe Tabelle 4.1).

4.2 | Variablen

Bezeichner	Datentyp	Beispiel/Beschreibung
Zeichenketten	String	'a', 'Wort', 'ganze Sätze'
Ganzzahlige Werte	Integer	1, 2, 3, 100, 1000, 1, 15
Fließkommazahlen	Float/Double	1.5, 11.99999, 17.4e2
boolesche Werte	Boolean	true, false
Arrays	Array	mehrwertiger Datentyp
Objekte	Object	mehrwertiger Datentyp
Ressourcen	Resource	Referenz auf externe Quellen
Null	Null	Typ für Variablen ohne Wert

Tabelle 4.1 PHP-Datentypen

PHP ist eine schwach getypte Sprache und nimmt Ihnen die Vergabe und Konvertierung von Datentypen weitgehend ab: Variablen können ihren Datentyp im Verlauf eines Skriptes mehrfach ändern, je nachdem, in welchem Kontext sie verwendet werden. Darin besteht ein großer Unterschied zu anderen Programmiersprachen wie Java, in denen eine Variable zum einen deklariert, also festgelegt werden muss und zum anderen ihren Typ danach nie mehr verändern kann. Damit werden in PHP Operationen wie die folgende möglich:

```
echo 2 + '10 Säcke Kartoffeln';
```

Die Ausgabe der Anweisung ist 12. Der PHP-Parser erkennt, dass es sich bei der Operation um eine Addition handelt und beide Operanden folglich Zahlen sein müssen. Der eine Operator ist bereits eine Zahl (2), der andere wird in eine Zahl umgewandelt. Für die Typkonvertierung gibt es in PHP mehrere Regeln. Zeichenketten werden beispielsweise in Zahlen überführt, indem von links nach rechts so viele Zeichen verwendet werden, wie sich als Zahl interpretieren lassen.

Natürlich können Sie Datentypen auch per Befehl abfragen und verändern. Für die meisten Datentypen sind eigene Funktionen vordefiniert (siehe Tabelle 4.2).

Datentyp	Konvertierung	Abfrage
String	(string)	is_string
Integer	(int), (integer)	is_int, is_integer
Float/Double	(float), (double)	is_float, is_double
Bool	(bool), (boolean)	is_bool
Array	(array)	is_array
Object	(object)	is_object
Null	-	is_null

Tabelle 4.2 Funktionen zur Typprüfung und -konvertierung

Aus der Zeichenkette wird durch den folgenden Befehl eine Zahl:

```
$zahl = (int) '10 Säcke Kartoffeln';
```

Dies lässt sich mit `is_int($zahl)` bestätigen.

In Tabelle 4.2 sind nur die grundlegenden Funktionen aufgeführt. PHP stellt eine Reihe weiterer Funktionen zur Verfügung, beispielsweise `is_numeric()`, die Werte auf Zahlen oder Zeichenketten auf Zahlen prüft. Eine Konvertierung in Ressourcen oder Nullwerte ist nicht sinnvoll und deswegen nicht vorgesehen.

Zusätzlich existieren die Funktionen `gettype()` und `settype()`, mit denen sich die Datentypbezeichnungen abfragen und Typen setzen lassen. Im Folgenden wollen wir Ihnen die Datentypen einzeln vorstellen. Wir zeigen Ihnen die Besonderheiten auf und geben Ihnen einen Überblick über die möglichen Operationen.

Strings

Zeichenketten stehen immer in einfachen oder doppelten Anführungszeichen:

```
<?php
echo 'ein gültiger String';
echo "noch ein gültiger String";
```

Strings können alle Zeichen enthalten, also neben Buchstaben auch Zahlen und Sonderzeichen. Der Ausdruck `'1234'` aus einem unserer bereits erläuterten Beispiele ist ein String, auch wenn er nur aus Ziffern besteht. Und das allein, weil er in Hochkommas eingeschlossen ist. Wichtig ist, dass Sie Anführungsstriche konsistent verwenden. Wenn Sie eine Zeichenkette mit einem doppelten Anführungsstrich beginnen, muss sie auch mit einem doppelten enden.

Einfache Anführungsstriche

Eine Zeichenkette, die in einfache Anführungsstriche eingeschlossen ist, wird fast ohne Verarbeitung ausgegeben. Das bedeutet, darin enthaltene Variablen oder Sonderzeichen werden nicht ausgewertet. Die Anweisungen

```
$a = 'Test';
echo 'Ausgabe einer $a-Variablen';
```

führen nicht dazu, dass der Satz »Ausgabe einer Test-Variablen« auf Ihrem Bildschirm erscheint. Stattdessen ist »Ausgabe einer $a-Variablen« zu lesen. Ebenso wenig erscheint nach

```
echo 'Ausgabe einer \r\n Variablen';
```

ein Zeilenumbruch.

> **Hinweis**
>
> Zeilenumbrüche werden in unterschiedlichen Betriebssystemen verschieden angegeben. Mac OS X, Unix und Linux verwenden einen einfachen Zeilenvorschub (*Line-Feed* – \n), Mac OS benutzt einen sogenannten Wagenrücklauf (*Carriage Return* – \r), und in Windows-Umgebungen müssen Sie beides nacheinander schreiben (\r\n).
>
> Das Tag für einen Zeilenumbruch in HTML ist unabhängig von dem benutzten Betriebssystem <br />, XHTML-konform mit einem abschließenden Slash und einem Leerzeichen.

Doppelte Anführungsstriche

Strings in doppelten Anführungsstrichen werden vom PHP-Parser bei ihrer Verwendung verarbeitet. Es werden sowohl alle darin enthaltenen Zeichen sowie Sonderzeichen als auch die Variablen aufgelöst – und dabei in den Datentyp String konvertiert. Das vorige Beispiel, diesmal in doppelten Anführungszeichen, erzeugt demnach den Satz »Ausgabe einer Test-Variablen«:

```
$a = "Test";
echo "Ausgabe einer $a-Variablen";
```

Ebenso werden Sonderzeichen wie der Zeilenumbruch in Strings mit doppelten Anführungszeichen richtig interpretiert. Andere Sonderzeichen, die Beachtung finden, sind beispielsweise der Backslash (\) oder das Dollarzeichen ($). Möchten Sie Sonderzeichen in einem String ausgeben, ohne dass sie interpretiert werden, müssen Sie sie mit einem Backslash »maskieren«. Beispielsweise erreichen Sie die Ausgabe des Satzes »PHP-Variablen beginnen mit einem $-Zeichen« wie folgt:

```
echo "PHP-Variablen beginnen mit einem \$-Zeichen";
```

Ohne den Backslash vor dem Dollarzeichen würde der PHP-Parser versuchen, die folgenden Zeichen so weit wie möglich als Variablennamen auszuwerten.

Anführungsstriche des jeweils anderen Typs werden in Zeichenketten vom PHP-Parser nicht als störend angesehen. Ohne eine Form der Maskierung können Sie Strings wie

```
echo "Zeichen maskieren ist ein Synonym für 'escapen'";
echo 'Zeichen maskieren ist ein Synonym für "escapen"';
```

bilden und ausgeben lassen. Anders ist das jedoch, wenn Sie die gleichen Anführungszeichen ausgeben möchten, die Sie auch zum Begrenzen des Strings benutzen. In diesem Fall müssen Sie die auszugebenden Zeichen maskieren:

```
echo "Zeichen maskieren ist ein Synonym für \"escapen\"";
```

Doppelte Anführungszeichen sind somit weitaus flexibler. Allerdings sind sie auch weitverbreitet, um Attributwerte in XHTML-konformen Dokumenten zu kennzeichnen, z. B. in

```
<table border="1">...</table>
```

Um solchen HTML-Code mit PHP auszugeben, gibt es mehrere Möglichkeiten, die syntaktisch alle richtig, aber mehr oder weniger praktisch sind. Die folgenden Zeilen bewirken alle das Gleiche:

```
$bilddatei = 'bilddatei.png';
echo "<img src='$bilddatei' alt='Bild'/>";
echo "<img src=\"$bilddatei\" alt=\"Bild\"/>";
echo '<img src="bilddatei.png" alt="Bild"/>';
```

Alle drei Ausgaben sind konform mit dem W3C-Standard XHTML 1.0, in dem keine Aussage darüber getroffen wird, ob einfache oder doppelte Anführungsstriche verwendet werden sollen, wohl aber, dass Anführungszeichen benutzt werden müssen. Die erste Ausgabe mit doppelten Hochkommas hat den Vorteil, dass die enthaltene Variable ausgewertet wird. Die einfachen Anführungszeichen um die Attributwerte brauchen nicht maskiert zu werden, wie es in der zweiten Ausgabe der Fall ist. Sofern Sie einfache Hochkommas benutzen, können Sie keine variablen Bildnamen verwenden.

Bei allen drei Varianten mangelt es jedoch an Klarheit, was die Trennung von HTML- und PHP-Code betrifft. Nehmen Sie an, Sie haben Bilder, die Sie durchnummeriert haben: *Bild1.png*, *Bild2.png* ... Eine flexible Ausgabe erreichen Sie mit:

```
$nummer = 1;
echo "<img src='Bild$nummer.png' alt='Bild$nummer'/>";
```

Eine weitaus schönere Lösung ist es, die Bestandteile schon optisch voneinander unterscheiden zu können, oder anders gesagt, Text und Variablen hintereinanderzuhängen. PHP bietet Ihnen einen Operator, um mehrere Strings aneinanderzureihen: den Konkatenationsoperator (.). Damit lassen sich zwei Zeichenketten nahtlos verbinden – Leerzeichen werden zwischen den Bestandteilen nicht eingefügt:

```
echo $satz1.$satz2;
```

Der obige Befehl wird dadurch um einiges besser lesbar:

```
echo "<img src='Bild".$nummer.".png' alt='Bild'/>";
```

Eine verbindliche Vorgabe, welche Schreibweise Sie zu benutzen haben, existiert nicht, zumal alle syntaktisch korrekt sind. Ihr Schreibstil ist damit Ihren eigenen

Vorlieben überlassen. Da die zuletzt vorgestellte Variante am eindeutigsten ist und auch per Syntax-Highlighting unterstützt wird, verwenden wir sie in allen weiteren Skripten.

Im Folgenden werden wir Ihnen noch eine Auswahl an Befehlen vorstellen, die in Bezug auf Zeichenketten häufig benutzt werden. Sie alle entstammen der Gruppe der Stringfunktionen, wie sie in der Referenz zu PHP und im Anhang dieses Buches zu finden sind. Die von uns gewählte Schreibweise lehnt sich an die der offiziellen Referenz an.

Die Ausgabe von Strings erreichen Sie mit dem Befehl echo, den Sie schon aus den vorangegangenen Beispielen kennen:

echo $str;

Da echo keine Funktion, sondern ein Sprachkonstrukt ist, brauchen Sie für das Argument auch keine Klammerung. Synonym zu echo zu verwenden ist der Befehl print. Anders als echo gibt print jedoch true oder false zurück, je nachdem, ob die Ausgabe fehlerfrei ausgeführt wurde oder nicht.

Leerzeichen links und rechts eines Strings sind lästig, wenn der String zum Suchen in Texten benutzt oder im Browser ausgegeben werden soll. Leerraum lässt sich bequem per trim() entfernen. Zu den entfernten Zeichen gehören nicht nur Leerzeichen, sondern auch Zeilenumbrüche oder Tabulatoren:

*string **trim**(string $str);*
*string **ltrim**(string $str);*
*string **rtrim**(string $str);*

Während die Funktion trim() Leerraum auf beiden Seiten des Strings $str entfernt, machen ltrim() und rtrim() das nur auf der jeweils linken und rechten Seite. Die Befehle geben jeweils den gekürzten String zurück:

```
$string = ' Webapplikation ';
echo trim($string);     //ergibt 'Webapplikation'
echo ltrim($string);    //ergibt 'Webapplikation '
echo rtrim($string);    //ergibt ' Webapplikation'
```

Eine andere Möglichkeit, Teile aus einem String zu extrahieren, bietet die Funktion

*string **substr**(string $str, integer $start [, integer $laenge])*

Voraussetzung ist dabei, dass Sie Kenntnis darüber haben, welche Teile Sie benötigen, zumal Sie nach dem String die Startposition angeben müssen. Ein positiver Wert des Parameters $start schneidet entsprechend viele Buchstaben am Anfang des Strings ab. Ist $start gleich 0, beginnt der zurückgegebene String wie $str. Über den Parameter $laenge steuern Sie, wie viele Zeichen ab der aktuellen Position zurückgeliefert werden. Bei einem negativen Wert des Parameters $start werden entsprechend viele Zeichen vom Ende der Zeichenkette zurückgegeben:

```
$string = 'Webapplikation';
echo substr($string, 0,3);   //ergibt 'Web'
echo substr($string, 2,4);   //ergibt 'bapp'
echo substr($string, -6,3);  //ergibt 'kat'
```

Obwohl substr() Teile aus Zeichenketten extrahiert, kann man dabei nicht von einer Suchfunktion sprechen.

> **Hinweis**
>
> Das Auffinden von Daten ist ein großes Thema in der Informatik. Wir werden uns im zweiten Teil dieses Buches eingehend damit beschäftigen, sowohl im Rahmen von PHP als auch von MySQL.

Um einen Teilstring zu suchen und ihn gegebenenfalls durch etwas anderes zu ersetzen, bringt PHP eine Vielzahl von Funktionen mit. Dabei wird unterschieden zwischen Funktionen, die nur die Teilaufgabe des Findens übernehmen, und solchen, die im Anschluss das Ersetzen mit erledigen. Die Funktionen strpos() und strstr() gehören in die erste Kategorie.

*integer **strpos**(string $str, string $suche [, integer $startposition])*
*string **strstr**(string $str, string $suche)*

strpos() gibt die Position des ersten Vorkommens an. Wird $suche in $string gar nicht gefunden, gibt die Funktion den Wahrheitswert false zurück. Der optionale Parameter $startposition erlaubt es Ihnen, die Suche erst ab einer bestimmten Position in $str zu beginnen.

```
$string = 'Webapplikation';
$position = strpos($string, 'p');     //$position ist dann 4
$position = strpos($string, 'a', 5);  //$position ist 9
```

Auch die Funktion strstr() sucht das erste Vorkommen von $suche in $str. Anders als bei strpos() wird hier jedoch der Reststring (mitsamt dem gesuchten Zeichen) zurückgegeben.

```
$string = 'Webapplikation';
$ergebnis = strstr($string, 't');   //$ergebnis ist 'tion'
```

Das gleichzeitige Suchen und Ersetzen wird von der Funktion str_replace() vorgenommen, ist aber keineswegs beschränkt auf Zeichenketten, sondern kann auch mit Arrays benutzt werden. Vorerst betrachten wir hier jedoch nur die Suche in Strings:

*string **str_replace**(string $alt, string $neu, string $str)*

Die komplette Zeichenkette `$str` wird nach `$alt` abgesucht. Jedes Vorkommen wird durch `$neu` ersetzt. Als Rückgabewert erhalten Sie den String nach allen Ersetzungen:

```
$string = 'Webaplikation';
echo str_replace('p','pp',$string);
?>
```

Listing 4.3 Verarbeitung von Zeichenketten

Die Ausgabe ist folglich das richtig geschriebene Wort »Webapplikation«.

> **CD-ROM zum Buch**
>
> Die Listings für Zeichenketten, passend zu den Beispielen, die sich über die vorigen Seiten erstrecken, finden Sie auf der CD-ROM zum Buch als Listing 4.2. Wie sich die Ausgabe des Skriptes am Bildschirm darstellt, sehen Sie in Abbildung 4.1.

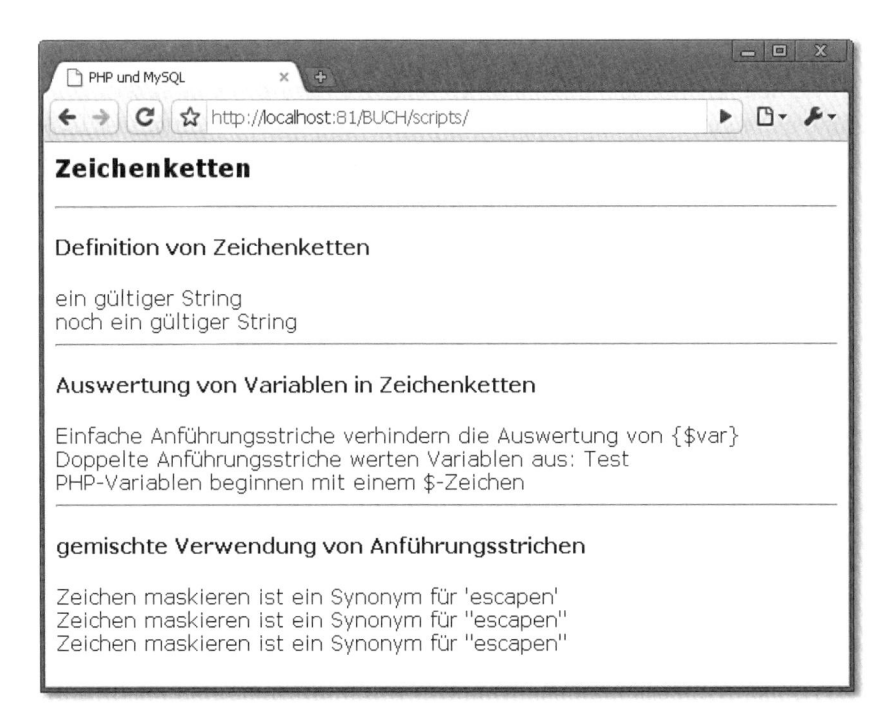

Abbildung 4.1 Ausgabe der Stringfunktionen

Ganzzahlige Werte

Ganzzahlige Werte sind Zahlen ohne Nachkommastellen. Dazu gehören die positiven und negativen Zahlen sowie die Null. Als Synonym für *Ganzzahl* ist der Begriff *Integer* anzusehen.

Für Zahlen sind die vier Grundrechenarten in PHP definiert, also die Addition (+), die Subtraktion (-), die Multiplikation (*) und die Division (/):

```
$addiert = 10 + 12;
$subtrahiert = 22 - 10;
$multipliziert = 12 * 10;
$dividiert = 120 / 12;
```

Zusätzlich zu den Operatoren der Grundrechenarten kennt PHP einen weiteren arithmetischen Operator: den Modulo (%). Der Modulo zweier Zahlen ist der Rest, der übrig bleibt, wenn die erste Zahl durch die zweite geteilt wird:

```
$rest = 48% 7;
```

In diesem Fall ist der Rest 6, denn das größte Vielfache von 7, das kleiner ist als 48, ist 42. Der Rest zweier Zahlen ist also minimal 0, wenn der linke Operand des Modulo ein Vielfaches des rechten Operanden und maximal um 1 kleiner als der rechte Operand ist.

Häufig werden Zahlen als Zählvariablen benutzt, um die Häufigkeit eines bestimmten Ereignisses herauszufinden. Die Variable wird dann initialisiert, z. B. mit 0, und bei jedem Auftreten des Ereignisses um 1 hochgezählt. Das nennt man *inkrementieren*. Eine Variable herunterzuzählen heißt *dekrementieren*. Für beide Varianten gibt es in PHP Operatoren. Um den Wert einer Variablen $a zu benutzen und dann um 1 zu erhöhen, schreiben Sie:

```
$a = 10;
echo $a++;
```

Am Bildschirm wird Ihnen der Wert 10 ausgegeben. Nach dem echo-Befehl hat $a den Wert 11. Eine Dekrementierung erreichen Sie mit $a--. Diese Methode mit dem nachgestellten Operator heißt *Post-Inkrementierung* respektive *Post-Dekrementierung*, weil $a erst nach Ausführung des echo erhöht bzw. verringert wird. Das Gegenteil dazu ist die *Prä-Inkrementierung* bzw. *Prä-Dekrementierung*:

```
$a = 10;
echo ++$a;
```

Die Variable wird zuerst verändert, bevor das echo ausgeführt wird. Die Ausgabe ist dementsprechend »11«.

Fließkommazahlen

Bei Berechnungen mit Integer-Zahlen verlassen Sie schnell den Bereich ganzzahliger Werte. Das Ergebnis der Division

```
$number = 3;
$number = $number / 2;
```

lässt sich nicht als Integer abbilden. Zahlen mit Nachkommastellen heißen in PHP *Fließkommazahlen*. Die Programmierung kennt zwei verschiedene Arten von Fließkommazahlen, die in älteren Programmiersprachen wie Fortran, nicht aber von PHP unterschieden werden: Float und Double.

> **Hinweis**
> Das in Deutschland gebräuchliche Komma als Trennzeichen in Fließkommazahlen hat keinen Einzug in PHP gehalten. An seiner Stelle wird in der Programmierung der Punkt benutzt: 1.2 statt »1,2«.

Analog zu ganzzahligen Werten können Sie mit Fließkommazahlen alle bereits vorgestellten arithmetischen Funktionen wie Addition oder Division ausführen. Neu im Gegensatz zu den Integers hingegen ist die Kontrolle über die Anzahl der verwendeten Nachkommastellen. Bei »krummen« Berechnungen wird Ihnen das Ergebnis mit einer ganzen Reihe von Stellen hinter dem Komma angegeben. Während diese Genauigkeit für weiteres Rechnen durchaus wünschenswert ist, stört der Rattenschwanz aus Nachkommastellen spätestens bei der Ausgabe auf dem Bildschirm.

Wenn eine begrenzte Genauigkeit einer Zahl für Ihre weiteren Zwecke ausreichend ist, können Sie den Wert der Variablen auf die benötigte Anzahl von Nachkommastellen runden.

> **Achtung!**
> Das Zurechtschneiden von Zahlen durch Funktionen wie substr() ist weder elegant noch mathematisch korrekt. Zum einen wird die Zahl dabei zu einer Zeichenkette konvertiert, und zum anderen wird keine Rundung durchgeführt.

Nehmen wir als erstes Beispiel die Zahl Pi:

```
$pi = pi();
```

Die Ausgabe von echo $pi; ergibt 3.14159265359. Eine Rundung erreichen Sie mit den Funktionen floor(), ceil() und round(). Die Angabe der Präzision ist allerdings nur bei round möglich:

```
echo round($pi, 4);
```

Damit wird $pi auf vier Nachkommastellen gerundet (3.1416). Die anderen beiden Befehle runden auf ganzzahlige Werte: floor (englisch »floor« = Boden, Untergrenze) rundet auf die nächstkleinere ganze Zahl ab; ceil (englisch »ceiling« = Decke, Obergrenze) liefert die nächsthöhere ganze Zahl.

Ein weiteres praxisnahes Beispiel ist die Berechnung der Mehrwertsteuer:

Geldbeträge werden in der Regel mit zwei Nachkommastellen angegeben, zumal kleinere Beträge nicht ohne Rundung in Bargeld ausgezahlt werden können. Rechnen Sie nun auf einen beliebigen Betrag die üblichen 19 % Mehrwertsteuer drauf, kann sich eine Zahl mit mehr als zwei Stellen hinter dem Komma ergeben, die wiederum gerundet werden muss: 17,73 * 1,19 = 21,0987.

```
$unbesteuert = 17.73;
$steuerfaktor = 1.19;
$besteuert = $unbesteuert * $steuerfaktor;
echo round($besteuert, 2);
?>
```

Listing 4.4 Umgang mit Zahlenwerten

Am Bildschirm wird damit 21.10 ausgegeben.

Zahlen

Ganzzahlige Werte

Grundrechenarten

22
12
120
10

Modulo

6

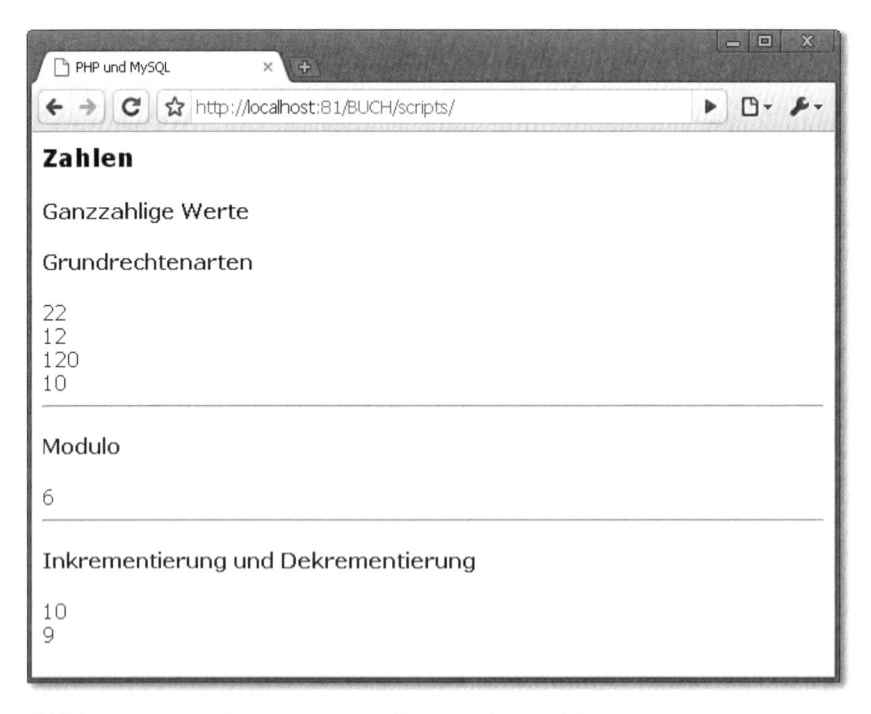

Inkrementierung und Dekrementierung

10
9

Abbildung 4.2 Ausgabe unserer ganzzahligen Rechenspielchen

Boolesche Wahrheitswerte

Bei booleschen Wahrheitswerten gibt es nur zwei unterschiedliche Ausprägungen: wahr und falsch; in PHP werden sie mit den Schlüsselwörtern true und false gekennzeichnet. Anwendung finden sie bei der Überprüfung der Gleichheit zweier oder mehrerer Werte. Wenn Sie beispielsweise zwei Variablen auf Gleichheit prüfen wollen, müssen Sie dafür ein doppeltes Gleichheitszeichen als Vergleichsoperator (==) benutzen. Das einfache Gleichheitszeichen ist ja bekanntlich für die Zuweisung reserviert und kann deshalb nicht für Gleichheitsprüfungen dienen.

```
Wert1 == Wert2
```

gibt Ihnen ein true oder false zurück; dahingegen überschreibt

```
Wert1 = Wert2
```

den ersten Wert durch den zweiten. Es ist also Vorsicht geboten. Die Prüfung auf Gleichheit zweier Werte mit dem doppelten Gleichheitszeichen ist nicht typsicher. Die Abfrage

```
10 == '10'
```

ist true, da eine automatische Typkonvertierung vorgenommen wird. Eine typsichere Variante ist das dreifache Gleichheitszeichen (===). Der Ausdruck

```
10 === '10'
```

ergibt den Wert false, da eine Zahl mit einem String verglichen wird. Die typunsichere Methode ist dennoch sinnvoll. Beispielsweise werden die übergebenen GET- und POST-Daten eines Formulars von PHP standardmäßig als String interpretiert. Rufen Sie Ihr Skript also mit `skript.php?zahl=10` auf und prüfen Sie darin, ob 10 eine Zahl ist, werden Sie enttäuscht. Die Antwort ist false.

Zwei oder mehrere Bedingungen können paarweise über logische Operatoren miteinander verknüpft werden. Die verknüpften Teilbedingungen haben dann einen gemeinsamen Wahrheitswert. Nehmen Sie die folgenden mathematischen Bedingungen an:

```
Bedingung A:    10 > x
Bedingung B:    20 > x
```

Bei den beiden Bedingungen ergibt sich ihr Wahrheitsgehalt durch einen Vergleich einer fest vorgegebenen Zahl mit einem variablen Schwellenwert. Die erste Bedingung ist true, solange das x einen Wert von 9 oder kleiner hat. Bei der zweiten Bedingung liegt die Schwelle um 10 Einheiten höher. Die Bedingungen

A und B können dann anhand der im Folgenden beschriebenen Operatoren verknüpft werden.

Das logische Und

Zwei Bedingungen A und B sind immer dann gemeinsam true, wenn sowohl A als auch B true sind. Sobald auch nur eine Teilbedingung falsch ist, ist der gesamte Ausdruck falsch. Eine Übersicht über den gemeinsamen Wahrheitswert einer verknüpften Bedingung in Abhängigkeit von den Wahrheitswerten der Bestandteile zeigt die Tabelle links oben in Abbildung 4.3. Ein t in einer der Zellen bedeutet true/wahr, ein f heißt false/falsch.

In PHP gibt es sowohl das Schlüsselwort and, über das Sie Bedingungen miteinander verknüpfen können, als auch das doppelte kaufmännische Und (&&). In unserem Beispiel muss x einen Wert kleiner als 10 besitzen, damit der Ausdruck A && B bzw. A and B true ist: Nehmen wir für x den Wert 8 an, ist 10 > 8 true (Bedingung A) und 20 > 8 true (Bedingung B).

Das logische Oder

Zwei Bedingungen A und B sind gemeinsam immer dann true, solange mindestens einer der Bestandteile true ist. Das bedeutet, wenn eine Teilbedingung falsch ist, kann die Verknüpfung immer noch wahr sein. Dargestellt ist dies in der Tabelle oben rechts in Abbildung 4.3.

Das logische Oder wird in PHP durch das Schlüsselwort or oder die doppelte Pipe (||) symbolisiert. Im Beispiel ist A || B bzw. A or B wahr für alle Zahlen kleiner oder gleich 19. Bei Zahlen größer 9 ist zwar die Bedingung A verletzt, jedoch stimmt Bedingung B noch. Erst ab x größer oder gleich 20 sind sowohl A als auch B und somit ihre Verknüpfung falsch.

Das logische exklusive Oder

»Exklusiv« in diesem Zusammenhang bedeutet »ausschließend«. Somit liegt das exklusive Oder dichter an des Pudels Kern, wenn man das Wort »Oder« betrachtet. Gemeint ist, dass entweder die eine Alternative *oder* die andere wahr ist, nicht aber beide gleichzeitig. Verknüpft man zwei Bedingungen über das exklusive Oder miteinander, muss genau eine der Bedingungen falsch und die andere wahr sein. Der Unterschied zum »normalen« Oder ergibt sich also nur in der Alternative, dass sowohl A als auch B wahr sind, zu sehen in der Tabelle unten links in Abbildung 4.3.

In PHP existiert das Schlüsselwort xor für das exklusive Oder, ein weiteres Symbol wie für die vorigen Operatoren gibt es nicht. In unserem Beispiel besteht nur ein sehr begrenzter Bereich an Werten von x, für die ein A xor B true ergibt: Das ist der Fall für alle Zahlen zwischen 10 und 19, bei denen A schon zu false ausgewertet wird.

Das logische Nicht

Dieser letzte Operator, den wir Ihnen bei den booleschen Werten vorstellen wollen, bezieht sich nicht wie die anderen auf die Verknüpfung zweier Bedingungen, sondern ist ein unärer Operator (*unär* = mit nur einem Argument), bezieht sich also nur auf einen Wahrheitswert. Der Wert der Bedingung wird dadurch verneint, true wird zu false und umgekehrt. In PHP wird das Nicht durch das Ausrufezeichen (!) symbolisiert. Das Schlüsselwort not existiert nicht, sondern ist in Abbildung 4.3 nur der Analogie halber aufgeführt.

	B				B	
and	t	f		or	t	f
A t	t	f		A t	t	t
A f	f	f		A f	t	f

	B					
xor	t	f		not		
A t	f	t		A t	f	
A f	t	f		A f	t	

Abbildung 4.3 Verknüpfung von Bedingungen über logische Operatoren

Verknüpfungen von booleschen Termen können beliebig komplex sein. Um die Auswertungsreihenfolge eindeutig zu kennzeichnen, können bzw. müssen Sie die Terme klammern. Nehmen Sie die drei Bedingungen X (false), Y (false) und Z (true). Die Verknüpfung X && Y || Z ergibt true, da zunächst X && Y zu false ausgewertet wird und false || Z dann true ist. Um zuerst Y und Z miteinander zu verknüpfen, setzen wir sie in Klammern: X && (Y || Z). Nun ergibt der gesamte Term false.

PHP besitzt die Eigenart, dass nicht nur die Schlüsselwörter true und false als boolesche Wahrheitswerte verwendet werden können. Auch die übrigen Datentypen eignen sich dafür. Im booleschen Sinne wahr sind beispielsweise:

- Strings, die nicht leer sind, also z. B. »b«, »wort«, »falsch« und »false«
- alle Zahlen außer der 0, also z. B. 2809, 2912, 17, 1, 1000
- Arrays und Objekte, solange sie Inhalt haben

Arrays

In einem Array können Sie mehrere Werte zusammenschließen, die semantisch verwandt sind. Jedes Element ist entweder über einen eindeutigen Namen (*assoziatives Array*) oder über eine Nummer (*numerisches Array*) ansprechbar, den sogenannten *Schlüssel*. Ein Array ist also eine Ansammlung von Schlüssel-Wert-Paaren. Sofern Sie beim Hinzufügen eines Elements zum Array keinen Schlüssel vergeben, wird automatisch eine fortlaufende Nummer verwendet, beginnend bei 0.

```
<?php
$array = array();
$array[] = 'erstes Element';
```

Zunächst wird das Array leer initialisiert. Dies geschieht mit dem Sprachkonstrukt

array();

Dann wird ein Element hinzugefügt, das fortan über den Bezeichner `$array[0]` angesprochen und verändert werden kann. Die leere Initialisierung müssen Sie nicht voranstellen. PHP ist auch in diesem Fall sehr kulant und quittiert das Befüllen eines nicht existenten Arrays nicht mit einer Fehlermeldung.

Sie müssen nicht zwingend eine fortlaufende Reihenfolge der Schlüssel einhalten. Im Falle eines assoziativen Arrays ist eine numerische Reihenfolge auch nicht immer möglich. PHP hält für jedes Array, das Sie erstellen, eine interne Ordnung aufrecht. Die Ordnung eines Arrays wird nur dann verändert, wenn Sie das Array nach den enthaltenen Werten sortieren. Durch die folgenden Anweisungen werden die Arrayfelder 3 und 5 belegt:

```
$array[3] = 'zweites Element';
$array[5] = 'drittes Element';
```

Die Schlüssel 1, 2 und 4 wurden somit ausgelassen. Die Daten, die Sie in dem Array speichern, können zudem von unterschiedlichen Datentypen sein. Sie können beispielsweise Strings mit Zahlen mischen:

```
$array[7] = 'nächstes Element';
$array[9] = 5;
```

Sofern Sie nur skalare Werte in einem Array speichern, also Zeichenketten, boolesche Wahrheitswerte sowie Ganz- und Fließkommazahlen, spricht man von einem *eindimensionalen Array*. Allerdings kann ein Arrayfeld auch ein weiteres Array enthalten. Somit entsteht eine Hierarchie, ein sogenanntes *mehrdimensionales Array*.

```
$array[10] = array('a', 'b', 'c', 'd');
```

Das Unterarray in `$array[10]` wurde nicht leer initialisiert, sondern mit vier Werten befüllt. Es hat keinen eigenen Namen, sondern ist anonym. Die Werte des Unterarrays sind über die Schlüssel `$array[10][0]` bis `$array[10][3]` ansprechbar.

Die vorangegangenen Beispiele zeigen, dass Sie das Sprachkonstrukt `array()` in verschiedener Weise benutzen können. Zum einen ist die leere Initialisierung eines Arrays möglich. Zum anderen lassen sich damit Arrays in einem Schritt erstellen und befüllen. Allerdings gilt dies nicht nur für numerische Arrays, so wie es bei `array('a', 'b', 'c', 'd')` der Fall war. Ebenso gut können Sie den Werten nicht numerische und unsortierte Bezeichner geben:

```
$assozArray = array(' weitererSchluessel '=>'a', 'key'=>'b');
```

Ein Schlüssel-Wert-Paar wird durch den Operator => verbunden. Auch für assoziative Arrays bleibt die definierte Ordnung der Elemente erhalten, auch wenn keine Sortierung besteht.

Und nachdem wir so viel von den Möglichkeiten des `array()` Konstrukts gesprochen haben, müssen wir Ihnen noch mitteilen, dass Sie es nicht unbedingt brauchen. Wenn Sie sich Codeschnipsel im Internet ansehen, treffen Sie mitunter auf folgende Schreibweise:

```
$array[11] = ['a', 'b', 'c', 'd'];
?>
```

Listing 4.5 Definition von Arrays

Die eckigen Klammern sind eine abgekürzte Syntax, die dem `array()` gleichzustellen ist. Wie mit vielen anderen Abkürzungen auch, empfehlen wir Ihnen: Diese Schreibweise können Sie sich angewöhnen, wenn Sie erst einmal mit PHP vertraut sind. Für die ersten Schritte sollten Sie die ausgeschriebene Form wählen, um sich besser in Ihren Programmen zurechtzufinden. Dann sehen Sie auf den ersten Blick, ob es sich bei einer Variablendefinition um ein Array handelt oder nicht.

Analog zu den skalaren Datentypen lassen sich auch Arrays durch einen einfachen Befehl am Bildschirm ausgeben. Die Funktion `print_r()` stellt dabei nicht nur die Werte, sondern auch die Struktur der Daten dar. Das angehängte _r im Namen des Befehls bedeutet »rekursiv«; es werden also auch eventuelle Unterarrays beachtet. Wie ein Array über `print_r()` am Bildschirm ausgegeben wird, sehen Sie in Abbildung 4.4.

```
Array
(
        [weitererSchluessel] => a
        [key] => b
)
```

Abbildung 4.4 Ausgabe des Arrays »$assozArray«

Arrays können komplexe Datenstrukturen werden, auf denen eine Suche oder eine Sortierung sinnvoll eingesetzt werden kann. In PHP existieren mehrere alternative Sortieroptionen.

> **Hinweis**
>
> Wir verwenden die Begriffe *indiziertes Array* und *numerisches Array* synonym und machen auf diese Weise eine Unterscheidung zu *assoziativen Arrays*. Selbstverständlich können jedoch auch assoziative Arrays numerische Schlüssel besitzen. Das ändert aber nichts an der Tatsache, dass sie assoziativ sind.

Die gängigsten Formen sind:

sort(array $array [,$sortierTyp])
asort(array $array [,$sortierTyp])
ksort(array $array [,$sortierTyp])
rsort(array $array [,$sortierTyp])

Der Befehl `sort()` nimmt eine »normale« Sortierung in alphabetisch oder numerisch aufsteigender Folge vor. Die Reihenfolge der Schlüssel wird dabei nicht beibehalten. Das bedeutet: Nach der Sortierung sind die Schlüssel weiterhin sortiert wie zuvor. Die Beziehung von Schlüssel und Wert wird bei `asort()` gewährleistet. Nach der Sortierung sind die Schlüssel demnach nicht mehr zwingend in der gleichen Reihenfolge wie zuvor. `ksort()` ordnet nicht nach den Werten, sondern nach den Schlüsseln des Arrays durch. Und `rsort()` führt die Sortierung letztlich in umgekehrter Reihenfolge durch. Keine der Funktionen hat einen Rückgabewert.

Der optionale Parameter `$sortierTyp` bestimmt dabei, wie die Werte sortiert werden.

Bezeichnung	Beschreibung
SORT_REGULAR	Führt Sortierung durch, ohne die Werte vorab zu konvertieren.
SORT_NUMERIC	Führt Sortierung durch, als wären die Werte Zahlen.
SORT_NATURAL	Führt Sortierung nach der natürlichsprachlichen Reihenfolge durch
SORT_STRING	Führt Sortierung durch, indem alle Werte als Zeichenkette interpretiert werden.

Tabelle 4.3 Optionen für die Arraysortierung

Als Beispiel zur Verdeutlichung der Sortierarten soll uns das folgende Array dienen:

```
<?php
$bundeslaender = array('a' => 'Brandenburg',
    'b' => 'Baden-Württemberg',
    'c' => 'Schleswig-Holstein',
    'd' => 'Nordrhein-Westfalen');
```

Für jedes der vier nächsten Beispiele nehmen wir `$bundeslaender` in dieser Form als Ausgangszustand an.

Nach `sort($bundeslaender)` ist die Sortierung wie folgt:

```
'0' => 'Baden-Württemberg',
'1' => 'Brandenburg',
'2' => 'Nordrhein-Westfalen',
'3' => 'Schleswig-Holstein'
```

Nordrhein-Westfalen und Schleswig-Holstein haben ihre Position getauscht, und die Schlüssel wurden durch numerische, aufsteigend sortierte ersetzt. Die umgekehrte Reihenfolge der Werte erhalten wir durch die Anweisung `rsort($bundeslaender)`:

```
'0' => 'Schleswig-Holstein',
'1' => 'Nordrhein-Westfalen',
'2' => 'Brandenburg',
'3' => 'Baden-Württemberg'
```

Auch hierbei gehen allerdings die Schlüssel-Wert-Beziehungen verloren. Mit `asort($bundeslaender)` ergibt sich das gleiche Bild wie bei der ersten Sortierung, allerdings wurden die Schlüssel nicht ersetzt:

```
'b' => 'Baden-Württemberg',
'a' => 'Brandenburg',
'd' => 'Nordrhein-Westfalen',
'c' => 'Schleswig-Holstein'
```

Eine Sortierung nach Schlüsseln mit `ksort($bundeslaender)` führt letztlich zu folgender Aufstellung:

```
'a' => 'Brandenburg',
'b' => 'Baden-Württemberg',
'c' => 'Schleswig-Holstein',
'd' => 'Nordrhein-Westfalen'
```

Arrays lassen sich genau wie Strings durchsuchen. Dazu dienen die beiden Befehle

> bool **in_array**(mixed $suche, array $array [, bool $typ])
> mixed **array_search**(mixed $suche, array $array [, bool $typ])

Gesucht wird nach den Werten und nicht nach den Schlüsseln im Array. Im ersten Fall wird nur `true` oder `false` zurückgegeben, je nachdem, ob `$suche` in `$array` vorhanden ist. Die Funktion `array_search()` hingegen liefert im Erfolgsfall den Schlüssel; bei Misserfolg wird auch `false` zurückgeliefert. Als Beispiel soll wieder `$bundeslaender` dienen, und zwar in der Form, in der es ursprünglich definiert wurde:

```
in_array('Baden-Württemberg', $bundeslaender) //ergibt wahr
in_array('Sachsen', $bundeslaender) //ergibt falsch
array_search('Baden-Württemberg', $bundeslaender) //ergibt 'b'
```

Der dritte optionale Parameter schaltet zwischen typsicherer und nicht typsicherer Suchmethode um. Im Standardfall ist `$typ` auf `false` gesetzt, dabei wird mit dem Operator == verglichen, und die Suche ist nicht typsicher. Bei `$typ = true` wird stattdessen === für die Suche verwendet.

Der Parameter `$suche` kann unterschiedliche Datentypen besitzen – deswegen auch die Angabe des Pseudo-Datentyps `mixed`. Dies umfasst nicht nur skalare Datentypen. Ebenso gut lässt sich in Arrays auch nach Arrays suchen. Um dies zu verdeutlichen, führen wir die Suche in `$array` durch, das wir in diesem Abschnitt zuallererst definiert hatten:

```
$gesucht = array('a', 'b', 'c', 'd');
echo array_search($gesucht, $array);    //die Ausgabe ist 10
```

Um in einem Array nach einem Schlüssel zu suchen, können Sie den Befehl

> bool **array_key_exists**(mixed $suche, array $array)

benutzen. Analog zu `in_array()` erhalten Sie dabei nur `true` oder `false` als Antwort. Alternativ dazu können Sie allerdings auch die Existenz über die allgemeine Funktion `isset()` erfragen. Beide kommen zu identischen Ergebnissen:

```
array_key_exists('a',$bundeslaender)    //ergibt wahr
isset($bundeslaender['a'])              //wahr und semantisch gleich
?>
```

Listing 4.6 Suchen und Sortieren in Arrays

Jedes Array hat einen internen Zeiger, der immer auf eines der bestehenden Elemente verweist. Dieser Zeiger wird beispielsweise beim Durchlaufen des Arrays sukzessive über alle Felder bewegt, um jedes Element genau einmal anzusprechen. Das geschieht transparent, das heißt, das Bewegen des Zeigers wird Ihnen vom Parser abgenommen. Allerdings können Sie den Zeiger auch manuell verändern. Dazu gibt es eine Reihe von Befehlen, die in Abbildung 4.5 zu erkennen sind. Das Array ist demnach eine sortierte Liste von Feldern. Der Einfachheit halber wird in der Abbildung davon ausgegangen, dass die Felder nur skalare Werte enthalten, es sich also um ein eindimensionales Array handelt. In mehrdimensionalen Arrays wird die Zeigerstruktur demnach komplexer. Manipulieren lässt sich die Zeigerstellung über die Funktionen, die in Tabelle 4.4 aufgelistet sind.

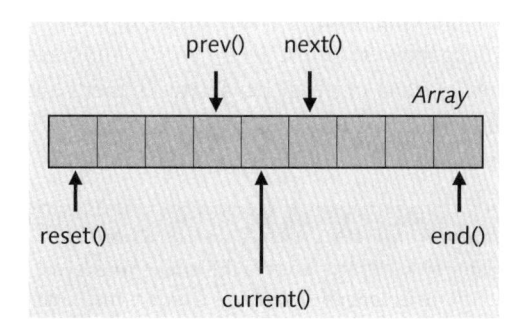

Abbildung 4.5 Zeigerfunktionen für Arrays

Befehl	Beschreibung
current()	Zeigt auf das aktuelle Element, also das Feld, auf den der Zeiger verweist.
prev()	Setzt den Zeiger um eine Position der internen Ordnung zurück.
next()	Analog zu prev() wird der Zeiger auf das Feld hinter dem aktuellen Element gesetzt.
reset()	Setzt den Zeiger zurück auf das erste Element.
end()	Der Zeiger wird auf das letzte Feld des Arrays gesetzt.

Tabelle 4.4 Positionsfunktionen für Arrays

Sofern die Struktur des Arrays nicht durch Hinzufügen oder Löschen von Elementen verändert wird, zeigen `reset()` und `end()` also immer auf dieselben Elemente. Die anderen drei Befehle rücken bei jedem Aufruf von `prev()` oder `next()` immer eine Position in die entsprechende Richtung weiter. An den »Randbereichen« können zwei Befehle, etwa `next()` und `end()`, also auf dasselbe Element zeigen. Ist kein voriges bzw. weiteres Element mehr vorhanden, geben `next()` bzw. `prev()` statt eines Elements `false` zurück.

Ein Array lässt sich bekanntermaßen über direkte Zuweisung oder Löschung von Elementen verändern. Durch die veränderliche Größe und flexible Struktur eignen sich Arrays für zahlreiche Datenstrukturen, wie etwa einen Stapelspeicher (englisch »stack«). Das Element, das zuletzt ans Ende des Arrays angefügt wurde, wird zuerst wieder entfernt (LIFO-Prinzip – »Last in, First out«). Stapelspeicher werden in PHP durch die beiden Befehle

> *int **array_push**(array $stack, mixed $var)*
> *mixed **array_pop**(array $stack)*

unterstützt. Mittels `array_push()` wird ein neuer Wert `$var` an die letzte Stelle des Arrays `$stack` hinzugefügt. Dies hat den gleichen Effekt wie `$stack[] = $var;`

Es können auch gleichzeitig mehrere Werte angefügt werden, angegeben in einer durch Kommas getrennten Liste. Das Array vergrößert sich dadurch um die entsprechende Anzahl von Werten. Als Rückgabewert liefert `array_push()` die neue Größe des Arrays. Das Gegenstück `array_pop()` entfernt das letzte Element aus dem Array und gibt es zurück. Das Entfernen mehrerer Elemente ist nur durch wiederholtes Aufrufen der Funktion möglich.

> **Hintergrundwissen**
>
> Neben dem LIFO-Prinzip eines Stacks existieren natürlich weitere Prinzipien, wie etwa das FIFO-Prinzip (»First in, First out«) für Warteschlangen: Elemente werden ans Ende angefügt und vom Anfang entfernt. Außerdem gibt es das HIFO-Prinzip (»Highest in, First out«), das LOFO-Prinzip (»Lowest in, First out«) usw. Alle Prinzipien lassen sich durch Arrays in PHP realisieren.

Objekte

Objekte sind, wie der Name schon verrät, die Grundbausteine objektorientierter Programmierung. Ein Objekt hat eine Reihe fest vorgeschriebener Attribute. Jedes Attribut hat einen eindeutigen Bezeichner, über den es sich ansprechen und manipulieren lässt. Insoweit ist ein Objekt einem Array sehr ähnlich. Was ein Objekt von einem Array abhebt, sind vordefinierte Methoden, über die die Attribute eines Objekts zur Laufzeit angepasst und Berechnungen durchgeführt werden können. Dass Methoden und Attribute festgelegt sind, bedeutet u. a., dass weitere Elemente zur Laufzeit nicht ohne weiteres zum Objekt hinzugefügt oder daraus entfernt werden können.

Mit Objekten lassen sich reale Dinge beschreiben. Gängige Beispiele in Tutorials sind etwa Bücher im Rahmen eines Onlineshops. Als Einführung wollen wir hingegen ein Auto als Objekt betrachten. Wir abstrahieren bei der Darstellung eines Objekts als Datentyp gezielt von der genauen Syntax. Stattdessen wollen wir hier vorerst nur in die Gedankenwelt der Objektorientierung einführen.

Für das Auto definieren wir eine Reihe von Attributen:

- die aktuelle Geschwindigkeit, der Einfachheit halber als Integer
- die eingetragene Höchstgeschwindigkeit, auch als Integer
- einen Status, ob das Auto gestartet ist, als booleschen Wert

Im Startzustand des Objekts soll der Motor aus sein, das Statusflag ist also `false`. Sofern keine widrigen Umstände vorliegen, beträgt damit auch die aktuelle Geschwindigkeit `0`. Die Höchstgeschwindigkeit hängt von der Art des Autos ab. Für das Beispiel nehmen wir einmal moderate `180` Stundenkilometer an.

Sinnvolle Methoden für den Zugriff auf die Objektattribute sind das Ein- und Ausschalten des Motors sowie das Beschleunigen und Bremsen. Durch Aufrufen der Methoden werden die Objektattribute wie folgt manipuliert:

- `starteMotor` setzt das Statusflag von `false` auf `true`, sofern der Motor nicht bereits läuft.
- `stoppeMotor` arbeitet genau gegensätzlich dazu und setzt das Statusflag auf `false`.
- `beschleunige` setzt die aktuelle Geschwindigkeit auf einen angegebenen Wert, höchstens jedoch auf die eingetragene Höchstgeschwindigkeit.
- `bremse` wirkt wiederum andersherum und setzt die aktuelle Geschwindigkeit auf einen übergebenen Wert herab.

Alle definierten Attribute und Methoden lassen sich auf beliebige Autos anwenden, egal, ob es sich dabei um Porsche oder Peugeot handelt. Es ist also möglich, die Gemeinsamkeiten in einer Art Schablone festzuhalten und zu definieren. Diese Vorlagen heißen in der Objektorientierung *Klassen*. Jedes Objekt, das aus dieser Klasse abgeleitet wird, ist eine *Instanz*. Dass eine Instanz, die einen Peugeot beschreibt, eine geringere Höchstgeschwindigkeit hat als eine Porsche-Instanz, ist logisch. Die entsprechenden Attribute müssen dem realen Vorbild bei der Erzeugung des Objekts bzw. der Instanz angepasst werden.

Ressourcen

Ressourcen bieten Ihnen eine Möglichkeit, auf externe Datenquellen zuzugreifen. Darunter fallen u. a. Dateien, die über PHP geöffnet, gelesen und geschrieben werden, sowie Ergebnisse von Datenbankabfragen.

Wenn Sie beispielsweise eine Datei öffnen, wird eine Ressource erstellt. Bei jedem weiteren Befehl, mit dem die Datei verarbeitet werden soll, müssen Sie die Ressource wieder angeben, damit der PHP-Parser weiß, auf welche Datei sich der Befehl bezieht. Besonders deutlich wird die Notwendigkeit von Ressourcen, wenn Sie zwei Dateien geöffnet haben. Damit nicht fälschlicherweise Daten in die falsche Datei geschrieben werden, hilft Ihnen die Ressource.

Ressourcen belegen – mitunter sehr viel – Speicherplatz auf Ihrem Server und können deshalb gezielt wieder freigegeben werden. In der Regel müssen Sie sich als Programmierer darum aber nicht kümmern. PHP verwaltet die Ressourcen intern mit einer Zugriffsliste. Sobald der letzte Zugriff auf eine Ressource beendet ist, wird die Ressource automatisch freigegeben.

NULL

Variablen haben den Wert `NULL`, wenn ihnen sonst kein Wert zugewiesen ist. Dies ist der Fall, wenn sie noch nicht initialisiert sind oder mit dem Befehl `unset()` wieder gelöscht wurden. Der Wert `NULL` ist somit auch die einzige Ausprägung des Datentyps.

Analog zu den übrigen Datentypen lässt sich auch mit dem Befehl `is_null($variable)` abfragen, ob eine Variable den Wert `NULL` hat. Dies ist jedoch nicht zu verwechseln mit dem Befehl `empty($variable)`, der zurückgibt, ob eine Variable leer ist. Eine leere Variable muss nicht immer den Wert bzw. Datentyp `NULL` haben; wenn `$variable=""` gesetzt wird, ist `$variable` zwar leer, der Befehl `empty()` ergibt also `true`. Die Variable ist aber vom Typ String und somit nicht `NULL`.

Der Einsatz von Variablen des Typs `NULL` ist begrenzt. Anwendung finden sie vor allem dann, wenn eine Variable initialisiert werden soll, jedoch Datentyp oder Wert im Vorhinein unbekannt sind. Zugute kommt Ihnen dabei, dass PHP eine schwach getypte Sprache ist und sich die Datentypen bequem ändern lassen. Solange Sie nur vom Typ `NULL` zu einem der anderen Typen wechseln, sind Sie auch vor den Problemen beim Mixen von Datentypen gefeit, die wir eingangs des Kapitels beschrieben haben.

4.2.3 Namenskonventionen

Es existieren keine »Gesetze des Programmierens«, in denen festgehalten ist, wie Sie Ihren Code zu schreiben haben. Das Programmieren, egal in welcher Sprache, ist in weiten Teilen eine kreative Arbeit.

Dennoch ist es in vielen Fällen sinnvoll, sich an einige Richtlinien zu halten. Gerade wenn Sie im Team arbeiten, wenn Sie Ihren Quellcode für andere freigeben oder wenn Sie nach Längerem wieder auf Ihre alten Skripte schauen, erleichtert eine einheitliche Programmierweise die Einarbeitung und beschleunigt somit das Verständnis und die Wartung des Codes. Selbst auferlegte Konventionen beginnen bereits bei der Namensgebung von Variablen.

In der Praxis nutzen wir die sogenannte *Höckerschreibweise*. Wer sich allzu gewählt ausdrücken will, nennt das auch schon einmal »*Binnenmajuskel*«, was wörtlich nicht mehr heißt als »Großbuchstabe im Wortinneren«. Und obwohl man mit diesem Ausdruck eher auf fragende Gesichter stößt, beschreibt er die von uns bevorzugte Notation für Variablen sehr gut.

Variablennamen bestehen zuweilen aus mehreren Wörtern. Bei der Höckerschreibweise werden alle Namensbestandteile ohne Trennzeichen aneinandergehängt, und der erste Buchstabe eines jeden Wortes wird großgeschrieben. Und das ungeachtet dessen, ob es sich bei dem Wort um ein Nomen, ein Verb oder Sonstiges handelt. Ihren Namen hat die Höckerschreibweise der Ähnlichkeit mit einem Kamelrücken zu verdanken. Im Umkehrschluss zur Regel für Großbuchstaben werden alle anderen Zeichen kleingeschrieben. Die einzige Ausnahme von dieser Regel ist der allererste Buchstabe des Namens. Obwohl auch er einen Wortanfang markiert, schreiben wir ihn trotzdem klein:

```
$betragOhneSteuern = 1000;
$lockDuration = 5;
$nummer = 1;
```

Die Höckernotation können Sie unabhängig von der Sprache benutzen. Die englisch benannte Variable `$lockDuration` beispielsweise, die Sie im dritten Teil des Buches im Abschnitt über Mehrbenutzersysteme wiedertreffen werden, folgt den gleichen Regeln wie der `$betragOhneSteuern`. Bei Variablennamen, die nur aus einem Wort bestehen, stellen sich die meisten Fragen der Höckernotation gar nicht; man muss sich nur an das erste kleingeschriebene Zeichen gewöhnen.

4.3 Konstanten

Im Gegensatz zu Variablen können Konstanten nach ihrer Definition nicht mehr verändert werden. Sowohl der Name als auch der Wert stehen unumstößlich fest. Ein weiterer Unterschied zu Variablen ist, dass Sie keine direkte Zuweisung verwenden können, sondern stattdessen den Befehl `define()` benutzen müssen, um eine Konstante anzulegen:

define("KONSTANTE",1234);

Die Funktion empfängt genau zwei Parameter: Als Erstes den Namen der Konstante, angegeben als String; der zweite Parameter ist der Wert. Benutzen können Sie die Konstante wie eine Variable, das heißt, Sie können damit rechnen, den Wert mit etwas vergleichen oder sie ausgeben:

```
echo KONSTANTE;
$abc = 4321 + KONSTANTE;
```

Daraus, wie Sie den Wert der Konstante bei der Definition angeben, ergibt sich ihr Datentyp. Diesen können Sie per `gettype(KONSTANTE)` abfragen, jedoch nicht über `settype()` neu setzen. Das Thema Datentypen spielt bei Konstanten eine geringere Rolle als bei Variablen. Der Datentyp kann auch vom PHP-Parser selbst nicht zur Laufzeit verändert werden. Stattdessen wird intern mit Kopien der Konstante gearbeitet: So wird für die Ausgabe von KONSTANTE aus dem vorigen Beispiel ein String und keine Zahl gebraucht.

Für die Namensgebung von Konstanten gelten andere Regeln als bei Variablen. Der Name einer Konstante darf nicht mit einem Dollarzeichen ($) beginnen, weil anderenfalls Kollisionen mit Variablennamen nicht ausgeschlossen werden können. In allen weiteren Beispielen in diesem Buch erkennen Sie Konstanten daran, dass wir ihre Namen durchgängig in Großbuchstaben schreiben. Das ist keine syntaktische Vorgabe in PHP, grenzt aber Variablen und Konstanten schon optisch voneinander ab.

Konstanten werden vorerst für Einstellungen in einem System verwendet. Sie können also alle Werte, die von zentraler Bedeutung in Ihrem System sind und die für jedes Skript die gleichen Werte haben sollen, als Konstante definieren. Das betrifft beispielsweise Verbindungsdaten für Ihre Datenbank oder Pfadangaben:

```
define("DBSERVER",'localhost');
define("IMAGEDIR",'images/');
```

4.4 Kommentare

Ein Kommentar ist Freitext, den Sie inmitten Ihres Quellcodes schreiben und der beschreibt, was an dieser Stelle im Code passiert. Angemessen kommentierter Code eignet sich wesentlich besser zur Wiederverwendung; und das nicht nur, wenn Sie den Code für andere Programmierer freigeben, sondern auch, wenn Sie ihn selbst nach einiger Zeit wieder zur Hand nehmen. Auch wenn Sie ein gutes Gedächtnis besitzen, werden Sie sich nicht immer daran erinnern können, wie Sie ein bestimmtes Problem zu einem früheren Zeitpunkt gelöst haben. Mit Kommentaren ersparen Sie sich in solchen Fällen langes Grübeln.

Für kurze Bemerkungen eignet sich ein einzeiliger Kommentar. Dieser wird in PHP mit einem doppelten Slash (//) eingeleitet und gilt bis zum Zeilenende. Einzeilige Kommentare müssen Sie nicht von Hand beenden. Alle Anweisungen innerhalb der Kommentarzeile, die nach dem // stehen, werden vom Parser ignoriert.

```
// Zuweisung des aktuellen Datums in deutscher Notation
$date = '28.02.2006';
```

Erklärungen, die mehr Platz brauchen, können Sie in mehrzeiligen Kommentaren schreiben. Diese beginnen mit /* und enden mit einem */. Eine maximale Länge ist nicht vorgegeben. Umfangreiche Kommentare sind beispielsweise dann angebracht, wenn Sie die Funktion eines Skriptes generell beschreiben oder schwierig zu verstehende Passagen erklären wollen.

```
/* In den folgenden Zeilen werden Daten aufbereitet.
   Zuerst werden die Daten aus der MySQL-Datenbank geholt.
   Das DB-Ergebnis wird in einer Tabelle dargestellt.
*/
$link = mysql_connect('host', 'user', 'pass');
...
```

Wenn Sie beim Kommentieren Ihres Codes einige Konformitäten beachten, können Sie sich daraus automatisch die technische Dokumentation Ihrer Skripte erstellen lassen. Mit PHP-Bordmitteln erreichen Sie die automatische Dokumentation allerdings nicht. Stattdessen können Sie das kostenlose Tool *PHPDoc* nutzen, das Ihre Skripte auswertet und Ihre Kommentare in eine übersichtliche und strukturierte Form bringt. Inhalt einer technischen Dokumentation ist die Beschreibung Ihrer Programmierschnittstellen, also u.a. Ein- und Ausgabeparameter einzelner Skripte oder Funktionen. Inwieweit Sie Ihren Code in der Dokumentation erklären, bleibt Ihrem eigenen Fleiß überlassen. Kommentare, die konform mit PHPDoc sind, haben eine festgelegte Struktur:

```
/**
 * Einzeilige Kurzbeschreibung des Abschnitts
 *
 * Umfangreiche Beschreibung nach einer Leerzeile
 * Der detaillierte Kommentar kann auch mehrzeilig sein.
 *
 * @version 1.0
 */
```

Herkömmliche mehrzeilige Kommentare werden von PHPDoc überlesen. Damit Kommentare geparst werden, müssen Sie sie mit /** beginnen, also mit zwei Sternen. Jede neue Zeile des Kommentars beginnt mit einem Stern. Manche Editoren wie beispielsweise Eclipse beherrschen PHPDoc-konforme Kommentare und unterstützen Sie bei der Dokumentation mit Syntax-Highlighting und Codevervollständigung. Ein Kommentar muss immer die drei Elemente Kurzbeschreibung – Langbeschreibung – Tags in genau dieser Reihenfolge enthalten. Während die Beschreibungstexte so von PHPDoc in die Dokumentation übernommen werden, wie Sie sie schreiben, werden die Tags verarbeitet. Es gibt eine ganze Reihe von Tags, die immer durch einen Klammeraffen (»@«) eingeleitet werden. Am wichtigsten neben @version sind @param, das einen Eingabeparameter einer Funktion mitsamt Datentyp spezifiziert, und @return für die Rückgabewerte von Funktionen.

Ausgabeformat von PHPDoc ist XML, das sich in unterschiedliche Repräsentationsformen konvertieren lässt, darunter navigierbares HTML in unterschiedlichem Layout, PDF oder DocBook. Letzteres ist zwar ebenfalls XML, jedoch als offener Standard festgeschrieben.

PHPDoc beziehen Sie über *http://www.phpdoc.de/*. Der Satz von Skripten ist selbst in PHP geschrieben und als quelloffene Software auch für kommerzielle Nutzung einsetzbar.

> **Hinweis**
>
> Die umfangreichen Listings der folgenden Abschnitte sind zu großen Teilen mit PHPDoc dokumentiert. Dadurch können Sie sich an den Umgang mit Kommentaren gewöhnen, sowohl an das Lesen als auch an das Schreiben von Kommentaren. In der Praxis empfiehlt es sich, Code nicht im Nachhinein, sondern gleich beim Programmieren zu kommentieren. Eine zugegeben lästige, aber sinnvolle Mehrarbeit.

4.5 Funktionen

In einer Funktion werden Befehle gekapselt, die eine vorgegebene Aufgabe lösen. Dies kann ein simples Problem sein, beispielsweise die Summierung der Zahlen von 1 bis zu einem gegebenen Grenzwert. In Funktionen können Sie allerdings auch komplexe Probleme lösen, etwa eine umfangreiche Bestellung in Ihrem Onlineshop durchführen.

Funktionen werden über formale Definitionen eindeutig beschrieben. Dazu gehören:

- die Angabe aller Eingabeparameter mit Name, Reihenfolge und Datentyp
- Datentypinformationen, sofern es einen Datentyp gibt

Eingabeparameter werden der Funktion bei einem Aufruf zur Verarbeitung übergeben. Wenn die Funktion keine Eingabewerte für die Abarbeitung benötigt, spricht man von einer *parameterlosen Funktion*. Alle wichtigen Daten sind in diesem Fall in der Funktion festgeschrieben oder werden auf anderem Wege in die Funktion geholt. Die Übergabe als Parameter ist also nicht die einzige Form, um »externe« Daten innerhalb einer Funktion verwenden zu können. Obwohl wir eine Alternative dazu im Folgenden vorstellen werden, sollten Sie vorrangig die Parametrisierung verwenden.

Nachdem der Rumpf der Funktion vollständig abgearbeitet ist, wird unter Umständen ein Rückgabewert geliefert. Dies ist beispielsweise bei arithmetischen Berechnungen der Fall, etwa bei der bereits erwähnten Summierung von Zahlen. Oft gibt eine Funktion aber auch einen booleschen Wahrheitswert zurück, um über Erfolg oder Misserfolg der Ausführung zu informieren. »Einen Wert zurückliefern« bedeutet, dass Sie das Ergebnis der Funktion direkt ausgeben, innerhalb einer Bedingung prüfen oder einer Variablen zuweisen können.

Wie die formale Definition einer Funktion in Ansätzen dargestellt werden kann, haben wir Ihnen bereits vorgeführt. Wir haben Sie an der jeweiligen Stelle jedoch nicht mit der Nase darauf gestoßen: Im Abschnitt über Zeichenketten haben wir u. a. die Funktion `trim()` vorgestellt, die Leerraum in einem String zu beiden Seiten entfernt. Die formale Definition der Funktion sieht für PHP dann so aus:

*string **trim**(string $str)*

Vor dem Funktionsnamen ist der Datentyp des Rückgabewerts angegeben. Die Eingabeparameter werden in Klammern geschrieben, mit Angabe des erwarteten Datentyps, und durch Kommas getrennt. Die von uns umgangssprachlich beschriebene Summierung lässt sich formal wie folgt definieren:

*integer **summeN**(integer $grenzwert)*

Die Funktion empfängt einen ganzzahligen Wert mit Namen `$grenzwert` und gibt das Ergebnis ebenso ganzzahlig zurück. Der Name der Funktion `summeN()` ergibt sich aus der mathematischen Vorgangsweise, eine nicht näher definierte Zahl mit dem Buchstaben n zu bezeichnen.

Wie der Rumpf der Funktion implementiert ist, welche Programmierschritte also in irgendeiner Reihenfolge ausgeführt werden, ist für den Anwender nicht von Belang, sofern er die Definition kennt. Er sieht die Funktion als Blackbox; wichtig ist nur zu wissen, dass und nicht wie die Funktion arbeitet. Mit dieser Sichtweise ist die formale Definition die kleinste mögliche Programmierschnittstelle.

Das Verbergen von Implementierungsdetails heißt *Kapselung*. Mit dem Einsatz von Funktionen und der damit verbundenen Kapselung sind einige für die Programmierarbeit wichtige Vorteile verbunden:

- Funktionen müssen nicht an dem Ort bzw. an der Stelle definiert werden, an der sie das erste Mal aufgerufen werden. Das heißt, Sie können sämtliche Funktionen an den Anfang oder das Ende eines Skriptes verschieben und erhalten somit einen deutlicheren Überblick über die eigentliche Ablauflogik Ihres Skriptes.

- Sofern Sie generalisierte Funktionen einsetzen, die sich also nicht auf einen Spezialfall beziehen, können Sie dieselbe Funktion mehrfach in unterschiedlichen Situationen nutzen. Als Beispiel soll die Summierung dienen. Egal, ob Sie von 1 bis 100 oder bis 85 addieren wollen, die Funktion führt immer gleichartige Rechenschritte durch. Für eine generalisierte Lösung übergeben Sie den Grenzwert als Parameter. Im spezialisierten Gegenstück ist die Obergrenze festgeschrieben, beispielsweise in der Funktion `summe100()`. Die Funktion kommt ohne Parameter aus, aber Sie brauchen für jeden Grenzwert eine neue Funktion (`summe99`, `summe98` usw.). Die Wiederverwendung von Funktionen verkürzt effektiv Ihre Skripte, da kein Code unnötig dupliziert wird.

- Mit Kapselung und Wiederverwendung geht die vereinfachte Wartung Ihres Codes einher. Wenn Sie einen Fehler bei der Ausführung entdecken, können Sie mit generalisierten Funktionen womöglich mehrere Fliegen mit einer Klappe schlagen. Idealerweise korrigieren Sie nur eine einzige Codezeile an einer oft eingesetzten Funktion. Die Änderungen wirken sich sofort und auf alle weiteren Vorkommen aus. Dank der Kapselung zieht diese Änderung keinerlei weitere Aktualisierungen der Aufrufe nach sich, solange sich an der formalen Definition nichts geändert hat. Das gilt natürlich nicht nur für die Fehlersuche, sondern auch für das Skripttuning.

4.5.1 Syntax

Die Definition einer Funktion in PHP wird durch das Schlüsselwort `function` eingeleitet. Jede Funktion muss innerhalb eines Skriptes einen eindeutigen Namen tragen. Sobald Sie versuchen, eine Funktion mit einem bereits vorhandenen Namen neu zu definieren, erhalten Sie bei der Ausführung eine Fehlermeldung, mit der das Parsen abgebrochen wird. Die Eingabeparameter werden genau wie in der formalen Definition in runden Klammern angegeben, jeweils durch Kommas getrennt. Als Parameter gelten die Werte sowohl von Variablen als auch von Konstanten. Die Angabe der Datentypen für die Parameter entfällt. Der Rumpf, also der gesamte Inhalt der Funktion, wird in geschweiften Klammern eingefasst:

```
function addiere($parameter1,$parameter2)
{
...
}
```

Die Namen der Eingabeparameter sind frei wählbar. Die Variablen sind dann lokal gebunden und damit nur innerhalb des Funktionsrumpfes nutzbar. Wird die Funktion mit

```
addiere(10,100);
```

aufgerufen, hat `$parameter1` den Wert 10, und `$parameter2` bekommt 100 zugewiesen.

So, wie die Funktion definiert ist, müssen Sie beim Aufruf *mindestens* zwei Parameter übergeben. Es mag Sie verwundern, aber Sie können tatsächlich mehr Parameter angeben als benötigt. Die überzähligen werden dann einfach nicht verwendet. Die Angabe von zu wenigen Parametern quittiert PHP allerdings mit einer Warnung. Sie können Parameter jedoch auch als optional anlegen, indem Sie ihnen bereits bei der Funktionsdefinition einen Wert zuweisen:

```
verdopple($parameter = 10){ ... }
```

Damit verschaffen Sie sich die Freiheit, bei einem Aufruf den Parameter anzugeben oder wegzulassen. Wann immer Sie die Funktion ohne Parameter verwenden, wird `$parameter` an den Standardwert 10 gebunden, anderenfalls wird der Wert aus dem Aufruf benutzt.

Ergebnisse liefern Sie mit dem Schlüsselwort `return` zurück. Um den Verdoppler vollständig zu implementieren, bekommt er somit den wenig komplexen Rumpf:

```
<?php
function verdopple($parameter = 10)
{
    return 2*$parameter;
}
```

Die Verwendung von `return` ermöglicht Ihnen z. B. Folgendes:

```
echo verdopple();
$zahl = verdopple(100);
?>
```

Listing 4.7 Definition von Funktionen

Den Rückgabewert einer Funktion können Sie entweder mit `echo` ausgeben, einer Variablen zuweisen oder – sofern es sich bei dem Rückgabewert um ein Objekt oder ein Array handelt – direkt weiterverwenden. Im Abschnitt über Datentypen haben Sie gesehen, dass Sie über die Angabe des Index in eckigen Klammern auf einzelne Elemente zugreifen können. Das lässt sich auch mit entsprechenden Funktionen machen; optisch mag das erst einmal nicht korrekt aussehen, aber funktional ist diese Abkürzung allemal:

```
function func() {
    return array(4, 6, 8);
}
echo func()[2];
```

Das Beispiel bringt den Wert 8 auf den Bildschirm. In der Fachwelt spricht man bei dieser syntaktischen Möglichkeit von *Array Dereferencing* bzw. *Object Dereferencing*. Das Object Dereferencing ist schafft erst die Grundlagen für das heutzutage beliebte *Method Chaining*, bei dem Methodenaufrufe auf ein und dasselbe Objekt einfach hintereinandergeschrieben werden.

4.5.2 Gültigkeitsbereiche

Parameter an Funktionen zu übergeben und Ergebnisse von ihnen zu übernehmen, ist nur deswegen notwendig, weil es in einem PHP-Skript mitunter verschiedene Gültigkeitsbereiche gibt. Neben dem globalen Bereich existieren lokale Gültigkeitsbereiche für jede Funktion und – wie wir später sehen werden – auch für jede Klasse.

Bei der Definition des Addierers sprachen wir davon, dass `$parameter1` und `$parameter2` lokal gebunden werden. Diese beiden Variablen stehen dann *ausschließlich* innerhalb der Funktion zur Verfügung. Bei jedem Aufruf werden die Variablen aufs Neue erzeugt und nach Abarbeitung des Rumpfes gelöscht. Das heißt, Sie können nach einem Aufruf weder auf `$parameter1` noch auf `$parameter2` mit deren letzten Werten zurückgreifen. Gleichnamige Variablen, die vor dem Aufruf der Funktion bestanden, werden dadurch nicht verändert oder in sonst einer Weise beeinträchtigt. Die Zuweisung einer Variablen ist also nicht nur eine Bindung eines Namens an einen Wert, sondern eine Name-Wert-Bereich-Bindung.

Die Parametrisierung arbeitet folglich mit der Methode *pass-by-value*, bei der die Werte der übergebenen Variablen kopiert werden. In manchen Fällen ist es jedoch durchaus gewollt, Variablen des globalen Gültigkeitsbereichs innerhalb einer Funktion so zu manipulieren, dass der veränderte Wert auch nach der Ausführung der Funktion bestehen bleibt. Die Lösung für diese Anwendungsfälle heißt *Referenz*. Um bei Funktionen mit Referenzen zu arbeiten, bestehen zwei Möglichkeiten. Die einfachste ist, den Parameter entweder bei der Definition der Funktion oder bei ihrem Aufruf per Referenz zu übergeben, so wie in Abschnitt 4.2, »Variablen«, gezeigt:

```php
<?php
function verdopple(&$parameter)
{
   $parameter = 2*$parameter;
}
```

bzw.

```php
function verdopple2($parameter)
{
   $parameter = 2*$parameter;
}
$param = 19;
verdopple2(&$param);
//ab hier ist $param gleich 38
```

Bei der ersten Alternative werden Parameter in jedem Fall per Referenz übergeben, Änderungen innerhalb der Funktion wirken sich unweigerlich auf globale Variablen aus. Im zweiten Fall haben Sie die Möglichkeit, zu entscheiden, ob Sie eine Referenz oder den Wert einer Variablen übergeben wollen. Diese Freiheit ist ebenfalls eine Form von Generalisierung und dem vorigen Pendant damit vorzuziehen, es sei denn, Sie sind sich für alle Anwendungsfälle sicher, dass *pass-by-reference* die richtige Übergabemethode ist.

> **Hinweis**
>
> Die Übergabe einer Referenz beim Funktionsaufruf wurde mittlerweile als »veraltet« (*deprecated*) gekennzeichnet. Beim Verproben des Beispiels mit der Funktion `verdopple2()` bekommen Sie – sofern Sie die Standardeinstellungen der *php.ini* nicht angepasst haben – eine entsprechende Meldung; das Ergebnis wird Ihnen dennoch korrekt angezeigt. Das Beispiel verdeutlicht demnach nur die Möglichkeiten, die PHP Ihnen bietet. Im Praxiseinsatz sollten Sie Referenzen bei der Funktionsdefinition einsetzen.

Die zweite Möglichkeit, Referenzen in Funktionen zu nutzen, beruht im Gegensatz zur Parameterübergabe auf dem Schlüsselwort `global`. Diese Methode ist gleichzeitig die Alternative zur Parametrisierung, vor der wir eingangs gewarnt hatten:

```php
$param = 17;
function verdopple3()

{
   global $param;
   $param = 2*$param;
}
```

```
verdopple3();
//ab hier ist $param gleich 34
?>
```

Listing 4.8 Referenzen und Funktionen

Mittels `global` wird der aktuelle Wert einer globalen Variablen innerhalb der Funktion als Referenz nutzbar gemacht. Bei der Verwendung von `global` wird also davon ausgegangen, dass eine Variable dieses Namens besteht. Da Sie allerdings vor dem Aufruf einer Funktion nicht immer sicher sein können, dass dies der Fall ist, raten wir Ihnen von dieser Methode ab und empfehlen, die Parametrisierung zu verwenden.

> **CD-ROM zum Buch**
>
> Die Möglichkeiten, die Ihnen in Bezug auf Referenzen geboten werden, finden Sie auch auf der CD-ROM zum Buch unter Listing 4.7.

4.5.3 Namenskonventionen

Ganz ähnlich wie bei den Variablen setzen wir in der Praxis auch bei Funktionsnamen auf die Höckerschreibweise. Achten Sie zudem darauf, dass Sie sprechende Namen für Ihre Funktionen finden. Sie sollten dem Funktionsaufruf also schon ansehen, was durch ihn geschieht.

Es hat sich bewährt, Funktionsnamen aus mehreren Wörtern zusammenzusetzen, wobei das erste Wort ein bezeichnendes Verb ist. Funktionsnamen lassen sich also wie eine Aufforderung lesen:

```
kochKaffee();
verdoppleZahl($nummer);
```

4.5.4 Anonyme Funktionen

In gewissen Situationen sind in PHP Funktionen vonnöten, die lediglich in ihrem aktuellen Kontext verwendet werden. Anders gesagt: Sie schreiben eine Funktion für genau einen Spezialfall, benutzen sie ein einziges Mal und haben danach keinerlei Verwendung mehr für sie. Dies ist beispielsweise dann der Fall, wenn eine PHP-eigene Funktion eine benutzerdefinierte Hilfsfunktion (Callback) benötigt.

Sicherlich lässt sich in solchen Fällen wie gewohnt vorgehen: Die Funktion wird über `function FunktionsName()` definiert und steht fortan permanent zur Verfügung. Mit dem Augenmerk auf guten Programmierstil geraten Sie jedoch in eine Zwickmühle: Sinnigerweise lagern Sie Funktionen nicht nur bei größeren Projekten zur Wiederverwendung in gesonderte Bibliotheken aus, die Sie dann per include() oder require() in den aktuellen Kontext einbinden, sondern beginnen damit auch schon bei kleinen Projekten, um eine projektübergreifenden Übersichtlichkeit zu bewahren und letztlich auch das strukturierte Wachstum des Projekts zuzulassen. Diese eingeschränkt benötigten Funktionen haben nicht den Anspruch auf mehrfache Verwendung und sollten demnach in der Nähe ihres Einsatzortes bleiben.

Erleichterung schafft das Konzept anonymer Funktionen. Diese wurden bislang über die Funktion

> *string **create_function**(string $parameter, string $rumpf)*

definiert. Sowohl Eingabeparameter als auch der Funktionsrumpf wurden dabei als Zeichenkette übergeben. Folgende Statements sind demnach gleichbedeutend:

```
function $anonym ($parameter){
   //PHP-Code
}
```

und

```
$anonym = create_function('$parameter','//PHP-Code')
```

Damit gleicht ein `create_function()` eher dem Parsen und Ausführen eines Strings (vergleichbar mit `eval()`).

Stattdessen wird nun die Syntax

> *function ($parameter) **use** (lexical $vars) {//Rumpf}*

verwendet. Weder die Eingabeparameter noch der Rumpf werden hier als Zeichenkette übergeben. Bei `$vars` handelt es sich um bestehende Variablen des übergeordneten Gültigkeitsbereichs. Diese lassen sich mittels *call-by-value* oder *call-by-reference* einbinden. Die Angabe des `use` inklusive `$vars` ist jedoch optional.

> **Hinweis**
>
> Wer anderer funktionaler Programmiersprachen mächtig ist, erkennt hier das Konzept von sogenannten *Lambda-Funktionen*, das in PHP 5.3 zum Sprachumfang hinzugekommen ist. Gemeinsam mit Funktionsabschlüssen wird dem Programmierer hier ein mächtiges Konstrukt an die Hand gegeben, auf das wir an dieser Stelle aber nicht näher eingehen können. Näheres dazu findet sich im PHP Wiki unter *https://wiki.php.net/rfc/closures*

Als Beispiel für anonyme Funktionen definieren wir ein Array mit Wörtern, die es zu einem zusammenhängenden Text aneinanderzureihen gilt. Neben vielen alternativen Wegen ist dies auch über die Funktion `array_reduce()` möglich, die anhand einer benutzerdefinierten Funktion die Elemente eines Arrays vermischt, verrechnet usw.

```
$anonym = function ($x, $y){
   $x = $x." ".$y;
   return $x;
};
$array = array("Hallo","Welt");
echo array_reduce($array, $anonym);
```

Listing 4.9 Anonyme Funktionen verwenden

Diese anonyme Callback-Funktion nimmt jeweils zwei Elemente des Arrays und verbindet sie mit einem Leerzeichen, bis nur noch ein Element übrig ist. Es wäre übrigens auch möglich gewesen, die Funktion direkt und unbenannt in den Aufruf von `array_reduce()` zu schreiben. Wir haben jedoch bewusst die Zuweisung der Funktion zu `$anonym` gewählt. Die Variable ist vom Typ `Object` (Klasse `Closure`), was uns im Nachhinein auch die Ausführung des Rumpfes in anderen Funktionen erlaubt:

```
function merge($func){
   $var1 = "Hello";
   $var2 = "World";
   echo $func ($var1,$var2);
}
merge($anonym);
```

Listing 4.10 Indirekte Verwendung anonymer Funktionen

4.6 Kontrollkonstrukte

Skripte verlaufen nicht geradlinig. Das bedeutet, dass in bestimmten Situationen Entscheidungen gefällt werden müssen, deren Ausgang die weiteren Aktionen beeinflusst. Oder eine Reihe von Befehlen muss wiederholt ausgeführt werden. Schwierig wird eine wiederholte Ausführung dann, wenn Sie vorab nicht bestimmen können, wie oft die Schleife durchlaufen wird. In eine solche Situation geraten Sie dann, wenn die Anzahl der Schleifendurchläufe zur Laufzeit bestimmt wird. Entscheidungen werden anhand eines oder mehrerer Kriterien getroffen, beispielsweise ob eine Variable größer oder kleiner als ein Schwellenwert ist. Schleifendurchläufe werden analog dazu so lange durchlaufen, bis eine Bedingung zutrifft. Alle diese Kontrollkonstrukte wollen wir Ihnen im Folgenden vorstellen.

4.6.1 Bedingte Entscheidungen

Bedingte Entscheidungen unterscheiden sich in der Anzahl der Handlungsalternativen, unter es denen eine oder mehrere zu wählen gilt. Die Auswahl wird anhand von Kriterien getroffen, im einfachsten Fall anhand eines einzigen Kriteriums. Mehrere Kriterien werden im booleschen Sinne logisch zu einer Bedingung verknüpft, die auf ihren Wahrheitsgehalt hin überprüft wird. In PHP können Sie zwei verschiedene Konstrukte nutzen. Das eine Konstrukt (if) eignet sich für komplexe Bedingungen, das andere (switch) für eine beliebig große Anzahl an Alternativen.

Das if-Konstrukt

Die einfachste Art einer Entscheidung hat nur eine Konsequenz. Sie treffen dabei also nicht die Entscheidung, welche Anweisungen ausgeführt werden, sondern nur, ob sie ausgeführt werden. Die Aufforderung, die hinter dem einfachsten Fall des if-Konstrukts steht, ist also folgende:

Wenn C eintritt, dann tue X:

```php
<?php
if($C)
{
    //Anweisungen der Konsequenz X ausführen
}
```

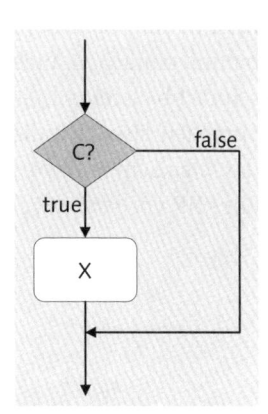

Abbildung 4.6 Struktur eines if-Konstrukts

> **Hinweis**
>
> Wenn die Alternative eines if-Teils aus nur einer Anweisung besteht, können Sie die geschweiften Klammern weglassen: `if($x==1) echo "Wert ist 1";`. Das gilt im gleichen Sinne für jegliche Blöcke in PHP, abgesehen von Funktionsrümpfen.

Die Konsequenz X steht also für eine oder mehrere zusammengehörige Befehle. C ist die zu prüfende Bedingung (englisch »condition« – daher die Wahl des Kürzels). Wird sie im booleschen Sinne zu `false` ausgewertet, wird X einfach übergangen, anderenfalls einmal komplett ausgeführt.

Die Bedingung C kann aus unterschiedlichen Kriterien beliebig komplex zusammengesetzt sein. Wichtig ist die Auswertung zu einem booleschen Wahrheitswert. Viele in PHP eingebaute Funktionen haben `true` oder `false` als Ergebnis, und natürlich können Sie auch eigene Funktionen schreiben, die Wahrheitswerte zurückgeben. All diese Funktionen lassen sich als Bedingungen für Kontrollkonstrukte einsetzen.

> **Hinweis**
>
> Beachten Sie bei der Anwendung von Funktionen als Bedingung eines Kontrollkonstrukts, dass der Befehl tatsächlich ausgeführt wird. Die Anweisung `unlink()`, mit der sich Dateien löschen lassen, hat nach einem positiven `if(unlink("passwort.txt"))` die Datei *passwort.txt* schon gelöscht, bevor Sie Alternative A ausgeführt haben.

In den meisten Fällen gibt es jedoch mindestens zwei Handlungsalternativen, von denen immer nur eine eintreten kann. Ist die Anzahl der Alternativen genau zwei, dann lässt sich das `if`-Konstrukt folgendermaßen beschreiben:

Wenn C eintritt, dann tue X, anderenfalls Y.

Syntaktisch in die Sprache von PHP umgesetzt, spricht man dabei von einem `if – then – else`, das es natürlich in vielen anderen Programmiersprachen auch gibt. Wie bereits gesehen wird in PHP auf die Angabe des Sprachbausteins `then` verzichtet, da es implizit vorausgesetzt wird. In anderen Sprachen lässt sich die Bedingung C ohne Klammerung schreiben; in dem Fall ist das `then` Schlüsselwort für das Ende von C. Das `else` ist jedoch als Sprachbaustein in PHP vorhanden:

```
if($C)
{
   //Anweisungen der Alternative X ausführen
}
else
{
   //Anweisungen der Alternative Y ausführen
}
```

Bei mehreren Handlungsalternativen wird immer genau eine davon ausgeführt. Im vorigen Beispiel ist dies Alternative X, sofern C wahr ist, anderenfalls Y.

Eine Handlungsalternative kann wiederum ein if-Konstrukt sein, deren Alternativen auch usw. Die Schachtelung kann beliebig fortgesetzt werden. Dadurch lassen sich auch Entscheidungen mit mehr als zwei Handlungsalternativen abbilden.

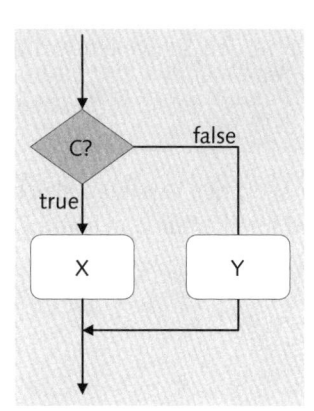

Abbildung 4.7 Auswahl zwischen zwei Handlungsalternativen

> **Tipp**
>
> In stark verschachtelten if-Konstrukten verliert man sich schnell. Wird die Struktur zu komplex, führt das häufig zu Denkfehlern bei der Antwort auf die Frage, welche Befehle einer bestimmten Alternative zugehören. Daher empfiehlt es sich, in solchen Fällen alle Alternativen in einer Zeichnung festzuhalten und zu ordnen.

```
if($C)
{
    //Anweisungen der Alternative X ausführen
}
else
{
    if($D)
    {
        //Anweisungen der Alternative Y ausführen
    }
    else
    {
        //Anweisungen der Alternative Z ausführen
    }
}
```

Die Bedingungen C und D stehen in einer logischen Beziehung. Wenn es zu einer Auswertung von D kommt, wurde C bereits als false erkannt. Bei der Definition von D müssen Sie das Ergebnis von C also im Hinterkopf behalten. Anderenfalls kann es dazu kommen, dass mindestens eine der beiden Handlungsalternativen von C logisch unmöglich ist. Nehmen Sie z. B. an, C prüft eine Variable $x auf Ungleichheit mit dem Wert 10:

```
if( $x != 10 ) ...
```

Die Bedingung D soll daraufhin prüfen, ob die Variable $x den Schwellenwert 8 überschreitet:

```
if( $x > 8 ) ...
```

Weil C nur dann zu false ausgewertet wird, wenn der Wert der Variablen gleich 10 ist, kann D nur true sein; der else-Zweig von D wird folglich nie durchlaufen.

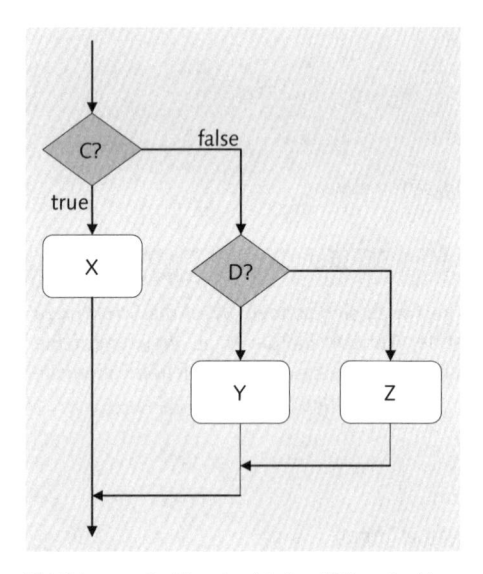

Abbildung 4.8 Verschachteltes if-Konstrukt

Neben dem else gibt es in PHP für verschachtelte if-Konstrukte auch ein elseif. Es kombiniert ein else mit einem weiteren if und findet daher nur Anwendung, wenn eine zweite Bedingung D im else-Zweig einer Bedingung C definiert wird – wie im vorigen Beispiel. Dadurch ändert sich die Schreibweise, nicht jedoch die Struktur eines verschachtelten if-Konstrukts. Das vorige Beispiel lässt sich dann wie folgt umschreiben:

```
if($C)
{
    //Anweisungen der Alternative X ausführen
}
elseif($D)
{
    //Anweisungen der Alternative Y ausführen
```

```
}
else
{
    //Anweisungen der Alternative Z ausführen
}
```

Innerhalb eines if-Konstrukts können Sie beliebig viele elseif-Zweige einbauen. Wird C zu false ausgewertet, werden der Reihenfolge nach alle elseif-Bedingungen geprüft. Nur die Alternative des ersten zutreffenden elseif-Zweigs wird ausgeführt, dann wird das if-Konstrukt verlassen.

> **CD-Beispiele**
>
> Ein Skript zur Verwendung mehrerer elseif-Zweige finden Sie auf der CD-ROM zum Buch.

Für if-Konstrukte gibt es mehrere Schreibweisen. Alle sind syntaktisch korrekt, die am weitesten verbreitete wird von uns in diesem Buch und in der Praxis verwendet: Die Schlüsselwörter if, else und elseif stehen in eigenen Zeilen; Handlungsalternativen werden in Klammern zusammengefasst und eingerückt.

Wenn Sie jemals fremden Code lesen und verstehen müssen, stoßen Sie möglicherweise auf unterschiedliche Schreibweisen. Nachbesserungen an altem Code sollen Sie jedoch nicht in dessen Stil vornehmen. Wir wollen Ihnen die alternativen Schreibstile nur der Form halber anhand des Beispiels aus Abbildung 4.7 vorstellen.

Eine veraltete Variante des if-Konstrukts verzichtet auf die Klammerung der Handlungsalternativen. Ein Anweisungsblock beginnt oder endet dort, wo eines der Schlüsselwörter if, else oder endif gebraucht wird:

```
if($C):
    //Anweisungen der Alternative X ausführen
else:
    //Anweisungen der Alternative Y ausführen
endif;
```

> **Hinweis**
>
> Die gleiche Art von veralteter Syntax existiert auch für Iterationen, wie sie im folgenden Abschnitt erklärt sind: endwhile, endfor usw. Nehmen Sie dies einfach nur zur Kenntnis, und gewöhnen Sie sich diesen Stil nicht an.

Eine weitere, ternäre Variante eignet sich besonders für kleine Strukturen ohne Schachtelung. Die Schlüsselwörter werden durch Fragezeichen (? statt if) und Doppelpunkt (: statt else) ersetzt. Das Konstrukt wird dadurch schwerer lesbar, ist aber ungleich kompakter als die ausgeschriebene Version:

```
echo ($x == 10)? "ja" : "nein";
?>
```

Listing 4.11 Das if-Konstrukt in ternärer Form

Aber es geht noch kürzer: Der ternäre Operator eignet sich in einer Spezialform auch für die Parameterzuweisung mit Angabe von genau einer Alternative. Als Bedingung wird eine Variable, Konstante oder ein fester Wert geprüft. Lässt sich dieser in boolescher Art zu true auswerten, wird der Wert selbst zurückgegeben, anderenfalls eine festgelegte Alternative.

Wenn Sie ein paar Seiten zurückblättern, werden Sie feststellen, dass sich die Semantik nicht allzu sehr von dem normalen if ... else ... unterscheidet. Letztlich sind die Bedingung C und die Alternative Y identisch. In Code gegossen, stellt sich diese Spezialform wie folgt dar:

```
<?php
$var = $C ?: $Y;
?>
```

Listing 4.12 Der ternäre Operator

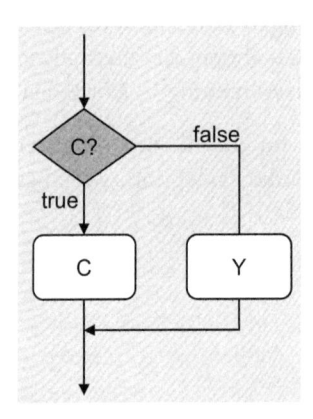

Abbildung 4.9 Semantik des verkürzten ternären Operators

Dies ist jedoch nicht mit dem vieldiskutierten Operator ifsetor zu verwechseln, der es in der erdachten Form nicht in PHP 5.3 geschafft hat. Dieser Operator prüft auf Existenz einer Variablen (analog zu einem isset()) hin und nicht auf deren booleschen Wert und gibt diese Variable nach positiver Prüfung zurück, anderenfalls einen alternativen Wert Y. Die Aussage ist insofern ähnlich dem ternären Operator, jedoch bestehen marginale Unterschiede. Ist $C in vorigem Beispiel nicht oder nicht mehr gesetzt, das heißt, wurde diese Variable nicht vorab bereits initialisiert oder durch ein unset() gelöscht, erzeugt PHP eine E_NOTICE.

Das switch-Konstrukt

Das `switch`-Konstrukt ist ausschließlich dafür geeignet, einen Wert mit einer vorher definierten Menge von Alternativen zu vergleichen. Es ähnelt strukturell einem verschachtelten `if` mit mehreren `elseif`-Zweigen, bei denen immer der gleiche Parameter überprüft wird. Anders als ein `if` ist das `switch` auf den exakten Vergleich (==) begrenzt. Weitere Vergleiche – wie größer als, kleiner als, ungleich usw. – sind, wie bereits aus dem `if`-Konstrukt bekannt, nicht möglich. Außerdem lassen sich mit einem `switch` nur einfache Typen wie Zeichenketten oder Zahlen prüfen. Die Kontrolle von Arrays und Objekten ist nicht möglich.

Das `switch`-Konstrukt besteht aus zwei Teilen:

1. Der Referenzwert, den es mit den Alternativen zu vergleichen gilt, wird durch das Schlüsselwort `switch` spezifiziert.
2. Jede Alternative wird innerhalb eines `case`-Blocks geprüft. In einem Block können beliebig viele PHP-Anweisungen stehen, die nur ausgeführt werden, wenn die Gleichheit zwischen der Alternative und dem Referenzwert gegeben ist.

```
switch($referenzwert)
{
    case '100':
        echo 'Der Referenzwert ist 100.';
        break;
    case '10':
        echo 'Der Referenzwert ist 10.';
        break;
}
```

Bei Ausführung des `switch` werden die Alternativen der Reihe nach durchlaufen. Ist der Referenzwert gleich der Alternative, die durch ein `case` definiert ist, werden nachfolgende Anweisungen ausgeführt, anderenfalls übergangen. Jeder `case`-Teil kann durch ein `break;` beendet werden, das dafür sorgt, dass das `switch`-Konstrukt an genau dieser Stelle verlassen wird. Damit wird nur die erste zutreffende Alternative ausgewertet. Ohne den expliziten Abbruch werden alle nachfolgenden `case`-Teile ebenfalls durchlaufen und ausgeführt.

> **Hinweis**
>
> Das `break` ist nicht nur in einer `switch`-Anweisung ausführbar, sondern gilt für alle Schleifenarten in PHP. Mehr dazu erfahren Sie im folgenden Abschnitt über Iterationen.

Bei der Definition der Alternativen gibt es eine Eigenheit zu beachten: Die Überprüfung auf Gleichheit schließt nicht die Datentypkontrolle ein – genauer gesagt werden Referenzwert und Alternative über == und nicht über === verglichen.

Dadurch kann es besonders bei der Prüfung zu ungewollten Ergebnissen kommen, wenn Sie boolesche Variablen als Alternativen benutzen. Nehmen Sie z. B. das folgende Skript:

```
<?php
$referenzwert = '';
switch($referenzwert)
{
   case 'true':
      echo 'Referenzwert ist true (String)';
      break;
   case 'false':
      echo 'Referenzwert ist false (String)';
      break;
   case true:
      echo 'Referenzwert ist true (Bool)';
      break;
   case false:
      echo 'Referenzwert ist false (Bool)';
      break;
}
?>
```

Listing 4.13 Bedingte Ausführung mit »case«

Wenn Sie für $referenzwert nun unterschiedliche Werte einsetzen, kommen Sie zu folgenden Ergebnissen:

- Ein leerer String ("") wird in PHP zu false ausgewertet, es wird also die letzte Alternative ausgeführt.
- Ein String "true", der sich in Groß- und Kleinschreibung von der ersten Alternative unterscheidet, bringt erst die dritte Alternative zur Ausführung. Das allerdings nur, weil ein nicht leerer String im booleschen Sinne true ist.
- Die Zahl 1 – kein String, also ohne Anführungsstriche – wird ebenfalls als true angesehen. Eine 0 hingegen ist im booleschen Sinne false.

Sobald Sie also die booleschen Werte als Alternativen verwenden, wird mindestens eine Anweisung ausgeführt. Auch wenn es so gewollt ist, empfiehlt es sich, diese Alternativen bei den letzten case-Blöcken zu definieren. Den Referenzwert bei den ersten case-Teilen auf true oder false zu prüfen, verhindert in jedem Fall die Auswertung aller folgenden Alternativen.

Es kann vorkommen, dass keine Ihrer Alternativen ausgeführt wird, z. B. wenn Sie nicht alle möglichen Fälle abgedeckt haben. Sinnvoll ist es dann, eine Anweisung standardmäßig auszuführen. Nun müssen Sie bei einem switch-Konstrukt aber nicht auf boolesche Werte zurückgreifen, wenn Sie auf jeden Fall eine Anweisung ausführen möchten, sobald keine explizit aufgeführte Alternative dem Referenzwert entspricht. Dafür existiert die Alternative `default:`

```
...
default:
    echo 'Referenzwert ist der Standard.';
    break;
...
```

Weil sie auf jeden Fall ausgeführt wird, ist die Alternative `default` immer die letzte, die es zu definieren gilt. Sie bedarf nicht des Schlüsselworts `case` wie die anderen Alternativen. Außerdem ist die Verwendung der `break`-Anweisung nicht notwendig. Es wird hier aber dennoch der Form halber benutzt.

> **Hinweis**
>
> Die jeweils letzte Alternative braucht kein `break`, da das `switch` danach in jedem Fall beendet ist. Da sich die Alternativen im Laufe der Softwareerstellung in ihrer Anzahl vergrößern oder verschieben können, ist ein `break` dennoch ratsam, um Fehlern vorzubeugen.

4.6.2 Wiederholungen

Die prozedurale Programmierung unterscheidet zwei unterschiedliche Konstrukte, um Befehle wiederholt auszuführen: Iterationen und Rekursionen.

Iterationen

Bei Iterationen handelt es sich um typische Schleifen. Alle Arten von Iterationen haben gemeinsam, dass sie mit Nebenwirkung arbeiten. Das bedeutet, es gibt für die Ausführung der Iteration einen Wert, in der Regel einen Laufindex, anhand dessen entschieden werden kann, ob die Iteration ein weiteres Mal durchlaufen oder abgebrochen werden soll. PHP unterstützt mehrere Arten von Iterationen.

while-Schleifen

Bei `while`-Schleifen ist die Anzahl der Durchläufe im Vorhinein nicht explizit bekannt. Stattdessen wird die Schleife so lange durchlaufen, wie eine gesetzte Bedingung im booleschen Sinne `true` ist. Vor jedem neuen Schleifendurchlauf wird die Gültigkeit der Bedingung aufs Neue überprüft. Sobald die Bedingung das erste Mal zu `false` ausgewertet wird, wird die Schleife beendet.

```
while($C)
{
    //Anweisungen X ausführen
}
```

In diesem Fall bezieht sich die Nebenwirkung auf die Bedingung `$C`.

Im Schleifenrumpf können die Parameter der Bedingung abgeändert werden. Dadurch wird der Abbruch der Schleife gesteuert. Das folgende Beispiel summiert alle Zahlen von 0 bis 3.

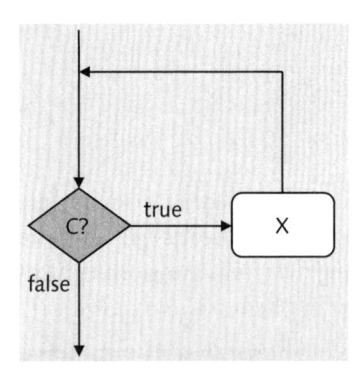

Abbildung 4.10 Struktur einer while-Schleife

Vor dem Schleifenrumpf wird der Zähler initialisiert, der als Schleifenbedingung geprüft wird. Zusätzlich braucht die while-Schleife eine externe Variable $ergebnis, in der die addierte Summe zwischengespeichert wird:

```
$zaehler = 0;
$ergebnis = 0;
while($zaehler <= 3)
{
    $ergebnis = $ergebnis + $zaehler;
    $zaehler++;
}
```

Vor jedem neuen Schleifendurchlauf wird kontrolliert, ob der Wert der Variablen $zaehler kleiner oder gleich 3 ist, und nur dann wird der Wert von $zaehler zu $ergebnis addiert. Bevor eine neue Iteration starten kann, muss der Zähler angepasst werden, damit die Schleife irgendwann abbricht. Bekommt der Zähler durch $zaehler++ den Wert 4, ist die Bedingung nicht mehr erfüllt, die Schleife wird beendet, und in $ergebnis ist die Summe aller Zahlen von 0 bis 3 gespeichert.

Es ist weitverbreitete Praxis, einen PHP-Befehl als Bedingung einer while-Schleife zu benutzen, der boolesche Wahrheitswerte als Antworttypen hat. In Zusammenhang mit MySQL-Datenbanken trifft das u. a. auf mysql_fetch_array() zu, mit dem das Ergebnis einer Datenbankabfrage zeilenweise in ein PHP-Array übertragen wird:

```
while($row=mysql_fetch_array($result)){...
```

Mit jedem Aufruf der Schleife wird ein neuer Datensatz des Datenbankergebnisses – im Beispiel $result – im Array $row gespeichert. Im Schleifenrumpf kann der Inhalt von `$row` dann verarbeitet und ausgegeben werden. Sind alle Datensätze auf diese Weise einmal durchlaufen, gibt `mysql_fetch_array()` den Wert `false` zurück. Als Konsequenz wird die `while`-Schleife beendet.

Der Rumpf einer `while`-Schleife wird nicht zwangsläufig ausgeführt. Ist die Bedingung vor dem ersten Durchlauf im booleschen Sinne `false`, bricht die Schleife von vornherein ab. Im vorigen Beispiel trifft das zu, wenn die Datenbank eine leere Menge als Ergebnis zurückgeliefert hat. Dieses Verhalten ist nicht immer wünschenswert. In manchen Fällen muss der Schleifenrumpf mindestens einmal ausgeführt werden. Die Lösung dieses Problems besteht darin, die Bedingung erst nach dem Schleifendurchlauf zu prüfen. In PHP existiert dafür das Konstrukt `do ... while`. Bis auf die Auswertungsreihenfolge des Rumpfes und der Bedingung reagiert eine `do ... while`-Schleife exakt wie ein `while`:

```
do
{
    //Anweisungen X ausführen
}
while($C)
```

Sowohl `while`- als auch `do ... while`-Schleifen lassen sich ebenso durch ein `break` beenden. Sinnvoll ist dies u.a., wenn die Schleife als endlos konzipiert wurde:

```
while(true)
{
    //diverse Anweisungen ausführen
    //Schleife unter bestimmten Umständen abbrechen
    break;
}
```

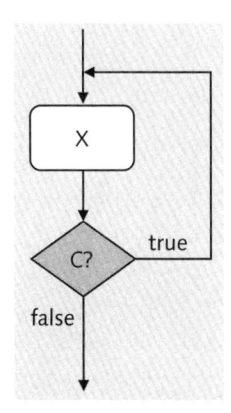

Abbildung 4.11 Struktur einer »do ... while«-Schleife

4 | Einführung in PHP

for-Schleifen mit Laufindex

Die Parameter einer `for`-Schleife werden anders als bei einem `while` in ihrem Kopf definiert. Dazu gehören zum einen die Initialisierung einer Laufvariablen sowie eine Abbruchbedingung und zum anderen eine Anweisung zur Manipulation der Laufvariablen:

```
for(A; C; B)
{
    //Anweisungen X ausführen
}
```

Vor dem ersten Durchlauf der Schleife wird ein Laufindex initialisiert (A), der auch innerhalb des Schleifenrumpfes zur Verfügung steht. Die Abbruchbedingung (B) muss nicht zwingend Bezug auf den Laufindex nehmen, tut dies in der Regel aber. Solange die Bedingung, die vor jedem Durchlauf der Schleife aufs Neue überprüft wird, erfüllt ist, startet ein neuer Durchlauf. Nachdem der Rumpf komplett abgearbeitet wurde, wird der Index in der Regel verändert (C).

```
for($i=1; $i <= 10; $i++)
{
    echo 'Der Laufindex hat gerade den Wert: '.$i.'<br />';
}
```

Dieses Beispiel erzeugt in Ihrem Browser eine Ausgabe von zehn Zeilen, aus denen der aktuelle Wert der Laufvariablen abzulesen ist.

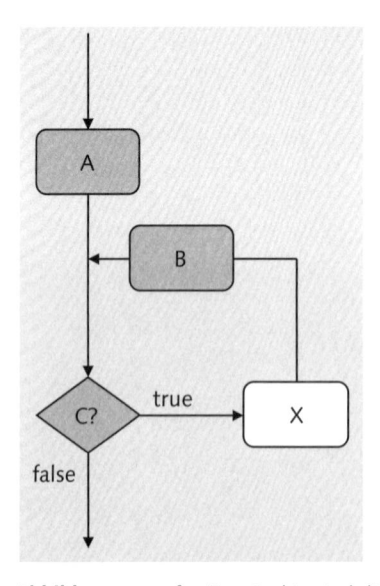

Abbildung 4.12 for-Konstrukte sind die komplexesten Schleifen.

Sind die Parameter der Schleife nicht gut aufeinander abgestimmt, kann es zu einer Endlosausführung kommen. Wenn Sie im vorigen Beispiel den Laufindex dekrementieren, anstatt ihn zu inkrementieren, wird die Abbruchbedingung immer erfüllt sein.

Durch die Verwendung der Laufvariablen eignet sich eine `for`-Schleife besonders gut, um Arrays mit fortlaufendem Index abzuarbeiten. Im Rumpf kann dann mit `$array[$i]` gezielt auf ein Element zugegriffen werden. Als Abbruchbedingung müssen Sie definieren, dass die Schleife so lange laufen soll, wie der Laufindex echt kleiner als die Anzahl der Elemente des Arrays ist. Die Bedingung echt kleiner (<) muss deswegen benutzt werden, weil das erste Element eines Arrays den Index 0 hat. Der höchste Index ist somit um 1 kleiner als die Anzahl der Elemente:

```php
<?php
$unserArray = array(23,673,5234,24,34);
for($i=0; $i < count($unserArray); $i++)
{
    echo $unserArray[$i].'<br />';
}
?>
```

Listing 4.14 Durchlaufen eines Arrays mit »for«

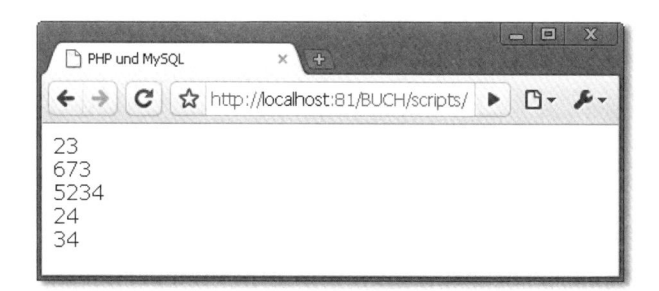

Abbildung 4.13 Mit for-Schleifen Arrays durchlaufen

»foreach« – Arrays durchlaufen

Für Arrays existiert in PHP eine besondere Art von Schleifen, die flexibler ist als ein `for`, nämlich `foreach`. Um ein Array zu durchlaufen, muss jedes einzelne Element genau einmal und in der definierten Reihenfolge mit seinem Index angesprochen werden. Manche Arrays haben aber nicht zwingend eine fortlaufende Nummer als Index. Stattdessen können die Indizes auch Strings oder unsortierte Nummern sein.

```php
<?php
$assoziativesArray = array();
```

```
$assoziativesArray['eins'] = 'erster Wert';
$assoziativesArray['zwei'] = 'zweiter Wert';
$assoziativesArray['drei'] = 'dritter Wert';
$unsortiertesArray = array();
$unsortiertesArray[5] = 'erster Wert';
$unsortiertesArray[1] = 'zweiter Wert';
```

Mit `foreach` lassen sich Arrays durchlaufen, ohne dass Sie einen Laufindex definieren müssen. Die Schleife arbeitet das angegebene Array der definierten Reihenfolge nach ab und setzt nach jedem Durchlauf den internen Zeiger des Arrays auf das jeweilige Folgeelement. Das aktuelle Schlüssel-Wert-Paar des Arrays ist an die Variablen gebunden, die im Kopf der Schleife definiert werden. Der folgende Code gibt das assoziative Array des vorigen Beispiels im Browser aus:

```
foreach($assoziativesArray as $key=>$value)
{
   echo 'Wert des Arrayfeldes ';
   echo '<b>'.$key.'</b>: <i>'.$value.'</i><br />';
}
?>
```

Listing 4.15 Assoziative und unsortierte Arrays sind schwer iterierbar.

Abbildung 4.14 Arrays mit »foreach« durchlaufen

Im Schleifenrumpf ist der Schlüssel dann in `$key`, der Wert in `$value` als ordentliche Variable gespeichert. Das heißt, Sie können die Variablen weiterverarbeiten, beispielsweise mathematische Operationen darauf ausführen, sie im Falle von Zeichenketten in Bestandteile zerlegen u. Ä. Die Namen der Variablen sind frei gewählt, natürlich müssen Sie den Schlüssel nicht mit `$key` benennen. Die Syntax => ist jedoch zwingend notwendig, damit PHP zwischen Schlüssel und Wert unterscheiden kann.

Im Beispiel werden sowohl Schlüssel als auch Wert eines Elements ausgewählt. Wenn Sie nur die Werte der Elemente brauchen, lässt sich die Syntax vereinfachen. Sie können die Werte einzeln an Variablen binden, indem Sie die Definition der Schlüssel und das => einfach weglassen:

```
foreach($assoziativesArray as $value){ ...
```

Schlüssel lassen sich mit einer `foreach`-Schleife nicht einzeln selektieren. Dazu bietet sich wiederum der Arraybefehl `array_keys()` an.

Rekursionen

Rekursionen sind parametrisierte Funktionen. Die wiederholte Ausführung von Anweisungen wird dadurch erzeugt, dass sich die Funktionen in ihrem Rumpf selbst wieder aufrufen. Daher brauchen Sie keine dedizierten Konstrukte wie `for`, `while` oder `foreach`. Für jeden weiteren inneren Aufruf werden die Parameter angepasst. Das Prinzip ist also das folgende:

```
<?php
function rekursiv($integer)
{
   //Befehle werden ausgeführt ...
   rekursiv($integer-1);
}
?>
```

Beim Aufruf der Funktion `rekursiv()` wird ein Parameter übergeben, im vorigen Beispiel eine Zahl. Wird die Funktion gestartet, ruft sie sich selbst wieder auf, diesmal mit verändertem Parameter. Vor dem inneren Aufruf kann eine Reihe von Befehlen stehen, die alle so häufig ausgeführt werden, wie `rekursiv()` durchlaufen wird. Im obigen Beispiel ist die Häufigkeit dadurch begrenzt, dass ein Integer in PHP einen begrenzten Wertebereich hat. Sobald dieser über- oder unterschritten wird (durch `$integer-1`), bricht die Rekursion ab, allerdings mit einem Fehler.

Damit eine rekursive Funktion nicht endlos durchgeführt wird, bedarf es einer Abbruchbedingung. Bei jedem Funktionsaufruf wird die Gültigkeit der Bedingung geprüft, und nur bei positiver Prüfung wird weiterhin rekursiv ausgewertet. Liefert der Test der Abbruchbedingung ein negatives Ergebnis, endet die Auswertung. Das folgende Beispiel soll diesen Vorgang noch einmal verdeutlichen. Mit Hilfe der Funktion `summarize()` werden alle ganzen Zahlen von 0 bis zu einem variablen Wert `$integer` summiert:

```
<?php
function summarize($integer)
{
   if($integer <= 0)
   {
      return 0;
```

```
    }
    else
    {
        return $integer + summarize($integer-1);
    }
}
?>
```

Listing 4.16 Rekursives Hochzählen

Die Abbruchbedingung wird durch ein `if`-Konstrukt überprüft. Solange es sich bei `$integer` um eine positive Zahl handelt, läuft die Rekursion weiter. Erreicht der Integer den Wert 0 (oder ist er von vornherein negativ), wird eine 0 zurückgegeben. Natürlich fehlt zur Sicherheit noch die Überprüfung, ob es sich bei `$integer` wirklich um eine positive ganze Zahl handelt. Am Ende gibt die Funktion `summarize($integer)` das addierte Ergebnis zurück.

An der Funktion `summarize()` lässt sich ebenfalls der generelle Charakter einer Rekursion (lateinisch »recurrere« = zurücklaufen) erklären:

Sobald eine rekursive Funktion damit beginnt, sich selbst anzustoßen, ist der initiale Aufruf noch nicht beendet. Stattdessen »wartet« die Funktion auf das Ergebnis des inneren Aufrufs, um es weiterzuverarbeiten. So entsteht bei der Ausführung eine Art Stack laufender Funktionen; die zuerst gestartete Funktion endet zuletzt, wie Abbildung 4.15 zeigt.

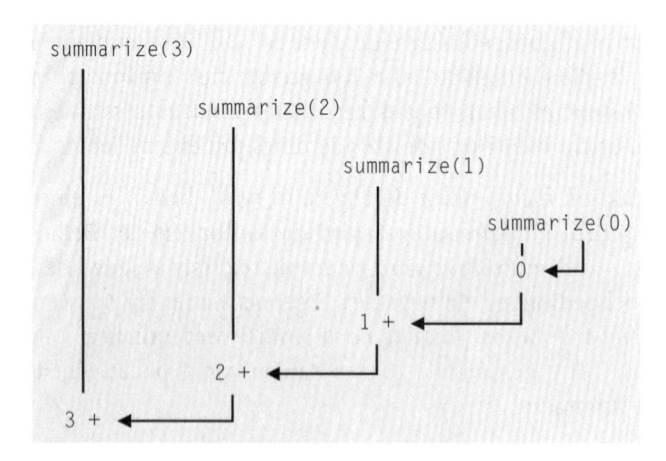

```
summarize(3)
    |
    |       summarize(2)
    |           |
    |           |       summarize(1)
    |           |           |
    |           |           |       summarize(0)
    |           |           |           |
    |           |           |           0 ←┘
    |           |           |
    |           |           1 + ←────────┘
    |           |
    |           2 + ←────────┘
    |
    3 + ←────────┘
```

Abbildung 4.15 Abarbeitungsstapel einer Rekursion

Der Aufruf von `summarize(3)` führt dann nach Abschluss aller inneren Auswertungen zur Berechnung von 3 + 2 + 1 + 0 = 6. Für die Berechnung solcher Zahlenreihen sind natürlich auch Iterationen geeignet. Vielleicht liegt Ihnen eine `while`-

Schleife für Aufzählungen variabler Länge sogar näher. Dagegen lässt sich nichts sagen. Der Vorteil einer Rekursion gegenüber einer Iteration ist jedoch, dass Sie keinerlei Laufindex `$i` oder einen booleschen Wert außerhalb des Kontrollkonstrukts definieren müssen, um die Anzahl der Durchläufe zu steuern oder ein Zwischenergebnis zu speichern. Wann eine Rekursion endet, ist in der rekursiven Funktion festgeschrieben.

Ein häufiges Anwendungsgebiet für Rekursionen sind mathematische Berechnungen von Zahlenreihen, so z. B. Fibonacci-Zahlen. Eine beliebige Fibonacci-Zahl ergibt sich immer aus der Summe der beiden Vorgänger in der Zahlenreihe. Die ersten beiden Werte einer Fibonacci-Reihe sind mit 0 und 1 definiert. Daraus ergeben sich die darauf folgenden Werte:

```
0 1 1 2 3 5 8 13 21 34 ...
```

Durch ihre Struktur sind Rekursionen aber im Besonderen geeignet, wenn Hierarchien durchlaufen werden sollen, also beispielsweise beim Abarbeiten von XML-Dokumenten und Dateiverzeichnissen – in der Informatik spricht man bei solchen Durchläufen von einer *Traversion*. Bei der Traversion eines Verzeichnisses wird der gesamte Inhalt Element für Element eingelesen und einzeln betrachtet. Handelt es sich bei dem aktuellen Element um ein Verzeichnis, wird das Durchlaufen des aktuellen Ordners gestoppt. Dann wird das Unterverzeichnis ausgelesen usw. Enthält ein Verzeichnis keine Unterordner und ist fertig bearbeitet, wird mit dem nächsthöheren Verzeichnis fortgefahren. Als Ergebnis erzeugt diese Rekursion beispielsweise einen Verzeichnisbaum, wie Sie ihn aus Ihrem Dateibrowser kennen (siehe Abbildung 4.16).

Abbildung 4.16 Verzeichnisbäume lassen sich über Rekursionen verarbeiten.

4.6.3 Sprunganweisungen

Bedauerlicherweise ist mittlerweile auch ein aus mehreren anderen Programmiersprachen bekanntes und viel diskutiertes Konstrukt in PHP enthalten: die Sprunganweisung `goto`. Damit ist es möglich, von der aktuellen Position im momentanen Skript an eine beliebige andere benannte Stelle zu springen.

Sprungziele werden über *Labels* (englisch für »Etikett«) markiert. Mit einem

  goto *label;*

wird dann die aktuelle Position verlassen und die Ausführung an der Stelle des Labels fortgeführt. Im Gesamtkontext sieht dies wie folgt aus:

```
$i = 0;
sprungziel:
$i++;
echo $i;
if($i < 10) goto sprungziel;
```

Es wird schnell deutlich, dass die Verwendung von `goto` als eine Alternative zu den vorweg beschriebenen Iterationen gesehen werden kann. Das Gleiche wie soeben dargestellt können wir demnach auch so schreiben:

```
for($i=1;$i<=10;$i++){ echo $i; }
```

Genauso gut funktioniert auch eine Implementierung mit `while`.

Den schlechten Ruf hat das `goto`-Konstrukt in der Vergangenheit durch den Spaghetticode bekommen, der durch zu exzessiven Gebrauch von `goto` entstehen kann. Verursacher ist jedoch auch hierbei der Programmierer selbst! Folgender Code bringt uns zwar einen vollständigen deutschen Satz auf den Bildschirm, ist aber aufgrund der Komplexität kaum wartbar:

```
goto hallo;
welt:
echo " Welt,";
goto wie;
gehts:
echo " geht's?";
goto ende; //ohne dies endet der Code in einer Endlosschleife
hallo:
echo "Hallo";
goto welt;
wie:
echo " wie";
```

```
goto gehts;
ende:
//nix
```

Und noch ein Nachteil wird aus diesem Code deutlich: Auch bei der Verwendung von `goto` besteht die Gefahr von Endlosschleifen. Genauer gesagt ist dies allerdings kein Nachteil gegenüber vergleichbaren Iterationskonstrukten, da dies auch dort passieren kann, z. B. durch

```
for($i=11;$i>=10;$i++){ echo $i; }
```

Das Argument, das die Verfechter von Sprunganweisungen ins Feld führen, ist die vermeintliche Überlegenheit gegenüber dem `break`, mit dem Schleifen gezielt verlassen werden können. Ein `break` kann wie beschrieben mit

```
break n
```

gleichzeitig n geschachtelte Schleifen verlassen. Wird der Code gewartet und die Schleifenschachtelung verändert, ist das unscheinbare `break n` leicht zu übersehen und damit potentiell eine Fehlerquelle. Indem ein Label benannt ist, ist die Gefahr, an die falsche Stelle zu springen, deutlich geringer.

Bei den Möglichkeiten, die `goto` bietet, bestehen jedoch auch Limitierungen. Sinnvollerweise ist es nicht gültig, in eine Schleife hinein-, sondern nur aus ihr herauszuspringen. Jeder Versuch endet in einem »Fatal Error« und somit im Skriptabbruch:

Fatal error: 'goto' into loop or switch statement is disallowed in goto.php

Für `goto` mag es Anwendungsgebiete geben, was das Verlassen von Schleifen angeht. Aber in Anbetracht der Gefahren, die hier wie in anderen Programmiersprachen mit diesem Konstrukt bestehen, raten wir von der Verwendung ab.

4.7 Vordefinierte Informationen

Noch bevor Sie in einem Skript die erste Zeile geschrieben oder die erste Variable mit einem Wert belegt haben, enthält die lokale PHP-Umgebung zahlreiche Variablen, Konstanten und Funktionen. Dank ihnen ist das komfortable Programmieren erst möglich, ohne dass Sie jedes Mal aufs Neue definieren müssen, was eine Datenbankverbindung macht.

Die Funktionen entstammen den aktiven Modulen, wie z. B. MySQLi. Durch das Einkompilieren oder Einbinden werden Funktionen wie `mysqli_query()` erstellt, die Sie transparent einsetzen können. Und weil sie bereits vorhanden sind, können Sie auch keine neuen Funktionen dieses Namens mehr erstellen.

Zusätzlich bringen Module eigene Konstanten mit, die u. a. als Parameter für Funktionsaufrufe verwendet werden. Um anzuzeigen, dass das Ergebnis einer Datenbankabfrage als assoziatives Array zurückgegeben werden soll, ist ein Parameter namens MYSQLI_ASSOC eben sprechender als der Wert 1.

Prominenteste Vertreter der vordefinierten Variablen sind die superglobalen Arrays. Sie enthalten u. a. Systeminformationen des Webservers, Sitzungsdaten des Benutzers oder Werte aus HTML-Formularen. Der Begriff »*superglobal*« beschreibt, dass die Daten in jedem Gültigkeitsbereich nutzbar sind, auch ohne Verwendung des Schlüsselworts global. Superglobale Arrays lassen sich also beispielsweise auch ohne weiteres in Funktionen nutzen.

Einen Überblick über die Werte in der lokalen PHP-Umgebung können Sie sich mit den Funktionen

get_defined_vars(),

get_defined_constants() und

get_defined_functions()

verschaffen. Im Folgenden werden wir Ihnen diejenigen Umgebungsinformationen vorstellen, an denen Sie garantiert nicht vorbeikommen werden.

4.7.1 Superglobale Arrays

Superglobale Arrays können sichere – vom Server generierte – und auch weniger vertrauenswürdige – vom Nutzer erzeugte – Daten enthalten. Lange Zeit wurde PHP dafür kritisiert, dass es die Verwendung der vom Nutzer generierten und damit potentiell gefährlichen Daten nicht genug einschränkte. So bestand in der Konfigurationsdatei von PHP lange Zeit die viel diskutierte Direktive register_globals; darüber ließen sich bei register_globals=on Variablen clientseitig in ein Skript einschleusen, indem sie als GET-Parameter an die URL in der Browser-Adresszeile angehängt wurden. Der vorsätzliche Aufruf der Webseite *http://www.stefan-reimers.de/ressourcen.php?mutwillig=1* erzeugte damit zwangsläufig die Variable $mutwillig, die existierende gleichnamige Variablen beeinträchtigen konnte. Man hat sich aber scheinbar schwergetan, dieses Problemkind loszuwerden: Zwar ist register_globals wegen des daraus entstehenden Sicherheitsrisikos schon seit der PHP-Version 4.2.0 standardmäßig ausgeschaltet. Mit PHP 5.3 wurde die Direktive dann als veraltet gekennzeichnet. Und erst seit PHP 5.4 ist die missliebige Direktive aus der Konfiguration verschwunden. Mehr dazu erfahren Sie in Kapitel 11, »Sicherheit«. Im Folgenden werden wir Ihnen die superglobalen Arrays im Einzelnen vorstellen.

> **Hinweis**
>
> Die superglobalen Arrays wurden in ihrer heutigen Form mit Ausnahme von `$GLOBALS` erst ab PHP 4.1.0 eingeführt. Sie ersetzten damit die vorigen Arrays `HTTP_*_VARS`, wobei das * für die Namen der heutigen Arrays steht. In älteren Skripten stoßen Sie also beispielsweise unter Umständen noch auf Angaben von `HTTP_POST_VARS` zur Abfrage von benutzergenerierten Daten. Seit PHP 5.0.0 existiert in der *php.ini* eine Direktive `register_long_arrays`, mit der sich die alten Arrays ein- und abschalten lassen.

Arrays aus Benutzereingaben

Benutzereingaben können über mehrere Wege in Ihr Skript gelangen. Die gängigste Methode ist jedoch ein HTML-Formular. PHP ist in der Lage, sämtliche Formularkonstrukte, wie sie in (X)HTML gängig sind (ein- und mehrzeilige Eingabefelder, ein- und mehrwertige Auswahlboxen, Auswahllisten mit Ein- und Mehrfachauswahl), in Variablen zu übernehmen. Je nach verwendeter Übertragungsmethode und Inhalt werden verschiedene Arrays angelegt.

POST

Das Array `$_POST` enthält alle Werte, die über die gleichnamige Methode übermittelt wurden. Das geschieht beispielsweise, wenn Sie ein HTML-Formular wie folgt definieren:

```
<form action="" method="POST">   </form>
```

Letztlich ist ein HTML-Formular jedoch nur eine grafische Oberfläche, um eine HTTP-Anfrage abzusetzen. Natürlich gibt es dafür auch alternative Wege. Über die Dateifunktionen von PHP lassen sich Webserver ebenso über HTTP kontaktieren.

Wie die übrigen superglobalen Arrays auch, ist `$_POST` ein assoziatives Array. Die Namen der Arrayfelder resultieren bei der Verwendung eines Formulars aus den `name`-Attributen der Formularbestandteile. Aus der Anmeldeoberfläche

```
<form action="" method="POST">
   <input type="text" name="loginName" />
   <input type="password" name="loginPass" />
   <input type="submit" name="doLogin" value="Einloggen" />
</form>
```

erzeugt PHP ein entsprechendes POST-Array, dessen Ausgabe mit `print_r($_POST)` wie folgt aussieht (als Authentifizierungsdaten wurde die Kombination Name/Passwort verwendet):

```
Array
(
```

```
    [loginName] => Name
    [loginPass] => Passwort
    [doLogin]   => Einloggen
)
```

GET

Das Array `$_GET` ist die Entsprechung zu `$_POST`, mit dem einzigen Unterschied, dass hier die Daten mit der GET-Methode vom Client an den Server verschickt werden. Daten lassen sich somit ebenso einfach mit einem (X)HTML-Formular versenden:

```
<form action="" method="GET"> ... </form>
```

Das daraus erzeugte Array ist analog zu `$_POST` aufgebaut.

Daten per Hand an ein Skript zu übergeben, ist mit der GET-Methode jedoch ungleich leichter als via POST. Die Parameter werden zusammen mit der URL vom Client an den Server übermittelt. Ein Beispiel für oft verwendete parametrisierte Seitenaufrufe sind Weiterleitungen, in PHP mit dem Befehl `header()` realisierbar. Die Funktion kann weit mehr, als den Anwender auf eine neue Seite zu schicken; in der Tat erzeugen Sie damit jegliche HTTP-Header. Wir wollen uns hier jedoch auf Weiterleitungen beschränken:

```
header('Location:ressourcen.php?message=success');
```

Anwendung findet dies z. B., wenn Sie dem Nutzer eine Rückmeldung über die Verarbeitung seiner Eingaben geben möchten. Natürlich können Sie (Miss-)Erfolgsmeldungen in demselben Skript ausgeben, in dem die Daten verarbeitet werden. Die Weiterleitung verhindert jedoch, dass der Benutzer die Daten durch einen Klick auf den Aktualisierungsknopf ein zweites Mal an den Server schickt.

> **Hinweis**
>
> Wenn Sie das vorige Beispiel mit dem Anmeldeformular auf GET umschreiben, werden Sie merken, dass diese Methode nicht dazu geeignet ist, Passwörter sicher zu übertragen – was nicht heißen soll, dass eine unverschlüsselte HTTP-Anfrage via POST sicher ist. Da GET-Parameter in der URL des aktuellen Skriptes enthalten sind, können neugierige Augen Passwörter vom Bildschirm oder aus dem Browsercache ablesen.

FILES

Sofern Sie per Formular eine Datei an den Server schicken, wird das superglobale Array `$_FILES` angelegt. Darin enthalten sind Informationen zur hochgeladenen Datei; das Array hat also anders als die beiden Vorgänger eine festgelegte Struktur. Im Einzelnen umfasst das mehrdimensionale Array die Felder:

- `name`

  der Name der Datei, so wie sie auf dem Rechner des Clients benannt war

- `type`

  der MIME-Typ

- `tmp_name`

  Beim Hochladen speichert PHP die Datei lokal auf dem Server und vergibt einen neuen, eindeutigen Namen, der hierin gespeichert wird.

- `Error`

  ein Fehlercode

- `Size`

  die Größe der Datei in Bytes

Um eine Datei hochzuladen, bedarf es im Formular einiger Anpassungen:

```
<form action="" enctype="multipart/form-data" method="post">
   <input type="file" name="uploadFile" />
   <input type="submit" name="doUpload" value="Speichern" />
</form>
```

Neu ist die Angabe eines Codierungstyps im Kopf des Formulars. Ebenso wird der Typ des Eingabefeldes von `text` auf `file` gesetzt. Bei der Anzeige des Formulars im Browser wird dadurch ein »Durchsuchen«-Knopf erstellt, mit dem sich eine Datei auf der lokalen Festplatte zum Hochladen auswählen lässt. Unglücklicherweise lässt sich diese Schaltfläche nicht wie gewohnt durch Cascading Style Sheets (CSS) formatieren.

Der Inhalt des Arrays `$_FILES` sieht entsprechend dem soeben dargestellten Formular beispielhaft wie folgt aus:

```
Array
(
    [uploadFile] => Array
        (
            [name] => datei.txt
            [type] => text/plain
            [tmp_name] => C:\xampp\tmp\php102.tmp
            [error] => 0
            [size] => 26
        )
)
```

Die temporäre Datei auf dem Server lässt sich dann mit den Datei- und Verzeichnisfunktionen in PHP verarbeiten.

REQUEST

Das Array $_REQUEST umfasst alle Daten, die ebenso in $_POST, $_GET und dem im weiteren Verlauf erklärten Array $_COOKIE enthalten sind. Es dient somit als Sammelbecken für benutzerdefinierte Angaben. Das Array $_FILES ist im Gegenzug nicht enthalten.

> **Hinweis**
>
> Die mittels GET und POST übertragenen Daten sind naturgemäß vom Typ String. Damit sind die Parameter nicht geeignet, ohne weitere Verarbeitung über den typsicheren Operator === geprüft zu werden. Es wird also
>
>   if($_POST['text'] === 1){...
>
> zu false ausgewertet, auch wenn Sie den Wert 1 im Formular angeben.

Arrays der Sitzungsverwaltung

Die Sitzungsverwaltung ermöglicht es, die Pseudo-Anonymität des HTTP-Protokolls zu überwinden. Damit wird ein Webseiten-Besucher über mehrere Klicks hinweg identifizierbar, was beispielsweise für den Warenkorb eines Onlineshops von enormer Bedeutung ist.

Eine Sitzung basiert auf einem eindeutigen Schlüssel, der *Session-ID*, die beim Start einer Sitzung neu erzeugt und zwischen Browser und Server ausgetauscht wird. Die gängigen Browser handhaben die Eindeutigkeit Ihrer Session-ID auf unterschiedliche Weise. Der Internet Explorer vergibt für jedes Fenster eine identische Identifikationsnummer, solange es aus einem anderen Fenster erzeugt wird, also entweder durch einen Klick auf DATEI • NEU • FENSTER, durch einen Rechtsklick auf einen Link und Auswahl von IN NEUEM FENSTER ÖFFNEN oder durch einen gemeinsamen Tastendruck auf Strg+N. Eine neue, unabhängig gestartete Instanz des Browsers erhält eine neue ID. Mozilla-Browser und andere Produkte der Gecko-Engine vergeben so lange dieselbe ID für neue Tabs und Fenster, wie noch mindestens ein Fenster geöffnet ist. Eine neue Session-ID wird erst dann errechnet, wenn alle Fenster geschlossen wurden und der Browser neu gestartet wird.

Die Session-ID wird in der Regel in einem Cookie im Speicher des Clients hinterlegt. Aktuelle Browserversionen erlauben es jedoch, die Verwendung von Cookies auszuschalten oder einzuschränken. Damit wird auch die Sitzungsverwaltung unmöglich. Die Lösung für das Problem ist, die Sitzungs-ID bei jedem Klick – sei es bei einem Link oder aus einem Formular heraus – als Parameter zu übergeben, ein sogenannter *Fallback*. Im Folgenden wollen wir jedoch davon ausgehen, dass der Benutzer Cookies erlaubt.

COOKIE

Ein Cookie wird auf der Festplatte des Anwenders gespeichert und vom dortigen Browser verwaltet. Die Lebenszeit ist in der Regel begrenzt, sofern beim Anlegen nichts anderes angegeben wird. Der Inhalt ist frei wählbar, aber bedenken Sie, dass permanente Cookies als reine Textdateien beim Client gespeichert werden und aus diesem Grund nicht für sensible Daten geeignet sind.

Ein Cookie setzen Sie mit der Funktion setcookie(). Dieser Befehl empfängt eine Reihe von Parametern, wobei nur der erste angegeben werden muss, alle anderen sind optional. Die Parameter haben diese Reihenfolge:

- **Name**
  ein frei wählbarer Bezeichner, über den bei weiteren Zugriffen der Zugang im COOKIE-Array erfolgt
- **Wert**
  der Inhalt des Cookies
- **Verfallsdatum**
  Ein Unix-Zeitstempel, der seit Mitternacht des 1. Januars 1970 jede Sekunde hochgezählt wird. Mittlerweile ist ein aktueller Zeitstempel eine elfstellige Nummer, die mittels time() erzeugt werden kann.
- **Pfad**
  Über die Einschränkung eines Pfades können Sie bestimmen, dass nur serverseitige Skripte, die in einem bestimmten Unterverzeichnis der Domain hinterlegt sind, auf dieses Cookie zugreifen können.
- **Domain**
  Cookies können nur von der Domain ausgelesen werden, von der aus sie auch angelegt wurden – vorausgesetzt, Sie spezifizieren diesen Wert.
- **Sichere Verbindungen**
  Hiermit wird eingeschränkt, ob das Cookie nur über sichere Verbindungen abgefragt werden darf (0/1).

Ein Cookie erstellen Sie beispielsweise wie folgt:

```
$inhalt = 'Fischers Fritz fischt frische Fische';
setcookie('Zungenbrecher', $inhalt, time()+86400);
```

Dass Fritz tüchtig arbeitet, können Sie folglich aus dem Arrayfeld $_COOKIE ['Zungenbrecher'] herauslesen. Die Information hat ab dem Zeitpunkt der Erzeugung eine Gültigkeit von 86.400 Sekunden, umgerechnet einem Tag. Danach wird das Cookie vom Browser gelöscht. Wenn Sie eine manuelle Löschung vornehmen möchten, können Sie dafür denselben Befehl verwenden, nur müssen Sie dazu einen Zeitpunkt in der Vergangenheit auswählen. Als Ergebnis erkennt der Browser das Cookie als abgelaufen und entfernt es.

Ein Cookie wird als HTTP-Header erzeugt. Sie müssen also sicherstellen, dass Sie vor dem Erzeugen keine Ausgaben an den Browser machen, denn dann würde mit dem HTTP-Körper begonnen, und es wären keinerlei Kopfinformationen mehr zugelassen. Als Ausgabe gilt nicht nur, was Sie über echo oder print darstellen. Es kann auch schon eine Leerzeile oder ein Leerzeichen als Ausgabe gewertet werden. In diesem Fall erhalten Sie eine Fehlermeldung.

SESSION

Für die Realisierung von Sitzungen ist der Rückgriff auf Cookies ein gängiger Weg. Das bedeutet jedoch nicht, dass Sie sich um das Setzen und Löschen von Cookies selbst kümmern müssen. All das übernimmt PHP; für Sie ist der Zugriff auf Session-Variablen vollkommen transparent.

Um Ihr Skript mit einer Sitzung zu versehen, müssen Sie am Anfang des Codes den Befehl session_start() ausführen. Analog zu einem Cookie basiert auch eine Session auf HTTP-Headern. Dem Befehl zum Starten einer Sitzung darf also keine Ausgabe vorausgehen. Wenn keine Session besteht, wird durch session_start() eine neue erzeugt. Anderenfalls wird die alte Sitzung fortgeführt. Alle in der Sitzung gespeicherten Werte liegen dann in dem Array $_SESSION.

```
<?php
session_start();
print_r($_SESSION);
?>
```

Dieses Skript gibt nach dem Starten der Sitzung alle darin gespeicherten Werte aus. Beim initialen Aufruf der Sitzung ist die Ausgabe selbstverständlich leer.

$_SESSION können Sie befüllen, leeren und abfragen wie ein ganz gewöhnliches assoziatives Array:

```
$_SESSION['kundennummer'] = 17483;
echo $_SESSION['kundennummer'];
unset($_SESSION['kundennummer']);
```

Wenn Sie die Session zerstören wollen, beispielsweise bei einem Logout, können Sie den Befehl session_destroy() nutzen. Ein erneuter Aufruf der Sitzung würde folglich eine neue Session anlegen. Der Zugriff auf Werte der zerstörten Sitzung ist dann nicht mehr möglich. Allerdings müssen Sie die Sitzung auch in dem Skript, in dem Sie sie zerstören, gestartet haben. Ein typisches Logout-Skript sieht so aus:

```php
<?php
session_start();
$_SESSION = array();
session_destroy();
echo 'Sie haben sich ausgeloggt';
?>
```

Bevor die Sitzung zerstört wird, werden alle darin gespeicherten Werte gelöscht. Dies geschieht, indem Sie $_SESSION ein leeres Array zuordnen. Die Ausgabe dient nur der Benachrichtigung des Benutzers.

Im Folgenden wollen wir Ihnen noch drei weitere Befehle der Sitzungsverwaltung vorstellen. Alle Befehle haben die Eigenschaft gemeinsam, dass sie mit und ohne Parameter aufgerufen werden können. Ein Aufruf ohne Parameter liefert den aktuellen Wert, die parametrisierte Variante setzt einen neuen.

Neben der ID besitzt eine Sitzung auch einen Namen. Beides können Sie über die Befehle session_id() bzw. session_name() manipulieren. Diese Funktionen eignen sich in erster Linie zur Fehlersuche – falls Ihr Skript einmal die Session »verliert«, wenn also Cookies vom Anwender unterbunden werden. In einem solchen Fall wird beispielsweise einem Formular ein verstecktes Feld hinzugefügt, das sowohl den Namen als auch den Identifikationsstring enthält:

```
<input type='hidden' name='<?php session_name();?>'
    value='<?php session_id();?>'>
```

Bedingung für das Funktionieren der Befehle ist natürlich, dass die Sitzung bereits gestartet ist. Analog dazu kann auch ein Link via GET-Parameter mit Sitzungsinformationen ausgestattet werden.

Standardmäßig werden die Sitzungsdaten auf dem Server in einem gesonderten Verzeichnis hinterlegt, das in PHP festgelegt ist. Wenn Sie allerdings mehrere Systeme auf einem Server betreiben und die Benutzerdaten nicht mischen wollen oder dürfen, empfiehlt es sich, für jedes System ein separates Verzeichnis zu verwenden. Dieses lässt sich mit session_save_path() spezifizieren. Mit einer Angabe innerhalb Ihres Skriptes überschreiben Sie die Direktive der *php.ini*. Auch hierbei ist die Prämisse eine laufende Sitzung.

> **PHP-Referenz**
>
> Das Session-Modul von PHP umfasst eine größere Menge an Befehlen. Teils stammen diese noch aus der Zeit, bevor der transparente Zugriff auf Session-Daten über das superglobale Array $_SESSION möglich war. Das Modul ist im vollen Umfang in Anhang A, »PHP-Referenz«, dieses Buches zu finden.

Ob eine Session existiert oder nicht, erfahren Sie durch Ausführung der Funktion session_status(). Sie gibt eine Zahl zwischen 0 und 2 zurück, die die folgenden Werte/Konstanten repräsentiert:

0: PHP_SESSION_DISABLED: Sessions sind prinzipiell deaktiviert.

1: PHP_SESSION_NONE: Es ist keine Session gestartet.

2: PHP_SESSION_ACTIVE: Es ist eine Session aktiv.

Das Wissen um eine aktive Session können Sie beispielsweise wie folgt nutzen:

```
if(session_status == PHP_SESSION_ACTIVE){
$_SESSION['kundennummer'] = 17483;
} else {
echo 'keine Session vorhanden';
}
```

Arrays aus Umgebungsvariablen

Der Inhalt der Arrays $_SERVER und $_ENV wird vom Webserver generiert. In $_SERVER werden Informationen zu HTTP-Headern der aktuellen Anfrage sowie lokale Pfade des Betriebssystems und des Skriptes gespeichert. $_ENV enthält Variablen der Umgebung, in der der PHP-Parser läuft, also beispielsweise Pfade zu temporären Verzeichnissen und Angaben zum Serverprozessor. Der Inhalt der Arrays variiert je nach verwendeter Webserver-Software und je nach Betriebssystem. Manche Einträge sind in beiden Arrays vorhanden. Im Folgenden wollen wir Ihnen die wichtigsten Einträge vorstellen. Eine komplette tabellarische Auflistung erhalten Sie mit dem Einzeiler:

```
<?php phpinfo(); ?>
```

Einträge aus dem $_ENV-Array werden Sie in der Praxis weit seltener brauchen als das $_SERVER-Array. Im Wesentlichen haben Sie auch keinen Einfluss auf die darin enthaltenen Werte, es sei denn, Sie betreiben Ihren Server zu Hause oder haben anderweitig Kontrolle über die PHP-Umgebung. Aus diesem Grund wollen wir uns auf das $_SERVER-Array beschränken.

SERVER

- $_SERVER['DOCUMENT_ROOT']
  Der lokale Pfad des Webservers zum Hauptverzeichnis für Webdokumente. Wenn Sie den Apache verwenden, ist hier der Pfad zum *htdocs*-Verzeichnis angegeben. Für eine Windows-Plattform ist dies z. B. *C:/xampp/htdocs*. DOCUMENT_ROOT können Sie verwenden, wenn Sie einen absoluten Pfad angeben wollen, von dem aus eine externe Datei eingebunden werden soll. Da es

sich bei der Angabe um den lokalen Pfad des Servers handelt, ist es wenig sinnvoll, absolute Links mit DOCUMENT_ROOT auszugeben.

- $_SERVER['PHP_SELF']
  Relativ zum DOCUMENT_ROOT gesehen, steht hier der Pfad zum aktuellen Skript. Wenn Sie die beiden Werte verknüpfen, steht in $_SERVER['DOCUMENT_ROOT'].$_SERVER['PHP_SELF'] der Pfad, unter dem das Skript auf der Festplatte des Webservers gespeichert ist. PHP_SELF eignet sich gut dafür, relative Pfade zu weiteren Skripten für Links zu erstellen.

- $_SERVER['HTTP_USER_AGENT']
  Die Identifikation des Browsers, über den die URL aufgerufen wurde. Dieser String kann beispielsweise verwendet werden, um eine Statistik über die Browser Ihrer Webseiten-Besucher zu erstellen. Für Mozilla Firefox sieht der Wert etwa so aus: Mozilla/5.0 (Windows; U; Windows NT 5.1; de; rv:1.9.2.2) Gecko/20100316 Firefox/3.6.2. Darin enthalten sind also nicht nur der Name des Browsers, sondern auch seine Versionsnummer und die Plattform. Den HTTP_USER_AGENT sollten Sie allerdings nicht immer für bare Münze nehmen: Opera kann sich z. B. auch als Internet Explorer ausgeben.

- $_SERVER['HTTP_REFERER']
  Besucher, die Ihre Seite durch einen Link gefunden haben, erzeugen das Arrayfeld HTTP_REFERER. Darin ist die URL der zuletzt besuchten Webseite hinterlegt. Damit können Sie also zum einen nachvollziehen, welche Webseiten auf Ihre verlinken, und zum anderen sehen, wie sich Ihre Besucher über Ihre einzelnen Skripte »bewegen«. Der Erstellung von Statistiken über Webseiten-Besucher schiebt das Teledienstdatenschutzgesetz (TDDSG)[1] allerdings einige Riegel vor, zumindest wenn sich die Daten auf einzelne Nutzer zurückverfolgen lassen. Sofern Sie sich jedoch an die Bestimmungen des TDDSG halten, lassen sich aus Statistiken im Rahmen des Webminings gut verwertbare Informationen ziehen.

Diese Auflistung der Bestandteile aus dem $_SERVER-Array ist keineswegs komplett. Erklärt wurden nur die gängigsten Einträge. Alles Weitere brauchen Sie nur im Einzelfall, für den wir auf die PHP-Referenz verweisen wollen.

GLOBALS

In $GLOBALS finden Sie Referenzen zu allen Variablen aus dem globalen Gültigkeitsbereich. Das sind neben den von Ihnen definierten Variablen auch die Werte aus den übrigen superglobalen Arrays. Anstatt direkt auf Variablen der superglobalen Arrays zuzugreifen, können Sie also stattdessen auch den Umweg über $GLOBALS nehmen:

---

[1] Nachzulesen unter *http://bundesrecht.juris.de/tddsg/*.

```
echo $GLOBALS['_POST']['file'];
```

Zu beachten ist der fehlende Unterstrich im Namen.

Sinnvoll ist dieses Vorgehen allerdings nur, wenn die Variable, auf die Sie zugreifen, nicht ohnehin schon im aktuellen Gültigkeitsbereich vorhanden ist. Somit können Sie etwa aus Funktionen heraus auf Variablen des globalen Bereichs zugreifen, wie Sie im dritten Teil dieses Buches an Datenbankobjekten sehen werden. Da der Zugriff über Referenzen erfolgt, bleiben Änderungen an den Variablen auch nach Beendigung der Funktion bestehen.

4.7.2 Vordefinierte Konstanten

Ebenso wie es zahlreiche Variablen gibt, die Ihnen von Beginn eines Skriptes an zur Verfügung stehen, besteht eine Reihe vordefinierter Konstanten, z. B. aus der Mathematik (`M_PI` für die Kreiszahl Pi oder `M_E` für die Eulersche Zahl e). Viele Modelle definieren ihre eigenen Konstanten, die allerdings vorrangig als Parameter in Funktionsaufrufen verwendet werden.

Wir wollen kurz auf eine Reihe von Konstanten eingehen, die Sie für die Fehlersuche in Ihren Skripten einsetzen können. Bei inkorrekter Syntax wird Ihnen die genaue Position des Fehlers im Skript in der Fehlermeldung angezeigt. Diese Information können Sie sich aber generell an jeder Stelle ausgeben lassen. Entsprechende Konstanten existieren nicht nur für die aktuelle Zeilennummer, sondern auch für das aktuelle Skript oder die gerade ausgeführte Funktion:

- `__LINE__`
  die aktuelle Zeilennummer
- `__FILE__`
  die Pfadangabe zum gerade ausgeführten Skript; identisch mit `$_SERVER['DOCUMENT_ROOT'].$_SERVER['PHP_SELF']`
- `__DIR__`
  das aktuelle Verzeichnis; identisch mit `dirname(__FILE__)`
- `__FUNCTION__`
  der Name der gerade ausgeführten Funktion

An allen kritischen Stellen in Ihrem Skript sorgen Konstrukte wie

```
if($fehler == true)
{
   die(__LINE__);
}
```

für die Ausgabe der aktuellen Zeilennummer und beenden die Ausführung des Skriptes. Das ist für das Debugging (die Fehlersuche) ideal. Bevor Sie das Skript in Ihr Produktivsystem integrieren, sollten Sie diese Meldung allerdings restlos entfernen.

Mit der Funktion `error_reporting()` können Sie die Fehlerausgabe ebenfalls individualisieren. Damit überdecken Sie lokal die gleichnamige Direktive in der *php.ini*. Nützlich ist das beispielsweise, wenn Sie bei Ihrem Provider keinen Zugriff auf die Konfigurationsdatei haben. Als Parameter übernimmt die Funktion einen oder mehrere Werte aus Tabelle 4.5.

Bezeichnung	Beschreibung
E_ERROR	Fehler (»Fatal Error«), bricht die Ausführung des Skriptes ab.
E_WARNING	Warnungen
E_PARSE	Parser-Fehler während des Kompilierens
E_NOTICE	Benachrichtigungen
E_CORE_ERROR	Startfehler des PHP-Parsers
E_CORE_WARNING	Warnungen beim Start des Parsers
E_COMPILE_ERROR	schwere Fehler zur Übersetzungszeit
E_COMPILE_WARNING	Warnungen zur Übersetzungszeit
E_USER_ERROR	schwerer benutzerdefinierter Fehler
E_USER_WARNING	benutzerdefinierte Warnungen
E_USER_NOTICE	benutzerdefinierte Mitteilungen
E_DEPRECATED	Fehler beim Verwenden veralteter PHP-Funktionen
E_USER_DEPRECATED	benutzerdefinierte Fehler beim Verwenden veralteter PHP-Funktionen
E_RECOVERABLE_ERROR	»Fatal Error«, der jedoch durch benutzerdefinierte Error Handler abgefangen werden kann
E_ALL	Bewirkt die Ausgabe aller übrigen Fehlerarten.
E_STRICT	Änderungsvorschläge der Laufzeitumgebung

Tabelle 4.5 Konstanten der Fehlerausgabe

Die fett gedruckten Werte sind die, die Ihnen am häufigsten begegnen werden. Mehrere Werte können Sie mit einer Pipe (|) verbinden. Wenn Sie einen Wert aus einer Menge ausschließen möchten, dann müssen Sie ihm einen Zirkumflex (^) voranstellen:

```
error_reporting(E_ERROR | E_WARNING);
error_reporting(E_ALL ^ E_NOTICE);
```

Das erste Beispiel sorgt dafür, dass alle Fehler und Warnungen am Bildschirm ausgegeben werden. Einfache, nicht kritische Benachrichtigungen (E_NOTICE) werden also unterschlagen. Im zweiten Fall kommt es in jedem Fall zu einer Ausgabe, außer bei Benachrichtigungen.

Eine weitere Individualisierung erreichen Sie, wenn Sie die Standard-Fehlerbehandlung über die Funktion

mixed **set_error_handler** *(callback $funktion [, int $typ])*

überschreiben. Angegeben wird eine Ersatzfunktion $funktion, die beim Auftreten einer Fehlersituation abgearbeitet wird. Ganz ohne ist das Überschreiben des Standardverhaltens jedoch nicht, da Sie als Entwickler dann dafür verantwortlich sind, für sämtliche Fehlerklassen geeignete Maßnahmen zu planen und zu implementieren, und zwar bis hin zum Abbruch des Skriptes. Eine Alles-oder-nichts-Lösung muss dies aber nicht sein. Sicherheitshalber lässt sich die Menge der Fehlertypen, die von Ihrer Funktion behandelt werden sollen, über das optionale $typ eingrenzen. Hier sind alle enthaltenen Fehlerklassen in der Art anzugeben, wie es auch bei error_reporting() der Fall ist. Als weitere Limitierung können die schwerwiegenden Kern- und Kompilierungsfehler aus Tabelle 4.5 nicht überschrieben werden.

Die benutzerdefinierte Fehlerfunktion muss der folgenden Signatur folgen:

funktionsname (int $fnummer, string $ftext [, string $fskript [, int $fzeile [, array $fkontext]]])

Obligatorisch ist die Angabe einer Fehlernummer und des beschreibenden Textes, der beim Auftreten eines Problems situationsbedingt übernommen wird. Das bedeutet, hinter $fnummer verbergen sich die Konstanten aus Tabelle 4.5, entsprechend $ftext. Optional hingegen können sich noch die fehlerhafte Codezeile ($fzeile) und die aktuell ausgeführte Datei ($fskript) an die Fehlerfunktion übergeben. Zu guter Letzt gibt $fkontext noch Auskunft über die aktuelle Umgebung, das heißt den Inhalt superglobaler Arrays und aktuell definierter Variablen zum Debugging. Wie das Überschreiben des Error Handlers in der Praxis aussieht, steht in Listing 4.17.

```
<?php
function ErrorHandler($no, $text, $skript, $zeile, $kontext){
    echo "Es ist der Fehler $no aufgetreten: $text. ";
    echo "Dies geschah in $skript (Zeile $zeile).";
    var_dump($kontext);
    return true;
}
set_error_handler("ErrorHandler");
```

```
$x= 0;
$y = 10/$x;
?>
```

Listing 4.17 Error Handler überschreiben

Den Fehler – genauer gesagt die Warnung (E_WARNING) – erzeugen wir, indem wir durch 0 teilen. Unsere Funktion ErrorHandler greift und gibt nach und nach alle Informationen aus.

4.8 Einbinden externer Dateien

Die Kapselung von Codeteilen in Funktionen ist – wie schon beschrieben – ein probates Mittel, mit dem Sie Struktur in Ihren Quellcode bringen können. Auf einer höheren Ebene, nämlich in Bezug auf Skripte und externe Dateien, können Sie mit der gleichen Zielsetzung Modularisierung nutzen und Code in logischen Blöcken auf mehrere Dateien aufteilen. So entstehen strukturelle Einschnitte, wenn Sie Kernfunktionen ausgliedern und diese beispielsweise in einem zentralen Skript *functions.php* speichern. Oder Sie setzen auf eine logische Aufteilung und lagern vielleicht alle datenbankrelevanten Funktionen aus. Wie auch immer Sie bei der Modularisierung vorgehen möchten, das Ziel besteht immer darin, den Überblick zu behalten, auch wenn Ihr Projekt über die ursprünglich angedachten Grenzen hinauswächst.

Die Effekte der Modularisierung decken sich mit denen der Kapselung: Sie erzeugen keinen Endloscode, in dem es sich leicht verirren lässt. Tritt ein Fehler auf, wissen Sie sehr schnell, wo Sie nach seinen Ursachen suchen müssen. Reparieren oder erneuern Sie zentrale Funktionalitäten, werden Änderungen nur an einer Stelle im Code notwendig, und die Neuerungen wirken sich sofort und überall aus.

Modularisierung des eigenen Codes ist allerdings nicht der einzige Fall, bei dem externe Dateien einzubinden sind. Auch bei der Verwendung offener Bibliotheken müssen Sie die bereitgestellten Funktionalitäten integrieren. Dabei macht es keinen Unterschied, ob Sie prozedural oder objektorientiert programmieren.

PHP stellt zwei Befehle zum Einbinden externer Dateien bereit:

include('externe_datei.php');
require('weitere_datei.php');

Die beiden Befehle unterscheiden sich in ihrer Syntax nicht voneinander. Als Parameter geben Sie den Speicherort der einzubindenden Datei in Form eines Strings ein. Dies kann eine lokale Datei sein, die Sie absolut von einem gesetzten

Basisverzeichnis aus oder relativ ansprechen. Ebenso möglich ist das Einbinden entfernter Dateien von einem anderen Server:

```
require('../../bibliotheken/datenbank.php');
require('http://www.stefan-reimers.de/resourcen.php');
```

Die Verwendung von Dateien, die auf fremden Servern liegen, kann jedoch durch die Sicherheitseinstellungen von PHP unterbunden sein. Entsprechende Parameter finden Sie in der Konfigurationsdatei *php.ini*.

Der einzige Unterschied zwischen `include()` und `require()` liegt in der Art, wie sie auf fehlerhafte Einbindungen reagieren. Ist die Datei, die Sie in Ihr Skript integrieren möchten, nicht lesbar, dann quittiert `include()` dies lediglich mit einer Warnung. Das Skript wird jedoch weiterhin ausgeführt. Der Befehl `require()` ist in solchen Fällen ungleich restriktiver: Schlägt das Einbinden über `require()` fehl, wird das Skript mit einem Fehler abgebrochen. Sie müssen im Einzelfall entscheiden, welche der beiden Methoden für Sie die praktikablere ist. Sicherheitsrelevante Einbindungen sind beispielsweise strenger zu handhaben, und wir empfehlen daher, in solchen Fällen `require()` einzusetzen.

Bei der Verwendung von Einbindungen kann es zu unterschiedlichen Problemen kommen. Zum einen handelt es sich dabei um Mehrfacheinbindungen, wie in Abbildung 4.17 dargestellt.

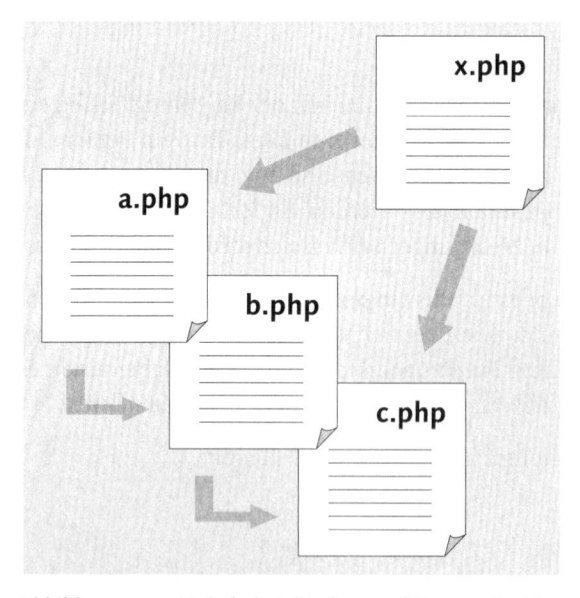

Abbildung 4.17 Mehrfacheinbindungen führen zu Problemen.

In diesem Fall besteht eine Kette von Einbindungen. Das Skript *a.php* bindet die externe Datei *x.php* ein. *a.php* wird von *b.php* und dieses wiederum von *c.php* eingebunden. Als Letztes bindet *c.php* auch die externe Bibliothek *x.php* ein. Diese Form von Mehrfacheinbindungen führt in den meisten Fällen zu Fehlern. Einerseits werden die Funktionen und Konstanten aus *x.php* doppelt definiert, was zu einem Parser-Fehler führt. Andererseits werden die Variablen aus *x.php*, die über Umwege auch in das Skript *c.php* gelangen und bis dahin eventuell mit einem neuen Wert belegt wurden, durch das erneute Einbinden auf den Wert zurückgesetzt, der in *x.php* gesetzt ist. Die bis dahin gelaufenen Verarbeitungen sind vergebens.

Mehrfacheinbindungen lassen sich in PHP mit den erweiterten Varianten `require_once()` und `include_once()` vermeiden. Damit ist sichergestellt, dass ein Skript, das vorher schon eingebunden wurde, kein zweites Mal eingebunden wird. Der Befehl wird dann einfach übergangen, ohne dass eine Fehlermeldung ausgegeben wird.

Zum anderen ergeben sich Schwierigkeiten, die in der Art begründet sind, wie eingebundener Code ausgeführt wird. Nehmen Sie das folgende Skript *eigenerName.php*:

```
<?php
echo $_SERVER['PHP_SELF'];
?>
```

Wenn das Skript direkt ausgeführt wird, erscheint auf dem Bildschirm der Name `eigenerName.php`. Das ändert sich, wenn Sie das Skript einbinden, wie in der folgenden Datei *einbindung.php*:

```
<?php
require('eigenerName.php');
?>
```

Die Ausgabe ist `einbindung.php`.

Für den Parser stellt sich ein `require()` oder `include()` derart dar, dass der Inhalt der Datei, die eingebunden wird, an genau die Stelle des Vaterskriptes kopiert und dort ausgeführt wird (siehe Abbildung 4.18). Das bedeutet, alle bis zur Einbindung existenten Variablen können überschrieben oder Positionsangaben, wie aus dem vorigen Beispiel zu erkennen ist, in die Irre geführt werden.

Dafür, dass Fälle wie dieser keine Probleme erzeugen, muss der Programmierer Sorge tragen. Einen Workaround seitens PHP gibt es nicht.

```
┌─────────────────────┐
│    extern.php       │
│ <?php               │        ┌─────────────────────┐
│ for ($i = 1; ; $i++)│        │    zaehler.php      │
│ {                   │ Einbindung │ <?php           │
│   if ($i > 10) break;│  ───▶  │ echo "Ausgabe:";    │
│   echo $i;          │        │ require("extern.php");│
│ }                   │        │ ?>                  │
│ ?>                  │        └─────────────────────┘
└─────────────────────┘
                ┌─────────────────────┐
                │    zaehler.php      │
                │ <?php               │   Auswertung zu
                │ echo "Ausgabe:";    │  ◀───
                │ for ($i = 1; ; $i++)│
                │ {                   │
                │   if ($i > 10) break;│
                │   echo $i;          │
                │ }                   │
                │ ?>                  │
                └─────────────────────┘
```

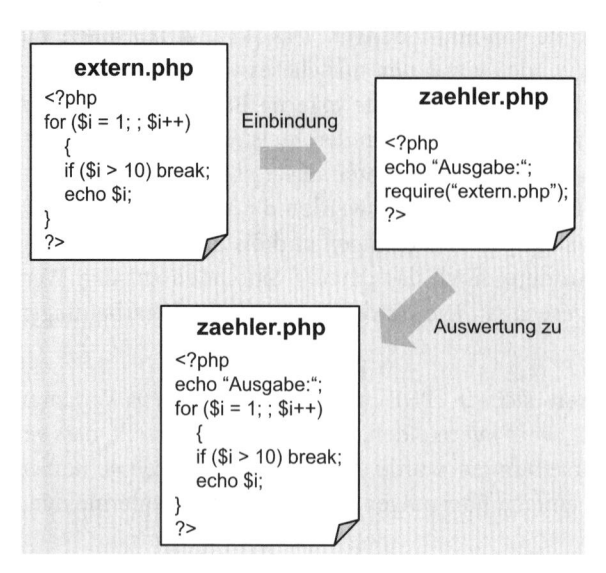

Abbildung 4.18 Eingebundener Code wird an Ort und Stelle ausgeführt.

Generell lässt sich sagen, dass die Verwendung von `require_once()` die sicherste Methode ist, Problemen aus dem Weg zu gehen. Dabei kann es allerdings wie beschrieben zu Fehlermeldungen kommen. Um zu vermeiden, dass diese an den Nutzer ausgegeben werden, hilft nur der durchdachte Einsatz von mehrstufigen Einbindungen.

> **Hinweis**
>
> Ein weiteres Hilfsmittel in diesem Zusammenhang ist, die Verarbeitung von Fehlern in die eigene Hand zu nehmen. Wie Sie das machen, erfahren Sie im dritten Teil dieses Buches.

Objektorientierung hat in ernstzunehmender Form Einzug in PHP 5 gehalten. In diesem Kapitel erklären wir Ihnen im Detail die Konzepte, die in PHP 5 realisiert sind, und legen damit den Grundstein für Ihre erfolgreiche Programmierung – und die weiteren Kapitel.

5 Objektorientierung in PHP

Bevor wir auf die Implementierung der Objektorientierung in PHP eingehen, wollen wir Ihnen noch die Modellierung von Klassen und Objekten in der *Unified Modeling Language* (UML) vorstellen, mit der Sie einheitliche grafische Abbildungen Ihrer Klassen und Objekte erstellen können. UML hat es zu einem Standard gebracht, der von der Object Management Group (OMG) entwickelt wurde und derzeit in der zweiten Version vorliegt – UML 2. Die Vorteile der Modellierung mit standardisierten Sprachen liegt auf der Hand: Die Modelle werden von vielen Programmierern verstanden, so dass zum einen eine Diskussion mit Kollegen anhand einfacher Zeichnungen möglich ist. Zum anderen dienen Modelle der Dokumentation alter Projekte, die womöglich zu einem späteren Zeitpunkt wieder aufgegriffen werden. Zu guter Letzt wird UML auch durch Softwarewerkzeuge unterstützt, die anhand von Modellen Codegerüste erstellen, die Ihnen bei der täglichen Arbeit viel Zeitaufwand ersparen können.

Im Anschluss an die Einführung in UML zeigen wir, wie die einzelnen Konzepte der Objektorientierung in PHP umgesetzt sind. Das Programmierparadigma schafft Bedarf für neue Schlüsselwörter und Befehle, die im Einzelnen erklärt werden. Auf diese Weise kommt ein ganzer Schwung neuer Syntax hinzu, die gemeinsam mit den bislang bekannten Konzepten der prozeduralen Programmierung (z. B. Schleifen oder Variablen) zu benutzen ist.

5.1 Die Modellierungssprache UML

Mit Hilfe der Unified Modeling Language (UML) lassen sich Softwaresysteme spezifizieren, strukturell beschreiben und visualisieren. UML-Modelle sind unabhängig von einer Programmiersprache zu sehen, sie setzen auf allgemeinen Programmierparadigmen auf (Objektorientierung). Wie für eine Sprache üblich, legt UML eine Reihe von Begriffen und deren Beziehungen fest. Anwendungen werden auf Basis dieser Sprache vorab (zu Planungszwecken) oder im Nachhinein (als Dokumentation) modelliert.

Teil von UML 2 ist die grafische Darstellung von Klassen und deren Beziehungen zueinander in sogenannten *Klassendiagrammen*, deren wir uns in einfacher Form in diesem Buch bedienen wollen. Wenn wir Klassen beschreiben, vornehmlich im Praxisteil dieses Buches, werden wir zur Übersicht immer ein Klassendiagramm beifügen. So sehen Sie auf einen Blick, worüber die Klassen verfügen.

Eine Klasse stellt sich als dreigliedrige Box dar, zu sehen in Abbildung 5.1.

Namensraum\Klassenname
Klassenattribute
Methoden

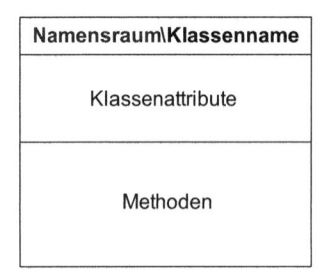

Abbildung 5.1 Aufbau einer Klasse in UML

Im obersten Teil finden lediglich der Name der Klasse und deren Namensraum Platz. Ein Namensraum gruppiert verschiedene fachlich zusammengehörige Klassen und grenzt gleichnamige Klassen voneinander ab, um Namenskonflikte zu vermeiden. In PHP sind Namensräume optional; demnach ist auch die Verwendung im Klassendiagramm nicht zwingend vorgesehen.

> **Hinweis**
>
> Namensräume sind in PHP relativ jung, das heißt, sie kamen erst in PHP 5.3 dazu. Wir werden in Abschnitt 5.6, »Namensräume«, detailliert darauf zu sprechen kommen.

Der mittlere Teil nimmt die Attribute der Klasse auf, und im unteren Teil geben Sie alle Methoden an, die die Klasse bereitstellt. Die Namen und Parameterlisten für Klassen, Attribute und Methoden sollten mit Ihrer Implementierung identisch sein.

Für unser erstes Beispiel zur Objektorientierung, das wir in Kapitel 4, »Einführung in PHP«, geliefert haben, ist die Klasse in Abbildung 5.2 dargestellt.

Unsere Klasse trägt den Namen Fahrzeug. Einen Namensraum vergeben wir nicht. Sie verfügt über drei Attribute: gestartet, das nur anzeigen soll, ob der Motor eines Objekts läuft oder nicht.

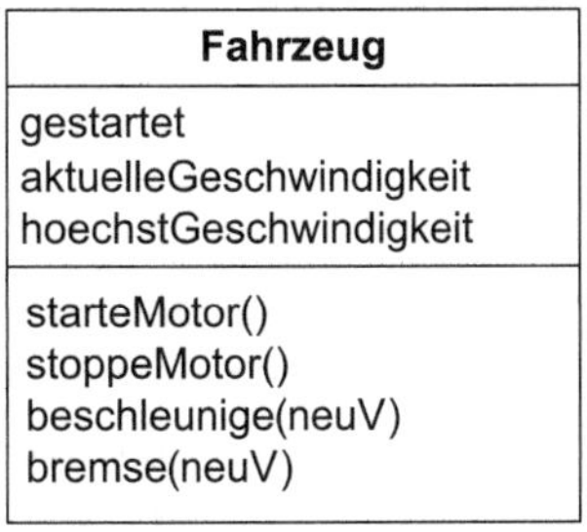

```
┌─────────────────────────────────┐
│          Fahrzeug               │
├─────────────────────────────────┤
│ gestartet                       │
│ aktuelleGeschwindigkeit         │
│ hoechstGeschwindigkeit          │
├─────────────────────────────────┤
│ starteMotor()                   │
│ stoppeMotor()                   │
│ beschleunige(neuV)              │
│ bremse(neuV)                    │
└─────────────────────────────────┘
```

Abbildung 5.2 Die Klasse »Fahrzeug«

Demnach werden wir gestartet als booleschen Wert implementieren. Die Geschwindigkeiten sind ganzzahlige Werte. Die Höchstgeschwindigkeit werden wir als obere Grenze benutzen, wenn wir die aktuelle Geschwindigkeit heraufsetzen. Zugriff auf die Attribute werden wir über die Methoden erlangen: starteMotor und stoppeMotor sind beide parameterlos. Sie setzen gestartet jeweils auf true bzw. false. Den Methoden beschleunige und bremse wird ein Parameter neuV (V als physikalisches Zeichen für Geschwindigkeit) übergeben, der die aktuelleGeschwindigkeit beeinflusst.

Um die Klassendiagramme in diesem Buch so kompakt wie möglich zu halten, verzichten wir auf die Angabe der Datentypen für Attribute sowie für Ein- und Ausgabeparameter der Methoden. Diese entnehmen Sie bitte der Implementierung. Genauso halten wir es mit Initialwerten und mitunter Konstruktoren ohne Parameter.

5.2 Klassen und Objekte

Klassen dienen als Schablonen für Objekte. Es können gleichzeitig mehrere Objekte von derselben Klasse bestehen. Sie alle haben einen weitgehend autonomen Kontext – mit Ausnahme von Klassenkonstanten. Das bedeutet: Änderungen an den Attributen eines Objekts haben keine Auswirkungen auf gleichnamige Attribute der übrigen Klasseninstanzen.

In PHP 5 werden Objekte ausschließlich mit der Methode *pass-by-reference* übergeben. Übergeben Sie also ein Objekt an eine Funktion, wird keine Kopie des Objekts erstellt, sondern direkt auf dem Original gearbeitet. Änderungen an Attributen des Objekts, die innerhalb der Funktion vorgenommen wurden, haben also auch nach der Beendigung der Funktion Bestand.

Klassen werden im Quellcode mit dem Wort class eingeleitet, es folgt der Klassenname. Der Klassenrumpf wird in geschweifte Klammern eingefasst:

```
class Fahrzeug
{
    //Klassenrumpf
}
```

Für den Inhalt des Rumpfes bestehen keinerlei syntaktische Begrenzungen. Sie können – und sollten – Funktionen schreiben, auf Module zurückgreifen und Kommentare verwenden. Darüber hinaus stehen Ihnen zusätzliche Sprachelemente zur Verfügung, die wir Ihnen im Laufe dieses Kapitels näherbringen wollen.

Um ein neues Objekt einer Klasse zu erzeugen, verwenden Sie den new-Operator.

```
$pkw = new Fahrzeug();
```

Unter dem Bezeichner $pkw können Sie im Weiteren auf die Attribute und Methoden zugreifen:

```
echo $pkw->hoechstGeschwindigkeit;
```

> **Hinweis**
> Das -> wird in PHP anstelle des Punktes aus anderen objektorientierten Sprachen wie Java und C# dafür benutzt, auf die Methoden oder Attribute eines Objekts zu verweisen. Der Punkt ist in PHP der Konkatenationsoperator.

Die in diesem Buch entwickelten Klassen setzen auf allgemein befolgte Vorgaben. Die Elemente im Klassenrumpf stehen in der – unverbindlichen – Reihenfolge:

1. Attributsinitialisierung
2. Konstruktormethode
3. übrige Methoden

Zu welcher Klasse ein Objekt gehört, erfahren Sie mit einem Aufruf der Funktion

*string **get_class**(objekt $objekt)*

Ist $objekt eine Referenz auf ein gültiges Objekt, wird Ihnen der Name der Klasse geliefert, anderenfalls false. Für unseren Fall ergibt

```
echo get_class($pkw);
```

die Zeichenkette »Fahrzeug«. Andersherum gefragt liefert die Ausführung von

*bool (objekt $objekt **instanceof** klasse)*

einen booleschen Wert zurück: true bedeutet, $objekt ist eine Instanz von klasse; false bedeutet, $objekt gehört zu einer anderen Klasse.

```
echo ($pkw instanceof Fahrzeug)?'ja':'nein';
```

ergibt selbstverständlich »ja«. Beachten Sie, dass der Klassenname nicht als Zeichenkette, sondern gänzlich ohne Anführungsstriche anzugeben ist. Anders ist das, wenn Sie abfragen wollen, ob für das aktuelle Skript eine bestimmte Klasse definiert ist:

> bool **class_exists**(string $klasse)

Dabei ist `$klasse`, sofern Sie sie nicht als Variable, sondern namentlich angeben, in Anführungsstriche zu setzen. Ist `$klasse` definiert, erhalten Sie ein boolesches `true` zurück, anderenfalls `false`.

Auch im objektorientierten Kontext existieren auf Klassenbasis Konstanten. Jedes Objekt der Klasse kann darauf zugreifen. Der Wert ist für alle Instanzen derselbe. Konstanten werden mit dem Schlüsselwort `const` deklariert.

```
const DB_BENUTZER = 'phpmysql_user';
```

Nach der Deklaration kann der Konstanten kein neuer Wert zugewiesen werden. Wir wollen es mit Klassenkonstanten genauso halten wie mit Konstanten außerhalb des objektorientierten Kontexts: Wir verwenden sprechende Namen, die wir durchgängig großschreiben.

5.2.1 Konstruktoren und Destruktoren

Wenn Sie ein Objekt einer Klasse mit dem `new`-Operator erstellen, wird automatisch die Konstruktormethode aufgerufen. In PHP 5 trägt der Konstruktor immer den Namen `__construct()`. Damit unterscheidet sich die Vorgehensweise von PHP 4, wo der Konstruktor gleich heißt wie die Klasse. Aus Kompatibilitätsgründen ist es auch in PHP 5 möglich, wie in der Vorgängerversion zu verfahren. Die Methoden werden dann wie folgt abgearbeitet:

1. Wenn die Methode `__construct` vorhanden ist, wird sie ausgeführt und der PHP 4-Konstruktor nicht.
2. Kann der Parser die Methode `__construct` nicht finden, führt er stattdessen diejenige Methode aus, die den Klassennamen trägt, falls vorhanden.
3. Können beide Methoden nicht gefunden werden, wird bei der Initialisierung auf die Ausführung einer Methode verzichtet.

Der Konstruktor kann eine nicht leere Parameterliste enthalten. Optionale Parameter sind erlaubt.

```
function __construct($param1)
{
```

```
    //Rumpf des Konstruktors
}
```

Wenn Sie bei der Initialisierung eines Objekts Werte übergeben möchten, müssen Sie das im gleichen Zug mit der Namenszuweisung tun:

```
$pkw = new Fahrzeug($arg1);
```

Die Parameterlisten des Aufrufs und die des Konstruktors müssen kompatibel sein. Im Beispiel wird `$arg1` auf `$param1` abgebildet. Enthält der Konstruktor optionale Parameter, müssen die Listen nicht in der Anzahl übereinstimmen. Hätten wir stattdessen den Konstruktor wie folgt erzeugt, könnten wir Objekte mit oder ohne `$arg1` erstellen:

```
function __construct($param1=180)
{
    //Rumpf des Konstruktors
}
```

Das Gegenstück zum Konstruktor ist der Destruktor. Dabei handelt es sich um eine parameterlose Methode, die beim automatischen Zerstören oder manuellen Löschen eines Objekts aufgerufen wird. Analog zum Konstruktor trägt ein Destruktor in PHP 5 den Namen `__destruct()`. Ein vergleichbares Konzept existiert in PHP 4 nicht.

Destruktoren eignen sich für Aufräumarbeiten im Skript, also z. B. das Schließen von Datenbankverbindungen und von zum Schreiben geöffneten Dateien. Allerdings besitzen sie auch Einschränkungen, die sich aus der Ausführungsreihenfolge eines PHP-Skriptes ergeben. Destruktoren werden ausgeführt, wenn ein Skript beendet wird. Zu diesem Zeitpunkt sind bereits alle HTTP-Header und alle entstandenen Ausgaben gesendet. Es ist demnach nicht möglich, weitere Header vom Destruktor aus aufzurufen, beispielsweise eine Skriptweiterleitung über die PHP-Funktion `header()`.

5.2.2 Zugriffsmodifizierer

Für Attribute und Methoden gelten im Klassenkontext eigene Sichtbarkeitsrichtlinien. Das bedeutet, Sie können nicht zwangsläufig alle Attribute sehen bzw. alle Methoden ausführen, die ein Objekt bereitstellt. Ein Programmierer legt fest, von wo auf ein Klassenelement zugegriffen werden darf, indem er einen der drei Zugriffsmodifizierer vergibt:

- `public` (+)
  Das Element kann allgemein benutzt werden.

- protected (#)
  Das Element kann nur von Objekten der eigenen Klasse oder davon abgeleiteten Klassen verändert werden.
- private (-)
  Das Element kann nur von Objekten der eigenen Klasse verändert werden.

In UML-Klassendiagrammen wird die Sichtbarkeit von Attributen und Methoden durch die in Klammern stehenden Zeichen (+, #, -) ausgedrückt, die dem Element vorangestellt werden.

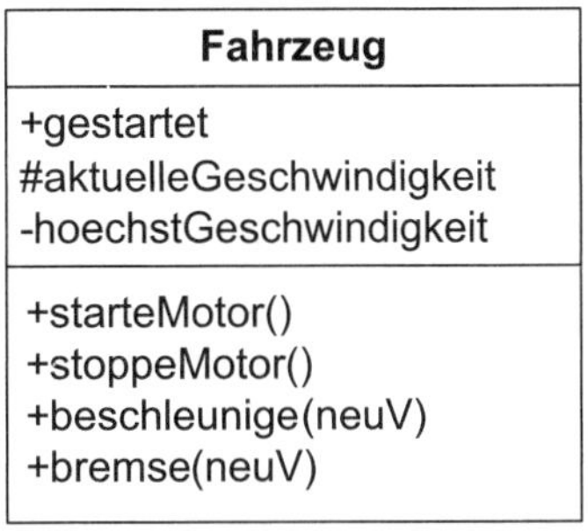

Fahrzeug
+gestartet #aktuelleGeschwindigkeit -hoechstGeschwindigkeit
+starteMotor() +stoppeMotor() +beschleunige(neuV) +bremse(neuV)

Abbildung 5.3 UML-Darstellung mit Zugriffsmodifizierern

Für unseren Anwendungsfall der Klasse Fahrzeug vergeben wir die Modifizierer so, dass nur der Status des Motors public ist. Die aktuelle Geschwindigkeit soll für alle abgeleiteten Klassen zugreifbar sein, ist also protected, und die Höchstgeschwindigkeit soll nur aus der eigenen Klasse heraus zu bearbeiten sein, ist also private. In Bezug auf die Methoden machen wir keine Beschränkungen, sie alle sind von außen zugänglich. Abbildung 5.3 enthält die erweiterte Klasse Fahrzeug.

Im Quellcode werden keine abkürzenden Modifizierer verwendet. Die drei Wahlmöglichkeiten werden so, wie sie in der obigen Liste zu finden sind, ausgeschrieben und der Definition von Methoden und Attributen vorangestellt:

```
class Fahrzeug
{
    private $hoechstGeschwindigkeit = 0;
    ...
    public function starteMotor(){ ... }
}
```

Der direkte Zugriff auf ein geschütztes oder privates Klassenelement wie echo $pkw->hoechstGeschwindigkeit; wird auch prompt mit einer Fehlermeldung des PHP-Parsers quittiert.

> **Hinweis**
> Bei der Definition der Attribute müssen Sie wie gewohnt ein Dollarzeichen voranstellen. Beim Aufruf ist das nicht mehr vonnöten. Bei
> `$pkw->hoechstGeschwindigkeit`
> handelt es sich also nicht um einen Schreibfehler.

Die Sichtbarkeit von Attributen und Methoden schlägt sich auch in den Ergebnissen der Funktionen

> array **get_class_vars**($klasse)
> array **get_class_methods**($klasse)

nieder. Die Ausgabe enthält lediglich Werte, die mit `public` gekennzeichnet sind.

Um den Restriktionen, die durch die Vergabe von Zugriffsmodifizierern entstehen, im Einzelfall Abhilfe zu verschaffen, können Sie gezielt dafür sorgen, dass auch private oder geschützte Attribute nach außen hin sichtbar gemacht werden. Sogenannte *Getter-* und *Setter*-Methoden lesen nicht zugängliche Attribute aus bzw. verändern ihren Wert. Benannt sind sie nach dem Attribut, das sie verarbeiten. Für unsere `Fahrzeug`-Klasse sind solche Zugriffsfunktionen für die Geschwindigkeitsattribute denkbar:

```
integer getHoechstGeschwindigkeit()
setHoechstgeschwindigkeit(integer $neuV)
integer getAktuelleGeschwindigkeit()
setAktuellegeschwindigkeit(integer $neuV)
```

Die Methoden haben stets eine weiter reichende Sichtbarkeit als das betreffende Attribut, sind also im Zweifel als `public` gekennzeichnet. Getter-Methoden erlauben lesenden Zugriff, mit Setter-Methoden lassen sich Werte überschreiben. Die Methoden bedingen sich weder, noch schließen sie sich gegenseitig aus. Das heißt, es existieren vier Möglichkeiten für die Kombination von Lese- und Schreibrechten:

1. **Weder Lese- noch Schreibrechte**
   Es sind keine Getter- und Setter-Methoden implementiert, das Attribut ist nach außen hin nicht sichtbar.
2. **Keine Schreib-, aber Leserechte**
   Es existiert eine Getter-Methode, die Zugriffsberechtigung richtet sich nach deren Sichtbarkeit.
3. **Schreib-, aber keine Leserechte**
   Die Setter-Methode ist realisiert; wer schreiben darf, entscheidet sich anhand der Sichtbarkeit der Methode.

4. Sowohl Lese- als auch Schreibrechte

Das ist nur sinnvoll, wenn sich die Sichtbarkeit von Getter- und Setter-Methoden unterscheidet, anderenfalls können Sie auch das Attribut selbst mit einem schwächeren Zugriffsmodifizierer ausstatten.

Die Implementierung von Getter- und Setter-Methoden beschränkt sich auf das Wesentliche: die Ausgabe bzw. das Setzen eines Wertes.

```
public function setAktuellegeschwindigkeit($neuV)
{
   $this->aktuelleGeschwindigkeit = $neuV;
}
public function getAktuellegeschwindigkeit()
{
   return $this->aktuelleGeschwindigkeit;
}
```

In Anbetracht dessen, dass innerhalb einer Klasse eventuell auch auf Methoden und Attribute anderer Klassen zugegriffen werden kann, in denen gleichnamige Elemente bestehen, werden Namenskonflikte möglich. Bei einem Zugriff müssen Sie daher angeben, auf welche Klasse Sie Bezug nehmen wollen. Die aktuelle Klasse referenzieren Sie mit `$this`, alle anderen Klassen über deren Namen. Der Konstruktor der Klasse `Fahrzeug` soll z. B. seine eigene Höchstgeschwindigkeit auf den vorgegebenen Wert setzen. Das implementieren Sie mit:

```
function __construct($param1=180)
{
    $this->hoechstGeschwindigekeit = $param1;
}
```

Der Zugriff auf Methoden anderer Klassen wird nicht mit `->` realisiert. Stattdessen wird ein doppelter Doppelpunkt (::) verwendet. Wir erzeugen zur Demonstration eine zweite Klasse namens `Bremse`, die nur eine einzige Methode `greifen` besitzt:

```
class Bremse
{
    public function greifen()
    {
       echo 'Ich greife.';
    }
}
```

Die Methode `bremse` aus der Klasse `Fahrzeug` löst einen Aufruf von `Bremse::greifen()` aus:

```
public function bremse($neuV)
{
    Bremse::greifen();
    ...
}
```

Als Ausgabe erscheint beim Bremsen die Meldung »Ich greife« als Ergebnis der einfachsten Form von Klasseninteraktion.

5.2.3 Funktionen oder Methoden

Im Kontext der Objektorientierung sprechen wir von *Methoden*, wenn wir Funktionen meinen. Prinzipiell bedeuten diese Begriffe in PHP dasselbe, nur stammen sie aus unterschiedlichen Programmierparadigmen. Aus diesem Grund wird zwischen diesen Bezeichnungen nicht durchgängig differenziert. Der Begriff *Funktion* und damit verbunden das `function`-Konstrukt zur Definition einer Funktion entstammen einer Zeit, in der die Objektorientierung in PHP keine große Beachtung fand. Halbherzig wurde darauf verzichtet, dem objektorientierten Ansatz mit der Einführung eines synonymen `method`-Konstrukts gerecht zu werden. Seither werden auch Methoden mittels `function` definiert. Wohl aber existiert in Analogie zur Funktion `function_exists` ein

> bool **method_exists**(object $objekt, string $methode)

Darüber lässt sich feststellen, ob `$methode` für das Objekt `$objekt` definiert ist. Wir wollen uns an keinem Glaubenskrieg über die Unterschiede zwischen Methoden und Funktionen beteiligen. Sie sollten lediglich deren Ursprung beachten, wenn Sie auf »strengere« objektorientierte Sprachen treffen, in denen der Begriff *Methode* fest verankert ist.

PHP 5 führte bereits sogenannte *Type Hints* (englisch für »Datentyphinweise«) für Objekte und Arrays ein. Sie können bei der Definition einer Funktion oder Methode angeben, welchen Datentyp die Eingabeparameter haben sollen.

```
public function zeichneTabelle(array $daten)
{
    echo '<table>';
    foreach($daten as $key=>$val)
    {
        echo '<tr><td>'.$key.'</td><td>'.$val.'</td></tr>';
    }
    echo '</table>';
}
```

Wird die Methode `zeichneTabelle` mit einem Parameter aufgerufen, der kein Array ist, führt dies zu einem schweren Fehler.

Skalare Werte wie Boolesche Werte, Zahlen und Zeichenketten werden seit PHP 5.4 unterstützt. Dabei sind bezüglich numerischer Werte einige Fallstricke zu beachten; PHP besitzt für Zahlen unterschiedliche Datentypen, z. B. Float, Double oder Integer. Die Sprache geht generell sehr lax mit ihren Datentypen um. Je nach Wert einer numerischen Variablen kann der Datentyp zwischen Integer und Float/Double wechseln. Das Type Hinting bleibt in solchen Fällen hart und wirft bei jeder Abweichung einen Fehler. Benutzen Sie bei Zahlen – seien es ganzzahlige Werte oder nicht – bei Type Hints immer Numeric. Die weiteren denkbaren Type Hints orientieren sich natürlich an den PHP-Datentypen, wie wir sie im vorigen Kapitel besprochen haben.

5.2.4 Die Implementierung der Klasse »Fahrzeug«

Listing 5.1 enthält die Klasse Fahrzeug, so wie sie in Abbildung 5.3 dargestellt ist. Es besteht also aus drei Attributsinitialisierungen am Anfang; es folgen der Konstruktor und die vier Methoden. An diesem Beispiel können Sie gut erkennen, wie ein realer Sachverhalt in der Programmierung abgebildet wird. Unsere doch recht primitive Klasse lässt sich noch in viele Richtungen erweitern – es fehlen Lenkbewegungen, die Blinker usw.

> **CD-ROM zum Buch**
>
> In erweiterter Form ist dieses Listing auf der CD-ROM zum Buch zu finden. Darin enthalten sind noch Getter- und Setter-Methoden sowie die Klasse Bremse, die aus der Klasse Fahrzeug heraus aufgerufen wird und die Funktionalität unserer bekannten gleichnamigen Methode implementiert.

```php
<?php
class Fahrzeug
{
    //Attribute
    public $gestartet = false;
    protected $aktuelleGeschwindigkeit = 0;
    private $hoechstGeschwindigkeit = 0;
    //Konstruktor
    function __construct($maxV = 180)
    {
        $this->setHoechstGeschwindigkeit($maxV);
    }
    public function starteMotor()
    {
        $this->gestartet = true;
    }
    public function stoppeMotor()
```

```
    {
        $this->gestartet = false;
    }
    public function beschleunige($neuV)
    {
        if($this->gestartet)
        {
            if($neuV<=$this->hoechstGeschwindigkeit)
            {
                $this->aktuelleGeschwindigkeit = $neuV;
            }
            else
            {
                $this->aktuelleGeschwindigkeit =
                    $this->hoechstGeschwindigkeit;
            }
        }
    }

    public function bremse($neuV)
    {
        if($neuV <= $this->aktuelleGeschwindigkeit)
        {
            $this->aktuelleGeschwindigkeit = $neuV;
        }
        else
        {
            $this->aktuelleGeschwindigkeit =
                $this->aktuelleGeschwindigkeit;
        }
    }
}
?>
```

Listing 5.1 Die Klasse »Fahrzeug«

Die einzigen umfangreicheren Methoden sind diejenigen für das Beschleunigen und Abbremsen, in denen mit if-Konstrukten sichergestellt wird, dass die Höchstgeschwindigkeit nicht überschritten wird. Im Übrigen wird nur der Zustand des Objekts verändert. Wie Sie sehen, wird die Definition einer Klasse schnell umfangreich. Allerdings sollten Sie diesen Aufwand nicht scheuen: Sie stecken damit das Verhalten, also die Fähigkeiten und Grenzen Ihrer Anwendung ab. Auf diese Weise legen Sie den Grundstein für die Sicherheit, die Wiederverwendbarkeit und eine gute Dokumentation Ihrer Software.

5.2.5 Magische Methoden

Vielleicht haben Sie sich über die Namensgebung gewundert, als wir die Konstruktoren und Destruktoren in Abschnitt 5.2.1 eingeführt haben. Eine Methode mit einem doppelten Unterstrich zu benennen, ist im größten Teil des sonstigen PHP-Sprachschatzes unüblich und entspricht auch nicht den Namenskonventionen, die wir anfangs vorgeschlagen haben. In PHP existiert jedoch eine Handvoll vordefinierter, optionaler Methoden nach diesem Muster. Diese Methoden werden in PHP als »magisch« bezeichnet – und um dem Nimbus vorzugreifen: Mit Magie haben sie wenig zu tun, eher mit automatischer Ausführung.

Konstruktoren und Destruktoren können wie alle anderen magischen Methoden optional implementiert werden. Sie greifen beim Eintreten bestimmter Ereignisse und werden dann ein Mal ausgeführt. Für einen Konstruktor ist das triggernde Ereignis die Erstellung eines Objekts der entsprechenden Klasse. Die Auslöser für alle vorhandenen magischen Methoden haben wir für Sie in Tabelle 5.1 zusammengefasst.

Methode	Ereignis
__construct()	Erstellen eines Objekts
__destruct()	Zerstören eines Objekts
__sleep()	Serialisierung eines Objekts
__wakeup()	Deserialisierung eines Objekts
__invoke()	Aufruf eines Objekts
__toString()	Konvertierung des Objekts in einen String
__set_state()	Export des Objekts über var_export()
__autoload()	Erstellen eines Objekts einer unbekannten Klasse
__clone()	Anfertigen einer exakten Objektkopie
__get()	Lesen aus nicht deklarierten Objektattributen
__set()	Schreiben in nicht deklarierte Objektattribute
__isset()	Existenzabfrage auf nicht deklarierte Objektattribute
__unset()	Löschen nicht deklarierter Objektattribute
__call()	Aufruf einer nicht implementierten Methode
__callStatic()	Aufruf einer unimplementierten statischen Methode

Tabelle 5.1 Auslösende Ereignisse für magische Methoden

Die magischen Methoden __sleep() und __wakeup() gehören zusammen. Sie werden ausgeführt, wenn ein Objekt während der Ausführung serialisiert bzw. deserialisiert wird. Serialisierung bedeutet, dass die Struktur eines Objekts nach bestimmten Syntaxregeln in einem String gespeichert wird. In PHP existieren für diese Aufgaben beispielsweise die Funktionen

*string **serialize** (mixed $variable)*
*mixed **unserialize** (string $string)*

Die (De-)Serialisierung funktioniert mit allen Datentypen außer Ressourcen, das heißt beispielsweise Datenbankverbindungen, und konvertiert immer nach oder von einem String.

Dieses Feature ist insbesondere dann wichtig, wenn Sie Objekte oder Arrayinhalte über die Laufzeit eines Skriptes hinweg aufbewahren müssen. Die Stringrepräsentation können Sie in eine Datei oder eine Datenbank wegschreiben oder sie zwischen Skripten übergeben und später wieder auslesen. Das folgende Codebeispiel zeigt, wie Sie ein Array definieren und serialisieren:

```
$array = array('version'=>2,
      'datum'=>'2008-11-09');
echo serialize($array);
//a:2:{s:7:"version";i:2;s:5:"datum";s:10:"2008-11-09";}
```

Die Ausgabe dessen zeigt den Ergebnisstring. Alle Arrayfelder sind aneinandergereiht. Die Datentypen der Arrayinhalte sind verschlüsselt abgelegt (s für String, i für Integer), bei Strings kommt noch die Länge hinzu. Was irrelevant ist und hier deshalb fehlt, ist der Name der Variable. Bei einer Deserialisierung weisen wir diesen Inhalt sowieso einem neuen Namen zu.

In Listing 5.2 deklarieren wir die zusätzlichen magischen Serialisierungsmethoden für unsere Klasse `Fahrzeug` und legen in einem Array fest, welche Attribute bei einer Serialisierung erhalten bleiben sollen; wir schließen damit explizit die aktuelle Geschwindigkeit aus, da diese in einem neuen Kontext irrelevant ist. Beim »Aufwecken« des Objekts setzen wir die aktuelle Geschwindigkeit wieder auf 0.

```
<?php
...
public function __sleep(){
   return array('gestartet','hoechstGeschwindigkeit');
}
public function __wakeup(){
   $this->aktuelleGeschwindigkeit = 0;
}
...
?>
```

Listing 5.2 Serialisierungssteuerung für Objekte

Die Konsequenz daraus ist selbstverständlich, dass bei einer Deserialisierung das Attribut `$aktuelleGeschwindigkeit` nicht mehr enthalten ist.

Die Methode __invoke() hat im Fahrwasser der anonymen Funktionen Einzug in PHP gehalten. Fortan ist es möglich, Objekte direkt aufzurufen, als wären sie Funktionen. Das daraus resultierende Verhalten wird über __invoke() gesteuert. Wir erweitern unsere Fahrzeug-Klasse dahingehend, dass wir bei einem solchen Aufruf die aktuelle Geschwindigkeit mit ausgeben (siehe Listing 5.3). Selbstverständlich könnten wir auch komplexere Aktionen ausführen, z. B. neue Objekte instantiieren, Datenbanken befragen oder Berechnungen durchführen.

```
<?php
...
public function __invoke(){
    echo "Das Fahrzeug hat eine Geschwindigkeit von ";
    echo $this->aktuelleGeschwindigkeit;
}
...
//Aufruf
$kfz = new Fahrzeug(150);
$kfz();
?>
```

Listing 5.3 Direkter Aufruf eines Objekts

Dieser direkte Aufruf unterscheidet sich vom Wesen her maßgeblich von der Ausgabe eines Objekts als String. Für das Verhalten in einem solchen Fall ist die magische Methode __toString() verantwortlich. Wir haben es bei der __invoke()-Methode bei einem einfachen echo belassen und sind damit eigentlich im Aufgabenbereich der Stringkonvertierung geblieben. Wir möchten deshalb noch einmal darauf hinweisen, dass __invoke() für komplexere Aufgaben gedacht ist. Ausgaben hingegen sind der einzige Inhalt von __toString(). Ein Methodenrumpf könnte für unsere Klasse Fahrzeug demnach identisch mit __invoke() sein, wobei wir es an dieser Stelle auch belassen. Lediglich der Aufruf der Methode __toString() gestaltet sich anders. Statt $kfz() schreiben wir:

```
echo $kfz;
```

Die Methode __set_state() bestimmt letztlich, wie der Export eines Objekts über

> mixed **var_export**(mixed $variable [bool $verarbeitung])

reagiert. Diese Funktion überführt $variable in eine strukturierte, menschenlesbare Ansicht, die aus gültigem PHP-Code besteht. Ist $verarbeitung auf TRUE gesetzt, wird das Exportergebnis ausgeführt statt ausgegeben.

> **Hinweis**
>
> An vielen Stellen ist es während der Programmierung notwendig, sich den aktuellen Stand einer Variablen, eines Arrays oder eines Objekts vor Augen zu führen. var_export() ist eine Möglichkeit, kann jedoch weitaus mehr als das: Der Rückgabewert lässt sich weiterverarbeiten. Eine einfache Form dessen erreichen Sie über
>
> void var_dump(mixed $variable [mixed $variable2...])
>
> Dies eignet sich am besten bei nicht skalaren Variablen, bei denen ein einfaches echo versagt. Das Ergebnis lässt sich am besten in der Quellcode-Ansicht Ihres Browsers ausgeben.

Sofern die Methode __set_state() in unserer Klasse Fahrzeug enthalten ist, zeigt sich die Ausgabe von var_export() wie folgt:

Fahrzeug::__set_state(array('gestartet'=>false, 'aktuelleGeschwindigkeit'=>x,'hoechstGeschwindigkeit'=>y))

Dies kommt einem Parameteraufruf von __set_state() gleich. Anders als die vorigen magischen Methoden ist __set_state() wie in der Ausgabe der Exportfunktion nicht zwingend parameterlos, sondern bekommt optional ein Array übergeben, mit dem sich Attribute eines Objekts vorbelegen lassen. Für unsere Klasse Fahrzeug würden wir demnach ein assoziatives Array mit Einträgen für gestartet, aktuelleGeschwindigkeit und hoechstGeschwindigkeit erzeugen.

Damit bestimmt sich auch die Implementierung der Methode: Alles, was wir zu tun haben, ist, die Parameter des Exportergebnisses auf unsere Objektattribute zu mappen, wie es Listing 5.4 veranschaulicht.

```
<?php
...
public static function __set_state($array){
  $f = new Fahrzeug($array['hoechstGeschwindigkeit']);
  $f->gestartet=$array['gestartet'];
  $f->aktuelleGeschwindigkeit=
      $array['aktuelleGeschwindigkeit'];
  return $f;
}
...
?>
```

Listing 5.4 Exporte von Objekten steuern

Was ermöglicht uns das? Wir nutzen damit die Eigenschaft von var_export(), gültigen PHP-Code zurückzubekommen, und können das Ergebnis mit Hilfe der Funktion eval() ausführen und somit ein neues Objekt erstellen.

Die übrigen magischen Methoden führen wir in eigenständigen Abschnitten dieses Kapitels ein. Über __autoload() erfahren Sie mehr in Abschnitt 5.4, »Automatisches Laden von Klassen«. __clone() behandeln wir in Abschnitt 5.3.2, »Klonen«. __get(), __set(), __isset(), __unset(), __call() und __callStatic() fassen wir unter dem Thema »Klassenattribute und -methoden überladen« in Abschnitt 5.5 zusammen.

5.3 Klassenbeziehungen

Die Objektorientierung kennt verschiedene Arten, durch die einem Objekt bzw. einer Klasse Strukturen vorgegeben werden. Zum einen ist dies das Ableiten durch Vererbung aus anderen Klassen oder Schnittstellen, zum anderen das Klonen, also das Kopieren eines instantiierten Objekts.

5.3.1 Vererbung

Klassen können Attribute und Methoden weitervererben. Eine abgeleitete Klasse umfasst automatisch die gesamte Struktur der Ober- bzw. der sogenannten *Elternklasse* und darf darüber hinaus zusätzliche Elemente definieren. Sinnvoll ist dies bei Spezialisierungen. Die Elternklasse enthält dabei ausschließlich Attribute und Methoden, die alle Kindklassen gemeinsam haben, die sogenannten *generalisierten Attribute*.

Für unser Fahrzeugbeispiel ist eine Spezialisierung LKW in Abbildung 5.4 dargestellt. Denkbar wären noch weitere Spezialisierungen wie PKW, Motorrad, Schiff, Flugzeug usw.

Eine Generalisierung wird in UML mit einem nicht ausgefüllten Pfeil dargestellt, der in Richtung Oberklasse weist. Sie kann gelesen werden als »Ein LKW **ist ein** Fahrzeug«. Die Klasse LKW definiert zusätzlich zu den Geschwindigkeiten und dem Status des Motors ein Attribut, das das Gewicht der Zuladung angibt. Des Weiteren verfügt ein Lastkraftwagen über eine Klappe zum Laderaum, die sich heben und senken lässt.

Von welcher Klasse LKW erbt, muss in der Klassendefinition mit dem Schlüsselwort extends angegeben werden. Geerbt werden kann auf direktem Weg immer nur von einer Elternklasse.[1]

```
class LKW extends Fahrzeug{ ... }
```

---

[1] Wie wir noch sehen werden, kann aber auf beliebig viele Schnittstellen Bezug genommen werden.

5 | Objektorientierung in PHP

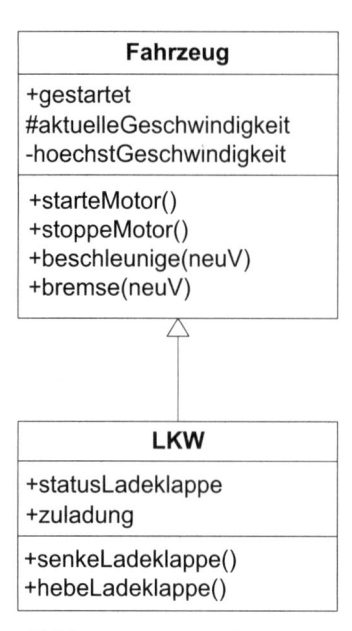

```
        ┌─────────────────────────────┐
        │          Fahrzeug           │
        ├─────────────────────────────┤
        │ +gestartet                  │
        │ #aktuelleGeschwindigkeit    │
        │ -hoechstGeschwindigkeit     │
        ├─────────────────────────────┤
        │ +starteMotor()              │
        │ +stoppeMotor()              │
        │ +beschleunige(neuV)         │
        │ +bremse(neuV)               │
        └─────────────────────────────┘
                      △
                      │
        ┌─────────────────────────────┐
        │             LKW             │
        ├─────────────────────────────┤
        │ +statusLadeklappe           │
        │ +zuladung                   │
        ├─────────────────────────────┤
        │ +senkeLadeklappe()          │
        │ +hebeLadeklappe()           │
        └─────────────────────────────┘
```

Abbildung 5.4 Generalisierung bzw. Spezialisierung in UML

Die Klasse LKW besitzt einen eigenen Konstruktor und kann über den new-Operator instantiiert werden. Der Konstruktor der Elternklasse wird nicht automatisch aufgerufen, wenn ein LKW-Objekt erzeugt wird. Dies muss – sofern gewünscht – manuell geschehen. Elternklassen können Sie statt mit ihrem Namen mit parent angeben. Das sorgt für Klarheit, welche Bedeutung die Klasse Fahrzeug für die Klasse LKW besitzt.

```
function __construct($zuladung,$maxV = 100)
{
   $this->zuladung = $zuladung;
   parent::__construct($maxV);
}
```

Wenn Sie nun eine Instanz der Klasse LKW erzeugen, können Sie dessen Motor starten, die Ladeklappe senken usw.:

```
<?php
//Einbinden der Klassen
require('class.Fahrzeug.php');
require('class.LKW.php');
//Instantiierung und Verwenden des Objekts LKW
$lkw = new LKW(500,75);
$lkw->starteMotor();
echo($lkw->gestartet)?'an':'aus';
```

```
$lkw->beschleunige(100);
?>
```

Listing 5.5 Objekt der Klasse »LKW«

> **CD-ROM zum Buch**
> Die Klasse LKW und ihr Aufruf sind auf der CD-ROM zum Buch komplett aufgelistet.

Wir definieren in Listing 5.5 eine Zuladung von 500 Kilogramm und eine Maximalgeschwindigkeit von 75 km/h. Dass tatsächlich auf den Konstruktor der Elternklasse und dessen weitere Methoden durchgegriffen wird, erkennen Sie daran, dass wir für die Klasse LKW keine Methode beschleunige implementiert haben. Beim Einbinden der Klassen ist auf die richtige Reihenfolge zu achten, sie muss der Klassenhierarchie folgen. Zuerst müssen Sie die Elternklasse einbinden, dann die abgeleitete Klasse; anderenfalls erhalten Sie eine Fehlermeldung.

Die Vererbung in PHP kann sich über mehrere Klassen hinweg erstrecken. Spezialisierungen der Klasse LKW können sowohl auf die Attribute aus LKW als auch auf nicht private Attribute der Klasse Fahrzeug zugreifen. Je komplexer die Hierarchie, desto wahrscheinlicher ist es, dass eine ererbte Methode nicht ganz den Ansprüchen der Spezialisierung entspricht. In einem solchen Fall können Methoden überschrieben werden. Dabei kann explizit Bezug auf die ererbte Funktionalität genommen werden. Das folgende Beispiel erweitert die Klasse LKW um die Funktion bremse, von der es bereits eine Version innerhalb der Elternklasse gibt:

```
public function bremse($neuV)
{
   ABS::aktivieren();
   parent::bremse($neuV);
   ABS::deaktivieren();
}
```

Die Methode LKW::bremse erweitert die ererbte Funktionalität um ein Antiblockiersystem. Beim Aufruf der Methode bremse wird immer diejenige Version benutzt, die dem Objekt am nächsten liegt. Das bedeutet: Zuerst wird geprüft, ob die eigene Klasse über eine Methode dieses Namens verfügt. Ist dem nicht so, wird in der direkten Elternklasse nachgeschaut, dann in der darüber usw.

> **Beispielklasse »ABS«**
> Die Methode bremse der Klasse LKW aus der vorigen Definition vertraut darauf, dass eine Klasse ABS existiert, die wir bislang nur als Beispiel genannt und noch nicht spezifiziert haben. Die benutzten Methoden zu implementieren, überlassen wir Ihnen an dieser Stelle als Fingerübung.

Abstrakte Methoden und Klassen

Methoden und Klassen werden mit dem Schlüsselwort `abstract` markiert, wenn sie lediglich dazu dienen sollen, eine Struktur festzulegen. Abstrakte Methoden sind deklariert, aber nicht implementiert, das heißt, sie haben keinen Methodenrumpf. Abgeleiteten Klassen obliegt die Aufgabe, die Implementierung nachzuholen. Es muss also bekannt sein, was eine abstrakte Methode tun soll, nicht aber, wie sie es tun soll.

```php
<?php
abstract class Elternklasse
{
    //diese Methode hat die Aufgabe ...
    abstract public function abstrElternMethode();
    public function implElternMethode()
    {
        echo 'implementierte Methode';
    }
}
class Kindklasse extends Elternklasse
{
    public function abstrElternMethode()
    {
        echo 'Implementierung einer abstrakten Methode';
    }
}
$kind = new Kindklasse();
$kind->abstrElternMethode();
$kind->implElternMethode();
?>
```

Listing 5.6 Abstrakte Klassen und Methoden

Jede abstrakte ererbte Methode muss implementiert werden. Anderenfalls führt dies zu einem Fehler bei der Ausführung. Sofern auch nur eine Methode in einer Klasse abstrakt ist, muss die gesamte Klasse mit `abstract` gekennzeichnet werden. Im Umkehrschluss bedeutet dies aber nicht, dass eine abstrakte Klasse ausschließlich aus abstrakten Methoden bestehen muss. Abstrakte Klassen können nicht instantiiert werden, das heißt, wir können im vorigen Listing kein

```
$eltern = new Elternklasse();
```

hinzufügen, ohne einen »Fatal Error« zu provozieren.

Die Kindklasse aus Listing 5.6 implementiert die Methode `abstrElternMethode()`, die sie aus der Elternklasse ererbt hat. Das Objekt `$kind` kann danach sowohl auf die implementierten Methoden der eigenen Klasse als auch auf die nicht abstrakten Methoden der Elternklasse zurückgreifen.

Schnittstellen

Schnittstellen (englisch »interfaces«) in der objektorientierten Programmierung sind Spezialfälle abstrakter Klassen. All ihre Methoden sind abstrakt, sie bieten damit keinerlei Implementierung. Statt mit dem Schlüsselwort `class` werden Schnittstellen mit `interface` deklariert.

```
interface Scheibenwischer
{
    public function einschalten();
    public function ausschalten();
}
```

Da klar ist, dass die Methoden einer Schnittstelle abstrakt sind, muss dies nicht extra gekennzeichnet werden. Zusätzlich müssen alle Methoden eines Interfaces als `public` deklariert sein.

Interfaces verfolgen damit das Ziel, Mindestanforderungen an Klassen zu definieren, was deren Implementierung angeht. Als Entwickler können Sie also bei einer vorliegenden Klasse davon ausgehen, dass mindestens diejenigen Methoden implementiert und direkt ansprechbar (`public`) sind, die das Interface vorgibt. In einem Entwicklungsprojekt können Sie nach der Konzeption Ihrer Anwendung durch die initiale Definition von dokumentierten Interfaces abstecken, welche Funktionalität später einmal durch einzelne Klassen implementiert werden soll, und die entstandenen Interfaces als Arbeitsvorlage verwenden – ideal, wenn Sie in einem Projekt mit mehreren Entwicklern gleichzeitig arbeiten.

In Abbildung 5.5 sind die Schnittstelle `Scheibenwischer` und deren Beziehung zur Klasse `LKW` grafisch dargestellt. Der Scheibenwischer ist kein Standardfall für eine Schnittstelle spezialisierter Typen, denn man kann davon ausgehen, dass LKW, PKW und viele andere Fahrzeugtypen den Scheibenwischer auf gleiche Weise implementieren. Man könnte die Schnittstelle also auch von der Klasse `Fahrzeug` implementieren lassen. In PHP sind Schnittstellen ähnlich wie in Java allerdings eine gern genutzte Möglichkeit, die Restriktion zu umgehen, dass eine Klasse nur von *einer* Oberklasse erben kann. Diesen Workaround zeigt Abbildung 5.5.

In PHP binden Klassen die Schnittstelle mit dem Schlüsselwort `implements` ein. Anders als die direkte Vererbung mittels `extends` kann eine Klasse mehr als eine Schnittstelle einbinden, die dann durch ein Komma voneinander getrennt werden. Wir ändern deshalb die Definition der Klasse `LKW`:

```
class LKW extends Fahrzeug implements Scheibenwischer{ ... }
```

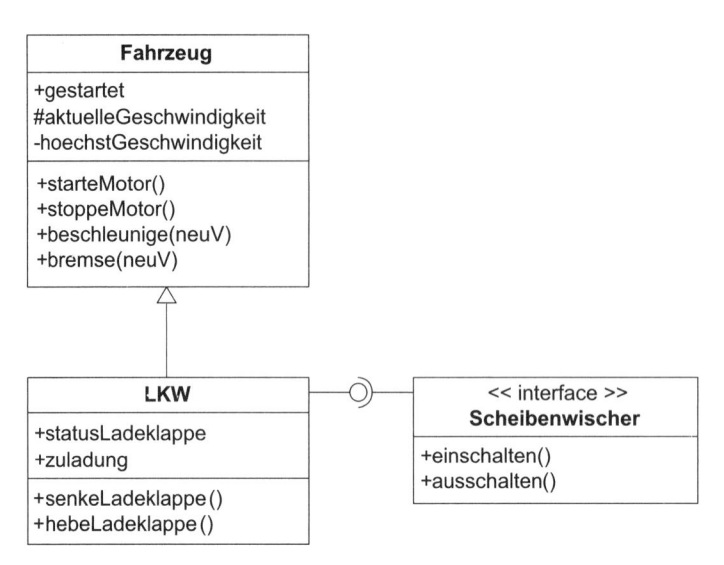

```
┌─────────────────────────────────┐
│          Fahrzeug               │
├─────────────────────────────────┤
│ +gestartet                      │
│ #aktuelleGeschwindigkeit        │
│ -hoechstGeschwindigkeit         │
├─────────────────────────────────┤
│ +starteMotor()                  │
│ +stoppeMotor()                  │
│ +beschleunige(neuV)             │
│ +bremse(neuV)                   │
└─────────────────────────────────┘
                △
                │
┌─────────────────────────┐        ┌─────────────────────────┐
│          LKW            │        │     << interface >>     │
├─────────────────────────┤──○─────│      Scheibenwischer    │
│ +statusLadeklappe       │        ├─────────────────────────┤
│ +zuladung               │        │ +einschalten()          │
├─────────────────────────┤        │ +ausschalten()          │
│ +senkeLadeklappe()      │        └─────────────────────────┘
│ +hebeLadeklappe()       │
└─────────────────────────┘
```

Abbildung 5.5 Einbinden der Schnittstelle »Scheibenwischer«

Traits

Genau wie bei Interfaces geht es bei Traits um die Erweiterung von Klassen; allerdings enthalten Interfaces wie gesehen nur leere Methodenrümpfe, die es in der Klasse zu implementieren gilt – wohingegen Traits die Implementierung gleich mitbringen.

Wie Sie bereits gelesen haben, kann eine Kindklasse in PHP nur von maximal einer Elternklasse erben. Das bedeutet, dass Sie im extends-Statement genau eine Klasse angeben können. Die Mehrfachvererbung, wie sie in anderen Programmiersprachen wie beispielsweise Java eingesetzt wird, ist in PHP explizit ausgeschlossen.

Nun gibt es aber berechtigte Fälle, in denen Programmcode aus mehreren Quellen in eine Klasse übernommen werden muss. Im vorigen Abschnitt haben wir das Beispiel des Scheibenwischers gesehen, der aufgrund des eingebundenen Interfaces in der Klasse LKW zu implementieren ist. Eine Klasse PKW, die das Interface ebenfalls einbindet, müsste die wahrscheinlich identische Implementierung ein weiteres Mal vornehmen. Da wir gleichartigen Code möglichst wiederverwenden wollen, ergibt das so keinen Sinn: Ist ein und derselbe Code mehrfach in einem System vorhanden und muss eine Methode daraus zu einem späteren Zeitpunkt verändert werden, vervielfacht sich der Aufwand mit der Häufigkeit des Auftretens. Allerdings können wir diesem Problem auch nicht dadurch begegnen, dass wir den Scheibenwischer bereits in der Elternklasse Fahrzeug implementieren. Denn auch ein Motorrad könnte ein Fahrzeug sein – und Motorräder haben keinen Scheibenwischer. Traits bieten hierfür eine Lösung an: Gleichartige Code wird zentral erstellt und lässt sich in beliebig viele Klassen einzeln einbinden. Wie so etwas aussehen kann, zeigt das folgende Listing:

```
trait Scheibenwischer
{
    public static function einschalten() { echo 'an'; }
    public static function ausschalten() { echo 'aus'; }
}

class LKW extends Fahrzeug {
    use Scheibenwischer;
}
```

Aus der Definition der Klasse LKW haben wir das Interface also wieder entfernt und stattdessen per use Scheibenwischer den Trait eingebunden. Ab sofort stehen uns also die beiden Methoden einschalten und ausschalten zur Verfügung, die wir anders als im Falle des Interfaces nicht noch zu implementieren haben. Auch in einer Klasse namens PKW, die ebenfalls von Fahrzeug erbt, können wir auf gleiche Weise den Trait integrieren; bei einer Klasse Motorrad – ebenfalls Kindklasse von Fahrzeug – würden wir das logischerweise unterlassen.

Der große Vorteil von Traits ist, wie gesagt, dass wir mehrere von ihnen in derselben Klasse nutzen können. Die aus den vorigen Abschnitten bekannte Klasse ABS, die uns Zugriff auf das Antiblockiersystem eines Fahrzeugs liefert – und deren Implementierung wir Ihnen als Fingerübung überlassen hatten –, könnten wir analog zum Scheibenwischer auch in einen Trait umschreiben.

```
trait ABS
{
    public static function aktivieren() { echo 'aktiviert'; }
    public static function deaktivieren() { echo 'deaktiviert'; }
}

class LKW extends Fahrzeug {
    use Scheibenwischer, ABS;
}
```

Entsprechend müssen wir auch die Definition der Klasse LKW erweitern, in der wir die Traits mit Kommas getrennt einbinden.

Fortan stehen die beiden Methoden aktivieren und deaktivieren für jedes LKW-Objekt bereit und lassen sich über den Kontext $this ansprechen anstatt über den Klassennamen ABS. Insofern bedarf es im Vergleich zu der vorigen Definition der Methode bremse einer weiteren Änderung, um die Struktur glattzuziehen:

```
public function bremse($neuV)
{
   $this->aktivieren();
   parent::bremse($neuV);
   $this->deaktivieren();
}
```

> **Die Komplexität der Objektorientierung**
>
> Wir haben Ihnen in den vergangenen Abschnitten zur Objektorientierung eine ganze Reihe von Möglichkeiten vorgestellt, mit denen Sie Code auf unterschiedliche Art und Weise strukturieren können.
>
> Auf den ersten Blick ist diese Vielfalt überwältigend, und Sie sehen vielleicht den Wald vor lauter Bäumen nicht mehr. Mit etwas Übung erweisen sich unterschiedliche Konstrukte als brauchbarer oder gängiger. Wir empfehlen Ihnen auf jeden Fall, sich vor der Implementierung eines Projektes die Strukturierung in Klassen, Vererbungen, Interfaces und Traits grafisch vor Augen zu führen, beispielsweise per UML.

Bisher klingen die Ausführungen zu Vererbung und Traits nach heiler Welt, oder? Man fängt mit einer einzelnen Klasse an und fügt nach und nach Funktionalitäten über eine Elternklasse und Traits hinzu. Doch die Probleme werden in unseren vorigen Beispielen bereits offensichtlich: Was wäre, wenn die Methoden unterschiedlicher Traits und Klassen gleich benannt wären? Was wenn also die Methoden des Traits `ABS` nicht `aktivieren`/`deaktivieren`, sondern `einschalten`/`ausschalten` hießen? Dann wäre ein Aufruf von

```
$this->einschalten();
```

nicht mehr eindeutig! PHP reagiert in einem solchen Fall mit einem »Fatal Error«.

Bei gleichnamigen Methoden in Kind- und Elternklasse haben wir festgestellt, dass die Methode der Kindklasse Vorrang hat. Kommt nun ein Trait hinzu, der ebenfalls eine Methoden gleichen Namens mitbringt, drängt er sich quasi zwischen Eltern- und Kindklasse. Beim Aufruf der Methode von einem Objekt der Kindklasse prüft PHP zur Laufzeit also, ob die Methode in der Kindklasse überhaupt existiert. Ist das nicht der Fall, wird im Trait nachgeschaut. Erst danach kommt die Elternklasse zum Zuge.

Wenn Sie nun aber zwei oder mehr Traits mit gleichlautenden Methodennamen einbinden, müssen Sie den Konflikt manuell beheben, um einem »Fatal Error« zuvorzukommen. Dafür bietet die Sprache die beiden Konstrukte `insteadof` und `as` an. Um in unserem Beispiel erst einmal einen Konflikt zu erzeugen, fügen wir einen dritten Trait hinzu:

```
trait Klimaanlage
{
    public static function einschalten() { echo 'Klima an'; }
    public static function ausschalten() { echo 'Klima aus'; }
}

class LKW extends Fahrzeug {
    use Scheibenwischer, ABS, Klimaanlage;
}
```

Die Klimaanlage und der Scheibenwischer sorgen hier für den gewünschten Konflikt, genauer gesagt zwei Konflikte – je einen pro Methode. Idealerweise wollen wir beide Methoden ausführen können, dazu brauchen sie aber unterschiedliche Namen. Das schaffen wir durch eine Erweiterung im `use`-Statement der Klasse LKW:

```
class LKW extends Fahrzeug {
    use Scheibenwischer, ABS, Klimaanlage {
        Scheibenwischer::einschalten insteadof Klimaanlage;
        Klimaanlage::einschalten as KlimaEinschalten;
        Scheibenwischer::ausschalten insteadof Klimaanlage;
        Klimaanlage::ausschalten as KlimaAusschalten;
    }
}
```

Die Verwendung von `insteadof` führt zum **Ausschluss** der Methoden aus dem Trait Klimaanlage. Sie können den Sinn der Statements am ersten Beispiel fast direkt ablesen: Benutze die Methode `einschalten` aus dem Trait Scheibenwischer anstatt diejenige Version aus dem Trait Klimaanlage. Schon das `insteadof` allein würde reichen, um die Konflikte aufzulösen. Ohne das `as` sind die ausgeschlossenen Methoden allerdings nicht mehr ansprechbar. Zusätzlich führen wir für sie also neue Namen ein. Diese **Umbenennung** gewährt uns in der Klasse LKW Zugriff auf

```
$this->einschalten();
$this->ausschalten();
$this->KlimaEinschalten();
$this->KlimaAusschalten();
```

> **Abhängigkeiten von Statements**
>
> Wie gesehen gehört zu jedem `insteadof`-Statement auch ein `as`-Statement – solange Sie die ausgeschlossenen Methoden unter anderem Namen weiterverwenden wollen. Diese Abhängigkeit besteht aber nur in diese eine Richtung. Eine Umbenennung mittels `as` kann auch ohne `insteadof` vorkommen.

Aber das `as`-Statement kann noch mehr als nur Umbenennungen durchführen. Auch die Sichtbarkeit der Methode ist somit einstellbar. Eine öffentlich sichtbare (`public`) Methode des Traits kann beispielsweise weiter eingegrenzt werden.

```
class LKW extends Fahrzeug {
   use ABS {
      ABS::aktivieren as private;
      ABS::deaktivieren as private ABS_aus;
   }
}
```

In diesem Fall möchten wir nicht, dass das Antiblockiersystem vom Anwender gesteuert wird. Stattdessen soll das Aktivieren/Deaktivieren automatisch und ausschließlich bei einem Bremsvorgang erfolgen. Dazu definieren wir die ererbten Methoden als `private` und benennen eine Methode beispielhaft auch noch um.

Mittlerweile haben wir drei Traits in das Fahrzeugbeispiel eingebaut. Nicht nur die Liste der `require`-Statements wird damit immer länger, auch das `use`-Statement wird damit zunehmend komplexer. Ersteres lässt sich kaum umgehen, es sei denn, wir wählen die unschöne Lösung, die Traits in derselben Datei zu speichern. Um uns aber die Komplexität des `use`-Statements zu ersparen, können wir Traits gruppieren. Dazu lassen sich Traits von anderen Traits einbinden. Das `use` wandert aus der Klasse heraus, so dass wir uns dort um die Implementierung der Kernfunktionalität kümmern können. Die Gruppierung der Traits sorgt dann dafür, dass der Klasse eine eindeutige Methodenlandschaft bereitgestellt wird:

```
trait Hilfsysteme {
   use Scheibenwischer, ABS, Klimaanlage {
      //Ausschließen, umbenennen, Sichtbarkeit einstellen
   }
}
class LKW extends Fahrzeug {
   use Hilfsysteme;
}
```

Bisher haben wir uns große Mühe gegeben, Traits von Interfaces abzugrenzen. Ein Interface enthält nur abstrakte Methoden, die es in der einbindenden Klasse zu implementieren gilt, wohingegen der Trait die Implementierung mitbringt. So bisher die Devise! Allerdings können auch abstrakte Methoden in Traits vorkommen. So bürden wir der Klasse `LKW` nun auf, bei Ausfall der Hilfssysteme Meldung zu machen:

```
trait Hilfsysteme {
   use Scheibenwischer, ABS, Klimaanlage {
      //Ausschließen, umbenennen, Sichtbarkeit einstellen
   }
```

```
    public abstract function meldeAusfall();
}
```

Listing 5.7 Einsatz der »Exception«-Klasse

> **Listing auf der Buch-CD**
>
> Das vorgestellte Trait-Beispiel ist zu komplex und wir haben zu viele Alternativen beschrieben, um es über Seiten verteilt hier komplett aufzulisten. Wir haben es deshalb als Listing 5.7 auf die Buch-CD gelegt.

Finale Methoden und Klassen

Sie können verhindern, dass die Funktionalität Ihrer Klasse an eine andere vererbt wird, indem Sie die Klasse als `final` kennzeichnen. Sie setzen damit den natürlichen Endpunkt einer Klassenhierarchie. Wird dennoch versucht, eine finale Klasse zu erweitern, führt dies zu einem Fehler, wie in der Ausgabe von Listing 5.8 zu sehen ist.

```
<?php
final class Elternklasse
{
    public function ElternMethode()
    {
        echo 'Implementierung einer Methode';
    }
}
class Kindklasse extends Elternklasse
{
    //Implementierung
}
$kind = new Kindklasse();
?>
```

Listing 5.8 Finale Klassen sind nicht erweiterbar.

Sie können das Schlüsselwort `final` auch für Methoden einsetzen. Eine finale Methode kann nicht überschrieben werden, so wie wir es bei der Methode `LKW::bremse()` vorgeführt haben. Jeder Versuch endet in einem »Fatal Error«, der zum Abbruch des Skriptes führt.

Statische Attribute und Methoden

Als `static` markierte Methoden und Attribute können Sie auch dann verwenden, wenn Sie keine Instanz der Klasse erzeugt haben.

```php
<?php
class Klasse1
{
   public static $attribut=0;
   public static function methode1()
   {
      echo 'Implementierung der Methode1';
   }
}
class Klasse2
{
   public $attribut=0;
   public function methode2()
   {
      echo 'Implementierung der Methode2';
   }
}
echo Klasse1::$attribut;
Klasse1::methode1();
?>
```

Listing 5.9 Statische Methodenaufrufe

Klasse1 in Listing 5.9 erlaubt Ihnen, den Wert von attribut auszulesen und methode1() auszuführen, obwohl Sie vorher keine Instanz der Klasse mit dem new-Operator angelegt haben. Der Versuch, das Gleiche mit Klasse2 zu tun, schlägt fehl und führt zum Abbruch der Skriptausführung. Stattdessen müssen Sie in diesem Fall den Umweg über eine Instanz nehmen:

```
$objekt2 = new Klasse2();
$objekt2->methode2();
```

Statische Methoden lassen sich nicht nur in Klassen, sondern auch in Traits definieren.

5.3.2 Klonen

Beim Klonen (englisch »object cloning«) werden identische Kopien bestehender Objekte erzeugt. Der Klon verfügt nach der Duplikation über einen eigenen Satz an Attributen – mit initial identischen Werten. Die Attributsinhalte des Originals werden an freie Stellen im Speicher kopiert, auf die die Attribute des Klons verweisen. Lediglich Referenzen, die in Attributen gespeichert sind, werden von beiden Objekten geteilt. Beide Objekte sind selbstverständlich von derselben Klasse.

Die Speichernutzung von Originalen und Kopien ist in Abbildung 5.6 dargestellt. Sie zeigt zwei Objekte; $klon ist eine Kopie von $original. Das Attribut $a wurde im Klonprozess an eine freie Speicherstelle im Speicher dupliziert. Die beiden Variablen lassen sich autark verwenden. Eine Veränderung an `$original->a` hat keinen Effekt auf den Wert `$klon->a`. Bei `$ref` handelt es sich um eine Referenz auf den Wert 15. Beim Klonen wird diese Referenz beibehalten. `$original->ref` und `$klon->ref` zeigen also auf die gleiche Speicherstelle. Eine neue Wertzuweisung für eine der beiden Variablen schlägt sich auf beide Objekte nieder.

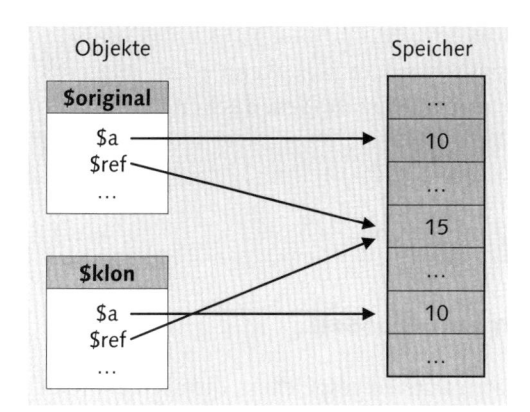

Abbildung 5.6 Speichernutzung von Objekten

Ist in einer Klasse `Klonbar` die parameterlose magische Methode `__clone()` implementiert, wird diese vom Klon nach dem Erstellungsprozess ausgeführt. Sie folgt damit auf die initiale Zuweisung der Attribute und den Konstruktor. Deutlich wird die zeitliche Reihenfolge, wenn wir uns Listing 5.10 ansehen, in dem die Klasse `Klonbar` implementiert ist.

```php
<?php
class Klonbar
{
   public $wert = 0;
   function __construct()
   {
      $this->wert = 1;
   }
   function __clone()
   {
      $this->wert=2;
   }
}
?>
```

Listing 5.10 Implementierung der Methode __clone

Im Folgenden erzeugen wir eine Instanz der Klasse `Klonbar`. Ein Duplikat wird über das Schlüsselwort `clone` erstellt. Geben wir nach dem Klonen die beiden `wert`-Attribute aus, stellen wir fest, dass sie sich wie erwartet unterscheiden.

```
$original = new Klonbar();
$kopie = clone $original;
echo $original->wert;   //ergibt 1
echo $kopie->wert;      //ergibt 2;
```

Die Methode `__clone()` wird automatisch aufgerufen, wenn `clone` ausgeführt wird. Es ist jedoch nicht möglich, sie manuell anzustoßen, das heißt,

```
$original->__clone();
```

erzeugt einen Fehler.

5.4 Automatisches Laden von Klassen

In der Regel werden Klassen in separaten Dateien gespeichert, die nach der Klasse benannt sind. Die Datei *class.LKW.php* enthält beispielsweise die Klasse `LKW` aus dem vorigen Abschnitt, deren Elternklasse ist in *class.Fahrzeug.php* gespeichert usw. Die Klassendateien werden dann in der entsprechenden Reihenfolge, in der sie gebraucht werden, und zumeist am Anfang eines Skriptes per `require()` oder `include()` integriert. In einer komplexen Klassenhierarchie führt das zu einer langen Liste von Einbindungen.

Als Alternative zur manuellen Einbindung erweist sich die magische Methode

> ***__autoload****(string $klassenname)*

Damit ist es möglich, die Einbindung einer Klasse automatisiert zu veranlassen, sobald deren erstes Objekt erstellt wird. Es wird verhindert, dass der PHP-Parser einen »Fatal Error« ausgibt und die Skriptausführung damit beendet. In der Regel besteht die Implementierung der Funktion `__autoload()` lediglich aus einem Befehl zur Einbindung. Sofern Sie Ihre Klassen in einem gesonderten Verzeichnis abgelegt haben, können Sie über relative Pfadangaben dorthin navigieren. Wenn Sie in der Regel das manuelle Einbinden `require()` oder `include()` bevorzugen und das automatische Laden via Autoloading nur als Rückversicherung benutzen, ist es darüber hinaus auch sinnvoll, eine Log-Funktion einzubauen, anhand derer Sie als Administrator sehen können, wann und an welcher Stelle auf diese Notlösung zurückgegriffen werden musste. Denn im Zweifel bedeutet das, dass ein benötigtes `require()` z. B. bei der Weiterentwicklung vergessen wurde.

```php
<?php
function __autoload($klasse)
{
    $str = "Die Klasse $klasse wurde nachgeladen. ";
    mail('administrator@webseite.de', 'Warnung', $str);
    require_once('classes/class.'.$klasse.'.php');
}
$objekt = new Klonbar();
?>
```

Als Protokollfunktion benutzen wir eine einfache E-Mail, die an den Administrator geschickt wird, wann immer eine Klasse nachgeladen werden muss. Ohne explizit die Datei *class.Klonbar.php* aus dem Unterordner *classes* am Skriptanfang einzubinden, können wir in unserem Beispiel ein Objekt der Klasse erstellen. Sofern die entsprechende Datei gefunden wird, kommen wir um einen »Fatal Error« herum. Wir haben `require_once()` für das Beispiel mit Bedacht gewählt, denn bei einem Fehler resultiert auch daraus ein schwerer Fehler. Wir hätten stattdessen `include_once()` wählen können, bei dem im Fehlerfall eine Warnung erzeugt wird. Damit hätten wir den Fehlermechanismus jedoch abgeschwächt.

5.5 Klassenattribute und -methoden überladen

Im einleitenden Abschnitt über die Objektorientierung haben wir den Begriff *Klasse* als Schablone für Objekte eingeführt. In einer Klasse ist definiert, welche Möglichkeiten dazugehörige Objekte haben, aber auch, welche Grenzen ihnen gesetzt sind. Folgerichtig führen Versuche, lesend oder schreibend auf nicht definierte Attribute eines Objekts zuzugreifen, in PHP zu Meldungen – wenn auch nur von harmlosem Charakter:

Notice: Undefined property: Fahrzeug::$abc in skript.php on line 73

Energischer meckert PHP, wenn Sie sich auf eine nicht vorhandene Methode berufen. Dieser Ansatz endet in einem »Fatal Error«.

Der daraus entstehenden Notwendigkeit der Fehlerbehandlung greift PHP mit dem Überladen (englisch »overloading«) innerhalb von Klassen vor. Darunter werden magische Methoden subsumiert, die beim Eintreten definierter Ereignisse eine benutzergesteuerte Behandlung initiieren. Vorab genannte Fehler treten dann bei einem erfolgreichen Überladen nicht mehr zutage.

Klassenattribute überladen

Auf Klassenattribute sind vier Ereignisse definiert. Die Unterscheidung nach `public`, `private` oder `protected` erübrigt sich an dieser Stelle; vergessen Sie nicht, wir reden hier über Attribute, die nicht existieren. Selbstverständlich sind hier das Auslesen und das Setzen von Attributwerten in Betracht zu ziehen. Darunter fallen beispielsweise das Ausgeben von Attributen sowie die Verwendung auf der linken oder rechten Seite einer Zuweisung. Die magischen Methoden, die sich derartiger Situationen annehmen, sind

> mixed __get(string $attribut)

und

> void __set (string $attribut, mixed $wert)

Die GET-Methode übernimmt den Namen des nicht vorhandenen Attributs als einzigen obligatorischen Parameter. Der Rückgabewert kann variablen Datentyps sein. So wäre nachrichtlich beispielsweise denkbar, beim Zugriff auf ein nicht existentes Attribut stattdessen ein assoziatives Array aller vorhandenen Attribute zu liefern.

Nehmen wir beispielsweise unsere Klasse Fahrzeug. Diese erweitern wir um die Methode __get(), wie in Listing 5.11 gezeigt.

```
<?php
...
public function __get($attr){
   //echo "Das Attribut $attr ist nicht vorhanden";
   return array("gestartet" => $this->gestartet,
      "aktV" => $this->aktuelleGeschwindigkeit,
      "maxV" => $this->hoechstGeschwindigkeit);
}
...
?>
```

Listing 5.11 Nicht existente Attribute auslesen

Mit einem Beispielaufruf von $kfz->abc erreichen wir dann das gewünschte Ergebnis. Dabei ist das echo im produktiven Einsatz eher hinderlich, wir haben es deshalb an dieser Stelle auskommentiert. Da die Methode bei einem echo ebenso wie bei einer Zuweisung benutzt wird, eignet sich der Datentyp des Rückgabewerts, ein Array, nur bedingt. Im Kontext einer echo-Anweisung bringt uns dies lediglich den String »Array« auf den Bildschirm, da ein echo keine Arrayinhalte darstellen kann.

Ähnliches erreichen wir mit der Implementierung der Methode __set(). Diese Methode empfängt neben dem Namen der designierten Variablen auch den gewünschten Wert. Ihnen als Entwickler bleibt es dann überlassen, diesen Wert zu verarbeiten. Im einfachsten Fall informieren wir den Entwickler über sein Missgeschick, zu sehen in Listing 5.12.

```
<?php
...
public function __set($attr, $wert){
   echo "Das Attribut ";
   echo $attr;
   echo " kann nicht mit dem Wert '";
   echo $wert;
   echo "' belegt werden, weil es nicht existiert";
}
...
?>
```

Listing 5.12 Attributwerte setzen

Denkbar ist jedoch auch, dass wir so tolerant mit den Fehlern der Entwickler umgehen, dass wir die Eingaben in einem assoziativen Array ablegen und sie über __get() zur Not auch wieder zurückgeben.

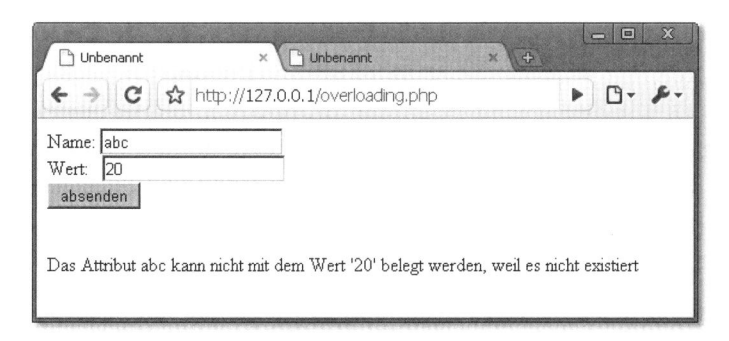

Abbildung 5.7 Setzen von Klassenattributen

Diese Implementierung der __set() Methode testen wir mit einem HTML-Formular, in das wir den Namen des Attributs sowie dessen Wert eintragen können. Die Zuweisung der Eingaben erfolgt im Code einfach über ein ungeprüftes

```
$kfz->$_POST['name'] = $_POST['wert'];
```

Sofern wir die wirklich vorhandenen Attribute hier eintragen, z.B. das gestartet, greift die magische Methode nicht. Abbildung 5.7 zeigt jedoch, was beim Setzen eines Attributs wie abc geschieht.

Darüber hinaus fangen die magischen Methoden auch die Abfrage nach der Existenz jedweden Attributs ab. Auch wenn ein isset() auf ein nicht existierendes

Attribut lediglich `false` und keinen Fehler liefert, können Sie vorgeben, was in einer solchen Situation passieren soll. Mit der Methode

> bool __**isset**(string $attribut)

bestimmen Sie also gewissermaßen das Verhalten eines `isset()`-Aufrufs. Obwohl wir beim Rückgabewert der Methode auf die beiden booleschen Werte begrenzt sind, können wir unserer Entwicklerfantasie im Methodenrumpf natürlich freien Lauf lassen. Das folgende Beispiel loggt die Zugriffe auf nicht vorhandene Attribute in einem neuen Klassenattribut. Wir erweitern die Klasse `Fahrzeug` dafür um einen Wert `$anzahlFehlerIsset`, den wir mit 0 initialisieren. Jedes Mal, wenn ein `isset()` ins Leere läuft, inkrementieren wir diesen Zähler (siehe Listing 5.13).

```
<?php
...
public function __isset($attr){
   $this->anzahlFehlerIsset++;
   echo $this->anzahlFehlerIsset;
}
...
?>
```

Listing 5.13 Existenzabfrage von Klassenattributen

Beachten Sie dabei bitte, dass wir die Angabe `$attr` in diesem Beispiel gar nicht benutzen. Um der Signatur der Methode jedoch zu genügen, müssen wir diesen Parameter mit angeben. Stattdessen könnten wir das Logging aber auch als assoziatives Array gestalten. Dann könnte die Methode `__isset()` dieses Array mit einem `array_push()` um den Namen des Attributs erweitern.

Als Letztes wird auch das Löschen eines Attributs behandelt. Da wir nichts löschen können, was nicht da ist, tut auch ein `unset($kfz->abc)` nichts. Wenn diese Aktion aber nicht unbemerkt bleiben soll, greifen wir zu

> void __**unset**(string $attribut)

Die Methode hat keinen Rückgabewert, sondern verarbeitet lediglich den Namen des fraglichen Attributs. So ließe sich auch in diesem Fall der User informieren, dass hier etwas schiefgegangen ist, zu sehen in Listing 5.14.

```
<?php
...
public function __unset($attr){
   echo "Das Löschen von $attr ist nicht notwendig";
```

```
}
...
?>
```

Listing 5.14 Attribute löschen

Methoden überladen

Auf die gleiche Art und Weise lassen sich Methoden überladen. Für diesen Zweck gibt es zwei magische Methoden:

mixed __call(string $methode, array $eingabe)

Eingabeparameter sind der Name der Methode, die fälschlicherweise aufgerufen werden sollte, und deren Aufrufparameter, die in der Methode als indexiertes Array verfügbar sind. Die Reihenfolge unter `$eingabe` ist identisch mit derjenigen, in der die Parameter an die nicht vorhandene Methode übergeben werden sollten.

Auf diese Weise fangen wir also Aufrufe wie

```
$kfz->abc(1,'xyz');
```

ab. Bleiben wir in dieser Schreibweise, entspricht der Parameter `$methode` dem String »abc«; das Array `$eingabe` umfasst

```
array(2) {
  [0] => int(1)
  [1] => string(3) "xyz"
}
```

Wie in den vorigen Beispielen auch, nutzen wir das Overloading in diesem Kapitel zur Benachrichtigung der Anwender bzw. Entwickler, die auf unsere Klasse `Fahrzeug` zugreifen wollen. Für unsere Methode `__call()` ist die Implementierung in Listing 5.15 zu finden.

```
<?php
...
public function __call($name,$eingabe){
   echo "Die Methode '$name' existiert nicht";
   echo "Eingabeparameter waren:";
   var_dump($eingabe);
}
...
?>
```

Listing 5.15 Methoden überladen

Das __call() greift nur bei Methodenaufrufen für Objekte, für die bereits eine Instanz besteht. Seit PHP 5.3.0 existiert das Gegenstück für statische Methodenaufrufe. Die Methode heißt

*mixed **__callStatic**(string $methode, array $eingabe)*

Wie die Signatur verrät, ist das Verhalten der beiden magischen Methoden identisch. Um statische Methodenaufrufe zu unterstützen, das heißt wie zum Beispiel bei

```
Fahrzeug::abc(1,'xyz')
```

außerhalb des Objektkontexts zu bleiben, muss das __callStatic() selbst als static gekennzeichnet sein. Zur Illustration finden Sie in Listing 5.16 eine entsprechende Implementierung, die mit dem vorigen Listing identisch ist.

```
<?php
...
public static function __callStatic($name,$eingabe){
   echo "Die Methode '$name' existiert nicht";
   echo "Eingabeparameter waren:";
   var_dump($eingabe);
}
...
?>
```

Listing 5.16 Statisches Methoden-Overloading

Ohne die Angabe static wird die magische Methode zwar ausgeführt, zusätzlich wird jedoch eine E_WARNING erzeugt (siehe Abbildung 5.8).

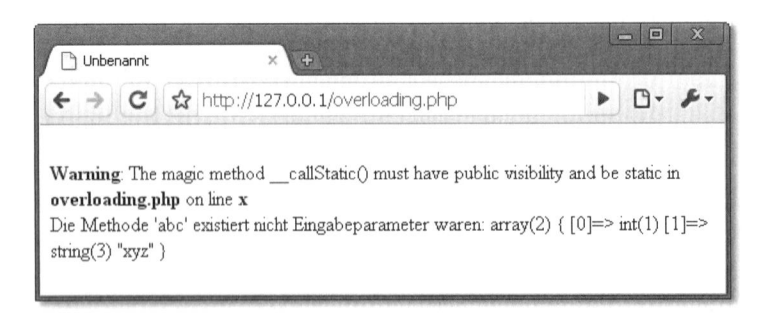

Abbildung 5.8 Aufruf von »__callStatic()« ohne Angabe von »static«

5.6 Namensräume

Kleine PHP-Projekte sind leicht zu handhaben. Unter »klein« fallen in diesem Zusammenhang Projekte mit nur einem Entwickler und/oder mit zu 100 % selbst geschriebenem Code. Der Entwickler hat in der Regel einen guten Überblick über alle geschriebenen Codeteile und kommt überhaupt nicht in die Verlegenheit, beim Thema Klassen- und Funktionsnamen auf Konflikte zu stoßen.

Anders wird das, sobald das Projekt wächst oder von Beginn an größer angelegt ist. Selbst bei der Verwendung einfacher Namenskonventionen kann es vorkommen, dass autonom arbeitende Entwickler Klassen gleich benennen. Das mag anfangs kein Problem sein, wenn Module nicht ineinandergreifen, und erst bei späteren Releases mit zunehmender Verzahnung auffallen.

> **Hinweis**
>
> Je später Fehler auffallen, desto schwieriger sind sie in der Regel zu beheben. Dies gilt insbesondere für tief verwurzelte Programmteile und ist umso ärgerlicher, wenn der Fehler – wie beim Beispiel Klassennamen – durch ein vernünftiges Maß an Konventionen zu vermeiden gewesen wäre.

Dieses Problem tritt ebenfalls auf, wenn externe Bibliotheken in den eigenen Code eingebunden werden: Auf eine Restrukturierung im Code der Bibliothek hat man als Nutzer keinen Einfluss, und wenn sich in der Bibliothek von einer Version auf die nächste Klassennamen so verändern, dass sie mit der eigenen Namenswahl kollidieren, kommt es zu solch einem Fehler:

Fatal error: Cannot redeclare class Date in script.php on line N

Ehrlich gesagt hätte man bei dem Klassennamen `Date` die Probleme auch vorhersehen können. Datumsberechnungen sind eine gängige Aufgabe der Programmierung, und der Name `Date` liegt bei intuitiven Klassennamen nicht fern.

Solchen Problemen kommt man bislang mit Namenskonventionen bei. Klassen und Funktionen werden derart benannt, dass eine Verwechslung oder eine Namensdopplung nahezu auszuschließen ist. Dazu werden die Namen künstlich verlängert, eventuell Teile der Programmstruktur wie eine Modulbezeichnung und im schlimmsten Fall der Projektname selbst mit aufgenommen. Solche Namensmonster sind schlecht zu handhaben:

```
...
class ProjektXY_DBLayer_Abstraction_SQLite{}
...
```

Neben dem geringen Programmierkomfort sei eines nicht vergessen: Absolute Sicherheit ist auch damit nicht gegeben, ein Restrisiko für Namensgleichheiten verbleibt.

Haben Sie es übrigens beim Einbinden mit externen Bibliotheken zu tun, deren Klassen sich als derart unhandlich erweisen, können Sie diese zur Laufzeit mit einem alternativen Namen belegen:

*bool **class_alias**(string $original, string $ersatz)*

So wird auf einfache Weise aus dem Namensmonster ein handzahmer Ausdruck. Dieser Name muss selbstverständlich in den Kontext passen, das heißt, es darf auch hierdurch kein Klassenname doppelt vergeben werden. Dies lässt sich selbstverständlich abfragen:

```
<?php
if (!class_exists('Ersatz'))
{
   class_alias('Namensmonster','Ersatz');
} else {
   //abfangen, dass Klasse bereits vorhanden ist
}
?>
```

Namensräume (englisch »namespaces«) gehen dieses Problem auf anderem Weg an. Ein *Namensraum* ist ein Paket von Klassen, Funktionen und Konstanten, auf die die Forderung der Namenseindeutigkeit beschränkt wird. Das bedeutet: In unterschiedlichen Namensräumen können identisch benannte Klassen existieren, ohne dass sich diese beim Einbinden von Codedateien in andere Skripte in die Quere kommen.

Zwar ist es möglich, mehrere Namensräume in ein und derselben Datei zu deklarieren, davon sollten Sie der Übersichtlichkeit halber jedoch absehen. Auch muss nicht in jeder Datei ein Namensraum definiert sein: Alle Codeteile, die nicht explizit einem benutzerdefinierten Namensraum zuzuordnen sind, werden in den bereits bestehenden globalen und unbenannten Namensraum übernommen. Wichtig ist jedoch bei der Definition eines Namensraumes, dass dies zu Beginn eines Skriptes geschieht. Zu guter Letzt kann ein Namensraum auch in unterschiedlichen Skripten definiert sein. Für die über die Dateien verteilten Klassen, Funktionen und Konstanten des Namensraumes gilt dann jedoch wieder das Gebot der Eindeutigkeit.

Einen Namensraum definieren Sie mit der Codezeile

namespace *Bezeichnung;*

Darauf folgen die Definitionen von Klassen, Methoden und Konstanten, wie in Listing 5.17 zu sehen ist.

```php
<?php
namespace Kraftfahrzeuge;
class Fahrzeug
{
    public $gestartet = false;
    //Klassenmthoden
    function __construct(){}
    public function starteMotor(){}
}
class LKW extends Fahrzeug{}
?>
```

Listing 5.17 Paketierung von Klassen in Namensräumen

Hintergründig passiert dadurch nichts anderes, als dass den neu definierten Klassen ein Präfix in Form des Namensraumes inklusive \ vorangestellt wird. Die Ausgabe aller vorhandenen Klassennamen fördert dies zutage:

```
print_r(get_declared_classes());
//Erzeugt folgende Ausgabe
Array
(
    [0] => stdClass
    //Am Ende der Liste, Nummerierung abweichend
    [998] => Kraftfahrzeuge\Fahrzeug
    [999] => Kraftfahrzeuge\LKW
)
```

Klassen und Methoden anderer Namensräume können nach Belieben im globalen Namensraum über ihrer qualifizierenden Namen, das heißt inklusive der Angabe des Namensraumes, angesprochen werden. So sind die Klassen, Funktionen und Konstanten logisch voneinander getrennt und können koexistieren. Der Effekt für die alltägliche Programmierung ist jedoch der gleiche wie bei den Namensmonstern, die wir eigentlich mit dem Konstrukt vermeiden wollten: Der qualifizierende Name kann durchaus lang und unhandlich sein.

Aus diesem Grund gibt es die Möglichkeit, Inhalte eingebundener Namensräume mit dem Befehl use in den globalen Kontext zu importieren. Um auch an dieser Stelle Konflikten bei der Bezeichnung aus dem Weg zu gehen, lässt sich ein Synonym vergeben. In Gänze sieht ein Import mit Umfirmierung dann wie folgt aus:

```
use Kraftfahrzeuge\Fahrzeug as Vehikel;
```

Ohne Angabe des `as` wird die Klasse, Funktion oder Konstante mit identischem Namen in den globalen Namensraum übernommen.

Mittels `use` ist es möglich, gewollt oder ungewollt Klassen- oder Funktionsnamen zu überschreiben. Ein

```
use Kraftfahrzeuge\Fahrzeug as stdClass;
```

moniert in keiner Weise, noch nicht einmal mit einer `E_NOTICE`. Daraus entstehen potentiell Sicherheitsrisiken, wenn auch in diesem Fall reichlich »Mithilfe« des Opfers vonnöten wäre: Stellen Sie sich vor, das folgende Skript wird zum Verbinden mit einer MySQL-Datenbank verwendet (die Klasse `mysqli` werden wir im Laufenden noch detailliert betrachten):

```
<?php
include "namespace_override.php";
use Override\LogPassword as mysqli;
$mysqli = new mysqli("localhost", "user", "password");
var_dump($mysqli);
?>
```

Je nachdem, wem die Pflege des Skriptes *namespace_override.php* obliegt, kann dort in der Klasse `LogPassword` Schindluder getrieben werden, z. B. können Passwörter ausgelesen und missbraucht werden. Unter »reichlich Mithilfe« ist die `use`-Anweisung zu verstehen. Diese muss im Skript selbst, genauer gesagt an genau dieser Stelle, eingegeben werden, damit `mysqli` mit `Override\LogPassword` überschrieben werden kann. Der Aufruf in einem weiteren, dazwischengeschobenen `include` für solche Situationen wäre harmlos, da ein `use` bis zum Skriptende gilt. Und dies hat der Autor des Connect-Skriptes selbst zu verantworten.

Da in unterschiedlichen Namensräumen identische Bezeichner für Klassen, Funktionen und Konstanten bestehen können, muss die Auswertungsreihenfolge einwandfrei geregelt werden. Im folgenden Codebeispiel wird ein Namensraum festgelegt, in dem sich benutzerdefinierte Funktionen befinden. Einige der Bezeichner existieren auch im globalen Namensraum.

```
<?php
namespace Lokal;
//nur lokal vorhandene Funktion
function open()
//global vorhandene Funktion
function fopen(){}
?>
```

Entscheidend ist, dass ein Aufruf einer Klasse, Funktion oder Konstante innerhalb des benutzerdefinierten Namensraumes zuerst lokal, also im Namensraum selbst, versucht wird. Nur wenn dieser Aufruf fehlschlägt, bemüht PHP den globalen Namensraum. Die Auswertungsreihenfolge wird im Folgenden beispielhaft verdeutlicht:

- Ein Aufruf von open() im Namensraum führt die *lokale* Funktion aus.
- Ein Aufruf von fopen() im Namensraum führt die *lokale* Funktion aus.
- Ein Aufruf von popen() im Namensraum führt die *globale* Funktion aus.
- Ein Aufruf von \fopen() im Namensraum führt die *globale* Funktion aus, auch wenn eine Funktion gleichen Namens lokal existiert.
- Ein Aufruf von kopen() im Namensraum führt zu einem Fehler, da die Funktion weder lokal noch standardmäßig global definiert ist.

Zu guter Letzt wird mit den Namensräumen noch eine weitere Konstante eingeführt: In __NAMESPACE__ ist zu jeder Zeit der aktuell gültige Namensraum hinterlegt. Ein Aufruf aus dem globalen Kontext liefert ein leeres Ergebnis. Alternativ lässt sich auf den aktuellen Namensraum auch mit namespace\ verweisen, beispielsweise bei var_dump().

5.7 Objektorientierte Fehlerbehandlung

PHP 5 stellt eine objektorientierte Schnittstelle bereit, mit der es möglich ist, auftretende Fehler auf einheitliche Weise zu behandeln: die Klasse Exception. Zur benutzerdefinierten Fehlerbehandlung können Sie entweder darauf zurückgreifen oder aber eigene Klassen schreiben, die die Exception-Funktionalitäten erben. Die Struktur der eingebauten Fehlerklasse ist in Abbildung 5.9 dargestellt.

Die Klasse verfügt über eine Reihe von Attributen, die Metadaten zum aufgetretenen Fehler enthalten:

- string $file gibt die Datei an, in der der Fehler aufgetreten ist, enthält also den gleichen Wert wie __FILE__.
- int $line ist die Umsetzung der Konstanten __LINE__.
- string $message ist eine menschenlesbare Beschreibung des Fehlers oder eine Nachricht, die an den Anwender ausgegeben werden kann.
- int $code nimmt einen Fehlercode auf, eine Zahl, die maschinell weiterverarbeitet werden kann.
- array $trace enthält die Aufrufliste des gerade ausgeführten Skriptes, also Informationen wie __FILE__ oder __LINE__.
- string $string nimmt eine benutzerdefinierte Zeichenkette mit Informationen zum Fehler auf. Standardmäßig enthält $string eine Konkatenation der

übrigen Klassenattribute und kann über die magische Methode `__toString()` verändert werden.

```
┌─────────────────────────────┐
│         Exception           │
├─────────────────────────────┤
│ #code                       │
│ #file                       │
│ #line                       │
│ #message                    │
│ -string                     │
│ -trace                      │
├─────────────────────────────┤
│ +__construct(message, code) │
│ +getCode()                  │
│ +getFile()                  │
│ +getLine()                  │
│ +getMessage()               │
│ +getTrace()                 │
│ +getTraceAsString()         │
│ +__toString()               │
└─────────────────────────────┘
```

Abbildung 5.9 Die Klasse »Exception«

Die Getter-Methoden für die geschützten Attribute sind alle als `final` gekennzeichnet, können innerhalb einer abgeleiteten Klasse also nicht überschrieben werden. Die einzigen überschreibbaren Methoden sind der Konstruktor und `__toString()`.

> **Warnung**
>
> Im offiziellen PHP-Handbuch wird explizit darauf hingewiesen, dass Sie den Konstruktor `Exception::__construct()` aufrufen sollten, wenn Sie ein Objekt einer davon abgeleiteten Klasse initiieren. Tun Sie das nicht, kann das dazu führen, dass nicht alle Attribute mit ihren korrekten Werten belegt werden.

Mit `__toString()` können Sie eine beliebige Zeichenkette konstruieren und sie bei einem auftretenden Fehler ausgeben. Sie können darin nicht nur auf die Attribute der Fehlerklasse zugreifen. Die bekannten Fehlerkonstanten werden für den Klassenkontext um zwei erweitert:

- `__CLASS__` gibt an, in welcher Klasse der Fehler aufgetreten ist.
- `__METHOD__` enthält den Namen der Funktion, die einen Fehler verursacht hat.

Die Fehlerbehandlung lösen Sie aus, indem Sie – Sie werden es kaum glauben – einen Fehler auslösen, das heißt mit

```
throw new Exception($nachricht,$code);
```

eine neue Instanz der Fehlerklasse erstellen. Jede ausgelöste Exception muss »gefangen« werden. Dazu dient das try … catch-Konstrukt in Listing 5.18.

```
try
{
    ...
    throw new Exception();
    ...
}
catch (Exception $e)
{
    //Fehlerbearbeitung
}
```

Listing 5.18 Versuch macht klug.

Pro try muss mindestens ein catch-Block bestehen; mehrere Blöcke sind möglich, um Exceptions verschiedener Klassen zu fangen. Sobald im try-Block ein Fehler auftritt, wird unverzüglich mit dem Fangen begonnen. Ist der Fehler abgearbeitet, wird mit der Skriptausführung nach dem letzten catch-Block fortgefahren, was bedeutet, dass alle Anweisungen, die im try-Block auf das Auslösen der Exception folgen, ausgelassen werden.

Listing 5.19 zeigt eine benutzerdefinierte Fehlerklasse. Im Konstruktor wird lediglich dafür gesorgt, dass die Attribute richtig belegt werden, indem die Methodenparameter an den Konstruktor der Elternklasse durchgereicht werden. Die Methode __toString() definiert ein eigenes Format für die Ausgabe des Fehlers.

```
class Fehlerausgabe extends Exception
{
    function __construct($nachricht,$code)
    {
        parent::__construct($nachricht,$code);
    }
    function __toString()
    {
        $meldung = 'Die Datei <i>'.basename(__FILE__).'</i>
                    meldete ['.$this->getCode().']:<br />';
        $meldung .= $this->getMessage();
        return $meldung;
    }
}
```

Listing 5.19 »Exception«-Klasse

In Listing 5.20 bringen wir unsere Exception-Klasse zum Einsatz. Zuerst binden wir die benutzerdefinierte Fehlerklasse ein – Exception ist eine PHP-interne Klasse und deshalb ohne Einbindung verfügbar.

```php
<?php
error_reporting(E_ALL);
require_once('class.Fehlerausgabe.php');
try {
    if(!@mail()){
        $nachricht='Die E-Mail konnte nicht versendet werden';
        throw new Fehlerausgabe($nachricht,1);
    }
}
catch (Fehlerausgabe $f) {
    echo $f;
}
?>
```

Listing 5.20 Einsatz der »Exception«-Klasse

Beachten Sie, dass die regulären Parser-Meldungen durch Exceptions nicht abgeschaltet werden. Wir müssen sie stattdessen mit dem Klammeraffen (@) unterdrücken oder aber über error_reporting() so einstellen, dass keine Meldungen im Browser des Benutzers angezeigt werden.

> **Hinweis**
>
> Wie Sie das error_reporting() benutzerdefiniert anpassen und gezielt einsetzen, erfahren Sie im Praxisteil dieses Buches.

Wenn eine Exception nicht behandelt werden kann, weil kein catch-Block greift, wird ein »Fatal Error« erzeugt. Um dies zu verhindern, können Sie mit

string **set_exception_handler**(*$funktion*)

eine Funktion festlegen, die in solch einer Situation auf jeden Fall ausgeführt wird. Als Beispiel haben wir Listing 5.19 um eine Funktion erweitert, die jeden nicht abgefangenen Fehler behandelt.

```php
function generischeFehlerbehandlung()
{
    //Implementierung
}
set_exception_handler('generischeFehlerbehandlung');
try
{
```

```
    if(!@mail())
    {
       $nachricht='Die E-Mail konnte nicht versendet werden';
       throw new Fehlerbehandlung($nachricht,1);
    }
 }
 catch (Fehlerausgabe $f)
 {
    echo $f;
 }
```

Im Beispiel wird die generische Fehlerbehandlung notwendig, weil ein Fehler der Klasse Fehlerbehandlung ausgelöst wird, für den kein catch-Block existiert.

In diesem Kapitel verdeutlichen wir Ihnen die Vorzüge von Datenbankmanagementsystemen. Wir führen Sie in die Datenabfragesprache SQL ein und zeigen Ihnen an Beispielen, wie Sie mit MySQL-Datenbanken arbeiten. Am Schluss wollen wir Ihnen professionelle Administrationswerkzeuge näherbringen.

6 Einführung in MySQL

Datenbankmanagementsysteme sind das Rückgrat moderner Softwaresysteme. Die regelmäßige Datenlast, die effizient und fehlerfrei verwaltet und gespeichert werden muss, ist enorm – sie geht mitunter in die Millionen Transaktionen pro Tag. Dementsprechend sind Datenbanksysteme wie MySQL auf Leistung getrimmt. Sie nehmen nicht nur große Mengen an Daten auf und holen sie bei Bedarf wieder hervor, auch die Verarbeitung von Daten ist in gewissem Maße möglich, mitunter sogar schneller als auf Applikationsebene. Ein Datenbankmanagementsystem bietet Ihnen insbesondere:

- **Flexibilität**
  Als Standardsoftware muss ein Datenbanksystem ein Rundumtalent sein: leicht anzupassen, zu erweitern und zu administrieren. Ferner muss es verschiedenste Daten aufnehmen können, also neben großen Mengen an Text beispielsweise auch Bilder oder Videos.

- **Sicherheit**
  In Mehrbenutzersystemen müssen Vorkehrungen getroffen werden, damit jeder nur die Operationen ausführen darf, die für ihn gedacht sind. In Datenbanksystemen betrifft das vorerst die Vergabe von Lese- und Schreibrechten.

- **Stabilität**
  Zuverlässigkeit ist das A und O, wenn ein System pausenlos in Betrieb ist, wie im Fall von Webanwendungen. Dabei müssen auch die Datenbanksysteme im Hintergrund der Applikation wochenlang laufen, ohne dass der Administrator den Neustart-Knopf drücken muss.

- **Geschwindigkeit**
  Obwohl auf einer Datenbank mit Zigtausenden von Daten gleichzeitig mehrere Benutzer arbeiten, werden Abfragen in Bruchteilen von Sekunden abgearbeitet. Inhalte können zusätzlich katalogisiert, indiziert und strukturell angereichert werden, was weitere Performanceschübe bewirkt.

Diese Vorteile heben ein Datenbankmanagementsystem deutlich von der »Konkurrenz« ab, wie etwa der Datenhaltung in Dateien. Das Ablegen in einer Datei ist der intuitivste Weg, Daten dauerhaft zu speichern. Datenbanksysteme tun letztendlich nichts anderes. Bei der Speicherung von Daten in Dateiform müssen Sie als Programmierer Abstriche machen, vor allem in Sachen Komfort, und bei steigender Komplexität umso mehr. Ein Datenbankmanagementsystem bietet neben der transparenten Speicherung auch komfortable Zugriffsmöglichkeiten auf den Inhalt der Datenbanken. Solche Strukturen gilt es, bei der Verwendung von Textdateien erst zu implementieren. Trotzdem haben Textdateien als »Datenspeicher« ihre Vorzüge. Was realisierbar ist und wo die Grenzen liegen, soll die folgende Fallstudie zeigen.

Nehmen Sie z. B. an, Sie wollen sämtliche Kontaktdaten inklusive Telefonnummern Ihrer Bekannten elektronisch abspeichern. Ziel ist es, auf diese Kontakte jederzeit und von überall her via Internet zugreifen zu können, damit Sie nicht mehr alle Nummern im Kopf behalten müssen. Sofern Ihnen keine Datenbank zur Verfügung steht, bleibt Ihnen nichts anderes übrig, als sämtliche Daten in einer Datei zu hinterlegen. Gespeichert werden sollen:

- Vor- und Zuname
- Postleitzahl und Wohnort
- Telefonnummer

Ferner können E-Mail-Adressen, Geburtstage usw. von Interesse sein. Diese Zusatzinformationen sparen wir hier jedoch aus. Wir speichern die Daten quasi-tabellarisch in der Form ab, wie sie in Abbildung 6.1 zu sehen ist.

```
Adressen.txt - Editor
Datei  Bearbeiten  Format  ?
0001;Johanna;22-405;Swansea;0044-84-123456789
0002;Barbara;20095;Hamburg;040-123546879
0003;Alexander;59821;Arnsberg;02931-123546879
0004;Tobias;85053;Ingolstadt;0841-123546879
0005;Steffen;65345;Eltville;06123-123546879
0006;Hauke;60314;Frankfurt am Main;069-123546879
0007;Hendrik;97357;Prichsenstadt;09383-123546879
0008;Michael;41363;Jüchen;02165-123546879
0009;Stefan;38642;Goslar;05321-123546879
0010;Christiane;1000;Brüssel;0032-2-123546879
0011;Dodo;20095;Hamburg;040-987654321
0012;Gunnar;32760;Detmold;05231-123546879
0013;Daniela;52062;Aachen;0241-123546879
0014;Rosemarie;79108;Freiburg;0761-123546879
0015;Elke;34128;Kassel;0561-123546879
0016;Heinrich;07549;Gera;0365-123546879
0017;Otto;66869;Kusel;06381-123546879
```

Abbildung 6.1 Jeder Datensatz in einer Zeile

Die Kontakte sind zeilenweise untereinander angeordnet. Die einzelnen Bestandteile eines Datensatzes sind jeweils durch ein Semikolon voneinander getrennt.

Das Semikolon haben wir gewählt, weil wir annehmen, dass es nicht in den Daten vorkommt. Zusätzlich zu den eigentlichen Daten haben wir eine eindeutige, fortlaufende Nummer vergeben, anhand derer ein Datensatz identifizierbar ist.

> **Hintergrundwissen**
>
> Das Format, das wir für die Adressdatei gewählt haben, entspricht dem einer CSV-Datei (»Comma-separated Values«). Das Trennzeichen muss dabei nicht zwingend ein Komma sein, ein Semikolon funktioniert wie in Abbildung 6.1 zu sehen genauso gut. In dieser Form können Sie die Adressen mit gängigen Tabellenverarbeitungsprogrammen wie Microsoft Excel oder OpenOffice.org Calc laden und speichern. Administrationswerkzeuge für MySQL wie phpMyAdmin interpretieren dieses Format ebenso, um Werte in die Datenbank zu importieren. Unsere Adressdatei »transformieren« Sie nach CSV, indem Sie die Dateierweiterung von *.txt* nach *.csv* umbenennen.

Der erste Nachteil, der aus der Datenhaltung in Textdateien resultiert, ergibt sich bereits aus der Wahl des Trennzeichens. Wir können nur annehmen, dass die Adressen im in Abbildung 6.1 gezeigten Beispiel kein Semikolon enthalten. Ein Datensatz wie der folgende bereitet jedoch schon Probleme:

```
0001;Johanna;22-405;Swansea; Wales;0044-84-123456789
```

Hier ist zusätzlich zum Ort die Angabe zum Land gemacht worden. Wenn Sie die Adressen nun in Microsoft Excel laden, sehen Sie, dass der Wert Wales wie eine Telefonnummer interpretiert wird, zu sehen in Abbildung 6.2.

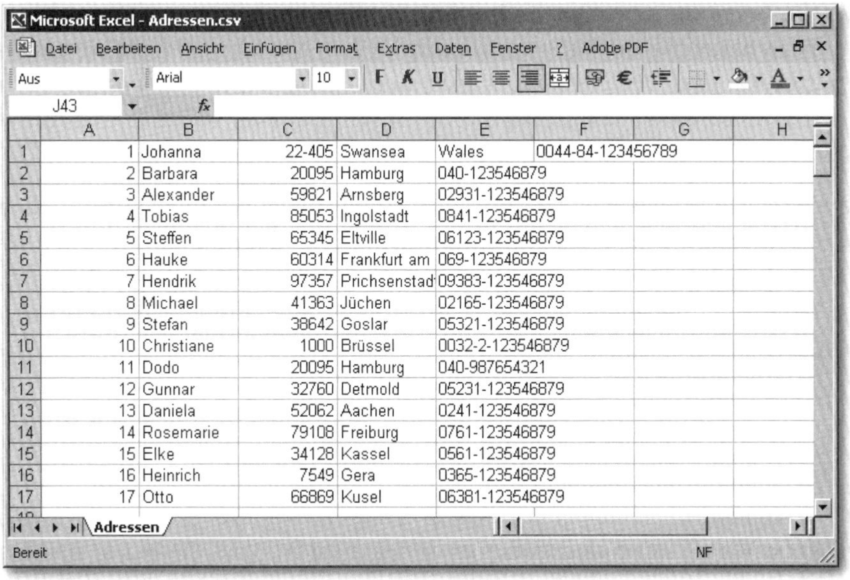

Abbildung 6.2 Trennzeichen können Fehler erzeugen.

Sicherstellen können wir die korrekte Verarbeitung nur, indem wir jeden neuen Eintrag auf das Trennzeichen prüfen und dieses entsprechend maskieren. Beim Auslesen von Daten muss das Maskieren rückgängig gemacht werden. Eine Suche in den Adressen muss das Trennzeichen ebenfalls berücksichtigen und maskieren.

Durchsucht wird die Datei Zeile für Zeile von vorn, bis der gewünschte Wert gefunden ist. Dazu muss die Datei geöffnet und jede Zeile in eine Form gebracht werden, die von der verwendeten Programmiersprache verstanden wird. Die Textdatei erlaubt also nur sequentiellen Zugriff – ausgeklammert wird hier der Einsatz von effizient arbeitenden Programmen wie OpenOffice.org Calc. Solange es bei wenigen Adressen bleibt, die es zu verwalten gilt, ist der Aufwand dafür akzeptabel. In Verbindung mit den PHP-Dateifunktionen, die wir in Kapitel 8, »Wichtige PHP-Funktionalitäten«, vorstellen, werden Sie für das Durchsuchen solch kleiner Datenbestände Zeiten im Sekundenbereich brauchen. Mit wachsenden Beständen geht das jedoch zu Lasten der Geschwindigkeit. Für ein Unternehmen, das beispielsweise alle Kundendaten verwalten muss, kann dies keine Lösung sein.

Ein weiterer Mangel der Speicherung von Adressdaten in Form einer Textdatei ist, dass die Daten öffentlich einsehbar sind, sofern Sie keine entsprechenden Maßnahmen treffen. Das Ziel der Adressdatei ist ja, sie auf dem eigenen Webspace abzulegen. Wenn Sie die Datei dann nicht etwa über eine dafür vorgesehene PHP-Oberfläche bearbeiten, sondern die URL der Datei in die Adresszeile Ihres Browsers eingeben, erscheint der Dateiinhalt genauso auf Ihrem Bildschirm, als hätten Sie die Datei mit vi oder mit dem Notepad geöffnet. Vergessen Sie also nicht, das Verzeichnis, in dem Ihre Textdateien liegen, vor direktem Zugriff zu schützen. Bewerkstelligen lässt sich das entweder über die Administrationsoberfläche bei Ihrem Provider oder manuell über die Datei .htaccess.

Die meisten beschriebenen Probleme lassen sich in den Griff bekommen, ohne von der Speicherung in Dateiform abzurücken. Die Daten werden nicht mehr im CSV-Format gespeichert, sondern als PHP-Datei. Der fehleranfällige Datensatz wird dazu – wie alle anderen Datensätze auch – in ein zweidimensionales Array eingefügt:

```
$address[1] = array('name'=>'Johanna',
                    'postleitzahl'=>'22-405',
                    'stadt'=>'Swansea;Wales',
                    'telefon'=>'0044-84-123456789');
```

Der große Vorteil der Speicherung im Array ist nicht, dass Sie ein Semikolon ohne Bedenken benutzen können – denn nun verursacht das einfache Hochkomma die gleichen Probleme wie zuvor das Semikolon. Die Lösung dieses Problems ist und bleibt die Maskierung von Zeichenketten. Im Gegensatz zu CSV enthält das Array jedoch eine festgelegte Struktur – die Felder haben eindeutige Namen, die Werte besitzen überprüfbare Datentypen, und syntaktische Fehler werden vom PHP-Parser erkannt. Darüber hinaus fällt das zeilenweise Einlesen der Datei weg. Ein einfaches `require('address.php')` reicht aus, um die gesamte Datenstruktur verfügbar zu haben. Ist die Datei erst einmal eingelesen, haben Sie wahlfreien Zugriff auf jedes Element. Um den Inhalt von `$address[10]` zu lesen, müssen Sie also nicht die Felder 1 bis 9 durchiterieren – ein großer Vorteil gegenüber dem sequentiellen Zugriff. Datensicherheit ist in gewissem Maße dadurch gewährleistet, dass PHP-Quelltext – in diesem Fall der Inhalt des Arrays – vor neugierigen Augen versteckt wird. Wenn Sie die Datei direkt von Ihrem Browser aus aufrufen, erscheint auf Ihrem Bildschirm nur eine weiße Seite. PHP ist jedoch eine Programmiersprache, das heißt zur Verarbeitung von Daten gedacht und nicht dafür, Datenmengen als Speicher zu dienen.

> **Hintergrundwissen**
>
> In der praktischen Anwendung hat sich XML für die Speicherung semistrukturierter Daten bewährt. Eine XML-Datei besitzt deutliche Vorzüge gegenüber den vorgestellten Formen der Dateispeicherung, wie syntaktische und semantische Überprüfbarkeit (DTD/XML Schema), flexible Strukturen und mächtige Zugriffssprachen (XQuery). Die Datei ist aber ebenso wenig sicher wie die CSV-Version.
> XML und die Möglichkeiten, die MySQL und PHP für seine Verarbeitung bereitstellen, werden wir gesondert in Kapitel 13, »Extensible Markup Language (XML)«, betrachten.

Nachteilig bei beiden Formen der Dateispeicherung ist die Manipulation von Daten. Veränderungen inmitten der Datei erzeugen dann Probleme, wenn der neue Inhalt länger ist als derjenige, den es zu ersetzen gilt. Dann nämlich kann es vorkommen, dass nachfolgende Datensätze ganz oder zum Teil vom neuen Inhalt überschrieben werden. Es ist also darauf zu achten, dass keine Daten verlorengehen. Das Einlesen, Suchen und Anhängen von Daten ist hingegen in allen Fällen unproblematisch.

Obwohl die strukturierte Speicherung ein deutlicher Schritt in die richtige Richtung ist, bleiben die Möglichkeiten begrenzt. Relationale Datenbankmanagementsysteme wie MySQL sind also kaum vergleichbar mit Textdateien. Vielmehr bedarf es mindestens noch einer effizienten Zugriffsschnittstelle, damit ein Vergleich nicht von vornherein zu hinken beginnt. So muss es etwa möglich sein, die Inhalte mehrerer Dateien logisch miteinander zu verknüpfen, z. B. legen Sie Namen und Rufnummern in einer Datei ab, die Postleitzahl sowie den Ort (und eventuell die Telefonvorwahl) in einer anderen.

6.1 Relationale Datenbanksysteme

MySQL gehört zu den relationalen Datenbanksystemen, deren Konzept auf dem mathematischen Begriff der *Relation* beruht. Eine Relation ist eine Beziehung zwischen zwei oder mehreren Objekten. Im Kontext einer Datenbank stellen Relationen zweidimensionale Tabellen dar. Jede Tabellenzeile, ein sogenanntes *Tupel*, repräsentiert eine sogenannte *Entität*, ein eindeutig identifizierbares Objekt. Beispiele für Entitäten, wie sie in einer Datenbank vorliegen, sind:

- der einzelne Kontakt aus der Adresskartei
- der Eintrag 17 in einem Gästebuch
- ein bei *ebay.de* angebotener Auktionsartikel mitsamt Artikelnummer

Gleiche Entitäten werden zu einem Entitätstyp zusammengefasst – in unserem Beispiel sind die zugehörigen Entitätstypen Kontakte, Einträge und Artikel. Datenbanktabellen tragen zumeist den Namen eines Entitätstyps. Die Tabellenspalten beschreiben die Attribute, die alle Entitäten gemeinsam haben. Jeder Kontakt aus der Adresskartei unseres anfänglichen Beispiels hat u. a. die Attribute Identifikationsnummer (ID), Name, Postleitzahl und Wohnort. Es ergibt sich eine Tabelle vom Entitätstyp Kontakte, wie sie in Abbildung 6.3 zu sehen ist. Wie Sie sehen, ist eine Tabelle in einer relationalen Datenbank der Textdatei aus dem vorigen Beispiel gar nicht unähnlich – und nicht zuletzt deswegen lassen sich CSV-Dateien leicht in MySQL-Datenbanken importieren.

id	name	postleitzahl	ort	...
1	Johanna	22-405	Swansea	...
2	Barbara	20095	Hamburg	...
...	...	...	...	...

Abbildung 6.3 Die Umsetzung der Adresskartei in eine Tabelle

Attribute oder Kombinationen von Attributen, die jede Entität eindeutig identifizieren, werden *Primärschlüssel* genannt. Sofern für die Entitäten eines Typs kein solcher Primärschlüssel existiert, wird er künstlich geschaffen. Gängige Praxis ist es, ein weiteres Attribut zur Tabelle hinzuzufügen, das etwa eine fortlaufende Nummer für jedes Tupel bzw. jeden Datensatz vergibt. Sinnvoll ist das allerdings nur, wenn kein »natürliches« Gegenstück existiert. Für die Adresskartei lässt sich überlegen, ob nicht schon der Name ein Primärschlüssel ist. Da es jedoch mehrere Johannas, Barbaras usw. gibt, reicht dieses Attribut allein nicht aus. Der Primärschlüssel muss also entweder aus mehreren Attributen zusammengesetzt sein oder künstlich hinzugefügt werden. Wie Sie sehen, haben wir uns bei diesem Beispiel für die zweite Variante entschieden und eine Identifikationsnummer eingeführt. Der Primärschlüssel einer Relation wird in der Tabelle grafisch hervorgehoben, indem sein Attributname unterstrichen wird.

Das Konzept von Primärschlüsseln bekommt dann große Bedeutung, wenn Tabellen logisch miteinander verknüpft werden. Im Adresskarteibeispiel lassen sich etwa alle Daten, die sich auf den Ort beziehen, in eine zweite Tabelle auslagern. Das betrifft neben dem Stadtnamen auch die Postleitzahlen und – sofern gespeichert – Angaben zu deren Bundesländern usw. Abbildung 6.4 zeigt, wie eine solche Tabelle aussehen kann.

id	postleitzahl	name	...
1	22-405	Swansea	...
2	20095	Hamburg	...
...	...	...	...

Abbildung 6.4 Auslagerungstabelle für Ortsangaben

Die Postleitzahl identifiziert den Datensatz nicht eindeutig, weil ein und derselbe Wert in unterschiedlichen Ländern mehrfach belegt sein kann. Daher kann sie nicht als Primärschlüssel dienen. Wie zuvor führen wir einen künstlichen Primärschlüssel ein. Durch die Erstellung der Ortstabelle verändert sich auch die Adresskartei. Alle Daten, die zu den Städten gehören und nun anderweitig gespeichert sind, werden entfernt. Allein der Primärschlüssel der Ortstabelle verbleibt in der Adresskartei. Zu sehen ist das in Abbildung 6.5.

id	name	ortRef	...
1	Johanna	1	...
2	Barbara	2	...
...	...	...	...

Abbildung 6.5 Adresskartei ohne Ortsattribute

Über das Attribut ID, also den Primärschlüssel der Ortstabelle, lassen sich sämtliche Wohnortangaben referenzieren. Der referenzierte Primärschlüssel wird zum sogenannten *Fremdschlüssel*. Die Aufteilung in mehrere Tabellen hat u. a. den Vorteil der einfachen Wartbarkeit. Wenn ein Kontakt der Adresskartei in eine andere Stadt umzieht, muss nur der Fremdschlüssel angepasst werden, um den Datensatz auf den aktuellen Stand zu bringen. Ferner wird dadurch verhindert, dass Daten mehrfach gespeichert werden. In der Adresskartei sind mehrere Hamburger zu finden. Im ursprünglichen Fall werden der Stadtname »Hamburg« und alle damit zusammenhängenden Daten doppelt und dreifach gespeichert. Das bläht die Datenbank unnötig auf.

Mit Fremdschlüsseln einher geht die *referentielle Integrität*. Sobald Tabellen über Schlüsselbeziehungen miteinander verbunden werden, muss sichergestellt sein, dass alle referenzierten Datensätze erhalten bleiben, solange zumindest eine Referenz besteht. In unserem Beispiel bedeutet das, dass wir den Datensatz `2;20095;Hamburg;...` aus der Stadttabelle (siehe Abbildung 6.4) nicht löschen dürfen, wenn in der Kontakttabelle noch Barbara gespeichert ist. Geht die Zuordnung verloren, beeinträchtigen fehlende Daten sowohl die Datenbank- als auch die Applikationsebene. MySQL garantiert referentielle Integrität nur in einigen Fällen, abhängig von der Wahl der Storage Engine[1].

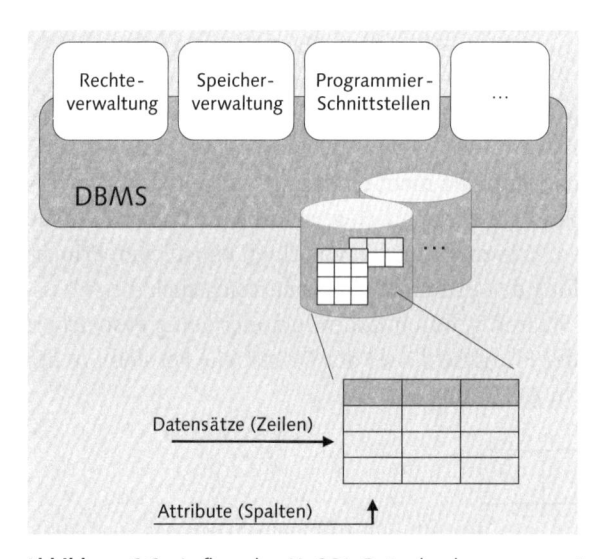

Abbildung 6.6 Aufbau des MySQL-Datenbankmanagementsystems

Mehrere Tabellen werden in einer Datenbank zusammengefasst. Der Begriff *Datenbank* ist dabei nicht gleichzusetzen mit *Datenbankmanagementsystem*. Datenbanken sind Bestandteil eines Datenbankmanagementsystems. Darüber hinaus enthält das Datenbankmanagementsystem aber weitere wesentliche Merkmale, wie etwa ein Benutzermanagement für den Mehrbenutzereinsatz und

---

1 Storage Engines stellen wir Ihnen im zweiten Teil des Buches vor.

die Verwaltung von Zugriffsrechten und nicht zuletzt Schnittstellen zu externen Clientsystemen. Der Aufbau des MySQL-Datenbanksystems, wie er sich dem Anwender darstellt, ist zu sehen in Abbildung 6.6.

6.2 MySQL und SQL

Die *Structured Query Language*, kurz SQL, ist die mit Abstand am weitesten verbreitete Datenbanksprache im Bereich der relationalen Datenbanken. Sie gehört zur Familie deklarativer Sprachen. Das bedeutet, der Anwender beschreibt die zu lösende Aufgabe in einem SQL-Kommando und bringt dieses zur Ausführung. Die Syntax ist leicht zu verstehen, zumal sich SQL-Kommandos wie – zugegeben abstrakte – englische Sätze lesen lassen.

Die Befehle des SQL-Standards lassen sich der Verwendung nach in mehrere Gruppen einteilen. MySQL folgt dieser Vorgabe nur zum Teil. Stattdessen trifft MySQL die folgende Einteilung:

- Daten-Definitions-Kommandos (Standard; Abkürzung: DDL)
- Daten-Manipulations-Kommandos (Standard; Abkürzung: DML)
- Datenbank-Administrations-Kommandos

Des Weiteren wird im SQL-Standard noch der Begriff der Daten-Abfrage-Kommandos definiert. Darunter fallen Anweisungen, die einzelne oder Mengen von Datensätzen aus dem Datenbestand heraussuchen – das beste Beispiel ist der Befehl SELECT, der uns ab diesem Abschnitt das ganze Buch über begleiten wird. MySQL rechnet die Datenabfrage jedoch mit zu den Aufgaben der Datenmanipulation. Ganz unbegründet ist diese Einteilung nicht, zumal auch innerhalb von SELECT-Abfragen Berechnungen möglich sind. Datenbank-Administrations-Kommandos fallen im Standard unter die Rubrik der Daten-Kontroll-Sprache.

Mit der Daten-Definitions-Sprache werden Strukturen bearbeitet. Ausgehend von einem Datenmodell können Sie also Datenbanken und Tabellen anlegen, sie verändern oder löschen. Zu den Strukturen von Datenbanken gehören Zeichensatz sowie Collation (englisch für »Sortierfolge«), die die Sortierreihenfolge der gespeicherten Daten festlegt. Für Tabellen gilt es u. a., die Attribute, deren Datentyp und Größe sowie die Primärschlüssel anzugeben.

Auf den Datenbankinhalt greifen Sie mit der Daten-Manipulations-Sprache zu. Wie erwähnt, umfasst sie neben dem Einfügen, Ändern und Löschen auch das Abfragen der Daten. Manipulation von Daten ist nicht – wie im normalen Sprachgebrauch – negativ anzusehen; es bedeutet vielmehr Veränderung.

Die Daten-Administrations-Sprache bearbeitet Parameter, die von genereller Bedeutung für das Datenbankmanagementsystem sind, wie etwa die Zugriffsrechte der Benutzer oder Systemvariablen.

6.2.1 Eine Serververbindung aufbauen

Um eine Verbindung zum Server herzustellen, benötigen Sie einen Client. Das kann ein Desktop-Programm sein, mit dem Sie von Ihrem heimischen Computer auf Ihre Datenbanken zugreifen, es kann sich aber auch um eine Webapplikation handeln.

Die Serverdistribution des MySQL-Datenbankmanagementsystems, die Sie sich von der Unternehmenswebseite herunterladen können und die auch in XAMPP integriert ist, enthält bereits ein Kommandozeilentool, das Sie als Client einsetzen können. Es heißt *mysql.exe* (unter Windows) bzw. *mysql* (unter Linux) und befindet sich im *bin*-Unterordner im MySQL-Verzeichnis. Die Verwendung der Kommandozeile mag einigen Windows-Nutzern nicht so geläufig sein. Deswegen beschreiben wir noch einmal kurz den Weg von Ihrem Desktop dorthin: Klicken Sie im Windows-START-Menü auf den Eintrag AUSFÜHREN. Es öffnet sich ein neuer Dialog, in dem Sie den Befehl cmd eingeben. Ein neues Fenster mit schwarzem Hintergrund erscheint. Ein Pfad zeigt Ihnen die aktuelle Position, dahinter signalisiert ein blinkender Cursor die Eingabebereitschaft:

```
C:\irgend\ein\pfad>_
```

Navigieren Sie dann in das MySQL-Verzeichnis auf Ihrer Festplatte. Wenn wir annehmen, dass Sie XAMPP, wie in Kapitel 3, »Installation«, beschrieben, unter *c:\xampp* installiert haben, nutzen Sie die im Folgenden beschriebenen Kommandos.

Wechseln Sie mit cd\ ins Basisverzeichnis der aktuellen Partition:

```
C:\>_
```

Sofern Sie XAMPP nicht unter *C:* installiert haben, wechseln Sie auf die jeweilige Partition Ihrer Festplatte, indem Sie den Partitionsnamen, gefolgt von einem Doppelpunkt, angeben.

Geben Sie dann den Pfad zum *bin*-Ordner im MySQL-Verzeichnis an. Unter der soeben getroffenen Annahme, dass Sie XAMPP wie im Installationskapitel eingerichtet haben, schreiben Sie dazu cd xampp\mysql\bin und drücken die [Enter]-Taste:

```
C:\xampp\mysql\bin>_
```

Unter Linux ist das Verzeichnis anders benannt, und zwar *mysql*, die Navigation funktioniert jedoch genauso. Nun können Sie den Client starten.

Um eine gültige Verbindung zwischen Server und Kommandozeilentool herzustellen, bedarf es beim Aufruf des Clients einer Reihe von Parametern. Da alle Parameter Standardwerte besitzen, ist ihre Angabe aber nicht verpflichtend. Zu den Angaben zählen:

- `-u` (User/Benutzername), Standard: `ODBC`
- `-p` (Password/Passwort), Standard: leer
- `-h` (Host/Serveradresse), Standard: `localhost`
- `-D` (Database/Datenbank), Standard: leer

> **Hinweis**
> Diese Liste ist nur eine kleine Auswahl oft benutzter Parameter. Die Dokumentation des Clientprogramms, die Sie mit `mysql --help` in der Kommandozeile darstellen können, zeigt Ihnen die vollständige und kommentierte Liste.

Beachten Sie das Minuszeichen vor jedem Parameter sowie die Groß- und Kleinschreibung. Bis auf die Angabe zur Datenbank sind alle Parameter kleinzuschreiben. Die folgenden Aufrufe erzeugen alle eine gültige Verbindung zum Server:

```
mysql -ubeispiel_user -pbeispiel_pass -Dphpmysql
mysql -ubeispiel_user -p
mysql -h=mysql.server.de -u= phpmyadmin_user -p
```

Mit dem ersten Kommando wird eine Verbindung mit dem lokalen Server *localhost* aufgenommen. Benutzer und Passwort werden direkt übergeben, und auch eine Standarddatenbank wird gewählt. Nachteil dieser Methode ist, dass das Passwort im Klartext auf dem Bildschirm steht. Das ist ein Sicherheitsrisiko.

Im zweiten Fall wird ebenfalls eine lokale Verbindung erstellt. Das Passwort wird jedoch ausgespart. Der leere Parameter `-p` signalisiert jedoch, dass ein Passwort gebraucht wird. Dieses wird dann in einem zweiten Schritt erfragt und ist nur maskiert auf dem Bildschirm zu sehen:

```
mysql -ubeispiel_user -p
Enter password: **************
```

Der letzte Aufruf verbindet den Client mit einem Server im Internet. In allen drei Fällen verändert sich der Text vor dem blinkenden Cursor nach dem Einloggen auf dem Server. Statt des Pfads zum lokalen MySQL-Client steht dann dort:

```
mysql>_
```

In den letzten beiden Beispielen wird keine Datenbank explizit angegeben. Die Verbindung wird zwar erstellt, jedoch muss per SQL-Befehl USE eine Datenbank gewählt werden, bevor weitere Anfragen abgesetzt werden können:

```
mysql> USE phpmysql\g
```

Das \g ist das Zeichen für das Ende des Kommandos. Eine aktive Verbindung zwischen Kommandozeilen-Client und MySQL-Server besteht so lange, bis sie vom Benutzer per QUIT beendet wird:

```
mysql> QUIT
BYE
C:\xampp\mysql\bin>_
```

Ihre Entscheidung, die Verbindung abzubrechen, wird mit einem Abschiedsgruß quittiert, und Sie landen wieder im Dateiverzeichnis.

Verbindungen mit dem MySQL-Server, die über PHP verarbeitet werden, laufen auf etwas andere Weise ab. Von Interaktivität lässt sich nicht sprechen. Stattdessen enthält ein Skript mit Datenbankverbindung immer die wesentlichen drei Grundbausteine:

- Verbindungsaufbau
- Verarbeitung einer oder mehrerer Abfragen
- Verbindungsabbau

Im Folgenden wollen wir ein PHP-Skript[2] vorstellen, mit dem sich beliebige SQL-Anweisungen zum Server übermitteln lassen. Sofern es sich um eine SELECT-Abfrage handelt, die Datensätze zurückliefert, sollen diese auf dem Bildschirm in einer Tabelle angezeigt werden. Wir greifen damit dem Inhalt späterer Kapitel vor, wenn wir einige Funktionen aus dem mysqli-Modul benutzen. Im Detail wird diese PHP-Erweiterung im zweiten Teil des Buches erklärt. Das Skript soll Ihnen aber jetzt bereits den generellen Ablauf einer Datenbankverbindung über Skriptsprachen verdeutlichen und Ihnen zum Testen der nachstehenden Beispiele dienen.

Den Anfang im Skript macht ein HTML-Formular, das lediglich aus einem Textfeld und zwei Knöpfen besteht. Anstatt einen allumfassenden PHP-Bereich einzuführen, geben wir das Formular in purem HTML aus. Wir sparen uns damit mehrere echo-Befehle. Mit dem einen Knopf werden die Formulardaten abgeschickt, über den anderen werden die Felder geleert. Das Formular kommt fast ganz ohne PHP-Befehle aus. Lediglich ein echo $_POST['query']; sorgt dafür, dass die vorige

---

2 Cascading-Style-Sheet-Angaben wurden aus dem Quelltext entfernt, um eine bessere Lesbarkeit zu garantieren.

Anfrage standardmäßig wieder im Textfeld erscheint. Dafür müssen wir allerdings einen PHP-Bereich einfügen, der jedoch in einer einzigen Zeile Platz findet:

```
<html>
<head/>
<body>
<form action="" method="post">
   <textarea name="query" cols="30" rows="5">
   <?php echo htmlspecialchars($_POST['query']);?>
   </textarea>
   <br />
   <input type="reset" name="reset" value="Feld leeren"/>
   <input type="submit" name="submit" value="Abschicken"/>
</form>
<hr />
```

Die Funktion htmlspecialchars() bewirkt, dass Sonderzeichen in ihre HTML-Darstellung gebracht und vom Browser richtig angezeigt werden. Es folgt der eigentliche PHP-Bereich:

```
<?php
if(isset($_POST['query']) && !empty($_POST['query']))
{
   //Verbindung herstellen
   $link = mysqli_connect('localhost',
                          'phpmysql_user',
                          'phpmysql_pwd',
                          'phpmysql');
   if (!$link)
   {
      echo 'Verbindungsfehler: '.mysqli_connect_error();
      die();
   }
   else
   {
      //Abfrage absenden
      $result = mysqli_query($link,$_POST['query']);
```

Zunächst wird überprüft, ob sich eine SQL-Anweisung im superglobalen Array $_POST befindet. Dies ist nur dann der Fall, wenn der Wert tatsächlich gesetzt (isset($_POST['query']) und nicht leer ist (!empty($_POST['query'])). Wenn bereits diese Bedingung nicht erfüllt ist, endet das Skript.

Bevor die SQL-Anweisung zur Datenbank geschickt werden kann, muss eine Verbindung bestehen. Diese wird mit dem Befehl

> mixed **mysqli_connect**(string $server, string $benutzer, string $passwort, string $datenbank)

realisiert. Der Aufruf liefert bei Erfolg ein Objekt zurück; konnte keine Verbindung erstellt werden, ist der Rückgabewert `false`. Das Ergebnis wird in `$link` gespeichert. Dieses häufige Verhalten von PHP-Funktionen, bei negativem Verlauf `false` zurückzugeben, lässt sich nutzen, um die Ausführung eines Skriptes auf Fehler hin zu prüfen. Dies geschieht mit `if(!$link){` ... Wenn `$link` gleich `false` ist, wird die `if`-Bedingung zu `true` ausgewertet, und das Skript bricht mit einer Fehlermeldung ab. Anderenfalls senden wir die Abfrage an die Datenbank:

> mixed **mysqli_query**(object $link, string $sql)

Wir weisen das Ergebnis dieses Befehls auf jeden Fall der Variablen `$result` zu, unabhängig davon, ob wir Datensätze erwarten. Im Falle einer `SELECT`-Abfrage können wir darüber dann das Abfrageergebnis ansprechen, und im Fehlerfall gibt auch diese Funktion `false` zurück.

Es folgt die Ergebnisverarbeitung:

```
//Ergebnisverarbeitung
if(is_object($result))
{
   //SELECT verarbeiten
   table_output($result);
   echo 'Zeilen im Ergebnis: '.
        mysqli_num_rows($result);
}
elseif($result === true &&
       mysqli_affected_rows($link) != -1)
{
   //INSERT, UPDATE und DELETE verarbeiten
   echo 'Zeilen verändert: '.
        mysqli_affected_rows($link);
}
else
{
   echo 'Fehler: '.mysqli_error($link);
}
//Verbindung beenden
mysqli_close($link);
   }
}
else
```

```
{
    echo '<h3>Es wurde keine SQL-Abfrage definiert!</h3>';
}
```

Informationen über die zuletzt ausgeführte Anweisung erlangen Sie mit Hilfe zweier Funktionen der `mysqli`-Schnittstelle:

1. Die Anzahl zurückgelieferter Datensätze einer `SELECT`-Abfrage erhalten Sie mit `mysqli_num_rows()`. Die Funktion erwartet als Eingabeparameter ein Objekt: `mixed mysqli_num_rows(object $ergebnis)`.
2. Nach Einfüge-, Aktualisierungs- und Löschbefehlen steht die Anzahl der betroffenen Datensätze in `mysqli_affected_rows()`. Der Ergebniswert 0, der in PHP gleichbedeutend ist mit `false`, kann hier demnach nicht als Fehlerindikator dienen. Stattdessen gibt er an, dass keine Datensätze durch die Abfrage manipuliert wurden. Im Fehlerfall liefert die Funktion daher −1 statt 0.

*mixed **mysqli_affected_rows** (object $link)*

> **Hinweis**
>
> Die Funktion `mysqli_affected_rows()` verhält sich für `SELECT`-Anweisungen genau wie `mysqli_num_rows()`, auf deren Verwendung Sie also auch verzichten können. Zugunsten der Klarheit setzen wir hier jedoch beide Funktionen ein.

Nach der Ausführung eines SQL-Befehls sind nun drei Fälle zu unterscheiden:

1. Die Abfrage war ein `SELECT`. Die Variable `$result` enthält demnach ein Objekt, und die Daten müssen auf dem Bildschirm ausgegeben werden.
2. Es handelte sich bei der Abfrage um einen Einfüge-, Aktualisierungs- oder Löschbefehl. `$result` ist im booleschen Sinne `true`, und `mysqli_affected_rows()` meldet keinen Fehler. In diesem Fall wird nur die Anzahl betroffener Datensätze ausgegeben.
3. Die Datenbank meldet einen Fehler. Die Fehlerbeschreibung lassen wir uns am Bildschirm ausgeben. Dies tun wir mit der Funktion

    *string **mysqli_error**(object $link)*

Nachdem das Ergebnis verarbeitet wurde, wird die Datenbankverbindung geschlossen. Dazu dient die Funktion

*bool **mysqli_close**(object $link)*

Im Weiteren werden lediglich die noch offenen Klammern geschlossen. Die Ausgabe `Es wurde keine SQL-Abfrage definiert!` erscheint am Bildschirm, wenn sich keine Anweisung im superglobalen `POST`-Array befindet.

Was bislang noch fehlt, ist die Implementierung der Funktion `table_output()`, die im Falle eines nicht leeren Abfrageergebnisses eine HTML-Tabelle am Bildschirm ausgibt. Diese besteht im Wesentlichen aus einer Schleife, die so lange durchlaufen wird, wie noch nicht bearbeitete Datensätze im Abfrageergebnis vorhanden sind. Vor der Iteration wird der Tabellenkopf ausgegeben, danach nur noch das schließende Element `</table>`.

```
function table_output($result)
{
   $head = true;
   echo '<table border="1">';
   while($row = mysqli_fetch_assoc($result))
   {
      if($head == true)
      {
         echo '<tr>';
         foreach($row as $key=>$val)
         {
            echo '<th>'.$key.'</th>';
         }
         echo '</tr>';
         reset($row);
         $head = false;
      }
      echo '<tr>';
      foreach($row as $val)
      {
         echo '<td>'.$val.'</td>';
      }
      echo '</tr>';
   }
   echo '</table>';
}
```

Die Variable `$head` wird anfangs auf den Wert `true` gesetzt. Sie bewirkt, dass dem ersten Datensatz eine Kopfzeile vorangestellt wird, in der die Attributnamen der Tabelle ausgegeben werden.

Die Iteration wird mit einer `while`-Schleife angegangen. Die darin enthaltene »Bedingung« ist eine Zuweisung. Abfrageergebnisse werden verarbeitet, indem Sie Tupel für Tupel der Ergebnismenge entnehmen – im Englischen bezeichnet durch das Wort »fetching«. Der Datensatz ist dann entweder als Array oder als Objekt gespeichert. Im Beispiel verwenden wir

   mixed **mysqli_fetch_assoc**(object $ergebnis)

für eine Zuweisung als assoziatives Array zu `$row`. Sind im Ergebnis keine Tupel mehr vorhanden, die nicht bearbeitet wurden, ist der Rückgabewert der Funktion `false`. Somit bricht auch die `while`-Schleife ab.

Im Schleifenrumpf wird zuerst geprüft, ob `$head` den Wert `true` hat. Ist dies der Fall, wird eine Kopfzeile (in HTML mit dem Element `<th />` gekennzeichnet) erzeugt. Da dies nur einmal geschehen soll, setzen wir `$head` nach einer Ausführung sofort auf `false`. Denkbar ist es allerdings auch, bei großen Ergebnismengen in regelmäßigen Abständen neue »Kopfzeilen« für eine bessere Lesbarkeit einzufügen – etwa nach jeder hundertsten Zeile.

Es folgt die Ausgabe der Felder aus dem Datensatz. Sie werden jeweils als Tabellenzelle (in HTML `<td />`) und gemeinsam als Tabellenzeile (in HTML `<tr />`) definiert.

Mit diesem Skript können Sie nun beliebige SQL-Anweisungen an die Datenbank senden. Begrenzt werden Sie dabei lediglich von den Rechten, die für Ihren Datenbankbenutzer (hier *phpmysql_user@localhost*) festgelegt sind. Was wir im Beispiel ausgelassen haben, sind Sicherheitsüberprüfungen. Da das Skript lediglich zum Testen der folgenden Beispiele dienen soll, gehen wir davon aus, dass Sie es nicht unverändert in den produktiven Einsatz übernehmen. Im zweiten und dritten Teil des Buches werden wir Datenbankschnittstellen implementieren, die sich dafür deutlich besser eignen.

6.2.2 Grundlegende SQL-Kommandos

Bislang haben wir vier grundlegende SQL-Kommandos angesprochen, und zwar zum Selektieren, Einfügen, Aktualisieren und Löschen von Daten. Sie gehören allesamt zur Daten-Manipulations-Sprache von MySQL. Mit dieser Handvoll Befehlen kommen Sie im alltäglichen Umgang mit relationalen Datenbanken schon ziemlich weit. Vorausgesetzt natürlich, dass Sie die Struktur einmal festgelegt haben. Im Folgenden wollen wir diese und weitere elementare Kommandos[3] im Detail vorstellen. Ziel ist es, dass Sie ein Gefühl dafür bekommen, was sich mit einer offenen Verbindung zu einem Datenbankserver so alles anstellen lässt. MySQL definiert ein feingranulares Rechtemanagement. Für jeden Befehl, den wir im Folgenden vorstellen wollen, brauchen Sie die gleichnamige Berechtigung. Um eine Tabelle anzulegen, brauchen Sie also das Recht *CREATE*, Einfügeoperationen dürfen Sie nur mit dem Recht *INSERT* ausführen usw. Um einem

---

3 Die Kommandos beziehen sich auf die Standard Storage Engine MyISAM, sind aber zu großen Teilen unabhängig davon. Andere Storage Engines sind im Umfang der Kommandos eingeschränkt.

Benutzer Rechte einzuräumen, müssen Sie selbst in deren Besitz sein. Dann können Sie mit dem Befehl

GRANT recht **ON** dbName.tblName **TO** benutzer;

die Berechtigung recht an ein anderes Benutzerkonto benutzer weitergeben. Diesen Befehl können Sie entweder über die Kommandozeile oder in unser selbstgeschriebenes PHP-Skript eingeben. Als benutzer ist die Angabe des Nutzernamens und der Serveradresse notwendig, z. B. user@localhost.

Den Schreibstil für die Syntax haben wir im Weiteren der MySQL-Referenz nachempfunden: Alle SQL-Befehle werden gänzlich großgeschrieben, alle weiteren Bestandteile durchgängig klein. Optionale Parameter sind in eckige Klammern eingefasst. Alternativen werden mit einer Pipe (|) voneinander getrennt und, wenn für die Lesbarkeit nötig, in geschweifte Klammern eingefasst. Zeilenumbrüche in den Beispielen sind nur als Textformatierung eingefügt worden und sind nicht Bestandteil der SQL-Syntax.

Als fortlaufendes Beispiel werden wir die Adresskartei, die wir bislang in Dateiform vorliegen haben, in eine Datenbank überführen.

CREATE

Mit dem Befehl CREATE lassen sich sowohl Datenbanken als auch Tabellen erzeugen. Er gehört damit zur Daten-Definitions-Sprache. Konzentrieren wir uns erst einmal auf Datenbanken:

```
CREATE DATABASE [IF NOT EXISTS] dbName
[DEFAULT] CHARACTER SET zeichensatz
[DEFAULT] COLLATE sortierung
```

Innerhalb einer Serverinstanz trägt jede Datenbank einen eindeutigen Namen. Weil MySQL-Datenbanken als Ordner auf der Festplatte des Servers abgelegt werden, sind alle Namen für Datenbanken gültig, die auch als Ordnername erlaubt und nicht länger als 64 Zeichen sind. Das impliziert, dass sowohl der Slash (/) als auch der Backslash (\), die in unterschiedlichen Systemen jeweils Bestandteil von Pfadangaben sind, nicht im Namen vorkommen dürfen.

Die optionale Phrase IF NOT EXISTS dient dazu, einen Fehler abzufangen, sofern es bereits eine Datenbank mit dem angegebenen Namen gibt. Ein Zeichensatz gibt an, welche Zeichen – also beispielsweise Zahlen, Buchstaben, Sonderzeichen – für den Inhalt der Datenbank verwendet werden dürfen. Standard ist der Zeichensatz latin1, vielleicht besser bekannt als Norm ISO 8859-1. Dieser Satz reicht aus, um die meisten in Westeuropa, Amerika und in Teilen Afrikas verwendeten Sprachen zu codieren.

Unter *Collation* ist eine Reihe von Regeln zu verstehen, die die Sortierreihenfolge in einer Menge von Daten vorgeben. Eine Regel, die Sie ganz intuitiv befolgen, ist beispielsweise die Abfolge des Alphabets: A kommt vor B, B vor C usw. Andere Richtlinien sind nicht so eindeutig: Kommt im Deutschen der Umlaut »ö« vor oder nach dem »o«? Werden Großbuchstaben vor Kleinbuchstaben einsortiert? Wie steht es um die Sortierung von Zahlen und Buchstaben – folgt 1 auf A oder nicht? Verschiedene Sprachen sehen unterschiedliche Regelungen vor. Standardmäßig, also wenn Sie keine Angabe dazu machen, wählt MySQL als Collation das schwedische `latin1_swedish_ci`. Eine nützliche Übersicht über die Zeichenfolge der MySQL-Collations finden Sie unter *http://collation-charts.org*.

Eine Datenbank, die unsere Adresskartei aufnehmen soll, erzeugen wir mit dem im Folgenden beschriebenen Code. Wir benennen die Datenbank bezeichnenderweise *adresskartei*. Sie wird sämtliche Tabellen aufnehmen, die wir für dieses kleine Beispiel benötigen:

```
CREATE DATABASE adresskartei
CHARACTER SET latin1
COLLATE latin1_german1_ci;
```

Als Collation haben wir die erste von zwei alternativen deutschen Sortierungen gewählt. Als Ergebnis erhalten wir die leere Datenbank, die nun mit Tabellen befüllt werden kann.

Beim Anlegen einer Tabelle müssen Sie jede Spalte genau definieren. Allerdings ist es genauso möglich, eine »leere« Tabelle zu erzeugen, falls Sie etwa die genaue Struktur der Tabelle vorab nicht kennen. Im Nachhinein lassen sich jederzeit Attribute hinzufügen. Die grundlegende Syntax zum Anlegen einer Tabelle lautet:

```
CREATE [TEMPORARY][dbName.] TABLE [IF NOT EXISTS] tblName
[(attrDef, attrDef ...)]
[PRIMARY KEY (attrName, ...)]
[[DEFAULT] CHARACTER SET zeichensatz
[COLLATE sortierung]]
```

Mit Angabe der Option `[TEMPORARY]` erstellen Sie Tabellen, die automatisch gelöscht werden, sobald Sie Ihre Datenbankverbindung beenden. Die Tabelle ist nur sichtbar für Ihre Verbindung, das heißt, sie kann im Mehrbenutzerbetrieb nicht für andere Anwender zugänglich gemacht werden und kollidiert somit auch nicht mit gleichnamigen temporären Tabellen anderer Benutzer. Für Tabellennamen bestehen die gleichen Richtlinien und Begrenzungen wie für Datenbanken. Für jede Tabelle legt MySQL mehrere Dateien auf der Festplatte an. Sie alle tragen den Namen der Tabelle, haben aber unterschiedliche Dateitypen. Die Option `[PRIMARY KEY()]` wird benutzt, wenn ein zusammengesetzter Primärschlüssel gebildet werden soll. Bei Schlüsseln, die nur aus einem Attribut bestehen, kann dies in der entsprechenden Definition angegeben werden. Tabellen können eigene Vorgaben zum verwendeten Zeichensatz und zur Sortierung enthalten. Dadurch werden die globalen Einstellungen der Datenbank überschrieben.

Die Definition eines Attributs besteht dann aus:

```
attrName datentyp [NOT NULL | NULL]
[DEFAULT standardwert]
[AUTO_INCREMENT]
[UNIQUE [KEY] | [PRIMARY] KEY]
```

Datentypen werden im Datenbankmanagementsystem strenger gehandhabt als bei PHP. Einem Attribut wird bei der Definition einmalig ein Datentyp zugewiesen, der sich danach nicht selbständig vom System anpassen lässt. Natürlich können Sie den Typ jedoch nachträglich per Hand ändern. Neben Zahlen und Zeichenketten sieht MySQL auch binäre Datentypen vor, wie sie bei der Speicherung von Grafiken usw. gebraucht werden. Eine Auflistung aller verfügbaren Datentypen erfolgt im nächsten Abschnitt.

Mit der Angabe [NOT NULL | NULL] wird gesteuert, ob eine Entität für dieses Attribut nullwertig sein darf. Da MySQL auch Zahlen als Datentypen unterstützt, ergibt sich die gleiche Problematik, die wir bereits für PHP erörtert haben: Die numerische 0 ist ein Wert genau wie 1 oder 100 und somit nicht gleichbedeutend mit NULL. Also kann 0 nicht dafür verwendet werden, um anzuzeigen, dass ein Attribut keinen Wert besitzt. Definieren Sie Ihre Attribute mit der Option NOT NULL, wenn Sie sicherstellen möchten, dass bei jeder Einfügeoperation ein Wert angegeben werden muss. MySQL führt dann eine Überprüfung auf fehlende Angaben durch und gibt in einem solchen Fall eine Meldung aus.

Per [DEFAULT wert] können Sie einen Standardwert vergeben, auf den immer dann zurückgegriffen wird, wenn bei einer Einfügeoperation keine Angabe zu diesem Attribut gemacht wird. So lässt sich auch sicherstellen, dass die Bedingung NOT NULL eingehalten wird. Der Standardwert muss natürlich zu dem vergebenen Datentyp passen.

Die Option AUTO_INCREMENT wird gesetzt, um eine fortlaufende Nummerierung des Attributs zu gewährleisten. Bei einer Einfügeoperation ist der Wert einer AUTO_INCREMENT-Spalte immer um genau 1 größer als das bislang benutzte Maximum. Diese Option eignet sich also lediglich für ganzzahlige numerische Typen. Eingesetzt wird diese bei Primärschlüsseln. Jede Tabelle darf maximal eine AUTO_INCREMENT-Spalte besitzen, für die dann kein Standardwert vergeben werden darf.

Wenn Sie ein Attribut als UNIQUE kennzeichnen, werden dadurch doppelte Ausprägungen ausgeschlossen. Eine Ausnahme bilden Nullwerte. Die Bedingung der

Eindeutigkeit ist implizit erfüllt, wenn eine Spalte durch den Zusatz [PRIMARY KEY] als Primärschlüssel definiert wird. Für den Primärschlüssel sind Nullwerte allerdings ausgeschlossen.

Für die Realisierung der Adresskartei wählen wir die Alternative mit mehreren Tabellen, das heißt, wir legen nacheinander Tabellen für Kontakte und Städte an:

```
CREATE TABLE adresskartei.kontakte (
kid INT AUTO_INCREMENT PRIMARY KEY,
name VARCHAR(200),
ortRef    INT,
telefonnummer VARCHAR(100) );
```

> **Hinweis**
>
> Bei Namen (für Datenbanken, Tabellen, Attribute usw.) wird in MySQL nicht zwischen Groß- und Kleinschreibung unterschieden. Das Attribut ortRef ist also gleichbedeutend mit ortref, so wie es letztlich auch gespeichert wird. Wir geben es dennoch zur besseren Wiedererkennung als Umsetzung unserer gewohnten Schreibweise an.

Der Name des Primärschlüssels resultiert aus der Bezeichnung »ID« mit dem Präfix »K«, also dem ersten Buchstaben des Tabellennamens. Diese Vorgehensweise ist nicht vorgeschrieben, aber gängig. Als Datentyp wurde logischerweise eine Ganzzahl (Integer – INT) gewählt. Der Name ist eine Zeichenkette variabler Länge. Dafür existiert in MySQL ein gesonderter Datentyp (VARCHAR). Die Zahl 200 gibt die maximal zu erwartende Anzeigelänge an. Das Attribut ortRef ist eine Referenz auf die noch folgende Ortstabelle – also ein Fremdschlüssel. Wie Sie sehen, wird diese Eigenschaft nicht besonders gekennzeichnet. Die Implikationen, die aus Fremdschlüsseln resultieren, also die referentielle Integrität, werden in MySQL nicht immer eingehalten. Mehr darüber erfahren Sie in Kapitel 10, »MySQL Storage Engines«. In Telefonnummern sollten nicht nur Zahlen erlaubt sein, sondern auch Slashes/Backslashes und Klammern zur Separation der Vorwahl sowie das Pluszeichen für die Ländervorwahl. Als Datentyp wurde daher VARCHAR mit der Maximallänge 100 vergeben. Die Entscheidung gegen einen Integertyp macht die Validierung der eingegebenen Werte schwieriger, da jemand auch »abcdefgh« als Telefonnummer angeben kann. Die Handhabung dessen obliegt dem Programmierer auf Applikationsebene.

Die Städtetabelle wird wie folgt angelegt:

```
CREATE TABLE adresskartei.staedte(
sid INT AUTO_INCREMENT PRIMARY KEY,
postleitzahl VARCHAR(10),
name VARCHAR(200) );
```

Für die Postleitzahl ergibt sich das gleiche Problem wie bei der Telefonnummer der Kontakttabelle. Die in Deutschland gängige Vergabe fünfstelliger Nummern ist kein Standard, so dass auch Buchstaben und Bindestriche sowie Leerraum erlaubt sein müssen. Im Tabellennamen wurde der Umlaut entfernt, der allerdings prinzipiell erlaubt ist.

INSERT

Einfügeoperationen sind nur für Datensätze in Tabellen definiert. Der Befehl INSERT wird somit den Daten-Manipulations-Befehlen zugerechnet. Es existieren mehrere Varianten, von denen wir im ersten Schritt zwei vorstellen:

```
INSERT [IGNORE] INTO tblName
SET attrName=ausdr [, attrName=ausdr ...]
```

Die Angabe IGNORE sorgt dafür, dass Fehlermeldungen unterdrückt werden. Tritt also ein Fehler beim Einfügen auf, etwa weil ein Attribut mit den Optionen UNIQUE oder PRIMARY KEY mit einem bereits vorhandenen Wert belegt werden soll, wird keine Meldung ausgegeben, der Datensatz wird allerdings auch nicht eingefügt. Sinnvoll ist dies nur dann, wenn keine Fehlerbehandlung auf Datenbank- oder Applikationsebene erfolgen soll. IGNORE ist eine MySQL-spezifische Erweiterung zum SQL-Standard und somit im Sprachsatz anderer Datenbankmanagementsysteme eventuell nicht vorhanden. Als tblName muss der Name einer existierenden Tabelle angegeben werden. Die Wertzuweisung wird in einer ungeordneten Liste für jedes Attribut einzeln durchgeführt, in Form von »Name = Wert«. Sie müssen jedoch nicht für jede Tabellenspalte einen Wert angeben, sondern können solche Spalten auslassen, die mit der Option NULL, DEFAULT oder AUTO_INCREMENT definiert wurden. Der Wert kann sich auch aus einer Funktion ergeben, beispielsweise setzt zeit=NOW() den Wert für das Attribut zeit auf den aktuellen Zeitpunkt. Funktionen beziehen sich immer auf die Datentypen im Kontext. Daher erläutern wir im folgenden Abschnitt sowohl Datentypen als auch die darauf anwendbaren Funktionen.

Die zweite Methode zum Einfügen von Daten verwendet lediglich eine andere Form der Zuweisung:

```
INSERT [IGNORE] INTO tblName
[(attrName [, attrName ...])]
VALUES (ausdr | DEFAULT [, ausdr | DEFAULT ...])
[, (ausdr | DEFAULT [, ausdr | DEFAULT ...])]
```

Die Attribute, die belegt werden sollen, stehen getrennt von ihren neuen Werten in einer geordneten Liste unter dem Tabellennamen. Die Liste wird in runde Klammern eingefasst. Hinter VALUES folgt eine zweite Liste, die die Werte enthält.

Die Ordnung der beiden Listen muss identisch sein, jedoch nicht zwingend in derselben Reihenfolge, die bei der Tabellendefinition verwendet wurde. Es können auch mehrere Datensätze gleichzeitig eingefügt werden. Die Wertelisten werden dabei per Komma getrennt nach VALUES aneinandergereiht. Alternativ können Sie die Attributliste auch ganz weglassen. Dann aber müssen Sie mit der Werteliste einen kompletten Datensatz angeben, in der Reihenfolge, wie die Tabelle definiert ist.

Als Beispiel werden nun die ersten drei Datensätze aus der Adresskartei in die Tabellen eingefügt. Zuerst befüllen wir die Städtetabelle, danach die Kontakte.

```
INSERT INTO staedte SET postleitzahl='22-405',
name='Swansea; Wales';
INSERT INTO staedte (postleitzahl, name) VALUES
('20095', 'Hamburg'), ('59821','Arnsberg');
```

Alle Werte, egal, welchen Datentyps, können zum Einfügen in Anführungsstriche gesetzt werden. Bei Zeichenketten ist dies obligatorisch, aber auch Zahlen verlieren dadurch nicht ihren Typ bzw. erzeugen keinen Fehler. Aus Sicherheitsgründen ist die Verwendung von Anführungszeichen sogar anzuraten.

Die zweite INSERT-Anweisung fügt gleichzeitig zwei Datensätze in die Tabelle staedte ein. Bei der Alternative mit direkter Zuweisung (SET name=wert) ist dies nicht möglich. Mehrfacheinträge sollten Sie also entweder über die zweite Alternative oder aber über die MySQL-Importfunktionen tätigen.

id	postleitzahl	name
1	22-405	Swansea
2	20095	Hamburg
3	59821	Arnsberg

Abbildung 6.7 Realisierung der Städtetabelle

Nach der Ausführung der beiden Befehle sieht die Tabelle staedte aus wie in Abbildung 6.7. Es wurden also automatisch die Primärschlüssel ergänzt. Diese Werte benötigen wir jetzt für das Befüllen der Kontakttabelle:

```
INSERT INTO kontakte
(name, ortRef, telefonnummer) VALUES
('Johanna','1','0044-84-123456789'),
('Barbara','2','040-123456789'),
('Alexander','3','02931-123456789');
```

SELECT

Die Datenabfrage realisiert MySQL mit dem Befehl SELECT. Die Syntax ist sehr komplex, was die Fähigkeiten dieser Anweisung widerspiegelt. So können Sie u. a. mehrere Tabellen miteinander verbinden, Daten gruppieren oder aggregieren und das Ergebnis in eine Datei schreiben. Der Rückgabewert kann ein einzelner Wert, eine Zeile von Werten oder auch eine Menge von Zeilen sein. Unabhängig von der Datenmenge wird das Ergebnis einer SELECT-Abfrage in Tabellenform zurückgegeben. Im Sonderfall kann es sich dabei also auch um eine Tabelle mit nur einer Spalte und einer Zeile handeln.

Vor allem eignet sich SELECT auch, um Berechnungen auszuführen, ohne dass sich die Abfrage auf eine Tabelle der Datenbank beziehen muss:

```
SELECT 1 + 100;
```

ergibt 101. Die Berechnungen können sehr umfangreich werden. Definiert sind neben den Grundrechenarten (+, –, *, /) u. a. Logarithmen und Exponenten, Rundungen, Zufallsgeneratoren und trigonometrische Funktionen (Sinus, Kosinus, Tangens usw.). Auch die Klammersetzung verhält sich so, wie Sie es aus der Arithmetik gewohnt sind.

Nehmen wir uns die Syntax des SELECT-Kommandos vor:

```
SELECT [DISTINCT] attrName [, attrName] |
[INTO OUTFILE 'dateiName']
[FROM tblName [, tblName]
[WHERE bedingung]
[GROUP BY attrName [ASC | DESC] [, ...]]
[ORDER BY attrName [ASC | DESC] [, ...]]
[LIMIT [position, ] zeilenanzahl] ]
```

Es besteht zuvorderst aus den Teilen SELECT ... FROM ... WHERE (SFW), wobei weder eine FROM- noch eine WHERE-Klausel notwendig sind (wie im Berechnungsbeispiel dargestellt). Eine Abfrage an die Datenbank wird dann in den folgenden Schritten ausgewertet:

1. Verknüpfen Sie alle Relationen, wie sie in der FROM-Klausel angegeben sind. Aus den Tabellen, die durch Komma getrennt aufgelistet sind, z. B. durch FROM tabelleA, tabelleB, bildet MySQL das sogenannte *kartesische Produkt*, das heißt, jeder Datensatz aus Tabelle A wird mit jedem Datensatz aus Tabelle B kombiniert (siehe Abbildung 6.8). Das kartesische Produkt einer Tabelle A mit drei Datensätzen und einer Tabelle B mit zwei Datensätzen umfasst dann 2 * 3 = 6 Datensätze. Dies kann bei großen Tabellen, die es zu verknüpfen gilt, zu Lasten der Performance gehen. Es existieren mehrere Arten der Verknüpfung, sie alle gehören zu dem Oberbegriff JOIN.

2. Werten Sie die so entstehende Relation anhand der WHERE-Bedingungen aus. Dadurch wird die Ergebnismenge in der Regel signifikant verkleinert. WHERE-Ausdrücke können aus mehreren Teilen bestehen, die alle im booleschen Sinne für jeden Datensatz der Ergebnismenge true sein müssen. Gängige Bedingungen sind Gleichheit oder Größenvergleiche. Die Syntax ist sehr ähnlich den Bedingungen, die Sie bereits aus PHP kennen.
3. Extrahieren Sie diejenigen Attribute, die nach dem SELECT angegeben sind. Ein Stern (*) selektiert alle in der Ergebnismenge vorhandenen Attribute. Verwerfen Sie den Rest.
4. Sortieren, ordnen und limitieren Sie das Ergebnis, falls entsprechende Angaben gemacht wurden, und liefern Sie das Ergebnis zurück – geben Sie es an den Client weiter, oder schreiben Sie es in eine Datei auf dem Server.

TabelleA

AttributA
A
B
C

TabelleB

AttributB
X
Y

TabelleA X TabelleB

AttributA	AttributB
A	X
B	X
C	X
A	Y
B	Y
C	Y

Abbildung 6.8 Das kartesische Produkt

Die optionale Angabe von DISTINCT sorgt dafür, dass Zeilen der Ergebnismenge entfernt werden, sobald sie mehrfach auftreten. Ohne diesen Zusatz finden Sie also unter Umständen doppelte Einträge im Ergebnis. Sofern Sie INTO OUTFILE einsetzen, wird das Abfrageergebnis in eine Datei geschrieben. Dafür brauchen Sie Rechte zum Anlegen einer Datei auf dem Server. Die Datei wird nicht beim Client angelegt. Als Dateiname lässt sich auch ein Pfad zu einem anderen Verzeichnis auf dem Rechner angeben.

GROUP BY gruppiert die Ergebnismenge nach den angegebenen Attributen. Die Gruppierung kann sowohl alphabetisch aufsteigend (ASC – »ascending«) als auch absteigend (DESC – »descending«) erfolgen; standardmäßig wird aufsteigend sortiert. ORDER BY sorgt für eine Sortierung der Ergebnismenge. Die Reihenfolge ist wie bei der Gruppierung auf- und absteigend möglich. Das LIMIT letztlich beschränkt die Ergebnismenge in der Anzahl an Datensätzen. Mit nur einem Parameter wird angegeben, wie viele Tupel Sie erhalten möchten. Rufen Sie LIMIT mit zwei Parametern auf, gibt der erste an, ab dem wievielten Datensatz die Ausgabe starten soll, sprich, wie viele Datensätze vom Anfang der Ergebnismenge ausgelassen werden. Der zweite Parameter wiederum gibt die Anzahl an.

In SELECT- und FROM-Klauseln können Sie den Tabellen, aus denen Sie Daten heraussuchen, einen neuen, temporären Namen geben, ein sogenanntes *Alias*. Dieser Name ist dann nur innerhalb dieser Abfrage gültig und kann nach deren Auswertung nicht weiter verwendet werden. Notieren Sie das Alias einfach nach dem Tabellennamen:

```
...
FROM tabelleA a, tabelleB b
...
```

Die temporären Tabellennamen aus der FROM-Klausel können Sie dann sowohl im SELECT als auch im WHERE verwenden, wenn Sie Attribute unter Angabe ihrer Herkunft ansprechen müssen. Dies ist der Fall, wenn Sie Daten aus unterschiedlichen Tabellen verknüpfen und mehrere Attribute den gleichen Namen haben. So etwa, wenn beide Tabellen einen Primärschlüssel namens id besitzen. Dann müsste eine SELECT-Abfrage der Klarheit halber so aussehen:

```
SELECT a.id, b.id, attributB
FROM tabelleA a, tabelleB b
WHERE a.id != b.id;
```

Die Notwendigkeit ergibt sich, wie gesagt, nur aus dem doppelten Namen. Attribute, die über alle beteiligten Tabellen eindeutig sind, wie im Beispiel attributB, bedürfen keines Alias.

Im SELECT haben Aliasse eine andere Bedeutung: Sie bestimmen den Namen, den das Attribut in der Ausgaberelation bekommt. Damit wirken sie sich direkt darauf aus, wie sich das Ergebnis dem Anwender darstellt. Wollen wir beispielsweise den beiden Primärschlüsseln sinnvolle Namen geben, erreichen wir das wie im Folgenden beschrieben; Aliasse für Attribute vergeben wir mit dem Schlüsselwort AS:

```
SELECT a.id AS schluesselA, b.id AS schluesselB, attributB
FROM tabelleA a, tabelleB b
WHERE a.id != b.id;
```

Das Ergebnis, das der Client in Form einer Tabelle zu sehen bekommt, hat die Attribute schluesselA, schluesselB und attributB – keine Spur mehr von irgendwelchen ids.

> **Hinweis**
>
> Auch Aliasse für Tabellen lassen sich mit dem Schlüsselwort AS vergeben. Um eine Unterscheidung zwischen den beiden Arten von Aliassen zu treffen, verwenden wir es aber nur für Attribute.

Suchen wir nun gezielt Daten aus unserer Adresskartei. Wir gehen davon aus, dass alle Datensätze, wie sie in der Textdatei gespeichert waren, in die Tabellen unserer Datenbank überführt wurden.

Suchen wir als Erstes die Telefonnummer von Johanna. Alle Attribute, die wir benötigen, befinden sich in der Tabelle kontakte, wir benötigen also keinen JOIN mit der Städtetabelle:

```
SELECT telefonnummer
FROM kontakte
WHERE name='Johanna';
```

Im Beispiel sind wir davon ausgegangen, dass wir den genauen Namen der Person kennen, die wir suchen. Das einfache Gleichheitszeichen bedeutet in MySQL Zeichengleichheit – anders als in PHP, wo es für eine Zuweisung steht. Die WHERE-Klausel name='joh' hätte uns also nicht ans Ziel geführt, sondern ein leeres Ergebnis beschert. Eine »unscharfe« Suche erreichen Sie mit dem Prozentzeichen als Platzhalter (»%«) im Zusammenhang mit LIKE:

- name LIKE '%hanna' bedeutet: Vor der Zeichenkette »hanna« dürfen beliebig viele Zeichen stehen (auch keine); danach sind keine weiteren Zeichen erlaubt. Dies hätte uns das richtige Ergebnis geliefert.
- name LIKE 'Joh%' bedeutet: Nach der Zeichenkette kann es noch weitere Zeichen geben. Dies hätte uns ebenfalls das richtige Ergebnis geliefert.
- name LIKE '%Johanna%' bedeutet: Die Zeichenkette muss irgendwo in name vorkommen. Auch dies führt uns zum Ziel.

Während das Prozentzeichen beliebig viele Zeichen ersetzt, können Sie den Unterstrich (_) nutzen, um genau ein Zeichen zu ersetzen.

Als Nächstes suchen wir die Nummern und Namen aller Bekannten, deren Name ein »ch« enthält. Auch hierbei benötigen wir keinen JOIN:

```
SELECT name, telefonnummer
FROM kontakte
WHERE name LIKE '%ch%';
```

Anders als im vorigen Beispiel enthält die Ergebnismenge dieses Mal drei Zeilen, zu sehen in Abbildung 6.9.

name	telefonnummer
Michael	02165-123546879
Christiane	0032-2-123546879
Heinrich	0365-123546879

Abbildung 6.9 Abfrageergebnis

Um nur einen der Datensätze zu selektieren, und zwar den mit dem alphabetisch ersten Namen, sortieren wir das Ergebnis und beschränken die Ergebnismenge auf einen Datensatz:

```
SELECT name, telefonnummer
FROM kontakte
WHERE name LIKE '%ch%'
ORDER BY name
LIMIT 1;
```

Übrig bleibt »Christiane« mitsamt Telefonnummer.

Im Weiteren wollen wir alle Kontakte mit Namen und Telefonnummer haben, die in Hamburg wohnen:

```
SELECT k.name, telefonnummer
FROM kontakte k, staedte s
WHERE ortref=sid AND s.name='Hamburg';
```

Bei dieser Abfrage über zwei Tabellen haben wir das kartesische Produkt bilden lassen. Die WHERE-Klausel besteht aus zwei Bestandteilen: Über die Bedingung s.name='Hamburg' selektieren wir alle Städte-IDs (sid). Diese gleichen wir dann mit den Fremdschlüsseln der Kontakttabelle ab, um an die Namen und Nummern der Kontakte zu kommen. Lediglich die Attribute name müssen mit Tabellenangabe benutzt werden, da sie sowohl in kontakte als auch in staedte vorkommen. Bei telefonnummer und ortref können wir darauf verzichten.

Die Vergleichsmöglichkeiten der WHERE-Klauseln sind breit gefächert. Den Test auf Gleichheit, Ähnlichkeit sowie Ungleichheit haben wir in den zuletzt dargestellten Beispielabfragen gemacht. Tabelle 6.1 enthält eine Liste von Optionen.

Name	Beispiel (WHERE ...)
= (gleich)	attribut=1 ist true für alle Datensätze, in denen das Attribut den Wert 1 hat.
<=> (null-sicher gleich)	Verhält sich wie der Gleichheitsoperator; einzige Ausnahme: Ergibt true (statt NULL) beim Vergleich NULL <=> NULL.
>= (größer oder gleich)	attribut>15 ist true für alle Datensätze, in denen das Attribut mindestens den Wert 15 hat.
> (echt größer)	attribut>15 ist true für alle Datensätze, in denen das Attribut mindestens den Wert 16 hat.
<= (kleiner gleich)	attribut<=15 ist true für alle Datensätze, in denen das Attribut höchstens den Wert 15 hat.
< (echt kleiner)	attribut<15 ist true für alle Datensätze, in denen das Attribut höchstens den Wert 14 hat.
<> (nicht gleich)	attribut<>99 ist true für alle Datensätze, in denen das Attribut nicht 99 ist.
!= (ungleich)	identisch mit <>
NOT (nicht)	Negiert die Aussage der folgenden Vergleichsoperatoren.
BETWEEN (zwischen)	attribut BETWEEN 5 AND 99 ist true für alle Datensätze, die einen minimalen Wert von 5 und einen maximalen Wert von 99 haben.
IS	attribut IS TRUE ist true für alle Datensätze, in denen das Attribut im booleschen Sinne true ist; möglich ist die Abfrage IS [NOT] NULL.
LIKE	attribut LIKE '%wort%' findet alle Datensätze, in denen wort im Attribut vorkommt.
IN	attribut IN (wert1, wert2 ...) ist true für alle Datensätze, bei denen das Attribut einer der Werte wert1, wert2 ... ist.

Tabelle 6.1 Vergleichsoperatoren

Eine SELECT-Anweisung kann Bestandteil eines anderen SQL-Befehls sein. Sie kann in Einfüge-, Aktualisierungs- und Löschoperationen eingefügt werden und sogar Teil einer übergeordneten Abfrage sein. Solche Unterabfragen (englisch »subselect«) können, wie normale Abfragen auch, einen einzelnen Wert, eine Zeile oder eine Menge von Zeilen an die äußere Anweisung übergeben.

Die dritte und letzte Art, Daten in eine Tabelle einzufügen, nutzt die Vorteile einer Unterabfrage:

```
INSERT [IGNORE] INTO tblName
SELECT attrName ...
FROM tblName2 ...
WHERE ...
```

Nützlich ist diese Art von Einfügeoperationen, wenn Daten aus bestehenden Tabellen überführt werden müssen. Durch die Flexibilität der SELECT-Abfrage müssen die Strukturen der alten und der neuen Tabelle nicht einmal übereinstimmen.

UPDATE

Die Syntax des Aktualisierungsbefehls UPDATE birgt wenige Neuigkeiten:

```
UPDATE [IGNORE] tblName
SET attrName=ausdr [, attrName=ausdr]
[WHERE bedingung]
[ORDER BY attrName LIMIT n]
```

Mit IGNORE wird verhindert, dass die Ausführung der Anweisung bei einem Fehler abgebrochen wird. Dies ist insbesondere dann wichtig, wenn mehrere Datensätze auf einmal aktualisiert werden und ein einziger Fehler keinen Effekt auf die Ausführung aller anderen Neuerungen haben soll.

Die Spalten, die neu belegt werden sollen, werden einzeln mit direkter Zuweisung nach dem SET angegeben. Dabei kann eine Aktualisierung auf den alten Wert des Attributs Bezug nehmen. Es ist demnach möglich, Folgendes auszuführen:

```
UPDATE tabelle SET attribut=attribut+1;
```

Sie brauchen also den Wert des Attributs, das Sie inkrementieren wollen, vorab nicht zu ermitteln.

Durch die Angabe einer WHERE-Klausel beschränken Sie die Aktualisierung auf eine Untermenge des Tabelleninhalts. Die Klausel ist beim UPDATE genauso mächtig wie beim SELECT.

> **Warnung**
>
> Ohne WHERE-Klausel aktualisiert ein UPDATE alle Datensätze der Tabelle. Die Einschränkung zu vergessen und dann aus Versehen ein UPDATE-Kommando abzusetzen, kann fatale Folgen haben.

Die optionale Angabe von ORDER BY hat Einfluss auf die Reihenfolge, in der die Datensätze überschrieben werden. Das LIMIT begrenzt dagegen die Anzahl der aktualisierten Tupel.

Es ist durchaus möglich, dass ein Attribut in einem UPDATE-Befehl mehrfach verändert wird. Die Auswertungsreihenfolge der Neuzuweisungen geschieht von links nach rechts. Eine Anweisung wie

```
UPDATE tabelle SET attribut=attribut+1, attribut=attribut*10;
```

wird korrekt ausgewertet. `attribut` beträgt im Anschluss das Zehnfache seines alten Wertes plus 10.

Die Aktualisierung unserer Adresskartei wird immer dann notwendig, wenn ein Kontakt umzieht. Durch die Auslagerung der Orte haben wir es recht einfach: Wir müssen bei einem Umzug in eine andere Stadt nur den Fremdschlüssel zur Städtetabelle verändern. Dies ist am einfachsten, wenn wir den Primärschlüssel-Wert aus der Städtetabelle kennen:

```
UPDATE kontakte SET ortref='10'
WHERE name='Elke';
```

Und schon kommt Elke nicht mehr aus Kassel. Etwas schwieriger gestaltet sich die Situation, wenn wir nur den Ortsnamen, nicht aber dessen Primärschlüssel kennen. In diesem Fall löst aber ein Subselect unser Problem:

```
UPDATE kontakte SET ortref=
(SELECT sid FROM staedte WHERE name='Brüssel' LIMIT 1)
WHERE name='Elke';
```

Die Aktualisierung ist mit Vorsicht zu genießen, zumal die belgische Hauptstadt mehrere Postleitzahlen besitzt. Wir limitieren das Ergebnis der Unterabfrage deshalb, um nur einen Datensatz zu bekommen. Das soll in diesem Fall genügen. Um die Referenz aber ganz genau aktualisieren zu können, muss die neue Postleitzahl in das Subselect einbezogen werden:

```
SELECT sid FROM staedte
WHERE name='Brüssel' AND postleitzahl='...';
```

DELETE

Löschoperationen nehmen Sie mit dem Befehl `DELETE` vor. Auch hier ergeben sich keine Überraschungen in der Syntax:

```
DELETE [IGNORE] FROM tblName
[WHERE bedingung]
[ORDER BY attrName LIMIT n]
```

Die `WHERE`-Bedingung schränkt die zu löschenden Datensätze in `tblName` ein. Das Vergessen der Klausel hat ähnlich fatale Folgen wie ein `UPDATE` ohne `WHERE`. Beim Löschen wird dadurch die Tabelle komplett geleert. In beiden Fällen sind die Daten verloren.

`ORDER BY` und `LIMIT` werden genutzt, um Reihenfolge und Anzahl der zu löschenden Datensätze festzulegen. Syntaktisch können beide Optionen getrennt voneinander auftauchen, die Verbindung ist aber in den meisten Fällen sinnvoll.

Im Folgenden entfernen wir einen Datensatz aus der Kontakttabelle. Die dazugehörige Angabe zu dessen Wohnort belassen wir allerdings in der Tabelle staedte:

```
DELETE FROM kontakte
WHERE kid='5';
```

ALTER

Mit ALTER verändern Sie die Struktur von Datenbanken und Tabellen. Zuzurechnen ist der Befehl also der Daten-Definitions-Sprache. Die Komplexität der beiden Varianten hängt zusammen mit den jeweiligen CREATE-Kommandos. Das bedeutet, für Tabellen lassen sich weit mehr Modifikationen durchführen als für Datenbanken. Im letzteren Fall beschränken sich die Möglichkeiten des ALTER-Befehls auf den verwendeten Zeichensatz und die Collation:

```
ALTER DATABASE [dbName]
[ [DEFAULT] CHARACTER SET zeichensatz
 | [DEFAULT] COLLATE sortierung ]
```

Wie Sie sehen, können Sie auf die Angabe des Datenbanknamens auch verzichten. Wenn Sie das tun, dann bezieht sich die Anweisung auf die aktuelle Standarddatenbank.

In unserer Adresskartei wollen wir die Collation verändern. Wie wir bei der Definition der Datenbank bereits erwähnt haben, existieren für die deutsche Sprache zwei verschiedene Regelklassen: latin1_german1_ci und latin1_german2_ci. Beide Varianten beziehen sich auf DIN-Normen und unterscheiden sich im Umgang mit Sonderzeichen und damit in der Sortierung von Zeichenketten. latin1_german1_ci gilt als »Wörterbuch-Collation«, latin1_german2_ci gilt als »Telefonbuch-Collation«. Abzulesen sind ihre Regeln aus Tabelle 6.2.

Sonderzeichen	latin1_german1_ci	latin1_german2_ci
Ä	A	AE
Ö	O	OE
Ü	U	UE
ß	S	SS

Tabelle 6.2 Unterschiede im Umgang mit Sonderzeichen

Bislang haben wir die erste Variante eingesetzt, nun wollen wir auf die zweite wechseln:

```
ALTER DATABASE adresskartei
COLLATE latin1_german2_ci;
```

Entsprechend dem Befehl `CREATE TABLE` gibt es für die Modifikation von Tabellenstrukturen weitaus mehr Möglichkeiten:

```
ALTER [IGNORE] TABLE tblName
ADD [COLUMN] attrDefinition [FIRST | AFTER attrName]
| ADD PRIMARY KEY (attrName [, attrName ...])
| ADD UNIQUE [indexname] (attrName [, attrName ...])
| ALTER [COLUMN] attrName
{SET DEFAULT wert | DROP DEFAULT}
| CHANGE [COLUMN] attrName attrDefinition
[FIRST | AFTER attrName]
| MODIFY [COLUMN] attrDefinition
[FIRST | AFTER attrName]
| DROP [COLUMN] attrName
| DROP PRIMARY KEY
| RENAME tblNameNeu
| CONVERT TO CHARACTER SET zeichensatz
[COLLATE sortierung]
| [DEFAULT] CHARACTER SET zeichensatz
[COLLATE sortierung]
```

Die lange Liste der Funktionalität besteht in nicht zu verachtendem Ausmaß aus Erweiterungen, die so nicht im SQL-Standard festgeschrieben sind. Neben dem `IGNORE` sind dies u. a. `CHANGE attrName` und `DROP attrName`, die von MySQL eingeführt wurden. Die Option `MODIFY` wurde von Oracle übernommen.

Beim Hinzufügen und Modifizieren einer Tabellenspalte mit {`ADD` | `CHANGE` | `MODIFY`} ist die Definition so festzulegen, wie sie im Abschnitt zu `CREATE TABLE` zu sehen ist. Das bedeutet, Sie können Angaben zu Datentyp, Standardwerten und Nullwerten machen. Der Unterschied zwischen `CHANGE` und `MODIFY` liegt darin, dass Sie im ersten Fall einen neuen Namen festlegen müssen. Möchten Sie die Spalte nicht umbenennen, wählen Sie den gleichen Namen:

```
ALTER TABLE tabelle CHANGE attribut attribut VARCHAR(100);
```

Die Alternative `MODIFY` sieht keinen Namenswechsel vor:

```
ALTER TABLE tabelle MODIFY attribut VARCHAR(100);
```

Zusätzlich können Sie die Position bestimmen, an der die neue bzw. geänderte Spalte in die Tabelle einsortiert werden soll. Mit `FIRST` setzen Sie das neue Attribut an den Anfang, mit `AFTER attrName` reihen Sie es nach einer anderen bestehenden Spalte ein. Die dritte Art, Attribute zu modifizieren, beschränkt sich auf das Setzen oder Löschen eines Standardwertes:

```
ALTER TABLE tabelle ALTER attribut DROP DEFAULT;
```

Allerdings lassen sich in einem ALTER-Kommando mehrere Optionen zusammen ausführen, also auch MODIFY und ALTER mit Bezug auf das gleiche Attribut. Um eine Spalte aus der Tabelle zu entfernen, geben Sie DROP attrName an. Wie aus unseren Beispielen ersichtlich wird, brauchen Sie das Wort COLUMN in keinem der Fälle anzugeben, sondern können es einfach weglassen.

Anlegen und Löschen ist auch für Primärschlüssel und Eindeutigkeitsbedingungen möglich. Mit ADD PRIMARY KEY lassen sich auch zusammengesetzte Schlüssel definieren. Diese werden jedoch bei einem DROP PRIMARY KEY komplett gelöscht. Eindeutigkeitsbedingungen sind ebenfalls für mehrere Spalten möglich. Im Gegensatz zum Primärschlüssel können Sie beim ADD UNIQUE aber zusätzlich einen Namen vergeben:

```
ALTER TABLE tabelle ADD PRIMARY KEY (attrName2);
ALTER TABLE tabelle DROP PRIMARY KEY;
ALTER TABLE tabelle ADD UNIQUE index1 (attrName2);
```

Letztlich können Sie auch Eigenschaften der kompletten Tabelle aktualisieren. Zum einen lässt sich die Tabelle mit RENAME umbenennen. Neue Namen haben unter Umständen Auswirkungen auf die Applikationsebene. So müssen Sie eventuell fertige PHP-Skripte umschreiben und die darin enthaltenen SQL-Anweisungen aktualisieren.

```
ALTER TABLE tabelle RENAME tabelle2;
```

Zum anderen können Sie einen neuen Zeichensatz mitsamt Collation vergeben.

DROP

Mittels DROP {DATABASE | TABLE} löschen Sie Strukturen nachhaltig. Bevor wir eine Datenbank löschen, entfernen wir alle Tabellen:

```
DROP [TEMPORARY] TABLE [IF EXISTS]
tblName [, tblName ...]
```

Die Anweisung macht einen Unterschied zwischen temporären und normalen Tabellen. Das Löschen temporärer Tabellen ist dann sinnvoll, wenn die Verbindung zwischen Client und Datenbankserver dauerhaft besteht. Wir erinnern uns: Temporäre Tabellen werden automatisch gelöscht, wenn die Verbindung zur Datenbank getrennt wird.

Das optionale IF EXISTS erfüllt eine ähnliche Aufgabe wie das IGNORE. Das Löschen einer nicht existierenden Tabelle führt zu keinem Fehler, wenn Sie IF EXISTS in Ihr Kommando eingeschlossen haben. Dies ist insbesondere wichtig, wenn Sie auf einen Schlag mehrere Tabellen aus der Datenbank entfernen wollen. Bei einem eventuellen Fehler bricht die Ausführung ab, ohne die restlichen Strukturen zu löschen. Um mehrere Tabellen gleichzeitig zu entfernen, geben Sie deren Namen in einer kommaseparierten Liste an.

Mit dem folgenden Kommando verabschieden wir uns von den Tabellen der Adresskartei samt Inhalt:

```
DROP TABLE [IF EXISTS] kontakte, staedte;
```

Obwohl es nicht zwingend notwendig ist, eine Datenbank vor dem DROP DATABASE zu leeren, ist es doch die sauberste Lösung. Eine Datenbank ist letztlich ein Ordner auf der Festplatte des Servers. Darin enthalten sind unterschiedliche Dateien, die entweder direkt zur Datenbank oder zu den darin gespeicherten Tabellen gehören. Beim Löschen werden alle Dateien, die MySQL während des Datenbanklebenszyklus anzulegen pflegt, beseitigt, u. a. alle Dateien, die mit Tabellen in Zusammenhang stehen. Wenn dennoch Inhalt übrig bleibt, weil er nicht zugeordnet werden kann, lässt sich der Ordner, sprich die Datenbank, nicht einwandfrei löschen.

Die Syntax zum Löschen von Datenbanken sieht folgendermaßen aus:

```
DROP DATABASE [IF EXISTS] dbName
```

> **Warnung**
> So wenige Optionen Sie auch haben, umso größer ist der Effekt bei der Ausführung. Mit DROP DATABASE sind alle Daten unweigerlich verloren. Also lassen Sie Vorsicht bei der Anwendung walten.

Nachdem die Adresskartei vollkommen geleert ist, lässt sie sich ohne weiteres entfernen:

```
DROP DATABASE adresskartei;
```

6.2.3 Datentypen

MySQL stellt insgesamt 27 Datentypen zur Verfügung, also wesentlich mehr als PHP. Diese lassen sich in die folgenden vier Gruppen einteilen, die sich jedoch noch weiter aufspalten lassen:

- numerische Typen (ganzzahlig und nicht ganzzahlig)
- Zeichenketten (binär und nicht binär)
- Datum- und Zeittypen
- Mengentypen

Die Typen einer Gruppe unterscheiden sich lediglich in ihrer Größe bzw. ihren Wertebereichen – ausgenommen sind die Mengentypen. Für numerische Typen und Zeichenketten können Sie den Anzeigebereich bestimmen, indem Sie bei der Definition die Länge in runden Klammern hinter dem Datentyp angeben.

Datentypen unterstützen jeweils Operatoren und Funktionen, analog zu PHP. Manche Operatoren sind für mehr als einen Datentyp bzw. eine Typgruppe definiert, so beispielsweise Vergleichsoperatoren, die Sie im Rahmen der WHERE-Klauseln bereits kennengelernt haben. Werden Werte verschiedener Datentypen miteinander verglichen, führt MySQL automatisch eine Konvertierung durch, die jedoch ausschließlich für die Zeit der Abfrageausführung gültig ist.

Manuelle Typkonvertierung erreichen Sie mit der Funktion

`CAST(ausdr AS typ)`

Als `typ` können Sie aus sieben Alternativen wählen, zusammengefasst in Tabelle 6.3 dargestellt. Wenig überraschend ist, dass die Alternativen mit den in MySQL existierenden Datentypen korrelieren.

Typ	Beschreibung
SIGNED	vorzeichenbehafteter Integerwert
UNSIGNED	vorzeichenloser Integerwert
DECIMAL	numerischer Fließkommawert
CHAR	Zeichenkette
BINARY	Binäre Zeichenkette; binäre Vergleiche unterscheiden zwischen Groß- und Kleinschreibung.
DATE	Datum im Format JJJJ-MM-TT
DATETIME	Datum und Zeit im Format JJJJ-MM-TT SS:MM:SS
TIME	Zeit im Format SS:MM:SS

Tabelle 6.3 Typkonvertierungen in Zahlen, Zeichenketten und Datumsformate

Verdeutlichen wollen wir die Konvertierung anhand der Funktion NOW(), die den aktuellen Zeitpunkt mitsamt Datum angibt, etwa 2010-02-28 23:59:59. Die Typkonvertierung dieses Zeitpunkts sieht dann folgendermaßen aus:

```
SELECT CAST(NOW() AS SIGNED);
=>2010
SELECT CAST(NOW() AS UNSIGNED);
=>2010
SELECT CAST(NOW() AS CHAR);
=>'2010-02-28 23:59:59'
SELECT CAST(NOW() AS BINARY);
```

```
=>'2010-02-28 23:59:59'
SELECT CAST(NOW() AS DATE);
=>2010-02-28
SELECT CAST(NOW() AS DATETIME);
=>2010-02-28 23:59:59
SELECT CAST(NOW() AS TIME);
=>23:59:59
```

Bei der Konvertierung in Integer übernimmt MySQL so viele Zeichen als Zahlen, wie es von links nach rechts als solche interpretieren kann. Beachten Sie außerdem, dass das Ergebnis als Zeichenkette in Anführungsstrichen steht und somit wirklich ein String ist. Konvertierungen von NOW() in Zeit- und Datumstypen erreichen Sie auch auf anderem Weg, nämlich über die Funktion DATE_FORMAT(), die wir im Rahmen der zeitrelevanten Datentypen erläutern. Zudem sind Sie mit DATE_FORMAT() deutlich flexibler.

Im Folgenden wollen wir Ihnen alle Datentypen im Detail vorstellen. Im Zuge dessen geben wir auch eine Einführung in typische MySQL-Funktionen, die Sie im täglichen Umgang mit der Datenbank einsetzen können.

Numerische Typgruppen

Numerische Datentypen werden weiter unterschieden in Zahlen mit und ohne Nachkommastellen. Auf ihnen sind Rechenoperationen definiert, die noch weitgehender sind als die in PHP. Über die Grundrechenarten hinaus sind so etwa auch trigonometrische Funktionen erlaubt.

Im Folgenden sehen Sie eine Übersicht über die ganzzahligen numerischen Typen (siehe Tabelle 6.4). Die Spalte »Datentyp« enthält den Namen und die sinnvolle Anzeigelänge. Ein TINYINT hat beispielsweise höchstens den Wert 255, also reichen drei Stellen aus, um den Maximalwert darzustellen.

Typgruppe	Datentyp	Wertebereich (Größe)
ganzzahlige numerische Typen	TINYINT(3)	–128 bis 127 (2^8)
	SMALLINT(5)	–32.768 bis 32.767 (2^{16})
	MEDIUMINT(8)	–8.388.608 bis 8.388.607 (2^{24})
	INT(10)	–2.147.483.648 bis 2.147.483.647 (2^{32})
	BIGINT(20)	–9.223.372.036.854.775.808 bis 9.223.372.036.854.775.807 (2^{64})

Tabelle 6.4 Ganzzahlige numerische Typen

Die Wertebereiche liegen also beinahe symmetrisch um den Nullpunkt; die komplette Symmetrie ist deshalb nicht möglich, da auch die 0 ein Wert ist. Deswegen ist der positive Bereich immer um 1 kleiner als der negative. Möchten Sie sich nur im positiven Bereich – inklusive der 0 – bewegen, können Sie bei der Attributsdefinition mit Ganzzahlen zusätzlich das Wort UNSIGNED setzen:

```
CREATE TABLE zahlen(ganzzahl TINYINT(2) UNSIGNED);
```

Der maximale Wert liegt dann bei der Größe des Datentyps minus 1 (wegen der 0). Ein INT hat, wenn er UNSIGNED ist, einen Höchstwert von $2^{32}-1$, also 4.294.967.295, ein TINYINT kommt auf 255.

Als weitere Option neben UNSIGNED existiert ZEROFILL, das in Zusammenhang mit der Anzeigelänge einer Zahl steht. Nutzt eine Zahl die vorgegebene Anzeigelänge nicht komplett aus, wird sie linksbündig mit Nullen aufgefüllt, wenn die Tabellenspalte mit ZEROFILL definiert ist. Nehmen Sie als Beispiel die Tabelle zahlen, die wir im vorigen Absatz definiert haben und die wie in Tabelle 6.5 gezeigt befüllt wurde.

ganzzahl
255
17
1

Tabelle 6.5 Realisation der Tabelle »zahlen«

Wir verändern nun die Struktur der Tabelle, indem wir ZEROFILL hinzufügen:

```
ALTER TABLE zahlen MODIFY
ganzzahl TINYINT(2) UNSIGNED ZEROFILL;
```

Es ergibt sich dadurch ein kleiner Unterschied in der Darstellung der Daten, zu sehen in Tabelle 6.6.

ganzzahl
255
17
01

Tabelle 6.6 Tabelle »zahlen« mit ZEROFILL

Der 1 wird eine 0 vorangestellt. Die 17 bleibt, obwohl sie die Maximalgröße eines TINYINTs nicht vollends ausnutzt, unberührt. Das ZEROFILL füllt nur Werte mit Nullen auf, die kleiner sind als die Anzeigelänge. Diese Größenangabe hat demnach nichts mit dem maximal speicherbaren Wert eines Attributs zu tun. Wie der Wert 255 aus der Tabelle zahlen deutlich macht, können Sie, obwohl die

Anzeigegröße nur zweistellige Zahlen erlaubt, Werte größer 99 speichern. Diese werden auch bei Abfragen mit dem hinterlegten Wert ausgegeben.

Für spezielle Anwendungsfälle der bereits erläuterten ganzzahligen Typen existieren Synonyme. Am generellsten ist dabei noch der String `INTEGER`, der genau dasselbe aussagt wie `INT`. Weitaus spezifischer ist das `SERIAL`, bekannt aus anderen großen Datenbanksystemen. Diese fortlaufenden Nummern werden zumeist für aussagelose Primärschlüssel verwendet, das heißt, wenn pro Datensatz keine Kombination aus fachlich relevanten Feldern existiert, die den Datensatz eindeutig identifizieren. Dies wurde bislang in MySQL durch die zusätzliche Angabe von `AUTO_INCREMENT` und `UNIQUE` nachgebildet. Ein `SERIAL` ist daher wenig überraschend dasselbe wie ein

`BIGINT UNSIGNED NOT NULL AUTO_INCREMENT UNIQUE`

Mit den ersten beiden Angaben sorgen Sie dafür, dass dieses ID-Feld die größtmögliche Anzahl von Werten annehmen kann, über die letzten Bestandteile stellen Sie die Eindeutigkeit sicher.

Als Emulation boolescher Werte wird in MySQL wahlweise `BOOL` oder `BOOLEAN` eingesetzt. Beide korrespondieren mit einem `TINYINT(1)`. Zu beachten ist bei dieser Lösung jedoch, dass sich nicht ausschließlich eine 0 oder 1 darin speichern lässt, sondern zusätzlich die Zahlen 2 bis 127. An dieser Stelle wird besonders deutlich, dass es sich wie gesagt lediglich um Synonyme handelt, um es anders zu sagen: Abkürzungen. Schauen Sie sich die Struktur einer Tabelle wie dieser

`CREATE TABLE datentypen(`

`id SERIAL,`

`wahr BOOLEAN)`

nach dem Absetzen des Kommandos an, sehen Sie, dass als Datentypen `BIGINT` und `TINYINT` angegeben sind.

Anders verhält sich das mit `BIT(64)`. Dabei handelt es sich in der Tat um eine Bit-Repräsentation von Zahlen. Sie können beliebige Bit-Strings – bestehend aus Nullen und Einsen – darin speichern.

Bei den nicht ganzzahligen numerischen Typen wird die Unterscheidung zwischen `DOUBLE` und `FLOAT` getroffen, die aus historischen Gründen existiert und bei PHP vernachlässigt wird. Hinzu kommen der Typ `DECIMAL` (siehe Tabelle 6.7) und sein Synonym `DEC`.

Für nicht ganzzahlige numerische Werte existieren ebenfalls die Optionen `UNSIGNED` und `ZEROFILL`. Wird `UNSIGNED` gesetzt, können die Werte im negativen Bereich nicht besetzt werden.

Numerische Werte lassen sich mathematisch be- und verrechnen. Berechnungen, die nicht ganzzahlige Operanden oder Zwischenergebnisse enthalten, bleiben nicht ganzzahlig. So liefert auch die folgende Berechnung mit erzwungenem Integer-Operanden ein nicht ganzzahliges Ergebnis, nämlich 1,02:

```
SELECT CAST(1 AS SIGNED)+.02;
```

Typgruppe	Datentyp	Wertebereich
nicht ganzzahlige numerische Typen	FLOAT[(A,D)]	$-3.402823466*10^{38}$ bis $-1.175494351*10^{-38}$, 0 und von $1.175494351*10^{-38}$ bis $3.402823466*10^{38}$; A ist die Anzeigegröße, D steht für die Anzahl Nachkommastellen.
	DOUBLE [(A,D)]	$-1.7976931348623157*10^{308}$ bis $-2.2250738585072014*10^{-308}$, 0 und von $2.2250738585072014*10^{-308}$ bis $1.7976931348623157*10^{308}$; A und D entsprechen den Angaben bei FLOAT.
	DEC[(A[,D])]	Der Maximalwert ist identisch mit DOUBLE; A steht für die gesamte Anzahl an Stellen, D bezeichnet die Nachkommastellen.
	DECIMAL [(A[,D])]	Der Maximalwert ist identisch mit DOUBLE; A steht für die gesamte Anzahl an Stellen, D bezeichnet die Nachkommastellen.

Tabelle 6.7 Nicht ganzzahlige numerische Typen

Achtung

Analog zu PHP verwendet auch das Datenbankmanagementsystem den Punkt als Trennzeichen, nicht etwa das Komma.

Der folgende Abschnitt enthält einen Auszug der mathematischen Funktionen, die MySQL bereitstellt.

Rundungen haben wir bereits in der Einführung in PHP vorgestellt. MySQL verfügt über die gleichen Funktionen, die auch PHP bereitstellt. Mit CEIL(X) runden Sie die Zahl X auf die nächsthöhere ganze Zahl auf, im Negativen wie im Positiven. So ergibt

```
SELECT CEIL(-199.99);
```

den Wert –199. Der Rückgabewert ist vom Typ BIGINT. Das Gegenteil bewirkt FLOOR(X), das die jeweils niedrigere ganze Zahl zurückliefert.

```
SELECT FLOOR(-199.99);
```

ist somit –200. Die Rundung auf Nachkommastellen übernimmt ROUND(X[,D]). X bezeichnet die zu verarbeitende Zahl, der optionale Parameter D die auszugebende Anzahl von Nachkommastellen. Geben Sie D nicht an, wird dafür 0 gesetzt, und ROUND arbeitet wie CEIL und FLOOR.

Die Y-te Potenz der Zahl X (also X hoch Y) berechnen Sie mit dem Befehl POWER(X,Y). Als Potenz können Sie sowohl positive wie auch negative Werte angeben.

SELECT POWER(2,3);

ergibt 8,

SELECT POWER(2,-3);

hingegen 0,125. Die maximale Größe eines vorzeichenlosen BIGINT-Feldes liegt übrigens bei

SELECT POWER(2,64);

Die Gegenrichtung beschränkt sich auf das Ziehen der Quadratwurzel (englisch »square root«) mit der Funktion SQRT(X).

SELECT SQRT(64);

ergibt dann logischerweise 8.

Zeichenketten

MySQL definiert sechs nicht binäre Texttypen unterschiedlicher Länge (siehe Tabelle 6.8). Ohne besondere Kennzeichnung wird bei ihrem Inhalt bei Sortierungen und Vergleichen nicht zwischen Groß- und Kleinschreibung differenziert. Damit unterscheiden sie sich signifikant von den Binärtypen.

Typgruppe	Datentyp	Länge
nicht binäre Texttypen	CHAR(N)	N zwischen 0 und 255 Zeichen
	VARCHAR(N)	N zwischen 0 und 65.532 Zeichen, abhängig vom Zeichensatz, eigentlich 65.535 Zeichen
	TINYTEXT	255
	TEXT	65.535
	MEDIUMTEXT	16.777.215
	LONGTEXT	4.294.967.295

Tabelle 6.8 Nicht binäre Texttypen

Die Datentypen CHAR und VARCHAR besaßen vor MySQL 5.0.3 noch die gleiche Länge, nämlich 255 Zeichen bzw. Bytes. Der Unterschied lag in der Menge an Speicherplatz, der für die hinterlegten Werte verbraucht wurde. CHAR(N) enthält Zeichenketten fester Länge, reserviert also immer N Bytes, auch wenn der Inhalt weit weniger als N Zeichen besitzt. Ist der gespeicherte String kürzer als N, wird der Leerraum auf der rechten Seite mit Leerzeichen aufgefüllt. VARCHAR(N) verbraucht immer ein Byte mehr, als der Inhalt groß ist, höchstens aber N + 1 Byte. Sowohl CHAR als auch VARCHAR haben die Option [BINARY]. Damit können die nicht binär angelegten Typen für Sortierungen und Vergleiche binär angesehen werden.

Die Namensgebung der Texttypen mag etwas verwundern; insbesondere irritiert dabei, dass der Typ TEXT kleiner ist als MEDIUMTEXT. Texttypen sind dafür geeignet, auch große Textmengen aufzunehmen, und waren damit bis MySQL 5.0.3 von den Typen CHAR und VARCHAR mengenmäßig abgegrenzt. In Tabellenfeldern vom Typ TEXT finden Texte Platz, die etwa halb so lang sind wie dieses Kapitel.

Binärtypen entsprechen den Texttypen in Länge und Verhalten, nur ist ihr Inhalt von vornherein *case sensitive* (siehe Tabelle 6.9).

Typgruppe	Datentyp	Länge
Binärtypen	TINYBLOB	255
	BLOB	65.535
	MEDIUMBLOB	16.777.215
	LONGBLOB	4.294.967.295
	BINARY	Synonym für CHAR BINARY
	VARBINARY	Synonym für VARCHAR BINARY

Tabelle 6.9 Binärtypen

Binäre Typen sind u. a. dazu geeignet, ganze Dateien in der Datenbank zu speichern, also etwa Bilddateien. Ein Feld vom Typ LONGBLOB kann bis zu 4 Gigabyte enthalten, ist also unwesentlich kleiner als eine Backup-DVD. In Anbetracht der Größe ist es jedoch nur dann sinnvoll, so große Datenmengen in einer Datenbank abzulegen, wenn Sie über eine schnelle Anbindung zum Datenbankserver verfügen. Da wir zuallererst Webapplikationen betrachten wollen, auf die Sie über das Internet zugreifen, ist das Backup Ihrer Festplatte in eine Datenbank eher keine gute Idee.

MySQL sieht keinen eigenen Operator vor, mit dem sich mehrere Zeichenketten verbinden lassen. Stattdessen ist die Funktion CONCAT(str, str1...) definiert. Als Parameter kann die Funktion mehrere Zeichenketten erhalten. Sind alle Parameter nicht binär, ist es auch das Ergebnis; bei mindestens einem binären Parameter ist auch der Rückgabewert binär. Numerische Argumente werden in einen binären String konvertiert. Wichtig ist, dass Sie bei Anweisungen wie

```
SELECT CONCAT('Dies ist',' ein kurzer',' Satz!');
```

die Leerzeichen selbst setzen. Nur dann erhalten Sie das gewünschte Ergebnis: `Dies ist ein kurzer Satz!` Abhilfe schafft bei diesem Problem die ähnliche Funktion `CONCAT_WS(verbund, str1, str2, ...)`. Als Parameter `verbund` können Sie ein Trennzeichen eingeben, das bei der Konkatenation zwischen allen sonstigen Parametern eingefügt wird. Wenn das Trennzeichen bereits in `strN` enthalten ist, hat dies keinen Effekt auf das Ergebnis:

```
SELECT CONCAT_WS(' ','Dies ist','ein kurzer','Satz!');
```

Eine weitere Familie von Funktionen, die wir bereits aus PHP kennen, ist das Zurechtschneiden von Zeichenketten, indem Leerraum – oder im Falle von MySQL eine Anzahl beliebiger Zeichen – entfernt wird. Auch in MySQL heißt die Funktion `TRIM()`. Analog zu PHP existieren noch Funktionen wie `LTRIM()` und `RTRIM()`. Da jedoch `TRIM()` mächtiger ist als das Gegenstück der Skriptsprache, wollen wir nur darauf eingehen. Ohne die Angabe von Parametern werden links- und rechtsbündig Leerzeichen entfernt.

```
SELECT TRIM('   wort   ');
```

wird somit zu `'wort'` gekürzt. Über den Parameter

`{BOTH | LEADING | TRAILING remove FROM str}` können Sie beeinflussen, an welcher Seite der Zeichenkette die Zeichenkette `remove` aus `str` entfernt wird. `BOTH` ist die Voreinstellung und bewirkt, dass

```
SELECT TRIM(BOTH 'a' FROM 'abcdefedcba');
```

die Zeichenkette `'bcdefedcb'` zurückliefert. Ähnlich arbeitet die Funktion `SUBSTRING(str,pos[,len])`, für die wir ebenfalls das Pendant aus PHP kennengelernt haben. Die Funktion gibt einen Teil der Zeichenkette `str` zurück. Der Parameter `pos` gibt dabei die Startposition an, das optionale `len` die Länge des Ergebnisses. Wird `len` weggelassen, liefert die Funktion den gesamten Reststring ab `pos`. Erinnern Sie sich noch an das `substr`-Beispiel aus Kapitel 4, »Einführung in PHP«? Hier die Entsprechung:

```
SELECT SUBSTRING('Webapplikation', 0,3);
```

ergibt »Web«,

```
SELECT SUBSTRING('Webapplikation', 2,4);
```

liefert »bapp«, und

```
SELECT SUBSTRING('Webapplikation', 8,3);
```

wird zu »kat« ausgewertet.

Datums- und Zeittypen

Anders als PHP sieht das Datenbankmanagementsystem gleich mehrere Datentypen vor, die sich speziell auf zeitbezogene Daten ausrichten (siehe Tabelle 6.10). So sind Sie nicht darauf beschränkt, auf einen Integer auszuweichen, um Unix-Zeitstempel darzustellen. Dementsprechend mannigfaltig sind auch die Funktionen, mit denen sich Zeitdaten manipulieren lassen.

Die Datentypen mit Bezug zu einem Datum unterstützen ein festes Format bzw. einen Teil davon. Das komplette Muster ist »JJJJ-MM-TT SS:MM:SS« (Jahr-Monat-Tag Stunde:Minute:Sekunde).

Typgruppe	Datentypen	Beispiel
Datum- und Zeittypen	DATETIME	2010-02-28 23:59:59
	DATE	2010-02-28
	TIMESTAMP	20100228235959
	TIME	23:59:59
	YEAR	2010

Tabelle 6.10 Datums- und Zeittypen

Der TIMESTAMP lässt die Trennzeichen weg. Begrenzt ist der Inhalt der datumsrelevanten Datentypen von den Zeitpunkten »1000-01-01 00:00:00« und »9999-12-31 23:59:59«. MySQL erlaubt allerdings sehr flexible Formate für die Eingabe. Sie können das Jahr ebenso zweistellig einfügen, wobei Werte bis 69 (inklusive 00) dem aktuellen Jahrhundert und Werte ab 70 aufwärts dem vorigen Jahrhundert zugerechnet werden. Ferner können Sie bei der Eingabe für alle Typen einen Zeitstempel angeben. MySQL konvertiert diesen dann ins korrekte Format. Syntaktisch falsche Eingaben werden zum Nullpunkt umgerechnet (alle Werte enthalten Nullen), also beispielsweise für den Typ DATETIME »0000-00-00 00:00:00«.

MySQL stellt eine Reihe von Funktionen bereit, die Teile eines Zeitpunkts extrahieren oder nach den Regeln des verwendeten gregorianischen Kalenders Manipulationen an Zeiten vornehmen.

Eine wichtige Zeitfunktion haben Sie bereits in einem der vorigen Beispiele kennengelernt: NOW() gibt den aktuellen Zeitpunkt zurück – abhängig vom Kontext mit dem Datentyp DATETIME bzw. TIMESTAMP. Damit kann NOW() als Basis für viele weitere Funktionen verwendet werden und ist weniger zur Ausgabe an den Benutzer geeignet. Flexibler im Ausgabeformat von Zeitangaben sind Sie mit der Funktion

`DATE_FORMAT(datum,format)`

Als Parameter `datum` ist `NOW()` gut geeignet, Sie können aber auch eine andere Datumsangabe machen, solange sie dem Format eines der obigen Datentypen `DATE`, `DATETIME` oder `TIMESTAMP` entspricht und genügend Informationen für die Berechnung der Ausgabe hergibt. Als Parameter `format` wird eine Musterzeichenkette angegeben, deren Optionen in Tabelle 6.11 aufgelistet sind. Die Tabelle enthält nur eine Auswahl der Optionen, aus denen sich in Deutschland gängige Formate erzeugen lassen. Eine komplette Liste aller Optionen finden Sie im Anhang B dieses Buches.

Muster	Beschreibung
%a	Name des Wochentags, abgekürzt (Sun ... Sat)
%b	Name des Monats, abgekürzt (Jan ... Dec)
%c	Monat, numerisch ohne führende 0 (0 ... 12)
%d	Tag des Monats, numerisch mit führender 0 (00 ... 31)
%e	Tag des Monats, numerisch ohne führende 0 (0 ... 31)
%f	Mikrosekunden (000000 ... 999999)
%H	Stunden, numerisch mit führender 0 (00 ... 23)
%i	Minuten, numerisch mit führender 0 (00 ... 59)
%j	Tag des Jahres (001 ... 366)
%k	Stunden ohne führende 0 (0 ... 23)
%M	Name des Monats (January ... December)
%m	Monat, numerisch mit führender 0 (00 ... 12)
%S	Sekunden mit führender 0 (00 ... 59)
%T	Zeit, 24-stündig
%U	Woche des Jahres mit führender 0, Sonntag als erster Wochentag (00 ... 53)
%u	Woche des Jahres mit führender 0, Montag als erster Wochentag (00 ... 53)
%W	Name des Wochentags (Sunday ... Saturday)
%w	Tag der Woche (0 = Sonntag ... 6 = Samstag)
%Y	Jahr, vierstellig
%y	Jahr, zweistellig

Tabelle 6.11 Formatoptionen der Funktion DATE_FORMAT

Aus dem englischen Datumsformat lässt sich so die deutsche Variante ziemlich einfach herleiten:

`SELECT DATE_FORMAT(NOW(),'%e.%c.%Y');`

Als Ausgabe erhalten wir 28.2.2010. Der Komfort hört dort auf, wo wir deutsche Namen für Wochentage und Monate ausgeben wollen. Am einfachsten ist dann eine Bearbeitung auf Applikationsebene, z. B. innerhalb einer PHP-Applikation. DATE_FORMAT() ist in MySQL der Generalist unter den Datumsfunktionen. Daneben existiert allerdings eine Reihe von Funktionen, die Datumsinformationen in sehr spezialisierter Weise liefern. Nehmen Sie als Beispiel die DAY*-Funktionen. Entsprechungen gibt es auch für Monate. Wenn wir weiterhin den zurückliegend festgelegten Wert (»2010-02-28 23:59:59«) für NOW() benutzen, erhalten wir nachstehende Ergebnisse:

```
SELECT DAYOFWEEK(NOW());
=> 3
SELECT DAYOFMONTH(NOW());
=> 28
SELECT DAYOFYEAR(NOW());
=> 59
SELECT DAYNAME(NOW());
=> Tuesday
```

Wie aus Tabelle 6.11 herauszulesen ist, wird als erster Tag der Woche der Sonntag festgelegt (siehe Optionen %U und %W). Deswegen ist der Dienstag (DAYNAME()) bereits der dritte Tag (DAYOFWEEK()) der Woche.

Das Rechnen mit Datumsangaben gehorcht eigenen Regeln, immerhin hat ein Tag nicht 10 oder 100 Stunden, sondern 24. Ein Monat hat sogar eine variable Anzahl an Tagen. Weil wir auf das dezimale Stellenwertsystem getrimmt sind, fällt es uns manchmal schwer, z. B. von heute 71 Tage, 11 Stunden, 32 Minuten und 5 Sekunden im Kopf in die Zukunft zu rechnen. Von MySQL können wir uns solche Aufgaben abnehmen lassen. Die Funktionen ADDDATE(datum, INTERVAL ausdr typ) und SUBDATE(datum, INTERVAL ausdr typ) berechnen Tage, Wochen und Monate voraus oder zurück.

Als Typen kommen die nachfolgend in Tabelle 6.12 beschriebenen Optionen in Frage.

Typ	Erwartetes Format für »ausdr«
MICROSECOND	Anzahl Mikrosekunden
SECOND	Anzahl Sekunden
MINUTE	Anzahl Minuten
HOUR	Anzahl Stunden
DAY	Anzahl Tage
WEEK	Anzahl Wochen
MONTH	Anzahl Monate

Tabelle 6.12 Optionen zur Datumsberechnung

Typ	Erwartetes Format für »ausdr«
QUARTER	Anzahl Quartale
YEAR	Anzahl Jahre
SECOND_MICROSECOND	»Sekunden.Mikrosekunden«
MINUTE_MICROSECOND	»Minuten.Mikrosekunden«
HOUR_MICROSECOND	»Stunden.Mikrosekunden«
DAY_MICROSECOND	»Tage.Mikrosekunden«
MINUTE_SECOND	»Minuten:Sekunden«
HOUR_SECOND	»Stunden:Minuten:Sekunden«
HOUR_MINUTE	»Stunden:Minuten«
DAY_SECOND	»Tage Stunden:Minuten:Sekunden«
DAY_MINUTE	»Tage Stunden:Minuten«
DAY_HOUR	»Tage Stunden«
YEAR_MONTH	»Jahre-Monate«

Tabelle 6.12 Optionen zur Datumsberechnung (Forts.)

Wollen wir nun die Beispielberechnung von MySQL erledigen lassen, schreiben wir:

```
SELECT ADDDATE(NOW(), INTERVAL '71 11:32:5' DAY_SECOND);
```

Wir erhalten als Ergebnis 2010-05-11 11:32:05 als DATETIME. Auf ähnliche Weise lassen sich auch Zeiten berechnen. Die entsprechenden Funktionen heißen ADDTIME(ausdr, ausdr2) und SUBTIME(ausdr, ausdr2). Der Parameter ausdr muss in beiden Fällen zwingend eine Zeitangabe enthalten, also vom Typ DATETIME oder TIME sein. Für ausdr2 ist nur TIME gültig. Der Datentyp des Rückgabewertes entspricht dem von ausdr.

```
SELECT ADDTIME(NOW(),'11:32:5');
```

Wir verzichten auf die Addition der 71 Tage in unserem vorigen Beispiel und berechnen nur den Zeitpunkt in 11 Stunden, 32 Minuten und 4 Sekunden. Als Ergebnis erhalten wir 2010-03-11 11:32:04.

Wir kamen bereits darauf zu sprechen, dass PHP keinen Datentyp für Datums- oder Zeitangaben zur Verfügung stellt. Stattdessen arbeitet es mit Unix-Zeitstempeln. Diese unterscheiden sich von den Zeitstempeln, die in MySQL verwendet werden. Während TIMESTAMP ein Datum gemäß Schema in der Datenbank verarbeitet, liefert time() unter PHP die Anzahl vergangener Sekunden seit dem Jahreswechsel 1969/70. Wenn die Zeitstempel aus PHP in der Datenbank verarbeitet werden sollen, bedarf es also einer Umrechnung. Die Funktion FROM_UNIXTIME (zeitstempel) transformiert Daten von PHP zu MySQL, und UNIX_TIMESTAMP (zeit) verfährt genau andersherum. Eine Konvertierung von Daten aus PHP empfiehlt sich bereits beim Einfügen in die Datenbank, es sei denn, sie sollen nicht intern verarbeitet, sondern nur gespeichert werden. PHP bietet auch Bordmittel zur Verarbeitung an, die auf dem Unix-Zeitstempel basieren. Die Wahl zwischen der Kalkulation in oder außerhalb von MySQL obliegt damit dem Programmierer. Die Konvertierung von PHP-Zeitstempeln in ein MySQL-Datum erledigen Sie so:

```
$sql = "INSERT INTO log SET fehlercode=' ".$error. "', ";
$sql .= "zeit=FROM_UNIXTIME(".$timestamp. ") ";
```

Mengentypen

Bislang haben wir Attribute betrachtet, deren Wert durch den Datentyp größenmäßig eingeschränkt wurde. Bei numerischen Typen ist dies die maximal speicherbare Zahl, bei Texttypen die Länge. Mengentypen schränken ihre Werte auf andere Weise ein: Ein Attribut darf einen oder mehrere Werte aus einer vordefinierten Liste an Alternativen annehmen (siehe Tabelle 6.13).

Typgruppe	Datentypen	maximale Alternativenanzahl
Mengentypen	ENUM	65.535 Elemente
	SET	64 Elemente

Tabelle 6.13 Mengentypen

Ein Attribut vom Typ ENUM wird mit einer Liste an Alternativen definiert:

```
CREATE TABLE mengen(enumeration ENUM('wert1','wert2','wert3',...));
```

Wird ein Datensatz in die Tabelle sets eingepflegt, muss er für das Attribut enumeration genau einen der Werte wert1, wert2, wert3 usw. besitzen. Das Verhalten bei der Eingabe nicht gültiger Daten hängt vom SQL-Modus ab, in dem sich der Datenbankserver gerade befindet.

Hintergrundwissen

Der *SQL-Modus* von MySQL bestimmt, wie sich die Implementierung der Datenabfragesprache verhält. Der Wert kann zur Laufzeit verändert werden. Wenn Sie ANSI als Modus angeben, verhält sich MySQL standardkonformer, das heißt, es rückt von den eigenen Erweiterungen zum SQL-Standard ab. Im Modus STRICT_{ALL|TRANS}_TABLES ist MySQL bei allen transaktionalen Tabellen weniger nachsichtig im Umgang mit Fehlern. Als Standard ist kein Wert gesetzt.

Im Strict-Modus resultiert ein Wert, der nicht in die Alternativenliste eingetragen ist, in einem Fehler. Das INSERT-Kommando wird in diesem Fall nicht ausgeführt.

Im »Normalmodus« – wenn die Systemvariable sql_mode eine leere Zeichenkette als Wert hat – wird die Abfrage ausgeführt, allerdings wird dabei nur ein leerer String in der Tabelle gespeichert. Neben dem leeren String und der Alternativenliste kann ein Feld vom Typ ENUM auch den Wert NULL besitzen.

Die Definition eines Attributs vom Typ SET ist analog zu ENUM:

```
ALTER TABLE mengen ADD sets SET('wert1','wert2','wert3',...);
```

Felder vom Typ SET können keinen, einen oder mehrere Werte aus der Alternativenliste annehmen. Wollen Sie mehrere Werte in einem SET-Feld speichern, müssen Sie sie im INSERT-Befehl als zusammenhängende Zeichenkette hinterlegen, die einzelnen Bestandteile jedoch durch Kommas voneinander trennen:

```
INSERT INTO mengen (enumeration,sets)
VALUES (NULL , 'wert1,wert2,wert3');
```

Sonderzeichen wie das Komma müssen Sie gegebenenfalls maskieren (\). Auf Fehleingaben reagiert MySQL im Falle von SET-Feldern genau wie bei Spalten vom Typ ENUM. Im normalen Modus kommt es lediglich zu einer Warnung, der Strict-Modus quittiert dies mit einem Fehler.

Weil Daten aus ENUM-Feldern einwertig sind und sich damit nicht von einem VARCHAR unterscheiden, beziehen sich die folgenden Erläuterungen nur auf den Datentyp SET. Die Funktion FIND_IN_SET(str,liste) ermöglicht eine Suche auf Mengen oder Zeichenketten aus kommaseparierten Bestandteilen. Der Parameter str ist ein Suchmuster, liste ist eine Zeichenkette bzw. Menge. Die Funktion wertet im booleschen Sinne zu true aus, wenn str in liste vorhanden ist:

```
SELECT * FROM mengen WHERE FIND_IN_SET('wert1',sets);
```

Im Gegenzug dazu erstellt MAKE_SET(bit,str1,str2,...) eine Menge aus einer Reihe von Zeichenketten. Die Auswahl, welche der angegebenen Strings strN benutzt werden sollen, wird anhand des Bit-Musters bit getroffen. Das Bit-Muster können Sie in unterschiedlichen Repräsentationen angeben:

```
SELECT MAKE_SET(110,'wert0','wert1','wert2');
```

erzeugt die Menge 'wert1,wert2'. Jede Stelle des Bit-Musters steht für einen Eintrag in der Alternativenliste. Das niederwertigste Bit rechts außen codiert 20 und steht für wert0. Das zweite Bit von rechts steht für 21, also wert1 usw.

```
SELECT MAKE_SET(5,'wert0','wert1','wert2');
```

gibt uns die Menge 'wert0,wert2' zurück. Das Bit-Muster 5 wird zerlegt in Zweierpotenzen, also in 4 und 1, anders gesprochen 22 + 20. Dies ist analog zu

```
SELECT MAKE_SET(1 | 4,'wert0','wert1','wert2');
```

mit der Pipe als logischem Operator. Allerdings lassen sich Mengen nicht nur über die beiden genannten Funktionen bearbeiten. Der Mengentyp SET ist in seiner Darstellung in MySQL nicht konsequent genug als Menge konzipiert, um sich von einem String abzugrenzen. Letztlich handelt es sich dabei um eine Zeichenkette, die durch Kommas getrennte Werte enthält. Aus diesem Grund können Sie CONCAT_WS(',',...) ebenso benutzen, um Mengen zu erstellen.

6.3 Zugriffswerkzeuge

Es gibt deutlich komfortablere Methoden, MySQL-Datenbanken zu verwalten, als die Kommandozeile und weitaus ganzheitlichere Ansätze als unser selbstgeschriebenes Skript. Lange Zeit stammten die meisten Werkzeuge jedoch nicht aus dem Hause MySQL AB respektive Oracle, sondern von unabhängigen Dritten. Herausragender Vertreter aus dem Open-Source-Bereich ist *phpMyAdmin*. Das hat sich allerdings mit der *MySQL Workbench* geändert, die ebenso wie die Serversoftware kostenlos über die Internetseite des Unternehmens, *http://www.mysql.com*, bezogen werden kann. Die Workbench ist als designierter Nachfolger der *GUI Tools* (MySQL Administrator, MySQL Query Browser, MySQL Migration Toolkit) zu verstehen und soll deren vollen Funktionsumfang in einer einheitlichen Oberfläche integrieren. Die aktuelle Version (5.2) kann den Vorgänger allerdings noch nicht vollständig ersetzen. Im Speziellen fehlt noch das Migrationstool. Aus diesem Grund und da es sich zudem bei den GUI Tools um wirklich gelungene Werkzeuge handelt, werden wir im Folgenden auch noch alle Komponenten der GUI Tools vorstellen. Die GUI Tools lassen sich im Übrigen auch separat herunterladen, obwohl Sie unter *http://dev.mysql.com* regelrecht mit der Nase auf die Workbench gestoßen werden. Sie finden die letzten Versionen 5.0 für Windows, Linux und Mac OS X in der Kategorie Downloads • Archives. Aber beachten Sie, dass der Support bereits ausgelaufen ist und keine Fehler mehr gefixt werden.

6.3.1 MySQL Administrator

Mit dem Serververwaltungswerkzeug *MySQL Administrator* bekommen Sie einen Überblick über die Zugriffsrechte einzelner Benutzer und die Struktur der vorhandenen Datenbanken, also welche Tabellen, Indizes, Sichten und Prozeduren angelegt sind. Ferner lassen sich u. a. die aktuellen Verbindungen zu Clients, die Protokolldatei und unterschiedliche Graphen zum Status des Servers anzeigen. Letztere resultieren aus den Statusvariablen, die in MySQL standardmäßig enthalten sind, und umfassen fortgeschriebene Werte beispielsweise zur momentanen Auslastung und zur Anzahl gerade ablaufender Abfragen. Im Sekundentakt werden die aktuellen Werte ermittelt und angezeigt. Bei Bedarf lassen sich die Anzeigen per Mausklick nach Belieben erweitern.

Bemerkenswert ist beim Administrator, dass er über Funktionen verfügt, mit denen sich Datenbankinhalte im- und exportieren lassen. Sicherheitskopien können Sie per Mausklick zusammenstellen – also ohne ein einziges SQL-Statement von Hand zu schreiben. Die Zusammenstellung der extrahierten Backup-Tabellen wird im Tool gespeichert, so dass sich zu späteren Zeitpunkten immer wieder aktuelle Kopien erstellen lassen. Dargestellt ist das BACKUP-Menü in Abbildung 6.10. Die Sicherheitskopie wird dann in Form einer Textdatei auf Ihrer Festplatte abgelegt. Sie enthält sämtliche SQL-Anweisungen, mit denen Sie den exportierten Zustand wiederherstellen können. Dadurch kann eine Backup-Datei nicht nur vom Administrator, sondern von allen SQL-fähigen Tools eingelesen werden.

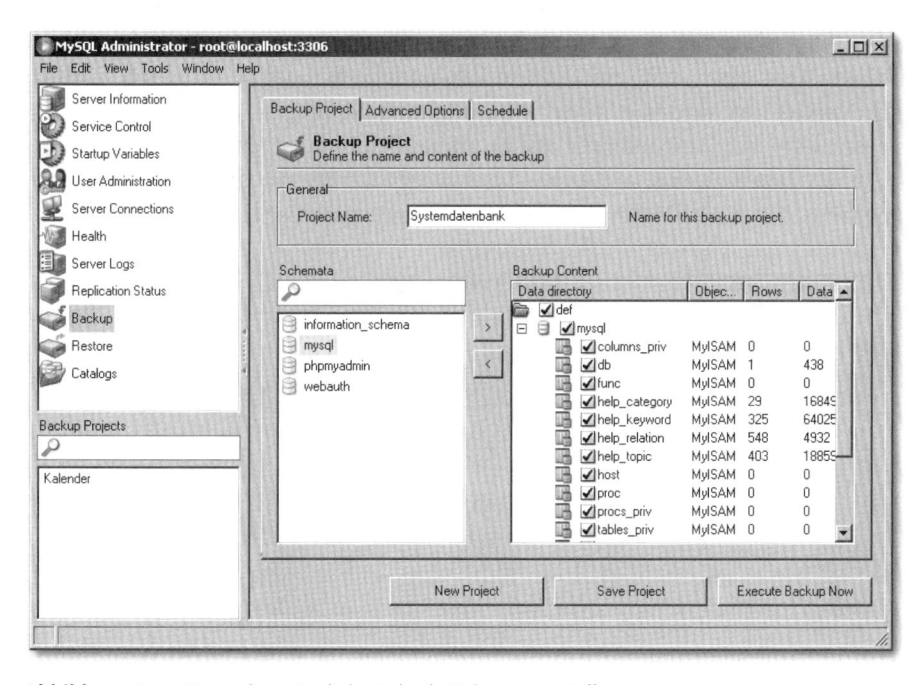

Abbildung 6.10 Besonders nützlich: Sicherheitskopien erstellen

Exporte können Sie per Mausklick sofort starten oder sie zu festgelegten Zeitpunkten periodisch und automatisiert ausführen lassen. Im zweiten Fall greift die Software auf die Basisfunktionen des Betriebssystems zurück, wie etwa den *Taskplaner* unter Windows.

Importe von Datenbankinhalten und -strukturen stützen sich auf vorher erstellte Sicherheitskopien. Analog zu den Exporten kann auch der Administrator mit Backups umgehen, die von einem anderen Programm erstellt wurden. Um ein

Backup zu importieren, geben Sie lediglich die Quelldatei und den »Zielort« an, also diejenige Datenbank, in die die Daten eingefügt werden sollen.

Der MySQL Administrator beschränkt sich also bewusst darauf, Informationen zum Datenbankmanagementsystem und zu den Strukturen der Datenbanken zu liefern. Einziger Berührungspunkt mit den Inhalten der angelegten Datenbanken ist das Im- und Exportieren.

6.3.2 MySQL Query Browser

Mit dem *MySQL Query Browser* können Sie den Inhalt Ihrer Datenbanken abfragen und auch verändern. Um den Query Browser bedienen zu können, benötigen Sie ein gewisses Maß an Verständnis für SQL. Abfragen an die Datenbank werden erstellt, indem Sie SQL-Kommandos wie Bausteine zusammensetzen. In Abbildung 6.11 sehen Sie, wie die Oberfläche des Programms aufgeteilt ist. Im oberen Teil des Fensters nimmt ein Textfeld die aktuelle SQL-Anweisung auf. MySQL-Schlüsselwörter werden per Syntax-Highlighting hervorgehoben. Auf der rechten Fensterseite werden baumartig alle Datenbanken bzw. SCHEMATA, die darin enthaltenen Tabellen und, auf hierarchisch unterster Ebene, die Tabellenattribute angezeigt. Im großen linken Teil werden Abfrageergebnisse tabellarisch angezeigt.

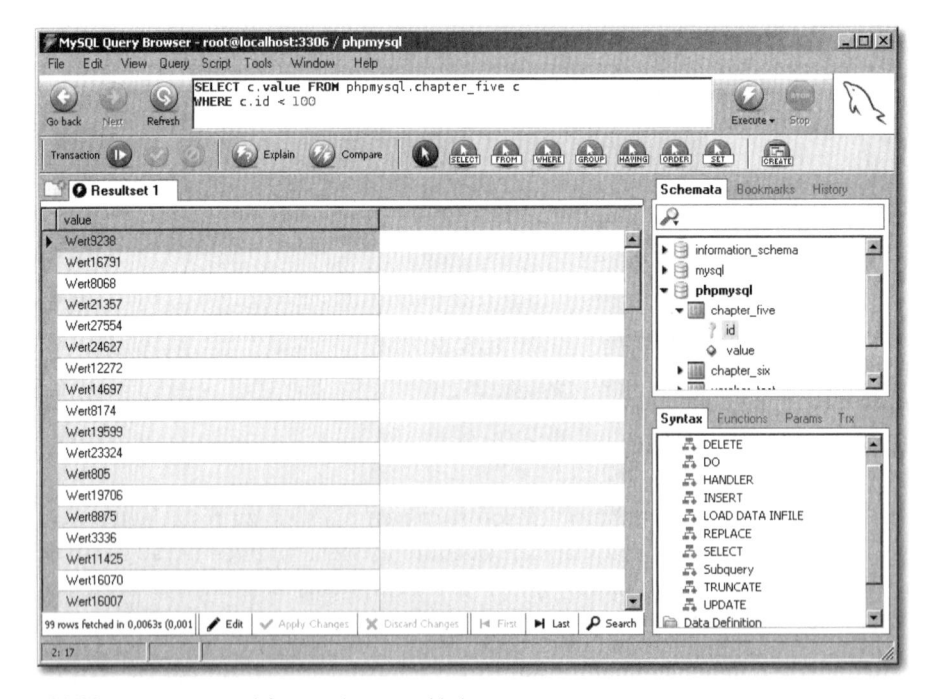

Abbildung 6.11 SQL-Abfragen über Mausklicks zusammensetzen

Es gibt mehrere Möglichkeiten, eine SQL-Anweisung zu erstellen. Standardmäßig handelt es sich dabei um eine `SELECT`-Abfrage. Erfahrene Anwender können die Anweisung von Hand eintippen – damit wären aber die Vorzüge des Query Browsers nicht vollends ausgenutzt. Komfortabler ist der Aufbau der Kommandos per Mausklick oder Drag & Drop. Ziehen Sie beispielsweise die Tabelle `chapter_five` aus der rechten Liste in das Textfeld (wie es in Abbildung 6.11 zu sehen ist), erscheint die Abfrage

```
SELECT * FROM phpmysql.chapter_five c;
```

wodurch der gesamte Inhalt der Tabelle ausgegeben wird. Das Einfügen eines Attributs `id` in das Textfeld resultiert entsprechend im Kommando

```
SELECT c.id FROM phpmysql.chapter_five c;
```

Optionale Parameter der Abfrage wie beispielsweise `WHERE`-Klauseln lassen sich per Mausklick hinzufügen. Das Programm hilft Ihnen bei der korrekten Syntax Ihrer Anweisungen. Auf identische Weise können Sie auch mehrere Tabellen miteinander verknüpfen. Sofern eine Fremdschlüsselbeziehung zwischen den gewählten Relationen besteht, kombiniert der Query Browser sie auf korrekte Art und Weise. Ergebnisse von `SELECT`-Abfragen können bei Bedarf in die Formate CSV, HTML, XML und Microsoft Excel exportiert werden.

Anweisungen beschränken sich nicht auf die Anwendung des Befehls `SELECT`. Unterstützt werden auch die Kommandos `UPDATE`, `INSERT` und `DELETE`. Einfacher als die jeweiligen SQL-Anweisungen dafür zu schreiben, ist es jedoch, die Daten erst zu selektieren und Änderungen dann im Abfrageergebnis im linken Fensterteil vorzunehmen. Per Mausklick können Sie dann Datensätze löschen, neue Werte zuweisen oder Daten an das Ende der Tabelle anhängen.

MySQL Query Browser und MySQL Administrator ergänzen sich überschneidungsfrei. Während der Administrator auf Ebene des Datenbankmanagementsystems ansetzt, ohne dass der Anwender mit SQL in Berührung kommt, konzentriert sich der Query Browser ganz auf Datenbankinhalte. Dementsprechend verlangt der Query Browser dem Anwender auch mehr ab, nämlich SQL-Kenntnisse. Sofern Sie beim Zusammenstellen Ihrer Abfrage einmal ins Stocken kommen, hilft Ihnen die mitgelieferte Syntaxreferenz detailliert weiter.

6.3.3 MySQL Migration Toolkit

Da das *Migration Toolkit* mit den vorigen beiden Werkzeugen gemeinsam verteilt wird, gilt bezüglich der Systemverträglichkeit genau das Gleiche. Das Tool ist für Windows, Linux und Mac OS X zu haben.

Das Migrationswerkzeug hilft Ihnen dabei, mit Beständen aus anderen Datenbankmanagementsystemen in eine MySQL-Instanz umzuziehen. Mögliche Quellen sind neben MySQL auch Oracle, Sybase, Microsoft Access und andere JDBC-fähige Systeme – in Analogie zu ODBC-fähigen Systemen (*Open Database Connectivity*, eine generische Datenbankschnittstelle).

Das Tool ist letzten Endes nicht mehr als ein Wizard, der Sie Schritt für Schritt durch den Migrationsprozess führt. Zuerst wählen Sie Quell- und Zielsysteme, dann die zu transferierenden Datenbestände usw. Nach ausreichenden Angaben zu Verbindungen und Datenmappings ist Ihr Migrationsfahrplan fertig. Einen Vorgeschmack darauf gibt Abbildung 6.12.

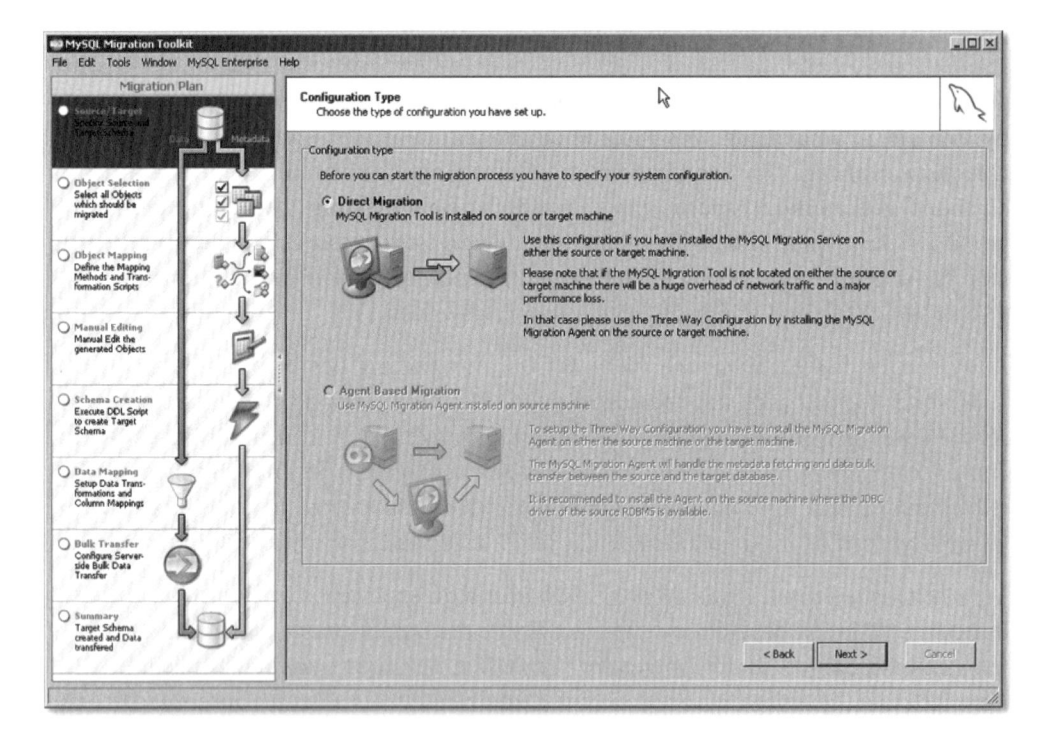

Abbildung 6.12 Daten migrieren – leicht gemacht

Die Einstellungen lassen sich auf der lokalen Festplatte als SQL-Skripte speichern, wobei das Erzeugen der Struktur (Schema und Tabellen) getrennt wird von den eigentlichen Daten. Letzten Endes lässt sich die Migration natürlich auch physisch nachvollziehen, das heißt, die Daten werden auf Knopfdruck vom Quellsystem nach MySQL geschoben. Auf diese Weise dauert eine Migration, sofern sie nicht besonders parametrisiert wird, keine fünf Minuten.

6.3.4 MySQL Workbench

Wie eingangs erwähnt, ist die *MySQL Workbench* (was übersetzt etwa »Werkbank« bedeutet) dafür geschaffen worden, die mittlerweile aufgegebenen GUI Tools zu ersetzen. MySQL hat dem neuen Zögling unter *http://wb.mysql.com* einen eigenen Raum geschaffen, durch den die Anhängerschaft Anteil an der Entwicklung nehmen kann. Hier werden die Roadmap und der Entwicklungsstand erläutert sowie häufig gestellte Fragen (FAQs) beantwortet.

Entsprechend dem Auftrag, den Funktionsumfang der Vorgänger in einer Oberfläche miteinander zu vereinen, kommt die Workbench zunächst mit einer Übersicht daher, über die Sie in die einzelnen Programmteile einsteigen können. Hier lassen sich die Verbindungen zu unterschiedlichen Datenbanken und Datenmodellen permanent speichern und mit einem Doppelklick öffnen.

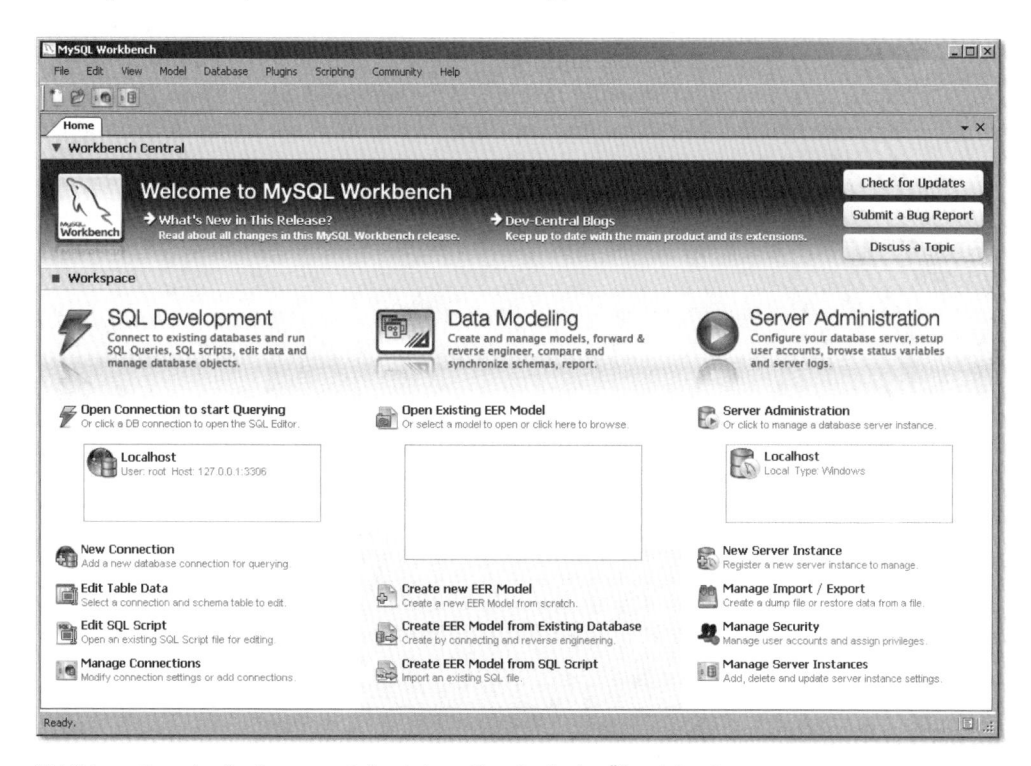

Abbildung 6.13 In die Programmteile steigen Sie mittels der Übersicht ein.

Die Oberfläche (siehe Abbildung 6.13) ist gegliedert in die Teile SQL DEVELOPMENT, DATA MODELING und SERVER ADMINISTRATION. Im Vergleich zu den GUI Tools kommt also explizit eine visuelle Oberfläche zum Erstellen der Datenmodelle hinzu, hingegen fehlt wie bereits angemerkt das Migrationswerkzeug. Der

Administrationsteil deckt vollständig den Vorgänger ab, der SQL Editor weicht aber vom gelungenen Layout des Query Browsers ab. Fenster wie SQL-Skripte oder Datenmodelle öffnen sich in Reitern, zwischen denen Sie während der Entwicklung oder Administration hin und her springen können.

Im SQL Editor lassen sich entweder abgespeicherte Skripte öffnen oder wahlweise neue erstellen. Eine Übersicht über die vorhandenen Objekte wie Tabellen und Views der aktuell geöffneten Datenbankverbindung helfen Ihnen dabei. Per Doppelklick auf ein Objekt werden so einfache SELECT-Anweisungen erstellt. Komplexere Anfragen bedürfen im Vergleich zum Query Browser leider unnötig viel Handarbeit.

Die Datenmodellierung, mit dem bereits bekannten Beispiel Personen/Orte in Abbildung 6.14 zu sehen, erlaubt Ihnen sowohl das direkte Reverse und Forward Engineering – das heißt das Auslesen von bestehenden Modellen der aktuellen Datenbankverbindung – als auch das Erzeugen des physischen Modells. Ein Export des visuellen Modells in eine SQL-Datei und ein Import auf Datenbankseite bleiben Ihnen also erspart. Diese Aktionen werden vom Forward Engineer Wizard durchgeführt.

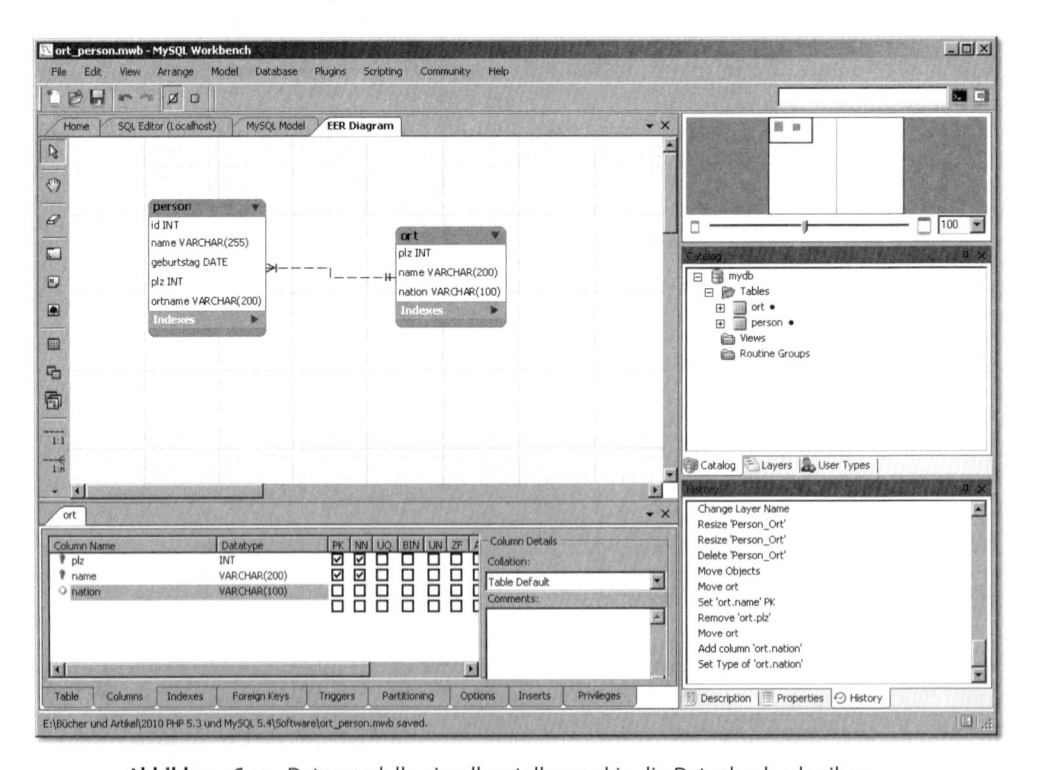

Abbildung 6.14 Datenmodelle visuell erstellen und in die Datenbank schreiben

6.3.5 phpMyAdmin

Das letzte Programm, das wir Ihnen vorstellen wollen, *phpMyAdmin*, stammt nicht aus dem Hause MySQL AB. Es ist webbasiert und in PHP geschrieben. Sein Einsatzgebiet ist damit nicht auf den heimischen Rechner beschränkt. Wenn Sie die Applikation auf Ihren Webspace hochladen, haben Sie über das Internet von jedem Ort aus Zugriff auf Ihre Datenbank.

> **Warnung**
>
> phpMyAdmin bietet zwar eine Authentifizierung für die eigene Oberfläche an, diese ist jedoch nicht immer eingeschaltet. Damit ist es möglich, ohne die Angabe von Benutzername und Passwort auf die Inhalte Ihrer Datenbank im Web zuzugreifen. Wenn Sie das Programm also auf Ihrem Webspace hinterlegen, sollten Sie den Ordner über *.htaccess* mit einem Zugangsschutz versehen.

Eine jeweils aktuelle Version von phpMyAdmin beziehen Sie aus dem Internet über *http://www.phpmyadmin.net/* als gepacktes Archiv. Derzeit ist die Version 3.4.8 aktuell. Der »Installationsprozess« beschränkt sich auf das Entpacken der Dateien in ein eigenes Verzeichnis. In manchen Fällen wird Ihnen von Ihrem Provider standardmäßig eine phpMyAdmin-Oberfläche angeboten – mit dem deutlichen Vorteil, dass diese vorkonfiguriert ist und auf einem aktuellen Stand gehalten wird. Auf der CD-ROM zum Buch finden Sie das Administrationstool als Bestandteil von XAMPP.

Nach dem Entpacken wird die Konfiguration in einer Textdatei vorgenommen, die Sie unter dem Namen *config.inc.php* im Hauptverzeichnis finden. Öffnen Sie die Datei mit einem Texteditor, und suchen Sie die folgenden Einträge:

```
$cfg['Servers'][$i]['host']     = 'localhost';
$cfg['Servers'][$i]['port']     = '3306';
$cfg['Servers'][$i]['user']     = 'benutzername';
$cfg['Servers'][$i]['password'] = 'passwort';
```

Tragen Sie die Verbindungsdaten, die Sie von Ihrem Provider bekommen oder für eine lokale Installation festgelegt haben, in die entsprechenden Zeilen ein. Als Host können Sie auch eine URL verwenden, sofern Webserver und Datenbankserver nicht identisch sind, anderenfalls geben Sie wie gerade gezeigt `localhost` ein. Ein Zugang zur Datenbank auf Ihrem Webspace ist von Ihrem heimischen Rechner aus unter Umständen nicht möglich, wenn Ihr Provider nichtlokale Zugriffe gesperrt hat. Die Angabe für den Port kann leer bleiben, sofern der Standardport 3306 benutzt wird. Zusätzlich können Sie weitere Parameter spezifizieren:

```
$cfg['Servers'][$i]['extension'] = 'mysqli';
$cfg['Servers'][$i]['only_db']   = '';
```

Ab MySQL 4.1 empfiehlt es sich, die PHP-Erweiterung mysqli einzusetzen. Damit stehen Ihnen nicht nur die neuen Funktionalitäten des *ext/mysql*-Nachfolgers zur Verfügung, sondern Sie gehen auch konform mit den Skripten, die in diesem Buch vorgestellt werden. Sofern Sie nur eine begrenzte Anzahl an Datenbanken zur Verfügung haben, können Sie diese als Standard in `only_db` angeben. Mehrere Datenbanken sind als Array anzugeben. Beim Start von phpMyAdmin werden Ihnen dann nur die angegebenen Datenbanken zum Bearbeiten angezeigt. Sinnvoll ist die Angabe also beispielsweise dann, wenn Sie einer anderen Person begrenzten Zugriff auf Ihren Datenbestand einräumen wollen.

phpMyAdmin besteht aus einer Reihe von Menüs, Formularen und Tabellen, über die sowohl die Inhalte der Datenbank als auch die Serverparameter übersichtlich sortiert angezeigt werden. Der Aufbau, dargestellt in Abbildung 6.15, orientiert sich an der Struktur einer Webseite – was nicht verwundert, zumal es sich ja um eine webbasierte Software handelt.

Auf der linken Seite ist die Navigation zu sehen. Zum einen lässt sich hier die aktive Datenbank auswählen, zum anderen sind hier alle Tabellen der aktiven Datenbank aufgelistet. Mit einem Mausklick auf einen der Listeneinträge erscheint die Strukturübersicht der Tabelle im rechten Teil des Browserfensters.

phpMyAdmin bietet Formulare, um

- neue Datenbanken sowie Tabellen und Sichten zu erstellen,
- die Struktur einer Tabelle und ihre Attribute zu verändern,
- Datensätze in Tabellen einzufügen und zu verändern,
- sich den Inhalt einer Tabelle seitenweise oder ganz anzeigen zu lassen,
- Datensätze zu suchen,
- Tabellen zu im- und zu exportieren,
- Tabellen zu prüfen, zu defragmentieren oder zu optimieren und
- die Benutzerrechte zu verwalten.

Auf diese Weise kommen Sie, falls Sie es denn vermeiden möchten, kaum mit SQL-Syntax in Berührung, was die Benutzung und die Administration von MySQL-Datenbanken extrem einfach macht. phpMyAdmin eignet sich allerdings auch für diejenigen, denen an den SQL-Anweisungen gelegen ist. Gerade abgearbeitete Abfragen werden auf beinahe jeder Seite aufgelistet. Abbildung 6.16 zeigt, wie die SQL-Syntax aus den Daten eines Suchformulars aufgebaut ist.

6.3 Zugriffswerkzeuge

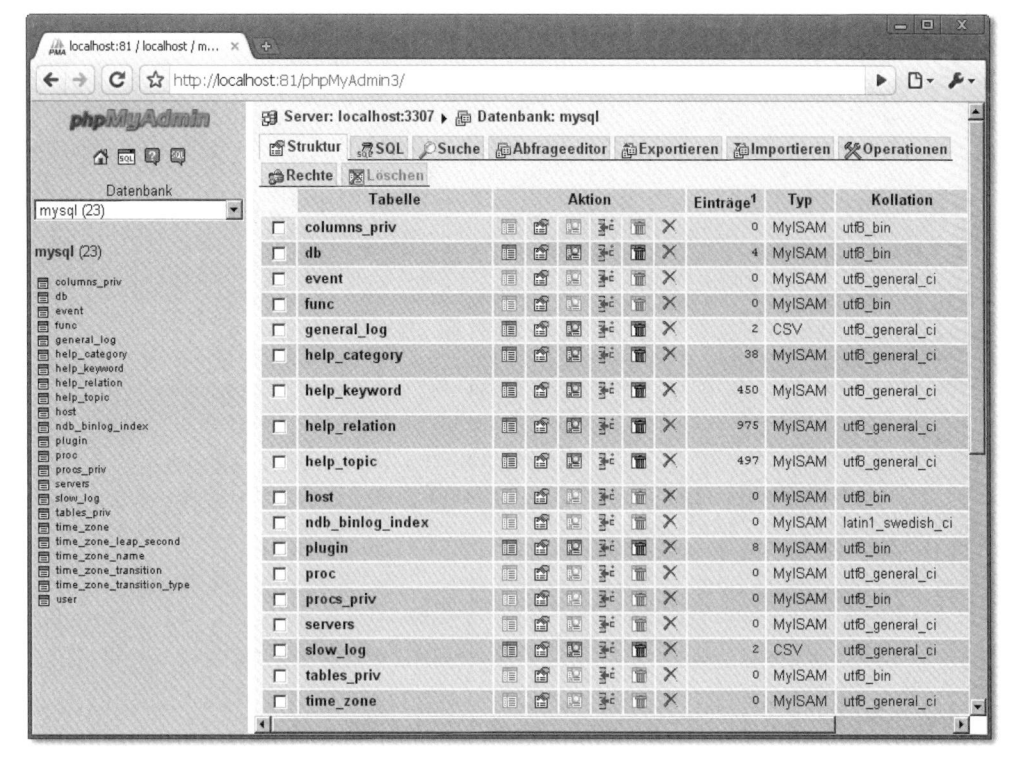

Abbildung 6.15 Ansicht der MySQL-Systemdatenbank in phpMyAdmin

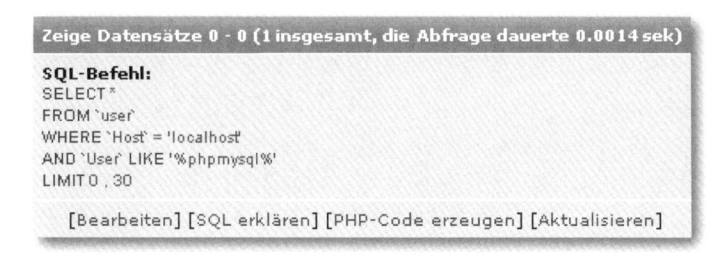

Abbildung 6.16 Umsetzung einer Suchabfrage in eine SQL-Anweisung

Vom Funktionsumfang her ähnelt phpMyAdmin eher dem MySQL Query Browser, mit allen Vorteilen und Beschränkungen, die für eine webbasierte Software üblich sind: Jeder Klick zieht einen Seiten-Reload nach sich, was die Arbeit im Vergleich zur Desktop-Software langsamer macht. Dafür ist phpMyAdmin plattformunabhängig und kann im Internet betrieben werden; das macht mehrfache Installationen auf unterschiedlichen Rechnern überflüssig.

Mit MySQLi hat PHP eine neue Schnittstelle zum Datenbankmanagementsystem bekommen. Notwendig wurde dies, weil die alte Datenbankerweiterung die neuen Funktionalitäten von MySQL nicht unterstützte.

7 MySQLi

Die altbewährte MySQL-Schnittstelle ist fast zehn Jahre im Einsatz gewesen, ist also beinahe so alt, wie PHP selbst ist. Dass sie durch einen direkten Nachfolger ersetzt wird, bedeutet jedoch nicht, dass Sie zwingend alle Ihre Skripte überarbeiten müssen. Auch MySQL 5 arbeitet noch mit *ext/mysql* zusammen. Trotzdem hat ext/mysqli unbestreitbare Vorteile. Es ist performanter, sicherer, und es unterstützt neue Funktionalitäten wie Prepared Statements.

7.1 MySQLi in PHP einsetzen

Das Modul mysqli ist in Standarddistributionen von PHP 5 enthalten und bereits aktiviert. XAMPP bildet dabei keine Ausnahme. Sie können also im Regelfall direkt beginnen, Ihre Applikationen auf Basis der neuen Schnittstelle zu entwickeln. Um jedoch auf Nummer sicher zu gehen, werfen Sie einen Blick auf das phpinfo()-Skript aus der XAMPP-Oberfläche (siehe Abbildung 7.1).

```
<?php phpinfo(); ?>
```

Es sind alle aktiven Module alphabetisch aufgelistet. Der Eintrag für mysqli befindet sich ungefähr in der Mitte. Sie sehen zuoberst eine Tabelle, aus der Sie die Version der Schnittstelle ablesen können. Darunter ist ein weiterer Kasten, der Ihnen eine Übersicht über die Direktiven von mysqli gibt. Aus Sicherheitsgründen empfehlen wir Ihnen, diese Einstellungen zu Standardbenutzernamen und -passwort, die Sie in der Konfigurationsdatei *php.ini* finden, nicht zu benutzen. Wir werden in Kapitel 11, »Sicherheit«, darauf zu sprechen kommen, dass es bei achtloser Serverkonfiguration, zuallererst jedoch durch Programmierfehler, möglich ist, PHP-Code auf fremden Servern auszuführen. Ein Einzeiler aus weniger als 20 Zeichen reicht aus, um dann auch noch Zugriff auf Ihre Datenbanken zu bekommen.

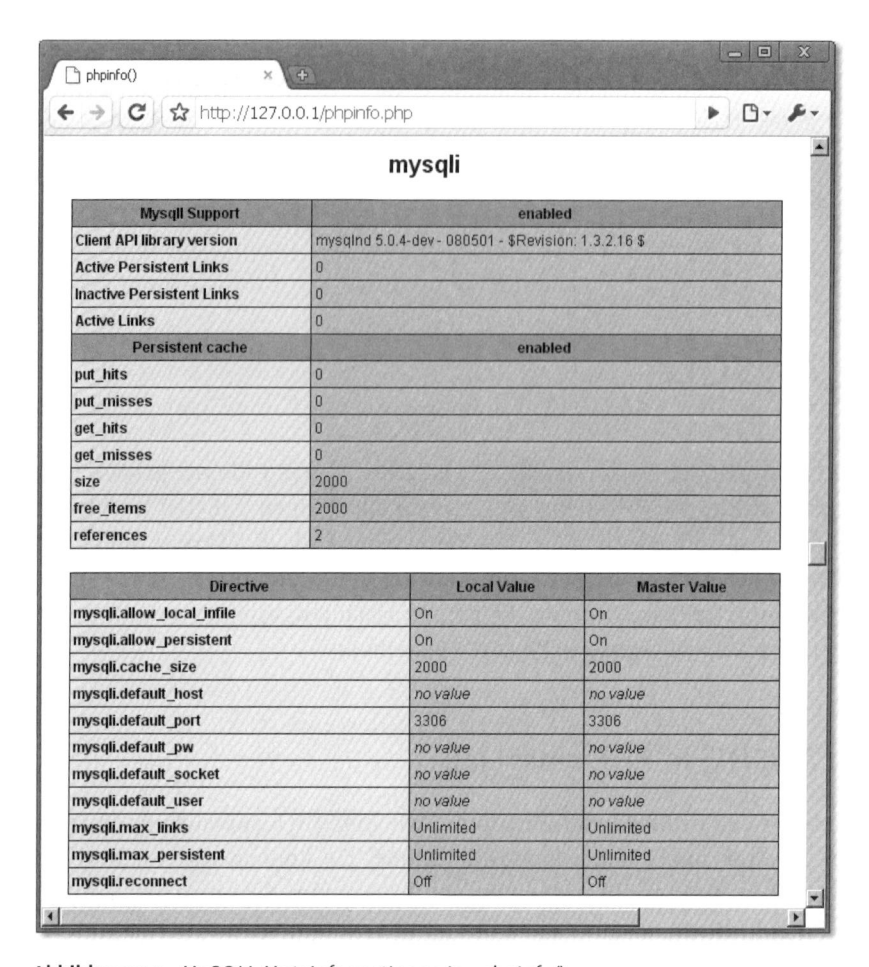

Mysqli Support	enabled
Client API library version	mysqlnd 5.0.4-dev - 080501 - $Revision: 1.3.2.16 $
Active Persistent Links	0
Inactive Persistent Links	0
Active Links	0
Persistent cache	enabled
put_hits	0
put_misses	0
get_hits	0
get_misses	0
size	2000
free_items	2000
references	2

Directive	Local Value	Master Value
mysqli.allow_local_infile	On	On
mysqli.allow_persistent	On	On
mysqli.cache_size	2000	2000
mysqli.default_host	no value	no value
mysqli.default_port	3306	3306
mysqli.default_pw	no value	no value
mysqli.default_socket	no value	no value
mysqli.default_user	no value	no value
mysqli.max_links	Unlimited	Unlimited
mysqli.max_persistent	Unlimited	Unlimited
mysqli.reconnect	Off	Off

Abbildung 7.1 MySQLi-Metainformationen in »phpinfo()«

Wenn Sie keinen Eintrag zu mysqli in der Liste der Module finden, müssen Sie die Erweiterung manuell aktivieren. Wie Sie das bewerkstelligen, erfahren Sie in Kapitel 3, »Installation«.

MySQLi unterstützt sowohl prozedurale als auch objektorientierte Programmierung. Jeder Befehl, den wir in diesem Kapitel vorstellen, existiert also zweimal. Die prozeduralen Varianten haben allesamt das Präfix mysqli_. Wenn wir also von dem objektorientierten Befehl real_escape_string() sprechen, können Sie stattdessen auch mysqli_real_escape_string() einsetzen und damit auf Objektorientierung verzichten. Wir raten Ihnen auf jeden Fall davon ab, die beiden Programmierstile zu mischen. Wir werden im weiteren Verlauf ausschließlich auf die objektorientierte Programmierung mit der Schnittstelle MySQLi eingehen.

Der ursprünglich in MySQLi zum Einsatz gekommene Treiber hat nicht lange Bestand gehabt. Mittlerweile besteht mit mysqlnd ein nativer Treiber für das Zusammenspiel von PHP und MySQL. Es ist jedoch nicht so, dass mysqlnd die bisherige libmysql komplett ersetzt. Der Support wird stattdessen allein schon aus Kompatibilitätsgründen aufrechterhalten. Der Nutzer kann zukünftig wählen, ob libmysql oder mysqlnd als Grundlage für die ext/mysqli zum Einsatz kommt, wobei sich der native Treiber in den meisten Fällen als performancefördernd und weniger speicherhungrig herausstellt. Wie in Abbildung 7.1 zu sehen, kommt mysqlnd in PHP 5.3 standardmäßig zum Einsatz. Für die Programmierung macht diese Wahl keine Unterschiede, die Methoden heißen und verhalten sich identisch.

7.2 MySQLi-Klassen

Die objektorientierte Variante der MySQLi-Schnittstelle umfasst drei Klassen:

- Die Klasse `mysqli` bietet u. a. Methoden, um sich mit der Datenbank zu verbinden bzw. die Verbindung zu beenden und um SQL-Anweisungen abzusetzen.
- Mit der Klasse `mysqli_result` verarbeiten Sie Ergebnisse, die aus SQL-Anweisungen wie SELECT, EXPLAIN, DESCRIBE oder SHOW resultieren.
- Die Klasse `mysqli_stmt` hingegen ist ausschließlich für Prepared Statements zuständig.

Wir werden nun nacheinander auf die drei Klassen eingehen und jeweils deren Methoden erläutern.

7.2.1 mysqli

Objektinstanzen der Klasse `mysqli` stellen offene Verbindungen zwischen PHP und dem MySQL-Datenbankmanagementsystem dar. Über die Klassenmethoden kommunizieren Sie mit der Datenbank im vollen Umfang des SQL-Standards. Abbildung 7.2 zeigt die Klasse mit den relevanten Attributen und Methoden in UML-Form. Die dargestellten Bestandteile werden wir nun nacheinander – thematisch geordnet – vorstellen.

Verbinden, Abfragen, Trennen

Eine Verbindung zwischen PHP und MySQL ist Voraussetzung dafür, dass Sie SQL-Abfragen jeglicher Form an die Datenbank abschicken und die entsprechenden Ergebnisse empfangen können. Das Schema einer Datenbankanbindung haben wir Ihnen bereits in Kapitel 6, »Einführung in MySQL«, erklärt, als wir ein PHP-Skript als Alternative zur Kommandozeile geschrieben haben. Dort haben wir allerdings prozedural programmiert, anders als wir das ab hier tun werden.

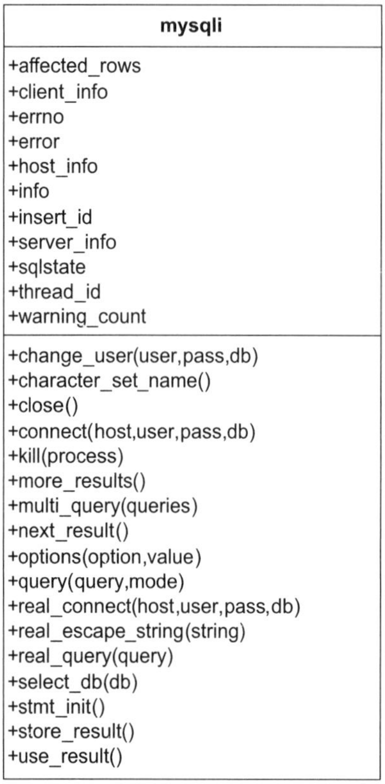

mysqli
+affected_rows +client_info +errno +error +host_info +info +insert_id +server_info +sqlstate +thread_id +warning_count
+change_user(user,pass,db) +character_set_name() +close() +connect(host,user,pass,db) +kill(process) +more_results() +multi_query(queries) +next_result() +options(option,value) +query(query,mode) +real_connect(host,user,pass,db) +real_escape_string(string) +real_query(query) +select_db(db) +stmt_init() +store_result() +use_result()

Abbildung 7.2 Die Klasse »mysqli« in UML-Darstellung

Um eine Verbindung herzustellen, erzeugen Sie zuerst ein neues Objekt der Klasse `mysqli`. Der Konstruktor ist in der offiziellen Referenz synonym über den Methodennamen `connect()` auffindbar. Bei der Instantiierung geben Sie die Verbindungsdaten in der folgenden Reihenfolge an:

- die Serveradresse (Host)
- den Namen des MySQL-Benutzers
- das zugehörige Passwort
- die Datenbank, auf der Sie anfänglich arbeiten wollen
- einen Port, über den die Kommunikation laufen soll
- ein Socket

Syntaktisch stellt sich das wie folgt dar:

> mixed **construct**([string $host [, string $nutzer
> [, string $passwort [, string $db
> [, string $port [, string $socket]]]]]])

Alle Parameter sind optional. Sie können also auch über

`$mysqli = new mysqli();`

ein leeres Objekt erstellen und danach mit der Methode `connect()` die Verbindungsdaten übergeben. Die Syntax des Befehls `connect()` unterscheidet sich nicht von der des Konstruktors. Sofern eine Verbindung zu MySQL aufgebaut werden kann, gibt die Methode ein Objekt zurück. Im Fehlerfall liefert sie `false`.

Offene Datenbankverbindungen werden am Ende eines jeden Skriptes automatisch geschlossen. Dennoch können und sollten Sie dies manuell tun, um rechtzeitig Speicher freizugeben. Ihre Verbindung zur Datenbank unterbrechen Sie mit der Methode `close()`:

> bool **close**()

Nachdem eine Verbindung geschlossen wurde, kann sie nicht »wiederbelebt« werden. Stattdessen müssen Sie eine neue Verbindung erstellen. Die Methode liefert einen booleschen Wert zurück, der über Erfolg oder Misserfolg informiert. Durch den Aufruf von `$mysqli->close` wird die Objektinstanz der Klasse `mysqli` nicht zerstört. Bei Bedarf müssen Sie das also manuell erledigen.

Zwischen `connect()` und `close()` können Sie alle Funktionen ausführen, die wir im weiteren Verlauf des Kapitels vorstellen werden. SQL-Anweisungen aller Art, sozusagen »Freitext-SQL«, wie wir ihn bereits in die Kommandozeile eingegeben haben, übermitteln Sie mit der Methode `query()` an die Datenbank:

> mixed **query**(string $anweisung [, int $ergebnismodus])

Die SQL-Anweisung wird als Zeichenkette übergeben. Je nach SQL-Befehl liefert die Datenbank eine Ergebnismenge zurück oder nicht. Dies passiert bei `SELECT`, `EXPLAIN`, `DESCRIBE` oder `SHOW`. In diesem Fall wird eine Objektinstanz der Klasse `mysqli_result` erzeugt. Für alle anderen SQL-Kommandos gibt `query` im Erfolgsfall `true` zurück. Ein Fehler in der Ausführung resultiert unabhängig vom Inhalt der Abfrage in einem `false`.

Für den Parameter `$ergebnismodus` existieren zwei Alternativen, die durch die Konstanten `MYSQLI_USE_RESULT` (mit dem Wert 1) und `MYSQLI_STORE_RESULT` (mit dem Wert 0) repräsentiert werden. Der Parameter ist optional, Standard ist `MYSQLI_STORE_RESULT`. Dadurch können Sie steuern, wie die Ergebnismenge an

PHP transferiert wird. Während MYSQLI_USE_RESULT das Ergebnis sukzessive abruft, holt MYSQLI_STORE_RESULT es im Ganzen, wodurch weitere Methoden wie data_seek() ermöglicht werden. Mehr dazu erfahren Sie, wenn wir die Klasse mysqli_result erläutern.

> **Hinweis**
>
> Die Methode query() mit ihrem optionalen Parameter $ergebnismodus ist eine Kurzform für die Abfolge von real_query() und entweder store_result() oder use_result(). Erstere Methode führt die Abfrage aus, die anderen beiden bewerkstelligen den Transfer der Ergebnismenge. Wird real_query() ohne anschließende Transfermethoden aufgerufen, schlagen weitere Anweisungen an die Datenbank fehl.

Sonderzeichen sorgen auch in SQL-Anweisungen für Probleme, besonders wenn Sie Zeichenketten bzw. Text in die Datenbank eintragen wollen, die beispielsweise Anführungszeichen enthalten. Dies führt unter Umständen dazu, dass der SQL-Befehl mit syntaktischen Fehlern verfrüht abgebrochen wird. Um dies zu verhindern, werden Sonderzeichen durch die Methode real_escape_string() mit Schrägstrichen (»Slashes«) maskiert, wobei der aktuelle Zeichensatz der Verbindung beachtet wird:

*string **real_escape_string**(string $anweisung)*

Als einzigen Parameter übernimmt die Funktion eine Zeichenkette. Ausgabewert ist das maskierte Gegenstück, das sich gefahrlos an die Datenbank übertragen lässt. Durch das Maskieren werden keine zusätzlichen Zeichen in der Datenbanktabelle gespeichert. Die Schrägstriche werden vom SQL-Interpreter verarbeitet und wieder entfernt.

Das Grundgerüst einer Datenbankanbindung erläutert das folgende Beispiel (siehe Listing 7.1). Das Skript tut im Kern genau das, was wir in Kapitel 6, »Einführung in MySQL«, implementiert haben.

```
<?php
$mysqli = new mysqli('localhost',
                    'phpmysql_user',
                    'phpmysql_pass',
                    'phpmysql');
if(!$mysqli)
{
   die('Es war keine Verbindung zur Datenbank möglich.');
}
$sql = $mysqli->real_escape_string(''); //SQL-Anweisung
$result = $mysqli->query($sql); //erzeugt Ergebnisobjekt
...
```

```
//es folgt die Verarbeitung einer evtl. Ergebnismenge
$mysqli->close();
?>
```

Listing 7.1 SQL-Abfragen per MySQLi versenden

Nach der Instantiierung der Objektinstanz prüfen wir, ob die Verbindung erfolgreich erstellt werden konnte. Das bewerkstelligen wir durch eine boolesche Abfrage auf `$mysqli`. Sofern ein Fehler aufgetreten ist, brechen wir die Skriptausführung ab. Im restlichen Verlauf verzichten wir vorerst auf Fehlerabfragen. Wir binden stattdessen unsere Datenbankanweisung an die Variable `$sql` und übertragen sie zur Datenbank. Um uns vor »bösartigem« Code zu schützen bzw. kein Problem mit Sonderzeichen zu bekommen, wenden wir dabei die Maskiermethode `$mysqli->real_escape_string()` an. Zu guter Letzt schließen wir die Verbindung wieder.

Um nachträglich den Datenbankbenutzer oder die aktuelle Datenbank zu wechseln, müssen Sie nicht die offene Verbindung beenden. Stattdessen stellt Ihnen PHP zwei Methoden dafür bereit. Mit

*bool **change_user**(string $nutzer, string $passwort, string $db)*

können Sie beide Aufgaben auf einen Schlag erledigen. Beim Benutzerwechsel ist natürlich die Angabe eines Passworts notwendig, sofern eines existiert. Der Benutzer muss die notwendigen Rechte in MySQL für die angegebene bzw. aktive Datenbank besitzen. Möchten Sie die aktuelle Datenbank weiterhin benutzen, geben Sie `$db` mit dem Wert `NULL` an. Als Antwort liefert die Funktion einen booleschen Wert. Tritt bei der Ausführung der Funktion ein Fehler auf, bleiben die bis dahin gültigen Verbindungsdaten erhalten.

Die Wahl einer neuen Datenbank, auf der Sie mit dem aktuellen Anwender arbeiten möchten, führen Sie mit der Methode

*bool **select_db**(string $db)*

aus. Wenn Sie stattdessen bei `change_user()` den Wert `null` für den Benutzer und dessen Passwort angeben, um nur eine neue Datenbank zu setzen, erhalten Sie einen Fehler in der Funktionsausführung; der Wert `null` wird nicht als korrekter Benutzer erkannt.

> **Hinweis**
>
> Natürlich können Sie der Methode `change_user()` die Verbindungsdaten des aktuellen Benutzers übergeben, um nur die Datenbank zu wechseln. In Anbetracht dessen, dass `select_db()` aber genau dies mit weniger Parametern bewirkt, ist es aber nicht sinnvoll.

Die beiden Funktionen, die wir Ihnen zuletzt vorgestellt haben, sind die ersten Beispiele dafür, wie die Ausführung einer oder mehrerer SQL-Anweisungen von PHP nachgebildet bzw. gekapselt wird. Wenn Sie die Methode

`$mysqli->select_db('new_db');`

ausführen, passiert nichts anderes als bei

`$mysqli->query('USE new_db');`

Vorteil dabei ist zum einen, dass ein PHP-Programmierer, der noch nicht viel Erfahrung besitzt, nicht mit allen Facetten von SQL vertraut sein muss. Das unterstreicht den Anspruch von PHP, eine leicht erlernbare und zugleich mächtige Sprache zu sein. Zum anderen beschleunigt die Ausführung gekapselter Methoden die Programmierung (nicht die Ausführung eines Programms – nur dessen Erstellung). Dies sehen Sie an der Methode `query` im Vergleich zu `real_query()`. Weitere Beispiele ähnlicher Natur werden folgen.

Verbindungs- und abfragebezogene Informationen sammeln

Die Klasse `mysqli` stellt Methoden und Attribute bereit, aus denen Sie Informationen über die aktuelle Verbindung und die zuletzt abgesetzte Datenbankabfrage ziehen können. Verbindungsinformationen bleiben meist bis zum `$mysqli->close()` konstant, wohingegen abfragebezogene Objektattribute ihren Wert laufend wechseln.

Als einziger Vertreter von Methoden gehört

*string **client_encoding**()*

zu den verbindungsbezogenen Informationslieferanten. `client_encoding()` ist ein Synonym für das syntaktisch gleiche `character_set_name()` und gibt den aktuellen Zeichensatz der Verbindung zurück. Dessen Wert wird von `real_escape_string()` eingesetzt, um Sonderzeichen zu maskieren.

Eine Gruppe von Attributen liefert Ihnen Daten zu Client, Host und Datenbankserver. Eine Angabe, welche Serverversion eingesetzt wird, kann Ihnen beispielsweise dann nützlich sein, wenn Sie eine Applikation programmieren, die auf neue Funktionalitäten von MySQL setzt, aber dennoch unterschiedliche Datenbankversionen unterstützen soll. Eine Abfrage im Quellcode hilft Ihnen dann auszuwählen, ob Sie von den Neuerungen Gebrauch machen können oder zu einem Workaround greifen müssen. Listing 7.2 gibt Ihnen einen Überblick über die Attribute:

```
<?php
$mysqli = new mysqli('localhost',
```

MySQLi-Klassen | 7.2

```
                'phpmysql_user',
                'phpmysql_pass',
                'phpmysql');
if(!$mysqli)
{
    die('Es war keine Verbindung zur Datenbank möglich.');
}
...
print 'Zeichensatz: ';
print $mysqli->client_encoding().'<br />';   //Zeichensatz
print 'Adresse und Protokoll: ';
print $mysqli->host_info.'<br />';           //Adresse und Protokoll
print 'Client-Version: ';
print $mysqli->client_info.'<br />';         //Versionsnummer
print 'Server-Version: ';
print $mysqli->server_info.'<br />';         //MySQL-Server-Version
//Abfrage auf Server-Version
if($mysqli->server_info{0} >= 5)
{
    //MySQL 5: setze Neuerungen ein, also Trigger etc.
}
else
{
    //MySQL 4 oder niedriger: nutze den Workaround
}
$mysqli->close();
?>
```

Listing 7.2 Abruf von Verbindungsinformationen

Nachdem wir in Listing 7.2 eine Datenbankverbindung erstellt haben, können wir die Informationen sofort abfragen. Um zwischen den Serverversionen zu differenzieren, extrahieren wir das erste Zeichen des Strings, den wir aus dem Attribut $mysqli->server_info bekommen haben. Vom Ergebnis können Sie sich in Abbildung 7.3 überzeugen.

> **Syntax**
>
> Die angehängte 0 in geschweiften Klammern extrahiert das erste Zeichen einer Zeichenkette. Dabei handelt es sich um eine Kurzschreibweise des Befehls substr(), mit dem sich ausschließlich einzelne Zeichen selektieren lassen. Die Zeichen eines Strings sind dafür durchnummeriert, beginnend bei 0.

![Browserfenster mit Ausgabe]

```
Zeichensatz: latin1
Adresse und Protokoll: MySQL host info: localhost via TCP/IP
Clientversion: mysqlnd 5.0.4-dev - 080501 - $Revision: 1.3.2.16 $
Serverversion: 6.0.6-alpha-community-log
```

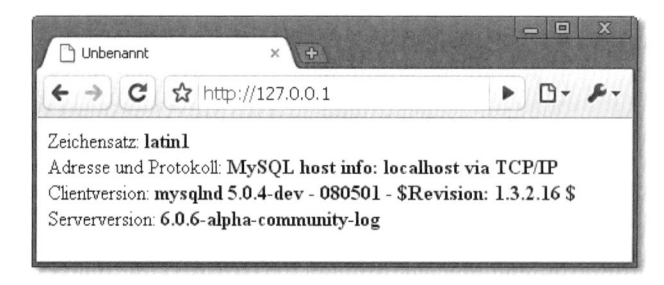

Abbildung 7.3 Ausgabe von Verbindungsinformationen

Sofern die MySQL-Version 5 oder höher eingesetzt wird, können Sie neue Funktionalitäten verwenden, z. B. Stored Procedures aufrufen oder eine Sicht erzeugen. Anderenfalls müssen Sie sich mit den Funktionen der Vorgängerversionen begnügen. Denkbar ist auch, dass Sie an dieser Stelle lediglich eine Konfigurationsvariable oder -konstante setzen, auf die Sie von anderer Stelle der Webapplikation aus zugreifen können. Die verbindungsbezogenen Informationsattribute sind im Folgenden erläutert.

Aus dem Attribut

string **host_info**

können Sie die Serveradresse und das Verbindungsprotokoll herauslesen. Das kann beispielsweise wie folgt aussehen:

»localhost via TCP/IP«

Die Versionsnummer der Bibliothek, die PHP für die MySQLi-Schnittstelle einsetzt, erfahren Sie aus:

string **client_info**

Dies ist eine Zeichenkette wie etwa »mysqlnd 5.0.4«. Ein ähnliches Ergebnis ergibt

string **server_info**

für die Version des Datenbankservers, z. B. »5.1.30«.

> **Hinweis**
>
> Für die Attribute `server_info` und `client_info` gibt es alternativ die Attribute `server_version` und `client_version`, die dieselben Werte liefern, nur in anderer Darstellung.

Abfragebezogene Informationen erhalten Sie ausschließlich über dafür vorgesehene Attribute. So liefert *mixed* **insert_id**

den Wert einer AUTO_INCREMENT-Spalte, wenn die vorige Operation ein erfolgreich verlaufendes INSERT oder UPDATE enthielt. In allen anderen Fällen hat das Attribut den Wert 0. Handelt es sich dabei um einen Primärschlüssel, können Sie ihn bei Folgeabfragen als Referenzwert nutzen. Ein typischer Eintrag von mehreren referenzierten Datensätzen verläuft nach dem Schema:

1. Tragen Sie einen Datensatz X in die Tabelle A ein.
2. Ermitteln Sie den Primärschlüssel des Datensatzes X über insert_id.
3. Fügen Sie Datensatz Y in Tabelle B ein, und notieren Sie den Wert aus insert_id in der Fremdschlüsselspalte.

In ähnlicher Weise wirkt auch

mixed **affected_rows**

und gibt Ihnen die Anzahl der Datensätze zurück, die von der letzten Operation betroffen waren. Rückgabewert ist also eine Ganzzahl, die den Wert 0 oder größer hat. Eine −1 bedeutet, dass ein Fehler bei der letzten Ausführung aufgetreten ist. Der numerische Wert lässt sich sehr gut maschinell weiterverarbeiten, also mit einem Grenz- oder Referenzwert vergleichen, wohingegen

string **info**

das Ergebnis der letzten Abfrage in einer Zeichenkette zusammenfasst. Dazu muss es sich allerdings um ein INSERT, UPDATE, LOAD DATA INFILE oder ALTER gehandelt haben. Der Wert dieses Attributs ist also für die Anzeige am Bildschirm für den Benutzer des Systems besser geeignet. Die Nachricht variiert je nach ausgeführter Operation und ist identisch mit der Statusmeldung im Kommandozeilentool *mysql*, die Ihnen die vorangegangene Anweisung quittiert.

Das Attribut

int **thread_id**

liefert die eindeutige Identifikationsnummer für die vergangene Operation. Dies ist eine fortlaufende Nummer, die vom Start des Servers an hochgezählt wird. Über Angabe der thread_id lässt sich gezielt die Auswertung einer Abfrage über die Methode

bool **kill**(*int $thread_id*)

abbrechen.

Die abfragebezogenen Informationsattribute im Beispiel zeigt Listing 7.3.

```php
<?php
$mysqli = new mysqli(null,
                    'phpmysql_user',
                    'phpmysql_pass',
                    'phpmysql');
if(!$mysqli)
{
   die('Es war keine Verbindung zur Datenbank möglich');
}
$mysqli->query("INSERT INTO tabelle (b,c) VALUES
               ('a',NOW()),
               ('b',NOW())");
echo "Info: ";
echo $mysqli->info.'<br />';
echo "Insert-ID: ";
echo $mysqli->insert_id.'<br />';
echo "Betroffene Zeilen: ";
echo $mysqli->affected_rows.'<br />';
echo "Thread-ID: ";
echo $mysqli->thread_id.'<br />';
$mysqli->close();
?>
```

Listing 7.3 Informationen zur letzten Abfrage

Das Ergebnis ist in Abbildung 7.4 dargestellt.

Abbildung 7.4 Informationen zur letzten Abfrage

In der praktischen Anwendung des vorigen Listings fallen auch gleich ein paar Tücken der Informationsattribute auf: Zum einen liefert $mysqli->info nur einen Wert, wenn gleichzeitig mehr als ein Datensatz eingefügt wird. Zum anderen zeigt $mysqli->insert_id den AUTO_INCREMENT-Wert des ersten und nicht des letzten Datensatzes an.

Fehlerbehandlung

Neben den Konzepten zur Fehlerbehandlung, die durch boolesche Rückgabewerte von Funktionen und durch Exceptions gegeben sind, liefert die MySQLi-Schnittstelle eigens Attribute in der Klasse `mysqli`, über die Sie datenbankbezogene Fehler auswerten können. De facto gehören die folgenden Attribute also zu den abfragebezogenen Informationsattributen. Aufgrund ihrer Wichtigkeit bzw. Spezifität stellen wir sie hier gesondert vor. Damit können Sie Skripte weitgehend mit Abfragen auf Fehler ausstatten und Fehlermeldungen von der Datenbank verarbeiten oder an den Benutzer weiterreichen. Listing 7.4 ist eine Abwandlung des initialen Listings aus diesem Kapitel, in der Fehlerabfragen enthalten sind. Die Ausgabe des Skriptes sehen Sie in Abbildung 7.5, wir haben absichtlich einen Buchstabendreher in die SQL-Abfrage eingebaut.

```
<?php
$mysqli = new mysqli('localhost',
                     'phpmysql_user',
                     'phpmysql_pass',
                     'phpmysql');
if(!$mysqli)
{
   die('Es war keine Verbindung zur Datenbank möglich.');
}
$sql = $mysqli->real_escape_string('SELECT * FORM tabelle');
if (!$mysqli->query($sql))
{
   echo 'Fehler ('. $mysqli->errno.'): '.$mysqli->error;
   echo '<p>DBSTATE: '.$mysqli->sqlstate.'</p>';
}
//Warnungen
echo '<p>Warnungen: '.$mysqli->warning_count.'</p>';
//es folgt die Verarbeitung einer evtl. Ergebnismenge
$mysqli->close();
?>
```

Listing 7.4 Fehlerbehandlung

Wir prüfen nun die Ausführung von `$mysqli->query` auf Fehler hin. Sofern einer auftritt, die Methode also ein `false` zurückliefert, geben wir eine selbst zusammengesetzte Fehlermeldung aus, die aus einer MySQL-Fehlernummer und einer Textmeldung besteht. Wir brechen das Skript an dieser Stelle nicht ab, um sicherzustellen, dass die Verbindung auch geschlossen wird.

![Browser-Fenster mit Fehlermeldung]

Fehler (1064): You have an error in your SQL syntax; check the manual that corresponds to your MySQL server version for the right syntax to use near 'FORM tabelle' at line 1

DBSTATE: 42000

Warnungen: 0

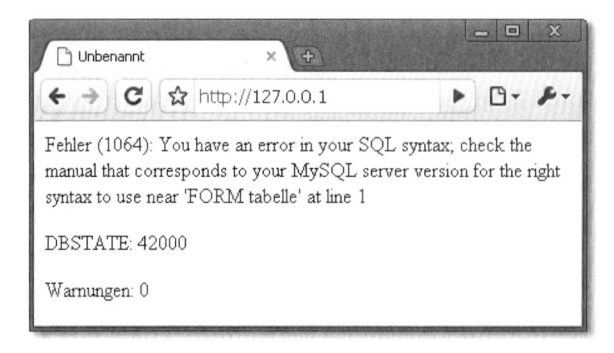

Abbildung 7.5 Ausgabe von Fehlermeldungen

Im vorigen Beispiel haben wir

string **error**

zur Ausgabe einer (englischen) Fehlerbeschreibung benutzt. Nach einer fehlerfrei ausgeführten Datenbankoperation ist dieses Attribut mit einem leeren String gefüllt. Ferner liefert uns

int **errno**

die Fehlernummer, die von MySQL vergeben wurde. Eine Liste aller Fehlermeldungen erhalten Sie von der MySQL-Website *http://www.mysql.com*. Anders als errno liefert

string **sqlstate**

einen Fehlercode, der nicht spezifisch für MySQL ist. SQLSTATE ist eine Liste mit Fehlernummern und deren Beschreibung, auf die sich mehrere Datenbankentwickler verständigt haben, u. a. auch IBM DB2 und Oracle. Die Verwendung »genormter« Fehlermeldungen bringt sehr große Vorteile im Bereich der Datenbankabstraktion, wenn Sie also mit Ihrer Webapplikation unterschiedliche Datenbankmanagementsysteme unterstützen wollen. Dank SQLSTATE können Sie dann einheitliche Fehlerabfragen einführen.

Zu guter Letzt zeigt uns

int **warning_count**

die Anzahl an Warnungen an, die bei der letzten Operation erzeugt wurden. Sofern Sie sich mit MySQL nicht im Strict-Modus befinden, werden viele Fehler als Warnungen gezählt. Der Vorteil ist, dass Sie dadurch nur selten mit Fehlermeldungen behelligt werden. Dennoch geben häufige Warnungen Anlass, die Ausführung zu prüfen. Sofern eine Operation keine Warnungen erzeugt hat, ist der Attributwert 0.

Alternative Verbindungs- und Abfragemethoden

MySQLi bietet neben der Methode connect() noch eine weitere Möglichkeit, eine Verbindung zum Datenbanksystem aufzubauen, bei der Sie weitgehend auf die Verbindungsoptionen einwirken können. Der Verbindungsaufbau ist mehrstufig:

1. Initialisierung der Verbindung
2. Einstellen aller nötigen Optionen
3. Verbindungsaufbau

Zur Initialisierung dient der Befehl (mysqli_)init, der sich auf zweierlei Arten ausführen lässt. Zum einen können Sie ihn prozedural aufrufen, wodurch ein Objekt der Klasse mysqli erstellt wird:

*object **mysqli_init**();*

Zum anderen existiert ein objektorientiertes Gegenstück, das aus einer gültigen MySQLi-Instanz heraus angestoßen werden muss:

`$mysqli->init();`

Die zweite Variante setzt voraus, dass Sie ein Objekt erstellt haben, ohne Verbindungsdaten anzugeben. Der Verbindungsaufbau wird abgeschlossen, wenn Sie die Methode

*bool **real_connect**([string $host [, string $nutzer*
[, string $pass [, string $db [, string $port
[, string $socket [, int $bits]]]]]]])

ausführen. Die Parameter der Methode gleichen denjenigen des Klassenkonstruktors. Der einzige Unterschied ist der letzte optionale Parameter $bits, mit dem Sie zusätzliche Einstellungen vornehmen können. Die Alternativen für $bits werden durch Konstanten repräsentiert, die in Tabelle 7.1 aufgeführt sind.

Bezeichner	Beschreibung
MYSQLI_CLIENT_COMPRESS	Benutzen Sie komprimierte Kommunikation.
MYSQLI_CLIENT_FOUND_ROWS	Geben Sie statt »betroffene Zeilen« (»affected rows«) die Anzahl Zeilen zurück, die der Suchbedingung der Abfrage genügen.
MYSQLI_CLIENT_IGNORE_SPACE	Erlauben Sie Leerraum nach Funktionsnamen.
MYSQLI_CLIENT_INTERACTIVE	Verwenden Sie den Wert der MySQL-Variablen interactive_timeout als Sekundenanzahl, die ohne Aktivität bis zum Timeout vergehen muss.
MYSQLI_CLIENT_SSL	Benutzen Sie Verschlüsselung während der Verbindung.

Tabelle 7.1 Alternativen für den Parameter »$bits«

Zwischen `$mysqli->init()` und `$mysqli->real_connect()` können Sie ein- oder mehrmals die Methode

*bool **options**(int $option, mixed $wert)*

aufrufen, um damit einzelne Einstellungen zu tätigen. Die Optionen, die Sie darüber setzen können, decken sich teilweise mit denen, die bei `real_connect()` über den Parameter `$bits` möglich sind. Analog dazu sind auch die Optionen über konstante Namen adressierbar – deswegen hat der erste Parameter `$option` der Methode `options` den Datentyp Integer. Eine Übersicht gibt Tabelle 7.2.

Bezeichner	Beschreibung
MYSQLI_OPT_CONNECT_TIMEOUT	Anzahl Sekunden für Inaktivität, nach der die Verbindung abgebrochen wird
MYSQLI_OPT_COMPRESS	Benutzen Sie Komprimierung beim Datentransfer.
MYSQLI_OPT_LOCAL_INFILE	Verbieten/erlauben Sie die Funktion LOAD LOCAL INFILE.
MYSQLI_INIT_CMD	Anweisung, die beim Start der Verbindung automatisch ausgeführt wird.
MYSQLI_READ_DEFAULT_FILE	Benutzen Sie eine Optionsdatei (statt *my.cnf*).
MYSQLI_READ_DEFAULT_GROUP	Lesen Sie den Inhalt der benannten Optionsgruppe aus der Konfigurationsdatei.

Tabelle 7.2 Verbindungsoptionen

Das Verwenden der Methode `options()` ist natürlich nicht zwingend erforderlich. Sie können den Verbindungsaufbau auch gleich auf die Initialisierung folgen lassen, wenn es Ihnen nur darum geht, den Parameter `$bits` zu spezifizieren. Wenn Sie sowohl auf die Optionen als auch auf die Angaben in `$bits` verzichten, nutzen Sie stattdessen den einfacheren Weg über `$mysqli->connect()`. Listing 7.5 zeigt, wie der mehrstufige Verbindungsaufbau funktioniert.

```
<?php
$mysqli = new mysqli();
$mysqli->init();
$mysqli->options(MYSQLI_INIT_COMMAND, "SET @x=4");
$mysqli->options(MYSQLI_CLIENT_COMPRESS, 1);
$mysqli->real_connect(null,
                      'phpmysql_user',
                      'phpmysql_pass',
                      'phpmysql');
...
?>
```

Listing 7.5 real_connect

Zuerst erstellen wir ein leeres Objekt, auf das wir dann die Initialisierung ausführen können. Bevor wir die Verbindung mit den altbekannten Daten wirklich aufbauen, geben wir noch an, dass die Datenkomprimierung aktiviert werden und die MySQL-Variable @x an den Wert 4 gebunden werden soll. Nachdem die Verbindung aufgebaut ist, können wir mit dem MySQLi-Objekt verfahren wie in den vorigen Listings.

Bislang haben wir uns damit begnügt, die SQL-Anweisung über $mysqli->query() einzeln an die Datenbank zu schicken. Je nach Operation bekamen wir eine einzige Ergebnismenge zurück. Es ist jedoch ebenso möglich, mehrere Anweisungen auf einmal abzusenden und im Zweifel auch mehrere Ergebnisse zu verarbeiten. Dazu ist $mysqli->query() jedoch nicht fähig. Stattdessen müssen wir in solchen Fällen auf die Methode

*bool **multi_query**(string $anfragen)*

zurückgreifen. Als Eingabewert $anfragen wird eine Zeichenkette aus mehreren SQL-Anweisungen erwartet, die durch das aktuelle Befehlsabschlusszeichen der Datenbankverbindung voneinander getrennt sind. Bei Erfolg der Abfrageausführung meldet die Methode true, anderenfalls false. Sofern mehrere Ergebnismengen aus $anfragen resultieren, sind diese in einer geordneten Liste abgelegt und müssen einzeln abgerufen werden. Anfangs weist ein Zeiger auf die erste Ergebnismenge in der Liste. Diese kann dann über

*mixed **use_result**()*

bzw.

*mixed **store_result**()*

in ein Objekt der Klasse mysqli_result überführt werden. Tritt ein Fehler auf, gibt die Methode statt eines Objekts false wieder. Ob noch ein weiteres Ergebnis in der geordneten Liste ist, erfahren Sie über

*bool **more_results**()*

Dies gibt entweder true zurück, wenn das Ende der Liste noch nicht erreicht ist, anderenfalls false. Bei positivem Ergebnis können Sie den Zeiger mit

*bool **next_result**()*

um ein Listenelement weitersetzen.

Listing 7.6 demonstriert, wie eine Liste aus Ergebnismengen über eine Schleife durchlaufen werden kann:

```php
<?php
//Verbindungsaufbau
$sql = 'SELECT * FROM tabelleA; SELECT * FROM tabelleB';
if($mysqli->multi_query($sql))
{
   do
   {
      $result = $mysqli->store_result();
      //Verarbeitung von $result
   } while($mysqli->next_result());
}
//Verbindungsabbruch
?>
```

Listing 7.6 Sukzessive Verarbeitung von Abfrageergebnissen

Wir benutzen in diesem Fall eine Schleife vom Typ do ... while(), um zu garantieren, dass auch das erste Ergebnis verarbeitet wird, bevor wir den Zeiger weitersetzen.

7.2.2 mysqli_result

Ein Objekt der Klasse mysqli_result wird immer dann von PHP erzeugt, wenn eine der vier Anweisungen SELECT, EXPLAIN, DESCRIBE oder SHOW auf der Datenbank ausgeführt wird und eine nicht leere oder leere Ergebnismenge zurückgibt. Mit den Methoden und Attributen der Klasse lassen sich diese Mengen be- und verarbeiten.

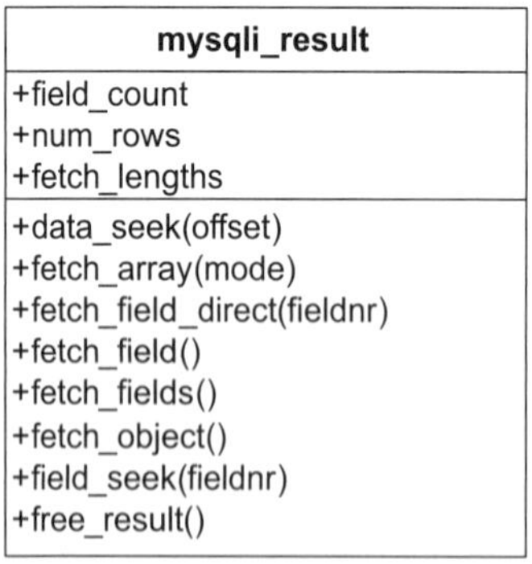

mysqli_result
+field_count
+num_rows
+fetch_lengths
+data_seek(offset)
+fetch_array(mode)
+fetch_field_direct(fieldnr)
+fetch_field()
+fetch_fields()
+fetch_object()
+field_seek(fieldnr)
+free_result()

Abbildung 7.6 Eigenschaften und Methoden der Klasse »mysqli_result«

Das Hauptaugenmerk liegt auf dem Abruf (englisch »fetching«) von Daten. In dieser Situation bezieht sich das Wort »Daten« sowohl auf die Tupel der Ergebnismenge als auch auf deren Struktur.

Im Folgenden werden wir zuerst die Strukturabrufe erläutern, danach die weit gebräuchlicheren Tupelabrufe.

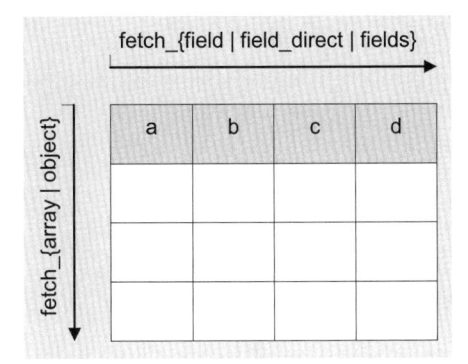

Abbildung 7.7 Unterschiedliche Abrufmethoden

Abruf der Struktur einer Ergebnismenge

Die folgenden Methoden extrahieren Strukturdaten für einzelne Spalten der Ergebnismenge. Ausgabeformat ist in allen Fällen ein Objekt oder eine Menge von Objekten, die die Struktur einer Tabellenspalte repräsentieren. Der Inhalt eines Objekts ist immer identisch und umfasst die in Tabelle 7.3 dargestellten Attribute.

Bezeichner	Beschreibung
name	Spaltenname
orgname	Original-Spaltenname (unterscheidet sich von name, wenn mit AS ein Alias vergeben wurde)
table	Tabelle, aus der das Attribut stammt
orgtable	Original-Tabellenname (unterscheidet sich von table, wenn mit AS ein Alias vergeben wurde)
def	Standardwert der Spalte
max_length	Maximallänge der Spalte im Ergebnis
flags	Ganzzahl, die die Bit-Muster der Spalte repräsentiert
type	Datentyp der Spalte (numerisch codiert)
decimals	Anzahl von Nachkommastellen

Tabelle 7.3 Attribute eines Strukturobjekts

Für die Abfrage

```
SELECT a AS erstesAttribut FROM tabelleA t
```

sieht ein Strukturobjekt beispielsweise wie folgt aus:

```
stdClass Object
(
    [name] => erstesAttribut
    [orgname] => a
    [table] => t
    [orgtable] => tabelleA
    [def] =>
    [max_length] => 1
    [length] => 10
    [charsetnr] => 63
    [flags] => 49667
    [type] => 3
    [decimals] => 0
)
```

Um sich Informationen zu Spalten der Ergebnismenge anzeigen zu lassen, existieren folgende Methoden:

*mixed **fetch_field**()*

liefert Ihnen sukzessive Informationen zu den Spalten. Begonnen wird mit der Spalte ganz links in der Relation. Bei jedem weiteren Methodenaufruf wird eine weitere Spalte abgerufen – diejenige direkt rechts neben der vorigen. Die Methode gibt so lange ein Objekt mit Strukturdaten zurück, bis alle Spalten verarbeitet sind. Dann liefert sie `false`. Um den Zeiger, der auf das zuletzt abgerufene Feld zeigt, manuell auf eine andere Position zu setzen, verwenden Sie die Methode

*bool **field_seek**(int $spaltennummer)*

Die Spalten eines Abfrageergebnisses sind von links nach rechts durchnummeriert – beginnend bei 0, ähnlich einem Array. Wählen Sie für den Parameter `$spaltennummer` also beispielsweise den Wert 4, setzen Sie damit den internen Zeiger auf die fünfte Spalte von links im Ergebnis. Als Rückgabewert informiert die Methode durch einen booleschen Wert darüber, ob das Versetzen des Zeigers erfolgreich war. Eine Zusammenfassung von `field_seek()` und `fetch_field()` stellt die Methode

*mixed **fetch_field_direct**(int $spaltennummer)*

dar, die es ermöglicht, gezielt die Struktur einer Tabellenspalte zu extrahieren, ohne alle links davon liegenden abrufen zu müssen. `fetch_field_direct()` empfängt ebenfalls nur einen Parameter, der die Spaltennummer angibt. Bei einem Fehler gibt die Methode `false` zurück. Sie kommen damit also zu dem gleichen Ergebnis, als wenn Sie zuerst den internen Zeiger versetzen (`field_seek`) und dann die Spaltenstruktur abrufen (`fetch_field`) würden.

mixed fetch_fields()

erzeugt ein Array aus Objekten. Damit wird die gesamte Tabellenstruktur auf einmal abgerufen. Das Array können Sie dann wie gewohnt durchlaufen. Wenn keine Spalteninformationen vorhanden sind, ist der Rückgabewert `false`.

Um zu wissen, wie viele Spalten eine Ergebnismenge geliefert hat, können Sie das Attribut

int field_count

aus der Klasse `mysqli_result` abfragen. Das Gleiche bewirkt der Aufruf von `$mysqli_result->num_fields`. Die Anzahl der Ergebnisspalten wird als Ganzzahl geliefert. Nach SQL-Anweisungen ohne Ergebnis haben die Attribute den Wert `null`. Das lässt sich nutzen, um schnell herauszufinden, ob es tatsächlich ein Ergebnis zu verarbeiten gibt (siehe Listing 7.7):

```php
<?php
//Verbindungsaufbau
...
$sql = 'SELECT * FROM tabelleA; ';
$result = $mysqli->query($sql);
echo 'existiert eine Ergebnismenge? ';
if($result->field_count != null)
{
   echo 'ja';
   $array = $mysqli->fetch_fields();
   print_r($array);
}
else
{
   echo 'nein';
}
//Verbindungsabbruch
?>
```

Listing 7.7 Abfrage einzelner Attribute

Diese Abfrage ist praktisch, hat aber ihre Nachteile: Wir führen `$mysqli->query($sql)` aus, ohne im Nachhinein zu prüfen, ob daraus wirklich ein Objekt entstanden ist. Ohne Objekt der Klasse `mysqli_result` gibt es auch keine Ergebnismenge und kein Attribut `field_count`. Wann immer wir also eine Operation wie `INSERT` oder `UPDATE` ausführen, wird von PHP eine »Notice« ausgegeben, weil wir versuchen, auf ein nicht existentes Objekt zuzugreifen.

Sofern ein Ergebnis vorliegt, sorgt $mysqli_result->fetch_fields() dafür, dass die Struktur in ein Array überführt wird, mit dem wir weiterhin arbeiten können. Im Beispiel begnügen wir uns damit, das komplette Array auf dem Bildschirm auszugeben.

Abruf von Tupeln aus der Ergebnismenge

Zumeist geht es dem Programmierer allerdings nicht um die Struktur des Abfrageergebnisses, sondern um dessen Inhalt. Die Methodik ist aber in beiden Fällen identisch: Das Ergebnis wird Stück für Stück – die Struktur also Spalte für Spalte und der Inhalt Zeile für Zeile – verarbeitet.

Die Fetch-Methoden, die wir Ihnen vorstellen wollen, überführen die Datensätze aus der Ergebnismenge sukzessive in PHP-Strukturen, entweder in Arrays oder in Objekte. Die bestehende Ordnung bleibt dabei erhalten. Begonnen wird mit dem obersten Tupel der Menge.

Abruf in Arrays

Ein Tupel rufen Sie mit der Methode

mixed fetch_array(int $typ)

ab. Der Parameter $typ gibt an, ob der Datensatz als assoziatives Array, als numerisches Array oder als Kombination von beidem zurückgegeben werden soll. Repräsentiert werden die ganzzahligen Alternativen für $typ durch die Konstanten

- MYSQLI_ASSOC (mit dem Wert 1) für ein assoziatives Array,
- MYSQLI_NUM (mit dem Wert 2) für ein numerisches Array und
- MYSQLI_BOTH (mit dem Wert 3) für beides.

Die Methode gibt so lange Datensätze zurück, bis das Ergebnis komplett durchlaufen ist. Danach hat die Ausgabe den Wert NULL.

Wenn Sie sowohl das numerische als auch das assoziative Array über

$mysqli->fetch_array(MYSQLI_BOTH)

erstellen lassen, ist das Array doppelt so groß wie das Tupel selbst. Gerade bei umfangreichen Ergebnismengen, wenn Sie also lange Texte oder große Dateien aus der Datenbank extrahieren, wird der Serverspeicher dadurch stark belastet. Dies sollten Sie nur dann in Kauf nehmen, wenn Sie wirklich parallel auf numerische und assoziative Indizes zugreifen müssen. Wählen Sie stattdessen eine der beiden anderen Alternativen.

Die numerischen Schlüssel bei der Methode `MYSQLI_NUM` sind von 0 an durchnummeriert. Ein solches Tupelarray besitzt kurze Indizes, die dafür aber wenig über die Semantik des Inhalts aussagen. Ihr Code wird dadurch minimal kürzer, aber die Fehleranfälligkeit ist um einiges höher. Bei `MYSQLI_ASSOC` sind die Vor- und Nachteile genau andersherum verteilt. Die Schlüssel der Arrayfelder tragen die Namen der Tabellenspalten. Das sorgt für mehr Schreibarbeit, aber auch für Eindeutigkeit.

Stellen Sie sich vor, wir selektieren eine Adresstabelle mit 20 Spalten. Aus dem Ergebnis wollen wir eine HTML-Tabelle erstellen, in der die wichtigsten Daten ausgegeben werden. Ein numerisches Tupelarray `$tuple` hat die Indizes 0 bis 19. Um eine Tabellenzeile zu erzeugen, schreiben wir:

```
echo '<tr>
   <td>'.$tuple[0].'</td>
   <td>'.$tuple[7].'</td>
   <td>'.$tuple[11].'</td>
   <td>'.$tuple[13].'</td>
</tr>';
```

Zu diesem Zeitpunkt können wir uns noch daran erinnern, dass Feld 0 eine Identifikationsnummer, Feld 7 eine Telefonnummer, Feld 11 die E-Mail und Feld 13 die Websiteadresse war. Wenn wir den Code aber nach einer Weile ein zweites Mal anfassen müssen oder gar ein anderer Programmierer damit zurechtkommen muss, dann erschwert und verlangsamt diese Vorgehensweise die Arbeit. Ohne die Information, welcher Arrayindex zu welchem Tabellenattribut gehört, müssen Sie im Zweifel einen Blick auf das SQL-Kommando oder auf die Datenbank werfen. Der Gebrauch assoziativer Arrays ist in solchen Situationen wesentlich einfacher. Wir ändern die Ausgabe wie folgt, was die Verarbeitung klarer gestaltet:

```
echo "<tr>
   <td>".$tuple['id']. "</td>
   <td>".$tuple['telefon']. "</td>
   <td>".$tuple['email']. "</td>
   <td>".$tuple['homepage']. "</td>
</tr>";
```

Auf die Namen der Schlüssel können Sie u. a. mit der `SELECT`-Anweisung Einfluss nehmen. Vergeben Sie für die einzelnen Spalten Aliasse, die möglichst vielsagend sind:

```
SELECT attributA AS 'name', attributB AS 'ort' FROM tabelleA
```

Seien Sie allerdings vorsichtig mit der Neubenennung von Attributen, wenn Sie als Abruftyp `MYSQLI_BOTH` wählen. Vergeben Sie in diesem Fall kein Alias, das ein ganzzahliger Wert ist und deswegen im numerischen Array als Schlüssel vorkommen könnte, so wie im folgenden SQL-Befehl:

```
SELECT attributA AS '1', attributB AS '0' FROM tabelleA
```

Dabei kollidieren die einzelnen Felder der Arrays. Die zuerst definierten Felder werden überschrieben, und das Array ist dann um zwei Felder kleiner als gedacht.

Für `$mysqli->fetch_array` mit Parameterangabe existieren noch zwei Alternativen:

mixed *fetch_assoc()*

ist eine parameterlose Methode, um ein assoziatives Array für ein Tupel zu erstellen. Sie ist demnach identisch mit `fetch_array(MYSQLI_ASSOC)` bzw. `fetch_array(1)`.

mixed *fetch_row()*

ist das Gegenstück für numerische Arrays und somit synonym zu `fetch_array(MYSQLI_NUM)` bzw. `fetch_array(2)`. Die beiden Methoden haben den Vorteil, dass Sie gar nicht in die Verlegenheit kommen, zwischen den Arraytypen wählen zu müssen. Mit ihnen ist es nämlich nicht möglich, ein kombiniertes Array pro Tupel zu erstellen.

Listing 7.8 zeigt Ihnen vom Verbindungsaufbau über die Ergebnisverarbeitung bis hin zum Abbruch der Verbindung, wie eine Datenbankabfrage mit der objektorientierten MySQLi-Schnittstelle funktioniert. So oder so ähnlich wird sie in den meisten Fällen eingesetzt. Es handelt sich somit um das Gegenstück zur prozeduralen Datenbankabfrage, die wir im Einführungskapitel zu MySQL vorgestellt haben.

```
<?php
$mysqli = new mysqli('localhost',
                    'phpmysql_user',
                    'phpmysql_pass',
                    'phpmysql');
if(!$mysqli)
{
   die('Es war keine Verbindung zur Datenbank möglich.');
}
$sql = 'SELECT * FROM tabelleA';
if($result = $mysqli->query($sql))
{
   while($row=$result->fetch_array(MYSQLI_ASSOC))
```

```
        {
            //Verarbeitung, Ausgabe etc.
            echo implode(' | ',$row).'<br />';
        }
    }
    else
    {
        echo 'Fehler ('.$mysqli->sqlstate.'): '.$mysqli->error;

    }
$mysqli->close();
?>
```

Listing 7.8 Datenbankabfragen mit MySQLi

Wir haben als Verarbeitung lediglich eine Ausgabe implementiert, die jeden Datensatz komplett in einer Zeile auf Ihrem Bildschirm darstellt. Sinnvoll ist das nur, wenn Sie »handliche« Werte aus der Datenbank extrahieren, also keine großen Texte mit eigenen Zeilenumbrüchen oder Dateien. Stattdessen ist die Ausgabe dann geeignet, wenn es um Zahlen, Zeitdaten oder kleine Zeichenketten geht.

Seit PHP 5.4 funktioniert der Abruf in ein Array aber noch einfacher: Anstatt per `while`-Schleife und `fetch_array()` jede Zeile einzeln zu fetchen, können Sie das Ergebnis des Aufrufs `$mysqli->query()` in einer `foreach`-Schleife iterieren. Dadurch wird die Syntax einfacher und kompakter, ein expliziter `fetch`-Aufruf entfällt. Wir könnten das vorige Beispiel also wie folgt umschreiben – wobei die Änderungen erst nach der Ausführung von `query()` beginnen:

```
...

if($result = $mysqli->query($sql))
{
    foreach ($result as $row)

    {
        //Verarbeitung, Ausgabe etc.
        echo implode(' | ',$row).'<br />';
    }
}

...
```

Der Datentyp von `$row` ist wie gewünscht ein Array, genauer gesagt ein assoziatives Array. Beachten Sie dabei, dass es zu einem »Fatal Error« kommen kann, wenn die SQL-Abfrage kein Ergebnis zurückliefert. In diesem Fall hat `$result` den Wert `false`, womit sich `foreach` nicht verträgt. Am sichersten ist es also, das foreach in einen try ... catch-Block einzubetten (siehe das Kapitel 5 zur objektorientierten Fehlerbehandlung).

Abruf von Tupeln in Objekte

Um Objekte aus Tupeln zu erzeugen, verwenden Sie die parameterlose Methode

mixed fetch_object()

Die Attribute des Objekts sind genau wie bei einem assoziativen Array mit den Spaltennamen der Ergebnistabelle benannt. Bei jedem Aufruf wird der interne Zeiger auf die Ergebnismenge um 1 weitergesetzt. Die Methode erzeugt so sukzessive Objekte aus allen Datensätzen. Ist das gesamte Ergebnis durchlaufen, liefert die Methode den Wert NULL. Die erzeugten Objekte sind Instanzen der Klasse stdClass.

```
<?php
$mysqli = new mysqli('localhost',
                     'phpmysql_user',
                     'phpmysql_pass',
                     'phpmysql');
if(!$mysqli)
{
   die('Es war keine Verbindung zur Datenbank möglich.');
}
$sql = 'SELECT * FROM tabelleA';
if($result = $mysqli->query($sql))
{
   while($row=$result->fetch_object())
   {
      //Verarbeitung, Ausgabe, etc.
   }
}
else
{
   echo 'Fehler ('.$mysqli->sqlstate.'): '.$mysqli->error;
}
$mysqli->close();
?>
```

Listing 7.9 Abruf von Tupeln in Objekte

Hilfsmethoden

Im Umgang mit Datenbankergebnissen erweist sich mitunter ein wahlfreier Zugriff auf einzelne Tupel als notwendig. Genauso, wie Sie per Aufruf von `mysqli_result->fetch_field_direct($nummer)` auf eine Spalte gezielt zugreifen können, lässt sich auch in den Daten navigieren. Sie können den internen Zeiger, der das aktuelle Tupel markiert, mit der Methode

*bool **data_seek**(int $zeilennummer)*

auf die gewünschte Position setzen. Als `$zeilennummer` müssen Sie eine Ganzzahl zwischen 0 und der Anzahl an Zeilen abzüglich 1 angeben – weil die Zeilen von 0 an durchnummeriert sind, hat die n-te Zeile also den Index (n–1). Als Rückgabewert liefert die Methode eine boolesche (Miss-)Erfolgsmeldung.

`mysqli_result->data_seek()` funktioniert allerdings nur mit gepufferten Datenbankergebnissen, also jenen, die gänzlich im Speicher liegen. Gepufferte Ergebnisse werden erstellt von:

- `mysqli->query()`
- `mysqli->real_query()` mit `mysqli->store_results()`

Dahingegen können Sie den Zeiger *nicht* versetzen, wenn Sie die Ergebnismenge zeilenweise puffern, also bei

- `mysqli->real_query()` mit `mysqli->use_results()`

Um die obere Grenze für den Parameter `$zeilennummer` zu ermitteln, können Sie das Klassenattribut

*int **num_rows***

auswerten. Es gibt Ihnen die Anzahl an Zeilen in der Ergebnismenge zurück. Diesen Wert müssen Sie dann um 1 dekrementieren, wenn Sie ihn in Verbindung mit `data_seek()` einsetzen.

Gerade bei großen Ergebnismengen ist es sinnvoll, die belegten Ressourcen wieder freizugeben, sobald sie nicht mehr benutzt werden. Dazu dient die Methode

***free_result**()*

Alternativ können Sie in Analogie zur Datenbankverbindung auch die Methode `mysqli_result->close()` oder als dritte Möglichkeit `mysqli_result->free()` verwenden. Die Funktionen haben weder Parameter noch einen Rückgabewert. Speicher wird immer dann belegt, sobald eine der drei Methoden

- `mysqli->query`,
- `mysqli_result->store_result` (mit `mysqli->real_query`) oder
- `mysqli_result->store_result` (mit `mysqli->real_query`)

aufgerufen wird. Dabei kann es sich durchaus um eine nennenswerte Ressourcengröße handeln, besonders bei multimedialen Daten.

Das folgende Listing 7.10 ist eine Abwandlung von Listing 7.8. Wir selektieren den kompletten Inhalt einer Tabelle und wählen dann einen Datensatz daraus aus, um ihn anzuzeigen:

```php
<?php
$mysqli = new mysqli('localhost',
                    'phpmysql_user',
                    'phpmysql_pass',
                    'phpmysql');
if(!$mysqli)
{
   die('Es war keine Verbindung zur Datenbank möglich.');
}
$sql = 'SELECT * FROM tabelleA';
if($result = $mysqli->query($sql))
{
   $limit = $result->num_rows;
   $result->data_seek(rand(0,$limit));
   $row=$result->fetch_array(MYSQLI_ASSOC);
   //Verarbeitung, Ausgabe, etc.
   echo implode(' | ',$row).'<br />';
   //weitere Verarbeitung des Ergebnisses
   ...
   $result->close();
}
else
{
   echo 'Fehler ('.$mysqli->sqlstate.'): '.$mysqli->error;
}
$mysqli->close();
?>
```

Listing 7.10 Die Anwendung von »data_seek«

Dieses Vorgehen empfiehlt sich aber nur, wenn Sie die restlichen Daten auch verwenden möchten. Anderenfalls ist das Selektieren des gesamten Tabelleninhalts Ressourcenverschwendung. Um effizient nur einen Datensatz aus der Tabelle zu extrahieren, verwenden Sie besser die zu PHP gleichnamige Zufallsfunktion von MySQL und begrenzen das Ergebnis auf ein Tupel:

```
SELECT * FROM tabelleA ORDER BY RAND() LIMIT 1;
```

7.2.3 mysqli_stmt

Über die Klasse `mysqli_stmt` implementieren Sie Prepared Statements. Dabei handelt es sich – wie der Name schon verrät – um vorbereitete Anweisungen an die Datenbank. Die Arbeit mit Prepared Statements verläuft in drei Schritten:

1. Sie schreiben ein SQL-Kommando, in dem Sie die variablen Teile, also die Daten, die Sie beispielsweise suchen oder einfügen möchten, besonders kennzeichnen.
2. Sie binden die variablen Teile aus dem vorher definierten SQL-Kommando an PHP-Variablen.
3. Sie führen das Prepared Statement ein- oder mehrmals aus. Jedes Mal werden die variablen Bestandteile im Kommando durch den zu diesem Zeitpunkt aktuellen Wert der PHP-Variablen ersetzt.

Die Vorteile vorbereiteter Anweisungen kommen dann zum Tragen, wenn die Anweisungen mehrfach ausgeführt werden. Das Parsen des immer gleich aufgebauten Kommandos wird dadurch automatisiert; Sie müssen sich ausschließlich darum kümmern, dass die gebundenen Variablen den richtigen Wert besitzen.

mysqli_stmt
+affected_rows +errno +error +num_rows
+bind_param(types,var,...) +bind_result(var,...) +close() +execute() +fetch() +prepare(query) +result_metadata() +store_result()

Abbildung 7.8 UML-Diagramm der Klasse »mysqli_stmt«

Vorbereiten einer Anweisung

Prepared Statements bedürfen einer Initialisierung, wodurch ein Objekt der Klasse `mysqli_stmt` erstellt wird. Dazu müssen Sie die Methode

 object ***stmt_init()***

aufrufen, die zur Basisklasse `mysqli` gehört. Wenn Sie das Objekt nicht mehr benötigen, zerstören Sie es durch den Aufruf von

 bool ***close()***

Dadurch wird auch der gesamte Speicher freigegeben, der durch das Objekt belegt wurde. Ein Grundgerüst, das Sie für den Einsatz vorbereiteter Anweisungen brauchen, finden Sie in Listing 7.11.

```
<?php
$mysqli = new mysqli('localhost',
                     'phpmysql_user',
                     'phpmysql_pass',
                     'phpmysql');
if(!$mysqli)
{
   die('Es war keine Verbindung zur Datenbank möglich.');
}
if($mysqli_stmt = $mysqli->stmt_init())
{
   //Einsatz vorbereiteter Anweisungen
   ...
   $mysqli_stmt->close();
}
else
{
   die('Das PS-Objekt konnte nicht erzeugt werden.');
}
$mysqli->close();
?>
```

Listing 7.11 Initialisierung eines Prepared Statements

Das SQL-Kommando $anweisung formulieren Sie innerhalb der Methode

bool **prepare**(string $anweisung)

als einzigen Parameter. Rückgabewert ist eine boolesche (Miss-)Erfolgsmeldung. Variable Bestandteile der Abfrage müssen Sie mit einem vorangestellten Fragezeichen (?) kenntlich machen:

```
$sql = 'SELECT * FROM tabelleA WHERE attributA = ?';
```

> **Hinweis**
>
> Die Methode mysqli_stmt->prepare ist wiederum eine Umsetzung des SQL-Kommandos PREPARE und »erbt« dessen Charakteristika. Aus diesem Grund sollten Sie die Platzhalter ? auch nicht in Anführungsstriche setzen, auch wenn sie bei der Ausführung an eine Zeichenkette gebunden sind.

Variable Bestandteile sind nur in Anweisungen der Daten-Manipulations-Sprache erlaubt und dort auch nicht überall. Die Platzhalter können beispielsweise nicht in der Attributs- bzw. Tabellenliste in der SELECT- oder FROM-Klausel einer Abfrage eingesetzt werden. Unbedenklich ist hingegen die Verwendung innerhalb von WHERE-Klauseln (in SELECT- und UPDATE-Anweisungen) oder als Daten einer Einfügeoperation (INSERT). Listing 7.12 ist ein Auszug aus dem vorigen Beispiel, angereichert um das mysqli_stmt->prepare().

```php
<?php
...
if($mysqli_stmt = $mysqli->stmt_init())
{
    //Einsatz vorbereiteter Anweisungen
    $sql = 'SELECT * FROM tabelleA WHERE attributA = ? ';
    $sql .= 'AND attributB != ?';
    $mysqli_stmt->prepare($sql);
    $mysqli_stmt->close();
}
...
?>
```

Listing 7.12 Variable Bestandteile in Abfragen

Binden von Variablen und Ausführung

An jeden Platzhalter in der vorbereiteten Anweisung müssen Sie eine PHP-Variable binden. Dies tun Sie mit der Methode

*bool **bind_param**(string $typen, mixed para, ...)*

Mit $typen übergeben Sie eine Zeichenkette, die die Datentypen aller verwendeten Parameter beschreibt. Die Zeichenkette muss genauso viele Zeichen haben, wie variable Bestandteile in der vorbereiteten Anweisung existieren bzw. wie nachfolgend Parameter zum Binden angegeben sind. Die Typen werden ohne Trennzeichen miteinander verbunden und können aus den Buchstaben bestehen, die in Tabelle 7.4 aufgelistet sind.

Zeichen	Datentyp
b	Binärdaten (BLOB)
d	Fließkommazahl (Double)
i	Ganzzahl (Integer)
s	Zeichenkette (String)

Tabelle 7.4 Datentypenbezeichner für die Parameterbindung

Außerdem nimmt mysqli_stmt->bind_param() eine geordnete Liste von PHP-Variablen aus dem aktuellen Gültigkeitsbereich auf. Für das SQL-Kommando aus Listing 7.12 formulieren wir die Bindung mit:

```php
$mysqli_stmt->bind_param('si',$string,$integer);
```

Wird die vorbereitete Anweisung ausgeführt, wird das `attributA` von `tabelleA` mit dem Wert der PHP-Variablen `$string` verglichen, und das `attributB` darf nicht gleich der Variablen `$integer` sein.

Um die vorbereitete Anweisung auszuführen, reicht ein Aufruf der parameterlosen Methode

> bool **execute**()

Im Erfolgsfall liefert die Methode `true` zurück, anderenfalls `false`. Die Platzhalter in der SQL-Anweisung werden damit durch die aktuellen Werte der gebundenen PHP-Variablen ersetzt. Handelt es sich bei dem Variableninhalt um eine Zeichenkette, werden Anführungszeichen automatisch gesetzt. Dann wird die Anweisung an die Datenbank gesendet und dort ausgeführt. Bei jedem neuen Aufruf werden die gebundenen Variablen neu ausgewertet. Eine vorbereitete Anweisung ist damit immer aktuell.

Abruf von Abfrageergebnissen

Die Ergebnisse einer Datenbankabfrage übernehmen Sie auf die gleiche Weise in Ihr Skript, wie Sie die Parameter an die Datenbank übergeben haben: Sie binden die Spalten der Ergebnismenge an PHP-Variablen und rufen dann Zeile für Zeile mit einem Fetch-Befehl ab. Die Methode zur Bindung der Rückgabewerte akzeptiert eine geordnete Liste als Eingabeparameter:

> bool **bind_result**(mixed attr1,...)

Die Anzahl der Elemente in der Liste muss mit der Anzahl der Spalten im Ergebnis übereinstimmen. Tut sie das nicht, wird mit dem Wert `false` ein Fehler gemeldet. Wenn alles seine Richtigkeit hat, ist der Wert des Rückgabeparameters `true`. Erst danach können Sie

> mixed **fetch**()

ausführen, das die aktuelle Zeile der Ergebnismenge in die festgelegten Variablen schreibt und den Ergebniszeiger um eine Stelle versetzt. Die Methode kann entweder einen booleschen Wert zurückgeben oder aber `NULL`, wenn das Ende der Ergebnismenge erreicht ist. Damit eignet sich `mysqli_stmt->fetch()` wie alle anderen Abrufmethoden für den Einsatz innerhalb einer `while`-Schleife. Listing 7.13 ist eine Erweiterung der vorigen beiden Beispiele und zeigt, wie eine Datenbankverbindung aufgebaut, eine SQL-Anweisung vorbereitet und ausgeführt und deren Ergebnis verarbeitet wird.

```php
<?php
$mysqli = new mysqli('localhost',
```

```php
                        'phpmysql_user',
                        'phpmysql_pass',
                        'phpmysql');
if(!$mysqli)
{
   die('Es war keine Verbindung zur Datenbank möglich.');
}
if($mysqli_stmt = $mysqli->stmt_init())
{
   $sql = 'SELECT * FROM tabelleA WHERE attributA = ? ';
   $sql .= 'AND attributB != ?';
   //Vorbereiten und Absenden der Abfrage
   $string = 'Hamburg';
   $integer = 17;
   $mysqli_stmt->prepare($sql);
   $mysqli_stmt->bind_param('si',$string,$integer);
   $mysqli_stmt->execute();
   //Abrufen der Ergebnisse
   $attr1 = '';
   $attr2 = '';
   $mysqli_stmt->bind_result($attr1,$attr2);
   while($mysqli_stmt->fetch())
   {
      echo $attr1.' | '.$attr2.'<br />';
   }
   $mysqli_stmt->close();
}
else
{
   die('Das PS-Objekt konnte nicht erzeugt werden.');
}
$mysqli->close();
?>
```

Listing 7.13 Vorbereitung und Ausführung einer Anweisung

Als Variablen, aus denen das Objekt der Klasse mysqli_stmt die Eingabeparameter lesen soll, wählen wir $string und $integer, die wir anfangs mit den Werten Hamburg und 17 initialisieren. Dann führen wir das Kommando einmal aus. Als Ergebnis erhalten wir eine zweispaltige Relation. Deren Teile binden wir an die (leeren) Ausgabevariablen mit den Namen $attr1 und $attr2. In einer while-Schleife gehen wir das Ergebnis durch und geben die Bestandteile zeilenweise am Bildschirm aus. Am Ende schließen wir sowohl das Prepared Statement als auch die Datenbankverbindung.

Ob eine vorbereitete Anweisung ein Ergebnis geliefert hat, erfahren Sie, wenn Sie nach `mysqli_stmt->execute()` die Methode

mixed **result_metadata()**

aufrufen. Gibt es ein Ergebnis, ist der Rückgabewert ein Objekt der Klasse `mysqli_result`, anderenfalls `NULL`. Anhand dessen können Sie entscheiden, mit welchen Methoden Sie weitere Metadaten sammeln. Das Klassenattribut

int **affected_rows**

liefert nur dann einen verlässlichen Wert für die Anzahl betroffener Datensätze, wenn keine Ergebnismenge besteht, also beispielsweise für `UPDATE`-, `DELETE`- oder `INSERT`-Operationen. Da die 0 ein möglicher Wert ist, kann sie nicht als Anzeichen dafür dienen, dass ein Fehler aufgetreten ist. Stattdessen wird dafür der Wert −1 benutzt. Hingegen können Sie aus dem Attribut

int **num_rows**

ablesen, welchen Umfang gegebenenfalls ein Abfrageergebnis hat. `num_rows` enthält nur dann einen relevanten Wert, wenn es sich bei der vorbereiteten Anweisung um ein `SELECT`, `EXPLAIN`, `DESCRIBE` oder `SHOW` handelt.

> **Achtung**
>
> Der Wert des Klassenattributs `mysqli_stmt->num_rows` ist abhängig davon, ob die Ergebnismenge gepuffert ist oder nicht. Für einen korrekten Wert führen Sie vorher `mysqli_stmt->store_result()` aus. Das Ergebnis wird dadurch nicht verändert.

Die Überprüfung auf Fehler bei der Ausführung vorbereiteter Anweisungen unterscheidet sich nicht von derjenigen »normaler« Datenbankabfragen. Auch die Klasse `mysqli_stmt` enthält wie `mysqli` die Attribute

string **error**

und

int **errno**

denen Sie eine Fehlerbeschreibung und -nummer für die zuletzt ausgeführte Anweisung entnehmen können. Wenn kein Fehler bei der Ausführung der Anweisung aufgetreten ist, enthält `error` einen leeren String und `errno` den Wert 0. Das abschließende Listing 7.14 ist ein Auszug aus dem vorigen Beispiel, angereichert um Fehlerbehandlung und Metadatenabfrage.

```php
<?php
...
$mysqli_stmt->execute();
//Fehlerbehandlung
if($mysqli_stmt->errno)
{
echo 'Fehler ('.$mysqli_stmt->errno.'): '.$mysqli_stmt->error;
}
//Metadatenabfrage
if($mysqli_stmt->result_metadata())
{
    $mysqli_stmt->store_result();
    echo 'Datensätze: '.$mysqli_stmt->num_rows.'<br />';
    //Abrufen der Ergebnisse
    $attr1 = '';
    $attr2 = '';
    $mysqli_stmt->bind_result($attr1,$attr2);
    while($mysqli_stmt->fetch())
    {
        echo $attr1.' | '.$attr2.'<br />';
    }
}
else
{
    echo 'Datensätze: '.$mysqli_stmt->affected_rows.'<br />';
}
$mysqli_stmt->close();
...
?>
```

Listing 7.14 Prepared Statements mit Fehlerbehandlung

CD-ROM zum Buch

Die Listings aus diesem Kapitel finden Sie natürlich wie alle anderen auf der CD-ROM, die diesem Buch beiliegt.

In diesem Kapitel wollen wir Ihnen weitere PHP-Funktionen vorstellen. Wir gehen zum einen auf Module ein, an denen Sie im Programmieralltag nicht vorbeikommen werden, zum anderen stellen wir PEAR und PECL vor, zwei Sammlungen freier Klassen und Module.

8 Wichtige PHP-Funktionalitäten

8.1 Datums- und Zeitfunktionen

MySQL hat – wie Sie erfahren haben – eigens Datentypen für Datums- und Zeitwerte. In PHP ist das nicht so. Stattdessen wird in PHP viel mit Unix-Zeitstempeln gearbeitet, die sich als (zehnstellige) Ganzzahl abbilden lassen. Damit lässt sich natürlich rechnen, wie Listing 8.1 zeigt.

```
<?php
$zeitstempel = time();   //ergibt z.B. 1141167599
//genau 24 Stunden später
$zeitstempel += 86400;
//genau eine Woche später
$zeitstempel += 604800;
//genau ein Monat später
//nicht eindeutig zu berechnen
?>
```

Listing 8.1 Rechnen mit Zeitstempeln

Einen Unix-Zeitstempel (englisch »Unix-timestamp«) auf Sekundenbasis erzeugen Sie mit

> int **time()**

Dies ist eine Zahl, die seit Neujahr 1970 (sekundengenau der Jahreswechsel 1969/70) hochgezählt wird; pro Sekunde erhöht sich der Wert um 1. Die Funktion ermittelt den aktuellen Timestamp für die gerade laufende Sekunde.

In Listing 8.1 berechnen wir neben dem aktuellen Zeitstempel auch diejenigen für die Zeitpunkte genau einen und genau sieben Tage später. Ein Tag hat 86.400 Sekunden, das heißt 60 Sekunden mal 60 Minuten mal 24 Stunden. Eine Woche ist genau das Siebenfache davon, nämlich 604.800 Sekunden. Insgesamt werden in unserem Beispiel also 8 Tage hinzugezählt, der endgültige Wert von `$zeitstempel` ist dann 1.141.858.799.

Diese Art, mit Zeitpunkten und Daten umzugehen, ist kaum intuitiv. Wer will schon in einem Webformular einen Zeitstempel angeben? Spätestens bei der Berechnung eines Zeitpunkts »jetzt plus x Monate« merken Sie, dass der Umgang mit Zeitstempeln seine Schwachstellen hat – mitunter auch, weil zwei Monate nicht die gleiche Anzahl an Tagen haben.

Stattdessen sieht der Anwender lieber ein Formular, mit dem er ein Datum in einem ihm bekannten Format angeben kann. Ein solches Formular ist in Abbildung 8.1 zu sehen. Ebenso muss die Ausgabe eines Datums am Bildschirm menschenlesbar sein.

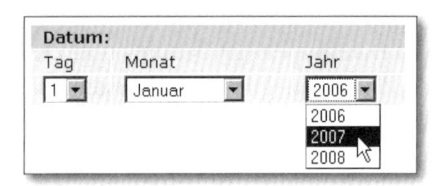

Abbildung 8.1 Eine Datumseingabe als Formular

8.1.1 Erstellung eines Datums

Um einen beliebigen Zeitstempel in das dazugehörige Datum umzuwandeln, existiert in PHP die Funktion

> string **date**(string $format [, int $zeitstempel])

Über den Parameter `$format` lässt sich das Erscheinungsbild des Datums beliebig gestalten. Die Funktion erinnert sehr an die Funktion DATE_FORMAT(), die Sie aus MySQL kennen. Die Angabe eines Zeitstempels ist optional. Ist keiner vorgegeben, wird der gerade aktuelle verwendet.

In Tabelle 8.1 haben wir für Sie eine Auswahl der gebräuchlichsten Parameter getroffen, die Sie für das Format verwenden können. Die Liste umfasst jene Einträge, die für deutsche Datumsformate gängig sind. Eine komplette Liste aller Optionen finden Sie im Anhang A.

Parameter	Beschreibung	Beispiel
d	Tag des Monats, zweistellig	01 bis 31
F	Name des Monats, englisch	January

Tabelle 8.1 Formatparameter für »date()«

Parameter	Beschreibung	Beispiel
H	Stunden, zweistellig, 24h-Format	00 bis 23
i	Minuten, zweistellig	00 bis 59
j	Tag des Monats, ohne führende Null	1 bis 31
l	Name des Wochentags, englisch	Wednesday
m	Monat, zweistellig	01 bis 12
n	Monat, ohne führende Null	1 bis 12
s	Sekunden, zweistellig	00 bis 59
y	Jahr, zweistellig	00 bis 99
Y	Jahr, vierstellig	2006

Tabelle 8.1 Formatparameter für »date()« (Forts.)

Das aktuelle Datum im Format »Tag. Monat. Jahr«, so wie es in Deutschland gebräuchlich ist, erhalten Sie wie folgt:

```
echo date('d. m. Y');
```

Ebenfalls sehr gängig: »Tag. Monat. Jahr Stunden:Minuten:Sekunden«

```
echo date('d. m. Y H:i:s');
```

Bei der Ausführung der Funktion werden aus dem Formatstring so viele Zeichen wie irgend möglich interpretiert. Auf den Einsatz des Prozentzeichens, wie Sie es aus MySQL kennen, wird verzichtet. Sie können gefahrlos Sonderzeichen einsetzen, ohne dass sie verändert werden (z. B. den Punkt oder den Doppelpunkt). Nur wenn Sie Zeichen verwenden, die in der in Tabelle 8.1 dargestellten Liste oder in der kompletten Liste in Anhang A zu finden sind, und wenn Sie sie wie geschrieben ausgeben möchten, müssen Sie sie mit einem Backslash maskieren:

```
echo date('d.(\T\T) m.(\M\M) Y(JJJJ)');
```

8.1.2 Erstellung von Zeitstempeln

Im Umkehrschluss ist es natürlich ebenso möglich, eine Datums- und Zeitangabe in einen Unix-Zeitstempel umzusetzen. Dazu dient die Funktion

> int **mktime**([int $stunde [, int $minute [, int $sekunde
> [, int $monat [, int $tag [, int $jahr]]]]]])

Alle Parameter sind optional. Werden sie ausgelassen, benutzt mktime() die aktuellen Werte. Die folgenden zwei Befehle liefern somit identische Ergebnisse:

```
echo time();
echo mktime();
```

> **Hinweis**
>
> Der Befehl `mktime()` kann noch einen siebten optionalen Parameter `$sommerzeit` aufnehmen, der auf 1 gesetzt werden kann, wenn sich der erstellte Zeitpunkt innerhalb der Sommerzeit befindet. Anderenfalls ist `$sommerzeit` 0. Dieser Parameter gilt ab PHP 5.1 als veraltet und sollte nicht mehr benutzt werden.

Bei ungültigen Eingaben gibt die Funktion -1 bzw. `false` zurück.

Den Zeitstempel, den wir in Listing 8.1 mittels `time()` erstellt haben, können wir mit `mktime()` wie folgt rekonstruieren:

```
$zeitstempel = mktime(23,59,59,2,28,2006);
```

Beachten Sie bitte die Reihenfolge der Parameter, besonders die der Tage und des Monats.

`mktime()` geht flexibel mit Überläufen der Parameter um. Geben Sie beispielsweise den 31. Februar 2006 an, berechnet die Funktion automatisch den Zeitstempel für den 3. März 2006. Dies zählt demnach nicht als ungültige Eingabe. Ebenso korrekt arbeitet die Funktion für die Berechnung vergangener Zeitpunkte, wenn die Parameter also negativ sind:

```
mktime(0, 0, 0, 3, -1, 2006)
```

ergibt den 28. Februar 2006.

Dass solche Eingaben nicht zu einem Fehler führen, ist auf der einen Seite sehr gut – Sie müssen weniger potentielle Fehlerquellen abfangen –, auf der anderen Seite zwingt das zu einer nachgelagerten Plausibilitätsprüfung. In Bezug auf das Datum können Sie dafür die Funktion

> bool **checkdate**(int $monat, int $tag, int $jahr)

einsetzen. Sie berechnet, ob die Parameter ein gültiges Datum ergeben. Der Rückgabewert ist vom Typ Boolean. Der 31. Februar 2006 resultiert in `false`, ebenso wie der -1. März.

8.1.3 Mikrosekunden

Manchmal ist sekundengenau nicht genau genug. Bei Leistungstests kommt es auf Sekundenbruchteile an, eben auch, weil das Zeitfenster für die Ausführung eines PHP-Skriptes beschränkt ist (normalerweise auf 30 Sekunden). Die Ausführung der Funktion

> mixed **microtime**([bool $alsKommazahl])

zeigt Ihnen den aktuellen Zeitstempel und die Sekundenbruchteile – die sogenannten *Mikrosekunden* – gleichzeitig an. Beide Bestandteile werden durch ein Leerzeichen voneinander getrennt. Die Mikrosekunden werden selbstverständlich als Zahl kleiner als 1 angegeben:

```
<?php
echo microtime();
//ergibt "0.67187700 1141167599"
?>
```

Häufiges Anwendungsgebiet ist – wie bereits erwähnt – die Leistungsoptimierung. Interessant ist also, wie lange die Ausführung eines oder mehrerer Befehle gedauert hat und wie man sie beschleunigen kann. Dazu müssen zwei oder mehrere microtime()-Angaben miteinander verglichen werden. Eine Funktion, die dies leistet, finden Sie in Listing 8.2.

```
<?php
function zeitmesser($mikrozeiten)
{
   if(empty($mikrozeiten)) return false;
   $index = 0;
   $zeiten = array();
   foreach($mikrozeiten as $wert)
   {
      $teile = explode(" ",$wert);
      $zeiten[$index++] = $teile[1]+ $teile[0];
   }
   for($i=1;$i<count($zeiten);$i++)
   {
      echo "vergangene Zeit im Intervall ".$i.": ";
      echo $zeiten[$i] - $zeiten[$i-1];
      echo " Sekunden <br />";
   }
}
?>
```

Listing 8.2 Berechnung von Zeitintervallen

Die Funktion nimmt ein Array von Zeitstempeln mit Mikrosekunden auf, das während der Abarbeitung des Skriptes mit dem immer gleichen Befehl

```
$mikrozeiten[] = microtime();
```

gefüllt werden muss. Ist das Array nicht leer, werden die Zeitstempel zuerst in ein Format gebracht, mit denen sich Berechnungen vornehmen lassen. Die Bestandteile werden durch `explode()` voneinander getrennt, addiert und in ein neues Array `$zeiten` geschrieben. Zuletzt wird das `$zeiten`-Array einmal komplett durchlaufen, und für jedes Element außer dem ersten wird die Differenz zu seinem Vorgänger berechnet und ausgegeben.

Als Ausgabe erhalten Sie eine Liste aller Zeitdifferenzen, am Beispiel zu sehen in Abbildung 8.2.

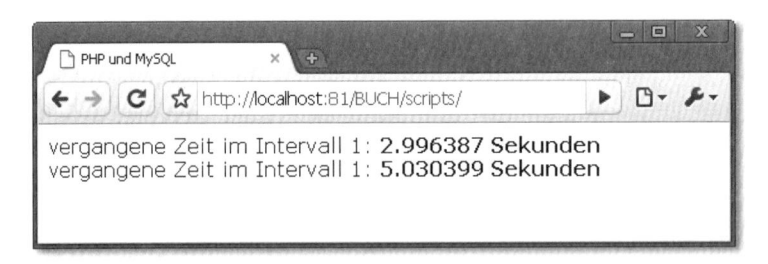

Abbildung 8.2 Ausgabe von Zeiträumen als Grundlage für das Tuning

8.1.4 Umgangssprachliche Zeitkalkulation

Im allgemeinen Sprachgebrauch kennen wir viele Arten, Zeitpunkte zu bestimmen, z. B.

- »jetzt«
- »in einer Stunde«
- »kommenden Dienstag«
- »am 28. Februar«

Mit der Funktion

> int **strtotime**(string $zeit [, int $zeitstempel])

können Sie viele dieser Konzepte ebenso umgangssprachlich zur Berechnung von Zeitpunkten benutzen. Als Parameter `$zeit` erwartet die Funktion eine »umgangssprachliche« Beschreibung des gewählten Zeitpunkts, relativ zu `$zeitstempel`, der standardmäßig auf die aktuelle Sekunde eingestellt ist. Die Bestandteile von `$zeit` müssen in englischer Sprache gehalten sein und sich nach den Vorgaben der GNU-Zeitformate[1] richten. Damit werden u. a. folgende Angaben möglich (siehe Tabelle 8.2).

---

[1] Siehe *http://www.gnu.org/software/tar/manual/html_chapter/tar_7.html*.

Datum	Beschreibung
today	heute
tomorrow	morgen
yesterday	gestern
28 February 2006	28. Februar 2006

Tabelle 8.2 Tagesangaben

Die Resultate, die aus der Verwendung der Optionen aus Tabelle 8.2 entstehen, beziehen sich immer auf den Mitternachtszeitpunkt, solange kein Zeitstempel wie etwa durch die Funktion `time()` angegeben wird.

`echo date("d.m.Y H:i:s", strtotime("28 February 2006"));`

ergibt also den 28. Februar 2006, 00:00 Uhr.

Wochentagsbezug	Beschreibung
last *day	vergangener *tag
this *day	dieser *tag
next *day	nächster *tag

Tabelle 8.3 Bezüge auf Wochentage

Die Wochentage werden mit ihrem ausgeschriebenen englischen Namen angegeben, also beispielsweise `next Tuesday`. Die Angabe von `this *day` stimmt immer mit einem der anderen beiden (`next`, `last`) überein, je nachdem, ob der betitelte Tag der Woche schon vorüber ist oder nicht.

Angaben	Beschreibung
NOW	jetziger Zeitpunkt
+/- x year(s)	+/ x Jahre
+/- x month(s)	+/ x Monate
+/- x day(s)	+/ x Tage
+/- x hour(s)	+/ x Stunden
+/- x minute(s)	+/ x Minuten
+/- x second(s)	+/– x Sekunden

Tabelle 8.4 Weitere umgangssprachliche Angaben

Um ein bekanntes Beispiel aus Kapitel 6, »Einführung in MySQL«, wieder aufzugreifen, berechnen wir den aktuellen Zeitpunkt plus 71 Tage, 11 Stunden, 32 Minuten und 5 Sekunden in der Zukunft:

```
echo date("d.m.Y H:i:s",
    strtotime("+71 days 11 hours 32 minutes 5 seconds",time()));
```

Wir kommen mit PHP natürlich zu dem gleichen Ergebnis wie mit MySQL.

> **CD-ROM zum Buch**
>
> Sämtliche Beispiele des Abschnitts 8.1.4, »Umgangssprachliche Zeitkalkulation«, haben wir auf der CD-ROM zum Buch unter einem Listing zusammengefasst.

8.2 Datei- und Verzeichnisfunktionen

Datei- und Verzeichnisfunktionen sind wichtig, wenn Sie den Inhalt einer Datei in Ihr PHP-Skript einlesen wollen oder Veränderungen an einer Datei vornehmen müssen.

8.2.1 Auslesen und Schreiben von Dateien

Die Verarbeitung von Dateien geht analog zu einer Datenbankverbindung in den folgenden drei Schritten vor sich:

1. Öffnen der Datei
2. Auslesen bzw. Schreiben der Datei
3. Schließen der Datei

Zum Öffnen dient die Funktion

resource fopen(string $dateiname, string $modus
[, int $includeVerzeichnis])

Sie gibt eine Ressource zurück, über die alle weiteren Aktionen der Datei zuzuordnen sind. Der $dateiname kann sowohl relative als auch absolute Pfadangaben enthalten. Sofern die Konfigurationseinstellung allow_url_fopen in der *php.ini* aktiviert ist, lassen sich auch Webseiten und andere Dateien über das Internet auslesen. Als Kennzeichen einer entfernten Datei müssen Sie das Protokoll für die Datenübertragung (z. B. *http://* oder *ftp://*) in $dateiname angeben.

Der optionale Parameter $includeVerzeichnis gibt an, ob nach der zu öffnenden Datei auch im standardmäßig eingestellten Verzeichnis gesucht werden soll.

Dieses Verzeichnis können Sie in der Konfigurationsdatei *php.ini* in der Direktive include_path setzen.

> **Hinweis**
>
> Der Parameter `$includeVerzeichnis` hat ursprünglich den Datentyp Integer. Sie können jedoch auch boolesche Werte angeben.

Als `$modus` werden Schreib- und Lesemodi verstanden. Es werden sechs Modi unterstützt, die sich darin unterscheiden, ob gelesen oder geschrieben werden und wo der interne Dateizeiger angesetzt werden soll. Diese Modi finden Sie in Tabelle 8.5.

Zusätzlich existieren weitere Optionen. Fügen Sie den Modi ein Pluszeichen (+) hinzu, wird die Datei sowohl zum Lesen als auch zum Schreiben geöffnet (r+, w+, a+). Mit dem zusätzlichen Modus b können Sie geöffnete Dateien als binär kennzeichnen. Dies ist nur auf solchen Systemen notwendig, die zwischen binären und ASCII-Dateien unterscheiden (Windows).

Modus	Zugriff	Dateizeiger	Sonstiges
r	lesen	Dateianfang	–
w	schreiben	Dateianfang	Dateilänge wird auf 0 Bytes gesetzt. Datei wird angelegt, wenn sie nicht besteht.
a	schreiben	Dateiende	Datei wird erzeugt, wenn sie nicht besteht.

Tabelle 8.5 »fopen«-Modi

Bei Dateien im eigenen Dateisystem und beispielsweise bei FTP-Verbindungen mit entsprechender Berechtigung lassen sich Daten zurück in die Datei schreiben. Bei HTTP-Verbindungen, mit denen Sie eine Webseite lesen, ist das Schreiben bzw. das Erzeugen von Dateien so nicht möglich.

```
<?php
$datei = fopen('PHPText.txt','w+');
$datei = fopen('../../Dokumente/Adressen.txt','a');
$datei = fopen('http://www.galileo-computing.de/','r');
?>
```

Eine geöffnete Datei wird mit

> *bool **fclose**(resource $datei)*

wieder geschlossen. Der Rückgabewert informiert über Erfolg oder Misserfolg der Funktion. Zum Auslesen von Daten aus einer Datei existieren mehrere Alternativen.

> *string **fgetc**(resource $datei)*

liest ein einzelnes Zeichen von der aktuellen Position des Dateizeigers und versetzt ihn entsprechend um eine Stelle nach hinten. Die Ressource `$datei` muss auf eine bereits geöffnete Datei zeigen. Um eine ganze Zeile aus der Datei zu lesen, benutzen Sie

*string **fgets**(resource $datei [, int $laenge])*

Wird der optionale Parameter `$laenge` nicht angegeben, wird er automatisch auf 1.024 Bytes gesetzt. Ist die Zeile kürzer als `$laenge`, wird nur die tatsächlich vorhandene Zeichenkette ausgelesen, das heißt, es wird kein Leerraum angefügt. Das Auslesen kann darüber hinaus dadurch abgebrochen werden, dass das Ende der Datei erreicht ist, also der Dateizeiger hinter dem letzten Zeichen steht.

```
<?php
$datei = fopen('http://www.galileocomputing.de/','r');
$quellcode = '';
while(!feof($datei))
{
    $quellcode .= fgets($datei);
}
fclose($datei);
?>
```

Listing 8.3 Auslesen einer Webseite

Im vorangegangenen Listing 8.3 lesen wir die Startseite der Webseite *www.galileocomputing.de* zeilenweise aus. Ob wir das Ende der Datei erreicht haben, erkennen wir daran, dass die Funktion

*bool **feof**(resource $datei)*

den Wert `true` zurückgibt. FEOF ist eine Abkürzung für »File – End of File«. Die Funktion prüft die Position des Dateizeigers. Steht er am Ende der Datei, liefert `feof()` `true`, anderenfalls `false`. In Kombination mit `fgets()`, das den Zeiger sukzessive versetzt, eignet sich dieser Befehl für den Einsatz innerhalb einer `while`-Schleife.

> **Hinweis**
>
> Als Alternativen zu den vorigen Funktionen bestehen:
> - `fgetss()`, das wie `fgets()` funktioniert, jedoch zusätzlich die enthaltenen HTML-Tags entfernt
> - `fread()` analog zu `fgets()`

Das Schreiben in eine Datei erledigen Sie mit

*int **fwrite**(resource $datei, string $text [, int $laenge])*

Der Parameter `$datei` verweist auf eine bereits geöffnete Datei. Die Zeichenkette `$text` wird an die aktuelle Position des Dateizeigers geschrieben. Bisheriger Dateiinhalt, falls vorhanden, wird dabei überschrieben. Ein Zeilenende erzeugen Sie, indem Sie das systemspezifische Zeilenendzeichen an `$text` anfügen, für Windows ist dies `\r\n`:

```
fwrite($datei,$text."\r\n")
```

> **Hinweis**
>
> Beachten Sie, dass die Zeilenendzeichen (`\r` bzw. `\n` oder in Kombination) in einfachen Anführungszeichen in diesem Fall nicht interpretiert würden und keinen Zeilenvorschub erzeugen könnten.

Sie können sich das Leben mit Dateien jedoch auch wesentlich einfacher machen, indem Sie eine der folgenden Funktionen verwenden; sie kombinieren die Ausführung von `fopen()`, `fgets()` bzw. `fwrite()` und `fclose()`. Statt vier Befehle mit dazugehörigen Kontrollstrukturen anzuwenden, führen Sie immer nur einen aus.

Das Einlesen einer Datei kann entweder in eine zusammenhängende Zeichenkette oder in ein zeilenweises Array geschehen. Ersteres erreichen Sie mit

*string **file_get_contents**(string $dateiname
[, int $includeVerzeichnis])*

Der optionale Parameter `$includeVerzeichnis` hat die gleiche Bedeutung wie im Falle von `fopen()`. Die Anwendung von

```
$quellcode = file_get_contents('http://www.galileo-computing.de/')
```

ist somit identisch mit der Vorgehensweise aus Listing 8.3.

Ein numerisches Array mit allen Zeilen des Quelltextes erhalten Sie hingegen mit

*array **file**(string $dateiname [, int $includeVerzeichnis])*

Die beiden Funktionen eignen sich für jeweils unterschiedliche Dateitypen bzw. Szenarien. Während `file_get_contents()` im Falle von zusammenhängenden Texten wie beispielsweise Internetseiten, Binärdaten oder XML-Dokumenten die erste Wahl sein sollte, lässt sich `file()` besser auf (pseudo-)tabellarisch gespeicherte Daten wie etwa unsere Adresskartei in Dateiform anwenden.

In die Gegenrichtung arbeitet

*int **file_put_contents**(string $dateiname, string $daten [, int $bits])*

Die Zeichenkette `$daten` wird in die Datei `$dateiname` geschrieben. Die Möglichkeit, ein Array statt eines Strings zu verwenden, ist nicht vorgesehen. Sie müssen es vorab mit der Funktion `implode()` in eine Zeichenkette umwandeln. Standardmäßig wird die Datei vom ersten Zeichen an überschrieben. Wenn Sie jedoch in $bits die Konstante FILE_APPEND einsetzen, wird $daten an den bisherigen Dateiinhalt angehängt. Somit lassen sich sowohl die fopen-Modi a als auch w umsetzen. Ist die angegebene Datei nicht vorhanden, wird versucht, sie zu erstellen. Als Rückgabewert erhalten Sie die Anzahl der Bytes, die in die Datei geschrieben wurden.

Eine einfache Überprüfung, ob das Schreiben in eine Datei geglückt ist, können Sie implementieren, indem Sie die Länge der Zeichenkette $daten mit dem Rückgabewert der Funktion file_put_contents() vergleichen (siehe Listing 8.4).

```php
<?php
$daten = "Ich bin ein Text.";
if(strlen($daten) ==
      file_put_contents('Adressen.txt',$daten,FILE_APPEND))
{
   echo 'okay';
}
else
{
   echo 'nicht okay!';
}
?>
```

Listing 8.4 Prüfung einer Schreiboperation

8.2.2 Arbeiten mit Verzeichnissen

Wenn Sie die Dateien in Ihrer Webapplikation in getrennten Verzeichnissen hinterlegen (z. B. in den Ordnern *inc* bzw. *grafiken*) oder durch die Verzeichnisstruktur auf Ihrer Festplatte traversieren wollen, brauchen Sie Funktionen, mit denen Sie Pfadangaben verarbeiten können. Dies können Sie zwar mit Stringfunktionen wie strstr() oder strpos() machen, es ist aber unkomfortabel. Stattdessen stellen wir Ihnen im Folgenden dedizierte Verzeichnisfunktionen vor.

Die Funktion

*array **pathinfo**(string $pfad)*

zerlegt eine Pfadangabe $pfad in ein dreielementiges, assoziatives Array:

- dirname enthält den gesamten Pfad bis zu dem Verzeichnis, in dem die ausgewählte Datei liegt.
- basename enthält den Namen der aufgerufenen Datei mit Dateierweiterung.

- In extension ist nur noch die Dateierweiterung gespeichert, ohne führenden Punkt.

Da das Element dirname verzeichnisübergreifende Pfadangaben enthalten kann, ist es Kandidat für weitere Bearbeitungen. Anders dagegen die übrigen beiden Felder, die nie aus mehr als einem einfachen String ohne Sonderzeichen wie Slashes bzw. Backslashes bestehen können.

> **Hinweis**
> Die beiden Elemente dirname und basename können Sie auch einzeln mit gleichnamigen Funktionen herausfinden.

Für die Verwertung von Webadressen eignet sich besser die Metadatenfunktion

*array **parse_url**(string $pfad)*

Sie zerlegt die übergebene Zeichenkette in ein assoziatives Array mit fester Struktur. Das folgende Beispiel enthält zwei Adressen, die alle möglichen Bestandteile von parse_url enthalten:

```
http://www.galileocomputing.de/katalog/buecher?Session=120
ftp://nutzer:passwort@ftp.galileocomputing.de:21
```

Die Arrays von parse_url() für diese beiden Adressen finden Sie nachstehend. Die Webadresse erzeugt

```
Array
(
    [scheme] => http
    [host] => www.galileocomputing.de
    [path] => /katalog/buecher
    [query] => Session=120
)
```

Das Schema scheme bezeichnet das Protokoll, über das die Daten vom Server an den Browser übertragen werden. Als host gilt die gesamte Domain inklusive Subdomain, in diesem Fall *www.galileocomputing.de*. Der Pfad path enthält alle Unterverzeichnisse und den Namen der aufgerufenen Datei. Letztlich nimmt query alle GET-Parameter und deren Werte auf.

Beim Parsen der FTP-Adresse kommt folgendes Array heraus:

```
Array
(
    [scheme] => ftp
    [host] => ftp.galileocomputing.de
```

```
    [port] => 21
    [user] => nutzer
    [pass] => passwort
)
```

Zusätzlich zu den bekannten Elementen existiert der `port` als eigenständiges Arrayfeld, über das die Verbindung hergestellt wird. Authentifizierungsdaten werden darüber hinaus ebenfalls einzeln als `user` und `pass` gespeichert.

Innerhalb von Webapplikationen wird häufig über relative Pfade navigiert, z. B. nutzt das nachstehende Grafik-Tag relative Pfade, um den Standort der Bilddatei anzugeben:

```
<img src="../../images/bild.png" alt="Bild" />
```

Wenn Sie den Überblick zu verlieren drohen, können Sie sich mit

> string **realpath**(string $pfad)

das absolute Gegenstück des relativen Pfades berechnen lassen.

8.2.3 Prüfungen im Dateisystem

Für das Dateisystem bestehen boolesche Prüffunktionen, die Sie vor unnötigen Fehlermeldungen bewahren können. Genauso wie die Prüfung in

```
<?php
if(!empty($array))
{
   foreach($array as $wert)
   {
      ...
   }
}
?>
```

verhindert, dass Sie leere Arrays durchlaufen, können Sie sich beispielsweise auch davor schützen, nicht existierende Dateien zu öffnen – was zu einer PHP-Warnung führen würde. Wir möchten Ihnen überblickartig die wichtigsten Prüffunktionen auflisten:

> bool **file_exists**(string $pfad)

ergibt `true`, wenn der angegebene Pfad gültig ist. Der Funktionsname ist allerdings etwas irreführend, weil die Funktion auch zu `true` auswertet, wenn der Pfad auf einen existierenden Ordner statt auf eine Datei verweist (siehe Abbildung 8.3).

Abbildung 8.3 Ordner mit Dateinamen

Zusätzliche Sicherheit geben Ihnen die beiden folgenden Abfragen:

*bool **is_dir**(string $pfad)*

prüft, ob es sich bei `$pfad` um ein Verzeichnis handelt, wohingegen

*bool **is_file**(string $pfad)*

das Gleiche für eine Datei tut.

Ferner lassen sich die Zugriffsrechte mit

*bool **is_readable**(string $pfad)*

und

*bool **is_writeable**(string $pfad)*

abfragen, damit Sie die `fopen( )`-Modi akkurat wählen können.

8.3 Reguläre Ausdrücke

Bislang haben wir uns beim Suchen in Zeichenketten auf Stringfunktionen wie `substr_count()` oder `str_replace()` verlassen. Diese finden exakte Vorkommen – und ersetzen diese im zweiten Fall sogar durch eine von uns gewählte Alternative. Von der exakten Suche wollen wir uns in diesem Schritt jedoch fortbewegen.

Reguläre Ausdrücke sind Muster, mit denen Zeichenketten beschrieben werden. Sie dienen als Referenzwert einer Suche, wenn

- die genaue Zusammensetzung des gesuchten Begriffs nicht bekannt ist oder
- sich die Suche über mehrere strukturell ähnliche Begriffe erstrecken soll.

Mit regulären Ausdrücken lassen sich also »unscharfe« Suchkriterien festlegen. So können Sie beispielsweise auch bekannte und häufig begangene Rechtschreibfehler in einer Suchanfrage finden. Nehmen Sie etwa den Satz:

»Das kann ich aus dem Stegreif nicht sagen.«

Das Wort »Stegreif« ist ein Wort mit hoher Fehleranfälligkeit[2]. Häufig entdeckt man stattdessen eher das falsch geschriebene Wort »Stehgreif«. Wenn Sie nun nach dem korrekt geschriebenen Wort suchen wollen, sind die falsch getippten Vorkommen eventuell auch wichtig. Moderne Suchmaschinen bieten Ihnen den Service einer unscharfen Suche meist ungefragt an – ohne dass Sie reguläre Ausdrücke eintippen müssen. Aber auch reguläre Ausdrücke erlauben die gleichzeitige Suche nach beiden Varianten.

Die Suche nach Klassen von Zeichenketten wird beispielsweise bei E-Mail-Adressen angewendet: Sie sind syntaktisch nach eindeutigen Regeln aufgebaut, jedoch mit exakten Suchvorgängen nicht aufzufinden, da die Variationsbreite zu groß ist. Nicht jeder Klammeraffe (@) gehört zu einer E-Mail, wie wir im vorigen Abschnitt anhand der FTP-Adresse gesehen haben. Die Suche mittels

```
$position = strpos($text, '@');
```

verlangt von Ihnen als Anwender immer noch, selbst zu entscheiden, ob es sich bei den Resultaten wirklich um E-Mail-Adressen handelt. Reguläre Ausdrücke können dies automatisiert entscheiden, zumal der Suchstring, der verwendet wird, mehr Informationen über die Syntax der erwünschten Ergebnisse enthält.

Ein kleines Beispiel gefällig? Was haben diese drei Wörter gemeinsam?

- Baum
- Beil
- Haus

Abgesehen davon, dass man sie logisch verknüpfen kann (das Beil benutzen, um aus einem Baum ein Haus zu machen), sind sie syntaktisch gleich aufgebaut: Es handelt sich um *vierbuchstabige* Wörter, die mit einem *Großbuchstaben* beginnen; es folgen *zwei Vokale* und zuletzt *ein Konsonant*. Diese Anforderungen, die im vorigen Satz kursiv geschrieben sind, lassen sich 1 : 1 in einen regulären Ausdruck umsetzen, der sich dann folgendermaßen darstellt:

```
[A-Z][aeiou]{2}[bcdfghjklmnpqrstvwxyz]
```

Mit den eckigen Klassen markieren wir Zeichenklassen. A-Z ist die erste Klasse und beschreibt alle Großbuchstaben, aeiou beschreibt alle Vokale. Die 2 in geschweiften Klammern bedeutet, dass genau zwei Vokale nacheinander vorkommen müssen. Analog zu den Vokalen definieren wir die Klasse der Konsonanten. Die Reihenfolge der Buchstaben in den Klassen Konsonanten und Vokale

---

2 Untersuchungen zufolge sieht man das Wort »Stegreif« bei einer Internetrecherche bei ca. zwei Drittel aller Vorkommen falsch geschrieben.

ist nicht relevant. Mit dem regulären Ausdruck haben wir nicht nur die drei Wörter »Baum«, »Beil« und »Haus« beschrieben, sondern auch alle weiteren vierbuchstabigen Wörter, die den gestellten Anforderungen genügen, also z. B.

- Gaul
- Reis
- ...

8.3.1 Syntax

Was bei der Umsetzung von Suchmustern in reguläre Ausdrücke herauskommt, ist mitunter sehr kryptisch. Damit Sie das dennoch nicht veranlasst, einen großen Bogen um reguläre Ausdrücke zu machen, stellen wir Ihnen die syntaktischen Möglichkeiten im Einzelnen vor.

Die Syntax der in PHP für die reguläre Suche verwendeten Funktionen orientiert sich am Vorbild von Perl. Reguläre Ausdrücke werden als Zeichenkette angegeben und müssen am Anfang und Ende identische Begrenzungszeichen haben. Dafür können Sie jedes beliebige Zeichen einsetzen, solange es nicht alphanumerisch oder der Backslash ist, da dies reservierte Zeichen sind. In der Regel nutzen wir in diesem Buch Slashes zur Begrenzung der Ausdrücke:

`"/.../"`

Zeichen und Zeichenklassen

Einzelne Zeichen werden so interpretiert, wie sie geschrieben sind. Das bedeutet:

`"/a/"`

findet heraus, ob in einer Zeichenkette der Buchstabe »a« zu finden ist. Dies können Sie jedoch genauso effizient mit den Suchfunktionen `substr_count()` prüfen, genauso wie

`"/abc123/"`

nur nach »abc123« sucht. Klassen – die wie bereits gezeigt in eckigen Klammern zusammengefasst sind – werden dazu benutzt, um Alternativen anzugeben, nach denen gesucht werden soll:

`"/[abc ]/"`

bezieht sich auf ein einzelnes Zeichen, das entweder ein »a«, ein »b«, ein »c« oder ein Leerzeichen sein kann. Dies lässt sich über die Stringsuche nicht so komfortabel formulieren. Sie können Klassen beliebig definieren, so wie wir es mit den

Vokalen und Konsonanten im Eingangsbeispiel getan haben. Häufig gebrauchte Klassen sind jedoch bereits vordefiniert (siehe Tabelle 8.6).

Zeichenklasse	Abkürzung	Beschreibung
[a-z]	–	alle Kleinbuchstaben
[A-Z]	–	alle Großbuchstaben
[0-9]	\d	Ziffern
[a-zA-Z0-9_]	\w	Buchstaben, Ziffern und der Unterstrich
[\r\n\t\f]	\s	Wagenrücklauf, New Line, Tabulator und Seitenwechsel, sprich Steuerzeichen
beliebig	.	Bezeichnet alle möglichen Zeichen außer \n.

Tabelle 8.6 Vordefinierte Klassen regulärer Ausdrücke

Die Abkürzungen in Tabelle 8.6 bilden eine alternative Art, Zeichenklassen in regulären Ausdrücken anzugeben. Vorteilhaft ist das beispielsweise bei \w, das sich schneller und kürzer tippen lässt als [a-zA-Z0-9_]. Zu allen Abkürzungen existiert eine Inversion, also die Umkehrung, die durch den jeweiligen Großbuchstaben der Abkürzung dargestellt wird: \d repräsentiert alle Ziffern [0-9], und \D repräsentiert alle Zeichen, die keine Ziffern sind. Die Inversion lässt sich ebenso mit einem Zirkumflex (^) darstellen, der an die erste Stelle der Klasse gestellt wird. Die Abkürzung \D ist also gleichbedeutend mit [^0-9].

Der Punkt nimmt eine Sonderstellung ein, da mit ihm jedes beliebige Zeichen gemeint sein kann. Der Punkt kann nur sinnvoll in Verbindung mit anderen Zeichen angewendet werden, denn die Suche nach

"/./"

ist immer true, wenn die durchsuchte Zeichenkette nicht leer ist (also ein beliebiges Zeichen enthält). Mehr Sinngehalt hat diese Suche:

"/.aus/"

die die Wörter »Maus«, »Haus«, »raus« usw. findet.

Manche Sonderzeichen sind innerhalb regulärer Ausdrücke reserviert, weil sie für eigene Zwecke gebraucht werden. Wenn reservierte Zeichen Bestandteil Ihres Suchausdrucks sein sollen, müssen Sie sie mit einem Backslash maskieren.[3] Dies betrifft:

---

[3] Das ist auch der Grund, warum der Backslash nicht als Begrenzungszeichen regulärer Ausdrücke benutzt werden kann: Es kann dadurch zu Uneindeutigkeiten am Anfang des Ausdrucks kommen.

- runde, geschweifte und eckige Klammern
- die Pipe und den Backslash (Angabe von Alternativen und Maskierung)
- +?* (geben die Anzahl aufeinanderfolgender Zeichen an)
- ^$ (markieren Beginn und Ende einer Zeichenkette)

Zeichenketten

Zeichenketten sind letztlich nichts anderes als Aneinanderreihungen von Zeichen, und genauso werden reguläre Ausdrücke auch verarbeitet. Der vorige Abschnitt legt also die Basis für die Suche in Zeichenketten; es existieren jedoch noch erweiterte Möglichkeiten, Muster anzugeben.

Zunächst lassen sich die Vorkommen eines Zeichens gezielt angeben. Wir haben das schon in unserem Muster für »Haus«, »Beil« usw. getan. Die Anzahl der Vorkommen eines Zeichens haben wir in geschweiften Klammern angegeben. Möglich sind nicht nur exakte Vorgaben wie etwa {2}, sondern auch Mindest- und Höchstwerte dafür, wie oft ein Zeichen vorkommen kann. Einen Überblick über alle Varianten können Sie sich in Tabelle 8.7 verschaffen.

Zeichen	Beschreibung
x{m}	Das Zeichen x muss genau m Mal auftreten.
x{m,}	x muss mindestens m Mal auftreten.
x{,n}	x darf höchstens n Mal auftreten.
x{m,n}	x muss zwischen m und n Mal auftreten.
x?	x kann, muss aber nicht auftreten, also ein Synonym für x{0,1}.
x*	x kann kein, ein oder mehrere Male auftreten, anders gesagt x{0,}.
x+	x kann ein oder mehrere Male auftreten, identisch mit x{1,}.

Tabelle 8.7 Häufigkeiten von Zeichen

Somit lässt sich auch der »Stegreif« in beiden Varianten auffinden:

`"/Steh?greif/"`

oder anders ausgedrückt:

`"/Steh{0,1}greif/"`

Häufig wird nach einzelnen Wörtern in Zeichenketten gesucht. Wortanfänge und Wortenden lassen sich zwar über reguläre Ausdrücke beschreiben, das ist aber umständlich und fehleranfällig:

`"/ ?Steh{0,1}greif[ ,\.\?\!]/"`

> **Warnung**
>
> Der gerade benutzte Ausdruck `"/ ?Steh{0,1}greif[ ,\.\?\!]/"` ist nicht empfehlenswert, weil komfortablere Alternativen bestehen. Wir wollen Ihnen damit nur zeigen, wie sich Wortgrenzen von der Pike auf umschreiben lassen.

Wir umschreiben mit dem Ausdruck, dass vor dem Wort »Stegreif« ein Leerzeichen kommen kann, aber nicht muss. Die letzte Einschränkung machen wir, weil das Wort auch am Anfang der Zeichenkette stehen kann. Hinter dem Wort kann ein Leerzeichen folgen, wenn das Wort mitten im Satz steht, ein Komma – bei Aufzählungen oder vor einem anderen Satzteil – oder ein Satzendezeichen (Punkt, Fragezeichen oder Ausrufezeichen). Dieser Ausdruck ist keineswegs komplett, weil das Wort beispielsweise auch in Anführungszeichen stehen könnte.

Komfortabler ist es, das Steuerzeichen \b zu verwenden. Dadurch signalisieren Sie, dass an der entsprechenden Stelle eine Wortgrenze besteht. Der Ausdruck lässt sich also wie folgt vereinfachen:

`"/\bSteh?greif\b/"`

Genau wie \d, \w und dergleichen lässt sich \b auch verneinen bzw. invertieren: \B gibt an, dass gerade keine Wortgrenze an der Stelle existieren darf. Auf ganz ähnliche Weise können wir die Problematik lösen, ein Wort am Beginn oder Ende einer Zeichenkette zu suchen. Der Zirkumflex (^), der in Klassen dazu dient, diese zu negieren, gibt an erster Stelle eines regulären Ausdrucks an, dass am Beginn der Zeichenkette gesucht werden muss. Analog ist das Dollarzeichen ($) ein Symbol für das Ende der Zeichenkette. Wenn Sie sich sicher sind, dass die gesuchte Zeichenkette nur aus dem Wort »Stehgreif« oder »Stegreif« bestehen kann, dass also kein Zeichen vor oder nach dem Wort steht, können Sie dies im regulären Ausdruck formulieren:

`"/^Steh{0,1}greif$/"`

Mit runden Klammern können Sie mehrere Zeichen gruppieren. Diese werden dann wie ein einzelnes Zeichen behandelt. Wenn Sie beispielsweise erlauben möchten, dass neben »Stegreif« auch das Wort »Steg« gültig ist, nicht aber »Stegr« oder »Stegf«, dann muss die Teilzeichenkette »reif« zusammenhängend betrachtet werden. Der Ausdruck `"/Stegr?e?i?f?/"` löst unser Problem daher nicht, zumal die ungewollten Varianten damit möglich sind.

Wohl aber führt uns

`"/Steg(reif)?/"`

zum richtigen Ergebnis. Gleichzeitig dienen die runden Klammern in den Implementierungen regulärer Suche dazu, Teilergebnisse zu selektieren und an das Programm bzw. PHP-Skript zurückzugeben. Mit

```
"/\b(Steh?greif)\b/"
```

bekommen Sie also nicht als Antwort, ob das Wort vorhanden ist, sondern Sie erhalten das Wort selbst in der vorgefundenen Schreibweise.

Als letztes elementares Konzept existiert die Pipe (|) als Trennzeichen von Alternativen. Damit lassen sich in einem regulären Ausdruck Bestandteile trennen, von denen nur einer vorkommen muss, um der Suche Genüge zu tun. Auf Zeichenebene können Sie dafür die eckigen Klammern verwenden. Bestes Beispiel ist die Klasse der Vokale, mit der Sie herausfinden können, ob eine Zeichenkette mindestens einen Vokal enthält.

Um zusammengesetzte Zeichen zu finden, können Sie die Pipe nutzen, beispielsweise um herauszufinden, ob eine Zeichenkette ein »ei« oder ein »au« enthält:

```
"/ei|au/"
```

> **Hinweis**
>
> In einem größeren Kontext müssen Sie Konzepte wie Zeichenklassen, Klammerung und Alternativenauszeichnung kombinieren. So entstehen komplexe Ausdrücke. Aber keine Panik, sie alle bestehen aus nachvollziehbaren Bestandteilen.

Fehlersuche in regulären Ausdrücken

Häufige Fehler im Umgang mit regulären Ausdrücken entstehen durch ein falsches Verständnis dessen, wie sie arbeiten. Im Weiteren wollen wir Ihnen anhand von Beispielen zeigen, wie reguläre Ausdrücke »ticken«.

Gierige Suche

Grundsätzlich ist bei der Verwendung des Punktes als »Joker« darauf zu achten, dass dies zu einem sehr gierigen Suchmuster führen kann. Nehmen Sie den nachstehenden HTML-Code:

```
<html>
   <head/>
   <body>
   <a href="seite1.html">Link1</a><br />
   <a href="seite2.html">Link2</a>
   </body>
</html>
```

Um nun herauszufinden, wie der Text lautet, mit dem der erste Link beschrieben ist, schreiben wir den regulären Ausdruck

```
"/<a href=\"seite1\.html\">(.*)<\/a>/"
```

und erwarten die Antwort »Link1«. Doch stattdessen sieht die Rückgabe so aus:

`"Link1</a><br /><a href="seite2.html">Link2"`

Das liegt an dem `(.*)`. Nach hinten begrenzt wird dies durch ein schließendes Link-Tag `</a>`.

> **Hinweis**
> Wenn Sie glücklicherweise doch nur den ersten Link zurückgegeben bekommen, liegt das daran, dass Sie die Links mit einem Zeilenumbruch (`\n`) voneinander getrennt haben. Umbrüche sollten Sie grundsätzlich entfernen, wenn Sie lange Zeichenketten auf diese Weise durchsuchen.

Die Vorgehensweise des Ausdrucks lässt sich also umschreiben mit:

Nimm dir so viel Zeichen, wie du in dem Text finden kannst, Hauptsache, es steht ein </a> dahinter.

Das kommt der Suche nach dem letzten `</a>` in der zu durchsuchenden Zeichenkette gleich. Präziser wäre es gewesen, den Ausdruck folgendermaßen zu gestalten:

`"/<a href=\"seite1\.html\">(\w*)</a>/"`

oder

`"/<a href=\"seite1\.html\">([^<]*)</a>/"`

Beides schließt aus, dass im Linktitel eine spitze Klammer stehen darf.

Finden, was man sucht

Reguläre Ausdrücke suchen Muster und nicht keine Muster. Soll heißen, Sie können herausfinden, ob das Wort »Stegreif« in einer Zeichenkette vorkommt, nicht aber, ob es nicht vorkommt. Nehmen wir als Beispiel den anfänglichen Satz

»Das kann ich aus dem Stegreif nicht sagen.«

Der intuitive Weg, zu erfahren, ob ein Wort nicht enthalten ist, wäre:

`"/(\bStegreif\b){0}/"`

Was dieser Ausdruck allerdings aussagt, ist:

Suche ein Wort, in dem »Stegreif« nicht vorkommt, und das ist bereits für das erste »Das« gültig. Es kommt zu keinen verlässlichen Ergebnissen. Stattdessen erreichen Sie das Gewünschte, wenn Sie eine boolesche reguläre Suche in PHP nach dem ungewollten Wort »Stegreif« ausführen und das Ergebnis negieren – zu sehen im folgenden Beispielabschnitt.

> **Hinweis**
>
> Reguläre Ausdrücke werden auch von MySQL unterstützt. Dort lautet die boolesche Funktion für die Suche REGEXP(). Näheres dazu erfahren Sie in Anhang B.

8.3.2 Reguläre Ausdrücke in PHP

In PHP gibt es zwei Arten, reguläre Ausdrücke anzuwenden. Zum einen handelt es sich um die Ausdrücke nach POSIX[4], die alle mit dem String ereg_ beginnen. Zum anderen sind es die bereits genannten Perl-kompatiblen Befehle preg_*. Wir gehen im Folgenden nur auf die zweite Variante ein, da sie syntaktisch mehr Möglichkeiten bietet und Vergleiche in Anbetracht der Binärdarstellung durchführt (PREG-Funktionen sind demnach *binary-safe*).

Die einfache reguläre Suche führen Sie in PHP mit der Funktion

> mixed **preg_match**(string $muster, string $text
> [, array $treffer [, int $bits [, int $startpunkt]]])

aus. In $muster formulieren Sie den regulären Ausdruck, mit dem die Zeichenkette $text durchsucht wird. Wenn Sie das Array $treffer angeben, werden die gefundenen Ergebnisse in dem numerischen Array gespeichert, das auch nach Ausführung der Suche zur Verfügung steht. $treffer[0] enthält den gefundenen Suchstring, $treffer[1], und folgende Felder beinhalten die Teile aus den runden Klammern in der Reihenfolge, in der sie im $muster enthalten sind.

Über den $startpunkt geben Sie letztendlich an, an welcher Position in $text die Suche begonnen werden soll. Sie können demnach gezielt den Anfang einer Zeichenkette auslassen. Standardmäßig wird die Suche am Anfang von $text begonnen.

Wenn Sie für $bits die Konstante PREG_OFFSET_CAPTURE festlegen, ist der Rückgabewert ein Array, in dem die Treffer und deren Position in $text gespeichert sind. Anderenfalls gibt die Funktion die Anzahl der Treffer als Ganzzahl zurück. Da die Suche nach dem ersten Treffer abbricht, ist das Ergebnis immer 0 oder 1. Bei einem Fehler wird false zurückgegeben.

```
<?php
$text = "Das kann ich aus dem Stegreif nicht sagen";
$muster = "/\bSteh?greif\b/";
echo (preg_match($muster,$text))?"enthalten":"nicht enthalten";
?>
```

Listing 8.5 Suchen mit »preg_match«

---

4 Dies ist die Kurzform für Portable Operating System Interface for UNIX.

Eine Suche mit mehr als einem Ergebnis erhalten Sie stattdessen, wenn Sie die Funktion

> mixed **preg_match_all**(string $muster, string $text
> [, array $treffer [, int $bits [, int $startpunkt]]])

benutzen. Die Funktion reagiert genauso wie `preg_match()`, nur dass sich die Reihenfolge der Ergebnisse in `$treffer` gezielt beeinflussen lässt. Für `$bits` gibt es die folgenden Möglichkeiten:

- `PREG_SET_ORDER` gibt ein zweidimensionales Array zurück. Jedes Arrayfeld beinhaltet die Einzelergebnisse für jeden Suchtreffer, das heißt, `$treffer[0][0]` enthält die Zeichenkette, die zu einem ersten Treffer führte, in `$treffer[0][1]` liegt der Teil von `$treffer[0][0]`, der aus der ersten runden Klammerung resultiert usw.
- `PREG_PATTERN_ORDER` gibt ebenfalls ein zweidimensionales Array zurück, doch in `$treffer[0]` sind alle Treffer der regulären Suche, in `$treffer[1]` alle Teile, die aus der ersten Klammerung stammen usw.
- `PREG_OFFSET_CAPTURE` entspricht dem Gegenstück bei `preg_match()`.

```
<?php
$text = "Das kann ich aus dem Stegreif nicht sagen";
$muster = "/a[^aeiou]/";
preg_match_all($muster,$text,$treffer);
print_r($treffer);
?>
```

Listing 8.6 Suchen mit »preg_match_all«

Die dritte Suchform ist speziell für die reguläre Suche in Arrays geeignet. Die Funktion

> array **preg_grep**(string $muster, array $eingaben [, int $bits])

gibt alle Bestandteile aus `$eingaben` zurück, für die die Suche erfolgreich war. Wenn Sie für `$bits` `PREG_GREP_INVERT` angeben, wird der Effekt umgekehrt, das heißt, es werden alle Teile von `$eingaben` geliefert, bei denen die Suche fehlschlug.

```
<?php
$text = "Das kann ich aus dem Stegreif nicht sagen";
$muster = "/a[^aeiou]/";
$eingaben = explode(" ",$text);
$treffer = preg_grep($muster,$eingaben);
```

```
print_r($treffer);
?>
```

Listing 8.7 Suchen mit »preg_grep«

Das gemeinsame reguläre Suchen und Ersetzen innerhalb von Zeichenketten erledigen Sie mit

> mixed **preg_replace**(mixed $muster, mixed $ersatz, mixed $eingaben
> [, int $limit [, int $anzahlErsetzungen]])

Bei $muster, $ersatz und $eingaben kann es sich sowohl um Strings als auch um Arrays aus Strings handeln. Handelt es sich bei $muster und $ersatz um Arrays, wird $muster durchlaufen und jede korrespondierende Ersetzung auf alle Bestandteile von $eingaben durchgeführt. Die Anzahl der Arrayfelder in den drei Arrays muss nicht zwingend übereinstimmen. $limit ist eine Obergrenze der Ersetzungen pro $eingaben, das heißt, wenn $limit = 3 ist, so werden nur die ersten drei Vorkommen von $muster in $eingaben ersetzt. Standardmäßig werden jedoch alle Vorkommen ersetzt. Der letzte optionale Parameter $anzahlErsetzungen sagt aus, wie oft eine Zeichenkette durch den entsprechenden $ersatz ausgetauscht wurde.

```
<?php
$eingaben = array("Ein", "normaler", "Satz");
$muster = array("/[A-Z]/","/[aeiou]/","/\d/");
$ersatz = array("%","&","-");
$ausgaben = preg_replace($muster, $ersatz, $eingaben);
print_r($ausgaben);
?>
```

Listing 8.8 Ersetzen mit »preg_replace«

Zuerst werden alle Großbuchstaben in $eingaben durch ein Prozentzeichen ersetzt. In einem zweiten Schritt ersetzen wir alle Vokale durch ein kaufmännisches Und; zuletzt tauschen wir alle Ziffern gegen einen Bindestrich aus.

Auch das Zerteilen einer Zeichenkette mit regulären Ausdrücken ist möglich. Die Funktion

> array **preg_split**(string $muster, string $text
> [, int $limit [, int $bits]])

wirkt wie explode(), nur auf Basis regulärer Ausdrücke. Wenn ein $limit angegeben ist, werden auch nur so viele Teile des zerpflückten Strings als Array zurückgeliefert.

8 | Wichtige PHP-Funktionalitäten

In `$bits` werden wiederum Konstanten festgelegt, die die Ausgabe beeinflussen:

- `PREG_SPLIT_NO_EMTPY` sorgt dafür, dass keine leeren Strings ins Ausgabearray aufgenommen werden.
- Durch `PREG_SPLIT_DELIM_CAPTURE` werden zusätzlich die runden Klammern verarbeitet.
- Mit `PREG_SPLIT_OFFSET_CAPTURE` lassen Sie auch die Position der Zerlegungen mit ins Array aufnehmen. Das verändert die Struktur des Arrays, so dass es mehrdimensional wird.

```
<?php
$text = "Das kann ich aus dem Stegreif nicht sagen";
$muster = "/au|ei|[A-Z]/";
$ausgaben = preg_split($muster,$text);
print_r($ausgaben);
?>
```

Listing 8.9 Teilen mit »preg_split«

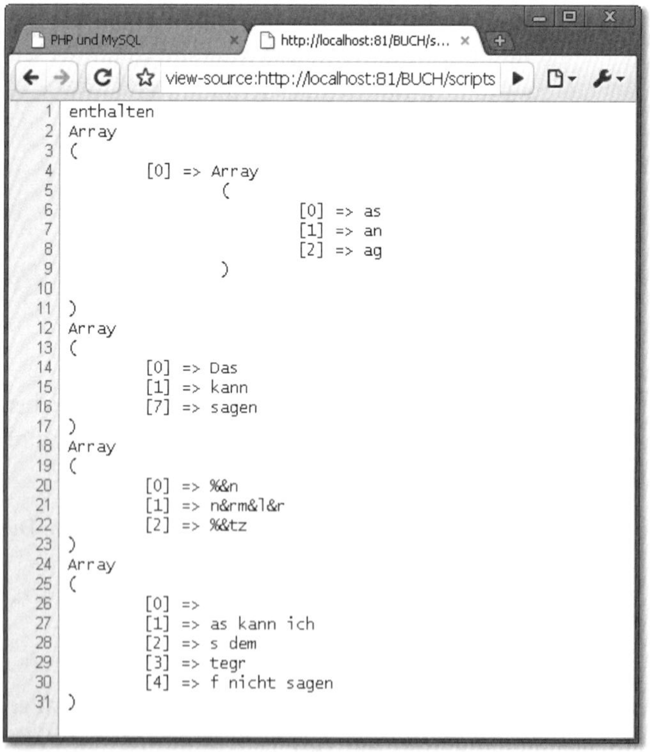

```
enthalten
Array
(
    [0] => Array
        (
            [0] => as
            [1] => an
            [2] => ag
        )

)
Array
(
    [0] => Das
    [1] => kann
    [7] => sagen
)
Array
(
    [0] => %&n
    [1] => n&rm&l&r
    [2] => %&tz
)
Array
(
    [0] =>
    [1] => as kann ich
    [2] => s dem
    [3] => tegr
    [4] => f nicht sagen
)
```

Abbildung 8.4 Ausgabe der Anwendung regulärer Ausdrücke

> **Hinweis: Buch-CD**
>
> Die Beispiele von Listing 8.5 bis Listing 8.9 haben wir auf der CD-ROM zum Buch in einem Skript zusammengefasst. Deren gemeinsame Ausgabe sehen Sie in Abbildung 8.4.

8.3.3 Reguläre Ausdrücke in der Praxis

Einige typische Anwendungsgebiete regulärer Ausdrücke haben wir im aktuellen Abschnitt bereits angesprochen. Dazu gehört etwa die Suche nach E-Mail-Adressen, nach Links oder allgemein URLs in einem Text oder auf einer Webseite.

> **Hintergrundwissen**
>
> Mit ähnlichen Mitteln wie regulären Ausdrücken arbeiten auch sogenannte *Crawler*, Programme, die gezielt Webseiten nach E-Mail-Adressen durchsuchen, um daraus Verzeichnisse zu erstellen – die Quelle für Spammer, die anonym Massen-E-Mails verschicken.

Wir widmen uns im Folgenden den gleichen Aufgaben, allerdings aus einer anderen Absicht: Reguläre Ausdrücke werden häufig zur Validierung von Benutzereingaben verwendet.[5] Dies zeigen wir Ihnen am Beispiel von E-Mail-Adressen.

E-Mail-Adressen überprüfen

In den unterschiedlichsten Situationen bitten Sie Ihre Webseiten-Besucher um deren E-Mail-Adresse, beispielsweise wenn Sie einen Newsletter zur Verfügung stellen oder sich der Besucher für den internen Bereich Ihrer Seite registrieren soll. Wenn Ihre Besucher aber nur daran interessiert sind, schnell an die gewünschten Informationen zu kommen, etwa einen Blick in die Interna Ihrer Seite zu werfen, ohne sich dabei zu binden, geben viele wahllose Zeichenketten an. Um zu prüfen, ob die gemachten Angaben auch unseren Vorstellungen entsprechen, setzen wir auf einen regulären Ausdruck. Allem voran steht jedoch die Überlegung, wie eine E-Mail-Adresse syntaktisch aufgebaut ist.

Wir teilen eine Adresse gedanklich zunächst in zwei Stücke: Das eine steht vor dem Klammeraffen (@) und definiert die persönliche Adresse, das andere steht hinter dem Klammeraffen und gibt die Herkunft bzw. Domain an. Der vordere Teil besteht aus Buchstaben, Zahlen sowie den Sonderzeichen Unterstrich (_), Bindestrich (-) und dem Punkt (.). Die Sonderzeichen dürfen nicht am Anfang oder Ende des Abschnitts stehen. Setzen wir diese Anforderungen in einen regulären Ausdruck um, sieht das so aus:

---

5 Eingabevalidierung wird uns in Kapitel 11, »Sicherheit«, noch einmal begegnen. Dort wird es auch weitere Beispiele geben, wie reguläre Ausdrücke zum Einsatz kommen.

```
[a-zA-Z\d][\w\.-]*[a-zA-Z\d]
```

Der Ausdruck besteht also aus drei eigens definierten Klassen. Am Anfang und Ende erlauben wir nur Zahlen und Buchstaben. In der Mitte sind alle gültigen Zeichen erlaubt. Zahlen, Buchstaben und den Unterstrich haben wir unter \w zusammengefasst. Der Punkt soll als solcher interpretiert werden und muss daher maskiert sein (\.); der Bindestrich bedarf keiner Maskierung. Der gesamte mittlere Teil darf beliebig oft auftreten, also auch null Mal, wenn es sich um eine sehr kurze Adresse handelt.

Der Teil hinter dem Klammeraffen besteht aus einer Angabe von Domains und Subdomains. Am Ende muss jedoch zwingend eine Top-Level-Domain folgen (.de, .com, .info usw.). Die Menge der gültigen Zeichen ist identisch mit dem vorderen Abschnitt. Der passende Ausdruck dafür lautet also:

```
[a-zA-Z\d][\w\.-]*\.[a-zA-Z]{2,4}
```

Er beginnt mit einem alphanumerischen Zeichen; darauf folgen beliebig viele Zeichen aus der gültigen Zeichenmenge. Die Top-Level-Domain wird durch einen Punkt eingeleitet und besteht aus zwei bis vier Buchstaben.

> **Vielfalt von Top-Level-Domains**
>
> Bis vor einiger Zeit war es mit Top-Level-Domains (TLD) so einfach: es gab nur eine begrenzte Menge und sie waren syntaktisch alle leicht über einen Kamm zu scheren. Das haben wir auch hier in diesem Beispiel getan. Eine TLD hat für uns hier maximal vier Buchstaben.
>
> Zukünftig soll es eine ganze Reihe von TLDs geben, die sich von dem bisherigen Schema unterscheiden können. So kommen beispielsweise .travel oder .hotel dazu. Eine Begrenzung gibt es nicht mehr, eine eigene TLD lässt sich mit ausreichend liquiden Mitteln kaufen. So können auch etwa .berlin oder .microsoft hinzukommen.
>
> Für bestehende PHP-Programme bedeutet das mal wieder Prüfungs- und notfalls Anpassungsaufwand. Hätte man die E-Mail-Prüfung wie im aktuellen Listing vor einigen Jahren umgesetzt, müsste man nun wieder Hand anlegen, um die kommenden Änderungen zu reflektieren.

Setzen wir den Ausdruck zusammen, ergibt sich:

```
<?php
$vordTeil = "[a-zA-Z\d][\w\.-]*[a-zA-Z\d]";
$hintTeil = "[a-zA-Z\d][\w\.-]*\.[a-zA-Z]{2,4}";
$regExp = "/^".$vordTeil."@".$hintTeil."$/";
```

Als Begrenzungszeichen haben wir am Anfang und Ende wieder den Slash gewählt. Außerdem haben wir festgelegt, dass die durchsuchte Zeichenkette nur aus der E-Mail-Adresse bestehen darf. Den Inhalt der Variablen $regExp können wir nun wie folgt benutzen: Wir schreiben ein Skript, das einen GET-Parameter empfängt und überprüft, ob es sich dabei um eine E-Mail-Adresse handelt. Je nach Ergebnis geben wir auf dem Bildschirm entweder »ja« oder »nein« aus.

```
if(preg_match($regExp,$_GET['adresse']))
{
   echo "ja";
}
else
{
   echo "nein";
}
?>
```

Listing 8.10 E-Mail-Prüfung mit regulären Ausdrücken

Wir benutzen den Befehl `preg_match`, der nach dem ersten Vorkommen des Suchstrings in `$_GET['adresse']` abbricht. Da wir das Muster so gestaltet haben, dass die gesamte Variable überprüft wird, reicht uns das. Wir erhalten aus dem Funktionsaufruf entweder eine 0 oder eine 1 und können dies wunderbar in einem `if`-Konstrukt einsetzen. Wenn Sie Listing 8.10 separat abspeichern, können Sie es mit dem einfachen Aufruf

http://server/pfad/zur/datei/listing_08_010.php?adresse=xyz

prüfen. Die E-Mail-Adresse wird dann anstelle von *xyz* angegeben.

> **Vorsicht**
>
> Der von uns gewählte Ausdruck bietet keine hundertprozentige Treffergenauigkeit. Zum Beispiel ist es möglich, dass zwei Punkte im vorderen Teil aufeinanderfolgen, was nicht erlaubt ist. Und der persönliche Teil muss in unserem Ausdruck aus mindestens zwei Zeichen (Buchstaben oder Zahlen) bestehen. Dies ist in der Regel auch nicht gefordert. Diese Unzulänglichkeiten auszubügeln, überlassen wir Ihrem Eifer.

8.4 PEAR und PECL

Mit dem PHP Extension and Application Repository (PEAR) und der PHP Extension Community Library (PECL) lässt sich PHP, so wie Sie es standardmäßig heruntergeladen oder im Rahmen von XAMPP installiert haben, um Funktionen und Anwendungen erweitern. Der Hauptunterschied zwischen den beiden Systemen ist, dass Anwendungen aus PEAR in PHP geschrieben sind. Bibliotheken aus PECL sind normalerweise in C geschrieben.

8.4.1 PEAR

PEAR ist unter *http://pear.php.net* erreichbar. Es handelt sich um eine Ansammlung von sogenannten *Paketen*, die Abhilfe schaffen, wenn Sie das Rad nicht immer aufs Neue erfinden wollen.

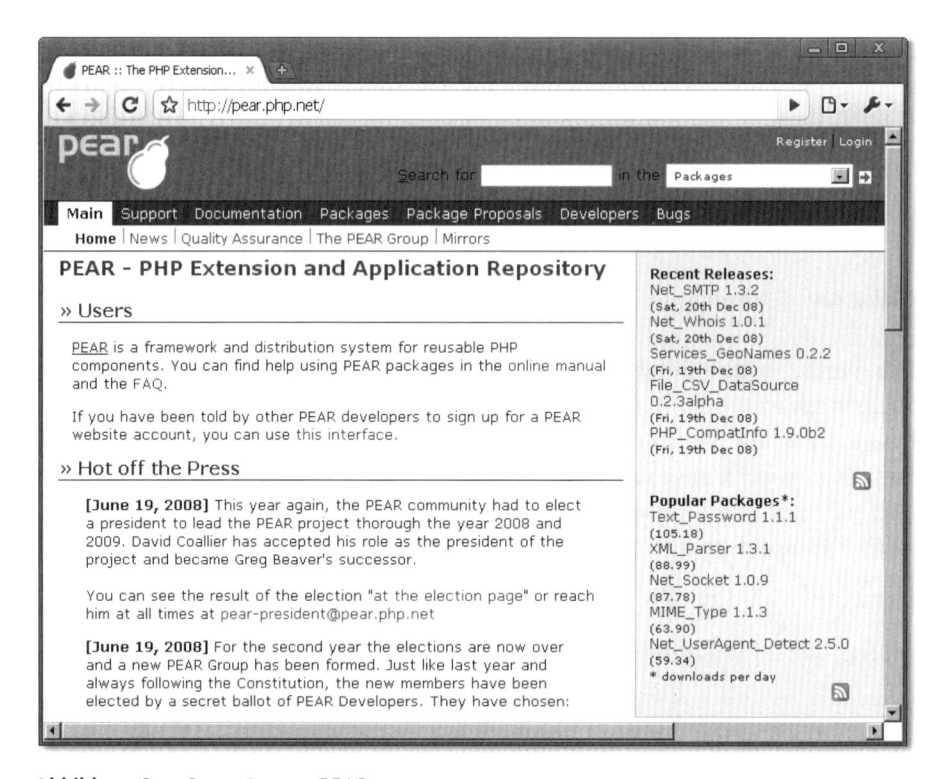

Abbildung 8.5 Startseite von PEAR

PEAR-Pakete sind objektorientierte Schnittstellen, die nach festgelegten Richtlinien von Programmierern aus der PHP-Community geschrieben und freigegeben wurden. Viele Pakete resultieren aus alltäglichen Problemen, vor denen ihr Autor bzw. ihre Autoren standen.

Über die Website, deren Startbildschirm Sie in Abbildung 8.5 sehen, können Sie Pakete suchen und erfahren, ob sich damit eines Ihrer aktuellen Projekte bereichern lässt. Sie können die Pakete entweder über die Webseite oder aber über das PEAR-Installationsmenü herunterladen, das Sie in Ihrem PHP-Installationsordner finden. Dabei handelt es sich um ein Kommandozeilentool. Öffnen Sie folglich die Kommandozeile, und navigieren Sie in das entsprechende PHP-Verzeichnis (Ihrer XAMPP-Installation).

> **Tipp**
>
> Wenn Sie nicht wissen, wo Sie den PEAR-Installer finden können, durchsuchen Sie Ihre Festplatte (oder den relevanten Teil davon) nach der Datei *pear(.bat)*. In XAMPP finden Sie sie im Unterordner */php*.

Die Installation eines gewünschten Pakets starten Sie mit dem Befehl

```
pear install <paketname>
```

Wir wollen als Beispiel das Paket `Crypt_Blowfish` herunterladen und installieren. Dazu schreiben wir

```
pear install Crypt_Blowfish
```

in die Kommandozeile und drücken die Enter-Taste. Die Installation dauert je nach Paketumfang einige Sekunden oder etwas länger. Die Installation wird quittiert mit der Meldung:

```
Starting to download Crypt_Blowfishxxx (size: xxx kb)
.........done: xxx kb
install ok: channel://pear.php.net/Crypt_Blowfishxxx
```

Wenn Sie stattdessen ein Paket von *http://pear.php.net* herunterladen, lässt es sich auf die gleiche Weise installieren. Sie müssen lediglich den Pfad zu dem gepackten Archiv angeben:

```
pear install Crypt_Blowfishxxx.tgz
```

Nach der automatischen Installation können Sie die Funktionalitäten in Ihre Applikationen einbinden. Die Pakete werden standardmäßig im Ordner */pear* unter */php* abgelegt, und zwar jedes in seinem eigenen Unterverzeichnis, entsprechend der PEAR-Hierarchie, die auch auf der Website existiert. Da das PEAR-Verzeichnis automatisch von PHP eingebunden wird (nachzuschauen in der Konfigurationsdatei *php.ini* unter `include_path`), brauchen Sie in `require`-Befehlen nur noch relative Pfadangaben der letzten Ebene zu machen, also z. B.

```
require_once("Crypt/Blowfish.php");
```

8.4.2 PECL

PECL ist ein PEAR-Schwesterprojekt, dessen Webseiten Sie unter *http://pecl.php.net* erreichen. Dort sind alle Erweiterungen gespeichert, die PHP als Module dienen können, genau wie das *mysql*-Modul. Die Pakete liegen in C-Quellcode vor und müssen vor dem Einsatz kompiliert werden. Als Resultat erhalten Sie eine *.dll*- bzw. *.so*-Datei.

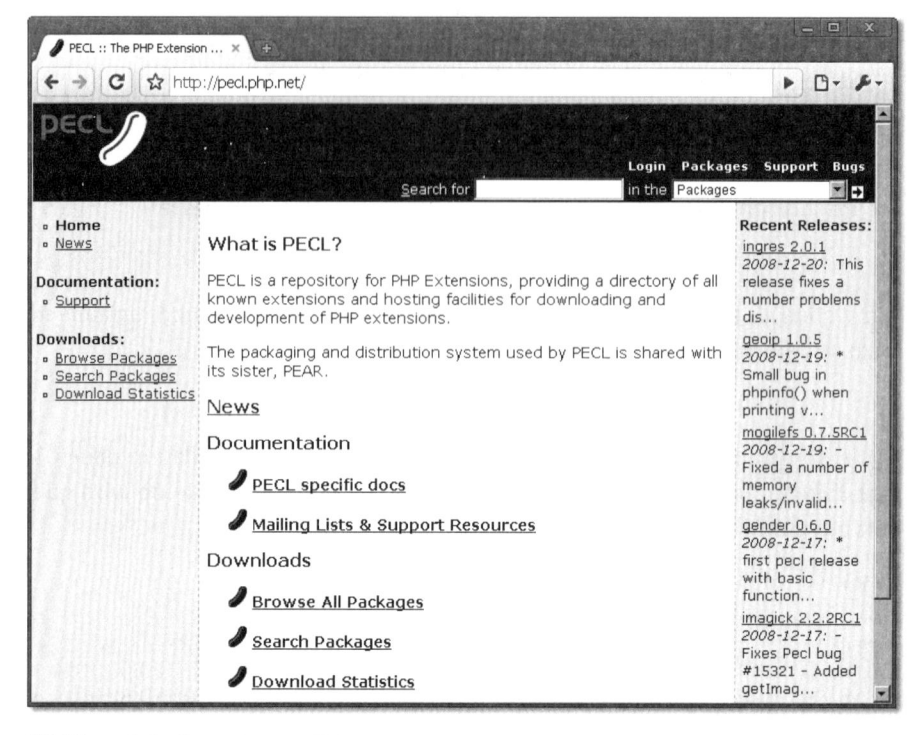

Abbildung 8.6 Startseite von PECL

Für Windows-Nutzer, die dem Kompilieren von C-Quellcode nicht so nahestehen, existiert zusätzlich eine Sammlung vorkompilierter Bibliotheken unter *http://pecl4win.php.net*.

Heruntergeladene Module sollten im Ordner */php/extensions* abgelegt werden. Darüber hinaus müssen sie dem PHP-Interpreter »angekündigt«, sprich aktiviert werden. Wie das funktioniert, haben wir bereits in Kapitel 3, »Installation«, besprochen.

8.5 Datenabstraktion

Datenabstraktionsschemata ermöglichen den einheitlichen Zugriff auf unterschiedliche Datenbankmanagementsysteme. Es handelt sich dabei um Funktionen und Methoden zur Kapselung mehrerer Datenbankschnittstellen. Anstatt je nach Anwendungsfall mit `mysqli_connect()`, `pg_connect()`, `oci_connect()` oder analogen Funktionen zu arbeiten, übergeben Sie der Abstraktionsmethode, die eine Verbindung mit einem Server herstellt, einfach den Typ der Datenbank

(MySQL, PostgreSQL, Oracle). Die weitere Kommunikation zwischen PHP und Datenbankserver wird über einheitliche, neutral benannte Methoden abgewickelt, ohne dass Sie ein weiteres Mal Details zur Verbindung angeben müssen.

Der Vorteil eines Abstraktionsschemas liegt auf der Hand: Auch bei einem Wechsel des eingesetzten Datenbankmanagementsystems sind nur minimale Änderungen an der Datenbankschnittstelle nötig. Im Idealfall passen Sie nur den Parameter an, über den der Datenbanktyp beim Verbindungsaufbau festgelegt wird – eine Sache von Sekunden. Möglich ist das allerdings nur mit kompatiblen Systemen, im Falle der hier behandelten Schemata beispielsweise mit relationalen Datenbankmanagementsystemen, für die mit SQL eine standardisierte Abfragesprache existiert. Kaum ein Datenbanksystem ist allerdings hundertprozentig standardkonform. Und genau deshalb ist es in der Praxis eben nicht so einfach wie zuvor bezogen auf die Theorie erwähnt.

Datenbanksysteme unterstützen nur eine Untermenge der im Standard definierten Funktionen. Darüber hinaus definieren sie eigene Syntax, die mitunter sehr praktisch, aber ebenso produktspezifisch ist. Zwei Beispiele, die Sie von MySQL kennen, sind AUTO_INCREMENT zum Hochzählen eines numerischen Spaltenwerts und LIMIT zum Begrenzen der Datenmenge eines Abfrageergebnisses. Beides kann in anderen Systemen nachgebildet werden, mitunter aber mit nicht trivialem Aufwand.

Die Anzahl der unabhängig voneinander entwickelten Datenabstraktionsschemata hat sich seit PHP 4 stark vergrößert. Es existieren in der Programmiersprache C geschriebene Schemata als PHP-Modul, wie etwa DBX oder DBA (Letzteres gibt es bereits seit PHP 3), dann im Rahmen von PEAR erstellte Ansätze wie PEAR DB, PEAR MDB oder PEAR MDB2, und nicht zuletzt gibt es vergleichbare Produkte von Drittanbietern, darunter Creole[6].

Ein neuer Ansatz ist PDO (*PHP Data Objects*), das von den Verbesserungen von PHP 5 profitiert und seit PHP 5.1 standardmäßig vorhanden ist. Im Folgenden wollen wir Ihnen eine Einführung in die praktische Anwendung von Datenabstraktionsschemata geben. Wir stellen Ihnen zuerst DBX vor, durch dessen Einfachheit die Grundzüge der Abstraktion leicht zu verdeutlichen sind, und gehen dann auf das hochgelobte PDO ein.

8.5.1 Abstraktion im Kleinen: DBX

Das DBX-Modul ermöglicht Programmierern die Datenabstraktion seit den Anfängen von PHP 4, genauer gesagt seit PHP 4.0.6. Die Funktionalität ist im Ver-

---

[6] Siehe *http://www.phpdb.org/*, auch zum Thema Propel.

gleich zu anderen Abstraktionsschemata sehr spartanisch, sowohl wenn man sich neuere als auch wenn man sich ältere Vertreter der Gattung ansieht.

Da es sich um ein C-Modul für PHP handelt, müssen Sie DBX erst einmal aktivieren bzw. einkompilieren, bevor Sie es einsetzen können. Folgen Sie bitte der Anleitung in Kapitel 3, »Installation«, dieses Buches oder den entsprechenden Abschnitten im offiziellen PHP-Handbuch, um das Modul nutzbar zu machen.

> **Hinweis**
>
> Seit PHP 5.1 ist das DBX-Modul nach PECL verschoben und nicht mehr Bestandteil aktueller Versionen. In Paketen wie XAMPP ist die Bibliothek jedoch vorhanden. Wenn Sie sich nicht sicher sind, ob Sie DBX nutzen können, prüfen Sie den Modulordner Ihrer Installation, der in der *php.ini* unter `extension_dir` festgelegt ist. Ist dies nicht der Fall, laden Sie sich eine aktuelle Version von *http://pecl.php.net* herunter.

DBX setzt auf den Schnittstellen einzelner Datenbanksysteme auf, anstatt sie selbst zu implementieren (siehe Abbildung 8.7). Die entsprechenden Schnittstellen bzw. Module, die Sie einsetzen wollen, müssen dementsprechend ebenfalls aktiviert sein. Das betrifft die folgenden Systeme:

- Frontbase (`DBX_FBSQL` / 5)
- Microsoft SQL Server (`DBX_MSSQL` / 4)/Sybase (`DBX_SYBASECT` / 7)
- MySQL (`DBX_MYSQL` / 1)
- Oracle (`DBX_OCI8` / 6)
- PostgreSQL (`DBX_PGSQL` / 3)
- SQLite (`DBX_SQLITE` / 8)
- ODBC (`DBX_ODBC` / 2)

Über die ODBC-Schnittstelle können Sie wiederum unterschiedliche Datenbanksysteme anbinden, darunter IBM DB2 oder Adabas.

Interaktionen mit der Datenbank können Sie mit Hilfe einer Handvoll Befehlen abwickeln, die wir im Weiteren vorstellen wollen. Die Syntax ähnelt stark der prozeduralen MySQL-Schnittstelle *ext/mysql*: Vor jeder SQL-Operation steht zunächst einmal der Verbindungsaufbau mittels

> *objekt **dbx_connect**(mixed $db_typ, string $server,*
> *string $db, string $benutzer, string $passwort)*

Als Datenbanktyp `$db_typ` müssen Sie eine der aufgelisteten Schnittstellen angeben. Das DBX-Modul sieht dafür eine Reihe von Konstanten vor, die Sie in der Systemliste in Klammern hinter dem jeweiligen Eintrag finden. Stattdessen ist es aber auch denkbar, eine weitaus nichtssagendere Nummer (zwischen 1 und 8) anzugeben. Die Zuordnung von Nummer zu Konstante können Sie der vorangegangenen Liste entnehmen; sowohl Name als auch Wert der Konstanten stehen in Klammern dahinter.

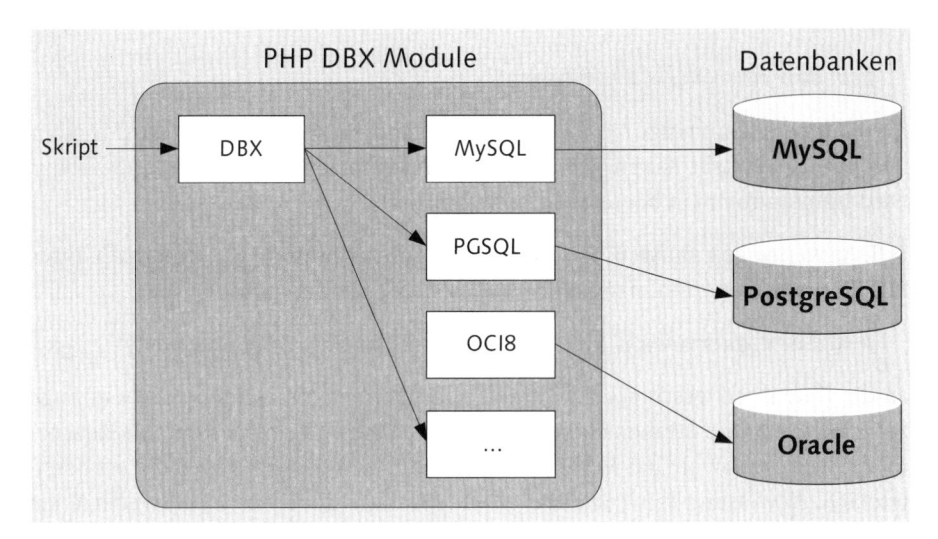

Abbildung 8.7 DBX-Zugriff auf Datenbanksysteme

Die übrigen Parameter sind identisch mit denen, die Sie auch schon in der MySQL-Schnittstelle festlegen mussten – und die Sie auf gleiche Weise für alle anderen Schnittstellen angeben müssen. $server enthält die Internetadresse des Datenbankservers. Lokale Server sind mit localhost anzugeben. Unter $db legen Sie fest, auf welcher Datenbank Sie operieren möchten, $benutzer und $passwort sind die Authentifizierungsdaten für ein gültiges Benutzerkonto auf dem Datenbankserver.

Rückgabewert ist im Fehlerfall der Wert false oder bei erfolgreichem Verbindungsaufbau ein Objekt der Klasse stdClass mit den drei Attributen

- handle (Angabe einer Ressource, die die Verbindung angibt)
- module (Datenbanktyp, numerischer Wert der Konstanten aus obiger Liste)
- database (die Datenbank, auf der Sie operieren)

Für eine MySQL-Verbindung, die auf der Datenbank *phpmysql* operiert, stellt sich das Verbindungsobjekt beispielsweise wie folgt dar:

```
stdClass Object
(
   [handle] => Resource id #2
   [module] => 1
```

```
    [database] => phpmysql
)
```

Um eine bestehende Datenbankverbindung wieder zu schließen, existiert die Funktion

*bool **dbx_close**(objekt $verbindung)*

Als Parameter empfängt sie das Verbindungsobjekt `$verbindung`, das Sie über `dbx_connect` erstellt haben. Der Erfolg oder Misserfolg des Verbindungsabbaus wird Ihnen mit einem booleschen Wert quittiert.

SQL-Anweisungen müssen Sie trotz Datenabstraktionsschema innerhalb Ihres PHP-Skriptes weiterhin manuell formulieren. Sie werden mit

*mixed **dbx_query**(objekt $verbindung, string $anfrage [, int $optionen])*

an die Datenbank geschickt. Eventuelle Ergebnismengen werden in einem Zuge zurückgesandt und können einer PHP-Variablen zugewiesen werden. Als Parameter müssen Sie sowohl das Verbindungsobjekt `$verbindung` als auch die vorbereitete SQL-Anweisung `$anfrage` übergeben. Der Rückgabewert ist entweder 0 bei einem Fehler, 1 bei der erfolgreichen Ausführung einer Anweisung ohne Ergebnis oder ein Objekt, das die Ergebnismenge ganz oder zum Teil enthält. Über den Aufbau des Abfrageergebnisses entscheidet der Wert des Parameters `$optionen`. Er besteht aus einer oder mehreren Konstanten, die mit dem bitweisen Oder-Operator (|) voneinander getrennt werden. Zur Auswahl stehen die folgenden Optionen:

- DBX_RESULT_ASSOC
  Das Abfrageergebnis wird in jedem Fall als numerisches Array zurückgegeben. Mit `DBX_RESULT_ASSOC` wird zusätzlich ein numerisches Array angelegt, das als Schlüssel die Namen der Tabellenspalten hat.

- DBX_RESULT_INFO
  Ist diese Option gesetzt, haben Sie Zugriff auf ein Array mit Metadaten zur Ergebnismenge, gefüllt mit Namen und Datentypen der enthaltenen Spalten. Wenn unabhängig von `DBX_RESULT_INFO` auch `DBX_RESULT_ASSOC` angegeben ist, sind die Metadaten auf jeden Fall Teil des Ergebnisses.

- DBX_RESULT_INDEX
  Diese Option gibt an, dass das Ergebnis als numerisches Array zurückgegeben werden soll. Dies ist immer – auch unabhängig davon, ob Sie `DBX_RESULT_INDEX` angeben – der Fall. Aber in Anbetracht dessen, dass `DBX_RESULT_INDEX | DBX_RESULT_INFO | DBX_RESULT_ASSOC` die Standardeinstellung für den Parameter `$optionen` ist, können Sie durch die alleinige Angabe von `DBX_RESULT_INDEX` erwirken, dass ausschließlich ein numerisches Array benutzt wird.

- DBX_RESULT_UNBUFFERED

  Wird diese Option angegeben, sind im Ergebnis weder Tupel noch die korrekte Anzahl der zurückgelieferten Datensätze zu finden. Das Ergebnis wird dann nicht komplett an PHP übertragen, sondern muss zeilenweise mit `dbx_fetch_row()` abgerufen werden. Das eignet sich besonders für große Datenmengen, um den Speicher nicht zu sehr zu belasten.

- DBX_COLNAMES_*

  Damit lässt sich die Schreibweise der Spaltennamen des Abfrageergebnisses beeinflussen. Es gibt drei unterschiedliche Möglichkeiten: Eine durchgehende Großschreibung erreichen Sie mit `DBX_COLNAMES_UPPERCASE`. Das genaue Gegenteil, also die konsequente Kleinschreibung, wird mit `DBX_COLNAMES_LOWERCASE` erreicht, und `DBX_COLNAMES_UNCHANGED` belässt die Spaltenbezeichner so, wie sie von der Datenbank geliefert werden.

Das Objekt, das Ihnen von der Funktion `dbx_query()` geliefert wird, ist ebenso wie das Verbindungsobjekt von der Klasse `stdClass` und hat – abhängig vom Parameter `DBX_RESULT_UNBUFFERED` – die folgende Struktur:

```
stdClass Object
(
    [link] => stdClass Object ( ... )
    [handle] => Resource id #3
    [flags] => ...
    [info] => Array (
            [name] => Array ( ... )
            [type] => Array ( ... ) )
    [data] => Array ( ... )
    [cols] => ...
    [rows] => ...
)
```

In `[link]` ist bei jedem Ergebnis noch einmal das Verbindungsobjekt gespeichert. `[handle]` ist die eigentliche Ressource zum Ergebnis. Der Eintrag `[data]` ist nur vorhanden, wenn `DBX_RESULT_UNBUFFERED` nicht gesetzt ist. Er enthält ein indiziertes Array mit einem Element pro Datensatz. Darin sind die einzelnen Attribute als numerisches und wahlweise auch assoziatives Array hinterlegt. In `[cols]` und `[rows]` sind die Anzahl Attribute und Datensätze des Ergebnisses gespeichert. Bei ungepufferten Abfrageergebnissen ist `[rows]` von Anfang an 0.

Wenn Sie die Daten nicht komplett in den Hauptspeicher laden, der PHP zur Verfügung steht, müssen Sie einzelne Tupel mit

> mixed **dbx_fetch_row**(objekt $anfrageergebnis)

abrufen. Die Funktion liefert so lange ein indiziertes (und eventuell assoziatives) Array, wie noch nicht alle Datensätze aus dem Ergebnis verarbeitet sind. Bei jedem erfolgreichen Aufruf wird der Wert von [rows] aus dem Ergebnisobjekt um 1 hochgezählt. Sind alle Daten durchlaufen, liefert die Funktion 0. Damit eignet sich dbx_fetch_row() wie die Entsprechungen des MySQL-Moduls für den Einsatz innerhalb einer while-Schleife.

Mit DBX lassen sich darüber hinaus Zeichenketten, also SQL-Anweisungen, maskieren. Dies tun Sie unter Angabe des Verbindungsobjekts mit

> string **dbx_escape_string**(objekt $verbindung, string $anfrage)

Als Rückgabewert erhalten Sie die äquivalente, maskierte Abfrage oder NULL, sofern ein Fehler aufgetreten ist. Bei Problemen, die auf die Kommunikation zwischen Datenbankserver und PHP zurückzuführen sind, können Sie die Fehlermeldung mit

> string **dbx_error**(objekt $verbindung)

auslesen. Es handelt sich dabei um die durchgereichte Fehlermeldung der Datenbank.

> **Hinweis**
>
> Das Modul DBX unterstützt noch zwei weitere Funktionen, dbx_sort()

DBX im praktischen Einsatz sehen Sie in Listing 8.11.

```
<?php
$db = dbx_connect(DBX_MYSQL,
                  'localhost',
                  'phpmysql',
                  'phpmysql_user',
                  'phpmysql_pass');
if(!$db) die("keine Datenbankverbindung");
$sql = dbx_escape_string($db,'SELECT * FROM personen');
$ergebnis = dbx_query($db,$sql,DBX_RESULT_UNBUFFERED);
if(!$ergebnis)
{
   echo "Ein Fehler ist aufgetreten: ".dbx_error($db);
}
elseif(is_object($ergebnis))
{
   echo "Ergebnismenge:";
   while($tupel=dbx_fetch_row($ergebnis))
   {
```

```
        echo "<br />".implode("|",$tupel);
    }
}
else
{
    echo "Die Abfrage wurde fehlerfrei ausgeführt.";
}
dbx_close($db);
?>
```

Listing 8.11 Eine Datenbankverbindung mit DBX

Wir haben uns in Listing 8.11 für die ungepufferte Ausgabe entschieden. Das Ergebnis erhalten wir als indiziertes und assoziatives Array, da wir keine Angaben zum Aufbau der Ergebnismenge gemacht haben. Es wird also die standardmäßige Einstellung `DBX_RESULT_INDEX | DBX_RESULT_INFO | DBX_RESULT_ASSOC` verwendet.

Unsere Ausgabe ist sehr behelfsmäßig, aber die kürzeste Methode. Jeder Datensatz wird in einer Zeile in Ihrem Browser ausgegeben, die Felder werden durch eine Pipe getrennt. Natürlich ist auch die Ausgabe in einer HTML-Tabelle denkbar. Die Ausgabe eines kompletten Datensatzes schließt sowohl das assoziative als auch das indizierte Array ein. Die Daten werden also doppelt ausgegeben, zu sehen in Abbildung 8.8. Um das zu verhindern, müssen Sie aus dem Metadatenarray, das sich im Ergebnis befindet, die Bezeichner der Attribute auslesen und damit explizit Bezug auf einzelne Werte nehmen.

Das Beispiel aus Listing 8.11 bezieht sich auf eine Verbindung zu einer MySQL-Datenbank. Der Einsatz mit anderen Systemen gestaltet sich allerdings identisch, es ist lediglich eine Anpassung in der ersten Zeile vorzunehmen. Das nun folgende PDO ist jedoch ungleich mächtiger und komfortabler.

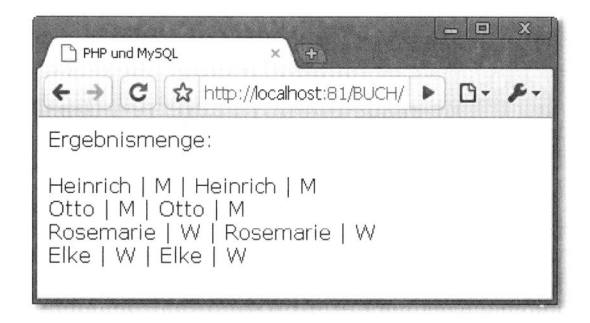

Abbildung 8.8 Einfache Ausgabe aus Listing 8.11

8.5.2 PDO

In PDO (*PHP Data Objects*) werden große Erwartungen gesetzt. Die von Grund auf neu konzipierte Datenabstraktionsschnittstelle setzt auf dem Objektmodell von PHP 5 auf und garantiert damit die leichte Erweiterbarkeit. Sie können Ihren Datenbankzugriff bequem individualisieren, indem Sie eine Klasse schreiben, die die Funktionalität von PDO ererbt. Die Schnittstelle ist modular aufgebaut, für jedes unterstützte Datenbankmanagementsystem existiert ein eigener Datenbank-»Treiber«, der auch systemspezifische Funktionalitäten unterstützt. PDO gibt sich also nicht mit dem kleinsten gemeinsamen Nenner aller Datenbanksysteme zufrieden.

Wenn Sie PHP ab Version 5.1 einsetzen, ist PDO standardmäßig enthalten. Für PHP 5.0 gibt es ein PECL-Paket. Ob PDO in Ihrer PHP-Version aktiviert ist, sehen Sie an der phpinfo()-Ausgabe (siehe Abbildung 8.9).

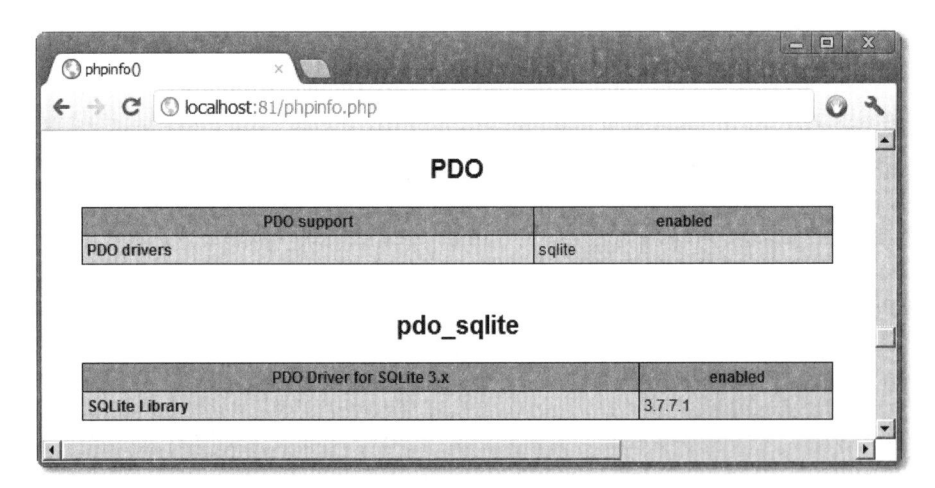

Abbildung 8.9 Auszug aus »phpinfo()« zu PDO

Wie Sie in Abbildung 8.9 sehen, existieren mehrere PDO-relevante Einträge. Der Basiseintrag zeigt an, welche Systemtreiber aktiviert sind. Alle weiteren sind spezifisch für einen Treiber (im Bild zu sehen sind Informationen zu SQLite) und geben dessen Versionsnummer an. Treiber existieren für die folgenden Datenbankmanagementsysteme:

- Firebird/Interbase
- IBM DB2
- Informix (muss aus PECL bezogen werden)
- Microsoft SQL Server/Sybase

- MySQL (ab Version 4.1)
- Oracle
- PostgreSQL
- SQLite
- ODBC

Die Module – also sowohl die Basisunterstützung für PDO als auch die systemspezifischen Treiber – aktivieren Sie wie gewohnt in der Konfigurationsdatei *php.ini*.

Die Datenabstraktionsschnittstelle umfasst vier Klassen:

- `PDO` als Basisklasse
- `PDOStatement` für die Verarbeitung von Abfragen und deren Ergebnissen
- `PDORow` für einzelne Zeilen der Abfrageergebnisse
- `PDOException` als Fehlerklasse

Während `PDOException` lediglich eine Ableitung der Klasse `Exception` ist und wie `PDORow` manuell nicht instantiiert werden kann, ähneln die anderen beiden Klassen der neueren MySQLi-Schnittstelle. Wir werden im Weiteren auf Datenbankverbindungen und auf die Abfrageverarbeitung noch näher eingehen.

Die Klasse PDO

Die Klasse `PDO` verwaltet die Verbindung zwischen PHP und dem Datenbankserver. Den Aufbau der Klasse in UML-Darstellung sehen Sie in Abbildung 8.10.

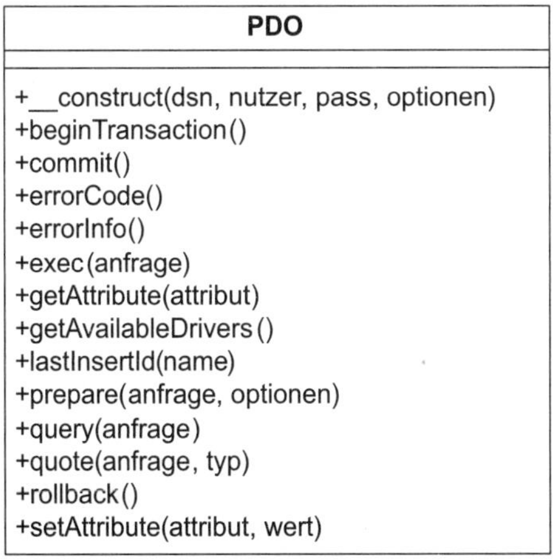

```
                    PDO
─────────────────────────────────────────
+__construct(dsn, nutzer, pass, optionen)
+beginTransaction()
+commit()
+errorCode()
+errorInfo()
+exec(anfrage)
+getAttribute(attribut)
+getAvailableDrivers()
+lastInsertId(name)
+prepare(anfrage, optionen)
+query(anfrage)
+quote(anfrage, typ)
+rollback()
+setAttribute(attribut, wert)
```

Abbildung 8.10 Die Klasse »PDO«

Verbindungsaufbau

Eine Verbindung wird automatisch aufgebaut, sobald Sie eine Instanz der Klasse erstellen:

objekt __construct(string $dsn [, string $nutzer [, string $passwort [, array $optionen]]])

Der Konstruktor benötigt dafür vier Eingabeparameter. Neben den Authentifizierungsdaten (Benutzername und Passwort) ist die Angabe des Datenquellenbezeichners (Data Source Name – DSN) zwingend erforderlich. In dieser Zeichenkette enthalten sind – je nach Datenbankserver – die Serveradresse, Pfade zu Systemdateien, der Name der verwendeten Datenbank, Zeichensatzinformationen usw. Im Falle von MySQL, womit wir arbeiten wollen, muss der Datenquellenbezeichner aus der Serveradresse und dem Datenbanknamen bestehen:

```
$dsn = "mysql:host=localhost;dbname=phpmysql";
```

Zusätzlich können Sie mit dem Parameter $optionen datenbankspezifische Optionen festlegen.

Eine neue MySQL-Verbindung erstellen Sie dann wie folgt:

```
try
{
    $db = new PDO($dsn,'phpmysql_user','phpmysql_pass');
}
catch (PDOException $p)
{
    echo "Es konnte keine Verbindung hergestellt werden.";
}
```

Bei einem Fehler wird die Exception der Klasse PDOException ausgelöst, die Sie im catch-Block verarbeiten können.

Eine Abfrage an die Datenbank senden

Sofern Sie von einem Fehler verschont bleiben, können Sie über das Objekt $db nun Abfragen an die Datenbank senden. Den direkten Weg nehmen Sie mit der Methode

mixed query(string $anfrage)

Als Rückgabewert erhalten Sie im Erfolgsfall ein Objekt der Klasse PDOStatement, mit dem wir uns später eingehend beschäftigen wollen. Entweder enthält das Objekt eine Ergebnismenge (bei den SQL-Anweisungen SELECT, SHOW, EXPLAIN und DESCRIBE) oder aber Informationen zu Ihrer Abfrage.

```
$sql = "SELECT * FROM personen";
$ergebnis = $db->query($sql);
//Verarbeitung des PDOStatement-Objekts $ergebnis
```

Alternativ können Sie die Methode

*int **exec**(string $anfrage)*

verwenden, wenn Sie lediglich die Anzahl der betroffenen Datensätze zurückgeliefert bekommen möchten. exec() eignet sich daher nicht für SELECT-Abfragen, deren Ergebnis Sie verarbeiten wollen. Stattdessen können Sie exec() besser für Einfüge-, Aktualisierungs- und Löschoperationen einsetzen.

```
$sql = "INSERT INTO personen SET name='Tobias', geschlecht='M'";
$anzahl = $db->exec($sql);
```

Der indirekte Weg, Abfragen an die Datenbank zu senden, bezieht sich auf Prepared Statements, die ebenfalls von PDO unterstützt werden. Abfragen werden dabei einmal formuliert und können mehrfach ausgeführt werden, analog zu vorbereiteten Anweisungen aus der MySQLi-Erweiterung. Dazu mehr im nächsten Abschnitt über die Klasse PDOStatement.

Wie in dem ersten Beispiel gesehen, müssen Sie auch in PDO manuell SQL-Anweisungen angeben, die dann auf der Datenbank ausgeführt werden. Die Syntax der Befehle bzw. der Funktionsumfang ist systemspezifisch und kann demnach variieren. Mit anderen Worten: PDO abstrahiert nicht von der benutzten Datenbank, sondern nur von den Zugriffsmethoden. Wie bei den bisherigen Datenbankschnittstellen bleibt es Ihnen also nicht erspart, beispielsweise auch Befehle zu maskieren. Bei PDO heißt die zuständige Methode jedoch nicht *_(real_)escape_string(), sondern

*string **quote**(string $anfrage [, int $datentyp])*

Der optionale Datentyp dient dem Treiber als Hinweis, um was für eine Art Daten es sich handelt. Manche Treiber unterstützen je nach Datentyp unterschiedliche Maskierungsmethoden, die nur durch Angabe des Datentyps explizit gewählt werden können. Die unterschiedlichen Typen werden durch Konstanten repräsentiert, die in Tabelle 8.8 aufgelistet sind. Standardeinstellung ist PARAM_STR. Als Rückgabewert erhalten Sie das maskierte Gegenstück zur Eingabe $anfrage.

Bezeichnung	Beschreibung
PARAM_BOOL	boolescher Wert (nicht in allen Datenbanksystemen enthalten)
PARAM_NULL	Nullwert
PARAM_INT	Ganzzahl

Tabelle 8.8 Durch PDO interpretierte Datentypen

Bezeichnung	Beschreibung
PARAM_STR	Zeichenketten
PARAM_LOB	Typ LARGE OBJECT

Tabelle 8.8 Durch PDO interpretierte Datentypen (Forts.)

> **Warnung**
>
> Die Entwickler der PDO-Erweiterung empfehlen, statt der Maskierung Prepared Statements einzusetzen. Zum einen wird die Maskierung nicht von allen Datenbanksystemen unterstützt, zum anderen sind vorbereitete Anweisungen weniger anfällig für Angriffe.

Fehlermethoden

Neben der Möglichkeit, Fehler über Exceptions zu behandeln, bietet PDO zwei eigene Methoden, mit denen Sie sich über aufgetretene Fehler informieren können:

*string **errorCode()***

liefert Ihnen den SQLSTATE-Code[7], der mit dem letzten Fehler korrespondiert. Die Rückgabe der Methode

*array **errorInfo()***

ist hingegen reichhaltiger. Sie enthält ebenso den SQLSTATE wie die Fehlernummer und die Fehlerbeschreibung, die vom Datenbanksystem erzeugt wird. Die Daten werden in einem indizierten Array zurückgegeben; Feld 0 enthält den SQLSTATE, Feld 1 den Fehlercode und Feld 2 die menschenlesbare Meldung:

```
if(!$ergebnis = $db->query($sql))
{
    $errorArray = $db->errorInfo();
    echo "Es ist ein Fehler aufgetreten: ".$errorArray[2];
}
```

Den Umweg über die Arrayerstellung gehen wir, weil wir die menschenlesbare Fehlermeldung extrahieren wollen. Wenn es Ihnen stattdessen darum geht, den standardisierten SQLSTATE zu selektieren, wählen Sie dafür besser die leichtgewichtigere Alternative errorCode().

> **CD-ROM zum Buch**
>
> Den bisherigen Quellcode dieses Abschnitts finden Sie auf der CD-ROM zum Buch als zusammenhängendes Listing.

---

[7] Mehr zu SQLSTATE finden Sie in Kapitel 7, »MySQLi«.

Attribute

In PDO existiert eine Reihe von Verbindungsattributen, mit denen allgemeingültige Parameter festgelegt werden können. Hier wird also definiert, wie beispielsweise mit empfangenen Daten umgegangen werden soll oder nach wie viel Leerlauf die Verbindung unterbrochen wird. Es handelt sich dabei nicht um Attribute in dem Sinne, dass sie öffentliche Attribute der Klasse PDO sind oder dass sie über Getter- und Setter-Methoden verändert werden können. Stattdessen existieren die beiden Methoden

*mixed **getAttribute**(int $attribut)*

zum Auslesen eines Attributs und

*boolean **setAttribute**(int $attribut, mixed $wert)*

zum Ändern der Attributwerte.

Tabelle 8.9 enthält eine Auswahl der Attribute, zum Teil mitsamt deren gültigen Werten. Teilweise beziehen sie sich auf die Klasse PDOStatement.

Attribut	Beschreibung/Wert
ATTR_AUTOCOMMIT	atomare Befehle einzeln ausführen
ATTR_CASE	Spaltennamen konvertieren: CASE_NATURAL: **unverändert** CASE_LOWER: **kleingeschrieben** CASE_UPPER: **großgeschrieben**
ATTR_ERRMODE	Umgang mit Fehlern: ERRMODE_SILENT: lediglich Fehlercodes setzen. ERRMODE_WARNING: PHP-Warnung ausgeben. ERRMODE_EXCEPTION: Exception auslösen.
ATTR_ORACLE_NULLS	Konvertierung von Nullwerten und leeren Zeichenketten: NULL_NATURAL: keine Konvertierung NULL_EMPTY_STRING: leere Zeichenketten in Nullwerte konvertieren. NULL_TO_STRING: **Nullwerte in leere Zeichenketten konvertieren.**

Tabelle 8.9 PDO-Attribute

Attribut	Beschreibung/Wert
ATTR_STATEMENT_CLASS	Empfängt ein Array der Form Array(klassenname, Array(instanzoptionen)) für PDOStatement::fetchObject.
ATTR_FETCH_TABLE_NAMES	Tabellennamen im Ergebnis mit angeben
ATTR_STRINGIFY_FETCHES	Zahlen während des Abrufs in Zeichenketten konvertieren
ATTR_TIMEOUT	Dauer bis zum Verbindungsabbruch in Sekunden

Tabelle 8.9 PDO-Attribute (Forts.)

Beim Auslesen der Attribute müssen Sie deren Namen mit deren Klasse PDO kennzeichnen, anderenfalls werden sie lediglich als Zeichenkette interpretiert:

```
echo $db->getAttribute(ATTR_AUTOCOMMIT)."<br />";
echo $db->getAttribute(PDO::ATTR_CASE)."<br />";
```

Der Zugriff auf ATTR_AUTOCOMMIT im Beispiel schlägt fehl, der zweite Befehl hingegen liefert das gewünschte Ergebnis. Das Gleiche trifft natürlich auch auf das Setzen neuer Attributwerte zu:

```
$db->setAttribute(PDO::ATTR_AUTOCOMMIT,0);
```

Nicht jedes Datenbankmanagementsystem unterstützt alle diese Attribute. MySQL beispielsweise liefert keine Werte für:

- ATTR_FETCH_TABLE_NAMES
- ATTR_STRINGIFY_FETCHES
- ATTR_TIMEOUT

Stattdessen erhalten Sie eine dementsprechende Fehlermeldung.

> **CD-ROM zum Buch**
>
> Für MySQL-Datenbanken haben wir die Liste dieser Attribute einmal durchgetestet. Sie finden die Ergebnisse in einem zusammenhängenden Listing auf der CD-ROM zum Buch.

Transaktionen

Die Transaktionsabwicklung von PDO ähnelt stark derjenigen aus MySQLi,[8] und selbstverständlich sind Transaktionen in beiden Situationen den gleichen Begrenzungen unterworfen: MySQL unterstützt Transaktionsverwaltung nur zum Teil, abhängig von der verwendeten Storage Engine.

---

8 Nachzulesen in Kapitel 10, »MySQL Storage Engines«.

Durch den Aufruf der Methode

boolean **beginTransaction()**

wird der Autocommit-Modus der Datenbank abgeschaltet. Alle nachfolgenden Anweisungen werden als zusammengehörige Transaktion angesehen, bis entweder das Kommando

boolean **commit()**

veranlasst, dass die Änderungen der Transaktion festgeschrieben werden, oder ein Abbruch mittels

boolean **rollback()**

erfolgt.

Den Ablauf einer Transaktion können Sie Listing 8.12 entnehmen.

```
<?php
//Beginn der Transaktion
$db->beginTransaction();
//Absenden einer oder mehrerer Anweisungen
//wir gehen von einem Array mit Personendaten aus
foreach($personen as $val)
{
    $sql = "INSERT INTO personen SET name='".$val['name']."'";
    $sql .= ", geschlecht='".$val['geschlecht']."'";
    $db->exec($sql);
}
//Abbruch oder Festschreiben der Änderungen
if(time()%2)
{
    $db->commit();
}
else
{
 $db_rollback();
}
?>
```

Listing 8.12 Transaktionsverwaltung mit PDO

In unserem Beispiel lesen wir ein zweidimensionales Array mit Personendaten aus, um die Datensätze in die Datenbank einzutragen. Das soll entweder ganz oder gar nicht geschehen. Um uns zwischen Rollback und Commit zu entscheiden, wählen wir einen zeitabhängigen Pseudozufall. Je nachdem, ob der momentane Zeitstempel gerade oder ungerade ist, werden die Daten eingetragen oder nicht.

Die Klasse »PDOStatement«

Objekte der Klasse `PDOStatement` werden automatisch von Methoden der Klasse `PDO` und nicht manuell instantiiert. Sie enthalten Abfrageergebnisse, die aus der Anwendung von `PDO::query()` resultieren, oder bereiten den Einsatz vorbereiteter Anweisungen (Prepared Statements) vor. Aufgabe der Klasse `PDOStatement` ist die Weiterverarbeitung solcher Statements.

Eine Übersicht über die Methoden der Klasse `PDOStatement` erhalten Sie aus Abbildung 8.11. Teilweise handelt es sich dabei um Funktionalitäten, wie Sie sie bereits aus PDO kennen, z. B. die Fehlerbehandlung (`errorInfo()` und `errorCode()`) und das Setzen von Attributen (`getAttribute()` und `setAttribute()`). Auf diese Methoden werden wir im Weiteren nicht mehr eingehen.

PDOStatement
+bindColumn(spalte, param, typ) +bindParam(param, var, datentyp, laenge, optionen) +bindValue(param, wert, datentyp) +closeCursor() +columnCount() +errorCode() +errorInfo() +execute(parameter) +fetch(modus, cursor, offset) +fetchAll(modus, spalte) +fetchColumn(spalte) +fetchObject(klasse, params) +nextRowset() +rowCount() +setFetchMode(modus)

Abbildung 8.11 Die Klasse »PDOStatement«

Abrufen von Abfrageergebnissen

Die Variationsbreite für den Abruf von Datensätzen aus einer Ergebnismenge ist enorm. Manche Funktionalitäten, wie etwa der Abruf in Objekte, lassen sich mit drei Methoden realisieren – wie Sie gleich noch sehen werden. Insgesamt stellt die Klasse vier Methoden für den Abruf bereit:

- `fetch()` – für den Abruf eines einzelnen Tupels
- `fetchAll()` – für den gleichzeitigen Abruf aller Tupel
- `fetchColumn()` – für den Abruf eines einzelnen Attributs
- `fetchObject()` – für den Abruf eines Tupels in ein Array

Über vordefinierte Konstanten der Klasse PDO können Sie zudem noch genauer festlegen, welche Struktur die abgerufenen Daten haben sollen. Eine Übersicht über die Alternativen bietet Ihnen Tabelle 8.10. Hier zu finden sind nicht nur die altbekannten Optionen für numerische und assoziative Arrays, sondern auch neu hinzugekomme Alternativen, die Sie aus der MySQLi-Schnittstelle nicht kennen werden.

Bezeichnung	Beschreibung
FETCH_ASSOC	assoziatives Array
FETCH_BOTH	sowohl numerisches als auch assoziatives Array
FETCH_BOUND	Bindet die Werte des Datensatzes an die PHP-Variablen, die mit bindParams() festgelegt wurden.
FETCH_CLASS	Erzeugt eine Instanz der angegebenen Klasse und bindet die Teile des Datensatzes an gleichnamige Objektattribute.
FETCH_INTO	Überschreibt eine existierende Instanz der angegebenen Klasse mit den Werten des Datensatzes.
FETCH_NUM	numerisches Array, beginnend mit Index 0
FETCH_OBJ	Erzeugt anonymes Objekt mit Attributen, die nach den Spaltennamen des Abfrageergebnisses benannt sind.
FETCH_LAZY	Erzeugt ein Objekt der Klasse PDORow.

Tabelle 8.10 Ergebnisabruf (zeilenweise)

Abruf einzelner Zeilen

Die Methode

> *mixed **fetch**([int $modus [, int $zeiger_richtung*
> *[, int $zeiger_position]]])*

empfängt als ersten Parameter $modus eine der Alternativen aus Tabelle 8.10. Die übrigen optionalen Parameter $zeiger_richtung und $zeiger_position beziehen sich auf Prepared Statements. Den Abruf eines Tupels sehen Sie in Listing 8.13.

```
<?php
$dsn = "mysql:host=localhost;dbname=phpmysql";
//Verbindungsaufbau
try
{
    $db = new PDO($dsn,'phpmysql_user','phpmysql_pass');
}
catch (PDOException $p)
{
```

8 | Wichtige PHP-Funktionalitäten

```
        echo "Es konnte keine Verbindung hergestellt werden.";
}
$ergebnis = $db->query("SELECT * FROM personen");
//Verarbeitung des Ergebnisses
$tupel = $ergebnis->fetch(PDO::FETCH_BOTH);
...
?>
```

Listing 8.13 Ergebnisse abrufen mit PDO

Als Rückgabewert `$tupel` erhalten Sie entweder ein Array oder ein Objekt.

Ein numerisches Array erhalten Sie mit dem Modus `PDO::FETCH_NUM`, der erste Index hat den Wert 0. Ein assoziatives Array hingegen wird Ihnen übergeben, wenn Sie `PDO::FETCH_ASSOC` einsetzen. Die Namen der Arrayschlüssel stimmen mit denen der Spalten im Ergebnis überein. Im Beispiel verwenden wir `PDO::FETCH_BOTH`, mit dem Sie sowohl ein numerisches als auch ein assoziatives Array geliefert bekommen. Das Array ist hierbei doppelt so groß wie bei den anderen beiden Optionen.

Für die Rückgabe eines Objekts bestehen vier weitere Optionen, die sich darin unterscheiden, welcher Klasse die Daten zugewiesen werden sollen. Die Alternative `PDO::FETCH_OBJ` erstellt ein Objekt der Klasse `stdClass`, so wie es auch mit dem MySQLi-Modul mittels `mysqli_fetch_object` möglich ist. Der große Nachteil daran ist, dass Sie im Nachhinein keinerlei Methoden implementieren können, die Sie auf die abgerufenen Daten in der `stdClass`-Instanz anwenden können:

```
<?php
...
$tupel = $ergebnis->fetch(PDO::FETCH_OBJ);
print_r(get_class_methods(get_class($tupel)));
?>
```

Die Ausgabe von `print_r()` bleibt leer. Das Objekt eignet sich also lediglich zur Ausgabe. Ganz ähnlich verhält es sich, wenn Sie stattdessen die Option `PDO::FETCH_LAZY` verwenden. Dabei wird ein ebenso methodenloses Objekt der finalen Klasse `PDORow` erstellt. Demgegenüber bietet Ihnen `PDO::FETCH_CLASS` die Möglichkeit, eine eigene Klasse festzulegen, die die abgerufenen Daten übernimmt (siehe Listing 8.14).

```
<?php
class Kontakt{
    public $name = "";
    public $geschlecht = "";
    public function __construct(){
```

```
        echo $this->name.":".$this->geschlecht;
   }
}
$dsn = "mysql:host=localhost;dbname=phpmysql";
//Verbindungsaufbau
try
{
   $db = new PDO($dsn,'phpmysql_user','phpmysql_pass');
}
catch (PDOException $p)
{
   echo "Es konnte keine Verbindung hergestellt werden.";
}
$ergebnis = $db->query("SELECT * FROM personen");
//Verarbeitung des Ergebnisses
$ergebnis->setFetchMode(PDO::FETCH_CLASS,"Kontakt",array());
$tupel = $ergebnis->fetch();
...
?>
```

Listing 8.14 Abruf in eine benutzerdefinierte Klasse

In Listing 8.14 implementieren wir eine Klasse Kontakt, die lediglich aus dem Konstruktor besteht. Die Attribute name und geschlecht mit einer leeren Zeichenkette zu belegen ist nicht zwingend notwendig. Wir haben es jedoch getan, um einen Überblick darüber zu haben, welche Daten uns durch den Abruf per fetch() in die Instanz übergeben werden. Außerdem müssen wir einen kleinen Umweg gehen, um das Objekt $tupel auf diese Weise zu erstellen. Wir rufen dazu vorher die Methode

> bool **setFetchMode**(int $modus)

auf, mit der wir generell festlegen können, welche der Optionen aus Tabelle 8.10 für den Datenabruf verwendet werden soll. Wir setzen den Modus auf PDO::FETCH_CLASS und übergeben außerdem den Namen unserer benutzerdefinierten Klasse sowie ein Array mit Parametern, die der Konstruktor bei der Instantiierung des Objekts $tupel benötigt. In unserem Fall haben wir einen parameterlosen Konstruktor definiert und übergeben daher ein leeres Array. Alternativ können wir auch den Wert NULL einsetzen.

> **Hinweis**
>
> Wenn Sie den Umweg nicht über setFetchMode gehen, erhalten Sie eine Fehlermeldung bei der Ausführung der Methode fetch.

Beim Aufruf von `fetch()` brauchen wir nun keine Parameter mehr anzugeben. Die Auswertung erfolgt in der altbekannten Reihenfolge. Das Objekt wird zuerst instantiiert. Dann werden die Attribute in ihrer ursprünglichen Form festgelegt, also so wie in der Klassendefinition angegeben. Als Drittes werden die Attribute aus dem Datensatz übernommen und zugewiesen, in unserem Fall die Werte für `$tupel->name` und `$tupel->geschlecht`. Wenn Sie vorher bereits eines der beiden Attribute mit einem Wert belegt haben, wird dieser überschrieben. Als Letztes wird der Konstruktor der Klasse ausgeführt. Am Bildschirm sollte für unser Beispiel eine Zeile ähnlich

`Hendrik:M`

erscheinen.

Abruf des gesamten Ergebnisses

Die einmalige Ausführung der Methode

*array **fetchAll**([int $modus [, int $spaltennummer]])*

ersetzt den n-maligen Aufruf von `fetch()` bei einem Ergebnis mit n Tupeln. Dabei entpuppt sich `fetchAll()` jedoch als noch mächtiger. Neben den Optionen, die Sie für `$modus` aus Tabelle 8.10 schöpfen können, lässt sich das zurückgelieferte Ergebnis mit der Angabe von `$spaltennummer` auf eine einzige Spalte des Ergebnisses reduzieren. Dazu sind die Spalten des Abfrageergebnisses von 0 an durchnummeriert. Um diese Eingrenzung vornehmen zu können, müssen Sie jedoch mit den Optionen aus Tabelle 8.11 als `$modus` vorliebnehmen.

`PDO::FETCH_COLUMN` ist immer »Pflicht«, das heißt automatisch gesetzt, und sollte bei Angabe einer der beiden anderen Optionen der Klarheit halber explizit mit angegeben werden; die anderen beiden Optionen können damit kombiniert werden. Eine Kombination verwenden Sie, indem Sie die Bestandteile durch ein bitweises Oder (|) trennen. Als Rückgabewert erhalten Sie ein numerisches Array.

Bezeichner	Beschreibung
FETCH_COLUMN	Vermerk, dass eine Spalte abgerufen werden soll
FETCH_UNIQUE	Abruf, bei dem alle mehrfach auftretenden Werte entfernt werden (zusammen mit FETCH_COLUM)
FETCH_GROUP	Array mit Werten, nach der angegebenen Spalte gruppiert (zusammen mit FETCH_COLUM)

Tabelle 8.11 Ergebnisabruf (spaltenweise)

Die Optionen zum Abruf aller Werte einer Ergebnisspalte emulieren lediglich SQL-Klauseln wie `DISTINCT` oder `GROUP BY`. Der Unterschied ist, dass Sie bei der

SQL-Variante nicht benötigte Datensätze bereits auf Datenbankseite ausschließen und nicht zum Client übertragen müssen. Gerade für große Ergebnismengen ist es daher ratsam, sich nicht auf die Verwendung von

`fetchAll(PDO::FETCH_UNIQUE|PDO::FETCH_COLUMN,0);`

zu stützen, sondern stattdessen

`SELECT DISTINCT * FROM personen`

zu wählen.

Bemerkenswert bei dem Abruf in ein Objekt ist auch, dass der Umweg über die Methode `setFetchMode()` für `fetchAll()` nicht notwendig ist. Sie können stattdessen Folgendes angeben und bekommen als Rückgabe ein numerisches Array, das mit Objekten der Klasse `Kontakt` gefüllt ist:

`$tupel = $ergebnis->fetchAll(PDO::FETCH_CLASS,"kontakt",null);`

> **CD-ROM zum Buch**
> Den Abruf des gesamten Abfrageergebnisses haben wir für Sie in einem Listing auf der CD-ROM zum Buch zusammengestellt.

Abruf einzelner Attribute

Die Methode

> *string **fetchColumn**([int $spaltennummer])*

extrahiert den Wert einer vorgegebenen Spalte aus dem nächsten Datensatz. Die Spalten sind hierfür wiederum von 0 an durchnummeriert, genau wie bei `fetchAll()`. Im Unterschied zu `fetchAll()` lassen sich bei der Rückgabe eines einzelnen Wertes keine Optionen festlegen, wie die Ausgabe auszusehen hat.

Mit dem folgenden Aufruf

`$tupel = $ergebnis->fetchColumn(1);`

extrahieren wir das Geschlecht eines Datensatzes, das eine der Ausprägungen »M« oder »W« annehmen kann.

Abruf in Objekten

Nüchtern betrachtet, ist ein Aufruf der Methode

> *mixed **fetchObject**([string $klassenname [,array $params]])*

nichts anderes als ein `fetch`-Befehl mit der Option `PDO::FETCH_CLASS`. Die Parameter, also der Name der benutzerdefinierten Klasse und die Eingaben an den

Konstruktor, werden direkt im Aufruf übergeben. Ein Umweg über setFetch-Mode() ist nicht notwendig.

> **CD-ROM zum Buch**
>
> Den ausführlichen Quelltext zur Extraktion einer Spalte und zur Definition eines Objekts über fetchObject() finden Sie gemeinsam in einem Listing auf der dem Buch beiliegenden CD-ROM.

Metadaten

Innerhalb der Klasse PDOStatement beschränken sich die Metainformationen auf die Methoden

*int **rowCount()***

und

*int **columnCount()***

Erstere Methode bietet dieselbe Funktionalität wie mysqli_affected_rows. Nach Einfüge-, Aktualisierungs- und Löschoperationen gibt die Methode an, wie viele Datensätze betroffen waren. Das Ergebnis kann auch den Wert 0 haben, ohne dass ein Fehler auftritt.

Die zweite Methode gibt Ihnen die Anzahl an Spalten an, die sich im Ergebnis befinden. Falls kein Ergebnis vorhanden ist, ist der Rückgabewert 0. Dies ist beispielsweise dann der Fall, wenn über PDO::prepare eine Anweisung vorbereitet, aber noch nicht ausgeführt wurde.

Parallele Verarbeitung mehrerer Abfragen

Solange ein Objekt der Klasse PDOStatement ein Ergebnis enthält, das nicht vollständig abgearbeitet wurde, können Sie kein weiteres öffnen. Um nicht per fetch()-Befehl alle nicht benötigten Datensätze zu durchlaufen, existiert die Methode

*bool **closeCursor()***

Damit kann die Verarbeitung des aktuellen Ergebnisses abgeschlossen und eine neue begonnen werden (siehe Listing 8.15).

```
<?php
$dsn = "mysql:host=localhost;dbname=phpmysql";
//Verbindungsaufbau
try
{
```

```
  $db = new PDO($dsn,'phpmysql_user','phpmysql_pass');
}
catch (PDOException $p)
{
 echo "Es konnte keine Verbindung hergestellt werden.";
}
$ergebnis = $db->query("SELECT * FROM personen");
$tupel = $ergebnis->fetchObject("Kontakt",null);
$ergebnis->closeCursor();
//2. Abfrage wird gestellt, obwohl die 1. nicht abgearbeitet ist.
$ergebnis2 = $db->query("SELECT * FROM benutzer");
$tupel2 = $ergebnis2->fetch(PDO::FETCH_ASSOC);
var_dump($tupel2);
?>
```

Listing 8.15 Abbruch einer Abarbeitung

Weil die Tabelle personen mehr als den einen Eintrag enthält, den wir abrufen, müssen wir die Abarbeitung abbrechen, bevor wir die Tabelle benutzer selektieren.

Prepared Statements

Vorbereitete Anweisungen mit PDO laufen ebenso wie bei der MySQLi-Schnittstelle nach dem folgenden Schema ab:

1. Sie formulieren eine Abfrage, in der Sie die variablen Teile besonders kennzeichnen. PDO unterstützt sowohl anonyme Platzhalter, die durch ein Fragezeichen repräsentiert werden (genau wie in MySQLi), als auch benannte Platzhalter, denen in der SQL-Anweisung ein Doppelpunkt vorangestellt wird.
2. In einem zweiten Schritt werden die gekennzeichneten Bestandteile an PHP-Variablen gebunden.
3. Danach kann die Abfrage ausgeführt werden.

Eine Abfrage vorbereiten

Das Vorbereiten erledigen Sie mit der Methode PDO::prepare. Die Verwendung anonymer und benannter Platzhalter zeigt der folgende Codeabschnitt:

```
<?php
//Verbindungsaufbau
...
$anonym = $db->prepare("SELECT * FROM personen WHERE
                  geschlecht = ?");
```

```
$benannt = $db->prepare("INSERT INTO personen SET
                          name = :name ");
...
?>
```

Eine Abfrage kann, muss aber keine variablen Bestandteile enthalten. Ein Binden ist demnach nur dann notwendig, wenn Sie anonyme oder benannte Platzhalter verwenden, und zwar genau so oft, wie es Platzhalter in der Abfrage gibt. Schlägt das Vorbereiten der Anweisung fehl, wird `false` zurückgegeben, anderenfalls wird ein Objekt erzeugt.

Binden der Parameter und Ausführen der Abfrage

Die Parameterbindung geht über die Methoden

> bool **bindParam**(mixed $param, mixed &$var
>   [, int $datentyp])

bzw.

> bool **bindValue**(mixed $param, mixed $wert
>   [, int $datentyp])

vonstatten. Der Unterschied liegt darin, dass `bindValue()` den Wert einmalig bindet, während bei `bindParam()` eine Referenz übergeben wird. Als Konsequenz wird bei `bindParam()` jedes Mal der aktuelle Wert der gebundenen Parameter ermittelt, wenn die Anweisung ausgeführt wird.

Haben Sie anonyme Platzhalter verwendet, können Sie diese mit einem Index ansprechen. Anders als bei einem Array ist der erste Index jedoch eine 1. Die Bindung für `$anonym` muss also so erfolgen:

```
$name = 'Heinrich';
$geschlecht = 'M';
$anonym->bindValue(1,$geschlecht,PDO::PARAM_STR);
$benannt->bindParam(':name',$name,PDO::PARAM_STR);
```

Die Angabe der Datentypen ist in beiden Fällen optional. Sie können hierfür alle in Tabelle 8.8 aufgelisteten Typen benutzen. Die Abfrage aus `$anonym` wird folglich immer mit dem Parameter M ausgerufen, bei `$benannt` wird jedes Mal ein aktueller Wert eingesetzt.

> **Hinweis**
>
> Für den Befehl `bindParam()` gibt es neben den hier genannten noch zwei weitere – optionale – Parameter, die erst dann an Relevanz gewinnen, wenn Sie Stored Procedures einsetzen.

Die SQL-Anweisungen werden mit

> bool ***execute***([array $parameter])

an die Datenbank geschickt. Durch die Angabe des Arrays $parameter können Sie den Schritt des expliziten Bindens umgehen, sofern Sie in Ihrer Abfrage auf benannte Platzhalter setzen. In der Abfrage $benannt könnten wir ebenso wie folgt vorgehen, um die Parameter zu integrieren:

```
$eingaben = array('name'=>'Steffen');
$benannt->execute($eingaben);
$tupel = $benannt->fetchAll();
```

Der Vorteil der Arraymethode lässt sich erst dann richtig sichtbar machen, wenn Sie die Abfrage mehrfach ausführen wollen. Dies kann beispielsweise dann geschehen, wenn Sie innerhalb einer Transaktion mehrere Datensätze in eine Tabelle eintragen wollen, die entweder ganz oder gar nicht übernommen werden dürfen (siehe Listing 8.16).

```
<?php
$dsn = "mysql:host=localhost;dbname=phpmysql";
//Verbindungsaufbau
try
{
   $db = new PDO($dsn,'phpmysql_user','phpmysql_pass');
}
catch (PDOException $p)
{
   echo "Es konnte keine Verbindung hergestellt werden.";
}
//Vorbereiten der Anfrage
$benannt = $db->prepare("INSERT INTO personen SET  name = :name
                      AND geschlecht = :geschlecht");
//Binden der Variablen
$eingaben = array(
            array(':name'=>'Elke',':geschlecht'=>'W'),
            array(':name'=>'Rosemarie',':geschlecht'=>'W'),
            array(':name'=>'Otto',':geschlecht'=>'M'),
            array(':name'=>'Heinrich',':geschlecht'=>'M'));

//Ausführen der Abfrage
$db->beginTransaction();
foreach($eingaben as $datensatz)
{
   $benannt->execute($datensatz);
}
```

```
$db->commit();
?>
```

Listing 8.16 Eintragen von mehreren Datensätzen

Wir erzeugen ein mehrdimensionales Array `$eingaben`, in dem die Daten, die wir in die Datenbank übertragen wollen, in der fest vorgegebenen Struktur hinterlegt sind. Jeder Datensatz muss für sich ein assoziatives Array bilden, das alle benannten Platzhalter in der Abfrage bedienen kann. Zum Eintragen iterieren wir dann durch das Array und führen alles zusammen innerhalb einer Transaktion aus.

Handelt es sich bei den SQL-Anweisungen, die per `execute()` an die Datenbank geschickt werden, um solche, die ein Ergebnis erzeugen, kann dieses wie gewohnt über die `fetch*()`-Methoden der Klasse `PDOStatement` abgearbeitet werden.

Bei der Vorstellung der Methode `PDOStatement::fetch()` hatten wir den zweiten und dritten optionalen Parameter `$zeiger_richtung` und `$zeiger_position` erwähnt und Sie auf eine spätere Behandlung verwiesen. Diese Lücke wollen wir nun schließen.

Ähnlich wie bei Arrays pflegt PHP einen internen Zeiger auf ein PDO-Abfrageergebnis. Dieser Zeiger deutet immer auf das aktuelle Element im Ergebnis. Rufen Sie einen Datensatz ab, wird der Zeiger um eine Stelle weiterbewegt. Sie können manuell auf diesen Zeiger zugreifen, wenn Sie beim Vorbereiten der Anweisung ein Optionenarray angeben.

8.6 SQLite

Die Liste der Datenbankmanagementsysteme, zu denen es aus PHP heraus Schnittstellen gibt, ist lang. SQLite ist dennoch durch seine Einfachheit etwas Besonderes und wird aus diesem Grund im Folgenden genauer vorgestellt.

SQLite ist eine in C implementierte Datenbankbibliothek. Durch die Anbindung an PHP – vormals ausschließlich als eigenständige Datenbankklasse, mittlerweile ebenfalls über PDO – lassen sich dateibasierte SQLite-Datenbanken erstellen und manipulieren. Das bedeutet im Wesentlichen, dass Sie SQLite-Datenbanken ohne viel Aufwand direkt auf dem Webserver unterhalten können, auf dem auch Ihr PHP läuft. Es muss keinerlei zusätzliche Software installiert sein – von der PHP-Erweiterung einmal abgesehen.

Genau dieser Umstand brachte SQLite bei der Ankündigung von PHP 5 ins Rampenlicht – genauer gesagt beim Zusammenspiel von PHP und MySQL. Kurzzeitig vermuteten die verantwortlichen Entwickler Probleme zwischen den beiden

BSD- und GPL-basierten Lizenzen, so dass man gezwungen schien, sich nach Alternativen umzusehen. SQLite war und ist vielversprechend, nur einigte man sich bezüglich der rechtlichen Unstimmigkeiten, und MySQL blieb der Platzhirsch im Zusammenspiel mit PHP. Genaueres finden Sie im Abschnitt über Open-Source-Lizenzen in Anhang C des Buches.

Derzeit unterstützt PHP SQLite-Datenbanken der Version 3. Diese werden jedoch über unterschiedliche PHP-Module angesprochen. SQLite kann als eigenständiges Modul oder via PDO betrieben werden. Demnach ist SQLite innerhalb der Ergebnisse eines `phpinfo()`-Aufrufs auch an mehreren Stellen zu finden, zum einen wie bereits gesehen in den PDO-Treibern aufgelistet, zum anderen mit Informationen zum autarken Modul (siehe Abbildung 8.12).

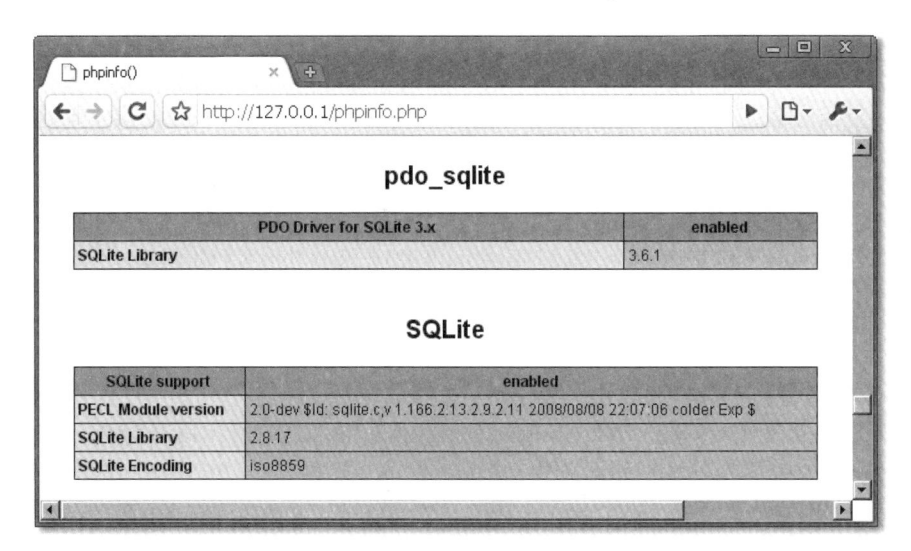

Abbildung 8.12 SQLite in »phpinfo()«

Auch für die veraltete Version 2 von SQLite bietet PHP Unterstützung an. Bis zur Version 5.3 war die Extension standardmäßig bei PHP dabei. Neuerdings ist sie aber nach PECL ausgelagert worden. Wir schenken ihr an dieser Stelle allerdings noch die verdiente Beachtung.

In die wenigen Eigenheiten von SQLite mittels PDO werden wir hier keine Einführung geben. Lediglich den DSN für SQLite möchten wir Ihnen hier verraten:

```
sqlite:/pfad/zur/sqlite/datei/version3
sqlite2:/pfad/zur/sqlite/datei/version2
```

Da eine SQLite-Datenbank lediglich aus einer normalen Datei im Dateiverzeichnis besteht, enthält auch der DSN nicht mehr als den Pfad dorthin. Lediglich das Präfix ist zu beachten, da sich dadurch die Version der Bibliothek bestimmt.

Die Basisklasse »SQLiteDatabase«

Die Basisklasse `SQLiteDatabase` ist in Abbildung 8.13 dargestellt. Mit den vorhandenen Methoden lassen sich sowohl Abfragen einzeln sowie im Batch ausführen als auch Statistiken über vergangene SQL-Befehle abrufen.

```
┌─────────────────────────────────────────┐
│            SQLiteDatabase               │
├─────────────────────────────────────────┤
│ +__construct(file, mode, error)         │
│ +arrayQuery(query, type, binary)        │
│ +busyTimeout(milliseconds)              │
│ +changes()                              │
│ +fetchColumnTypes(table,type)           │
│ +lastError()                            │
│ +lastInsertRowid()                      │
│ +query(query, type, error)              │
│ +queryExec(query, error)                │
│ +unbufferedQuery(query, type, error)    │
└─────────────────────────────────────────┘
```

Abbildung 8.13 Die Klasse »SQLiteDatabase« in UML-Darstellung

Eine Verbindung zu einer SQLite-Datenbank wird über den Konstruktor erzeugt:

object __construct(string $dateiname [, int $modus
[, string &$fehler]])

Beim Aufruf wird die Datei gesucht, die unter `$dateiname` angegeben ist. Bei Vorhandensein wird sie geöffnet. Sollte die spezifizierte Datei zwar existieren, aber keine SQLite-Datenbank sein, wird eine Exception geworfen. An dieser Stelle ist darauf zu achten, dass auch bestehende Textdateien als Datenbank verwendet werden, ganz gleich, ob sie bereits Daten enthalten. Das bedeutet, dass die Inhalte gelöscht werden – ein potentielles Sicherheitsrisiko also, auf das Sie achtgeben sollten. Jedoch macht PHP an dieser Stelle auch vor vielen Dateitypen halt. Am besten erstellen Sie beim Einsatz von SQLite eine neue Datei. Dies tun Sie ebenfalls über den Konstruktor der Klassen mit einem nicht existenten Wert für `$dateiname`. Darüber hinaus ist es möglich, eine Datenbank im Hauptspeicher zu erzeugen, indem Sie als Dateiname den String `:memory:` festlegen. Der `$modus` regelt, ob eine Datenbank im Lese- oder im Schreibmodus geöffnet werden soll. Die Regel ist `0666` – ein Oktalwert –, allerdings schert sich SQLite hier auch nicht um andere Angaben. Im optionalen `$fehler` wird eine Stringvariable referenziert, die Fehlermeldungen der Methode aufnimmt.

SQL-Befehle, die keine Datensätze zurückliefern, lassen sich über

*bool **queryExec**(string $befehl [, string &$fehler])*

absetzen. Unter `$befehl` kann eine einzelne Anweisung, aber auch eine durch Semikolon getrennte Liste von Befehlen stehen. Der optionale `$fehler` nimmt wiederum die Antwort der Datenbank im Fehlerfall entgegen. Ein initiales Beispiel liefert Listing 8.17, in dem zuerst eine neue Datenbank erzeugt wird, danach erstellen wir darin eine Tabelle und befüllen diese mit einem Beispieldatensatz.

```
<?php
//Variablen initialisieren
$fehler = "";
@unlink('test.sqlite');
$sqldb = new SQLiteDatabase('test.sqlite', 0666, $fehler);
$sqldb->queryExec("CREATE TABLE d (b CHAR(5) NOT NULL);
   INSERT INTO d (b) VALUES ('abcde');", $fehler);
?>
```

Listing 8.17 Eine neue Datenbank erstellen

Mit dem anfänglichen `unlink()` stellen wir sicher, dass die Datei nicht existiert. Dies dürfen wir selbstverständlich nur beim ersten Aufruf tun, ansonsten sind beim zweiten Mal alle unsere bis dahin erstellten Daten dahin. Über `queryExec()` werden `INSERT`-, `UPDATE`- und `DELETE`-Befehle abgesetzt sowie alle diejenigen, mit denen sich die Struktur einer Datenbank verändern lässt – im Beispiel von Listing 8.17 beispielsweise das `CREATE`. Eine `SELECT`-Abfrage können Sie hier auch angeben, nur bekommen Sie keine Ergebnismenge zurück. Zu allem Überfluss wird auch kein Hinweis in `$fehler` abgelegt oder ein anderer Datenbankfehler geworfen.

Solche Ausführungsfehler lassen sich über die Methode

> *int **lastError()***

ausgeben. Auf Basis einer geöffneten Datenbankverbindung wird der eventuell aufgetretene Fehler des letzten Befehls protokolliert. Initial ist der Wert 0. Bei Befehlen, die wir über PHP absetzen, wird ein Fehler höchstwahrscheinlich mit einem Error-Code von 1 quittiert, was einem SQL-Fehler gleichkommt. Somit lässt sich die Methode auch innerhalb von `if`-Abfragen einsetzen:

```
if($sqldb->lastError()){
   echo $fehler;
}
```

Egal, welcher Fehler auftritt, dies führt immer nur dann zur Ausgabe der Fehlermeldung, wenn es bei der Ausführung des jeweils letzten Befehls zu einem Problem kam.

Zu den weiteren Methoden, die uns den Status der vergangenen Ausführung anzeigen, gehören

*int **changes**()*

und

*int **lastInsertRowid**()*

Der erste Befehl liefert uns einen numerischen Wert, der anzeigt, wie viele Datensätze beim allerletzten Kommando verändert worden sind. Ein Batch-Befehl mit Hilfe von drei INSERT-Befehlen wie dem folgenden

```
$sqldb->queryExec("INSERT INTO d (b) VALUES ('abcde');
    INSERT INTO d (b) VALUES ('fghij');
    INSERT INTO d (b) VALUES ('klmno');",$fehler);
```

führt auch zu einer Ausgabe von 3 und nicht von 1. Das bedeutet, dass sich die Auswertung von changes() nicht auf einen einzelnen SQL-Befehl, sondern auf eine Gesamtabfrage bezieht. Bei einem UPDATE liefert die Methode wie erwartet die Anzahl der tatsächlich angefassten Sätze. Dahingegen ergibt ein DELETE den Wert 0.

Das lastInsertRowid() ergibt nur sinnvolle Ergebnisse bei Tabellen, die einen numerischen Primärschlüssel besitzen. Dieser muss nicht zwingend über ein SQL-Kommando befüllt werden, sondern kann ähnlich einem AUTO_INCREMENT in MySQL auch von SQLite hochgezählt werden. Der Wert beginnt pro Tabelle mit 1 und wird für jeden Datensatz um 1 inkrementiert. Leeren Sie eine Tabelle mit

```
DELETE FROM tabelle
```

startet auch der Counter von Neuem, er vergibt also immer diejenige Nummer, die um 1 höher ist als das vorhandene Maximum.

Gepufferte Abfrageergebnisse verarbeiten

Abfragen, die Ergebnismengen zurückliefern, lassen sich über die SQLite-Schnittstelle in PHP auf mehrere Arten ausführen, die sich dahingehend unterscheiden, wie sich das Ergebnis in PHP weiterverarbeiten lässt:

Als Erstes können Sie Ihr Abfrageergebnis direkt in ein Array schreiben lassen. Dieses können Sie wie gewohnt über Schleifenkonstrukte wie foreach oder while durchlaufen. Sie erreichen dies mit der Methode

*array **arrayQuery**(string $anfrage*
[, int $typ [, bool $binaer]])

Unter `$anfrage` formulieren Sie ein gültiges SQL-Statement wie ein `SELECT` oder `EXPLAIN`. Wie jede andere SQL-Implementierung hat auch SQLite hier so seine Eigenheiten bzw. unterstützt den SQL92-Standard nur eingeschränkt.

> **Hinweis: SQL-Sprachumfang**
> Die Liste der nicht unterstützten SQL92-Features ist wahrlich kurz. Sie finden Sie unter *http://www.sqlite.org/omitted.html*.

Mit dem optionalen Parameter `$typ` bestimmen Sie den Aufbau des Rückgabearrays. Dieser ist vergleichbar mit der Parametrisierung des vorgestellten MySQLi-Befehls `fetchArray()`. So, wie es die Konstanten `MYSQLI_*` gibt, existieren auch

- `SQLITE_ASSOC` (Wert 1) – assoziatives Array
- `SQLITE_NUM` (Wert 2) – numerisches Array, aus dem die Spaltenzugehörigkeit nicht mehr ersichtlich ist
- `SQLITE_BOTH` (Wert 3) – sowohl assoziatives als auch numerisches Array

Die Option `SQLITE_BOTH` erzeugt natürlich die doppelte Datenmenge im Array, was bei großen Ergebnismengen schon einmal den Rahmen sprengen kann. Daher sollten Sie sich bewusst sein, dass Sie umfangreichere Abfrageergebnisse besser mit einer der beiden folgenden Methoden verarbeiten – zugunsten der Performance. Ungünstig ist in diesem Fall, dass `SQLITE_BOTH` als Standardwert definiert ist.

Der dritte boolesche Parameter, `$binaer`, der von vornherein den Wert `true` besitzt, macht beim Abfragen der Werte eine Maskierung rückgängig, die beim Abspeichern eingefügt worden ist. Zum Einfügen existiert die Methode

> *string **sqlite_escape_string**(string $wert)*

zu der es kein objektorientiertes Gegenstück gibt. Die Funktion arbeitet analog zu `mysql_real_escape_string()`. Auffällig ist bei dieser Methode, dass keine Möglichkeit besteht, einen eventuellen Fehlerstring zuzuweisen. Bei den folgenden Methoden ist das immer der Fall.

Darüber hinaus können Sie sich Ihr Ergebnis als gepufferte oder ungepufferte Menge liefern lassen. Den Unterschied haben wir bereits in Abschnitt 8.5, »Datenabstraktion«, beschrieben. Eine gepufferte Abfrage senden Sie mit

> *object **query**(string $anfrage [, int $typ [, string &$fehler]])*

an die SQLite-Datenbank-Engine. Als Ergebnis bekommen Sie ein Objekt der Klasse `SQLiteResult` oder im Fehlerfall `false` zurück. Die UML-Ansicht der Ergebnisklasse sehen Sie in Abbildung 8.14.

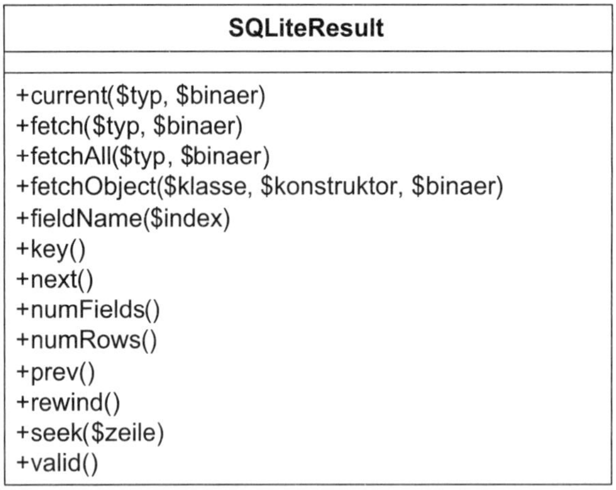

8 | Wichtige PHP-Funktionalitäten

SQLiteResult
+current($typ, $binaer) +fetch($typ, $binaer) +fetchAll($typ, $binaer) +fetchObject($klasse, $konstruktor, $binaer) +fieldName($index) +key() +next() +numFields() +numRows() +prev() +rewind() +seek($zeile) +valid()

Abbildung 8.14 Die Klasse »SQLiteResult« in UML-Darstellung

Die Methoden der Klasse lassen sich in drei Kategorien einteilen: Zum einen können Sie detaillierte Informationen über die Ergebnismenge einholen, zum anderen können Sie den Positionszeiger, der auf die aktuelle Zeile innerhalb der Ergebnismenge verweist, bewegen, und zu guter Letzt können Sie eine Zeile des Ergebnisses oder das gesamte Ergebnis auslesen.

Um die Dimensionen der Ergebnismenge zu ermitteln, können wir die beiden Methoden

> int **numFields**(void)

und

> int **numRows**(void)

ausführen. Die erste Methode liefert uns die Anzahl der Spalten im Ergebnis, die zweite die Anzahl der Datensätze. Darüber hinaus können wir uns den Namen der enthaltenen Spalten über

> string **fieldName**($index)

zurückgeben lassen. Der $index ist eine Ganzzahl und stellt die Position der gewünschten Spalte im Ergebnis dar. Der Index startet mit 0. Ein Beispiel, wie Sie sich die Inhalte einer Ergebnismenge anzeigen lassen können, befindet sich in Listing 8.18.

```
<?php
$fehler = "";
$sqldb = new SQLiteDatabase('test.sqlite2',0666,$fehler);
```

```
$anfrage = "SELECT * FROM d";
$result = $sqldb->query($anfrage, SQLITE_ASSOC, $fehler);
echo "Das Ergebnis enthält ";
echo $result->numFields();
echo " Spalte(n) und ";
echo $result->numRows();
echo " Zeile(n).<br />";
for($i=0;$i<$result->numFields();$i++){
  echo $i."te Spalte: ".$result->fieldName($i);
}
?>
```

Listing 8.18 Informationen über Abfrageergebnisse

Wir öffnen zuerst unsere Beispieldatenbank und definieren eine SELECT-Abfrage. Sobald wir diese mit query() absenden, bekommen wir in $result ein Objekt der Klasse SQLiteResult zurück – vorausgesetzt, es tritt kein Fehler auf. Alles Weitere ist nur noch Anzeige am Bildschirm. Um die Spaltennamen auszulesen, verwenden wir jedoch numFields() noch einmal im Schleifenkopf. Zu sehen bekommen wir dann beispielsweise die folgende Ausgabe:

```
Das Ergebnis enthält 1 Spalte(n) und 53 Zeile(n).

0te Spalte: b
```

Die Manipulation des Positionszeigers ist vergleichbar mit den Funktionen für Arrays. Wir fassen die folgenden Methoden diesbezüglich zusammen:

- key() ermittelt den Wert des fortlaufenden Indexes auf den aktuellen Datensatz.
- next() bewegt den Zeiger um eine Zeile weiter.
- prev() bewegt den Zeiger um eine Zeile zurück.
- rewind() bewegt den Zeiger zum Anfang zurück.
- seek($zeile) bewegt den Zeiger auf eine bestimmte Zeile mit dem Index $zeile.
- valid() ermittelt, ob nach dem aktuellen Datensatz weitere folgen.

Eine Iteration über die Ergebnismenge von Beginn bis zum Ende lässt sich dann wie gewohnt so erreichen:

```
$result->rewind();
while($result->valid()){
  echo "<br />Datensatz #".$result->key();
  $result->next();
}
```

Zuerst stellen wir sicherheitshalber den Positionszeiger auf den Anfang zurück. Dann geben wir den Index des aktuellen Datensatzes mit key() aus und schieben den Positionszeiger über next() vor. Das tun wir, solange noch weitere Datensätze vorhanden sind, was wir über valid() ermitteln.

Zugegeben, die Ausgabe im vorigen Beispiel hat wenig greifbaren Inhalt. Ehrlich gesagt, bringen wir ja nur die Zeilennummer auf den Bildschirm. Was uns fehlt, sind die Daten aus den aktuellen Datensätzen. Diese müssen wir einzeln oder allesamt abgreifen (englisch »fetch«). Am leichtesten ist ein

*array **fetchAll**(int $typ [, bool $binaer])*

Damit laden wir das gesamte Ergebnis auf einmal in ein Array. Die Kombination query() mit folgendem fetchAll() hat also den gleichen Effekt wie ein einzelnes arrayQuery(). Da wir dies also schneller haben können, lässt sich die Sinnhaftigkeit des fetchAll()in Frage stellen. Hinter $typ und $binaer verbergen sich die gleichen Parameter wie bei queryArray(). Mit den Parametern verhält es sich für die Methode

*array **fetch**(int $typ [, bool $binaer])*

genauso. Diese Methode kann dafür verwendet werden, eine Zeile des Abfrageergebnisses in ein Array zu überführen. Die Methode liefert false, wenn keine Zeilen mehr übrig sind, was den sinnvollen Einsatz in Schleifen erlaubt. Unser voriges Beispiel lässt sich somit deutlich geschickter formulieren:

```
while ($row = $result->fetch(SQLITE_ASSOC)){
  var_dump($row);
}
```

Die Ausgabe über var_dump() eignet sich nicht wirklich für den Browser. Wenn Sie mit Ihrem Ergebnis mehr anfangen wollen, es eventuell nicht einmal 1 : 1 auf dem Bildschirm darstellen, sondern verarbeiten wollen, bietet sich die Methode

*object **fetchObject**(string $klasse*
  [, array $konstruktor [, bool $binaer]])

an. Damit können Sie Datensätze einzeln in eine Klasse Ihrer Wahl überführen. Diese können Sie selbst geschrieben haben, oder Sie befüttern eine vordefinierte Klasse. Der Klassenname wird unter $klasse als Zeichenkette abgelegt. Weil Sie dem neuen Objekt wohlmöglich Parameter für den Konstruktor mitgeben wollen oder müssen, lässt sich in $konstruktor ein Array spezifizieren, das Sie vorab sinnvoll befüllt haben.

Im Folgenden definieren wir eine Klasse, die unsere abgerufenen Datensätze verarbeitet. Dem Konstruktor übergeben wir den Timestamp, der den Erstellungszeitpunkt markiert.

```php
<?php
class SQLiteOperate{
  public $creation = 0;
  public $b = '';
  public function __construct($timestamp){
    $this->creation = $timestamp;
  }
}
//Ergebnis durchlaufen
$cls = 'SQLiteOperate';
$cstr = array(time());
while ($rowObject = $result->fetchObject($cls,$cstr))
{
  var_dump($rowObject);
}
?>
```

Listing 8.19 Aus Datensätzen Objekte erzeugen

Damit unsere Klasse auch das einfließende Attribut `$b` enthält, initialisieren wir es vorher sicherheitshalber. Dies ist zwar nicht notwendig, weil die nicht vorhandenen Spalten als neue `public`-Attribute der Klasse angefügt werden. Sinnvoll ist es allemal, da auf den Attributen bei der Definition der Klasse Methoden definiert werden und es dem Zweck von Klassen widerspricht, nicht festgelegte Attribute zur Laufzeit hinzuzufügen. Der Inhalt eines Objekts der Klasse `SQLiteOperate` wird dann wie folgt angezeigt:

> *object(SQLiteOperate)#1 (2) {*
> *["creation"]=> int(1234567890)*
> *["b"]=> string(5) "abcde"*
> *}*

Ungepufferte Abfrageergebnisse verarbeiten

So weit zu den gepufferten Abfragen mit SQLite; kommen wir nun zu den ungepufferten. Mit dem Wegfall des Zwischenspeichers gehen uns einige Funktionalitäten verloren. Eine Iteration ist nur noch in eine Richtung möglich, und so können wir weder auf ein `prev()` noch auf ein `seek()` zurückgreifen, das wir in der Klasse `SQLiteResult` noch zur Verfügung hatten. Ebenso einleuchtend ist, dass wir vorab nicht sagen können, wie viele Zeilen unsere Ergebnismenge enthalten wird, was die Abwesenheit von `numRows()` erklärt.

Die Klasse `SQLiteUnbuffered`, die für die Handhabung ungepufferter Ergebnismengen zuständig ist, stellt sich demnach als echte Untermenge von `SQLiteResult` dar (siehe Abbildung 8.15).

SQLiteUnbuffered
+current($typ, $binaer) +fetch($typ, $binaer) +fetchAll($typ, $binaer) +fetchObject($klasse, $konstruktor, $binaer) +fieldName($index) +next() +numFields() +valid()

Abbildung 8.15 Die Klasse »SQLiteUnbuffered« in UML-Darstellung

Bei all den Nachteilen, die ein ungepuffertes Ergebnis mit sich bringt, besitzt es selbstverständlich auch Vorteile. Zum Beispiel kann die Speicherbelastung deutlich geringer sein, und zwar je nach Abfrageergebnis.

Anwendungsfälle sind demnach auch vorstellbar. Soll der Inhalt einer Datenbanktabelle ohne viel Verarbeitung ausgegeben werden, lässt sich das ressourcenschonend am besten mit einem ungepufferten Ergebnis erreichen. Generell lässt sich sagen, dass dies überall dort gilt, wo eine Datenmenge genau einmal von vorn bis hinten durchlaufen werden muss.

8.7 Standard-PHP-Bibliothek

Es gibt in der Programmierung Standardsituationen, die es immer wieder zu meistern gilt. Dies ist beispielsweise die Iteration von Arrays, Verzeichnisstrukturen, XML-Knoten. Derlei mehr sind die Handhabung von Speichermethoden wie Heaps, Stacks und Queues oder die Erzeugung bestimmter generischer Exceptions. Diese Aufgaben sind selten abhängig von der verwendeten Programmiersprache, sondern gelten über viele Sprachen hinweg. Und so muss jede Sprache oder jeder Dialekt eine Möglichkeit finden, diese »Probleme« zu lösen. PHP geht dies mit der *Standard PHP Library* (SPL) an. Die Bibliothek besteht aus einer Reihe von Klassen und Interfaces und erfährt seit der Einführung in PHP 5 eine ständige Erweiterung.

Welche Klassen Ihnen in Ihrer aktuellen PHP-Distribution zur Verfügung stehen, erfahren Sie durch die Ausgabe der Funktion

*array **spl_classes**(void)*

Die Funktion gibt ein assoziatives Array zurück, das Sie über `var_dump()` bequem auf den Bildschirm bringen können. Schlüssel und Werte im Array sind identisch und geben den Namen der einzelnen Klassen wieder. Eine Liste der Klassen, wie sie in PHP 5.3 existieren, befindet sich in Anhang A am Ende dieses Buches.

Im Folgenden werden wir uns aus der Fülle der vorhandenen SPL-Alternativen bezeichnende Beispiele herauspicken und diese einzeln vorstellen. Unsere Beispielklassen sind Vertreter mehr oder minder großer Gruppen, in die sich SPL dem Verhalten nach klassifizieren lässt. Auf diese Weise sollen Sie ein Gefühl dafür bekommen, wie SPL auch Ihre Standardprobleme lösen kann.

Zu beachten ist jedoch, dass diese Liste nicht vollständig ist, da sich der Fundus des Pakets – wie bereits erwähnt – ständig erweitert. Es lohnt sich demnach ab und an ein Blick in die aktuelle PHP-Dokumentation.

8.7.1 Iteratoren

Wir beginnen mit den Iteratoren. In Kapitel 4, »Einführung in PHP«, haben Sie Arrays und deren Positionsfunktionen wie etwa `prev()` oder `next()` kennengelernt. Darüber hinaus haben Sie gesehen, wie Sie mit einer `foreach`-Schleife jedes Element eines Arrays genau einmal in der korrekten Reihenfolge durchlaufen. SPL umfasst die beiden Klassen `ArrayObject` und `ArrayIterator`, mit denen Sie ein Array objektorientiert behandeln und dann genauso iterieren können. Die Methoden der ersten Klasse sind in Abbildung 8.16 zusammengefasst. Die Klasse `ArrayIterator` ist von `ArrayObject` abgeleitet und ererbt somit deren Methoden. Diese sind hier nicht explizit mit dargestellt.

Über den Konstruktor der Klasse `ArrayObject` »konvertieren« wir ein Array, das uns als Eingabeparameter dient, in ein Objekt. Im Folgenden können wir auf das Objekt die soeben erläuterten Methoden anwenden. Greifen wir noch einmal unser Bundeslandbeispiel aus dem vierten Kapitel auf. Wir haben dieses Array bislang über die Funktionen `sort()`, `asort()` oder `ksort()` sortiert (siehe Listing 8.20).

Wenig überraschend also, dass es Methoden der Klasse `ArrayObject` mit dem gleichen Namen gibt. Lediglich für `sort()` existiert kein namensgleiches Pendant. Entwicklerseitig war man hier anscheinend der Meinung, mit `natsort()` und `asort()` sei hier inhaltlich den Anforderungen Genüge getan.

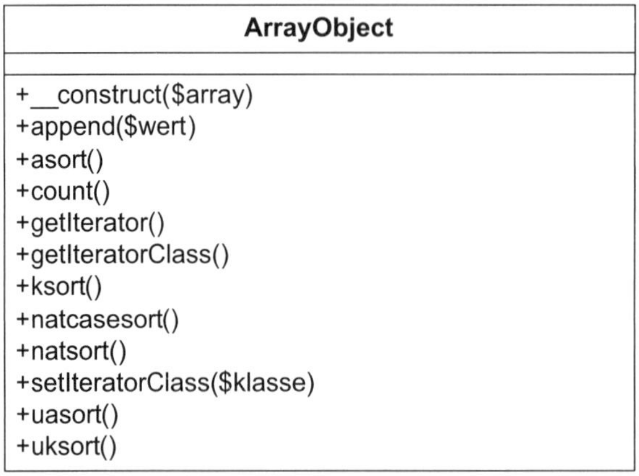

ArrayObject
+__construct($array) +append($wert) +asort() +count() +getIterator() +getIteratorClass() +ksort() +natcasesort() +natsort() +setIteratorClass($klasse) +uasort() +uksort()

Abbildung 8.16 Die Klasse »ArrayObject« in UML-Darstellung

Dabei unterscheiden sich diese Algorithmen in ihrer Arbeitsweise: Während sort() durch sein strikt zeichenbasiertes Arbeiten eine Reihenfolge von 1, 10, 2 erzielt, kommt natsort() mit seinem »natürlichen« Algorithmus auf das Ergebnis 1, 2, 10.

```php
<?php
$bundeslaender = array('a' => 'Brandenburg',
    'b' => 'Baden-Württemberg',
    'c' => 'Schleswig-Holstein',
    'd' => 'Nordrhein-Westfalen');
$bl = new ArrayObject($bundeslaender);
$bl->ksort();
$bl->asort();
?>
```

Listing 8.20 Objektorientierte Arraysortierung

Auf die gleiche Weise funktionieren auch viele andere Methoden analog zu ihren funktionalen Vorbildern. Anbei eine tabellarische Übersicht, mit der wir in Bezug auf die Behandlung dieser Klasse alles Weitere Ihrer Neugierde überlassen wollen.

ArrayObject-Methode	Arrayfunktion
append($var)	array_push($array, $var)
asort()	asort($array)
count()	count($array)
ksort()	ksort($array)

Tabelle 8.12 Vergleich funktionaler und SPL-Funktionalität

ArrayObject-Methode	Arrayfunktion
natcasesort()	natcasesort($array)
natsort()	natsort($array)
uasort($funktion)	uasort($array, $funktion)
uksort($funktion)	uksort($array, $funktion)

Tabelle 8.12 Vergleich funktionaler und SPL-Funktionalität (Forts.)

Über die Methode `getIterator()` erstellen wir ein neues Objekt der Klasse `ArrayIterator`:

*object **getIterator**(void)*

Ein Objekt dieser Klasse liefert uns hilfreiche Methoden, wie wir das Array, das wir zwischenzeitlich in ein `ArrayObject` umgewandelt hatten, durchlaufen können. In Abbildung 8.17 sehen Sie die relevanten Methoden der Iteratorklasse.

ArrayIterator
+__construct($array) +current() +key() +next() +rewind() +seek() +valid()

Abbildung 8.17 Die Klasse »ArrayIterator« in UML-Darstellung

> **Hinweis: SPL-Methodenvielfalt**
>
> Wenn Sie sich die Methoden der SPL-Klassen mit dem Befehl `get_class_methods()` ausgeben lassen, werden Sie sehen, dass wir nicht jedes Detail der Klassen darstellen. Viele Methoden sind identisch für unterschiedliche Klassen; so sind bei einem genauen Blick auf `ArrayObject` und `ArrayIterator` viele Gemeinsamkeiten zu erkennen. Wir gehen an dieser Stelle allerdings nur gezielt auf die Besonderheiten der Klassen ein.
>
> Nähere Informationen über Klassen bekommen Sie übrigens auch mit den Funktionen `get_class()` und `get_class_vars()`, die wir in Kapitel 5, »Objektorientierung in PHP«, vorgestellt haben, und darüber hinaus mit `class_implements()` und `class_parents()`, beides übrigens SPL-Funktionen.

Diese Methoden werden Sie gleichlautend in vielen Iteratorklassen wiederfinden. Auch hier besteht wieder große Ähnlichkeit zu den funktionalen Vorbildern, wie das folgende Beispiel in Listing 8.21 beweist (aufbauend auf dem Objekt $b1 aus dem letzten Beispiel).

```php
<?php
...
for($blIterator = $bl->getIterator();
  $blIterator->valid();
  $blIterator->next()) {
    echo $blIterator->current()."<br />";
}
?>
```

Listing 8.21 Ein Array iterieren

Wir verwenden eine `for`-Schleife wie gewohnt. Allerdings setzen wir als Parameter die Methoden des Iterators ein. Die Iteration wird letztlich durch `$blIterator->next()` vorgenommen, der den Zeiger auf das `ArrayObject` weiterbewegt.

Analog – nur jeweils mit spezifischen Eigenheiten – arbeiten beispielsweise die folgenden Klassen:

- `AppendIterator` iteriert über Iteratoren,
- `CachingIterator` – gecachte Iteration,
- `DirectoryIterator` – Iteration über Verzeichnisinhalte,
- `RegexIterator` iteriert über die Ergebnisse einer Regex-Suche, und
- `SimpleXMLIterator` iteriert XML-Objekte.

8.7.2 Datenstrukturen

Die gängigen Datenstrukturen wie Listen, Queues, Stacks und Heaps werden durch spezielle SPL-Klassen unterstützt. Eine grundlegende Einführung in die Hintergründe der Informatik ersparen wir uns hier; stattdessen charakterisieren wir diese Datenstrukturen nur kurz:

- **Liste** – Aneinanderreihung mehrerer Werte, wobei jedes Element auf seinen Nachfolger zeigt. Bei doppelt verketteten Listen besteht darüber hinaus pro Element ein Zeiger auf seinen Vorgänger.
- **Queue** (Warteschlange) – Aneinanderreihung von Werten, wobei ein Element, das zuerst in die Warteschlange aufgenommen wird, diese auch zuerst wieder verlässt (»First in, First out« – FIFO-Prinzip).
- **Stack** (Stapelspeicher) – Aneinanderreihung von Werten, wobei das Element, das zuletzt auf den Stapel gelegt wird, daraus zuerst entfernt werden muss, bevor Sie Zugriff auf die darauffolgenden haben (»Last in, First out« – LIFO-Prinzip).

- **Heap** – Aneinanderreihung von Werten zu einer Menge mit fester Rangordnung, so dass ein Zugriff auf ein Element mit höchstem oder niedrigstem Rang schnell möglich ist. Meist werden Heaps baumartig implementiert. Je nach Rangordnung gibt es beispielsweise MinHeaps und MaxHeaps.

In Kapitel 4, »Einführung in PHP«, haben wir bei der Einführung von Arrays schon einmal auf deren Funktionalität bezüglich mancher Datenstrukturen hingewiesen. Stacks werden beispielsweise durch die konsequente Verwendung von array_push() und array_pop() implementiert. Eine Queue lässt sich mit array_push() und array_shift() nachbilden. Diese indirekte Unterstützung wird durch SPL-Klassen explizit bereichert, indem die Funktionalität der Datenstrukturen durch treffend benannte Methoden und eine adäquate Implementierung verdeutlicht wird.

Das folgende Beispiel in Listing 8.22 erzeugt eine Warteschlange, in die sich nacheinander die Personen Elke, Rosemarie, Otto und Heinrich einreihen – wie an der Kasse im Supermarkt. Das Verfahren ist bekannt: hinten anstellen! Wer früher da ist, wird auch früher bedient, kann also die Warteschlange auch zuerst wieder verlassen.

```php
<?php
$queue = new SPLQueue();
$queue->enqueue('Elke');
$queue->enqueue('Rosemarie');
$queue->enqueue('Otto');
$queue->enqueue('Heinrich');
//Sind alle Personen in der Warteschlange?
echo $queue->count();
$queue->dequeue();
?>
```

Listing 8.22 Warteschlangenbeispiel

Die Klasse SPLQueue kommt recht einfach daher, denn eigentlich implementiert sie neben dem Konstruktor nur die Methoden enqueue() und dequeue(). Die Methode count() ist ererbt aus der Klasse SPLDoubleLinkedList. Technisch sind die Klassen für Datenstrukturen mit Ausnahme der Heaps ebenfalls iterierbar. Stapelspeicher und Warteschlangen sind im Wesentlichen doppelt verkettete Listen, und diese kann man unter Zuhilfenahme ihrer internen Zeiger Element für Element durchgehen. Die Klasse DoubleLinkedList dient demnach als Basis und stellt Listenfunktionalität in Form von Methoden zur Verfügung.

Eine vollständige Liste der unterstützten Datenstrukturen finden Sie hier:

- `SplDoublyLinkedList`
- `SplHeap`
- `SplMinHeap`
- `SplMaxHeap`
- `SplPriorityQueue`
- `SplQueue`
- `SplStack`

8.7.3 Exceptions

Alle SPL-Exception-Klassen sind direkte Abkömmlinge der Klasse `Exception`, die wir in Kapitel 5, »Objektorientierung in PHP«, vorgestellt haben. Sie verwalten Fehlerinformationen wie technische Codes oder menschenlesbare Fehlerbeschreibungen sowie Angaben, in welchem Skript und in welcher Codezeile der Fehler aufgetreten ist. Damit folgen alle Klassen der einheitlichen Struktur, die in Abbildung 8.18 zu sehen und aus dem Abschnitt über Objektorientierung bekannt ist.

Exception
#code
#file
#line
#message
-string
-trace
+__construct(message, code)
+getCode()
+getFile()
+getLine()
+getMessage()
+getTrace()
+getTraceAsString()
+__toString()

Abbildung 8.18 Die Klasse »Exception« in UML-Darstellung

Die einzelnen Exceptions werden von anderen PHP-Klassen aufgegriffen und dem Kontext nach eingesetzt. Als Beispiel greifen wir uns die Klasse `InvalidArgumentException` heraus und werfen sie bei einer fehlerhaften Datentypprüfung (siehe Listing 8.23).

```
<?php
class MyInteger {
  function __construct($var = 0){
    if(!is_int($var))
      throw new InvalidArgumentException(
```

```
            "'$var' ist kein Integer");
    }
    //Verarbeitung
}
//Test 1 - Instanz von MyInteger mit integer
try {
  $int1 = new MyInteger(1);
}
catch(InvalidArgumentException $e) {
  echo $e->getMessage();
}
//Test 2 - Instanz von MyInteger mit String
try {
  $int1 = new MyInteger('eins');
}
catch(InvalidArgumentException $e) {
  echo $e->getMessage();
}
?>
```

Listing 8.23 Werfen einer SPL-Exception

Die übrigen Exception-Klassen aus dem SPL-Fundus sind im Folgenden aufgelistet und verhalten sich identisch:

- BadFunctionCallException
- BadMethodCallException
- DomainException
- InvalidArgumentException
- LengthException
- LogicException
- OutOfBoundsException
- OutOfRangeException
- OverflowException
- RangeException
- RuntimeException
- UnderflowException
- UnexpectedValueException

8.8 PHP-Archive

Gut strukturierte, wartbare Programme bestehen nicht aus einer einzigen Codedatei, sondern aus mehreren Klassen und Modulen, aufgeteilt auf unterschiedliche Dateien. Gerade wenn PHP auch noch gemeinsam mit HTML, CSS und JavaScript genutzt wird, steigt die Anzahl der Dateien, die zu handhaben sind, schnell an. Als Beispiel sei hier phpMyAdmin genannt, das in seiner aktuellen Version mehr als 800 Dateien umfasst.

> **Verweis: MVC**
>
> Das Konzept »Model View Controller« legt die Aufteilung des Codes in mehrere Teile bereits per Definition nahe. Wir werden auf dieses Konzept in Kapitel 22, »Model View Controller«, genauer zu sprechen kommen.

Bei der Verteilung des Codes ist die Vielzahl an Dateien wiederum hinderlich. Einfacher ist es, seinen Quelltext an einem Stück zu transportieren, und somit ist es kaum verwunderlich, dass PHP-Software, die man sich aus dem Internet herunterlädt, häufig in Archiven zusammengepackt ist – und dies gilt nicht nur mit der Einschränkung auf PHP. Trotzdem bleibt die initiale Aufgabe beim Installationsprozess das Entpacken der Software, manuell aus dem Archiv oder per Installer, damit Dateien einzeln von Hand aufgerufen oder unter Berücksichtigung der Verzeichnisstruktur voneinander per `include` eingebunden werden können.

Der Ansatz von PHP-Archiven, kurz *Phar*, ist es, genau diesen Aufwand zu verringern. Dazu lassen sich mehrere Codedateien in ein gemeinsames Archiv verpacken. Auf diese Weise entsteht ein hierarchischer Verzeichnisbaum – bestehend aus nicht leeren Ordnern –, wie er für unser folgendes Beispiel in Abbildung 8.19 zu sehen ist. Dabei ist der Inhalt des Phar-Containers nicht auf PHP-Quelltextdateien beschränkt. Ebenso lassen sich konsequenterweise beliebige JavaScript-, CSS- oder Mediendateien in dem Paket verschnüren. Optional lassen sich die Archive mittels der PHP-ZIP-Funktionalität komprimieren.

Erst seit PHP 5.3.0 ist Phar fester Bestandteil der PHP-Distribution, davor konnte es als PECL-Paket optional zu PHP hinzugespielt werden, eine PHP-Version 5.2.0 oder größer vorausgesetzt. Allein die Tatsache, dass die Erweiterung so jung ist, verhindert ihren großen Durchbruch – Phar 1.0 erblickte erst im März 2007 das Licht der PECL-Welt. Doch mit zunehmender Verbreitung der Phar-Unterstützung, beschleunigt durch die Integration in den PHP-Kern, wächst auch das Angebot an professionellen PHP-Projekten, die in gepackter Form ausgeliefert werden.

Der direkte Zugriff auf Archivteile wird über Streams ermöglicht, was das Entpacken zur Laufzeit unnötig macht. Das bedeutet für die praktische Arbeit mit Phar, dass Inhalte eines Archivs über den Stream Wrapper *phar://* direkt aufgerufen werden können, ganz analog zu den bekannten *http://-* oder *ftp://-*Wrappern. Beispielsweise wird die Archivdatei *html_example.php* aus Abbildung 8.19 wie folgt aufgerufen:

```
include "phar://basissystem.phar/html_example.php";
```

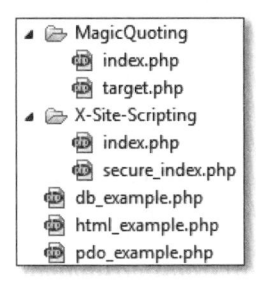

```
▲ 📂 MagicQuoting
    📄 index.php
    📄 target.php
▲ 📂 X-Site-Scripting
    📄 index.php
    📄 secure_index.php
  📄 db_example.php
  📄 html_example.php
  📄 pdo_example.php
```

Abbildung 8.19 Diese Dateien verpacken wir in ein Phar.

> **Information: Basissystem**
>
> Das in diesem Abschnitt verwendete Beispiel beruht auf dem Basissystem, das wir im letzten Teil dieses Buches implementieren.

Als Schnittstelle für die Erweiterung fungiert die Klasse `Phar`, die Entwickler für den Umgang und die Manipulation benutzen. Darüber hinaus existieren folgende Klassen, mit denen der Anwender allerdings nur indirekt in Berührung kommt:

- `PharData` erlaubt den Zugriff auf datenorientierte Archive.
- `PharFileInfo` instantiiert sich für jede Datei im Archiv, auf die zugegriffen wird; Ableitung aus `SPLFileInfo`.
- `PharException` behandelt auftretende Fehler.

»Indirekt« bedeutet, dass Objekte dieser Klassen von `Phar` automatisch instantiiert werden, Sie müssen sich keine Gedanken um den korrekten Umgang damit machen.

Eine Übersicht über ausgewählte Methoden der Klasse `Phar` erhalten Sie aus Abbildung 8.20. Die Klasse umfasst weitaus mehr Methoden, wie Sie mit dem Aufruf von

```
var_dump(get_class_methods('Phar'));
```

herausfinden können. Im Folgenden gehen wir nur auf die essentielle Auswahl ein.

Ein neues Archiv erstellen wir mit dem einfachen Aufruf des Klassenkonstruktors. Diesem übergeben wir mindestens ein Argument, können aber bis zu drei angeben. Obligatorisch als ersten Parameter spezifizieren wir Dateipfad und Namen des Archivs. Als Dateierweiterung sind wir auf *.phar* beschränkt und natürlich darauf, dass wir an dem Ort, wo wir das Archiv ablegen wollen, auch Schreibrechte haben. Auf die dritte bestehende Beschränkung haben wir im

Skript selbst keinen Einfluss: In der *php.ini* stehen drei Einträge, die teils die Verwendung von Phar aus Sicherheitsgründen limitieren. Zum einen sei da `phar.readonly` genannt. Nur wenn diese Option auf 0 steht, können wir den Inhalt von Archiven beeinflussen, ansonsten haben wir nur lesenden Zugriff. Empfehlung von PHP ist es, in Produktivsystemen ausschließlich lesenden Zugriff zu gewähren, und so ist der Standardwert der Direktive auch 1. Zum anderen gibt es `phar.require_hash`. Wie Sie im Weiteren noch sehen werden, lässt sich die Integrität eines Archivs mit einem Hash verifizieren; das bedeutet: Durch Überprüfung des mitgelieferten Hash-Wertes lässt sich feststellen, ob ein Phar genau denjenigen Inhalt hat, der erwartet wurde. Die dritte Direktive, `phar.cache_list`, beschränkt uns nicht in den Fähigkeiten, sondern gibt an, welche Dateien zum Start geladen werden sollen.

Als zweiten Parameter geben wir optionale Flags an, die wir von der SPL, auf der Phar aufbaut, erben:

- `CURRENT_AS_FILEINFO` – bei der Verwendung der Iteratorfunktion `current()` soll ein `PharFileInfo`-Objekt instantiiert werden.
- `KEY_AS_FILENAME` – analog soll `key()` einen Dateinamen zurückliefern.
- `NEW_CURRENT_AND_KEY` ist die Kombination der beiden vorgenannten Flags.

Phar
+__construct($pfad, $flags, $alias)
+addFile($pfad, $alias)
+addFromString($alias, $string)
+buildFromDirectory($pfad, $regex)
+canCompress($kompression)
+canWrite()
+compress($kompression, $erweiterung)
+convertToExecutable($format, $kompr, $erweit)
+count()
+decompress($erweiterung)
+delMetadata()
+getMetaData()
+getSignature()
+getSupportedSignatures()
+hasMetaData()
+isBuffering()
+setMetadata($meta)
+setSignatureAlgorithm($algo, $privat)
+startBuffering()
+stopBuffering()

Abbildung 8.20 Die Klasse »Phar« in UML-Darstellung

Als dritten und letzten optionalen Parameter können wir ein Alias übergeben. Anstatt im Folgenden den vollständigen absoluten Pfad beim Aufruf des Archivs über den Stream Wrapper zu benutzen, können wir uns dann auf das kürzere Alias beschränken.

Auf die gleiche Weise öffnen wir ein bestehendes Archiv. Initial laden wir in Listing 8.24 das Phar *basissystem.phar* und lassen uns die Anzahl der darin abgelegten Dateien ausgeben.

```
<?php
$phar = new Phar('c:\\pfad\\basissystem.phar',0,'basis.phar');
echo $phar->count(); //ergibt 7
?>
```

Listing 8.24 Öffnen und Auslesen eines Archivs

Auf die Angabe von Flags verzichten wir an dieser Stelle; weil wir aber dennoch ein Alias vergeben wollen, setzen wir stattdessen eine 0 ein. Der alternative Name verkürzt den Bezeichner, mit dem wir auf das Archiv zugreifen können, und erspart uns dadurch Tipparbeit. Sobald wir das Objekt in `$phar` fehlerfrei erstellt haben, können wir mit der Methode

*integer **count**(void)*

auf die Inhalte zugreifen und durchzählen. Die Methode benötigt keine zusätzliche Information als Eingabeparameter und liefert eine Ganzzahl zurück.

Neue Inhalte lassen sich nun auf unterschiedliche Arten und Weisen zu bestehenden Archiven hinzufügen. Zum einen können wir einzelne Dateien darin speichern, indem wir die Methode

*bool **addFile**(string $pfad, [string $lokalerName])*

verwenden. Unter `$pfad` geben wir die Position der jeweiligen Datei im Dateisystem an. Diese Datei muss existieren, ansonsten quittiert uns PHP den Versuch mit einer Exception der Klasse `PharException`. Optional können wir einen zweiten, abweichenden Namen für die Datei angeben, unter dem sie innerhalb des Archivs firmieren soll. Genau wie `$pfad` kann auch `$lokalerName` eine Pfadangabe enthalten. Dies funktioniert genau wie mit Dateien auf der Festplatte, das heißt, Ordnerstrukturen werden durch Slashes bzw. Backslashes voneinander getrennt.

Alternativ lässt sich das Archiv auch ähnlich wie ein Array benutzen. Wir hinterlegen Dateiinhalte in dem Phar folglich über

```
$phar['pfad\\zu\\index.php'] = file_get_contents('index.php');
```

in Form eines Strings. Dazu müssen wir eine Datei mittels `file_get_contents()` auslesen. Im Umkehrschluss bedeutet dies selbstverständlich auch, dass wir jeden beliebigen String als Datei im Archiv neu anlegen können – sozusagen ein verkapptes `file_put_contents()`. Die dritte Alternative ist nichts anderes als eine andere Schreibweise für die zweite. Dasselbe lässt sich nämlich über

```
$string = file_get_contents('index.php');
$phar->addFromString('pfad\\zu\\index.php',$string);
```

erreichen. Welche Methode Sie auch immer verwenden, achten Sie zugunsten des Programmierstils auf die Eindeutigkeit. Beide Alternativen, also der explizite Aufruf der Klassenmethoden und das Verwenden der Arraysyntax, haben Vorteile, wir raten jedoch, da wir uns hier in der objektorientierten Programmierung befinden, zu der Methodenalternative.

Gleichzeitig mehrere Dateien einzulesen, beispielsweise ein gesamtes Verzeichnis mit Unterverzeichnissen, kann in Schreibarbeit ausarten. Dies können wir selbstverständlich programmiertechnisch mit Schleifen und mit den PHP-Funktionen fürs Dateisystem lösen – nachzulesen in Kapitel 4, »Einführung in PHP«. Umsichtigerweise nimmt uns die Phar-Erweiterung diese Aufgabe jedoch ab, indem wir die Methode

> array **buildFromDirectory**(string $pfad [, string $regex])

für genau diese Aufgabe heranziehen können. Der Parameter `$pfad` bezieht sich auf einen Ordner im Dateisystem, den wir vollständig einlesen wollen. Dies geschieht auch, solange wir die Auswahl der Dateien und Unterordner nicht über das optionale `$regex` einschränken. Dies erproben wir einmal für unser Beispiel, das Basissystem, indem wir alle Dateien einlesen, in denen entweder das Wort »example« oder »index« vorkommt. Wir schließen demnach die Datei *target.php* aus:

```
$regex = '/[example|index]\.php/';
$phar->buildFromDirectory('pfad\\zu\\basissystem',$regex);
```

Wir wollen aus dem Hauptverzeichnis alle drei Dateien *db_example.php*, *html_example.php* und *dbo_example.php* haben. Deshalb beschränken wir uns auf die Definition von `example` mit folgendem `.php`. Weiteres zu regulären Ausdrücken ist in Abschnitt 8.3, »Reguläre Ausdrücke«, nachzulesen.

> **Zugunsten des Lesekomforts**
>
> An dieser Stelle sei noch einmal erwähnt, dass wir die Parameter aus dem einzigen Grund vorher in eine Variable schreiben, damit wir Sie nicht mit unnötigen Zeilenumbrüchen im Code verwirren. Selbstverständlich können Sie den regulären Ausdruck im letzten Beispiel oder das Auslesen der Datei *index.php* auch direkt in den Funktionsaufruf einbringen.

An dieser Stelle haben wir unser Ziel, das wir uns am Anfang dieses Abschnitts gesteckt haben, bereits erreicht: Wir haben ein Archiv erzeugt, in dem wir die Dateien eines kompletten Verzeichnisses untergebracht haben. Bevor wir uns den weiteren Methoden der Klasse zuwenden, wollen wir aber die Gelegenheit nutzen, an dieser Stelle auf die Schwierigkeiten aufmerksam zu machen, die bei der Verwendung von Phar auftauchen. Dazu führen wir mit den beiden nachstehenden Listings zwei neue Dateien ein (siehe Listing 8.25 und 8.26).

```
<?php
$de = "Hallo Welt";
$en = "Hello World";
?>
```

Listing 8.25 Inhalt der Datei »strings.php«

In der Datei *strings.php* werden lediglich zwei Begrüßungstexte in unterschiedlichen Sprachen definiert. Diese verwenden wir in der Datei *index.php*.

```
<?php
include('strings.php');
echo $de;
?>
```

Listing 8.26 Inhalt der Datei »index.php«

Wenn wir diese Dateien nun in einem neuen Phar zusammenfügen, stoßen wir in der folgenden Situation auf Probleme:

```
$phar = new Phar('hello.phar');
$phar->addFile('index.php');
$phar->addFile('strings.php','includes\\welcomes.php');
include('phar://hello.phar/index.php');
```

Statt eines »Hallo Welt« wird eine Fehlermeldung ausgegeben. Dies liegt daran, dass wir die Datei *strings.php* nicht in der ursprünglichen Struktur abgelegt haben, sondern im Phar sowohl in einem anderen Verzeichnis untergebracht als auch umbenannt haben. Wir müssen also vor dem Verpacken der Dateien darauf achten, dass die Pfade von `include()` und `require()` korrekt gesetzt sind. Sie sollten tunlichst vermeiden, hier absolute Pfade anzugeben. Arbeiten Sie stattdessen mit relativen Pfaden, und bereiten Sie die Struktur aller Dateien so vor, dass vor dem Verpacken als Archiv alle `include()`-/`require()`-Aufrufe funktionieren. Speichern Sie dann das gesamte Projekt über `buildFromDirectory()`. Auch sollten Sie hier nicht auf die Idee kommen, mit Aliassen für das Phar zu arbeiten und darauf zu vertrauen, dass bei der Instantiierung des Phar-Objekts immer exakt dieses Alias vergeben wird.

Bei der Einführung von `addFromString()` haben wir bereits gesehen, dass wir beliebige Zeichenketten in Phar ablegen können. Zusatzinformationen über den Archivinhalt, sogenannte *Metadaten*, müssen wir jedoch nicht in Dateiform in unserem Phar ablegen. Stattdessen werden Metadaten direkt unterstützt. Für die Struktur der Metadaten müssen wir jedoch selbständig sorgen.

```
<?php
$phar = new Phar('basissystem.phar');
if(!$phar->canWrite()) die("Keine Schreibberechtigung");
$meta = array('version'=>'1.0','date'=>20080928);
$phar->setMetadata($meta);
?>
```

Listing 8.27 Metadaten in Archiven abspeichern

Im anonymen Metadatenfeld eines Archivs können wir sämtliche Informationen abspeichern, die sich von PHP mit der Funktion `serialize()` serialisieren lassen; das umfasst sämtliche skalaren Datentypen sowie Arrays und Objekte. Wenn Sie mehr als einen Wert hinterlegen wollen, empfehlen wir Ihnen, ein Array vorab zu definieren und dieses direkt abzuspeichern, zu sehen in Listing 8.27. Dort prüfen wir nach dem Öffnen des Archivs erst einmal mit der Methode

> bool **canWrite**(void)

ob wir Schreibrechte auf das Phar besitzen. Dies kann, wie gesagt, durch die Direktiven in der *php.ini* eingeschränkt sein. Das Array `$meta` speichern wir mit der Methode

> void **setMetadata**(mixed $meta)

Wir können das Archiv zu einem späteren Zeitpunkt mit den Methoden

> bool **hasMetaData**(void)
> mixed **getMetaData**(void)

wieder auslesen. Während uns die erste der beiden Methoden nur bestätigt, ob Metadaten vorhanden sind, liefert uns die zweite die gespeicherten Werte gleich mit. Sofern wir keine Verwendung mehr für die Metadaten haben, können wir sie auch wieder löschen. Dazu dient die Methode

> int **delMetadata**(void)

Da die Metadaten für ein Archiv in den meisten Fällen mehr als eine Information umfassen werden, wäre eine direkte Unterstützung eines assoziativen Arrays sinnvoll. Dadurch entfiele die Notwendigkeit, Metadaten in einem externen Array abzulegen, das beim Auslesen erst wieder komplett abgerufen werden müsste, um daraus ein einzelnes Feld auszulesen. Darüber hinaus ließen sich Teile der Metadaten gezielt wieder entfernen. Dies wird im aktuellen Fall, das heißt in der Phar-Version 2.0, noch nicht unterstützt.

Wir sind auf die Signaturen von Phar-Dateien bereits zu sprechen gekommen. Signaturen ermöglichen uns zu überprüfen, ob ein Archiv auch genau das enthält, was wir erwarten. Dazu wird nach der Erstellung eines Archivs ein Hash aus den aktuellen Inhalten errechnet. Sobald sich am Archiv etwas verändert, das heißt eine Datei überschrieben, hinzugefügt oder gelöscht wird, kommt der Hash-Algorithmus zu einem anderen Ergebnis. Dies ist bei Dateien im Internet eine gängige Praxis: Zusätzlich zum Download der Datei wird der aktuelle Hash-Wert veröffentlicht. Nach dem Download können Sie sich den Hash des Archivs ausgeben lassen und mit dem veröffentlichten vergleichen. Unterschiede deuten darauf hin, dass etwas im Argen liegt.

Phar unterstützt mehrere Hashing-Algorithmen, darunter beispielsweise MD5 und SHA-1. Eine komplette Liste der Algorithmen erhalten Sie mit der Methode

*array **getSupportedSignatures**(void)*

Neben diesen Vertretern sind auch SHA-256 und SHA-512 dabei. Alle diese Algorithmen sind klassische Prüfwertberechnungen. Darüber hinaus wird jedoch mit OpenSSL eine Verschlüsselung möglich sein, die auf Public und Private Keys beruht.

Wenn Sie ein Archiv erzeugen, können Sie einen Hash-Wert mit beliebigem Algorithmus hinzufügen. Dies funktioniert über eine Methode, deren Namen ihre Funktion nicht zwingend erahnen lässt:

*void **setSignatureAlgorithm**(int $alg [, string $privat])*

Der verwendete Algorithmus wird über eine der definierten Konstanten verschlüsselt:

- `Phar::MD5`
- `Phar::SHA1`
- `Phar::SHA256`
- `Phar::SHA512`
- `Phar::OPENSSL`

Als Standardalgorithmus wird in der Erweiterung SHA-1 benutzt. Der optionale Parameter `$privat` ist nur dann ausschlaggebend, wenn OpenSSL eingesetzt wird. Dann ist hier der Private Key anzugeben. Letztlich muss ein Hash auch wieder aus dem Archiv extrahiert werden können, und das unter Angabe des Algorithmus. Man erkennt zwar an der Hash-Länge, nach welcher Art der Prüfstring berechnet worden ist (z. B. ist ein MD5-Hash 32 Zeichen lang), aber ein Aufruf der Methode

*array **getSignature**(void)*

gibt uns dennoch ein assoziatives Array aus. Im Feld `hash` befindet sich der Hash-Wert an sich, wohingegen der Algorithmus unter `hash_type` in Form eines Strings namentlich abgelegt wird.

Beim Thema Kompression muss man bezüglich Phar zwei Fälle unterscheiden: Zum einen lässt sich das komplette Archiv mit unterschiedlichen Kompressionsarten verkleinern (gzip bzw. bzip). Selbstverständlich kann sich die Komprimierung auch nur auf bestimmte Dateien im Archiv beziehen, und natürlich können über die Phar-Erweiterung komprimierte Dateien auch weiterhin über Methoden der Erweiterung wieder dekomprimiert bzw. gelesen werden. Diese komprimierten Archive lassen sich davon abgesehen auch mit üblichen Komprimierungstools öffnen, wobei letztlich nur die *.phar*-Datei zum Vorschein kommt. Zum anderen lassen sich Phar-Archive in andere Kompressionsformate konvertieren. Der Unterschied zu der vorigen Kompression ist, dass hierbei eine Datei entsteht, die Sie mit Ihrem Kompressionswerkzeug (z. B. 7-Zip oder XArchiver) öffnen und darin den Inhalt des Phar-Archivs in Einzeldateien sehen können. In dieser Form erkennen Sie demnach nicht mehr, ob das Archiv ursprünglich ein Phar gewesen ist.

Die Kompression des Gesamtarchivs erreichen Sie mit

*object **compress**(int $kompression [, string $erweiterung])*

Unter `$kompression` können Sie zwischen

- `Phar::GZ` (gzip)
- `Phar::BZ2` (bzip2)
- `Phar::NONE`

wählen. Während die ersten beiden eine Komprimierung durchführen, entfernt die dritte Alternative diese wieder. Die Komprimierung sorgt dafür, dass die Datei mit veränderter Dateierweiterung auf die Festplatte kopiert wird. Standardmäßig handelt es sich dabei um die Erweiterungen *.phar.gz* bzw. *.phar.bz2*. Diese können Sie mit dem optionalen Parameter `$erweiterung` je nach Gusto überschreiben. Sofern Sie `Phar::NONE` als `$kompression` wählen, wird die Erweiterung auf *.phar* zurückgestellt. Die Kompressionsmethodik wird in Listing 8.28 verdeutlicht.

```
<?
$phar = new Phar('basissystem.phar');
if($phar->canCompress(Phar::BZ2)){
```

```
    $phar->compress(Phar::BZ2,'.phar.bzip2');
}
?>
```

Listing 8.28 Komprimierung von Archiven

Auch an dieser Stelle besteht vorab die Möglichkeit, Problemen mit einer Abfrage der momentanen Möglichkeiten aus dem Weg zu gehen. Die bzip2-Komprimierung funktioniert nur dann, wenn die entsprechende Erweiterung unter PHP läuft. Dies fragen wir vorab mit

> *bool **canCompress**([int $komprimierung])*

ab. Der Parameter `$komprimierung` ist optional und auf `Phar::GZ` voreingestellt. Der Aufruf von `compress()` enthält in diesem Fall, dass wir statt der Standarderweiterung lieber ein *.phar.bzip2* haben wollen.

Obwohl wir schon erläutert haben, dass die `compress()`-Methode auch dazu benutzt werden kann, die Komprimierung mittels `Phar::NONE` rückgängig zu machen, existiert die Methode

> *object **decompress**([string $erweiterung])*

die genau die gleiche Funktionalität aufweist. Über den optionalen Parameter `$erweiterung` steuern Sie die Dateiendung des resultierenden Archivs, das wiederum zusätzlich zu dem bestehenden auf die Festplatte kopiert wird.

Die Konvertierung basiert auf den gleichen Kompressionsalgorithmen. Das bedeutet, Sie können auch hier zwischen gzip und bzip2 wählen. Ausgabeformate sind dann folgende, die sich für Phar wiederum in Konstanten ausdrücken:

- `Phar::PHAR`
- `Phar::TAR`
- `Phar::ZIP`

Die Methode, mit der die Konvertierung erfolgt, heißt

> *object **convertToExecutable**([int $format*
>   *[, int $kompression [, string $erweiterung]]])*

wobei sich hinter `$format` wie gesagt das *.tar* bzw. das *.zip* verbergen. Die Bedeutung von `$kompression` und `$erweiterung` deckt sich mit den Parametern der Methode `compress()`. Mit Listing 8.29 erzeugen wir unser Archiv neu und legen es als *.tar.gz* ab.

```
<?php
@unlink('basissystem.phar');
```

```
$phar = new Phar('basissystem.phar');
$phar->buildFromDirectory(dirname(__FILE__).'\\basissystem');
$phar->convertToExecutable(Phar::TAR, Phar::GZ);
?>
```

Listing 8.29 Konvertierung von Archiven

Zunächst einmal löschen wir die alte Version des Archivs, um bei der weiteren Verarbeitung Fehlermeldungen über bestehende Dateien auszuweichen. Dies können wir unbedenklich ausführen, da wir die Inhalte der alten Version unverändert vorliegen haben. Als Nächstes initialisieren wir ein neues Phar, das wir dann direkt danach konvertieren. Wir müssen die Konvertierung nicht an dieser Stelle durchführen, sondern können das auch zu einem späteren Zeitpunkt erledigen. Das Beispiel drückt jedoch aus, dass wir das Objekt weiter bearbeiten können, auch wenn die Konvertierung abgeschlossen ist. An der Handhabung ändert sich also nichts. Als Letztes befüllen wir das Archiv wie gewohnt mit allen sieben Dateien.

Wenn wir uns das entstandene *basissystem.phar.tar.gz* allerdings in einem Archivwerkzeug anschauen, fallen sofort Unterschiede auf, was die Inhalte des Archivs betrifft. Zusätzlich zu den Dateien, die wir explizit gespeichert haben, existiert ein Ordner *.phar* mit zwei Dateien (siehe Abbildung 8.21).

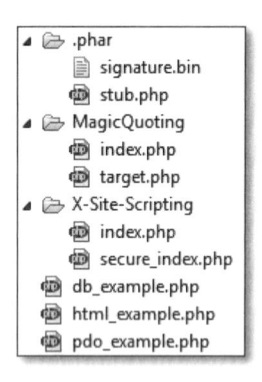

Abbildung 8.21 Inhalt unseres konvertierten Archivs

Der Inhalt der Datei *signature.bin* bedarf keines langen Rätselratens. Hierin verbirgt sich derjenige binär codierte String, den wir mit der bekannten Methode `setSignatureAlgorithm()` zum Archiv hinzugefügt haben. Die PHP-Datei *stub.php* gibt uns da schon mehr Rätsel auf, lässt sich jedoch mit einem Blick auf die interne Struktur eines Archivs schnell erklären. Wie wir gesehen haben, lässt sich ein Phar direkt über einen Stream Wrapper ausführen. Jedoch ist es auch möglich, unser Beispiel über die Kommandozeile mit

```
php basissystem.phar
```

bzw.

```
php.exe basissystem.phar
```

zu starten. Dafür muss der Inhalt des Archivs ausführbaren PHP-Code enthalten. Versuchen Sie einmal, ein Phar mit einem Texteditor zu öffnen. Ihnen wird auffallen, dass ein Großteil des automatisch erstellten Codes die Ihnen bekannte Syntax aufweist. Dieser Teil heißt *Stub* (Stumpf). Der Stub besteht mindestens aus bzw. endet immer mit der Anweisung `__HALT_COMPILER();`. Darüber hinaus finden sich darin Methoden zum Entpacken von Inhalten bzw. Informationen, welche der enthaltenen Dateien als Erstes ausgeführt werden soll, sofern das Phar über einen Browser direkt aufgerufen wird. Den Inhalt des Stumpfes können Sie über die klassischen Getter-/Setter-Methoden `getStub()` sowie `setStub()` auslesen und neu setzen. Letzteres empfehlen wir Ihnen jedoch nur, wenn Sie sich Ihrer Aktionen und deren Konsequenzen bewusst sind. Generell lässt sich mit den Standards gut leben.

Als Letztes möchten wir Ihnen noch die Implementierung von Transaktionen im Rahmen von Phar vorstellen. Es gibt Situationen, in denen Sie mehrfach Informationen in einem Phar manipulieren müssen, wobei entweder alle Änderungen gleichzeitig Gültigkeit erreichen oder alle Aktionen nichtig sein müssen. Beispielsweise fügen Sie Dateien zum Archiv hinzu und wollen die Anzahl der enthaltenen Dateien in den Metadaten ablegen:

```
$phar->buildFromDirectory(dirname(__FILE__).'\\basissystem');
$phar->setMetaData($phar->count());
```

Aus Gründen der Weiterverarbeitung muss die Anzahl in den Metadaten zu den Archivinhalten in unserem fiktiven Beispiel passen. Sollte ein Fehler zwischen der Verarbeitung der beiden Zeilen auftreten, beispielsweise bei einem Restart des Webservers, dürfen die Dateien nicht ohne die Metadaten geschrieben werden. In Phar wird diese Atomarität durch die Methoden

> void **startBuffering**(void)
> void **stopBuffering**(void)

erreicht. Mit `startBuffering()` wird eine Transaktion gestartet, alle Änderungen am Archiv werden von nun an in einen Puffer geschrieben. Erst mit der Ausführung von `stopBuffering()` schreibt PHP die Änderungen fest. Dass die obigen Codezeilen gemeinsam gültig werden, sichert uns also folgendes Codefragment:

```
$phar->startBuffering();
$phar->buildFromDirectory(dirname(__FILE__).'\\basissystem');
```

```
$phar->setMetaData($phar->count());
$phar->stopBuffering();
```

Es ist jedoch Vorsicht geboten, wenn Sie sich Informationen zum aktuellen Stand eines Archivs ausgeben lassen. Zur Verdeutlichung dieses Kontexts dient Listing 8.30.

```
<?php
@unlink('basissystem.phar');
$phar = new Phar('basissystem.phar');
$phar->startBuffering();
$phar->buildFromDirectory(dirname(__FILE__).'\\basissystem');
echo $phar->count();
?>
```

Listing 8.30 Transaktionen mit Phar

Obwohl wir kein `stopBuffering()` angegeben haben, liefert uns die Ausgabe von `count()` den Wert 7 zurück. Öffnen wir das Archiv zu einem späteren Zeitpunkt mit einem anderen Skript, wie etwa dem aus Listing 8.31, führt dieselbe Ausgabe zum Ergebnis 0.

```
<?php
$phar2 = new Phar('basissystem.phar');
echo $phar2->count();
?>
```

Listing 8.31 Ausgabe von Phar-Inhalten

Im Listing 8.30 sind die Änderungen am Objekt demnach für weitere Verarbeitungsschritte sichtbar. Das zweite Skript 8.31 weiß selbstverständlich nicht um die Historie der Erstellung der Datei *basissystem.phar*.

Ob eine Transaktion gestartet worden ist, erfahren Sie über

> bool ***isBuffering***(void)

Diese Methode gibt `true` zurück, wenn vorher ein `startBuffering()` ohne `stopBuffering()` ausgeführt worden ist, und `false`, wenn Sie entweder kein `startBuffering()` verwendet oder dieses durch `stopBuffering()` bereits beendet haben.

Mit manchen Aspekten von MySQL kommt man erst nach einer Weile oder nur sporadisch in Berührung. Dieses Kapitel beleuchtet aber nicht nur diese, sondern auch weniger bekannte Gesichtspunkte alltäglicher Aufgaben.

9 Fortgeschrittenes MySQL

9.1 Benutzerverwaltung

Bislang haben wir die Benutzerverwaltung von MySQL eher stiefmütterlich behandelt. Dies liegt darin begründet, dass viele von Ihnen – diejenigen nämlich, die ein kostengünstiges Webhosting-Paket ihr Eigen nennen – überhaupt keine Möglichkeit besitzen, die Rechte einzelner Benutzer auf Teile des Datenbestands zu beeinflussen. Meist haben Sie von Ihrem Provider einen einzelnen Benutzernamen bekommen, über den Sie sich mit der Datenbank verbinden, um Daten abzufragen.

All diejenigen, denen jedoch die Rechte CREATE USER und GRANT OPTION von ihrem Provider vergeben wurden oder die ihre MySQL-Datenbanken selbst administrieren, können Rechte an neue Benutzer weiterreichen bzw. deren Möglichkeiten beschränken.

SQL-Anweisung zur Benutzerverwaltung

MySQL unterstützt beliebig viele Benutzer, für die jeweils eine eigene Liste an Zugriffsrechten gepflegt wird. Das bedeutet, es existiert keine Unterscheidung in Benutzergruppen wie Administratoren, Gäste o. Ä., wie Sie sie aus der Mehrheit von Webapplikationen kennen. Die Gruppierung von Nutzern ist also ein Konzept einer Applikationsebene. Für MySQL sind erst einmal alle Anwender gleich.

Ein oder mehrere neue Benutzerkonten erzeugen Sie mit dem Befehl

```
CREATE USER benutzer
[IDENTIFIED BY [PASSWORD] 'passwort']
[, benutzer [IDENIFIED BY [PASSWORD] 'passwort'] ... ]
```

benutzer ist eine Kombination von Benutzername und Serveradresse, von der ein Zugriff erfolgt, also beispielsweise

```
'webapp'@'localhost',
'administrator'@'%.stefan-reimers.de' oder
'gast'@'85.88.3.146'.
```

Die Vergabe eines Passworts ist optional; wir möchten Ihnen aber aus Sicherheitsgründen ans Herz legen, kein Benutzerkonto ohne Passwort zu erstellen. Wie wir schon bei der Konfiguration von XAMPP diskutiert haben, wird es dadurch findigen Internetsurfern – in Verbindung mit Cross-Site-Scripting, das Sie in Kapitel 11, »Sicherheit«, kennenlernen werden – zu leicht gemacht, den Datenbestand unvorsichtiger Webmaster einzusehen.[1]

Wenn Sie das optionale PASSWORD verwenden, müssen Sie das Passwort für ein neues Benutzerkonto in dem MySQL-internen Format als 41-stelligen alphanumerischen String angeben. Dabei handelt es sich um eine Ein-Weg-Verschlüsselung von Passwörtern variabler Länge. MySQL bietet Ihnen die Funktion PASSWORD(), um Ihr Passwort in das verlangte Format zu überführen. Möchten Sie mehrere Benutzerkonten auf einen Schlag anlegen, werden diese in einer ungeordneten Liste einfach aneinandergehängt.

Das folgende SQL-Kommando erzeugt einen neuen Benutzer mit dem Namen *phpmysql_user*, der von jedem Rechner im Internet aus auf das Datenbankmanagementsystem zugreifen darf. Als Passwort vergeben wir »phpmysql_pass«:

```
CREATE USER 'phpmysql_user'@'%'
   IDENTIFIED BY 'phpmysql_pass';
```

Das Passwort lässt sich selbstverständlich auch nachträglich noch ändern. Dies tun Sie mit dem Befehl

```
SET PASSWORD [FOR benutzer] = PASSWORD('passwort')
```

Sie können [FOR benutzer] weglassen und ändern damit das Passwort des aktuellen Benutzers, also Ihr eigenes. Setzen Sie es jedoch ein, muss der benutzer auf ein gültiges Benutzerkonto verweisen. Die Verwendung der Funktion PASSWORD() ist hier explizit erforderlich.

Ein Benutzerkonto können Sie nur dann löschen, wenn Sie neue Konten anlegen dürfen oder das Recht DELETE auf die zentrale Datenbank *mysql* besitzen, in der die Benutzer in Form von Datensätzen hinterlegt sind. Die Angabe des jeweiligen Passworts ist natürlich nicht erforderlich.

Stattdessen können Sie einfach den Befehl

```
DROP USER benutzer [, benutzer ...]
```

---

1 Haben Sie eigentlich das *root*-Passwort in der MySQL-Instanz von XAMPP gesetzt?

verwenden, um ein Benutzerkonto oder eine Reihe von Benutzerkonten zu löschen.

Sobald Sie ein Benutzerkonto mit dem Kommando CREATE USER anlegen, wird diesem automatisch das Recht USAGE gewährt, ein Synonym für »keine Rechte«. Wenn Sie mit diesem Benutzerkonto eine Verbindung zur Datenbank herstellen, haben Sie ausschließlich Zugriff auf die Metadatenbank *INFORMATION_ SCHEMA*, aus der Sie Informationen über den aktuellen Datenbankinhalt ziehen können. SQL-Operationen auf den Datenbestand dürfen Sie erst dann ausführen, wenn Sie dem Benutzerkonto die entsprechenden Berechtigungen für die Daten-Manipulations- und Daten-Definitions-Sprache gegeben haben:

```
GRANT recht [(attrListe)] [, recht (attrListe) ...]
ON [{TABLE | PROCEDURE}]
{* | *.* | dbName.* | dbName.tblName}
TO benutzer [IDENTIFIED BY [PASSWORD] 'passwort']
[, benutzer [IDENTIFIED BY [PASSWORD] 'passwort' ...]
[WITH { GRANT OPTION
       | MAX_QUERIES_PER_HOUR zahl
       | MAX_UPDATES_PER_HOUR zahl
       | MAX_CONNECTIONS_PER_HOUR zahl
       | MAX_USER_CONNECTIONS zahl}]
```

MySQL unterstützt 31 verschiedene Rechtetypen. Eine Auswahl der gängigsten Formen finden Sie in Tabelle 9.1. Die komplette Liste steht in der MySQL-Referenz im Anhang B dieses Buches.

Recht	Beschreibung/relevante SQL-Anweisungen
ALL	alle Rechte (außer GRANT OPTION)
ALTER	ALTER {DATABASE	TABLE} (DDL)
CREATE	CREATE {DATABASE	TABLE} (DDL)
CREATE USER	{CREATE	DROP} USER, REVOKE
DELETE	DELETE (DML)
DROP	DROP {DATABASE	TABLE} (DDL)
EVENT	{CREATE	ALTER	DROP} EVENT
GRANT OPTION	Weitergabe von Rechten
INDEX	{CREATE	DROP} INDEX
INSERT	INSERT (DML)
SELECT	SELECT (DML)
TRIGGER	{CREATE	DROP} TRIGGER
UPDATE	UDPATE (DML)
USAGE	keine Rechte

Tabelle 9.1 Rechtetypen und dazugehörige SQL-Anweisungen

Rechte können für verschiedene Ebenen vergeben werden:

1. *Globale Ebene*
   Sie erhalten Zugriff auf Datenbanken, deren Tabellen und Spalten.
2. *Datenbankebene*
   Damit wird Ihnen der Zugriff auf alle Tabellen und deren Spalten gewährt.
3. *Tabellenebene*
   Sie haben lediglich Zugriff auf die Tabellenspalten.
4. *Spaltenebene*
   Der Zugriff ist auf eine Untermenge einer Tabelle beschränkt.

Möchten Sie Rechte nur auf bestimmte Attribute einer Relation ausweiten, geben Sie diese als Liste mit (attrListe) direkt nach dem Rechtetyp an. Alle anderen Ebenen spezifizieren Sie gesondert in der ON-Klausel, also beispielsweise *.* für globalen Zugriff, dbName.* für alle Tabellen einer Datenbank oder dbName.tblName für Freigaben auf Tabellenebene. Geben Sie lediglich * an, meinen Sie damit die gerade aktive Datenbank. Es ist sogar möglich, Berechtigungen auf nicht existente Datenbankstrukturen zu vergeben. Diese Rechte greifen dann, wenn die Strukturen nachträglich erstellt werden. Sie können allerdings nur diejenigen Rechte an einen anderen Benutzer weiterreichen, die Sie selbst besitzen.

Die TO-Klausel nimmt eine Liste von Benutzern auf, die entweder bereits existieren oder in dem GRANT-Kommando durch Angabe eines Passworts erstellt werden. Das Erstellen eines Benutzers folgt den gleichen Regeln wie der Befehl CREATE USER.

Durch die abschließenden optionalen Klauseln lassen sich die Zugriffe des Benutzers in der Menge beschränken (die Pipe, |, bedeutet auch an dieser Stelle, dass Sie mehr als eine Option angeben können). Darüber hinaus wird hier festgelegt, ob der Benutzer die gerade gewährten Rechte seinerseits weiterreichen darf.

Der Benutzer *phpmysql_user*, den wir neu erstellt haben, bekommt durch das folgende Kommando das Recht, Daten aus allen Tabellen der Datenbank *phpmysql* abzufragen. Die Zugriffe werden nicht begrenzt, das Recht darf jedoch auch nicht weitergegeben werden:

```
GRANT SELECT
ON 'phpmysql'.*
TO 'phpmysql_user'@'%';
```

Das Gegenteil zu GRANT ist der Befehl REVOKE. Damit können Sie einem Benutzerkonto gezielt Rechte entziehen, die bislang gewährt waren. Das Kommando ist dem vorigen sehr ähnlich, nur deutlich übersichtlicher:

```
REVOKE recht [(attrListe)] [, recht [(attrListe) ...]
ON [{TABLE | PROCEDURE}]
{ * | *.* | dbName.* | dbName.tblName}
FROM user [, user ...]
```

So ist es selbstverständlich nicht möglich oder sinnvoll, neue Benutzer zu erstellen oder den Zugriff mengenmäßig zu begrenzen bei Rechten, die gerade entzogen werden.

phpMyAdmin-Oberfläche zur Benutzerverwaltung

Bei phpMyAdmin ist die Benutzerverwaltung natürlich dialogbasiert. In Abbildung 9.1 sehen Sie, dass sich die Vergabe von Rechten mit einer Reihe von Mausklicks erledigen lässt. phpMyAdmin erzeugt daraus die entsprechenden SQL-Kommandos.

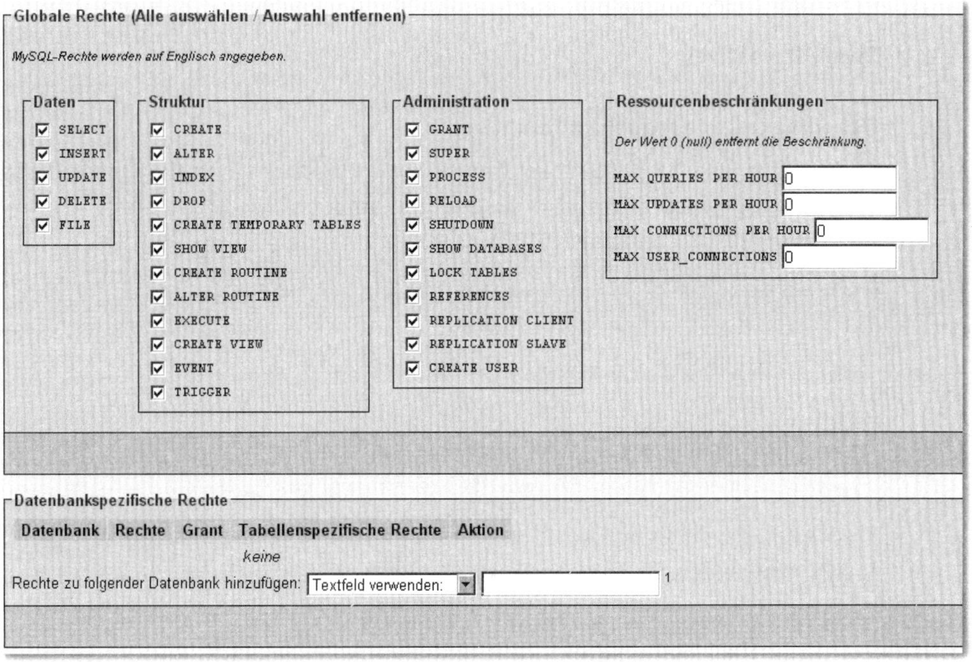

Abbildung 9.1 Oberfläche in phpMyAdmin zur Benutzerverwaltung

Die Rechte sind in der Darstellung thematisch sortiert. Ist ein Eintrag mit einem Häkchen versehen, ist das Recht generell gewährt. Kein Häkchen bedeutet demnach, dass die Berechtigung nicht besteht. Für datenbank-, tabellen- und spaltenspezifische Rechte existieren gesonderte Dialoge, wie Sie am unteren Bildrand erkennen können.

9.2 Kontrollfluss und Aggregationen

Obwohl man es von SQL vielleicht nicht erwarten würde: Es unterstützt eine Reihe von Kontrollfunktionen, mit denen Sie Abfrageergebnisse beeinflussen können.

9.2.1 Bedingte Auswertung

MySQL unterstützt die bedingte Auswertung mit zwei oder mehr Alternativen. Das aus PHP bekannte if-Konstrukt existiert in mehreren Varianten, unterteilt in den Test auf Gleichheit und auf den Wert NULL. Zwei oder mehr Alternativen können Sie mit dem CASE-Konstrukt verarbeiten, das dem switch in PHP entspricht. In MySQL sind alle Parameter der Kontrollstrukturen Ausdrücke, die sich auswerten lassen. Das bedeutet, Sie können z. B. Berechnungen durchführen oder NOW() innerhalb bedingter Auswertungen einsetzen.

Zwei Alternativen

IF(bedingung,konsequenz,alternative)

Testet bedingung im booleschen Sinne auf den Wert true. Ist die Überprüfung erfolgreich, so wird konsequenz ausgewertet, anderenfalls alternative. Dies ist die exakte Entsprechung der PHP-Variante:

```
if($bedingung)
{
   eval($konsequenz);   //werte $konsequenz aus
}
else
{
   eval($alternative);  //werte $alternative aus
}
```

In SQL verwenden Sie das Konstrukt wie folgt:

```
SELECT IF(23+49<100,'ja','nein') AS berechnung;
```

Dies ergibt »ja«, denn 72 ist kleiner als 100.

IFNULL(vergleich,alternative)

Prüft, ob vergleich den Wert NULL besitzt. Bei Gleichheit wird alternative ausgewertet, anderenfalls vergleich.

```
SELECT IFNULL(NULL,100);
SELECT IFNULL(0,10);
```

Im ersten Fall ist der Rückgabewert des Konstrukts 100, denn der Vergleichswert ist NULL. Die zweite Abfrage ergibt 0, denn die Zahl 0 ist nicht gleich NULL.

NULLIF(konsequenz,vergleich)

Prüft, ob konsequenz und vergleich denselben Wert besitzen. Im positiven Fall resultiert daraus der Wert NULL. Sind die beiden Parameter nicht gleich, wird konsequenz zurückgeliefert. Beispiel:

```
SELECT NULLIF(1,'1');
SELECT NULLIF(1,'eins');
```

Die erste Zeile zeigt, dass es sich bei dem NULLIF-Konstrukt um keine typsichere Variante handelt. Beim Vergleich spielen die Datentypen keine Rolle. Es wird demnach zu NULL ausgewertet. Anders ist das in der zweiten Zeile: Die Zeichenkette und die Zahl mögen zwar für Sie und uns den gleichen Wert repräsentieren, das erkennt MySQL allerdings nicht. Rückgabewert ist 1, also der erste Parameter.

Variable Alternativenanzahl

CASE-Konstrukte können mehr als zwei alternative Auswertungszweige enthalten. Die Alternativen werden der Reihe nach durchgegangen. Ein Zweig wird nur dann verarbeitet, wenn dessen Bedingung (z. B. ein Test auf Gleichheit) zutrifft. Nach der ersten Auswertung wird das Konstrukt beendet. Das CASE-Konstrukt existiert in zwei Varianten. Syntaktisch beginnen beide mit dem Schlüsselwort CASE und enden mit einem END. Dazwischen stehen mehrere Alternativen und optional ein ELSE, das immer ausgewertet wird, sofern vorher keine Option greift:

```
CASE
WHEN...THEN
[WHEN...THEN ...]
[ELSE ...]
END
```

CASE mit zentralem Vergleichswert

Als Bedingung enthält jede Alternative implizit einen Test auf Gleichheit von dem zentralen Referenzwert und einem angegebenen Wert.

```
CASE referenzwert
WHEN vergleich THEN konsequenz
[WHEN vergleich THEN konsequenz...]
[ELSE konsequenz]
END;
```

Im Beispiel testen wir natürliche Zahlen, ob sie kleiner, gleich oder größer als die Zahl 2 sind:

```
SET @x = 5;
SELECT CASE @x
WHEN 1 THEN 'kleiner als 2'
WHEN 2 THEN 'genau 2'
ELSE 'größer als 2'
END;
```

Die Ausgabe ist erwartungsgemäß »größer als 2«.

CASE mit unabhängigen Bedingungen

Hierbei existiert kein zentraler Referenzwert. Jede Alternative enthält stattdessen eine eigene Bedingung, die im booleschen Sinne ausgewertet wird.

```
CASE
WHEN bedingung THEN konsequenz
[WHEN bedingung THEN konsequenz...]
[ELSE konsequenz]
END
```

Das folgende Beispiel zeigt, dass die Bedingungen nicht aufeinander aufbauen müssen, das heißt, die Variable @x muss in der zweiten Bedingung nicht weiter abgefragt werden.

```
@x=5;
@y=2*@x;
SELECT CASE
WHEN @x<5 THEN 'x ist kleiner als fünf'
WHEN @y>=12 THEN 'x ist größer als fünf'
ELSE 'x ist fünf'
END;
```

9.2.2 Aggregationen

Eine Aggregation verdichtet eine Reihe von Daten zu einem einzelnen Wert. In SQL treten die nachfolgenden Aggregationsfunktionen in Verbindung mit GROUP BY-Klauseln in Abfragen auf. GROUP BY sorgt für die Bündelung und deren Reihenfolge im Abfrageergebnis, die Aggregationsfunktionen bestimmen die Art der Gruppierung. Nehmen Sie die folgende Beispieltabelle:

```
CREATE TABLE personen (
name VARCHAR(100) NOT NULL,
geschlecht ENUM('M','W') NOT NULL,
```

```
alterJahr TINYINT(2) NOT NULL
) ENGINE=MyISAM;
```

Wir füllen die Tabelle mit einigen Datensätzen aus unserer Adresskartei aus Kapitel 6, »Einführung in MySQL«.

name	geschlecht	alterJahr
Dodo	W	63
Tobias	M	61
Daniela	W	50
Otto	M	48
Elke	W	47
Rosemarie	W	51
Heinrich	M	56

Abbildung 9.2 Ein Auszug aus der Adresskartei

Sie werden gleich in der Auflistung der Funktionen sehen, dass manche Spalten für eine Aggregation geeigneter sind als andere, numerische Werte nämlich. Der große Teil der Aggregate – aber nicht alle – sind mathematische Berechnungen, die sinnvoll nur mit Zahlen funktionieren. Eine Ausnahme bildet das Zählen von Vorkommen, das sogenannte COUNT(), das wir auch im ersten Beispiel verwenden:

```
SELECT COUNT(*) FROM personen;
```

Der Stern dient uns als Platzhalter. Wir zählen damit, wie viele Datensätze in der Tabelle bestehen. Bei unserem Ausschnitt der Originalrelation kommen wir auf den Wert 7.

> **Hintergrundwissen**
>
> Der Befehl COUNT() nimmt aber auch zugleich eine Sonderstellung ein, zumindest solange Sie MyISAM-Tabellen einsetzen: Über die Anzahl der gespeicherten Datensätze wird genau Buch geführt. COUNT(*) macht sich diese Statistik zunutze und ist daher sehr schnell. Dem steht die landläufige Meinung gegenüber, COUNT(*) sei langsamer als ein COUNT(id), weil bei Letzterem nur eine Spalte ausgezählt würde. Dem ist allerdings ganz und gar nicht so.

Mit Aggregatsfunktionen lassen sich sehr unterschiedliche mathematisch relevante Werte berechnen.[2] Wer sich über die folgende Liste an Aggregaten hinaus für beispielsweise Standardabweichungen und Varianzen interessiert, dem sei an

---

2 Die Relevanz zeigt sich nicht zuletzt durch ein Hauptanwendungsgebiet: Data Warehousing.

dieser Stelle die offizielle MySQL-Referenz empfohlen. Wir stellen Ihnen nun die gebräuchlichsten Aggregate nacheinander vor.

Das Zählen mit

`COUNT([DISTINCT] attr)`

haben Sie bereits kennengelernt. Beim Zählen werden alle Tupel der Spalte `attr` in Betracht gezogen, deren Wert nicht `NULL` ist. Wenn Sie das optionale `DISTINCT` mit angeben, zählt MySQL doppelte Werte nur einmal mit. So verringert sich für unsere Beispielrelation die Anzahl der Datensätze von 7 auf 2, wenn Sie statt der vorigen Abfrage diese benutzen:

`SELECT COUNT(DISTINCT geschlecht) FROM personen;`

Geliefert wird also die Anzahl der unterschiedlichen Ausprägungen innerhalb eines Attributs. Dass das Ergebnis im Falle des Geschlechts gleich 2 ist, mag da auch wenig verwundern, zumal wir die Spalte per `ENUM` explizit darauf begrenzt haben. Sind keine Tupel zum Aufzählen vorhanden, ist die Rückgabe 0.

Den Durchschnitt der Ausprägungen einer Spalte berechnen Sie mit

`AVG([DISTINCT] attr)`

Das `DISTINCT` kann das Ergebnis je nach Datenbestand stark verändern. Nehmen Sie eine Tabelle, die sechsmal den Wert 2 und einmal den Wert 7 enthält. Arithmetisches Mittel der Werte ohne `DISTINCT` ist 2,7143, stark dominiert von der hohen Anzahl 2er mit einem Ausreißer. Mit `DISTINCT` ergibt sich ein Mittelwert von 4,5. Der Einsatz des Platzhalters * ist nicht möglich. Existieren keine Tupel, aus denen sich der Durchschnitt berechnen lässt, liefert der Ausdruck `NULL`.

In unserem Beispiel berechnen wir das Durchschnittsalter der Personen in unserer Tabelle mit

`SELECT AVG(alterJahr) FROM personen;`

und kommen auf 53,7143 Jahre.

Extremwerte – Minimum und Maximum – ermitteln Sie über

`MIN(attr)` und
`MAX(attr)`

Die Angabe von `DISTINCT` ist in beiden Fällen möglich, aber sinnfrei – das Maximum und Minimum aller Werte ist identisch mit dem Maximum bzw. Minimum der Werte ohne Duplikate. Extremwerte können auch von Zeichenketten berechnet werden. In diesem Fall kommt dann auch die Collation zum Tragen. In unserer folgenden Abfrage wollen wir aber sowohl das Minimal- als auch das Maximalalter der Personen ausgeben lassen. Das machen wir gemeinsam in der Abfrage

`SELECT MIN(alterJahr), MAX(alterJahr) FROM personen;`

und bekommen eine zweispaltige Tabelle mit einem einzigen Tupel: 47,63. Wenn keine Tupel vorhanden sind, aus denen die Extremwerte ermittelt werden können, liefern beide Ausdrücke den Wert `NULL`.

Während `COUNT()` nur die Anzahl aller Tupel berechnet, können Sie sie mit

`SUM([DISTINCT] attr)`

summieren. Das Ergebnis hängt wiederum davon ab, ob Sie ein `DISTINCT` einsetzen oder nicht. Die Summe einer leeren Menge ist `NULL`. Zählen wir das Alter aller Personen in unserer Tabelle über

`SELECT SUM(alterJahr) FROM personen;`

zusammen, kommen wir auf die stolze Summe von 376 Jahren.

Wir haben eingangs erwähnt, dass Aggregationen dort auftauchen, wo eine Gruppierung eingesetzt wird. In der Vorstellung der Aggregationsfunktionen haben wir aber kein einziges Mal eine `GROUP BY`-Klausel verwendet und sind trotzdem zu zufriedenstellenden Ergebnissen gekommen. Worin liegt also dann der Vorteil einer Gruppierung? Die vorigen Beispiele sind alle einfacher Natur: Wir führen weder bei der Summierung noch bei der Ermittlung von Extremwerten noch sonst eine Klassifikation der Datensätze ein, sondern behandeln alle Tupel gleich. Mitunter reicht diese Gleichbehandlung allerdings nicht, um den gewünschten Detailgrad einer Abfrage zu erreichen.

Nehmen wir als Beispiel die Ermittlung des Durchschnittalters – eine Operation, die etwa von Versicherungen durchgeführt wird, um Prämien zu berechnen. Frauen leben durchschnittlich länger als Männer.[3] Die geschlechterspezifische Berechnung muss also auf ganz unterschiedlichen Grundlagen basieren, was eine Differenzierung notwendig macht, wie sie in Abbildung 9.3 zu sehen ist.

Geschlecht	Alter (durchschn.)
M	55.0000
W	52.7500

Abbildung 9.3 Durchschnittsalter, differenziert nach dem Geschlecht

---

3 In Deutschland statistisch gesehen um etwa 6 Jahre.

Es existieren in SQL mehrere Möglichkeiten, zu einem solchen Ergebnis zu kommen. Zum Beispiel über eine Reihe von SELECT-Abfragen:

```
SELECT geschlecht, AVG(alterJahr)
FROM personen
WHERE geschlecht='M';
SELECT geschlecht, AVG(alterJahr)
FROM personen
WHERE geschlecht='W';
```

> **Hinweis**
>
> Die Spalte geschlecht zu den voranstehenden Abfragen hinzuzunehmen resultiert in einer MySQL-Fehlermeldung. Es ist nicht möglich, aggregierte und nicht aggregierte Attribute in einer Abfrage zu mischen, ohne ein GROUP BY zu verwenden.

Der Nachteil daran ist, dass für jede Ausprägung des Attributs geschlecht eine neue Abfrage hinzugefügt werden muss. Eine solche Abfrage ist also schlecht wartbar: Wann immer durch Einfügeoperationen eine neue Ausprägung hinzukommt, müssen Sie die Abfrage anpassen und so häufig Ihren Code abändern. Außerdem erhalten Sie getrennte Ergebnisse. Das zweite Problem können Sie mit einer Erweiterung der SELECT-Syntax lösen, dem Befehl

```
UNION [ALL]
```

Damit verbinden Sie die Ergebnismengen mehrerer Abfragen zu einer einzigen. Die Anwendung ist an Bedingungen geknüpft. So müssen

1. die Anzahl der Spalten in jeder Teilabfrage identisch sein,
2. die Datentypen der korrespondierenden Spalten gleich sein, und
3. die Spaltennamen des Endergebnisses in der ersten Teilabfrage festgelegt werden.

Die Option ALL beschränkt das Endergebnis auf eindeutige Datensätze und hat damit den gleichen Effekt über alle Ergebnisse wie ein DISTINCT in einer einzelnen Abfrage. Für unser Beispiel mit dem Durchschnittsalter, differenziert nach dem Geschlecht, kombinieren wir also die beiden Teilabfragen wie folgt:

```
SELECT geschlecht, AVG(alterJahr)
FROM personen
WHERE geschlecht='M'
UNION
SELECT geschlecht, AVG(alterJahr)
FROM personen
WHERE geschlecht='W';
```

Die Teilabfragen bleiben dieselben. Sie werden lediglich durch das UNION verknüpft. Das Wartbarkeitsproblem besteht aber dennoch weiterhin; sobald das Attribut geschlecht eine weitere Ausprägung annehmen kann, müssen Sie die SQL-Anweisung anpassen. Die GROUP BY-Klausel behebt auch diesen Missstand. Die nachstehende Anweisung kommt auf das gleiche Ergebnis wie das vorige – nur dass das Attribut geschlecht einbezogen wird und das Ergebnis somit dichter an demjenigen liegt, das wir beabsichtigen (siehe Abbildung 9.3):

```
SELECT geschlecht, AVG(alterJahr) AS 'Alter (durchschn.)'
FROM personen
GROUP BY geschlecht;
```

Gruppierung bedeutet also, dass alle Vorkommen einer Ausprägung zusammen betrachtet werden. Sie schließt gleichzeitig eine Sortierung ein. Standardmäßig wird alphanumerisch aufsteigend sortiert. Dies können Sie in MySQL genau wie bei einem ORDER BY manuell steuern. Hängen Sie ein ASC an die GROUP BY-Klausel an, wird aufsteigend sortiert; DESC bewirkt eine absteigende Sortierung.

Gruppierungen sind nicht auf ein einzelnes Attribut pro Abfrage begrenzt. Sie können Ihr Ergebnis stattdessen nach einer ganzen Reihe von Tabellenattributen gruppieren. Die Abarbeitungsreihenfolge ist durch die Sequenz der Attribute in der Gruppierung vorgegeben. Je weniger Spalten Sie allerdings in die Klassifikation einbeziehen, desto kompakter ist das Ergebnis.

Der Zusatz WITH ROLLUP erzeugt über die Gruppierung der Spalten hinaus weitere Datensätze, die die Aggregation auf höherer Ebene repräsentieren. Auf unser Geschlechter-Durchschnittsalter-Beispiel bezogen bedeutet das, dass im Ergebnis drei statt zwei Zeilen existieren. Die ersten beiden Tupel sind identisch mit der Tabelle in Abbildung 9.3. Das letzte, neue Tupel enthält das Durchschnittsalter bezogen auf alle männlichen und weiblichen Personen. Dargestellt ist dies in Abbildung 9.4.

Geschlecht	Alter (durchschn.)
M	55.0000
W	52.7500
null	53.7143

Abbildung 9.4 Durchschnittsalter, nach Geschlechtern getrennt und aggregiert

Dass der Wert von 53,7143 nicht aus der Luft gegriffen ist, wissen wir aus unserem ersten AVG()-Beispiel. Um dieses Ergebnis zu erreichen, nutzen wir die folgende Abfrage. Zusätzlich betreiben wir etwas Kosmetik: Durch das IFNULL wird die Zeichenkette ALLE als Geschlecht überall dort angegeben, wo ansonsten eigentlich der Wert NULL stünde (siehe Abbildung 9.5).

```
SELECT IFNULL(geschlecht,'ALLE') AS geschlecht,
AVG(alterJahr) AS alterJahr
FROM personen
GROUP BY geschlecht WITH ROLLUP;
```

Geschlecht	Alter (durchschn.)
M	55.0000
W	52.7500
ALLE	53.7143

Abbildung 9.5 Das vorige Ergebnis nach Korrekturen

9.3 Performanter Datenbankzugriff

Der Leistung von Abfragen lässt sich mit unterschiedlichen Mitteln ein kleiner Schub versetzen. Maßnahmen zur Leistungssteigerung beziehen sich zum einen auf die Datenbankstrukturen, das heißt, Sie erreichen größere Performance, ohne Ihre SQL-Anweisungen zu verändern. Zu diesen Mitteln zählt neben den Indizes, die wir in diesem Abschnitt behandeln, auch die Partitionierung, die wir in Abschnitt 9.8 besprechen. Zum anderen können Sie Ihre Kommandos tunen, um bei der Verknüpfung mehrerer Tabellen von vornherein eine präzisere Menge an relevanten Datensätzen zu erhalten.

9.3.1 JOIN-Syntax

Um die unterschiedlichen Arten der Verknüpfung (englisch »join«) in MySQL zu erläutern, definieren wir zuallererst zwei Tabellen `joinA` und `joinB`:

```
CREATE TABLE joinA (
id TINYINT(3) NOT NULL,
wertA VARCHAR(1) NOT NULL,
PRIMARY KEY (id)
);
CREATE TABLE joinB (
id TINYINT(3) NOT NULL,
wertB VARCHAR(1) NOT NULL,
PRIMARY KEY (id)
);
```

Wir befüllen die Tabellen mit Datensätzen, dargestellt in Abbildung 9.6.

Die Beziehung zwischen `joinA` und `joinB` wird logisch über die Spalten `id` hergestellt. Bislang haben wir das kartesische Produkt benutzt, um die Datensätze mehrerer Tabellen miteinander zu verknüpfen. Das ist die einfachste Methode, aber auch diejenige, die am meisten Ressourcen verbraucht und teilweise sogar verschwendet:

`SELECT * FROM joinA, joinB;`

joinA

id	wertA
1	A
3	C
4	D
6	F

joinB

id	wertB
1	Z
4	W
7	U

Abbildung 9.6 Unsere Basistabellen

Das kartesische Produkt der Tabellen `joinA` und `joinB` ist in Abbildung 9.7 zu sehen. Es besteht aus vier Spalten und zwölf Zeilen (drei mal vier Zeilen).

Relevant sind für uns nur diejenigen Datensätze aus dem kartesischen Produkt, bei denen die Spalten `id` übereinstimmen (siehe Abbildung 9.8). Alle anderen Datensätze sind zwar in der Relation technisch möglich, aber semantisch nicht sinnvoll.

id	wertA	id	wertB
1	A	1	Z
1	A	4	W
1	A	7	U
3	C	1	Z
3	C	4	W
3	C	7	U
4	D	1	Z
4	D	4	W
4	D	7	U
6	F	1	Z
6	F	4	W
6	F	7	U

Abbildung 9.7 Kartesisches Produkt der Tabellen »joinA« und »joinB«

Das kann die Datenbank allerdings nicht wissen. Die Einschränkung mit einer `WHERE`-Klausel führt uns zum gewünschten Ergebnis:

```
SELECT * FROM joinA, joinB WHERE joinA.id=joinB.id;
```

Dieses Statement ist die sogenannte *implizite Schreibweise* für einen INNER JOIN. Explizit kann das vorangegangene Kommando auch wie folgt deklariert werden:

```
SELECT * FROM joinA INNER JOIN joinB ON joinA.id=joinB.id;
```

Daraus wird ersichtlich, wie viel Ausschuss die ursprüngliche Anweisung produziert hat.[4] Die Untermenge des kartesischen Produkts ist allerdings immer noch nicht optimal.

id	wertA	id	wertB
1	A	1	Z
4	D	4	W

Abbildung 9.8 Untermenge des kartesischen Produkts

Die Spalte id ist doppelt vorhanden und enthält zudem identische Werte. Gleichnamige Attribute sind in Relationen generell verboten. In dem Abfrageergebnis ist das trotzdem möglich, weil MySQL bei einem SELECT * intern die Beziehungen der Attribute zu den Ursprungstabellen behält, also joinA.id und joinB.id.

Das minimale Ergebnis für unsere Anforderungen erhalten wir stattdessen mit dem natürlichen Verbund, mit SQL ausgedrückt NATURAL JOIN. Dabei werden zwei Tabellen miteinander verbunden, die über gleichnamige Spalten verfügen. In die Ergebnisrelation werden nur diejenigen Tupel aufgenommen, für die es in den Verbundattributen in beiden Tabellen gleiche Werte gibt. In unserem Fall sind die Verbundattribute die beiden Spalten id. Den natürlichen Verbund formulieren wir in SQL wie folgt:

```
SELECT * FROM joinA NATURAL JOIN joinB;
```

und erhalten daraus das in Abbildung 9.9 dargestellte Ergebnis.

id	wertA	wertB
1	A	Z
4	D	W

Abbildung 9.9 Der natürliche Verbund unserer Tabellen

Das Duplikat der Verbundattribute wurde entfernt. Davon abgesehen sind die Ergebnisse aus Abbildung 9.8 und Abbildung 9.9 identisch. Wie Sie sehen, ist es

---

4 In diesem Fall über 80 %.

beim natürlichen Verbund nicht notwendig, die Verbundattribute in einer WHERE-Klausel explizit anzugeben. In unserem Beispiel sind die beiden id-Spalten jeweils über alle Ausprägungen ihrer Tabelle eindeutig. In diesem Fall kann die Anzahl der resultierenden Datensätze des natürlichen Verbunds nie größer sein als die der kleinsten Tabelle. Besteht diese UNIQUE-Eigenschaft nicht, ist die obere Grenze für die Verbundgröße die Anzahl der Datensätze aus der größten Tabelle.

Was wir bislang aus Verknüpfungen ableiten können, sind alle Tupel, für die es Daten in beiden Tabellen gibt. Was uns jedoch verwehrt bleibt, ist beispielsweise eine Übersicht über alle Datensätze aus joinA, die keine Entsprechung in joinB besitzen – oder umgekehrt. Die erhalten wir stattdessen über den LEFT JOIN und den RIGHT JOIN, genauer gesagt handelt es sich dabei um zwei mögliche Varianten des OUTER JOIN.

Der LEFT [OUTER] JOIN zweier Tabellen gibt alle Datensätze aus der linken Tabelle aus und dazu alle Entsprechungen aus der rechten Tabelle. Wenn keine Entsprechung existiert, wird stattdessen NULL geliefert. An unserem Beispiel sieht dies folgendermaßen aus:

```
SELECT *
FROM joinA LEFT JOIN joinB
ON joinA.id=joinB.id;
```

Als Ergebnis erhalten wir eine Tabelle, wie sie in Abbildung 9.10 dargestellt ist. Neu ist die Klausel ON, mit der wir die Verbundattribute festlegen. Mehrere Verknüpfungen können mit AND aneinandergereiht werden. Alternativ lässt sich auch die Klausel USING verwenden, wenn – wie in unserem Beispiel – die Verbundattribute in den Tabellen gleich benannt sind. Das Ergebnis stellt sich dann dar wie beim natürlichen Verbund:

```
SELECT *
FROM joinA LEFT JOIN joinB
USING (id);
```

Das Resultat umfasst exakt so viele Datensätze wie die linke Tabelle des LEFT JOIN. Damit sind wir unseren Anforderungen allerdings nur ein Stück weit näher gekommen. Wir wollten eigentlich alle Datensätze aus joinA haben, die kein Gegenstück in joinB besitzen. Dazu können wir die vorige Abfrage mit einem WHERE weiter eingrenzen:

```
SELECT joina.id
FROM joina
LEFT JOIN joinb ON join_a.id = join_b.id
WHERE join_b.id IS NULL;
```

Das liefert uns wie gewünscht die Zahlen 3 und 6.

id	wertA	id	wertB
1	A	1	Z
3	C	NULL	NULL
4	D	4	W
6	F	NULL	NULL

Abbildung 9.10 LEFT JOIN von »joinA« und »joinB«

Der `RIGHT JOIN` funktioniert genau spiegelverkehrt. Die beiden folgenden Anweisungen sind demnach identisch:

```
SELECT *
FROM joinA LEFT JOIN joinB
ON joinA.id=joinB.id;
```

und

```
SELECT *
FROM joinB RIGHT JOIN joinA
ON joinB.id=joinA.id;
```

9.3.2 Indizes

Ein Index ist eine zusätzliche Struktur der Datenbank, die das Auffinden gesuchter Tupel in einer großen Datenmenge beschleunigt. Dahinter steht die folgende Überlegung: Große Datenmengen, z. B. eine sehr große Tabelle, lassen sich nicht schnell durchsuchen, zumal sie auch selten komplett in den schnellen Hauptspeicher der Servers passen. Wenn es gelingt, eine Datenstruktur zu erzeugen, durch die der Datenbestand kompakt, aber vollständig katalogisiert werden kann, beschleunigt das Datenbankabfragen enorm. Solch ein »Katalog« heißt *Index* und wird in der Regel für einzelne Attribute einer Tabelle angelegt. Anstatt bei einer `SELECT`-Abfrage alle Vorkommen im Datenbestand zu durchforsten, wird nur der deutlich kleinere Index durchsucht. Ergebnis einer Indexabfrage sind Verweise zu Datensätzen auf der Festplatte, auf die dann gezielt und effizient zugegriffen werden kann.

Ein in MySQL gängiger Indextyp ist der sogenannte *B-Baum*, der für Daten der meisten MySQL Storage Engines eingesetzt werden kann. Wo die Bezeichnung herrührt, ist nicht klar. Häufig wird der Name des Erfinders Bayer als Interpretation herangezogen, oder aber es wird behauptet, es hieße »balancierter Baum«, eine Beschreibung, die von einer zentralen Eigenschaft des Baumes abgeleitet ist:

B-Bäume sind hierarchische Strukturen, die von oben nach unten durchsucht werden. Auf der obersten Hierarchiestufe steht nur ein Element – in einem Baum als *Knoten* bezeichnet –, der *Wurzelknoten*. Von dort wird zu mehreren Knoten der nächstniedrigeren Hierarchiestufe verzweigt. Die Verzweigungen ziehen sich über mehrere Ebenen hinweg, bis am Ende die sogenannten *Blattknoten* stehen. Die Balance des Baumes, von der auch die Bezeichnung für den Baumtyp stammt, besteht darin, dass alle Blattknoten auf derselben Hierarchiestufe stehen – der Baum ist also ausbalanciert und »kippt« nicht zu einer Seite.

Jeder Knoten im Baum besteht abwechselnd aus einer Reihe von Ausprägungen der indizierten Spalte und Verweisen zu hierarchisch tiefer gelegenen Baumknoten. Zu sehen ist dies im oberen Teil von Abbildung 9.11. In der Grafik wird gezeigt, wie das Alphabet durch einen B-Baum abgebildet werden kann. Jeder Verweis auf einen Teilbaum niedrigerer Stufe zeigt nur noch auf einen Teil des Alphabets. (Teil-)Bäume werden in der Informatik in zusammengefasster Form als *Dreieck* gezeichnet, was der Struktur eines Baumes nachempfunden ist, der nach unten immer breiter wird. Das Dreieck ist eine vereinfachte Darstellung einer Liste aus Verweisen und Ausprägungen, genau wie der Wurzelknoten. Je weiter Sie bei einem Suchvorgang im Baum durch die Hierarchiestufen herabwandern, desto kleiner wird also die Menge des Datenbestands, der durch den aktuellen Knoten repräsentiert wird – der Wurzelknoten repräsentiert den gesamten Datenbestand. Am Ende der Suche steht entweder ein Verweis zu einem Datensatz auf der Festplatte oder die Erkenntnis, dass der Suchwert nicht im Datenbestand existiert.

Um zu zeigen, wie ein B-Baum verwendet wird, nutzen wir als Beispiel eine Tabelle, die aus zwei Spalten besteht und die Buchstaben des Alphabets mitsamt einer ID enthalten soll. Die Datensätze haben also die Form (1,A), (2,B), (3,C), (4,D) usw. Um einen gesuchten Buchstaben schnell aufzufinden, belegen wir das Attribut `buchstabe` mit einem Index, das heißt, wir lassen MySQL einen B-Baum für die Werte erzeugen, dargestellt in Abbildung 9.11.

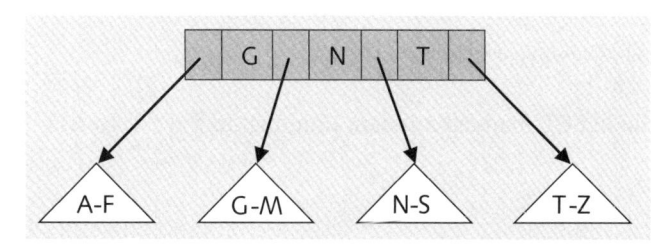

Abbildung 9.11 B-Baum für das Alphabet

Formulieren wir dann eine Abfrage wie beispielsweise

```
SELECT id
FROM alphabet
WHERE buchstabe='Q';
```

startet MySQL eine Indexsuche.

> **Hinweis**
>
> Die Ordnung des Alphabets ist MySQL nur über die Collation der Spalte buchstabe bekannt. Sie sehen also: Was für uns Menschen alltäglich ist, muss dem Computer erst beigebracht werden.

Die Suche beginnt im Wurzelknoten. Dort wird untersucht, wo der gesuchte Buchstabe Q zwischen den vorliegenden Ausprägungen (G,N,T) eingeordnet wird. Q kommt alphabetisch zwischen N und T, MySQL folgt also dem Verweis zu dem Baumknoten, der die Buchstaben N bis S repräsentiert. Dort wird auf die gleiche Weise verfahren. Beim hierarchisch niedrigsten Baumknoten, also dem Blatt, wird nicht auf andere Knoten, sondern auf die Position des Tupels in der Datendatei auf der Festplatte verwiesen. Daraus ergibt sich der Primärschlüssel des gesuchten Buchstabens Q – also die Zahl 17. Der Vorteil an dem B-Baum und allgemein an Indizes ist, dass die Suche nach zwei oder drei Schritten zum Ergebnis kommt, während eine sequentielle Suche 17 Schritte gebraucht hätte.

Von den Berechnungen und Vergleichsoperationen, die wir Ihnen hier vorgeführt haben, merken Sie im alltäglichen Gebrauch nichts. Mitunter werden Sie nicht einmal bemerken, dass MySQL Indizes anlegt, wenn Sie neue Tabellen erzeugen oder bestehende aktualisieren. In phpMyAdmin erzeugen Sie Indizes manuell mit einem einzigen Klick (siehe Abbildung 9.12). Was Sie jedoch zu spüren bekommen, ist eine mitunter deutliche Beschleunigung von SELECT-Abfragen.

Abbildung 9.12 Indizes in phpMyAdmin erstellen

Einen Index erzeugen Sie in SQL manuell mit dem Kommando

```
CREATE [UNIQUE | FULLTEXT] INDEX indexName
  [USING indexType]
ON tblName (attrName [(length)],...)
```

Ein Index muss einen eindeutigen Namen über alle Indizes der Tabelle besitzen. Der optionale Indextyp kann neben BTREE auch Ausprägungen wie etwa HASH annehmen. Welche Typen für eine Tabelle unterstützt werden, hängt von der verwendeten Storage Engine ab – `BTREE` ist meistens einsetzbar. Sie können auch zusammengesetzte Indizes erzeugen, indem Sie in der `ON`-Klausel mehr als ein `attrName` angeben. Dies ist beispielsweise dann sinnvoll, wenn zwei oder mehr Spalten logisch zusammengehören und nur gemeinsam, nicht aber einzeln eindeutig sein müssen (`UNIQUE`-Index). Für Zeichenketten (`CHAR` und `VARCHAR`) können Sie optional die Länge des Indexes angeben. Wenn Sie vorhersagen können, dass sich alle Ausprägungen, beispielsweise die Namen von Personen, in den ersten vier Zeichen unterscheiden, obwohl sie mehr als vier Zeichen lang sind, reicht ein

```
CREATE INDEX personen_name
ON personen(name(4));
```

vollkommen aus, um die gleiche Indexgenauigkeit zu erreichen.

Einen speziellen Index bietet die (standardmäßig eingestellte) Storage Engine MyISAM: Zeichenketten- und Textspalten können mit einem *Volltextindex* (`FULLTEXT`) versehen werden, einem natürlichsprachlichen Index, dessen Effizienz sich steigert, je mehr Daten zur Indexierung vorliegen.

Natürlichsprachliche Indizes orientieren sich – wie der Name schon aussagt – an dem Aufbau der menschlichen Sprache. Die Relevanz eines Textes setzt sich aus der Wichtigkeit der darin enthaltenen Wörter zusammen. Ob ein Wort relevant ist, hängt mit seiner Häufigkeit in der Gesamtheit aller Texte zusammen. Ist ein Wort selten vorhanden, bekommt es ein hohes Gewicht zugewiesen, das heißt, es wird als relevant angesehen. Je öfter das Wort in allen Texten vorkommt, desto geringer ist sein Gewicht. Kommt es sogar in mehr als der Hälfte aller Texte vor, wird es als gänzlich unrelevant betrachtet und nicht einmal in den Index aufgenommen.

Diese Vorgehensweise mag Ihnen vielleicht komisch vorkommen. Ist ein Wort nicht wichtiger, je häufiger es auftritt? Für den Index nicht. Das ist vergleichbar mit den Ergebnissen, die Sie von einer Suchmaschine erhalten. Geben Sie dort einmal »PHP« ein. Sie bekommen Abermillionen Ergebnisse, aber sind diese alle relevant? Nein.[5] Das erklärt allerdings auch, warum der Volltextindex in MySQL erst dann Fahrt aufnimmt, wenn ihm ein großer Datenbestand zugrunde liegt. Erst dann kann durch den Index zuverlässig über die Relevanz des Inhalts entschieden werden.

---

5 Bei einem Test mit der in Deutschland am meisten benutzten Suchmaschine erscheinen bereits auf der zweiten Ergebnisseite Websites, die nur gelistet sind, weil sie in PHP programmiert wurden (Dateierweiterung *.php*).

Der Volltextindex trifft noch weitere Annahmen zur Leistungsverbesserung. Wörter, die weniger als vier Zeichen enthalten, werden nicht in den Index aufgenommen. Ebenso existiert eine Obergrenze, die allerdings erst dann erreicht wird, wenn Sie mehrere von Natur aus lange Wörter zusammensetzen. Außerdem arbeitet der Index mit einer Stoppwortliste. Darin enthalten sind Bindewörter wie »und« und »oder« sowie weitere Wörter, die keinen Beitrag zur Berechnung der Wichtigkeit eines Textes leisten können (z. B. Präpositionen wie »in«, »auf«, »vor«; Personalpronomen wie »ich«, »du«, »er«, »sie«, »es«). In MySQL ist eine englische Stoppwortliste integriert. Für andere Sprachen lassen sich solche Listen schnell über eine beliebige Suchmaschine finden.

Anders als die übrigen Indizes, die wir bislang vorgestellt haben, wird der Volltextindex nicht automatisch in Datenbankabfragen benutzt. Stattdessen existiert der Befehl

```
MATCH(attrListe) AGAINST (suche)
```

mit dem das Relevanzmaß für die Elemente von `attrListe` berechnet wird. Das Maß ist eine Fließkommazahl mit dem Minimum 0. Je höher der Wert, desto relevanter ist die Zeichenkette `suche` für das Tupel in der Gesamtheit. Standardmäßig werden die Ergebnisse nach dem Relevanzmaß absteigend sortiert.

Als Beispiel wollen wir eine Texttabelle erstellen. Sie besteht aus einem Attribut `id`, einer eindeutigen Nummer und einem Attribut `inhalt`, das die eigentlichen Texte aufnimmt:

```
CREATE TABLE texte (
id TINYINT(3) NOT NULL auto_increment,
inhalt TEXT COLLATE latin1_german2_ci NOT NULL,
PRIMARY KEY (id),
FULLTEXT KEY 'inhalt' (inhalt)
) ENGINE=MyISAM;
```

Nach dem Einfügen der ersten Werte können wir Abfragen absenden:

```
SELECT * FROM texte
WHERE MATCH (inhalt) AGAINST ('MySQL');
```

Die Volltextsuche unterscheidet standardmäßig nicht zwischen Groß- und Kleinschreibung. MySQL berücksichtigt also auch die Zeichenketten »mysql« und »MySQL«. In den Anfängen, speziell bei kleinem Datenbestand, führt die Volltextsuche häufig dazu, dass keine Ergebnisse gefunden werden. Das liegt zuallererst daran, dass relevante Wörter die 50 %-Häufigkeits-Hürde übersteigen und somit aus dem Index fallen.

Abhilfe schaffen *boolesche Anfragen* an den Volltextindex. Die 50 %-Hürde wird dabei nicht berücksichtigt, wohl aber die Stoppwörter und die Minimalwortlänge. Das Ergebnis der Abfrage können Sie durch den Einsatz mehrerer Suchparameter beeinflussen, die Sie in Tabelle 9.2 finden.

Parameter	Beschreibung
(ohne)	Das Wort ist optional; Tupel, in denen das Wort vorkommt, haben eine höhere Relevanz.
+wort	wort muss vorkommen.
-wort	wort darf nicht vorkommen.
(> | <)wort	> erhöht die Relevanz, < verringert die Relevanz des Tupels, wenn wort vorkommt.
wort*	Berücksichtigt alles, was mit wort beginnt.

Tabelle 9.2 Boolesche Suchparameter

Um die Parameter einsetzen zu können, müssen Sie in den Abfragen den Zusatz IN BOOLEAN MODE machen:

```
SELECT * FROM texte
WHERE MATCH (inhalt)
AGAINST ('+MySQL >PHP +Tutorial' IN BOOLEAN MODE);
```

Das Beispiel findet alle Datensätze, in denen die Wörter »MySQL« und »Tutorial« vorkommen. Sofern auch das Wort »PHP« Bestandteil ist, erhält das Tupel ein höheres Relevanzmaß.

Der Index versucht, die Semantik der natürlichen Sprache einzufangen und für den Anwender zu entscheiden, was wichtig ist und was nicht. Woran heutzutage fieberhaft geforscht wird, ist, Maschinen beizubringen, welche Zusammenhänge es zwischen einzelnen Begriffen gibt. Der Volltextindex versucht auch dies in vertretbarem Maße nachzuvollziehen. Mit der sogenannten *Anfrageexpansion* wird der Index mehrfach ausgewertet, um mit den Suchergebnissen ein breiteres Spektrum abzudecken. MySQL unterstützt derzeit das zweistufige Modell. Dabei wird der Datenbestand wie in den vorigen Beispielen beim ersten Suchlauf nach der angegebenen Zeichenkette durchforstet. In einem zweiten Durchlauf wird zusätzlich nach den wichtigen Wörtern der relevantesten Ergebnisse aus der ersten Phase gesucht.

Auch die Anfrageexpansion wird nicht standardmäßig eingesetzt, sondern wird nur dann aktiv, wenn Sie Ihre Abfrage um WITH QUERY EXPANSION erweitern:

```
SELECT * FROM texte
WHERE MATCH (inhalt)
AGAINST ('MySQL' WITH QUERY EXPANSION);
```

Die relevanten Ergebnisse aus dem ersten Durchlauf könnten beispielsweise »Datenbank«, »Open Source« oder »PHP« sein, abhängig von der zugrundeliegenden Datenbasis. Eine Abfrage ohne Expansion, die zu der vorigen äquivalent ist, könnte demnach wie folgt aussehen:

```
SELECT * FROM texte
WHERE MATCH (inhalt)
AGAINST ('+MySQL >Datenbank >OpenSource >PHP' IN BOOLEAN MODE);
```

9.4 Metadaten

Metadaten sind Informationen über Daten. Sie beschreiben also deren Eigenschaften. MySQL speichert Metadaten und stellt eine Reihe von Funktionen zu deren Abfrage bereit. So können Sie beispielsweise nachvollziehen, mit welchen Kommandos Datenbankstrukturen erzeugt wurden, in welcher Form sie derzeit existieren und auf welche Sie zugreifen dürfen. Ferner können Sie sich einen Überblick über bestehende Schlüsselbeziehungen und das Datenaufkommen im System verschaffen.

9.4.1 INFORMATION_SCHEMA

Mit der Version 5 führte MySQL eine Metadatenbank mit dem Namen *INFORMATION_SCHEMA* nach dem ANSI-SQL-Standard ein und erweitert sie seitdem sukzessive um zusätzliche Informationen in Form neuer Tabellen. Sie ist virtuell in dem Sinne, dass sie nicht wie die anderen Datenbanken im *data*-Verzeichnis auf der Festplatte abgelegt wird (siehe Kapitel 3, »Installation«, dort z. B. *C:\Xampp\xampp\mysql\data*). Auch der Inhalt ist nicht für jeden Datenbankbenutzer einheitlich. Mit jedem Benutzerkonto haben Sie Zugriff auf alle Tabellen der Metadatenbank, unabhängig von den an Sie vergebenen Rechten. Das bedeutet, auch wenn Sie nur das Recht USAGE besitzen, können Sie die folgenden Operationen erfolgreich ausführen:

```
USE information_schema;
SELECT * FROM schemata;
```

Als Ergebnis erhalten Sie eine Liste aller Datenbanken, die für Sie freigegeben sind. Die Liste enthält in diesem Fall nur einen Eintrag, nämlich den für die Metadatenbank.

Wie aus dem Beispiel klar wird, unterscheidet sich nur der Inhalt der Metadatenbank für jeden Datenbankbenutzer. Abhängig von den Rechten, die dem Benutzerkonto per GRANT verliehen wurden, sind die Metadatentabellen mehr oder weniger gefüllt.

> **Hinweis**
>
> Um während des Betriebs Metadaten aus der Datenbank *INFORMATION_SCHEMA* abzufragen, brauchen Sie nicht die Datenbank zu wechseln, wie wir es im vorigen Beispiel getan haben. Stattdessen können Sie direkt auf die Metadatenbank zugreifen:
> `SELECT * FROM information_schema.schemata;`

Metadaten wurden auch schon in den Vorgängerversionen von MySQL 5 gepflegt. Diese konnten dann mit dem Befehl SHOW abgefragt werden. Für SHOW existieren mehr als 20 verschiedene Parameter, beispielsweise für die Auflistung von Datenbanken, Tabellen, Systemvariablen und Systemwarnungen. Obwohl SHOW auch in MySQL 5 noch eingesetzt werden kann, sollte der Zugriff bevorzugt über die Metadatenbank erfolgen, soweit es möglich ist. Die Vorteile liegen auf der Hand:

- Datenbankabfragen über SELECT gehören zum alltäglichen Handwerk eines Entwicklers datenbankgestützter Webapplikationen. Indem Sie Metadaten über SELECT-Anweisungen extrahieren, sparen Sie sich das Erlernen eines zusätzlichen Befehls.
- Die Ausgabe von SHOW-Kommandos ist immer die gleiche und nicht veränderlich. Das Ergebnisformat einer SELECT-Abfrage lässt sich den Bedürfnissen entsprechend anpassen.
- Mit der Metadatenbank folgt MySQL dem SQL:2003-Standard.

Dennoch gibt es Situationen, in denen die Anwendung von SHOW zweifelsohne praktischer ist. Dies ist beispielsweise dann der Fall, wenn Sie sich die Warnungen ausgeben lassen möchten, die die zuletzt ausgeführte SQL-Operation erzeugt hat. Die Ausgabe aller Warnungen erreichen Sie mit

`SHOW WARNINGS;`

In einem weiteren Fall können Sie sich das SQL-Kommando ausgeben lassen, mit dem eine Datenbank oder eine Tabelle erzeugt worden ist. In der Metadatenbank finden Sie diese Information aufgeteilt über mehrere Tabellen und deren Attribute. Die SHOW-Syntax lautet:

`SHOW CREATE{DATABASE | TABLE} name`

Tabelle 9.3 enthält eine komplette Liste aller Datenbanktabellen der Metadatenbank *INFORMATION_SCHEMA*. Manche Tabellen enthalten Attribute, die bislang ungenutzt sind. Sie existieren aus Gründen der Kompatibilität mit dem Standard. Bei der Benennung der Attribute weicht MySQL an manchen Stellen vom Standard ab, um Konflikte mit reservierten Wörtern zu vermeiden. Zusätzlich kann die Datenbank weitere Tabellen und Datensätze enthalten, wenn optionale

Plug-ins wie z. B. die InnoDB Storage Engine oder die darauf aufbauende XtraDB Storage Engine aktiviert sind, auf die wir im folgenden Kapitel zu sprechen kommen. Nun wollen wir Ihnen anhand von Beispielen verdeutlichen, wie Sie Metadaten extrahieren. Wir gehen dazu jedes Mal von einer konkreten Fragestellung aus und erarbeiten dafür eine SELECT-Anweisung.

Beispiel 1

Aus der Sicht eines Administrators ist es wichtig, zu wissen, auf welche Datenbanken ein *benutzerX* Zugriff hat. Spezifische Berechtigungen auf Datenbank-, Tabellen- und Spaltenebene stehen in den Tabellen schema_privileges, table_privileges und column_privileges. Generelle Rechte befinden sich in der Tabelle user_privileges. Für unsere Abfrage müssen wir differenzieren; ein Benutzer kann entweder das globale Recht SHOW DATABASES besitzen, dann hat er Zugriff auf alle vorhandenen Datenbanken, oder ihm wurden datenbankspezifische Rechte erteilt:

```
SELECT IF(
(SELECT COUNT(*)
FROM information_schema.user_privileges
WHERE grantee LIKE '%benutzerX%'
AND privilege_type='SHOW DATABASES')
>0,
(SELECT 'alle'),
(SELECT DISTINCT table_schema
FROM information_schema.schema_privileges
WHERE grantee LIKE '%benutzerX%'));
```

Die Unterscheidung treffen wir mit einem IF-Konstrukt. Wenn ein Tupel in user_privileges existiert, das *benutzerX* das Recht SHOW DATABASES einräumt, geben wir nur die Zeichenkette »alle« aus. Existiert dieser Eintrag nicht, durchsuchen wir die Tabelle schema_privileges auf alle Einträge von *benutzerX* und geben das Attribut table_schema zurück.

Tabellenname	Start in Version	Inhalt
character_sets	5.0	Liste aller Zeichensätze
collations	5.0	Liste aller Collations
collation_character_set_applicability	5.0	Beziehungen aller Zeichensätze zu Collations
columns	5.0	Datentypen, Größe und Tabellenzugehörigkeit von Spalten

Tabelle 9.3 Tabellen der Metadatenbank

Tabellenname	Start in Version	Inhalt
column_privileges	5.0	spaltenspezifische Nutzerrechte
engines	5.1	verfügbare Storage Engines
events	5.1	Einträge für den integrierten Scheduler
files	5.1	NDB-Cluster-Dateien
global_status	5.1	Statistiken über die aktuelle Session (Anzahl Kommandos und Menge Input/Output)
global_variables	5.1	aktueller Wert aller nicht sessionspezifischer Variablen
key_column_usage	5.0	Schlüsselbeziehungen
parameters	5.5	Prozedurparameter und -rückgabewerte
partitions	5.1	Im System angelegte Partitionen – unpartitionierte Tabellen tauchen hier ebenfalls einmal auf.
plugins	5.1	System-Plugins wie beispielsweise Storage Engines
processlist	5.1	Monitoring aktueller Verbindungen zum Server
profiling	5.1	Ressourcennutzung aktueller Statements
referential_constraints	5.1	bei Fremdschlüsseln referenzierte Tabellen/Spalten
routines	5.0	Liste aller Prozeduren mit Definitionen
schemata	5.0	Datenbanken mit Standardwerten zu Zeichensatz und Collation
schema_privileges	5.0	datenbankspezifische Nutzerrechte
session_status	5.1	Statistiken über die aktuelle Session (Anzahl Kommandos und Menge Input/Output)
session_variables	5.1	aktueller Wert aller sessionspezifischen Variablen
statistics	5.0	Informationen zu Indizes und Typ
tables	5.0	Tabellen (und Sichten) mit Standardwerten zu Zeichensätzen und Collations
tablespaces	5.5	aktive Tablespaces (z. B. von InnoDB Daten)
table_constraints	5.0	Constraints (also z. B. Primärschlüssel)
table_privileges	5.0	tabellenspezifische Nutzerrechte
triggers	5.0	Informationen aller Trigger im System
user_privileges	5.0	Rechte-Nutzer-Zuordnung, abgeleitet aus der Systemtabelle mysql.user
views	5.0	Sichten und deren Definition

Tabelle 9.3 Tabellen der Metadatenbank (Forts.)

Beispiel 2

Wir suchen alle bestehenden Fremdschlüsselbeziehungen (FOREIGN KEY). Als Ausgabe wollen wir die Tabelle und den Spaltennamen sowohl des referenzierten Attributs als auch des Zielattributs.

Die Namen aller bestehenden Fremdschlüssel bekommen wir aus der Tabelle table_constraints. Dort selektieren wir alle Datensätze, die als FOREIGN KEY gekennzeichnet sind. Damit durchsuchen wir die Tabelle key_column_usage, in der zu finden ist, welche Tabellenattribute Gebrauch von den Schlüsselbeziehungen machen. Für die Ausgabe selektieren wir zusätzlich den Namen des Fremdschlüssels:

```
SELECT constraint_name AS name,
table_name,
column_name,
referenced_table_name,
referenced_column_name
FROM key_column_usage
WHERE constraint_name=(
   SELECT constraint_name
   FROM referential_constraints
);
```

An diese Information kommen wir aus Gründen der Kompatibilität auf zweierlei Wegen. In MySQL 5.0 existierte die Tabelle referential_constraints nicht, Fremdschlüsselbeziehungen waren – und sind immer noch – in table_constraints gespeichert. Die Auslagerung der Fremdschlüsselbeziehungen in eine gesonderte Tabelle zeigt die Bedeutung des Konzepts, die sich wahrscheinlich auch in zukünftigen Entwicklungen von MySQL niederschlagen wird.

Beispiel 3

Als Nächstes suchen wir alle Collations, die mit dem westeuropäischen Zeichensatz latin1 (Norm ISO 8859-1) kompatibel sind.

Die Beziehungen zwischen Collations und Zeichensätzen befinden sich in der Tabelle collation_character_set_applicability. Die Suche gestaltet sich dementsprechend einfach:

```
SELECT collation_name
FROM collation_character_set_applicability
WHERE character_set_name='latin1';
```

Das Ergebnis der Abfrage umfasst acht Datensätze für die Collations von Schweden, Spanien, Deutschland (zweifach), Dänemark und drei nicht länderspezifische Einträge.

Beispiel 4

Zu guter Letzt lassen wir uns alle Variablen ausgeben, die in der aktuellen Session überschrieben worden sind. Dazu vergleichen wir die Inhalte der Tabellen global_variables und session_variables. Dabei selektieren wir alle Datensätze aus der Ergebnismenge, deren Wert in beiden Tabellen übereinstimmt. In SQL ausgedrückt, sieht dies wie folgt aus:

```
SELECT g.variable_name, g.variable_value, s.variable_value
FROM global_variables g, session_variables s
where g.variable_name=s.variable_name AND
g.variable_value!=s.variable_value;
```

Übrig bleiben nur einige Parameter, die wir über Kommandos wie

```
SET @@SESSION.SQL_MODE=DEFAULT;
```

gesetzt haben.

9.4.2 Metadatenanweisungen

Neben dem Befehl SHOW unterstützt MySQL zwei weitere dedizierte Metadatenkommandos, die wir Ihnen nun vorstellen wollen. Beide lassen sich in ihrer Anwendung auf den Befehl

```
SHOW COLUMNS FROM tblName
```

zurückführen. Daraus folgt, dass die Ergebnisse der folgenden Befehle ebenfalls über die Metadatenbank extrahiert werden können.

Mit dem Befehl

```
DESCRIBE tblName [attrName]
```

verschaffen Sie sich eine Übersicht über die Struktur einer Tabelle tblName. Der Befehl besteht, um Kompatibilität mit dem Datenbanksystem Oracle zu bieten. Mit der Angabe eines Spaltennamens attrName können Sie das Ergebnis weiter eingrenzen. Erlaubt sind für attrName bestehende oder durch Platzhalter (_ für ein Zeichen, % für ein oder mehrere Zeichen) umschriebene Spaltennamen der Tabelle. Das Ergebnis hat immer das gleiche Format, das Sie aus Tabelle 9.4 ablesen können.

Spaltenname	Beschreibung
field	Spaltenname
type	Datentyp, z. B. VARCHAR(100)
null	YES, wenn Nullwerte erlaubt sind, anderenfalls NO
key	Enthält nur einen der folgenden Werte, wenn das Attribut einen Index hat: PRI (Primärschlüssel), UNI (eindeutiger Index), MUL (mehrwertiger Index).
default	Standardwert der Spalte
extra	zusätzliche Optionen, z. B. AUTO_INCREMENT

Tabelle 9.4 Ergebnisstruktur einer DESCRIBE-Anweisung

Zu exakt demselben Ergebnis kommt auch der Befehl

EXPLAIN tblName

9.4.3 PERFORMANCE_SCHEMA

Das *PERFORMANCE_SCHEMA* ist neben dem *INFORMATION_SCHEMA* die zweite virtuelle Datenbank, die MySQL 5, genauer gesagt MySQL 5.5, einführt. Der Einsatzzweck ist jedoch deutlich spezieller: Die Tabellen der Datenbank werden im laufenden Betrieb ständig mit neuen Informationen auf sehr feingranularer Ebene gefüllt. Insofern werden bei aktivierter Unterstützung für das *PERFORMANCE_SCHEMA* nicht Metadaten in Form von Daten über die enthaltenen Daten selbst, sondern in Form von Daten über die Verarbeitung von Daten gesammelt. Um im Wortschatz von MySQL zu sprechen: Hier werden Ereignisse protokolliert, wobei als Ereignis jede kleinschrittige Aktion gewertet wird, die Zeit benötigt, z. B. das Parsen eines SQL Statements, der Zugriff auf die Festplatte oder das Warten auf die Rückkehr eines Funktionsaufrufs.

> **Auswertung der Protokolldaten**
>
> Die neu eingeführten Strukturen dienen der Überwachung des Gesamtsystems und darauf aufbauend der Performanceanalyse und -verbesserung. Der Detailgrad geht weit über das hinaus, was beispielsweise die MySQL Workbench innerhalb der Administrationsoberfläche anzeigt. Der Standardanwender wird sich diese Informationen nicht ohne fundiertes Wissen über die MySQL Interna zunutze machen können.

Um Ereignisse und vor allem ihre Dauer protokollieren zu können, wird eine Definition eines Zeitintervalls benötigt. Entsprechend der Verarbeitungsgeschwindigkeit der detaillierten Ereignisse bewegen sich die Alternativen im Bereich von:

- CYCLE – ein CPU-Zyklus
- NANOSECOND – eine Milliardstelsekunde
- MICROSECOND – eine Millionstelsekunde
- MILLISECOND – eine Tausendstelsekunde
- TICK – Zeitintervall fixer Länge, abhängig von der eingesetzten Hardware

Nicht jede Alternative muss auf ewig verfügbar sein, das ist abhängig von der Maschine, auf der der MySQL-Serverprozess läuft. So kann nicht jede Hardware Nanosekunden aufzeichnen. Eine Übersicht über alle wählbaren Optionen erhalten Sie mit der Abfrage:

```
SELECT timer_name FROM performance_timers WHERE timer_frequency IS NOT NULL;
```

Die aktuelle Auswahl ist nicht, wie erwartet, in einer Servervariablen gespeichert, sondern als einziger Datensatz der Tabelle setup_timer. Das Intervall kann sowohl per SELECT ausgelesen als auch über UPDATE zurückgeschrieben werden. Das Schreiben in die Tabellen der Datenbank PERFORMANCE_SCHEMA ist jedoch keineswegs selbstverständlich. Nur bestimmte Spalten einiger Konfigurationstabellen sind aktualisierbar. Dazu gehören neben dem Timer-Intervall die Inhalte aller weiteren Tabellen, deren Name mit setup_* beginnt, insbesondere setup_instruments. Hier lässt sich die Protokollierung aller Objekte, die zu Ereignissen führen, einzeln ein- und ausschalten. Die Objekte sind hierarchisch benannt, z. B.

```
wait/synch/mutex/sql/PAGE::lock
wait/io/file/maria/index_tmp
```

so dass man bereits an ihrer Benennung erkennen kann, worum es sich inhaltlich dreht, etwa die Synchronisation von Abläufen oder Dateizugriffe. Die Tabelle setup_instruments umfasst neben dem Namen des Objekts die Spalten enabled und timed, die beide jeweils nur die Ausprägungen »yes« und »no« annehmen können. Der Schalter enabled aktiviert die Protokollierung generell. Das Timing bewirkt, dass für Ereignisse auch der Zeitstempel des Auftretens mitprotokolliert wird. Die Voreinstellung ist – auch bei aktiviertem PERFORMANCE_SCHEMA – aktuell noch »no«, da es sich um ein neues Feature handelt und der Einsatz nicht zwingend auf jedem System erforderlich ist. Hinzugefügt sei auch, dass die Protokollierung natürlich Systemressourcen verbraucht. Diese sind jedoch gering, da das Feature dementsprechend getunt ist und sich die Protokollierung im Speicher abspielt – wie auch beim INFORMATION_SCHEMA werden keine Daten auf die Festplatte geschrieben.

Die endgültige Protokollierung findet mehrstufig statt. Es gibt jeweils aktuelle, kurze historische, weitreichende historische und aggregierte Protokolltabellen. Die grundlegende aktuelle Tabelle ist events_waits_current; sie zeigt das jeweils letzte Ereignis pro aktiven Thread. Die historischen Tabellen sind strukturell davon abgeleitet und zeigen lediglich mehr Datensätze an. Ihre Benennung überrascht nicht: Die Tabelle events_waits_history enthält die jeweils letzten zehn Ereignisse pro Thread, in events_waits_history_long sind es 10.000. Aggregierte Tabellen finden sich mehrere. Sie konsolidieren die Vielzahl der auftretenden Ereignisse in auswertbare Informationen, beispielsweise die minimale, maximale oder durchschnittliche Dauer pro Ereignisobjekt. Im Namen führen sie immer das Stichwort summary und heißen dann z. B. events_waits_summary_by_event_name.

9.5 Views

Sichten (englisch »view«) sind Abbilder bestehender Tabellen oder von deren Teilmengen. Sie haben einen eigenen Namen, und ihre Struktur ist dauerhaft in der Datenbank hinterlegt. Sichten basieren auf den Ergebnissen von SELECT-Abfragen.

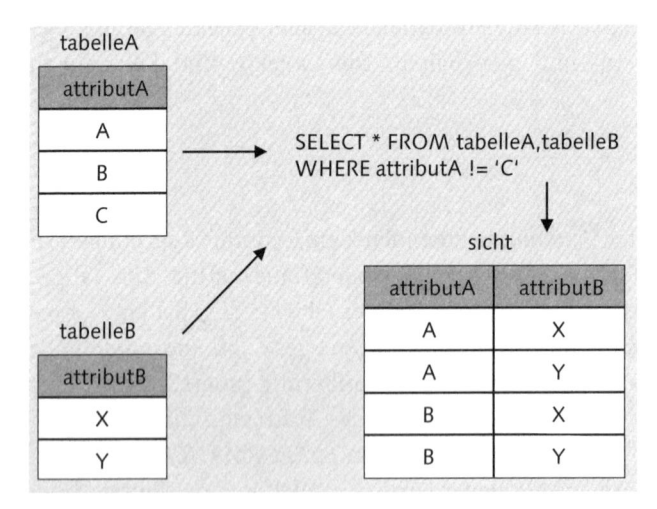

Abbildung 9.13 Sichten basieren auf bestehenden Tabellen.

Nützlich ist dies für häufig ermittelte Tupelmengen, die Basis weiterer Verarbeitungsschritte sind. Anstatt die SELECT-Abfrage aus Abbildung 9.13 jedes Mal aufs Neue an die Datenbank zu senden – womöglich noch als Subquery einer weiteren komplizierten Anweisung –, wird sie als Sicht gespeichert.

9.5.1 Anlegen

Die Syntax zur Definition einer Sicht lautet wie folgt:

```
CREATE [OR REPLACE]
[ALGORITHM = {UNDEFINED | MERGE | TEMPTABLE}]
VIEW vName
[(attrListe)]
AS selectKommando
[WITH [CASCADED | LOCAL] CHECK OPTION]
```

Setzen Sie OR REPLACE, um eine vorhandene Sicht mit einer neuen Definition zu ersetzen. Dies ist kein Ersatz für einen ALTER-Befehl, der natürlich auch existiert. Jede Sicht muss einen eindeutigen Namen besitzen, der anstelle des vNames eingesetzt wird. Es gelten die gleichen Vorgaben wie für Tabellennamen. Sichten und Tabellen teilen sich einen gemeinsamen Namensraum. Das bedeutet, ihre Namen können kollidieren. Sie dürfen also für eine Sicht keinen Bezeichner benutzen, der schon für eine Tabelle vergeben ist, und umgekehrt. Als selectKommando geben Sie eine syntaktisch korrekte Abfrage an. Die Möglichkeiten entsprechen weitgehend dem, was Sie bereits in Kapitel 6, »Einführung in MySQL«, über den Befehl SELECT kennengelernt haben. Beschränkungen existieren jedoch: Eine Sicht darf nicht auf Basis temporärer Tabellen erstellt werden, zumal die dauerhafte Funktionsfähigkeit der Sicht dadurch nicht gewährleistet werden kann. Ferner darf die FROM-Klausel keine Subquery enthalten; stattdessen darf sie nur Tabellen und Sichten referenzieren, die bereits existieren. Letztlich darf eine Sicht kein Attribut der Basistabelle mehrfach enthalten. Ein weiteres Manko, das sich allerdings auch für Tabellen nicht mit einem SELECT-Befehl bewerkstelligen lässt, ist das Fehlen von Indizes. Diese müssen auf den darunterliegenden Tabellen angelegt werden. Um die Sicht zu erzeugen, wie sie in Abbildung 9.13 vorgegeben ist, müssen Sie diese Anweisung ausführen:

```
CREATE VIEW sicht AS
SELECT * FROM tabelleA, tabelleB WHERE attributA != 'C';
```

Auf Sichten lassen sich Abfragen dann genauso stellen wie auf den Basistabellen (in Abbildung 9.13 sind dies tabelleA und tabelleB). Einfüge-, Lösch- und Aktualisierungsoperationen sind nur in manchen Sichten möglich. Dazu muss eine Reihe von Bedingungen erfüllt sein, die wir im Laufe dieses Abschnitts genauer betrachten wollen. Die Abfrage

```
SELECT * FROM tabelleA, tabelleB WHERE attributA != 'C';
```

kann allerdings auf jeden Fall im Weiteren durch

```
SELECT * FROM sicht;
```

ersetzt werden. Sichten sind allerdings keine Momentaufnahmen bestehender Tabellen. Änderungen in den Basistabellen schlagen sich auch in der Sicht nieder. Im Folgenden fügen wir einen neuen Datensatz in tabelleA ein:

```
INSERT INTO tabelleA SET attributA='D';
```

Wenn wir uns nun den gesamten Inhalt der Sicht anzeigen lassen, erhalten wir ein Ergebnis mit sechs Datensätzen, dargestellt in Abbildung 9.14.

Ähnlich verhält es sich mit den Funktionen von MySQL. Bei der Definition einer Sicht können Sie innerhalb des SELECT-Kommandos z. B. auch Zeit- oder Datumsfunktionen wie NOW(), CURDATE() oder CURTIME() einsetzen. Deren Ergebnis wird nicht in einem Feld der Sicht gespeichert, sondern die Funktion wird bei einer Abfrage immer wieder aufs Neue ausgewertet. So erhalten Sie bei jeder Abfrage einen aktuellen Wert. Nicht alle Funktionen, die MySQL bereitstellt, können im SELECT-Teil einer Sicht benutzt werden. Grundsätzlich gilt: Jede parameterlose Funktion ist einsetzbar.

sicht	
attributA	attributB
A	X
A	Y
B	X
B	Y
D	X
D	Y

Abbildung 9.14 Sichten sind stets aktuell.

In unserem bisherigen Beispiel übernehmen wir die Attributsnamen der Basistabellen. Wir können allerdings auch eigene Bezeichner verwenden. Dazu geben wir in der Sichtdefinition (attrListe) an. Die einzelnen Bezeichner werden durch ein Komma voneinander getrennt. Wir erzeugen eine weitere Sicht auf den beiden Tabellen. Anstatt nun die Spalten der Sicht attributA und attributB zu nennen, vergeben wir zwei neue Namen:

```
CREATE VIEW sicht2 (variable,zuweisung) AS
SELECT * FROM tabelleA, tabelleB WHERE attributB = 'X';
```

Daraus resultiert eine Tabelle, deren Struktur und Inhalt Sie in Abbildung 9.15 sehen. Die Bestandteile der Attributsliste korrespondieren mit den Spalten der darunterliegenden Tabellen. Die Menge der Attribute in der Liste muss mit derjenigen in der SELECT-Anweisung übereinstimmen. Die Zuweisung der Paarungen entsteht je nach Ordnung der beiden Listen. Das bedeutet, `sicht2.variable` korrespondiert mit `tabelleA.attributA`, und `zuweisung` gehört zu `tabelleB.attributB`.

Der Inhalt einer Sicht kann dynamisch anhand zweier Algorithmen berechnet werden. Sofern Sie nicht MySQL die Wahl des richtigen Algorithmus überlassen wollen, können Sie mit `ALGORITHM = {UNDEFINED | MERGE | TEMPTABLE}` in der Sichtdefinition explizit eine Herangehensweise vorschreiben. Der Wert `UNDEFINED` ist die Voreinstellung. Er besagt nichts anderes, als wenn Sie den `ALGORITHM`-Parameter weglassen: MySQL soll die Wahl automatisch treffen.

sicht2	
variable	zuweisung
A	X
B	X
C	X
D	X

Abbildung 9.15 Sicht mit eigenen Bezeichnern

Der `MERGE`-Algorithmus schreibt die Abfrage an die Sicht anhand der Sichtdefinition auf ein passendes Gegenstück auf die darunterliegende(n) Tabelle(n) um. So wird

`SELECT * FROM sicht;`

zu

`SELECT * FROM tabelleA, tabelleB WHERE attributA != 'C';`

Dies ist die von MySQL bevorzugte Alternative der Sichtauflösung, wenn sie auch einige Beschränkungen hat. Damit der `MERGE`-Algorithmus benutzt werden kann, muss eine 1:1-Beziehung zwischen Datensätzen in der Sicht und denen in den darunterliegenden Tabellen bestehen. Das impliziert, dass keine Aggregatfunktionen (`MAX()`, `MIN()`, `AVG()` usw.) mit `MERGE` verarbeitet werden können. Erzwingen Sie also diesen Algorithmus in der Sichtdefinition, die Aggregationen enthält, führt das zwangsläufig zu einem Fehler oder einer Warnung.

Als letzte Alternative existiert der `TEMPTABLE`-Algorithmus. Bei jeder Abfrage an die Sicht wird eine temporäre Tabelle angelegt, die von der Struktur her mit der Sicht identisch ist. Als Datenbasis für die Abfrage wird dann diese temporäre Tabelle verwendet:

`SELECT * FROM sicht;`

wird zu

```
CREATE TEMPORARAY TABLE temp AS SELECT * FROM tabelleA, tabelleB
WHERE attributA != 'C';
SELECT * FROM temp;
```

Der Aufwand, kurzfristig eine weitere Tabelle zu erstellen, kann sich lohnen, wenn die Datenbank stark frequentiert ist. Dann werden relativ viele Sperren gesetzt, und eine Abfrage wird unter Umständen von anderen oder von schreibenden Zugriffen blockiert. Für temporäre Tabellen besteht die Restriktion der Aggregatfunktionen nicht. Ebenso wenig problematisch sind DISTINCT, UNION, GROUP BY und HAVING, die beim MERGE-Algorithmus Schwierigkeiten bereiten können.

Ist eine Sicht derart beschaffen, dass Sie Daten in sie einfügen können, lassen sich INSERT-Operationen überwachen. Einfügeoperationen auf Sichten greifen bis auf die darunterliegenden Tabellen durch, das heißt, der Datensatz wird nicht wirklich in der Sicht angelegt, sondern in deren Basistabellen. Wollen Sie eine Überprüfung von Eingaben erwirken, können Sie den Parameter WITH [CASCADED | LOCAL] CHECK OPTIONS verwenden. Nehmen Sie die folgende Einfügeanweisung:

```
INSERT INTO sicht SET attributA='C';
```

Syntaktisch ist diese Abfrage vollkommen korrekt. Nur haben wir in der Definition von sicht explizit ausgeschlossen, dass attributA den Wert C haben darf. Diese Einfügeoperation wird jedoch ohne Beanstandung durchgeführt. Erzeugen wir eine neue Sicht. Sie soll strukturell identisch sein mit sicht, nur werden die Eingaben überprüft:

```
CREATE VIEW sicht3 AS
SELECT * FROM tabelleA, tabelleB WHERE attributA != 'C'
WITH CHECK OPTION;
```

Die Anweisung

```
INSERT INTO sicht3 SET attributA='C';
```

führt dann zu dem folgenden Fehler:

```
ERROR 1369 (HY000): CHECK OPTION failed 'phpmysql.sicht3'
```

Die optionalen Parameter CASCADED und LOCAL beziehen sich auf Sichten, deren Basis ebenfalls Sichten sind. CASCADED ist die mehrstufige Variante der CHECK [LOCAL] OPTION. Es werden also nicht nur die Bedingungen der aktuellen Sicht, sondern auch die der Basissicht überprüft. Anhand dessen wird dann entschieden, ob ein Datensatz eingefügt wird oder nicht.

9.5.2 Editierbare und erweiterbare Sichten

Wir haben schon mehrfach editierbare Sichten angesprochen. Unter welchen Umständen aber lassen sich die Inhalte einer Sicht bearbeiten? Generell lassen sich alle Sichten über ein SELECT abfragen. Editierbar bedeutet dann, dass UPDATE- und DELETE-Anweisungen ausgeführt werden. Dies betrifft nur eine Teilmenge aller Sichten. Und nur eine Untermenge aller editierbaren Sichten ist auch über INSERT-Kommandos erweiterbar.

Es gibt eine Handvoll Kriterien, die die Editierbarkeit einer Sicht verhindern. Dies sind zum einen bestimmte SQL-Fragmente wie UNION, UNION ALL, DISTINCT, GROUP BY und HAVING. Ist eines dieser Elemente in der Sichtdefinition vorhanden, lässt sich die Sicht nicht editieren. Des Weiteren lässt sich eine Sicht nicht aktualisieren, wenn im SELECT-Teil der Definition eine Unterabfrage steht:

```
CREATE VIEW sicht4 AS
SELECT (SELECT attributA FROM tabelleA), attributB FROM tabelleB;
```

Ebenso verhält es sich, wenn eine Unterabfrage im WHERE-Teil zu finden ist, die dieselbe Basistabelle betrifft, die auch im FROM-Teil benutzt wird:

```
CREATE VIEW sicht5 AS
SELECT * FROM tabelleA
WHERE attributA != (SELECT MAX(attributA) FROM tabelleA);
```

Und letztlich ist eine Sicht dann nicht editierbar, wenn ihre Basis eine nicht editierbare Sicht ist oder wenn der TEMPTABLE-Algorithmus zur Berechnung erzwungen wird.

Um Daten in eine Sicht einfügen zu können, muss sie zum einen aktualisierbar sein und zum anderen die folgenden drei Bedingungen erfüllen:

1. Die Sicht muss alle Spalten der darunterliegenden Tabelle(n) enthalten, die keinen Standardwert haben. Logischerweise kann eine Sicht nur denjenigen Spalten neue Werte zuweisen, die sie selbst umfasst. Beim Einfügen eines neuen Datensatzes in eine Basistabelle werden alle übrigen Attribute mit ihren Standardwerten belegt. Dabei darf kein Attribut leer bleiben.

2. Die referenzierten Tabellenattribute dürfen im SELECT-Teil der Sichtdefinition nicht durch beispielsweise Funktionen verarbeitet werden. Funktionen sind Abbildungen von Eingabeparametern auf Ausgabewerte. Für jede Kombination an Eingaben erzeugen sie eine immer gleiche Ausgabe. Im Umkehrschluss ist die Rückverfolgung von Ausgabewerten zu ihren Eingabeparametern nicht eindeutig. Nehmen Sie als Beispiel das PHP-Listing 9.1. Für die Zahl 10 können wir mit Bestimmtheit sagen, dass das Ergebnis der Funktion z lautet. Aber wenn wir das Ergebnis z kennen, wissen wir nicht, ob der Konverter mit dem

Wert 10 aufgerufen wurde; es könnte auch die 9 gewesen sein oder die 8 usw. Genauso verhält es sich auch mit Funktionen in SQL. Das Durchreichen von Werten aus einer Sicht in die Basistabellen kommt so einer Rückrechnung gleich.

```
<?php
function konverter ($zahl)
{
    return ($zahl > 10)?'a':'z';
}
?>
```

Listing 9.1 Zahl-Buchstaben-Konverter

3. Jedes Attribut im SELECT-Statement darf nur einmal vorhanden sein. Die sicht6 im nächsten Absatz importiert attributA einmal unter dem Namen faktor und ein zweites Mal als quantitaet. Die folgende Einfügeoperation schlägt fehl, weil zwei verschiedene Werte in das attributA der Basistabelle eingetragen werden sollen.

```
CREATE VIEW sicht6 AS
SELECT attributA AS faktor, attributA AS quantitaet FROM tabelleA;
INSERT INTO sicht6 (faktor, quantitaet) VALUES (17,13);
```

Wir sind am Anfang dieses Abschnitts auf die Aktualität einer Sicht eingegangen. Die Inhalte der Sicht sind dynamisch erzeugte Abfrageergebnisse auf die Basistabellen. Diese Aktualität hat ihre Grenzen bei der Struktur der Sicht. Die von uns erstellte erste Sicht mit dem bezeichnenden Namen sicht umfasste alle Attribute aus dem kartesischen Produkt der Basisrelationen tabelleA und tabelleB, in denen attributA nicht den Wert C hat. Wie wir ferner erklärt haben, bilden die beiden verfügbaren Algorithmen die Struktur der Sicht bei Abfragen ab, der eine als Projektion auf die Ursprungstabelle, der andere erzeugt temporäre Tabellen. Was geschieht nun in einem solchen Fall, bei dem wir die Basisrelation verändern? Zur Verdeutlichung noch einmal die Sichtdefinition und Projektion, wie der MERGE-Algorithmus sie benutzt:

```
CREATE VIEW sicht AS
SELECT * FROM tabelleA, tabelleB WHERE attributA != 'C';
```

Die Abfrage

```
SELECT * FROM sicht;
```

wird zu

```
SELECT * FROM tabelleA, tabelleB WHERE attributA != 'C';
```

Nun fügen wir ein neues Attribut zu einer der Basistabellen hinzu:

```
ALTER TABLE tabelleA ADD attributC CHAR(1) DEFAULT 'K';
```

Jetzt müsste die Abfrage `SELECT *` auch das neue Attribut umfassen. Dem ist aber nur so, wenn Sie die Relationen direkt abfragen. Die Sicht enthält weiterhin nur zwei Attribute. So konsequent ist MySQL allerdings nur beim Hinzufügen von Spalten zu Basistabellen. Entfernen Sie stattdessen Spalten oder modifizieren Sie sie in einer Form, die von der Sicht nicht unterstützt wird (Datentypänderungen usw.), sind teils nicht mehr brauchbare Sichten die Folge. Hier offenbart sich eine Schwäche des noch jungen Sichtkonstrukts, die daraus resultiert, dass dazugehörige Kontrollmechanismen (`RESTRICT`, `CASCADE`) noch fehlen.

9.5.3 Ändern und löschen

Bislang haben wir nur Sichten angelegt und darauf verwiesen, dass Sie sie auch verändern und löschen können. Einen Weg, Modifikationen zu erreichen, kennen Sie bereits: das `OR REPLACE` aus dem `CREATE VIEW`, mit dem eine Sicht komplett überschrieben wird. Beim ersten Hinsehen merken Sie, dass ein `ALTER VIEW` nichts anderes tut:

```
ALTER
[ALGORITHM = {UNDEFINED | MERGE | TEMPTABLE}]
VIEW vName
[(attrListe)]
AS selectKommando
[WITH [CASCADED | LOCAL] CHECK OPTION]
```

Insbesondere ist nicht angedacht, dass nachträglich Spalten zur Sicht hinzugefügt oder aus ihr gelöscht werden. Ähnlich eindeutig wie simpel ist auch das Kommando zum Löschen einer Sicht:

```
DROP VIEW [IF EXISTS]
vName [, vName...]
```

Das erinnert stark an ein `DROP TABLE`. Für die Verarbeitung von Sichten existieren Rechte, die teils durch Rechte auf Tabellen ersetzt werden und teils zusätzlich vergeben werden müssen. Um eine Sicht anzulegen, benötigen Sie das Recht `CREATE VIEW`. Sofern Sie die Option `OR REPLACE` einsetzen wollen, benötigen Sie zusätzlich das Recht `DROP`. Dieses ist auch zum Löschen einer Sicht notwendig. Ein explizites Recht zum Verändern einer Sicht gibt es nicht. Aus den bereits genannten Gründen reichen dafür die vorigen Rechte aus. Außerdem existiert das Recht `SHOW VIEW`, mit dem Sie sich u. a. ansehen können, mit welchen SQL-Anweisungen Sichten erstellt wurden.

9.5.4 Ein praktisches Beispiel

Wir haben viel über die technischen Möglichkeiten von Sichten geschrieben, ohne auf deren praktischen Nutzen einzugehen. Dabei gibt es für Sichten diverse Einsatzmöglichkeiten. Zum einen stellen sie darunterliegende Relationen aufbereitet dar – mit zusätzlichen, vorberechneten oder aggregierten Attributen, die für weitere Verarbeitungsschritte als Basis dienen können. Zum anderen – und das wollen wir im Weiteren erläutern – können Sie damit eine gezielte Untermenge Ihres Datenbestands für andere Datenbankbenutzer zugänglich machen. Wir werden nun

- eine Tabelle anlegen, die teils öffentliche und teils sensible Daten enthält,
- eine Sicht erzeugen, die nur die unbedenklichen Daten enthält,
- einen Datenbankbenutzer erstellen und seine Rechte so einrichten, dass er ausschließlich auf die Sicht zugreifen kann.

Als Beispiel dient uns eine Tabelle, in der Daten von Benutzern eines webbasierten Systems hinterlegt sind. Die umfassen u. a. Benutzernamen, Anzahl der Einlog-Vorgänge, Geburtsdatum und Passwörter.

```
CREATE TABLE benutzer(
name VARCHAR(100) PRIMARY KEY,
anzahlLogins SMALLINT(5) UNSIGNED DEFAULT 0 NOT NULL,
geburtsdatum DATE,
passwort CHAR(32) NOT NULL);
```

Wir stören uns auch diesmal nicht an der schwedischen Collation. Unsere Passwörter werden natürlich nicht im Klartext in der Datenbank hinterlegt, sondern mit dem MD5-Algorithmus verschlüsselt.

> **Hinweis**
>
> Auch MD5 ist keine Garantie dafür, dass Ihre Passwörter sicher sind. Neben Versuchen, den Algorithmus durch *Trial & Error* umzukehren, existieren auch frei zugängliche Datenbanken im Internet, die zu vielen Tausend Zeichenketten – potentiellen Passwörtern – die entsprechenden MD5-Schlüssel bereitstellen. Damit wird eine Rückwärtssuche möglich.

Als Merkmal, anhand dessen wir entscheiden können, ob ein Datensatz in die Sicht aufgenommen werden soll, fügen wir der Tabelle noch ein weiteres Attribut hinzu:

```
ALTER TABLE benutzer ADD frei TINYINT(1) NOT NULL DEFAULT 0;
```

Die Sicht `logStatistik` soll nur die Attribute `name` sowie `anzahlLogins` umfassen und nur diejenigen Datensätze enthalten, bei denen `frei` einen anderen Wert hat als die initiale 0. Diese Anforderungen führen zum folgenden CREATE-Befehl:

```
CREATE VIEW logStatistik (benutzer, login) AS
SELECT name, anzahlLogins FROM benutzer WHERE frei <> 0;
```

Nun erzeugen wir einen neuen Datenbankbenutzer namens *statistiker* und weisen ihm tabellenspezifische Rechte für die Sicht zu:

```
CREATE USER statistiker;
GRANT SELECT ON 'phpmysql'.'logStatistik' TO 'statistiker'@'%';
```

Vom Ergebnis können wir uns leicht in phpMyAdmin überzeugen. Abbildung 9.16 zeigt, wie sich die Oberfläche für den neuen Benutzer darstellt. Obwohl sich in unserer Datenbank *phpmysql* mehr als 20 Tabellen befinden, sieht der *statistiker* nur eine davon, nämlich die Sicht logStatistik. Deren Struktur stellt sich wie gewünscht dar: Es sind lediglich zwei Attribute zu sehen. Auch auf eine andere Datenbank kann der Benutzer nicht zugreifen.

> **Hinweis**
>
> Um den Zugriff auf nur eine Datenbank zu beschränken, haben wir uns der Bordmittel von phpMyAdmin bedient. Die dortige Konfiguration erlaubt uns, unter dem Eintrag $cfg['Servers'][$i]['only_db'] eine einzige Datenbank festzulegen, auf deren Zugriff ein Benutzer begrenzt wird.

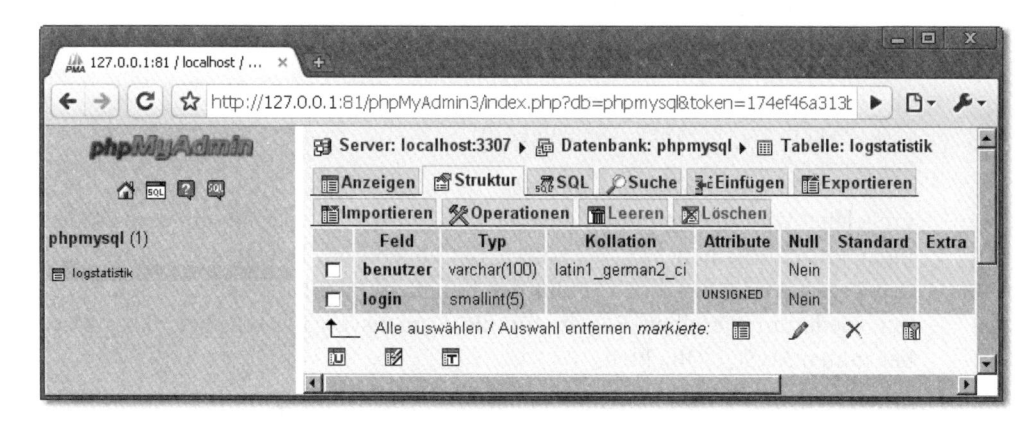

Abbildung 9.16 Dem neuen Benutzer zeigt sich ein sehr beschränktes Bild.

9.6 Stored Procedures

Eine Stored Procedure (englisch für »gespeicherte Prozedur«) kapselt eine oder mehrere SQL-Anweisungen für den wiederholten Gebrauch. Daraus ergeben sich die gleichen Vorteile, die Kapselung auch in PHP – oder anderen Programmiersprachen – mit sich bringt:

- Die Abfolge der Anweisungen ist permanent gespeichert, auch über die Grenzen einer Datenbankverbindung oder die Laufzeit einer Serverinstanz hinweg.
- Anstatt die SQL-Kommandos zu späteren Zeitpunkten mehrfach manuell auszuführen, reicht ein Prozeduraufruf aus.
- Die Speicherung der Kommandos an mehreren Stellen wird vermieden.
- Darüber hinaus bietet MySQL den Vorteil der Zugriffsberechtigung, die es beispielsweise in PHP in dieser Art nicht gibt. Um eine Prozedur zu erstellen, zu verändern, zu löschen oder auszuführen, muss der Datenbankbenutzer spezifische Rechte besitzen. Im Einzelnen sind das die Rechte CREATE ROUTINE, ALTER ROUTINE (zum Ändern und Löschen) und EXECUTE.

Eine Prozedur ist immer genau einer Datenbank zugeordnet. Das unterscheidet Routinen von Sichten, die wir im vorigen Abschnitt kennengelernt haben, und Triggern, die in Abschnitt 9.7 folgen. Dabei wird die Zugehörigkeit zu Tabellen festgelegt.

9.6.1 Anlegen

Eine Prozedurdefinition ist nach dem folgenden Schema aufgebaut:

```
CREATE PROCEDURE [dbName.]spName
([param1 [, param2 ...]])
[LANGUAGE SQL]
Charakteristika der Prozedur
[SQL SECURITY {DEFINER | INVOKER}]
spKoerper
```

Eingeleitet wird die Definition durch CREATE PROCEDURE, gefolgt von dem eindeutigen Prozedurnamen spName. Sofern die zugehörige Datenbank dbName nicht angegeben wird, wird die Prozedur der aktuellen Datenbank zugerechnet. Es gelten wiederum dieselben Regeln für die Namensvergabe wie bei den bislang bekannten MySQL-Objekten.

> **Tipp**
>
> Wenn Sie eine Prozedur schreiben, deren Name identisch ist mit einer MySQL-eigenen Funktion, dann setzen Sie ein Leerzeichen zwischen Prozedurnamen und Parameterklammern. Am besten aber erwägen Sie erst gar nicht, eine gleichnamige Prozedur zu schreiben, da die Verwechslungsgefahr – für Sie und für andere Anwender – zu groß ist.

Gefolgt wird der Prozedurname von der Parameterliste. Die Liste ist nicht optional, muss also bei jeder Definition vorhanden sein. Eine Prozedur ohne Parameter muss eine leere Parameterliste enthalten. Jeder einzelne Parameter ist nach dem Muster

```
[IN | OUT | INOUT] name typ
```

aufgebaut. `IN` ist die Standardeinstellung und bezeichnet Eingabeparameter. `OUT` steht demnach für ein Ergebnis der Prozedur. Hat eine Prozedur einen Parameter vom Typ `INOUT`, empfängt dieser einen Wert aus einer Systemvariablen, verarbeitet ihn innerhalb der Routine und schreibt den neuen Wert in die Variable zurück. Der Unterschied zwischen den Parametertypen ist in Abbildung 9.17 grafisch verdeutlicht. Der Parametername muss innerhalb der Liste eindeutig sein. `typ` bezeichnet einen der von MySQL unterstützten Datentypen.

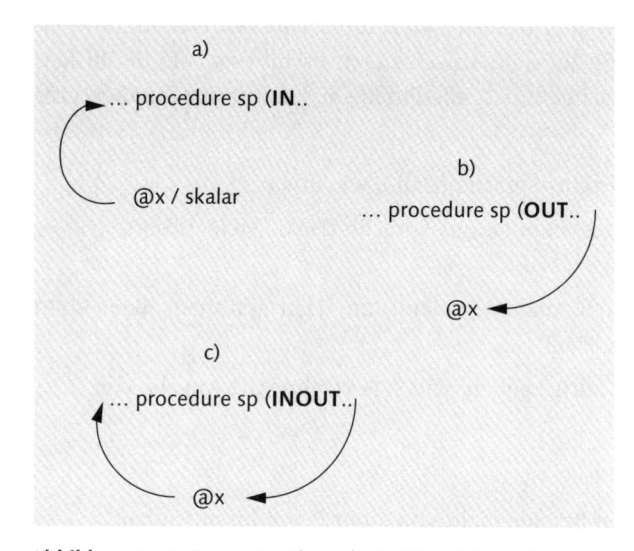

Abbildung 9.17 Parameterübergabe in Stored Procedures

`LANGUAGE SQL` gibt an, in welcher Sprache die Prozedur geschrieben ist. SQL ist Standard und in MySQL 5.0 die einzige Alternative, die benutzt werden kann. Es wird noch Unterstützung für weitere Programmiersprachen geben; eine der ersten wird PHP sein. Erst wenn es mehrere Sprachalternativen gibt, wird die Angabe von `LANGUAGE` relevant. In den kommenden Beispielen geben wir es aber dennoch bereits mit an.

Die Charakteristika einer Prozedur enthalten Angaben darüber, ob und in welcher Form SQL innerhalb des Prozedurkörpers zum Einsatz kommt. Die alternativen Möglichkeiten sind:

- `CONTAINS SQL`
- `NO SQL`
- `READS SQL DATA`
- `MODIFIES SQL DATA`

Diese Angaben haben keinen Einfluss auf den Ablauf der Routine. Deshalb wollen wir nicht weiter darauf eingehen.

`SQL SECURITY` ist eine Neuerung der SQL-Version SQL:2003. Damit kann festgelegt werden, aus wessen Sicht die Prozedur ausgeführt werden soll. Setzen Sie `SQL SECURITY DEFINER`, dann hat die Prozedur die Rechte des Datenbankbenutzers, der die Prozedur geschrieben hat. Hingegen ist `SQL SECURITY INVOKER` auf die Berechtigungen beschränkt, die der aktuelle Benutzer besitzt, der die Routine aufruft.

Wichtig sind die Berechtigungen deshalb, weil innerhalb des Prozedurkörpers `spKoerper` ein großer Anteil der SQL-Anweisungen erlaubt ist, die Sie bislang kennengelernt haben. Dies schließt u. a. alle Punkte aus der nachstehenden Liste ein:

- Befehle der Daten-Definitions-Sprache (DDL), wie etwa `CREATE`, `DROP`, `ALTER`
- Anweisungen der Daten-Manipulations-Sprache (DML), wie `INSERT`, `UPDATE`, `DELETE`
- Kommandos zum Starten und Beenden von Transaktionen, wie `START TRANSACTION`, `COMMIT`, `ROLLBACK`
- Befehle, die eine Menge zurückgeben, wie `SELECT` ohne die Angabe von `INTO`, `EXPLAIN`
- Kontrollkonstrukte

Hingegen sind die folgenden Befehle nicht von einer Prozedur aufrufbar:

- `LOAD DATA INFILE`
- `USE datenbank`
- `{CREATE | ALTER | DROP} PROCEDURE`
- `{CREATE | DROP} TRIGGER`

Wenn Sie im Prozedurkörper mehr als eine Anweisung geben, müssen Sie den Anfang und das Ende des Befehlsblocks mit `BEGIN` und `END` kennzeichnen, wie im nachstehenden Code zu sehen ist:

```
CREATE PROCEDURE holeQuadrat (IN p INT)
LANGUAGE SQL
SQL SECURITY DEFINER
BEGIN
    ...
END;
```

Zwischen den einzelnen SQL-Anweisungen des Körpers wird das Semikolon (;) als Trennzeichen verwendet. In diesem Fall kommt es zu syntaktischen Komplikationen, denn das Semikolon gilt standardmäßig als Befehlsabschlusszeichen in SQL. Das bedeutet, der SQL-Interpreter hält die Prozedurdefinition für beendet, sobald das erste Semikolon im Kommando auftritt. Um diesem Fehler aus dem Weg zu gehen, können Sie alternative Abschlusszeichen für den SQL-Interpreter setzen.

> **Hinweis**
>
> Sie haben schon richtig gelesen: Wir ändern mit dem Befehl DELIMITER nicht etwa das Trennzeichen, das innerhalb des Prozedurkörpers die einzelnen Befehle voneinander trennt. Wir bringen stattdessen den SQL-Interpreter dazu, bei allen anderen Anweisungen ein anderes Zeichen als Abschluss zu akzeptieren.

Das neue Befehlsabschlusszeichen legen Sie mit dem Befehl DELIMITER fest. Es gilt, solange Sie die Verbindung zur Datenbank nicht abbrechen. Sofern Sie das Kommandozeilentool *mysql* benutzen, kennen Sie bereits ein weiteres vordefiniertes Zeichen. Es wird Ihnen bei jedem Start des Programms angezeigt:

```
Welcome to the MySQL Monitor. Commands end with ; or \g.
...
mysql>
```

Sie können also \g als Befehlsabschlusszeichen verwenden. Der Begriff »Zeichen« ist, wie Sie sehen, irreführend. Es lassen sich auch Zeichenketten zum Abschluss eines Befehls festlegen. Diese dürfen dann aber logischerweise nirgendwo in der Anweisung vorkommen. Die offizielle MySQL-Referenz nutzt den doppelten Slash (//), und so wollen wir es auch hier halten:

```
DELIMITER //
```

Nach Ausführung dieses Befehls ist das Semikolon frei für den Gebrauch als Trennzeichen in einer Prozedur. Wir füllen nun die eingangs definierte Stored Procedure mit Leben. Sie soll eine Datenbankabfrage ausführen und den Eingabeparameter einbeziehen:

```
CREATE PROCEDURE holeQuadrat (IN p INT)
LANGUAGE SQL
SQL SECURITY DEFINER
BEGIN
   SET @x = p*p;
   SELECT * FROM tabelle WHERE limit > @x;
END;//
```

Zuerst wird eine Variable `@x` mit dem Quadrat des Eingabeparameters belegt. Danach wird `@x` in einer `WHERE`-Klausel der Abfrage eingesetzt. Diesmal haben wir das Befehlsabschlusszeichen explizit mit eingeschlossen.

9.6.2 Aufrufen

Als Resultat wird uns bei einem Prozeduraufruf wie

```
CALL holeQuadrat(4)//
```

entweder eine leere Menge oder eine Tabelle mit allen Datensätzen aus `tabelle` angezeigt, die der Bedingung `WHERE limit > 16` genügen. Jeder Prozeduraufruf bedarf des Schlüsselworts `CALL`. Dies dient der Unterscheidung von Prozeduren und Funktionen – die beide unter der Bezeichnung »Routinen« zusammengefasst werden.

Aus dem Beispiel wird noch ein Vorteil der Kapselung in Stored Procedures deutlich: Der Datenbankbenutzer, der die Prozedur ausführt, hat keinerlei Informationen darüber, wie und welche Tabellen verarbeitet werden. Durch das `SQL SECURITY DEFINER` muss er auch nicht zwingend alle Rechte haben, die die Ausführung verlangt. Mit Prozeduren ist es also möglich, kontrolliert Operationen auf Tabellen zu erlauben, die derjenige, der die Routine aufruft, auf anderem Wege nicht ausführen könnte.

Es ist nicht möglich, eine Prozedur direkt von einer Abfrage (`SELECT`) aus aufzurufen. Stattdessen muss ein Umweg über eine Variable gemacht werden. Um dies zu verdeutlichen, schreiben wir eine neue Prozedur, die einen Parameter vom Typ `OUT` besitzt. Bei der Ausführung wird die Variable, die wir übergeben, mit einem Wert gefüllt, den wir daraufhin auslesen können:

```
CREATE PROCEDURE setzeP (OUT p INT)
LANGUAGE SQL
SQL SECURITY INVOKER
SET p=10//
```

Wenn wir nun diese Routine direkt aufzurufen versuchen, tritt ein Fehler auf:

```
SELECT CALL setzeP()//
```

Zum einen hat die Parameterliste nicht die korrekte Form, zum anderen lassen sich `CALL` und `SELECT` auf diese Weise nicht kombinieren. Stattdessen setzen wir eine Variable ein:

```
CALL setzeP(@variable)//
SELECT @variable//
```

Die Abfrage liefert uns die gewünschte Zahl 10. Analog dazu arbeiten Prozeduren mit Parametern vom Typ `INOUT`:

```
CREATE PROCEDURE verzehnfache (INOUT p INT)
LANGUAGE SQL
SQL SECURITY INVOKER
SET p=10*p//
```

Ein Aufruf bedarf als Eingabeparameter einer Systemvariablen, die auch dazu dient, den Rückgabewert aufzunehmen. Wir initialisieren also die Variable `@x` und stoßen damit die Prozedur `verzehnfache` an:

```
SET @x = 5//
CALL verzehnfache(@x)//
SELECT @x//
```

Das Resultat ist 50.

9.6.3 Ändern und Löschen

Prozeduren, die Sie einmal erstellt haben, sind nur bedingt modifizierbar. Mit dem Befehl `ALTER PROCEDURE` lassen sich lediglich Einstellungen zu `SQL SECURITY` und den Charakteristika der Prozedur vornehmen. Es ist also nicht möglich, den Körper der Routine oder die Parameterliste abzuändern. Um eine so grundlegende Änderung durchzuführen, müssen Sie die vorhandene Version der Prozedur löschen und diese neu anlegen. Die (hier vereinfacht dargestellte) Syntax des `ALTER`-Befehls lautet:

```
ALTER PROCEDURE spName
SQL SECURITY {DEFINER | INVOKER}
```

Zum Löschen der Prozedur können Sie in Analogie zu ähnlichen Anweisungen

```
DROP PROCEDURE [IF EXISTS] spName
```

nutzen. Das `[IF EXISTS]` verhindert, dass ein Fehler auftritt, wenn die Prozedur nicht vorhanden ist.

9.6.4 Variablen

Bislang haben wir innerhalb von Prozeduren nur mit Eingabeparametern gearbeitet, die mitunter aus globalen Variablen stammten. Es ist jedoch auch möglich, innerhalb einer Prozedur lokale Variablen zu deklarieren. Eine Prozedur hat einen eigenen Namensraum, der durch das `BEGIN ... END` aufgespannt wird. Variablen, die nach dem `BEGIN` initiiert werden, sind nur so lange gültig, bis der SQL-

Interpreter das dazugehörige END erreicht. Da es erlaubt ist, BEGIN ... END-Blöcke zu verschachteln, können in einer Routine mehrere Namensräume bestehen. Demnach sind gleichnamige lokale Variablen möglich.

> **Hintergrundwissen**
>
> Wir erinnern uns an die Einführung in PHP: Eine Variablenzuweisung ist eine Name-Wert-Namensraum-Bindung.

Lokale Variablen erstellen Sie mit dem Befehl DECLARE, der direkt am Anfang eines BEGIN ... END-Blocks stehen muss. Seine Syntax ist wie folgt:

DECLARE var_name typ [DEFAULT wert]

Jede Variable hat einen der Datentypen, die wir bereits in Kapitel 6, »Einführung in MySQL«, vorgestellt haben. Standardmäßig ist eine Variable nullwertig, solange Sie keine Angabe per DEFAULT machen. wert kann sowohl konstant als auch durch einen Ausdruck festgelegt werden, wie die folgende Prozedur mit dem Namen jetzt beweist:

```
CREATE PROCEDURE jetzt (OUT p CHAR(16))
LANGUAGE SQL
BEGIN
    DECLARE x TIMESTAMP DEFAULT NOW();
    SET p=DATE_FORMAT(x,'%e.%m.%Y %H:%i');
END;//
CALL jetzt(@z)//
SELECT @z//
```

Die Prozedur ist ein wirklich umständlicher Weg, das aktuelle Datum samt Uhrzeit an eine globale Variable zu binden, allerdings war hierbei der Zweck ja ein anderer. Einfacher wäre es auf die altbekannte Art gegangen:

```
SET @z = DATE_FORMAT(NOW(),'%e.%m.%Y %H:%i')//
```

Neue Werte werden den Variablen, wie gesehen, mit dem bekannten SET zugewiesen.

9.6.5 Kontrollstrukturen

Innerhalb von Stored Procedures können Sie auf eine Reihe von Kontrollstrukturen zugreifen, ähnlich denen, die Sie für die Programmiersprache PHP kennengelernt haben. Das macht die Prozedur zu einem mächtigen Konstrukt (im Sinne der Informatik bedeutet »mächtig« kurz gesagt so viel wie flexibel oder. reich an Funktionalität). Mit den Kontrollstrukturen können Sie sowohl Fallunterscheidungen für zwei und mehr Alternativen als auch Schleifen realisieren. Sie sind jedoch nicht identisch mit den Funktionen zum Kontrollfluss, die wir in den vorigen Kapiteln zu MySQL vorgestellt haben. Um die Beispiele im Folgenden kurz und klar zu halten, verzichten wir auf Angaben wie LANGUAGE SQL oder SQL SECURITY.

Bedingte Befehlsausführung mit IF

Kern eines IF-Konstrukts ist eine Bedingung, also ein Ausdruck, der im booleschen Sinne zu true oder false ausgewertet werden kann. Abhängig davon werden ein oder mehrere alternative Ausführungsblöcke verarbeitet. Aufgebaut ist ein IF nach dem folgenden Muster:

```
IF bedingung THEN anweisungen
    [ELSEIF bedingung THEN anweisungen] ...
    [ELSE anweisungen]
END IF
```

Über die Option ELSEIF lassen sich weitere IF-Konstrukte definieren, die verschachtelt ausgeführt werden. Das Konstrukt endet immer mit einem END IF.

Innerhalb von bedingung können Sie die Vergleichsoperatoren von MySQL einsetzen. Bei der Prüfung auf den Wahrheitsgehalt der Bedingung wird das Zeichen = als Test auf Gleichheit interpretiert. Demnach ist es an dieser Stelle nicht möglich, Variablen zu setzen. Dies ist nur in anweisungen erlaubt. Beachten Sie, dass ELSEIF und ELSE optional sind, das THEN ist hingegen zwingend erforderlich.

Im folgenden Beispiel wollen wir abhängig von einem Wert p eine Ausgabe erreichen. Trifft die Bedingung zu, wird die gesamte Tabelle produkte ausgegeben, anderenfalls lediglich die Zahl 0.

```
CREATE PROCEDURE bedingt (IN p BOOL)
BEGIN
    IF p THEN
        SELECT * FROM produkte;
    ELSE
        SELECT 0;
    END IF;
END; //
```

> **Hinweis**
>
> Wir verwenden in diesem Fall den Pseudo-Datentyp BOOL. Es handelt sich dabei um keinen wirklichen Datentyp, sondern ein Synonym für TINYINT(1), bei dem 0 zu false ausgewertet wird, 1 bis 9 hingegen sind true.

Fallunterscheidung mit CASE

Das `CASE`-Konstrukt besteht aus einer Reihe von Wenn-dann-Blöcken, die je einen booleschen Test und eine damit verbundene Konsequenz enthalten. Die Alternativen werden der Reihe nach abgearbeitet. Sobald ein Test das erste Mal zu `true` ausgewertet wird, wird das `CASE`-Konstrukt verlassen. Ein `CASE` ist durch eine Reihe verschachtelter `IF/ELSEIF` ersetzbar.

Variante 1: Tests für eine Variable

Die Tests, die sich alle auf eine zentrale Variable beziehen, prüfen auf Gleichheit des Variableninhalts mit einem Referenzwert.

```
CASE variable
    WHEN wert THEN anweisungen
    [WHEN wert THEN anweisungen] ...
    [ELSE anweisungen]
END CASE
```

Im Kopf des Konstrukts geben Sie den Namen einer Variablen an, die in den `WHEN`-Blöcken geprüft werden soll. Theoretisch können Sie auch einen konstanten Wert als `variable` definieren, damit wird Ihre Prozedur aber statisch und mitunter sinnfrei. Das folgende Beispiel gibt abhängig von einer Zahl p eine Meldung mittels `SELECT` aus:

```
CREATE PROCEDURE fallunterscheidung1 (IN p TINYINT)
BEGIN
    CASE p
        WHEN 1 THEN SELECT 'p ist 1' AS Meldung;
        WHEN 2 THEN SELECT 'p ist 2' AS Meldung;
        ELSE SELECT 'p ist weder 1 noch 2' AS Meldung;
    END CASE;
END; //
```

Variante 2: Unabhängige Tests

Bei dieser Abwandlung der vorigen Methode enthalten die `WHEN`-Anweisungen selbst Tests, die sich nicht zwingend auf eine zentrale Variable bzw. einen zentralen Wert beziehen müssen. Stattdessen sind die Einzelprüfungen voneinander unabhängig.

```
CASE
    WHEN bedingung THEN anweisungen
    [WHEN bedingung THEN anweisungen] ...
    [ELSE anweisungen]
END CASE
```

Die Angabe einer Variablen nach dem Schlüsselwort CASE entfällt. Alle Vorkommen von bedingung sind boolescher Natur.

```
CREATE PROCEDURE fallunterscheidung2 (IN p TINYINT)
BEGIN
   CASE
      WHEN p<5 THEN SELECT 'p kleiner 5 ' AS Meldung;
      WHEN p<10 THEN SELECT 'p kleiner 10' AS Meldung;
      WHEN CURDATE() = '2006-02-28' THEN SELECT NOW();
   END CASE;
END; //
```

Die dritte Abfrage bezieht sich nicht auf den Parameter p und führt nur dann zu einer Ausgabe, wenn p mindestens 10 ist, weil dann die vorigen Abfragen fehlschlagen und der aktuelle Tag der 28. Februar 2006 ist.

Schleifen mit LOOP

Bei dem LOOP-Konstrukt handelt es sich um eine einfache Schleife ohne explizite Abbruchbedingung. Das bedeutet, die Schleife läuft endlos, es sei denn, Sie beenden sie mit dem Befehl LEAVE, mit dem alle Prozedurschleifen abgebrochen werden können. Um die Schleife zum richtigen Zeitpunkt abzubrechen, benötigen Sie ein Hilfskonstrukt in Form eines IF oder CASE, das im Schleifenrumpf ausgeführt wird.

```
[bezeichner:] LOOP
   anweisungen;
END LOOP [bezeichner]
```

Mit dem optionalen bezeichner können Sie für die Schleife einen Namen vergeben. Bezeichner werden von LEAVE bezeichner benutzt, um gezielt Schleifen zu beenden und bei geschachtelten Schleifen möglicherweise mehrere auf einmal abzubrechen. Es ist möglich, den Bezeichner einer LOOP-Schleife nur zu Beginn zu setzen und den Endbezeichner wegzulassen. Sofern Sie beide Bezeichner einsetzen, müssen diese identisch sein. Sie dienen damit der Übersicht. Das folgende Beispiel nutzt eine Zählvariable, um eine Einfügeoperation mehrfach auszuführen.

```
CREATE PROCEDURE ZehnNeueDaten ()
BEGIN
   DECLARE x INT DEFAULT 0;
   schleife: LOOP
      INSERT INTO tabelle SET id=x, zeit=NOW();
      SET x = x + 1;
      IF x >= 10 THEN
```

```
         LEAVE schleife;
      END IF;
   END LOOP;
END;//
```

Bei einer Ausführung werden in `tabelle` zehn neue Datensätze angelegt, durchnummeriert von 0 bis 9.

Neben `LEAVE` existiert ein weiteres Kommando, das die Ausführung eines Schleifendurchlaufs beeinflussen kann: `ITERATE`. Dadurch wird der aktuelle Durchlauf beendet, jedoch anders als bei `LEAVE` ein neuer begonnen. Idealerweise wird `ITERATE` ebenfalls in einem eingebetteten Kontrollkonstrukt eingesetzt.

```
CREATE PROCEDURE GeradeNeueDaten ()
BEGIN
   DECLARE x INT DEFAULT 0;
   schleife: LOOP
      SET x = x + 1;
      IF x % 2 THEN
         ITERATE schleife;
      END IF;
      IF x > 10 THEN
         LEAVE schleife;
      ELSE
         INSERT INTO tabelle SET id=x, zeit=NOW();
      END IF;
   END LOOP;
END;//
```

Durch das ... `IF x%2 THEN ITERATE` ... werden alle Schleifendurchläufe abgebrochen, bei denen `x` einen ungeraden Wert hat.

Schleifen mit REPEAT

Mit einem `REPEAT` implementieren Sie Schleifen mit Abbruchbedingung, die mindestens einmal durchlaufen werden. Das bedeutet: Der Schleifenrumpf wird vor dem Test auf Gültigkeit der Bedingung ausgeführt. Schematisch sieht das folgendermaßen aus:

```
[bezeichner:] REPEAT
   anweisungen
   UNTIL bedingung
END REPEAT [bezeichner]
```

Analog zur `LOOP`-Schleife wollen wir auch hiermit eine Einfügeoperation implementieren:

```
CREATE PROCEDURE wiederhole ()
BEGIN
   DECLARE x INT DEFAULT 0;
   REPEAT
      INSERT INTO tabelle SET id=x, zeit=NOW();
      SET x = x + 1;
      UNTIL x > 10
   END REPEAT;
END;//
```

Es werden elf Datensätze angelegt, durchnummeriert von 0 bis 10. Dass der Datensatz mit der Nummer 10 noch vorhanden ist, liegt an der gerade beschriebenen Auswertungsreihenfolge.

Schleifen mit WHILE

Eine WHILE-Schleife ähnelt einem REPEAT, nur dass die Überprüfung der Abbruchbedingung vor dem Schleifenrumpf ausgewertet wird. Damit ist nicht zwangsläufig garantiert, dass der Rumpf überhaupt einmal verarbeitet wird. Die Syntax des Konstrukts stellt sich wie folgt dar:

```
[bezeichner:] WHILE bedingung DO
   anweisungen
END WHILE [bezeichner]
```

Die nachstehende Prozedur erledigt genau die gleichen Schritte wie die aus den vorigen Beispielen. Nur ist hier die Auswertungsreihenfolge vertauscht.

```
CREATE PROCEDURE ()
BEGIN
   DECLARE x INT DEFAULT 0;
   WHILE x < 10 DO
      INSERT INTO tabelle SET id=x, zeit=NOW();
      SET x = x + 1;
   END WHILE;
END;//
```

Wir erhalten nur noch zehn Datensätze. Das resultiert allerdings lediglich daraus, dass wir den Operator »echt kleiner« (<) einsetzen, der keine gleichwertige Alternative zu »echt größer« aus der vorigen Prozedur ist. Wir erhalten das gleiche Ergebnis, indem wir stattdessen den Operator für »kleiner gleich« (<=) verwenden.

9.6.6 Error Handling

Selbstverständlich erzeugt MySQL im Fehlerfall Meldungen, die vom Anwender oder aber von dem weiterverarbeitenden Programm (z. B. einem PHP-Skript) interpretiert werden können. Fehlermeldungen werden sowohl in einem MySQL-spezifischen numerischen Format als auch in Form eines ANSI SQL SQLSTATE angegeben, bekannt auch aus anderen relationalen Datenbanksystemen. Ein SQLSTATE besteht aus einer fünfstelligen alphanumerischen Zeichenkette. Einer numerischen MySQL-eigenen Fehlermeldungen lässt sich ein eindeutiger SQL-STATE zuweisen, umgekehrt funktioniert dies nicht. Stattdessen dienen die standardisierten Fehlercodes als Kategorisierung für ihre numerischen Gegenstücke. Ein SQLSTATE verrät bereits anhand der ersten beiden Ziffern (der sogenannten *Klasse*), ob es sich um eine Warnung oder aber um einen Fehler handelt:

- 00*: erfolgreiche Ausführung
- 01*: Warnung
- 02*: keine Daten (im Kontext von Zeigern)
- >02*: Fehler

Oftmals kommen in MySQL die Meldungen HY000 (genereller Fehler) und 42000 (Syntaxfehler) zum Zuge. Hinzu kommt eine kurze Fehlerbeschreibung, die dem Anwender einen ersten Eindruck über das Problem geben soll – was meistens gut funktioniert. Im Folgenden wird als Beispiel der Fehler mit der Nummer 1096 erzeugt, der dann auftritt, wenn Sie in einer SELECT-Anweisung keinen Tabellennamen mitgeben:

```
mysql> SELECT * FROM DUAL;
ERROR 1096 (HY000): No tables used
```

Die Liste der möglichen Fehlermeldungen ist lang. Sie können die Referenz in Appendix B des MySQL-Handbuchs online unter *http://dev.mysql.com/doc/refman* einsehen.

> **Hintergrund**
>
> Die Tabelle DUAL ist ein nicht existierender Platzhalter für Anfragen, in denen eigentlich kein Tabellenname notwendig ist. MySQL implementiert dies nicht, da u. a. die Abfrage
> ```
> SELECT NOW();
> ```
> möglich ist. Das aktuelle Datum ist dabei Ergebnis einer Funktion. Andere Wettbewerber, z. B. Oracle, nutzen dazu das nachstehende Konstrukt mit einer Konstante
> ```
> SELECT SYSDATE FROM DUAL;
> ```
> Sollten sich zukünftige Versionen von MySQL an die Oracle-Syntax halten, wird der initiale Beispielfehler dann nicht mehr auftreten.

Wenn Sie selbst Prozeduren erstellen, müssen Sie selbstverständlich ebenso über die Möglichkeit verfügen, in Fehlersituationen eine entsprechende Meldung an den Nutzer auszugeben. Wer in der Programmierung keinen direkten Einfluss darauf nehmen kann, wie das Programm im Fehlerfall reagiert, muss im schlechtesten Fall darauf vertrauen, dass schon alles gutgehen wird, und ist im besten Fall gezwungen, die Fehlersituation in kontrollierbare Bahnen zu lenken. In MySQL war die Fehlerkontrolle und -ausgabe bis zur Version 5.5 nur über unschöne Umwege möglich. Der Fundus an möglichen Fehlermeldungen war auf die vordefinierte Menge begrenzt. Man hat sich demnach »harmloser« Fehler wie des bereits genannten 1096 bedient, um Prozeduren zum Abbruch zu zwingen:

```
CREATE PROCEDURE holePositivesQuadrat (IN p INT)
LANGUAGE SQL
SQL SECURITY DEFINER
BEGIN
   IF p > 0 THEN
      SET @x = p*p;
      SELECT @x AS quadrat;
   ELSE
      SELECT * FROM DUAL;
   END IF;
END;//
```

Die Abwandlung unserer Prozedur grenzt die zu quadrierbaren Eingabewerte auf positive Zahlen ein. Ist der Parameter beim Aufruf größer als 0, wird wie gewohnt das Quadrat als Ergebnismenge zurückgeliefert. Bei Werten kleiner oder gleich 0 wollen wir jedoch einen Fehler erzeugen. Wir missbrauchen hier also die Funktionalität des Programms und bringen eine fehlerhafte Anfrage zur Ausführung. Das Ergebnis ist wie erwartet der Fehler 1096.

Der Workaround hat nur den einen Vorteil, dass die Verarbeitung abbricht. Nachteilig ist jedoch, dass wir hier einen irreführenden Fehlertext an den Anwender schicken: Woher soll der Endanwender wissen, dass die Fehlerbeschreibung »No tables used« in diesem Fall eigentlich »Invalid argument« heißen soll?

Abhilfe schafft seit MySQL 5.5 das SIGNAL, mit dem sich situationsbezogen benutzerdefinierte Fehlermeldungen erstellen lassen.

```
SIGNAL { SQLSTATE VALUE status | signalName }
[ SET infoTyp = wert [ , infoTyp = wert ...] ]
```

Einem SIGNAL wird entweder direkt ein gültiger SQLSTATE zugewiesen oder aber indirekt über einen signalName. Der signalName muss vorab über ein DECLARE in folgender Form definiert worden sein:

```
DECLARE meldungName CONDITION FOR SQLSTATE VALUE status
```

Beim DECLARE ... CONDITION handelt es sich um einen Spezialfall der vorab erklärten Zuweisung. Damit wird eine Statusmeldung in Form eines alphanumerischen SQLSTATEs an einen Bezeichner `meldungName` gebunden. Die folgenden beiden Befehle markieren die grundlegende Syntax für SIGNAL:

```
SIGNAL SQLSTATE VALUE 'HY000';
DECLARE generischerFehler CONDITION FOR SQLSTATE 'HY000';
SIGNAL generischerFehler;
```

Der Vorteil der zweiten Variante liegt auf der Hand: Häufig benutzte Fehlermeldungen werden gekapselt und können zentral angepasst werden. Auch beim Error Handling ist also das Thema Wartbarkeit zu beachten.

Erweitert wird ein SIGNAL-Statement durch optionale Statusinformationen, die den Anwender detaillierter über das aufgetretene Problem unterrichten; das grundlegendste davon ist ein menschenlesbarer Text. Mehrere Statusinformationen für ein und dasselbe Statement werden als kommaseparierte Liste von *info-Typ=Wert*-Paaren angegeben, die unabhängig von ihrer Länge mit einem SET eingeleitet werden müssen. Der Fundus an Statusinformationen ist wie in Tabelle 9.5 gezeigt festgelegt.

CLASS_ORIGIN	SUBCLASS_ORIGIN	CONSTRAINT_CATALOG
CONSTRAINT_NAME	CONSTRAINT_SCHEMA	CATALOG_NAME
COLUMN_NAME	CURSOR_NAME	SCHEMA_NAME
TABLE_NAME	MESSAGE_TEXT	MYSQL_ERRNO

Tabelle 9.5 SIGNAL-Statusinformationen

Bis auf MYSQL_ERRNO (numerisch) sind alle Infotypen alphanumerisch; die meisten von ihnen können bis zu 64 Zeichen lang sein. Die Ausnahme ist der MESSAGE_TEXT, der bis zu 128 Zeichen umfassen kann. Als Werte kommen neben direkt zugewiesenen Zeichenketten auch deklarierte Variablen und Prozedurparameter in Frage.

Unser initiales Beispiel wird durch die Verwendung eines SIGNALs kaum komplexer, aber dafür umso aussagekräftiger. Es ist lediglich das fehlerhafte SQL-Statement auszutauschen.

```
CREATE PROCEDURE holePositivesQuadrat (IN p INT)
LANGUAGE SQL
SQL SECURITY DEFINER
BEGIN
    IF p > 0 THEN
        SET @x = p*p;
        SELECT @x AS quadrat;
    ELSE
        SIGNAL SQLSTATE VALUE 'HY000' SET MESSAGE_TEXT='Invalid
```

```
argument', MySQL_ERRNO=1210;
    END IF;
END;//
```

Beispielhaft finden der generische SQLSTATE HY000 und die Fehlernummer 9999 Verwendung, die derzeit nicht vergeben ist. Als Fehlertext geben wir kurz und knapp den Hinweis aus, dass der Eingabeparameter im Kontext ungültig ist.

Mehr Möglichkeiten in der Fehlerbehandlung existieren bei Angabe eines *Exception Handlers*. Dabei handelt es sich um einen Codeblock, der innerhalb der Prozedur angibt, was beim Auftreten eines Fehlers zu tun ist. Während SIGNAL nur die Ausgabe eines Fehlers handhabt, lässt sich in einem Exception Handler auf lokale und globale Variablen durchgreifen, und es können zusätzlich SQL-Befehle, beispielsweise zum Logging des Problems in eine Fehlertabelle oder aber zum »Aufräumen«, ausgeführt werden. Durch Angabe des Handlers wird der Quellcode zudem entzerrt, die Fehlerbehandlung wird quasi ausgegliedert. Unser Beispiel verändert sich unter Berücksichtigung der neuen Möglichkeiten wie folgt:

```
CREATE PROCEDURE holePositivesQuadrat (IN p INT)
LANGUAGE SQL
SQL SECURITY DEFINER
BEGIN
    DECLARE EXIT HANDLER FOR SQLEXCEPTION
        BEGIN
            IF p=0 THEN
       SIGNAL SQLSTATE VALUE '45500';
            ELSE
       SIGNAL SQLSTATE VALUE '42000';
            END IF;
        END;
    IF p > 0 THEN
        SET @x = p*p;
        SELECT @x AS quadrat;
    ELSE
        SIGNAL SQLSTATE VALUE '42000';
    END IF;
END;//
```

Mit der Angabe des DECLARE EXIT HANDLER FOR SQLEXCEPTION beginnen wir den Exception Handler, der in einem eigenen BEGIN ... END-Block die Fehlerbehandlung festlegt. Das Beispiel unterscheidet hier die negativen Werte noch einmal von 0 und gibt unterschiedliche SQLSTATEs aus. Ausgeführt wird dieser Block aber nur dann, wenn in der Verarbeitung der Prozedur eine Exception auftritt, das heißt bei einem SQLSTATE der Klasse größer 02. Dies wird ja durch das letzte SIGNAL erzwungen.

Während der Verarbeitung einer Prozedur oder Funktion kann es zu unterschiedlichen Fehlermeldungen kommen. Standardmäßig wird nur die letzte an den Anwender zurückgegeben. Dies kann für die Suche nach Ursachen problematisch sein, da im schlimmsten Fall überhaupt kein Fehler ausgegeben wird. Denkbar ist dies etwa, wenn der Exception Handler seine Arbeit macht. Dies klingt im ersten Moment komisch, aber die folgende Abwandlung der Fehlerbehandlung innerhalb des Handlers kümmert sich zwar wie gewünscht ums Logging, erzeugt dabei allerdings für negative Zahlen keinen Fehlerhinweis mehr:

```
DECLARE EXIT HANDLER FOR SQLEXCEPTION
   BEGIN
      INSERT INTO logging VALUES (NOW());
   END;
```

Die Tabelle `logging` speichert nur den Zeitpunkt des Auftretens eines Problems. Ist das INSERT erfolgreich, wird der vorher aufgetretene SQLSTATE überlagert.

```
mysql> call holePositivesQuadrat(0);
Query OK, 1 row affected (0.00 sec)
```

MySQL hält für diese Fälle den Befehl RESIGNAL bereit, der es ermöglicht, den alten SQLSTATE wieder hervorzukramen. Die Syntax ist wenig überraschend analog zu SIGNAL, allerdings mit der Abwandlung, dass alle Zusätze optional sind; RESIGNAL kann also auch allein stehen:

```
RESIGNAL [{ SQLSTATE VALUE status | signalName }]
[ SET infoTyp = wert [ , infoTyp = wert …] ]
```

Bei Angabe einer oder mehrerer zusätzlicher Informationen wird der ehemalige Wert überschrieben. Mit diesem Konstrukt lässt sich der Code des vorigen Beispiels noch weiter verbessern. Die Tatsache, dass dasselbe Signal zweimal definiert werden muss, zeigt noch Potenzial hinsichtlich der Wartbarkeit. Wann immer der SQLSTATE 42000 angereichert oder angepasst werden muss, sollte dies nicht zweimal geschehen. Es bietet sich an dieser Stelle gezielt ein RESIGNAL an, erweitert um eine Fehlermeldung, die spezifischer ist als das bisherige »Invalid argument«. Im Folgenden noch einmal der Exception Handler als Auszug:

```
DECLARE EXIT HANDLER FOR SQLEXCEPTION
   BEGIN
      IF p=0 THEN
         SIGNAL SQLSTATE VALUE '45500' SET MESSAGE_TEXT='Input is 0';
      ELSE
         RESIGNAL SET MESSAGE_TEXT='Input is less than 0';
      END IF;
   END;
```

9.7 Trigger

Mit Triggern (englisch für »Auslöser, Abzug«) lassen sich SQL-Befehle ereignisgesteuert ausführen. Jeder Trigger gehört zu einer Datenbanktabelle. Ereignisse, die einen Trigger starten – in Analogie zu einem Auslöser bei einem Gewehr spricht man davon, dass ein Trigger »feuert« –, können dann Einfüge-, Aktualisierungs- und Löschoperationen auf dieser Tabelle sein. Ein Trigger kann allerdings nur immer eines dieser Ereignisse zur gleichen Zeit überwachen – im Zweifel bedarf es deshalb mehrerer Trigger pro Tabelle.

9.7.1 Anlegen

Einen Trigger richten Sie wie folgt ein:

```
CREATE TRIGGER trigName
{BEFORE | AFTER}
{INSERT | UPDATE | DELETE}
ON tblName
FOR EACH ROW triggerBefehl
```

Jeder Trigger muss einen eindeutigen Namen `trigName` bekommen. Es gelten die gleichen Begrenzungen wie für Tabellen- und Sichtnamen. Ein Triggername darf also insbesondere nicht länger als 64 Zeichen sein.

Der SQL-Befehl, der von einem Trigger angestoßen wird, kann entweder vor oder nach der Tabellenoperation verarbeitet werden. Dafür existieren die exklusiven Schlüsselwörter `BEFORE` und `AFTER`. Zusammen mit den drei Tabellenoperationen `INSERT`, `UPDATE` und `DELETE` ergeben sich somit sechs Möglichkeiten zur Triggerausführung.

Da es nicht erlaubt ist, zwei oder mehr Trigger für dieselbe Kombination aus Tabelle und Ereignis zu definieren, kann es pro Tabelle somit auch nur bis zu sechs Trigger geben.

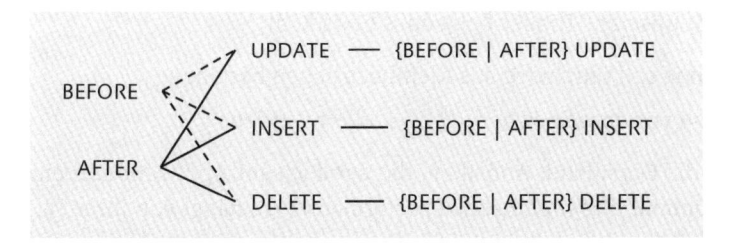

Abbildung 9.18 Triggervielfalt

Als `tblName` müssen Sie einen gültigen Tabellennamen angeben. Das bedeutet, Sie müssen beim Aufbau Ihrer Datenbank zuerst die nötigen Tabellen spezifizieren, um dem Fehler

```
ERROR 1146 (42S02): Table 'dbName.tblName' doesn't exist
```

zu entgehen. Es ist ebenfalls nicht möglich, einen Trigger für eine temporäre Tabelle oder für eine Sicht zu definieren. Das `FOR EACH ROW` verdeutlicht, dass ein Trigger auf jeden Datensatz (einzeln) einwirkt, der von der Datenoperation betroffen ist, und nicht nur ein einziges Mal auf die Tabelle. Innerhalb von `triggerBefehl` können Sie eine oder mehrere SQL-Anweisungen ausführen. Bei mehr als einem Befehl muss `triggerBefehl` durch `BEGIN` und `END` eingeschlossen werden. Erlaubt ist, was Sie im vorigen Abschnitt über Stored Procedures kennengelernt haben. Nicht erlaubt ist allerdings der Aufruf einer Prozedur mittels `CALL` oder das Starten oder Beenden einer Transaktion mit `BEGIN` und `COMMIT` bzw. `ROLLBACK`.

Zusätzlich unterstützt MySQL in Zusammenhang mit Triggern die Schlüsselwörter `OLD` und `NEW`. Damit lassen sich Spalten ansprechen und manipulieren. `OLD` repräsentiert dabei den Datensatz in dem Zustand, wie er vor der Abarbeitung der Tabellenoperation vorzufinden ist. `OLD.attrName` dient also dazu, ein Attribut auszulesen. `NEW` hingegen steht für den Datensatz nach der Bearbeitung. Mit `NEW.attrName` können Sie dementsprechend neue Werte auslesen oder für einzelne Spalten vergeben. Wir möchten das mit einem Beispiel veranschaulichen. Wir betrachten die Benutzertabelle, die wir in Abschnitt 9.5.4, »Ein praktisches Beispiel«, über Sichten erzeugt haben, und wollen nun Trigger darauf definieren. Hier sehen Sie noch einmal die (komplette) Definition:

```
CREATE TABLE benutzer(
name VARCHAR(100) PRIMARY KEY,
anzahlLogins SMALLINT(5) UNSIGNED DEFAULT 0 NOT NULL,
geburtsdatum DATE,
passwort CHAR(32) NOT NULL,
frei TINYINT(1) NOT NULL DEFAULT 0);
```

Wir wollen nun mit unserem Trigger Folgendes bewirken:

- Der Benutzername soll durchweg aus Kleinbuchstaben bestehen.
- Das Passwort soll vor dem Speichern MD5-codiert werden.

Damit übernimmt die Datenbank Aufgaben, die wir auch auf Applikationsebene hätten erledigen können. Was im Einzelfall performanter ist, hängt von Ihrer Systemumgebung ab. Besonders wenn Applikationsserver und Datenbankserver nicht auf demselben Rechner laufen, können sich die Auslastung und die Hardware stark unterscheiden. Im Zweifel helfen nur Leistungstests. Wichtig für unser

Beispiel ist nur, dass wir die Aufgaben nicht doppelt – also von der Applikation und der Datenbank – erledigen lassen. Im Falle der Großbuchstaben-Elimination wäre eine mehrfache Verarbeitung vollkommen unproblematisch. Ein doppeltes Codieren hingegen macht dem Nutzer das Einloggen unmöglich. Unseren Trigger legen wir wie folgt an:

```
CREATE TRIGGER checkeBenutzer
BEFORE INSERT
ON benutzer
FOR EACH ROW
BEGIN
   SET NEW.name = LOWER(NEW.name);
   SET NEW.passwort = MD5(NEW.passwort);
END;//
```

> **Hinweis**
>
> Beachten Sie, dass bei der Benutzung von BEGIN ... END der Einsatz des Befehls DELIMITER vor der Triggerdefinition notwendig ist. Wir benutzen ab hier wieder den doppelten Slash als Befehlsabschlusszeichen.

Mit den beiden Anweisungen innerhalb von triggerBefehl überschreiben wir die eingefügten Werte mit denen, die wir aus den Funktionen LOWER() und MD5() bekommen.

OLD und NEW beziehen sich also nicht darauf, was vor und nach Ausführung des Triggers für Werte bestehen. Der Bezugspunkt ist die Einfügeoperation (oder in anderen Fällen die Aktualisierung bzw. Löschung). Das impliziert, dass Sie vor einem INSERT keine Daten über ein OLD referenzieren können, denn bevor ein Datensatz eingefügt wird, existiert er logischerweise nicht. Genauso wenig existiert nach einem DELETE ein NEW.attrName, denn nachdem das Tupel gelöscht ist, hat es keine Werte mehr. Allein bei der Verwendung von UPDATE existieren NEW und OLD sowohl vorher als auch hinterher.

9.7.2 Wozu aber sind Trigger notwendig?

Wie gesagt, viele Aufgaben, die Sie mit Triggern angehen können, lassen sich auch auf Applikationsebene bearbeiten. Eine Faustregel lässt sich etwa so formulieren: Wenn die Ablauflogik es nicht erfordert, dass Sie Daten von der Applikation zur Datenbank schicken, tun Sie es auch nicht. Wenn die Datenbank stattdessen zwingend eingesetzt wird, bearbeiten Sie die Eingaben dort. Diese Faustregel gilt dann, wenn nicht eine Komponente signifikant schneller ist als die andere. Sie beruht darauf, dass der Transfer der Daten zwischen den Systemebenen das entscheidende Kriterium ist, über das Ihre Webapplikation ausgebremst wird.

Die nachstehende Liste enthält einige Beispiele zur Verdeutlichung. In allen Fällen kann die Aufgabe von der Datenbank (Triggern) oder der Applikation übernommen werden.

1. *Eingabevalidierung*: Bevor Sie Benutzerdaten in Ihrer Datenbank ablegen, sollten diese syntaktisch und logisch überprüft werden – Sicherheitschecks lassen wir in diesem Fall außer Acht (dafür ist die Applikationsebene verantwortlich). Es geht also beispielsweise darum, ob eine deutsche Postleitzahl ein fünfstelliger Integer ist. Wenn ja, dann wird sie in der Datenbank abgelegt, wenn nicht, dann tritt ein Fehler auf, und der Anwender muss von der Applikation darüber informiert werden. In diesem Fall die Datenbank zu bemühen, bedeutet zusätzlichen und unnötigen Datentransfer, zu sehen in Abbildung 9.19 a) und b). Unsere Empfehlung: Verarbeitung auf der Applikationsebene.

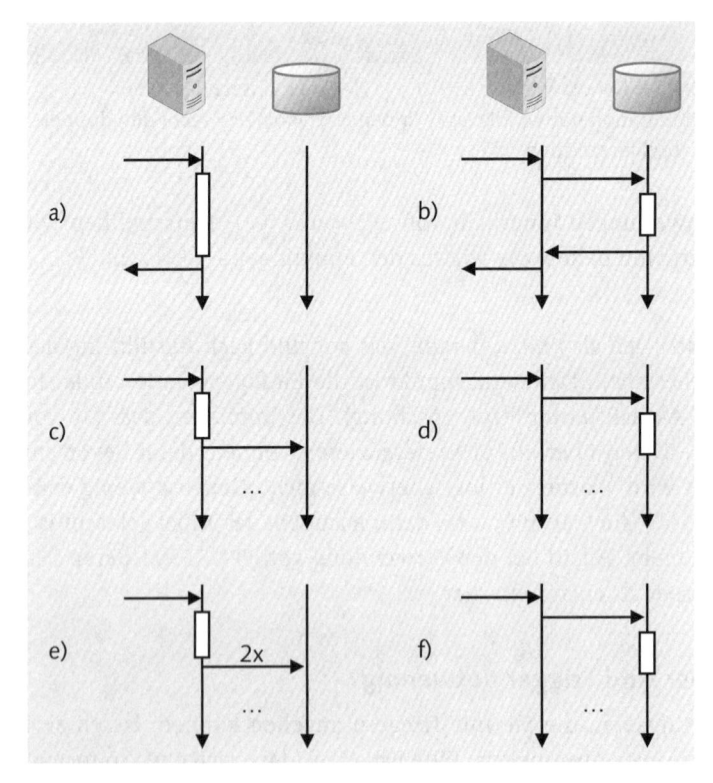

Abbildung 9.19 Datentransfer zwischen Applikation und Datenbank

2. *Eingaben verändern*: Dies ist genau das, was wir mit dem Trigger im vorigen Beispiel gemacht haben. Bevor die Daten in den Tabellen abgelegt werden, werden sie über Funktionen oder mathematisch verarbeitet – z. B. inkrementiert oder gerundet. Unabhängig von der Verarbeitung landen die Daten letzt-

lich in der Datenbank, müssen also mindestens einmal zwischen Applikation und Datenbank verschickt werden, zu sehen in Abbildung 9.19 c) und d). Für diese Aufgabe ist die Datenbank eine gute Wahl.

3. *Überwachung von Datenbewegungen*: Logging ist per se ereignisgesteuert (genau wie PHP und Trigger in MySQL). Wenn Sie SQL-Anweisungen im laufenden System protokollieren möchten (z. B. Einfügeoperationen), können Sie Ihre Log-Tabellen von der Applikationsebene mit SQL-Befehlen füllen. Pro Abfrage wird dann ein weiteres Kommando an die Datenbank geschickt. Auf Datenbankebene reagiert ein Trigger auf eine SQL-Operation und führt weitere aus. Die Applikationsvariante erzeugt demnach mehr Datentransfer (bis zu 200 %, abhängig vom Ausmaß der Protokollierung), dargestellt in Abbildung 9.19 e) und f). Auch hier sind Trigger die bessere Wahl – wenn man davon absieht, dass es keinen SELECT-Trigger gibt.

Wir möchten allerdings betonen, dass es sich bei den Beispielen nur um Empfehlungen handelt. Wenn Ihre Applikation immer noch performant ist, obwohl Sie das Logging von der Applikationsebene aus verrichten, spricht nichts dagegen, es so zu belassen.

Auf das Szenario f) aus Abbildung 9.19 wollen wir in einem weiteren Beispiel näher eingehen. Wir legen dazu eine neue Tabelle an, die Log-Tabelle. Wann immer ein Benutzer seinen Zugang löscht oder vom Administrator entfernt wird, halten wir das in der Protokolltabelle fest. Wir hinterlegen dort den Namen und das Geburtsdatum des alten Benutzers. Sinn und Zweck dieser Speicherung zusätzlicher Daten ist es, bei Neuanmeldungen nachvollziehen zu können, ob ein gesperrter oder gelöschter Benutzer versucht, erneut Zugriff zum System zu bekommen. Hier ist unsere Log-Tabelle dargestellt:

```
CREATE TABLE benutzerLog (
zeitstempel TIMESTAMP NOT NULL DEFAULT NOW(),
name VARCHAR(100) NOT NULL,
geburtsdatum DATE)//
```

Die Definitionen der Attribute name und geburtsdatum müssen mit denen aus der benutzer-Tabelle übereinstimmen, zumal wir von dort nur die Werte kopieren. Das bedeutet u. a., dass das Geburtsdatum auch nullwertig sein darf. Zusätzlich führen wir einen Zeitstempel ein, der den Zeitpunkt des Einfügevorgangs mitschreibt.

Bei der gewählten Struktur der Tabelle benutzer ist es nicht sinnvoll, die Daten gelöschter Benutzer darin zu belassen. Zum einen bläht das die Tabelle auf, immerhin wollen wir darin einen Überblick über alle aktiven Anwender haben, zum anderen ist das Attribut name als Primärschlüssel gekennzeichnet. Ist Benutzer A mit dem Namen »sepp« gelöscht, soll es Benutzer B aber trotzdem erlaubt sein, ein gleichnamiges Profil zu erstellen. Dies ist technisch jedoch nicht möglich, solange alte Werte in der Tabelle zu finden sind.

Der Trigger soll nun auf alle Löschoperationen in der Tabelle benutzer achten. Als Aktion führt er ein INSERT in der Tabelle benutzerLog aus.

```
CREATE TRIGGER protokolliereBenutzer
BEFORE DELETE
ON benutzer
FOR EACH ROW
INSERT INTO benutzerLog SET
    name=OLD.name, geburtsdatum=OLD.geburtsdatum//
```

Wir wählen mit Bedacht die Option BEFORE DELETE, weil dann bei einem Fehler in der Protokollierung der eigentliche Datensatz nicht gelöscht wird. Wir stufen das Logging somit als wichtig ein. Die Alternative AFTER DELETE geht das Risiko ein, dass Benutzerdaten gelöscht werden können, ohne dass sie protokolliert sind.

9.7.3 Löschen

Um einen Trigger wieder zu löschen, benutzen Sie

```
DROP TRIGGER [tblName].trigName
```

Die MySQL-Referenz gibt vor, dass der Tabellenname beim Löschen eines Triggers angegeben wird. Aus unseren praktischen Erfahrungen geht jedoch hervor, dass dies nicht immer zwingend notwendig ist. So lässt sich der vorige Trigger mit

```
DROP TRIGGER protokolliereBenutzer//
```

entfernen. Dies geht einher mit der Tatsache, dass sich keine gleichnamigen Trigger für unterschiedliche Tabellen einer Datenbank erzeugen lassen, es also auch nicht zu Namenskonflikten kommen kann. Aus diesem Grund haben wir tblName – entgegen der Referenz! – als optional gekennzeichnet.

Der Einsatz von Triggern in der Praxis ist darüber hinaus nicht überall möglich. Natürlich ist die Unterstützung dafür in jeder Version ab MySQL 5.0 vorhanden. Allerdings kann es gerade dann zu Problemen kommen, wenn Sie die Datenbank bei einem Webhoster gemietet haben. Um einen Trigger anzulegen, benötigen Sie das SUPER-Recht, das Ihnen sicherlich nicht immer gewährt wird. Und so bleibt Ihnen in vielen Fällen nichts anderes übrig, als die Applikation zu bemühen.

9.8 Partitionierung

Die Partitionierung, in MySQL 5.1 dazugekommen und in ganz ähnlicher Weise aus anderen Datenbanksystemen längst bekannt, kann die Abfrageperformance enorm steigern. Die dahinterstehende Idee ist simpel: Statt einer Tabelle mit beispielsweise 10 Millionen Datensätzen erzeugen wir zehn Tabellen mit je einer Million Datensätzen. Geschickt gestellte Abfragen greifen nur auf einen Teil der Untermengen zu und sparen sich somit die längere Suche im Gesamtbestand.

Nehmen wir an, wir haben eine Tabelle, in der wir speichern, wie viele Kunden an den Kassen eines Supermarkts stehen. Ein Datensatz besteht aus der Nummer der Kasse – in unserem Beispiel existieren neun Kassen –, dem Zeitpunkt, wann sich ein Kunde in die Warteschlange einreiht, wann er fertig abkassiert worden ist und wie viele Personen bei ihm sind – ob er also allein oder gemeinsam mit anderen Personen einkaufen geht. Ersichtlich wird dies aus folgendem CREATE-Statement:

```
CREATE TABLE warteschlange (
    kasse smallint(1) NOT NULL,
    ankunft DATETIME NOT NULL,
    kassierende DATETIME NOT NULL,
    personen smallint(2) NOT NULL)
ENGINE=MYISAM
```

> **Exkurs: Konstruierte Beispiele**
>
> Sie mögen sich wundern, mit welch obskuren Beispielen wir manchmal in diesem Buch arbeiten. Wahrscheinlich schießt Ihnen durch den Kopf: »Nie im Leben würde jemand so etwas in einer Datenbank speichern!« Sie irren!
>
> Gerade im Bereich des Marketings und der Kundenanalyse werden solche Dinge wie Warteschlangen ausgewertet. Verfahren des Data Minings versuchen, mit Warenkorbanalysen herauszufinden, wer wann was einkauft, um daraus Muster abzuleiten und davon ausgehend Produkte besser an den Mann zu bringen. Warteschlangeverhalten ist da eines der naheliegenden Beispiele.

Auf diese Weise erzeugen wir z. B. eine Datenmenge von etwa 2.000 Kundendatensätzen pro Tag für alle Kassen. Die Datenstruktur des Beispiels gibt nun mehrere Möglichkeiten her, die wir für die Partitionierung nutzen können. Zum einen können wir Zeitscheiben erzeugen, in denen wir für einen definierten Zeitraum die Daten aller Kassen hinterlegen. Wählen wir ein Jahr als Horizont pro Zeitscheibe, liegen darin ungefähr 626.000 Datensätze (2.000 Einträge mal 6/7 des Jahres – bei unterstellten sechs verkaufsoffenen Tagen pro Woche). Alternativ ließen sich die Daten im Zeitverlauf in je einer Tabelle pro Kasse speichern. Da alle Partitionen in diesem Kontext über ihre gesamte Laufzeit erhalten bleiben, lässt sich ihre Größe vorab nicht abschätzen; pro Jahr kommen bei unterstellter Gleichauslastung aller Kassen etwa 70.000 Datensätze hinzu (626.000 auf neun Kassen verteilt), wobei sich die Einzeltabellen ungefähr gleich schnell füllen. Zu guter Letzt haben wir auch die Wahl, ob wir anhand der Anzahl der Personen partitionieren wollen. Die Partitionen, in denen die Einzelbesucher oder diejenigen mit genau einer Begleitung abgelegt werden, füllen sich dabei allerdings schneller als die übrigen.

Letztlich kommt es bei der Wahl des geeigneten Partitionierungsattributs auf die Art der Abfragen an, die für den Datenbestand zu erwarten sind. Im ersten Fall profitieren `SELECT`-Statements, die auf Zeiträume einschränken, z. B.: Wie viele Besucher waren in den Jahren 2008 und 2009 im Supermarkt? Im zweiten Fall sind kassenspezifische Abfragen im Vorteil, wie etwa: Wie war die durchschnittliche Kassierzeit an Kasse 4? Die Form der Unterteilung sollte demnach nicht ohne Kenntnis der Anforderungen entschieden werden.

Aus diesen Beispielen wird deutlich, dass Partitionierung ihre Grenzen hat. Nicht alle Abfragen lassen sich beschleunigen. Vor allem aber sollte einleuchten, dass MySQL zum Ausnutzen der Partitionierung ein Kriterium braucht, anhand dessen entschieden werden kann, welche Partitionen überhaupt für eine Suche in Betracht kommen und welche von vornherein ausgeschlossen werden können. Im Weiteren wird dieses Kriterium wahlweise das Datum sein, zu dem ein Kunde die Warteschlange der Kasse betritt, oder die Nummerierung der Kasse.

Auch ohne das Kind beim Namen zu nennen, ist die Aufteilung von Daten in mehrere Tabellen für MySQL nichts Neues. Die Storage Engine MERGE bzw. MRG_MYISAM, wie sie auch heißt, führt unterschiedliche MyISAM-Tabellen zu einer logischen Sicht zusammen. Voraussetzung ist, dass alle Tabellen dieselbe Struktur aufweisen. Dazu ein kleines Beispiel passend zum Sachverhalt:

```
CREATE TABLE warteschlange_01_03 (
   kasse smallint(1) NOT NULL,
   ankunft DATETIME NOT NULL,
   kassierende DATETIME NOT NULL,
   personen smallint(2) NOT NULL
) ENGINE=MYISAM;
CREATE TABLE warteschlange_04_06 (
   kasse smallint(1) NOT NULL,
   ankunft DATETIME NOT NULL,
   kassierende DATETIME NOT NULL,
   personen smallint(2) NOT NULL
) ENGINE=MYISAM;
CREATE TABLE warteschlange (
```

```
   kasse smallint(1) NOT NULL,
   ankunft DATETIME NOT NULL,
   kassierende DATETIME NOT NULL,
   personen smallint(2) NOT NULL
) ENGINE=MERGE
   UNION=(warteschlange_01_03, warteschlange_04_06)
   INSERT_METHOD=LAST;
```

Die ersten beiden Tabellen speichern die Einzelwerte, aufgeteilt nach den Jahren 2001 bis 2003 bzw. 2004 bis 2006. Erst die letzte Tabelle vereint die Daten der vorigen, indem in UNION eine entsprechende Liste aller Tabellen angegeben wird. Das finale INSERT_METHOD sorgt dafür, dass Einfügeoperationen auf warteschlange in INSERT-Befehlen der letzten Tabelle aus der UNION-Liste resultieren.

Der Vergleich mit der Partitionierung hinkt jedoch gewaltig. Im Falle von MERGE legen wir nicht fest, in welcher Hinsicht bzw. anhand welchen Kriteriums die beiden Tabellen disjunkt voneinander sind. Dass sich in der einen Tabelle nur alte Datensätze und in der anderen Tabelle nur neue befinden, kann MySQL nicht ahnen. Insofern werden Abfragen immer beide Tabellen durchforsten, der Performancegewinn ist gleich null.

Was wir mit dem vorigen Beispiel dennoch zeigen können, ist eine der beiden möglichen Partitionierungsrichtungen. Es wird zwischen *horizontaler* und *vertikaler Partitionierung* unterschieden. Horizontale Partitionierung bedeutet, dass ein oder mehrere horizontale, also waagerechte Schnitte durch die Daten gezogen werden. Die dadurch entstehenden Teilmengen lassen sich dann auf unterschiedliche Tabellen verteilen. Dies ist auch im MERGE-Beispiel der Fall. Die Struktur der Partitionen ist dabei immer gleich, das heißt, alle relevanten Tabellen besitzen zwingend die gleiche Anzahl an Spalten. Horizontale Partitionierung wird von MySQL unterstützt.

Anders ist dies bei der vertikalen Partitionierung. Dabei werden die Tabelleninhalte auf unterschiedliche Tabellen verteilt. Die Verknüpfung wird über mindestens eine Spalte gleichen Typs und gleichen Inhalts hergestellt. Ohne dies explizit so zu benennen, lässt es sich mit MySQL wie folgt realisieren:

```
CREATE TABLE mitarbeiter (
id SERIAL,
nachname VARCHAR(255) NOT NULL,
vorname VARCHAR(255) NOT NULL
);
CREATE TABLE mitarbeiter_fotos (
id BIGINT NOT NULL UNIQUE,
foto BLOB);
```

In diesem einfachen Beispiel sind die textuellen Mitarbeiterdaten zentral in einer Tabelle gepflegt. Lediglich die binären Informationen wie etwa Fotos der Mitarbeiter sind aus Performancegründen ausgelagert. Die Verbindung der beiden Tabellen erfolgt über die Spalte id. Diese ist in der Tabelle mitarbeiter durch die Definition als SERIAL eindeutig, in der anderen Tabelle sorgen wir durch einen geeigneten Constraint dafür. Auf diese Weise kann es pro Mitarbeiter kein oder maximal ein Foto geben.

Bislang mussten wir in der Syntax der erstellten Tabellen keine Kniffe einbauen, um die grundlegenden Konstrukte der horizontalen oder vertikalen Partitionierung zu erklären. Wie erwähnt, reichen diese Grundlagen jedoch nicht an die Fähigkeiten der eigentlichen horizontalen Partitionierung heran. Eine partitionierte Tabelle erstellen Sie in MySQL, indem Sie im CREATE- oder ALTER-Statement explizite Angaben zu der Anzahl und Form der Partitionen machen. Wir erweitern also die bislang gültige CREATE TABLE-Definition wie folgt:

```
CREATE [TEMPORARY] TABLE [IF NOT EXISTS] tblName
[(attrDef, attrDef ...)]
[PRIMARY KEY (attrName, ...)]
[[DEFAULT] CHARACTER SET zeichensatz
[COLLATE sortierung]]
PARTITION BY partTyp ( [partAttr] )
partDef
```

Ein ALTER TABLE verläuft analog. Eingeleitet wird die erweiterte Definition durch das Kennwort PARTITION BY, gefolgt von dem Partitionstypen. Auf die vier unterstützten Typen gehen wir im Folgenden detailliert ein. Fast allen Typen ist gemeinsam, dass ihnen ein oder mehrere Tabellenattribute in Form von partAttr als Entscheidungskriterium übergeben werden, in welcher Partition ein Datensatz zu speichern oder nach ihm zu suchen ist. Lediglich eine Ausnahme existiert: Beim PARTITION BY KEY muss nicht zwingend ein Attribut angegeben werden. Standardmäßig wird dort der Primärschlüssel der Tabelle verwendet. Je nach Ausprägung von partTyp gestaltet sich die Definition der einzelnen Partitionen. Wir gehen im Folgenden näher darauf ein.

Für unser Beispiel der Kassendaten bedeutet dies, dass wir den zuletzt zitierten SQL-Code einfach übernehmen und mit geringen Anpassungen partitionieren können. Ohne für dieses Anfangsbeispiel ins Detail zu gehen, nutzen wir die Syntax, um Ihnen einen ersten Eindruck davon zu vermitteln – und die Syntax zur Partitionierung den bisherigen Ansätzen gegenüberzustellen:

```
CREATE TABLE warteschlange (
    kasse smallint(1) NOT NULL,
    ankunft DATETIME NOT NULL,
```

```
    kassierende DATETIME NOT NULL,
    personen smallint(2) NOT NULL)
ENGINE=MYISAM
PARTITION BY KEY(kasse)
PARTITIONS 3;
```

Der Tabelle, die wir vorher mit der Storage Engine MERGE versehen hatten, weisen wir nun MyISAM zu. Als Partitionstyp wählen wir den bislang einzigen, den wir kennen, nämlich BY KEY, und übergeben ihm – obwohl das nicht nötig ist – das Attribut kasse. Als Anzahl der Partitionen wählen wir drei. Diese letzte Angabe der Partitionsanzahl ist spezifisch für eine KEY-Partitionierung. Wir erreichen damit, dass mit einem MySQL-internen Algorithmus alle Datensätze anhand ihrer Ausprägung von kasse auf eine von drei Partitionen verteilt werden.

9.8.1 Partitionstypen

Partitionstypen definieren implizit je einen Algorithmus, nach dem ein Datensatz einer bestimmten Partition zugeordnet werden kann. Obwohl in der Praxis häufig ein und dieselben Typen Anwendung finden, besitzt jede Ausprägung ihre Eigenarten und Vorteile.

LIST

Am transparentesten und am einfachsten zu greifen ist die Partitionierung anhand einer Werteliste. Dieser Partitionstyp eignet sich genau dann, wenn für das partAttr eine endliche oder besser gesagt überschaubare Anzahl von Ausprägungen zu erwarten ist. Die Listen werden manuell und fest vordefiniert, wobei in der reinen Form der LIST-Partitionierung ausschließlich ganzzahlige Werte herangezogen werden können.

Um nicht allzu viele Partitionen zu erzeugen, erstellen wir drei Listen für unseren Supermarkt: Die Kassen 1, 2 und 3 gehören in die erste von drei Partitionen, 4, 5 und 6 in die nächste sowie 7, 8 und 9 in die letzte. In SQL ausgedrückt, heißt das:

```
CREATE TABLE warteschlange (
    kasse smallint(1) NOT NULL,
    ankunft DATETIME NOT NULL,
    kassierende DATETIME NOT NULL,
    personen smallint(2) NOT NULL)
ENGINE=MYISAM
PARTITION BY LIST (kasse) (
PARTITION p1 VALUES IN (1,2,3),
PARTITION p2 VALUES IN (4,5,6),
PARTITION p3 VALUES IN (7,8,9)
);
```

Jede Partition bekommt einen Namen, der innerhalb der Tabelle eindeutig sein muss. Unsere Partitionen beginnen immer mit einem kleinen »p« gefolgt von einer hochgezählten Nummer. Wir definieren die Kasse als nicht leeren Integer. Die Eigenschaft NOT NULL ist in diesem Fall nicht zwingend notwendig, theoretisch könnten wir auch Nullwerte verarbeiten, nur müssten wir dafür eine der Partitionen dementsprechend vorsehen, wir müssten also NULL als gültige Ausprägungen in eine der VALUES IN-Listen aufnehmen. Oder aber – unter der Voraussetzung, dass Nullwerte erlaubt sind und kasse nicht als NOT NULL deklariert ist – wir erzeugen im Nachgang eine gesonderte Partition für solche inhaltlich mangelhaften Datensätze:

```
ALTER TABLE warteschlange MODIFY kasse smallint(1);
ALTER TABLE warteschlange ADD PARTITION
    (PARTITION pnull VALUES IN (NULL));
```

Dieses Verhalten ist der LIST-Partitionierung eigen. Andere Partitionstypen reagieren unterschiedlich auf Nullwerte. Wir werden darauf gezielt in den folgenden Abschnitten eingehen. Grundsätzlich ist damit allerdings nicht das Problem gelöst, dass beim späteren Einfügen ein Wert in kasse eingetragen werden kann, der in keiner unserer Partitionen explizit aufgeführt ist. Ein Datensatz mit kasse=10 führt zu einem Fehler.

Die Alternative mit dem Ankunftsdatum als Partitionskriterium gestaltet sich geringfügig schwieriger. Wie erwähnt, können wir ausschließlich ganze Zahlen verwenden. Für Jahrespartitionen bietet sich da die Jahreszahl an. Diese können wir über YEAR(ankunft) extrahieren. Das partAttr lässt sich mit einer Reihe von Funktionen weiter verarbeiten, z. B. mit Zeit- oder einfachen mathematischen Funktionen. Dies umfasst also explizit nicht alle in MySQL vorhandenen Funktionen. Die für MySQL 5.5 gültige Liste befindet sich im MySQL-Anhang (Anhang B).

```
CREATE TABLE warteschlange (
    kasse smallint(1) NOT NULL,
    ankunft DATETIME NOT NULL,
    kassierende DATETIME NOT NULL,
    personen smallint(2) NOT NULL)
ENGINE=MYISAM
PARTITION BY LIST (YEAR(ankunft)) (
PARTITION p2006 VALUES IN (2006),
PARTITION p2007 VALUES IN (2007),
PARTITION p2008 VALUES IN (2008)
);
```

Eine Alternative dazu ist das LIST COLUMNS, das in MySQL 5.5 dazugekommen ist. Die Änderungen in der Syntax sind marginal, die erweiterten Möglichkeiten hingegen umso größer. Statt PARTITION BY LIST schreibt sich das Statement mit PARTITION BY LIST COLUMNS. Dafür ist allerdings kein Ausdruck mehr innerhalb des Partitionierungsattributs erlaubt. YEAR(ankunft) ist demnach ungültig. Im Grunde macht das jedoch nichts, denn statt des Integer-Typs lassen sich nun auch

- DATE und DATETIME,
- CHAR und VARCHAR sowie
- BINARY und VARBINARY

verwenden. Für Zeichenketten ist es noch durchaus sinnvoll, eine Liste möglicher Ausprägungen zu erstellen. Wären die Supermarktkassen in unserem Beispiel nicht durchnummeriert, sondern mit je einem eindeutigen Buchstaben belegt, ließe sich eine Partitionierung nach dem Attribut kasse mittels LIST COLUMNS leicht umsetzen:

```
CREATE TABLE warteschlange (
    kasse char(1) NOT NULL,
    ankunft DATETIME NOT NULL,
    kassierende DATETIME NOT NULL,
    personen smallint(2) NOT NULL)
ENGINE=MYISAM
PARTITION BY LIST COLUMNS(kasse) (
PARTITION p1 VALUES IN ('A','B','C'),
PARTITION p2 VALUES IN ('D','E','F'),
PARTITION p3 VALUES IN ('G','H','I')
);
```

Fraglicher ist die Partitionierung mit festgelegter Werteliste für Datumswerte. Immerhin sind die Ausprägungen vielfältig. Denkbar ist dies aber immerhin in großen Telekommunikationskonzernen, die pro Tag Millionen von Verbindungsdaten speichern. Ganz rar hingegen sind die Anwendungsfälle für die Partitionierung nach DATETIME. Sinnvoller ist in solchen Fällen die im Folgenden beschriebene Variante.

RANGE

Die explizite Angabe von Wertelisten ist nur bedingt praktikabel. Für die neun Supermarktkassen zuzüglich der Nullwerte ist das problemlos in kurzer Zeit manuell erstellt. In Situationen, in denen es für partAttr ungleich mehr Ausprägungen geben kann, steigt der Administrationsaufwand stark an, oder die Listen sind manuell überhaupt nicht darstellbar. Der RANGE-Partitionstyp schafft hier Abhilfe. Dabei lassen sich für das Entscheidungskriterium partAttr Bereiche angeben. Genauer gesagt spezifizieren Sie für jeden Bereich nur den Höchstwert. Der geringste mögliche Wert ergibt sich automatisch aus dem Höchstwert der nächstniedrigeren Partition bzw. aus minus unendlich, also dem kleinsten aller möglichen Ausprägungen. Dieses Verfahren – nämlich die indirekte Limitierung eines Wertebereichs – bedingt, dass wir die Partitionen nach den Ausprägungen von `partAttr` aufsteigend sortiert angeben. Darin unterscheiden sich `RANGE`- und `LIST`-Partitionierung. Bei der expliziten Angabe von Wertelisten ist die Reihenfolge der Partitionen egal. Bei den Wertebereichen ist das nicht so. Wenn wir noch einmal auf das Warteschlangenbeispiel zurückkommen, könnten wir die Tabelle analog auch wie folgt definieren und kommen dabei zum gleichen Ergebnis:

```
CREATE TABLE warteschlange2 (
    kasse smallint(1) NOT NULL,
    ankunft DATETIME NOT NULL,
    kassierende DATETIME NOT NULL,
    personen smallint(2) NOT NULL)
ENGINE=MYISAM
PARTITION BY RANGE (kasse) (
PARTITION p1 VALUES LESS THAN (4),
PARTITION p2 VALUES LESS THAN (7),
PARTITION p3 VALUES LESS THAN (10)
);
```

Statt mit `VALUES IN` legen wir die Grenze der Wertebereiche über `VALUES LESS THAN` fest. Wiederum in Klammern findet sich der Höchstwert. Anhand dieser Definition drängen sich zwei Fragen zu den Ausprägungen auf, die wir für das Feld `kasse` anführen könnten. Die erste Frage haben wir noch aus dem vorigen Abschnitt auf den Lippen: Wie werden Nullwerte eingetragen? In Bezug auf die `RANGE`-Partitionierung behandelt MySQL Nullwerte wie etwa das `ORDER BY`. Das bedeutet: Nullwerte werden ganz an den Anfang aller Sortierungen gestellt. Übertragen wir das auf den aktuellen Fall, wird ein Nullwert immer in die erste Partition eingefügt. Ein Datensatz wie

```
INSERT INTO warteschlange2 VALUES
    (NULL, NOW() - INTERVAL 1 MINUTE, NOW());
```

würde in der Partition *p1* landen – wenn wir das Feld `kasse` nicht als `NOT NULL` definiert hätten. Als wir vorhin von minus unendlich als kleinstmöglichem Wert gesprochen haben, hätte man dies präziser auch mit `NULL` spezifizieren können.

Die nächste zwangsläufige Frage ist: Müssen wir wirklich den letzten Wertebereich so stringent limitieren? Bedingt die Erweiterung des Supermarkts um eine Kasse eine Anpassung der Definition von *p3*? Die klare Antwort ist: Nein, das müssen wir nicht. Ausschließlich für die Wertebereiche einer RANGE-Partitionierung gibt es die variable Obergrenze MAXVALUE, die jedoch aus zuvor erklärten Gründen der Sortierung nur in der zuletzt angelegten Partition zum Zuge kommen kann. Dies können wir im direkten Austausch zu dem von uns gewählten Wert 10 benutzen, allerdings nicht in einer der anderen Partitionen *p1* und *p2*, denn diese sind ja aufsteigend sortiert. Die Partition *p3* lässt sich also auch wie folgt anlegen:

```
...
PARTITION p3 VALUES LESS THAN (MAXVALUE)
...
```

Leistungssteigerungen erreichen wir – wie eingangs erwähnt – in den vorigen Beispielen nur, wenn bestehende Abfragen auf Daten eingrenzen, die sich über die Partitionsfunktion abbilden lassen. Nur wenn ein SELECT-Kommando daraufhin auf das Feld kasse im WHERE-Teil der Abfrage eingrenzt, erkennt der MySQL Optimizer sein Potenzial und durchsucht gezielt nur relevante Partitionen. Mögliche Abfragen sind:

```
SELECT * FROM warteschlange2 WHERE kasse = 2;
SELECT * FROM warteschlange2 WHERE kasse IN (1, 2, 7)
```

In allen Fällen ist es dem Optimizer möglich, Limitierungen auf das Feld kasse aufgrund simpler Zuordnung (=, <>, >, < usw.) oder durch eine Werteliste einzugrenzen. Statements, bei denen die Partitionierung nicht weiterhilft, sind etwa:

```
SELECT * FROM warteschlange2 WHERE YEAR(ende) = 2006
SELECT * FROM warteschlange2
   WHERE kasse = 2 OR YEAR(ende) = 2006
```

Im ersten Fall wird auf ein anderes Attribut ende gefiltert. Über dessen Verteilung auf die Partitionen besitzt MySQL keine Informationen, was eine Auswahl geeigneter Partitionen (ein sogenanntes *Partition Pruning*) erst ermöglichen würde. Im zweiten Fall grenzen wir zwar auf kasse ein, machen uns die potentiellen Performancegewinne jedoch durch den zweiten Teil der WHERE-Klausel wieder zunichte. Wiederum scheitert es an der mangelnden Information zu ende. Anders wäre es, wenn wir statt eines ORs ein AND benutzen würden. In diesem Fall wäre das kasse ein striktes Limit.

Auch für die RANGE-Partitionierung gibt es seit MySQL 5.5 die COLUMNS-Variante, für die die gleichen Restriktionen und Erweiterungen gelten wie für LIST. Das bedeutet, Ausdrücke in partAttr sind verboten, dafür sind Zeichenketten und Datumsfelder als partAttr explizit möglich. Darüber hinaus entfällt beim RANGE COLUMS die Limitierung auf eine Spalte als Partitionierungsattribut – worin sich

LIST und RANGE unterscheiden. Stattdessen lässt sich eine kommaseparierte Liste von Feldern angeben, in unserem Warteschlangebeispiel etwa neben kasse auch personen. Das CREATE-Statement verwandelt sich in Folgendes:

```
CREATE TABLE warteschlange2 (
    kasse smallint(1) NOT NULL,
    ankunft DATETIME NOT NULL,
    kassierende DATETIME NOT NULL,
    personen smallint(2) NOT NULL)
ENGINE=MYISAM
PARTITION BY RANGE COLUMNS (kasse, personen) (
PARTITION p1 VALUES LESS THAN (4, 1),
PARTITION p2 VALUES LESS THAN (7, 3),
PARTITION p3 VALUES LESS THAN (MAXVALUE, MAXVALUE)
);
```

Bei jedem INSERT wird ein Tupelvergleich durchgeführt. Die Partitionsgrenzen werden als Ganzes gesehen mit den Werten für kasse und ankunft verglichen. Es findet damit keine Einzelprüfung statt, wie etwa bei der Subpartitionierung (siehe folgenden Abschnitt). Das führt mitunter zu einer Datensatzverteilung, die verwundert, was die nachstehenden Statements verdeutlichen:

```
INSERT INTO warteschlange2 VALUES (3, NOW(), NOW(), 1);
INSERT INTO warteschlange2 VALUES (3, NOW(), NOW(), 2);
INSERT INTO warteschlange2 VALUES (4, NOW(), NOW(), 1);
```

Der erste Datensatz landet zweifelsohne in *p1*. Der zweite hingegen endet ebenfalls in *p1*, lediglich der dritte wird nach *p2* geschrieben. Wenn Sie sich nicht sicher sind, wo Sie nach einem bestimmten Datensatz suchen müssen, oder wenn Sie vorab kalkulieren wollen, wohin ein Datensatz wandern wird, hilft ein einfaches SELECT mit Tupelvergleich:

```
SELECT (3,1) < (4,1), (3,2) < (4,1), (4,1) < (4,1);
```

Für die ersten beiden Vergleiche erhalten Sie eine 1 (also true), was auch die Erklärung für den Verbleib der ersten beiden Datensätze in *p1* ist. Das Ergebnis des dritten Abgleichs ist 0 (also false), in Konsequenz ist *p1* nicht das richtige Ziel für den dritten Datensatz. Da (4,1) aber kleiner ist als (7,2), findet sich in *p2* ein passendes Plätzchen.

> **RANGE vs. RANGE COLUMNS**
>
> Selbstverständlich können Sie eine COLUMNS-Partitionierung auch nur mit einem Attribut als partAttr verwenden. Das bietet sich immer dann an, wenn Sie als Partitionierungsattribut eine Spalte nutzen wollen, die keine ganze Zahl ist. Bedenken Sie dann aber die Limitierung, dass Sie keine Funktionen innerhalb von partAttr anwenden dürfen.

Die Bedingung, dass bei der Bereichspartitionierung alle Partitionen streng aufsteigend sortiert sein müssen, gilt auch bei RANGE COLUMNS. Ob die Tupel in Ihrer Partitionsdefinition dieser Regel genügen, erfahren Sie am leichtesten über einen Tupelvergleich, wie wir ihn auch schon zur Kontrolle der Zuordnung von INSERT-Statements auf Partitionen angewendet haben. Die durchgängige 1 als Ergebnis der Zeile

```
SELECT (4,1) < (4,2), (4,2) < (7,2), (7,2) < (8,1);
```

sagt uns, dass wir die Tabelle auch wie folgt anlegen können:

```
CREATE TABLE warteschlange2 (
   kasse smallint(1) NOT NULL,
   ankunft DATETIME NOT NULL,
   kassierende DATETIME NOT NULL,
   personen smallint(2) NOT NULL)
ENGINE=MYISAM
PARTITION BY RANGE COLUMNS (kasse, personen) (
PARTITION p1 VALUES LESS THAN (4, 1),
PARTITION p2 VALUES LESS THAN (4, 2),
PARTITION p3 VALUES LESS THAN (7, 2),
PARTITION p4 VALUES LESS THAN (8, 1),
PARTITION p5 VALUES LESS THAN (MAXVALUE, MAXVALUE)
);
```

HASH

Mit der Partitionierung mittels Hash-Wert verfolgen wir ein anderes Ziel als bei den vorigen Partitionierungstypen. Vormals konnten wir anhand der Ausprägung von partAttr vorgeben, in welcher Partition ein bestimmter Datensatz landen soll. Das Hashing erzeugt jedoch einen intern berechneten Wert aus unserem Partitionsattribut, was uns in diesem Fall eine dementsprechende Aussage erschwert. Unmöglich ist die Aussage dadurch nicht, denn zwei Datensätze, deren Wert in partAttr übereinstimmen, liegen auch physisch in der gleichen Partition. Der Ansatz beim Hashing – und zugleich die dominierende Eigenschaft der Hashing-Algorithmen – ist es, eine Gleichverteilung der Datensätze auf die Partitionen zu erreichen. Je besser der Algorithmus, desto gleichmäßiger werden die Daten verteilt. MySQL verwendet für das Hashing in einfachster Form die arithmetische Modulo-Funktion. Damit einher geht die Einschränkung, dass partAttr oder der darauf aufbauende funktionale Ausdruck auf jeden Fall eine Ganzzahl zurückliefern muss. Einen String als Partitionierungskriterium zu benutzen, funktioniert also nicht. In Tabelle 9.6 ist das Hashing per Modulo beispielhaft unter der Annahme dargestellt, dass wir es mit drei Partitionen zu tun haben.

Ausprägung partTyp	Hashing-Funktion	Zielpartition
1	MOD(1, 3) = 1	1
17	MOD(17, 3) = 2	2
64	MOD(64, 3) = 1	1
99	MOD(99, 3) = 0	3
137	MOD(137, 3) = 2	2
255	MOD(255, 3) = 0	3
2809	MOD(2809, 3) = 1	1
2912	MOD(2912, 3) = 2	2
10000	MOD(10000, 3) = 1	1

Tabelle 9.6 Hashing mit Modulo-/Restwertfunktion

MySQL nimmt Ihnen die Anlage und Verwaltung der Partitionen ab. Sie geben nur das Partitionierungskriterium an – gegebenenfalls inklusive Transformation in Form von Funktionen – sowie die Anzahl der Partitionen. Dies erreichen Sie durch den Zusatz PARTITION BY HASH und PARTITIONS n innerhalb der Tabellendefinition, wobei n eine natürliche Zahl ist und die Anzahl der Partitionen angibt.

```
CREATE TABLE warteschlange3 (
    kasse smallint(1) NOT NULL,
    ankunft DATETIME NOT NULL,
    kassierende DATETIME NOT NULL,
    personen smallint(2) NOT NULL)
ENGINE=MYISAM
PARTITION BY HASH (kasse)
PARTITIONS 3;
```

Ähnlich wie beim LIST-Beispiel landen hier aufgrund der möglichen Werte im vorliegenden Sachverhalt Datensätze für je drei Kassen in einer Partition. Allerdings sind dies diesmal nicht die Gruppen {1,2,3}, {4,5,6} und {7,8,9}, sondern aufgrund der Hash-Funktion {1,4,7}, {2,5,8} und {3,6,9}.

Nullwerte werden beim Hashing wie die Zahl 0 behandelt. Dies spricht zwar gegen das übliche Verhalten von MySQL, ist aber für die Zuordnung numerisch ansprechbarer Partitionen notwendig. Der Modulo von Null zu einer beliebigen Basis ist Null:

```
SELECT NULL MOD 3; => NULL
```

Wenn wir unseren Beispieldatensatz aus dem vorigen Abschnitt auch in die Tabelle warteschlange3 einfügen, sind die folgenden Statements demnach identisch:

```
INSERT INTO warteschlange3 VALUES
   (NULL, NOW() - INTERVAL 1 MINUTE, NOW());
INSERT INTO warteschlange3 VALUES
   (0, NOW() - INTERVAL 1 MINUTE, NOW());
```

Lineares Hashing

Als Alternative zum Modulo bietet MySQL einen weiteren Algorithmus, der auf Zweierpotenzen und dem logischen Und aufbaut. Für die Anzahl der Partitionen wird eingangs ermittelt, welches die nächstgrößere Zweierpotenz ist, bei drei Partitionen ist dies also der Wert 4. Binär dargestellt wird die 4 als »100«. In einem weiteren Schritt wird dieser Wert um 1 dekrementiert, es kommt als Basis 011 (3) heraus. Für jeden Datensatz wird die Ausprägung von partAttr binär mit der 011 verglichen, woraus sich die Nummer der Partition ergibt:

Ein Datensatz für Kasse 6 landet in Partition 2. Dies ergibt sich aus:

```
110 (Kasse 6)
011 (Basis 3)
010 (Zielpartition 2)
```

Das lineare Hashing ist performanter bei großen Datenmengen, wobei das Hashing auf Modulo-Basis eine bessere Gleichverteilung über die Partitionen erzeugt.

Lineares Hashing erreichen Sie, wenn Sie das Kennwort LINEAR im CREATE-Statement einfügen:

```
CREATE TABLE warteschlange4 (
   kasse smallint(1) NOT NULL,
   ankunft DATETIME NOT NULL,
   kassierende DATETIME NOT NULL,
   personen smallint(2) NOT NULL)
ENGINE=MYISAM
PARTITION BY LINEAR HASH (kasse)
PARTITIONS 3;
```

KEY

Zu guter Letzt kommen wir noch auf den Partitionstyp zurück, den wir als Erstes kennengelernt haben. Die KEY-Partitionierung ähnelt dem Hashing, wobei ein anderer interner Algorithmus verwendet wird. Sofern Sie kein partAttr angeben, verwendet MySQL Primär- oder Eindeutigkeits-Constraints. Allerdings sind Sie hier nicht wie bei allen bislang bekannten Partitionierungstypen auf numerische Entscheidungskriterien beschränkt. Der intern verwendete Algorithmus kann auch andere Datentypen verarbeiten.

Eine Tabelle mit KEY-Partitionierung erzeugen Sie wie folgt:

```
CREATE TABLE warteschlange5 (
   kasse smallint(1) NOT NULL,
   ankunft DATETIME NOT NULL,
   kassierende DATETIME NOT NULL,
   personen smallint(2) NOT NULL)
ENGINE=MYISAM
PARTITION BY [LINEAR] KEY (kasse)
PARTITIONS 3;
```

Sie erkennen bereits in der Syntax die Anlehnung an das Hashing inklusive der linearen Abwandlung. Auch hier kommen wieder die Zweierpotenzen zum Einsatz.

9.8.2 Subpartitionierung

Partitionierte Tabellen lassen sich noch ein zweites Mal unterteilen. Dieses als *Subpartitionierung* bezeichnete Feature dient neben der bereits ausführlich besprochenen Aufteilung von Daten zur performanceoptimierten Abfrage primär der gezielten Ablage der physischen Datendateien.

So wie jede Partition einer Tabelle dieselbe Struktur besitzt, so haben auch alle Subpartitionen über die gesamte Tabelle hinweg einen einheitlichen Aufbau. Der Subpartitionierung sind jedoch Grenzen gesetzt. Zum einen lassen sich nur Tabellen damit ausstatten, die eine RANGE- oder LIST-Partitionierung vorgeben. Zum anderen können Subpartitionen selbst nur auf HASH- oder KEY-Algorithmen zurückgreifen. Die Definition gestaltet sich lediglich als Zusatz zur eigentlichen Partitionierung.

```
CREATE TABLE warteschlange6 (
   kasse smallint(1) NOT NULL,
   ankunft DATETIME NOT NULL,
   kassierende DATETIME NOT NULL,
   personen smallint(2) NOT NULL)
ENGINE=MYISAM
PARTITION BY RANGE (kasse)
SUBPARTITION BY HASH (TO_DAYS(ankunft))
SUBPARTITIONS 2
(
PARTITION p1 VALUES LESS THAN (4),
PARTITION p2 VALUES LESS THAN (7),
PARTITION p3 VALUES LESS THAN (10)
);
```

Die Aufteilung der Datensätze beim Einfügen und das Partition Pruning funktionieren wie gehabt. Abfragen wie die folgende profitieren zusätzlich von der zweifachen Aufteilung:

```
SELECT * FROM warteschlange6
   WHERE kasse = 6 AND ankunft = '2008-09-28'
```

Erst wenn Sie explizit die Subpartitionen angeben, spielen diese ihre zweite Stärke aus. Als Administrator können Sie bestimmen, welchen physischen Ablageort Ihre Daten haben sollen. Dass Sie den Subpartitionen analog zu den Partitionen eindeutige Namen geben können, ist dabei nur zweitrangig. Interessanter sind die Angaben DATA DIRECTORY und INDEX DIRECTORY. Im Folgenden blähen wir das Warteschlangenbeispiel zu maximaler Größe auf. Wir legen pro Subpartition fest, in welchem Ort sich die partitionierten Daten und Indizes befinden sollen.

```
CREATE TABLE warteschlange7 (
    kasse smallint(1) NOT NULL,
    ankunft DATETIME NOT NULL,
    kassierende DATETIME NOT NULL,
    personen smallint(2) NOT NULL)
ENGINE=MYISAM
PARTITION BY RANGE (kasse)
SUBPARTITION BY HASH (TO_DAYS(ankunft))
(
PARTITION p1 VALUES LESS THAN (4) (
    SUBPARTITION s1
        DATA DIRECTORY = 'D:\\data'
        INDEX DIRECTORY = 'D:\\index',
    SUBPARTITION s2
        DATA DIRECTORY = 'D:\\data'
        INDEX DIRECTORY = 'D:\\index'
),
PARTITION p2 VALUES LESS THAN (7) (
    SUBPARTITION s3
        DATA DIRECTORY = 'E:\\data'
        INDEX DIRECTORY = 'D:\\index',
    SUBPARTITION s4
        DATA DIRECTORY = 'E:\\data'
        INDEX DIRECTORY = 'D:\\index'
),
PARTITION p3 VALUES LESS THAN (10) (
    SUBPARTITION s5
        DATA DIRECTORY = 'F:\\data'
        INDEX DIRECTORY = 'D:\\index',
    SUBPARTITION s6
```

```
            DATA DIRECTORY = 'F:\\data'
            INDEX DIRECTORY = 'D:\\index'
));
```

Das Beispiel bezieht sich auf einen Windows-Server. Unter Unix sind die Pfade entsprechend anzupassen.

9.8.3 Verwaltung von Partitionen

Die Verwaltung von Partitionen erfolgt über das ALTER TABLE-Statement, das extra für diesen Fall erweitert wurde. Wie im Beispiel mit den Nullwerten gesehen, besteht die Möglichkeit, mit ADD PARTITION eine neue Partition zu einer existierenden Tabelle hinzuzufügen. Ebenso ist es natürlich möglich, Partitionen über

```
ALTER TABLE tblName DROP PARTITION partName
```

zu entfernen. Wenn das nicht ausreicht oder alle Partitionen entfernt werden sollen, lässt sich das jedoch am Stück über

```
ALTER TABLE tblName REMOVE PARTITIONING
```

erreichen. Wenn nur der Inhalt einer oder mehrerer Partition gelöscht werden soll, ohne die Struktur zu verändern, also bei Beibehaltung aller bestehenden Partitionen, reicht ein

```
ALTER TABLE tblName TRUNCATE PARTITION partName
ALTER TABLE tblName TRUNCATE PARTITION partName1, partName2
```

Das TRUNCATE ist gleichbedeutend mit einem DELETE auf die Partition, das heißt mitsamt einer WHERE-Klausel, die der Partitionsdefinition entspricht. Der Unterschied der beiden Varianten liegt allerdings in der Performance, bei der das TRUNCATE die Nase vorn hat.

Wie in unpartitionierten Tabellen kommt es in Partitionen auch zu Fragmentierung, wenn häufig Datensätze eingefügt, geändert oder gelöscht werden. Eine gezielte Defragmentierung erreichen Sie, wenn Sie

```
ALTER TABLE tblName REBUILD PARTITION partNamen
```

ausführen. In unserem Beispiel der RANGE-Partitionierung räumen wir die Partition *p1* auf, indem wir folgendes Statement absetzen:

```
ALTER TABLE warteschlange2 REBUILD PARTITION p1
```

Sollen mehrere Partitionen auf einmal entrümpelt werden, erreichen Sie dies mit einer kommaseparierten Liste aller Partitionsnamen. Wesentlich komplexer ist jedoch das Kommando REORGANIZE PARTITION ... INTO. Damit führen Sie eine

Restrukturierung der bestehenden Partitionsstruktur durch. Dies hat die gleichen Effekte wie mehrere DROP PARTITION- und ADD PARTITION-Befehle, nur verlieren Sie hierbei keine Daten. Sie können:

- eine Partition in mehrere aufteilen
- mehrere Partitionen zu einer einzigen zusammenfassen
- mehrere Partitionen der Struktur m in mehrere neue Partitionen der Struktur n umwandeln

Die Syntax definiert Quellpartitionen und – nach gewohntem Muster – das Zielformat. Beispiel:

```
ALTER TABLE warteschlange2 REORGANIZE PARTITION p1 INTO (
PARTITION p0 VALUES LESS THAN (2),
PARTITION p1 VALUES LESS THAN (4)
);
```

Mit einem Blick in die MySQL-Version 5.6 werden die Stoßgebete so mancher Administratoren und Entwickler erhört, denen bei der Verwaltung von Partitionen in MySQL 5 bislang etwas Wesentlichen fehlte: das Austauschen von Partition zur Laufzeit, bekannt aus diversen anderen Datenbanksystemen (*Partition Exchange*). Dahinter verbirgt sich die Fähigkeit, eine partitionierte Tabelle von jetzt auf gleich mit neuen Daten zu versorgen, ohne dass der Befüllungsprozess gegebenenfalls Lesezugriffe ausbremst.

Wie ist das möglich? Denn die Befüllung einer Tabelle bzw. Partition von mehreren Millionen Datensätzen im Bruchteil einer Sekunde kann auch die neue MySQL-Version nicht leisten – genauso wenig wie andere Datenbanken. Der Trick daran ist so einfach wie entzaubernd: Es wird eine Tabelle angelegt, deren Struktur identisch ist mit den Partitionen, die ausgetauscht werden sollen. Diese separate temporäre Tabelle lässt sich in aller Ruhe mit den benötigten Daten bewirtschaften. Nach Abschluss der Befüllung wird die Tabelle in die partitionierte Zieltabelle eingehängt. In unserem Warteschlangen-Beispiel könnte ein Partition Exchange notwendig sein, wenn der MySQL Server es zu den Geschäftszeiten aufgrund der Last nicht schafft, die Zieltabelle zu befüllen, oder wenn mehrere Filialen Daten etwa im CSV-Format schicken, die später integriert werden sollen – letzteren Fall betrachten wir nun einmal: Die Kassen der letzten Partition werden extern angeliefert, die Integration der Daten soll tagsüber geschehen, die Tabelle warteschlange2 soll aber weiterhin ansprechbar sein.

```
CREATE TABLE temp_warteschlange LIKE warteschlange2;
ALTER TABLE temp_warteschlange REMOVE PARTITIONING;
INSERT INTO temp_warteschlange (...);
```

Wir haben als Vorbild die Tabelle warteschlange2 gewählt, weil deren RANGE-Partitionierung leicht ersichtlich die einzelnen Bestandteile zeigt. Wir erinnern uns: Die Tabelle umfasst drei Partitionen *p1* bis *p3*, in die Daten unterschiedlicher Kassen geschrieben werden. Anstatt das CREATE TABLE noch einmal für die temporäre Tabelle abzuschreiben, nutzen wir die faule Abkürzung: Wir erzeugen TEMP_WARTESCHLANGE strukturgleich über CREATE TABLE ... LIKE ... und entfernen danach die Partitionierung wieder, die uns vorher automatisch mit angelegt wurde. Generell gilt: Wir benötigen für das Partition Exchange eine identisch aufgebaute zweite Tabelle, die selbst aber in keiner Form partitioniert sein muss.

Zum Austausch der letzten Partition reicht der Befehl:

```
ALTER TABLE warteschlange2 EXCHANGE PARTITION p3 WITH TABLE temp_
warteschlange;
```

Was bisher unter dem Namen *p3* firmierte, wird dadurch entfernt. An deren Stelle tritt die temporäre Tabelle. Nach dem Kommando liegen die Daten auch physisch in *p3*. Die temporäre Tabelle ist zwar nicht verlorengegangen, sie ist weiterhin in der Datenbank vorhanden, allerdings ist sie leer.

Über die beschriebenen spezifischen Features hinaus wurden die bestehenden Funktionalitäten erweitert, das heißt,

- OPTIMIZE TABLE,
- ANALYZE TABLE und
- REPAIR TABLE

lassen sich nun auch für partitionierte Tabellen auswerten.

9.9 Events

Regelmäßige Wartungsarbeiten werden auf Unix- und Windows-basierten Systemen meist mit den Schedulern des Betriebssystems durchgeführt. Unter Unix sind das Cronjobs, unter Windows bedient man sich des Taskplaners. Auf diese Weise lässt sich selbstverständlich auch MySQL administrieren. Ein FLUSH PRIVILEGES-Statement zum Aktualisieren der Benutzerrechte setzen wir dann über einen Kommandozeilenaufruf wie diesen ab:

```
mysql -uroot -pgeheim -e "FLUSH PRIVILEGES"
```

Seit MySQL 5.1 ist mit diesen Umwegen auf Basis von Betriebssystemmitteln Schluss. Stattdessen können Sie sich des *Event Schedulers* (Vorgangsplaner) bedienen, der neuer fester Bestandteil von MySQL ist. Ähnlich wie die vorgestellten Alternativen aus dem letzten Absatz handelt es sich hier um eine zeitliche Steuerung für ein oder mehrere SQL-Anweisungen, weswegen die direkte Übersetzung des englischen Namens zunächst etwas irreführend sein mag: Explizit handelt es sich nicht um eine Ereignissteuerung. Anders ist jedoch: MySQL kümmert sich selbständig um das Timing – eine laufende Serverinstanz vorausgesetzt.

> **Hinweis**
>
> Unter Umständen ist der Event Scheduler bei Ihnen nicht von Beginn an aktiviert. Den derzeitigen Status lassen Sie sich über
> `SELECT @@GLOBAL.EVENT_SCHEDULER;`
> ausgeben. Im Falle des Falles können Sie die Aktivierung dann über
> `SET @@GLBAL.EVENT_SCHEDULER=ON;`
> selbst vornehmen. Diese Einstellung gilt, solange der Server läuft. Bei Neustart müssen Sie diese Einstellung wiederholen oder sie in der Konfigurationsdatei eintragen.

9.9.1 Anlegen

Events werden dauerhaft oder für eine gewisse Zeitspanne als Datenbankobjekte mit eigenen SQL-Anweisungen angelegt. Bestehende Events lassen sich modifizieren oder löschen. Die dazugehörenden Schemata finden Sie nachstehend.

```
CREATE [DEFINER = { user | CURRENT_USER }] EVENT
[IF NOT EXISTS]
evtName
ON SCHEDULE evtSteuerung
[ON COMPLETION [NOT] PRESERVE]
[ENABLE | DISABLE |  DISABLE ON SLAVE]
[COMMENT 'kommentar']
DO sqlKommando;
```

Ein Event gehört einem bestehenden Benutzer, der mit `DEFINER` gekennzeichnet wird. Anhand dessen Berechtigung sind auch der Event-Ausführung Grenzen gesetzt. In einem Event darf kein SQL verarbeitet werden, zu dem der »Besitzer« nicht berechtigt ist. Die Übersetzung von `DEFINER` mit »Besitzer« mag Ihnen merkwürdig vorkommen. Weil der anlegende Nutzer aber nicht mit dem Besitzer übereinstimmen muss, wenn der Wert von `DEFINER` also von `CURRENT_USER` abweicht, wäre eine direkte Übersetzung also noch irreführender. Mit Angabe von `DEFINER` ist es also möglich, Events explizit für einen anderen Benutzer einzurichten; ein Hilfsmittel, auf das beispielsweise Administratoren zurückgreifen können. Ohne die Angabe von `DEFINER` wird davon ausgegangen, dass es sich hierbei um den aktuellen User handelt.

Um einen Event einzurichten, zu verändern oder zu löschen, benötigen Sie das neue Recht `EVENT`. Das Recht bezieht sich auf Datenbank- oder Instanzebene. Eine

Vergabe für einzelne Tabellen ist nicht möglich; dies erscheint logisch, da sich ein Event anders als ein Trigger nicht auf die Manipulation einer einzigen Tabelle beschränken muss. Wie wir im Weiteren noch sehen werden, kann das sqlKommando durchaus komplexe Formen annehmen, die mehrere Tabellen einbeziehen.

Jeder Event hat einen eindeutigen Namen und wird, soweit nicht anders angegeben, im aktuellen Schema angelegt. Dementsprechend ist er mit dbName.evtName über die Datenbankinstanz hinweg eindeutig identifizierbar. Andersherum bedeutet dies aber auch, dass ein neuer Event unter Angabe des Schemas angelegt werden kann, ohne dass Sie per use schema; dorthin wechseln müssen. Die Rechtevergabe greift dennoch wie gewohnt, das heißt, das EVENT-Recht muss in der Zieldatenbank vorhanden sein.

Der Name eines Events muss wie gesagt über die Datenbank hinweg eindeutig sein. In unterschiedlichen Datenbanken kann indes je ein Event mit identischem Namen existieren. Syntaktisch unterliegt der Name denselben Richtlinien wie die Stored Procedures, ist also auf 64 Zeichen in der Länge limitiert. Als gültige Zeichen gelten dafür neben den alphanumerischen auch einige Sonder- und das Leerzeichen.

Mit der obligatorischen Angabe ON SCHEDULE evtSteuerung wird der Zeitpunkt oder das Intervall angegeben, in dem die Ausführung des oder der SQL-Kommandos erfolgen soll. Die dahinter verborgene Syntax, wie sie nachstehend noch einmal ausformuliert ist, lässt sich grundsätzlich auf zwei verschiedene Arten definieren:

```
evtSteuerung
AT zeitpunkt [ + INTERVAL intervall]
| EVERY intervall
[STARTS zeitpunkt [ + INTERVAL intervall]]
[ENDS zeitpunkt [ + INTERVAL intervall]]
```

Mit AT zeitpunkt wird ein einmaliges Ausführen des Events angestoßen. Der Zeitpunkt muss einen gültigen Uhrzeitanteil besitzen, ein Datum allein reicht also nicht aus. Die einfachste Form ist CURRENT_TIMESTAMP, das beim Parsen in den aktuellen Zeitpunkt aufgelöst wird. Weitere MYSQL-Funktionen, die als Ausgabe einen Wert vom Typ DATETIME oder TIMESTAMP zurückliefern, sind ebenfalls erlaubt. Um auch Ausdrücke wie »morgen Mittag in zwei Monaten« einsetzen zu können, kann die Alternative mit AT auch um ein Intervall erweitert werden. Der String INTERVAL ist fix, danach kommt eine gültige Zeitangabe nach folgendem Muster:

```
intervall
n {SECOND | MINUTE | HOUR |
DAY | WEEK | MONTH | QUARTER | YEAR |
MINUTE_SECOND | HOUR_SECOND | HOUR_MINUTE |
DAY_SECOND | DAY_MINUTE | DAY_HOUR | YEAR_MONTH}
```

Bei n erwartet MySQL eine natürliche Zahl, danach folgt eine der dargestellten temporären Angaben wie Sekunden oder Tage. Bei der Definition von n müssen Sie nicht befürchten, aus dem gültigen Bereich herauszukommen und dadurch einen syntaktischen Fehler zu erzeugen. Inhaltlich kann z. B. »jetzt in 62 Sekunden« dargestellt werden, obwohl eine Minute (als nächstgrößere Einheit) nur 60 Sekunden hat; etwa so:

```
...
AT CURRENT_TIMESTAMP + INTERVAL 62 SECOND
...
```

Dies ist insofern kein Problem, da MySQL die kombinierte Angabe von Zeitpunkt und Intervall in einen neuen Zeitpunkt ummünzt. Haben wir also aktuell »2008-12-04 19:07:00«, dann wird aus der Angabe im Beispiel etwa AT '2008-12-04 19:08:02' Wer jedoch auf Nummer sicher gehen will, kann den Zeitpunkt auch wie folgt definieren:

```
...
AT CURRENT_TIMESTAMP + INTERVAL 1 MINUTE + INTERVAL 2 SECOND
...
```

Die Kombination mehrerer Zeiträume ist möglich, wobei jeder Bestandteil wiederum mit einem INTERVAL eingeleitet werden muss. Als dritte Alternative können Sie, wenn Sie sich die letzten temporalen Konstanten aus der vorigen Definition von intervall ansehen, im Rahmen der vordefinierten Möglichkeiten auch Zeiträume als String angeben. So wird aus vorigem Beispiel:

```
...
AT CURRENT_TIMESTAMP + '1:02' MINUTE_SECOND
...
```

Alle drei Beispiele kommen zu demselben Ergebnis.

Sehr wohl achtgeben müssen Sie jedoch, dass Sie die temporalen Konstanten in der Einzahl angeben, also anders als im normalen Sprachgebrauch. Es heißt demnach nicht »62 SECONDS«, sondern wie in unserem Beispiel zu sehen 62 SECOND.

Sich wiederholende Events werden nicht mit AT, sondern mit der Kombination aus EVERY ... STARTS ... ENDS definiert. Gefolgt wird das EVERY von einem Intervall wie zuvor erläutert. Jedoch steht hier, als einzige Ausnahme im Kontext der

Event-Definition, kein + `INTERVAL`. Das `EVERY` wird direkt gefolgt von der Zeitraumangabe. Ab dem Zeitpunkt der erfolgreichen Event-Definition wird die Ausführung der SQL-Kommandos scharfgeschaltet und läuft periodisch. Optional wird die regelmäßige Ausführung von einem Startzeitpunkt und einem Endzeitpunkt begrenzt. Ein `STARTS` bedingt jedoch kein `ENDS` oder umgekehrt. Auch diese gemeinsame Angabe von Zeitpunkt und Zeitraum wird von MySQL beim Parsen in reale Zeitpunkte übersetzt.

Innerhalb der `evtSteuerung` gelten folgende Einschränkungen:

- Funktionsaufrufe müssen letztlich einen der beiden Datentypen `DATETIME` oder `TIMESTAMP` erzeugen.
- Der Aufruf eigener Prozeduren ist nicht gestattet.
- Das Auslesen von Zeitpunkten aus bestehenden Tabellen via `SELECT` ist verboten, von der fiktiven Tabelle `DUAL` einmal abgesehen.

Nach der Definition der Ausführungszeit in `ON SCHEDULE evtSteuerung` können Sie mit `ON COMPLETION [NOT] PRESERVE` festlegen, ob der Event, das heißt das Datenbankobjekt, nach der einmaligen Ausführung oder nach dem Zeitpunkt, der durch `ENDS` festgelegt ist, erhalten bleibt. Wenn nicht, wird es ohne Zutun eines Benutzers gelöscht (per `DROP`). Dies ist auch die Standardeinstellung.

Als weiterer Standard gilt auch die sofortige Aktivierung eines Events. Sie müssen nach der Definition also keine weiteren Schritte unternehmen, um die Ausführung scharfzuschalten. Jedoch können Sie auch gezielt einen Event mit dem Zusatz `DISABLE` erzeugen, um das Loslaufen zu verzögern und nachträglich einzuschalten. Als dritte Möglichkeit neben `ENABLE` und `DISABLE` existiert `DISABLE ON SLAVE`, ein Zusatz, der lediglich bei der Replikation von Master-Datenbankservern auf Client-Server relevant ist. Dies bedeutet, der Event ist auf dem Master-Server aktiv, wird aber auf den Clients nach der Replikation nicht ausgeführt.

> **Hinweis**
>
> Die Replikation, die sich vermehrt im Funktionsumfang von MySQL niederschlägt, ist nicht in diesem Buch enthalten. Aktuell schätzen wir das Einsatzgebiet und damit auch die Relevanz für Sie noch als zu gering ein.
> Sollte es sich dabei um einen Trugschluss handeln, freuen wir uns selbstverständlich über eine Kontaktaufnahme und einen Erfahrungsbericht.

Der eigentliche Inhalt, also die SQL-Kommandos, die es einmalig oder regelmäßig auszuführen gilt, werden ganz am Ende des `CREATE EVENT`-Statements definiert und mit dem Schlüsselwort `DO` eingeleitet. Es kann sich dabei um ein ganz einfaches Kommando handeln, beispielsweise ein `INSERT`. Natürlich sind auch `SELECT`-

Anweisungen möglich, deren Ausgabe landet jedoch im unerreichbaren Nirwana. Allerdings lassen sich auch zwei oder mehr Anweisungen ausführen. Diese müssen dann – wie von den Stored Procedures oder Triggern bekannt – in BEGIN und END eingefasst werden. Dabei ist selbstverständlich auf die korrekte Angabe von Befehlsabschlusszeichen zu achten (siehe Abschnitt 9.6.1 über das Anlegen von Stored Procedures). Der Umfang von MySQL-Anweisungen, die im DO-Block respektive zwischen BEGIN und END vorkommen dürfen, ist ebenfalls vergleichbar mit denen in Stored Procedures.

Im Weiteren geben wir einige Beispiele, für die sich die Umsetzung durch Events hervorragend eignet. Dabei beschränken wir uns auf administrative Anwendungsfälle. Selbstverständlich sind Sie aber nicht darauf beschränkt.

Beginnen werden wir mit dem Eingangsbeispiel. Statt des

```
mysql -uroot -pgeheim -e "FLUSH PRIVILEGES"
```

auf Ebene des Betriebssystems richten wir einen Event ein, der täglich um Mitternacht die Rechtestrukturen mit den gemachten Änderungen des Tages glattzieht:

```
CREATE DEFINER=root EVENT
flush_privileges
ON SCHEDULE
EVERY 1 DAY
STARTS '2009-01-01 00:00:00'
DO
FLUSH PRIVILEGES;
```

Den Startzeitpunkt legen wir über die fixe Angabe eines Datums mitsamt Uhrzeit fest. Das SQL-Kommando wird demnach genau zum Tageswechsel gestartet. Da wir in dieser Definition kein Intervall und keine Zeitkonstante verwendet haben, sieht der gespeicherte Code des Events beinahe identisch mit unserer Eingabe aus. Lediglich die von uns ausgelassenen Teile wurden mit ihren Standardwerten eingefügt. Dies lassen wir uns mit

```
SHOW CREATE EVENT flush_privileges
```

oder über ein

```
SELECT * FROM information_schema.events
```

anzeigen. Als Ergebnis erhalten wir eine Tabelle, die u. a. Folgendes enthält:

```
CREATE EVENT 'flush_privileges' ON SCHEDULE EVERY 1 DAY STARTS
'2009-01-01 00:00:00' ON COMPLETION NOT PRESERVE ENABLE DO FLUSH
PRIVILEGES
```

Die fett gedruckten Teile wurden automatisch erzeugt. Andere einfache Statements, die sich für solch ein regelmäßiges Ausführen anbieten, sind beispielsweise `OPTIMIZE TABLE`, `ANALYZE TABLE` oder `FLUSH/RESET`.

Als komplexerer Fall erweist sich die Erweiterung einer partitionierten Tabelle, wie sie in der Praxis häufig vorkommt. Wie in Abschnitt 9.8, »Partitionierung«, bereits erwähnt, wird bei der Aufteilung von Tabellen aufgrund der häufigen zeitlichen Einschränkung in den Abfragen auf Monats- oder Jahrespartitionen zurückgegriffen. Dies bringt mit sich, dass am Ende eines jeden Jahres eine neue Partition für zukünftige Daten erstellt werden muss, was oft durch Stored Procedures implementiert wird. Diese Prozedur muss dann zeitgesteuert aufgerufen werden. Mit dem neuen Event-Feature in MySQL können wir diese Schritte allesamt miteinander verbinden.

Im Folgenden definieren wir einen Event für Jahrespartitionen. Damit sind einige Fragen verbunden, die wir uns vor der Erstellung beantworten müssen:

- *Wann soll der Event ausgeführt werden?*
  Sinnvoll ist die Ausführung am Jahresende, wobei wir ja nicht zwingend auf den Ultimo festgenagelt sind. Wichtig ist nur, dass wir die Partitionen erzeugen, bevor die ersten Daten eingefügt werden.

- *Wie soll die neue Partition heißen?*
  Bezeichnende Namen bestehen im Wesentlichen aus der Jahreszahl. Diese müssen wir aus dem aktuellen Datum ermitteln.

- *Wie gehen wir mit den Maximalwerten um?*
  Die bis dahin aktuelle Partition am Ende eines Jahres hat `MAXVALUE` als größten möglichen Wert. Diesen müssen wir der neuen Partition zuweisen und deshalb die alte Partition verändern.

Aus obigen Überlegungen heraus erstellen wir einen Event wie folgt:

```
CREATE TABLE part_tab (id SERIAL, auftreten DATE)
PARTITION BY RANGE( YEAR(auftreten) ) (
   PARTITION p2004 VALUES LESS THAN (2004),
   PARTITION p2005 VALUES LESS THAN (2005),
   PARTITION p2006 VALUES LESS THAN (2006),
   PARTITION p2007 VALUES LESS THAN (2007),
   PARTITION p2008 VALUES LESS THAN MAXVALUE
);
DELIMITER //
CREATE DEFINER=root EVENT
yearly_partition
ON SCHEDULE
EVERY 1 YEAR
```

```
STARTS '2008-12-31 23:30:00'
ON COMPLETION PRESERVE
DO
BEGIN
   DECLARE pNameOld CHAR(5) DEFAULT
      CONCAT('p',YEAR(CURDATE()));
   DECLARE pNameNew CHAR(5)
      DEFAULT CONCAT('p',YEAR(CURDATE())+1);
   DECLARE sql_statement CHAR(143);
   SET sql_statement = CONCAT(
      'ALTER TABLE fact_something
      REORGANIZE PARTITION ',pNameOld,
      ' INTO (PARTITION ',pNameOld,
      ' VALUES LESS THAN (',YEAR(CURRENT_DATE),
      '), PARTITION ',pNameNew,' VALUES LESS THAN MAXVALUE)');
   SET @sql_prepare = sql_statement;
   PREPARE query FROM @sql_prepare;
   EXECUTE query;
END//
DELIMITER ;
```

Wir wählen als Startzeitpunkt Silvester nachts um halb zwölf und lassen den Code jährlich ausführen. Zu dieser Zeit sollten keine INSERT-Statements oder sonstige Operationen auf der Tabelle ablaufen. Obwohl wir keinen Endzeitpunkt gewählt haben, stellen wir durch ON COMPLETION PRESERVE sicher, dass der Code im Zweifel erhalten bleibt.

Wir machen uns die Fähigkeit des REORGANIZE PARTITION zunutze, um aus einer alten Partition, die mit MAXVALUE nach oben unlimitiert war, zwei Partitionen zu machen. Die Daten werden dabei verschoben, was bedeutet, es ist gegebenenfalls mit umfangreichen Festplattenaktivitäten zu rechnen. Auf diese Weise werden jeweils bei der Verarbeitung die Namen der alten und neuen Partition ermittelt, und die alte Partition wird in zwei neue aufgeteilt.

9.9.2 Ändern

Bestehende Events können mit einem ALTER EVENT in ihrer Struktur verändert werden. Die dazugehörige Syntax ist dankenswerterweise identisch mit dem vorher vorgestellten CREATE EVENT, das heißt, sie stellt sich wie folgt dar:

```
ALTER [DEFINER = { user | CURRENT_USER }] EVENT
evtName
ON SCHEDULE evtSteuerung
[ON COMPLETION [NOT] PRESERVE]
[RENAME TO evtNameNeu]
```

```
[ENABLE | DISABLE | DISABLE ON SLAVE]
[COMMENT 'kommentar']
DO sqlKommando;
```

Was selbstverständlich innerhalb des ALTER-Statements fehlt, ist das IF NOT EXISTS, da Sie ausschließlich existierende Events auch abändern können. Hinzu kommt jedoch die Möglichkeit, einen neuen Namen zu vergeben, indem Sie RENAME TO evtNameNeu verwenden. Der neue Name unterliegt den gleichen Namensrestriktionen wie der alte.

Sie müssen beim Verändern eines Events nicht die gesamte Definition wiederholen. Ausgelassene Teile werden von der alten Version übernommen. So ist es bei komplexen Events beispielsweise nicht notwendig, dass Sie den SQL-Teil komplett mit angeben – zu sehen auch im Folgenden.

Änderungen an den Events können sich sehr einfach gestalten lassen, wie aus den folgenden Beispielen deutlich wird. Die Deaktivierung eines Events ist z. B. nur ein Einzeiler:

```
ALTER EVENT flush_privileges DISABLE
```

Um einen Event zu verändern, benötigen Sie das passende Recht EVENT und gegebenenfalls zusätzliche Rechte für die Aktionen im sqlKommando. Bei jedem ALTER EVENT wird der DEFINER automatisch angepasst und bekommt entweder den Wert, den Sie manuell definieren, oder – sofern Sie keinen angeben – den des aktuellen Benutzers. Im vorigen Fall ist das Weglassen des anlegenden Nutzers nicht weiter kritisch; es wird kein Code mehr automatisiert ausgeführt, und deshalb kann es auch nicht zu Berechtigungsproblemen kommen. Wird der Event aber wieder scharfgeschaltet, sollten Sie auf die Berechtigungsproblematik achten.

Ähnlich simpel ist die Umstellung auf deutsche Namen:

```
ALTER EVENT flush_privileges RENAME TO Rechte_glattziehen
```

Dass ein RENAME TO nicht immer in einem neuen Namen enden muss, zeigt ein – wenn auch hinkender – Vergleich mit dem Unix-Kommando mv (»move«). Dadurch lassen sich Dateien verschieben, aber auch umbenennen. Genau andersherum wirkt RENAME TO, mit dem sich einzelne Events ohne Export/Import innerhalb des Servers zwischen Datenbanken verschieben lassen:

```
ALTER EVENT ab.flush_privileges RENAME TO xy.flush_privileges
```

Der Event, der vorher in der Datenbank *ab* lag, ist nun in *xy* zu finden. Da dieses Kommando einem Löschen und einer Neuanlage gleichkommt, benötigen Sie das EVENT-Recht sowohl in *ab* als auch in *xy*.

9.9.3 Löschen

Das Löschen eines Events ist analog zu Triggern und Stored Procedures einfach gestrickt. Ein

```
DROP EVENT [IF EXISTS] evtName
```

reicht vollkommen aus. Auch hierfür benötigen Sie jedoch das `EVENT`-Recht für die Datenbank, in der der Event bislang gespeichert wurde.

Datenbanktuning beginnt schon mit der Auswahl der richtigen Storage Engine, denn nicht immer ist die Voreinstellung die optimale Wahl. Wir zeigen Ihnen die wichtigsten Alternativen und wann Sie welche wählen sollten.

10 MySQL Storage Engines

Der Bedarf an mehreren Storage Engines resultiert aus unterschiedlichen, teils kontroversen Ansprüchen und Anforderungen an die Datenbank.

Zum einen soll eine Datenbank ihre Inhalte sicher – also am besten fehlerfrei und autark – verwalten. Ohne menschlichen Eingriff sollen Entscheidungen möglich sein, was z. B. bei der Eingabe logisch falscher Daten geschehen soll. Zusätzliche Sicherheitsstrukturen erzeugen aber immer Mehraufwand an Berechnungen und Speicherbedarf. Dies geht zu Lasten der Leistung.

Zum anderen soll eine Datenbank schnell sein, also möglichst viele Operationen pro Sekunde verarbeiten. Performanceschübe erreichen Sie durch effiziente Indizes oder indem Sie Teile der Datenbank, sprich einzelne Tabellen, im Hauptspeicher halten, anstatt sie von der Festplatte zu laden. Die Leistung lässt sich darüber hinaus weiter steigern, wenn Sie wissen, wie die Datenbank benutzt wird. Greifen Clients überwiegend lesend auf die Daten zu, ist eine andere Optimierung möglich als bei gleichzeitigen Lese- und Schreibzugriffen.

Die Storage Engines werden in MySQL auf Tabellenbasis vergeben. Das bedeutet, Sie können den Tabellen einer Datenbank unterschiedliche Engines zuweisen und diese auch nachträglich ändern. Die Auswahl der Engine treffen Sie innerhalb der CREATE- oder ALTER-Anweisung für die Tabelle:

```
CREATE TABLE tabelle ( ... ) ENGINE = {MYISAM | INNODB | ... }
```

Die Angabe der Engine wird an die Strukturdefinition angeschlossen, beendet also den Befehl. Sofern Sie keine Engine vorgeben – was wir bislang immer getan haben –, wird die Standard-Engine zugewiesen.

Nicht alle Storage Engines, die MySQL bereitstellt, können Sie auch einsetzen. Manche sind aus Leistungsgründen serverseitig deaktiviert. Andere sind nicht in

Ihrer Distribution vorhanden. Einen Überblick über die Alternativen und deren Status erhalten Sie, wenn Sie das SQL-Kommando

SHOW ENGINES

in der Kommandozeile oder unter phpMyAdmin ausführen. Letzteres besitzt standardmäßig eine Übersicht über die verfügbaren Storage Engines unter dem Hauptmenüpunkt FORMATE. Das Ergebnis ist eine sechsspaltige Tabelle, zu sehen in Abbildung 10.1.

Engine	Support	Comment	Transactions	XA	Savepoints
MEMORY	YES	Hash based, stored in memory, useful for temporary...	NO	NO	NO
InnoDB	YES	Supports transactions, row-level locking, and fore...	YES	YES	YES
MyISAM	DEFAULT	Default engine as of MySQL 3.23 with great perform...	NO	NO	NO
BLACKHOLE	YES	/dev/null storage engine (anything you write to it...	NO	NO	NO
MRG_MYISAM	YES	Collection of identical MyISAM tables	NO	NO	NO
CSV	YES	CSV storage engine	NO	NO	NO
ARCHIVE	YES	Archive storage engine	NO	NO	NO

Abbildung 10.1 Ergebnis von SHOW ENGINES

Links sehen Sie die Namen der Engines, es folgen deren Status und eine menschenlesbare Beschreibung; rechts daneben stehen zusätzlich Angaben darüber, ob die Storage Engine datenbankinterne und verteilte Transaktionen (XA) bzw. SAVEPOINTS unterstützt. Alles, was mit DEFAULT oder YES im Feld SUPPORT gekennzeichnet ist, können Sie einsetzen. Die Engines, deren Status dort NO ist, lassen sich mit Ihrer MySQL-Version nicht verwenden. Falls bei einem oder mehreren Einträgen DISABLED steht, kann die Engine in der Konfiguration aktiviert werden.

Welche Storage Engine derzeit von Ihren Tabellen verwendet wird, erfahren Sie aus der Systemdatenbank *INFORMATION_SCHEMA*:

```
SELECT table_schema, table_name, engine
FROM INFORMATION_SCHEMA.tables
WHERE table_schema NOT IN ('information_schema','mysql')
```

Wir schließen bei der Abfrage all jene Tabellen aus, die in den Systemdatenbanken *INFORMATION_SCHEMA* und *MYSQL* gespeichert sind. Als Ergebnis erhalten Sie eine tabellarische Übersicht über alle Tabellen, die dazugehörige Datenbank und die Storage Engines, zu sehen in Abbildung 10.2.

In den folgenden Abschnitten wollen wir Ihnen einige Engines vorstellen. Wir haben sie ausgewählt, weil sie zum einen sehr unterschiedlich sind und zum anderen in vielen Distributionen – auch in XAMPP – vorhanden sind. Jede hat ihre Vorzüge, aber auch ihre Nachteile.

table_schema	table_name	engine
phpmysql	benutzer	MyISAM
phpmysql	benutzerlog	MyISAM
phpmysql	chapter_six	MyISAM
phpmysql	errorlog	ARCHIVE
phpmysql	innotest	MyISAM
phpmysql	join_a	MyISAM
phpmysql	join_b	MyISAM
phpmysql	kontakte	MyISAM
phpmysql	memory_a	MEMORY
phpmysql	personen	MyISAM
phpmysql	sets	MyISAM
phpmysql	tabelle	MyISAM
phpmysql	tabellea	MyISAM
phpmysql	tabelleb	MyISAM
phpmysql	varchar_test	MyISAM
phpmysql	zahlen	MyISAM
phpmysql	zubringer	MyISAM

Abbildung 10.2 Tabellenmetadaten

10.1 MyISAM

Die MyISAM Storage Engine ist in aller Regel immer noch der Standard, wenn Sie eine MySQL-Version installieren, und wird somit allen Tabellen zugewiesen, bei deren Definition eine explizite Angabe wie ENGINE=... fehlt. Sollten Sie die Standardeinstellung verändert haben oder eine vorhandene Tabelle nach MyISAM konvertieren wollen, definieren Sie sie mit:

```
CREATE TABLE tabelle (attribut INT) ENGINE = MYISAM
```

Optimiert sind solche Tabellen für viele Lesezugriffe und – im Vergleich dazu – wenige Schreiboperationen. In den meisten Fällen reicht diese Optimierung aus, um den Anforderungen der Applikation im Sinne von ausreichend Leistung nachzukommen.

Die Eigenschaften der MyISAM Storage Engine wollen wir anhand der nachstehenden Tabellendefinition erläutern:

```
CREATE TABLE myisam1(
id INT NOT NULL AUTO_INCREMENT,
name VARCHAR(100) NOT NULL,
wert TEXT CHARACTER SET latin1 COLLATE latin1_german1_ci,
```

```
PRIMARY KEY (id),
INDEX (wert(100)),
UNIQUE (name)
) ENGINE = MYISAM CHARACTER SET latin1 COLLATE latin1_german2_ci
```

Nach der Einführung in SQL hält diese Anweisung keine Überraschungen mehr für Sie bereit. MyISAM unterstützt sämtliche Funktionalitäten, die wir Ihnen bislang in Bezug auf SQL erläutert haben. Insbesondere betrifft dies:

1. **Zeichensätze**
   Obwohl der Tabelle ein Standardzeichensatz und eine Collation zugeordnet sind, können Sie für jedes textuelle Attribut davon abweichende Werte definieren. Die Tabelle `myisam1` nutzt standardmäßig `latin1_german2_ci` als Collation. Für das Attribut `wert` hingegen haben wir `latin1_german1_ci` festgelegt.

2. **Indexierung**
   Text- und BLOB-Spalten können zur Performancesteigerung mit einem Index belegt werden. In unserem Beispiel hat `wert`, eine Zeichenkette variabler Länge, einen Index bekommen; das Attribut `name` wurde mit der Bedingung `UNIQUE` belegt. Volltext-Indizierung kann ausschließlich in MyISAM-Tabellen benutzt werden. Die Indexierung funktioniert lediglich auf eine feste Teilmenge von `wert`, was uns die Angabe der Länge 100 abringt.

Beim Erstellen einer Tabelle mit dem MyISAM-Format werden insgesamt drei Dateien im Datenbankordner auf der Serverfestplatte erstellt. Sie alle tragen den Namen der Tabelle. Unser voriges Beispiel erzeugt also die Dateien *myisam1.frm*, in der die Struktur (Spaltendefinitionen usw.) hinterlegt wird, *myisam1.myd* für die Daten und *myisam1.myi* für Indexstrukturen. Letztere beide Dateien sind spezifisch für die Storage Engine. Die Strukturdatei *.frm* wird im Allgemeinen beim Erstellen von Tabellen benutzt.

Je nach gewählter Struktur speichert MyISAM die Daten in einem von drei unterschiedlichen Formaten. Solange Sie für Ihre Attribute ausschließlich Datentypen mit fixer Länge (CHAR, Zeit- und Datumstypen usw.) wählen, wird automatisch das sogenannte *statische Format* gewählt. Jeder Datensatz hat in der *.myd*-Datei dieselbe Länge, das heißt, die Anzahl von Bytes pro Datensatz ist identisch, zu sehen in Abbildung 10.3. Die Datei enthält ausschließlich Datenbytes.

> **Warnung**
> Zur Vereinfachung des Rechenbeispiels gehen wir davon aus, dass ein Zeichen, z. B. ein Buchstabe, in einem Byte gespeichert werden kann. Diese Annahme ist simpel, aber realitätsfremd bei Zeichensätzen, die aus mehr als 2^8 Zeichen bestehen.

Das Ende des i-ten Datensatzes liegt im Byte i * n. Wird die *.myd*-Datei durchsucht, kann der Anfang eines jeden Datensatzes anhand der vorgestellten Formel sehr schnell identifiziert werden. Abfragen verlaufen demnach sehr performant. Ein gelöschter Datensatz hinterlässt eine Lücke in der Bytefolge von der Größe n Bytes. Da ein neu hinzugefügter Datensatz ebenfalls die Länge n hat, können Lücken wieder restlos geschlossen werden.

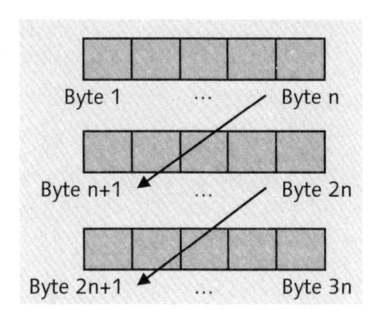

Abbildung 10.3 Dateiaufbau bei statischer Speicherung

Der Nachteil der statischen Speicherung liegt in der Platzverschwendung, wie wir sie bereits in Kapitel 6, »Einführung in MySQL«, für den Datentyp CHAR erläutert haben. Die Tabelle myisam2 setzt auf das statische Speicherformat:

```
CREATE TABLE myisam2 (
a CHAR(250),
b CHAR(250)
) ENGINE=MYISAM
```

Ein Datensatz hat dann die Länge 500 Bytes (250 Bytes + 250 Bytes). Beim Einfügen des folgenden Datensatzes werden jedoch nur 22 Bytes verwendet. 478 Bytes werden »verschenkt«, indem sie reserviert sind, aber ungenutzt bleiben.

```
INSERT INTO myisam2 SET
a='bezeichner1', b='bezeichner2'
```

Sobald Sie zusätzlich oder ausschließlich zu Datentypen mit variabler Länge (VARCHAR, Textspalten usw.) greifen, nutzen MyISAM-Tabellen das sogenannte *dynamische Speicherformat*. Ein Datensatz belegt in der *.myd*-Datei bei dieser Variante (ungefähr) die wirklich benutzte Anzahl von Bytes, dargestellt in Abbildung 10.4.

Die Berechnung der Position eines neuen Datensatzes wird durch die variable Länge sichtlich schwieriger. Um Abhilfe zu schaffen, sind jedem Datensatz einige Bytes vorangestellt, die die Länge des folgenden Datensatzes angeben (also den Wert der Variablen m, n und o). Die Startposition eines beliebigen Tupels ergibt sich aus der Summe der Länge aller vorangegangenen Datensätze (inklusive Zusatzbytes) plus 1.

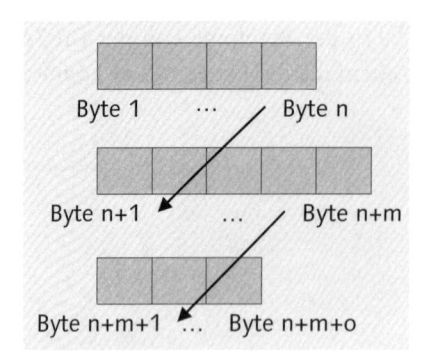

Abbildung 10.4 Dateiaufbau bei dynamischer Speicherung

Der umständlichen Positionsberechnung steht der geringere Speicherplatzbedarf gegenüber. Beim Hinzufügen neuer Tupel wird kein Speicherplatz verschenkt. Allerdings lassen sich neue Tupel unter Umständen nicht restlos in den Lücken gelöschter Daten ablegen, weil die Längen der Lücken und Tupel nicht zwingend übereinstimmen müssen. Die Defragmentierung der *.myd*-Datei ist die Folge. Abhilfe schafft das Kommandozeilentool MyISAM-Check. Mit dem Aufruf

```
myisamchk -r tblname
```

sorgen Sie dafür, dass die Datensätze neu platziert und die entstandenen Lücken geschlossen werden. Den gleichen Effekt hat das SQL-Kommando

OPTIMIZE TABLE tblName [, tblName ...]

Notwendig sind diese Operationen allerdings nur, wenn Sie viel »Bewegung« in Ihren Daten haben, Sie also oft INSERT- und DELETE-Anweisungen ausführen.

Die Entscheidung zwischen statischer und dynamischer Speicherung wird Ihnen vom Datenbankserver abgenommen. Sie können jedoch explizit Einfluss auf die Wahl des Formats nehmen. Voraussetzung ist, dass in der Tabelle keine Text- oder BLOB-Spalten vorhanden sind. Fügen Sie dazu den CREATE- bzw. ALTER TABLE-Anweisungen den Parameter ROW_FORMAT hinzu:

```
CREATE TABLE tabelle( ... )
ROW_FORMAT = {DYNAMIC | STATIC}
```

Die Wahl von ROW_FORMAT hat Einfluss auf Zeichenketten fester und variabler Länge. Für die statische Speicherung werden entsprechende Attribute in den Datentyp CHAR konvertiert, bei dynamischer Speicherung in VARCHAR.

Die dritte Alternative ist die *komprimierte Speicherung*. Tabellen vom Typ MyISAM können über das Kommandozeilentool `myisampack` in die komprimierte Speicherung überführt werden. Dadurch verringert sich der Speicherplatzbedarf erheblich. Allerdings lassen sich keinerlei Daten in komprimierte Tabellen einfügen. Dieses Speicherformat ist also nur dann zu empfehlen, wenn Tabelleninhalte für die Endlagerung bestimmt sind.

Ein großer Nachteil der MyISAM Storage Engine liegt in der Art, gleichzeitigen Zugriff aus mehreren Clientverbindungen zu bearbeiten. Während lesender Zugriff von mehreren Verbindungen parallel erlaubt ist, kann immer nur ein schreibender Zugriff zur gleichen Zeit erfolgen. Der Sperrmechanismus, der den gleichzeitigen Zugriff unterbindet, erstreckt sich über die gesamte Tabelle. Praktisch relevant ist dies nur bei einer großen Anzahl schreibender Zugriffe. Für kleine und mittlere Projekte ergeben sich dadurch keinerlei merkbare Leistungseinbußen.

10.2 InnoDB

Die InnoDB Storage Engine wartet mit den meisten Vorkehrungen in Bezug auf die Sicherheit von Daten auf. Mit Sicherheit ist in diesem Fall nicht der Schutz gegen Angreifer von außen gemeint, sondern Maßnahmen gegen Datenverlust und Inkonsistenzen, die während der Laufzeit des Servers entstehen können. So unterstützen MySQL-Tabellen auf Basis von InnoDB:

- **Transaktionen**
  Eine Transaktion ist eine Abfolge zusammengehöriger SQL-Anweisungen, deren Ausführung nicht unterbrochen werden darf. Besondere Relevanz haben Transaktionen im Mehrbenutzerbetrieb von Datenbanken, wenn also mehr als ein Benutzer gleichzeitig auf dieselben Daten zugreifen kann.

- **Referentielle Integrität**
  InnoDB war und ist die erste MySQL Storage Engine, die die Beziehungen zwischen Tupeln zweier Tabellen bewahrt, die über Fremdschlüssel verbunden sind. Beim Löschen oder Aktualisieren von referenzierten Daten werden die Operationen verhindert, oder es werden benutzerdefinierte Maßnahmen ergriffen, mit denen diese Situation behandelt wird.

Um InnoDB als Storage Engine für eine Tabelle zu nutzen, definieren Sie sie wie folgt:

```
CREATE TABLE tabelle (attribut INT) ENGINE = INNODB
```

InnoDB ist auf eigene Einträge in der Konfigurationsdatei *my.ini* angewiesen. Wenn Sie XAMPP einsetzen, sind die Einträge standardmäßig vorkonfiguriert, aber auskommentiert:

```
[mysqld]
...
skip-innodb
#innodb_data_home_dir = /pfad/zum/speicherort
#innodb_data_file_path = ibdata1:10M:autoextend
...
```

Entfernen Sie die Raute vor den Variablenzuweisungen, um die auskommentierten Zeilen zu aktivieren. Setzen Sie stattdessen eine Raute vor die Zeile mit dem Eintrag `skip-innodb`.

> **Hinweis**
>
> Es empfiehlt sich, keinen Ordner unterhalb des MySQL-Datenverzeichnisses für InnoDB anzulegen, weil dieser anderenfalls wie eine Datenbank anderer Storage Engines interpretiert wird.

Im Gegensatz zu den übrigen Storage Engines, die wir hier vorstellen, wird eine InnoDB-Tabelle nicht in einer separaten Datei gespeichert. Stattdessen nehmen ein oder mehrere Tablespaces alle Tabellen gemeinsam auf, auch wenn diese aus unterschiedlichen Datenbanken stammen. Die Definition der Tablespaces steht in *my.ini* unter dem Eintrag `innodb_data_file_path`. Initial ist die Datei 10 Megabyte groß, vergrößert sich bei Bedarf aber automatisch (`10M:autoextend`). Die Einstellung, dass pro Tabelle eine Datei angelegt wird, lässt sich allerdings erzwingen. Sinnvoll ist das, wenn vereinzelt Tabellen auf Dateiebene von einem Rechner auf einen anderen migriert werden sollen. Dazu muss die Einstellung `innodb_file_per_table` in die MySQL-Konfigurationsdatei unter `[mysqld]` hinzugefügt werden.

Verwenden Sie die InnoDB Storage Engine, wenn die Datensicherheit im Vordergrund steht. Transaktionen sind nur dann wirklich sinnvoll, wenn mehrere Anweisungen zwingend zusammen ausgeführt werden und im Zweifel alle Änderungen reversibel sein müssen. Zusätzlich erlauben Ihnen Fremdschlüssel die Kontrolle über Referenzen. Storage Engines, die dies nicht unterstützen, lassen sich per Workaround überwachen; gerade ab MySQL 5 mit Triggern[1]. Wenn keine der beiden Anforderungen zutrifft, erwägen Sie eine leichtgewichtigere Alternative.

---

1 Trigger gehören zu den Neuerungen der jüngsten MySQL-Versionen und werden in Kapitel 9, »Fortgeschrittenes MySQL«, vorgestellt.

10.2.1 Transaktionen

InnoDB ist ACID-konform. Hinter dieser Abkürzung verbergen sich Anforderungen, die an transaktionale Datenbanksysteme gestellt werden. Jeder Buchstabe des Akronyms steht für eine Forderung. Im Einzelnen sind dies:

- **Atomarität** (englisch »atomicity«)
  Eine Transaktion wird entweder ganz oder gar nicht ausgeführt. Tritt im Verlauf ein Fehler auf, werden alle Änderungen rückgängig gemacht bzw. die Ergebnisse werden nicht für andere Prozesse freigegeben.

- **Konsistenz** (englisch »consistency«)
  Die Datenbank muss sich stets in einem konsistenten Zustand befinden. Eine Transaktion überführt das System also von einem konsistenten Zustand in einen anderen.

- **Isolation** (englisch »isolation«)
  Die Verarbeitung einer Transaktion hat keinen Einfluss auf die Ergebnisse einer anderen laufenden Transaktion.

- **Dauerhaftigkeit** (englisch »durability«)
  Sofern eine Transaktion erfolgreich abgearbeitet wird, sind die Ergebnisse dauerhaft in der Datenbank gespeichert, insbesondere wenn die Datenbank im weiteren Verlauf abstürzt.

Transaktionen bestehen aus einer oder mehreren SQL-Anweisungen. Vor dem Beginn einer Transaktion muss dies explizit gekennzeichnet werden. MySQL unterstützt dafür den Befehl

`BEGIN [WORK]`

oder alternativ dazu

`START TRANSACTION`

Darauf folgende Anweisungen werden dieser Transaktion zugerechnet. Im positiven Fall können Sie per Befehl

`COMMIT [AND [NO] CHAIN] [[NO] RELEASE]`

die Änderungen festschreiben oder bei einem Fehler über

`ROLLBACK [AND [NO] CHAIN] [[NO] RELEASE]`

verwerfen. Danach kann eine weitere Transaktion begonnen werden (siehe Abbildung 10.5). Der optionale Parameter AND CHAIN signalisiert dem Server, dass sofort eine neue Transaktion begonnen werden soll. Im Gegensatz dazu sorgt RELEASE dafür, dass die aktuelle Verbindung zwischen Server und Client beendet wird. Was nach dem Ende einer Transaktion passiert, ist global in der Systemvariablen `complete_type` angegeben. Mit dem `NO` bei `RELEASE` und `CHAIN` lässt sich dieser Standardeinstellung entgegenwirken.

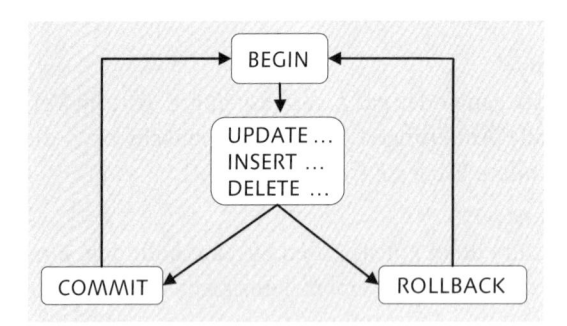

Abbildung 10.5 Ablauf einer Transaktion

MySQL bietet zusätzlich den `AUTOCOMMIT`-Modus. Ist dieser Modus aktiviert, wird jede SQL-Anweisung isoliert als Transaktion betrachtet, deren Datenmanipulationen werden direkt ausgeführt und die Änderungen für alle anderen Benutzer übernommen. Mit eingeschaltetem `AUTOCOMMIT` ist es also nicht möglich, mehrere Befehle als zusammengehörig zu kennzeichnen und im Sinne der Atomarität auszuführen. Welchen Wert die Option `AUTOCOMMIT` auf Ihrem MySQL-Server hat, erfahren Sie mit der SQL-Abfrage

`SELECT @@AUTOCOMMIT`

Ein- und ausschalten lässt sich der Modus mit

`SET AUTOCOMMIT = {0 | 1}`

Die generelle Deaktivierung des `AUTOCOMMIT`-Modus ist aber dennoch nicht zwingend notwendig. Sobald Sie eine Transaktion mit dem Kommando `BEGIN` oder `START TRANSACTION` einleiten, wird der Modus automatisch abgeschaltet, bis die Transaktion beendet ist.

Wie die anderen Storage Engines in MySQL arbeitet InnoDB mit Sperren, um den gleichzeitigen Zugriff auf Datenbankinhalte zu unterbinden. Sie wundern sich jetzt vielleicht: Gleich zu Beginn dieses Abschnitts haben wir geschrieben, dass Transaktionen den gleichzeitigen Zugriff, sprich den Mehrbenutzerbetrieb, unterstützen sollen. Wenn wir vom Setzen und Lösen von Sperren reden, ist Gleichzeitigkeit auf einer feineren Granularitätsstufe gemeint. Mehrbenutzerbetrieb bedeutet, dass mindestens zwei Personen in der gleichen Minute, vielleicht auch Sekunde, vor der Benutzeroberfläche des Systems sitzen und eine Datenbankabfrage durch einen Mausklick abschicken können. Letztlich werden diese Abfragen aber nacheinander ausgeführt. Weil beide Abfragen in Bruchteilen von einer Sekunde abgearbeitet werden können, fällt es den Benutzern nicht auf, dass die Bearbeitung sequentiell statt parallel verläuft. Es entsteht der Eindruck von Gleichzeitigkeit.

InnoDB verwendet im Gegensatz zu MyISAM keine Sperren, die sich auf die komplette Tabelle erstrecken. Stattdessen bezieht sie sich lediglich auf die Datensätze, die gerade manipuliert werden. Unterschieden wird zwischen gemeinsamen Sperren mit lesendem Zugriff (Lesesperre) und exklusiven Sperren, mit denen eine Transaktion in die Datenbank schreiben darf (Schreibsperre). Für zwei Transaktionen, die gleichzeitig auf ein Tupel zugreifen wollen, ergeben sich dann die folgenden Szenarien:

- **Transaktion 1 besitzt eine Lesesperre auf ein Tupel.**
  Infolgedessen kann Transaktion 2 nur eine weitere Lesesperre erwirken, weil sich Lesesperren gegenseitig nicht ausschließen. Eine Schreibsperre kann von Transaktion 2 nicht gesetzt werden.

- **Transaktion 1 besitzt eine Schreibsperre auf ein Tupel.**
  Transaktion 2 kann in diesem Fall weder Lese- noch Schreibsperren setzen, sondern muss warten, bis die Sperre gelöst wird.

Die PHP-MySQLi-Schnittstelle stellt für die Abarbeitung von Transaktionen eigens diverse Methoden bereit:

`bool auto_commit(bool modus)`

setzt einen neuen Wert für den AUTOCOMMIT-Modus. Als Parameter kann `true` (einschalten) oder `false` (abschalten) übergeben werden. Als Rückgabewert liefert die Methode eine boolesche Erfolgs- bzw. Fehlermeldung.

`bool commit()`

schreibt die Ergebnisse der aktuellen Transaktion fest. Ein Parameter ist nicht notwendig. Der Rückgabewert informiert über Erfolg oder Misserfolg. Ebenso verhält sich die Methode

`bool rollback()`

mit der die Wirkung der aktiven Transaktion verworfen wird.

Auffällig ist, dass es keine explizite Methode gibt, mit der eine Transaktion begonnen werden kann. Stattdessen lässt sich nur der AUTOCOMMIT-Modus abschalten. Sofern Sie nicht zu dieser Maßnahme greifen wollen, können Sie sich damit behelfen, den SQL-Befehl `BEGIN` mit `mysqli->query()` an die Datenbank zu senden. Listing 10.1 zeigt die Abarbeitung einer Transaktion noch einmal anhand eines Beispiels. Wir gehen davon aus, dass die benutzte Tabelle in der Datenbank *transaction_db* definiert und gefüllt ist.

```
<?php
$mysqli = new mysqli('localhost',
                     'phpmysql_user',
                     'phpmysql_pass' ,
                     'transaction_db');
$mysqli->query('BEGIN');
//alternativ dazu: $mysqli->auto_commit(FALSE);
$sql = 'INSERT INTO logging (errorcode) '
      .'SELECT code FROM oltp.log WHERE year<2006';
$mysqli->query($sql);
$sql = 'SELECT errorcode FROM logging';
$result = $mysqli->query($sql);
if($result->num_rows <= 500)
{
   $mysqli->commit();
}
else
{
   $mysqli->rollback();
}
?>
```

Listing 10.1 Abarbeiten einer Transaktion

Mit dem Skript werden Daten aus der Log-Tabelle einer operativen Datenbank für die weitere Verarbeitung in eine gesonderte Tabelle übernommen. Je nachdem, ob die Tabelle `logging` eine gewisse Größe übersteigt, werden die Daten festgeschrieben oder wieder verworfen.

10.2.2 Referentielle Integrität

Referentielle Integrität kann nur dann von InnoDB gewährleistet werden, wenn beide beteiligten Tabellen dieselbe Storage Engine verwenden und keine von beiden als temporär definiert wurde. Kern der Integritätsbedingung ist eine Fremdschlüsselbeziehung.

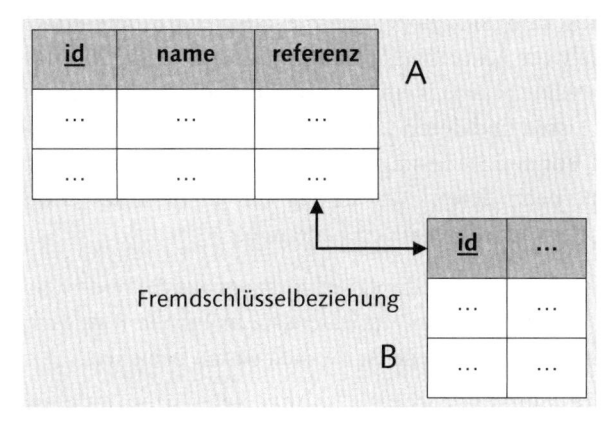

Abbildung 10.6 Fremdschlüsselbeziehung zweier Tabellen

Wir erinnern uns:

> **Hinweis**
>
> InnoDB unterstützt Fremdschlüsselbeziehungen zwischen Attributen innerhalb einer Tabelle. Auf diesen Fall gehen wir nicht mehr gesondert ein.

Referentielle Integrität besteht allerdings nur dann, wenn sichergestellt ist, dass Tabelle A nur Werte referenziert, die in B vorhanden sind, und Manipulationen an den Tabellen so weit kontrolliert werden, dass diese Bedingung möglichst nicht verletzt wird. Bezogen auf die Umsetzung von InnoDB-Tabellen bedeutet dies im Einzelnen:

- INSERT- und UPDATE-Anweisungen, die das Fremdschlüsselattribut in der referenzierenden Tabelle (in Abbildung 10.6 also Tabelle A) betreffen, werden nicht ausgeführt, wenn der neue Wert in Tabelle B nicht besteht.
- UPDATE- oder DELETE-Befehle in der referenzierten Tabelle (in Abbildung 10.6 Tabelle B) werden gehandhabt, wie es in der Definition des Fremdschlüssels in Tabelle A festgelegt ist.

Die Definition einer Fremdschlüsselbeziehung ist Bestandteil eines CREATE TABLE- oder ALTER TABLE-Befehls in der referenzierenden Tabelle. Die Syntax lautet:

```
FOREIGN KEY (attrName [,attrName...])
REFERENCES tblName (attrName [,attrName...])
[ON DELETE
{CASCADE | NO ACTION | SET NULL | RESTRICT}]
[ON UPDATE
{ CASCADE | NO ACTION | SET NULL | RESTRICT }]
```

Eine Fremdschlüsselbeziehung kann sich über mehrere Tabellenattribute erstrecken, die nach dem Schlüsselwort FOREIGN KEY aufgelistet werden. Die Bezugsspalten der referenzierten Tabelle tblName werden ebenfalls in einer Liste spezifiziert. Die Anzahl der beiden Listen und deren Ordnung müssen übereinstimmen. Mit ON DELETE und ON UPDATE können Sie festlegen, was bei Aktualisierungen und Löschungen geschehen soll, nach deren Ausführung ein nicht bestehender Datensatz referenziert wird. Die vier Alternativen bedeuten:

- CASCADE: Durchreichen des Aktualisier- oder Löschvorgangs auf die referenzierende Tabelle. Dies bedeutet z. B.: Wenn ein Datensatz in Tabelle B gelöscht wird, löschen Sie alle Datensätze in Tabelle A, die sich darauf beziehen.
- NO ACTION: Führen Sie die Anweisung nicht aus, solange Referenzen bestehen.
- SET NULL: Setzen Sie alle Referenzen auf den Wert NULL, und führen Sie die Anweisung aus. Aus dieser Möglichkeit leitet sich die Prämisse ab, dass die Tabellenspalte, in der die Referenz hinterlegt wird, als NOT NULL definiert ist.
- RESTRICT: Führen Sie die Anweisung nicht aus.

In der Praxis sieht das dann wie im Folgenden beschrieben aus. Zuerst definieren wir die Referenztabelle tabelleB:

```
CREATE TABLE tabelleB (
bid TINYINT(3) NOT NULL AUTO_INCREMENT,
wert VARCHAR(20) DEFAULT NULL,
PRIMARY KEY (bid)
) ENGINE=INNODB;
```

Hieraus ist in keiner Weise abzulesen, dass es sich dabei um eine Tabelle handelt, die referenziert werden soll. Dies wird erst durch die Definition von tabelleA deutlich:

```
CREATE TABLE tabelleA (
aid INT(10) NOT NULL AUTO_INCREMENT,
refB TINYINT(3),
name VARCHAR(20) DEFAULT NULL,
PRIMARY KEY (aid),
FOREIGN KEY (refB) REFERENCES tabelleB (bid)
ON DELETE SET NULL
ON UPDATE SET NULL
) ENGINE=INNODB;
```

Wir haben sowohl für Löschungen als auch für Aktualisierungen die Option SET NULL gewählt. Dadurch werden keine Fehlermeldungen erzeugt, wenn ein Datensatz aus tabelleB gelöscht wird, es geht allerdings der Bezug verloren, das heißt, es entstehen unter Umständen Nullwerte in der Spalte refB in Tabelle A. Darüber hinaus ist es nicht möglich, einen Datensatz in Tabelle A einzufügen oder derart abzuändern, dass die Spalte refB einen Wert annimmt, der nicht in Tabelle B existiert.

10.3 MEMORY

Die Inhalte einer Tabelle, der Sie die Engine MEMORY zuweisen, werden komplett im Hauptspeicher des Datenbankservers gehalten. Dadurch sind Zugriffe auch besonders schnell.

> **Hintergrundwissen**
>
> In früheren Versionen des Datenbankmanagementsystems trug die MEMORY Storage Engine den Namen HEAP. Dies ließ Rückschlüsse auf die interne Datenstruktur zu. Seit MySQL 4.1 ist MEMORY der bevorzugte Name, der den Engine-Charakter passend beschreibt.

Das Erstellen einer Tabelle im Hauptspeicher unterscheidet sich allerdings nicht von der Variante, die auf der Festplatte hinterlegt wird:

```
CREATE TABLE memTabelle (attribut INT) ENGINE = MEMORY
```

Bei genauem Hinsehen stellen Sie fest: Nur die Daten liegen im Hauptspeicher. Die Strukturdefinition ist in der Datei *memTabelle.frm* im Datenbankordner zu finden. Das hat nützliche Nebeneffekte: Der Hauptspeicher ist ein flüchtiges Medium, das heißt, sobald Sie Ihren Datenbankserver abschalten oder gar den Rechner herunterfahren, wird sein kompletter Inhalt unwiderruflich gelöscht. Die Strukturdatei bleibt Ihnen allerdings erhalten. Bei einem Neustart des Servers ist die Tabelle also noch vorhanden, nur ist sie leer und muss neu befüllt werden.

Der MEMORY-Tabellentyp besitzt Restriktionen, die auf die Hauptspeichernutzung zurückzuführen sind. Der Server hat nur eine begrenzte Hauptspeicherkapazität, die sich auf alle laufenden Prozesse aufteilt. Zum einen ist es daher nicht erlaubt, Text- oder BLOB-Spalten in einer MEMORY-Tabelle zu benutzen. Deren Inhalte können sehr viel Speicher belegen; ein LONGBLOB-Feld (also ein Attribut eines Datensatzes) nimmt bis zu 4 Gigabyte an Daten auf – eine Datenmenge, die kaum ein Server im RAM verkraften kann. Darum ist zum anderen eine Maximalgröße vordefiniert, die nicht überschritten werden darf. Die Systemvariable max_heap_table_size legt diesen Wert fest (am Namen erkennen Sie, dass diese Systemvariable noch aus der Zeit vor MySQL 4.1 stammt). Diese Maßnahmen sind deswegen notwendig, weil MEMORY-Tabellen im Gegensatz zu temporär erstellten Tabellen nicht ab einer gewissen Größe auf die Festplatte ausgelagert werden. Zu den temporären Tabellen zählen wir einerseits benutzerdefinierte und andererseits solche Tabellen, die bei Datenbankabfragen zur Verarbeitung vom System erstellt werden.

Dass MEMORY-Tabellen unabhängig von der Größe im RAM verbleiben, ist nicht der einzige Unterschied zu temporären Tabellen. Im Grunde haben die beiden Konstrukte nur die Hauptspeichernutzung gemeinsam. Wir erinnern uns: Temporär erstellte Tabellen (CREATE TEMPORARY TABLE ...) sind nur für die aktuelle Verbindung zwischen Client und Server sichtbar. Sobald die Verbindung unterbrochen oder abgebaut wird, sind sowohl Daten als auch die Struktur verloren. Tabellen vom Typ MEMORY hingegen sind für alle Benutzer und Verbindungen sichtbar. Sowohl Struktur als auch Inhalt überleben Verbindungsabbrüche. Daten gehen nur bei einem Serverneustart verloren.

Nutzen Sie MEMORY-Tabellen für kleine Datenmengen, bei denen ein schneller Zugriff erforderlich ist. Achten Sie darauf, nicht übermäßig Gebrauch von dieser Alternative zu machen, um den Server nicht allzu sehr zu belasten. Denn je mehr Hauptspeicher Sie für die Daten der Tabellen benutzen, desto weniger Speicherkapazität bleibt für andere Prozesse (auch des Datenbankmanagementsystems) übrig.

Ein gutes Anwendungsbeispiel für den Einsatz von MEMORY-Tabellen ist die Sitzungsverwaltung in der Datenbank. Im dritten Teil dieses Buches werden wir Ihnen zeigen, wie Sie eine Session aus dem Dateiverzeichnis in die Datenbank migrieren. Benutzersitzungen enthalten in der Regel kleinere bis mittelgroße Mengen an Daten, auf die oft – nämlich bei jedem Seitenaufruf – zugegriffen wird, beispielsweise um zu verifizieren, dass ein Benutzer eine Seite auch angezeigt bekommen darf. Ein Absturz des Datenbankservers hätte zur Folge, dass alle Sitzungsdaten auf einmal gelöscht werden. Folglich wären alle Benutzer auf einmal »ausgeloggt«. Dies ist in solchen Fällen vertretbar, in denen sich die Applikation stark auf die Datenbank abstützt, wenn also beispielsweise alle Seiteninhalte dynamisch ausgelesen werden. Dann ist die Seite bei einem Datenbankausfall ohnehin nicht mehr einsatzfähig. Da die Strukturen der Hauptspeichertabellen einen Neustart des Datenbankmanagementsystems unbeschadet überstehen, können neue Sitzungen im Weiteren wieder angelegt werden. Dass Daten nicht auf der Festplatte liegen, schützt Sie zudem davor, dass die Sitzungstabellen mit Struktur und Inhalt von Böswilligen, die sich Zugang zu Ihrem MySQL-Datenverzeichnis verschafft haben, einfach kopiert und in eine andere Datenbank übernommen werden können.

10.4 ARCHIVE

ARCHIVE gehört zu den Leichtgewichten unter den MySQL Storage Engines. Sie wurde mit MySQL 5 eingeführt. Die Tabellen können große Datenmengen aufnehmen und sind dafür gedacht, den Inhalt genau so, wie er eingefügt wurde, »für die Ewigkeit« aufzubewahren. Darüber hinaus erzeugen sie nur minimalen Overhead. Eine ARCHIVE-Tabelle erstellen Sie wie folgt:

```
CREATE TABLE tabelle (attribut INT) ENGINE = ARCHIVE
```

ARCHIVE-Tabellen unterstützen den SQL-Standard nicht in dem Umfang, wie es in den vorangegangenen Kapiteln der Fall war. So ist es lediglich möglich, Daten in eine solche Tabelle einzufügen (INSERT) und diese abzufragen (SELECT). Diese Operationen wurden allerdings in ihrer Leistung optimiert. Nicht unterstützt werden Aktualisierungen (UPDATE) und Löschungen (DELETE). Aus diesen Beschränkungen wird klar, dass es sich bei ARCHIVE-Tabellen um wenig dynamische Strukturen handelt. Einmal festgelegt, wächst die Tabelle daraufhin nur noch an.

Als weitere Einschränkung gilt, dass Indizes nur für diejenigen Tabellenspalten erzeugt werden können, die gleichzeitig als AUTO_INCREMENT gekennzeichnet sind. Alle Versuche, einen Index auf ein anderes Attribut zu setzen, erzeugen einen Fehler. Die Tatsache, dass ARCHIVE-Tabellen sehr große Mengen an Daten aufnehmen sollen, impliziert bereits, dass Text- und BLOB-Spalten nicht wie in der vorangegangenen MEMORY Storage Engine ausgeschlossen sind. Attribute von ARCHIVE-Tabellen können alle Datentypen annehmen, die wir im ersten Teil dieses Buches vorgestellt haben.

Die Daten werden beim Einfügen in eine ARCHIVE-Tabelle automatisch komprimiert. Dazu existiert aus Performancegründen ein Einfügepuffer, auf den die neuen Datensätze gelegt werden. Sobald der Puffer voll ist oder eine Abfrage auf den Datenbestand eingeht, wird der Puffer geleert, und die Datensätze werden in die Tabelle geschrieben.

Eine Ähnlichkeit zu gepackten MyISAM-Tabellen ist nicht von der Hand zu weisen. Diese erlauben jedoch ausschließlich lesende Zugriffe, nicht aber das weitere Einfügen von Daten. Außerdem muss eine gepackte MyISAM-Tabelle erst manuell erstellt werden (myisampack), was bei der Alternative ARCHIVE nicht notwendig ist. Ein weiterer Vorteil gegenüber MyISAM ist der feingranulare Sperrmechanismus. Anstatt die gesamte Tabelle zu sperren, sobald ein Zugriff erfolgt, betrifft dies nur die Datensätze, die gerade in Benutzung sind. Schreibende Zugriffe werden durch lesende nicht behindert.

ARCHIVE-Tabellen eignen sich sehr gut für die Speicherung historischer Daten, wie beispielsweise einer Logging-Tabelle. Mit dem folgenden Beispiel wollen wir eine Protokolltabelle für Systemfehler einer Webapplikation aufbauen. Jeder Fehler wird mit den folgenden Angaben gespeichert:

- Fehlernummer bzw. Fehlercode
- Zeitstempel
- Skript, in dem der Fehler aufgetreten ist
- Fehlerbeschreibung

Werden diese Anforderungen in eine CREATE-Anweisung umgesetzt, sieht dies ungefähr so aus:

```
CREATE TABLE errorlog(
code TINYINT(3) UNSIGNED NULL,
zeit TIMESTAMP NULL,
skript VARCHAR(150) NULL,
beschreibung TEXT NULL)
ENGINE=ARCHIVE
```

Alle Attribute können den Wert NULL annehmen. Dadurch erhalten wir zwar keine optimale Datenqualität, schützen uns aber vor Fehlermeldungen der Datenbank, die beim Eintragen von fehlerhaften Daten durch die Applikation auftreten könnten. Dass sowohl der Skriptname als auch die Beschreibung standardmäßig mit schwedischer Collation angelegt werden, soll uns in diesem Fall nicht stören. Wir fügen nun die folgenden Fehler hinzu:

```
INSERT INTO errorlog (code, zeit, skript, beschreibung) VALUES
(17,20060228213600,'blog.php','Benutzer war nicht eingeloggt'),
(17,20060227143030,'blog.php','Benutzer war nicht eingeloggt'),
(8,20060113001233,'pic.php','Datei nicht gefunden')
```

Aus diesen Daten können wir nun Schlussfolgerungen ziehen, so können wir z. B. abfragen, wie häufig ein bestimmter Fehler aufgetreten ist:

```
SELECT COUNT(code) AS anzahl, code FROM errorlog GROUP BY code
```

anzahl	code
2	17
1	8

Tabelle 10.1 Ausgabe der Error-Log-Abfrage

Diese Datenbasis kann Ihnen für Statistiken dienen, die über die Zeit fortgeschrieben werden. Detaillierte Informationen über Zugriffsstatistiken erhalten Sie im dritten Buchteil.

10.5 Maria

Die Maria Storage Engine ist als der direkte Nachfolger von MyISAM gedacht und adressiert mit neuen Features die wesentlichen Kritikpunkte des aktuellen Standards. Dies betrifft insbesondere die Unterstützung von Transaktionen und Ausfallsicherheit. Abseits davon bleiben die Vorteile von MyISAM, also der Fokus auf die Abfrageperformance, erhalten.

Eine Tabelle `maria1` mit der Definition

```
CREATE TABLE maria1 (
a CHAR(250),
b CHAR(250)
) ENGINE=Maria
```

die mit dem Zusatz `ENGINE=Maria` angelegt wird, erzeugt im Datenbankverzeichnis des MySQL-Servers nicht nur die Dateien *maria1.frm* für die Struktur, *maria1.mai* für die Indizes und *maria.mad* für Daten. Darüber hinaus existiert im Datenverzeichnis, also ein Level über den Datenbankverzeichnissen, einmalig die Datei *maria_log_control* (ohne Dateiendung) und anfangs *maria_log.00000001*. Die Namen verraten schon, dass Maria Gebrauch von großen Logs macht, um im Falle eines Datenbankcrashes einen vollständigen historischen Zustand wiederherzustellen. In der Datei *maria_log_control* werden Parameter hinterlegt, die für das Logging voreingestellt sind, wohingegen in *maria_log.00000001* restlos alle Operationen dokumentiert und gesammelt werden. Das umfasst neben den Daten auch die ausgeführten DDL-Statements. Bei vielen Operationen wächst diese Datei dementsprechend stark an, genauer gesagt sogar schneller als die Datenbanktabelle selbst. Bei Erreichen einer definierbaren Obergrenze wird infolgedessen die Datei *maria_log.00000002* angelegt usw. Dass und wann »alte« Log-Dateien gelöscht werden und nicht mehr Ihr Dateisystem vollschreiben, können Sie ebenfalls über die Konfiguration beeinflussen.

Im Sinne der Kompatibilität mit MyISAM unterstützt eine Maria-Tabelle nicht notwendigerweise Transaktionen. Dies kann pro neue Tabelle explizit im CREATE-Kommando ein- oder abgeschaltet werden. Gemäß Voreinstellung und somit beim Auslassen des Parameters TRANSACTIONAL ist dies jedoch aktiviert. Das bedeutet: Die Tabelle `maria1` kann bereits mit diesem neuen Feature umgehen. Die Tabelle `maria2` hingegen kann das explizit nicht:

```
CREATE TABLE maria2 (
a CHAR(250),
b CHAR(250)
) ENGINE=Maria TRANSACTIONAL=0
```

Änderungen an `maria1` werden in den Log-Dateien fortgeschrieben und regelmäßig in die *maria1.**-Dateien übertragen. Da die Änderungen ad hoc in den Log-Dateien festgehalten werden, besteht von (fast) jedem Datensatz mindestens eine Version – letztlich auch nach kurzer Zeit eine zweite in der *.mad*-Datei. Zudem landen Änderungen an der Tabelle `maria2` ohne Umweg in den Datendateien.

Kommt es zu einem Fehler mit dem MySQL-Server, so dass dieser den aktuellen Datenstand nicht in die Tabelle übertragen kann – also bei einem unvorgesehenen Absturz, einem Stromausfall o. Ä. –, beginnt MySQL bei einem Neustart automatisch mit einem Recovery-Prozess, indem aus den Log-Dateien der letzte sichere Bestand wiederhergestellt wird. Dies wird beim Startprozess ausgegeben:

```
081128 18:18:25 [Note] mysqld: Maria engine: starting recovery
recovered pages: 0% 10% 20% 31% 74% 84% 95% 100% (0.0 seconds);
tables to flush: 1 0 (0.0 seconds);
081128 18:18:25 [Note] mysqld: Maria engine: recovery done
```

Als sicher gilt derjenige Zustand, in dem Daten, die es vor dem Absturz nicht in die Maria-Tabellen geschafft haben, dorthin übertragen und die nicht abgeschlossenen Transaktionen mit einem Rollback ungeschehen gemacht worden sind.

10.6 CSV

Kommaseparierte Dateien erweisen sich trotz oder gerade wegen ihrer Einfachheit als probates Datentransferformat. Erstaunlicherweise basieren auch viele Anwendungen auf dieser Art zu speichern, und das bei den immanenten Nachteilen oder Gefahren, die dieses Format mit sich bringt – und die im Folgenden noch einmal zusammengefasst sind:

- CSV ist als einfache Textdatei bei manueller Pflege anfällig für Tippfehler.
- CSV unterscheidet keine Datentypen.
- CSV selbst kennt kein Rechtekonzept, dieses muss auf Applikationsebene nachgepflegt werden.

Dennoch sind die damit verbundenen Vorteile nicht von der Hand zu weisen:

- CSV lässt sich wegen seiner weiten Verbreitung von vielen Programmiersprachen und Anwendungen be- und verarbeiten, z. B. Office-Suiten und ETL-Software.
- CSV erreicht beim Packen große Komprimierungsraten.
- CSV besitzt eine einfache Struktur und ist theoretisch auch über simple Textverarbeitungsprogramme zu pflegen.

MySQL 5 hat für CSV eigens eine Storage Engine parat, die mit dem Übergang zur Version MySQL 5.1 standardmäßig aktiviert ist. Damit ist es möglich, Tabellen physisch im CSV-Format auf der Festplatte des Datenbankservers abzulegen. Für den MySQL-Anwender zeigt sich dies absolut transparent, das heißt, die Unterschiede der physischen Speicherung bleiben verborgen.

Hintergründig ergeben sich jedoch Vorteile aus dieser Kopplung. Zum einen kann die Datei, in der die MySQL-Daten liegen, von anderen Anwendungen verarbeitet werden, ohne dass ein zusätzlicher Export notwendig wäre. Dies ermöglicht auch die einfache Migration von Datenbeständen beispielsweise in Oracle-Datenbanken, wo es ebenfalls Support für externe Datendateien gibt. Zum anderen lassen sich bestehende CSV-Dateien in Sekundenschnelle in eine MySQL-Tabelle transformieren: Nach der korrekten Definition der Struktur über die MySQL-Oberfläche in Form eines SQL-CREATE-Statements kopieren Sie dazu einfach die Datei in das Datenverzeichnis auf dem Server. Zu guter Letzt bietet MySQL in diesem Fall eine einfache Schnittstelle, um mit bekannter SQL-Syntax auf die Daten zuzugreifen.

Trotz der Vorschusslorbeeren, die wir eben verteilt haben, wollen wir jedoch nicht verheimlichen, dass die Nachteile, die einer CSV-Datei eigen sind, in der jetzigen Implementierung noch nicht gelöst sind. Es ist derzeit nicht möglich, einen Index für die Daten anzulegen. Dies relativiert natürlich das große Plus, in Sekundenschnelle mehrere Millionen Datensätze in Form einer CSV-Datei nach MySQL zu »importieren«. Diese können nämlich nicht mit der gleichen Performance abgefragt werden, wie es bei anderen Storage Engines der Fall ist. Das bedeutet, bei Abfragen wird die Tabelle weiterhin sequentiell durchsucht. Als weiteres Manko gilt, dass die Partitionierung, die in MySQL 5 dazugekommen ist, nicht auf CSV-Tabellen anwendbar ist. Sie stoßen beim Versuch, Partitionen auf eine solche Tabelle anzulegen, unweigerlich auf den Fehler 1572. Als Letztes gilt von vornherein: Spalten in CSV-Tabellen sind per Definition NOT NULL, zumindest hat diese Einschränkung bei der Anlage Bestand; im Zuge einer Migration kann es jedoch dazu kommen, dass Sie im Altbestand solche Tabellenfelder finden, da diese Beschränkung nicht seit Beginn existiert.

Es gibt zwei Wege, auf denen Sie zu einer CSV-Tabelle in MySQL kommen. Zum einen können Sie eine Tabelle manuell per SQL als solche erstellen, indem Sie den Zusatz ENGINE=CSV verwenden. Nehmen wir folgende Tabelle als modifiziertes Beispiel – entnommen der frei zugänglichen Beispieldatenbank *Employees-DB* unter *http://launchpad.net/test-db*:

```
CREATE TABLE IF NOT EXISTS `employees` (
  `emp_no` int(11) NOT NULL,
  `birth_date` date NOT NULL,
  `first_name` varchar(14) NOT NULL,
  `last_name` varchar(16) NOT NULL,
  `gender` enum('M','F') NOT NULL,
  `hire_date` date NOT NULL,
) ENGINE=CSV;
```

In diesem Fall legt MySQL drei Dateien an: als Erstes *employees.frm*, in der die Struktur gespeichert wird – analog zu den übrigen Storage Engines. Als Zweites *employees.csm*, die Metadaten enthält, und letztlich *employees.csv*, in der die Daten gespeichert werden.

Zum anderen können Sie eine bestehende Tabelle nach CSV exportieren. Nehmen wir dazu das Original der employees-Tabelle aus der Beispieldatenbank und firmieren es kurzerhand um:

```
CREATE TABLE IF NOT EXISTS `employees2` (
  `emp_no` int(11) NOT NULL,
  `birth_date` date NOT NULL,
  `first_name` varchar(14) NOT NULL,
  `last_name` varchar(16) NOT NULL,
  `gender` enum('M','F') NOT NULL,
  `hire_date` date NOT NULL,
  PRIMARY KEY (`emp_no`)
) ENGINE=MyISAM DEFAULT CHARSET=latin1;
```

Für die Konvertierung nach CSV entfernen wir zuerst den Index und wechseln dann mit der ENGINE=....-Anweisung die Storage Engine

```
ALTER TABLE employees2 DROP PRIMARY KEY;
ALTER TABLE employees2 ENGINE=CSV;
```

Physisch würden etwaige Daten auf der Festplatte an dieser Stelle in das neue Format umgeschrieben. Nach Ausführung dieser letzten drei Statements existiert eine leere *employees2.csv* im Datenverzeichnis des Datenbankservers. Mit einem Kopierbefehl auf Betriebssystemebene befüllen wir die Tabelle in null Komma nichts.

10.7 MySQL Pluggable Storage Engines

Unter der Haube von MySQL 5 zeigen sich sowohl für Entwickler als auch für Anwender richtungweisende Änderungen. Für den Benutzer zwar nicht sichtbar, etabliert MySQL eine Architektur, die es erlaubt, bestehende und neue Storage Engines als Plug-in in eine laufende Installation einzuhängen. Dazu sind die gemeinsam genutzten Serverteile – das heißt all das, was nicht von einzelnen Storage Engines, sondern zentral verwaltet wird – gekapselt. Dies sind all diejenigen Funktionalitäten, die mit der physischen Ablage der Daten und Zugriffen darauf nichts direkt zu tun haben, etwa

- die SQL-Schnittstelle,
- der SQL Parser sowie
- der Optimizer.

Storage Engines in Form von Plug-ins richten sich nach einer definierten Schnittstelle und implementieren die physischen Prozesse, die zur Speicherung, zur Indexierung und zum Abruf von Daten nötig sind.

Dank der neuen Architektur sind Sie als Datenbankadministrator imstande, eine neue Storage Engine am Server zu registrieren, ohne diesen herunterzufahren oder in anderer Weise einen Zeitraum zu erzeugen, in dem der Server nicht erreichbar ist. Sie tun dies, indem Sie das neue MySQL-spezifische SQL-Kommando

```
INSTALL PLUGIN pluginName SONAME 'codeDatei';
```

ausführen. Mit `pluginName` vergeben Sie einen eindeutigen Bezeichner, unter dem das Plug-in in der Serverinstanz firmiert. Dies ist in unserem Beispiel der Name einer Storage Engine. Natürlich müssen Sie noch den implementierten Code registrieren, der sich in der binären `codeDatei` befindet. Ganz gleich, ob Sie sich in einer Unix- oder Windows-Installation von MySQL befinden, ob Sie es also mit einer *.so*- oder *.dll*-Datei zu tun haben, das Installationskommando reagiert immer auf das Stichwort `SONAME`.

Analog dazu können Sie registrierte Plug-ins auch wieder im laufenden Betrieb löschen. Dies erreichen Sie unter Angabe des Plug-in-Namens unter

```
UNINSTALL PLUGIN pluginName;
```

Bei `pluginName` muss es sich natürlich um einen gültigen Namen handeln, das heißt, das Plug-in muss auch existieren. Ansonsten endet dies in einem Fehler.

Im Folgenden wollen wir am Beispiel der Storage Engine InnoDB demonstrieren, wie ein Plug-in installiert und deinstalliert wird. Wir gehen dabei davon aus, dass InnoDB auf dem Beispielserver nicht installiert ist. Das heißt, die Konfigurationsdatei oder das Startkommando des Servers enthält ein `skip_innodb`, und im *data*-Verzeichnis befinden sich keine Tablespace-Dateien.

Eine Übersicht über die aktuell zur Verfügung stehenden Plug-ins verschaffen Sie sich mit dem Kommando

```
SHOW PLUGINS;
```

Dies führt zu einer tabellarischen Ansicht wie in Abbildung 10.7.

Wie ersichtlich, existieren im Originalzustand des MySQL 5-Servers schon einige Plug-ins, die meisten davon sind auf Storage Engines zurückzuführen. Bestehende Plug-ins sind jeweils – wie MySQL auch – unter der GPL-Lizenz veröffentlicht, was explizit in der Ergebnisansicht vermerkt ist.

Hinweis

Nicht alle Plug-ins sind Storage Engines. Zentrale neue Funktionalitäten wie etwa die Partitionierung, die übergreifend für unterschiedliche Storage Engines gilt, sind ebenfalls hier registriert. Da dies im engeren Sinne auch mit den Engines zusammenhängt, ist hierfür auch der entsprechende Typ hinterlegt.

Neben der Ansicht in der Kommandozeile können Sie sich den Überblick über alle Plug-ins vorzugsweise auch über die Tabelle `INFORMATION_SCHEMA.PLUGINS` verschaffen.

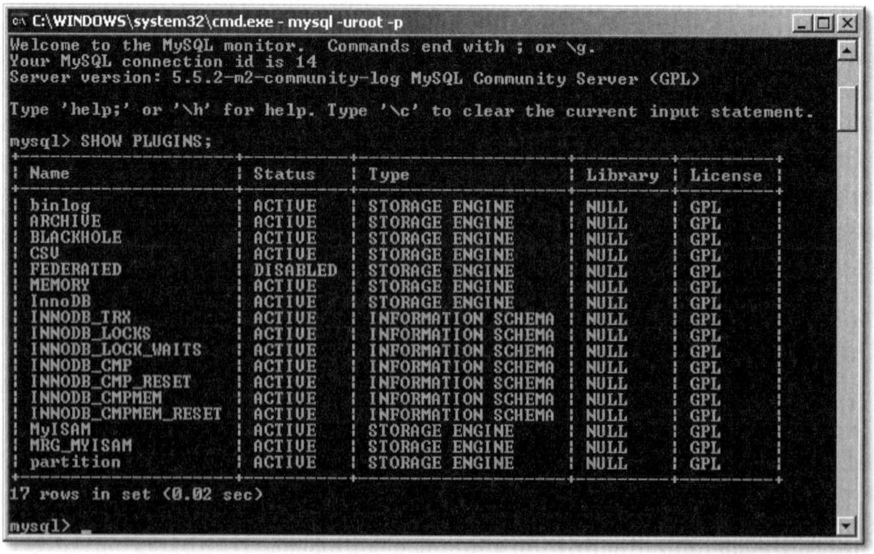

```
C:\WINDOWS\system32\cmd.exe - mysql -uroot -p
Welcome to the MySQL monitor.  Commands end with ; or \g.
Your MySQL connection id is 14
Server version: 5.5.2-m2-community-log MySQL Community Server (GPL)

Type 'help;' or '\h' for help. Type '\c' to clear the current input statement.

mysql> SHOW PLUGINS;
+---------------------+----------+--------------------+---------+---------+
| Name                | Status   | Type               | Library | License |
+---------------------+----------+--------------------+---------+---------+
| binlog              | ACTIVE   | STORAGE ENGINE     | NULL    | GPL     |
| ARCHIVE             | ACTIVE   | STORAGE ENGINE     | NULL    | GPL     |
| BLACKHOLE           | ACTIVE   | STORAGE ENGINE     | NULL    | GPL     |
| CSV                 | ACTIVE   | STORAGE ENGINE     | NULL    | GPL     |
| FEDERATED           | DISABLED | STORAGE ENGINE     | NULL    | GPL     |
| MEMORY              | ACTIVE   | STORAGE ENGINE     | NULL    | GPL     |
| InnoDB              | ACTIVE   | STORAGE ENGINE     | NULL    | GPL     |
| INNODB_TRX          | ACTIVE   | INFORMATION SCHEMA | NULL    | GPL     |
| INNODB_LOCKS        | ACTIVE   | INFORMATION SCHEMA | NULL    | GPL     |
| INNODB_LOCK_WAITS   | ACTIVE   | INFORMATION SCHEMA | NULL    | GPL     |
| INNODB_CMP          | ACTIVE   | INFORMATION SCHEMA | NULL    | GPL     |
| INNODB_CMP_RESET    | ACTIVE   | INFORMATION SCHEMA | NULL    | GPL     |
| INNODB_CMPMEM       | ACTIVE   | INFORMATION SCHEMA | NULL    | GPL     |
| INNODB_CMPMEM_RESET | ACTIVE   | INFORMATION SCHEMA | NULL    | GPL     |
| MyISAM              | ACTIVE   | STORAGE ENGINE     | NULL    | GPL     |
| MRG_MYISAM          | ACTIVE   | STORAGE ENGINE     | NULL    | GPL     |
| partition           | ACTIVE   | STORAGE ENGINE     | NULL    | GPL     |
+---------------------+----------+--------------------+---------+---------+
17 rows in set (0.02 sec)

mysql> _
```

Abbildung 10.7 Anzeige aller vorhandenen Plug-ins

Die Plugin-Version der InnoDB Storage Engine können wir uns frei aus dem Internet herunterladen. Sie finden jeweils Stände für bestimmte MySQL-Versionen unter *http://www.innodb.com*. InnoDB hat in dieser Form die Eigenart, dass das Plug-in in mehrere Bestandteile aufgeteilt ist; der dazugehörige Programmcode liegt jedoch in einer Datei. Wir müssen das INSTALL PLUGIN-Statement demnach mehrfach ausführen. Zu sehen ist dies in Abbildung 10.8.

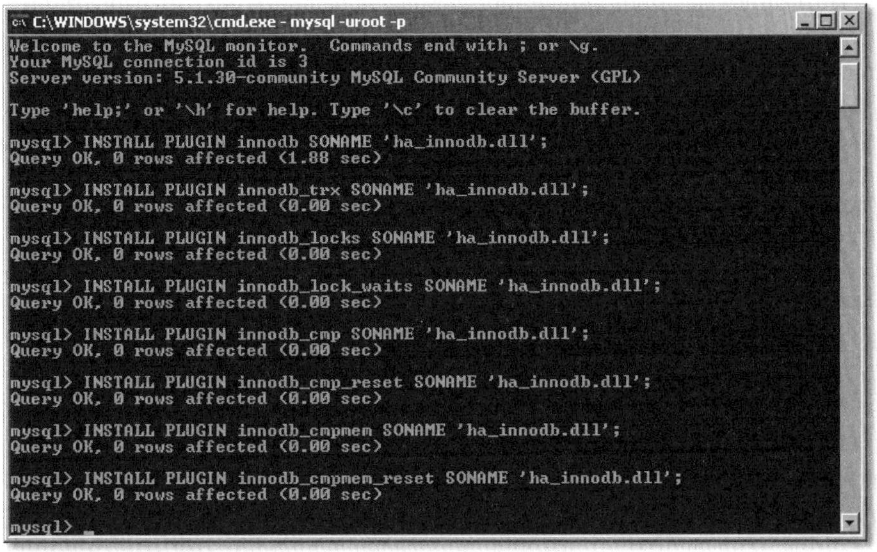

Abbildung 10.8 Installation des InnoDB-Plugins

Nachdem Sie diese Statements ausgeführt haben, reicht ein Blick entweder auf die Ergebnisse von SHOW PLUGINS oder SHOW ENGINES, um zu erkennen, dass InnoDB korrekt installiert wurde.

10.8 MySQL Forks

Wachstum ist für Softwareprojekte Fluch und Segen zugleich. Das gilt insbesondere für Open Source. Zum einen profitiert die Software von einer steigenden Anhängerzahl, die aktiv neuen oder verbesserten Code (Patches) beisteuert. Dieser fließt in spätere Versionen ein, was das Wachstum weiter beschleunigen kann. Im Falle von MySQL gibt es eine Reihe solcher Patches aus unterschiedlichen Quellen, mitunter sogar von prominenten Adressen wie Google. Der Suchmaschinenriese setzt MySQL selbst produktiv ein und hat unter dem Namen *google-mysql-tools* eine Sammlung von Verbesserungen für MySQL 4 und 5 herausgebracht, die u. a. auf aktuell gängigen Mehrprozessorsystemen für einen Performanceschub sorgt. Diese Patches halten Einzug in die Version 5.4.

Zum anderen gehen trotz aller Bemühungen der Konsolidierung und Abstimmung die Meinungen über die eingeschlagene Entwicklungsrichtung auseinander. Manch Entwickler mag den Nutzen, die Praxistauglichkeit oder die Güte neuer Features bezweifeln. Dies ist auch bei MySQL der Fall. Der organisatorische Umbruch des Unternehmens der letzten Jahre durch die aufeinanderfolgenden Übernahmen durch Sun Microsystems und die Oracle Corporation mag es deshalb bewirkt haben, dass diverse Entwickler – entweder aus dem Unternehmen oder der Community – mit der Umsetzung eigener Ideen und Vorstellungen begannen. Das Lizenzmodell der GPL macht es explizit möglich, die Software nach eigenem Gutdünken unabhängig vom Hauptprojekt weiterzuentwickeln. Es entstehen eigenständige Projekte, deren Codebasis sich mit der Zeit mehr oder weniger vom Original entfernt. Diese Abspaltungen werden *Forks* genannt.

Die größten MySQL Forks werden von ehemaligen MySQL-Mitarbeitern vorangetrieben. Dazu zu zählen sind Monty Widenius (Mitgründer der MySQL AB), Brian Aker (ehemaliger Director of Architecture) und Arjen Lentz. Hinzu kommen beachtenswerte Forks Dritter. Wir werden im Folgenden auf die einzelnen Ableger eingehen. Wie Sie dabei sehen werden, wird ihr Grundstein nicht ausschließlich durch MySQL gelegt; mitunter bauen die Forks auch aufeinander auf.

10.8.1 Percona XtraDB

Hinter dem *XtraDB* getauften Fork steht die Consulting Firma Percona aus Kalifornien, die sich auf MySQL-Beratung und -Tuning spezialisiert hat. Aus ihrer Hand stammt sogar eine Sammlung von Patches aus früheren Zeiten.

Bei XtraDB handelt es sich um eine angepasste Version der InnoDB Storage Engine, eingebettet in einen aktuellen MySQL-Server, der wiederum mit weiteren Patches auf Vordermann gebracht worden ist. Die Patches stammen nicht alle zwingend aus der Hand von Percona, sondern sind mit Erlaubnis der Autoren und unter Verwendung von Open-Source-Lizenzen in die Version eingebaut – externe Autoren sind u. a. mal wieder Google, die Consulting Firma Proven Scaling und Open Query (von denen der Fork OurDelta stammt); gute alte Bekannte in der MySQL-Welt also.

Ähnlich wie die anderen Forks versucht XtraDB, den MySQL Server an die heutigen Gegebenheiten anzupassen. Gerade im Umfeld von InnoDB ist es demnach nötig, vormals getroffene Annahmen neu zu adjustieren und die Implementierung auf einen aktuellen Stand zu bringen. Dazu wurden beispielsweise die unkonfigurierbaren Optionen angepasst, die bis dato festgelegt hatten, dass

MySQL-Server mit einer physischen Festplatte auskommen müssen und mit 100 Input/Output-(I/O-)Operationen pro Sekunde ihr Limit erreicht haben. Darüber hinaus lässt sich im Fork die Anzahl der Lese- und Schreibthreads auf ein Vielfaches des Originals hochdrehen. Zu guter Letzt skaliert XtraDB besser auf heutigen Mehrkernsystemen, ein Vorteil gegenüber MySQL, den alle hier vorgestellten Codezweige für ihre Version beanspruchen.

Konsequenz aus der Entwicklung ist nicht nur, dass InnoDB auf der einen Seite performanter, sondern auf der anderen Seite auch auskunftsfreudiger wird. Ein häufig angeführter Nachteil der InnoDB Storage Engine ist nämlich, dass sie im laufenden Betrieb eher einer Blackbox gleicht. Die Engine mag leistungsstark sein, lässt aber den Anwender und letzten Endes auch den Administrator über den aktuellen Status im Dunkeln. XtraDB legt gesteigerten Wert darauf, das zu ändern. Und so gibt SHOW STATUS nun mehr Auskunft, und aus der Metadatenbank *INFORMATION_SCHEMA* lassen sich dedizierte Einträge ablesen.

Trotzdem ist die aktuelle Version kompatibel mit ihrem Ursprung, und die Rückwärtskompatibilität ist auch für die Zukunft zugesagt. XtraDB kann in der letzten stabilen Version von der Percona-Website (*http://www.percona.com*) oder in Form des Source Codes aus dem Open Source Repository namens Launchpad (*https://launchpad.net/percona-xtradb*) bezogen werden. Die Serverversion steht unter GPL, die enthaltenen Patches sind zu Teilen je GPL- bzw. BSD-basiert.

10.8.2 OurDelta

Auf *OurDelta* sind wir bereits im vorigen Abschnitt kurz eingegangen, als es um die Zusammenarbeit der bestehenden MySQL Forks ging. OurDelta ist ein sehr gutes Beispiel dafür. Die Percona-Versionen, OurDelta und auch das im folgenden Abschnitt vorgestellte MariaDB befruchten sich gegenseitig mit neuen Ideen und Patches. OurDelta Builds resultieren aus dem Quellcode einer jeweils neuen Serverversion von MySQL und MariaDB sowie aus einer Reihe von Patches, die in einem separaten Repository (im Launchpad unter *https://launchpad.net/ourdelta*) gehalten werden. Die Versionsnummern der aktuellen Builds für Debian, Ubuntu und CentOS lassen sich von der Website *http://ourdelta.org* ablesen. Der Quellcode ist unter GPL verfügbar. Einige enthaltene Patches stehen jedoch unter anderen Open-Source-Lizenzen.

Geführt wird das Projekt von Arjen Lentz und Peter Lieverdink, die unter dem Firmennamen Open Query neben OurDelta auch MySQL-Support und -Trainings anbieten. Allerdings beanspruchen die beiden nicht den ganzen »Ruhm« des neuen Codes für sich allein. Die Liste der Beitragenden ist lang und enthält wenig überraschend die gleichen Namen wie auch bei Percona, ergänzt durch weitere

MySQL-nahe Unternehmen wie PrimeBase (Hersteller der Storage Engine PBXT) und Sphinx Search (ebenfalls ein Hersteller von Storage Engine und Technologie zur Volltextsuche in Datenbanken).

10.8.3 MariaDB

MariaDB ist der neue Zögling von MySQL-Mitbegründer Monty Widenius. Seit seinem Weggang von Sun Microsystems entwickelt der gebürtige Finne den Zweig in seinem eigenen Unternehmen Monty Program AB.

Die letzte stabile Version von MariaDB fußt jeweils auf dem aktuellen Stand von MySQL und trägt in Anlehnung an die Codebasis ebenfalls dieselbe Versionsnummer. Ziel ist es ausdrücklich nicht, sich auseinanderzuentwickeln, sondern sinnvolle Erweiterungen und Anpassungen vorzunehmen. So ist MariaDB vollständig kompatibel und synchron mit MySQL und soll es auch bleiben. Die Veröffentlichung soll möglichst gleichzeitig stattfinden, wobei sich MariaDB einer erweiterten Testsuite stellen muss, wie die Webseite *http://askmonty.org* betont.

MariaDB soll als vollständiger Ersatz für MySQL herhalten können. Insofern sind alle Funktionen des Vorbilds erhalten und lassen sich auf gewohnte Weise verwenden. Über den ursprünglichen Funktionsumfang hinaus bringt MariaDB vor allem die Storage Engine Maria mit. MyISAM bleibt jedoch weiterhin als Standard Storage Engine voreingestellt. Des Weiteren kommt die transaktionale PBXT von Primebase (*http://www.primebase.org*) hinzu, so dass man – in der derzeitigen Version – bei zehn unterschiedlichen Storage Engines angekommen ist. Perspektivisch sollen noch weitere aufgenommen werden, z. B. Sphinx oder OQGraph, dies wird derzeit aber noch als »Nice to have«-Feature angesehen.

Abseits der Storage Engines bestehen die Änderungen in der Integration von Patches. So ist das Paket von XtraDB enthalten, was sich zuerst in der Auskunftsfreude im *INFORMATION_SCHEMA* niederschlägt. Satte 16 Tabellen mehr als MySQL enthält das Data Dictionary, die meisten davon, nämlich 13, resultieren aus den Anpassungen bezüglich InnoDB.

Des Weiteren preisen die Programmierer die schnellere Verarbeitung komplexer Anfragen an, was aus der Verschiebung temporärer Tabellen von der Festplatte in den Hauptspeicher herrührt – ein Feature der Maria Engine.

Wie auch die anderen Forks wird der Quellcode von MariaDB im Launchpad gehalten und steht unter der GPLv2-Lizenz. Die fertigen Binaries lassen sich von *askmonty.org* für Linux, CentOS, Solaris und sporadisch auch für Windows herunterladen – Windows Builds bestehen nicht für jede Version.

10.8.4 Drizzle

Last, but not least ist *Drizzle* (*http://www.drizzle.org*) zu nennen, das sich am weitesten von der Codebasis des Vorbilds entfernt. Die Idee zu dem stark abgewandelten Fork basiert auf Brian Akers Erkenntnis, dass zum einen die Konformität bzw. viele der neuen Features zum ANSI-SQL-Standard, die in den letzten Entwicklungsschritten von MySQL hinzugekommen sind, von vielen Anwendern und Entwicklern nicht benötigt werden. MySQL wird traditionell von vielen Hostern als Datenbank für Webapplikationen – meist im Zusammenhang mit PHP – angeboten und nicht als universale Unternehmensdatenbank genutzt. Oft wird nicht das letzte Release eingesetzt, oder Features sind deaktiviert. Auch in anderen üblichen Anwendungsfällen wird der MySQL-Feature-Fundus nicht vollständig ausgeschöpft – durchaus beabsichtigt vom Betreiber –, und die ungenutzten Funktionen schlucken benötigte Performance. Zum anderen führt Aker an, dass sich die Grundvoraussetzungen an eine Datenbank in den vergangenen Jahren verändert haben: Mehrkernsysteme erlauben die massive parallele Handhabung von Systemprozessen, RAM ist nicht mehr der gravierende Engpass (schauen Sie einmal in die Beispiel-Konfigurationsdateien, die MySQL mitliefert; die größte Konfiguration geht von 2 Gigabyte Speicher aus), Daten werden vermehrt in UTF-8 codiert.

Drizzle soll diesen Punkten Rechnung tragen. Die originäre Codebasis ist MySQL 6. Allerdings basiert Drizzle nun auf einem stark entschlackten Mikrokernel, der nur ungefähr ein Drittel der ursprünglichen Größe hat. Nach dem Motto »Hinterfrage alles« fliegen »unnötige« Features, Funktionen und sogar Datentypen aus dem Quellcode oder werden neu implementiert. Hinzu kommt die Ausrichtung auf Plug-ins. Je nach Anwendungsfall kann ein Betreiber dann als Erweiterung implementierte Features wieder hinzufügen. Als Plug-ins ist nicht nur eine Storage Engine zu verstehen, sondern beispielsweise auch Funktionen wie `COMPRESS()`. Und während der Code bewusst mit seiner Vergangenheit bricht, haben auch die Entwickler, die das Projekt bis zur Firmenübernahme durch Oracle unter dem Dach von Sun entwickelt haben, ihren alten/neuen Arbeitgeber verlassen und sind nach und nach zu Rackspace gewechselt, einem Anbieter für Hosting- und Cloud-Computing-Dienstleistungen.

Derzeit hält man sich an einen Entwicklungszyklus von etwa vier Monaten zwischen den einzelnen Releases, die prägnante Namen wie Aloha, Bell oder Cherry bekommen. Mit der zuletzt freigegebenen Version des Jahres 2009 (Bell) soll ein produktionsreifer Stand erreicht sein, der von der Drizzle-Webseite unter GPL v2 geladen werden kann.

Die meisten Sicherheitslücken werden vom Programmierer selbst erzeugt. Gefahren lauern vor allem überall dort, wo Sie Ihren Besuchern die Möglichkeit zur Interaktion geben. Dieses Kapitel soll Ihnen bewusst machen, dass Gedanken über die Sicherheit Ihrer Applikation ein zentrales Thema der Softwareerstellung sind.

11 Sicherheit

Sicherheit ist immer relativ – sowohl gemessen an den Fähigkeiten potentieller Angreifer als auch an der Zeit, die Angreifer haben, um die getroffenen Sicherheitsvorkehrungen zu umgehen. Die generelle Erkenntnis dieses Kapitels wollen wir deshalb hier schon einmal vorwegnehmen:

Ihre Anwendung ist nicht hundertprozentig sicher.

Die Sicherheitsdebatte um PHP ist stark im Kommen – und das ist gut so. Bei einer kurzen Internetrecherche lassen sich große Mengen an Informationen zu dem Thema finden, wie z. B.

- sehr empfehlenswerte Vortragsfolien
- Artikel in Blogs und Onlineportalen von Webmagazinen
- Anleitungen auf einschlägigen Webseiten
- Berichte von Webmastern, deren Webseiten sich »komisch« verhalten

Nötig ist diese Diskussion, weil PHP aufgrund der Natur der Sache reichlich Angriffsfläche bietet. Das liegt zum einen daran, dass das HTTP-Protokoll selbst schnell auszutricksen ist (siehe Abschnitt 11.3.4, »HTTP Response Splitting«), und zum anderen an PHP-Bordmitteln, die mehr Schlechtes als Rechtes ermöglichen. Bestes Beispiel dafür ist die mittlerweile entfernte Direktive `register_globals`, die – wenn sie aktiviert war – das Überschreiben lokaler Variablen erlaubte.

```
<?
if(!isset($variable))
{
  $variable = 1;
}
echo 'Der Wert der Variablen ist: '.$variable;
?>
```

Listing 11.1 »register_globals« sollten Sie deaktivieren.

Wenn Sie Listing 11.1 bei einer älteren PHP Version mit dem GET-Parameter `variable` aufrufen, können Sie somit beliebige Werte einschleusen (siehe Abbildung 11.1):

http://127.0.0.1/register_globals.php?variable=2

Abbildung 11.1 »register_globals« öffnet Türen und Tore.

Als Konsequenz aus dem dadurch entstehenden Risiko wurde `register_globals` schrittweise aus dem Geist von PHP-Entwicklern und dem PHP-Code entfernt worden. Bei ganz alten Programmen kann dies zu Problemen führen, denn vor PHP 4.2.0 war die Direktive von vornherein eingeschaltet. Wer also in älteren Skripten gezielt Gebrauch davon gemacht hat, GET-Parameter auf diese Weise zu übernehmen, muss nun auf das superglobale Array `$_GET` umsteigen.

Um den Sicherheitsrisiken zu begegnen, können Sie beliebig viele und komplexe Gegenmaßnahmen ergreifen. Angefangen bei der Überprüfung von Eingabedaten aus HTML-Formularen bis hin zum Check, ob der eingeloggte Benutzer während der Bewegungen auf der Seite nicht etwa den Browser wechselt, lässt sich alles realisieren (gegen »Session Hijacking«). Wichtig ist jedoch die Verhältnismäßigkeit. Je mehr Sperren und Checks Sie einbauen, desto umständlicher ist das System zu benutzen. Und damit lassen sich bereits wenig geduldige und nicht auf Sicherheit bedachte Anwender verprellen. Sie müssen also einen Mittelweg finden zwischen dem Aufwand, der die Sicherheit Ihres Systems und seiner Nutzer gewährleisten soll, und dem Komfort, den Sie den Anwendern bieten.

Die folgenden Abschnitte beschäftigen sich mit den Maßnahmen, die Sie ergreifen können, um Ihre Webapplikation sicherer zu gestalten. Zuerst nehmen wir uns genereller Ansätze an, bevor wir uns anschließend auf die verschiedenen Angriffsmöglichkeiten beziehen und jeweils beschreiben, wie Sie diesen am besten gegenübertreten. Im Fokus stehen dabei jene Risikoquellen, die Sie selbst beeinflussen können, die also aus unvorsichtiger Programmierweise entstehen. Nicht eingehen werden wir auf Bugs, die in der Software (PHP und MySQL) liegen.

11.1 Formulardaten und Validierung

Ein HTML-Formular ist der einfachste Weg, dem Benutzer Interaktivität zu ermöglichen, entweder in Gästebüchern, beim Eintrag in einen Newsletter, bei Suchanfragen oder beim Log-in. Gleichzeitig sind alle diese Formulare aber auch erster Anhaltspunkt für Angriffe, weil Ihr System an dieser Stelle gezwungen ist, mit der Kreativität des Benutzers fertig zu werden. Wir haben uns bereits in Kapitel 2, »Grundpfeiler der Webentwicklung«, mit den Überlegungen beschäftigt, was passiert, wenn der Anwender nicht diejenigen Daten in ein Formular eingibt, die das System erwartet. An dieser Stelle wollen wir den Spieß einmal umdrehen und uns angewöhnen, mit dem gleichen Elan genau das zu verarbeiten, was wir an Eingaben eigentlich nicht haben wollen. Wir unterscheiden in einem ersten Schritt nicht zwischen Falscheingaben, bei denen die Postleitzahl eben nur aus vier Ziffern besteht, und offensichtlichen Angriffen, wenn also zigmal unterschiedliche Passwörter beim Log-in ausprobiert werden. Uns geht es vorrangig darum, die Eingaben auf Gültigkeit zu testen, anders gesprochen: die Werte zu validieren.

Im Grunde genommen haben wir Ihnen alle Werkzeuge, die wir hier anwenden, bereits vorgestellt. Wir benutzen:

- Tests auf das Vorhandensein und die Befüllung von Eingaben, z. B. `isset()` und `empty()`
- Tests auf Datentypen, wie etwa `is_string()`, `is_int()`
- reguläre Ausdrücke, wenn wir die Eingabe einem Muster zuordnen können
- Filter für verbotene Zeichen in den Eingaben

In vielen Fällen lässt sich die Validierung auf mehrere dieser Arten lösen. Eine Ganzzahl können Sie beispielsweise entweder mit `is_int()` oder mit dem Suchmuster `"/\d+/"` auffinden. Unter Umständen ist der reguläre Ausdruck sogar vorzuziehen, wenn die Eingaben aus einem Formular standardmäßig als String interpretiert werden. Alternativ lässt sich Angriffen bereits bei der Datentypprüfung der Wind aus den Segeln nehmen, wenn Sie die eingegebenen Daten in die erwarteten Datentypen konvertieren (auch *Type Casting* genannt). Wie die Konvertierung zwischen Datentypen vorgenommen wird, ist in PHP selbst geregelt (siehe Listing 11.2).

```php
<?php
if(gettype($_GET['zahl']) != "integer")
{
    $ganzzahl = (int) $_GET['zahl'];
}
```

```
else
{
  $ganzzahl = $_GET['zahl'];
}
?>
```

Listing 11.2 Casting nach Integer

In der Regel wird diese Typkonvertierung durchgeführt. Sie können die Abfrage also mit

`$ganzzahl = (int) $_GET['zahl'];`

abkürzen. Sofern `$_GET['zahl']` keine Zahl als Wert hat, wird PHP versuchen, so viele Zeichen wie möglich, von links beginnend, als Zahl zu interpretieren. Die Zeichenkette »12345« wird also korrekt interpretiert, »123a5« hingegen wird zu »123«, und »a2345« ergibt 0. Die Kombination von Typkonvertierung und Typabfrage ist dagegen sinnfrei, wenn sie wie folgt angewendet wird:

`if(is_int( (int) $_GET['zahl'])){...`

Der Test auf Vorhandensein ist notwendig, weil in Browsern Formulardaten ohne Werte nicht im POST- oder GET-Formular auftauchen. Dies ist besonders bei Check- oder Radioboxen der Fall, die nicht angeklickt wurden. Bei

`error_reporting(E_ALL)`

ist der Zugriff auf eine nicht definierte Variable dem PHP-Parser immerhin eine unschöne »Notice« wert. Eine Abfrage wie

`if($_GET['zahl'] == 5){ ...`

zeigt diese »Notice« an, wenn das Skript initial ohne den GET-Parameter aufgerufen wird. Wenn Sie stattdessen

`if((isset($_GET['Text'])) && ($_GET['Text'] == 5)){...`

einsetzen, bleiben Sie davon verschont.

Reguläre Ausdrücke sind wohl das mächtigste Mittel bei der Überprüfung von eingegebenen Daten. Mit ihnen ist es möglich, Datentypprüfung auf Zeichenebene durchzuführen, verbotene Zeichen auszuschließen, die syntaktische Gültigkeit ganzer Zeichenketten zu prüfen (z. B. bei E-Mail- und Webadressen oder beim Test von Passwörtern, wie in Kapitel 15, »Sichere Webanwendungen«, im dritten Buchteil beschrieben) und die Länge der Eingaben zu checken. In manchen Fällen kommen Sie aber auch mit Stringfunktionen zum gleichen Ziel (beispielsweise mit `strlen()`) und bekommen damit sogar eine weniger fehleranfällige Lösung hin, auch in Bezug auf das Programmieren im Team, in dem vielleicht nicht jeder das Lesen regulärer Ausdrücke beherrscht. Ein umfangreiches Validierungsbeispiel bietet Listing 11.3.

```
<html>
<head />
<body>
<form action="" method="post">
<input type="checkbox" name="Check" />
<input type="text" name="Text" />
<input type="submit" name="submit" value="submit" />
</form>
<hr />
<?php
error_reporting(E_ALL);
print_r($_POST);
//Anwendung von empty()
if(!empty($_POST['Check']))
{
   echo $_POST['Check'];
}
//Anwendung von isset()
if((isset($_POST['Text'])) && ($_POST['Text'] == 'abc'))
{
   echo '<br />Der Parameter ist "abc"!';
}
//Typprüfung mit regulären Ausdrücken
if((!empty($_POST['Text'])) &&
        (preg_match("/^\d+([\.,]\d+)?$/",$_POST['Text'])))
{
   echo '<br />Der Parameter ist eine Zahl!';
}
//Prüfung auf verbotene Zeichen mit regulären Ausdrücken
if((!empty($_POST['Text'])) &&
        (preg_match("/[<>]/",$_POST['Text'])))
{
   echo '<br />Der Parameter enthält verbotene Zeichen!';
}
?>
</body>
</html>
```

Listing 11.3 Prüfung von Eingaben

Es existieren noch weitere Befehle, mit denen sich Eingaben testen lassen. Zu erwähnen ist hierbei u. a. das Modul `ctype`. Ein Blick auf die Ausgabe der Funktion `phpinfo()` verrät Ihnen, ob Sie diese Funktionen einsetzen können (siehe Abbildung 11.2).

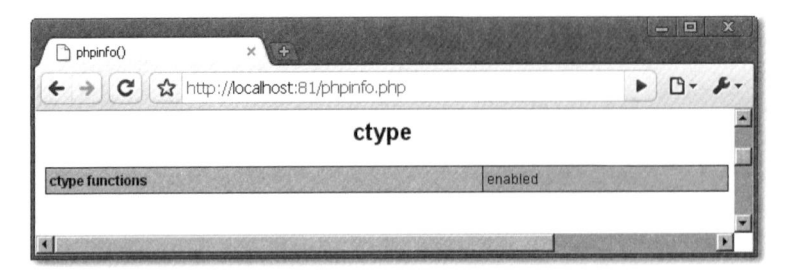

Abbildung 11.2 Die »ctype«-Funktionen können eingesetzt werden.

Die elf Funktionen prüfen einen String, der ihr einziger Eingabeparameter ist, zeichenweise. Sofern die Prüfung für mindestens eines der enthaltenen Zeichen fehlschlägt, geben die Funktionen `false` zurück, anderenfalls `true`. Getestet werden:

- alphanumerische Zeichen (also Buchstaben und Zahlen) mit `ctype_alphanum(string $string)`
- Buchstaben in Groß- und Kleinschreibung mit `ctype_alpha(string $string)`
- Steuerzeichen wie `\r\n\t\f` mit `ctype_cntrl(string $string)`
- Ziffern von 0 bis 9 mit `ctype_digit(string $string)`
- Zeichen, die am Bildschirm ausgegeben werden, mit `ctype_graph(string $string)`. Das schließt beispielsweise Steuerzeichen und Leerraum aus.
- Kleinbuchstaben mit `ctype_lower(string $string)`
- Druckbare Zeichen mit `ctype_print(string $string)`. Diese Funktion ist ähnlich wie `ctype_graph()`, nur dass Leerzeichen in die Menge gültiger Zeichen mit einbezogen werden.
- Satzzeichen und alphanumerische Zeichen mit `ctype_punct(string $string)`
- Leerraum mit `ctype_space(string $string)`, also Leerzeichen und alles, was von `ctype_cntrl()` erkannt wird
- Großbuchstaben mit `ctype_upper(string $string)`
- Hexadezimalzeichen (alle Ziffern und die Buchstaben A bis F) mit `ctype_xdigit(string $string)`

Die Anwendung der Funktionen ist also sehr speziell. Nicht brauchbar sind sie für gemischte Zeichenketten, in denen beispielsweise alphanumerische und Steuerzeichen gemeinsam vorkommen. Das trifft auf jeden längeren Text zu, der mindestens einen Absatz enthält. Gut geeignet sind sie hingegen für kurze Zeichenketten, zumal das in C geschriebene Modul gute Performance bietet.

Nicht zuletzt reagieren aktive Programmierer von PHP auf die Sicherheitsdiskussion mit einer Filtererweiterung, die in PHP 5.2 standardmäßig Einzug gehalten hat. Sie ist speziell ausgelegt auf den Umgang mit Benutzereingaben. Die Erweiterung bietet Funktionen, mit denen sich die Inhalte der superglobalen Arrays beispielsweise von ungültigen Zeichen bereinigen, mit vordefinierten regulären Ausdrücken prüfen oder mit selbstdefinierten Funktionen verarbeiten lassen.

Wenn Sie die Daten erst einmal validiert haben, können Sie sie ihrer eigentlichen Bestimmung zuführen. Bei der Speicherung in die Datenbank sollten Sie weiter Vorsicht walten lassen und aus Sicherheitsgründen alle Einträge maskieren. Mit der Funktion

> *string **addslashes**(string $zeichenkette)*

maskieren Sie alle einfachen und doppelten Anführungsstriche, so dass die Zeichenkette gefahrlos in Datenbanken eingetragen werden kann. Bei der Verwendung von MySQL als Datenbanksystem können Sie stattdessen die dafür vorgesehenen Befehle

- `mysql_escape_string()`,
- `mysql_real_escape_string()`,
- `mysqli_escape_string()` und
- `mysqli_real_escape_string()`

nutzen – je nachdem, welche MySQL-Erweiterung Sie verwenden. Die dadurch hinzugefügten Slashes werden vom Datenbanksystem automatisch wieder entfernt. Ferner können Sie unabhängig vom Datentyp jedes Feld in einer MySQL-Abfrage in Anführungsstriche setzen. Zahlen werden dennoch richtig und nicht als Zeichenkette gespeichert.

Was letzten Endes noch bleibt, ist, zu verhindern, dass ein Eintrag, den Ihr Benutzer gemacht hat, durch das Drücken der Taste F5 im Browser erneut ausgeführt wird. Dazu reicht bereits eine einfache Weiterleitung aus dem Skript, das die Daten in die Datenbank eingetragen hat, auf eine andere Seite, die eventuell das eingetragene Ergebnis noch einmal anzeigt. Die Weiterleitung lässt sich mit einem HTTP-Header realisieren.

```
header('Location: neutraleSeite.php');
```

Wichtig ist jedoch, dass Sie keine der GET- oder POST-Variablen ungeprüft in die Weiterleitung einbringen. Dies öffnet Tür und Tor für das HTTP Response Splitting, über das Sie in Abschnitt 11.3.4 Näheres erfahren werden.

11.2 Verschlüsselung

Verschlüsselungsalgorithmen lassen sich grob in Ein-Weg- und Zwei-Wege-Algorithmen einteilen. Zeichenketten, die über einen Ein-Weg-Algorithmus verschlüsselt wurden, lassen sich nicht oder nur sehr schwer rekonstruieren, weil der Algorithmus nicht umkehrbar ist. Zu dieser Art von Verschlüsselung zählt etwa das *Hashing*, das sowohl PHP als auch MySQL beherrschen. Auch wenn Sie jetzt meinen, dass es wenig sinnvoll ist, sensible Daten wie etwa Passwörter zu verschlüsseln, wenn man sie nicht wieder entschlüsseln kann, findet diese Methode heutzutage weite Verbreitung, z. B. bei der Authentifizierung. Die Zwei-Wege-Verschlüsselung umfasst umkehrbare Algorithmen. Einmal verschlüsselt, können Daten sicher über das Internet verschickt werden. Der Empfänger kann die ursprüngliche Nachricht, sofern er im Besitz eines gültigen Passworts ist, wieder rekonstruieren. Zwei-Wege-Verschlüsselung ist sowohl auf Applikationsebene als auch auf Datenbankebene möglich.

11.2.1 Ein-Weg-Verschlüsselung

Die Ein-Weg-Verschlüsselung hat einen deutlichen Vorteil für die Anwender einer Webapplikation: Niemand, auch nicht der Datenbankadministrator des Betreibers, bekommt jemals ihr unverschlüsseltes Passwort zu Gesicht. Es wird nur die verschlüsselte Version gespeichert.

Wenn sich ein neuer Benutzer am System registriert oder ein bestehender Nutzer sein Passwort ändert, wird die Zeichenkette mit einem festgelegten Algorithmus verschlüsselt und das Ergebnis in der Datenbank hinterlegt. Bei einem Log-in wird dann nicht das vom Benutzer eingegebene Passwort mit dem Referenzwert der Datenbank verglichen, sondern die Verschlüsselung der Eingabewerte muss jedes Mal vor dem Vergleich erneut ausgeführt werden. Es liegt dann in der Verantwortung des Systembetreibers, die eingegebenen Werte zu verwerfen und nicht zu speichern. Eine Funktion, die das Log-in überprüft, ist in Listing 11.4 enthalten.

```
<?php
function LoginOkay($eingabePasswort,$dbPasswort){
    $checkPasswort = verschluessele($eingabePasswort);
    if($checkPasswort == $dbPasswort)
    {
        return true;
    }
    else
    {
        return false;
```

```
    }
}
?>
```

Listing 11.4 Log-in mit Ein-Weg-Verschlüsselung

Es hilft einem Angreifer also nichts, den verschlüsselten Wert aus der Datenbank zu kennen. Benutzt er diesen als Passwort beim Log-in, wird dieser Wert durch das System abermals verschlüsselt. Eine Eigenschaft der hier vorgestellten Ein-Weg-Verschlüsselungsalgorithmen ist, dass die wiederholte Anwendung auf eine Zeichenkette nie die gleichen Ergebnisse liefert wie beim vorigen Durchlauf.

Im Bereich PHP und MySQL ist der momentan wohl gebräuchlichste Algorithmus zur Ein-Weg-Verschlüsselung *MD5* (Message Digest Version 5; aus dem Englischen, übersetzbar mit »Nachrichtenauszug«). Es handelt sich dabei um einen Hashing-Algorithmus, der aus einer Zeichenkette beliebiger Länge eine 128 Bit lange Repräsentation erzeugt. Diese wird als 32-stelliger Hexadezimalwert dargestellt. In PHP wenden Sie sie mit dem Befehl

> string **md5**(string $zeichenkette [, boolean $binaer])

an. Die Länge des Parameters `$zeichenkette` ist variabel. Als Ergebnis erhalten Sie auf jeden Fall einen String der Länge 32, es sei denn, Sie geben dem optionalen Parameter `$binaer` den Wert `true`. Dann gibt die Funktion Binärdaten aus (16-stellig):

```
<?php
echo md5('phpmysql');
//ergibt c4cdf8eb922fc70cbf676b5e517d5f37
echo md5('phpmysql',true);
//ergibt ÄÍøë'/Ç¿gk^Q}_7
```

Zusätzlich zur Funktion `md5()` existiert in PHP die darauf aufbauende Funktion `md5_file()`:

> string **md5_file**(string $dateiname [, boolean $binaer])

Damit lassen sich Hash-Werte auch von Dateien erstellen. Als `$dateiname` können Sie lokale Dateien angeben, ohne sie vorher mit `fopen()` geöffnet zu haben. Ab PHP 5.1 lassen sich auch entfernte Dateien – z. B. über HTTP – verarbeiten, sofern solche Zugriffe in Ihrer PHP-Konfiguration erlaubt sind (einsehbar in der *php.ini* unter `allow_url_fopen`). Als Rückgabewert erhalten Sie abhängig vom Parameter `$binaer` entweder eine 32-stellige hexadezimale Zeichenkette oder die entsprechende 16-stellige Binärdarstellung. Es ist natürlich nicht Sinn der Sache, Dateien zur Authentifizierung in einer Webapplikation zu verwenden. Stattdessen lassen sich so aber Prüfsummen von Dateien erzeugen, mit denen garantiert werden kann, dass der Inhalt seit der letzten Prüfung nicht verändert wurde.[1]

In MySQL wird der Algorithmus durch die gleichnamige Funktion

`MD5(str)`

implementiert, die ebenfalls eine Zeichenkette aufnimmt, um eine andere daraus zu erstellen. Bei gleichen Eingaben kommen die Funktionen in PHP und MySQL natürlich zu identischen Ergebnissen:

```
SELECT MD5('phpmysql');
-> c4cdf8eb922fc70cbf676b5e517d5f37
```

Der MD5-Algorithmus gilt nicht mehr als sicher. Er wurde entwickelt, weil man Bedenken in Bezug auf die Sicherheit des Vorgängers MD4 hatte, und ist mittlerweile auch nicht mehr »state of the art« (obwohl er in der Praxis noch vielfach eingesetzt wird). Zum einen existieren Datenbanken[2] zur »Entschlüsselung«, in denen Paare von potentiellen Passwörtern und deren MD5-Repräsentation gespeichert sind. Diese Paare wurden auf herkömmlichem Weg, das heißt durch Verschlüsselung der Passwörter, erstellt. Wenn Sie einen MD5-Hash haben, dessen ursprünglichen Wert Sie nicht kennen, können Sie in der Datenbank nachschlagen, ob der Hash – und damit der dazugehörige Wert – durch Zufall vorhanden ist. Es handelt sich also um eine typische Rückwärtssuche ohne Garantie auf Erfolg. Bei unseren Tests fanden wir schnell Ergebnisse für einfache Passwörter. »Individuelle« Passwörter mit Sonderzeichen, Groß- und Kleinbuchstaben und Zahlen führten uns dagegen zu keinen Ergebnissen. Zum anderen lässt sich MD5 mit bekannten Methoden attackieren: Sie können alle möglichen Zeichenketten verschlüsseln und schauen, ob der resultierende Wert mit dem gesuchten übereinstimmt (*Brute-Force-Attacke*).

Eine Alternative zu MD5, die sowohl von MySQL als auch von PHP unterstützt wird, ist *SHA1* (Secure Hash Algorithm 1). Das Prinzip ist das gleiche. Als Ausgabe hat SHA1 einen 160-Bit-Wert, dargestellt durch eine 40-stellige hexadezimale Zeichenkette. Damit ist SHA1 im Vergleich zu MD5 robuster gegen Angriffe wie Brute-Force-Attacken: Der längere Hash-Wert erhöht den Suchraum. Letztlich ist es aber nicht verwunderlich, dass auch Algorithmen der SHA-Familie, die den MD-Algorithmen ähneln, zu knacken sind.[3]

---

1 Ein anderes, weitaus bekannteres Prüfsummenverfahren
  ist CRC (*Cyclic Redundancy Checksum*). Die Verwendung ist identisch.
2 Nachzuschlagen unter *http://md5.rednoize.com*.
3 Mit etwa 269 Versuchen.

> **Hinweis**
>
> Kopf hoch! Obwohl MD5- und SHA-Hashes geknackt werden können, lassen sie sich mit ruhigem Gewissen einsetzen. Es braucht immer noch eine sehr große Anzahl Versuche, ein Passwort zu »knacken«, und somit eine lange Zeitspanne. Die Tatsache, dass es Hash-Datenbanken gibt, sollte Sie lediglich dazu ermuntern, sichere Passwörter zu benutzen – und dies in letzter Konsequenz auch von den Benutzern Ihrer Webapplikationen zu fordern.

PHP bietet für die Erzeugung von SHA-Hashes die Funktion

*string **sha1**(string $zeichenkette [, boolean $binaer])*

Sie verhält sich identisch mit der Funktion md5():

```
echo sha1('phpmysql');
//ergibt 49d88a4db817a5733ff1e8ff7a3f49a7489f71d6
echo sha1('phpmysql',true);
//ergibt IØŠM¸¥s?ñèÿz?I§HŸqÖ
?>
```

Listing 11.5 Ein-Weg-Verschlüsselung

Analog dazu gibt es auch die Erzeugung von Hashes für Dateien, sha1_file().

In MySQL heißt die Funktion erwartungsgemäß auch SHA1(), Sie können jedoch auch das Synonym SHA() verwenden:

SHA1(str)

Diese Namensgebung ist unglücklich gewählt, zumal auch Algorithmen wie SHA0 oder SHA256 existieren, die früher oder später sowohl Einzug in die Datenbank als auch in die Skriptsprache halten werden.

11.2.2 Zwei-Wege-Verschlüsselung

Mit der Zwei-Wege-Verschlüsselung sollten Sie solche Daten verarbeiten, die Sie über das Internet verschicken wollen und die im Nachhinein auch wieder lesbar sein müssen. Bei der Codierung wird ein Schlüssel verwendet, von dem die Zusammensetzung der verschlüsselten Nachricht abhängt. Um die Nachricht wieder zu entschlüsseln, wird exakt derselbe Schlüssel benötigt. Zwei-Wege-Verschlüsselungsalgorithmen arbeiten anders als Hashing-Verfahren. Die Länge der verschlüsselten Zeichenkette ist abhängig von der Länge der ursprünglichen Daten.

Es hat sich ein breites Feld von Zwei-Wege-Algorithmen entwickelt, dementsprechend groß ist auch die Auswahl in PHP und MySQL. Für PHP gibt es das Modul `mcrypt`, das nicht zwingend von vornherein in Ihrer PHP-Installation vorhanden sein muss. Um das zu verifizieren, hilft ein Blick in die `phpinfo()`-Ausgabe (siehe Abbildung 11.3). Ist der Eintrag für das Modul nicht zu finden, folgen Sie den Anweisungen aus Kapitel 3, »Installation«, um es zu aktivieren.

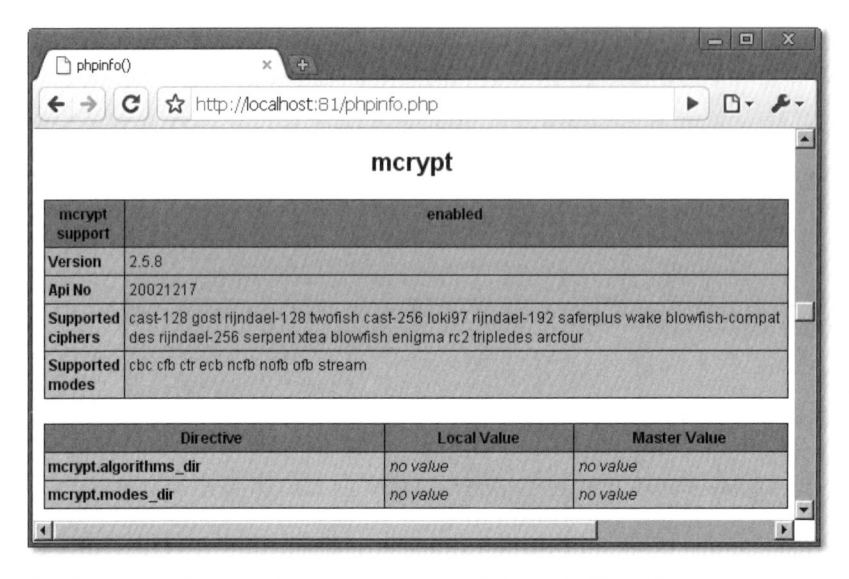

Abbildung 11.3 Das Modul »mcrypt« bietet den Rahmen für Verschlüsselungen.

`mcrypt` selbst ist jedoch kein Verschlüsselungsalgorithmus. Es bildet vielmehr die Basis, um verschiedene Algorithmen anzuwenden, das heißt, es stellt die Zugriffsfunktionen zur Verfügung. Zu den unterstützten Algorithmen gehören u. a.:

- Blowfish
- (Triple-)DES
- Vertreter der Rijndael-Algorithmusfamilie
- Vertreter der CAST-Familie

Die Anwendung der `mcrypt`-Funktionen gestaltet sich für den Anfänger schwieriger, als er es von anderen Modulen her gewohnt ist. Im einfachsten Fall nutzen Sie:

*string **mcrypt_encrypt**(string $algorithmus,*
    string $schluessel, string $zeichenkette,
    string $modus [, string $initialisierung])

Zur Angabe des Algorithmus $algorithmus verfügt das Modul mcrypt über eine Liste von Konstanten. Für die einzelnen Alternativen sind die Konstantennamen (und -werte) folgende:

- MCRYPT_BLOWFISH (»blowfish«)
- MCRYPT_TRIPLEDES (»tripledes«)
- MCRYPT_RJINDAEL_256 (»rjindael-256«)
- MCRYPT_CAST_256 (»cast-256«)

Sie sehen schon: Wenn Sie wissen, welchen Algorithmus Sie verwenden wollen, aber die Bezeichnung für die Konstante oder den Wert nicht kennen, sind Sie mit einem Versuch ins Blaue in etwa gleich schnell wie mit einem Blick ins PHP-Handbuch.

Als Schlüssel $schluessel dient eine von Ihnen gewählte Zeichenkette. Hier gilt es, die gleiche Vorsicht walten zu lassen wie mit anderen Passwörtern auch; nur Sie und diejenigen Personen, die eine Verschlüsselung rückgängig machen dürfen, sollten im Besitz des Schlüssels sein. Die zu verschlüsselnden Daten werden in $zeichenkette angegeben.

Als $modus können Sie eine der folgenden Konstanten wählen:

- MCRYPT_MODE_ECB (»electronic codebook«): vornehmlich für kurze Zeichenketten
- MCRYPT_MODE_CBC (»cipher block chaining«): für Dateiverschlüsselung
- MCRYPT_MODE_CFB (»cipher feedback«): für Byteströme, mit Verschlüsselung einzelner Bytes
- MCRYPT_MODE_NOFB (»output feedback«): ähnlich wie »cipher feedback«
- MCRYPT_MODE_STREAM: für dedizierte Bytestromalgorithmen

> **Hinweis**
>
> Es existiert noch ein weiterer Modus, MCYRPT_MODE_OFB, den wir allerdings hier wegen seiner geringeren Sicherheit nicht weiter erwähnen möchten.

Unter $initialisierung müssen Sie sich einen binären String vorstellen, der für den Verschlüsselungsalgorithmus wie ein Startpunkt wirkt, damit er weiß, mit welcher Zeichenkette er die Arbeit aufnehmen soll. Nicht jeder der bereits vorgestellten Modi braucht einen Initialisierungsvektor, z. B. wird der Vektor bei ECB ignoriert. Trotzdem geraten Sie schnell in die Situation, dass PHP eine Warnung ausgibt, um Sie zur Verwendung eines Vektors zu ermahnen.

Je nach Kombination von Algorithmus und Modus hat der Initialisierungsvektor eine eigene Form bzw. Länge. Diese finden Sie mit dem Befehl

int **mcrypt_get_iv_size**(*string $algorithmus,string $modus*)

heraus. Der resultierende Wert lässt sich dann nutzen, um einen spezifischen Vektor mittels

string **mcrypt_create_iv**(*int $laenge, int $quelle*)

zu erstellen. Als Quelle sollten Sie aus Kompatibilitätsgründen den in PHP eingebauten Zufallsgenerator einsetzen. Um dies anzuzeigen, dient die Konstante MCRYPT_RAND. Alternativ gibt es die Funktionen MCRYPT_DEV_RANDOM und MCRYPT_DEV_URANDOM, die jedoch nur unter Linux existieren.

Die Zwei-Wege-Verschlüsselung ist in PHP also nicht mit einem einzigen Befehl zu bewerkstelligen. Wie Sie nacheinander vorgehen, um eine einfache Zeichenkette »unleserlich« zu machen, zeigt Listing 11.6.

```
<?php
$zeichenkette = "Dies ist ein Satz mit einem kleinen Geheimnis";
$schluessel = "0815";

$iv_laenge = mcrypt_get_iv_size(MCRYPT_TRIPLEDES,
                                MCRYPT_MODE_CFB);
srand(microtime());
$iv = mcrypt_create_iv($iv_laenge,MCRYPT_RAND);
$verschluesselt = mcrypt_encrypt(MCRYPT_TRIPLEDES,
                                $schluessel,
                                $zeichenkette,
                                MCRYPT_MODE_CFB,
                                $iv);
?>
```

Listing 11.6 Verschlüsselung mit »mcrypt«

Heraus kommt eine verschlüsselte Zeichenkette `$verschluesselt`, die sich gefahrlos verschicken lässt. Jede Person, die diese Nachricht abfängt und nicht im Besitz des Schlüssels *und* des Initialisierungsvektors ist, kann mit dem Inhalt nichts anfangen. Den Initialisierungsvektor können Sie getrost der Nachricht beifügen. Denn der Empfänger benötigt ihn zur Entschlüsselung über

string **mcrypt_decrypt**(*string $algorithmus,*
    string $schluessel, string $verschluesselt,
    string $modus [, string $initialisierung])

Bei der Entschlüsselung müssen also die gleichen Angaben gemacht werden. Als Ergebnis gibt die Funktion die ursprüngliche Zeichenkette wieder frei.

Diejenigen unter Ihnen, die keinen Einfluss darauf haben, welche Module in ihrer PHP-Konfiguration eingesetzt werden, haben dennoch die Möglichkeit, Verschlüsselung ohne `mcrypt` einzusetzen. Zum einen lassen sich einzelne Algorithmen über PEAR-Pakete integrieren. So geschehen in der Einführung in PEAR, wo wir das Paket `Crypt_Blowfish` heruntergeladen haben. Mit PEAR besteht jedoch das gleiche Problem weiter: Nicht jeder Webhoster erlaubt Ihnen, Pakete zu installieren. Deshalb gibt es zum anderen frei verfügbare PHP-Klassen im Internet[4], die Zwei-Wege-Verschlüsselungsalgorithmen nachbilden. Diese können Sie herunterladen und via `include()` respektive `require()` in Ihre Skripte integrieren.

Unter MySQL gestaltet sich die Verschlüsselung mit einem Zwei-Wege-Algorithmus einfacher. Unterstützt werden nur zwei Alternativen, auf die wir im Folgenden eingehen wollen, für die jedoch gesonderte Funktionen existieren:

- AES (*Advanced Encryption Standard*): ursprünglich Rjindael128
- DES: TripleDES

Die Funktion

AES_ENCRYPT(text,schluessel)

liefert eine verschlüsselte Zeichenkette zurück. Diese kann in Attributen mit binärem Datentyp gespeichert oder wie gewohnt an die Applikationsebene zurückgegeben werden:

SELECT AES_ENCRYPT('Geheimnis','0815')

Die Verwendung eines Initialisierungsvektors entfällt. Die Umkehrung der Verschlüsselung erreichen Sie mit

AES_DECRYPT(verschluesselt,schluessel)

Analog arbeiten die beiden Funktionen `DES_ENCRYPT(text,schluessel)` und `DES_DECRYPT(verschluesselt,schluessel)`.

11.2.3 SSL

Selbst wenn Sie Ihre Formulardaten über die POST-Methode versenden, anstatt GET zu benutzen, besteht keine Sicherheit, dass die Werte nicht beim Transport über das Internet mitgelesen werden. POST macht einem potentiellen Angreifer das Leben nur deshalb schwerer, an Ihre Daten zu kommen, weil sie nicht einfach

---

[4] Zum Beispiel unter *http://www.phpclasses.org*.

an die URL der aufgerufenen Seite angehängt werden. Dennoch werden Ihre sensiblen Eingaben wie etwa Passwörter dadurch nicht unsichtbar, immerhin müssen sie ja unbeschadet zum Server gelangen. Sie werden in einem gesonderten HTTP-Header zwischen Client und Server transportiert. HTTP-Header lassen sich von dritter Seite abfangen,[5] und so können auch Ihre POST-Daten ausgelesen werden. Das folgende HTML-Formular übergibt ein Passwort mittels POST-Methode an den Server:

```
<form action="" method="post">
<input type="password" name="pass" />
<input type="submit" name="submit" value="sbsenden" />
</form>
```

Indem wir dem Eingabefeld den Typ password geben, ist sein Wert vor neugierigen Augen geschützt, solange wir das Formular am Bildschirm behalten (die HTML-Referenz liefert Ihnen weitere Informationen zum Thema »Formularfelder«). Schicken wir die Eingaben jedoch ab, machen sie sich auf den unsicheren Weg durchs Netz. Abbildung 11.4 zeigt das Browser-Plugin LIVE HTTP HEADERS für den Firefox, mit dem sich lokal gesendete und empfangene HTTP-Aufrufe protokollieren lassen.[6] In der letzten Zeile der angezeigten Header findet sich dann auch der String MEINPASSWORT im Klartext wieder, den wir aus dem vorigen Formular abgeschickt haben.

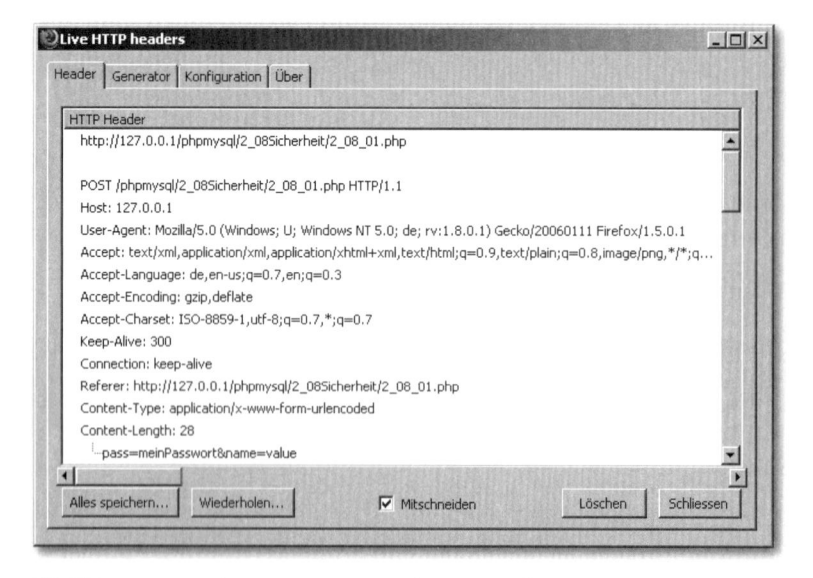

Abbildung 11.4 Auslesen von HTTP-Headern im Firefox

---

5 Dies wird auch als *Sniffing* bezeichnet.
6 Ähnliches leisten Programme wie HTTP ANALYZER für den Internet Explorer.

Die fehlende Sicherheit der POST-Daten begründet sich mit der Offenherzigkeit des HTTP-Protokolls. Standardmäßig ist darin keine Verschlüsselung vorgesehen. Um diesen Missstand zu beheben, setzen viele Webserver SSL (*Secure Socket Layer*) ein. Dabei handelt es sich um ein Sicherheitsprotokoll, das auch von allen modernen Browsern unterstützt wird. Sobald Browser und Server Kontakt über eine SSL-gesicherte Seite aufnehmen, einigen sie sich auf die Algorithmen und Schlüssel, mit denen übertragene Daten verschlüsselt werden sollen.

SSL setzt auf eine Mischung von Ein-Weg- und Zwei-Wege-Verschlüsselung. Die Daten an sich müssen selbstverständlich mit einem Zwei-Wege-Verschlüsselungsverfahren codiert werden. Zusätzlich werden Prüfsummen der Daten berechnet, um garantieren zu können, dass sie beim Transport nicht abgeändert wurden.

Um eine verschlüsselte Kommunikation zwischen Ihrem Server und den Browsern Ihrer Anwender zu erlauben, muss Ihr Server SSL verstehen. Im Falle von Apache gibt es ein Modul namens `mod_ssl`. Ob es in Ihrer Entwicklungsumgebung bereits installiert ist, erfahren Sie aus `phpinfo()`. Dort existiert ein Abschnitt über den Apache (z. B. `apache2handler`), der einen Überblick über die installierten Webserver-Module gibt. Ist `mod_ssl` nicht dabei, müssen Sie es nachinstallieren.[7]

11.3 Angriffsmethoden und Schutzmaßnahmen

Die hier vorgestellten Wege, sich Zugang zu einem fremden System zu verschaffen, sind nicht auf PHP und MySQL begrenzt. Sie funktionieren so oder ähnlich für andere Technologien, also andere Skriptsprachen oder relationale Datenbankmanagementsysteme. Wir nehmen dennoch eindeutig Bezug auf PHP und MySQL.

> **Hinweis**
>
> Wir haben uns dazu entschieden, Ihnen nicht im Detail zu erklären, wie sich Angriffe auf eine Webseite aus Sicht des Angreifers darstellen. Dieses Buch soll keine Anleitung dazu bieten, fremde Seiten zu attackieren, sondern vielmehr dem Schutz Ihrer eigenen Anwendung dienen. Sollten Sie jedoch der Ansicht sein, sich besser schützen zu können, wenn Sie wissen, wie Angriffe gestartet werden, finden Sie dazu umfangreiches, detailliert dargestelltes Material im WWW.

Das World Wide Web und die einzelnen Server darin zeigen sich sehr mitteilsam, wenn es darum geht, Informationen über sich selbst preiszugeben. Wie bereits in

---

7 Dazu verweisen wir Sie auf das offizielle Apache-Handbuch.

Kapitel 2, »Grundpfeiler der Webentwicklung«, erwähnt, ist es dementsprechend leicht, herauszufinden, ob auf einem Server PHP installiert ist. Eine noch schnellere Methode, die nicht mehr als einen Webbrowser erfordert, hatten die Programmierer von PHP selbst ermöglicht. Es handelt sich dabei um ein Easter-Egg im Quellcode. Gab ein potentieller Angreifer Ihren Domainnamen in die Adresszeile seines Browsers ein und fügte danach die Zeichenkette

```
?=PHPE9568F34-D428-11d2-A769-00AA001ACF42
```

an, erschien beispielsweise das PHP-Logo auf dem Bildschirm, sofern ein PHP-Parser auf dem Webserver installiert war. Abbildung 11.5 zeigt dies am Beispiel der Website *http://www.php.net*:

http://www.php.net/?=PHPE9568F34-D428–11d2-A769–00AA001ACF42

Abbildung 11.5 Ein Gruß vom PHP-Parser

11.3.1 Cross-Site-Scripting (XSS)

Beim Cross-Site-Scripting geht es – wie der Name schon sagt – darum, Code auszuführen, der von einer fremden in die aktuelle Webseite hineingebracht wird. Es handelt sich quasi um einen Oberbegriff für unterschiedliche Arten von Angriffen. Wir unterscheiden generell zwischen dem serverseitigen und dem clientseitigen Cross-Site-Scripting.

Serverseitiges Cross-Site-Scripting

Beim serverseitigen Cross-Site-Scripting wird der bösartige Code auf dem Server der angegriffenen Seite ausgeführt, z. B. von dem PHP-Parser. Ist erst einmal ein Weg gefunden, Code einzuschleusen, lassen sich sämtliche hier in diesem Buch vorgestellten Befehle ausführen.

Die Schwachstelle muss vom Angreifer so gewählt sein, dass der Code vor der Auslieferung des PHP-Ausgabepuffers an den Browser ausgeführt wird. Dies wird in der Regel erreicht, indem `include()`- oder `require()`-Befehle missbraucht werden. »Schuld« an der Sicherheitslücke ist also der Programmierer des angegriffenen Systems. Als Eldorado für Angreifer erweisen sich Webapplikationen, die ihre Ressourcen, also Klassen und andere Funktionalitäten, wie folgt einbinden:

```
<?php
include($_GET['skript']);
//Weitere Anweisungen
...
?>
```

Besonders anfällig für solcherlei Angriffe sind beispielsweise Template-, Content-Management- oder ähnliche Systeme, die ihre Musterdateien und Inhalte aus anderen Dateien auf demselben Server integrieren. Der Angreifer muss nur eine Datei auf einem fremden Server liegen haben und deren URL angeben. Im harmlosesten Fall wird dadurch nur `phpinfo()` aufgerufen, es ist jedoch auch möglich, an Datenbankkennwörter im globalen Namensraum zu kommen oder Kommandos des darunterliegenden Betriebssystems auszuführen.

Der Fehler im gerade dargestellten Code liegt einfach darin, dass ein leicht von außen beeinflussbarer Parameter wie eine GET-Variable *ungeprüft* benutzt wird. Abhilfe schafft die Validierung der Eingabedaten. Es bietet sich jedoch nicht an, nach verbotenen Zeichenketten wie »http://« in der Eingabe zu suchen, da es mit dezimaler und hexadezimaler Schreibweise, mit HTML-Entities oder in UTF-8 codiert, mit gemischter Klein- und Großschreibung usw. unzählige Kombinationsmöglichkeiten gibt, die Adresse des bösartigen Skriptes anzugeben. Sie alle über einen regulären Ausdruck finden zu wollen, ist ehrgeizig. Andere Wege versprechen mehr Erfolg. Sie können eine Whitelist benutzen, also ein Liste, in der alle möglichen und erlaubten Alternativen für die Einbindung notiert sind. Bei großen und dynamischen Systemen ist eine statische oder womöglich von Hand gepflegte Whitelist nicht einsetzbar. Wenn Sie jedoch alle Dateien, die sich potentiell einbinden lassen, in einem Verzeichnis speichern, können Sie die Whitelist dynamisch erstellen, indem Sie den Ordner durchlaufen, alle Dateinamen in ein Array packen und mit dem GET-Parameter vergleichen.

> **Hinweis**
> Eine dynamische Whitelist ist ein gutes Beispiel dafür, wie die Sicherheit zu Lasten der Performance gehen kann. Eine Einbindung nimmt mit dem Test wesentlich mehr Zeit in Anspruch also ohne.

Im folgenden Beispiel definieren wir zuerst eine Whitelist. Wir legen also fest, dass das gerade laufende Skript nur Ressourcen aus den Dateien *a.php*, *b.php* und *c.php* einbinden darf. Wir legen dafür ein Array `$whitelist` an, das wir vor dem

Aufruf von `require()` mit dem Parameter `$_GET['skript']` vergleichen (siehe Listing 11.7).

```php
<?php
$whitelist = array ('a','b','c');
if(in_array(trim($_GET['skript']),$whitelist))
{
   require($_GET['skript'].'.php');
}
else
{
   //reagiere auf den Einbruchsversuch: E-Mail an Admin etc.
   die();
}
...
?>
```

Listing 11.7 Verwendung von Whitelists

Die Prüfung der Eingabe gegen das Array `$whitelist` nehmen wir mit dem Befehl `in_array()` vor, das uns ein `true` oder `false` zurückgibt. Nur bei einem `true` binden wir die Ressource ein. Anderenfalls gehen wir von einem Einbruchsversuch aus und brechen die Skriptausführung ab.

Zum anderen können Sie – sofern Sie Zugriff auf die Einstellungen der *php.ini* haben – die Direktive `allow_url_fopen` abschalten und so dem Einbinden entfernter Dateien generell einen Riegel vorschieben.

Clientseitiges Cross-Site-Scripting

Beim clientseitigen Cross-Site-Scripting ist der Ansatzpunkt ein anderer. Ziel ist es nicht, den PHP-Parser zum Ausführen von Code zu bewegen, sondern sich an Technologien auszulassen, die im Browser des Anwenders angesiedelt sind. Dazu gehören vornehmlich JavaScript und ActiveX. Die besondere Charakteristik des Angriffs liegt darin, dass der Autor des böswilligen Codes nicht derjenige ist, der den Angriff startet. Dazu wird ein – zumeist nichtsahnender – Surfer benutzt, der damit nicht selten selbst zum Opfer wird. Der Angriff verläuft in zwei Phasen:

Zuerst muss die Attacke vorbereitet werden. Dazu wird der Schadcode meist in einem harmlos aussehenden Link versteckt und auf einer Webseite veröffentlicht. Nehmen wir als Beispiel ein großes Online-Auktionshaus, das für den Komfort aller eingeloggten Kunden ein Cookie setzt. Der präparierte Link verweist also fadenscheinig auf die korrekte Webseite, ist aber in Wirklichkeit dazu da, das Cookie des Auktionshauses auszulesen.

In der zweiten Phase des Angriffs muss ein Surfer, der Kunde in dem Auktionshaus ist und bereitwillig das Cookie auf seiner Festplatte mit sich herumträgt, auf den harmlos aussehenden Link klicken. Durch den Klick auf den Link wird der Inhalt des Cookies ausgelesen und an den Angreifer übermittelt; eventuell wird zur Wahrung des Scheins auf die Website des Online-Auktionshauses verwiesen.

In diesem Fall ist der nichtsahnende Surfer zu leichtgläubig, wenn er auf den Link klickt. Als Website-Betreiber (des Auktionshauses) können Sie wenig ausrichten. Am besten ist es jedoch, die Authentifizierung am System sehr streng zu handhaben, um den Missbrauch zu verhindern. Damit schränken Sie den Komfort ein wenig ein, gewinnen jedoch ein Stück Sicherheit hinzu. Als Anwender kommen Sie mit Vorsicht und einer gesunden Portion Misstrauen am weitesten.

> **Tipp**
>
> Nutzen Sie Links zu wichtigen Webseiten nur aus vertrauenswürdigen Quellen. Richten Sie sich am besten eine Reihe von Lesezeichen für Seiten ein; das kann jeder moderne Browser. Sie sind damit nicht nur genauso schnell, sondern fahren sicher damit (na ja, zumindest relativ sicher, weil es möglich ist, sich Lesezeichen von manchen Browsern automatisiert setzen zu lassen).

11.3.2 SQL Injection

SQL Injection ist eine Form des serverseitigen Cross-Site-Scriptings. Hierbei ist die Datenbank das Ziel, die hinter dem Webserver liegt. Der Angreifer versucht dabei aktiv, SQL-Kommandos einzuschleusen und beispielsweise ein neues Benutzerkonto im Datenbankmanagementsystem zu erstellen, das er später nutzen kann, um sich in Ruhe in der Datenbank umzusehen.

Angriffspunkte sind also in PHP definierte SQL-Anweisungen, die wiederum PHP-Variablen enthalten. In der einfachsten Form sehen solche Abfragen wie folgt aus:

```
$sql = "SELECT * FROM tabelle WHERE id=".$id;
```

Das eingeschleuste Kommando muss also in der Variablen `$id` enthalten sein, die aus dem `GET`-, `POST`- oder `COOKIE`-Array stammen kann. Ausgenutzt wird dabei der Umstand, dass Abfragen durchaus aus mehreren mit Semikolon getrennten SQL-Anweisungen bestehen dürfen.

Die Lösung ist an dieser Stelle simpel: Validieren Sie die Eingaben, und maskieren Sie alles, was Sie an die Datenbank weiterreichen. In diesem Fall können Sie wirklich nach verschiedenen Repräsentationen des Semikolons in der Variablen `$id` suchen. Da es sich um ein einzelnes Zeichen handelt, gibt es eine überschaubare Anzahl an Alternativen. Ist ein dubioses Semikolon enthalten, schicken Sie die Anweisung gar nicht erst ab.

> **Hinweis**
>
> Ein weiterer Verdächtiger ist neben dem Semikolon der doppelte Bindestrich, der in SQL als Einleitung zu einem Kommentar dient und somit missbraucht werden kann, um die Ausführung des SQL-Kommandos nach dem eingeschleusten Code abzubrechen.

Wenn Sie aber speziell längere Texte in der Datenbank hinterlegen wollen, kann ein Semikolon durchaus vorhanden und legitim sein. Eine stumpfe Suche führt dann zu einem ungerechtfertigten Abbruch des Skriptes. Wenn Sie generell einfache Anführungsstriche in den Abfragen nutzen und Variablen immer maskieren, brauchen Sie die Unterscheidung in legitime und böswillige Semikola nicht zu machen:

```
$id = validiere($_GET['id']);
$sql = "SELECT * FROM tabelle WHERE id='";
$sql .= mysqli_real_escape_string($id)."'";
```

11.3.3 Angriffe auf Sitzungen

Sitzungen benutzen lange Zeichenketten zur Identifikation, die sogenannten *Sitzungs-IDs*. Wer im Besitz einer gültigen Sitzungs-ID ist, hat Zugriff auf das System. Diese Zeichenketten werden mit Zufallsgeneratoren und Algorithmen berechnet, sobald eine Session gestartet wird. Die Länge und Zusammensetzung soll dafür sorgen, dass die ID eindeutig ist. Positiver Nebeneffekt: Sie lässt sich von einem Angreifer schwer erraten. Hat ein Angreifer dennoch Zugriff auf die Sitzungs-ID eines Benutzers – wenn die Sitzungs-ID beispielsweise in der URL angezeigt wird –, kann er sich damit Zugang zum System verschaffen (siehe Abbildung 11.6).

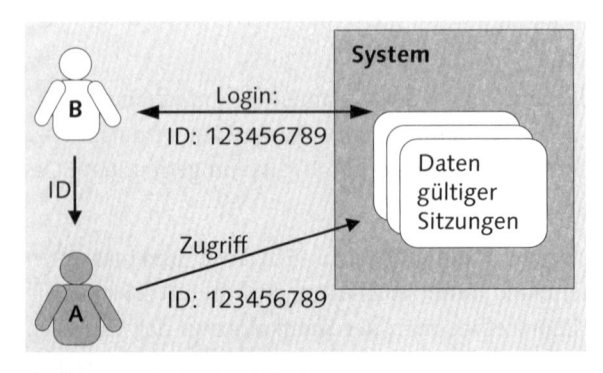

Abbildung 11.6 Session Hijacking

> **Hinweis**
> PHP nutzt standardmäßig den String `PHPSESSID`, um Sitzungs-IDs in der URL zu übertragen, etwa wenn die Verwendung von Cookies durch Browsereinstellungen untersagt ist.

Wenn sich der Benutzer B im System einloggt, speichert der Webserver die Sitzungs-ID 123456789 und verbindet damit alle Rechte und Informationen, die zum Benutzer B gehören. Falls der Angreifer A jedoch durch Zufall oder durch das Ausspähen des Benutzers B Kenntnis über die Sitzungs-ID erlangt, hat er Zugriff auf das System und alle in der Session hinterlegten Daten. Sofern Benutzer B und das System nicht darauf getrimmt sind, dass so etwas möglich ist, werden sie es wahrscheinlich nur dann merken, wenn der Angreifer signifikante Spuren hinterlässt, z. B. das Passwort zum Account ändert. Diese Übernahme einer Sitzung nennt man *Session Hijacking* (englisch für »Sitzungsentführung«).

Es ist sehr unwahrscheinlich, dass ein Angreifer durch Zufall eine gültige Sitzungs-ID errät. Nehmen wir einmal an, eine Sitzungs-ID enthielte nur die Ziffern 0 bis 9 und wäre 21 Zeichen lang. Die Anzahl der Möglichkeiten, daraus eine gültige Identifikation zu bilden, wäre dann 10^{21} (das ist eine Zahl, die aus einer 1 gefolgt von 21 Nullen besteht, anders gesagt, eine Trilliarde). Nehmen wir weiter an, es seien aktuell 1.000 Benutzer am System angemeldet. Die Wahrscheinlichkeit, dass bei einem Versuch eine gültige, benutzte Sitzungs-ID erraten würde, läge dann bei 1.000 zu einer Trilliarde; seien wir ehrlich – das ist nahe 0. In Wirklichkeit besteht eine Sitzungs-ID aus 32 Zeichen, für die es jeweils 16 Möglichkeiten gibt (Hexadezimalwert, genau wie eine MD5-Zeichenkette); es gibt also 16^{32} Möglichkeiten für gültige Sitzungs-IDs.[8]

Weil Brute-Force-Attacken auf Sitzungs-IDs demnach wenig erfolgversprechend sind, benutzen Angreifer stattdessen die sogenannte *Session Fixation* (englisch für »Sitzungsfixierung«) als Grundlage für das Session Hijacking. Dabei geht es darum, dem ahnungslosen Surfer eine Sitzungs-ID vorzugeben. Dann ist es ein Leichtes, die Identität zu übernehmen, sobald der Surfer sich an einem System angemeldet hat.

Als Beispiel soll wieder das Auktionshaus dienen. Als Hilfsmittel werden Links zum Portal des Auktionshauses missbraucht und mit einer Sitzungs-ID angereichert. Klickt nun ein Surfer auf diesen Link, der ihn auch wirklich zum Auktionshaus bringt, und loggt sich dann wie gewohnt ein, hat er die vorbereitete Sitzungs-ID. Der Angreifer kann mit derselben ID auch auf die Webseite des

---

8 Die Wahrscheinlichkeit, dort einen von 1.000 aktuellen Schlüsseln zu erraten, können Sie beizeiten einmal berechnen.

Auktionshauses gehen und ist dort automatisch eingeloggt, solange der harmlose Surfer nicht die Logout-Schaltfläche drückt bzw. solange die Sitzung gültig ist.

Abhilfe schaffen da auf Seiten des Anwenders wiederum Vorsicht und Misstrauen. Dem Programmierer des Auktionshauses bieten sich mehrere Möglichkeiten, den Betrug zu bemerken, alle mehr schlecht als recht. Sie können beispielsweise die Header, die vom harmlosen Surfer und vom Angreifer übertragen werden, auswerten und somit feststellen, ob die gleichen IP-Adressen, Browser usw. verwendet werden. Keine dieser Angaben ist jedoch wirklich sicher. Stattdessen lässt sich mit dem Befehl

bool **session_regenerate_id()**

des Session-Moduls die anzulegende Sitzungs-ID auf einen neu berechneten Wert setzen, sobald sich ein Benutzer mit gültiger Kennung und dem dazugehörigen Passwort authentifiziert. Das verwehrt dem Angreifer im Weiteren den Zugang zum System, der ja darauf vertraut, dass der Anwender, der seinen Link angeklickt hat, die vorgegebene Sitzungs-ID benutzt. Die Funktion session_regenerate_id() können Sie als Programmierer einer Webseite beispielsweise in die Login-Funktion bzw. -Methoden einbauen:

```
function login($nutzer,$pass)
{
   if(validiere($nutzer,$pass))
   {
      session_start();
      session_regenerate_id();
   }
}
```

Zuerst prüfen wir, ob die eingegebenen Daten für die Variablen $nutzer und $pass eine gültige Authentifizierung darstellen. Hinter der Funktion validiere() verbirgt sich also eine Datenbankabfrage, die heraussucht, ob in der Benutzertabelle ein passender Datensatz zu den Eingaben existiert. Der Rückgabewert ist ein boolescher Wert. Im Erfolgsfall wird eine Sitzung erzeugt. Zu diesem Zeitpunkt hätte die Sitzung noch die vom Angreifer vorgegebene Sitzungs-ID und wäre somit potentiell angreifbar. Deswegen generieren wir eine neue Sitzungs-ID und schützen uns damit vor Session Fixation.

11.3.4 HTTP Response Splitting

Das HTTP Response Splitting setzt wiederum auf Serverebene an, überall dort, wo vom System HTTP-Header gesetzt werden. Ziel einer Attacke ist es, die Kommunikation zwischen Server und Browser dahingehend zu beeinflussen, dass der Clientseite falsche Header-Informationen zugeschickt werden.

> **Hintergrundwissen**
>
> Wir erinnern uns: Wenn Sie in Ihrem Browser eine HTML-Seite von einem Webserver anfordern, bekommen Sie diese über HTTP zugeschickt. Eine HTTP-Nachricht besteht aus einem Kopfbereich mit Metainformationen zum Seitenaufruf, der durch eine Leerzeile vom eigentlichen Inhalt getrennt ist.

Die Funktion zum Setzen von HTTP-Headern in PHP heißt

header();

und wird vornehmlich dazu benutzt, eine Weiterleitung auf eine andere Webseite zu realisieren, beispielsweise nach einem Eintrag in ein Gästebuch, um automatisch zurück zur Übersichtsseite zu gelangen. Gefahr besteht dann, wenn Sie bei der Weiterleitung PHP-Variablen benutzen, also eine neue Seite mit GET-Parametern aufrufen:

```
header('Location: hauptseite.php?nachricht='.$erfolg);
```

Ist es einem Angreifer möglich, Code in die Variable `$erfolg` einzuschleusen, der in den HTTP-Headern einen Zeilenumbruch erzeugt (\r bzw. \n oder \r\n [Unix, Mac OS X, Windows]), können beliebig neue Header gesetzt werden. HTTP Response Splitting gehört zum serverseitigen Cross-Site-Scripting, ist aber seinerseits wieder Grundstein für verschiedene Arten von Angriffen; beispielsweise lässt sich der Cache des Webservers damit »vergiften« (das sogenannte *Web Cache Poisoning*), so dass vom Angreifer erstellte Seiten im Zwischenspeicher des Servers gelagert werden. Ruft danach unser harmloser Surfer die vergiftete Seite auf, sieht er statt des Originals auf der Festplatte des Webservers die veränderte Kopie im Zwischenspeicher.

Die effektivste Gegenmaßnahme gegen das HTTP Response Splitting ist die Validierung von Eingaben bzw. der Test auf unerlaubte Zeichen, bevor eine Variable in eine HTTP-Weiterleitung eingebaut wird. Dies kann wieder in Form einer Whitelist geschehen. Sie müssen im Besonderen verhindern, dass die Variable einen Zeilenumbruch enthält. Die Möglichkeiten, ein \r\n oder Varianten davon zu codieren, sind jedoch wiederum vielfältig.

> **Hinweis**
>
> Für den Versuch eines HTTP Response Splittings wurde von Seiten der PHP-Entwickler bereits vorgesorgt: Seit PHP 5.1.2 wird der HTTP-Header, den Sie mit der Funktion `header()` setzen können, auf eine einzige Zeile begrenzt; HTTP-Steuerzeichen wie \r oder \n werden also gefiltert.

11.3.5 Fazit

Wir haben nur einen kleinen Ausschnitt dessen gezeigt, was möglich ist. Festzuhalten ist jedoch, dass sich die meisten Angriffe mit relativ wenig Aufwand abwehren lassen. Es bedarf nur konsequenter Validierung und eines Gefühls dafür, wo genau die Schwachstellen liegen. Letzten Endes ist es also Fleißarbeit, die Sicherheit der eigenen Webapplikation auszubauen. Mit der Zeit wird der zusätzliche Implementierungsaufwand jedoch zur Gewohnheitssache. Ein geeignetes Mittel für PHP wollen wir als Beispiel im Folgenden vorstellen.

11.4 Filter

Mit PHP 5.2 wurde eine Filtererweiterung eingeführt und standardmäßig aktiviert, die die Programmiersprache nicht per se sicherer macht, dem Entwickler aber neue Werkzeuge an die Hand gibt, um die eigenen Skripte mit Eingabevalidierungen auszustatten.

Bereits direkt am Anfang des Buches haben wir das Credo verdeutlicht: »Never trust the user«. Genau an diesem Punkt setzt die Eingabevalidierung an. Nutzer von PHP-basierten Anwendungen haben eine Handvoll Gelegenheiten, eigene Daten an den Webserver zurückzugeben. Im Wesentlichen sind das Webformulare, Uploads, Cookies oder Parametrisierungen von URLs, sprich Informationen, die das PHP-Skript über die globalen Arrays `$_GET`, `$_POST`, `$_FILES` und `$_COOKIES` erreichen. Nicht zu vergessen sind aber diejenigen Fälle, in denen durch PHP erzeugter HTML-Code gar nicht an den Browser eines Endanwenders ausgeliefert wird, sondern bei denen eine direkte Maschine-zu-Maschine-Kommunikation stattfindet, z. B. beim Einlesen externer Dateien oder beim Aufruf von automatisierten Diensten im Internet. Auch diese Dienste und Dateien sind letztlich von Menschen geschrieben, denen man per se ebenso wenig vertrauen sollte.

Letztlich wird die Sicherheit über die Konsequenz und Ausdauer eines Programmierers gewährleistet, die vorhandenen Mittel zum Schutz der Anwendung, der dadurch zugänglichen Daten und letztlich der verwendeten Hardwareressourcen einzusetzen. Und so bleibt Sicherung in Form von Eingabevalidierung ein dauerhaftes Thema, auch beim Erweitern und Aktualisieren von Komponenten. Ohne die Filtererweiterung sind Sie zur Einhaltung dieser angemahnten Konsequenz auf einen Ritt quer durch die PHP-Befehlsreferenz angewiesen. Zur Verfügung stehen als Standardmittel neben den Datentypprüfungen wie `is_array()` oder `is_integer()` und dem essentiellen `isset()` noch die reguläre Syntax und die Maskierung von Eingaben zur Weitergabe an die Datenbank. Dies zu vereinfachen bzw. zu zentralisieren ist der Ansatz von *ext/filter*, wie die Filtererweiterung technisch heißt.

11.4.1 Verfügbare Filter

Obwohl durch die Filtererweiterung nur einige wenige Funktionen zum Sprachumfang von PHP hinzukommen – genau genommen sind es nur sieben –, sind die Filtermöglichkeiten alles andere als begrenzt. Diejenigen Funktionen der Erweiterung, die effektiv zum Prüfen von Variablen oder Nutzereingaben verwendet werden, lassen sich durch Parametrisierungen mannigfach individualisieren. Einige dieser Parametrisierungen, die sich vom Charakter her in zwei verschiedene Kategorien unterteilen lassen, steuern den eingesetzten Filter. Zum einen sind dort die Validierungen, die lediglich einen Aussage darüber treffen, ob die geprüfte Variable einem vordefinierten Schema entspricht. Zum Beispiel lässt sich so feststellen, ob es sich beim Wert einer Variablen um eine Ganzzahl handelt, was im Wesentlichen einem Aufruf von is_integer() entspricht. Zum anderen existieren die bereinigenden Filter, die einen Wert bei der Prüfung in das gewünschte Format bringen, anstatt es bei der Validierung zu belassen.

Eine Übersicht über alle definierten Filter erhalten Sie, wenn Sie sich das Ergebnis der neuen Funktion

array filter_list(void)

ausgeben lassen, wie in Tabelle 11.1 geschehen. Hinter jeder Filterbezeichnung verbirgt sich eine bestimmte konstante Nummer, die in den Filterfunktionen als Parameter eingesetzt werden muss. Am einfachsten und komfortabelsten für die Wartbarkeit des Codes erweist sich, nicht diese Nummer direkt als Parameter zu übergeben, sondern die dazu passende Konstante. Dies ist zwar mehr Schreibarbeit, aber wer hat schon den Wert aller Filter im Kopf? Die Filter-ID bekommen Sie am einfachsten durch den Aufruf von

int filter_id(string $bezeichnung)

Die Filter-IDs in Tabelle 11.1 sind so ermittelt worden. Umständlicherweise benötigen Sie die Bezeichnung des Filters zur Ermittlung der ID. Die Angabe des sonst brauchbaren Konstantennamens bringt Sie hier nicht weiter; filter_id() liefert dabei immer NULL zurück.

Bezeichnung	Filter-ID	Konstantenname
int	257	FILTER_VALIDATE_INT
boolean	258	FILTER_VALIDATE_BOOLEAN
float	259	FILTER_VALIDATE_FLOAT
validate_regexp	272	FILTER_VALIDATE_REGEXP
validate_url	273	FILTER_VALIDATE_URL

Tabelle 11.1 PHP-Filterdefinitionen

Bezeichnung	Filter-ID	Konstantenname
validate_email	274	FILTER_VALIDATE_EMAIL
validate_ip	275	FILTER_VALIDATE_IP
string	513	FILTER_SANITIZE_STRING
stripped	513	FILTER_SANITIZE_STRIPPED
encoded	514	FILTER_SANITIZE_ENCODED
special_chars	515	FILTER_SANITIZE_SPECIAL_CHARS
unsafe_raw	516	FILTER_UNSAFE_RAW
email	517	FILTER_SANITIZE_EMAIL
url	518	FILTER_SANITIZE_URL
number_int	519	FILTER_SANITIZE_NUMBER_INT
number_float	520	FILTER_SANITIZE_NUMBER_FLOAT
callback	1024	FILTER_CALLBACK

Tabelle 11.1 PHP-Filterdefinitionen (Forts.)

11.4.2 Filterfunktionen

Wenden wir uns zuerst den direkten Benutzereingaben zu, das heißt denjenigen Informationen, die uns aus Entwicklersicht in den superglobalen Arrays vorliegen. Bislang werden nicht alle superglobalen Arrays von der Filtererweiterung unterstützt. Das Array $_FILES entfällt, da sich seine binäre Inhalte für eine Filterung grundsätzlich nicht eignen. Ebenso fehlen $_REQUEST und $_SESSION, deren Implementierung jedoch für ein späteres Release angedacht sind. Als Letztes verbleibt $GLOBALS, das als zusammenfassendes Array aller globalen und superglobalen Variablen nicht direkt unterstützt wird.

Ähnlich wie bei den Filtern lassen sich die superglobalen Arrays zur Parametrisierung der Filterfunktionen ebenso mit einem Konstantennamen beschreiben. Obwohl sowohl das REQUEST- als auch das SESSION-Array in Bezug auf die Umsetzung in der Filter-Extension noch auf der To-do-Liste der PHP-Entwickler stehen, existieren dafür bereits Konstanten. Die Namensfindung war in dieser Beziehung recht simpel: Der Konstantenname setzt sich aus dem Namen des superglobalen Arrays und dem Präfix INPUT_ zusammen. So wird aus $_GET die Konstante INPUT_GET, aus $_COOKIE wird INPUT_COOKIE usw. Jede der Konstanten hat selbstverständlich eine numerische Bedeutung, die aus Tabelle 11.2 ersichtlich wird.

Array	Array-ID	Konstantenname
GET	1	INPUT_GET
POST	0	INPUT_POST
COOKIE	2	INPUT_COOKIE

Tabelle 11.2 Konstanten für superglobale Arrays

Array	Array-ID	Konstantenname
SERVER	5	INPUT_SERVER
ENV	4	INPUT_ENV
SESSION	6	INPUT_SESSION
REQUEST	99	INPUT_REQUEST

Tabelle 11.2 Konstanten für superglobale Arrays (Forts.)

Inhalte der superglobalen Arrays werden mit der Funktion

*mixed **filter_input**(int $array, string $variable
[, int $filter [, mixed $optionen]])*

geprüft. Als Parameter $array erwartet die Funktion die Array-ID aus Tabelle 11.2. Wie gesagt: Praktikabler ist die Verwendung des Konstantennamens. Unter $variable wird der Name des Arrayfelds festgelegt, dessen Inhalt überprüft werden soll. Als Rückgabewert liefert die Funktion entweder den Wert des geprüften Arrayfelds, sofern die Prüfung erfolgreich war, oder bei fehlgeschlagener Filterung ein boolesches false sowie NULL, falls das Feld nicht initialisiert ist.

Nehmen wir als Beispiel das in Listing 11.8 dargestellte Webformular, dessen einzigen Inhalt wir einer Prüfung unterziehen wollen.

```
<form action="" method="POST">
<input type="text" name="attribut" value="" />
<input type="submit" value="Absenden" />
</form>
```

Listing 11.8 Ein einfaches Webformular

Das einzige vom Nutzer auszufüllende Feld attribut ist mit dem Typ text definiert, womit uns so ziemlich alles erreichen kann, das heißt Zeichenketten, Zahlen, E-Mail-Adressen, IP-Adressen, URLs und dergleichen mehr. Die einfachste aller Prüfungen sieht dann wie folgt aus:

```
echo filter_input(INPUT_POST,"attribut");
```

Die Aussage dessen ist jedoch enttäuschend. Der Filter tut rein gar nichts, außer die Eingabe wieder auf den Bildschirm zu bringen. Das liegt daran, dass keinerlei Angabe zum Filter gemacht wurde, dem dritten Parameter der Funktion. Ohne genaue Aussage über die Filterdefinition wird derjenige Filter verwendet, der in der *php.ini* in der Direktive filter.default festgeschrieben ist. Standardmäßig ist das unsafe_raw, der ohne Verwendung von Optionen im vierten Funktionsparameter der zahnlose Tiger unter den Filtern ist.

> **Zur Verdeutlichung**
>
> Alternativ hätten wir in unserem initialen Filterbeispiel genauso gut `filter_input(0,"attribut")` schreiben können. Das setzt jedoch voraus, dass sich alle Entwickler, die an der Wartung des Codes beteiligt sind, ebenso gut mit den Details der Filtererweiterung auskennen wie Sie selbst und/oder dass der Code ausreichend dokumentiert ist.

Optionen werden bei der Erweiterung wenig überraschend über Konstanten definiert. Der Filter `unsafe_raw` verfügt über die im Folgenden aufgelisteten Optionen und gehört damit zu den bereinigenden Filtern für Zeichenketten, die wir in Abschnitt 11.4.4, »Datenbereinigung«, näher betrachten:

- `FILTER_FLAG_STRIP_LOW`
- `FILTER_FLAG_STRIP_HIGH`
- `FILTER_FLAG_ENCODE_LOW`
- `FILTER_FLAG_ENCODE_HIGH`
- `FILTER_FLAG_ENCODE_AMP`

Hinter jeder Konstante verbirgt sich selbstverständlich wieder ein numerischer Wert. Bei der Fülle an Flagkonstanten, die wir nun im weiteren Verlauf kennenlernen werden, erscheint die Verwendung des Konstantennamens aber noch sinnvoller als bislang.

Das Stripping entfernt Sonderzeichen rückstandslos. Dabei beziehen sich »high« und »low« auf die Position der Zeichen innerhalb der ASCII-Tabelle. »Niedrige« Zeichen haben dort eine Ordnungsnummer unterhalb von 32 und sind Steuerzeichen wie der Zeilenvorschub oder der Tabulator. »Hohe« Sonderzeichen liegen oberhalb der Ordnungsnummer 127 und betreffen deutschsprachige Sonderzeichen wie Ä, Ö und Ü. Die Ausgabe folgender Codezeile ist also unter Umständen kürzer als die Eingabe:

```
filter_input(INPUT_POST, "attribut",
    FILTER_UNSAFE_RAW, FILTER_FLAG_STRIP_HIGH);
```

So wird aus dem Wort »rückstandslos«, das die Funktion des Filters gut beschreibt, ein »rckstandslos«. Wer Sonderzeichen nicht entfernen, sondern HTML-konform codieren möchte, nutzt dafür die `ENCODE_*`-Optionen bzw. -Flags. Hierbei haben »high« und »low« die gleiche Aussage wie beim Stripping, `FILTER_FLAG_ENCODE_AMP` kümmert sich um das kaufmännische Und (»&«) – der Filtername lässt sich auf die englische Übersetzung »ampersand« zurückführen.

Wer mehr als einen Filter gleichzeitig auf dieselbe Variable anwenden will, muss dazu nicht die gleiche Funktion mehrfach anwenden. Die Flags lassen sich kombinieren, indem sie durch eine Pipe (|) hintereinandergeschrieben werden. So kümmert sich

```
filter_input(INPUT_POST, "attribut", FILTER_UNSAFE_RAW,
   FILTER_FLAG_ENCODE_HIGH | FILTER_FLAG_ENCODE_AMP);
```

in `attribut` sowohl um hohe Sonderzeichen als auch um das kaufmännische Und. Das Ergebnis bleibt unspektakulär in der Browseranzeige, aber der HTML-Quellcode offenbart den Erfolg der Filterung: Aus der Zeichenkette »groß & klein« wird »groß & klein«.

Zu unerhofften Ergebnissen kommen all diejenigen Entwickler, die Werte der superglobalen Arrays überschreiben. Die Filtererweiterung arbeitet immer auf den ursprünglichen, bei der Initialisierung des Skriptes gültigen Werten. Das in Listing 11.9 gezeigte Beispiel wird bei beiden Ausgaben den per GET übermittelten Wert ausgeben; die Zuweisung eines neuen Wertes, in diesem Fall die Zahl 19, tangiert die Ausführung von `filter_input()` in keiner Weise.

```
echo filter_input(0, "attribut");
$_GET['attribut'] = 19;
echo filter_input(0, "attribut");
```

Listing 11.9 Wertzuweisungen haben keinen Effekt auf filter_input().

Bislang beziehen sich unsere Filterbemühungen auf Eingaben der Endanwender. Interne Variablen lassen sich auf die gleiche Art und Weise filtern. Da wir dazu auf die Angabe eines superglobalen Arrays verzichten können, eignet sich die Funktion `filter_input()` nicht dafür. Ersatzweise verwenden wir

> mixed **filter_var**(mixed $variable [, int $filter [, mixed $optionen]])

Die Handhabung dieser Funktion ist identisch mit der des Vorgängers. Zuerst erfolgt die obligatorische Angabe der Variablen, die es zu prüfen gilt, danach kommt der einzusetzende Filter, und zu guter Letzt wird über Flags das Verhalten des Filters gesteuert. Unser Listing muss lediglich geringfügig umgeschrieben werden, um die Effekte zu verdeutlichen. Statt eines Webformulars initialisieren wir eine Variable, die dann zur Prüfung ansteht. Das Ergebnis, zu sehen in Listing 11.10, ist identisch mit dem vorigen Beispiel.

```
<?php
$var = "groß & klein";
//UNSAFE_RAW Filter mit kombiniertem Encoding
echo filter_var($var, FILTER_UNSAFE_RAW,
   FILTER_FLAG_ENCODE_HIGH | FILTER_FLAG_ENCODE_AMP);
?>
```

Listing 11.10 Einsatz von »filter_var()«

Vorsicht ist zu wahren beim Einsatz des standardmäßig verwendeten Filters, sofern Sie also den dritten Parameter der bislang vorgestellten Filterfunktionen weglassen. Während superglobale Arrays serienmäßig mit `unsafe_raw` geprüft werden, trifft das bei `filter_var()` nicht zu. Dort kommt der bereinigende Filter `string` zum Einsatz.

Ohne kleinkariert zu sein: Der Inhalt der superglobalen Arrays steht ebenso als interne Variable zur Verfügung wie jedes selbst initialisierte `$var`. Insofern sollten die folgenden Codezeilen zum gleichen Ergebnis kommen:

```
echo filter_input(INPUT_GET, 'id');
$var = $_GET['id'];
echo filter_var($var);
```

Sofern die Variable `$_GET['id']` existiert, stimmt dies auch. Ist die Variable allerdings nicht gesetzt, reagieren die beiden Funktionen unterschiedlich. Während `filter_input()` darauf gefasst ist, dass es dies Arrayfeld nicht zwingend geben muss, und deshalb stumpf mit `NULL` reagiert, gibt `filter_var()` einen leeren String mitsamt einer `E_NOTICE` zurück. Wie gesehen, lässt sich das `filter_input()` nicht vollständig durch ein `filter_var()` ersetzen – zumindest nicht, wenn Sie mit Blick auf die ausgegebenen (oder per *php.ini* unterdrückten) Fehlermeldungen sauber bleiben wollen.

Obwohl oder gerade weil `filter_input()` mit nicht vorhandenen superglobalen Arrayfeldern umzugehen weiß, lässt sich die Existenz der Felder gezielt ermitteln. Dazu dient

>   boolean *filter_has_var*(int $array, string $variable)

Bei der Angabe von `$array` sind Sie beschränkt auf die Konstanten der bislang implementierten superglobalen Arrays. Das bedeutet, Sie können sich aus Tabelle 11.2 nur bei den Arrays `GET`, `POST`, `COOKIE`, `SERVER` und `ENV` bedienen. Die Verwendung von `SESSION` oder `REQUEST` wird bis zur Implementierung noch mit einer `E_WARNING` quittiert. Die Funktion eignet sich durch den booleschen Rückgabewert in kürzester Form wie folgt für `if`-Konstrukte:

```
echo (filter_has_var(1,"id"))? "gibts":"gibts nicht";
```

Selbstverständlich lässt sie sich jedoch auch als Baustein in komplexeren Konstrukten einbetten.

Superglobale Arrays umfassen selten nur ein einziges Feld; meist kommen über Webformulare weitaus mehr Daten, die allesamt zu prüfen sind. Man stelle sich dabei etwa ein Formular für Adressdaten vor, das allein schon eine Handvoll Felder benötigt. Und auch interne Arrays kommen selten mit nur einem Feld aus – für diese Fälle greifen Sie besser zu einer skalaren Variable.

Anstatt die Felder eines Arrays einzeln zu prüfen, versetzen die beiden Funktionen

> mixed **filter_input_array**(int $array, mixed $definition)
> mixed **filter_var_array**(array $array, mixed $definition)

den Entwickler in die Lage, komplexe Filter zusammenzufassen. Wie aus den Namen der Skalar-Filterfunktionen abzuleiten, bezieht sich erstere Funktion auf superglobale Arrays, wohingegen die zweite Funktion für interne Arrays benutzt werden sollte.

Die Rückgabe beider Funktionen ist beim fehlerlosen Aufruf der Filter ein Array, das pro geprüftes Eingabefeld ein Ausgabefeld enthält. Geht bei der Ausführung etwas schief, wird schlichtweg false geliefert. Im Rückgabearray verhält sich jedes einzelne Feld wie bei den vorgenannten Funktionen, das heißt, entweder findet sich der geprüfte – und unter Umständen bereinigte – Ursprungswert darin oder false.

Dafür ist die Definition der Filterkriterien facettenreicher. Beginnen wir mit dem leichtesten von drei Fällen: Im Eingabearray befinden sich nur gleichartige Informationen, beispielsweise E-Mail-Adressen. Dem stehen Sie beispielsweise bei einem Blog gegenüber, dessen Beiträge nach dem Lesen per E-Mail mehreren Bekannten weiterempfohlen werden können. In diesem Fall verwenden wir mit validate_email einen Filter, der weder Flags noch Optionen zur Definition benötigt. Der zweite Parameter besteht dann aus dem numerischen Wert der Filterkonstanten FILTER_VALIDATE_EMAIL. Die Ausgabe von Listing 11.11 ist ein Array, das uns eine korrekte E-Mail-Adresse und zwei fehlerhafte anzeigt.

```
<?php
$input = array('email1' => 'lkwpeter@example.com',
        'email2' => '@example.net',
        'email3' => 'postmaster@123');
$output = filter_var_array($input, FILTER_VALIDATE_EMAIL);
var_dump($output);
/* Ausgabe:
array(3) {
  ["email1"]=> string(20) "lkwpeter@example.com"
  ["email2"]=> bool(false)
  ["email3"]=> bool(false)
}*/
?>
```

Listing 11.11 Arrayfilterung im einfachsten aller Fälle

Für Eingabearrays, zu deren Prüfung wir unterschiedliche Filter brauchen, müssen wir die Definition differenzierter betrachten. Bei diesem zweiten von drei Fällen gehen wir jedoch weiter davon aus, dass wir es mit flag- und optionsfreien Filtern zu tun haben. Neben `validate_email` greifen wir im Folgenden noch auf das validierende `boolean` zurück. Das folgende Beispiel in Listing 11.12 prüft die Eingaben eines Webformulars. Darin wird eine E-Mail-Adresse angegeben und über eine Checkbox bestimmt, ob an diese Adresse Werbung geschickt werden darf. Dies ist eine gängige Kombination im Internet, wo beispielsweise Download-Links nur dann an eine einzugebende Adresse geschickt werden, wenn gleichzeitig die AGB der Website-Betreiber akzeptiert worden sind.

```
<form action="" method="POST">
Email <input type="text" name="email"><br />
Werbung erlaubt? <input type="checkbox" name="robinson"
        value="1"><br />
<input type="submit" value="absenden">
</form>
<?php
$filter = array ('email' => FILTER_VALIDATE_EMAIL,
        'robinson' => FILTER_VALIDATE_BOOLEAN);
$output = filter_input_array(INPUT_POST,$filter);
var_dump($output);
/* Ausgabe:
array(2) {
  ["email"]=> string(22) "postmaster@example.net"
  ["robinson"]=> bool(true)
}*/
?>
```

Listing 11.12 Validierung eines Webformulars

Die Zuordnung eines Filters zu einem Formularfeld treffen wir über die Bezeichnung im assoziativen Array `$filter`. Das Filterarray muss für jeden Prüfling einen gleichnamigen Eintrag besitzen. Die Bezeichnung muss als String definiert werden, womit numerische Arrays ausscheiden. Dies ist bei superglobalen Arrays in der Regel kein Problem, interne Arrays kann diese Limitierung eher betreffen.

Die Checkbox taucht im `$_POST`-Array bei der gängigen Webbrowser-Generation nur dann auf, wenn sie aktiv ist. Ohne gesetztes Häkchen besteht das Array folglich nur aus dem Feld `email`, und der Filter auf dem Robinson-Kennzeichen wird zum booleschen `false` ausgewertet.

> **Exkurs: Robinson-Kennzeichen**
>
> Der Name *Robinson-Kennzeichen* bezieht sich auf die gleichnamigen schwarzen Listen. Auf diesen Listen können Sie sich als Verbraucher eintragen lassen, wenn Sie keine Werbung bestimmter Kommunikationskanäle wünschen (E-Mail, Telefon usw.). Marketingunternehmen können sich dann an diesen Listen orientieren – oder es sein lassen …
>
> Der Name geht makabrerweise auf die Romanfigur Robinson Crusoe zurück, der ungewollt auf einer einsamen Insel ohne Kommunikationsmöglichkeit mit dem Rest der Welt gestrandet war.

Der komplexeste der drei möglichen Fälle ist jener, in dem ein Filter Flags oder Optionen benötigt. Dies ist beispielsweise bei der Validierung von Fließkommazahlen der Fall. Wie wir im folgenden Abschnitt noch genauer sehen werden, wird bei diesem Filter über die Option `decimal` festgelegt, welches Zeichen als Dezimaltrennzeichen eingesetzt wird. Darüber hinaus können wir über das Flag `FILTER_FLAG_ALLOW_THOUSAND` anzeigen, dass sich in der Zahl Tausendertrennzeichen befinden. Diese Informationen müssen wir in einem festgelegten Format definieren, damit die Prüfung nicht fehlschlägt. Ein `var_dump()` dieses Formats zeigt sich wie folgt:

```
array(1) {
   ["variablen_name"]=>
   array(3) {
      ["filter"]=> int(259)
      ["flags"]=> int(8192)
      ["options"]=>
      array(1) {
         ["decimal"]=> string(1) ","
}}}
```

Für die Variable mit dem Namen `variablen_name` wird ein Unterarray erzeugt, das auf oberster Ebene aus den Feldern `filter` (für `FILTER_VALIDATE_FLOAT`) und `flags` (für `FILTER_FLAG_ALLOW_THOUSAND`) besteht. Da Optionen eine weiter aufgegliederte Struktur benötigen, wird unter `options` abermals ein Array erzeugt. Je nach Filter können selbstverständlich auch nur Teile des Formats relevant sein. Nicht relevante Teile werden in solchen Fällen einfach weggelassen. Dieses Format kommt übrigens auch bei `filter_var()` und `filter_input()` zum Einsatz, wenn Flags und Optionen gemeinsam angegeben werden oder sobald Optionen relevant sind.

Im Beispiel sieht die vollständige Filterdefinition so aus, wie es Listing 11.13 veranschaulicht.

```php
<?php
$float['scientific'] = "12.345,78";
$filter = array('scientific' =>
    array('filter' => FILTER_VALIDATE_FLOAT,
        'flags' => FILTER_FLAG_ALLOW_THOUSAND,
        'options' => array('decimal' => ',')));
$output = filter_var_array($float,$filter);
var_dump($output);
/* Ausgabe:
array(1) {
  ["scientific"]=> float(12345.78)
}*/
?>
```

Listing 11.13 Vollständige Filterdefinition in Arrayform

Zu beachten ist, dass sich Ein- und Ausgabe im Aussehen unterscheiden. Während in der Eingabe noch Tausendertrennzeichen existieren und als Dezimaltrennzeichen noch das Komma fungiert, liegt die Ausgabe in dem PHP-internen Format vor – die Tausendertrennzeichen mussten weichen, und aus dem Komma ist ein Punkt geworden.

Bei der Einführung der Filterfunktionen war es unabdingbar, dass wir Ihnen dort schon eine Auswahl einfacher Filter vorgestellt haben. Dies sind bislang `unsafe_raw`, `validate_email`, `boolean` und `float`. Der Einfachheit halber haben wir Ihnen dabei aber einige Details verschwiegen. Diese vorzustellen, werden wir im Folgenden nachholen. Wir beginnen mit Validierungen, also Filtern, die lediglich eine Aussage über die Konformität von Eingaben zu definierten Mustern machen, ohne die Eingaben anzufassen. Danach folgen bereinigende Filter, die genau dort anfangen, wo die Validierung aufhört.

11.4.3 Datenvalidierung

Validierungen beziehen sich nicht ausschließlich auf Datentypen. Stattdessen lassen sich auch Zeichenketten validieren, die bestimmten Mustern gehorchen müssen. Datentypvalidierungen sind abseits der Filtererweiterung bislang über die Funktionen mit dem Präfix `is_` möglich gewesen, beispielsweise `is_numeric()` oder `is_bool()`. Die Mustersuche in Zeichenketten ließ sich über reguläre Ausdrücke durchführen – zumindest für diejenigen, die der Perl-kompatiblen Syntax mächtig sind.

FILTER_VALIDATE_INT (int)

Ganzzahlen lassen sich in unterschiedlichsten Zahlensystemen ausdrücken: Gängig und aus dem Alltag am bekanntesten ist hierzulande das Dezimalsystem. Außerdem gibt es beispielsweise die in der Programmierung gebräuchlichen Oktal- und Hexadezimalsysteme mit den Basen 8 und 16. Genau diese drei Zahlensysteme finden Beachtung in der PHP-Filtererweiterung.

Flags
- FILTER_FLAG_ALLOW_OCTAL
- FILTER_FLAG_ALLOW_HEX
- FILTER_NULL_ON_FAILURE

Optionen
- min_range
- max_range

Ohne Angabe von Flags behandelt die Filtererweiterung die Prüflinge als Dezimalzahlen. Dieses Verhalten wird im Einzelfall überschrieben. Dabei ist es aus Gründen der Eindeutigkeit zwar möglich, aber nicht sinnvoll, mehrere Flags gleichzeitig zu verwenden.

In Listing 11.14 wird die Zahl 255 in allen drei möglichen Schreibweisen definiert und abgeprüft.

```php
<?php
$dec = 255;
$hex = '0xff';
$oct = '0377';
echo filter_var($dec,FILTER_VALIDATE_INT);
echo filter_var($hex,FILTER_VALIDATE_INT,
        FILTER_FLAG_ALLOW_HEX);
echo filter_var($oct,FILTER_VALIDATE_INT,
        FILTER_FLAG_ALLOW_OCTAL);
?>
```

Listing 11.14 Zahlensysteme in der Filtererweiterung

Als Ausgabe sollte dreimal die Zahl 255 erscheinen. Wie bereits bei der Filterung der Fließkommazahl gesehen, übersetzt PHP die Ausgabe in das Standardformat.

Außerdem kann für Integer-Werte über Optionen ein Wertebereich festgelegt werden. Die Optionen dafür heißen min_range und max_range und können entweder einzeln als Unter- bzw. Obergrenze oder gemeinsam zum Einsatz kommen, um eine kombinierte Limitierung zu erreichen. Natürlich sind für beide Grenzen positive wie negative Werte erlaubt.

Der Filter, der auf einen Wertebereich prüft, gibt die Eingabe nur dann zurück, wenn sie die Grenzen nicht verletzt. Im umgekehrten Fall liefert die Funktion `false`, auch wenn eine Ganzzahl betrachtet wurde (siehe Listing 11.15).

```php
<?php
$int = array('low'=>7,'high'=>10);
$filter= array('filter'=>FILTER_VALIDATE_INT,
    'options'=>array('min_range'=>10));
var_dump(filter_var_array($int,
    array('low'=>$filter,'high'=>$filter)));
/* Ausgabe:
array(2) {
  ["low"]=> bool(false)
  ["high"]=> int(10)
}*/
?>
```

Listing 11.15 Ober- und Untergrenze für Ganzzahlen

Der Wert 7 ist zu klein für die Untergrenze und fällt somit durch das Raster. Am Wert 10 lässt sich darüber hinaus ablesen, dass der in `min_range` und `max_range` definierte Wert zum gültigen Bereich gehört.

Die Ausgabe des booleschen `false` bei fehlgeschlagenen Prüfungen lässt sich an dieser Stelle verhindern bzw. durch `NULL` ersetzen. Dazu dient das Flag `FILTER_NULL_ON_FAILURE`. Dies kann beispielsweise dann hilfreich sein, wenn die gefilterten Werte in eine Datenbank eingetragen werden sollen und wo ein Nullwert aussagekräftiger ist als ein `false`.

FILTER_VALIDATE_BOOLEAN (boolean)

Flags
- `FILTER_NULL_ON_FAILURE`

Das Filtern von booleschen Werten gestaltet sich geradlinig: Wird eine Variable im Sinne von PHPs allgemeinen Regeln als wahr identifiziert, gibt der Filter `true` zurück, anderenfalls `false`. Als wahr gelten dabei lediglich folgende Werte:

- 1
- TRUE
- yes
- on

Alles andere gilt als `false`, beispielsweise auch die Zahl 2, die PHP sonst als `true` erkennt. Dies ist jedoch nicht der einzige Pferdefuß dieses Filters: Die Prüfung auf den Wert `false` ergibt – selbstverständlich – `false`, was nicht eindeutig zu interpretieren ist.

`filter_var_array(FALSE, FILTER_VALIDATE_BOOLEAN)`

Ist die Filterung also erfolgreich gewesen, weil Ein- und Ausgabe identisch sind? Oder ist sie fehlgeschlagen, weil `false` zurückkam? Abwinken kann man hier nur, solange man weiß, dass man eindeutig `false` als Eingabe benutzt hat. Im laufenden Betrieb ist dies aber selten vorauszusagen. Abhilfe für beide Probleme schafft das Flag `FILTER_NULL_ON_FAILURE`, wodurch nur noch folgende Werte im booleschen Sinne falsch sind, alle fraglichen Werte ergeben `NULL`:

- 0
- no
- off

FILTER_VALIDATE_FLOAT (float)

Flags
- `FILTER_FLAG_ALLOW_FRACTION`
- `FILTER_FLAG_ALLOW_THOUSAND`
- `FILTER_FLAG_ALLOW_SCIENTIFIC`
- `FILTER_NULL_ON_FAILURE`

Optionen
- `decimal`

Das Filtern von Gleitkommazahlen haben wir bereits im vorigen Abschnitt aufgegriffen. Mit der Option `decimal` lässt sich das standardmäßig erwartete Dezimaltrennzeichen überschreiben.

Als Grundmenge für Fließkommazahlen gelten ohne die Verwendung der möglichen Flags die Ziffern, das Dezimaltrennzeichen sowie die Vorzeichen + und . Durch die Flags werden außerdem das voreingestellte Tausendertrennzeichen (durch `FILTER_FLAG_ALLOW_THOUSAND`, Voreinstellung ist das das Komma), Brüche

(`FILTER_FLAG_ALLOW_FRACTION`) und als Exponent das große E oder kleine e erlaubt (`FILTER_FLAG_ALLOW_SCIENTIFIC`).

Auf diese Weise ist auch die folgende Zeichenkette eine Fließkommazahl und ergibt bei der Auswertung von

```
filter_var("-1,234.567E2", FILTER_VALIDATE_FLOAT,
    FILTER_FLAG_ALLOW_FRACTION |
    FILTER_FLAG_ALLOW_THOUSAND |
    FILTER_FLAG_ALLOW_SCIENTIFIC);
```

den Wert 123456,7 (in PHP-Schreibweise jedoch mit Punkt als Notation).

FILTER_VALIDATE_REGEXP (validate_regexp)

Reguläre Ausdrücke erlauben an sich bereits eine flexible Mustersuche. Insofern ist der hier betrachtete Filter `FILTER_VALIDATE_REGEXP` am anpassungsfähigsten für Zeichenketten – als weiteres komfortables Filterwerkzeug werden wir noch die bereinigenden Callback-Prüfungen kennenlernen. Einen dedizierten validierenden Filter für Zeichenketten gibt es in der Form nicht, da uns als String so gut wie alles erreichen kann.

Flags
- `FILTER_NULL_ON_FAILURE`

Optionen
- `regexp`

Dieser Filter prüft Eingaben nach der in Kapitel 8, »Wichtige PHP-Funktionalitäten«, eingeführten Perl-kompatiblen regulären Syntax. Anders als in den bisherigen Fällen ist die Option `regexp` zwingend anzugeben, ansonsten kann der Filter nicht korrekt arbeiten.

Nachfolgend ein Beispiel, wie eine Zeichenkette auf Leer- und Steuerzeichen, das heißt Zeilenvorschübe, Wagenrückläufe, Tabulatoren oder Seitenvorschübe, geprüft wird (siehe Listing 11.16). Mindestens eines dieser Zeichen muss vorkommen, wobei wiederholte Leer- und Steuerzeichen ebenfalls abgefragt werden.

```
<?php
$zeichenkette = "abcd efgh";
echo filter_var($zeichenkette, FILTER_VALIDATE_REGEXP,
    array('options' => array('regexp' => '/\s+/')));
?>
```

Listing 11.16 »regexp« als obligatorische Option

FILTER_VALIDATE_EMAIL (validate_email)

Was in den kommenden drei Abschnitten folgt, kann als Spezialfall des Filters FILTER_VALIDATE_REGEXP gesehen werden. So gehorcht eine E-Mail-Adresse einem bestimmten Muster; wenig überraschend fußen aktuelle E-Mail-Validierungen auf Perl-kompatibler Syntax.

Flags
- FILTER_NULL_ON_FAILURE

Die E-Mail-Validierung kommt unspektakulär daher. Lediglich das Flag zum Ersetzen der booleschen Fehlerkennzeichen ist wahlweise möglich. Daher belassen wir es bei dem nachstehenden Beispiel für die sehr vorhersehbare Verwendung.

```
filter_var($email, FILTER_VALIDATE_EMAIL,
   FILTER_NULL_ON_FAILURE)
```

FILTER_VALIDATE_URL (validate_url)

Der Uniform Resource Locator, kurz URL, besteht aus mehreren obligatorischen und optionalen Teilen; optional deshalb, weil beispielsweise eine angehängte Anfrage in Form von GET-Parametern nicht zwingend verwendet werden muss. Das Weglassen eines Schemas unterscheidet sich davon in der Form, dass Ihr Browser Ihnen das Auslassen zwar verzeiht, in diesen Fällen jedoch einfach immer von *http://* ausgeht.

Flags
- FILTER_FLAG_SCHEME_REQUIRED
- FILTER_FLAG_HOST_REQUIRED
- FILTER_FLAG_PATH_REQUIRED
- FILTER_FLAG_QUERY_REQUIRED
- FILTER_NULL_ON_FAILURE

Werfen wir einen Blick auf die folgenden vier URLs:

```
$url1 = 'http://www.example.net?id=10';
$url2 = 'example.com';
$url3 = 'http://www2.example.org/pfad/datei.php';
$url4 = 'pfad/datei.php';
```

Eine einfache Auswertung aller vier Alternativen mit

```
filter_var($urlx, FILTER_VALIDATE_URL);
```

zeigt, dass $url2 und $url4 schon einmal durch das Raster fallen – ihnen fehlt das Schema, und somit sind diese beiden Adressen nicht RFC-konform.

> **Exkurs: RFC 1738**
>
> Im RFC 1738 (*Request For Comments*) aus dem Jahr 1994 ist auf gut 25 DIN-A4-Seiten beschrieben, wie eine URL aufgebaut sein kann. Dieses Dokument ist im Internet unter *http://www.ietf.org/rfc/rfc1738.txt* verfügbar. Wer sich aus diesem Dokument heraus einen eigenen Filter ausarbeiten will, wird lange beschäftigt sein, was den Wert der Filtererweiterung deutlich steigert.

Von den in Tabelle 11.8 genannten Flags sind FILTER_FLAG_PATH_REQUIRED und FILTER_FLAG_QUERY_REQUIRED am interessantesten für unsere Betrachtung; sie beziehen sich auf optionale Teile von URLs. Ein

```
filter_var($urlx, FILTER_VALIDATE_URL,
    FILTER_FLAG_PATH_REQUIRED);
```

liefert nur für $url3 ein positives Ergebnis. $url4 enthält zwar auch eine Pfadangabe, besteht aber nicht einmal den ursprünglichen Test für simple URLs. Letztlich stößt der Filter

```
filter_var($urlx, FILTER_VALIDATE_URL,
    FILTER_FLAG_QUERY_REQUIRED);
```

lediglich bei $url1 auf ein passendes Muster, da dort eine mit ? eingeleitete Anfrage angehängt ist.

FILTER_VALIDATE_IP (validate_ip)

Für IP-Adressen gelten ebenso feste Regeln. Allerdings ist die Spannweite auch hier breit. IP-Adressen sind Binärzahlen, auch wenn die Darstellung aus Einfachheitsgründen in der »dotted decimal notation« (IPv4) oder hexadezimal (IPv6) geschieht. Die Aufteilung und Reservierung von Adressbereichen werden durch eine ganze Reihe von RFC-Dokumenten geregelt.

Flags

- FILTER_FLAG_IPV4
- FILTER_FLAG_IPV6
- FILTER_FLAG_NO_PRIV_RANGE
- FILTER_FLAG_NO_RES_RANGE
- FILTER_NULL_ON_FAILURE

Ohne eine genauere Betrachtung der beiden nachstehenden Variablen kann man sagen, dies sind gültige IP-Adressen:

```
$ipv4 = '127.0.0.1';
$ipv6 = '2001:0000:0000:1234:0000:C1C0:ABCD:0876';
```

Die simple Prüfung

`filter_var($ipvx, FILTER_VALIDATE_IP)`

bestätigt uns dies zweifelsfrei. Augenscheinlich bestehen aber deutliche strukturelle Unterschiede zwischen den beiden Zeichenketten. Die erste (`$ipv4`) erinnert uns vom Aufbau her an Adressen aus privaten Heimnetzwerken oder an FTP-Adressen. Es handelt sich um eine Adresse nach IP Version 4, die uns alle derzeit noch im Alltag begleitet. An die zweite Schreibweise müssen wir uns noch gewöhnen; dies ist eine Adresse nach IP Version 6. Diesen Umstieg haben wir dem weltweiten »Hunger« nach immer mehr IP-Adressen für immer mehr Computer und elektronische Geräte zu verdanken.

Konkreter wird unsere Prüfung, wenn wir eine vermeintliche IP-Adresse explizit nach deren Version abfragen, wie etwa

`filter_var($ipvx, FILTER_VALIDATE_IP, FILTER_FLAG_IPV4)`

Es leuchtet ein, dass diesen Test nur noch `$ipv4` besteht. Die Variable `$ipv6` verhält sich bei dem Gegenstückflag genau umgekehrt.

Im Spektrum aller möglichen IP-Adressen nach Version 4 sind gewisse Blöcke dem privaten Gebrauch vorbehalten. Diese sind in RFC 1918 festgelegt und sind im Einzelnen:

- 10.0.0.0–10.255.255.255
- 172.16.0.0–172.31.255.255
- 192.168.0.0–192.168.255.255

Diese Adressen werden im Internet nicht geroutet. Um sie auch PHP-seitig gesondert behandeln zu können, existiert das Flag `FILTER_FLAG_NO_PRIV_RANGE`. Ist das Flag gesetzt, so wie in folgendem Filter, liefert die Prüfung `false` zurück:

```
filter_var($ipvx, FILTER_VALIDATE_IP, FILTER_FLAG_IPV4 |
    FILTER_FLAG_NO_PRIV_RANGE)
```

Adressen aus dem nicht privaten Bereich bleiben von dem Flag unberührt bzw. werden immer noch wie gewohnt selbst zurückgegeben.

Analog zu privaten gibt es auch reservierte Bereiche. Diese sind disjunkt von den privaten Bereichen und in PHP wie folgt zu ermitteln:

```
filter_var($ipvx, FILTER_VALIDATE_IP, FILTER_FLAG_IPV4 |
    FILTER_FLAG_NO_RES_RANGE)
```

Wie Sie aus dem Ergebnis leicht herauslesen können, gehören diese IP-Bereiche zu den reservierten:

- 0.0.0.0–0.255.255.255
- 169.254.0.0–169.254.255.255
- 192.0.2.0–192.0.2.255
- 224.0.0.0–239.255.255.255
- 240.0.0.0–255.255.255.255

11.4.4 Datenbereinigung

Die Datenbereinigung betrifft wiederum sowohl Zeichenketten als auch numerische Werte. Die Bereinigung war in PHP bislang über eine ganze Reihe von Funktionen wie `strip_tags()`, `htmlspecialchars()`, `addslashes()` oder `str_replace()` möglich.

FILTER_SANITIZE_STRING (string)

Bislang haben wir Zeichenketten mit dem Standardfilter `unsafe_raw` geprüft und auch bereits eine Bereinigung durchgeführt. Die PHP-Filtererweiterung sieht dafür jedoch einen anderen Filter bzw. zwei andere synonyme Filter vor. Zum einen ist dies der in Tabelle 11.10 dargestellte `string` und zum anderen `stripped`. Da Letzterer nur als Alias fungiert, beschränken wir uns auf Ersteren.

Flags
- `FILTER_FLAG_STRIP_LOW`
- `FILTER_FLAG_STRIP_HIGH`
- `FILTER_FLAG_ENCODE_LOW`
- `FILTER_FLAG_ENCODE_HIGH`
- `FILTER_FLAG_ENCODE_AMP`
- `FILTER_FLAG_NO_ENCODE_QUOTES`

Ohne Angabe von Flags entfernt `string` alle Tags rückstandslos aus der Eingabe, genau wie die Funktion `strip_tags()`. Die Flags des Filters `string` erinnern stark an `unsafe_raw`, und in der Tat haben sie auch dasselbe Verhalten: Das Stripping entfernt Zeichen, die entweder in der ASCII-Tabelle eine Ordnungsnummer kleiner als 32 (»low«) oder größer als 127 (»high«) haben. Das Encoding bezieht sich auf die gleiche Basis, codiert diese Zeichen jedoch in HTML-konformer Schreibweise.

Als zusätzliches Flag kommt `FILTER_FLAG_NO_ENCODE_QUOTES` ins Spiel. Quotes, also einfache und doppelte Anführungsstriche, werden durch den Filter standardmäßig mitcodiert, auch wenn keine Flags gesetzt sind. Dies lässt sich durch das eben genannte Flag verhindern. Die Unterschiede werden bei einem Blick auf den Quellcode sichtbar (siehe Listing 11.17).

```
<?php
$string = "<h1>'Groß & klein'</h1>";
echo filter_var($string, FILTER_SANITIZE_STRING);
echo filter_var($string, FILTER_SANITIZE_STRING,
    FILTER_FLAG_ENCODE_HIGH);
echo filter_var($string, FILTER_SANITIZE_STRING,
    FILTER_FLAG_ENCODE_HIGH |
    FILTER_FLAG_NO_ENCODE_QUOTES);
/* Ausgabe:
&#39;Groß & klein&#39;
&#39;Gro&#223; & klein&#39;
'Gro&#223; & klein'
*/
?>
```

Listing 11.17 Einsatz von Encoding-Flags

Im ersten Fall fallen die Anführungsstriche der Bereinigung zum Opfer, die Sonderzeichen bleiben jedoch erhalten. Mit zusätzlichem Encoding ist es aber auch damit vorbei. Aus dem Eszett (»ß«) wird ein `&#223`. Durch die Erweiterung setzen wir die Anführungsstriche wieder in ebensolche um, wovon das `&#223` jedoch unberührt bleibt.

FILTER_SANITIZE_ENCODED (encoded)

Der `encoded`-Filter eignet sich zur Bereinigung von URLs und leistet somit ähnliche Dienste wie die Funktion `rawurlencode()`. Damit ist es möglich, eventuelle Sonderzeichen, die etwa beim Versand von URLs in E-Mails Probleme bereiten könnten, entweder zu entfernen oder zu codieren.

Flags

- `FILTER_FLAG_STRIP_LOW`
- `FILTER_FLAG_STRIP_HIGH`
- `FILTER_FLAG_ENCODE_LOW`
- `FILTER_FLAG_ENCODE_HIGH`

Die verfügbaren Flags stellen hier keine Neuheit mehr dar. Sowohl »high« als auch »low« beziehen sich wieder auf die ASCII-Tabelle. So können beispielsweise Backslashes, die in Pfadangaben von FTP-Adressen möglich sind, in die Entsprechung (%2F) »übersetzt« werden:

```
$url = 'ftp://ftp.example.net/pfad zu/datei.txt';
echo filter_var($url, FILTER_SANITIZE_ENCODED);
```

Ein entsprechender Ausdruck kann dann beispielsweise gefahrlos als GET-Parameter an eine URL angehängt werden. Dies geschieht etwa beim Aufruf von Google, wenn Sie den Wert der Variablen $url in das Suchfenster eintippen und die Anfrage abschicken.

FILTER_SANITIZE_SPECIAL_CHARS (special_chars)

Als »spezielle Zeichen« sind diejenigen Zeichen zu verstehen, die in HTML eine besondere Bedeutung haben. Diese von PHP ausgeben zu lassen, bringt den HTML-Parser Ihres Browsers zwangsläufig dazu, sie zu interpretieren. Wenn Sie also die Zeichenkette »<h1>Überschrift</h1>« auf Ihren Monitor bringen wollen, dann schaffen Sie dies nicht, ohne die speziellen Zeichen zu codieren.

Flags
- FILTER_FLAG_STRIP_LOW
- FILTER_FLAG_STRIP_HIGH
- FILTER_FLAG_ENCODE_HIGH

Der Filter special_chars kümmert sich um das Maskieren entsprechender Zeichen und erzeugt Zeichenketten, die Sie von PHP aus an den Browser Ihrer Nutzer schicken können, ohne dass ein HTML-Parser sie interpretiert. Somit arbeitet der Filter analog zur Funktion htmlspecialchars().

Optional können noch Sonderzeichen im niedrigen und hohen ASCII-Bereich entfernt werden. Wie Ihnen in Tabelle 11.12 auffallen mag, steht die Codierung niedriger Zeichen nicht zur Verfügung. Dies ist so, weil entsprechende Zeichen standardmäßig vom Filter maskiert werden.

```
$string = "<h1>Überschrift</h1>";
echo filter_var($string, FILTER_SANITIZE_SPECIAL_CHARS);
```

Die gültigen HTML-Tags erscheinen nach der Filterung bei Ihnen auf dem Bildschirm, weil die Zeichen, die eine Interpretation durch den HTML-Parser auslösen würden, entsprechend umcodiert sind.

FILTER_SANITIZE_EMAIL (email)

Die Bereinigung von E-Mail-Adressen kann keine Wunder bewirken. Syntaktische Fehlstellungen werden nicht erkannt, und so beschränkt sich dieser Filter auf das Entfernen nicht erlaubter Zeichen. Zu den erlaubten Zeichen gehören:

- Buchstaben (Groß- wie Kleinbuchstaben)
- Ziffern
- !#$%&'*+-/=?^_`{|}~@.[]

Diese Liste erweckt den Anschein, als gäbe es kaum nicht erlaubte Zeichen. Diese existieren jedoch durchaus, wie nachfolgend zu sehen:

```
<?php
$email = 'postmaster"@"www.example.net';
echo filter_var($email, FILTER_SANITIZE_EMAIL);
?>
```

Als Ausgabe erscheint auf dem Monitor postmaster@www.example.net. Die doppelten Anführungszeichen, die den Klammeraffen umfasst haben, sind nun verschwunden.

> **Vorsicht**
> Die Bereinigung kann nicht nachvollziehen, ob es sich bei der Eingabe um eine tatsächlich vergebene bzw. verwendete E-Mail-Adresse handelt. Die Prüfung bezieht sich ausschließlich auf die syntaktische Richtigkeit.

FILTER_SANITIZE_URL (url)

Die Bereinigung einer URL ist gut mit der einer E-Mail-Adresse vergleichbar. Unterschiede im Detail bestehen bei den nicht erlaubten Zeichen. Ein Blick auf die Liste der erlaubten Zeichen legt noch viel eher den Verdacht nahe, dass hier kaum etwas übrig bleibt, was der Filter aussondern könnte. Erlaubt sind:

- Buchstaben (Groß- wie Kleinbuchstaben)
- Ziffern
- $-_.+!*'(),{}|\^~[]`<>#%";/?:@&=

Fündig wird, wer auf der Suche nach unerlaubten Zeichen oben links auf der Tastatur anfängt. Das Paragrafenzeichen (»§«), über der 3 gelegen, ist in einer URL nicht gestattet. Und so wird bei Ausführung des folgenden Skriptes auch nur *http://www.example.com/pfad/datei.php* ausgegeben:

```php
<?php
$url = 'http://www.example.com/pfad/§datei.php';
echo filter_var($url, FILTER_SANITIZE_URL);
?>
```

FILTER_SANITIZE_NUMBER_INT (number_int)

Ganzzahlen sind strukturell einfach gestrickt. Aus mehreren Ziffern am Stück aufgebaut, entbehren sie jedes Dezimaltrennzeichens und erlauben gerade noch ein Vorzeichen. Nach exakt diesem Muster funktioniert auch der Filter FILTER_SANITIZE_NUMBER_INT.

Beim Einsatz dieses Filters bleibt jedoch zu beachten, dass bei der Bereinigung keinerlei Anstrengungen gemacht werden, die Eingabe vorher noch mathematisch auszuwerten – mit Ausnahme von mathematischen Formeln. Es werden lediglich stumpf die nicht erlaubten Zeichen entfernt. Und so werden aus

```
$int1 = '1,234.56';
$int2 = '27E2';
$int3 = 1/2;
```

mit einem

```
filter_var($intx, FILTER_SANITIZE_NUMBER_INT)
```

die Zahlenfolgen 123456, 272 und 05. In den ersten beiden Fällen erkennen Sie, dass Nachkommastellen einfach ohne Dezimaltrennzeichen angehängt werden, ebenso Exponenten. Lediglich das 1/2 wurde noch zu 0,5 ausgewertet, ehe das Komma weichen musste.

FILTER_SANITIZE_NUMBER_FLOAT (number_float)

Fließkommazahlen sind zwar strukturell ein wenig komplexer als Ganzzahlen, der Filter arbeitet aber nach der gleichen Art und Weise. Nicht erlaubte Zeichen werden aus der vermeintlichen Zahl entfernt, das Überbleibsel besteht die Prüfung analog zu Ganzzahlen mit demselben Maß an mathematischer Auswertung.

Flags
- FILTER_FLAG_ALLOW_FRACTION
- FILTER_FLAG_ALLOW_THOUSAND
- FILTER_FLAG_ALLOW_SCIENTIFIC

Wenn wir noch einmal auf unsere Beispiele aus dem vorigen Abschnitt zurückgreifen, dann kommen wir – ohne die Verwendung zusätzlicher optionaler Flags – zu exakt dem gleichen Ergebnis:

```
$float1 = '1,234.56';
$float2 = '27E2';
$float3 = 1/2;
filter_var($floatx, FILTER_SANITIZE_NUMBER_FLOAT)
```

Die ausgegebene Zahlenfolge ist 123456 / 272 / 05. Allerdings haben wir an dieser Stelle die Möglichkeit, den Filter freizügiger zu gestalten. Die drei vorhandenen Flags kennen wir bereits aus dem Filter float. Sie reagieren auf exakt die gleiche Weise; nur die Angabe einer Option für das Dezimaltrennzeichen entfällt. Wenn wir die Filter demnach unseren Eingaben entsprechend definieren, erreichen wir auch das gewünschte Ergebnis:

```
filter_var($float1, FILTER_SANITIZE_NUMBER_FLOAT,
    FILTER_FLAG_ALLOW_FRACTION |
    FILTER_FLAG_ALLOW_THOUSAND)
filter_var($float2, FILTER_SANITIZE_NUMBER_FLOAT,
    FILTER_FLAG_ALLOW_SCIENTIFIC)
filter_var($float3, FILTER_SANITIZE_NUMBER_FLOAT,
    FILTER_FLAG_ALLOW_FRACTION)
```

Dies ergibt 1,234.56, da wir per Flag sowohl Tausender- als auch Dezimaltrennzeichen erlaubt haben. Die zweite Ausgabe kommt mit der Duldung wissenschaftlicher Schreibweise mit 27E2 daher, und die dritte Fließkommazahl enthält nach Berechnung und Filterung auch ein Dezimaltrennzeichen (0.5).

FILTER_CALLBACK (callback)

Eingaben über Callbacks zu bereinigen eröffnet uns das volle Spektrum der in PHP realisierbaren Programmierung. Als Filterfunktion, die zur Bereinigung herangezogen wird, können sowohl PHP-interner als auch selbstgeschriebener Code herhalten.

Optionen
- callback

Die Option callback ist wie bei den regulären Ausdrücken obligatorisch anzugeben, anderenfalls hat die Filterfunktion nicht ausreichend Informationen für die Bearbeitung; ein Standardwert ist nicht vorgegeben.

In unserem ersten Beispiel verwenden wir die bestehende Funktion strtoupper(), die alle Zeichen in einem String in Großbuchstaben umwandelt.

```
$string = "zu bereinigende Zeichenkette";
echo filter_var($string,FILTER_CALLBACK,
    array('options'=>'strtoupper'));
```

Wie nicht anders zu erwarten, liefert uns der Filter »ZU BEREINIGENDE ZEICHENKETTE« zurück. Wichtig bei der Angabe der Callback-Funktion ist, nur den Funktionsnamen als Zeichenkette zu übergeben.

Als kleine Spielerei schreiben wir als Nächstes eine eigene Funktion, mit der die Zeichen der Eingabe gemäß der ASCII-Tabelle um zwei Stellen nach oben verschoben werden – ein einfacher und leicht zu durchschauender Codierungsmechanismus (siehe Listing 11.18).

```
<?php
function udf_encode($string){
   $output = '';
   for ($i=0;$i<strlen($string);$i++){
      $output .= chr(ord($string[$i])+1);
   }
   return $output;
}
echo filter_var('abcdeF',FILTER_CALLBACK,
   array('options'=>'udf_encode'));
?>
```

Listing 11.18 Eine simple Codierung mit Callbacks

Das Ergebnis ist wie gewünscht »bcdefG«.

Nichts spricht dagegen, die durchschnittlich vier bis fünf Tabellen für kleine Projekte im Kopf zu planen, aber vieles spricht dagegen, den Entwurf mittlerer und großer Projekte nicht zu Papier zu bringen.

12 Datenbankentwurf

Jedes System, das eine Datenbank nutzt, baut auf einem Datenmodell auf – implizit oder explizit. Auch wenn der Programmierer des Systems sich nicht aufgeschrieben oder aufgemalt hat, welche Beziehungen zwischen den Tabellen bzw. Entitätstypen in der Datenbank bestehen, hat er in seinem Kopf eine Vorstellung davon. Oder besser: Er hatte zumindest eine Vorstellung davon, als er das System programmierte.

Datenmodelle sind von mehrfachem Nutzen. Zum einen dienen sie in den frühen Phasen der Systemerstellung dazu, sich darüber klarzuwerden, welche Daten gespeichert werden sollen, wie viele Tabellen dafür benötigt werden und wo die Attribute zugeordnet sind. Zum anderen ist ein Datenmodell Teil der Systemdokumentation. Damit können Entwickler auch noch nach geraumer Zeit nachvollziehen, welche Strukturen bestehen. Bei Änderungen an der Datenbank ist logischerweise auch das Datenmodell nachzupflegen.

In diesem Kapitel wollen wir Ihnen beschreiben, wie sich Datenmodelle grafisch darstellen lassen. Indem Sie die anzulegenden Tabellen und ihre Beziehungen zu Papier bringen, bekommen Sie schnell einen Überblick über die Strukturen und Dimensionen des Modells. Dazu benutzen wir *Entity-Relationship-Modelle* (ERM). ERMs sind häufig in Projekten aller Größenordnungen anzutreffen. Die Strukturregeln und ihr Aufbau sind schnell erklärt und leicht zu erlernen. Ihre weite Verbreitung garantiert, dass sich Ihre Modelle auch mit anderen Entwicklern austauschen und diskutieren lassen. Außerdem gehen wir in diesem Kapitel auf die effiziente Speicherung von Daten ein und erläutern darüber hinaus die Normalisierung und deren Anwendung.

12 Datenbankentwurf

12.1 ERM

Ein ERM besteht aus einer Reihe von Entitätstypen und ihren Beziehungen. Im Allgemeinen spricht man hier jedoch wiederum von »Entitäten«, was eigentlich nicht ganz korrekt ist. Ein *Entitätstyp* wird als rechteckiger Kasten dargestellt, dessen einziger Inhalt der Name ist. Die Attribute, die zu einem Entitätstyp gehören, werden außen angehängt. Zu sehen ist dies in Abbildung 12.1. Dort definieren wir den Entitätstyp *Person* mit den Attributen *ID*, *Name* und *Geburtstag*. Die Identifikationsnummer ist der eindeutige Schlüssel des Entitätstyps und wird deswegen unterstrichen. Zusammengesetzte Schlüssel werden gemeinsam in einer Blase dargestellt. Die Anordnung der Blasen bzw. Attribute ist vollkommen beliebig und unterliegt keinen Regelungen.

Ein Entitätstyp erzeugt bei der Abbildung eines Datenmodells auf die Implementierung auf jeden Fall eine Tabelle, die die gewählte Struktur genau wiedergibt.

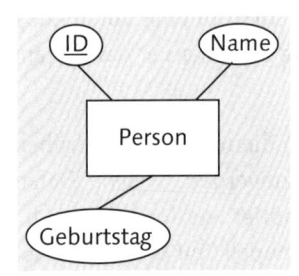

Abbildung 12.1 Der Entitätstyp »Person«

Aus dem Entitätstyp in Abbildung 12.1 wird demnach zwangsläufig eine Tabelle, die sich mit dem nachstehenden SQL-Kommando erzeugen lässt:

```
CREATE TABLE person
(
id INT PRIMARY KEY,
name VARCHAR(255),
geburtstag DATE
)
```

Relationstypen bringen verschiedene Entitätstypen logisch zueinander in Beziehung. Dabei kann es sich um eine Beziehung der Art »funktioniert mit«, »geht ein in«, »Bestellung« usw. handeln.

Grafisch werden die Relationstypen als Rauten dargestellt. Beschriftet werden sie mit der Art der Beziehung oder einer anderen aussagekräftigen Bezeichnung. In

Abbildung 12.2 haben wir die beiden Entitätstypen *Person* und *Ort* durch den Relationstyp *Einwohner* verknüpft.

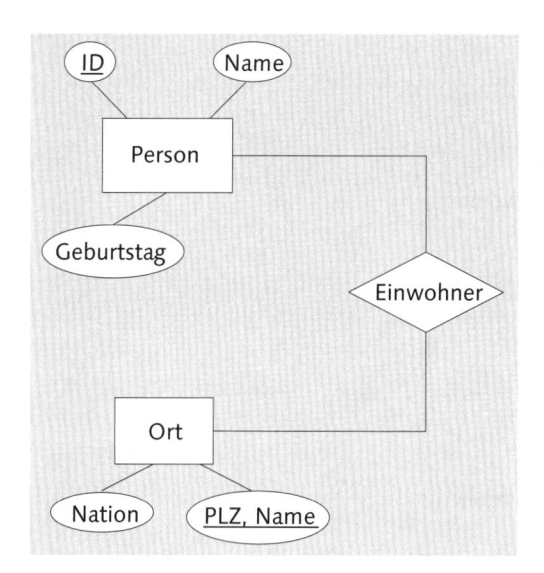

Abbildung 12.2 Zusammenstellung von Entitäts- und Relationstypen

Die Ortstabelle aus Abbildung 12.2 können Sie zusätzlich zu der erstellten Tabelle `person` wie folgt anlegen:

```
CREATE TABLE ort
(
plz INT(5),
name VARCHAR(200),
nation VARCHAR(100)
)
ALTER TABLE ort ADD PRIMARY KEY(plz,name)
```

Die Kanten in einem ERM sind ungerichtet. Man kann sie in beide Richtungen lesen: Die Person X ist Einwohner von Stadt Y, und umgekehrt hat die Stadt V die Person W als Einwohner. Wie sich die Entitäten zweier Entitätstypen mengenmäßig verhalten, verraten die *Kardinalitäten*. Damit wird ausgedrückt, auf wie viele Datensätze aus dem verknüpften Entitätstyp *Ort* sich eine Entität vom Typ *Person* mindestens beziehen muss und auf wie viele sie sich darüber hinaus beziehen kann (Min-Max-Notation). Die Kardinalitäten werden an die Kanten von ERM neben den dazugehörigen Entitätstyp geschrieben. Ein Beispiel zeigt Abbildung 12.3.

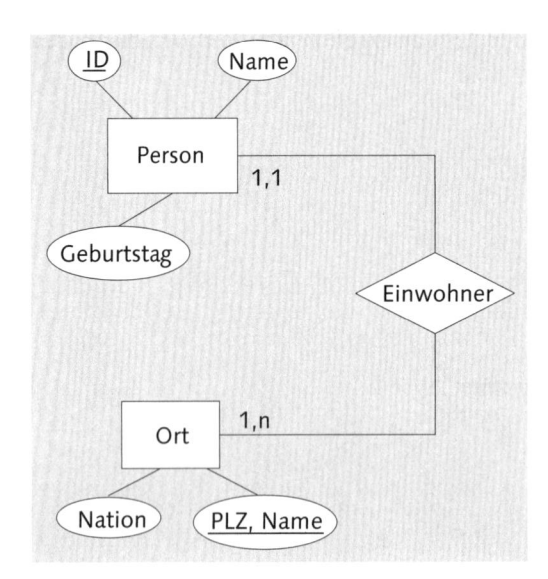

Abbildung 12.3 Datenmodell mit Kardinalitäten

Eine Person muss mindestens in einer Stadt wohnen und kann höchstens in einer Stadt wohnen (Kardinalität 1 : 1). Eine Stadt hingegen hat mindestens einen, kann aber auch mehrere Einwohner besitzen (Kardinalität 1 : n).

Innerhalb von Entity-Relationship-Modellen finden ausschließlich die Kardinalitäten Anwendung, die Sie in Tabelle 12.1 aufgelistet sehen.

Kardinalitätstyp	Beschreibung
0:1	entweder kein oder nur ein Vorkommen
0:n	beliebig viele oder kein Vorkommen
1:1	genau ein Vorkommen
1:n	mindestens ein Vorkommen

Tabelle 12.1 Kardinalitätstypen

Ein Relationstyp kann, muss aber nicht in eine Tabelle in der Implementierung des Datenmodells münden. Dazu kommt es nur in den Fällen, in denen es beiderseitig mehrwertige Kardinalitäten gibt, wenn also an beiden Entitätstypen 0 : n oder 1 : n steht. Die Relationstyptabelle besteht dann aus Zuordnungen von Primärschlüsseln der verknüpften Entitätstyptabellen (siehe Abbildung 12.4).

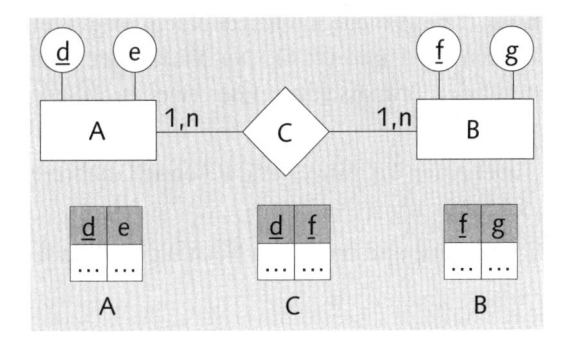

Abbildung 12.4 Der Relationstyp als Tabelle

Bestehen auf einer der Seiten nur einwertige Kardinalitäten, wird der Primärschlüssel der anderen Seiten über ein Fremdschlüsselattribut referenziert, dargestellt in Abbildung 12.5. In unserem Beispiel bekommt also die Tabelle person weitere Attribute aus der Tabelle ort:

```
ALTER TABLE person ADD
(
plz INT(5),
ortname VARCHAR(200)
)
```

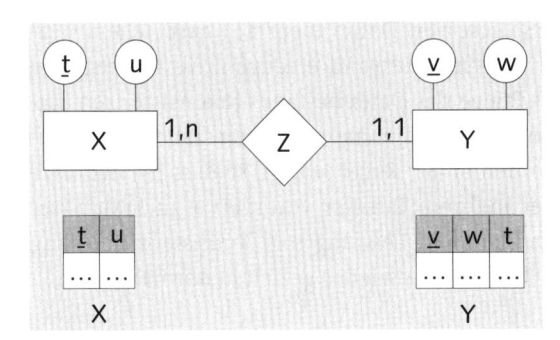

Abbildung 12.5 Der Relationstyp ohne Umsetzung als Tabelle

Ein Entitätstyp kann Beziehungen mit mehr als einem anderen Typ aufnehmen – in umfangreichen Modellen bleibt das gar nicht aus. Auch kann mehr als eine Beziehung zwischen zwei Typen bestehen, die jedoch logisch nicht identisch sind. Aus diesem Grund ist es immer wichtig, den Relationstypen sprechende Namen zu geben. Zu guter Letzt kann ein Entitätstyp auch eine Beziehung mit sich selbst eingehen. Damit werden hierarchische Strukturen abgebildet. Je nach Kardinalitäten handelt es sich dann um:

- eine lineare Liste, das heißt, ein Tupel der Tabelle hat genau einen Vorgänger und einen Nachfolger (Kardinalitäten 0 : 1 und 0 : 1). Der Nachfolger wird über ein Fremdschlüsselattribut auf den Primärschlüssel der eigenen Tabelle bestimmt;
- eine Baumstruktur, bei der ein Tupel einen Vorgänger und potentiell mehrere Nachfolger hat (Kardinalität 0 : 1 und 0 : n);
- eine Hierarchie mit mehreren Vorgängern und mehreren Nachfolgern (Kardinalitäten 0 : n und 0 : n).

Die Minimalkardinalität ist in allen Fällen 0, weil das erste Tupel keinen Vorgänger haben kann.

Mit diesen wenigen Konventionen, die wir Ihnen hier vorgestellt haben, lassen sich beliebig große Datenmodelle erzeugen. Auf dem Papier wachsen Entity-Relationship-Modelle sehr schnell an. Das Ergebnis erleichtert Ihnen jedoch die Implementierung um einiges.

12.2 Normalisierung

Die Normalisierung ist ein Prozess, der auf ein neu erstelltes oder abgeändertes Datenmodell angewendet wird. Ziel ist es, die redundante Datenhaltung zu verringern. Redundanz bedeutet, dass dieselben Daten mehrfach gespeichert werden und dadurch einen größeren Wartungsaufwand erzeugen. Als Konsequenz steigt auch die Gefahr, dass bei der Pflege des Datenbestands Inkonsistenzen auftreten. Im Laufe der Normalisierung werden die ursprünglichen Tabellenstrukturen abgeändert; große Tabellen werden in der Regel zerlegt, so dass ein normalisiertes Datenmodell Abfragen über mehrere Tabellen erfordert – zu Lasten der Performance. Um einen Ausgleich zwischen Leistung und Konsistenzsicherung zu finden, können Sie Datenmodelle teilweise wieder gezielt denormalisieren.

12.2.1 Normalformen

Es wurden mehrere Stufen festgelegt, die den Grad der Qualität eines Datenmodells beschreiben, die sogenannten *Normalformen*. Es existieren fünf Normalformen, die aufeinander aufbauen und deswegen bezeichnenderweise erste bis fünfte Normalform heißen. Um die Anforderungen einer bestimmten Normalform zu erreichen, muss ein Datenmodell allen Ansprüchen niedrigerer Formen Genüge tun.

Wenn Datenmodellierung Neuland für Sie ist, sollten Sie gezielt darauf achten, eine höchstmögliche Normalform zu erreichen bzw. im Voraus anzustreben.

Nach einiger Zeit werden Sie feststellen, dass Sie automatisch (teil-)normalisierte Datenmodelle erzeugen. Gehen wir jedoch erst einmal alle Formen durch. Obwohl wir hier alle fünf Normalformen vorstellen, versucht man in der Praxis oft nur, die dritte Stufe zu erreichen.

Person-ID	Person-Name	Kurs-ID	Kurs-Thema	Kurs-Preis	Ort
P1	Steffen	K1	PHP	400	D
		K2	MySQL	230	D
		K3	XHTML	300	NL
P2	Hauke	K1	PHP	370	D
		K2	MySQL	250	D
		K4	CSS	120	JP

Abbildung 12.6 Kurs-Belegungs-Tabelle

Um die Normalisierung am Beispiel vorzuführen, erstellen wir die folgende Tabelle: Es gilt, für Personen abzubilden, welche Fortbildungskurse sie zu welchen Konditionen besucht haben. Diese Daten wollen wir jetzt in eine Datenbanktabelle überführen.

Erste Normalform

Eine Tabelle liegt in erster Normalform vor, wenn in ihr keine Felder existieren, die es pro Datensatz mehrfach gibt, sogenannte *Wiederholungsgruppen*.

In unserem Beispiel gehören die Attribute Kurs-ID, Kurs-Thema, Kurs-Preis und Ort zu einer Wiederholungsgruppe, weil sie für jeden Datensatz (identifiziert über die Person-ID) jeweils dreimal vorhanden sind. Um das zu beheben, trennen wir den Inhalt in zwei Tabellen auf: Personenbezogene Daten kommen in die Tabelle Personen (siehe Abbildung 12.7).

Person-ID	Person-Name
P1	Steffen
P2	Hauke

Abbildung 12.7 Tabelle »Personen«

Alle weiteren Attribute werden in die Tabelle Kurs-Belegung überführt. Der Bezug zwischen den Tabellen wird hergestellt, indem die Kurs-Tabelle einen Fremdschlüssel auf die Person-ID erhält (siehe Abbildung 12.8).

Person-ID	Kurs-ID	Kurs-Thema	Kurs-Preis	Ort
P1	K1	PHP	400	D
P1	K2	MySQL	230	D
P1	K3	XHTML	300	NL
P2	K1	PHP	370	D
P2	K2	MySQL	250	D
P2	K4	CSS	120	JP

Abbildung 12.8 Tabelle »Kurs-Belegung«

Zweite Normalform

Dass die Tabelle Kurs-Belegung nicht optimal ist, sehen Sie auf den ersten Blick: Kurs-Thema und Kurs-ID beispielsweise werden in Kombination mehrfach, also redundant gespeichert. Wenn Sie dem Kurs »PHP« eine neue Nummer zuordnen wollen, müssen Sie mehrere Tupel abändern; eine sehr fehleranfällige Vorgehensweise.

Ein Datenmodell in zweiter Normalform erfüllt die Anforderungen der ersten Normalform und bringt all jene Attribute in eigenen Tabellen unter, die nur von einem Teil des Schlüssels identifiziert werden. Formal wird diese Anforderung als *volle funktionale Abhängigkeit* bezeichnet. Ein Attribut X ist also voll funktional abhängig, wenn alle Teile des Schlüssels notwendig sind, um X eindeutig zu identifizieren. Daraus lässt sich ableiten, dass eine Tabelle der ersten Normalform automatisch in der zweiten Normalform vorliegt, wenn sie nur ein einziges Schlüsselattribut besitzt.

In unserem Fall betrifft die volle funktionale Abhängigkeit nur die Attribute Kurs-Preis und Ort, nicht aber die Kurs-Themen, die von der Person-ID vollkommen unabhängig sind. Wir überführen die Themen also in eine neue Relation Kurse (siehe Abbildung 12.9). Unsere Tabelle Kurs-Belegung schrumpft um ein weiteres Attribut (die Darstellung müssen Sie sich wie Abbildung 12.8 ohne die mittlere Spalte vorstellen). Wir haben jetzt drei Tabellen: Personen, Kurse und Kurs-Belegung.

Kurs-ID	Kurs-Thema
K1	PHP
K2	MySQL
K3	XHTML
K4	CSS

Abbildung 12.9 Tabelle »Kurse«

Wenn Sie sich dies in einem Entity-Relationship-Modell vorstellen, sind *Kurse* und *Personen* Entitätstypen, *Kurs-Belegung* ist eine Beziehung zwischen den beiden, die eigene Attribute mitbringt. Die Darstellung sehen Sie in Abbildung 12.10.

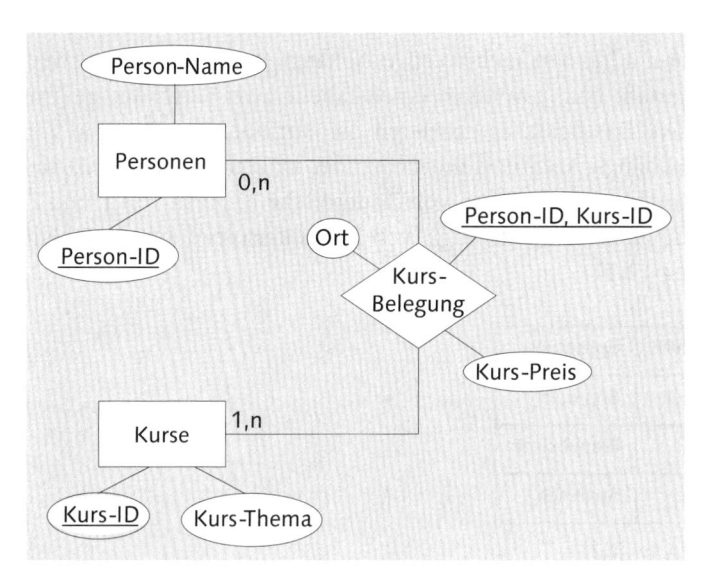

Abbildung 12.10 Das Kurs-Beispiel als ERM

Dritte Normalform

Die dritte Normalform ist erreicht, wenn die zweite Normalform vorliegt und keine transitiven Abhängigkeiten zwischen Nichtschlüsselattributen und Schlüsselattributen bestehen. Eine transitive Abhängigkeit besteht, sobald ein Attribut Z von einem Attribut Y abhängt, das sich seinerseits auf das Schlüsselattribut X bezieht. Es handelt sich also um eine Art indirekte Beziehung. Das impliziert, dass eine Tabelle, die in der zweiten Normalform ist und nur ein Attribut besitzt, das nicht zum Schlüssel gehört, automatisch auch die Bedingungen für die dritte Normalform erfüllt.

Dies trifft in unserem Beispiel auf die Tabellen `Personen` und `Kurse` zu. Bei genauerem Hinsehen merken Sie, dass auch die `Kurs-Belegung` bereits in der dritten Normalform ist. Anders wäre das, wenn wir noch weitere Daten zum Veranstaltungsort speichern würden. Diese bezögen sich dann nur auf das Attribut `Ort` und indirekt auf die Schlüsselattribute. Um transitive Abhängigkeiten aus der Welt zu schaffen, würden die lokalen Daten auch in eine Tabelle `Orte` ausgelagert. Das Attribut `Ort` in `Kurs-Belegung` würde dann als Fremdschlüssel fungieren.

Für unsere Kurs-Belegung ist der Normalisierungsprozess damit beendet. Alle Tabellen sind in der dritten Normalform, und es besteht kein weiterer Handlungsbedarf.

Vierte Normalform

Die vierte Normalform adressiert mehrwertige Abhängigkeiten. Eine mehrwertige Abhängigkeit besteht dann, wenn in einer Tabelle zwei unabhängige 1:n-Beziehungen bestehen. Das heißt, es existieren die Attribute Y und Z, die von Schlüsselattribut X abhängig sind und untereinander in keinem Verhältnis stehen. Gibt es dann für jedes Vorkommen von X identische Mengen von Y und Z, so sind Y und Z beide mehrwertig abhängig von X. Als Beispiel dient die Tabelle Profile in Abbildung 12.11.

Person-ID	Spezialität	Sprachen
P1	Sicherheit	Englisch
P1	XHTML	Französisch
P2	CSS	Spanisch

Abbildung 12.11 Tabelle »Profile«

Die *Spezialitäten* sind abhängig von der Person-ID. Davon abhängig besteht auch eine Beziehung zwischen Person-ID und Sprachen. Sprachen und Spezialität haben dagegen nichts miteinander zu tun. Für jedes Vorkommen der ersten Spalte (1 und 2) erhalten Sie gleichartige Mengen der anderen Attribute. Um dieses Problem zu lösen, werden die Tabellen wiederum geteilt, so dass je eine abhängige Spalte mit dem Schlüsselattribut zusammen eine Relation bildet ([*Person-ID*,*Spezialität*] und [*Person-ID*,*Sprachen*]).

Da bei mehrwertigen Abhängigkeiten immer drei Attribute beteiligt sind, bestehen sie immer paarweise (zwischen den abhängigen Attributen).

Fünfte Normalform

Die fünfte Normalform liegt vor, wenn die vierte und damit alle niedrigeren Formen erreicht sind und die Tabellen so weit aufgeteilt sind, dass sich durch Einfüge-, Aktualisierungs- und Löschoperationen keine Anomalien ergeben. Beispielsweise bedeutet das: Sie haben eine Relation mit drei Attributen. Darin sind n Tupel gespeichert (siehe Abbildung 12.12). Wenn Sie nun den Zusammenhang zwischen x2 und y2 entfernen, löschen Sie damit auch gleichzeitig den Zusammenhang, der zwischen y2 und z2 besteht, ohne dass Sie dies beabsichtigt haben.

Es kommt zu einem inkonsistenten Datenbankzustand. Haben Sie den Datenbestand stattdessen auf die Tabellen [X,Y], [X,Z] und [Y,Z] aufgeteilt, so kann Ihnen dies nicht passieren.

Das Resultat der Normalisierung ist eine Ansammlung sehr kleiner Tabellen. Dies verhindert zwar, dass Anomalien wie bei dem soeben zitierten Löschvorgang auftreten, macht die Abfragen über die Datenbank aber deutlich komplizierter. Wie weit Sie es mit der Normalisierung treiben wollen, liegt letztlich bei Ihnen.

X	Y	Z
x1	y1	z1
x2	y2	z2
...	...	...
xn	yn	zn

Abbildung 12.12 Die Tabelle ist nicht in der fünften Normalform.

12.2.2 Denormalisierung

Denormalisierung bedeutet eigentlich nichts anderes, als die Gefahr inkonsistenter Daten bewusst in Kauf zu nehmen und bei der redundanten Speicherung mal ein Auge zuzudrücken. Dies kann mehrere Vorteile haben:

Zum einen kosten JOIN-Operationen bei Abfragen Rechenzeit. Wenn Sie auf schnelle Antworten Ihrer Datenbank wirklich angewiesen sind, dann kostet Sie der Aufwand, einhundert Mal das gleiche Datum zu pflegen, weniger als eine Abfrage, die pro Aufruf zwei Sekunden verschenkt. Zum anderen lassen Abfragen über mehrere Tabellen die Gefahr eines Fehlers wachsen. Niemand ist unfehlbar. Und da ist es kaum verwerflich, *gezielt* Tabellen zu denormalisieren.

Denormalisierung ist keine Entweder-oder-Entscheidung. Ein Datenmodell kann größtenteils normalisiert sein – meistens in dritter Normalform – und an entscheidenden Stellen auf diese Absicherung verzichten. Welche Tabellen sich dafür eignen, müssen Sie anhand dieser und ähnlicher Kriterien selbst entscheiden:

- Performance ist ein kritischer Faktor, sowohl für den Durchsatz, der technisch erreicht werden muss, als auch für die Benutzbarkeit und Benutzerfreundlichkeit. In der Regel empfiehlt es sich jedoch, hierbei nicht allzu schnell zur Denormalisierung zu greifen, sondern sich zuerst der Mittel zu bedienen, die MySQL zur Leistungssteigerung mitbringt, z. B. passende Storage Engines.

- Daten werden selten aktualisiert bzw. flexible Möglichkeiten bestehen auch im denormalisierten Umfeld, z. B. in der ARCHIVE Storage Engine von MySQL oder in einem Data Warehouse.
- Die zusätzliche Speichernutzung, die durch redundante Datenbankinhalte entsteht, ist verkraftbar. In einem Dokumentenmanagementsystem sollten Sie beispielsweise nicht die verwalteten Dateien redundant speichern, wenn sie den Hauptteil der hinterlegten Daten ausmachen.

12.3 Datenbankentwurf mit phpMyAdmin

Softwaretools, die Sie beim visuellen Datenbankentwurf unterstützen, gibt es zuhauf. Zwei davon haben wir – ohne es Ihnen direkt auf die Nase zu binden – bereits vorgestellt: Zum einen die MySQL Workbench, die über die ehemaligen GUI Tools hinaus einen visuellen Editor besitzt, zum anderen das webbasierte phpMyAdmin. Auf die Workbench sind wir bereits in Kapitel 6, »Einführung in MySQL«, eingegangen. Das quelloffene phpMyAdmin verfolgt einen ähnlichen Ansatz, allerdings auf einer anderen technischen Plattform: Der Datenbankentwurf findet an der Stelle statt, an der Sie auch die Administration der Modelle und Inhalte vornehmen, nur eben innerhalb des Browsers, wohlmöglich direkt auf dem Webserver, auf dem auch Ihre Webseiten gehostet sind. Im Unterschied zu den übrigen Teilen der Software setzt phpMyAdmin zur Aktualisierung der Ansichten und Synchronisation mit dem Server beim visuellen Editor auf Ajax.

Über den Menüpunkt DESIGNER in der Einzeldatenbankansicht öffnen Sie eine Art Zeichenbrett, das Ihnen nicht nur die bestehenden Tabellen der aktuell gewählten Datenbank inklusive aller Attribute übersichtlich anzeigt (okay, die Übersichtlichkeit ist abhängig von der Anzahl und der Komplexität der Tabellen), sondern Ihnen auch die Möglichkeit gibt, indirekt neue Tabellen anzulegen oder Beziehungen zu definieren. Der Clou an der Sache ist, dass sich der Designer im Rahmen seiner Möglichkeiten in die bekannten Funktionalitäten der Software einfügt. Ein Klick auf ERSTELLE TABELLE führt Sie zum formularbasierten Wizard neuer Tabellen; jede Tabelle ist mit einem EIGENSCHAFTEN-Knopf versehen, der Sie direkt zur Strukturseite der Tabelle führt usw.

Allerdings kann der Designer nicht über die Unzulänglichkeiten der darunterliegenden Datenbank hinwegtäuschen. Verknüpfungen zwischen Tabellen, die Sie im Designer anlegen, münden nicht in Fremdschlüsselbeziehungen, da referentielle Integrität von MySQL derzeit nicht unterstützt wird. Nehmen Sie den Designer demnach als das hin, wofür er gedacht ist: als integrierte Dokumentationshilfe.

> **phpMyAdmin als Entwurfswerkzeug**
>
> Ein Modell im phpMyAdmin Designer startet nie auf der grünen Wiese. Sie müssen als Entwickler schon sehr konkrete Vorstellungen haben, welche Felder Sie benötigen und wie beispielsweise die Datentypen einzustellen sind. Insofern eignet sich das Tool nicht als Reißbrett. Modellieren Sie am besten auf einem Blatt Papier die Zusammenhänge vor, und nutzen Sie die Toolunterstützung zur Umsetzung Ihrer Konzepte.

Zur Veranschaulichung wollen wir uns noch einmal das initiale Beispiel dieses Kapitels zur Brust nehmen und die triviale Beziehung zwischen Personen und Orten modellieren. Auf diese Weise wird deutlich, wo die Fähigkeiten und Grenzen des Tools liegen.

Wir erzeugen unter phpMyAdmin zuerst eine neue Datenbank und öffnen darin den DESIGNER-Modus. Die Arbeitsfläche ist verständlicherweise komplett leer. Über die Tabellenschaltfläche nehmen wir den kurzen Weg zum Anlegen einer Tabelle und erstellen zuerst die Entität person inklusive der Attribute id, name und geburtstag sowie die Referenzobjekte plz und ortname. Wenn Sie nun in den Designer zurückkehren, sehen Sie die gerade erstellte Tabelle, die im ausgeklappten Zustand alle Tabellenattribute sowie deren Datentypen und gegebenenfalls Schlüssel darstellt. Auf die gleiche Weise verfahren wir bei der Tabelle ort mit plz, name und nation. Die Tabellen lassen sich nach Belieben verschieben, ein- sowie ausklappen und behalten diese Einstellungen auch bei, wenn Sie die Seite verlassen und zu einem späteren Zeitpunkt zurückkehren.

An dieser Stelle ist der Teil der Modellierung mit Auswirkungen auf das physische Datenmodell abgeschlossen. Was jetzt noch kommt, ist die Kür: Mit der Schaltfläche ERZEUGE VERKNÜPFUNG verbinden Sie die Entitäten miteinander. Dabei ist es ohne weiteres möglich, Verknüpfungen über Datentypen hinweg anzulegen, deren Sinn zweifelhaft ist, z. B. mit ENUM- oder BLOB-Feldern. Eine Prüfung findet nicht statt. Spätestens an dieser Stelle zeigt sich, dass der Designer den gleichen Beschränkungen unterliegt wie ein Modell auf einem Stück Papier.

Um unser Modell zu vervollständigen, verknüpfen wir jeweils die namensgleichen Felder plz sowie das Pärchen ort.name und personen.ortname miteinander. Das Ergebnis sehen Sie in Abbildung 12.13.

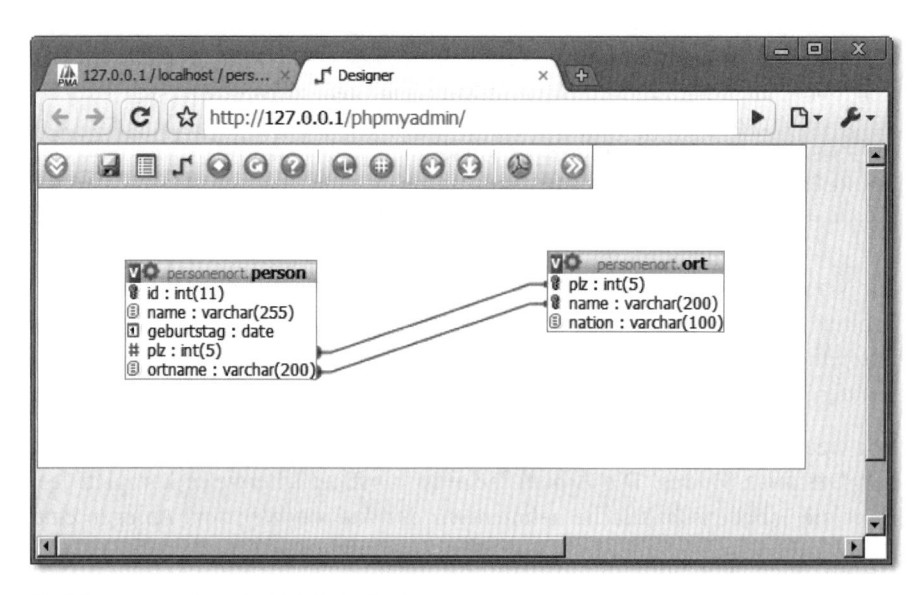

Abbildung 12.13 Der phpMyAdmin Designer

XML hat sich als Datenaustausch- und mitunter auch als Speicherformat durchgesetzt. Die Vielzahl an XML-Sprachen durchzieht die heutige IT und findet auch in PHP und MySQL Anwendung.

13   Extensible Markup Language

XML spielt heutzutage eine enorm große Rolle, denn die Spezifikation vieler Sprachen fußt heutzutage auf Basis der »erweiterbaren Auszeichnungssprache«. Darunter finden sich, um nur einige bekannte Vertreter der Gattung zu nennen:

- ODF (Open Document Format)
- RSS (Really Simple Syndication [RSS 2.0])
- SVG (Scalable Vector Graphics)
- SOAP (Simple Object Access Protocol)

Und so ist der Umgang mit bzw. die Kenntnis von XML beim Thema Datenaustausch für Entwickler obligatorisch. Im Folgenden geben wir eine Einführung in wissenswerte Grundlagen von XML und darauf aufbauend XPath, eine Sprache zum gezielten Zugriff auf Teile eines XML-Dokuments.

Danach zeigen wir, wie XML in PHP und MySQL verwendet wird. So kommen wir zum einen auf die Erweiterung SimpleXML zu sprechen, die in PHP zum Auslesen und zur Manipulation von XML-Dokumenten genutzt wird. Zum anderen demonstrieren wir, wie sich XML in MySQL importieren, daraus exportieren und im gespeicherten Zustand abfragen lässt.

13.1   XML-Grundlagen

Zu Beginn dieses Buches sind wir auf HTML eingegangen. Wie HTML ist auch XML ein Ableger von SGML. Jedoch besteht ein großer Unterschied: Während HTML eine Anwendung von SGML ist, also für den speziellen Gebrauch eine Reihe von Tags definiert (z. B. `<h1>`, `<input>` oder `<body>`), übernimmt XML lediglich eine Untermenge der Syntax und macht damit die Stärken einer generalisierten Auszeichnungssprache ohne deren Komplexität zugänglich – die Definition von SGML umfasst etwa 500 Seiten, das Gegenstück für XML kommt mit 25 Seiten aus. Auf dieser Basis lassen sich Anwendungen wie die eingangs aufgelisteten Beispiele definieren.

Syntaktisch gelten die gleichen Regeln, wie wir sie für HTML zusammengefasst haben. Zusätzlich kann es definitionsgemäß immer nur ein Wurzelelement geben. Bei HTML ist dies `<html>`. Sofern all diese Regeln eingehalten werden, spricht man von *wohlgeformtem* XML. Diese Eigenschaft bezieht sich demnach nur auf die syntaktische Richtigkeit des Dokuments.

Der Sprachumfang jeder XML-Anwendung ist eindeutig definiert. Es existieren Schablonen in Form von beispielsweise DTD (Document Type Definitions) bzw. XML-Schema-Dateien. Bei Letzteren handelt es sich selbst um eine XML-Anwendung. Darin wird festgelegt, welche Elemente vorkommen dürfen, und es werden hier deren Reihenfolge, Häufigkeit und hierarchische Beziehung zueinander geregelt.

Hier ein Beispiel für eine DTD für XHTML, den XML-konformen Nachfolger von HTML 4 (siehe Listing 13.1). Die gesamte DTD würde den hier gerechten Rahmen innerhalb des Buches sprengen, insofern umfasst das Beispiel nur die Elemente der oberen zwei Stufen:

```
<!ELEMENT html (head, body)>
<!ATTLIST html
  %i18n;
  xmlns %URI; #FIXED 'http://www.w3.org/1999/xhtml'
>
<!ENTITY % head.misc "(script|style|meta|link|object)*">
<!ELEMENT head (%head.misc;,
  ((title, %head.misc;, (base, %head.misc;)?) |
  (base, %head.misc;, (title, %head.misc;))))>
<!ATTLIST head
  %i18n;
  profile %URI; #IMPLIED
>
<!ELEMENT body %Block;>
<!ATTLIST body
  %attrs;
  onload %Script; #IMPLIED
  onunload %Script; #IMPLIED
>
```

Listing 13.1 Ausschnitte aus der XHTML-DTD

Dieses Beispiel stammt aus einer von drei DTDs, die XHTML beschreiben (strict, transitional und frameset), einsehbar auf den Seiten des World Wide Web Consortiums. Das Beispiel in Listing 13.1 ist der DTD strict entnommen.

Ohne zu sehr ins Detail zu gehen, gehen wir die Grundstruktur einmal durch. Zuerst wird ein Element (<!ELEMENT...) mit dem Namen html definiert. Ferner wird festgelegt, dass auf der folgenden Hierarchiestufe nur die beiden Elemente head und body existieren dürfen. Dies ist die elementarste aller möglichen Regeldefinitionen in einer DTD. Es folgt die Festlegung der Attribute (<!ATTLIST...) für html, dann für die Folgeelemente. Nach und nach entsteht auf diese Weise eine Baumstruktur, die sich vom Beginn bis zum Ende nachverfolgen lässt. Detailverliebten sei hier der Link *http://www.w3.org* zum Nachlesen ans Herz gelegt.

Ein XML-Dokument, das wohlgeformt ist, einen Verweis auf eine dieser Schablonen enthält und sich darüber hinaus inhaltlich nach dieser Vorlage richtet, ist *gültig*.

> **Hinweis**
>
> Die Gültigkeit von XML-Dokumenten lässt sich durch Validatoren überprüfen. Im Internet existieren leicht auffindbare, frei verfügbare Validatoren für HTML/XHTML und DTD/XML Schema, mit denen sich online prüfen lässt, ob eine Datei oder eine Webseite valide ist.

XML-Dateien enthalten Textinformationen und sind somit auch für Menschen leicht lesbar, sofern man sich nicht von dem mehr oder weniger großen Anteil von Tags verwirren lässt. Binäre Informationen werden darüber nicht transportiert. Die Interpretation der Inhalte obliegt den verarbeitenden Programmen. So können ein und dieselben numerischen Daten in einer XML-Datei z. B. als Tabelle oder Grafik auf den Monitor oder zu Papier gebracht werden.

13.2 XPath

XPath gehört zu einer Reihe von Behelfssprachen, die die komfortable Handhabung von Informationen in XML-Dateien sicherstellen soll. Wie viele andere Behelfssprachen dieses Bereichs ist es ein W3C-Standard. XPath-Ausdrücke adressieren Mengen von Elementen in der baumartigen XML-Struktur, wodurch sich diese gezielt selektieren lassen. Dies machen sich weitere XML-relevante Sprachen wie XSLT sowie auch Programmiersprachen und Programme wie PHP und MySQL zunutze.

Für alle weiteren Beispiele dieses Abschnitts definieren wir im Folgenden ein XML-Dokument. Es umfasst Elemente in geschachtelter Form sowie eine Reihe von Attributen. Das Format ist generisch, was sich im Wurzelelement mit dem vielsagenden Namen `resultset` und den direkten Abkömmlingen `row` zeigt. Um es vorwegzunehmen, dieses XML ist zum Teil mit den MySQL-Bordmitteln aus einer relationalen Tabelle exportiert worden. Inhaltlich stellt es eine Auflistung von Abteilungen eines Unternehmens dar. Eine Abteilung wird definiert durch ihre Kennung (`dept_no`) und ihren Namen (`dept_name`), wie es Listing 13.2 veranschaulicht.

```xml
<?xml version="1.0"?>
<resultset statement="SELECT * FROM departments LIMIT 3"
  xmlns="http://www.w3.org/2001/XMLSchema-instance">
  <row>
    <field name="dept_no">d001</field>
    <field name="dept_name">Marketing</field>
    <field name="dept_staff">10</field>
  </row>
  <row>
    <field name="dept_no">d002</field>
    <field name="dept_name">Finance</field>
    <field name="dept_staff">4</field>
  </row>
  <row>
    <field name="dept_no">d003</field>
    <field name="dept_name">Human Resources</field>
    <field name="dept_staff">6</field>
  </row></resultset>
```

Listing 13.2 Abteilungen in einem generischen XML-Format

XPath-Ausdrücke bestehen aus Pfadangaben – wie der Name schon sagt –, ähnlich wie Sie sie von Ihrem eigenen Betriebssystem her kennen:

/usr/local/var/lib/ (Linux und Mac OS X)

C:\Programme\apache (Windows)

Gelesen werden sie auf bekannte Art von links nach rechts. XPath-Pfadangaben orientieren sich dabei mehr an der Schreibweise aus der Unix-Welt. Das bedeutet: Ein Ausdruck, der an der Wurzel eines XML-Dokuments anfängt, das heißt ein absoluter Ausdruck, beginnt mit einem Slash (/). Darauf folgen gemäß der Hierarchie die einzelnen Elemente, abermals getrennt durch Slashes. Bezogen auf unser Beispiel, navigieren wir auf Datensatzebene wie folgt – das heißt, wir selektieren alle `row`-Elemente:

```
/resultset/row
```

> **Toolunterstützung**
>
> XPath-Ausdrücke für XML-Dateien lassen sich ohne großen Aufwand visualisieren. Folgende Auswertungen wurden allesamt durch das Firefox-Add-on »XPath Checker« validiert.

Bei tief verschachtelten XML-Dokumenten kann das zu langen Ausdrücken führen, was besonders bei guter Kenntnis der XML-Struktur nervig ist. Alternativ lässt sich eine Pfadangabe aber auch abkürzen, nämlich mit einem doppelten Slash (//):

`/resultset//field`

Dies selektiert alle Elemente mit dem Namen `field`. Ausgangspunkt ist jedoch die aktuelle Position in der Hierarchie des Dokuments, sprich das Element, das durch den bisherigen Ausdruck selektiert wurde. In unserem Beispiel betrachten wir also nur Elemente unterhalb von `resultset`. Mit dem doppelten Slash überspringen wir beliebig viele Hierarchiestufen, das bedeutet, ein direkter Abkömmling wird ebenso selektiert wie ein Element, das sich in der Dokumentenhierarchie »weit« entfernt befindet.

Die Reihenfolge von Elementen in einem XML-Dokument ist nicht wahllos austauschbar. Würden wir in unserem Beispiel das `dept_name` vor dem `dept_no` führen, hätten wir de facto ein anderes XML-Dokument. Dies schlägt sich bei XPath in Prädikaten nieder. *Prädikate* dienen dazu, eine selektierte Menge an Elementen weiter einzugrenzen. So können wir u. a. nur das zweite `field`-Element jeder `row` selektieren, indem wir das Prädikat 2 verwenden:

`/resultset/row/field[2]`

Das Ergebnis dieses XPath-Ausdrucks ist dann die Menge der Strings »Marketing«, »Finance« und »Human Resources«. Durch Prädikate legen wir also Bedingungen fest, zu erkennen an den eckigen Klammern, die die Prädikate immer umfassen. Dabei können wir sowohl direkte Indizes der Elemente angeben, wie bei `field[2]` geschehen, als auch die XPath-Funktionen nutzen:

`/resultset/row/field[position()>1]`

Die Funktion `position()` ermittelt den Index eines Elements. Mit diesem Ausdruck ermitteln wir demnach alle `field`-Elemente bis auf die ersten. Dagegen finden wir mit

`/resultset/row/field[last()-1]`

genau das vorletzte `field`-Element pro `row`.

Auf die gleiche Art können wir auch auf die Elemente oder deren Attribute selbst eingrenzen:

```
/resultset/row[field[2]='Finance']
//field[@name='dept_name']
//row[field[@name='dept_name']='Finance']
```

Das Ergebnis des ersten Ausdrucks ist nicht etwa das Element field, sondern das darüberliegende row. Das field wurde lediglich zur Eingrenzung benutzt. Im zweiten Ausdruck hingegen werden alle field-Elemente gefunden, die die Abteilungsnamen enthalten. Mit dem Klammeraffen (@) im Prädikat werden Attribute namentlich angesprochen. Dass sich diese beiden ersten Ausdrücke auch miteinander kombinieren lassen, zeigt das letzte Beispiel. Gesucht sind alle row-Elemente, unter denen ein field='Finance' als Abteilungsname existiert.

Wie selbstverständlich haben wir in den bisherigen Ausdrücken das Gleichheitszeichen eingesetzt. Dies ist, wie Sie sich denken können, nicht der einzige Operator, der Ihnen in Prädikaten zur Verfügung steht. Neben den Vergleichsoperatoren stehen arithmetische und logische Operatoren bereit, wie Tabelle 13.1 zeigt.

Arithmetische Operatoren	Vergleichsoperatoren	Logische Operatoren
+	=	or (in Prädikaten)
-	!=	and (in Prädikaten)
*	>	| (in Ausdrücken)
div	>=	
mod	<	
	<=	

Tabelle 13.1 XPath-Operatoren

Die Operatoren haben in der Regel die gleiche Bedeutung wie in PHP oder MySQL. Eine Besonderheit ist jedoch der Divisionsoperator; da der Slash in XPath schon mit einer anderen Aussage belegt ist, wird für die Division die Abkürzung div benutzt:

```
//row[field[3] > 10 div 2]
```

Wir wollen in diesem Fall jedoch keine Wertung der fachlichen Aussage vornehmen. Ferner existiert der logische Vereinigungsoperator zweifach. Zum einen können wir Prädikate mit einem or verbinden, wenn wir beispielsweise die Marketing- und die Finance-Abteilung gemeinsam auswerten möchten. Zum anderen können wir ganze Ausdrücke vereinigen, wie etwa die jeweils ersten und letzten field-Elemente einer row:

```
//row[field='Marketing' or field='Finance']
//field[1] | //field[last()]
```

13.3 SimpleXML

SimpleXML ist eine PHP-Erweiterung, mit der sich XML einlesen, durchsuchen, manipulieren und exportieren lässt. Dazu wird importiertes XML als Objekt der Klasse `SimpleXMLElement` dargestellt und über eine festgelegte Schnittstelle in Form von Methoden verändert. Um eine Instanz der Klasse zu erstellen, können entweder der klasseneigene Konstruktor oder eine der folgenden prozeduralen Funktionen bemüht werden:

- `simplexml_import_dom`
- `simplexml_load_file`
- `simplexml_load_string`

Das Eingabeformat der drei Funktionen mag unterschiedlich sein, der Rückgabewert ist jedoch bei allen drei identisch. Entweder wird ein Objekt der gewünschten Klasse geliefert oder `false`.

Die Funktion

> mixed **simplexml_import_dom**(object $dom [, string $klasse])

greift auf Objekte der PHP-DOM-Erweiterung (*Document Object Model*) zurück. Die beteiligte Klasse `DOMDocument` arbeitet ähnlich wie SimpleXML und liest DOM-fähige Strukturen wie etwa HTML oder XML ein. DOM ist ein übergreifendes Thema und soll hier nicht weiter im Fokus unserer Betrachtung stehen. Wir übernehmen lediglich eine Instanz der Klasse und erzeugen daraus ein SimpleXML-Objekt. Dazu geben wir als ersten, obligatorischen Parameter das Objekt `$dom` an.

```
<?php
$html = '<html><head></head><body>Text</body></html>';
$dom = new DOMDocument;
$dom->loadXML($html);
$sxml = simplexml_import_dom($dom);
var_dump($sxml);
/* Ausgabe:
object(SimpleXMLElement)#2 (2) {
  ["head"]=>
  object(SimpleXMLElement)#3 (0) {
  }
  ["body"]=>
```

```
   string(4) "Text"
}*/
?>
```

Listing 13.3 SimpleXML aus DOM-Strukturen

Listing 13.3 geht davon aus, dass wir bei der Erzeugung des DOM-Objekts auf keinen Fehler stoßen. Entsprechende Sicherungsstrukturen sind einzubauen. Bei der Ausgabe des Objekts `$sxml` fällt auf, dass die Bestandteile der XML-Datei als jeweils verschachtelte SimpleXML-Objekte gespeichert sind, so beispielsweise der head-Teil. Lediglich die Blätter im XML-Baum werden als skalare Werte vom Typ String im Hauptspeicher gehalten. Dies ist im Beispiel bei body der Fall.

Der zweite, optionale Parameter der Funktion, `$klasse`, kann dafür verwendet werden, eine von SimpleXMLElement abweichende Klasse für das neu entstehende Objekt zu spezifizieren. Bedingung ist jedoch, dass `$klasse` von SimpleXML-Element abgeleitet ist (... **extends** SimpleXMLElement...). Sobald Sie dort eine falsche oder nicht existente Klasse angeben, quittiert PHP dies mit einer E_WARNING.

> **CD-ROM zum Buch**
> Die Definition einer benutzerdefinierten Klasse für die Behandlung von XML als Objekt wird im Showroom auf der Buch-CD in Form eines Beispiels näher beschrieben.

Die weiteren beiden Funktionen gleichen sich im Aufruf und in der Arbeitsweise sehr:

*mixed **simplexml_load_file**(string $datei [, string $klasse*
   [, int $optionen [, string $ns [, bool $is_prefix]]]])
*mixed **simplexml_load_string**(string $daten [, string $klasse*
   [, int $optionen [, string $ns [, bool $is_prefix]]]])

Der einzige Unterschied besteht im ersten Parameter: Bei simplexml_load_file wird für `$datei` selbstverständlich ein Pfad zu einer Datei erwartet, bei simplexml_load_string muss der wohlgeformte XML-Inhalt für `$daten` bereits als Stringvariable vorliegen.

Als zweiter Parameter `$klasse` lässt sich wiederum eine benutzerdefinierte, abgeleitete Klasse angeben, als deren Instanz der XML-Inhalt erzeugt werden soll. Bis wir die Methoden der Klasse vollends beschrieben haben, belassen wir es in den folgenden Beispielen jedoch bei der Standardeinstellung.

Hinter den `$optionen` verbergen sich Konstanten der XML-Bibliothek *libxml*, die in PHP an mehreren Stellen eingesetzt wird. Neben SimpleXML kommt sie beispielsweise auch bei der DOM-Erweiterung zum Tragen. Viele der 15 vorhandenen Konstanten sind für den Einsatz in SimpleXML nicht primär von Belang, deshalb finden sie hier keinerlei weitere Beachtung. Sie sind jedoch in der PHP-Sprachreferenz im *libxml*-Abschnitt beschrieben.

Als Letztes kommen die beiden optionalen Parameter $ns und $is_prefix zum Einsatz. In $ns lässt sich ein XML-Namensraum für das einzulesende Dokument bzw. den String definieren. Dieser kann dann im Folgenden im Rahmen von XPath-Abfragen verwendet werden. Alternativ können Sie in diesem Parameter auch einen URI (*Uniform Resource Identifier* – ein eindeutiger Bezeichner für abstrakte Ressourcen) angeben. Je nachdem, ob in $ns direkt ein Namensraum definiert ist oder nicht, enthält das zusätzliche $is_prefix ein TRUE oder FALSE.

In der Praxis erweist sich ein einfacher Aufruf der beiden Funktionen als probates und solides Mittel, wie Listing 13.4 zeigt.

```
<?php
$string = <<<XML
<?xml version="1.0"?>
<resultset statement="SELECT * FROM departments"
  xmlns="http://www.w3.org/2001/XMLSchema-instance">
  <row>
    <field name="dept_no">d001</field>
    <field name="dept_name">Marketing</field>
  </row>
</resultset>
XML;
$sxml = simplexml_load_string($string);
echo $sxml->asXML();
?>
```

Listing 13.4 SimpleXML aus Dateien oder Variablen einlesen

Auf welche Weise auch immer wir ein SimpleXML-Objekt erzeugen, wir traversieren durch die XML-Struktur mit der gewöhnlichen objektorientierten Syntax von PHP. Nehmen wir unsere Abteilungen aus dem Standardbeispiel: Textinhalte eines einmal erstellten SimpleXML-Objekts lassen sich direkt auslesen. So bringt uns

```
echo $sxml->row[2]->field[1];
```

den Namen der Abteilung »Human Resources« auf den Bildschirm. Für alle, die nach der Lektüre von Abschnitt 13.2, »XPath«, eher ein »d002« erwartet hätten, sei noch einmal wiederholt, dass XPath die Nummerierung der Elemente zwar mit 1 beginnt, ein Index in PHP jedoch immer bei 0 startet.

Genauso gut können wir die Werte in den XML-Elementen auch manipulieren:

```
$sxml->row[2]->field[1] = "HR";
```

Dies macht aus »Human Resources« die Abkürzung »HR« – jedoch nur in der Version im Hauptspeicher; es hat vorerst keine Auswirkungen auf die physische Ursprungsdatei.

Nun kann es vorkommen, dass sich in den Elementnamen eines XML-Dokuments Zeichen befinden, die den Richtlinien zur Objektbezeichnung in PHP widersprechen. Dies ist beispielsweise der Fall, wenn ein Elementname einen Bindestrich enthält. Gemäß den XML-Namensregeln spricht nichts gegen ein Element namens `<Hans-Peter>`, aber PHP erlaubt kein gleichnamiges Objekt. Für solche Situationen besteht die Ausweichlösung, entsprechende Strings als Zeichenketten in geschweiften Klammern zu schreiben. Dies mag zwar in Programmieraugen komisch aussehen, funktioniert jedoch anstandslos:

```
echo $xml->{'Hans-Peter'};
```

Im Weiteren werfen wir einen detaillierten Blick auf die Methoden der Klasse `SimpleXMLElement`. Die Klasse ist in Abbildung 13.1 als UML-Diagramm dargestellt.

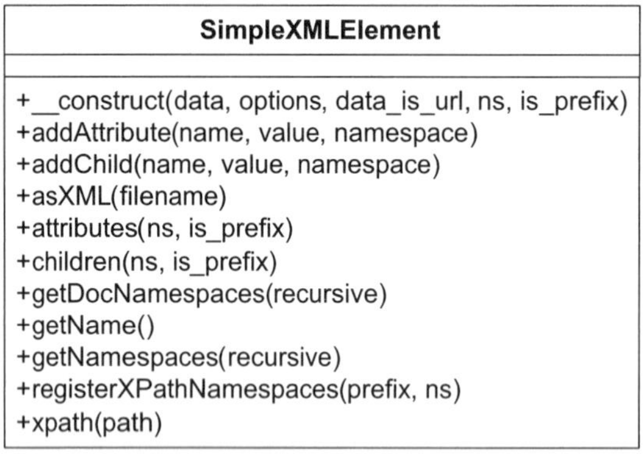

SimpleXMLElement
+__construct(data, options, data_is_url, ns, is_prefix) +addAttribute(name, value, namespace) +addChild(name, value, namespace) +asXML(filename) +attributes(ns, is_prefix) +children(ns, is_prefix) +getDocNamespaces(recursive) +getName() +getNamespaces(recursive) +registerXPathNamespaces(prefix, ns) +xpath(path)

Abbildung 13.1 UML-Diagramm der Klasse »SimpleXMLElement«

Die Methoden lassen sich in informierende, manipulierende und exportierende klassifizieren. Informierende Methoden geben Auskunft über die aktuelle Struktur. Sie lassen sich weiter unterscheiden in solche, die sich auf das gesamte XML-Dokument beziehen, und im Gegensatz dazu in diejenigen, die auf einzelne Elemente anzuwenden sind. Manipulierende Methoden verändern den XML-Inhalt, genauer gesagt dessen DOM-Struktur, indem Elemente oder Attribute hinzugefügt werden. Exportierende Methoden hingen tragen dafür Sorge, dass das XML im Hauptspeicher in eine physische Datei geschrieben wird.

Informierende Methoden auf Elementebene

Die erste informierende Methode, die auf Elementebene greift, ist

*string **getName**(void)*

Mit ihr lässt sich die Elementbezeichnung als String ermitteln. Es handelt sich dabei, anders als beim vorigen Statement, nicht um eine Ausgabe des skalaren Elementinhalts, sofern er existiert – bei <name></name> ist dies beispielsweise nicht der Fall. Der Name eines Elements existiert hingegen immer, ein </> kann es definitionsgemäß nicht geben. Wird diese Funktion auf das Objekt selbst angewendet, liefert sie den Namen des Wurzelknotens, ansonsten den Namen des aktuellen Elements:

```
$sxml->getName() //liefert "resultset"
$sxml->row[1]->getName() // liefert "row"
```

Diese Funktion wird umso aussagekräftiger, wenn man sie mit weiteren Methoden kombiniert, beispielsweise mit

*object **children**([string $ns [,bool $is_prefix]])*

die die direkten und indirekten Kindknoten für das aktuelle Element zurückgibt. Über das Rückgabeobjekt lässt sich dann iterieren, wobei die vorige Methode getName() wieder ins Spiel kommt:

```
foreach($sxml->children() as $obj){
  echo $obj->getName();
}
```

Durch Iteration der Kind-Elemente wird uns im Beispielfall dreifach der Name »row« auf den Bildschirm gebracht.

Wo die Abfrage auf Kind-Elemente besteht, existiert natürlich auch eine Funktionalität, die auf die Attribute des aktuellen Elements abzielt. Wenig überraschend heißt die dafür zuständige Methode

*object **attributes**([string $ns [,bool $is_prefix]])*

Die Anwendung der Methode gestaltet sich wie erwartet analog zu children().

```
foreach($sxml->row[0]->field[0]->attributes() as $obj){
  echo $obj->getName()."=".$obj;
}
```

Das vorige Beispiel offenbart, dass die Methode `getName()` zu mehr fähig ist als nur zum Ausgeben von Elementbezeichnungen. Zwischen Elementen und Attributen wird hier kein Unterschied gemacht. Und so bringt uns die foreach-Schleife den Namen und den Wert des einzigen vorhandenen Attributs auf den Schirm:

```
name=dept_no
```

Allein mit diesen drei vorgestellten Methoden lässt sich ein XML-Dokument auf ansehnliche Art und Weise inklusive der Attribute im Browser anzeigen. Zwar existiert bei aktuellen Browsern standardmäßig für geladenes XML eine geeignete Darstellungsform; nur haben wir im selbstprogrammierten Fall mehr Kontrolle über das Ergebnis.

```php
<?php
function recursiveXML(SimpleXMLElement $xml){
  echo "&lt;".$xml->getName();
  foreach($xml->attributes() as $att){
    echo " ".$att->getName().'="'.$att.'"';
  }
  echo "&gt;";
  echo $xml;
  foreach($xml->children() as $obj){
    recursiveXML($obj);
  }
  echo "&lt;/".$xml->getName()."&gt;";
}
recursiveXML($sxml);?>
```

Listing 13.5 Ausgabe von XML mit Basismitteln

Zugegeben: Das Ergebnis dieser Minimalversion, wie sie Listing 13.5 zeigt, ist nicht das schönste. Weder werden Zeilenumbrüche oder Zeichenvorschübe ausgegeben noch besteht eine hilfreiche Einfärbung der Dokumentteile, so wie man es von dem Standard-Parser gewohnt ist. Auf der Buch-CD haben wir das Skript noch weiter »aufgehübscht«. Unser manuelles XML wird nun im Browser direkt inklusive der gewünschten Syntax ausgegeben. Dafür haben wir mit den Sonderzeichen `&lt;` und `&gt;` gesorgt. Wer jedoch syntaktisch korrektes XML benötigt, um beispielsweise eine Schnittstelle zu beliefern, der erreicht mit minimalen Änderungen, dass die Sonderzeichen wieder durch spitze Klammern ersetzt werden. Zusätzlich hilfreich ist die Angabe eines Headers, der den Inhalt als XML kennzeichnet:

```php
header('Content-type: application/xml');
```

Das Wesentliche wird jedoch deutlich: Eine Rekursion und zwei Schleifen helfen uns durch die gesamte Traversion der XML-Datei. Alles Weitere ist Beiwerk. Zuerst öffnen wir das Element und nutzen die erste Schleife, um alle Attribute darin unterzubringen. Die Reihenfolge der Attribute bestimmt dabei der Aufbau des Objekts selbst. Im Folgenden übernehmen wir jedoch manuell die Kontrolle über die Ausgabenordnung. Bevor die Knoten der darauf folgenden Hierarchiestufen an der Reihe sind, geben wir zuerst noch den skalaren Inhalt des Objekts aus. Die zweite Schleife startet die Rekursion für jedes Unterelement.

> **Exkurs: SAX statt DOM**
>
> Wann immer Sie eine XML-Datei sequentiell von Anfang bis Ende durchlaufen wollen, eignet sich das ereignisgesteuerte SAX hervorragend. Ereignisse sind für einen SAX-Parser beispielsweise das Öffnen und Schließen eines Elements oder das Auftreten eines Attributs. Auf Ereignisse reagiert ein SAX-basiertes Programm mit vom Entwickler definierten Routinen. PHP unterstützt SAX im Rahmen von XSLT-Funktionen.

Die letzte auf Elementebene arbeitende Methode der Klasse ist

> int **count**(void)

Mit ihr geben Sie die Anzahl der Kind-Elemente für den aktuellen XML-Knoten aus. Das ganzzahlige Ergebnis bewegt sich immer im positiven Bereich einschließlich der 0.

```
echo $sxml->count( ) //ergibt 3
echo $sxml->row[0]->field[0]->count( ) //ergibt 0
```

Informierende Methoden auf Dokumentenebene

Methoden auf Dokumentebene beziehen sich in erster Linie auf die Namensräume, die in XML-Dokumenten deklariert sind. Doch nicht nur; letztlich – und mit einem rückwärts gerichteten Blick auf Abschnitt 13.2, »XPath« – lassen sich auch mit PHP Pfadangaben auswerten.

Namensräume lassen sich in beliebigen Elementen eines XML-Dokuments deklarieren; ihre Gültigkeit erstreckt sich über alle geschachtelten Knoten, sofern es sich um einen unbenannten, das heißt nicht mit einem Präfix versehenen Namensraum handelt. Alternativ können Namensraumdeklarationen mit und ohne Präfix auch im Wurzelelement erfolgen. Gültigkeit erlangen diese unbenannten Räume erst und nur mit der Verwendung des Präfixes.

Die deklarierten Namensräume eines Dokuments werden über

> array **getDocNamespaces**([bool $rekursiv])

zurückgegeben. Der einzige, optionale Parameter $rekursiv gibt an, ob nur die Namensräume des Wurzelelements in Betracht gezogen werden sollen oder alle Namensräume auch aus verschachtelten Knoten. In Voreinstellung ist er auf false gesetzt. Die Ausgabe erfolgt als assoziatives Array. Dabei ist es egal, in welchem Kontext, das heißt von welchem Knoten des XML-Objekts, die Methode aufgerufen wird, das Ergebnis bezieht sich auf das aktuelle Dokument und ist immer gleich:

```
var_dump($sxml->getDocNamespaces(true));
var_dump($sxml->row[0]->getDocNamespaces(true));
var_dump($sxml->row[0]->field[1]->getDocNamespaces(true));
/* Ausgabe:
array(1) {
  [""]=>
  string(41) "http://www.w3.org/2001/XMLSchema-instance"
}
*/
```

Im Gegenzug dazu bezieht sich

> array **getNamespaces**([bool $rekursiv])

ausschließlich auf die Namensräume, die auch wirklich Verwendung finden. Unbenannte Namensräume haben durch ihre Definition auf jeden Fall Gültigkeit. Ihre benannten Gegenstücke werden hier nur gelistet, wenn mindestens ein Element oder Attribut darauf zurückgreift. Dabei ist der aufrufende Kontext nicht egal: Je nach Kontext und Ort der Definition eines Namensraumes unterscheidet sich die Ausgabe bei $rekursiv=FALSE. Nur wenn der Namensraum im Kontext gültig ist, taucht er auch im Rückgabearray auf.

Bezug nehmend auf XPath fungiert die Methode

> bool **registerXPathNamespace**(string $ns, string $prefix)

als Behelfsfunktion, mit der sich Präfixe »nachträglich« für bestehende Namensräume registrieren lassen. Diese Präfixe lassen sich dann in darauf folgenden XPath-Ausdrücken innerhalb von SimpleXML verwenden. Der Namensraum ist nach Anwendung der Methode unter mehreren Präfixen adressierbar. Sinnvoll ist dies besonders dann, wenn Sie bestehenden XPath-Code zuverlässig verwenden wollen, das heißt, wenn Sie sich nicht sicher sein können, ob der gewünschte Namensraum aktuell und dauerhaft im XML-Dokument deklariert ist.

Die XPath-Ausdrücke, wie wir sie im vorigen Abschnitt eingeführt haben, können mit der Methode

> array **xpath**(string $ausdruck)

auf das SimpleXML-Objekt »losgelassen« werden. Zu beachten bleibt dabei, dass der obligatorische alphanumerische Parameter `$ausdruck` durchaus Anführungsstriche enthalten kann. In diesem Fall gilt die bekannte Vorgehensweise, um mit den Stringbegrenzern der Variablen nicht in Konflikt zu kommen: Entweder wählen Sie zur Stringbegrenzung andere Anführungsstriche, das heißt doppelte, wenn im XPath einfache benutzt werden, und umgekehrt. Oder Sie maskieren die enthaltenen Anführungsstriche.

> **XPath in PHP**
>
> Auch in der DOM-Erweiterung ist XPath-Support enthalten. Diesen Aspekt lassen wir hier jedoch aus. Interessierte Leser seien auch an dieser Stelle wieder auf *http://docs.php.net* verwiesen.

Wie erwähnt, funktionieren alle XPath-Beispiele aus dem vorigen Abschnitt auch exakt genau so mit SimpleXML. Statt dies hier zu repetieren, wählen wir uns ein handlicheres XML-Fragment, um den gemeinsamen Einsatz von `xpath()` und `registerXPathNamespaces()` zu demonstrieren (siehe Listing 13.6).

```
<?php
$string = <<<XML
<?xml version="1.0"?>
<resultset statement="SELECT * FROM departments"
  xmlns:mysql="http://www.mysql.com">
  <mysql:row>
    <field name="dept_no">d001</field>
  </mysql:row>
</resultset>
XML;
$sxml = simplexml_load_string($string);
$sxml->registerXPathNamespace('ns','http://www.mysql.com');
$ergebnis = $sxml->xpath("//ns:row");
var_dump($ergebnis);
?>
```

Listing 13.6 XPath mit SimpleXML

Das XML liegt in der bekannten Struktur vor. Wie erwähnt, handelt es sich dabei um einen Export von MySQL in XML-Form. Insofern haben wir auch einen (fiktiven) Namensraum `mysql` eingeführt, dem das Element `<row>` angehört. Ohne die Zuweisung von `ns` mittels `registerXPathNamespace()` zum Objekt schlägt die XPath-Abfrage mit der Warnung fehl, dass ein unbekannter Namensraum enthalten ist. Der URI des zusätzlich eingefügten Namensraumes muss exakt dem ursprünglichen entsprechen. Schon ein ungewollt eingefügtes Leerzeichen oder die Verwendung von `https://` statt `http://` führt dazu, dass es sich bei »ns« und »mysql« nicht mehr um Synonyme handelt. In diesem Fehlerfall enthielte die Variable `$ergebnis` ein leeres Array. Nur bei identischen URIs ist die synonyme Verwendung in XPath möglich.

Manipulierende Methoden

Da es kein großer Aufwand ist, Inhalte aus einem SimpleXML-Objekt abzufragen, verwundert es auch nicht, dass sich in XML mit

```
$sxml->row[3] = "Organisation";
```

oder

```
$sxml->{'Hans-Peter'} = "";
```

neue Knoten hinzufügen lassen. Die saubere Methode zur Erweiterung des DOM-Baumes ist jedoch diejenige, die beiden dafür vorgesehenen Methoden für Elemente und Attribute zu benutzen. Diese führen die Operationen in einem strukturierten Prozess durch und sind darüber hinaus in der Lage, bei der Erweiterung entsprechende Namensräume zu definieren.

Elemente werden mit einem Aufruf der Methode

> void **addChild**(string $name [, string $wert [, string $ns]])

erzeugt. Bezugspunkt ist ein Knoten im bestehenden SimpleXML-Objekt. Dies kann der Wurzelknoten oder eines der hierarchisch darunterliegenden Elemente sein. Obligatorisch ist nur die Angabe eines Namens als erster Parameter `$name`. Ohne weitere Parametrisierung wird ein leeres Element erstellt. Beachten Sie dabei die Namenskonventionen für XML. SimpleXML implementiert anscheinend nicht die Regeln für die Namensvergabe in XML. So ist es ohne weiteres möglich, in PHP ein Element mit dem Namen `12row` anzulegen, das erst beim standardmäßigen Syntaxcheck, den jeder aktuelle Browser beim Anzeigen von XML ausführt, moniert wird.

Mit dem zweiten Parameter `$wert` lässt sich der Inhalt des Elements als Zeichenkette festlegen. Die Korrektheit des Datentyps wird für skalare Typen durch Casting sichergestellt. Objekte machen hingegen Schwierigkeiten. Während ein Objekt der Klasse `SimpleXMLElement` noch reibungslos durchläuft, ist PHP ein Objekt einer anderen Klasse immerhin eine `E_WARNING` wert. Beachten Sie bitte, dass XML-Fragmente, die als String in ein bestehendes SimpleXML-Objekt eingefügt werden, dementsprechend HTML-codiert werden. PHP geht nicht davon aus, dass diese Sonderzeichen und nicht XML darstellen.

Als Letztes dient der dritte Parameter `$ns` dazu, dem neu entstehenden Knoten einen unbenannten Namensraum zuzuweisen. Dies resultiert bei Konvertierung in einen XML-String in dem bekannten Attribut `xmlns`. Ausschließlich wenn der Parameter `$name` inklusive Namensraumpräfix spezifiziert wird, führt die Angabe des dritten Parameters `$ns` zu einem benannten Namensraum.

Hier folgen einige gültige – sprich fehlerlose – Beispiele für die Anwendung von `addChild()`:

```
$sxml->addChild('row','1234');
$sxml->addChild('row',5678,'http://www.example.net');
$sxml->addChild('ns:row',90,'http://www.example.net');
$sxml->addChild('row',FALSE);
```

Im ersten Fall fügen wir einen String hinzu, der genau so übernommen wird. Daraufhin tun wir das Gleiche mit einer Zahl, die problemlos in einem String gecastet wird. Darüber hinaus enthält das neue Element das Attribut `xmlns` mit der spezifizierten Adresse:

```
<row xmlns="http://www.example.com">5678</row>
```

Im dritten Beispiel erhalten wir einen benannten Namensraum `ns`. Das Attribut `xmlns` wird dementsprechend erweitert:

```
<ns:row xmlns:ns="http://www.example.com">90</ns:row>
```

Beim booleschen Wert wird auch eine Datentypumsetzung vorgenommen. Das `FALSE` führt zu einem leeren String und folglich zu einem leeren Element. Ein `TRUE` verkäme an dieser Stelle zu der Zeichenkette »1«.

Attribute werden analog über die Methode

*void **addAttribute**(string $name [, string $wert [, string $ns]])*

zu einzelnen bestehenden Elementen hinzugefügt. Sie verhält sich sehr ähnlich zu ihrem Elementgegenstück. Unter `$name` wird die Bezeichnung und optional unter `$wert` der Inhalt angegeben. Die Angabe eines Namensraumes in `$ns` erzwingt jedoch, dass der Name inklusive Namensraumpräfix spezifiziert wurde. Ansonsten ignoriert PHP diese Information, um nicht fälschlich einen Namensraumkonflikt des Elements mit den Attributen herbeizuführen. Nachfolgend ein Code, der dieses Verhalten verdeutlichen soll:

```
$sxml->row[0]->addAttribute('xyz',1234);
```

Dies erstellt ein simples Attribut. Das Element sieht danach wie folgt aus:

```
<row xyz="1234">
```

Zu beachten ist allerdings außerdem, dass der Wert von einer Zahl in einen String gecastet worden ist.

```
$sxml->row[1]->addAttribute('xyz',1234,'http://www.example.de');
```

Dies erzeugt kein Attribut, da für den Namensraum kein Präfix angegeben wurde. Das <row> sieht danach noch aus wie vorher.

```
$sxml->row[2]->addAttribute('ns:xyz',90,'http://www.example.de');
```

Dies führt zu einem Attribut inklusive Namensraumpräfix. Zusätzlich wird in demselben Element, bei dem schon das Attribut hinzugekommen ist, ein xmlns-Attribut mit der angegebenen URL erzeugt:

```
<row xmlns:ns="http://www.example.de" ns:xyz="90">
```

Exportierende Methoden

Exportfunktionen gibt es zwei an der Zahl, die jedoch Synonyme darstellen. Aus diesem Grund gehen wir nur auf die Methode

*mixed **asXML**([string $datei])*

ein. Die Beschreibung der anderen Methode saveXML() ergibt sich daraus. Die Methode erstellt – sofern sie im Kontext eines SimpleXMLElement-Objekts aufgerufen wird – einen wohlgeformten XML-String und gibt im Fehlerfall false zurück. Anstatt das Ergebnis als String zu empfangen, lässt sich optional auch eine Ausgabedatei spezifizieren, in die das Ergebnis gespeichert wird. Die Datei wird erstellt, sofern sie nicht existiert, und überschrieben, wenn es sie schon gibt. Bei Erfolg erhalten Sie ein boolesches true, bei Misserfolg ein false zurück.

Selbstverständlich speichert die Funktion denjenigen Stand des SimpleXML-Objekts, wie es aktuell im Hauptspeicher vorliegt, und nicht den Stand, der ursprünglich geladen wurde.

```
$sxml->row[0]->field[2] = 1000;
$sxml->row[0]->asXML("01.xml");
/*Ausgabe aus Datei 01.xml:
<row>
  <field name="dept_no">d001</field>
  <field name="dept_name">Marketing</field>
  <field name="dept_staff">1000</field>
</row>
*/
```

13.4 MySQL-XML-Funktionalität

Hersteller vieler relationaler Datenbankmanagementsysteme haben in den vergangenen Jahren versucht, ihren Produkten die Speicherung von XML beizubringen, und mussten viele Klimmzüge dafür machen. Relationale Schemata beweisen ihre überragende Stärke bei strukturierten Daten. XML-Dokumente müssen nicht zwingend solch fixe Strukturen aufweisen; man spricht in diesem Zusammenhang gern von *semistrukturierten Daten*.

Während sich die bekannten Datenbankmanagementsysteme in ihrer Paradedisziplin sehr gleichen, bestehen im Umgang mit XML große Unterschiede: Die einen speichern XML als Ganzes in einem einzigen Feld, etwa ein CLOB oder BLOB, mit zusätzlichen Indexstrukturen. Die anderen zerlegen das XML gemäß ihrem Schema und nähern sich damit wieder den altbekannten Strukturierungsverfahren an. Und nicht selten unterstützt ein und dasselbe System beide Verfahren und entscheidet fallabhängig oder lässt dem Anwender die Wahl. Zu guter Letzt haben sich native XML-Datenbanksysteme entwickelt, auch als Zusatz oder als Alternative zu Produkten der wohlbekannten relationalen Datenbankmanagementsystem-Hersteller.

> **Exkurs: XML-Datenbanken**
>
> Natürlich sind Oracle und IBM mit im Boot, wenn es um XML-Datenbanken geht. Ihre Vertreter heißen Berkeley DB XML bzw. DB2 pure XML. In der Zunft sind aber auch freie Alternativen zu haben, darunter Apache Xindice und eXist.

Als Abfragesprache für XML-Inhalte in relationalen Datenbanken erweist sich XQuery (*http://www.w3.org/TR/xquery/*) als probates und viel genutztes Mittel. Zwischen XQuery und SQL lassen sich Parallelen ziehen. Was unter SQL mit dem Akronym SFW (`SELECT ... FROM ... WHERE`) die grundlegende Struktur einer Abfrage beschreibt, lässt sich bei XQuery mit FLWOR (`For ... Let ... Where ... Order By ... Return`) erreichen. Kommen wir auf unser XML-Beispiel zurück, das ja auf einer relationalen Tabelle mit den drei Attributen `dept_no`, `dept_name` und `dept_staff` beruht. Nehmen wir an, wir wollten aus unserer Bereichsliste alle Bereichsnamen und die Anzahl der Mitarbeiter innerhalb eines konkatenierten Strings auswerfen, dann sähe eine SQL-Abfrage in etwa so aus:

```
SELECT CONCAT_WS(" : ",dept_name,dept_staff)
FROM departments
WHERE dept_staff > 5
```

Die einzige Besonderheit der Abfrage besteht in der Ausgabe via `CONCAT_WS()`, die dafür Sorge trägt, dass der zusammengesetzte String mit einem Doppelpunkt versehen wird. Die Entsprechung in XQuery stellt sich beispielsweise wie folgt dar:

```
for $row in doc()/resultset/row
let $staff := data($row/field[@name="dept_staff"])
where $staff>5
return <p>{data($row/field[@name="dept_name"])} : {$staff}</p>
```

Über das `for` binden wir die Menge von `<row>`-Elementen an die gleichnamige Variable. Auf Basis dessen extrahieren wir mit dem `let` als weitere Variable den Wert der Mitarbeiterzahl an `$staff`. Für jede Zeile respektive jeden Datensatz wird diese Variable neu ermittelt, die wir dann in der `where`-Klausel verwenden können. Als Letztes geben wir in einem selbstdefinierten Format Teile des Ergebnisses aus, sofern sie der `where`-Prüfung entsprechen. Zu beachten ist, dass wir über XQuery sinnvollerweise XML- bzw. HTML-Ausgaben erzeugen. Aus diesem Grund betten wir jede Ausgabe in Absatz-Tags (`<p>`) ein. Wie gesehen, macht auch XQuery Gebrauch von XPath. Hier lässt sich also die komplette Syntax, wie wir sie eingeführt haben, verwenden.

> **Information: XQuery**
>
> An dieser Stelle wollen wir nicht weiter auf XQuery eingehen. Wer sich jedoch zusätzlich mit XML-Datenbanken bzw. den XML-Fähigkeiten relationaler Datenbanken beschäftigen will, kommt über kurz oder lang nicht daran vorbei. Ein weitreichendes und verständliches Tutorial zum Thema findet sich unter *http://www.w3schools.com/xquery/*.

Die XML-Unterstützung in MySQL ist im Vergleich zu anderen Branchengrößen einfach gestrickt. Dennoch werden die notwendigen Operationen wie

- Import bzw. Laden in die Datenbank
- Selektieren bzw. Abfragen aus der Datenbank
- Manipulation in der Datenbank
- Export von XML oder relationalen Daten aus der Datenbank

ermöglicht. Da MySQL beide Arten von XML-Speicherung unterstützt, also die Speicherung als Ganzes in einem BLOB oder, wie wir sehen werden, nach einfachen Regeln auf relationale Strukturen heruntergebrochen, unterscheiden wir beim Im- und Export diese Fälle jeweils.

Export von relationalen Daten nach XML

Zäumen wir das Pferd von hinten auf, und beginnen wir mit dem Export von relationalen Daten in XML-Dokumente, wie wir es bereits ausführlich vorgenommen haben. MySQL besitzt nur eine Reihe fester Formate, die zum Export benutzt werden können. Darunter ist zum einen das generische, bislang benutzte

```
<row>
  <field name="spaltenname">wert</field>
</row>
```

Vorteil dieses Formats ist die einfache, fixe Struktur: Das Schema besteht nur aus drei Entitäten und ist unbesehen daher gut auszuwerten. Bei den Bezeichnungen unterschiedlicher XML-Exporte erleben Sie auf diese Weise keine Überraschungen. Allerdings wird hier Gebrauch von Attributen gemacht, so dass der Name des relationalen Attributs etwas versteckt liegt.

Daneben existiert das weniger generische, flexiblere Format

```
<row>
  <spaltenname>wert</spaltenname>
</row>
```

Die direkte Verwendung der Attributbezeichnung verringert den syntaktischen Overhead. Dementgegen muss für jeden Export ein dediziertes XML Schema vorliegen, ohne das der Anwender nicht weiß, welche Ausprägungen als Knoten unterhalb von `<row>` vorliegen können.

Zuletzt besteht die Möglichkeit, einen relationalen Datensatz in einem einzigen XML-Element zu speichern:

```
<row spalte1="wert1" spalte2="wert2" />
```

Wie im ersten Fall ist das Schema dieses Formats auf Elementebene denkbar einfach. Auf Attributebene können jedoch wieder beliebig viele Ausprägungen vorkommen. Um die Angabe eines Schemas kommen Sie daher auch hier wieder nicht herum. Welches der drei Formate auch immer zum Einsatz kommt, die Angabe eines Schemas sollte kein K.-o.-Kriterium darstellen. Standardmäßig verwendet MySQL die erste vorgestellte Alternative, und mit ihr wollen wir auch im Folgenden arbeiten.

Um den Export einer beliebigen Tabelle – sei sie nun physisch als solche in der Datenbank angelegt oder das Ergebnis einer SQL-Abfrage – anzustoßen, müssen wir keine Datenbankverbindung benutzen, wie sie in PHP gängig ist. Das bedeutet, eine Verbindung mittels `mysqli` hilft uns in diesem Fall nicht weiter. Stattdessen müssen wir die Kommandozeile und die Parameter des MySQL-Client-Programms bemühen. Neben diversen anderen Kommandos lässt sich so eine beliebige SQL-Abfrage an den Server senden. Zu sehen ist das in Abbildung 13.2.

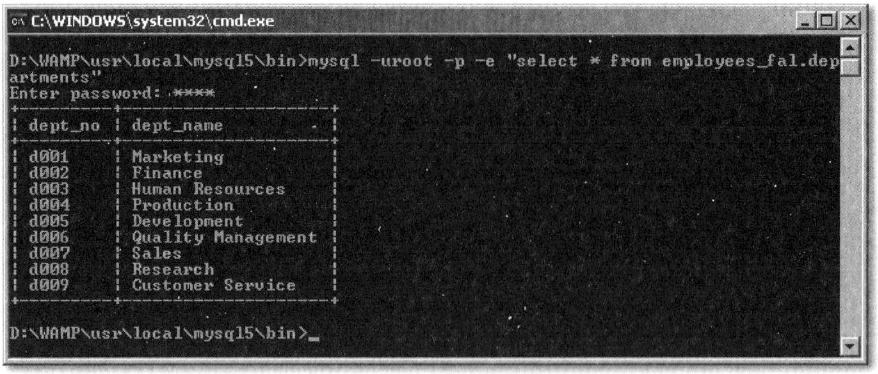

Abbildung 13.2 SQL-Abfragen über die Kommandozeile absetzen

Wie eindeutig zu erkennen ist, nutzen wir nicht den interaktiven Modus, den wir bei Weglassen der Option -e inklusive SQL-Abfrage erreichen würden. Diese zusätzliche Option weist das Programm an, den folgenden String als SQL aufzufassen und mit den übermittelten Authentifizierungsdaten auszuführen. Innerhalb von SQL können Sie außerdem sehen, dass wir die selektierte Tabelle absolut ansprechen, das heißt unter Angabe des Datenbanknamens. Dies hätten wir durch eine weitere Option, nämlich -D, ersetzen können.

Das Ergebnis der Abfrage wird uns tabellarisch aufbereitet am Bildschirm dargestellt. In der aktuellen Situation wollen wir jedoch das XML-Format sehen, das wir durch den Zusatz --xml oder alternativ -X zu Gesicht bekommen:

```
mysql -uroot -p -e "select * from
   employees_fal.departments" --xml
```

Und weil wir das Ganze nicht am Monitor betrachten, sondern in eine Tabelle exportieren wollen, fügen wir noch > Pfad\zur\Datei hinzu:

```
mysql -uroot -p -e "select * from
   employees_fal.departments" --xml > C:\departments.xml
```

> **Hinweis**
>
> Eine vollständige Liste aller Optionen des MySQL-Client-Programms erreichen Sie auf der Kommandozeile mit mysql --help. Beispielsweise können Sie genauso gut HTML-Ausgaben über --html bzw. -H erzeugen.

Kommandozeilenaufrufe wie diesen können Sie übrigens über die PHP-Funktion

*string **system**(string $kommando [, array &$rueckgabe])*

ausführen, wobei beim Aufruf in `$kommando` selbstverständlich darauf zu achten ist, dass darin Pfadangaben korrekt und vollständig definiert werden. Sofern das optionale Array `$rueckgabe` angegeben ist, wird es mit der Kommandozeilenausgabe gefüllt – je Zeile auf der Kommandozeile ein Feld im Array.

Export von XML

Wenn die XML-Datei als Ganzes in einem Feld der Datenbank liegt, ist es ein Einfaches, sie von dort aus wieder zu exportieren. Wir bedienen uns wieder des gleichen Werkzeugs wie zuvor, nur dass wir jetzt die explizite Aufforderung zur XML-Generierung weglassen:

```
mysql -uroot -p -e "select xml from dateien.xml_dateien"
   --skip-column-names > C:\departments.xml
```

Den Zusatz `--skip-column-names` wählen wir deshalb, weil ansonsten noch der Feldname `xml` mit in die Datei geschrieben würde. Dies würde in nicht gültiger XML-Syntax enden.

Eine Alternative, die Sie mit einer `SELECT`-Abfrage realisieren, ist:

`SELECT...INTO DUMPFILE "dateiname"`

Dies ist eine Abwandlung des `SELECT ... INTO OUTFILE`, jedoch müssen Sie hier nicht so viele Parameter angeben, bzw. diese werden absichtlich nicht beachtet. Die `DUMPFILE`-Variante exportiert eine einzige Zeile ohne Nachverarbeitung in Zeichenkonvertierung. Damit eignet sich diese Methode u. a. auch für den Export binärer Daten.

Den hauptsächlichen Unterschied zwischen den beiden vorgestellten Varianten erkennen Sie, wenn Sie sich die Verarbeitung vor Augen führen: Die Parametrisierung der Clientanwendung wird – wie der Name schon nahelegt – auf einem beliebigen Client ausgeführt, auf dessen Festplatte die Datei auch geschrieben wird. Das `SELECT` schreibt die Exportdatei immer auf die lokale Platte des Servers. Insofern müssen Sie sich beim Export darüber im Klaren sein, wo die Datei endet und was mit ihr nach dem Schreiben passieren soll.

XML am Stück in die Datenbank importieren

Um XML als Spezialform von ASCII-Dateien in eine MySQL-Datenbank zu schaufeln, musste das Rad nicht neu erfunden werden. Stattdessen lässt sich in diesem Fall auf die bekannte Funktion `LOAD_FILE(dateiname)` zurückgreifen.

Unter Angabe des Dateinamens stellt diese Funktion den Dateiinhalt als Zeichenkette zur Verfügung. Die Datei muss auf dem Server vorhanden sein, und der ausführende Benutzer muss über das `FILE`-Privileg verfügen, mit dem Dateien auf dem Server geöffnet werden können. Der Dateiname muss der Funktion absolut übergeben werden, beispielsweise so, wie es Listing 13.7 darstellt.

```
CREATE TABLE IF NOT EXISTS 'xml_dateien' (
  'xml' TEXT NOT NULL
);
INSERT INTO xml_dateien
  SET xml = LOAD_FILE('C:\\departments.xml');
```

Listing 13.7 XML als String in die Datenbank laden

Als Datentyp für die Zeichenkette haben wir `TEXT` gewählt. Je nach Größe kommen hierfür ebenfalls alle anderen Textfelder (von `CHAR`, `VARCHAR` über `TINYTEXT` bis hin zu `LONGTEXT`), aber auch `BLOB`s in Betracht.

XML in relationale Strukturen importieren

Eingangs sprachen wir von dem Ansatz, XML anhand einer DTD oder einer Schema-Datei auf relationale Strukturen zu mappen. Große kommerzielle Anbieter unterstützen diese Möglichkeit des Imports, und zwar auch für komplexe Strukturen.

MySQL hat dies mittlerweile ebenfalls gelernt, jedoch mit Einschränkungen. Der Import ist nur für die drei bereits dargestellten Exportformate möglich, das heißt auch für die generische `<row><field/></row>`-Lösung von `mysql` und `mysqldump`. Aufgrund dieser Limitierung kommt der Export jedoch auch ohne zusätzliche Schema-Datei aus, was das Laden stark vereinfacht. Dabei können alle gültigen Formate in derselben Datei gemischt enthalten sein, MySQL erkennt sie alle drei. So ist das in Listing 13.8 gezeigte XML-Fragment eine gültige Importquelle.

```xml
<?xml version="1.0"?>
<resultset statement="SELECT * FROM departments">
  <row xmlns="http://www.w3.org/2001/XMLSchema-instance">
    <field name="dept_no">d001</field>
    <field name="dept_name">Marketing</field>
    <field name="dept_staff">10</field>
  </row>
  <row>
    <dept_no>d002</dept_no>
    <dept_name>Finance</dept_name>
    <dept_staff>4</dept_staff>
  </row>
  <row dept_no="d003" dept_name="Human Resources"
```

```
    dept_staff="6">
  </row>
</resultset>
```

Listing 13.8 Unsere modifizierte XML-Datei »departments2.xml«

Das Kommando für den Import, das in MySQL 5.5 hinzugekommen ist, heißt:

```
LOAD XML [LOW PRIORITY | CONCURRENT]
[LOCAL] INFILE 'dateiname'
[REPLACE | IGNORE]
INTO TABLE [datenbank.]tabelle
[CHARACTER SET zeichensatz]
[ROWS IDENTIFIED BY '<element>']
[IGNORE anzahl [LINES | ROWS]]
[(variablen, ...)]
[SET spalte=wert, ...]
```

Es ähnelt bezüglich des Gebrauchs von Optionen stark dem altbekannten MySQL-Kommando LOAD DATA INFILE, mit dem sich CSV- bzw. strukturierte Textdateien einlesen lassen.

> **Exkurs: LOAD DATA INFILE**
>
> Die Spezifika des Kommandos LOAD XML haben wir in der gerade zitierten Definition fett gedruckt. Die übrigen Teile stimmen mit LOAD DATA INFILE überein. Sollten Sie diesen Befehl noch nicht kennen, finden Sie eine nützliche Beschreibung in der MySQL-Dokumentation.

Mit LOW PRIORITY wird bestimmt, dass das Ladekommando so lange verschoben wird, bis die Tabelle von keinem weiteren Client mehr gelesen wird. Dies resultiert aus der Eigenschaft, dass einige Storage Engines eine Tabelle als Ganzes sperren, wenn auf sie zugegriffen wird (das sogenannte *Table-Level Locking*), darunter die standardmäßig verwendete MYISAM. Das Gegenteil CONCURRENT erlaubt explizit den gleichzeitigen Zugriff, auch wenn es sich um tabellensperrende Storage Engines handelt. Dafür muss aber gewährleistet sein, dass die jeweilige Situation dies erlaubt, was mit der physischen Ablage der Daten auf der Festplatte zusammenhängt. Da dies schwierig abzuwägen ist, sollten Sie mit dieser Option vorsichtig umgehen.

LOCAL gibt an, dass sich die Datei, die eingelesen werden soll, auf dem Computer befindet, von dem aus das Kommando abgesetzt wird. Der Pfad kann absolut oder relativ zu der Stelle angegeben werden, von der das Clientprogramm gestartet worden ist. Wird LOCAL nicht angegeben, muss sich die Datei bereits auf dem Datenbankserver befinden. Dateien vom Client an den Server zu senden, damit sie dort eingelesen werden können, entbindet den Nutzer davon, das `FILE`-Privileg innehaben zu müssen. Dies ist umgekehrt jedoch mit Performanceeinbußen für den Versand der Datei verbunden.

Wenn in der Zieltabelle für den XML-Import ein oder mehrere `UNIQUE`-Constraints definiert sind, kann über `REPLACE` und `IGNORE` gesteuert werden, wie bei der Verletzung eines oder mehrerer Constraints reagiert werden soll. Ein `REPLACE` sorgt dafür, dass eine betroffene bestehende Zeile von der neuen aus der Datei restlos überschrieben wird. Bei Angabe von `IGNORE` lässt MySQL diese problematischen Zeilen aus und fährt mit dem Rest der Datei fort. Da diese Einstellungen optional sind, können Sie genauso gut auf beide verzichten. Jedoch besteht in diesem Fall weiterhin die Gefahr doppelter Werte. Daher greift die `LOCAL`-Option hier ein zweites Mal. Für vom Client versendete Dateien bricht die Verarbeitung dabei mit einem Fehler ab. Lokale Daten auf dem Server werden ohne Fehlermeldung und ohne Einfügen der doppelten Zeilen weiterverarbeitet, was einem `IGNORE` gleichkommt.

Die Option `ROWS IDENTIFIED BY '<element>'` bildet die XML-Struktur auf die relationale Tabelle ab. Es muss ein eindeutiges Element festgelegt werden, über das sich ein Datensatz bestimmen lässt. Die darin verschachtelte Struktur wird automatisch vom Parser erkannt. Für alle drei gültigen XML-Formate ist dies `<row>`. Dies muss als Zeichenkette, also in Anführungsstrichen, definiert werden.

Mit `IGNORE n LINES` kann am Anfang der Verarbeitung eine bestimmte Anzahl an Zeilen ausgelassen werden. Der Wert `n` muss eine natürliche Zahl sein.

Die Variablenliste ist dienlich, wenn Sie nicht alle Spalten der Zieltabelle über die Importdatei befüllen möchten. Legen Sie hier eine kommaseparierte Liste an, wie Sie es auch vom `VALUES`-Bestandteil einer `INSERT`-Anweisung her kennen. Anders als bei `LOAD DATA INFILE` erkennt `LOAD XML` jedoch die Zielspalte für ein XML-Element bzw. -Attribut am Namen. Wenn sich die XML-Elemente also nicht in der Reihenfolge befinden, wie die Datei aufgebaut ist, führt dies zu keinem Problem, auch wenn Sie die Variablenliste weglassen.

Mit `SET spalte=wert` können Sie diejenigen Spalten der Zieltabelle nachbefüllen, die eventuell nicht aus der Quelldatei versorgt werden. Auch in diesem Fall orientiert sich die Syntax an derjenigen des `INSERT`-Befehls, und zwar mit den gleichen Möglichkeiten und Beschränkungen. Mit dem `SET` ist es allerdings auch möglich, Zielfelder zu überschreiben, die auch in der Quelldatei vorhanden sind. Vorrang hat dann der überschriebene Wert aus dem `SET`.

Unsere modifizierte XML-Datei *departments2.xml* laden wir mit dem im Folgenden dargestellten Kommando in die Datenbank. Voraussetzung dafür ist, dass die

Tabelle departments mit passenden Strukturen existiert. Diese werden sicherheitshalber mit dem vorstehenden CREATE-Statement erzeugt (siehe Listing 13.9).

```
CREATE TABLE IF NOT EXISTS 'departments' (
  'dept_no' char(4) NOT NULL,
  'dept_name' varchar(40) NOT NULL,
  'dept_staff' int(11) DEFAULT NULL
)
LOAD XML LOCAL INFILE 'departments2.xml'
INTO TABLE departments
ROWS IDENTIFIED BY '<row>'
```

Listing 13.9 Import via LOAD XML

Abfrage von XML-Fragmenten

Ist ein XML-Dokument erst einmal als Ganzes in die Datenbank geladen, greifen die Abfragemechanismen der Sprache SQL nicht mehr ausreichend. Möglich ist natürlich eine Abfrage von XML-Teilen, die als String behandelt und mitunter umständlich konvertiert werden müssen. Um dies zu verhindern, führt MySQL die Funktion ExtractValue() ein, in der sich XML-Fragmente über XPath ansprechen lassen. Die Spezifikation lautet:

```
EXTRACTVALUE( xml_string, xpath )
```

Der xml_string stellt eine XML-Zeichenkette dar, die wir direkt oder als Systemvariable (beispielsweise @xml) angeben können. Das xpath muss natürlich eine gültige Abfragezeichenkette sein. Als Ergebnis bekommen wir einen leeren String oder den Inhalt der gefundenen XML-Elemente als Zeichenkette zurück. Liefert die Extraktion mittels des XPath-Ausdrucks mehrere Ergebnisse, werden diese leider in einer einzigen Zeichenkette durch Leerzeichen getrennt voneinander zurückgegeben. Dies ist vor allem dann ungünstig, wenn es sich bei den Teilergebnissen um Texte oder generell um Zeichenketten aus mehreren Wörtern handelt. Beginn und Ende der Bestandteile im Gesamtstring lassen sich dann nicht einwandfrei bestimmen. Unschön ist darüber hinaus, dass geschachtelte Elemente in der Ergebnismenge nicht aufgelistet werden. Das Verhalten lässt sich also am besten mit der XPath-Funktion //anfrage/**text()** beschreiben.

Für das folgenden Beispiel stellen Sie sich bitte vor, wir hätten die Datei *departments.xml* als String mit SET @xml = '<resultset...' in eine Variable geladen. Den Namen der Abteilung mit dem Kürzel »d009« erhalten wir dann wie folgt:

```
SELECT EXTRACTVALUE(
  @xml, '//row[field="d002"]/field[@name="dept_name"]');
```

Als Ergebnis bekommen wir »Finance« geliefert. Die XPath-Ausdrücke unterscheiden sich nicht von denen, die wir im vorigen Abschnitt eingeführt haben.

In XPath-Ausdrücken in MySQL können wiederum Variablen vorkommen, wobei zwischen Benutzervariablen, die mit einem @ beginnen, und Variablen in Stored Procedures zu unterscheiden ist. Benutzervariablen werden erstaunlicherweise vertrauensvoll verwendet, das heißt, weder ihr Datentyp noch die Tatsache, dass diese Variable bestehen muss, werden geprüft. Abfragen mit syntaktisch korrekten XPath-Ausdrücken wie

```
SELECT EXTRACTVALUE(
  @xml, '//row[field=$@dep]/field[@name="dept_name"]');
```

führen zu leeren Ergebnissen, wenn der Variablen $@dep vorab kein Wert zugewiesen worden ist. Noch nicht einmal eine Fehlermeldung weist den Anwender auf das Problem hin. Bei Variablen in Stored Procedures ist dies anders. Um den korrekten Ablauf der Prozedur zu gewährleisten, werden die Korrektheit des Datentyps und die Existenz der Variablen vorher sichergestellt.

Aktualisierung von XML-Dokumenten

Die Funktion

```
UPDATEXML(xml, xpath, xml_ersatz)
```

ist nicht darauf ausgelegt, die Inhalte der Datenbank direkt zu überschreiben, sondern nur innerhalb von ausgelesenen Zeichenketten. Rückgabewert der Funktion ist wiederum ein String, der das manipulierte XML-Fragment enthält. Insofern arbeitet die Funktion nicht wie der SQL-Befehl UPDATE, sondern eher wie ihr Vergleichsstück REPLACE(string, von, zu), womit sich alle Vorkommen in string aus von in zu transformieren lassen. Um ein gültiges SQL-Statement zu erzeugen, muss das UPDATEXML() folglich in ein UPDATE eingebettet werden:

```
UPDATE xml_text SET xml=
  UPDATEXML(xml,'//field[@name="dept_staff"]',
    '<field name="dept_staff"></field>');
```

Mit diesem Befehl werden die Informationen über die Mitarbeiter in allen Bereichen gelöscht. Dafür wird das Feld xml als Eingabeparameter für die Funktion UPDATEXML() benutzt und das Ergebnis zurück in dasselbe Feld xml geschrieben. Anders als EXTRACTXML() arbeitet diese Funktion allerdings wieder auf Elementebene und nicht mit den Inhalten von Elementen. Das bedeutet, mit dem XPath-Ausdruck wird das Element selbst und nicht sein textueller Inhalt selektiert. Insofern muss auch in dem Ausgabestring darauf geachtet werden, das selektierte Element wieder als solches einzufügen – sofern es nicht gelöscht werden soll.

PHP-Applikationen für das Inter- und Intranet weisen oft Parallelen in der Grundstruktur auf: Funktionalitäten für die Generierung von HTML-Seiten und die Kommunikation mit Datenbanken sind meist vorhanden. Wir fassen diese Grundfunktionen hier in einem Basissystem zusammen.

14   Ein Basissystem mit PHP und MySQL

Die Grundanforderung von internetbasierten Systemen ist oft identisch: Es müssen (teil-)dynamische HTML-Seiten dargestellt sowie Verbindungen zu einer Datenbank hergestellt werden. Diese grundlegenden Funktionalitäten werden daher in einem Basissystem zusammengefasst, auf das Sie als Programmierer zugreifen können, um schnell und flexibel Inhalt und Logik zu erstellen.

Unser Basissystem hat eine festgelegte Ordnerstruktur, die die Übersichtlichkeit eines Projekts während der Implementierung garantieren soll. Dabei werden auf oberster Ebene nur drei Dateien erstellt und alle weiteren Dateien in die zugehörigen Ordner abgelegt.

```
▷ 📂 extLibs
▷ 📂 images
▲ 📂 inc
    ▷ 📂 classes
    ▷ 📂 css
    ▷ 📂 js
       📄 includeAllClasses.php
▷ 📂 scripts
   📄 common.php
   📄 index.php
   📄 paths.php
   📄 settings.php
```

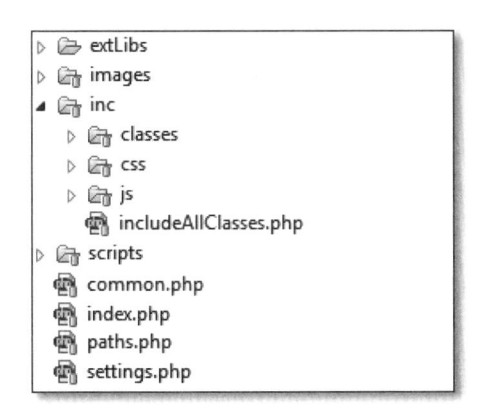

Abbildung 14.1 Verzeichnisstruktur des Basissystems

In Abbildung 14.1 ist die Ordnerstruktur dargestellt, die für das Basissystem verwendet wird. Im Ordner *extLibs* werden alle in den noch folgenden Kapiteln verwendeten Drittanbieter-Bibliotheken abgelegt. Der Ordner *images* wird für alle Bilder verwendet, die im Projekt benötigt werden. Im *inc*-Ordner (oft auch *lib* genannt) werden alle Skripte gespeichert, die oft als wiederverwendbare Komponenten eingebunden werden. Darunter befinden sich alle objektorientierten Klassen (im Ordner *classes*), alle einbindbaren Cascading-Style-Sheet-Dateien (im Ordner *css*), alle JavaScript-Skripte (im Ordner *js*) und abschließend das Skript *includeAllClasses.php*. Letzteres bindet alle Basisklassen des Ordners ein und wird wiederum selbst von der *common.php* eingebunden.

14.1 Konfigurationsdateien

Die Konfigurationsdateien auf unterster Ebene des Basissystems werden wie folgt verwendet:

- *common.php*
  Diese Datei bindet alle wichtigen Basissystemdateien ein.
- *index.php*
  Diese Datei enthält die Startseite eines Projekts.
- *paths.php*
  In dieser Datei werden die Pfade des Projekts, die später für das Einbinden von Ressourcen benötigt werden, automatisch gesetzt.
- *settings.php*
  Hier werden benötigte Konstanten des Projekts definiert.

Die zuletzt genannte Datei beschreibt alle wichtigen (änderbaren) Parameter des Systems. Darin lassen sich beispielsweise die Datenbankverbindungsdaten, der Titel des Projekts oder die Standardzeitzone setzen. Die anderen Konfigurationsdateien (*common.php* und *paths.php*) sollten eigentlich nach der ersten Einrichtung eines Projekts nie wieder verändert werden müssen.

14.1.1 common.php

Die Konfigurationsdatei *common.php* spielt eine entscheidende Rolle im Basissystem und wird in jedem *direkt* ausgeführten PHP-Skript eingebunden. Damit wird sichergestellt, dass absolute Pfade gefunden werden und alle Klassen und Funktionen des Basissystems zur Verfügung stehen.

```
<?php
#Projektpfade (Web und lokaler Pfad)
include(__DIR__.'/paths.php');
```

Da wir für das folgende Einbinden von Konfigurations- oder Klassendateien absolute Pfade verwenden wollen, wird als Erstes die im selben Pfad liegende *paths.php* eingebunden. Darin werden, wie wir Ihnen im weiteren Verlauf dieses Kapitels noch erläutern werden, die Konstanten PROJECT_DOCUMENT_ROOT sowie PROJECT_HTTP_ROOT definiert. Um die Datei zu inkludieren, verwenden wir die magische Konstante __DIR__, die seit PHP 5.3 den absoluten (System-)Pfad des aktuell ausgeführten Skriptes zurückgibt.

```
#Datenbanksettings und weitere systemweite Einstellungen
require_once PROJECT_DOCUMENT_ROOT.'/settings.php';
#Alle Basis-Klassen einbinden
require_once PROJECT_DOCUMENT_ROOT."/inc/includeAllClasses.php";
```

Anschließend wird die Konfigurationsdatei *settings.php* eingebunden, die die systemweiten Konstantendefinitionen enthält. Um alle Grundfunktionalitäten des Basissystems zur Verfügung zu stellen, wird dann das Skript *includeAllClasses.php* eingebunden, das alle einzubindenden Skripte des Basissystems festlegt.

```
#Datenbankobjekt erstellen (wenn nicht bereits erstellt)
if(!isset($GLOBALS['DB']))
$DB = new System\Database\MySQL(DB_SERVER,DB_USER, DB_PASSWORD,DB_NAME,DB_PORT);
```

Da viele der später beschriebenen Klassen eine Datenbankverbindung benötigen, wird an dieser Stelle eine Datenbankverbindung aufgebaut. Dafür erstellen wir eine Instanz der Klasse MySQL. Die Abfrage mit dem negierten Befehl isset() überprüft, ob bereits ein Objekt mit dem Namen DB im superglobalen PHP-Array $GLOBALS existiert.[1] Ist dies nicht der Fall, wird das Objekt erstellt. Wir verwenden hier den Namespace System\Database für alle Klassen, die eine Datenbankverbindung aufbauen und dem Basissystem angehören.

```
#global verfügbares Session-Objekt.
new System\SessionHandler();
?>
```

Listing 14.1 common.php

Zuletzt wird die Klasse SessionHandler instantiiert, die die Behandlung von Sessions im Basissystem beschreibt. Diese Klasse wird hier nicht explizit an ein Objekt (das heißt eine Variable) wie die Datenbankklasse gebunden, da auf diese Klasse nicht aus anderen Skripten zugegriffen werden muss. Das Session Handling und die entsprechende Klasse erläutern wir näher in Kapitel 15, »Sichere Webanwendungen«.

---

[1] Wir überprüfen dies, damit nicht aus Versehen zwei Verbindungen gleichzeitig aufgebaut werden, beispielsweise durch das zweifache Einbinden der *common.php* innerhalb eines Skriptes.

14.1.2 paths.php

Wie zuvor in der Erläuterung zur Konfigurationsdatei *common.php* bereits beschrieben, verwenden wir in der *paths.php* für das Einbinden von Klassen und Skripten absolute Pfadangaben, die zum einen den Projektpfad im System und zum anderen den Projektpfad als URL bestimmen. Ob Sie nun relative oder absolute Pfade verwenden, ist letztlich Geschmackssache, wobei absolute Pfadangaben, wie beispielsweise *PROJECT_HTTP_ROOT.'/inc/css/default.css'*, definitiv leichter zu lesen sind als relative Pfade, wie *'../../../default.css'*. Außerdem kann das Verwenden von relativen Pfadangaben zu Problemen führen, wenn sie nicht im aktuell ausgeführten Skript, sondern in einem weiteren inkludierten Skript (hier in einem anderen Ordner) definiert werden, dessen Position aber nicht beachtet wird. Dies führt dann leicht zu »File not found«-Fehlern. Die *paths.php*-Datei definiert daher die folgenden zwei wichtigen Konstanten:

- PROJECT_DOCUMENT_ROOT: Diese Konstante speichert den absoluten Verzeichnispfad zum Projekt auf dem Server.
- PROJECT_HTTP_ROOT: Diese Konstante speichert die URL-Adresse, durch die das Projekt im World Wide Web bzw. im lokalen Netzwerk erreichbar ist.

```php
<?php
//Definieren des Systempfades
define('PROJECT_DOCUMENT_ROOT',__DIR__);
//Projektname
$project = str_replace($_SERVER['DOCUMENT_ROOT'], '',
                      str_replace("\\", "/",__DIR__));
//Protokoll der Verbindung (HTTP oder HTTPS)
(!isset($_SERVER['HTTPS']) OR $_SERVER['HTTPS']=='off') ?
            $protocol = 'http://' : $protocol = 'https://';
//PROJECT Pfad (für die Verwendung im Web)
define('PROJECT_HTTP_ROOT',
        $protocol.$_SERVER['HTTP_HOST'].$project);
?>
```

Listing 14.2 paths.php

Der Verzeichnispfad wird hier einfach durch die magische Konstante __DIR__ definiert, da wir wissen, dass diese Datei in unserem Basissystem direkt im Wurzelverzeichnis liegt. Zur Definition der zweiten Konstante müssen wir den Namen des aktuellen Pfades in Bezug zum *htdocs*-Verzeichnis des Apache-Servers bestimmen. Im superglobalen PHP-Array $_SERVER sind viele Angaben zum Server enthalten, von denen wir hier drei benötigen. $_SERVER['DOCUMENT_ROOT'] beinhaltet den physischen Pfad des Verzeichnisses (im Falle eines Windows-Systems z. B. *D:/XAMPP/htdocs/Galileo*). $_SERVER['HTTP_HOST'] bezeichnet den

Pfad des Servers (hier *127.0.0.1*).[2] Die Variable `$_SERVER['HTTPS']` ist gesetzt, wenn eine sichere Verbindung (SSL-Verbindung) mit dem Server aufgebaut wurde.

Mit diesen Angaben können wir nun weiterarbeiten. Zunächst wird durch den Befehl `str_replace("\\", "/",__DIR__)` aus dem Projektpfad ein Pfad mit korrekten Slashes erstellt. So wird aus *D:/XAMPP/htdocs/Galileo* ein *D:\XAMPP\htdocs\Galileo*. Anschließend ersetzen wir mit dem Befehl `str_replace($_SERVER['DOCUMENT_ROOT'],'', ... )`; den Anfangspfad des *htdocs*-Verzeichnisses (hier *D:\XAMPP\htdocs*) durch Leerzeichen. Zurück bleibt der Projektpfad *Galileo*.

Um die URL des Projekts für die weitere Verwendung festzulegen, muss zusätzlich das Protokoll der aktuellen Verbindung betrachtet werden. In den Servervariablen ist es durch `$_SERVER['HTTPS']` gesetzt. Somit setzt sich die URL des Basissystems aus Protokoll, Serverpfad zum *htdocs*-Verzeichnis (aus der Variablen `$_SERVER['HTTP_HOST']`) und dem Projektnamen zusammen: `$protocol.$_SERVER['HTTP_HOST'].$project` ergibt dann in unserem Beispiel: *http://127.0.0.1/Galileo*.

Damit können absolute Pfadangaben in allen weiteren Skripten jederzeit und immer in zwei Formen verwendet werden. Die Konstante `PROJECT_DOCUMENT_ROOT` wird beispielsweise für das Einbinden von Skripten oder auch für den Zugriff auf Dateien, die auf dem Server liegen, benötigt. Die Konstante `PROJECT_HTTP_ROOT` wird dagegen für das Einbinden von Bildern in HTML-Code oder auch als Bestandteil des Ziels für Hyperlinks verwendet.

14.1.3 settings.php

Wie bereits erwähnt, werden in der *settings.php* alle weiteren globalen Konstanten des Basissystems definiert. Darunter fallen zunächst nur die Parameter zum Verbinden mit einer MySQL-Datenbank und der Titel der HTML-Seiten. Im Laufe der weiteren Kapitel wird dieses Skript gegebenenfalls erweitert.

```
<?php
//Fehlerreporting
//error_reporting(E_ALL);
```

Die hier auskommentierte Zeile `error_reporting(E_ALL)` kann nach Bedarf wieder aktiviert werden. Damit werden die Fehlermeldungen konfiguriert, die der PHP-Parser anzeigen soll. Im Normalfall werden alle PHP-Fehler bis auf »Notices« angezeigt. Durch das Setzen des Parameters `E_ALL` werden zusätzlich zu »Warnings« und »Errors« auch »Notices« ausgegeben. Seit der Version 5.0 verfügt PHP

---
[2] Diese Angaben treffen für den Fall einer lokalen Applikationsentwicklung zu.

über eine zusätzliche Stufe: E_STRICT. Diese Stufe zeigt an, wenn eine veraltete (englisch »deprecated«) Funktion benutzt wird. Um sauberen und sicheren PHP-Code zu schreiben, empfehlen wir Ihnen, diese Zeile während des Programmierens einer Anwendung anzuschalten.

```
//DEBUG-MODUS (wenn true, wird die Debug-Konsole angezeigt)
define('DEBUG',true);
```

Die Konstante DEBUG wird für den sogenannten *Debug-Modus* verwendet. Dieser erleichtert das Programmieren durch die Anzeige nützlicher Tools und Programmierhilfen (beispielsweise durch das Einblenden einer Debug-Konsole). Dieser Parameter wird im Produktivbetrieb einer Anwendung natürlich auf false gesetzt. Wir werden auf die Debug-Konsole später in diesem Kapitel noch zu sprechen kommen.

```
//DATENBANKVERBINDUNGS-DATEN
define('DB_SERVER',"127.0.0.1");
define('DB_PORT',"3306");
define('DB_NAME',"galileo");
//Datenbankbenutzer
define('DB_USER',"user");
//Benutzerpasswort
define('DB_PASSWORD',"password");
```

Für die aufzubauende Datenverbindung werden hier fünf Parameter definiert. Es müssen der Datenbankserver (hier *127.0.0.1*), der Port, auf dem die Datenbank horcht (hier *3306*), der Name der Datenbank (hier *galileo*), der Benutzer der Datenbank (hier *user*) und das Passwort der Datenbank (hier »password«) als Konstanten definiert werden. Diese werden später von der Klasse MySQL benötigt, um eine Verbindung zur Datenbank herzustellen.

Hinweis

Natürlich könnten wir diese Parameter auch in der Klasse MySQL selbst definieren, da sie dort nur einmal benötigt werden. Um aber den Code von Klassen möglichst unabhängig und wiederverwendbar zu halten, werden alle projektspezifischen Konfigurationen ausgelagert, in diesem Fall in die *settings.php*. Außerdem werden wir zusätzliche Datenbankverbindungsklassen implementieren, die dieselben Daten verwenden.

```
//HTML-TITEL
define('HTML_TITLE',"PHP und MySQL");
//seit PHP 5.3 sollte die Zeitzone gesetzt werden
date_default_timezone_set('Europe/Berlin');
?>
```

Listing 14.3 settings.php

Im letzten Teil der *settings.php* wird eine Konstante für den Titel der HTML-Seiten des Projekts definiert, der in der Basisklasse `HTML` verwendet wird. Zusätzlich wird durch den Befehl `date_default_timezone_set()` die korrekte Zeitzone für den Server gesetzt; in unserem Fall ist dies `Europe/Berlin`. Dies ist notwendig, damit PHP-Befehle, die auf Datums- und Zeitwerten beruhen, korrekt arbeiten.

14.1.4 includeAllClasses.php

Das Skript *includeAllClasses.php* ist zwar nicht auf der obersten Ebene zu finden, wir erwähnen es aber kurz, damit Sie seine Struktur kennen. Wie bereits beschrieben, ist es dafür zuständig, alle Basisklassen des Systems einzubinden. Um dem Basissystem neue Klassen hinzuzufügen, werden wir hier später Codezeilen hinzufügen.

```php
<?php
//Datenbankklasse
require_once PROJECT_DOCUMENT_ROOT."/inc/classes/DB/
            class.MySQL.php";
//HTML-Klasse
require_once PROJECT_DOCUMENT_ROOT."/inc/classes/HTML/
            class.HTML.php";
//Sicherheitsklasse
require_once PROJECT_DOCUMENT_ROOT."/inc/classes/Security/
            class.Security.php";
//Sitzungsklasse
require_once PROJECT_DOCUMENT_ROOT."/inc/classes/Session/
            class.SessionHandler.php";
?>
```

Listing 14.4 includeAllClasses.php

Wir binden hier zunächst die Klassen `MySQL`, `HTML`, `Security` sowie `SessionHandler` ein. Diese Klassen bilden den Kern des Basissystems und werden auf den folgenden Seiten erläutert.

14.2 Die Klasse für HTML

Ein Webprojekt besteht generell zu großen Teilen aus Hypertext-Markup-Language-Dateien (HTML). Um uns den Aufbau ebensolcher Dateien zu vereinfachen, besitzt unser Basissystem eine Klasse `HTML` (*class.HTML.php*), die statische Methoden zum Aufbau einer HTML-Seite bereitstellt. Sie ist im Ordner *inc/classes/HTML* zu finden und wird vom Skript *includeAllClasses.php* eingebunden. Sie gehört dem Namensraum System an. In ihr ist nur ein minimales Set an Methoden realisiert, das beliebig erweitert werden kann und soll. Die Klasse HTML ist in Abbildung 14.2 als UML-Diagramm dargestellt.

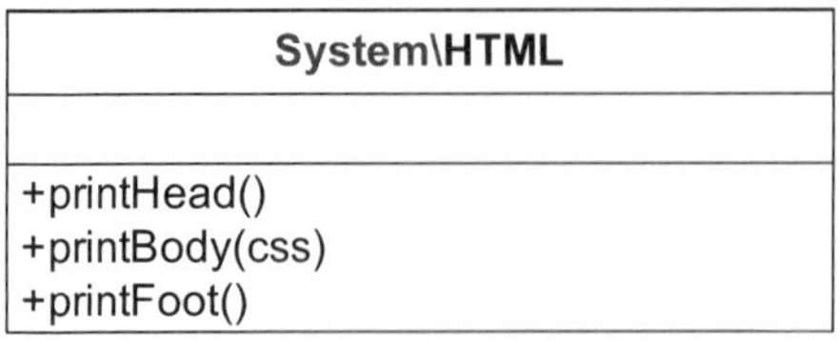

System\HTML
+printHead() +printBody(css) +printFoot()

Abbildung 14.2 UML-Klassendiagramm der Klasse »HTML«

function printHead()

Die parameterlose Methode printHead() gibt einen HTML-konformen Dateikopf aus und bindet gleichzeitig die im Basissystem verfügbaren Standard-Cascading-Style-Sheet- und JavaScript-Dateien ein. Bevor eine Zeile an den Browser ausgegeben wird, senden wir hier einen Header mit dem korrekten Zeichensatz (hier UTF-8), in dem alle Dateien sowie alle Daten in der Datenbank gespeichert sind.[3] Anderenfalls werden beispielsweise Umlaute gegebenenfalls nicht korrekt angezeigt. In der Funktion printHead() sehen Sie, dass die Pfade zu den beiden Dateien mit der Konstanten PROJECT_HTTP_ROOT beginnen, um eine URL-Adresse anzugeben. Die CSS- und die JavaScript-Datei des Basissystems sind zu diesem Zeitpunkt noch leer und werden bei späteren Implementierungen verwendet und dort erläutert. Darüber hinaus wird der Name der HTML-Seite, der immer in der Browser-Titelleiste angezeigt wird, nach dem in der *settings.php* definierten HTML_TITLE benannt.

```
public static function printHead()
{
   //Workaround für Browser, die ansonsten Darstellungsprobleme
   //mit UTF-8-codierten Seiten bekommen (bspw. Google Chrome)
   header('Content-Type: text/html; charset=UTF-8');
   //Head ausgeben
   echo '<!DOCTYPE HTML PUBLIC "-//W3C//DTD HTML 4.01
         Transitional//EN">';
   echo '<html>'
   echo '<head>'
   echo '<title>'.HTML_TITLE.'</title>'
   echo '<meta http-equiv="content-type" content="text/html;
         charset=UTF-8">'."\n";
```

---

[3] Weitere Informationen zu Zeichensätzen (Character-Sets) finden Sie beispielsweise unter *http://de.wikipedia.org/wiki/Zeichensatz*.

```
    echo '<link rel="stylesheet" type="text/css" href="'.
          PROJECT_HTTP_ROOT.'/inc/css/default.css.php">';
    echo '<script src="'.PROJECT_HTTP_ROOT.'/inc/js/default.js"
          type="text/javascript"></script>';
}
```

function printBody($css)

Die Methode `printBody($css)` leitet den Beginn des »Körpers« einer HTML-Seite unter optionaler Übergabe spezifischer CSS-Angaben ein. Sie ist wie folgt aufgebaut:

```
public function printBody($css = null)
{
    echo '</head>';
    echo '<body';
    if($css!=null)
    {
        echo ' style="'.$css.'"';
    }
    echo '>';
}
```

Falls Sie mit HTML vertraut sind, ist Ihnen vielleicht aufgefallen, dass erst der Aufruf der Methode `printBody()` das Kopf-Element der HTML-Seite schließt. Dies ist mit Absicht so implementiert, damit Sie die Möglichkeit haben, dem Kopf-Element weitere Angaben wie beispielsweise Meta-Tags, weitere CSS-Angaben oder zusätzlichen JavaScript-Code hinzuzufügen, bevor das Körper-Element beginnt. Die optionalen CSS-Angaben für den Body werden hier durch die `if`-Bedingung nur dann hinzugefügt, wenn auch etwas übergeben wurde. Anderenfalls wird lediglich `<body>` ausgegeben.

function printFoot()

Die vorerst letzte Methode der HTML-Klasse, `printFoot()`, ist für das korrekte Beenden des HTML-Körpers sowie der HTML-Seite zuständig und sollte an jedem Ende eines Skriptes, das HTML-Ausgaben schreibt, aufgerufen werden.

```
public function printFoot()
{
    echo "</body></html>";
}
```

Listing 14.5 Die »HTML«-Klasse

Hier folgt ein Beispiel für das korrekte Verwenden der HTML-Basisklasse.

```php
<?php
//Einbinden der Konfigurationsdatei
require_once 'common.php';
//Verwenden der statischen Methoden der HTML-Klasse
System\HTML::printHead();
System\HTML::printBody();
//Inhalt der Seite
echo 'Hallo Welt!';
System\HTML::printFoot();
?>
```

Listing 14.6 Verwendung der »HTML«-Klasse

Dieses PHP-Skript schreibt dann folgenden korrekten HTML-Code:

```html
<!DOCTYPE HTML PUBLIC "-//W3C//DTD HTML 4.01 Transitional//EN">
<html><head>
<title>PHP und MySQL</title>
<link rel="stylesheet" type="text/css"
href="http://127.0.0.1/BUCH/inc/css/default.css.php">
<script src="http://127.0.0.1/BUCH/inc/js/default.js"
type="text/javascript"></script></head><body>
Hallo Welt!
</body></html>
```

14.3 Datenbankverbindungen

Es gibt unzählige Ansätze, sich mit PHP zu diversen Datenbanken zu verbinden. Wie der Titel dieses Buches unschwer vermuten lässt, gehen wir hier jedoch meist von der Verwendung einer MySQL-Datenbank aus. Wollen Sie aber eine Verbindung zu einem anderen Datenbankmanagementsystem aufbauen, ist dies entweder nativ möglich – wenn PHP dies vorsieht –, oder Sie verwenden die bereits in Kapitel 8, »Wichtige PHP-Funktionalitäten«, vorgestellte Schnittstelle PHP Data Objects. Um Ihnen die diversen Möglichkeiten zu präsentieren, wird das Basissystem um folgende Datenbankverbindungsklassen erweitert:

MySQL-Verbindungsklasse

Eine Klasse, die sich mit Ihrer MySQL-Datenbank verbinden kann. Diese werden wir für die meisten Codebeispiele verwenden.

PHP-Data-Objects-Abstraktionsklasse

Diese Klasse ist ein »Allrounder« für jedes Projekt, da Sie jederzeit die verwendete Datenbank wechseln können, ohne Ihre Skripte anpassen zu müssen, vorausgesetzt, Sie verwenden keine datenbankspezifischen SQL-Befehle, die auf ein spezielles Datenbankmanagementsystem zugeschnitten sind.

SQLite-Verbindungsklasse

Diese Klasse ermöglicht das Verwenden einer SQLite-Datenbank. Dabei wird einfach eine neue Datei an einer beliebigen Stelle des Dateisystems angelegt, und die Daten werden entsprechend darin gespeichert. Dies ist eine sehr einfache Methode zum Speichern von Daten, wenn Sie beispielsweise keine Möglichkeit haben, eine »ausgewachsene« Datenbank zu verwenden – wobei der Funktionsumfang von SQLite für die meisten Webanwendungen durchaus ausreicht. Intern wird hierbei die zuvor erstellte PDO-Datenbankklasse verwendet.

14.3.1 Die Datenbankverbindungsklasse MySQL

Die Klasse MySQL (*class.MySQL.php*) hat die Aufgabe, alle Interaktionen mit der MySQL-Datenbank zu kapseln. Vielleicht wundern Sie sich an dieser Stelle als belesener PHP-Programmierer über das Erzeugen einer Abstraktionsklasse für die Verbindung zur MySQL-Datenbank, da seit der Version 5.0 mit MySQLi eine umfangreiche Schnittstelle verfügbar ist, die sowohl objektorientiert als auch prozedural verwendbar ist. Im ersten Moment scheint dies auch nicht nötig zu sein. Wenn Sie aber bereits PHP-Projekte durchgeführt haben, werden Sie wissen, dass oftmals (gerade im Bereich der Mehrbenutzersysteme) z. B. eine Protokollierung der einzelnen Aktionen des jeweiligen Benutzers auf der Datenbank wünschenswert ist. Daher werden wir eine eigene Datenbankverbindungsklasse schreiben, die wir mit der Zeit auch noch erweitern werden.

Das UML-Klassendiagramm (siehe Abbildung 14.3) zeigt die erforderlichen Methoden und Variablen sowie den verwendeten Namensraum der Klasse.

System\Database**MySQL**
+MySQLiObj
+lastSQLQuery
+lastSQLStatus
+__construct(server, user, password, db, port)
+__destruct()
+query(sql, array)
+lastSQLError()
+escapeString(value)
- makeArrayResult(ResultObj)

Abbildung 14.3 UML-Klassendiagramm der Klasse »MySQL«

function __construct($server, $user, $password, $db, $port)

Um eine Datenbankverbindung aufzubauen, muss die Klasse mit den folgenden Parametern instantiiert werden: Servername, Benutzername, Passwort, Name der Datenbank und optional die Portnummer der auf Anfragen wartenden Datenbank. Mit diesen Daten wird ein Objekt der Klasse `mysqli` erstellt. Hierfür werden (wie Sie in der *common.php* sehen können) die Konstanten `DB_SERVER`, `DB_USER`, `DB_PASSWORD`, `DB_NAME` und `DB_PORT` aus der Konfigurationsdatei *settings.php* benutzt, um innerhalb des Projekts ein globales Datenbankobjekt zur Verfügung zu haben. Im Konstruktor wird der Port, falls er nicht angegeben wird, auf den Standard-Port der MySQL-Datenbank, nämlich 3306, gesetzt.

```
public function __construct($server, $user,
                    $password, $db, $port="3306")
{
    //Erstellen eines MySQLi-Objektes
    $this->MySQLiObj = new \mysqli($server, $user,
                    $password, $db, $port);
```

Wenn keine Verbindung zur Datenbank angelegt werden konnte, gibt die Funktion `mysqli_connect_errno()` eine Fehlernummer zurück; dies lässt auf falsche Verbindungsdaten oder eine Störung des MySQL-Servers schließen. In einem solchen Fall geben wir zuerst eine Fehlermeldung aus. Dann rufen wir die Funktion `trigger_error()` auf, die eine Fehlermeldung provoziert. Darin geben wir an, dass ein Verbindungsfehler aufgetreten ist und dass es sich um einen `E_USER_ERROR` handelt (das Auslösen der Fehlermeldung wird in einem späteren Abschnitt für unsere eigene Fehlerbehandlung benötigt, damit der Fehler in die Protokolldatei eingetragen wird). Die Abarbeitung der Methode wird dann mit dem Abbrechen des gesamten Skriptes beendet.

```
    //Prüfen, ob ein Fehler aufgetreten ist.
    if (mysqli_connect_errno())
    {
        echo "Keine Verbindung zum MySQL-Server möglich.";
        trigger_error("MySQL-Connection-Error", E_USER_ERROR);
        die();
    }

    //Characterset der Verbindung auf UTF-8 setzen:
    $this->query("SET NAMES utf8");
}
```

Wird die Methode ohne Fehlermeldung beendet, existiert eine offene Verbindung zur Datenbank. Das erstellte `mysqli`-Objekt ist an die Variable `MySQLObj` gebunden und wird von den weiteren Methoden der Klasse `MySQL` benutzt. Anschließend teilen wir der MySQL-Datenbank mit, dass wir die UTF-8-Zeichencodierung für alle Daten verwenden wollen. Dafür setzen wir den SQL-Befehl `SET NAMES utf8` mittels der (später noch erläuterten) `query()`-Funktion ab.

> **Tipp**
>
> Sie können die Fehlermeldung natürlich auch erweitern, indem Sie beispielsweise die Fehlernummer und den -text in der Fehlermeldung ausgeben. So lassen sich leichter Fehler finden. Wir beschränken uns hier auf die Meldung an sich. Aber generell gilt eher: Je mehr nützliche Informationen in einer Fehlermeldung erscheinen, desto schneller lässt sich ein Fehler finden. Vermeiden Sie jedoch die Angabe der Verbindungsparameter, da diese sonst bei Auftreten eines Fehlers von Dritten eingesehen werden könnten.

function __destruct()

Im Destruktor beenden wir mit der Funktion `close()` des `mysqli`-Objekts die bestehende Datenbankverbindung:

```
public function __destruct()
{
   $this->MySQLiObj->close();
}
```

Dieses Vorgehen stellt sicher, dass möglichst jede geöffnete Verbindung auch wieder geschlossen wird. Anderenfalls kann es unter Umständen mit Datenbanken, die die Anzahl an Verbindungen begrenzen, Schwierigkeiten geben. Beispielsweise wenn sich ein Benutzer eine Seite anzeigen lässt und daraufhin im System verbleibt, ohne weitere Aktionen auszuführen. Wenn die Datenbankverbindung nun nicht explizit geschlossen würde, bliebe sie geöffnet, bis ein weiteres Skript des Systems sie schließt. Um solche Komplikationen zu umgehen, nehmen wir den Overhead eines immer wiederkehrenden Verbindungsaufbaus gerne in Kauf.

function query($sqlQuery,$resultset = false)

Die Funktion `query()` ist das Äquivalent zur PHP-eigenen Funktion `mysqli_query(...)`, enthält aber zusätzliche Logik. Einerseits kann hier später eine Log-Methode eingebaut werden, die alle Datenbankabfragen protokolliert, andererseits kann die Ergebnisdarstellung wie folgt beeinflusst werden: Wird die Methode mit dem optionalen Parameter `$resultset = true` aufgerufen, wird eine `mysqli`-Ergebnismenge zurückgeliefert, die mit allen PHP-eigenen `mysqli`-Befehlen[4] bearbeitet werden kann. Wird der Parameter stattdessen nicht mit angegeben, wird das Ergebnis in ein Array[5] umgewandelt. Damit lassen sich manche Operationen eleganter lösen, und der Umgang unterscheidet sich nicht von dem mit anderen Arrays. Letztlich ist dies Geschmackssache, aber wir werden hier häufig die Rückgabemethode als Array verwenden. Zunächst wird jedoch das übergebene SQL-Statement in der öffentlichen Klassenvariablen lastSQLQuery gespeichert. Die Abfrage an die Datenbank erfolgt durch die Funktion query(...) des mysqli-Objekts und gibt – im Erfolgsfall – ein Ergebnisobjekt zurück, das in der Variablen $result gespeichert wird.

```
public function query($sqlQuery,$resultset = false)
{
    //Letztes SQL-Statement speichern
    $this->lastSQLQuery = $sqlQuery;
    //Hier kann später die Protokoll-Methode doLog()
    //aktiviert werden
    //$this->doLog($sqlQuery);
    $result = $this->MySQLiObj->query($sqlQuery);
```

Nachdem die Abfrage an die Datenbank geschickt wurde, überprüfen wir, ob der Parameter $resultset gesetzt wurde. Ist dies der Fall, wird zunächst noch der Status der SQL-Abfrage gesetzt. Als Status kommen zwei Zustände in Frage: false und true. Das Ergebnis der Abfrage wird als false von PHP zurückgegeben, wenn die Abfrage nicht ausgeführt werden konnte. Dies kann beispielsweise an falscher Syntax der Abfrage oder schon vorhandenem Primärschlüsselwerten bei INSERT-Statements liegen. In jedem anderen Fall (selbst wenn die Abfrage keine Ergebnismenge zurückgibt, aber ausgeführt werden konnte) wird ein true zurückgegeben. Diesen Status setzen Sie in der Klassenvariablen $lastSQLStatus, um auch nach der Abfrage noch explizit den Status erfragen zu können. Den Abschluss der if-Bedingung bei gesetztem $resultset bildet die Rückgabe der SQL-Ergebnismenge und somit die Beendung des Blocks. Der danach folgende Code wird dann nicht erreicht.

```
    //Das Ergebnis ggf. als MySQL-Result "plain" zurückgeben
    if($resultset == true)
    {
        //Status setzen
        if ($result == false)
        {
            $this->lastSQLStatus = false;
```

---

4 Nachschlagen können Sie dies in Kapitel 7, »MySQLi«, oder in Anhang A, »PHP-Referenz«.
5 Das Array hat nicht zufällig dieselbe Struktur wie die Ergebnismengen einer DBX-Anfrage.

```
        }
        else
        {
            $this->lastSQLStatus = true;
        }
        return $result;
    }
```

Soll ein Array zurückgegeben werden, wird die private klasseneigene Methode `makeArrayResult` aufgerufen, die die SQL-Ergebnismenge in ein Array umwandelt. Anschließend wird das erzeugte Array zurückgegeben.

```
    $return = $this->makeArrayResult($result);
    return $return;
}
```

function lastSQLError()

Mit `lastSQLError()` wird nur eine einzige Ausgabe erreicht: Der letzte aufgetretene Fehler bei der Datenbankabfrage wird durch den öffentlichen String `error` des `mysqli`-Objekts zur Verfügung gestellt. Sollte kein Fehler aufgetreten sein, ist die Ausgabe eine leere Zeichenkette.

```
public function lastSQLError()
{
    return $this->MySQLiObj->error;
}
```

> **Tipp**
>
> Hier könnten Sie die Ausgabe noch um die Integer-Zahl `errno` des `mysqli`-Objekts erweitern, die die Fehlernummer des aufgetretenen Fehlers angibt. Somit können Sie über die MySQL-Handbücher (oder online) den genauen Fehler leichter ermitteln, denn die Angaben der MySQL-Datenbank sind manchmal doch etwas verwirrend.

function makeArrayResult($ResultObj)

Die Methode `makeArrayResult()` soll das Ergebnisobjekt in eine Arraystruktur umstrukturieren. Dazu müssen wir folgende vier Zustände des Objekts `$ResultObj` unterscheiden:

- Rückgabe eines Fehlers (`$ResultObj` ist `false`)
- Rückgabe einer erfolgreichen Ausführung (`$ResultObj` ist `true`)
- Rückgabe einer leeren Ergebnismenge
- Rückgabe von einer oder mehreren Ergebniszeilen

```php
private function makeArrayResult($ResultObj)
{
   if ($ResultObj === false)
   {
      //Es trat ein Fehler auf
      $this->lastSQLStatus = false;
      return false;
   }
```

Da als Ergebnismenge ein `false` zurückgegeben wurde, setzen wir hier den Status der Abfrage auf diesen Wert und beenden die Methode mit der Rückgabe des Wertes `false`. Hier folgt der zweite mögliche Fall:

```php
   else if ($ResultObj === true)
   {
      //UPDATE,INSERT etc. es wird nur TRUE zurückgegeben.
      $this->lastSQLStatus = true;
      return true;
   }
```

Hier wurde ein `true` zurückgegeben, das heißt, die Abfrage an die Datenbank wurde mit Erfolg durchgeführt. Dies ist beispielsweise bei `INSERT`- oder `UPDATE`-Statements der Fall, die im Gegensatz zu einer erfolgreichen `SELECT`-Abfrage keine Ergebnismenge zurückgeben. Daher geben wir ebenfalls ein `true` zurück und speichern den SQL-Status als `true`. Nun die beiden Möglichkeiten, bei denen ein Objekt zurückgegeben wird:

```php
   else if ($ResultObj->num_rows == 0)
   {
      //Kein Ergebnis bei einem SELECT-, SHOW-,
      //DESCRIBE- oder EXPLAIN-Statement
      $this->lastSQLStatus = true;
      return array();
   }
```

Wir überprüfen durch die Angabe in der Integer-Zahl `num_rows` des Ergebnisobjekts `$ResultObj`, ob es genau 0 Ergebniszeilen in der Menge gibt; ist dies der Fall, setzen wir den Status auf `true` und geben ein leeres Array zurück.

Im letzten möglichen Fall ist mindestens eine Ergebniszeile vorhanden; daher erstellen wir zunächst ein leeres Array, das anschließend die einzelnen Ergebniszeilen der Ergebnismenge aufnehmen wird. Dann durchlaufen wir mit einer `while`-Schleife die Ergebnismenge Zeile für Zeile. Die Funktion `fetch_array()` nimmt für jeden Schleifendurchlauf eine Zeile aus dem Ergebnis (hier durch die Angabe `MYSQLI_ASSOC` als assoziatives Array) und speichert diese Zeile in der Variablen `$line`. Intern wird dann der Ergebniszeiger eine Zeile weitergerückt. Ist die Ergebnismenge bis zur letzten Zeile durchlaufen, ist das Ergebnis der `while`-Bedingung `false` – da keine weiteren Zeilen mehr vorhanden sind –, und die Schleife wird beendet. Der Befehl `array_push` in der `while`-Schleife sorgt dafür, dass jede Ergebniszeile einfach an das Array angehängt wird. Ist die `while`-Schleife beendet, ist im temporären Array `$array` die komplette Ergebnismenge der SQL-Abfrage enthalten. Nun wird noch der SQL-Status auf `true` gesetzt und das nun gefüllte Array zurückgegeben.

```
    else
    {
        $array = array ();
        while($line = $ResultObj->fetch_array(MYSQLI_ASSOC))
        {
            //Alle Bezeichner in $line kleinschreiben
            array_push($array, $line);
        }
        //Status der Abfrage setzen
        $this->lastSQLStatus = true;
        //Array zurückgeben
        return $array;
    }
}
```

Listing 14.7 Die »MySQL«-Klasse

Diese Sammlung an Methoden ermöglicht nun den einfachen Zugriff auf die Datenbank. Wir werden in späteren Kapiteln die Funktionalität noch weiter ausbauen, um beispielsweise alle Abfragen an die Datenbank zu protokollieren.

14.3.2 Abstraktionsschicht mittels PHP Data Objects

Wie zuvor erläutert, sind PHP Data Objects (PDO) eine Möglichkeit, von der konkret verwendeten Datenbank des Projekts zu abstrahieren. Sie können mittels PDO zum jetzigen Zeitpunkt[6] acht verschiedene Datenbanken (direkt) sowie jede ODBC-fähige Datenbank ansprechen. Daher werden wir dieser Klasse auch einige Seiten widmen und das Konstrukt von *Prepared Statements* einbauen, um die Performanz und Sicherheit der Datenbankschicht zu gewährleisten. Das UML-Diagramm in Abbildung 14.5 listet die Methoden und Variablen der Klasse auf.

---

6 Stand Mai 2010.

System\Database\PDO
+PDO
+preparedStatement
+__construct(dsn, user, password) +query(sql) +prepareStatement(statement) +execute(params)

Abbildung 14.4 UML-Diagramm der Klasse »PDO«

function __construct($dsn, $user, $password)

Der Konstruktor eines PDO-Objekts bestimmt, mit welcher Datenbank verbunden werden soll. Die Datenbank wird mit einem *Data Source Name* angegeben. Dieser String kann je nach Datenbank verschiedene Angaben enthalten. Wir werden später zur MySQL-Datenbank verbinden, indem wir den DSN unserer MySQL-Datenbank angeben. Zusätzlich dazu übergeben wir den Nutzernamen und das Passwort des Nutzers an den Konstruktor. Die Datenbankverbindung wird durch das Instantiieren eines neuen PDO-Objekts innerhalb eines try...catch-Blocks aufgebaut, so dass gegebenenfalls auftretende Fehler während des Verbindungsaufbaus abgefangen werden und der catch-Teil ausgeführt wird. Die dem Konstruktor übergebenen Parameter werden dem PDO-Konstruktor direkt weitergegeben.

```
public function __construct($dsn, $user, $password)
{
   try
   {
      //Neues PDO-Objekt
      $this->PDO = new \PDO($dsn,$user,$password);
   }
```

Wir nutzen an dieser Stelle bereits die Vorteile von Namensräumen, da wir die Klasse PDO nennen. Dies führte in früheren PHP-Versionen (vor Version 5.3) zu einem Fehler, da diese Klasse im PHP-Kern schon existiert. Das ursprüngliche PDO-Objekt wird daher hier durch Verweis auf den globalen Namensraum mittels \PDO() erstellt. Die beiden Doppelpunkte am Anfang weisen auf den globalen Namensraum hin. Wenn wir später ein PDO-Objekt unserer eigenen Klasse erstellen wollen, erstellen wir ein Objekt folgendermaßen: System\Database\PDO().

```
   catch (PDOException $e)
   {
      //Fehlerbehandlung (bspw. E-Mail an Admin)
```

```
        die('<div style="color:red;">'.$e->getMessage().'</div>');
    }
}
```

Der catch-Block, der bei einem Fehler ausgeführt wird, gibt lediglich den Fehler am Bildschirm aus und beendet die Abarbeitung des Skriptes durch den Befehl die(). Die genaue Fehlermeldung ist hierbei in der Variablen $e enthalten und wird durch den Befehl getMessage() zurückgegeben. An dieser Stelle ist es denkbar, für produktive Systeme eine E-Mail-Benachrichtigung einzubauen, die dem Administrator einen Hinweis auf fehlerhafte Datenbankverbindungen schickt.

function query($sql)
Wie auch die MySQL-Klasse ist in der PDO-Klasse eine query-Funktion vorhanden, die eine SQL-Abfrage an die verbundene Datenbank schickt. Der Unterschied besteht jedoch darin, dass wir hier keine Wahlmöglichkeit für das Rückgabeobjekt erlauben und in jedem Fall ein Array als Ergebnis zurückgeben. Wie auch im Konstruktor setzen wir die Funktionsaufrufe in einen try...catch-Block, um alle eventuell auftretenden Fehler im catch-Teil zu behandeln. Zuerst wird der Funktionsaufruf query() auf dem PDO-Objekt aufgerufen und das SQL-Statement übergeben. Diese Funktion gibt ein PDO-Statement-Objekt zurück, das das Ergebnis der Abfrage enthält und hier für weitere Verwendung an die Variable $pdoStmt gebunden wird. Das if-Statement, das die Abfrage umschließt, gibt sofort false zurück, wenn die Abfrage fehlerhaft verlaufen sollte, beispielsweise wenn eine Tabelle nicht vorhanden ist. Sollte eine leere Ergebnismenge vorliegen, was wir mit dem Befehl $pdoStmt->rowCount() ermitteln, speichern wir als Variable $return ein leeres Array. Anderenfalls wird per $pdoStmt->fetchAll() die Ergebnismenge als Array in $return gespeichert. Im Anschluss daran schließen wir das PDO-Statement-Objekt mit dem Befehl closeCursor() und geben damit die Datenverbindungsressource wieder für folgende Abfragen frei. Dann geben wir die Variable $return zurück, die das Abfrageergebnis des SQL-Statements enthält.

```
public function query($sql)
{
    try
    {
        //PDO-Anfrage durchführen
        if(!$pdoStmt = $this->PDO->query($sql))return false;
        //Liegt eine leere Ergebnismenge vor?
        ($pdoStmt->rowCount()==0)? $return = array():
        //Array mit den Daten
        $return = $pdoStmt->fetchAll();
```

```
      //Statement schließen
      $pdoStmt->closeCursor();
      return $return;
   }
   catch(PDOException $e)
   {
      //Fehlerbehandlung (bspw. E-Mail an Admin)
      echo '<div style="color:red;">'.$e->getMessage().'</div>';
      return false;
   }
}
```

Der `catch`-Block enthält denselben Code wie bereits im `catch`-Block des Konstruktors beschrieben und wird bei Fehlern aufgerufen.

> **Hinweis**
>
> Wir haben hier bei der Abfrage der Anzahl an Zeilen der Ergebnismenge zum ersten Mal die verkürzte Schreibweise einer `if`-Anweisung verwendet:
>
> *(if-Bedingung) ? Then-Anweisung : Else-Anweisung;*
>
> Diese kann immer dann genutzt werden, wenn die `Then`- oder `Else`-Anweisung nur eine einzige Methode enthält, und spart somit Klammern und Platz.

function prepareStatement($statement)

Wie bereits in Kapitel 7, »MySQLi«, erläutert, sind Prepared Statements eine sinnvolle Erweiterung der MySQLi-Schnittstelle. In der PDO-Erweiterung ist dieses Konzept ebenso umgesetzt und findet in den folgenden beiden Funktionen Verwendung. Wir müssen für die Verwendung von Prepared Statements zunächst ein SQL-Statement an die Funktion `prepareStatement()` übergeben. Darin wird die Funktion `prepare()` des PDO-Objekts ausgeführt. Sollte bei der Vorbereitung des Statements ein Fehler auftreten, wird dieser durch den `try...catch`-Block abgefangen und analog zu den bisherigen Funktionen der Klasse angezeigt.

```
public function prepareStatement($statement)
{
   //Prepared Statement vorbereiten
   $this->preparedStatement = $this->PDO->prepare($statement);
   if($this->preparedStatement===false)
   {
      //Fehlerbehandlung
      echo '<div style="color:red;">Prepared Statement konnte
            nicht vorbereitet werden.</div>';
   }
}
```

Mehr als das Anlegen der vorbereiteten Abfrage passiert hier nicht. Das Ausführen wird durch einen weiteren Funktionsaufruf der nachfolgenden Funktion `execute()` angestoßen. Wir trennen diese beiden Prozesse, da wir so mehrere Ausführungen mit unterschiedlichen Parametern auf demselben Statement ausführen können. Dies macht den Vorteil der Prepared Statements aus.

> **Tipp**
>
> Durch die ausschließliche Verwendung von Prepared Statements statt eigens zusammengesetzter SQL-Abfragen lassen sich Fehler beim Maskieren von Eingabewerten verhindern, da dies hier automatisch geschieht. Sie sollten also wenn möglich in Projekten immer mit Prepared Statements arbeiten.

function execute($params = array())

Die letzte benötigte Funktion der Klasse `PDO` ist `execute()`, die ein zuvor angelegtes Prepared Statement ausführt. Als Parameter wird ein Array mit den im SQL-Statement verwendeten Platzhaltern und deren Werten erwartet. So lässt sich das SQL-Statement mit spezifischen Werten auf der Datenbank ausführen. Zuerst wird hier aber überprüft, ob die Variable `$preparedStatement` noch `null` ist; dies ist der Fall, wenn noch kein Prepared Statement angelegt wurde, und damit wird die Funktion sofort abgebrochen. Dann folgt in gewohnter Art ein `try...catch`-Block, der die Abfrage an die Datenbank mittels `execute()`-Befehl stellt. Hierbei übergeben wir das Array mit den Parametern, die in der SQL-Abfrage ersetzt werden sollen und dort als Platzhalter zu finden sind. Bitte beachten Sie, dass dieser Befehl auf dem `preparedStatement`-Objekt (`$this->preparedStatement`) und nicht auf dem `PDO`-Objekt (`$this->PDO`) ausgeführt wird. Wir überprüfen hier auch keinen Rückgabewert der Methode, da im Fehlerfall der `catch`-Block aufgerufen wird. Was hier allerdings geprüft wird, ist die Anzahl der in der Ergebnismenge enthaltenen Zeilen. Dies geschieht durch den Befehl `columnCount()` auf dem `PreparedStatement`-Objekt, der bei `INSERT`-, `DELETE`-, `UPDATE`- und »erfolglosen« `SELECT`-Abfragen die Anzahl 0 zurückliefert. In einem solchen Fall beenden wir die Funktion mit der Rückgabe eines leeren Arrays. Anderenfalls sind Zeilen im Ergebnis enthalten; wir erhalten diese durch den `fetchAll()`-Befehl als Array und geben dieses dann als Rückgabewert der Funktion aus.

```
public function execute($params = array())
{
    //Wenn noch kein Statement angelegt ist: abbrechen.
    if($this->preparedStatement==null)return false;
    try
    {
        //PDO-Anfrage durchführen
        $this->preparedStatement->execute($params);
```

```
        //Wenn keine Daten zurück kamen
        if($this->preparedStatement->columnCount()==0)
            return array();
        //Andernfalls die Daten als Array zurückgeben
        return $this->preparedStatement->fetchAll();
    }
    catch(PDOException $e)
    {
        //Fehlerbehandlung (bspw. E-Mail an Admin)
        echo '<div style="color:red;">'.$e->getMessage().'</div>';
        return false;
    }
}
```

Listing 14.8 Die Klasse »PDO«

Der `catch`-Block der Funktion gibt im Fehlerfall zusätzlich zu einer Fehlermeldung den Wert `false` zurück, da die Funktion somit ausdrückt, dass keine Werte durch das Ausführen der Funktion auf der Datenbank erhalten werden konnten. In produktiven Systemen lässt sich somit später die visuelle Fehlermeldung durch einen Log-Eintrag austauschen, und dennoch kann der Rückgabewert der Funktion als fehlerhaft erkannt und dementsprechend im Frontend einer Anwendung berücksichtigt werden.

> **Hinweis**
>
> Das Binden von Parametern in der Funktion `execute()` ist hier lediglich in der einfachsten Form erfolgt. Wie in Kapitel 8, »Wichtige PHP-Funktionalitäten«, erläutert, kann das Binding von Parametern nicht nur den Wert, sondern darüber hinaus dessen Typ und gegebenenfalls die Länge des Wertes übergeben. Da aber standardmäßig der Typ als String (`PDO::PARAM_STR`) angenommen wird, haben wir hier keine weiteren Angaben vorgesehen. Für eine erweiterte `PDO`-Klasse sollten Sie an dieser Stelle zusätzlich den jeweiligen Typ des Parameters im Array `$params` angeben und in der `execute()`-Funktion unter Angabe des Typs per `bindParam()` einzeln an das Prepared Statement binden.

14.3.3 Verwendung der PDO-Klasse

Hier folgt noch ein kurzes Beispiel für die Verwendung dieser `PDO`-Klasse im Basissystem, in dem wir eine `SELECT`-Abfrage auf die in Kapitel 18, »Blogs und Wikis«, verwendete Blog-Tabelle ausführen. Auf Details der Tabelle gehen wir hier nicht ein; es reicht, zu wissen, dass dort Daten von Blog-Einträgen stehen, die u. a. einem Autor zugeordnet sind, der in der Spalte mit dem Bezeichner `name` zu finden ist.

Im ersten Schritt wird eine Instanz der PDO-Klasse mit dem DNS für die MySQL-Datenbank erstellt. Der DNS setzt sich hierbei zusammen aus der Datenbankbezeichnung (*mysql*) und den in der *settings.php* definierten Datenbankkonstanten DB_SERVER, DB_PORT, DB_NAME, DB_USER und DB_PASSWORD.

```
//Datenverbindung aufbauen
$pdo =
new System\Database\PDO('mysql:host='.
                DB_SERVER.';port='.DB_PORT.';
                dbname='.DB_NAME,DB_USER,DB_PASSWORD);
```

Würden wir an dieser Stelle keine Variablen benutzen, sähe der Aufruf entsprechend so aus:

```
new System\Database\PDO('mysql:host=127.0.0.1;port=3306;
                dbname=galileo','user','password');
```

Anschließend wird eine SQL-Abfrage vorbereitet, die alle Blog-Einträge abfragt, deren Wert im Attribut name ähnlich dem übergebenen Parameter :name ist. Diese Anfrage wird per prepareStatement()-Befehl an das PDO-Objekt übergeben.

```
//Prepared Statement vorbereiten
$sql = 'SELECT * FROM blog WHERE name LIKE :name';
$pdo->prepareStatement($sql);
```

Nun, da die Abfrage vorbereitet ist, erstellen wir das Parameterarray und definieren einen Wert für das Attribut name. Hier speichern wir den Ausdruck %Gunnar% im Array, der dann nach dem Einsetzen in die Abfrage nach allen Einträgen sucht, in denen der Name zumindest die Zeichenkette »Gunnar« enthält. Anschließend führen wir die Abfrage (das Prepared Statement) mit dem Befehl execute() aus und übergeben ihr die in $params gespeicherten Parameter.

```
//Parameter vorbereiten und Statement damit ausführen
$params = array('name'=>'%Gunnar%');
$data = $pdo->execute($params);
```

Jetzt können wir beispielsweise per foreach-Schleife über die erhaltenen Datensätze im Array $data iterieren.

```
//Daten weiterverarbeiten
foreach($data as $blogEntry)
...
```

> **CD-ROM zum Buch**
>
> Auf der dem Buch beiliegenden CD-ROM finden Sie bei den Skripten des Basissystems ein ausführlicheres PDO-Testskript, das mehrere Abfragen an die Datenbank stellt.

14.3.4 SQLite-Verbindungsklasse

Im Gegensatz zur `MySQL`-Datenbankverbindungsklasse, die einige Methoden zum Logging und Fehlerbehandeln umfasst, enthält die `SQLite-Database`-Klasse nur die rudimentären Methoden, die für die Verbindung zur Datenbank und das Verarbeiten von SQL-Statements notwendig sind. In Abbildung 14.5 sind ihre Methoden aufgelistet.

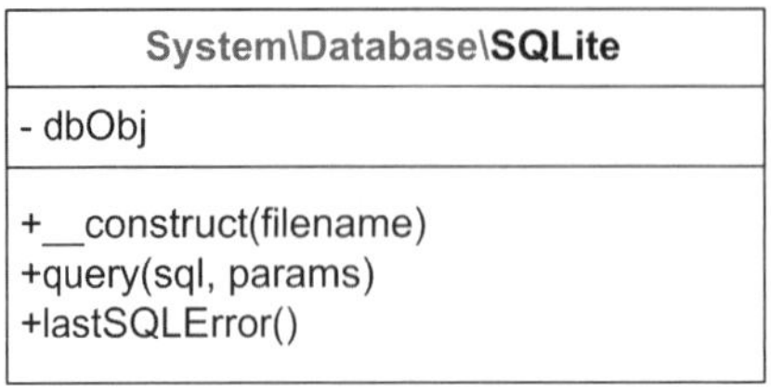

System\Database**SQLite**
- dbObj
+__construct(filename) +query(sql, params) +lastSQLError()

Abbildung 14.5 UML-Diagramm der Klasse »SQLite«

function __construct($filename)

Die Klasse `SQLite` befindet sich ebenfalls im Namensraum `System\Database`, ebenso wie der »große Bruder«, die `MySQL`-Klasse. Da `SQLite` aber rein dateibezogen arbeitet, also eine Datei pro Datenbank verwaltet, wird dem Konstruktor der Klasse lediglich ein absoluter Dateiname übergeben.

```
public function __construct($filename)
{
   //Öffnen der Datenbank (ggf. wird diese angelegt)
   $this->dbObj = new PDO('sqlite:'.$filename,'','');
}
```

Da intern die PDO-Datenbankklasse verwendet werden soll, übergeben wir an dieser Stelle nur den Datenbankstring `sqlite` mit dem angehängten Dateinamen. Dadurch wird eine SQLite-Datenbankdatei angelegt oder, falls diese schon existiert, geöffnet. Hierbei sind weder Passwort noch Nutzerangaben erforderlich. Der Pfad zur Datenbankdatei muss hierbei absolut angegeben werden. Ausnahmsweise haben wir hier auf das Abfangen von Fehlern verzichtet, da diese meist nur durch fehlende Schreibrechte auf dem Dateisystem oder der Angabe einer nicht existierenden Datei (oder eines nicht existierenden Pfads) ausgelöst werden. Wenn ein Fehler auftritt, wird dies allerdings von der PDO-Klasse abgefangen.

function query($sql, $params = array())

Um eine Datenbankabfrage zu starten, ist die Funktion `query()` implementiert; sie erwartet als ersten Parameter ein SQL-Statement und als zweiten Parameter die SQL-Parameter. Im ersten Schritt erstellen wir ein Prepared Statement (dies ist in der PDO-Klasse implementiert). Anschließend übergeben wir die Parameter und führen damit das Statement aus. Die PDO-Klasse behandelt gegebenenfalls auftretende Fehler und gibt im Erfolgsfall die Ergebnismenge als Array zurück.

```
public function query($sql)
{
   //Prepared statement erstellen
   $stmt = $this->dbObj->prepareStatement($sql);
   //Prepared Statement ausführen und Daten zurückgeben
   return $this->dbObj->execute($params);
}
```

function lastSQLError()

Wir verwenden diese Funktion, die auch von außerhalb der Klasse aufgerufen werden kann, um den zuletzt aufgetretenen Fehler zu ermitteln. Dazu wird auf dem internen PDO-Datenbankobjekt die Funktion `errorInfo()` aufgerufen. So erhalten Sie eine menschenlesbare Version des Fehlers.

```
public function lastSQLError()
{
   return $this->dbObj->PDO->errorInfo();
}
```

Listing 14.9 Die »SQLite«-Klasse

Wir werden diese Klasse in Kapitel 17, »Web 2.0-Technologien«, für das Speichern von RSS-Feeds verwenden, um die einfache Verwendung und die dateibasierte Speicherung von SQLite zu verdeutlichen.

> **Hinweis**
>
> Die `SQLite`-Klasse ist nur mit rudimentärer Funktionalität ausgestattet und sollte für die Verwendung in Projekten unbedingt um weitere Funktionen für das Loggen und Anzeigen von Fehlern nach dem Beispiel der `MySQL`-Klasse erweitert werden.

14.4 Sicherheitsklasse

Das Basissystem ist nun fast vollständig. Es gibt zum Abschluss jedoch noch einen Aspekt anzusprechen, der leider immer wieder für Probleme im Umgang mit PHP-Skripten sorgt. In den meisten Fällen ist damit sogar eine Angriffsmöglichkeit auf den Server gegeben.

Maskieren von HTML-Zeichen

Das Problem der maskierten HTML-Zeichen tritt oft nur versteckt, aber dennoch häufig auf. Dafür ist es aber umso gefährlicher, denn es ermöglicht potentiellen Angreifern u. a. Cross-Site-Scripting. Es kann beispielsweise negativ in Erscheinung treten, wenn ein nicht vertrauenswürdiger Inhalt (also potentiell jeder Inhalt, der von einem Benutzer eingegeben wurde[7]) in einem Textfenster eines Formulars angezeigt werden soll. Durch geschickte Manipulation und bei einem entsprechend nicht geschützten Formular kann ein böswilliger Internetbenutzer einigen Schaden anrichten. Die Sicherheitslücke tritt auf, da ein Benutzer eigenen HTML-Code in die Webseite einschleusen kann. Dadurch können sogar JavaScript-Funktionen »eingeschmuggelt« und ausgeführt werden. Aber durch einen einfachen PHP-Befehl können Sie diese Gefahr eindämmen.

Es gibt zwei Formen dieses Problems:

1. Es wird ein vom Benutzer eingegebener Parameter direkt (ohne Prüfung) auf der Seite ausgegeben. Wenn der Benutzer HTML-Code eingegeben hat, wird dieser in solch einem Fall auch als HTML-Code interpretiert.
2. Ein vom Benutzer eingegebener Parameter wird zur Bearbeitung in einem Textfeld angezeigt. Hat dieser Nutzer nun beispielsweise die öffnenden und schließenden HTML-Klammern (< bzw. >) benutzt, kann unter Umständen das Layout der Seite zerstört und im schlimmsten Fall eingeschmuggelter Code zur Ausführung gebracht werden.

Der erste Punkt lässt sich mit einem einfachen PHP-Befehl umgehen, muss aber wirklich konsequent angewendet werden. Am besten eignet sich hierfür der Befehl `htmlspecialchars(...)`. Dieser Befehl bewirkt, dass HTML-Zeichen im Parameter in ihre spezielle HTML-Repräsentation umgewandelt werden. Beispielsweise wird das Zeichen < (kleiner als) zu < und das Zeichen > (größer als) zu >. So umgewandelt, kann der Parameter einfach ausgegeben werden, und der Benutzer sieht die Zeichen exakt so, wie sie eingegeben wurden.

Einen Parameter `$_POST['myName']`, den ein Benutzer in einem Formular selbst eingeben durfte, sollten Sie also niemals so ausgeben:

```
echo "Name:".$_POST['myName'];
```

sondern in jedem Fall so:

```
echo "Name:".htmlspecialchars($_POST['myName']);
```

---

[7] Klingt paranoid, aber vertrauen sollten Sie wirklich nur kontrolliertem und selbst eingegebenem Code. Alles andere sollten Sie immer überprüfen.

Damit kann der Benutzer zwar HTML-Code eingeben, dieser wird aber nicht vom Browser wie normaler HTML-Code interpretiert.[8]

Um die zweite Angriffsmöglichkeit zu unterbinden, ist ebenfalls nur ein PHP-Befehl anzuwenden. Hier benutzen wir den Befehl htmlentities. Dieser Befehl ist weitreichender als htmlspecialchars. In einem Textfeld benötigen wir nämlich einen String, dessen Zeichen alle in HTML-Codierung vorliegen. Das Textfeld an sich interpretiert keine HTML-Codierungen wie <. Zusätzlich werden einfache und doppelte Anführungszeichen in HTML-Entsprechungen umgewandelt (durch die Option ENT_QUOTES), was hier auch dringend nötig ist, denn bei einem Textfeld wird der Wert des Feldes durch doppelte Anführungszeichen begrenzt. Enthält der anzuzeigende Wert nun selbst doppelte Anführungszeichen, wird das Textfeld beendet und der Rest des Strings ausgegeben.

> **CD-ROM**
>
> Anhand des Beispielskriptes »Cross-Site-Scripting« auf der dem Buch beiliegenden CD-ROM können Sie das folgende Beispiel leicht nachvollziehen.

Wir haben das folgende fiktive Formular vorliegen, das den Namen des Benutzers erfragt, anschließend wieder auf sich selbst verweist und den eingegebenen Namen im Textfeld anzeigt:

```php
<?php
require_once "common.php";
//Name zunächst leer
$name = "";
//Wenn der GET-Parameter gesetzt ist: Name übernehmen
if(isset($_GET['name']))
{
    $name = $_GET['name'];
}
```

Zunächst wird die *common.php* eingebunden, um Zugriff auf das Basissystem zu haben. Die Variable $name wird zunächst leer definiert, denn beim ersten Aufruf des Formulars soll der Name auch leer angezeigt werden.

```php
//Formular
echo "<form action='' method='get'>";
echo "Name:";
echo "<input type='test' name='name' value='".$name."'>";
```

---

[8] Diese Umwandlung von HTML-Zeichen werden wir in Kapitel 18 auch noch bei den Themen »Blog« und »Wiki« benötigen.

```
echo "<input type='submit' name='submit' value='sumbit'>";
echo "</form>";
?>
```

Listing 14.10 Beispielformular

Das Formular besitzt ein rudimentäres Textfeld mit dem Namen `name` und zeigt immer den Wert der Variablen `$name` an. Um das Formular abschicken zu können, existiert ein Submit-Knopf.

Ein Skript in dieser Art ist ganz und gar nicht realitätsfremd; oft werden bei größeren Formularen Eingaben auf Korrektheit überprüft, und bei Fehlern wird das Formular erneut geladen. In einem solchen Fall möchten Sie den Benutzer natürlich nicht alle Felder erneut ausfüllen lassen, sondern nur das fehlerhafte Feld. Daher werden die restlichen Daten in die Textfelder geladen, wie es in diesem Beispiel geschieht.

Um die Verwundbarkeit des Skriptes zu verdeutlichen, geben wir folgenden String für den Parameter `name` ein:

```
'><script language="JavaScript">
  alert("Sehr verwundbares Skript");
</script>
```

Wichtig ist dabei, den `value`-Block des Textfelds mit einem doppelten Anführungszeichen und das gesamte Textfeld mit einem > zu beenden und anschließend den Code am Stück einzugeben.

Mit dem HTML-Tag `<script language="JavaScript">` wird ein JavaScript-Block in der HTML-Seite eingeleitet und wieder mit `</script>` beendet. Alles dazwischen wird als JavaScript interpretiert. Der Befehl `alert(...)` öffnet ein Popup-Fenster mit der angegebenen Meldung.

Versuchen Sie es z. B. mit dem Beispielskript »X-Site-Scripting«, und sehen Sie, was passiert! Der JavaScript-Code wird vollständig ausgeführt und lässt beliebige Aktionen zu. Dieses harmlose Beispiel zeigt, welche Gefahr hinter Cross-Site-Scripting steckt, denn man kann mit JavaScript und HTML-Befehlen sehr viel mehr Schaden anrichten und Daten auslesen, als dies durch dieses rudimentäre Beispiel gezeigt wurde.

Um das Formular abzusichern, verändern wir das Skript nun, indem wir den Parameter `$_GET['name']` mit einem vorangestellten `htmlentities` versehen. Der dritte Parameter, `UTF-8`, ist notwendig, da wir alle Daten in der Datenbank sowie alle HTML-Seiten mit dem Zeichensatz UTF-8 verwenden.

```
//Wenn GET-Parameter gesetzt, dann Namen übernehmen
if(isset($_GET['name']))
{
    $name = htmlentities($_GET['name'],ENT_QUOTES,"UTF-8");
}
```

Dies allein genügt schon, damit keine gefährlichen Inhalte mehr ausgeführt werden können, da der Inhalt des Parameters nun komplett im Textfeld erscheint, ohne aus dem Textfeld »auszubrechen«.

14.5 Logging

Eine weitere Komponente des hier beschriebenen Basissystems ist der Logger, also die Komponente, die bestimmte Aktionen oder Zustände einer PHP-Anwendung aufzeichnet und speichert (»log« = englisch für »Protokoll«). Dies ist zum einen eine nützliche Komponente während des Programmierens, um Fehler aufzuspüren oder Abläufe zu verdeutlichen, zum anderen ist es gerade für produktive Systeme nützlich, um wichtige Zustände zu protokollieren. Ein weiterer Vorteil ist, dass dabei keinerlei Ausgabe an den Browser gesendet, also unbemerkt protokolliert wird. Ebenso wie jedes Betriebssystem Systemhinweise oder Vorgänge protokolliert, wollen wir hier die Möglichkeit geben, aus jedem PHP-Skript Meldungen in eine Protokolldatei zu schreiben.

14.5.1 Die Logging-Klasse

Die Logging-Klasse besitzt die in Abbildung 14.7 dargestellten Funktionen.

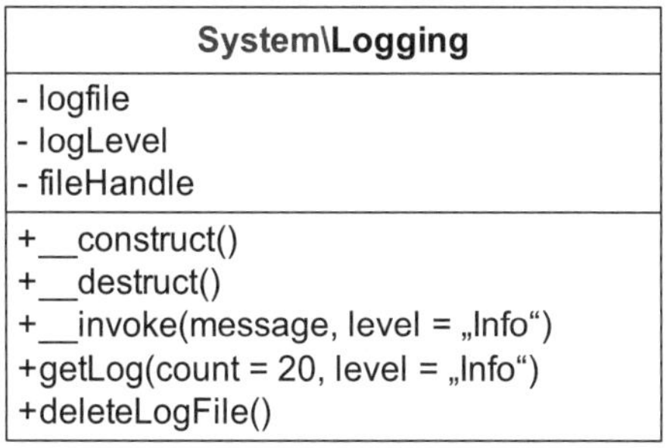

System\Logging
- logfile   - logLevel   - fileHandle
+__construct()   +__destruct()   +__invoke(message, level = „Info")   +getLog(count = 20, level = „Info")   +deleteLogFile()

Abbildung 14.6 UML-Diagramm der Klasse »Logging«

function __construct()
Der Konstruktor der Klasse ist parameterlos und bestimmt lediglich den Pfad für die Log-Datei. Diese soll im Projekt (daher die Verwendung PROJECT_DOCUMENT_

ROOT) im Ordner *inc/log* liegen und für jeden einzelnen Tag gespeichert werden. Die Tagesangabe wird durch den Befehl `date()` und die Parameter des Musters `d_m_Y` sowie der aktuellen Zeit (`time()`) erstellt. Daran hängen wir noch die Bezeichnung _log.txt an, um eine normale Textdatei zu erzeugen. Der Pfad für den 1. Februar 2010 sähe dann beispielsweise so aus: *D:/XAMPP/htdocs/Galileo/ inc/log/01_02_2010_log.txt*. Diesen Pfad speichern wir in der statischen Variablen `$logfile` (daher die Angabe mit `self::`).

```
public function __construct()
{
   //Log-Datei für den aktuellen Tag
   self::$logfile = PROJECT_DOCUMENT_ROOT.'/inc/log/'.
                    date('d_m_Y',time()).'_log.txt';
}
```

function __destruct()

Der Destruktor der Klasse, der beim Beenden der Skriptabarbeitung von PHP aufgerufen wird, hat eine einzige Aufgabe: Er schließt die Verbindung zur aktuellen Log-Datei. Dazu wird zunächst überprüft, ob diese überhaupt aufgebaut ist. Die statische Variable `$fileHandle` ist im Initialzustand auf `false` gesetzt und nimmt, sobald eine Datei geöffnet wird, einen anderen Wert an (wird zum »Resource«-Objekt). Besteht hier eine Verbindung, wird diese durch `fclose()` ordentlich beendet.

```
public function __destruct()
{
   //Wenn eine Datei geöffnet ist, diese schließen
   if(self::$fileHandle)fclose(self::$fileHandle);
}
```

function __invoke($message,$level = "INFO")

Die `__invoke()`-Funktion ist das Kernstück der `Logging`-Klasse. Wie in Kapitel 5, »Objektorientierung in PHP«, beschrieben, gehört sie zu den magischen Funktionen und wird aufgerufen, wenn Sie versuchen, ein instantiiertes Klassenobjekt als Methode aufzurufen.[9] Wir verwenden diese Funktionalität an dieser Stelle, um für einen Logging-Aufruf möglichst wenig Code schreiben zu müssen. Dies erläutern wir später anhand eines Verwendungsbeispiels. Die Funktion erwartet als Parameter eine Nachricht (`$message`) und eine Log-Stufe (`$level`), die standardmäßig auf `INFO` eingestellt ist. Die Log-Stufe dient in diesem Fall dazu, dass

---

9 Dieses Verhalten ist neu in PHP 5.3 und wurde durch die Einführung von Lambda-Funktionen und Closures als konsequente Erweiterung eingebaut.

wir die Stufe der Log-Meldung mit übergeben können. Es sind in dieser einfachen Implementierung zwei Stufen unterscheidbar: Informationen (INFO) und Warnungen (WARN). Grundsätzlich werden Warnungen immer protokolliert, Informationen dagegen nur, wenn die Log-Stufe der Klasse auf INFO gestellt ist. So lassen sich z. B. im produktiven Betrieb nur noch Warnungen des Systems speichern statt alle Meldungen.

Innerhalb der Funktion wird zunächst eine Verbindung zur Log-Datei geöffnet, falls diese nicht schon besteht. Daher wird hier durch die negierte boolesche Bedingung (!self::$fileHandle) überprüft, ob die statische Variable $fileHandle auf false gesetzt ist. Ist dies der Fall, wird per fopen()-Befehl die im Konstruktor gesetzte Log-Datei geöffnet. Als zweiter Parameter wird hier die Art des Öffnens angegeben: a+ bestimmt, dass die Datei für das Schreiben und Lesen geöffnet wird und der Schreibzugriff am Ende der Datei beginnt. Dies ist wichtig, damit neue Log-Einträge nach den gegebenenfalls schon bestehenden Meldungen eingetragen werden.

```
public function __invoke ($message,$level = "INFO")
{
    //Wenn die Datei noch nicht geöffnet ist, öffnen!
    if(!self::$fileHandle)self::$fileHandle =
                    @fopen(self::$logfile,'a+');
```

Nachdem die Datei nun geöffnet ist, muss entschieden werden, ob die Meldung protokolliert werden darf. Hier werden zwei Bedingungen als gleichwertig angesehen: Entweder ist die übergebene Log-Stufe mit der in der Klasse gesetzten identisch (es sind also beide z. B. auf INFO gesetzt), oder die Stufe entspricht einer Warnung ($level entspricht dem String WARN) und wird daher immer protokolliert. Ist in produktiven Systemen die statische Variable $logLevel auf WARN gesetzt, werden nur noch Warnungen protokolliert.

```
    //Entscheiden, ob beim aktuellen Log-Level
    //protokolliert werden darf
    if((self::$logLevel == $level) OR ($level == 'WARN'))
    {
```

Der String, der in der Log-Datei gespeichert werden soll, wird hier nun zusammengesetzt; er besteht aus vier Teilen:

- Log-Stufe in Großbuchstaben durch den Befehl strToUpper()
- genauer Zeitpunkt des Loggens durch den Befehl date()[10]

---

[10] date() gibt durch die Übergabe der Parameter »d.m.Y H:i:s« und der aktuellen Zeit mittels time() einen Zeitstempel in folgender Form zurück: 01.10.2008 11:33:02.

- übergebene Logging-Meldung
- Name der protokollierenden Datei, den wir durch die Servervariable `$_SERVER["SCRIPT_FILENAME"]` erhalten

```
    //INFO oder WARNING protokollieren
    $string  = strToUpper($level).'::'.date("d.m.Y
             H:i:s",time()).' - '.$message.' -
             '.$_SERVER["SCRIPT_FILENAME"]."\r\n";
```

Der Anhang `"\r\n"` enthält ASCII-Zeichen für den Wagenrücklauf (englisch »carriage return«) und den Zeilenvorschub (englisch »line feed«) und bewirkt einen Zeilenumbruch innerhalb der Datei. Wichtig ist hierbei, dass diese beiden Zeichen in doppelten Anführungszeichen stehen, sonst werden sie als normaler String gespeichert. Anschließend muss der String noch in die Datei geschrieben werden. Dies geschieht mit dem Befehl `fwrite()`, der den File Handler sowie den String als Parameter übergeben bekommt.

```
    //In die Datei schreiben
    fwrite(self::$fileHandle,$string);
  }
}
```

function getLog($count = 20, $level = "INFO")

Das Schreiben in die Log-Datei allein reicht natürlich nicht aus; wir müssen ebenso die Log-Einträge auslesen, um diese anzeigen zu können. Dies geschieht mit der Funktion `getLog()`. Als Parameter können die Anzahl der gewünschten Log-Einträge (`$count`) übergeben werden und die Log-Stufe, die mindestens gegeben sein muss (`$level`). So lassen sich beispielsweise durch die Übergabe von `$level = "WARN"` nur alle Warnungen ausgeben. Sie können die Funktion auch parameterlos aufrufen, da Standardwerte vorgegeben sind; dann werden die letzten 20 Einträge mit mindestens Log-Stufe `INFO` ausgegeben. Im ersten Schritt wird die Datei wieder geöffnet, falls sie nicht bereits geöffnet ist. Anschließend wird durch den Befehl `file()` und die Übergabe des File Handlers die Datei eingelesen und an die Variable `$entries` gebunden. Dieser Befehl liefert hierbei jede Zeile der Datei als einen Arrayeintrag zurück.

```
public static function getLog($count = 20, $level = "INFO")
{
   //Wenn die Datei noch nicht geöffnet ist, öffnen!
   if(!self::$fileHandle)self::$fileHandle =
                  @fopen(self::$logfile,'a+');
   //Alle Log-Einträge aus der Datei in ein Array einlesen
   $entries = file(self::$logfile);
```

Nun definieren wir zunächst eine Zählvariable ($displayedMessages), die speichert, wie viele Nachrichten bereits ausgegeben wurden. Dies ist notwendig, falls wir nur Warnungen ausgeben und daher manche Einträge der Log-Datei überspringen. Dann beginnen wir eine for-Schleife. Die Besonderheit hier: Wir fragen das Array von hinten ab. Beginnend mit dem letzten, aber aktuellsten Log-Eintrag ($i = count($entries)) durchlaufen wir das Array bis maximal zum ersten Eintrag ($i > 0) und inkrementieren in jedem Schleifendurchlauf $i um 1 ($i--). Zu Beginn der Schleife stehen zwei Abbruchbedingungen, die den Durchlauf der Schleife beenden können. Die erste Bedingung überprüft, ob die Anzahl der angezeigten Meldungen bereits die per Parameter übergebene Anzahl erreicht hat ($displayedMessages >= $count). Ist dies der Fall, wird sofort per Rückgabewert true abgebrochen. Die zweite Bedingung überprüft, ob ein Eintrag mit dem aktuellen Zählwert überhaupt im $entries-Array definiert ist. Wir ziehen hier einen Zähler von $i ab, da die Zählung in Arrays bei 0 beginnt, wir aber mit einer realen Zahl (im Standardfall 20) begonnen haben. Ist kein Wert an der entsprechenden Stelle des Arrays definiert, brechen wir ebenfalls mit der Rückgabe von true ab.

```
//Anzahl an bereits gezeigten Meldungen
$displayedMessages = 0;
//Die letzten $count-Meldungen ausgeben
//die neuste Meldung oben
for($i = count($entries); $i > 0;$i--)
{
    //Abbrechen, wenn die Anzahl anzuzeigender
    //Nachrichten erreicht ist.
    if($displayedMessages >= $count) return true;
    //Gibt es weitere Nachrichten im Log?
    if(!isset($entries[$i-1]))return true;
```

Wenn die Schleife nicht abgebrochen wurde, müssen wir nur noch überprüfen, ob die Ausgabe der aktuellen Meldung erfolgen darf. Ist die Log-Stufe entsprechend mit dem Wert INFO übergeben worden bzw. kein Wert übergeben worden (dann wird der Standardwert INFO gesetzt), geben wir die Meldung per echo-Befehl aus und erhöhen den Zähler für angezeigte Meldungen um 1.

```
//Alle Infos ausgeben
if($level == "INFO")
{
    echo $entries[$i-1].'<br />';
    $displayedMessages++;
```

Anderenfalls geben wir nur Warnmeldungen aus; dies überprüfen wir mit der Analyse der ersten vier Buchstaben einer Meldung. Wir übergeben dazu die Meldung dem Befehl `substr()` und schneiden von der ersten Stelle (2. Parameter: 0) vier Zeichen ab (3. Parameter: 4) ab. Entspricht dieser Teil dem String `"WARN"`, geben wir die Meldung wie schon zuvor aus und erhöhen den Nachrichtenzähler.

```
    }else if(substr($entries[$i-1],0,4)=="WARN")
    {
        echo $entries[$i-1].'<br />';
        $displayedMessages++;
    }
  }
}
```

Wir verwenden diese Funktion später auch, um in der Debug-Konsole alle Meldungen auszugeben.

function deleteLogfile()

Diese Funktion löscht die aktuell verwendete Log-Datei aus dem Verzeichnis. Dazu wird durch den Befehl `fclose()` unter Angabe von `$fileHandle` die Log-Datei geschlossen, wenn sie zuvor geöffnet war. Anschließend verwenden wir den Befehl `unlink()` und übergeben ihm den Dateinamen (`$logfile`), um die Log-Datei aus dem Verzeichnis zu löschen.

```
public static function deleteLogfile()
{
   //Wenn die Datei geöffnet ist, schliessen.
   if(self::$fileHandle)fclose(self::$fileHandle);
   //Datei löschen
   unlink(self::$logfile);
}
```

Listing 14.11 Die »Logging«-Klasse

14.5.2 Verwendung des Loggings

Um das Logging im gesamten System nutzen zu können, muss die Klasse zunächst in die Konfigurationsdatei *includeAllClasses.php* im Ordner */inc/* hinzugefügt werden. Die folgenden Zeilen erledigen dies:

```
//"Debug-Logging"-Klasse
require_once PROJECT_DOCUMENT_ROOT."/inc/classes/Debugging/
class.Logging.php";
```

Um die Funktionen verwenden zu können, wird die Klasse, wenn sie eingebunden wird, automatisch instantiiert, da die folgende Zeile am Ende der PHP-Datei ein Objekt erstellt:

```
$log = new Logging();
```

Nun können wir das Logging in der Praxis ausprobieren. Das folgende Skript bindet zunächst die *common.php* ein, um alle benötigten Dateien des Basissystems zu integrieren. Anschließend rufen wir das Klassenobjekt `$log` wie eine Methode auf, was darauf hinausläuft, dass die Funktion `__invoke()` der Klasse ausgeführt wird. Beim ersten Aufruf übergeben wir eine Warnmeldung und kennzeichnen diese auch dementsprechend (2. Parameter: `WARN`). Danach protokollieren wir eine Information, indem wir dem Aufruf lediglich eine Meldung übergeben.

```
<?php
require_once "../../common.php";
//Schreibe eine Warnung ins Log
$log("Dies ist eine Warnung","WARN");
//Schreibe eine Information ins Log
$log("Dies ist eine Information");
```

Um die Ausgabe der Logging-Meldungen zu testen, rufen wir die statische Funktion `getLog()` der `Logging`-Klasse unter Angabe des Namensraums `System\Logging` auf. Im ersten Aufruf werden die letzten 20 Meldungen ausgegeben; im zweiten Aufruf die letzten 200 Warnungen, die im Log (des aktuellen Tages) zu finden sind.

```
//Alle Info und Warnings ausgeben (die letzten 20)
System\Logging::getLog();
//Die letzten 200 Warnings ausgeben
System\Logging::getLog(200,"WARN");
?>
```

> **CD-ROM zum Buch**
>
> Dieses Beispiel können Sie in erweiterter Form auch auf der dem Buch beiliegenden CD-ROM im Script-Bereich unter »14.2 Basisklassen« einsehen.

14.6 Debugging

Wer dynamische PHP-Anwendungen programmiert, bei denen der Nutzer mit dem System interagieren kann, benutzt häufig Formulare oder Links zum Übergeben von Parametern an eine Funktion oder Klasse. Innerhalb dieser werden dann beispielsweise Berechnungen oder Datenbankabfragen ausgeführt und wiederum meistens eine anschließende Anzeige ausgegeben. Egal, wie gut Sie programmieren, selbst beim *Pair Programming* mit zwei Personen an einem Bildschirm treten doch ab und an Fehler in der Programmierung auf. Um diesen auf die Schliche zu kommen, geht man oft dazu über, sich Inhalte von globalen

Arrays wie dem GET-, POST-, FILES- oder auch SESSION-Array anzeigen zu lassen, denn damit lassen sich zuvor übermittelte Formulardaten verifizieren und Fehler leichter finden. Aber anstatt mit dem Befehl print_r() einzelne globale Arrays auszugeben, wäre es doch sinnvoll, diese immer automatisch anzeigen zu lassen. Natürlich vorausgesetzt, dies geschieht in unaufdringlicher Weise und ist abschaltbar, wenn eine Applikation in den »Live-Betrieb« geschaltet wird. Aus diesem Grund wird hier eine Debug-Konsole programmiert, die folgende Elemente am Bildschirm anzeigt:

- GET-Parameter
- POST-Parameter
- SESSION-Parameter
- FILES-Parameter
- die aktuelle Logging-Datei
- den Quellcode des aufgerufenen Skriptes

Dies alles wird in einer Konsole realisiert, die durch JavaScript ein- und ausklappbar ist, so dass sie beim normalen Programmieren nicht stört, aber dennoch schnell zu erreichen ist. Auf den Code für dieses interaktive Verhalten gehen wir an dieser Stelle nicht ein, sondern verweisen dazu auf Kapitel 17, »Web 2.0-Technologien«, in dem wir jQuery – ein JavaScript-Framework – näher vorstellen.

14.6.1 Die Klasse »DebugConsole«

Wir benötigen für die Konsole die DebugConsole-Klasse sowie zwei weitere Skripte: *getLog.php* (für die Anzeige der Logging-Daten) und *getSrcCode.php* (für die Anzeige des zeilenbasierten Quellcodes des aktuellen Skriptes), die von der Konsole nachgeladen werden können. Die Funktionen der Klasse sehen Sie in Abbildung 14.8.

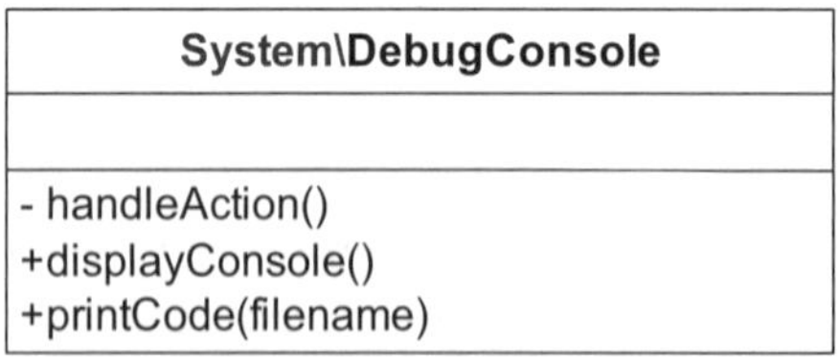

System\DebugConsole
- handleAction() +displayConsole() +printCode(filename)

Abbildung 14.7 UML-Diagramm der Klasse »DebugConsole«

function handleAction()

Aus der Konsole heraus können zwei Befehle abgesetzt werden: zum einen das Löschen der aktuellen Log-Datei und zum anderen das Löschen der Session-

Daten. Dafür verwenden wir einen HTML-Link, der die aktuelle Seite erneut aufruft – jedoch mit einem gesetzten GET-Parameter, der dann innerhalb der Klasse abgefangen wird. Solche »Aktionen« erledigen wir für gewöhnlich im Konstruktor einer Klasse; da die Klasse DebugConsole aber lediglich statisch aufrufbar sein soll, benötigen wir eine eigene Funktion. Die private statische Funktion handleAction() wird dann aus der Funktion displayConsole() heraus aufgerufen.

Zunächst überprüfen wir per isset()-Befehl, ob die Variable destroySession innerhalb des globalen GET-Arrays gesetzt ist. Dies ist der Fall, wenn wir auf den Link zum Löschen der Session-Daten in der Debug-Konsole klicken. Im positiven Fall löschen wir die gesamte Session mittels session_destroy() und rufen danach den Befehl header() mit dem Namen der aktuellen Seite auf. Der zweite Befehl ist sehr vielseitig, denn damit lassen sich beliebige Header am Anfang einer Seite setzen. So sind beispielsweise auch Angaben über den Inhalt der Seite und ihr Character-Set möglich. Die Anweisung location in Verbindung mit der Angabe einer URL veranlasst den Browser, zur angegebenen Ressource zu springen – es verhält sich hier also so, als ob man die Seite einfach noch einmal neu laden würde. Interessant ist hierbei, dass alle eventuell gesetzten GET- oder POST-Parameter verworfen werden. Dies ist insbesondere hier relevant, da ansonsten im jeweiligen Reiter der Debug-Konsole die gesetzte GET-Variable zu sehen ist. Dies ist an dieser Stelle aber nicht erwünscht, da wir die Konsole zum Debuggen des aktuellen Skriptes verwenden möchten und nicht die eigenen Methodenaufrufe der Konsole dazwischen sehen wollen. Die URL des aktuellen Skriptes erhalten wir nicht etwa durch die magische globale Variable __FILE__ (wie zuvor in der Konfigurationsdatei *paths.php* gesehen), denn diese gäbe den Dateinamen der Klasse, also *class.DebugConsole.php*, zurück. An dieser Stelle greifen wir vielmehr einfach auf die globale Servervariable SCRIPT_NAME zurück, denn diese enthält den gesamten Pfad des aktuellen Skriptes.

```
public static function displayConsole()
{
   //Wenn die Session gelöscht werden soll
   if(isset($_GET['destroySession']))
   {
      //SessionDaten löschen:
      session_destroy();
      header("location:".$_SERVER['SCRIPT_NAME']);
   }
```

Das Vorgehen für das Löschen der aktuellen Log-Datei ist analog zu dem des Löschens der Session-Daten. Ist die GET-Variable deleteLogfile gesetzt, rufen wir die Löschfunktion der Logging-Klasse durch den statischen Aufruf \System\

Logging::deleteLogfile() auf. Auch hier erzwingen wir nach dem Löschen der Log-Datei einen Reload des aktuellen Skriptes, damit die GET-Parameter des Löschaufrufs entfernt werden.

```php
//Wenn die Log-Datei gelöscht werden soll
if(isset($_GET['deleteLogfile']))
{
   //Logdatei löschen:
   \System\Logging::deleteLogfile();
   header("location:".$_SERVER['SCRIPT_NAME']);
}
}
```

function displayConsole()

Diese Funktion ist für die Darstellung der Konsole zuständig und prüft, welche Komponenten (globale Arrays) angezeigt werden müssen. Zunächst wird hier die Funktion `handleAction()` aufgerufen, die gegebenenfalls gesetzte GET-Parameter auswertet und Aktionen ausführt. Im nächsten Schritt binden wie eine zusätzliche Cascading-Style-Sheet-Datei ein, die spezielle Designinformationen für die Tab-Reiter enthält (wir gehen hier nicht weiter auf die CSS-Datei ein). Sie liegt im Ordner *inc/css/*. Anschließend öffnen wir ein äußeres `<div>`-Element, das den Rahmen unserer Konsole darstellt (`class="outerDiv"`). Darin wird ein weiteres `<div>`-Element angelegt, das den Inhalt des Rahmens aufnimmt (`class="debugContent"`). Hierin erstellen wir eine HTML-Liste durch das `<ul>`-Tag, das eine Liste repräsentiert.

```php
public static function displayConsole()
{
   //eventuell gesetzte GET-Parameter überprüfen
   self::handleAction();

   echo '<link rel="stylesheet"
         href="'.PROJECT_HTTP_ROOT.'/inc/css/tabs.css"/>';
   //Äußeres DIV
   echo '<div class="outerDiv">';
   //Inhalt
   echo '<div id="debugContent">';
   echo '<ul>';
```

In dieser Liste werden nun Einträge für die Tab-Reiter erstellt, die entweder als Link auf einen internen Anker (z. B. `#fragment-1`) oder auf eine externe Seite per URL verweisen. Durch den später eingesetzten JavaScript-Code der Bibliothek jQuery (diese Bibliothek wird in Kapitel 17, »Web 2.0-Technologien«, näher erläutert) werden diese Links der Liste in eine Tab-Reiterstruktur umgewandelt bzw. als solche angezeigt und stoßen beim Klick auf einen externen Link eine Ajax-Methode an, die den Inhalt der externen Seite nachlädt. Im ersten Link verweisen wir daher direkt auf das Skript *getLog.php*, das wir hier im Anschluss noch erläutern. Damit erlauben wir die Anzeige des Logs in der Konsole. Klicken wir später auf den Reiter, wird das Skript nachgeladen.

```
echo '<li><a href="'.PROJECT_HTTP_ROOT.'/inc/classes/
    Debugging/getLog.php"><span>Log</span></a></li>';
```

Um den zweiten Reiter einzubauen, erfragen wir zunächst die Anzahl an GET-Parametern. Ist diese größer als 0, erstellen wir einen Listeneintrag mit einem Link auf das Element mit der ID `fragment-2` und nennen ihn »GET-Parameter«. Sollten also GET-Parameter beim aktuellen Skriptaufruf gesetzt sein, wird dieser Eintrag erstellt. Analog dazu fragen wir die globalen Arrays `POST`, `SESSION` und `FILES` (gesetzt bei dem Upload von Dateien) ab und erstellen gegebenenfalls einen entsprechenden Listeneintrag.

```
if(count($_GET)>0)
    echo '<li><a href="#fragment-1"><span>GET-Parameter
        </span></a></li>';
if(count($_POST)>0)
    echo '<li><a href="#fragment-2"><span>POST-Parameter
        </span></a></li>';
if(count($_SESSION)>0)
    echo '<li><a href="#fragment-3"><span>SESSION-Parameter
        </span></a></li>';
if(count($_FILES)>0)
    echo '<li><a href="#fragment-4"><span>FILES-Parameter
        </span></a></li>';
```

Der letzte Eintrag in der Liste wird immer erstellt und enthält einen Link auf ein externes Skript: *getSrcCode.php*. Damit können wir den Quellcode des aktuell ausgeführten Skriptes farbig darstellen. Dazu muss jedoch ein GET-Parameter übergeben werden: der Pfad zum aktuellen Skript (wie bereits zuvor durch den Parameter `$_SERVER['SCRIPT_FILENAME']` ermittelt).

```
echo '<li><a href="'.PROJECT_HTTP_ROOT.'/inc/classes/
    Debugging/getSrcCode.php?filename='.
    $_SERVER['SCRIPT_FILENAME'].'"><span>Sourcecode
    </span></a></li>';
echo '</ul>';
```

Nach dem Beenden der Liste durch das End-Tag `</ul>` müssen nun die Bereiche der auf interne Inhalte zeigenden Links erstellt werden. Wie bereits vorgestellt, sind dies die Bereiche für die globalen Arrays GET, POST, SESSION und FILES. Zunächst wird wieder per count()-Befehl überprüft, ob das globale Array einen Eintrag enthält. Ist dies der Fall, erstellen wir ein <div>-Element und ordnen ihm die Style-Sheet-Klasse fragment und eine eindeutige ID (hier fragment-1) zu. Innerhalb des Elements wollen wir den Inhalt des Arrays am Bildschirm anzeigen. Der print_r()-Befehl ist eine Möglichkeit, Inhalte von Objekten und Arrays auszugeben. Das Problem dabei ist, dass die Struktur nicht ohne weiteres zu erkennen ist, da keine Zeilenumbrüche dargestellt werden. Zu diesem Zweck erweitern wir die Klasse HTML um eine weitere statische Funktion printArray(), die ein Array übersichtlich darstellt, und rufen diese hier durch den Aufruf \System\HTML::printArray() auf. Anschließend schließen wir das <div>-Element wieder. Die neue HTML-Funktion erläutern wir im Anschluss noch genauer.

```
//GET Parameter
if(count($_GET)>0)
{
    echo '<div class="fragment" id="fragment-1">';
    echo \System\HTML::printArray($_GET);
    echo '</div>';
}
```

Analog zum Erstellen dieses Bereichs für die GET-Variable verfahren wir identisch für die Bereiche der POST-, SESSION- und FILES-Arrays. Der einzige Unterschied ist bei der SESSION zu sehen. Dort erstellen wir innerhalb des <div>-Elements einen HTML-Link, der auf das aktuelle Skript verweist und den GET-Parameter destroySession übergibt, um die Session-Daten zu löschen.

```
//POST Parameter
if(count($_POST)>0)
{
    echo '<div class="fragment" id="fragment-2">';
    echo \System\HTML::printArray($_POST);
    echo '</div>';
}
//SESSION Parameter
if(count($_SESSION)>0)
{
    echo '<div id="fragment-3">';
    echo '<div>';
    echo '<a class="standardSubmit" href="?destroySession">
        Sessiondaten löschen<a/></div>';
    echo '<div class="fragment">';
    echo \System\HTML::printArray($_SESSION);
```

```
        echo '</div>';
        echo '</div>';
    }
    //FILES Parameter
    if(count($_FILES)>0)
    {
        echo '<div class="fragment" id="fragment-4">';
        echo \System\HTML::printArray($_FILES);
        echo '</div>';
    }
```

Schließlich müssen wir zuerst das innere `<div>`-Element schließen und eine Möglichkeit für das Öffnen und Schließen der Debug-Konsole schaffen. Dafür generieren wir ein weiteres `<div>`-Element und weisen ihm per Style-Angabe ein Hintergrundbild zu (`background-image:url`). Anschließend schließen wir ebenfalls das äußere `<div>`-Element. Dass ein Klick auf dieses `debugOpener` genannte Element später die Konsole ein- und ausfährt, ist der JavaScript-Bibliothek jQuery zu verdanken, die wir in Kapitel 17, »Web 2.0-Technologien« erläutern.

```
    //DIV schließen
    echo '</div>';
    //Opener
    echo '<div id="debugOpener" style="background-image:url('.
        PROJECT_HTTP_ROOT.'/images/opener.png);
        background-repeat:no-repeat;"></div>';
    //Äußeres DIV schliessen
    echo '</div>';
}
```

> **Hinweis**
>
> Wenn Sie an dieser Stelle schon unbedingt erfahren möchten, wie der JavaScript-Code der Debug-Konsole (der Tab-Reiter sowie der Ein- und Ausklappmechanismus) aussieht, blättern Sie vor bis zu Kapitel 17, »Web 2.0-Technologien«, in dem wir jQuery beschreiben.

function printCode($filename)

Um den Quellcode einer Datei übersichtlich anzuzeigen, sollte der Code zum einen in nummerierten Zeilen und zum anderen farbig dargestellt werden. Die Funktion `printCode()` ermöglicht dies. Der einzige Eingabeparameter erwartet die Übergabe eines Dateinamens (absolut oder relativ). Im ersten Schritt wird mit dem Befehl `file_exist()` überprüft, ob die der Funktion übergebene Datei überhaupt existiert. Ist dies nicht der Fall, wird an dieser Stelle mit einer Hinweismeldung abgebrochen. Anderenfalls lesen wir die Datei mit dem Befehl `file_get_` contents() als String in die Variable $sourceCode ein. Um bei Ausführung der Funktion erkennen zu können, um welche Datei es sich handelt, geben wir dann innerhalb eines <div>-Elements den Dateinamen aus.

```
public static function printCode($filename)
{
   //Existiert diese Datei überhaupt?
   if(!file_exists($filename))
   {
      echo 'Kann Datei <em>'.$filename.'</en> nicht finden.';
      return false;
   }
   $sourceCode = file_get_contents($filename);
   //Dateinamen anzeigen
   $output = '<div style=" ... ">Datei:<strong>'.
             $filename.'</strong></div>';
```

Wir wollen jede Zeile in einer Tabellenzeile ausgeben und müssen daher den eingelesenen Quellcode an den in der Datei vorhandenen Zeilenumbrüchen auftrennen. Ein Zeilenumbruch kann hierbei aber mit den bereits erläuterten Zeilenumbruchzeichen "\r\n" oder "\r" codiert sein. Um einen einheitlichen Code zu erhalten, verwenden wir den Befehl str_replace(), der Zeichenvorkommen innerhalb eines Strings ersetzen kann. Der Befehl erwartet drei Parameter:

1. die zu ersetzende/n Zeichenkette/n
2. die Zeichenkette/n, die als Ersatz dienen soll
3. den String, innerhalb dessen die Ersetzung erfolgen soll

Hier übergeben wir daher als ersten Parameter ein Array mit den möglichen Zeilenumbruchvarianten, als zweiten Parameter die Zeichenkette "\n" und als dritten Parameter den gesamten Inhalt der Datei. Anschließend erhalten wir einen Rückgabewert mit komplett einheitlichen Zeilenumbrüchen, der dann als Eingabeparameter für die Funktion explode() dient. Diese wiederum teilt einen String in Teile auf, die an dem Zeichen, das als erster Parameter übergeben wird, getrennt werden. Nach dem Aufrufen dieser beiden Befehle ist in der Variablen $sourceCode ein Array mit einer Zeile pro Arrayeintrag gespeichert. Nun benötigen wir zwei zusätzliche Variablen: $lineCount für das Anzeigen der Zeilennummer und $formattedCode für den formatierten String.

```
//Zeilenumbrüche beachten und zeilenweise ins Array speichern
$sourceCode = explode("\n",
      str_replace(array("\r\n", "\r"),"\n", $sourceCode));
$lineCount = 1;
$formattedCode = "";
```

Jetzt definieren wir eine `foreach`-Schleife, die für jede Zeile des Quellcodes ausgeführt wird. Zuerst hängen wir an die Variable `$formattedCode` eine Tabellenspalte an, die die Nummer der aktuellen Zeile enthält. Anschließend inkrementieren wir den Zähler `$lineCount` um 1, um beim nächsten Schleifendurchlauf die nächsthöhere Zeilennummer anzuzeigen.

```
//Jede Zeile bearbeiten
foreach ($sourceCode as $codeLine)
{
    //Tabellenzeile erstellen
    $formattedCode .= '<tr><td style=" ... ">'.
                      $lineCount.'</td>';
    $lineCount++;
```

Die folgenden Schritte sind etwas komplizierter und erfordern, dass Sie verstehen, wie die Funktion `highlight_string()` funktioniert. Unser Ziel ist es, Quellcode strukturiert darzustellen und Schlüsselwörter, Funktionen, Blöcke usw. farblich zu kennzeichnen. Die Funktion `highlight_string()` erledigt diese Aufgabe und gibt HTML-Code zurück. Das Erkennen von Codeteilen beruht aber darauf, dass man eine komplette Datei übergibt. Wir übergeben aber aufgrund der Anzeige von Zeilennummern nur einzelne Zeilen, die die Funktion daher farblich nicht korrekt darstellen könnte (da immer eine komplette PHP-Datei erwartet wird). Die Lösung des Problems ist, zu überprüfen, ob die Zeichenkette `<?php` am Zeilenanfang steht und, wenn dies nicht der Fall ist, diese hinzuzufügen und erst anschließend die Funktion `highlight_string()` auszuführen. Daher wird hier mit dem Befehl `ereg()` und einem regulären Ausdruck überprüft, ob die Codezeile ein `<?php` enthält. Trifft dies zu, wird die Zeile direkt unter Verwendung des Befehls `highlight_string()` dem auszugebenden String hinzugefügt.

```
    //Ersetzungen vornehmen
    if (ereg('<\?(php)?[^[:graph:]]', $codeLine))
        $formattedCode .= '<td>'.
        highlight_string($codeLine,true)).
        '</td></tr>';
```

Im zweiten Fall beginnt die Zeile nicht mit `<?php`, und wir fügen dies manuell hinzu (`highlight_string('<?php '.$codeLine, true)`), um einen korrekt eingefärbten String zu erhalten. Anschließend müssen wir das `<?php` (und ein Leerzeichen), das nun als HTML-Zeichenkette `&lt;?php ` am Anfang der Zeile auftaucht, wieder aus der Codezeile entfernen. Dafür verwenden wir den schon bekannten Befehl `str_replace()` und ersetzen das Vorkommen der ungewünschten Zeichenkette durch einen leeren String. Anschließend fügen wir dieses Ergebnis als Tabellenzeile dem Ausgabestring hinzu.

```
        else
            $formatted_code .=
                '<td>'.str_replace('&lt;?php ','',
                    highlight_string('<?php '.$codeLine, true)).
                '</td></tr>';
}
```

Im letzten Schritt binden wir den Ausgabestring noch in eine HTML-Tabelle ein, da wir in jedem Schritt der foreach-Schleife eine Tabellenzeile hinzugefügt haben, und geben den fertigen String als Rückgabewert zurück.

```
        //Ausgabestring zusammensetzen
        $output .= '<table style=" ... ">'.$formattedCode.'</table>';
        // ... und zurückgeben
        return $output;
}
```

Listing 14.12 Die »DebugConsole«-Klasse

Der Aufruf der Methode printCode() mit dem Parameter class.DebugConsole.php gibt dann den Quellcode übersichtlich aus, wie in Abbildung 14.9 gezeigt.

Abbildung 14.8 Quellcode-Anzeige mit der Funktion »printCode«

An dieser Stelle soll nun kurz die Funktion printArray() beschrieben werden, um die wir die Klasse HTML erweitert haben. Diese Funktion erwartet ein Array als Parameter und führt darauf zwei Funktionen aus. Die erste Funktion ist print_r(), um ein Array entsprechend anzeigetauglich aufzubereiten. Dies allein reicht noch nicht aus, da im Browser ein langer String angezeigt würde. Daher wenden wir zusätzlich die Funktion `highlight_string()` an, um auch Zeilenumbrüche (browsertauglich) angezeigt zu bekommen. Der jeweils zweite Parameter, `true`, beider Funktionen wird gesetzt, damit die Funktionen den String (des Arrays) nicht direkt aus-, sondern zurückgeben. So kann der Programmierer, der die Funktion aufruft, selbst entscheiden, wo und wie die Ausgabe erfolgen soll.

```
public static function printArray($array = array())
{
    return highlight_string(print_r($array,true),true);
}
```

Listing 14.13 Funktion »printArray« der »HTML«-Klasse

14.6.2 Hilfsdateien für die Debug-Konsole

Wie in der Funktion `displayConsole()` der Klasse `DebugConsole` beschrieben, verweisen zwei der erstellen Listeneinträge (die später als Tab-Reiter in der Konsole zu sehen sind) auf externe Dateien. Die erste externe Datei ist die *getLog*-Datei, die zur Darstellung der Log-Datei dient. Diese wird aber extern geladen, damit nicht bei jedem Aufruf der Konsole die Log-Datei geöffnet, ausgelesen und angezeigt wird, sondern erst, wenn dies wirklich benötigt wird. Sie benötigt für korrekte Pfadangaben ausnahmsweise nicht die *common.php*, sondern lediglich die *paths.php*. Nachdem sie inkludiert wurde, folgt noch die *DebugLogging*-Datei, deren Funktionalitäten natürlich für die Anzeige der Log-Datei ebenfalls erforderlich sind.

```
<?php
//Nur die Pfadkonfiguration wird benötigt
require_once '../../../paths.php';
//Benötigt lediglich die Klasse System\DebugLogging
require_once 'class.Logging.php';
```

Dann folgen zunächst der Aufbau einer rudimentären HTML-Seite und die Anzeige eines HTML-Links, der wieder (analog zur Funktion des Löschens der Session-Daten) auf das aktuelle Skript zeigt und den GET-Parameter `deleteLogfile` übergibt. Dieser führt bei Betätigung zur Löschung der aktuellen Log-Datei. Anschließend rufen wir nur noch den Befehl `System\Logging\getLog()` auf, der die Log-Datei öffnet und ihre Einträge anzeigt, und schließen dann die HTML-Seite.

```
echo '<html><head></head>';
echo '<body>';
echo '<a class="standardSubmit" href="?deleteLogfile">
    Log löschen<a/><br />';
```

```
System\Logging::getLog();
echo '</body>';
echo '</html>';
?>
```

Listing 14.14 getLog.php

Die zweite Datei, die für die Konsole per Ajax nachgeladen werden kann, ist *getSrcCode.php*, die den Quellcode des aktuellen Skriptes anzeigt. Der Aufbau unterscheidet sich nicht wesentlich von dem der vorangegangenen Hilfsdatei. Lediglich eine andere Klasse wird inkludiert (System\DebugConsole), und der Aufruf, der hier System\DebugConsole::printCode() ist, wird nur dann angestoßen, wenn dem Skript eine GET-Variable namens filename übergeben wurde. Diese Variable erwartet die Funktion auch als Input-Parameter, um den Quellcode des aktuellen Skriptes auszugeben.

```
<?php
//Nur die Pfadkonfiguration wird benötigt
require_once '../../../paths.php';
//Benötigt lediglich die Klasse System\DebugConsole
require_once 'class.DebugConsole.php';
echo '<html><head></head>';
echo '<body style="margin:0px;padding:0px;">';
//Wenn ein Pfadname übergeben wurde...
if(isset($_GET['filename']))
echo System\DebugConsole::printCode($_GET['filename']);
echo '</body>';
echo '</html>';
?>
```

Listing 14.15 getSrcCode.php

14.6.3 Verwendung der Klasse »DebugConsole«

Um die Klasse DebugConsole nun verwenden zu können, müssen wir zunächst die Datei *includeAllClasses.php* um die folgenden Codezeilen erweitern:

```
//DebugConsole (nach HTML-Klasse einbinden)!!!
require_once PROJECT_DOCUMENT_ROOT."/inc/classes/Debugging/
        class.DebugConsole.php";
```

Die HTML-Klasse des Basissystems erweitern wir ebenfalls. Die Funktion printBody() wird hierbei um einen Aufrufparameter und eine weitere Codezeile erweitert:

```
public static function printBody($css = null,$withConsole = true)
{
   bisheriger Code ...

   //DebugConsole einbinden
   if($withConsole AND DEBUG)DebugConsole::displayConsole();
}
```

Listing 14.16 Erweiterte Funktion »System\HTML::printBody()«

Wir fragen hier ab, ob der Parameter `$withConsole` als Aufruf gesetzt wurde (er wird standardmäßig auf `true` gesetzt) und ob die Konstante `DEBUG` im System ebenfalls `true` ist. Nur in diesem Fall zeigen wir die Debug-Konsole an.

Die eingeklappte Konsole, die sich dann in einer HTML-Seite durch einen Klick auf den »Anfasser« (die am oberen Browser-Rand sichtbare Lasche) ausklappen lässt, sehen Sie in Abbildung 14.10.

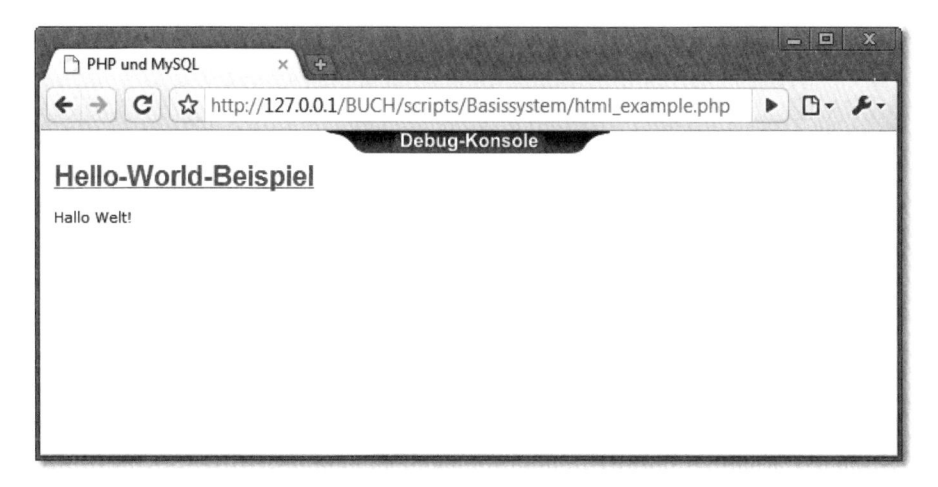

Abbildung 14.9 Eingeklappte Debug-Konsole

Wenn Sie die Debug-Konsole ausklappen, sehen Sie am oberen Rand eine Übersicht über die verfügbaren Tab-Reiter, die jeweils nur dann angezeigt werden, wenn auch Inhalte angezeigt werden können. Hier im Beispiel sind SESSION- sowie GET-Daten vorhanden und lassen sich demzufolge einsehen. Ebenso können Sie die beiden Tab-Reiter für das Log und den Quellcode erkennen, die die Daten erst bei einem Klick auf den Reiter nachladen und anzeigen (siehe Abbildung 14.11).

14 | Ein Basissystem mit PHP und MySQL

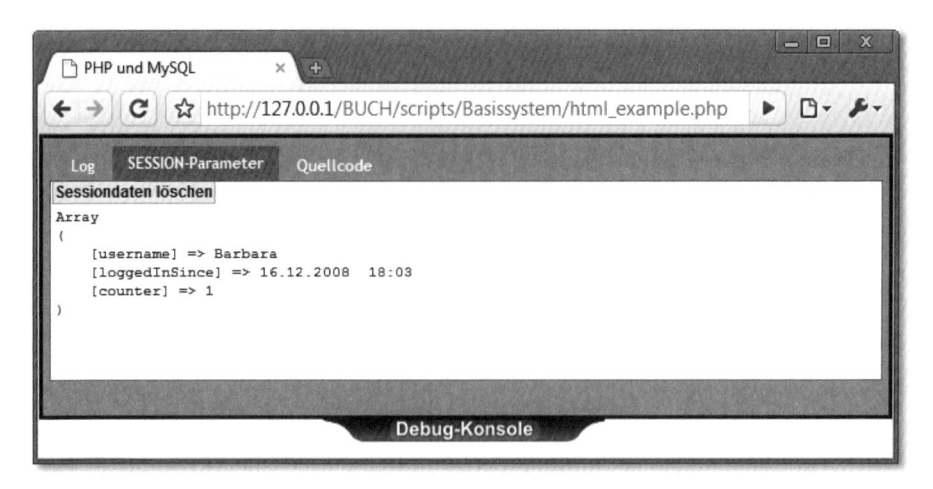

Abbildung 14.10 Ausgeklappte Debug-Konsole

Eine Webanwendung 100%ig vor jeglicher Art von »Un-Sicherheit« zu schützen, ist so gut wie nicht möglich. Mit den hier vorgestellten Methoden können Sie aber zumindest einige Gefahren entschärfen sowie die Gesamtsicherheit steigern.

15 Sichere Webanwendungen

Direkt mit dem Internet verbundene Anwendungen sind in den meisten Fällen für alle Benutzer desselbigen erreichbar und dadurch auch angreifbar. Bei den meisten Webservern (wie dem weitverbreiteten *Apache*) können Sie einen Verzeichnisschutz für einzelne Ordner einrichten, der in zwei Dateien, der *.htaccess*- und der *.htpasswd*-Datei, Benutzernamen und Passwörter speichert. Beim Betreten des Ordners wird dann eine Authentifizierung gefordert, bevor ein Seiteninhalt angezeigt wird. Diese Art der Authentifizierung ist zwar mit die sicherste, wird mit einer steigenden Anzahl an Benutzern jedoch aufwendig und unpraktikabel, denn die Zugangsdaten der Benutzer müssen in der *.htaccess*- und der *.htpasswd*-Datei gespeichert und aktuell gehalten werden.

Der Verzeichnisschutz bietet im Grunde auch nur die Möglichkeit des Zugriffsschutzes; die Verwendung von *Sitzungen* für einen Benutzer kann darüber hinaus weitere Zwecke erfüllen, da wir in Session-Variablen Daten aller Art während des Besuches speichern können. Daher wird man meistens auf das Konzept von Benutzersitzungen – *Sessions* – zurückgreifen, das die Unterscheidung von Benutzern ermöglicht. Das Grundkonzept von Sessions wurde bereits im zweiten Teil in Kapitel 11, »Sicherheit«, vorgestellt. Durch die Verwendung von Sessions, und damit zwangsläufig irgendeiner Art der Anmeldung, ist die Gefahr eines Angriffs auf die Anwendung allgegenwärtig, da zumindest das Anmeldeformular für alle Benutzer des Internets sichtbar ist. Auf den folgenden Seiten werden wir zunächst sichere Authentifizierungsmethoden, die Erstellung sicherer Passwörter und die Session-Verwaltung mit der Datenbank sowie weitere verwandte Themen mit Bezug zur Sicherheit einer Webanwendung vorstellen.

Grundlegend für jeden Bereich der Programmierung im Zusammenhang mit Intra- oder Internetanwendungen ist die Überprüfung von Parametern, die von einem Benutzer eingegeben werden dürfen. Denn diese sind die verwundbarste Stelle einer Anwendung.

- Alle eingegebenen Daten sind zunächst als *unsicher* einzustufen.
- Unsichere Daten müssen so früh wie möglich validiert werden.
- Unsichere Daten dürfen nicht an weitere Skripte, Bibliotheken usw. weitergereicht werden.
- Falls Daten an die Datenbank gesendet werden, müssen sie *immer* in geeigneter Form maskiert oder als Prepared Statement verwendet werden. Dazu wird meist der Befehl `mysqli_real_escape_string` (bzw. die Funktion `escapeString()` unserer Datenbankklasse) benutzt.
- Beim Ausgeben von Daten müssen diese grundsätzlich maskiert werden. Dieses Vorgehen (Probleme mit »Magic Quotes« und Maskieren von HTML-Zeichen) haben wir im vorigen Kapitel, »Ein Basissystem mit PHP und MySQL«, bereits umfassend erläutert.

Halten Sie sich strikt an diese Grundregeln, haben Sie die häufigsten Gefahren bei der Webanwendungs-Programmierung bereits entschärft bzw. vermieden.

15.1 Benutzer authentifizieren

Die Authentifizierung von Benutzern in Systemen ist einer der zentralen Punkte des gesamten Sicherheitskonzepts. Wir behandeln hier den gängigsten Anmeldeprozess: die Authentifizierung eines Benutzers durch die Eingabe eines Benutzernamens und des dazugehörigen Passwortes. Diese Form der Anmeldung trifft man im Internet auf den meisten benutzerspezifischen Seiten an. Wir könnten an dieser Stelle die Klasse `Security` und die Klasse `HTML` um die nötigen Methoden für die Authentifizierung erweitern, da diese bereits im Basissystem vorhanden sind. Damit würden wir uns das Einbinden eines weiteren Skriptes sparen. Um aber Methoden in eigenen Klassen zu kapseln, werden wir eine neue Klasse `Login` anlegen, die die entsprechenden Methoden zur Verfügung stellt.

15.1.1 Klasse »Login«

Die Methoden der Klasse `Login` sind im UML-Diagramm in Abbildung 15.1 dargestellt.

Die Methode `printLoginForm()` erstellt den HTML-Code für das Anmeldeformular. `checkLogin()` prüft, ob mit den übermittelten Daten eine korrekte Authentifizierung möglich ist.

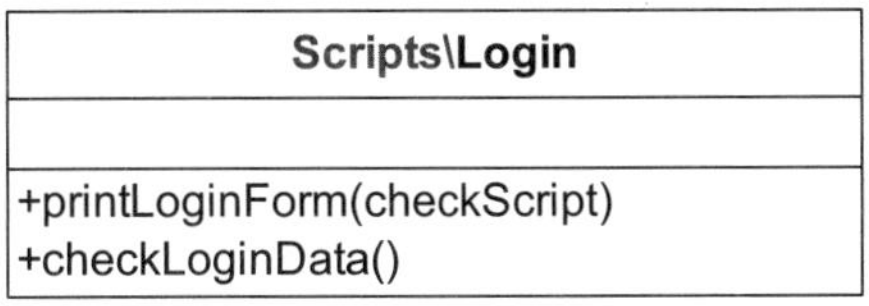

Scripts\Login
+printLoginForm(checkScript) +checkLoginData()

Abbildung 15.1 UML-Diagramm der Klasse »Login«

Um die Benutzerdaten in der Datenbank zu speichern, benötigen wir zunächst die in Tabelle 15.1 dargestellte Datenbanktabelle.

Attributname	Attributtyp
login	varchar(100), Primärschlüssel
password	varchar(32)

Tabelle 15.1 »User«-Datenbanktabelle

Der Name eines Benutzers wird hierin als maximal 100 Zeichen langer String gespeichert und ist gleichzeitig der Primärschlüssel der Tabelle, da wir vermeiden wollen, dass gleiche Benutzernamen im System existieren. Das Passwort des Benutzers wird natürlich nicht im Klartext, sondern als MD5-Checksumme – daher der 32 Zeichen lange String – gespeichert. Dies verhindert selbst bei unbefugtem Zugriff auf die Datenbank, dass Passwörter im Klartext ausgelesen werden können.

function printLoginForm($checkScript = null)

Für den Anmeldevorgang benötigen wir zunächst also ein Formular, das die Methode `printLoginForm()` ausgibt. Der optionale Parameter `$checkScript` gibt das Zielskript an, das dann die Prüfung der Formulardaten übernehmen soll. Wird der Parameter nicht übergeben, verweist das Formular auf das Skript, in dem sich das Formular gerade befindet.

```
public function printLoginForm($checkScript = null)
{
   //PHP-Ausgabe beenden, um "reinen" HTML-Code zu schreiben
   ?>
   <fieldset style="padding:2px;width:180px;
    border:1px solid steelblue;">
   <legend>Login</legend>
   <form id="noSpaces" action="<?php echo $checkScript ?>"
    method="post">
   Login:<br />
   <input type="text" class="standardField" name="login"
    size="30" maxLength="100"><br />
   Passwort<br />
```

```
    <input type="password" class="standardField"
     name="password" size="30" maxLength="100"><br />
    <input type="submit" onFocus="blur();"
     class="standardSubmit" name="doLogin" value="Anmelden">
    <input type="reset" onFocus="blur();"
     class="standardSubmit" name="reset"
     value="Löschen">
    </form>
    </fieldset>
    <?php
}
```

function checkLoginData()

Um die im Formular eingegebenen Daten zu testen, implementieren wir die Methode `checkLoginData()`. Nun wollen wir dieses Skript so gut wie möglich gegen Angriffe von außen absichern, da es in einem System mit Authentifizierung normalerweise als einziges von »außen« zugreifbar ist. Das heißt, nur das Anmeldefenster sollte bei einem System mit geschlossenem oder beschränktem Benutzerkreis für alle Internetbenutzer sichtbar sein. Dies führt aber auch dazu, dass dieses Skript besonders vielen Angriffen ausgesetzt sein kann. Daher werden wir hier *nicht* den Log-in des Benutzers an ein SQL-Statement anfügen und dieses an die Datenbank schicken, da potentiell gefährlicher Code so in die Datenbank gelangen könnte. Natürlich könnten wir mit dem PHP-Befehl `mysqli_real_escape_string()` einen String für die Datenbank sicher »escapen«, möglicherweise gibt es aber noch nicht bekannte Sicherheitslücken, die hier einen Ansatzpunkt für das Austricksen des Befehls bieten. Daher wollen wir an einer so kritischen Stelle dieses Risiko gar nicht erst eingehen und holen eine Liste von gespeicherten Benutzern des Systems per SQL-Statement aus der Datenbank. Bei großen Systemen (mit mehreren Tausend Benutzern) können dies sehr viele Datensätze sein. Aus diesem Grund holen wir nur die Datensätze, bei denen der erste Buchstabe des Login-Namens mit dem ersten Buchstaben des eingegebenen Benutzernamens übereinstimmt. Den ersten Buchstaben bekommen wir hierbei durch `substring()`. Folgendes SQL-Statement führt dann die Datenbankabfrage aus:

```
SELECT login, password FROM user WHERE login LIKE 'A%'
```

Hierbei würden alle Login-Namen zurückgegeben, deren erster Buchstabe ein A ist. Um hier keine neue Variable zu definieren, benutzen wir das globale Datenbankobjekt direkt mit dem Aufruf `$GLOBALS['DB']->query()`.

```
public function checkLoginData()
{
    //Erster Buchstabe des Loginnamens
```

```
$firstChar = substr($_POST['login'],0,1);
//Eingeschränkte Ergebnismenge
$sql = "SELECT login,password FROM user ".
       " WHERE login LIKE '".$firstChar."%'";
//Direkt auf das globale Datenbank-Objekt zugreifen
$result = $GLOBALS['DB']->query($sql);
```

Ein weiterer wichtiger Schritt ist das Zurechtschneiden der per POST-Array übergebenen Anmeldedaten des Benutzers. Sie werden es vielleicht im ersten Moment für überflüssig halten, dass hier von beiden Parametern nur die ersten 100 Zeichen durch substr »übernommen« werden, da in unserem Formular die Beschränkung auf 100 Zeichen doch vorgegeben war. Im Prinzip stimmt dies, aber auch nur, wenn die Daten auch von unserem eigenen Skript kommen: Denn jeder, der herausfindet, wie die beiden Parameter (login und password) benannt wurden, kann ein eigenes Formular basteln, das an unser *check*-Skript die beiden Parameter schickt. Damit wäre es möglich, diese 100-Zeichen-Vorgabe zu umgehen und möglicherweise einen Buffer-Overflow zu erzwingen. Aus diesem Grund nehmen wir die ersten 100 Zeichen und entfernen (durch trim()) eventuell enthaltene Leerzeichen am Anfang und Ende des Strings.

```
//Eingaben noch "trimmen"
$login    = trim(substr($_POST['login'],0,100));
$password = trim(substr($_POST['password'],0,100));
```

Nun liegen uns alle Benutzerdaten (mit dem korrekten Anfangsbuchstaben des Login-Namens) und die vom Benutzer eingegebenen Daten vor, und wir können sie nach und nach per foreach-Schleife durchgehen, um eine passende Kombination zu finden. In jedem Schleifendurchlauf wird nun überprüft, ob der eingegebene Anmeldename dem des aktuellen Datensatzes entspricht. Als zweite Bedingung der Abfrage wird anschließend der MD5-Hash des übergebenen Passworts mit dem gespeicherten Hash des Datensatzes verglichen. Ergeben beide Bedingungen true, ist die Authentifizierung geglückt, da die Benutzername-Passwort-Kombination, die der Benutzer eingegeben hat, mit der gespeicherten identisch ist. Wir geben dann true zurück.

```
foreach($result as $combi)
{
   if(($login == $combi['login']) &&
       (md5($password) == $combi['password']))
   {
      return true; // War eine korrekte Kombination.
   }//ENDIF
}//ENDFOR
```

Endet die `foreach`-Schleife, ohne ein positives Ergebnis zu vermelden, war die vom Benutzer eingegebene Kombination falsch, und wir geben `false` zurück.

```
    return false;
}
```

Listing 15.1 Die Klasse »Login«

> **Hinweis**
>
> Bei großen Systemen mit sehr vielen Benutzern ist diese Lösung nicht besonders elegant, da recht viele Benutzerdaten aus der Datenbank geladen werden. Bei solchen Systemen sollten Sie überlegen, ob Sie die Abfrage nach Login-Name und Passwort nicht doch direkt auf der Datenbank tätigen, um ein positives oder negatives Ergebnis zu erhalten.

15.1.2 »Login«-Klasse anwenden

Ein kurzes Beispiel soll Ihnen zeigen, wie wir die Klasse `Login` in der Praxis anwenden können. Dazu benötigen wir die beiden Skripte *index.php* und *checkLogin.php*.

index.php

Wir binden zuerst das Basissystem über die *common.php* und danach die `Login`-Klasse ein. Jetzt werden die üblichen `HTML`-Methoden (`printHead()` und `printBody()`) zur Erstellung der HTML-Seite aufgerufen. Um nun ein Anmeldeformular zur Verfügung zu stellen, generieren wir ein neues `Login`-Objekt und rufen dessen Methode `printLoginForm()` auf. Darin übergeben wir als Parameter das Zielskript *checkLogin.php*. Anschließend »beenden« wir das HTML-Gerüst per `printFoot()`.

```
<?php
require_once "../../common.php";
require_once "classes/class.Login.php";
//Kopf erstellen
System\HTML::printHead();
//Body erstellen
System\HTML::printBody();
$LOGIN = new Scripts\Login();
$LOGIN->printLoginForm("checkLogin.php");
//Ende der Seite
System\HTML::printFoot();
?>
```

Listing 15.2 »index.php« des Login-Beispiels

Das Ergebnis des Skriptes (also das HTML-Formular) ist in Abbildung 15.2 zu sehen.

Abbildung 15.2 Screenshot des Login-Formulars

checkLogin.php

Nun folgt noch der Code von *checkLogin.php*. Damit wird die Eingabe des Benutzers überprüft.

```
<?php
//Login-Objekt erstellen
$LOGIN = new Scripts\Login();
//Login-Daten checken
$loginOK = $LOGIN->checkLoginData();
//die üblichen HTML-Methoden (s.o.)
//Prüfen, ob die Authentifizierung erfolgreich war.
if($loginOK==true){
{
   echo "<span style='color:green;'>\n";
   echo "Sie sind als";
   echo " <b><u>".$_POST['login']."</u></b> ";
   echo "authentifiziert worden.</span>\n";
}
else
{
   echo "<span style='color:red;'>";
   echo "Falsche Kombination angegeben.</span><br />\n";
   echo "<a href='index.php'>Zurück zum Login-
         Formular</a>";
}
...
?>
```

Listing 15.3 »checkLogin.php« des Login-Beispiels

Die Anmeldungsklasse ist nun voll funktionstüchtig; nur bringt uns das noch nicht viel weiter, da wir den Status – also die erfolgreiche Authentifizierung – noch nirgends gespeichert haben. Navigiert der Besucher nach der erfolgreichen Anmeldung nun weiter, ist schon bei der nächsten Seite nicht mehr klar, dass er sich korrekt angemeldet hat. Dafür haben wir die Konstrukte von Cookies und Sessions, die es ermöglichen, trotz zustandsloser HTTP-Verbindungen einen Status (hier den des angemeldeten Besuchers) zu speichern. Daher werden wir im nächsten Abschnitt das Speichern von Sessions in der Datenbank besprechen.

15.2 Sitzungen mit der Datenbank verwalten

Anstatt mit der dateibasierten Version der Sitzungsverwaltung zu arbeiten, wollen wir nun die Sitzungsdaten in der Datenbank speichern. Vor PHP 5.4 musste man einzelne Funktionen eines *Session Handlers* – also die Art, wie mit Sessions umgegangen wird – programmieren und als Funktionen setzen, um eigene Behandlungen zur Speicherung und Verwaltung von Sitzungen zu verwenden. Nun hat sich ein kleines Detail geändert: Sie können nun von der Klasse SessionHandler erben und die benötigten Funktionen überschreiben.

Wir werden dies nutzen, um die Sitzungsverwaltung in die Datenbank zu verlegen. Dies hat gegenüber dateibasierter Sitzungsverwaltung den Vorteil, dass wir zentral Zugriff auf die Sitzungsdaten der Benutzer haben, beispielsweise um eine Liste aller eingeloggten Benutzer anzuzeigen.

15.2.1 Die Klasse der Sitzungsverwaltung

Um einen Überblick über die Methoden der Klasse zu bekommen, ist in Abbildung 15.3 deren UML-Diagramm gezeigt.

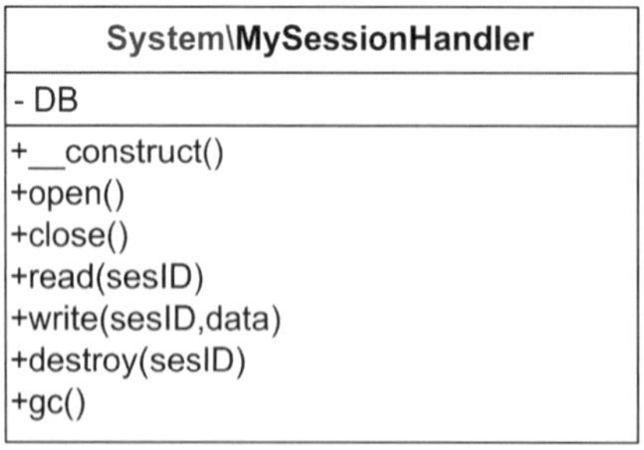

System\MySessionHandler
- DB
+__construct() +open() +close() +read(sesID) +write(sesID,data) +destroy(sesID) +gc()

Abbildung 15.3 UML-Diagramm der Klasse »MySessionHandler«

Um die Sitzungsdaten in der Datenbank zu speichern, benötigen wir eine Tabelle sessions, die folgende Attribute besitzt (siehe Tabelle 15.2).

Attributname	Attributtyp
id	varchar(32), Primärschlüssel
lastUpdated	int(11)
start	int(11)
value	text

Tabelle 15.2 Session-Datenbanktabelle

In id wird jeweils die eindeutige Nummer einer Sitzung (Session-ID) gespeichert. Dies ist gleichzeitig der Primärschlüssel, damit für jeden Benutzer nur ein einziger, eindeutiger Datensatz während der aktiven Sitzung existiert. Das Attribut lastUpdated speichert einen Zeitstempel, der angibt, wann die Sitzung das letzte Mal aktualisiert wurde. In start wird – ebenfalls als Zeitstempel mit Datentyp int – hinterlegt, wann die Sitzung begonnen hat. In value schließlich werden alle Werte abgelegt, die in Sitzungsvariablen gespeichert werden. Wir verwenden hierfür den Datentyp text, da hier mitunter große Datenmengen gespeichert werden müssen.

function __construct()

Die Methode __construct() bindet zuerst das globale Datenbankobjekt an die Variable $DB. Anschließend wird die Funktion register_shutdown_function() aufgerufen, die dafür sorgt, dass zuerst alle Sitzungsvariablen gespeichert und anschließend die PHP-Objekte »zerstört« werden.[1] Zum Abschluss starten wir eine Session mit dem Befehl session_start().

```
public function __construct()
{
   //Datenbank setzen
   $this->DB = $GLOBALS['DB'];
   //Schreib-Reihenfolge setzen
   register_shutdown_function('session_write_close');
   //Jetzt die Session starten
   session_start();
}
```

---

[1] Seit der PHP-Version 5.0.5 werden standardmäßig zuerst alle Objekte von Klassen »zerstört« und anschließend die Session-Variablen gespeichert. In Verbindung mit unserem MySQLi-Datenbankobjekt und dem überschriebenen Session Handler kommt es dann aber zu Problemen, da die Daten – wegen des zerstörten Datenbankobjekts – nicht mehr in die Datenbank geschrieben werden können.

15 | Sichere Webanwendungen

function open()

Diese Methode wird aufgerufen, um eine Sitzung zu öffnen. Im ersten Schritt löschen wir abgelaufene Sitzungen durch den internen Methodenaufruf `$this->gc()`. Dies aktiviert den »Garbage Collector«, den wir später beschreiben. Da in unserem Fall keine dateibasierte Sitzungsverwaltung implementiert wird, bei der wir beispielsweise eine Datei öffnen müssten, geben wir anschließend einfach `true` zurück.

```
public function open()
{
   //Ruft den Garbage-Collector auf (Löschen alter Sessions).
   $this->gc();
   return true;
}
```

function close()

Der Name der Methode `close()` lässt darauf schließen, dass eine Sitzung geschlossen wird. Dies ist nicht ganz richtig, denn diese Funktion wird immer aufgerufen, wenn der Zugriff auf Sitzungsdaten beendet wird, das heißt beispielsweise nach dem Speichern einer neuen Session-Variablen. Hiermit wird also keine Sitzung beendet; dies geschieht durch die Methode `destroy()`. Es wird lediglich der »Garbage Collector« – Methode `gc()` – aufgerufen, um veraltete (noch nicht gelöschte) Sitzungsdaten zu löschen. Der Rückgabewert ist hier `true`.

```
public function close()
{
   //Ruft den Garbage Collector auf.
   $this->gc();
   return true;
}
```

function read($sesID)

Um Daten aus einer Sitzung auszulesen, wird bei jedem Zugriff auf eine Session-Variable die Methode `read()` benutzt. Dabei wird als Argument die Sitzungsnummer (`$sesID`) übergeben. Wir müssen uns hierbei nicht um Details der Parameterübergabe kümmern, dies geschieht intern. Durch einen Befehl wie `echo $_SESSION['test'];` ruft PHP intern diese Methode auf. Daher setzen wir hier eine Abfrage an die Datenbank zusammen, die den entsprechenden Datensatz mit der korrekten Session-ID aus der `sessions`-Tabelle holt.

```
public function read($sesID)
{
   $sessionStatement = "SELECT * FROM sessions".
```

```
                    " WHERE id = '$sesID'";
$result = $this->DB->query($sessionStatement);
```

Es gibt nun drei Möglichkeiten:

- Es trat ein Fehler in der Datenbank oder bei der Verbindung mit der Datenbank auf. Dann ist $result = false, und wir geben einen leeren String zurück.
- Es wurde genau ein Datensatz gefunden, da die Anzahl größer als 0 ist. In diesem Fall geben wir den Datenteil aus dem Attribut value (des 1. Datensatzes) durch den Ausdruck $result[0]["value"] zurück. Es kann nur ein Datensatz gefunden worden sein, da wir anhand des Primärschlüssels der Tabelle sessions gesucht haben.
- Im letzten möglichen Fall wurde die Abfrage korrekt ausgeführt, aber keine existierende Sitzung in der Datenbank gefunden. Dies ist der Fall, wenn die Sitzung noch nicht angelegt ist. Dann geben wir einen leeren String zurück.

```
if ($result === false)
{
    return '';
}
if (count($result) > 0)
{
    return $result[0]["value"];
}
else
{
    return '';
}
}
```

function write($sesID,$data)

Mit dieser Methode werden Daten in die Sitzungsvariablen und damit in die Datenbank – genauer: in dem Attribut value eines Sitzungs-Datensatzes – gespeichert. Wie bereits erläutert, rufen wir diese Methode nicht direkt auf. Wir binden nur einen Wert an eine Session-Variable, und PHP ruft intern mit der korrekten Session-ID und dem zu speichernden Wert write() auf.

Um die Daten nun richtig einzutragen, wenden wir einen kleinen Trick an: Wir schicken ein UPDATE-Statement mit den geänderten Werten an die Datenbank und erfahren aus dem Ergebnis, ob die Sitzung existiert. Wurde eine Zeile der Tabelle geändert, sind die Änderungen in der Session gespeichert worden. Wenn keine Zeilen der Tabelle geändert wurden, ist die Sitzung mit der Session-ID nicht vorhanden, und wir legen sie anschließend einfach an.

15 | Sichere Webanwendungen

Also versuchen wir zuerst, ein UPDATE-Statement auf einen eventuell existierenden Datensatz auszuführen. Dabei setzen wir lastUpdated auf die aktuelle Zeit und value auf die zu setzenden Daten, und zwar bei dem Datensatz, der als id die aktuelle Session-ID besitzt. Ein fertiges Statement sähe beispielsweise so aus:

```
UPDATE sessions SET lastUpdated='1130000000',
value='username|s:6:"Roland";counter|i:1;'
WHERE id='4f9208212e5601cbf43e93c8cba75a8a'
```

> **Hinweis**
>
> Sie müssen sich um bereits vorhandene Daten in der Sitzung keine Sorgen machen. PHP überprüft die bereits vorhandenen Daten und fügt die neuen Daten einfach daran an. So entsteht der etwas kryptisch aussehende Wert:
> `value='username|s:6:"Roland";counter|i:1;'`

Das fertige Statement schicken wir dann an die Datenbank.

```
public function write($sesID, $data)
{
   //Statement, um eine bestehende Sitzung zu aktualisieren.
   $sessionStatement = "UPDATE sessions ".
                       " SET lastUpdated='".time().
                       "', value='$data' WHERE id='$sesID'";
   $result = $this->DB->query($sessionStatement);
```

Nun überprüfen wir das Ergebnis des UPDATE-Statements. Der erste Fall ist die mögliche Störung der Datenbank (wenn $result den Wert false hat). Der zweite Fall überprüft die Anzahl der geänderten Zeilen in der Datenbank: Ist diese genau 1, wurde das UPDATE-Statement korrekt ausgeführt, und wir geben true zurück.

```
   //Ergebnis prüfen
   if ($result === false)
   {
      //Fehler in der Datenbank
      return false;
   }
   if ($this->DB->MySQLiObj->affected_rows)
   {
      //Bestehende Session wurde aktualisiert.
      return true;
   }
```

Wenn beide Fälle nicht eingetreten sind, existiert die Sitzung noch nicht. Also setzen wir ein INSERT-Statement zusammen, das die Sitzung anlegt. Wir müssen hier zusätzlich zu den gerade genannten UPDATE-Daten die Session-ID in id und den aktuellen Zeitstempel in start setzen. Das Statement sähe dann so aus:

```
INSERT INTO sessions (id, lastUpdated, start, value)
VALUES ('4f9208212e5601cbf43e93c8cba75a8a', '1130000000',
        '1130000000','username|s:6:"Roland";counter|i:1;')
```

Dieses Statement schicken wir nun an die Datenbank. Da bei einem INSERT-Statement immer ein true oder false zurückgegeben wird, geben wir das Ergebnis direkt aus.

```
    //Anderenfalls muss eine neue Session erstellt werden
    $sessionStatement = "INSERT INTO sessions ".
                        " (id, lastUpdated, start, value)".
                        " VALUES ('$sesID', '".time().
                        "', '".time()."', '$data')";
    $result = $this->DB->query($sessionStatement);
    //Ergebnis zurückgeben
    return $result;
}
```

function destroy()

Um eine Sitzung zu beenden und zu löschen, kann man in einem Skript den Befehl session_destroy() aufrufen, der dann unsere destroy()-Methode aufruft. Darin löschen wir die Sitzung mit der übergebenen Session-ID aus der Datenbank. Anschließend geben wir das Ergebnis (das false oder true ist) direkt zurück.

```
public function destroy($sesID)
{
    $sessionStatement = "DELETE FROM sessions ".
                        " WHERE id = '$sesID'";
    $result = $this->DB->query($sessionStatement);
    //Ergebnis zurückgeben (true|false)
    return $result;
}
```

function gc()

Ein »Garbage Collector« ist gerade hier im Bereich der Sitzungsverwaltung immens wichtig. Denn ein häufiges Problem bei Sitzungsverwaltungen ist der Benutzer, der nicht auf den »Bitte hier ausloggen«-Knopf klickt, sondern einfach sein Browserfenster schließt. Damit wird nicht die destroy()-Methode aufgerufen, und die Sitzungsdaten verbleiben komplett in der Datenbank. Darum gibt es einen »Müll-Sammler«, der die abgelaufenen Sitzungen aus der Tabelle löscht.

Daher wird diese Methode auch regelmäßig von `close()` aufgerufen, die wiederum bei jeder Session-Aktion benutzt wird. So ist ein häufiges Aufräumen der `sessions`-Tabelle gewährleistet.

Der Zeitraum, nach dem eine Session abgelaufen ist, wird hier auf 15 Minuten gesetzt. Der Befehl `strtotime("-15 minutes")` erstellt einen Timestamp, der die Zeit vor einer Viertelstunde repräsentiert. Damit überprüfen wir dann die Datensätze der Tabelle. Da wir bei jeder Veränderung der Sitzungsdaten den Zeitstand der letzten Änderung aktualisieren, besteht keine Gefahr, eine aktuelle Sitzung zu löschen. Nur Sitzungen, bei denen seit mehr als 15 Minuten keine Änderungen verzeichnet wurden, werden gelöscht.

```
public function gc()
{
   //Zeitraum, nach dem die Session als abgelaufen gilt.
   //Hier 15 min
   $sessionLife = strtotime("-15 minutes");
   $sessionStatement = "DELETE FROM sessions ".
                     " WHERE lastUpdated < $sessionLife";
   $result = $this->DB->query($sessionStatement);
   //Ergebnis zurückgeben
   return $result;
}
```

Listing 15.4 Die Klasse »MySessionHandler«

Das Ergebnis der Abfrage (`true` oder `false`) geben wir wieder direkt zurück.

15.2.2 Sitzungsverwaltung anwenden

Da die Sitzungsverwaltung in vielen Projekten genutzt wird, werden wir sie unserem Basissystem hinzufügen. Im ersten Schritt erstellen wir einen Unterordner in *inc/classes*, der den Namen *Session* erhält, und kopieren die Datei *class.SessionHandler.php* dorthin. Damit das Basissystem den Session Handler nutzen kann, müssen wir folgende Zeile in die Datei *includeAllClasses.php*, die sich im *inc*-Ordner befindet, einfügen:

```
require_once PROJECT_DOCUMENT_ROOT."/inc/classes/Session/
                  class.SessionHandler.php";
```

Damit ist die Klasse im Basissystem überall erreichbar. Um nun aber auch den Session Handler von PHP zu überschreiben, müssen wir den Befehl `session_set_save_handler()` aufrufen und ein Objekt der Session-Klasse instantiieren. Dies erledigen wir in der *common.php*, wie bereits für die Klasse `MySQL`. Mit folgendem Code wird unser Session Handler eingebunden.

```
#global verfügbares Session-Objekt
session_set_save_handler(new System\MySessionHandler);
```

Damit wird die Session tatsächlich gestartet und die Sitzungsverwaltung nun über die Datenbank abgewickelt. Bei jedem PHP-Skript, das die *common.php* einbindet, wird nun der Session Handler von PHP mit unserem eigens implementierten Handler überschrieben. Wir können damit Session-Variablen speichern, löschen und Sitzungen erstellen und löschen. Dies funktioniert, von den Aufrufen im Skript gesehen, wie bei der eingebauten dateibasierten Sitzungsverwaltung von PHP, mit dem Unterschied, dass alles in der Datenbank gespeichert wird.

> **Tipp**
>
> Sie können jederzeit unseren Session Handler ausschalten (in der *common.php* auskommentieren) und trotzdem weiterhin Sessions benutzen. PHP verwendet dann automatisch die dateibasierte Sitzungsverwaltung. Somit sind keinerlei Änderungen am Quellcode eines Skriptes nötig.

15.2.3 Probleme mit der Sitzungsverwaltung

Wenn Sie nun die Sitzungsverwaltung im Basissystem eingebunden haben und die Tabelle `sessions` beobachten, fällt schnell ein kleiner Makel der Sitzungsverwaltung auf: Wenn Sie eine Seite aufrufen, die das Basissystem einbindet, wird sofort eine Session ohne Werte angelegt. Das heißt, die Session existiert, ohne dass man Werte eingetragen hat. Dies ist keinesfalls wünschenswert. Stellen Sie sich vor, Sie haben eine Website mit einem öffentlichen und einem privaten Bereich, der einen Log-in verlangt. Sie wollen eine neue Sitzung nur anlegen, wenn sich ein Benutzer identifiziert hat. Durch diesen kleinen Fehler wird aber für jeden Benutzer eine Sitzung angelegt. Dies kann zu Problemen führen, falls eine Applikation das Existieren einer Session für einen Benutzer mit einer korrekten Authentifizierung gleichsetzt. Somit wäre jeder Besucher automatisch authentifiziert.

Das Problem resultiert aus der automatischen Sitzungsverwaltung von PHP. Der Befehl `session_start()`, den wir direkt nach dem Erstellen der Klasse aufrufen, löst das Dilemma aus; dabei passiert nämlich Folgendes:

- PHP führt sofort nach dem Start der Sitzung automatisch die Methoden `open()` und `read()` aus, was noch keine Änderungen an der Datenbank auslöst und daher nicht kritisch ist.
- Am Ende eines Skriptes möchte PHP die eventuell gesetzten Sitzungsdaten speichern. Daher führt PHP nacheinander automatisch die Methoden `write()`, `close()` und `gc()` aus.

Das Problem liegt in der Methode `write()`, die einen Datensatz mit leeren Sitzungsdaten (da wir nichts aktiv gesetzt haben) anlegt. Da man die interne Funktionsweise der Sitzungsverwaltung nicht ohne weiteres ändern kann, behelfen wir uns mit einem einfacher Workaround: Wir lassen `write()` nur in die Datenbank schreiben, wenn Daten übergeben werden. Dies stellt sicher, dass nur eine Sitzung in die Datenbank geschrieben wird, wenn wir Daten aktiv in Session-Variablen speichern wollen.

Die Methode `write()` erhält dazu folgende zusätzlichen Codezeilen am Anfang der Methode:

```
public function write($sesID, $data) {
  //Nur schreiben, wenn Daten übergeben werden
  if($data == null)
  {
     return true;
  }
  ...
```

> **Hinweis**
>
> Beachten Sie hierbei, dass der Zeitstempel im Attribut `lastUpdated`, der die letzte Aktualisierung einer Sitzung angibt, auch geändert wird, wenn während einer existenten Sitzung keine Sitzungsdaten geändert werden. Dies liegt daran, dass der Methode `write()` als Parameter `$data` immer auch die schon gesetzten Daten übergeben werden. Unser Workaround fängt also wirklich nur die Aufrufe ab, bei denen keine Sitzung existiert und keine Daten geschrieben würden.
>
> Dies ist wichtig, da anderenfalls die Sitzungen hier grundsätzlich immer nach 15 Minuten ablaufen würden, egal, wie oft ein Benutzer aktualisiert.

15.2.4 »Race Hazard« bei datenbankbasierter Sitzungsverwaltung

Zwischen der dateibasierten und der datenbankbasierten Sitzungsverwaltung in PHP besteht ein kleiner Unterschied: Werden Sitzungsdaten bei der dateibasierten Version geschrieben und gelesen, wird die jeweilige Datei von PHP gesperrt, so dass keine gleichzeitigen Zugriffe stattfinden können. Bei der Version mit der Datenbank ist dies nicht so. Hier können Sitzungen gleichzeitig lesen, schreiben und gelöscht werden. Dies ist im Normalfall kein Problem, da jede Sitzung eine eigene eindeutige Identifikationsnummer (die Session-ID) besitzt und MySQL eine Zeile sperrt, wenn diese bearbeitet wird. Aber es kann die sogenannte *Race Hazard* auftreten, am treffendsten übersetzt mit »Wettlaufsituation«. Dieses Problem kann im schlimmsten Fall zum Verlust von Sitzungsdaten führen. Ein kleines Beispiel soll dies verdeutlichen:

Wir gehen davon aus, dass eine Sitzung von zwei Browserfenstern (oder auch Frames oder iframes, die sich auf derselben »Seite« befinden) gleichzeitig benutzt wird und folgende Aktionen ablaufen:

1. Fenster Nr. 1 liest die Sitzungsdaten aus.
2. Fenster Nr. 2 liest ebenfalls die Sitzungsdaten aus.
3. Fenster Nr. 1 modifiziert und speichert die Sitzungsdaten.
4. Fenster Nr. 2 modifiziert die in Punkt 2 gelesenen Sitzungsdaten und speichert sie.

Zunächst sieht dies nicht weiter problematisch aus. Aber die in Punkt vier benutzten Sitzungsdaten sind veraltet (basieren also auf den in Punkt 2 ausgelesenen Daten). Das heißt, die in Punkt 3 hinzugefügten Sitzungsdaten sind nicht bekannt, und nur die Änderungen, die in Punkt 4 hinzugefügt werden, sind später in den Sitzungsdaten vorhanden. Durch die »Wettlaufsituation«, also das zeitliche Aufeinandertreffen zweier Sitzungsaktionen, haben wir die Datenänderungen des ersten Fensters verloren. Für dieses Problem gibt es verschiedene Lösungsansätze.

▸ Bei MySQL-Datenbanken mit der InnoDB-Engine können wir Transaktionen benutzen, um in der Methode open() (also bevor gelesen wird) eine Transaktion zu öffnen und diese erst am Schluss, also in der Methode close(), wieder zu schließen und die Datenbankänderungen am Stück auszuführen.

▸ Wer keine Transaktionen ausführen kann oder möchte, kann sich mit einer Datei behelfen, in die die Session-ID der gerade aktiv zugreifenden Sitzung in der open()-Methode geschrieben wird. Ist die Session-ID bereits darin enthalten, darf kein lesender oder schreibender Zugriff erfolgen, da dies bereits eine andere Verbindung tut. In der close()-Methode wird die eigene Session-ID am Schluss eines Zugriffes aus der Datei entfernt. Dies ist ein guter Ersatz für Transaktionen, da der Dateizugriff in PHP sehr restriktiv geregelt ist: Es kann immer nur eine Verbindung zu einer Datei bestehen. So kann keine »Race Hazard« auftreten.

> **CD-ROM zum Buch**
>
> Die dritte Variante ist für Interessierte auf der CD-ROM zu finden (*class.SessionHandler2.php*). Wir haben die Tabelle sessions um eine zusätzliche Spalte locked erweitert. Wir setzen darin diesen Wert auf 1, wenn wir zugreifen wollen (also in der Methode open()). Ist dieser schon gesetzt, wird in einer while-Schleife gewartet, bis er wieder auf 0 steht. Der Wert wird nach dem Zugriff in der Methode close() wieder auf 0 gesetzt. So haben wir das Problem auch eingedämmt. Trotzdem ist hier leider eine Endlosschleife möglich, wenn ein Zugriff auf die Datenbank nicht mehr korrekt beendet wird.

> **Hinweis**
>
> Nun, da Sie dieses Problem kennen, geben wir Ihnen einen ganz einfachen Rat zur Vermeidung von »Race Hazards«:
>
> Lassen Sie niemals mehrere Skripte, Frames oder iframes gleichzeitig Sitzungsdaten verändern! Also Vorsicht bei Framesets.
>
> Sitzungsdaten sollten innerhalb eines Ladevorgangs nur an einer Stelle geschrieben werden, so entstehen die genannten Probleme erst gar nicht. Die einzige Möglichkeit, Daten zu verlieren, besteht dann in einem Benutzer, der zwei Browserfenster öffnet und darin zur fast selben Zeit die gleiche Funktion ausführt. Dann sollte sich dieser aber nicht wundern, dass aus »seiner« Sitzung Daten verlorengehen.

15.2.5 Benutzerstatus abfragen

Um nun die Session auch wirklich für einen zugriffsgeschützten Bereich nutzen zu können, müssen wir nur ein paar kleine Änderungen an dem Basissystem vornehmen.

Die einfachste Methode ist die Erweiterung der Klasse Login. Wir hatten in der Methode checkLoginData() den Login-Namen sowie das Passwort überprüft und bei korrekter Authentifizierung ein true zurückgegeben. Wir werden hier noch folgende Funktionalitäten hinzufügen:

- Setzen einer neuen Session-ID durch den Befehl session_regenerate_id(), was das Ausnutzen von Session Fixation (beschrieben in Kapitel 15, »Sichere Webanwendungen«) durch Angreifer verhindert
- Speichern des Benutzernamens und des Anmeldezeitpunkts in den Sitzungsdaten

Wir müssen dazu nur die hervorgehobenen Zeilen in die bereits existierende Methode eintragen:

```
public function checkLoginData()
{
...
        //Prüfen, ob das Passwort stimmt.
        if(md5($password) == $result[$i]['password'])
        {
            //Session_id neu setzen: gegen SESSION FIXATION
            session_regenerate_id();
            //Daten des Benutzers in die Session eintragen
            $_SESSION['username']= $login;
            $_SESSION['loggedInSince']=
                    date("d.m.Y H:i",time());
```

```
            return true;
        }
...
}
```

Listing 15.5 Erweiterte Login-Klasse

function checkLoginStatus()

Um nun den Status eines Benutzers zu testen, muss einfach überprüft werden, ob die Session eine Variable mit dem Namen `username` enthält; dies ist nur der Fall, wenn der Benutzer korrekt authentifiziert wurde.

Wir können dafür eine neue Methode `checkLoginStatus()` in der Klasse `Security` anlegen, die im Falle eines nicht angemeldeten Benutzers `false` zurückgibt (ist auf der CD-ROM zum Buch im Listing der `Security`-Klasse zu betrachten). Ist der Benutzer korrekt angemeldet, gibt die Methode `true` zurück.

```
public function checkLoginStatus()
{
    if(isset($_SESSION['username']))
    {
        return true;
    }
    else
    {
        return false;
    }
}
```

Durch dieses einfache Skript können Sie immer abfragen, ob ein Benutzer am System angemeldet ist oder nicht, und entsprechend darauf reagieren. Wir benutzen in unseren Projekten meist eine zusätzliche Methode, die im Falle eines nicht angemeldeten Benutzers die Abarbeitung des Skriptes unterbricht und eine Fehlermeldung ausgibt.

15.2.6 Benutzer abmelden

Sie haben nun erfahren, wie wir einen Benutzer am System anmelden und eine Sitzung für ihn anlegen. Nun wollen wir noch kurz das Skript vorstellen, das es ermöglicht, einen Benutzer abzumelden. Dies funktioniert einfach durch die Zerstörung der Sitzung. Der PHP-Befehl für die Zerstörung einer Sitzung ist `session_destroy()`. Durch unseren Session Handler veranlasst der Aufruf dieser Funktion das Löschen der Sitzungsdaten in der Tabelle. Dadurch ist der Benutzer automatisch abgemeldet, da die Überprüfung des Anmeldestatus dann ergäbe, dass kein Datensatz vorhanden ist.

Zuerst binden wir die *common.php* ein, anschließend zerstören wir die Sitzung und setzen dann einen neuen Header, damit wir auf die Anfangsseite (hier: *index.php*) verwiesen werden.

logout.php

```
<?php
require_once "../../common.php";
session_destroy();
header("Location: index.php");
?>
```

Listing 15.6 Das Logout-Skript

CD-ROM zum Buch

Auf der CD-ROM ist das Beispiel »Authentifizierungscheck« aufgeführt, in dem die Sitzungsverwaltung gezeigt wird. Dort wurden die Klassen `Login` und `Security` entsprechend erweitert, um die Sitzungsverwaltung zu präsentieren.

15.3 Passwörter sicher gestalten

Wer das Internet und dessen Angebote ausgiebig nutzt, kennt das Problem der vielen Passwörter, die man sich merken muss. Für das E-Mail-Konto, das Onlinebanking, die wichtigen Foren und Newsgroups, die man ständig besucht, das eBay-Konto und weitere. Leider neigen viele Internetnutzer dazu, relativ einfache Passwörter zu verwenden. Meist setzen sich diese aus den Initialen des Namens, dem Geburtsdatum oder dem Namen des Haustieres zusammen. Man muss sich die Passwörter ja auch merken können! Wenn man darüber hinaus auch das gleiche Passwort für alle Dienste benutzt, ist dies hochgradig gefährlich. Natürlich möchte man sich nicht beliebig komplexe Passwörter merken müssen, diese würde man sich ja doch aufschreiben.

15.3.1 Passwortstrategie

Eine sehr einfache, aber für den Anfang ganz gute Methode, sich »per Hand« einigermaßen sichere Passwörter auszudenken, ist folgende: Denken Sie sich einen kompletten Satz zu der entsprechenden Anwendung aus, nehmen Sie jeweils den ersten Buchstaben eines jeden Wortes, und bilden Sie daraus Ihr Passwort. Klingt einfach und ist es auch. Aber dadurch haben Sie meist gängige Buchstabenfolgen vermieden. Beispielsweise ergibt sich aus dem Satz »**D**ies **i**st **m**ein **1**. **e**igener **P**ass-wort-**S**atz« dieses Passwort: »Dim1ePS«. Natürlich müssen Sie sich diesen Satz nun statt eines Passwortes einprägen, aber Sie werden sehen, dass sich komplette Sätze einfacher merken lassen als »sinnlose« Buchstabenfolgen.

Nun gibt es aber Systeme, die etwas besser abgeschottet werden sollen und bei denen daher die Passwort-Wahl eingeschränkt werden muss. Dies kann auf zwei Arten geschehen:

- Dem Benutzer wird ein »sicheres« Passwort generiert, das er nicht ändern darf. Darin befinden sich Sonderzeichen sowie Groß- und Kleinbuchstaben.
- Der Benutzer darf ein eigenes Passwort eingeben. Dieses wird jedoch auf das Vorkommen von Ziffern, Sonderzeichen und Groß- und Kleinbuchstaben überprüft und gegebenenfalls nicht akzeptiert (wenn es zu einfach ist).

Je komplexer das Passwort gewählt ist, desto schwieriger wird es für potentielle Angreifer, dieses zu erraten.

15.3.2 Zufalls-Passwörter generieren

Die erste Methode für den Umgang mit Passwörtern benutzen wir, um zufällige Passwörter zu generieren. Dies ist u. a. nützlich, um Benutzern, die ihr eigenes Passwort vergessen haben, ein neues automatisch zu generieren und per Mail zuzuschicken.

function generatePassword()

In diesem Beispiel wollen wir ein 6-stelliges Passwort zufällig aus den in Tabelle 15.3 gezeigten Zeichen erstellen.

Großbuchstaben	A – Z	26 Zeichen
Kleinbuchstaben	a – z	26 Zeichen
Ziffern	0 – 9	10 Zeichen
Sonderzeichen	!, ", #, $, %, &	6 Zeichen

Tabelle 15.3 Übersicht über mögliche Zeichen für unser Passwort

Dabei gibt es kein vorgegebenes Muster, was bedeutet, dass wir eine beliebige Kombination dieser 68 Zeichen hintereinanderreihen. Das ergibt bei 6-stelligen Zeichenfolgen über 98 Milliarden unterschiedliche Passwörter. Dies reicht uns zunächst aus. Wir erweitern nun die Klasse `Security` um die Methode `generatePassword()`. Zunächst erstellen wir einen leeren String `$pwd`, dem anschließend die einzelnen Zeichen hinzugefügt werden sollen. Dann beginnen wir eine `for`-Schleife, die genau sechsmal – für die Anzahl der Zeichen im Passwort – wiederholt wird. Zwei PHP-Funktionen sind nun wichtig: Dies ist zum einen `rand()`, das eine Zufallszahl zwischen den beiden übergebenen Parametern zurückgibt, und zum anderen `chr()`, das das zum übergebenen numerischen ASCII-Code gehörige Zeichen zurückgibt.

```
public function generatePassword()
{
   //Muster eines sicheren Passworts:
   //Ks#64z
   $pwd = "";
   for($i=0;$i<6;$i++)
   {
      switch(rand(0,3))
      {
```

Für jeden Schleifendurchlauf wurde eine Zufallszahl zwischen 0 und 3 ermittelt, die nun steuert, welches Zeichen zum Passwort hinzugefügt wird. Bei der 0 hängen wir einen zufällig gewählten Großbuchstaben an den Passwortstring. Der ASCII-Codebereich der Großbuchstaben beginnt mit »A« bei 65 und endet mit dem »Z« bei 90. Daher lassen wir eine Zufallszahl zwischen 64 und 91 ermitteln, die durch `chr()` in das entsprechende Zeichen umgewandelt und an den String anhängt wird.

```
         case 0: //Großbuchstabe anfügen
         $pwd = $pwd.chr(rand(65,90));break;
```

War die Zufallszahl eine 1, hängen wir einen Kleinbuchstaben (ASCII-Code von 97 bis 122) an.

```
         case 1: //Kleinbuchstabe
         $pwd = $pwd.chr(rand(97,122));break;
```

ASCII-Zeichen von 33 bis 38 entsprechen den bereits erwähnten Sonderzeichen.

```
         case 2: //Sonderzeichen
         $pwd = $pwd.chr(rand(33,38));break;
```

Im letzten Fall (der 3 als ermittelter Zufallszahl der `switch`-Anweisung) hängen wir eine Ziffer zwischen 0 und 9 an den Passwortstring:

```
         case 3: //Ziffer
         $pwd = $pwd.rand(0,9);break;
         }
      }
   return $string;
}
```

Am Ende der Methode geben wir den generierten Passwortstring als Rückgabewert zurück – fertig ist das »sichere« Passwort. Die Methode lässt sich nun einfach über das globale Sicherheitsobjekt aufrufen: `$SECURITY->generatePassword()`.

> **Tipp**
>
> Sie können leicht die Komplexität der Passwörter ändern, um die Passwörter noch sicherer zu gestalten. Erhöhen Sie etwa die Anzahl der Zeichen eines Passwortes, beispielsweise auf acht Zeichen – dies ergibt bereits über 457 Billionen Passwörter. Ebenfalls lassen sich mehr Sonderzeichen benutzen, indem Sie den Bereich der erlaubten Zeichen in einem Passwort erweitern.

Ein kleines Manko der automatisch generierten Passwörter ist die fehlende Struktur, da Sie in ungünstigen Fällen auch Passwörter erstellen, die nur aus Buchstaben bestehen und damit leichter zu »erraten« sind. Möchten Sie dies vermeiden, können Sie zusätzlich unsere nächste Methode benutzen, die eingegebene Passwörter auf »ausreichende«[2] Sicherheit überprüft.

15.3.3 Passwort-Syntax überprüfen

Die meisten Applikationen mit Benutzerverwaltung bieten den Benutzern die Möglichkeit, ihr Passwort zu dem von ihnen genutzten Dienst zu ändern. Im Normalfall muss der Benutzer dazu sein altes und ein neues Passwort eingeben, damit das neue Passwort gespeichert werden kann. Diese Vorgehensweise ist recht bekannt, aber oft wird das eingegebene Passwort nicht auf Sicherheit getestet. Wer bereits mit manchen Windows-Server-Domänen oder Unix-Umgebungen gearbeitet hat und dort sein Passwort ändern wollte, bekommt oft eine Meldung folgender Art zu Gesicht:

»Ihr Passwort muss mindestens 8 Zeichen lang sein, Groß- und Kleinbuchstaben und mindestens 2 Ziffern enthalten.«

Dies ist im ersten Moment recht ärgerlich, wenn man schon immer den Namen seines Haustieres als Passwort benutzt hat und partout nicht auf ein korrektes Passwort kommt, das den Ansprüchen des Systems genügt. Im Grunde ist dies aber eine sehr wichtige und richtige Funktionalität, die es eben nicht erlaubt, ein »einfaches« Passwort einzugeben. Und wer schon frohlockt und meint, er könne sein vorheriges Passwort eingeben, da dies bereits korrekt war, der irrt: Die letzten Passwörter werden ebenfalls in der Domäne gespeichert und dürfen nicht eingegeben werden.

---

2 »Ausreichend« bezeichnet hier die von uns definierte Struktur eines Passwortes mit beispielsweise mindestens einem Sonderzeichen sowie zwei Ziffern (o. Ä.).

function verifyPassword($password)

Um die Überprüfung des Passwortes zu realisieren, möchten wir daher der `Security`-Klasse eine entsprechende Methode hinzufügen. Die folgenden Regeln gelten – in unserer Klasse – für ein gültiges Passwort: Es muss

- mindestens acht Zeichen lang sein,
- mindestens zwei Ziffern enthalten,
- mindestens einen Groß- und einen Kleinbuchstaben enthalten und
- wenn, dann nur folgende Sonderzeichen enthalten: !, ", #, $, %, &.

Im ersten Schritt überprüfen wir mit `strlen()`, ob das Passwort die Mindestlänge von acht Zeichen erreicht. Ist dem nicht so, benötigen wir keine weiteren Prüfungen mehr und geben sofort `false` zurück: Das Passwort ist ungültig.

```
public function verifyPassword($password)
{
   //Die einzelnen Regeln überprüfen:
   //Länge mindestens 8 Zeichen:
   if(strlen($password)<8) return false;
```

Die nun folgende Prüfung ist etwas komplexer. Wir wollen nun sicherstellen (nachdem wir wissen, dass das Passwort mehr als acht Zeichen lang ist), dass nur die erlaubten Zeichen in dem Passwortstring vorkommen. Das heißt, es dürfen Zeichen, Ziffern sowie die erlaubten Sonderzeichen darin enthalten sein.

Wir prüfen mit dem regulären Ausdruck `/[^\!|\"|\#|\$|\%|\&|\d|a-zA-Z0-9]/` aber genau das Gegenteil, das heißt, wir prüfen, ob diese Zeichen nicht vorkommen. Wird das Passwort nun mit `preg_match()` und diesem Ausdruck geprüft, darf der reguläre Ausdruck **nicht** stimmen, da anderenfalls ein Zeichen im String steht, das nicht erlaubt ist. Beispiel: für das Zeichen »[« ist der reguläre Ausdruck richtig, da es keines der angegebenen Zeichen enthält. Daher geben wir hier im Falle des Rückgabewerts 1 ein `false` zurück, da im Passwortstring ungültige Zeichen enthalten sind.

```
   //Dann verifizieren, dass nur die erlaubten Sonderzeichen
   //sowie Ziffern und Buchstaben drin sind.
   $regexp = '/[^\!|\"|\#|\$|\%|\&|\d|a-zA-Z0-9]/';
   $i = preg_match($regexp,$password);
   if($i == 1) return false;
```

Nun müssen wir noch die weiteren Regeln prüfen und werden dafür die Funktion `preg_match_all()` benutzen, die die Anzahl von zu einem regulären Ausdruck passenden Textteilen eines Strings ermittelt. Da diese Funktion ein Array als dritten Parameter erwartet, in das die Ergebnisse geschrieben werden – die wir aber nicht benötigen –, wird hier das Hilfsarray `$empty` erstellt. Anschließend prüfen wir zunächst die Anzahl der im Passwortstring vorkommenden Ziffern. Sind es weniger als zwei, geben wir für ein ungültiges Passwort `false` zurück.

```
//Leeres Array für die Ergebnisse von preg_match_all
$empty = array();
//Mindestens zwei Ziffern:
$i=preg_match_all('/[0-9]/',$password,$empty);
if($i < 2) return false;
```

Jetzt prüfen wir die Anzahl der Großbuchstaben; sie muss größer 0 sein. Ist kein Großbuchstabe vorhanden, geben wir `false` zurück. Dieselbe Prüfung führen wir danach für die Anzahl von Kleinbuchstaben im Passwortstring durch. Wenn wir das Ende der Methode erreicht haben, ohne dass eine Regelverletzung auftrat, sind alle Regeln für ein gültiges Passwort erfüllt, und wir können `true` zurückgeben.

```
//Groß- und Kleinbuchstaben:
$i = preg_match_all('/[A-Z]/',$password,$empty);
if($i == 0) return false;
//Auch abbrechen, wenn nicht ein einziger
//Kleinbuchstabe vorhanden ist.
$i= preg_match_all('/[a-z]/',$password,$empty);
if( $i == 0) return false;
//Passwort entspricht den Regeln
return true;
}
```

> **Hinweis**
>
> Die Struktur der Methode ist so aufgebaut, dass Sie die Regeln sehr leicht verändern können. Möchten Sie längere Passwörter oder andere Zeichen erlauben, können Sie das relativ einfach einstellen. Somit ist für jede Anforderung an die Sicherheit eine schnelle Anpassung möglich.

15.4 Logging realisieren

Das Thema »Logging« – also im Allgemeinen das Protokollieren von Zugriffen auf Webinhalte – ist im Bereich der professionellen Websites bereits sehr verbreitet. Die so gesammelten Daten lassen sich im Rahmen des Data Minings für vielfältige Analysen nutzen; so lassen sich beispielsweise interessante Rückschlüsse auf Navigationswege über die Seite, bevorzugte Artikelgruppen oder die Verweildauer auf einzelnen Seiten ziehen, um nur einige wenige Anwendungsmöglichkeiten zu nennen. Onlinekaufhäuser nutzen dies beispielsweise, um einem

Benutzer anhand des aktuell gewählten Artikels Verknüpfungen auf weitere verwandte oder ähnliche Artikel anzuzeigen. Dies geschieht auf der Logging-Datenbasis anderer Nutzer. Ein konkretes (stark vereinfachtes) Beispiel: Wenn Benutzer A eine Bestellung mit einem HiFi-Verstärker Marke XYZ und dazu die Lautsprecher der Marke ZYX getätigt hat und Benutzer B sich nun die Lautsprecher ZYX anzeigen lässt, wird ihm automatisch der HiFi-Verstärker XYZ als mögliches Zubehörteil angezeigt.

Auch im privaten Bereich lassen solche Statistiken interessante Rückschlüsse zu. Sie können so herausfiltern, wie lange ein Benutzer auf Ihrer Seite verweilte, welche Webseiten er sich angeschaut hat und – nützlich für große Websites – auf welchem Navigations-Weg er zu einer Seite gelangt ist. So lassen sich beispielsweise nötige Verbesserungen in der Navigationsstruktur leicht erkennen, etwa wenn viele Benutzer immer über fünf verschiedene Seiten auf eine eigentlich direkt von der Hauptseite verlinkte Unterseite gelangen. Auch die sehr beliebte Statistik über den vom Benutzer verwendeten Browser als Kuchendiagramm lässt sich damit erstellen. Die Möglichkeiten sind endlos, je nachdem, welche Daten Sie protokollieren. Ein Programm, das Statistiken aus der Server-Log-Datei grafisch aufbereitet, ist bereits im XAMPP-Paket enthalten: *Webalizer*. Wir wollen hier nun unsere eigene Protokollmethode implementieren, die ebenfalls eine grafische Ausgabe ermöglicht, die aber die von uns in der Datenbank gespeicherten Daten benutzt.

15.4.1 Daten speichern

Wir wollen zunächst nur die nötigsten Daten protokollieren und anschließend auswerten. Dazu benötigen wir die Tabelle `log` in der Datenbank, die folgende Attribute enthält (siehe Tabelle 15.4).

Attributname	Attributtyp
id	int(11), Primärschlüssel
sessionID	varchar(32)
timestamp	int(11)
script	varchar(500)
browser	varchar(200)

Tabelle 15.4 »log«-Datenbanktabelle

Wir werden hier zusätzlich zum obligatorischen Primärschlüssel folgende Daten pro Log-Eintrag speichern:

- aktuelle Sitzungsnummer des Benutzers in `sessionID`
- einen aktuellen Zeitwert in `timestamp`

- den Namen des aufgerufenen Skripts in `script`
- den Browser des Benutzers in `browser`

Um bei nachfolgenden Analysen auf den Daten einzelne Datensätze der `log`-Tabelle eindeutig einem Benutzer zuordnen zu können, verwenden wir die Sitzungsnummer des Benutzers als einheitliche Nummer während eines Besuchs. Wenn Sie sich jetzt fragen, ob wir denn überhaupt eine Sitzungsnummer für einen nicht angemeldeten Benutzer ermitteln können, lautet die Antwort: Ja, wir können. Das Clevere an unserem Basissystem ist das Starten einer Session im Konstruktor unserer Sitzungsverwaltung. Selbst wenn wir keinerlei Session-Variablen benutzen – und daher, wie gewollt, kein Eintrag in der Session-Tabelle erfolgt –, ist danach eine eindeutige Sitzungsnummer (per `session_id()`-Befehl) verfügbar. Der aktuelle Zeitwert, das aufgerufene Skript und der verwendete Browser sind für unsere Analysen wichtig. Sie können diese Tabelle natürlich nach Belieben erweitern, um weitere Daten zu speichern.

> **Hinweis**
>
> Das Speichern von Daten über Besucher, Kunden usw. ist mit Vorsicht zu genießen. Es gibt Bestimmungen über das Verhältnis von Speicherung der Daten und Zweck der Benutzung derselben. Wenn Sie ein System mit echten Kundendaten betreiben, sollten Sie immer sichergehen, dass die Daten nicht in falsche Hände geraten und sich nicht zur Identifizierung einzelner Personen heranziehen lassen. Das TDDSG (Teledienstdatenschutzgesetz) – insbesondere §§ 5 und 6 – ist eine dafür sehr interessante Lektüre. Sie sollten niemals Log-Daten direkt mit Namen verbinden, also Daten möglichst »anonym« speichern.

15.4.2 Klasse »Log«

Wir werden hier die Klasse `Log` erstellen, die zusätzlich zu der Logging-Routine die Möglichkeit der grafischen Darstellung der Ergebnisse durch die Benutzung der freien Grafik-Bibliothek *JpGraph* bieten soll – dafür werden wir aus später erläuterten Gründen eine weitere Klasse benötigen. In Abbildung 15.4 ist das UML-Diagramm der Klasse `Log` dargestellt.

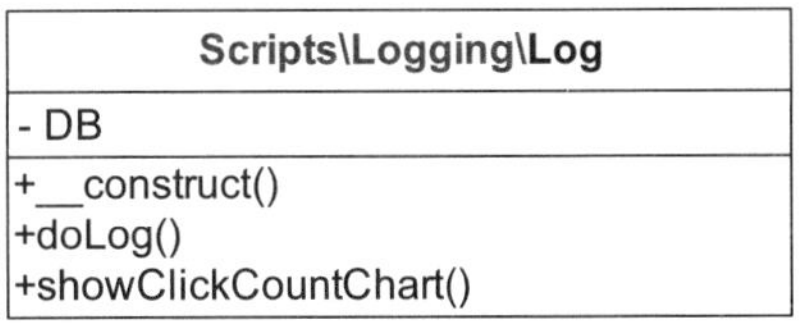

Scripts\Logging**Log**
- DB
+__construct()   +doLog()   +showClickCountChart()

Abbildung 15.4 UML-Diagramm der Klasse »Log«

Wir werden uns nun die Klasse `Log` genauer anschauen.

function construct()

Im Konstruktor binden wir nur die private Variable $DB an das globale Datenbankobjekt.

```
public function __construct()
{
    //globales Datenbankobjekt holen
    $this->DB = $GLOBALS['DB'];
}
```

function doLog()

Diese Methode wird nun benutzt, um einzelne Klicks auf einer Seite zu protokollieren. Dabei werden alle ermittelten Daten sicherheitshalber mit unserer escapeString()-Funktion maskiert, da Angaben wie Browservariablen auch möglicherweise von potentiellen Angreifern verändert werden, um unbemerkt SQL-Code in die Datenbank einzuschleusen. Als Erstes weisen wir der Variablen $sessionID die Sitzungsnummer des aktuellen Besuchers der Seite zu:

```
public function doLog()
{
    //Session-Nummer
    $sessionID = $this->DB->escapeString(session_id());
```

Nun wird der Browser des Benutzers (rudimentär) ermittelt. In dem superglobalen Array $_SERVER ist die Bezeichnung des Browsers in $_SERVER['HTTP_USER_AGENT'] gespeichert. Wir überprüfen mit stripos(), ob die Strings »Chrome«, »Firefox« oder »MSIE« darin enthalten sind. Ist dies nicht der Fall, wird false zurückgegeben, anderenfalls die Position des Teilstrings. Ist das Ergebnis nicht false, setzen wir daher die Variable $browser auf den gefundenen Namen und ignorieren die eventuell folgenden if-Abfragen. Sollte keine der Bezeichnungen zutreffen (beispielsweise bei Opera, Konqueror, Lynx, Safari), speichern wir den Browser als »other«.[3]

```
    //Browser ermitteln:
    if (stripos($_SERVER['HTTP_USER_AGENT'], 'MSIE'))
    {
        $browser = "IE";
    }
    else if (stripos($_SERVER['HTTP_USER_AGENT'], 'Firefox'))
    {
```

---

[3] Falls Sie keinen der drei abgefragten Browser benutzen, sind Sie natürlich hiermit ermutigt, das Skript um Ihren Browser zu erweitern. Um die Abfrage möglichst klein zu halten, haben wir nur die drei »gebräuchlichsten« Browserbezeichnungen betrachtet.

```
    $browser = "Firefox";
}
else if (stripos($_SERVER['HTTP_USER_AGENT'], 'Chrome'))
{
    $browser = "Chrome";
}
else
{
    $browser = "other";
}
```

Wir wollen nun noch den kompletten Namen des aktuellen Skriptes an `$script` binden. Dieser ist wiederum im superglobalen Array unter `$_SERVER['PHP_SELF']` zu finden. Anschließend setzen wir das SQL-Statement für die Tabelle zusammen. Für den `timestamp` benutzen wir den Befehl `time()`, damit erhalten wir den aktuellen Zeitwert. Dann wird das SQL-Statement noch per `query()`-Funktion des Datenbankobjekts an die Datenbank geschickt.

```
    $script = $this->DB->escapeString($_SERVER['PHP_SELF']);
    $sql = "INSERT INTO log (sessionID, timestamp, script,".
           " browser) VALUES('".$sessionID."','".time().".".
           "','".$script."','".$browser."')";
    $this->DB->query($sql);
}
```

Um die Protokollierung nun anzuwenden, müssen wir folgende Schritte in jedem zu protokollierenden Skript vornehmen:

- Einbinden der `Log`-Klasse
- Erstellen eines neuen `Log`-Objekts
- Aufrufen der `doLog()`-Methode

Dies wird durch die folgenden Codezeilen erledigt:

```
require_once PROJECT_DOCUMENT_ROOT."/scripts/Log/classes/
class.Log.php";
$LOG = new Log();
$LOG->doLog();
```

> **Tipp**
>
> Wir könnten die Klasse ebenso dem Basissystem hinzufügen und in der *common.php* ein globales `Log`-Objekt erstellen, wie bereits für die `Session`-Klasse. So könnten wir uns zwei Schritte sparen und bräuchten in jedem Skript nur noch `$LOG->doLog()` aufzurufen. Da wir aber das Logging hier selten benötigen und das Basissystem nicht mehr aufblähen wollen, werden wir dies bleiben lassen.

function showClickCounterChart()

Diese Methode dient dem Anzeigen einer Statistik, die die einzelnen Klicks auf die Skripte unserer »geloggten« Seite grafisch darstellt. Es wird hier lediglich die Klasse Chart (*class.Chart.php*) in ein <img>-Tag eingebunden. Dabei wird der GET-Parameter chart=clickChart übergeben, damit die Klasse Chart das richtige Diagramm erstellt. Durch das Einbinden mit src=... wird das Bild korrekt angezeigt.

```
public function showClickCountChart()
{
    echo "<img src='".PROJECT_HTTP_ROOT."/scripts/Log/classes".
        "/class.Chart.php?chart=clickChart' ".
        "width=400 height=200>";
}
```

Listing 15.7 Klasse »Log«

> **Hinweis**
>
> Es wird hierbei eine eigene Klasse benötigt, da die Ausgabe der Grafik durch JpGraph erfolgt und dort ein Header mit dem MIME-Type der Grafik gesetzt wird. Wir können die Grafik also nicht direkt ausgeben, sondern müssen sie mit dem <img>-Tag einbinden.

Um diese Methoden nutzen zu können, wird im Folgenden die Klasse Chart implementiert.

15.4.3 Daten mittels JpGraph darstellen

Allein das Sammeln der Daten ist nicht genug; wir wollen nun eine einfache »Datenanalyse« auf den Daten vornehmen und sie dann auch entsprechend visualisieren. Dafür werden wir die frei verfügbare Grafik-Bibliothek *JpGraph*[4] benutzen. Sie ist eine objektorientierte PHP-Bibliothek, die seit einiger Zeit ebenfalls für PHP 5 erhältlich ist.

JpGraph ist viel zu umfangreich, als dass wir hier in Kürze eine zufriedenstellende Einleitung geben könnten. Fakt ist jedoch, dass Sie mit JpGraph auf sehr einfache Weise auf diverse übliche Diagrammtypen zurückgreifen können. Vom einfachen Balkendiagramm über Kuchendiagramme bis hin zu Punktwolken ist einiges machbar und auch miteinander kombinierbar.

Um hier die Zugriffsstatistik grafisch darzustellen, benutzen wir für die »Klick-Statistik« den Diagrammtyp BarChart von JpGraph.

---

4 JPGraph ist unter *http://jpgraph.net/* zu finden.

> **CD-ROM zum Buch**
>
> Wir haben auf der CD-ROM zwei Diagrammtypen innerhalb der Klasse Chart implementiert, damit Sie ein wenig Anschauungsmaterial zur Hand haben. Außer der Klick-Statistik ist dort eine Browser-Statistik der Seitenbesucher zu finden. Wir beschreiben im Folgenden jedoch nur einen Diagrammtyp, um das Thema nicht unnötig aufzublähen.

15.4.4 Klasse »Chart«

Das folgende UML-Diagramm (siehe Abbildung 15.5) zeigt die beiden Diagrammarten, die wir in der Klasse Chart erstellen.

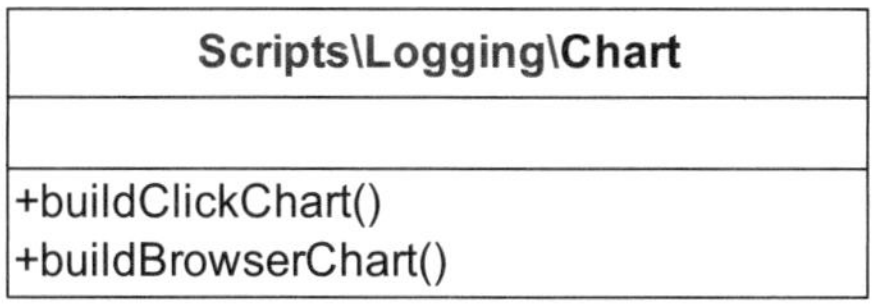

Scripts\Logging\Chart
+buildClickChart()   +buildBrowserChart()

Abbildung 15.5 UML-Diagramm der Klasse »Chart«

function buildClickChart()

Um die Daten für eine Aufstellung der Klicks auf einzelne Seiten aus der log-Tabelle zu extrahieren, benutzen wir folgende SQL-Abfrage:

```
SELECT count(*) as clicks, script FROM log GROUP BY script
```

Nach einer Abfrage an das globale Datenbankobjekt bekommen wir ein Array geliefert, dass die Anzahl der Klicks pro Skript zurückgibt.

```
public function buildClickChart()
{
    $sql = "SELECT count(*) as clicks, script FROM ".
        "log GROUP BY script";
    $result = $GLOBALS['DB']->query($sql);
```

Um die Daten der Statistik später an JpGraph übergeben zu können, müssen wir zunächst zwei Arrays erstellen, die die Daten aufnehmen werden. Das $plotArray speichert die Anzahl der Klicks, das $nameArray die Namen der unterschiedlichen Skripte in den Daten. Im Falle einer leeren log-Tabelle, also wenn das Ergebnis keine Datensätze enthält, werden die beiden Arrays auf Standardwerte gesetzt (hier 0 bzw. -), damit JpGraph wenigstens ein leeres Diagramm anzeigt und keine Fehlermeldung wegen fehlender Werte ausgibt.

```
    $plotArray = array();
    $nameArray = array();
```

```
if(count($result)==0)
{
    $plotArray = "0";
    $nameArray = "-";
}
```

Sind Einträge in der `log`-Tabelle vorhanden, werden sie mit einer `foreach`-Schleife durchlaufen, um die einzelnen Namen der Skripte und die Anzahl der Klicks in die Arrays zu schreiben. Die Werte der Klicks werden einfach per `array_push` an das `$plotArray` angefügt. Um den Namen des Skriptes zu vereinfachen, wird der Name (z. B. */gaestebuch/eintrag.php*) per `basename()` bearbeitet. Dieser Befehl extrahiert den Namen der Datei aus dem übergebenen Pfad. Als zusätzlichen Parameter können Sie die Dateierweiterung (hier *.php*) angeben, so dass der reine Skriptname zurückgegeben wird (hier z. B. »eintrag«). Diesen fügen wir dann dem `$nameArray` hinzu.

```
else
{
    foreach($result as $script)
    {
        //Klicks zu Werte-Array hinzufügen
        array_push($plotArray,$script['clicks']);
        //Skriptname ohne .php
        $scriptName = basename ($script['script'],".php");
        //Skriptnamen zum Array hinzufügen
        array_push($nameArray,$scriptName);
    }
}
```

Ist die Schleife durchlaufen, haben wir alle Daten aus dem SQL-Ergebnis in den beiden Arrays gespeichert. Wir können nun beginnen, die Methoden von JpGraph zu benutzen, um ein Diagramm zu erzeugen. Wir werden die Benutzung nicht näher erläutern, da sie in der beigefügten Dokumentation von JpGraph sehr gut erklärt ist. Hier soll lediglich ein Beispiel gegeben werden.

Zunächst erzeugen wir ein neues Diagramm mit einer Breite von 400 Pixeln und einer Höhe von 200 Pixeln. Anschließend setzen wir den Titel des Diagramms sowie die Skala und einen Hintergrundverlauf von Weiß nach Grau.

```
//Diagramm erstellen.
$graph = new \Graph(400,200, "auto");
//Titel des Diagramms setzen
$graph->title->Set("Klick-Statistik");
//Skala setzen
$graph->SetScale("textlin");
```

```
$graph->SetBackgroundGradient("white", "#dedede",
                              GRAD_HOR);
```

Nun erzeugen wir ein neues Balkendiagramm. Dessen Balken soll einen Farbverlauf von Orange nach Gelb bekommen (`SetFillGradient`). Dass die Anzahl der Klicks auf die Skripte nicht nur grafisch an der Höhe eines Balken zu sehen ist, sondern auch in Zahlen dargestellt wird, steuern wir mit dem Parameter `value->Show()`. Das Format der Zahlenwerte der einzelnen Balken besteht hier aus den Werten ohne Nachkommastellen (`%01.0f`).

```
// Balkendiagramm generieren
$pl = new \BarPlot($plotArray);
//Farbe verändern
$pl->SetFillGradient("orange", "yellow", GRAD_HOR);
//Werte anzeigen lassen
$pl->value->Show();
//...in folgendem Format
$pl->value->SetFormat('%01.0f');
```

Nun setzen wir noch die Bezeichnung der x-Achse auf das jeweilige Skript, indem wir als »Labels« das `$nameArray` übergeben. Darin sind alle Skriptnamen der `log`-Tabelle enthalten. Zusätzlich wird die Schriftart gesetzt und die Beschriftung der x-Achse um 20° gedreht, damit die Skriptnamen besser zu lesen sind.

```
//Skriptnamen auf der X-Achse anzeigen
$graph->xaxis->SetTickLabels($nameArray);
//Schriftart einstellen
$graph->xaxis->SetFont(FF_ARIAL,FS_NORMAL,8);
//Namen um 20° drehen
$graph->xaxis->SetLabelAngle(20);
```

> **Hinweis**
>
> Unter Linux-Systemen kann es vorkommen, dass die hier ausgewählte TrueType-Schriftart »Arial« nicht vorhanden ist. In einem solchen Fall tritt ein Fehler auf, und Sie sollten das Skript auf eine Schriftart abändern, die in Ihrem System vorhanden ist.

Mit `$graph->add($pl)` fügen wir nun das Balkendiagramm zum Hauptdiagramm hinzu. Dies muss explizit geschehen, da in ein Diagramm auch mehrere Graphen eingefügt werden können: So können beispielsweise mehrere Diagramme übereinandergelegt werden. Dies kann in einem Balkendiagramm beispielsweise gut genutzt werden, um Soll-Ist-Vergleiche darzustellen. Dann wird noch die y-Achsenbezeichnung gesetzt und schließlich das Diagramm mit `$graph->Stroke()` ausgegeben.

```
    //Graph zum Diagramm hinzufügen
    $graph->Add($p1);
    //Y-Achsenbezeichnungen setzen
    $graph->yaxis->title->Set("Klicks");
    //Diagramm anzeigen
    $graph->Stroke();
}
```

Listing 15.8 Klasse »Chart«

Um nun das Diagramm der Klick-Statistik erzeugen zu lassen, ist folgender Code – bei initialisiertem Log-Objekt (hier $LOG) – ausreichend:

```
$LOG->showClickCountChart();
```

Das Ergebnis dieses Methodenaufrufs sieht dann beispielsweise aus, wie in Abbildung 15.6 zu sehen.

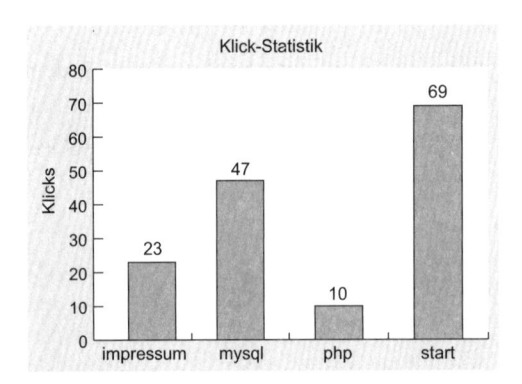

Abbildung 15.6 Statistik der Klicks auf einzelne Bereiche der Website

> **Hinweis**
>
> Auf der CD-ROM zum Buch können Sie die Statistik »interaktiv« erleben, indem Sie das Beispiel zum Logging anschauen und dort sehen, wie das Skript die Statistik(en) »on the fly« – also immer wieder neu – erstellt.

15.4.5 Daten als PDF-Dokument archivieren

Das PDF-Format (*Portable Document Format*) ist im WWW weitverbreitet. Die Vorteile von PDF-Dokumenten liegen zum einen in der geringen Größe und zum anderen im immer gleichen, plattformunabhängigen Aussehen des Inhalts. Um die Daten der vorherigen log-Tabelle auch als physisches Dokument vorliegen zu haben, werden wir eine PHP-Klasse implementieren, die die Daten aus der Datenbank in ein PDF-Dokument schreibt und dieses anzeigt.

Die Erstellung von PDF-Dokumenten ist in PHP 5 durch die Bibliothek *PDFlib* zu erreichen. Diese wird selbst professionellen Ansprüchen gerecht, muss zusätzlich heruntergeladen werden und ist mittlerweile kostenpflichtig. Daher werden wir hier auf eine freie Bibliothek namens *TCPDF*[5] eingehen, die ebenfalls ansehnliche PDF-Dokumente erstellt. Diese Bibliothek wird einfach am Anfang einer PHP-Klasse eingebunden und kann dann verwendet werden. Ein Unterschied besteht jedoch zu der vorangegangenen Bibliothek: Bei TCPDF wird die Klasse `TCPDF` durch unsere eigene Klasse erweitert. Wir erben dadurch alle Methoden der Oberklasse und können beliebige Teile der `TCPDF`-Klasse überschreiben, z. B. die Methoden `Footer()` und `Header()`, die automatisch beim Anlegen einer neuen Seite ausgeführt werden. Folgender PHP-Code veranlasst unsere Klasse `PDFMaker`, von der »Mutter«-Klasse `TCPDF` zu erben:

```
class PDFMaker extends \TCPDF
{ ...
```

Wir wollen nun kurz auf das Prinzip bei der PDF-Erstellung mit TCPDF eingehen. Jedes Dokument ist hierbei aus einzelnen Zellen aufgebaut. Der Befehl `Cell()` erstellt eine Zelle an der aktuellen Position des Dokuments und verschiebt den »Cursor« (also die aktuelle Position im Dokument) entsprechend der Länge der Zelle nach rechts. Ist das Seitenende erreicht – und ist der automatische Seitenumbruch aktiviert (was standardmäßig der Fall ist) –, wird automatisch eine neue Seite angefangen und der Inhalt entsprechend umbrochen. Einer Zelle können optional ein Rahmen, ein Hintergrund sowie Text zugewiesen werden. Alle Angaben lassen sich weitestgehend in Farbe, Größe und Gestaltung beeinflussen.

Die Parameterliste für `Cell()` werden wir hier als Beispiel erläutern, da wir diese Methode in unserer Klasse hauptsächlich benötigen. Lediglich die Breite `w` muss angegeben werden, alle anderen Angaben sind optional:

- `Float w`: Breite der Zelle (bei 0 der gesamte verbleibende Platz bis zum Rand der Seite)
- `Float h`: Höhe der Zelle
- `String txt`: Text der Zelle
- `Mixed Border`: Rahmen um die Zelle. Dabei steht 1 (0) für das (Nicht-) Existieren eines Rahmens. Zusätzlich können folgende Buchstaben für die einzelnen Rahmenseiten in beliebiger Reihenfolge angegeben werden, damit nur diese gezeichnet werden: L (»left«), T (»top«), R (»right«), B (»bottom«).

---

5 Informationen zu TCPDF finden Sie unter *http://www.tecnick.com/public/code/_$ret_cp_dpage.php?aiocp_dp=tcpdf*.

- `Integer ln` setzt den Cursor nach der aktuellen Zelle auf eine spezifische Position. 0: rechts von der Zelle, 1: Anfang der nächsten Zeile, 2: direkt bündig unter die aktuelle Zelle in der nächsten Zeile,
- `String align`: Position des Textes in der Zelle; linksbündig (L), zentriert (C) oder rechtsbündig (R)
- `Integer fill`: Zelle gefüllt mit Hintergrundfarbe (1) oder transparent (0)
- `Mixed link`: eine URL oder eine zuvor hinzugefügte Verknüpfung, die mit der Zelle assoziiert werden soll

Folgender Code des `Cell()`-Befehls (innerhalb einer funktionierenden PDF-Klasse) würde beispielsweise ein PDF-Dokument erstellen, das den Titel des Kapitels darstellt:

```
$this->Cell(0,7,' Daten als PDF-Dokument
    archivieren','B',1,'L',0);
```

Dabei entsteht folgende PDF-Ausgabe mit linksbündigem Text, der einen Rahmen an der unteren Seite hat, in einer Zelle, die sich über die ganze Seitenbreite erstreckt (siehe Abbildung 15.7).

Daten als PDF-Dokument archivieren

Abbildung 15.7 Ausschnitt aus dem erstellten PDF-Dokument

15.4.6 Klasse »PDFMaker«

Die Methodenbeschreibungen der weiteren Befehle sind in der Dokumentation und auf der Webseite von TCPDF sehr gut dargestellt und durch Beispiele belegt. Daher werden wir nun direkt unsere Klasse zur Erstellung des PDF-Dokuments vorstellen. Abbildung 15.8 zeigt das UML-Diagramm der Klasse `PDFMaker` (*class.PDFMaker.php*).

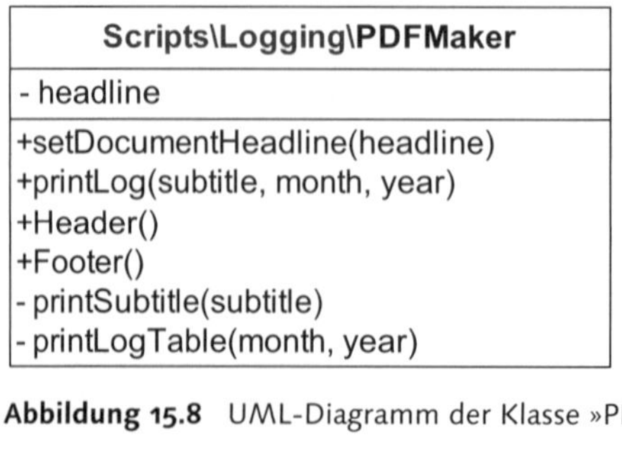

```
Scripts\Logging\PDFMaker
---------------------------------
- headline
---------------------------------
+setDocumentHeadline(headline)
+printLog(subtitle, month, year)
+Header()
+Footer()
- printSubtitle(subtitle)
- printLogTable(month, year)
```

Abbildung 15.8 UML-Diagramm der Klasse »PDFMaker«

function setDocumentHeadline($headline)

Diese Methode wird benötigt, um dem PDF-Dokument eine Überschrift zuzuweisen. Dabei wird lediglich der übergebene Text an die private Variable `$headline` gebunden. Später wird diese Variable durch die Methode `Header()` auf jede Seite des Dokuments geschrieben.

```
public function setDocumentHeadline($headline)
{
    //Zuweisen der Überschrift des Dokuments
    $this->headline = $headline;
}
```

function printLog($subtitle,$month,$year)

Dies ist die Methode, die wir aufrufen, um eine `log`-Tabelle in das PDF-Dokument zu »drucken«. Dabei wird die Überschrift der `log`-Tabelle (`$subtitle`) sowie den gewünschten Monat (`$month`) und das gewünschte Jahr (`$year`) der aus der `log`-Tabelle der Datenbank zu ladenden Datensätze als Parameter übergeben. Diese Methode ist nur eine Kapselung für weitere Methoden dieser Klasse bzw. der »Mutter«-Klasse (TCPDF).

```
public function PrintLog($subtitle,$month,$year)
{
    //Neue Seite anfangen (bereits in TCPDF enthalten)
    $this->AddPage();
    //Den Titel des Logs hinzufügen
    $this->printSubTitle($subtitle);
    //Die Log-Tabelle hinzufügen
    $this->printLogTable($month,$year);
}
```

Als Erstes beginnen wir hierin eine neue Seite, um anschließend die Überschrift und dann die gesamte `log`-Tabelle zu drucken. So wird für jeden Aufruf dieser Methode eine neue Tabelle auf eine neue Seite gedruckt.

function Header()

Die Methode `Header()` ist in der Klasse FPDF bereits als Klassenrumpf (also ohne Implementierung) enthalten und wird von uns hier überschrieben. Da diese Methode bei jedem Aufruf von `AddPage()` automatisch aufgerufen wird, können wir hier eine Überschrift definieren, die auf jeder neuen Seite unseres PDF-Dokuments gedruckt werden soll.

```
public function Header()
{
```

```
//Schrift setzen auf: Arial, fettgedruckt (Bold),
//mit Schriftgröße 15
$this->SetFont('Arial', 'B', 15);
//Überschrift-Zelle
$this->Cell(0, 6, $this->headline, 'B', 1, 'C');
//Zeilenumbruch nach der Zelle
$this->Ln(10);
}
```

Zuerst setzen wir die Schriftgröße, Schriftart und die Formatierung (hier Schriftart »Arial« der Größe 15 in Fettdruck) durch den Befehl `SetFont()`. Anschließend erstellen wir eine neue Zelle, die sich über die gesamte Breite der Seite (durch die Angabe 0 als ersten Parameter) erstreckt. Die Zelle bekommt einen Unterstrich, und der Text – durch `$headline` repräsentiert – wird zentriert dargestellt. Anschließend erwirken wir mit `Ln()` noch einen Zeilenumbruch der Höhe 10.

function Footer()

Diese Methode ist das Gegenstück zu `Header()` und wird automatisch für jede neue Seite aufgerufen. Hierin können wir die Fußzeile des PDF-Dokuments definieren. In unserem Fall ist hier nur die Seitenzahl dargestellt.

```
public function Footer()
{
    //Position setzen: ca. 1,5 cm vom unteren Rand
    $this->SetY(-15);
    //Schrift setzen auf: Arial, kursiv (Italic),
    //Schriftgröße 8
    $this->SetFont('Arial', 'I', 8);
    //Textfarbe: grau
    $this->SetTextColor(128);
    //Seitennummer ausgeben
    $this->Cell(0, 10, 'Seite '.$this->PageNo(), 0, 0, 'C');
}
```

Um die Zelle für die Seitenzahl auch korrekt am unteren Rand der aktuellen Seite zu positionieren, wird die Position des »Cursors« zunächst ca. 1,5 cm vom unteren Rand entfernt gesetzt. Der Befehl `SetY()` erlaubt diese genaue Positionierung: Der übergebene numerische Parameter steht dabei für den Abstand vom oberen (bei positivem Wert) bzw. unteren (bei negativem Wert) Seitenrand in Millimetern. Anschließend setzen wir wieder die Schriftart (diesmal kursiv) und stellen die Textfarbe durch `SetTextColor(128)` auf Grau ein. Nun erstellen wir wieder eine Zelle über die gesamte Seitenbreite ohne Rahmen und zentrieren den Text, nämlich die Seitenzahl, ermittelt durch `PageNo()`.

> **Tipp**
>
> Die Methode `Footer()` lässt sich auch wunderbar erweitern, um beispielsweise Fußzeilen mit Kontaktdaten oder auch Fußnoten des Dokuments darzustellen.

function printSubtitle($subtitle)

Da wir mit dieser Klasse die Möglichkeit haben, `log`-Tabellen mehrerer Monate in einem Dokument zu vereinen, wollen wir eine aussagekräftige Überschrift über jede Tabelle drucken. Daher wird `printSubtitle()` bei jedem Aufruf der Methode `printLog()` aufgerufen.

```
public function printSubtitle($subtitle)
{
   //Schrift setzen auf: Arial, Schriftgröße 12
   $this->SetFont('Arial', '', 12);
   //Hintergrundfarbe
   $this->SetFillColor(220, 220, 220);
   //Titel ausgeben
   $this->Cell(0, 6, $subtitle, 0, 1, 'L', 1);
   //Zeilenumbruch
   $this->Ln(4);
}
```

Wir benutzen hier wieder die gängigen Befehle der vorangegangenen Methoden zum Setzen der Schriftart sowie zur Erstellung einer Zelle, die sich über die gesamte Seitenbreite erstreckt. Der Text wird zentriert und bekommt diesmal einen farbigen Hintergrund. Die Farbe des Hintergrunds setzen wir mit `SetFillColor()` und der Angabe der Rot-, Grün- und Blauwerte. Der Mix aus dreimal 220 ergibt ein helles Grau als Hintergrundfarbe der Zelle.

function printLogTable($month,$year)

Dies ist nun abschließend die umfangreichste Methode der Klasse, da wir hiermit die Daten der `log`-Tabelle aus der Datenbank extrahieren und daraus eine Tabelle erstellen werden.

Wir beginnen mit der Berechnung der benötigten Zeitstempel (da eine Log-Tabelle hier immer die Einträge eines gesamten Monats anzeigen soll) und dem Laden der SQL-Daten aus der Datenbank.

```
private function printLogTable($month,$year)
{
   //Timestamp berechnen:
   //Anfangszeitraum: 1. Tag um 0:00 Uhr des jew. Monats.
   $beginTime = mktime(0, 0, 0, $month, 1, $year);
```

```
//Endzeitraum (1 Monat später; 0. Tag)
$endTime = mktime(0,0,0, $month + 1, 0, $year);
//Daten aus der Tabelle holen
$sql = "SELECT * FROM log WHERE timestamp BETWEEN ".
       "'".$beginTime."' AND '".$endTime."'";
//Direkt auf das globale Objekt zugreifen
$result = $GLOBALS['DB']->query($sql);
```

Es gibt zwei Zeitstempel, die wir hier benötigen: Der erste ist das Anfangsdatum der gewünschten Log-Einträge. Der PHP-Befehl `mktime()` gibt einen Zeitstempel entsprechend der übergebenen Parameter zurück. Die Parameterreihenfolge ist dabei: Stunden, Minuten, Sekunden, Monat, Tag, Jahr. Dabei sind auch negative sowie zu große Angaben möglich (das heißt, negative Angaben lassen PHP »zurückrechnen«, zu große Angaben werden in der Zeit »vorgerechnet«). Beispielsweise würde 13 als Monat automatisch auf den 1. Monat des nächsten Jahres umgerechnet. Analog dazu wird eine 0 als Tag auf den letzten Tag des vorigen Monats gerechnet. Zunächst berechnen wir so also den ersten Tag des Monats mit `mktime(0, 0, 0, $month, 1, $year)` und auch den letzten Tag des Monats mit `mktime(0, 0, 0, $month + 1, 0, $year)`. Das angegebene SQL-Statement holt dann alle Log-Einträge, die zwischen dem Anfangs- und Endzeitpunkt liegen, aus der Datenbank. Wir greifen hier direkt auf das globale Datenbankobjekt zu, da dies der einzige Datenbankzugriff in der gesamten Klasse ist – es sich also nicht lohnt, ein eigenes DB-Objekt in der Klasse zu definieren.

Im Anschluss daran setzen wir die Farben für die Überschrift der `log`-Tabelle:

```
//Farben festlegen
$this->SetFillColor(220, 220, 220);
$this->SetTextColor(0);
$this->SetDrawColor(0, 0, 0);
$this->SetLineWidth(.3);
$this->SetFont('', 'B',8);
```

Folgende Farbdefinitionen werden hier benutzt:

- `SetFillColor()`: Füllfarbe für eine Zelle
- `SetTextColor()`: Farbe des Textes einer Zelle
- `SetDrawColor()`: Farbe des Rahmens einer Zelle

Zusätzlich setzen wir die Strichbreite des Rahmens einer Zelle per `SetLineWidth()` und die Schriftart auf fettgedruckten Text der Größe 8. Anschließend betrachten wir die Ergebnismenge der SQL-Abfrage. Sind keine Einträge für den Zeitraum vorhanden, geben wir nur eine einzige Zelle mit einer Informationsmeldung aus. Sollten Daten vorhanden sein, beginnen wir mit der Erstellung der »Tabelle«.

```
if(count($result) == 0)
{
    //Informationsmeldung ausgeben
    $this->Cell(0, 7,"Es liegen keine Daten für
                diesen Zeitraum vor", 0, 0, 'C', 0);
}
else
{
    //Spaltenbreite
    $width = array (100, 20, 0);
```

Da es im Befehlssatz von TCPDF keine Tabellenerstellung gibt, können wir auf einen einfachen Trick zurückgreifen: Wir definieren eine Anzahl an Zellenbreiten in einem Array und lassen alle Zellen untereinander mit der spezifizierten gleichen Zellenbreite darstellen. So entsteht der Eindruck einer Tabelle, obwohl es nur eine Aneinanderreihung gleich großer Zellen ist. Wir benötigen hier drei Spalten für den Namen des Skriptes, den benutzten Browser und den Zeitpunkt und werden die erste mit der Breite 100, die zweite mit 20 und die letzte mit 0 (also der verbleibenden Seitenbreite) im Array $width definieren.

Um die Tabelle zu beginnen, setzen wir die Kopfzeile der Tabelle aus drei Zellen zusammen. Die erste Zelle trägt den Namen »Skript«, die zweite den Namen »Browser« und die letzte den Namen »Zeit«. Alle Zellen sollen einen farbigen Hintergrund haben sowie zentrierten Text enthalten. Die Breite der Spalten/Zellen geben wir aus dem Array $width mit der jeweiligen Indexposition (0, 1 oder 2) der Spalte an. Wichtig ist nach der dritten Zelle der Zeilenumbruch durch Ln(), damit anschließend mit der nächsten Zelle auch in der folgenden Zeile des Dokuments angefangen wird und unsere Illusion einer Tabelle auch funktioniert.

```
//die 3 Spalten des Tabellenkopfs erstellen
$this->Cell($width[0], 5, "Skript", 1, 0, 'C', 1);
$this->Cell($width [1], 5, "Browser", 1, 0, 'C', 1);
$this->Cell($width [2], 5, "Zeit", 1, 0, 'C', 1);
//Zeilenumbruch
$this->Ln();
```

Nachdem die Kopfzeile der Tabelle erstellt ist, setzen wir die Farben neu. Das heißt, die Füllfarbe für den Hintergrund wird auf ein helles Grau und die Textfarbe auf Schwarz (0) gesetzt. Der Befehl SetFont() mit leerem Argument formatiert den Text wieder mit normaler Schriftbreite (also nicht mehr fett).

```
//Farben und Schrift neu setzen
$this->SetFillColor(230, 230, 230);
$this->SetTextColor(0);
$this->SetFont('');
```

Nun wollen wir die einzelnen Zeilen der SQL-Ergebnismenge darstellen. Zunächst definieren wir eine Hilfsvariable `$fill`. Diese zeigt für jede Zeile an, ob der Hintergrund transparent (0) oder farbig (1) sein soll. Dies unterstützt bei großen Tabellen die Lesbarkeit, da jede zweite Zeile einen farbigen Hintergrund erhält. Mit einer `foreach`-Schleife erstellen wir nun jede Zeile der Ergebnismenge.

```
//Hilfsvariable
$fill = 0;
//Ergebnismenge durchgehen
foreach ($result as $row)
{
```

Die erste Zelle enthält jeweils den Skriptnamen aus der aktuellen Tabellenzeile (`$row['script']`) und hat durch die einheitliche Angabe `$width[0]` dieselbe Breite wie die darüberliegenden Zellen. Es wird ein Rahmen auf der linken und rechten Seite dargestellt, was die Begrenzungen der Tabelle darstellt. Die Zentrierung des Inhalts erfolgt linksbündig. Die Angabe von `$fill` an der Position der Farbfüllung bewirkt, dass die Zelle entweder transparent oder farbig hinterlegt wird. Ebenso werden die Zellen für den Browser und den Zeitpunkt erstellt. Der einzige Unterschied zwischen den Zellen ist die Breite aus dem Array `$width`.

```
$this->Cell($width[0], 4, $row['script'], 'LR', 0,
    'L', $fill);
$this->Cell($width[1], 4, $row['browser'], 'LR', 0,
    'R', $fill);
$this->Cell($width[2], 4, date("d.m.Y H:i",
    $row['timestamp']),'LR', 0, 'R',fill);
```

Nach jeder Zeile der Tabelle muss ein Zeilenumbruch vorgenommen werden, dies erledigen wir wieder mit `Ln()`. Zusätzlich wird der Status der Hintergrundfarbfüllung umgekehrt. Ist die aktuelle Zeile eingefärbt gewesen (`$fill` hat den Wert 1), ist die nächste Zeile durch das Ändern des Wertes in `$fill` (auf 0) transparent.

```
//Zeilenumbruch
$this->Ln();
//"Hintergrundfarbe"-Status ändern
$fill = !$fill;
}
```

Sind alle Zeilen des SQL-Ergebnisses erstellt, generieren wir noch eine Zelle, die sich über die gesamte Seitenbreite erstreckt und einen oberen Rahmen erhält. Damit haben wir die Tabelle optisch abgeschlossen.

```
    //Abschluss der Tabelle
    $this->Cell(0, 0, '', 'T');
  }
}
```

Listing 15.9 Klasse »PDFMaker«

15.4.7 »PDFMaker«-Klasse anwenden

Um Ihnen zu zeigen, wie ein fertiges PDF-Dokument mit unserer Klasse aussieht, werden wir den folgenden Beispielcode ausführen, der eine log-Tabelle für den Monat November 2011 (auf unseren Testdaten) erstellt.

makePdf.php

Wir binden zunächst lediglich die *common.php* sowie die Klasse PDFMaker ein. Anschließend erstellen wir ein neues PDFMaker-Objekt und setzen die Überschrift auf »Log-Tabelle«. Anschließend folgt der Aufruf der PrintLog()-Methode mit den Parametern für die Überschrift des aktuellen Monats des Jahres (beispielsweise »November 2011«), dem aktuellen Monat als Zahl und dem Jahr als Zahl. Der Befehl date() erstellt aus einem Muster und der aktuellen Zeit (time()) die Angaben, die wir benötigen. Hierbei steht das Muster "F" für den aktuellen Monat als ausgeschriebene Bezeichnung, das Muster "m" für die Monatszahl und das Muster "Y" für die aktuelle Jahreszahl. Der Befehl Output(), der in der Klasse TCPDF implementiert ist, generiert dann das PDF-Dokument und gibt es aus.

```php
<?php
require_once "../../common.php";
require "classes/class.PDFMaker.php";
//Erstellen eines neuen Objekts des PDFMakers
$pdf=new Scripts\Logging\PDFMaker();
$pdf->setDocumentHeadline("Log-Tabelle für den
                        aktuellen Monat ");
$pdf->PrintLog(date("F",time())." ".date("Y",time()),
            date("m",time()),date("Y",time()));
$pdf->Output();
?>
```

Listing 15.10 Das Skript »makePdf.php«

Die Abbildung 15.9 zeigt das durch diesen Code erstellte PDF-Dokument.

Log-Tabelle für den aktuellen Monat		
November 2011		
Skript	Browser	Zeitpunkt
/BUCH/scripts/Logging/impressum.php	Firefox	18.11.2011 15:53
/BUCH/scripts/Logging/start.php	Firefox	18.11.2011 15:53
/BUCH/scripts/Logging/php.php	Firefox	18.11.2011 15:53
/BUCH/scripts/Logging/mysql.php	Firefox	18.11.2011 15:53
/BUCH/scripts/Logging/impressum.php	Firefox	18.11.2011 15:53
/BUCH/scripts/Logging/php.php	Firefox	18.11.2011 15:53
/BUCH/scripts/Logging/start.php	other	18.11.2011 15:53
/BUCH/scripts/Logging/impressum.php	other	18.11.2011 15:53
/BUCH/scripts/Logging/php.php	other	18.11.2011 15:53
/BUCH/scripts/Logging/start.php	other	18.11.2011 15:53
/BUCH/scripts/Logging/mysql.php	other	18.11.2011 15:54
/BUCH/scripts/Logging/php.php	other	18.11.2011 15:54
/BUCH/scripts/Logging/start.php	other	18.11.2011 15:54
/BUCH/scripts/Logging/mysql.php	Firefox	18.11.2011 15:54
/BUCH/scripts/Logging/php.php	Firefox	18.11.2011 15:54
/BUCH/scripts/Logging/start.php	Firefox	18.11.2011 15:54
/BUCH/scripts/Logging/start.php	Firefox	18.11.2011 15:54
/BUCH/scripts/Logging/start.php	Firefox	18.11.2011 15:54
/BUCH/scripts/Logging/impressum.php	Firefox	18.11.2011 15:54
/BUCH/scripts/Logging/mysql.php	Firefox	18.11.2011 15:54
/BUCH/scripts/Logging/php.php	Firefox	18.11.2011 15:54
/BUCH/scripts/Logging/start.php	Firefox	18.11.2011 15:55
/BUCH/scripts/Logging/start.php	Firefox	18.11.2011 15:55
/BUCH/scripts/Logging/php.php	Firefox	18.11.2011 15:55
/BUCH/scripts/Logging/start.php	Firefox	18.11.2011 15:55
/BUCH/scripts/Logging/start.php	Firefox	18.11.2011 15:55
/BUCH/scripts/Logging/start.php	Firefox	18.11.2011 15:57

Abbildung 15.9 Generiertes Log-PDF-Dokument für November 2011

15.5 Einfache Intrusion Detection implementieren

Intrusion Detection – am ehesten mit »Erkennen eines Einbruchs« zu übersetzen – beschreibt im Allgemeinen das Auftreten und Erkennen von nicht normalem oder auffälligem Verhalten eines Benutzers innerhalb eines Systems oder an dessen Zugängen. Man kann hier den Begriff *normales Verhalten* nicht eindeutig beschreiben, da jedes System andere Verhaltensmuster umfasst. Es lassen sich jedoch zwei unterschiedliche Verfahren herausstellen: Dies ist zum einen das Erkennen von Einbruchsversuchen aufgrund bekannter Angriffsmuster (Knowledge-based Intrusion Detection) und zum anderen das Erkennen durch die Überwachung von Log-Einträgen, Netzwerkverkehr usw. (Behavior-based Intrusion Detection). In den meisten Softwarelösungen zur Intrusion Detection wird der erste Ansatz verfolgt, um gerade im Unix-Bereich bekannte Angriffsmethoden zu erkennen und gegebenenfalls dagegen anzugehen. Dies bedeutet im schlimmsten Fall, das angegriffene System vom Internet zu trennen, um eine Gefahr für die Daten des Systems auszuschließen. Manche Software ergreift selbst Gegenmaßnahmen, nach dem Motto: »Gleiches mit Gleichem vergelten.« Bei der zweiten Methode wird versucht, aus dem unbekannten Verhalten eines Benutzers auf dessen Gefahrenpotenzial für das System zu schließen. Gerade dieser Ansatz ist bisher noch nicht sehr verbreitet, da dabei eine hohe Fehlerquelle besteht, die mit häufigen Falschwarnungen einhergeht.

Wir wollen hier nun selbst eine Art von »Intrusion Detection« implementieren, die uns erlaubt, aus den Login-Versuchen eines Benutzers an unserem System zu erkennen, ob ein normaler Anmeldevorgang vorliegt oder eher ein Einbruchsversuch. Um dies zu ermöglichen, sind folgende Schritte erforderlich:

- Jeder fehlgeschlagene Login-Versuch wird in der Datenbank protokolliert (gespeicherte Daten sind hierbei vor allem die IP-Adresse des Benutzers).
- Bei einem fehlgeschlagenen Login-Versuch wird überprüft, wie viele Versuche bereits von dieser Adresse ausgeführt wurden.
- Es werden Parameter gesetzt, die nach einer bestimmten Anzahl an fehlgeschlagenen Login-Versuchen (im Code nach 5 Fehlversuchen) von einer IP-Adresse diese von der Benutzung der Anmeldung für einen festzusetzenden Zeitraum ausschließen.

Zur Verdeutlichung des Vorgehens soll das Schaubild in Abbildung 15.10 dienen.

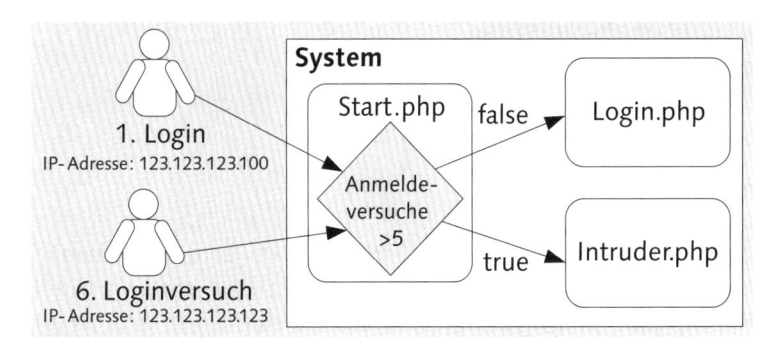

Abbildung 15.10 Intrusion Detection bei der Anmeldung am System

> **Hinweis**
>
> Die IP-Adresse eines Benutzers ist kein verlässlicher Faktor der Identifizierung eines Internetnutzers. Sie kann verschleiert (bewusst oder unbewusst) oder verändert worden sein. Sie sollten also vorsichtig sein, wie Sie diese Information erhalten und benutzen.

Wir benötigen zum Speichern der fehlgeschlagenen Anmeldeversuche zunächst die Tabelle badlogin mit der in Tabelle 15.5 gezeigten Struktur.

Attributname	Attributtyp
id	int(11), Primärschlüssel
ip	varchar(16)
timestamp	int(11)
triedUsername	varchar(100)
active	tinyint(3) – Standard: 1

Tabelle 15.5 »badlogin«-Datenbanktabelle

Der Primärschlüssel ist wieder eine laufende Nummer. Die IP-Adresse des Benutzers speichern wir im Attribut ip. Um zu protokollieren, wann der Versuch auftrat, wird die Zeit als Zeitstempel in timestamp abgelegt. Der eingegebene Anmeldename wird in triedUsername gespeichert, um eventuell in den Daten einen gezielten Angriff auf ein Benutzerkonto herausfinden zu können. Das letzte Attribut active benötigen wir, um die Einträge auf »nicht aktiv« setzen zu können. Dies geschieht, wenn der IP-Bereich bereits gesperrt ist und die Einträge nur noch als Historie gespeichert, nicht aber zur Entscheidung einer Sperrung benötigt werden.

Zusätzlich dazu benötigen wir eine Tabelle, die für jede verhängte Sperre einen Datensatz enthält. Dafür richten wir die Tabelle bannedIP ein (siehe Tabelle 15.6).

Attributname	Attributtyp
id	int(11), **Primärschlüssel**
ip	varchar(16)
setAt	int(11)
until	int(11)

Tabelle 15.6 »bannedIP«-Datenbanktabelle

Hier wird die zu sperrende IP-Adresse in ip gespeichert. Die beiden Zeitstempel setAt und until enthalten den Zeitpunkt, zu dem die Sperre angelegt wurde (setAt) und den Zeitpunkt, zu dem die Sperrung des IP-Bereichs ausläuft (until). Das Datum setAt müsste nicht gespeichert werden, da es immer einen Vergangenheitswert enthält. Wir speichern es hier dennoch, damit wir als Administrator gegebenenfalls die Angriffszeitpunkte leichter rekonstruieren können.

Damit haben wir in der Datenbank alle Vorbereitungen getroffen, um eine Intrusion Detection-Routine zu implementieren.

15.5.1 Konfigurationsdatei für das Intrusion Detection Login

Um die Parameter für eine Sperrung einer IP-Adresse komfortabel wartbar zu gestalten, haben wir dafür eine Konfigurationsdatei (*config.IntrusionDetection-*

15.5 Einfache Intrusion Detection implementieren

Login.php) angelegt. Darin werden zwei Konstanten definiert: eine für die maximale Anzahl an erlaubten Fehlversuchen am System (MAX_ALLOWED_BAD_LOGINS) und eine für die Dauer einer Sperrung in Sekunden (LOGIN_BAN_TIME).

Die maximal erlaubten Fehlversuche setzen wir auf 5, die Dauer der Sperrung auf 1.800 Sekunden (also 30 Minuten).

```php
<?php
//Maximal erlaubte Anzahl an "ungültigen" Anmeldeversuchen
//Default: 5 Versuche
define('MAX_ALLOWED_BAD_LOGINS',5);
//Dauer der Sperrung des Anmeldeskriptes in Sekunden
//Als Test: 30 Sekunden
//Default sollte mindestens 1800 (also 30 Minuten) sein
define('LOGIN_BAN_TIME',30);
?>
```

Listing 15.11 Konfigurationsdatei für »IntrusionDetectionLogin«

15.5.2 Klasse für Intrusion Detection

Die Klasse IntrusionDetectionLogin (*class.IntrusionDetectionLogin.php*) baut auf der bereits bekannten Klasse Login auf, definiert aber weitere Methoden, daher ist sie hier in Abbildung 15.11 als UML-Diagramm dargestellt. Wir können in diesem Fall leider keine Klassen-Vererbung benutzen, da nicht nur Methoden hinzugefügt, sondern auch einzelne bereits in der Klasse Login vorhandene Methoden umgeschrieben werden.

Scripts\IntrusionDetectionLogin
- DB
+__construct() +printLoginForm(checkScript = null) +checkLoginData() +loginAllowed() +getRealIP() - setPotentialIntrusion()

Abbildung 15.11 UML-Diagramm der Klasse IntrusionDetectionLogin

Die Methode __construct() enthält lediglich die gängige Zuweisung des globalen Datenbankobjekts zu der privaten Variable $DB und wird daher nicht weiter beachtet.

function printLoginForm($checkScript = null)

Diese Methode ist im Vergleich zur Klasse Login nur um eine if-Abfrage erweitert worden, die über die Methode loginAllowed() überprüft, ob der Benutzer das Anmeldeformular sehen darf oder ob er zurzeit gesperrt ist. Bei einer existierenden Sperre für den Benutzer liefert die Methode false zurück.

```
public function printLoginForm($checkScript = null)
{
   //Testen, ob Login erlaubt.
   if ($this->loginAllowed())
   {
      //Darstellung des Inputfeldes wie in Klasse Login
      ...
   }
   else
   {
      echo "<span style='color:red'>";
      echo "Sie dürfen sich zur Zeit nicht am
                  System anmelden!</span>";
   }
}
```

function checkLoginData()

Diese Methode ist ebenfalls baugleich zu der in der Klasse Login enthaltenen und prüft auch hier, ob der Benutzer eine gültige Benutzername-Passwort-Kombination eingegeben hat. Darüber hinaus sind hier ein paar kleine Änderungen vorgenommen worden:

- Die Abfrage einer eventuell gesetzten Sperre beendet die Methode.
- Ist die eingegebene Benutzername-Passwort-Kombination falsch, wird dies in die Tabelle badlogin eingetragen.
- Ist sie richtig, werden alle eventuell vorhandenen Fehlversuche des Benutzers gelöscht.
- Zuletzt wird die zulässige Anzahl an Fehlversuchen überprüft und gegebenenfalls eine Sperre für die IP des Benutzers in die Tabelle bannedIP geschrieben.

Zunächst überprüfen wir mit der Methode loginAllowed(), ob eine Sperre besteht. Ist dies nicht der Fall, bestimmen wir die echte IP-Adresse des Benutzers. Was darauf folgt, sind die bereits aus der Klasse Login bekannten Maßnahmen zum Erhalten der Passwörter aus der Datenbank sowie das Trimmen der vom Benutzer eingegebenen Daten.

```
public function checkLoginData()
{
   //Wenn IP-Sperre besteht, wird die Methode abgebrochen.
   if (!$this->loginAllowed()) return false;
   //IP-Adresse bestimmen
   $ip = $this->getRealIP();
   //Eingaben trimmen etc.
   ...
```

Das Prüfen der Benutzername-Passwort-Kombination verläuft analog zu der bereits erläuterten Logik der Klasse Login mit der foreach-Schleife, die die gespeicherten Kombinationen der Reihe nach durchläuft. Ist die vom Benutzer eingegebene Kombination korrekt, geben wir nicht nur true zurück, sondern löschen vorher noch alle eventuell angelegten Fehlversuche des Benutzers aus der Tabelle badlogin. So kann es zu keiner falschen Sperrung der IP-Adresse des Benutzers kommen. Das SQL-Statement

```
DELETE FROM badlogin WHERE ip = IP-Adresse des Benutzers
```

entfernt die entsprechenden Einträge mit übereinstimmender IP-Adresse aus der Datenbank.

```
foreach($result as $combi)
{
   if (($login == $combi['login']) &&
       (md5($password) == $combi['password']))
   {
      //korrekte Kombination
      //Fehlgeschlagene Loginversuche löschen
      $sql = "DELETE FROM badlogin WHERE ".
             " ip = "."'".$ip."'";
      $this->DB->query($sql);
      return true;
   } //ENDIF
} //ENDFOR
```

Sollte die Benutzername-Passwort-Kombination nicht korrekt gewesen sein, wird ein Eintrag in der Tabelle badlogin angelegt, der die IP-Adresse des Benutzers, den aktuellen Zeitstempel und den eingegebenen Benutzernamen (diesen jedoch maskiert) speichert.

```
//Eintragen eines falschen Loginversuchs:
$sql = "INSERT INTO badlogin (ip,timestamp, ".
       " triedUsername) VALUES ("."'".
       $ip."','".time()."','".
       $this->DB->escapeString($login)."')";
   $this->DB->query($sql);
```

Zuletzt rufen wir die Methode `setPotentialIntrusion()` auf, die die Anzahl der Fehlversuche des Benutzers anhand seiner IP-Adresse aus der Tabelle `badlogin` zählt und gegebenenfalls eine Sperre des Benutzers verhängt. Anschließend geben wir `false` zurück.

```
   $this->setPotentialIntrusion();
   return false;
}
```

function loginAllowed()

Die Methode `loginAllowed()` überprüft, ob eine Sperre für die aktuelle IP-Adresse des Benutzers besteht, und gibt für diesen Fall `true` zurück, anderenfalls `false`. Zunächst wird eine Abfrage an die Datenbank gestellt, die alle Datensätze sucht, deren Zeitstempel in `until` in der Zukunft liegen und deren IP-Adresse mit der des Benutzers übereinstimmt. Eine mögliche Abfrage könnte dabei so aussehen:

```
SELECT * FROM bannedIP
WHERE until > '11300000000' AND ip = '127.0.0.1'
```

Wir verwenden hier nicht die Datenbankfunktion `NOW()` von MySQL, sondern die PHP-Funktion `time()`, da wir einen Timestamp aus Ziffern erhalten wollen. Wenn das Ergebnis dieser Abfrage an die Datenbank keinen Datensatz enthält, besteht keine Sperre, und wir geben `true` zurück; besteht ein Datensatz, existiert eine Sperre, und wir geben `false` zurück.

```
public function loginAllowed()
{
   //Existiert eine Sperre für die IP-Adresse.
   $askBan = "SELECT * FROM bannedIP WHERE ".
             "until > '".time()."' AND ip = '".
             $this->getRealIP()."'";
   $result = $this->DB->query($askBan);
   //Wenn ein Datensatz vorhanden ist, ist
   //die IP-Adresse gesperrt.
   if (count($result) != 0)
   {
      return false;
   }
   else
   {
      return true;
   }
}
```

function getRealIP()

Um die IP-Adresse des Benutzers zu erhalten, wird hier das superglobale Array `$_SERVER` abgefragt. Das Problem mit der IP-Adresse ist nur, dass diese davon abhängt, wie ein Benutzer mit dem Internet verbunden ist – also beispielsweise beim Surfen über einen Proxy, hinter einer Firewall, über ein Universitäts- oder Firmennetzwerk. Jede Umgebung kann unterschiedliche IP-Adressen mitschicken. Daher prüfen wir hier zunächst den Eintrag `HTTP_X_FORWARDED_FOR` auf einen Wert, anschließend den Eintrag `HTTP_CLIENT_IP` und zuletzt den Eintrag `REMOTE_ADDR`, da die Eintragung der IP-Adresse bei einer anfragenden Verbindung nach diesem Muster vorliegen sollte (wie bereits erwähnt, ist dies nicht bindend und die IP-Adresse daher kein sicheres Faktum). Ist einer dieser Werte gesetzt, binden wir ihn an `$realip` und geben ihn am Schluss der Methode zurück.

```
public function getRealIP()
{
   if (isset ($_SERVER["HTTP_X_FORWARDED_FOR"]))
   {
      $realip = $_SERVER["HTTP_X_FORWARDED_FOR"];
   }
   elseif (isset ($_SERVER["HTTP_CLIENT_IP"]))
   {
      $realip = $_SERVER["HTTP_CLIENT_IP"];
   }
   else
   {
      $realip = $_SERVER["REMOTE_ADDR"];
   }
   return $realip;
}
```

Das Hauptproblem dieses Skriptes liegt in der Variabilität der `$_SERVER`-Angaben. Die Eintragungen müssen keinesfalls vorhanden sein. Manche Proxys bzw. Gateways tragen z. B. für `HTTP_X_FORWARDED_FOR` ein »unknown« ein. Dies würde bei unserem Skript als IP-Adresse übernommen. So gesehen ist dieses Skript sehr anfällig für solche Ausnahmen. Wir wollten das Skript hier aber nicht unnötig aufblähen, denn den Zweck der Sperrung erfüllt es dennoch: Selbst wenn der Wert »unknown« als IP-Adresse einer Sperre in die Tabelle `bannedIP` eingetragen würde, könnte der zu sperrende Benutzer nicht mehr auf das Anmeldeformular zugreifen. Leider könnten in so einem Fall alle Benutzer, deren Verbindungsdaten ebenfalls ein »unknown« im selben Parameter enthalten, nicht auf das Formular zugreifen. Diese Unzulänglichkeit nehmen wir hier aber in Kauf.

Im Internet existieren jedoch viele Seiten, die sich mit einer ausführlicheren und sehr genauen IP-Adressen-Ermittlung befassen. Die erste Anlaufstelle ist in jedem Fall die Website *www.php.net*.

function setPotentialIntrusion()

Die letzte Methode der Klasse `IntrusionDetectionLogin` überprüft die Anzahl der inkorrekten Anmeldeversuche der IP-Adresse des Benutzers, die in der Tabelle `badlogin` gespeichert sind. Sind dies zu viele, wird eine Sperre in die Tabelle `bannedIP` geschrieben.

Zunächst wird die »echte« IP-Adresse des Benutzers ermittelt. Daraufhin überprüfen wir die Einträge der Tabelle `badlogin` auf bestehende (also aktive) Fehlversuche des Benutzers durch die SQL-Abfrage der Form:

```
SELECT count(*) as count FROM badlogin WHERE ip = '127.0.0.1' AND
active = 1;
```

Die Anzahl der Fehlversuche speichern wir in der Variablen `$badLogins`.

```
private function setPotentialIntrusion()
{
   //IP-Adresse des Benutzers
   $ip = $this->getRealIP();
   //Anzahl der "ungültigen Logins" prüfen.
   $sql = "SELECT count(*) as count FROM badlogin ".
        " WHERE ip = '".$ip."' AND active = 1";
   $result = $this->DB->query($sql);
   $badLogins = $result[0]['count'];
```

Die in der Konfigurationsdatei gesetzten Werte für maximal erlaubte Fehlversuche und Zeitspanne der Sperrung werden nun benötigt. Ist die Anzahl der Fehlversuche kleiner oder gleich der Konstante `MAX_ALLOWED_BAD_LOGINS`, geschieht nichts. Anderenfalls muss eine Sperre für die IP-Adresse des Benutzers eingerichtet werden. Um eine Sperre einzurichten, tragen wir die IP-Adresse, den aktuellen Zeitstempel sowie den Ablauf der Sperre in die Tabelle `bannedIP` ein. Die Zeitspanne berechnet sich aus dem aktuellen Zeitstempel sowie der Dauer der Sperre – die in der Konstanten `LOGIN_BAN_TIME` gesetzt ist. Ein SQL-Statement könnte folgendermaßen aussehen:

```
INSERT INTO bannedIP (ip,setAt,until) VALUES ('127.0.0.1',
'1130000000', '1130001800')
```

Damit würde eine Sperre von 30 min (1.800 Sekunden) eingerichtet.

```
if ($badLogins > MAX_ALLOWED_BAD_LOGINS)
{
    //Eine Sperre für diesen IP-Bereich setzen.
    $banSQL = "INSERT INTO bannedIP (ip,setAt,until) ".
              " VALUES (".""".$ip."','".time()."','".
              (time() + LOGIN_BAN_TIME)."')";
    $this->DB->query($banSQL);
```

Zusätzlich dazu setzen wir nach dem Einrichten der Sperre alle Fehlversuchseinträge dieser IP-Adresse inaktiv, damit diese Versuche bei einem Ablauf der Sperrung nicht erneut gezählt werden (anderenfalls würde ein Fehlversuch reichen, um eine erneute Sperrung hervorzurufen.) Man könnte sie ebenso gut löschen, aber wir behalten diese Daten lieber, um einem Administrator die Möglichkeit zu geben, solche Vorgänge genau zu überprüfen. Das SQL-Statement dafür sieht in unserem Fall so aus:

```
UPDATE badlogin SET active = 0 WHERE ip = '127.0.0.1'
    //Anschließend die aufgelaufenen badLogins
    //des IP-Bereichs inaktiv setzen
    $setInactiv = "UPDATE badlogin SET active = 0 ".
                  " WHERE ip = '".$ip."'";
    $this->DB->query($setInactiv);
    }
}
```

Listing 15.12 Die Klasse »IntrusionDetectionLogin«

Der Einsatz der nun überwachten Login-Klasse unterscheidet sich nicht von dem der Klasse Login. Sie benötigen nur eine Instanz der Klasse IntrusionDetectionLogin statt der Klasse Login. Die weiteren Methodenaufrufe sind identisch, da wir nur die »Innereien« der Klasse angepasst haben.

> **Hinweis**
>
> Bitte beachten Sie, dass die IP-Adresse des Benutzers bei unserem Beispiel nicht in jedem Fall richtig ermittelt wird und somit das Skript erst eingesetzt werden sollte, wenn eine umfangreichere IP-Ermittlung implementiert wurde.

15.6 Sichere Formulare

Viele Funktionalitäten auf Webseiten werden durch Formulare gesteuert. Anmelde-, Dateneingabe- und Registrierungsmasken basieren auf Formularen, die per GET oder POST abgeschickt und vom Server bearbeitet werden. Hierbei können folgende Probleme auftreten:

1. Reload eines Skriptes durch den Benutzer
2. Übermitteln falscher oder ungültiger Daten

Das erste Problem resultiert darin, dass die GET- oder POST-Daten erneut an das Skript gesendet werden und dadurch normalerweise zu einer erneuten Ausführung führen. Vor allem wenn eine Applikation nicht zu reagieren scheint, drücken Benutzer oft auf den Reload-Knopf des Browsers. Somit wird gegebenenfalls das Skript erneut zur Ausführung der gleichen Aktion gezwungen. Dies ist beispielsweise bei Einträgen in Blogs oder Wikis sehr unschön, da dadurch die Daten doppelt in der Datenbank eingetragen werden. Dieses Problem ist noch harmlos im Vergleich zum zweiten Problem: Da eine POST-Anfrage an eine Seite von überall aus dem Internet gesendet werden kann, ist hier vor allem bei ungesicherten Skripten, also Programmteilen, die keinen Log-in erfordern, Vorsicht geboten. Hier kann das sogenannte *Spoofing* oder *Flooding* von Formularen auftreten und so beispielsweise ein hinter einem Registrierungsformular liegendes Skript mit Anfragen (gegebenenfalls gefährlichen) bombardiert werden.

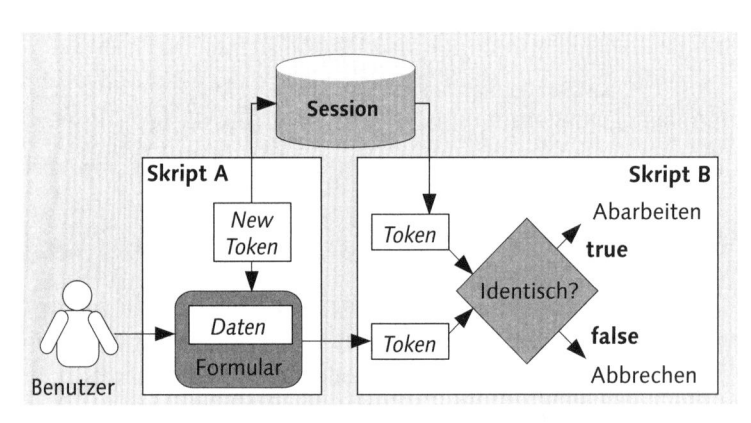

Abbildung 15.12 Skriptablauf bei abgesicherten Formularen

Wir wollen nun sichergehen, dass eine Skriptanfrage auf jeden Fall von einem dafür vorgesehenen Formular oder Link kommt. Dies ist an sich relativ einfach und basiert darauf, dass wir jedem Benutzer eine Session zuordnen (dies geschieht durch das Basissystem automatisch, da eine Session für jeden Benutzer gestartet wird). Innerhalb dieser Session generieren wir dann auf einer aufgerufenen Seite für ein Formular eine zufällig gewählte Zeichenkette, ein sogenanntes *Token*. Dieses wird zum einen in der Session gespeichert und zum anderen mit dem Formular mitgeschickt. Das aufgerufene Skript prüft dann den Wert des Tokens in der Session mit dem übergebenen Wert, und nur bei Identität der beiden Werte wird das Skript ausgeführt; anderenfalls wird entweder ein Fehler ausgegeben oder (im produktiven System) das Skript nicht ausgeführt. In Abbildung 15.12 ist das Vorgehen noch einmal bildlich dargestellt.

Um nun ein sicheres Formular zu programmieren, erstellen wir an dieser Stelle zwei Skripte: die Datei *index.php*, die das Formular enthält, und die Datei *target.php*, die die Logik enthält.

index.php

Zunächst binden wir die *common.php* ein, um u. a. die Session zu starten. Anschließend erstellen wir den HTML-Körper der Datei mittels `HTML::printHead()` und `HTML::printBody()`:

```
<?php
require_once "../../common.php";
//Kopf erstellen
System\HTML::printHead();
//Body erstellen
System\HTML::printBody();
...
```

An dieser Stelle generieren wir nun ein Token. Wir verwenden hier die eindeutige Session-Identifikationsnummer des Benutzers (`session_id()`), hängen daran den aktuellen Zeitstempel (`time()`) und generieren daraus einen Hash-Wert mittels der Funktion `md5()`. Ein Hash-Wert ist eine Prüfsumme einer Zeichenkette, die für einen Eingabewert einen eindeutigen Wert erzeugt. So gehen wir sicher, dass dieser Wert im System eindeutig ist.[6] Diesen Wert speichern wir in der Session unter dem Bezeichner `token`.

```
//Token erstellen
$token =md5(session_id().time());
//Token zur Session hinzufügen
$_SESSION['token'] = $token;
```

Nun erstellen wir ein Formular, das neben den generellen Eingabe- und Auswahlfeldern ein verstecktes Feld mit dem Wert des Tokens enthält. Zuerst wählen wir als Ziel des Formulars die Datei *target.php* und setzen die Methode des Versendens auf `post`. Anschließend erstellen wir ein verstecktes Feld (`type="hidden"`), das als Wert die Tokenzeichenkette enthält, die in der Variablen `$token` gespeichert ist. Anschließend folgen beliebige Felder des Formulars; hier sind dies Eingabefelder für den Vor- und Nachnamen. Das Formular erhält außerdem eine Schaltfläche zum Abschicken des Formulars (`type="submit"`). Anschließend wird

---

[6] Die Wahrscheinlichkeit, dass sich ein Hash-Wert wiederholt, ist sehr gering.

es mit dem `</form>`-Tag beendet und die HTML-Seite mit dem Befehl `System\HTML::printFoot()` abgeschlossen.

```
echo '<form action="target.php" method="post">';
echo '<input type="hidden" name="token" value="'.$token.'"/>';
echo 'Vorname: <input type="text" class="standardField"
name="vorname" value=""/>';
echo 'Nachname: <input type="text" class="standardField"
name="nachname" value=""/>';
echo '<input type="submit" class="standardSubmit"
name="submit" value="Abschicken"/>';
echo '</form>';
//Footer erstellen
System\HTML::printFoot();
?>
```

Listing 15.13 »index.php« mit sicherem Formular

In Abbildung 15.13 sehen Sie das Formular mit den Eingabefeldern. Was Sie nicht sehen können, ist, dass bei jedem Aufruf der Seite ein neues Token erstellt und in der Session gespeichert wird.

Abbildung 15.13 Unser sicheres Formular

target.php

Die Zieldatei, die durch das Formular aufgerufen wird, hat folgenden Aufbau: Zunächst inkludieren wir wieder die *common.php* und beginnen den HTML-Seitenaufbau (wird hier nicht mehr dargestellt). Dann folgt per `isset()` die Abfrage, ob die POST-Variable `token` gesetzt ist. Sollte dies der Fall sein, wird anschließend überprüft, ob eine Variable `token` in der Session gespeichert ist (ebenfalls mit `isset()`) und ob dieser Wert mit dem der POST-Variablen identisch ist.

```
<?php
require_once "../../common.php";
...
if(isset($_POST['submit']))
{
```

```
//Token vorhanden
if(isset($_POST['token']))
{
    //Token korrekt?
    if(isset($_SESSION['token']) AND
        ($_POST['token']==$_SESSION['token']))
    {
```

Der Inhalt in diesem Block wird ausgeführt, wenn das Token der Session und des POST-Formulars übereinstimmen. Dann ist gesichert, dass dies ein von uns autorisiertes Formular ist. Daher werden an dieser Stelle die Werte des Formulars – der Vor- und Nachname – ausgegeben, und anschließend wird zur Anschaulichkeit der Wert des Tokens in der Session angezeigt. Der wichtigste Schritt innerhalb dieses Blockes ist das anschließende Löschen des Tokens in der Session mittels $_SESSION['token']='';.

```
        echo '<div style=" ... ">';
            echo 'Willkommen '.htmlentities($_POST['vorname'],
                            ENT_QUOTES,"UTF-8")
            .' '.    echo htmlentities($_POST['nachname'],
                            ENT_QUOTES,"UTF-8");
        echo '<div style=" ... ">Gültiges Token:
            <strong>'.$_SESSION['token'].'</strong></div>';
        echo '</div>';
        //Token löschen, damit ein erneutes Ausführen
        //der POST-Anfrage nicht möglich ist.
        $_SESSION['token']='';
    }else
```

Sollten wir in diesem Block landen, ist zwar ein Token innerhalb der POST-Daten gesetzt, dieses stimmt aber nicht mit dem in der Session gespeicherten überein. Daher geben wir (wiederum zu Anschauungszwecken) das per POST-Daten gesetzte Token aus und informieren den Nutzer über das bereits »benutzte« bzw. ungültige Token.

```
    {
        echo '<div style=" ... ">';
            echo 'Ihr Token wurde bereits benutzt!';
        echo '<div style=" ... ">Ungültiges Token:
            <strong>'.$_POST['token'].'</strong></div>';
        echo '</div>';
    }
}
else
```

15 | Sichere Webanwendungen

Dies ist der `else`-Teil der Abfrage, der prüft, ob überhaupt ein Token per POST-Request übermittelt wurde. Daher wird hier nur ausgegeben, dass ohne die Angabe eines Tokens keine Abarbeitung des Skriptes möglich ist.

```
        {
            echo '<div style=" ... ">';
                echo 'Ohne Token geht hier gar nix!';
            echo '</div>';
        }
    }
    echo '<a href="index.php">Zurück zum Formular</a>';
    //Footer erstellen
    System\HTML::printFoot()
    ?>
```

Listing 15.14 target.php

Das Ende des Skriptes wird noch mit einem Link auf das aufrufende Formular versehen und dann die HTML-Seite geschlossen.

Wenn Sie nun das Formular der Datei *index.php* ausfüllen und abschicken, bekommen Sie als Antwort die Ausgabe, wie sie in Abbildung 15.14 dargestellt ist.

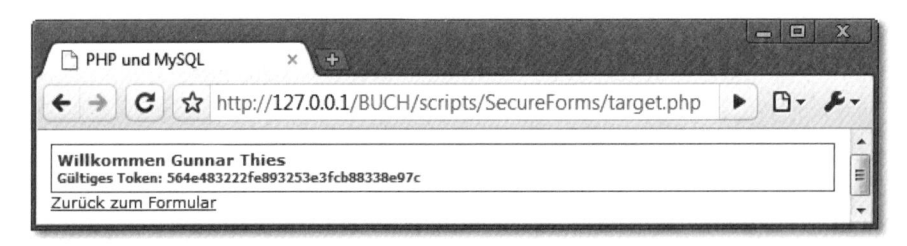

Abbildung 15.14 Das sichere Formular wurde angenommen.

Schicken Sie das Formular erneut ab, erhalten Sie eine Fehlermeldung, da das Token bereits verwendet wurde, und Sie sehen die in Abbildung 15.15 dargestellte Nachricht.

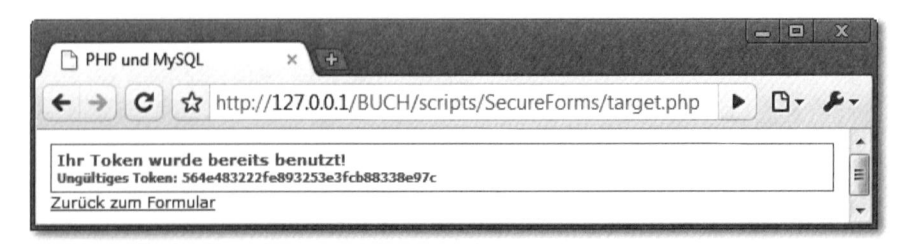

Abbildung 15.15 Token wurde bereits verwendet.

> **Hinweis**
>
> Zusätzlich zu der eindeutigen Zeichenkette des Tokens können Sie als weitere Sicherheitsvorkehrung einen Zeitstempel mit dem Formular schicken, der dann in der Datei *target.php* überprüft wird. So können Sie beispielsweise bestimmen, dass alle Anfragen, die älter sind als ein bestimmter Zeitraum, trotz gültigen Tokens nicht bearbeitet werden.

15.7 Eigene Fehlerbehandlung einbauen

Die in PHP eingebaute Fehlerbehandlung (*Error Handling*) gibt Fehler auf dem Bildschirm aus. Wir haben bereits in der Konfigurationsdatei *common.php* des Basissystems das Error Reporting auf E_ALL gestellt, somit werden alle Fehlermeldungen angezeigt. Dies ist für das Programmieren mit PHP ein wichtiges Hilfsmittel, um schnell Fehler in den programmierten Skripten zu finden. Das Problem beim Programmieren »im Kleinen« ist häufig, dass man Softwareprojekte allein implementiert und durch die meist unzureichende Testphase manche Fehler einfach übersehen oder manche Fälle erst gar nicht überprüft oder bedacht werden.

Gehen wir einmal davon aus, dass wir nun ein fertiges Webprojekt online gestellt haben. Wir wollen aber dennoch erfahren, wenn ein Fehler auftritt. Mit der normalen Fehlerbehandlung von PHP bekommt nur der Benutzer den Fehler angezeigt, und wir erfahren im ungünstigsten Fall nie etwas davon. Mit der eigenen Fehlerbehandlung verfolgen wir zwei Ziele: Zum einen soll der Benutzer keine Fehlermeldung ausgegeben bekommen, die ihm irgendeine Information über das darunterliegende System gibt, und zum anderen wollen wir die Fehlermeldungen protokollieren.

Die Protokollierung kann entweder in der Datenbank erfolgen oder in einer Datei. Wir haben uns hier für beide Möglichkeiten entschieden. Dies ist sehr wichtig, da gerade dann, wenn die Datenbankverbindung unterbrochen oder gestört ist, Fehler vermehrt auftreten werden. Will man diese dann in die Datenbank schreiben, funktioniert dies natürlich nicht. In diesem Fall schreiben wir die Fehlermeldungen in eine Fehlerprotokolldatei, in jedem anderen Fall schreiben wir sie in die Datenbank.

> **Hinweis**
>
> Im vorangegangenen Kapitel über das Basissystem haben wir im Fall einer nicht zu öffnenden Datenbankverbindung im Konstruktor der Klasse MySQL die Funktion trigger_error() aufgerufen und anschließend die Abarbeitung des Skriptes durch die(); beendet.

Dadurch haben wir sichergestellt, dass, bevor das Skript beendet wird, ein einziges Mal ein provozierter Fehler an unsere Fehlerbehandlung weitergegeben und dann die Fehlermeldung (da kein globales Datenbankobjekt vorhanden ist) in die Protokolldatei geschrieben wird.

Eine weitere Möglichkeit unserer Fehlerbehandlung ist das Verhindern der Ausgabe der Fehlermeldung, so dass ein »Live«-System nur in die Datenbank bzw. die Protokolldatei schreibt, jedoch nichts anzeigt. Ebenfalls konfigurierbar ist die optionale Benachrichtigung per E-Mail, die uns beispielsweise bei schweren Fehlern sofort informiert.

Das Konzept ist in Abbildung 15.16 gezeigt. Wenn ein Fehler in einem Skript auftritt, wird ein Eintrag in die Datenbank (gegebenenfalls in die Log-Datei) geschrieben und – wenn konfiguriert – eine E-Mail an den Administrator geschickt.

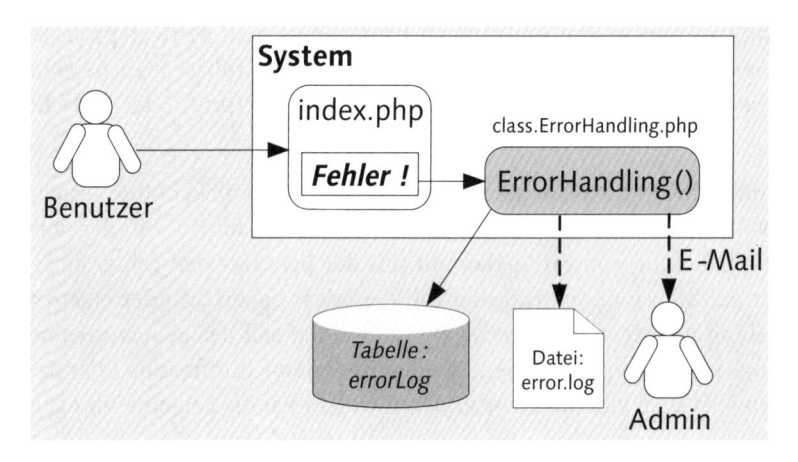

Abbildung 15.16 Ablauf der Fehlerbehandlung bei Auftreten eines Fehlers

Wir benötigen für unsere eigene Fehlerbehandlung eine neue Klasse ErrorHandling (*class.ErrorHandling.php*), die wir in das Basissystem einbauen, um ihre Funktionalität immer zur Verfügung zu haben. Um die Möglichkeiten der Fehlerbehandlung komfortabel konfigurierbar zu gestalten, werden wir hierfür wieder einmal eine Konfigurationsdatei (*config.ErrorHandling.php*) anlegen.

15.7.1 Konfigurationsdatei für Fehlerbehandlung

Hiermit wollen wir konfigurieren können,

- welche Fehlerarten in die Tabelle eingetragen werden,
- welche Fehlerarten am Bildschirm angezeigt werden und

- welche Fehlerarten per E-Mail an den Administrator des Systems geschickt werden sollen.

Zuerst wird in der Konstanten `EH_SCREEN_NOTIFICATION` festgelegt, ob eine Meldung am Bildschirm ausgegeben werden soll (»EH« steht für »Error Handling«). Wenn Sie hier `false` angeben, werden keinerlei Fehlermeldungen ausgegeben. Anschließend definieren wir das Array `$screenErrors`. Alle Konstanten darin (`E_USER_ERROR` usw.) stehen für eine Fehlernummer. Somit legen wir fest, welche Fehler als Meldung am Bildschirm erscheinen sollen. Wenn Sie hier ein leeres Array angeben, werden keine Fehler angezeigt, selbst wenn die Anzeige mit der darüberliegenden Konstanten explizit eingeschaltet wurde.

```
<?php
/** Gezeigte Fehler **/
//Aus-/Anschalten der Bildschirm-Benachrichtigung
//bei Fehlern
define('EH_SCREEN_NOTIFICATION',true);
//Definieren der Fehler, die am Bildschirm angezeigt werden.
$screenErrors = array (E_USER_ERROR, E_USER_WARNING,
                      E_WARNING, E_NOTICE, E_USER_NOTICE);
```

Die Konstante `EH_EMAIL_NOTIFICATION` legt fest, ob eine E-Mail an den Administrator geschickt werden soll, wenn die im Array `$emailErrors` aufgezählten Fehler auftreten. Dabei wird die in `EH_ADMIN_MAIL` definierte E-Mail-Adresse verwendet. Der nachfolgenden Konfiguration nach würde nur im Falle einer `E_WARNING`-Fehlermeldung eine E-Mail an *admin@webseite.de* geschickt.

```
/** E-Mail-Benachrichtigung **/
//Aus-/Anschalten der E-Mail-Benachrichtigung bei Fehlern
define('EH_EMAIL_NOTIFICATION',true);
//Definieren der Fehler für E-Mail-Benachrichtigung.
$emailErrors = array (E_WARNING);
//Administrator-E-Mail-Adresse für Fehler
define('EH_ADMIN_EMAIL',"admin@webseite.de");
```

Der letzte Abschnitt der Konfigurationsdatei definiert die Protokolliereinstellungen unserer Fehlerbehandlung. Wiederum gibt es einen Konfigurationsparameter (`EH_LOG`), der die Protokollfunktion an- oder ausschaltet. Wir müssen hierbei noch einen Pfad angeben, an dem das System eine Datei anlegen und beschreiben darf. Diese Datei wird im Normalfall nicht benötigt; sobald aber ein Fehler in der Datenbankverbindung auftritt, werden die anfallenden Fehlermeldungen in die hier definierte Datei geschrieben. Die Konstante `EH_LOGFILE_PATH` speichert den Pfad und den konkreten Dateinamen (hier *error.log*). Auch die Fehlerarten, bei denen ein Protokolleintrag geschrieben werden soll, werden hier in einem Array `$logErrors` aufgezählt.

```
/** Protokollier-Einstellungen **/
//Aus-/Anschalten der Protokollfunktion
define('EH_LOG',true);
//Pfad zur Protokolldatei
define('EH_LOGFILE_PATH',PROJECT_DOCUMENT_ROOT.
                 "/scripts/ErrorHandling/error.log");
//Definieren der Fehler, die protokolliert werden sollen
$logErrors = array (E_USER_ERROR, E_USER_WARNING, E_WARNING,
E_NOTICE, E_USER_NOTICE);
?>
```

Listing 15.15 Konfigurationsdatei »config.ErrorHandling.php«

Diese Konfigurationsdaten werden nun von der Klasse `ErrorHandling` verwendet, um die gewünschte Fehlerbehandlung und -protokollierung durchzuführen.

15.7.2 Fehlerbehandlungsklasse

Um die Fehlerbehandlung von PHP zu überschreiben, sind ähnliche Schritte nötig wie bei der Überschreibung der Sitzungsverwaltung. Im Konstruktor der Klasse wird die vorhandene Routine mit einer eigenen Methode überschrieben. Daneben gibt es noch eine Methode, die das Protokollieren übernimmt. In Abbildung 15.17 ist das UML-Diagramm zu sehen.

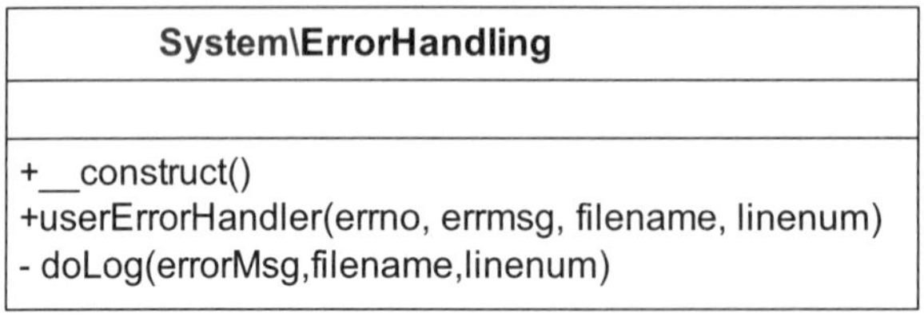

```
| System\ErrorHandling                           |
|------------------------------------------------|
| +__construct()                                 |
| +userErrorHandler(errno, errmsg, filename, linenum) |
| - doLog(errorMsg,filename,linenum)             |
```

Abbildung 15.17 UML-Diagramm der Klasse »ErrorHandling«

function __construct()

Der Konstruktor dient lediglich dem Überschreiben der PHP-internen Fehlerbehandlung mit unserer eigenen Methode. Hierbei übergeben wir der Funktion `set_error_handler()` ein Array mit der Referenz auf das aktuelle Objekt (`$this`) und der Methode `userErrorHandler`. Dies genügt, um unsere Fehlerbehandlung »einzubauen«.

```
public function __construct()
{
   //Überschreiben des ursprünglichen Error Handlers
   //mit dem eigenen Error Handler
   $old_error_handler = set_error_handler(
            array ($this, "userErrorHandler"));
}
```

function userErrorHandler($errno, $errmsg, $filename, $linenum)

Diese Methode überschreibt die PHP-interne Fehlerbehandlung (ist aber bei weitem nicht so umfangreich wie das Überschreiben der Sitzungsverwaltung). Die Methode wird nun von PHP im Fehlerfall automatisch aufgerufen und mit den richtigen Parametern bestückt:

- `$errno` ist die Nummer des aufgetretenen Fehlers.
- `$errmsg` enthält die Meldung, die PHP ausgeben möchte.
- `$filename` bezeichnet das Skript, in dem der Fehler auftrat.
- `$linenum` enthält die Zeile des aufgetretenen Fehlers in dem genannten Skript.

Um die Ausgabe der Fehlermeldung müssen wir uns nun kümmern. Am Anfang der Methode wird zunächst jeder möglichen Fehlernummer (die Konstanten E_ERROR ...) ein repräsentativer Name zugeordnet, um diesen später in der Fehlermeldung auch ausgeben zu können.

```
public function userErrorHandler($errno, $errmsg,
                     $filename,$linenum)
{
   //Hier wird ein assoziatives Array mit den
   //Fehlerarten erstellt.
   $errortypes = array (
         E_WARNING => "Warning",
         E_NOTICE => "Notice",
         E_USER_ERROR => "User Error",
         E_USER_WARNING => "User Warning",
         E_USER_NOTICE => "User Notice");
```

Wir beginnen mit der Anzeige der Fehlermeldung am Bildschirm. Zuerst prüfen wir (mit einer `if`-Bedingung), ob `EH_SCREEN_NOTIFICATION` auf `true` gesetzt ist und ob die Fehlernummer des aufgetretenen Fehlers in dem zuvor konfigurierten globalen Array `$showErrors` vorkommt (per Befehl `in_array()`). Ist dies beides der Fall, soll eine Fehlermeldung ausgegeben werden, anderenfalls bekommt der Benutzer keine Anzeige eines Fehlers zu sehen.

```
//Nur ausgeben, wenn der Fehler angezeigt werden soll
if ((in_array($errno, $GLOBALS['screenErrors'])) &&
                (EH_SCREEN_NOTIFICATION === true))
{
```

Die anzuzeigende Fehlermeldung wird in roter Schrift dargestellt und setzt sich aus der Textrepräsentation des Fehlers ($errortypes[$errno]), der Fehlermeldung ($errmsg), dem fehlerhaften Skript ($filename) sowie der Zeilennummer, in der der Fehler aufgetreten ist ($linenum), zusammen.

```
    //Fehlermeldung generieren
    echo "<span style='color:red;'>";
    echo $errortypes[$errno].":".$errmsg."<br />\n";
    echo "<b>Skript:</b> ".$filename." \n";
    echo "<b>Line:</b>".$linenum."<br />\n";
}
```

Nun soll geprüft werden, ob der Fehler in der Datenbank (bzw. der Protokolldatei) gespeichert werden soll. Dafür vergleichen wir das globale Array $logErrors mit der vorliegenden Fehlernummer und prüfen, ob EH_LOG auf true gesetzt ist – das Protokollieren also angeschaltet ist. Sind beide Bedingungen erfüllt, darf dieser Fehler protokolliert werden, und wir rufen die Methode doLog() mit den wichtigen Parametern (Fehlertyp, Meldung, Skript, Zeilennummer) auf.

```
//Fehler, die in der Datenbank bzw. der Log-Datei
//gespeichert werden sollen.
if((in_array($errno, $GLOBALS['logErrors'])) &&
                (EH_LOG === true))
{
    //Protokollieren des Fehlers aufrufen
    $this->doLog($errortypes[$errno],$errmsg,
                $filename,$linenum);
}
```

Der letzte Punkt betrifft das Benachrichtigen des Administrators per E-Mail. Hier überprüfen wir, ob die Konstante EH_MAIL_NOTIFICATION auf true und der vorliegende Fehlertyp im globalen Array $emailErrors der Konfigurationsdatei gesetzt ist. Im positiven Fall setzen wir eine Fehlermeldung aus den Fehlerparametern zusammen. Wichtig ist hier, dass der Zeilenumbruch der einzelnen Zeilen per \r\n statt mit <br /> codiert wird, da dies eine Text-E-Mail werden soll. Mit dem Befehl mail() schicken wir dann eine E-Mail an die in der Konfigurationsdatei definierte E-Mail-Adresse EH_ADMIN_EMAIL.

```
// Fehler, die per E-Mail-Benachrichtigung an
//den Admin geschickt werden.
```

```
    if ((in_array($errno, $GLOBALS['emailErrors'])) &&
                    (EH_EMAIL_NOTIFICATION === true))
    {
        //Fehlermeldung generieren.
        $error  = "Folgender Fehler ist aufgetreten:\r\n";
        $error .= $errortypes[$errno]."\r\n";
        $error .= $errmsg."\r\n";
        $error .= "In Skript: ".$filename."\r\n";
        $error .= "Zeile: ".$linenum."\r\n\r\n";
        $error .= "Diese E-Mail wurde automatisch generiert.";
        mail(EH_ADMIN_EMAIL, "Fehlermeldung", $error,
                        "From: webmaster@gunnar-thies.de");
    }
}
```

function doLog($errortype,$errormsg,$filename,$linenum)

Die Methode `doLog()` ist für das Eintragen der Fehlermeldung in die Datenbank bzw. Protokolldatei zuständig. Dazu benötigen wir in der Datenbank die Tabelle `errorLog` (siehe Tabelle 15.7).

Attributname	Attributtyp
id	int(11), Primärschlüssel, auto_increment
error	varchar(500)
script	varchar(200)
line	int(11)
timestamp	varchar(13)

Tabelle 15.7 »errorLog«-Datenbanktabelle

Das Attribut `id` ist, wie öfters gesehen, ein automatisch inkrementierter Primärschlüssel. In `error` speichern wir die genaue Fehlermeldung. Das Skript, in dem der Fehler auftrat, wird in `script` abgelegt, die Zeile des Fehlers in `line`. Um den Fehler auch zeitlich zuordnen zu können, wird der aktuelle Zeitstempel beim Auftreten des Fehlers in `timestamp` hinterlegt.

Wir prüfen mit `isset()` zunächst, ob das globale Datenbankobjekt `$GLOBALS ['DB']` existiert. Tut es dies nicht, können wir die Fehlermeldung nicht in die Datenbank eintragen. Ist es vorhanden, binden wir es an die temporäre Variable `$DB`.[7] Anschließend setzen wir die Fehlermeldung aus dem Fehlertyp und der

---

[7] Wir tun dies, um in den darauf folgenden Zeilen ein kurzes `$DB` statt eines `$GLOBALS['DB']` schreiben zu können.

15 | Sichere Webanwendungen

Meldung an sich als `$error` zusammen. Mit folgender Beispiel-SQL-Abfrage speichern wir nun die Fehlermeldung in der Tabelle `errorLog`:

```
INSERT INTO errorLog (error,script,line,timestamp) VALUES ('Genaue
Fehlermeldung'', 'Pfad des Skriptes','15','113000000')

private function doLog($errortype,$errormsg,$filename,
$linenum)
{
   //Überprüfen, ob das Datenbankobjekt existiert
   if(isset($GLOBALS['DB']))
   {
      $DB = $GLOBALS['DB'];
      $error = $errortype.":".$errormsg;
      $sql = "INSERT INTO errorLog (error,script,line, ".
             " timestamp) VALUES ('".
             $DB->escapeString($error)."', ".
             "'".$DB->escapeString($filename)."',".
             "'".$linenum."','".time()."')";
      $DB->query($sql);
   }
```

Falls die Datenbank nicht erreichbar sein sollte, was sich durch das Fehlen des globalen Datenbankobjektes äußert, müssen wir die Fehlermeldung in die konfigurierte Protokolldatei schreiben. Dazu öffnen wir einen Datei-Handler auf die Datei mit dem Befehl `fopen()`. Als ersten Parameter übergeben wir dabei den Pfad der Datei (`EH_LOGFILE_PATH`), als zweiten Parameter ein "a". Dies bedeutet, dass PHP versucht, die Datei zu öffnen und den Zeiger zum Schreiben an das Ende der Datei zu setzen; so können wir fortlaufend weitere Einträge zu schon vorhandenen schreiben. Sollte die Datei noch nicht existieren, versucht PHP, sie anzulegen. Wir fangen hier einen eventuell auftretenden Zugriffsfehler wegen unbefugten Öffnens einer Datei nicht ab, da wir davon ausgehen, die Schreibrechte auf den Pfad zu besitzen. Nun setzen wir wieder eine Fehlermeldung mit den wichtigen Daten des Fehlers und der aktuellen Zeit zusammen und schreiben sie per `fwrite()`-Befehl an das Ende der Datei. Schließlich müssen wir noch den Zugriff auf die Datei beenden, da sie anderenfalls gesperrt bliebe. Mit dem Befehl `fclose()` lässt sich dies bewerkstelligen.

```
   else
   {
      $handle = fopen(EH_LOGFILE_PATH,"a");
      //Fehlermedlung eintragen
      $error = date("d.m.Y  h:i:s",time()).
               "|".$errormsg."|".$filename.
```

```
                    " in Zeile: ".$linenum."\r\n";
        fwrite($handle, $error);
        fclose($handle);
    }
}
```

Um nun auch ein Objekt der Klasse `ErrorHandling` zu erstellen und damit die vorhandene PHP-Fehlerbehandlung zu überschreiben, muss am Ende der Klassendefinition (vor dem schließenden PHP-Tag) ein Objekt erstellt werden.

```
...
new ErrorHandling();
?>
```

Listing 15.16 Klasse »ErrorHandling«

> **Hinweis**
>
> Möglicherweise werden Sie sich nun fragen, warum wir sofort im Anschluss an die Klassendefinition, also innerhalb der PHP-Datei mit der Klasse, direkt eine Instanz von ihr erstellen. Bei der Datenbankklasse, der HTML-Klasse sowie der Sitzungsverwaltung haben wir dies erst am Schluss der *common.php* erledigt.
> Dies hat einen ganz wichtigen Grund: Wir wollen, dass die Fehlerbehandlung *sofort* überschrieben wird, so dass in den weiteren Skripten – die eingebunden werden – Fehler bereits mit unserer Fehlerbehandlung bearbeitet werden. Würden wir erst »später« unsere Instanz erstellen, könnten noch Fehler beim Einbinden der Klassen auftreten, die aber nicht protokolliert würden.

15.7.3 Fehlerbehandlung in das Basissystem integrieren

Wir haben nun eine eigene Fehlerbehandlung fast fertig implementiert. Wir müssen die Klasse jetzt nur noch in das Basissystem einbinden. Dazu erweitern wir die Datei *includeAllClasses.php* im Ordner *inc* um folgende Zeile:

```
require_once PROJECT_DOCUMENT_ROOT."/inc/classes/
            ErrorHandling/class.ErrorHandling.php";
```

Wichtig ist hierbei, diese Zeile vor alle anderen zu schreiben, so dass mögliche Fehler in den weiteren einzubindenden Klassen sofort mit unserer eigenen Fehlerroutine bearbeitet werden.

Nun haben wir im Basissystem eine konfigurierbare Fehlerbehandlung zur Verfügung, die alle auftretenden Fehler in die Datenbank schreibt und wenn nötig auch sofort per E-Mail eine Benachrichtigung schicken kann.

Je mehr Benutzer auf eine Webapplikation zugreifen, desto häufiger treten Probleme mit den gemeinsam genutzten Daten auf. Dieses Kapitel behandelt die gängigen Probleme rund um Mehrbenutzersysteme und gibt Lösungsvorschläge und Tipps zu ihrer Programmierung.

16 Mehrbenutzersysteme

Als Mehrbenutzersystem verstehen wir hier eine Webapplikation (bzw. eine Applikation im Allgemeinen), die es vielen Nutzern gleichzeitig ermöglicht, auf Daten zuzugreifen und diese auch zu verändern. Dabei müssen vor allem die Konsistenz[1] und die Integrität[2] der Daten in der Datenbank gewährleistet sein.

Im Grunde genommen ist jede Website – die öffentlich zugänglich ist – ein Mehrbenutzersystem. Warum also ein eigenes Kapitel über diese »Mehrbenutzersysteme«? Ganz einfach: Es können Probleme auftreten, die die Integrität der Daten in der Datenbank schnell gefährden können und die mitunter vernachlässigt werden. Bei einer reinen »Informations-Website«, die nur dynamische Inhalte anzeigt, sind auch tausend gleichzeitige Abfragen für die Datenbank kein Problem: Es entstehen höchstens längere Ladezeiten für den Besucher der Site. Bei Systemen, die aber auch die Bearbeitung von Daten erlauben, bringen solche gleichzeitigen Zugriffe mitunter eine hohe Gefahr mit sich.

Bei der Implementierung der Sitzungsverwaltung hatten wir bereits besprochen, dass unter bestimmten Bedingungen Probleme auftauchen, die das Verlieren von Sitzungsdaten bewirken können. Dies ist bei einem Mehrbenutzersystem mit der Möglichkeit der gleichzeitigen Bearbeitung von Daten ein häufiges Fehlerpotenzial und wird daher im Folgenden besonders betrachtet.

---

1 Konsistenz bedeutet, dass alle Vorgaben der Datenbank (Constraints) beachtet und alle Daten widerspruchsfrei und richtig gespeichert sind.
2 Integrität der Daten ist hier im Kontext der Datensicherheit zu sehen; das heißt, die Daten sollen so gespeichert werden, wie der Benutzer sie eingegeben hat, und nicht durch (unabsichtliche) Manipulation verändert werden.

16.1 Das Hauptproblem: 2 Benutzer – 1 Datensatz

Das Hauptproblem bei der Bearbeitung von Daten in einem Mehrbenutzersystem liegt in der Möglichkeit, dass zwei Benutzer gleichzeitig ein und denselben Datensatz bearbeiten, ohne dies zu bemerken. Dies führt meist zu Datenintegritäts-Problemen. Insbesondere dann, wenn dieselben Felder eines Datensatzes verändert werden, ist eine mögliche Folge, dass die zuerst durchgeführten Datenänderungen durch die nachfolgenden überschrieben werden. Im Folgenden stellen wir Ihnen zwei mögliche Szenarien vor.

16.1.1 Szenario 1: Wer zuerst kommt ... Ein Änderungsschlüssel

Wir gehen davon aus, dass Person A den Datensatz mit dem Primärschlüssel »xy« geladen hat und gerade diese Daten bearbeitet. Parallel dazu lädt Person B denselben Datensatz »xy«, um ebenfalls Daten zu ändern. In der Datenbank existiert in jeder Tabelle ein Feld mit einem Datum, das den Status der letzten Änderung angibt. Dies ermöglicht uns die Kontrolle, ob seit dem Laden eines Datensatzes Änderungen vorgenommen wurden. Person A ist nun bereits fertig mit den Änderungen und speichert den veränderten Datensatz »xy« in der Datenbank. Dabei wird das Datum – das wir beim Laden des Datensatzes zwischengespeichert haben – mit dem nun aktuellen Datum des Datensatzes verglichen. Da die beiden Zeitstempel bei Person A identisch sind, werden die Daten in der Datenbank gespeichert. Beim Speichern wird nun das Datum der letzten Änderung aktualisiert.

Kurze Zeit später versucht nun Person B ihrerseits, die veränderten Daten zu speichern. Nun ergibt der Vergleich der beiden Daten aber, dass der Datensatz nach dem Laden noch einmal gespeichert wurde (von Person A, wie wir wissen): Die Daten werden nun also nicht gespeichert.

Welche Strategie man nun verfolgt, kann von System zu System unterschiedlich sein. Entweder bekommt Benutzer B nur eine Warnmeldung, und nichts wird gespeichert (was sehr unschön ist), oder er erhält eine Anzeige mit den Änderungen gegenüber dem nun aktuellen Datensatz der Datenbank und muss zu speichernde Änderungen explizit veranlassen.

16.1.2 Szenario 2: Datensätze explizit sperren

Ein wesentlich benutzerfreundlicheres Vorgehen, um Integritätsprobleme zu umgehen, ist die explizite Sperrung eines Datensatzes. Aber Vorsicht: Es handelt sich hierbei nicht um das Sperren von Tabellen auf Datenbankebene per LOCK

TABLES-Befehl von MySQL (wie beispielsweise innerhalb von Transaktionen verwendet). Vielmehr geht es um die benutzerspezifizierte Sperre eines zu verändernden Datensatzes auf Programmebene, wie in Abbildung 16.1 zu sehen.

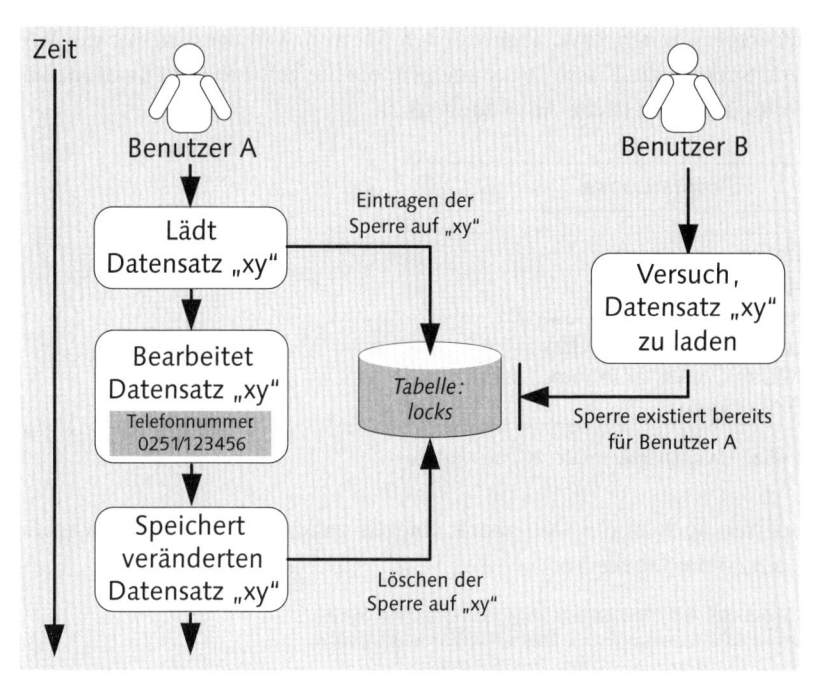

Abbildung 16.1 Sperre eines Datensatzes auf Programmebene

Die Funktionsweise ist relativ einfach erklärt: Möchte ein Benutzer einen Datensatz ändern, muss er zunächst überprüfen, ob bereits eine Sperre auf dem Datensatz besteht. Ist dies nicht der Fall, wird eine Sperre für ihn eingerichtet, und der Datensatz kann bearbeitet werden. Existiert eine Sperre – und da liegt der große Unterschied zu Szenario 1 –, wird der Datensatz erst gar nicht geladen, und der Benutzer erhält eine entsprechende Meldung à la »Dieser Datensatz wird bereits bearbeitet.« Um diese benutzerspezifizierten Sperren auf Datensätze zu ermöglichen, können Sie in jeder Tabelle der Datenbank zwei zusätzliche Felder anfügen (ein Feld für die Dauer der Sperre, eins für die ID des Benutzers). Wesentlich einfacher und auch komfortabler – da keine der vorhandenen Tabellen des Datenbankentwurfs verändert werden muss – ist eine locks-Tabelle, in der die Tabelle des Datensatzes, die Nummer des Datensatzes, die Dauer der Sperre und die ID des Benutzers gespeichert werden. Im folgenden Abschnitt werden wir das Sperren von MySQL-Datensätzen auf die zweite Art im Detail besprechen.

16.2　Sperren von MySQL-Datensätzen

Um Datensätze nach dem soeben erläuterten Ansatz effektiv sperren zu können, benötigen wir die Möglichkeit des Sperrens von Datensätzen sowie das Löschen von benutzerspezifischen bzw. abgelaufenen Sperren. Wir werden für die Verwaltung von Sperren die Klasse `Locks` anlegen, die die geforderten Funktionalitäten zur Verfügung stellt (siehe Abbildung 16.2).

Scripts\Locks
- DB
- lockDuration
+__construct()
+setLock(rowID, tablename, userID)
+deleteLock(tablename, rowID)
+deleteAllUserLocks(tablename, userID)
+deleteOldLocks()

Abbildung 16.2　UML-Diagramm der Klasse »Locks«

Um die Sperren auch in der Datenbank ablegen zu können, benötigen wir die Tabelle `locks` (siehe Tabelle 16.1).

Attributname	Attributtyp
rowID	varchar(100), **Primärschlüssel**
tablename	varchar(100), **Primärschlüssel**
lockedBy	int(11)
lockedUntil	int(11)

Tabelle 16.1　»locks«-Datenbanktabelle

Wir speichern in `rowID` den Primärschlüssel-Eintrag des zu sperrenden Datensatzes und in `tablename` den Namen der dazugehörigen Tabelle. Beide zusammen ergeben den zusammengesetzten (und daher eindeutigen) Primärschlüssel der Tabelle `locks`. Damit ist gewährleistet, dass für eine Tabelle unseres Projektes immer nur eine einzige Sperre existieren kann. Zusätzlich dazu hinterlegen wir die Nummer des sperrenden Benutzers in `lockedBy` und den Zeitpunkt, an dem die Sperre abläuft, in `lockedUntil`.

> **Hinweis**
>
> Unsere Klasse `Locks` kann hier in Verbindung mit der Tabelle `locks` nur Zeilen von Tabellen sperren, die einen Primärschlüssel besitzen. Möchten Sie auch Zeilen von Tabellen mit zusammengesetzten Primärschlüsseln sperren, müssten Sie die Klasse und die Tabelle entsprechend erweitern.

16.2.1 Die Klasse »Locks«

Im Folgenden werden wir alle Methoden der Klasse Locks einzeln und im Detail vorstellen, um Ihnen die Logik des Sperrens zu erläutern.

function __construct($lockDuration)

Der Konstruktor hat in diesem Fall nur die Funktion, die Referenz auf das globale Datenbankobjekt zu erstellen und die Dauer einer Sperre (in Sekunden) an die private Variable $lockDuration zu übergeben.

```
public function __construct($lockDuration)
{
   //Referenz auf das globale Datenbankobjekt
   $this->DB = $GLOBALS['DB'];
   //Setzen der Zeitspanne einer Sperre
   $this->lockDuration = $lockDuration;
}
```

function setLock($rowID,$tablename,$userID)

Um eine Sperre auf einen Datensatz anzulegen, wird die Methode setLock() aufgerufen. Ihr müssen die Parameter $rowID (Wert des Primärschlüssels des Datensatzes), $tablename (der Tabellenname) und $userID (die eindeutige Nummer eines Benutzers) übergeben werden. Zunächst erstellen wir hier ein leeres Array $resultArray, das später den Status des Anlegens der Sperre (true oder false) und gegebenenfalls den Datensatz der Sperre enthält und an das aufrufende Skript zurückgibt. So kann dieses erkennen, ob bereits eine Sperre besteht. Anschließend löschen wir alle alten Einträge der Sperrtabelle. »Alt« bedeutet hier: Einträge, deren Zeitstempel (lockedUntil) kleiner sind als der aktuelle Zeitstempel.

```
public function setLock($rowID,$tablename,$userID)
{
   $resultArray = array();
   //Veraltete Einträge löschen
   $this->deleteOldLocks();
```

Nun wird der SQL-Befehl für das Anlegen der Sperre zusammengebaut. Wir erstellen hier einfach einen INSERT-Befehl, der die übergebenen Parameter in die Tabelle einträgt. Natürlich müssen wir die übergebenen Werte maskieren (»escapen«). Der Wert für lockedUntil – also die Zeitdauer der Sperre – wird aus der aktuellen Zeit (time()) und der in der Klasse als private Variable deklarierten Zeitdauer $lockDuration generiert. Der SQL-Befehl sieht dann beispielsweise so aus:

```
INSERT INTO locks (rowID,tablename,lockedBy,lockedUntil)
VALUES ('1','Tabellenname',1, 1130000030);
```

Anschließend wird der Befehl an die Datenbank geschickt.

```
$sql = "INSERT INTO locks (rowID,tablename,lockedBy,".
    "lockedUntil) VALUES (".
    "'".$this->DB->escapeString($rowID).
    "','".$this->DB->escapeString($tablename)."',".
    $this->DB->escapeString($userID).",".
    (time() + $this->lockDuration).")";
$result = $this->DB->query($sql);
```

Daraufhin folgt die Auswertung der Abfrage. Ein *mysqli*-Objekt hat mehrere Variablen, die den Status der Abfrage, Fehlervorkommen oder Ähnliches speichern. In der Variablen `affected_rows` ist nach einer Abfrage der Datenbank gespeichert, wie viele Zeilen von dem SQL-Befehl betroffen waren. Die Variable kann in unserem Fall zwei Werte annehmen:

- 1: Genau eine Zeile ist von der Ausführung des SQL-Statements betroffen; damit wurde die Sperre ordnungsgemäß eingetragen.
- −1: Damit wird ein Fehler in der Ausführung angezeigt;[3] die Sperre konnte nicht angelegt werden. Also besteht für diesen Datensatz der angegebenen Tabelle bereits eine Sperre (durch die Primärschlüssel gewährleistet), oder es ist ein anderweitiger Fehler aufgetreten.[4]

Im ersten Fall erweitern wir das Array `$resultArray` lediglich um den Wert `true` und drücken damit aus, dass die Sperre angelegt werden konnte.

```
//Abfrage, ob ein Datensatz eingetragen wurde.
if($this->DB->MySQLiObj->affected_rows == 1)
{
    array_push($resultArray,true);
}
```

Konnte die Sperre hingegen nicht angelegt werden, fügen wir dem Ergebnisarray per `array_push()` den Wert `false` hinzu. Anschließend erstellen wir einen SELECT-Befehl, der die Daten der bereits existierenden Sperre anhand der Datensatznummer und des Tabellennamens aus der Tabelle `locks` holt. Dieser könnte folgendermaßen aussehen:

```
SELECT * FROM locks WHERE rowID = '1'
AND tablename = 'Tabellenname';
```

---

3 Im Gegensatz zur 0, die bei SELECT-Abfragen gespeichert wird, die kein Ergebnis haben.
4 Einen aufgetretenen Fehler können Sie aus dem String `error` des *mysqli*-Objektes auslesen.

Die erste Zeile des Ergebnisses der Abfrage fügen wir zusätzlich an das Array $resultArray an (damit lässt sich dem Benutzer anzeigen, wer die Sperre verhängt hat und wie lange diese noch besteht).

```
   else
   {
      //-1, da der Eintrag schon vorhanden ist.
      array_push($resultArray,false);
      $sql = "SELECT * FROM locks WHERE ".
           " rowID = '".$this->DB->escapeString($rowID).
           "' AND tablename = '".
           $this->DB->escapeString($tablename)."'";
      $result = $this->DB->query($sql);
      array_push($resultArray,$result[0]);
   }
   return $resultArray;
}
```

Abschließend geben wir das Ergebnisarray an das aufrufende Skript zurück. Dort muss dann entschieden werden, was passiert, wenn eine Sperre nicht angelegt werden konnte.

function deleteLock($tablename,$rowID)

Der Methode deleteLock() werden als Parameter der Tabellenname und der Wert des Primärschlüssels der zu entfernenden Sperre übergeben. Der hier erstellte SQL-Befehl löscht anhand der übergebenen Parameter genau diese eine Sperre.

```
DELET FROM locks WHERE rowID = '1'
AND tablename = 'Tabellenname';

public function deleteLock($tablename,$rowID)
{
   $sql = "DELET FROM locks WHERE ".
        " rowID = '".$this->DB->escapeString($rowID).
        "' AND tablename = '".
        $this->DB->escapeString($tablename)."'";
   //Löschen der Sperre:
   $this->DB->query($sql);
}
```

function deleteAllUserLocks($tablename,$userID)

Gerade in Systemen, in denen mehrere Benutzer gleichzeitig auf gemeinsame Datensätze zugreifen, muss dafür Sorge getragen werden, dass keine unnötigen

Sperren bestehen. Dies passiert z. B. dann, wenn ein Benutzer einen zu bearbeitenden Datensatz sucht und dafür alle ihm gezeigten Datensätze anklickt und damit jeweils eine Sperre erstellt. Würde man hier keine weitere »Aufräum«-Methode (ähnlich der »Garbage Collector«-Methode bei der Sitzungsverwaltung) einbauen, könnte es passieren, dass für eine gewisse Zeitdauer alle Datensätze gesperrt sind, ohne dass an den Daten wirklich gearbeitet wird. Um das zu umgehen, gibt es die Methode `deleteAllUserLocks()`. Sie soll aufgerufen werden, bevor eine neue Sperre erstellt wird. Damit werden alle existierenden Sperren des angegebenen Benutzers aus der Sperrtabelle entfernt. In unserem später gezeigten Beispielskript wird diese Methode immer aufgerufen, bevor die Methode `setLock()` zum Einsatz kommt. Als Parameter übergeben wir dieser Methode den Namen der Tabelle (`$tablename`), deren Sperren gelöscht werden sollen, und die eindeutige Nummer des Benutzers (`$userID`).

Wir stellen hier einen `DELETE`-Befehl zusammen, in dem wir die Parameter maskiert einfügen; nachfolgend ein Beispiel:

```
DELETE FROM locks WHERE lockedBy = 1
AND tablename = 'Tabellenname';
```

Anschließend wird er an die Datenbank geschickt.

```
public function deleteAllUserLocks($tablename,$userID)
{
   $sql = "DELETE FROM locks WHERE ".
          " lockedBy = ".$this->DB->escapeString($userID).
          " AND tablename = '".
          $this->DB->escapeString($tablename)."'";
   //Löschen der Sperren des Benutzers
   $this->DB->query($sql);
}
```

> **Hinweis**
>
> Sie fragen sich vielleicht gerade, warum wir `deleteAllUserLocks()` nicht in `setLock()` aufrufen, damit die Gefahr von »zu vielen« Sperren niemals auftreten kann. Dadurch würden alle Sperren des Benutzers automatisch vor dem Anlegen einer neuen Sperre gelöscht. Dies wäre in der Tat eine Möglichkeit. Wir haben dies aber bewusst nicht getan, damit Sie als Programmierer die Möglichkeit haben, mehrere Datensätze einer Tabelle zu sperren, wenn dies für das Funktionieren eines Skriptes nötig ist. Die Verantwortlichkeit liegt damit also beim Programmierer des aufrufenden Skriptes.

function deleteOldLocks()

Dies ist unsere »Aufräum«-Methode, die veraltete Sperren aus der Sperrtabelle entfernt. Mit einem SQL-Befehl, der die aktuelle Zeit enthält, werden alle Sperren, deren Zeitstempel in `lockedUntil` darunter liegen (also »abgelaufen« sind), gelöscht. Der SQL-Befehl könnte, unserem Beispiel folgend, so aussehen:

```
DELETE FROM locks WHERE lockedUntil < 1130000030;

public function deleteOldLocks()
{
    $sql = "DELETE FROM locks WHERE ".
           " lockedUntil < ".time();
    //Löschen aller alten Sperren
    $this->DB->query($sql);
}
```

Listing 16.1 Klasse »Locks«

16.2.2 Beispielanwendung mit Sperren versehen

Um das Sperren von Datensätzen nun einmal praktisch zu zeigen, haben wir folgendes Szenario als Beispiel implementiert:

Es gibt in der Tabelle `locking` Einträge, die man als Benutzer anzeigen lassen kann.[5] Wird ein Eintrag von einem Benutzer geladen, wird er im selben Moment in der Tabelle `locks` mit einer Sperre versehen. Klickt ein anderer Benutzer nun auf den gerade gesperrten Eintrag, erhält er eine Meldung, dass der Datensatz gerade bearbeitet wird. Im Beispiel (wie in Abbildung 16.3 zu sehen) sind zwei Benutzeroberflächen dargestellt; links die des ersten Benutzers, rechts die des zweiten Benutzers. Wir verwenden hier zwei HTML-iframes und laden die Datei *change.php* jeweils unter der Übergabe eines GET-Parameters für die Benutzernummer in den linken sowie in den rechten iframe. So können wir die Benutzeroberflächen zweier unabhängig agierender Benutzer simulieren. Innerhalb der *change.php* befindet sich jeweils ein weiterer iframe, der das Bearbeitungsfenster enthält (hier die beiden kleinen weißen Rahmen).

> **CD-ROM zum Buch**
>
> Die Umsetzung des PHP-Codes für dieses »Framework« können Sie auf der CD-ROM zum Buch einsehen.

Klickt ein Benutzer nun auf einen der angezeigten Einträge, wird im iframe des Benutzers das Skript *editEntry.php* aufgerufen. Dies ist die konkrete Umsetzung des Sperr-Mechanismus, daher werden wir im Folgenden auf diesen Code eingehen.

---

5 Die Tabelle enthält lediglich eine ID (vom Typ `integer`), einen Namen (vom Typ `varchar`) und Text (vom Typ `text`) und wird hier nicht weiter vorgestellt.

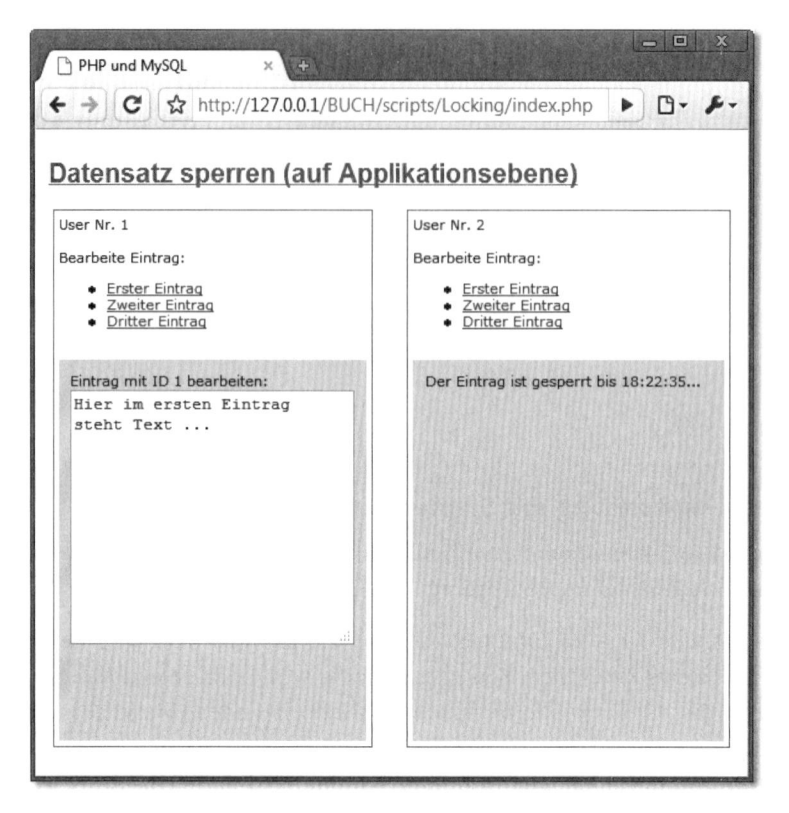

Abbildung 16.3 Screenshot des Sperr-Beispiels

editEntry.php

Am Anfang des Skriptes werden die *common.php* und die `Locks`-Klasse *class.Locks.php* eingebunden. Daraufhin erstellen wir ein Objekt der Klasse `Locks` mit einer Sperrdauer von 20 Sekunden (`new Locks(20)`). Dann werden die üblichen HTML-Methoden `printHead()` und `printBody()` zur korrekten HTML-Darstellung aufgerufen.

```php
<?php
require_once "../../common.php";
require_once "classes/class.Locks.php";

//Sperr-Objekt erstellen
$LOCK = new Scripts\Locks(20);
//Kopf erstellen
System\HTML::printHead();
//Body erstellen
System\HTML::printBody("background-color:#dedede;");
```

Wird das Skript *editEntry.php* aufgerufen, müssen ihm zwei GET-Parameter übergeben werden. Dies ist zum einen die Benutzernummer (userID) und zum anderen die Nummer des angeklickten Eintrags (entryID). Wir prüfen daher, ob eine Eintragsnummer übergeben wurde; ist dies nicht der Fall, gibt dieses Skript lediglich eine Fehlermeldung aus.

```
if(!isset($_GET['entryID']))
{
    echo "Kein Eintrag ausgewählt....";
}
```

Wurde hingegen eine Eintragsnummer übergeben, gehen wir davon aus, dass auch eine Benutzernummer übergeben wurde, und binden die Eintragsnummer an die Variable $id und die Benutzernummer an die Variable $userID. Daraufhin rufen wir die Methode deleteAllUserLocks() des Locks-Objekts auf, um alle eventuell bestehenden Sperren des aufrufenden Benutzers auf die entsprechende Tabelle (hier: locking) zu löschen. Dies ist sinnvoll, da wir nur einen Datensatz pro Benutzer zur »Sperrung« (bzw. Bearbeitung) freigeben möchten. Um dann die Sperre auf den Eintrag mit der übergebenen Eintragsnummer zu setzen, rufen wir setLock() auf und übergeben die Eintragsnummer, die Tabelle sowie die Benutzernummer. Das Ergebnis des Setzens der Sperre (ein Array mit true oder false an der ersten Stelle) speichern wir in der Variablen $setLock.

> **Wichtig**
>
> In einer »echten« Webapplikation müssen Sie an dieser Stelle natürlich überprüfen, ob die übergebene Benutzernummer gültig ist. Auch sollten Sie kontrollieren, ob die angegebene Eintragsnummer existiert; anderenfalls könnte eine Sperre auf eine nicht existierende Zeile einer Tabelle angelegt werden. Dies ist zwar nicht gefährlich, aber sinnlos. An dieser Stelle verzichten wir auf solche Überprüfungen.

```
else
{
    $id = $_GET['entryID'];
    $userID = $_GET['userID'];
    $LOCK->deleteAllUserLocks("locking",$userID);
    $setLock = $LOCK->setLock($id,"locking",$userID);
```

Wenn die Sperre nicht gesetzt werden konnte – was nur der Fall ist, wenn sie schon von einem anderen Benutzer gesetzt wurde –, ist der erste Arrayeintrag in $setLock auf false gesetzt. In diesem Fall ist der Sperr-Datensatz an zweiter Stelle im Array gespeichert, damit wir hier beispielsweise durch den Befehl date() angeben können, bis zu welchem Zeitpunkt der Datensatz gesperrt sein wird ($setLock[1]['lockedUntil']).

16 | Mehrbenutzersysteme

```php
    if($setLock[0]==false)
    {
        echo "Der Eintrag ist gesperrt bis "
            .date("H:i:s",$setLock[1]['lockedUntil']).'"...";
    }
    else
```

Ist die Sperre noch nicht gesetzt, generieren wir anhand der in $id gespeicherten Eintragsnummer eine SQL-Abfrage, die aus der Tabelle locking den passenden Datensatz lädt. Diese Abfrage könnte so aussehen:

```sql
SELECT * FROM locking WHERE id = 1;
```

Ist der gewählte Eintrag vorhanden, was wir mit dem Zählen der Zeilen in der SQL-Ergebnismenge $result durch count($result) überprüfen können, zeigen wir ihn an.

```php
    {
        $sql = "SELECT * FROM locking WHERE id = "
            .$DB->escapeString($id);
        $result = $DB->query($sql);
        //Nur ausgeben, wenn Eintrag vorhanden
        if(count($result)==1)
        {
```

Um den Eintrag anzuzeigen, geben wir zu Informationszwecken zunächst eine Zeile mit der Eintragsnummer aus. Anschließend folgt ein <div>-Element mit einem Textbereich (textarea), in den wir den Inhalt des Eintrags ($result[0]['text']) einfügen. Anschließend beenden wir die HTML-Seite mit dem Befehl printFoot() des globalen HTML-Objekts.

```php
            echo "Eintrag mit ID ".$id." bearbeiten:";
            echo "<div style='width:100%;height:200px;'>\n";
            echo "<textarea style='width:100%; "
                ."height:100%;'>\n";
            echo $result[0]['text'];
            echo "</textarea></div>\n";
        }
    }
}
//Ende der Seite
System\HTML::printFoot();
?>
```

Listing 16.2 editEntry.php

Dieses Beispiel zeigt Ihnen nur, wie Sie einzelne Einträge sperren. Das »Entsperren« erfolgt entweder durch den »Garbage Collector« der Klasse Locks (hier nach 20 Sekunden) oder durch das Klicken auf einen anderen Eintrag. Konsequenterweise müssten die Änderungen auch zu speichern sein, dies haben wir hier aber der Übersichtlichkeit halber nicht implementiert.

16.3 Transaktionen im praktischen Einsatz

Es gibt immer wieder Applikationen, die nicht nur einzelne SQL-Abfragen, sondern mehrere aufeinander aufbauende SQL-Befehle innerhalb einer PHP-Funktion ausführen. Wenn diese dann auch noch von vorherigen Abfrageergebnissen abhängen, darf die Reihenfolge der Abarbeitung niemals gestört werden. Gerade in einem Mehrbenutzersystem ist aber die Reihenfolge nicht gewährleistet, da die SQL-Befehle auch gleichzeitig von verschiedenen Benutzern ausgeführt werden können. Welche Befehle wann ausgeführt werden und – viel wichtiger – in welcher Reihenfolge, ist nicht klar. Daher können wir für ablaufkritische Systeme oder Funktionen die Transaktionsmöglichkeit der *InnoDB Storage Engine* von MySQL benutzen.

Wir werden dafür folgendes (zugegebenermaßen etwas realitätsfremdes) Beispiel umsetzen: Wir haben ein Konto mit einem Kontostand sowie einer Kontonummer, auf das Objekte der Klasse Bank – also verschiedene Banken – zugreifen können. Ein Bank-Objekt liest den Kontostand aus und bearbeitet ihn intern. Anschließend schreibt es den neuen Kontostand zurück auf das Konto. Es kann entweder addiert oder subtrahiert werden. Der wichtige Faktor ist eine zeitliche Verzögerung, die wir einbauen, um eine Bearbeitung zu simulieren (in der Grafik, Abbildung 16.4, die »interne Bearbeitung«). Dies hat den Zweck, künstliche Verzögerungen in den Ablauf der SQL-Befehle einzubauen, damit zwischen dem Auslesen des Kontostands und dem Zurückschreiben desselben ein zweites Objekt ebenfalls den Kontostand verändern kann. In Abbildung 16.4 sehen Sie den Ablauf grafisch dargestellt.

Wir werden hier die Klasse Bank so implementieren, dass sie die Addition zum oder Subtraktion vom Kontostand mit oder ohne Transaktionen durchführen kann. Dazu werden wir in der Tabelle bank, die die InnoDB Storage Engine benutzt, zu Illustrationszwecken zwei Konten anlegen. Das eine Konto wird unter Verwendung der Transaktionstechnik verändert, das andere wird ohne Transaktionstechnik verändert. Sie können direkt am Beispiel auf der CD-ROM zum Buch ausprobieren, wie sich die Benutzung von Transaktion auf den Kontostand auswirkt. Zunächst aber das Klassendiagramm in Abbildung 16.5.

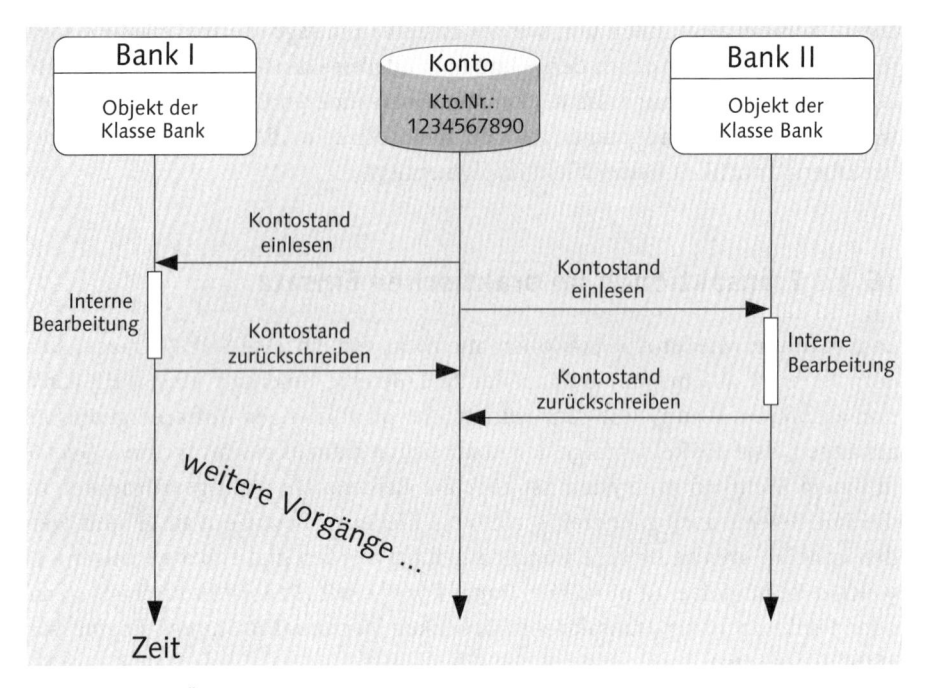

Abbildung 16.4 Übersicht über den Ablauf des Transaktionen-Beispiels

Scripts\TransactionExample\Bank
- duration
- DB
- transactions
+__construct()
+addMoney(accountnumber, value)
+reduceMoney(accountnumber, value)
- writeBalance(accountnumber, value)
- readBalance(accountnumber)

Abbildung 16.5 UML-Diagramm der Klasse »Bank«

Die Variable $duration enthält den Wert, der als künstliche Verzögerung eingebaut werden wird. Die boolesche Variable $transactions ist entweder auf true oder false gesetzt; es werden also Transaktionen verwendet oder nicht. Zusätzlich zum Konstruktor implementieren wir in der Klasse zwei öffentliche Methoden zum Ändern des Kontostands (addMoney() und reduceMoney()) und je eine private Methode zum Auslesen (readBalance()) und Zurückschreiben des Kontostands (writeBalance()).

Wie bereits angekündigt, legen wir hier die Tabelle bank (unter Verwendung der InnoDB Storage Engine) mit den in Tabelle 16.2 gezeigten Attributen an.

Attributname	Attributtyp
accountnumber	int(11), Primärschlüssel
balance	float

Tabelle 16.2 »bank«-Datenbanktabelle

Der Primärschlüssel `accountnumber` enthält die Kontonummer des jeweiligen Kontos, und `balance` speichert den Kontostand als `FLOAT`-Variable.

16.3.1 Klasse »Bank«

function __construct($transactions)

Der Konstruktor der Klasse `Bank` bindet zunächst das globale Datenbankobjekt an die private Variable `$DB`. Der zu übergebende Parameter `$transactions` soll `true` oder `false` sein. Im Falle von `true` werden alle Datenbankabfragen einer Kontostandsänderung – Kontostand aus der Tabelle lesen, Kontostand verändern und Kontostand zurück in die Tabelle schreiben – innerhalb einer Transaktion ausgeführt. Anderenfalls ist jede SQL-Abfrage für sich eine Transaktion und wird ausgeführt, wenn sie anfällt; was in unserem Beispiel natürlich bedeuten kann, dass zwischen den einzelnen Abfragen der Kontostand von einer anderen Bank verändert wurde.

```
public function __construct($transactions)
{
   //Globales Datenbankobjekt
   $this->DB = $GLOBALS['DB'];
   //Transaktionen anschalten....oder nicht
   if($transactions)
   {
      $this->transactions = true;
   }
   else
   {
      $this->transactions = false;
   }
}
```

function addMoney($accountnumber,$value)

Diese öffentliche Methode ermöglicht es, einem bestimmen Bankkonto (`$accountnumber`) der Bank den angegebenen Betrag (`$value`) gutzuschreiben. Der Betrag kann hierbei eine beliebige `float`-Zahl sein (beispielsweise `100.56` oder `20.2`).

Die erste `if`-Abfrage dient der Unterscheidung, ob eine Transaktion gestartet werden soll oder nicht. Ist die Variable `$transactions` auf `true` eingestellt, wird der SQL-Befehl: `BEGIN` an die Datenbank geschickt und damit eine Transaktion begonnen.

```
public function addMoney($accountnumber,$value)
{
   if($this->transactions)
   {
      //Transaktion starten
      $this->DB->query("BEGIN;");
   }
```

Daraufhin wird durch die Methode `readBalance()` der aktuelle Kontostand des Bankkontos eingelesen und der Variablen `$balance` zugewiesen. Existiert das gewünschte Konto, erfolgt die Bearbeitung des Kontostandes. Um hier nun eine interne Bearbeitung in der Bank zu simulieren, erzeugen wir eine künstliche Wartezeit über den Befehl `usleep()`, der die Methode für die angegebene Zeit in Mikrosekunden anhält. Damit jeder Aufruf dieser Methode unterschiedliche Verarbeitungszeiten benötigt, lassen wir hier mit `rand()` eine Zufallszahl zwischen 0 und `$duration` (200) Mikrosekunden errechnen, die dann »gewartet« wird. Anschließend addieren wir den übergebenen Wert (`$value`) zum aktuellen Kontostand und schreiben mit der Methode `writeBalance()` die Änderung zurück in die Tabelle `bank`.

```
   //Kontostand auslesen
   $balance = $this->readBalance($accountnumber);
   //Konto existiert:
   if($balance !== false)
   {
      //Simuliert zufallsgenerierte Wartezeit
      usleep(rand(0,$this->duration));
      //Addieren des Wertes
      $balance = $balance + $value;
      //Zurückschreiben des Wertes auf das Konto
      $this->writeBalance($accountnumber,$balance);
   }
```

Zum Abschluss der Methode wird eine gegebenenfalls gerade begonnene Transaktion mit dem Befehl `COMMIT` beendet und somit fest in die Tabelle geschrieben.[6]

---

6 Außerdem werden alle gesperrten Tabellenzeilen wieder freigegeben.

```
   if($this->transactions)
   {
      //Transaktion beenden
      $this->DB->query("COMMIT;");
   }
}
```

reduceMoney() entspricht dieser Methode, mit dem Unterschied, dass der Kontostand verringert statt erhöht wird. Daher werden wir darauf nicht näher eingehen. Eine Ausführung einer der beiden Methoden dauert im Durchschnitt ca. 100 Mikrosekunden.

> **Hinweis**
>
> Durch den Einbau der zufallsbedingten Wartezeit können wir bei gleichzeitigem Aufruf durch zwei Skripte eine Überschneidung der Datenbankabfragen erreichen, die bei Nichtbenutzung von Transaktionen zu (gewollten) Fehlern in der Änderung des Kontostands führt. Dies werden wir am Beispiel später zeigen.

function writeBalance($accountnumber,$value)

Das konkrete Schreiben eines neuen Kontostands des Kontos mit der Nummer $accountnumber wird durch die folgende Methode erreicht. Der String $sql enthält einen UPDATE-Befehl mit dem neuen Kontostand und der Kontonummer des zu ändernden Kontos. Dieser könnte z. B. folgendermaßen aussehen:

```
UPDATE bank SET balance = 100
WHERE accountnumber = 1234567890;
```

Diesen SQL-Befehl schicken wir dann an die Datenbank:

```
private function writeBalance($accountnumber,$value)
{
   $sql = "UPDATE bank SET ".
      " balance = ".$this->DB->escapeString($value).
      " WHERE accountnumber = ".
      $this->DB->escapeString($accountnumber);
   $result = $this->DB->query($sql);
}
```

function readBalance($accountnumber)

Um den Kontostand eines Kontos zu erhalten, lesen wir ihn durch das SQL-Statement der Form:

```
SELECT balance FROM bank WHERE accountnumber = 1234567890 FOR UPDATE
```

aus. Immens wichtig ist hier der Zusatz FOR UPDATE, der sicherstellt, dass innerhalb einer Transaktion (sollte sie begonnen worden sein) die so ausgewählte Zeile bis zum Ende der Transaktion auch für lesenden Zugriff gesperrt ist. Damit kann keine andere Transaktion den Kontostand auslesen, während wir ihn bearbeiten.

```
private function readBalance($accountnumber)
{
   $sql = "SELECT balance FROM bank WHERE ".
          " accountnumber = ".
          $this->DB->escapeString($accountnumber).
          " FOR UPDATE";
   //Kontostand holen
   $result = $this->DB->query($sql);
```

Ist das Konto mit der übergebenen Kontonummer vorhanden, enthält die Ergebnismenge genau einen Kontostand, und wir geben diesen zurück. Anderenfalls gibt es das angegebene Konto nicht, und wir geben false zurück.

```
   //Wenn Konto vorhanden...Kontostand zurückgeben
   if(count($result)==1)
   {
      return $result[0]['balance'];
   }
   else
   {
      return false;
   }
}
```

Listing 16.3 Klasse »Bank«

16.3.2 Sichere und unsichere »Banktransaktionen« verwenden

Die vier Methoden der Klasse Bank erlauben uns nun, die Verwendung und den Nutzen von Transaktionen anhand eines Beispiels zu zeigen. Das Beispiel funktioniert folgendermaßen:

Wir haben zwei Konten in der Tabelle bank mit den Kontonummern »1234567890« und »0987654321« angelegt. Der jeweilige Kontostand ist standardmäßig auf 0 eingestellt und lässt sich durch das Beispielskript auch wieder zurücksetzen. Das Hauptskript enthält fünf verschiedene iframes, die unterschiedliche Informationen anzeigen. Der oberste iframe zeigt die Kontostände der beiden Konten. Die paarweise darunter angeordneten iframes zeigen jeweils die Transaktionen eines Bankskriptes. Je zwei Skripte verändern dabei den Kontostand eines Kontos. Die zwei ersten Skripte verwenden Transaktionen, um das erste Konto zu verändern. Die zwei darunter angezeigten Skripte verändern das zweite Konto ohne Verwendung von Transaktionen. Als Beispiel zeigen wir eines der »Bankskripte«. Zunächst werden die *common.php* und die Bank-Klasse (*class.Bank.php*) eingebunden. Anschließend erstellen wir ein neues Bank-Objekt (hier eines der Skripte, das Transaktionen benutzt) und geben den Schriftzug »Sichere Bank 1« aus. Das Konto, das wir bearbeiten wollen, hat die Kontonummer »1234567890«.

```
<?php
require_once "../../common.php";
require_once "classes/class.Bank.php";
//..übliche HTML-Befehle
//Erstellen eines Bankobjekts
$bank = new Scripts\TransactionExample\Bank(true);
echo "<u>Sichere Bank 1</u><br />";
$account = "1234567890";
```

Nun führen wir mehrere »Banktransaktionen« aus, die den Kontostand erhöhen oder verringern. Jede dieser Methoden dauert im Durchschnitt 100 Mikrosekunden.

```
$bank->addMoney($account,"60");
$bank->reduceMoney($account,"20");
$bank->addMoney($account,"20");
$bank->addMoney($account,"20");
$bank->addMoney($account,"401");
$bank->reduceMoney($account,"2");
//Ende der Seite
System\HTML::printFoot();
?>
```

Listing 16.4 Transaktionsskript »secureBank1.php«

Die anderen drei Skripte haben denselben Aufbau und ändern das erste oder zweite Konto. Jedes der Skripte erhöht und reduziert den jeweiligen Kontostand in mehreren Methodenaufrufen mit verschiedenen Werten, die sich im Endeffekt auf 1.000 € summieren. Beide Konten sollten anschließend also um 1.000 € erhöht worden sein. Der Klick auf den Link IDENTISCHE BANKTRANSAKTIONEN STARTEN im Beispiel führt per JavaScript alle vier Skripte gleichzeitig aus. Anschließend sehen wir das Ergebnis: Das erste Konto ist exakt um 1.000 € erhöht worden. Das zweite Konto dagegen liegt irgendwo zwischen 400 und 1.200 € Erhöhung. Dies liegt an der Verwendung der Transaktionen, was wir auch zeigen wollten. Egal, wie oft Sie das Beispiel nun ausführen, in jedem Fall wird das obere Konto korrekt erhöht. Bei dem unteren Konto werden die 1.000 € unter Umständen auch mal korrekt addiert, es ist aber generell falsch verändert worden.

In den einzelnen iframes (wie in Abbildung 16.6 zu erkennen) sind die Zeiten des Auslesens, der eingelesene Kontostand und dessen Veränderungen für jedes Skript angezeigt. In den unteren Skripten können Sie die Fehler erkennen, da der Kontostand oft zu einem Zeitpunkt ausgelesen wurde, zu dem eine andere Banktransaktion gerade noch aktiv war und daher der falsche Kontostand eingelesen wurde. So werden ohne Transaktionen oft Änderungen verworfen.

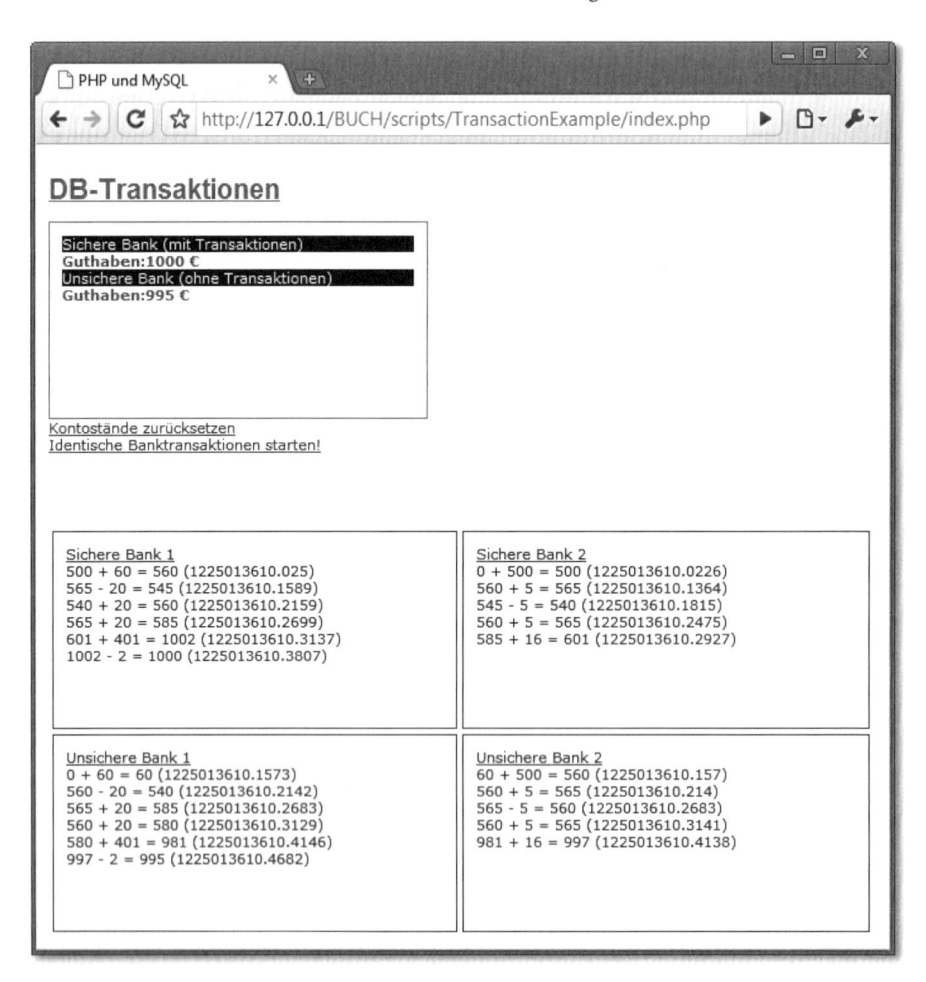

Abbildung 16.6 Screenshot des Bank-Beispiels

16.4 Mehrsprachige Weboberflächen

Durch das Internet sind wir in der Lage, auf jeden Server des WWW von überall zuzugreifen.[7] Somit ist bei einer Webapplikation auf einem in Deutschland stehenden Server das Publikum nicht unbedingt auch deutschsprachig. Daher sollten Sie sich Gedanken machen, ob Sie nicht auch eine englische Version der eigenen Applikation zur Verfügung stellen. Warum dann nicht auch noch eine französische, russische und spanische Version? Kein Problem. Durch die dynamischen Seiten von PHP in Verbindung mit MySQL müssen wir nicht für jede Sprache eine komplette Version der Applikation bereitstellen. Es gibt nur ein einziges Exemplar, das mit dynamischen Sprachbausteinen statt mit »feststehenden« Wörtern ausgestattet ist. So können wir zunächst die Entwicklung der Applikation in deutscher Sprache beginnen und später beliebig viele weitere Sprachen in die Datenbank einpflegen.

Die Verwendung dynamischer Sprachbausteine können Sie sich (vereinfacht) wie in Abbildung 16.7 gezeigt vorstellen.

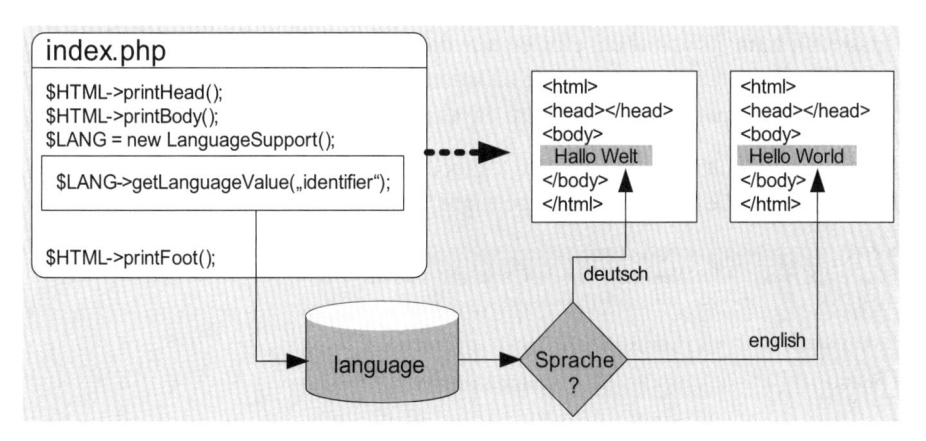

Abbildung 16.7 Struktur der Sprachunterstützung einer Webapplikation

- Eine .php-Seite (hier: *index.php*) besitzt – neben dem üblichen, globalen HTML-Objekt – ein Objekt der Klasse LanguageSupport.
- Innerhalb der HTML-Seite wird ein Sprachbaustein mittels getLanguageValue() und der Übergabe eines eindeutigen Bezeichners (hier identifier) eingebunden. Dieser bezeichnet einen spezifischen Sprachwert der Datenbank.

---

7 Wenn dieser das erlaubt.

▸ Je nachdem, welche Sprache in der Session des Benutzers eingestellt ist, wird der jeweilige Sprachwert beim Laden des Skripts aus der Datenbank geholt. Somit wird immer der richtige Sprachwert in der Webseite angezeigt (hier »Hallo Welt« bzw. »Hello World«).

16.4.1 Klasse »LanguageSupport«

Die Klasse `LanguageSupport` bietet folgende Funktionalitäten, um eine Webapplikation mehrsprachig zu gestalten (siehe Abbildung 16.8).

Scripts\LanguageSupport
- DB
- LANGUAGE
+__construct()
+addLangModule(module)
+getlangValue(module, key, echo = false)

Abbildung 16.8 UML-Diagramm der Klasse »LanguageSupport«

Zusätzlich zum Konstruktor gibt es nur die Methoden `addLangModule()`, die es ermöglicht, weitere Sprachmodule zu laden, und `getLangValue()`, um einen spezifischen Sprachwert zur Anzeige zu erhalten.

Um verschiedene Sprachen in einer Tabelle komfortabel speichern zu können, benötigen wir die in Tabelle 16.3 gezeigte Struktur der `language`-Tabelle.

Attributname	Attributtyp
module	varchar(100), **Primärschlüssel**
key	varchar(100), **Primärschlüssel**
language	varchar(50), **Primärschlüssel**
value	Text

Tabelle 16.3 »language«-Datenbanktabelle

Der Primärschlüssel der Tabelle setzt sich aus den Attributen `module`, `key` und `language` zusammen. Im Attribut `module` wird der Name des Sprachmoduls gespeichert, in `key` der Bezeichner des Sprachwertes. Die Zuordnung zur Sprache wird in `language` abgelegt. Der eigentliche Sprachwert (z. B. »Hallo Welt«) wird dann in `value` hinterlegt und kann fast beliebig lang werden, daher der Datentyp `text`.

Was hat es nun eigentlich mit den Modulen auf sich? Stellen Sie sich zunächst einmal folgendes Szenario vor: Wir haben ein großes Shopping-System, das wir in fünf Sprachen anbieten wollen. Nun bauen wir überall Sprachbausteine ein und kommen nach und nach auf ca. 1.000 Spracheinträge. Dies umfasst Menübezeichnungen, Schaltflächen, Texte usw.

Ein Sprachmodul dient nun der Gliederung der Sprachbausteine in Bereiche. So können wir die Sprachbausteine beispielsweise in die Module »System«, »Menü« und »Optionen« einteilen. Dies hat zwei große Vorteile: Zum einen müssen die Bezeichner des Sprachwertes nur innerhalb des Moduls eindeutig sein (bei 1.000 Werten können anderenfalls schon mal ungewollte Überschneidungen auftreten), zum anderen – dies ist noch viel wichtiger – müssen nie alle Sprachwerte in das Array `LANGUAGE` geladen werden, sondern nur die der ausgewählten Module.

function __construct()

Beim Anlegen eines neues Objektes der Klasse `LanguageSupport` wird hier zunächst das globale Datenbankobjekt an die private Variable `$DB` gebunden. Im Anschluss daran wird die Methode `addLangModule()` aufgerufen, die hier dann das Sprachpaket »system« standardmäßig für jedes Objekt dieser Klasse einbindet.

```
public function __construct()
{
   //Globales Datenbankobjekt holen
   $this->DB = $GLOBALS['DB'];

   //System-Sprachmodul immer automatisch einbinden
   $this->addLangModule("system");
}
```

function addLangModule($module)

Da wir, wie bereits ausführlich erläutert, die Sprachbausteine in verschiedene Module eingeteilt haben, binden wir immer ganze Module ein. Durch diese Methode werden alle Sprachbausteine des per Parameter (`$module`) übergebenen Moduls aus der Tabelle `language` geladen und an das `LANGUAGE`-Array angehängt.

Zuerst benötigen wir die Angabe der aktuell benutzten Sprache. Diese Information erhalten wir aus den Sitzungsdaten (`$_SESSION['language']`). Dann stellen wir einen SQL-Befehl zusammen, der alle Sprachbausteine der aktuellen Sprache und des angegebenen Moduls aus der Datenbank holt. Dieser sähe für die deutsche Sprache, »de«, und das Modul »test« dann z. B. so aus:

```
SELECT * FROM language
WHERE module = 'test' AND language = 'de';
public function addLangModule($module)
{
```

```
//Welche Sprache ist in der Session eingestellt?
$language = $_SESSION['language'];
//Modul-SQL-Abfrage
$query = "SELECT * FROM language WHERE module =
         '".$module."' AND language = '".$language."'";
$result = $this->DB->query($query);
```

In $result sind alle Sprachbausteine des gewünschten Moduls enthalten und werden nun per foreach-Schleife in das Array eingefügt. Dabei werden zuerst der Bezeichner ($key) und der konkrete Wert ($value) des Sprachbausteins aus jeder Ergebniszeile ausgelesen, um diese beiden dann in das zweidimensionale Array $LANGUAGE einzufügen.

```
//Die Variable mit den Language-Einträgen wird gefüllt.
foreach($result as $lang)
{
   //Der Bezeichner des Sprachbausteins
   $key = $lang['key'];
   //Der konkrete "Wert" des Sprachbausteins
   $value = $lang['value'];
   //Einfügen der Modul-Bezeichner-Kombination
   $this->LANGUAGE[$module][$key] = $value;
}
```

Nach Beenden der Schleife sind alle Sprachbausteine des gewünschten Moduls im zweidimensionalen Array verfügbar.

function getlangValue($module, $key, $echo = false)

Die letzte Methode der Klasse dient dem Finden eines Sprachwertes. Wir übergeben dazu den Namen des Moduls ($module), den Bezeichner ($key) und als optionalen dritten Parameter true, wenn der Wert direkt ausgegeben werden soll. Standardmäßig wird der Wert des Sprachbausteins zurück- statt ausgegeben (daher $echo = false).

Zunächst versuchen wir, den Sprachwert, der durch den Modul- und Bezeichnernamen eindeutig bestimmt ist, aus dem LANGUAGE-Array zu holen. Dazu greifen wir einfach direkt auf das Array zu. Ist der Wert vorhanden, ist der konkrete Sprachwert der aktuellen Sprache an die Variable $value gebunden. War der Wert im Array nicht vorhanden, hat $value den Wert null.[8]

---

8 Wenn das Error-Reporting auf E_ALL eingestellt ist, wie hier in der *common.php* der Fall, wird bereits bei einem versuchten Zugriff auf einen nicht existierenden Schlüssel eines Arrays eine »Notice«-Fehlermeldung ausgeben.

Anschließend unterscheiden wir zwei Fälle:

- Wurde kein Sprachwert gefunden, wird die Fehlermeldung »Fehlender Sprachwert« an die Variable $return gebunden.
- Wurde ein Sprachwert gefunden, wird er an die Variable $return gebunden.

```
public function getlangValue($module, $key, $echo = false)
{
   //Versuchen, den Wert aus dem Array zu holen
   $value = $this->LANGUAGE[$module][$key];
   //Wenn der Wert nicht vorhanden ist
   if ($value == null)
   {
      //Fehlermeldung ausgeben
      $return = "Fehlender Sprachwert!";
   }
   else
   {
      $return = value;
   }
```

Nun muss noch entschieden werden, ob eine direkte Ausgabe erfolgen soll oder ob die Methode den Wert des Sprachbausteins bzw. die Fehlermeldung als Rückgabewert behandeln soll. Im Standardfall ist $echo auf false gestellt, und es erfolgt keine direkte Ausgabe, da der Sprachbaustein meist erst im Skript (durch Verwendung von echo) ausgegeben werden soll oder dort noch bearbeitet oder mit weiteren dynamischen Parametern zusammengestellt werden muss. Anderenfalls, wenn wir der Methode als dritten Parameter true übergeben haben, wird der Sprachwert oder die Fehlermeldung direkt per echo ausgegeben.

```
   //Direkte Ausgabe der Fehlermeldung
   //bzw. des Sprachwertes?
   if ($echo)
   {
      //Direkt ausgeben
      echo $return;
   }
   else
   {
      //Wert als Rückgabewert der Methode
      return $value;
   }
}
```

Listing 16.5 Klasse »LanguageSupport«

Mit Hilfe dieser drei Methoden lassen sich nun mehrsprachige Benutzeroberflächen sehr einfach erstellen. Im Folgenden zeigen wir ein Beispiel der Funktionsweise.

16.4.2 Mehrsprachige Benutzeroberflächen realisieren

Wir müssen zunächst, abgesehen von der *common.php*, das Skript *class.LanguageSupport.php* einbinden, um die gerade implementierte Funktionalität nutzen zu können. Anschließend folgen die üblichen HTML- Methoden, die hier ausgelassen wurden.

```
<?php
require_once "../../common.php";
require_once "classes/class.LanguageSupport.php";
//übliche HTML-Methoden:Head,Body etc.
//...
```

In diesem Beispiel setzen wir die Sprache in der Sitzungsverwaltung fest auf »de« ($_SESSION['language']=="de"), also auf die deutsche Sprache. Im Normalfall würde die Sprache selbstverständlich an anderer Stelle gesetzt; beispielsweise in einem Optionsmenü für den Benutzer. Wir erstellen dann ein Objekt der Klasse LanguageSupport und rufen anschließend deren Methode addLangModule() auf, um das Sprachmodul languageTest einzubinden.

```
$_SESSION['language']=="de";
$LANG = new Scripts\LanguageSupport();
$LANG->addLangModule("languageTest");
```

Nun folgen zwei kurze Verwendungsbeispiele; im ersten Beispiel statten wir eine Schaltfläche eines Formulars mit einem Sprachbaustein aus:

```
//Schaltfläche mit sprachabhängiger Bezeichnung
echo "<input type='button' class='standardSubmit' ".
    "name='test' value='".
```

Mit dem Code wird der jeweils zur aktuellen Sprache passende Sprachwert zurückgegeben und in der Schaltfläche angezeigt.

```
    $LANG->getlangValue("languageTest", "button1")."'>";
```

Hier wird der Sprachbaustein mit dem Bezeichner »button1« aus dem Modul languageTest zurückgegeben. Anschließend folgt noch ein Beispiel für eine reine Textausgabe, die direkt (durch Angabe des dritten Parameters) erfolgt.

```
//Text mit sprachabhängigem Inhalt
echo "<fieldset style='border:1px solid gray;'>";
```

```
$LANG->getlangValue("languageTest", "text1",true);
echo "</fieldset>";
...
?>
```

Listing 16.6 »LanguageSupport«-Beispiel »index.php«

> **CD-ROM zum Buch**
>
> Dieses Beispiel ist in erweiterter Form auf der CD-ROM zum Buch zu finden. Dort lässt sich die Sprache direkt im Skript umschalten, um die Änderung der Sprachwerte unmittelbar zu beobachten.

16.4.3 Erweiterungsmöglichkeiten

Neben den Vorteilen von mehrsprachigen Benutzeroberflächen – wie z. B. das leichte Erweitern des Sprachumfangs und die große Übersichtlichkeit beim Programmieren, da es nur eine einzige Version der Applikation gibt – sind leider auch ein paar Nachteile der Sprachunterstützung zu nennen. Gerade in großen Projekten (dies mussten wir bereits am eigenen Leib erfahren) kann es zu zwei Problemen kommen:

- Sind alle textuellen Inhalte bereits als Sprachbausteine vorhanden, oder stehen irgendwo noch »hart codierte« Texte? Klingt trivial, ist aber bei viel Text in einer Anwendung manchmal schwer überschaubar.
- Das Anlegen der einzelnen Sprachbausteine kann sehr zeitaufwendig werden.

Für beide Fälle gibt es aber Lösungen, die wir durch die Erweiterung der Klasse LanguageSupport erreichen.

Sprach-Debug-Modus

Die Lösung für das erste Problem ist einfach: Wir bauen einfach einen zuschaltbaren »Language Debug«-Modus in die Klasse ein. Ist der Modus angeschaltet, wird jeder Sprachbaustein farbig dargestellt. So können wir ohne Mühe sehr schnell überschauen, ob noch »hart codierte« Textbausteine in einer Seite existieren, da diese nicht farbig dargestellt sind.

Wir erweitern einfach die Methode getLangValue(). Der Aufruf wird um einen Parameter erweitert: den optionalen Parameter $button, der standardmäßig auf false gesetzt wird. Dies hat den Zweck, Sprachbausteine im Falle von Schaltflächen nicht einzufärben, da dies den HTML-Code von Input-Schaltflächen durch das Einfügen von Zeichen wie < oder > zerstören würde. Also geben wir für Schaltflächen den vierten Parameter als true an. Die Methode sieht nun so aus:

```
public function getlangValue
($module, $key, $echo = false, $button = false)
{
    //Wert aus der Datenbank holen und zuweisen ... s.o.
    ...
```

Der folgende Teil ist neu: Wir überprüfen, ob die Konstante LanguageDebugModus gesetzt ist. Ist dies der Fall, müssen wir den Text entsprechend markieren. Der darauf folgende Test betrifft die Variable $button. Ist sie auf true gesetzt, fügen wir dem Rückgabewert $return nur eine eckige Klammer am Anfang sowie am Ende hinzu.

```
    //Return-Wert bearbeiten, wenn Debug-Modus an
    if(defined('LanguageDebugModus'))
    {
        //Ist der Sprachbaustein innerhalb einer Schaltfläche?
        if($button)
        {
            $return = "[".$return."]";
        }
        else
```

Ist der Sprachbaustein nicht innerhalb einer Schaltfläche ($button hat also den Standardwert false), betten wir den Sprachwert in ein <span>-Element ein, dem ein orangefarbener Hintergrund zugewiesen wird.

```
        {
            $return = "<span style='background-
                color:orange;'>".$return."</span>";
        }
    }
    //Wert zurückgeben...s.o.
}
```

Anschließend geben wir den Wert zurück, wie schon beschrieben. Somit haben wir das Problem mit der Unübersichtlichkeit der bereits eingebauten Sprachbausteine gelöst.

Automatisches Einfügen von Sprachbausteinen

Das zweite Problem ist ebenso einfach zu lösen. Bisher haben wir eine Meldung der Art »Fehlender Sprachwert!« ausgegeben, wenn wir keinen entsprechenden Sprachwert zu den Angaben im Methodenaufruf gefunden haben. Zusätzlich wurde (wegen des Fehlermeldungs-Levels E_ALL) immer auch eine Warnmeldung der Art »Notice« ausgegeben. Nun werden wir an dieser Stelle einfach automatisch einen Sprachbaustein (für jede Sprache der Applikation) in der Datenbank anlegen. Diesem muss dann anschließend nur noch ein konkreter Sprachwert von Hand zugewiesen werden; das Eingeben des Modulnamens, der Sprache usw. entfällt aber komplett. Die Änderungen betreffen die Methode getLangValue() nur in einem Punkt. Nach der Abfrage, ob der Wert der Variablen $value gleich null ist, rufen wir vor der Ausgabe der Fehlermeldung die Methode addLanguageValue() unter Angabe des Modulnamens und des Bezeichners des Sprachbausteins auf:

```
if ($value == null)
{
   $this->addLanguageValue($module,$key);
   //Fehlermeldung ausgeben
   $return = "Fehlender Sprachwert!";
...
```

Die Methode addLanguageValue(), die für jede verwendete Sprache einen neuen Sprachbaustein in die Datenbank einfügt, sieht folgendermaßen aus:

```
private function addLanguageValue($module,$key)
{
   //Alle benutzten Sprachen aus der Datenbank finden.
   $sql = "SELECT DISTINCT language FROM language";
   $result = $this->DB->query($sql);
```

Wir haben durch die diese SQL-Abfrage alle Sprachen der Datenbank in der Ergebnismenge $result. Für unsere Testdatenbank sind dies drei Zeilen: »de«, »en« und »fr«. Nun wird für jede Sprache ein kompletter Datensatz zur Tabelle language hinzugefügt, der den übergebenen Modulnamen ($module), den Bezeichner ($key), die in der Schleife gerade aktuelle Sprache ($language['language']) und einen String »AutoValue!« enthält. Ein SQL-Befehl könnte dann z. B. folgendermaßen aussehen:

```
INSERT INTO language (module,language.key,language,value)
VALUES ('languageTest','unbekannterBezeichner',
'de','AutoValue!');
   //Für jede Sprache einen Wert hinzufügen:
   foreach($result as $language)
   {
      $sql = "INSERT INTO language (module,language.key,".
             "language,value) VALUES ('".
             $this->DB->escapeString($module)."','".
             $this->DB->escapeString($key)."','".
             $language['language']."','AutoValue!');";
```

```
        //Sprachbaustien für die aktuelle Sprache einfügen
        $this->DB->query($sql);
    }
}
```

Nach der Ausführung der Methode sind für einen nicht existierenden Sprachwert die entsprechenden Sprachbausteine in der Datenbank angelegt. Wir müssen nur noch die jeweilige Bedeutung (im Attribut `value`) der Datensätze für die unterschiedlichen Sprachen in der Datenbank anpassen, anstatt alle Daten einzugeben – dies spart uns sehr viel Arbeit.

> **Tipp**
>
> Testen Sie diese Funktionalität einfach einmal selbst: Erstellen Sie ein PHP-Skript mit Sprachunterstützung, und fügen Sie nach Herzenslust neue Sprachbausteine ins Skript ein. Sie bekommen beim ersten Aufruf pro nicht existierenden Sprachwert eine »Notice«-Fehlermeldung und eine Anzeige »Fehlender Sprachwert!«. Rufen Sie das Skript nun ein zweites Mal auf, stehen nur noch die »AutoValue!«-Werte da. Diese können Sie nun komfortabel in der Datenbank anpassen.

16.5 Mehrsprachige Weboberflächen mit gettext

An dieser Stelle wollen wir noch eine zusätzliche, weitverbreitete Möglichkeit für eine Lokalisierung von Webseiten vorstellen. Diese Lösung ist im Gegensatz zur vorherigen Methode dateibasiert und benötigt, um wirklich komfortabel nutzbar zu sein, zusätzliche Software. Ist diese Software aber erst einmal eingerichtet, gestaltet sich das Übersetzen von Webseiten in die verschiedensten Sprachen als sehr einfach und übersichtlich. Es handelt sich um die gettext-Erweiterung von PHP. Die Erweiterung basiert auf dem GNU-Projekt *gettext*[9]: Diese Software ist zunächst unabhängig von einer Programmiersprache einsetzbar und wurde für die Unterstützung von mehrsprachigen Systemen (ursprünglich für das *GNU Translation Project*) entwickelt. Hierbei existiert für jede Sprache eine eigene Sprachdatei (ein sogenannter *Katalog* bzw. *Domäne*), die die Zuordnung eines Schlüssels zu einem Wert, also seiner Übersetzung in der jeweiligen Sprache, speichert. GNU gettext schreibt hierbei u. a. das Dateiformat, dessen Aufbau und die Ordnerstruktur für das Ablegen verschiedener Sprachen vor.

---

9 Eine ausführliche Einleitung zu GNU gettext finden Sie hier:
   http://www.gnu.org/software/gettext/manual/gettext.html.

16.5.1 Vorbereiten einer PHP-Datei

Als ersten Schritt wollen wir eine PHP-Datei (*gettextTest.php*) so implementieren, dass sie für die Nutzung mittels gettext verwendbar wird. Dazu müssen Sie lediglich wissen, dass der Befehl `gettext()` oder seine Kurzform `_()` für jede zu übersetzende Zeichenkette eingesetzt werden muss. In Listing 16.7 erstellen wir ein simples Formular. Zunächst setzen wir ein Feld außen um das Formular und geben dem Feld einen Namen, der durch den Schlüssel `personalData` repräsentiert wird. Anschließend bauen wir das Formular abwechselnd aus Bezeichnern (`label`) und Eingabefeldern (`input`) auf. Die erste Reihe wird durch `firstname` bezeichnet, die zweite durch `lastname` usw. All diese Schlüssel werden später durch den Methodenaufruf von `_()`, in dem sie stehen, in die jeweils eingestellte Sprache übersetzt.

```
<fieldset><legend><?php echo _("personalData");?></legend>
<div class="label"><?php echo _("firstname");?></div>
<input type="text" class="standardField"></input><br />
<div class="label"><?php echo _("lastname");?></div>
<input type="text" class="standardField"></input><br />
<div class="label"><?php echo _("phone");?></div>
<input type="text" class="standardField"></input><br />
<div class="label"><?php echo _("age");?></div>
<input type="text" class="standardField"></input><br />
```

Interessant wird es an dieser Stelle; hier verwenden wir einen Sprachwert innerhalb der Funktion `date()`. Diese erwartet als ersten Parameter ein Muster für die Formatierung des Zeitstempels, der als zweiter Parameter übergeben wird. Das Muster für ein deutsches Datum lautet `d.m.Y` (z. B. »22.11.2009«), für ein englisches Datum `Y-m-d` (demnach dann »2008-22-11«). So können wir hier sehr einfach eine sprachabhängige Formatierung des aktuellen Datums (durch `time()` erhalten wir die aktuellen Zeit als Unix-Zeitstempel) erstellen.

```
<div class="label"><?php echo _("date");?></div><input type="text"
disabled class="standardField" value="<?php
echo date(_("timeFormat"),time());?>"></input><br />
```

Eine weitere Möglichkeit bietet sich bei der Ausgabe von Zahlen und Währungen, da auch hier die Formate unterschiedlich sind. Beispielsweise bei Zahlen ist es Deutschland üblich, eine Zahl folgendermaßen zu schreiben: »12.456,45«. Tausenderstellen werden mit einem Punkt gegliedert, ein Komma dient als Trennung von Vor- und Nachkommastellen. Im englischen Sprachraum ist dies genau umgekehrt, dort würde dieselbe Zahl »12,456.45« geschrieben. Um dieses flexibel umzusetzen, benutzen wir die Funktion `number_format()`, der wir vier Parameter übergeben. Der erste steht hierbei für den Zahlenwert, der zweite für die Anzahl an Nachkommastellen, der dritte für das Symbol des Tausendertrennzeichens und der vierte für die Abtrennung der Nachkommastellen. Durch die Verwendung der Sprachwerte bekommen wir später die Ausgabe im jeweiligen Format.

```
<div class="label"><?php echo _("value");?></div>
<?php $number = 1000.56; ?>
<input type="text" disabled class="standardField" value="
<?php echo number_format($number,2,_("dec_point"),
_("thousand_sep"));?>"></input><br /><br />
<a href="?locale=de_DE">deutsch</a> | <a href="?locale=en_
US">English</a>
</fieldset>
```

Listing 16.7 gettextTest.php

Der letzte Abschnitt enthält zwei Links, die jeweils die Seite erneut aufrufen und den Parameter `locale` übergeben. Dieser wird (was hier noch nicht gezeigt wurde) gesetzt, so dass die richtige Übersetzung geladen wird. So lässt sich im Beispielskript die Sprache von Englisch auf Deutsch und umgekehrt umstellen.

16.5.2 Dateiformat

Für die Verwendung der Lokalisierung benötigen wir ein wenig Hintergrundwissen, das wir Ihnen Folgenden vermitteln.

Für die Nutzung von gettext werden zwei verschiedene Dateitypen unterschieden: die *Portable-Object-Dateien* (*.po) und die *Machine-Object-Dateien* (*.mo). PO-Dateien sind in menschenlesbarer Form gespeichert und können einfach editiert werden. In einer PO-Datei werden, abgesehen von ein paar Metadaten am Anfang, einfach Schlüssel und Sprachwerte hintereinandergeschrieben, die dann für die Ersetzung der Sprachwerte in der PHP-Datei geladen werden. Eine PO-Datei (auch *Katalog* genannt) ist genau einer Sprache zugeordnet, wobei für ein Projekt beliebig viele Dateien angelegt werden können; diese werden dann Domänen (*Domains*) genannt und können so, gerade in großen Projekten, beispielsweise in Programmmodule aufgetrennt werden. Für jede unterstützte Sprache im Projekt müssen Sie dann eine (oder eben mehrere) PO-Datei anlegen. Sie können dies natürlich von Hand erledigen, aber es gibt sehr gute Werkzeuge, die Ihnen die Arbeit erheblich erleichtern. In Listing 16.8 ist zunächst ein Ausschnitt einer PO-Datei erläutert, in dem zwei Schlüssel und deren – in diesem Fall – deutsche Übersetzungen (die später auch so in einer PHP-Datei von uns verwendet werden) definiert werden. `msgid` steht hier für den Schlüssel eines Wertes und `msgstr` für den konkreten Wert, der später angezeigt werden soll. Die Kommentarzeilen (eingeleitet mit einem #) zeigen an, in welchem Skript und in welcher Zeile der Schlüssel verwendet wird. Diese Angabe wird durch das automatische Erstellen der PO-Datei erreicht (von Hand wäre dies nicht mehr handhabbar). Die Angaben hier übersetzen den Schlüssel `personalData` in »Persönliche Daten« und `firstname` in »Vorname«.

```
#: scripts\LanguageSupport/gettextTest.php:16
msgid "personalData"
msgstr "Persönliche Daten"

#: scripts\LanguageSupport/gettextTest.php:17
msgid "firstname"
msgstr "Vorname"
```

Listing 16.8 Teil einer PO-Datei für GNU gettext

Eine automatische Erstellung einer PO-Datei aus einer PHP-Datei lässt sich durch das *xgettext*-Programm aus den *gettext utilities*[10] erreichen. Dieses Programm sucht im PHP-Code nach speziell gekennzeichneten Zeichenfolgen (hier `_()` oder `gettext()`) und speichert deren Parameter (`firstname`, `lastname` usw.) in die PO-Datei. Dafür müssen Sie aber verschiedene Konsolenbefehle ausführen. Dies erreichen wir später mit der Verwendung eines Werkzeugs sehr viel einfacher, daher verweisen wir für die Verwendung des Befehls auf Anleitungen im WWW. Ein weiteres Programm (*msgmerge*) ist dann für das Erstellen neuer und das Entfernen alter Einträge sowie für die Codezeilenreferenzen einzelner Schlüssel innerhalb der Datei zuständig.

Um die Übersetzungen in PHP nutzen zu können, müssen die PO-Dateien aber erst in MO-Dateien umgewandelt werden. MO-Dateien werden daher erst nach der Übersetzung aller Sprachwerte in der PO-Datei (durch das Programm *msgfmt*) erstellt und stehen dann als Binärdateien für PHP bereit. Dieses Verfahren macht gettext zu einer relativ schnellen und performanten Lösung.

Darüber hinaus existieren gegebenenfalls *.pot*-Dateien; sie dienen als Schablonen für die PO-Dateien und enthalten lediglich Metadatenwerte, beispielsweise die Sprache, den verwendeten Zeichensatz und Angaben zu den Übersetzern.

16.5.3 Ordnerstruktur von »locale«

Die Struktur, in denen verschiedene Sprache abgelegt werden sollen, ist ebenfalls vorgegeben. Da es sich hierbei um Lokalisierungen handelt, ist ein Ordner *locale*

---

10 Sie können die gettext utilities hier herunterladen:
http://www.gnu.org/software/gettext.

anzulegen, unter dem dann alle vorhandenen Sprachen innerhalb eines eigenen Ordners abgelegt werden. Zur eindeutigen Sprachbenennung dienen hier die gängigen Abkürzungen (siehe Tabelle 16.4) mittels Angabe der Sprache sowie des Landes (da ja durchaus Unterschiede im Dialekt, der Grammatik oder Schreibweisen vorkommen können).

Abkürzung	Sprache	Land
de_DE	Deutsch	Deutschland
de_CH	Deutsch	Schweiz
en_EN	Englisch	Großbritannien
en_US	Englisch	Vereinigte Staaten von Amerika
es_ES	Spanisch	Spanien

Tabelle 16.4 Sprachkürzelschreibweisen

Darunter wiederum folgt ein Ordner für den Typ der Übersetzung; daher muss hier ein Ordner *LC_MESSAGES* angelegt werden. Dieser nimmt dann die PO- sowie die MO-Dateien auf. Eine solche Ordnerstruktur für die Sprachen Deutsch und Englisch (jeweils nur die Domäne *default*) ist in Abbildung 16.9 gezeigt.

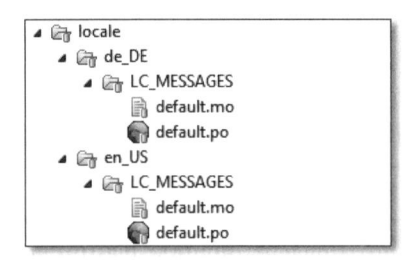

```
▲ 📂 locale
    ▲ 📂 de_DE
        ▲ 📂 LC_MESSAGES
            📄 default.mo
            🌐 default.po
    ▲ 📂 en_US
        ▲ 📂 LC_MESSAGES
            📄 default.mo
            🌐 default.po
```

Abbildung 16.9 Ordnerstruktur der Übersetzungsdateien

Ein großes Problem ist bei der Umsetzung der gettext-Unterstützung in PHP immer noch, dass die Funktion im großen Maße von der Umgebung, also dem verwendeten Betriebssystem, und natürlich vom gettext-Modul des Apache (sofern dieser verwendet wird) abhängt und daher teilweise sehr umständlich oder gar nicht funktioniert. Etliche Forenbeiträge sind im Internet zu finden, die von Problemen mit der Erweiterung berichten und teilweise keine Lösung finden. In vielen Fällen ist es auch gar nicht möglich, eine Lösung des Problems zu erreichen, z. B. dann, wenn der eigene Provider gettext nicht eingeschaltet hat und man keine *php.ini*-Einträge ändern darf. Dieses Problems hat sich *Danilo Segan* angenommen und eine Erweiterung in Form von PHP-Klassen geschrieben, die auf jedem System die gettext-Funktion ermöglicht, ohne Rücksicht auf die Umgebungsvariablen oder Systemspezifika: *php-gettext*[11]. Diese kleine Erweiterung liest MO-Dateien einfach direkt aus und bietet ansonsten die gleichen Funktionen wie die eingebauten PHP-Funktionen. Der einzige Unterschied ist der Befehlsaufruf: Anstatt `gettext()` und `_()` verwenden Sie einfach `T_gettext()` und `T_()`. Alle weiteren Befehle, die sonst für die Verwendung von gettext nötig sind, werden ebenfalls durch das Voransetzen des Präfixes `T` verwendet. Die Erweiterung ist unter der *GNU General Public Licence* nutzbar und daher frei verfüg- und einsetzbar. Auf die Umsetzung von php-gettext soll hier nicht weiter eingegangen werden, nur so viel: Es erfolgt eine Prüfung, ob die angeforderten *Locales* unterstützt werden und ob die gettext-Erweiterung vorhanden ist. Im positiven Fall werden die *Locales* verwendet, anderenfalls werden alle nicht unterstützten Funktionen emuliert, so dass eine Lokalisierung von Webseiten mittels php-gettext in jedem Fall funktioniert (im Zweifel mit geringfügig höherem Rechenaufwand, weil keine nativen Funktionen benutzt werden).

16.5.4 Klasse »Gettext«

Um die Erweiterung php-gettext möglichst einfach einzubinden, schreiben wir zunächst eine kleine Klasse dafür. Deren UML-Diagramm ist in Abbildung 16.10 dargestellt.

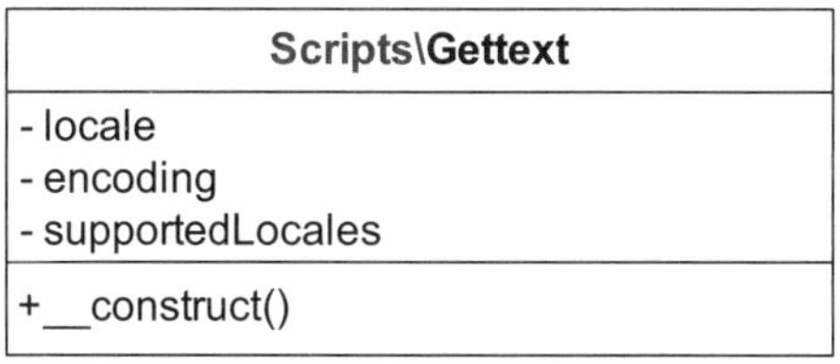

Scripts\Gettext
- locale - encoding - supportedLocales
+__construct()

Abbildung 16.10 UML-Diagramm der Klasse »Gettext«

Die Klasse `Gettext` bindet als Erstes das Skript *gettext.inc*[12] der php-gettext-Erweiterung ein. Damit stehen alle Funktionalitäten für die Lokalisierung bereit.

```
require_once(PROJECT_DOCUMENT_ROOT.'/scripts/LanguageSupport/
        php-gettext/gettext.inc');
```

Außerhalb der Klassen-Funktionen sind noch die beiden Variablen `encoding` mit dem Wert `UTF-8` und `supportedLocales` mit einem Array aus den Werten `de_DE` und `en_US` gesetzt.

---

11 Die Erweiterung ist zu finden unter: *http://savannah.nongnu.org/projects/php-gettext*.
12 Wir haben in der Erweiterung lediglich eine kleine Anpassung in der *gettext.inc* vorgenommen: Das Einbinden der benötigten Skripte *streams.php* und *gettext.php* funktioniert nun unabhängig vom einbindenden Skript.

16 | Mehrbenutzersysteme

function __construct()

Dies ist die einzige Funktion, die in der Klasse Gettext existiert. Im ersten Schritt wird per isset() überprüft, ob die GET-Variable locale an das Skript übergeben wurde. Ist dies der Fall, wird im Array supportedLocales nach einem gleichlautenden Eintrag geschaut. Dafür verwenden wir den Befehl in_array(). Der erste Parameter ist der übergebene locale-String, der zweite Parameter das in der Klasse gesetzte Array. Bei einer Übereinstimmung gibt dieser Befehl true zurück, und die if-Bedingung ist wahr. Dann wird locale auf den übergebenen Wert gesetzt, anderenfalls bleibt der Standardwert de_DE gesetzt.

```
public function __construct($domain = "default")
{
    //Wurde eine Sprache übergeben und ist sie im erlaubten Rahmen?
    if(isset($_GET['locale']) AND
        in_array($_GET['locale'],$this->supportedLocales))
            $this->locale = $_GET['locale'];
```

Hier folgen nun noch die nötigen Angaben, dass die korrekte Sprache geladen werden kann. Im ersten Schritt wird die Sprache (locale) gesetzt. Dazu muss der Wert LC_ALL auf die gewünschte Sprache (im Standardfall: de_DE) gesetzt werden. Dies erledigen wir mit dem Befehl T_setlocale() aus der php-gettext-Erweiterung. So werden später aus dem Pfad der *Locales* die richtigen MO-Dateien geladen. Wie bereits erläutert, dürfen für eine Lokalisierung beliebig viele Domänen angelegt werden, hier wird jedoch im Standardfall die Domäne *default* angenommen (wenn dem Konstruktor nicht eine andere Domäne übergeben wurde). Im Folgenden legen wir drei weitere Konfigurationen fest:

- Den Pfad, wo die *Locale*-Dateien (für diese Domain) abgelegt werden, setzen wir per T_bindtextdomain(). Hierbei geben wir zum einen die Domäne und zum anderen den gesamten Pfad (mit einem abschließenden Slash) an.
- Die Zeichencodierung der Domäne setzen wir hier immer auf UTF-8. Dies erledigen wir mit dem Befehl T_bind_textdomain_codeset().
- Die für das Skript zu verwendende Domäne setzen wir schließlich noch mit dem Befehl T_textdomain().

```
// Sprache (locale) setzen
\T_setlocale(LC_ALL, $this->locale);
//Sprachdateien werden abgelegt in:
\T_bindtextdomain($domain,PROJECT_DOCUMENT_ROOT.'/scripts/
            LanguageSupport/locale/');
//Zeichenkodierung ist im Standardfall: UTF-8
\T_bind_textdomain_codeset($domain, $this->encoding);
//Die zu benutzende Domäne
```

```
    \T_textdomain($domain);
}
```

Listing 16.9 Klasse »Gettext«

Zusätzlich schreiben wir in die Datei *class.Gettext.php* außerhalb der Klassendefinition direkt noch die Codezeile für die Instantiierung der Klasse:

```
//direkt Instantiieren
$gettext = new Gettext();
```

So erreichen wir durch das Einbinden der Klasse direkt die Möglichkeit einer Lokalisierung mit der php-gettext-Erweiterung ohne weitere Aufrufe der Klasse oder einer ihrer Methoden.

Um die Lokalisierung nun in unser Beispielskript einzubauen, fügen wir die folgende Zeile zum Kopf der Datei hinzu:

```
require_once "classes/class.Gettext.php";
```

Des Weiteren muss jedes Vorkommen von _() oder gettext() durch T_() oder T_gettext() ersetzt werden. Anderenfalls wird die von uns eingebaute Erweiterung nicht verwendet.

16.5.5 Software für die Erstellung von Locales-Dateien

Um nun die Lokalisierung von PHP-Skripten zu erleichtern, gibt es diverse Software-Werkzeuge, die Quellcode gezielt nach gettext-Verwendung durchsuchen und einem Entwickler oder Übersetzer die Arbeit sehr erleichtern. Sie müssen also keine PO-Datei von Hand anlegen. Im Folgenden wollen wir Ihnen eine kurze Einführung in das Programm *Poedit*[13] geben, das frei verfügbar ist und unter der MIT[14]-Lizenz veröffentlicht wird. Wie die Software installiert wird, beschreiben die Webseiten von Poedit.

Zuerst sollten wir die in Abbildung 16.9 gezeigte Ordnerstruktur für die Sprachen de_DE und en_US anlegen. Dort werden dann später die PO-Dateien (und die automatisch erstellten MO-Dateien) gespeichert.

Zuerst legen wir einen Katalog für die deutsche Sprachübersetzung an. Dafür klicken Sie in Poedit auf DATEI und dort auf NEUER KATALOG. Anschließend öffnet sich das in Abbildung 16.11 gezeigte Fenster, in dem Sie einige beschreibende

---

13 Poedit ist erhältlich unter der Adresse *http://www.poedit.net/*.
14 MIT-Lizenz: *http://de.wikipedia.org/wiki/MIT-Lizenz*.

Einstellungen vornehmen müssen (diese werden im Kopf der PO-Datei gespeichert und sind als Meta-Informationen für Poedit interessant).

- Projektname und -version: Beschreibt den Namen und die Version des Projekts.
- Übersetzerteams und E-Mail-Adresse des Übersetzerteams: Hier können Sie die Namen und E-Mail-Adresse des Übersetzerteams angeben.
- Sprache und Land: Tragen Sie hier die Kombination von Sprache und Land ein. Diese Angabe wird nur von Poedit benötigt und wird nicht etwa automatisch von der php-gettext-Erweiterung verwendet. Dennoch sollten Sie hier korrekte Angaben machen.
- Zeichensatz und Zeichensatz des Quellcodes: Tragen Sie in diese Felder »UTF-8« ein.
- Pluralformen können Sie leer lassen.[15]

Abbildung 16.11 Einstellung der Katalogdaten in Poedit

Haben Sie die Einstellungen vorgenommen, klicken Sie auf den Reiter Pfade. Der in Abbildung 16.12 gezeigte Dialog gibt Ihnen die Möglichkeit, die zu durchsuchenden Quelltexte per Pfad zu bestimmen. Dazu geben Sie den Basispfad des Projektes an, der in unserem Fall *D:\xampp\htdocs\BUCH* lautet. Anschließend fügen Sie die diversen Unterpfade des Projektes hinzu, die nach zu übersetzenden Textelementen durchsucht werden sollen, indem Sie auf die Schaltfläche

---

15 Pluralformen ermöglichen die Unterscheidung von Ein- und Mehrzahl von Begriffen, sie werden hier aber nicht weiter behandelt. Weiterführende Informationen dazu finden Sie im Internet unter: *http://www.poedit.net/*.

Neuer Eintrag (zweite von links) klicken. Da wir hier nur das Beispielskript aus dem Ordner *LanguageSupport* übersetzen wollen, geben Sie den Pfad *scripts\LanguageSupport* an.

> **Hinweis**
>
> Bitte achten Sie auf folgende Punkte:
> - Der Basispfad darf nicht mit einem Slash beendet werden.
> - Ein Pfad darf nicht mit einem Slash beginnen und nicht mit einem Slash schließen.
>
> Poedit hat anderenfalls Probleme, die richtigen Ordner in Ihrem Projekt zu finden.

Abbildung 16.12 Pfadangaben für den zu durchsuchenden Quellcode

Der letzte Schritt bei den Einstellungen des Kataloges ist nun unter dem Reiter Schlüsselwörter zu finden. Hier geben Sie ein, welche PHP-Befehle von Poedit aus den PHP-Quelltext beachtet und extrahiert werden sollen. Da wir hier nicht das eingebaute gettext von PHP verwenden, sondern die php-gettext-Erweiterung, lassen wir Poedit nach den Funktionen T_ und T_gettext suchen. So werden später alle Vorkommen dieser Befehlen gefunden und deren Schlüssel in Poedit zur Übersetzung angezeigt.

Klicken Sie abschließend auf die Schaltfläche OK, und Ihr erster Katalog ist angelegt. Klicken Sie nun auf den Menüpunkt Katalog • Aus Quelltexten aktualisieren, und Sie sehen, wie Poedit die Quelltexte durchsucht und anschließend einen Dialog anzeigt, der Ihnen mitteilt, welche neuen zu übersetzenden Begriffe gefunden wurden. Sollten Sie bereits übersetzte Begriffe in Ihrer PO-Datei haben, die nun aber nicht mehr gefunden wurden, werden sie als veraltet gekennzeichnet, jedoch noch nicht aus der Datei entfernt[16].

---

16 Das Entfernen veralteter Einträge erledigen Sie über den Menüpunkt Katalog • Ungenutzte Übersetzungen entfernen.

16 | Mehrbenutzersysteme

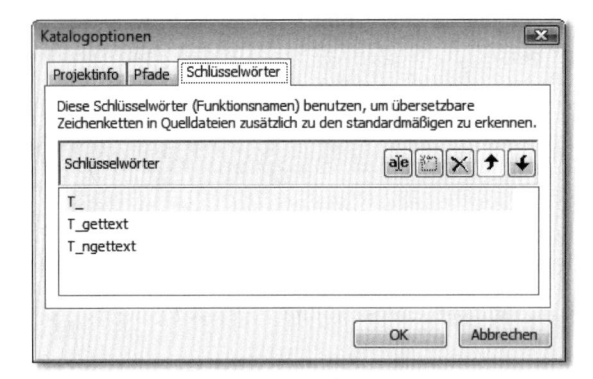

Abbildung 16.13 Eingabe der Schlüsselwörter in Poedit

Anschließend (nach einem Klick auf OK) befinden Sie sich im Hauptfenster von Poedit, in dem Sie die Übersetzungen der einzelnen Begriffe anschauen und ändern können. Des Weiteren können Sie Kommentare zu einzelnen Begriffen speichern. In Abbildung 16.14 sehen Sie die Ansicht des Katalogs für die *gettext-Test.php*-Datei, die wir bereits angelegt haben.

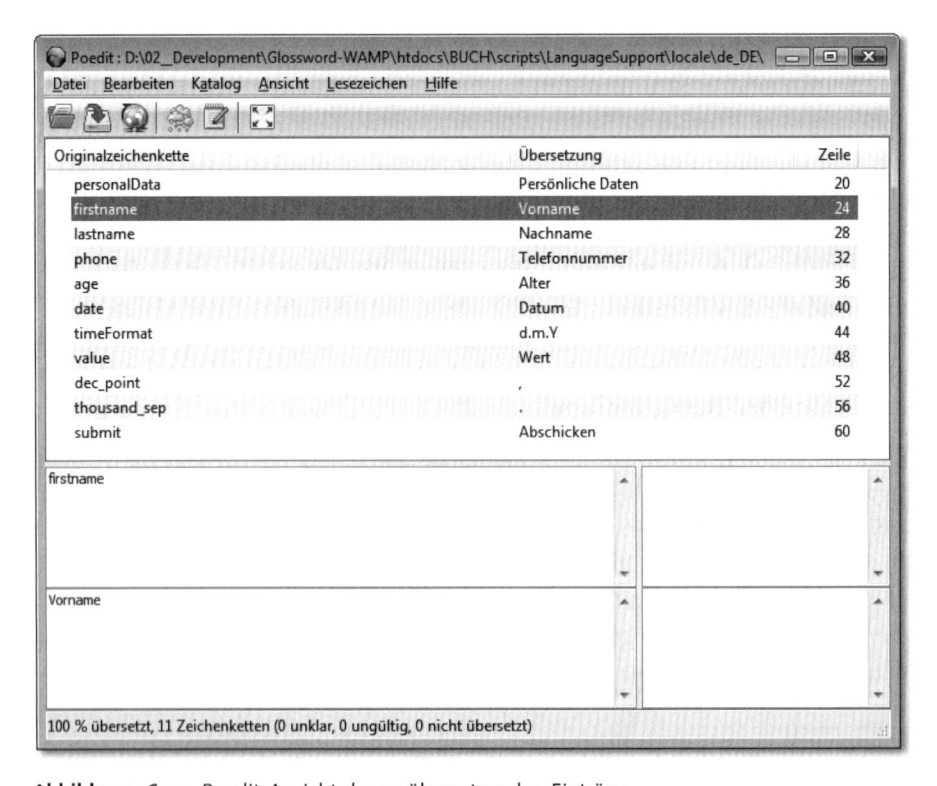

Abbildung 16.14 Poedit-Ansicht der zu übersetzenden Einträge

Hier können Sie nun alle Begriffe in deutscher Sprache angeben und die Datei anschließend im Verzeichnis *locale/de_DE/LC_MESSAGES* unter dem Namen *default.po* abspeichern. Sobald Sie dies tun, legt Poedit automatisch die von PHP benötigte MO-Datei im selben Verzeichnis an.

Legen Sie einen zweiten Katalog an, und führen Sie dieselben Schritte erneut aus. Geben Sie an den entsprechenden Stellen dann ENGLISH für die verwendete SPRACHE an, und speichern Sie die Datei schließlich, nachdem Sie die Wörter ins Englische übersetzt haben, unter *locale/en_US/LC_MESSAGE*.

Nun ist die Arbeit an den Übersetzungen der Seite abgeschlossen. Bei jeder Änderung im Quelltext öffnen Sie jeden der vorhandenen Kataloge und führen die Suche im Quelltext erneut durch. Anschließend werden Ihnen neue Begriffe angezeigt, die Sie dann einfach übersetzen. So haben Sie eine sehr komfortable und einfache Möglichkeit, die Übersetzungen (auch für größere Projekte) unter Kontrolle zu behalten.

Wenn Sie nun die Seite *gettextTest.php* aufrufen, sehen Sie zunächst die deutsche Seite (siehe Abbildung 16.15) und durch einen Klick auf ENGLISH die englische Seite (siehe Abbildung 16.16). Beachten Sie hierbei auch die Formatierung des Datums und der angegebenen Zahl, die sich je nach Sprache entsprechend geändert hat.

Abbildung 16.15 Deutsche Version von »gettextTest.php«

CD-ROM zum Buch

Auf der CD können Sie dieses Beispielskript genau unter die Lupe nehmen.

Abbildung 16.16 Englische Version von »gettextText.php«

Das Schlagwort »Web 2.0« ist in aller Munde. Die Technologien dahinter, wie JSON, AJAX, Web-APIs oder Feeds, werden in diesem Kapitel näher beleuchtet.

17 Web 2.0-Technologien

17.1 JavaScript Object Notation

JavaScript Object Notation – oder kurz JSON – beschreibt ein einfach strukturiertes Datenaustauschformat, das in den meisten Programmiersprachen in irgendeiner Form vorhanden ist. In JSON existieren lediglich Objekte und Arrays. Die Arrays in JSON gleichen den Arrays von PHP; Objekte sind assoziativen Arrays ähnlich. Im Gegensatz zu XML, das eine Auszeichnungssprache ist, ist JSON mit weniger Redundanzen behaftet und hat daher weniger Overhead. Beispielsweise hat in XML jedes Element ein Anfangs- und ein End-Tag (`<knoten>Inhalt</knoten>`), bei JSON wird lediglich ein Element-Wert-Paar gespeichert (`knoten: inhalt`). JSON folgt folgenden Grundregeln[1]:

- Ein Objekt beginnt und endet mit geschweiften Klammern. Dabei kann es eine durch Kommas geteilte, ungeordnete Liste von Eigenschaften enthalten. Diese bestehen jeweils aus einem Schlüssel und einem Wert, getrennt durch einen Doppelpunkt. Ein Wert ist hierbei entweder ein Objekt, ein Array, eine Zeichenkette, eine Zahl oder einer der Ausdrücke `true`, `false` oder `null`.

```
{
    "Schlüssel"  : "Wert",
    "Schlüssel2": false,
    "Eigenschaft" : "#dedede"
}
```

Listing 17.1 JSON-Objekt mit drei Eigenschaften

- Ein Array beginnt und endet mit eckigen Klammern. Es kann eine durch Kommas geteilte, geordnete Liste von Werten enthalten.

---

[1] Vergleiche *http://json.org* und *http://de.wikipedia.org/wiki/JSON*.

```
[
   "Wert1",
   "Wert2",
   true,
   {
      "Eigenschaft": "Wert",
      "Eigenschaft2": "Wert2"
   }
]
```

Listing 17.2 JSON-Array mit verschiedenen Elementen (Werten)

In Listing 17.2 ist ein Array dargestellt, das als Werte zunächst zwei Zeichenketten enthält, dann einen booleschen Wert und schließlich ein JSON-Objekt mit zwei Eigenschaften. JSON ist beliebig verschachtelbar; Sie könnten hier also dem Objekt im Array durchaus als Eigenschaft ein weiteres Array oder Objekt hinzufügen (allerdings wird die Lesbarkeit durch zu viele Schachtelungen schwieriger).

Warum sollten Sie JSON verwenden, und wie tun Sie dies? Das ist ganz einfach. Zunächst das Warum: Im Gegensatz zu XML ist die Struktur einfacher, lesbarer und weniger umfangreich. Mittlerweile – und dies ist das Hauptargument – verwenden unzählige Dienste im Web das JSON-Format, um Daten auszutauschen. Die Verwendung von JSON innerhalb von PHP ist ebenso einfach wie die Gründe für seine Verwendung: Sie benötigen lediglich zwei Befehle für die Umwandlung von einer JSON-Datenstruktur in eine vergleichbare PHP-Datenstruktur und umgekehrt. Dies sind zum einen der Befehl `json_encode()`, mit dem Sie eine PHP-Datenstruktur (ein verschachteltes Array) in ein JSON-Objekt umwandeln können, und zum anderen der Befehl `json_decode()`, um ein JSON-Objekt in eine PHP-Struktur (gegebenenfalls ein Array) umzuwandeln.

Wir wollen ein einfaches Beispiel anführen, in dem wir das folgende einfache PHP-Array erzeugen:

```
$array = array(
     'id'=>1,
     'name'=>'Baum',
     'description'=>'Ich bin ein Baum-Objekt'
);
```

Wenn wir nun hierauf den Befehl `json_encode()` verwenden, erhalten wir folgenden String – ein JSON-Objekt mit den entsprechenden Schlüssel-Wert-Paaren:

```
{"id":1,"name":"Baum","description":"Ich bin ein Baum-Objekt"}
```

Führen wir hierauf dann den Befehl `json_decode()` aus, erhalten wir wieder eine in PHP verwendbare Datenstruktur.

> **Wichtig**
>
> Um direkt ein Array aus einem JSON-Objekt zu erhalten, müssen Sie dem Befehl `json_decode()` neben dem JSON-Objekt (der Zeichenkette) einen zweiten Parameter `true` übergeben. Somit wird direkt ein assoziatives Array erstellt.

Hier noch ein etwas komplexeres Beispiel zur Verdeutlichung des Umwandelns von PHP-Arrays in eine JSON-Datenstruktur. Wir definieren folgendes Array mit zwei verschachtelten Unterarrays innerhalb des ersten Arrays:

```
$testArray = array(
    "Wert1" ,
    "Value-Key-Pair" =>true,
    array(
        "200",
        "300"),
    "Array im Array" => array(
                "Erster Wert"=>1,
                "Unterarray"=>array("Test")));
```

Das dazu passende JSON-Objekt sieht folgendermaßen aus:

```
{
    "0":"Wert1",
    "Value-Key-Pair":true,
    "1":["200","300"],
    "Array im Array":{
                "Erster Wert":1,
                "Unterarray":["Test"]
                }
}
```

Wie Sie sehen, werden fehlende Schlüssel im JSON-Objekt durch Nummern ersetzt, wie am Array mit den Werten 200 und 300 zu sehen, das im JSON-Objekt den Schlüssel 1 erhält. So lassen sich beliebig komplex verschachtelte Objekte von PHP- in JSON-Struktur und wieder zurück konvertieren. Wir werden JSON später bei der Implementierung einer Web-API verwenden, um eine Datenrückgabe zu realisieren.

> **CD-ROM zum Buch**
>
> Sie finden zum Thema JSON auch ein Beispielskript auf der Buch-CD.

17.2 AJAX

AJAX steht für »**A**synchronous **J**avaScript **a**nd **X**ML« und ermöglicht, die Grenzen des »zustandslosen« HTTP-Protokolls zu umgehen. Denn mit AJAX kann man, ohne ein komplettes Neuladen der HTML-Seite zu veranlassen, Inhalte dynamisch per JavaScript nachladen oder verändern. Die Technik, die hinter AJAX steckt, das sogenannte *XMLHttpRequest*, kann zwischen Browser und Server Nachrichten (beispielsweise im XML-Format oder als unformatierten String) übermitteln. Diese Technik ist nicht neu, wurde aber erst mit Anwendungen wie »Google Maps«[2] oder »Google Suggest«[3] wirklich in der Entwicklerwelt bekannt. Bei diesen Anwendungen werden Teile für die Darstellung der Seite (z. B. Kartenteile bei »Google Maps«) nachgeladen. Für den Benutzer scheint die Seite aber keinem Reload unterzogen worden zu sein, da die neuen Daten nach Bedarf per JavaScript im Hintergrund angefordert und dargestellt werden.

Die denkbaren Anwendungsmöglichkeiten für AJAX sind breitgefächert und lassen viele neue Interaktionsmöglichkeiten zu. Wir wollen im Folgenden eine einfache Suche auf Blog-Daten implementieren.[4] Dabei stellen wir ein Textfeld zur Verfügung, in das ein Suchbegriff eingegeben werden kann. Daraufhin sollen die Ergebnisse der Suche automatisch angezeigt werden. Dies dient nur als kurzes Beispiel der Anwendung von *XMLHttpRequest* und schöpft die Möglichkeiten dieser Technik bei weitem nicht aus. Wir werden hier allerdings nicht auf die Verwendung von XML im Zusammenhang mit AJAX eingehen, sondern in unserem Beispiel mit einfachen Stringzusammensetzungen arbeiten. Unser Beispiel fußt auf der Annahme, dass ein Blog relativ schnell an Umfang zunehmen kann, vor allem, weil auch unangemeldete Benutzer einen Kommentar zu Blog-Einträgen schreiben dürfen. Daher ist eine Volltextsuche auf den Inhalten der Blog-Einträge und Kommentare sicherlich ein sinnvolles Werkzeug. Zusätzlich lässt sich damit das Konzept von AJAX sehr gut erläutern.

17.2.1 Beispiel: Blog-»Suchmaschine«

Wie bereits angekündigt, wollen wir hier nun eine einfache »Suchmaschine« erstellen, die unser Blog (also die Tabelle `blog`) nach einem eingegebenen Begriff durchsucht. Dabei wird die Suche in den in Abbildung 17.1 gezeigten Schritten vor sich gehen.

---

2 *http://maps.google.com*
3 *http://www.google.com/webhp?complete=1&hl=en*
4 Die Implementierung des Blogs und die darin verwendeten Tabellen erläutern wir in Kapitel 18, »Blogs und Wikis«. Wir greifen hier vor, um sinnvolle Daten zur Suche zur Verfügung zu haben.

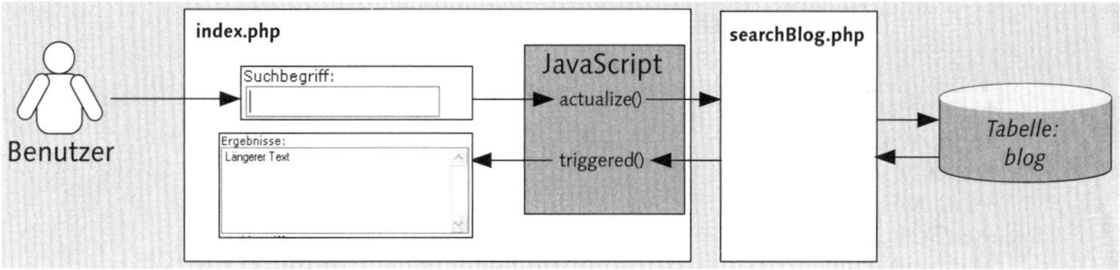

Abbildung 17.1 Ablauf der AJAX-»Suchmaschine«

- Der Benutzer kann als Erstes einen Suchbegriff eingeben.
- Nach jedem Tastendruck wird sofort die JavaScript-Funktion `actualize()` aufgerufen. Diese ruft intern per *XMLHttpRequest* und Übergabe des Suchbegriffs per GET-Parameter das Skript *searchBlog.php* auf.
- Das Skript *searchBlog.php* sucht in der Tabelle `blog` nach passenden Einträgen zum angegebenen Begriff und gibt diese aus (wobei hier die Ausgabe nicht am Bildschirm erscheint, sondern direkt von der folgenden JavaScript-Funktion ausgelesen wird).
- Die JavaScript-Funktion `triggered()` wird von der Funktion `actualize()` automatisch aufgerufen, wenn die Ladeoperation des *XMLHttpRequests* beendet ist. Innerhalb der `triggered()`-Funktion werden dann die Ergebnisse der Suche in die `select`-Liste der Index-Seite eingetragen.
- Diese vier Schritte werden nach jeder Eingabe ausgeführt, so dass auch schon bei der Eingabe eines einzigen Buchstabens erste Ergebnisse angezeigt werden.

> **Hinweis**
>
> Für unsere »Suchmaschine« auf den wenigen hier vorhandenen Datensätzen ist der Aktualisierungsvorgang nach jedem Tastendruck noch zu vertreten (nach dem Beispiel von »Google Suggest«).
>
> Falls aber sehr große Datenmengen durchsucht werden, sollten Sie die Suche in der Datenbank (also den Aufruf der Funktion `actualize()`) beispielsweise erst beginnen, wenn der Suchbegriff eine bestimmte Wortlänge überschritten hat. Anderenfalls können die Reaktionszeiten sehr langsam werden.

17.2.2 Klasse »AJAX«

Um die »Suchmaschine« mit AJAX zu realisieren, haben wir alle Methoden in einer Klasse zusammengefasst, um beim Stil der objektorientierten Programmierung zu bleiben. Die im folgenden UML-Diagramm gezeigten Methoden gilt es zu implementieren (siehe Abbildung 17.2).

Scripts\AJAX
- DB
+__construct() +addJavaScript() +displaySearchForm() +displayResultIframe() +getSearchResult() +displayEntry() - colorizeString(text, searchterm)

Abbildung 17.2 UML-Diagramm der Klasse »AJAX«

function __construct()

Der Konstruktor der Klasse bindet einmal mehr das globale Datenbankobjekt an die Variable $DB.

```
public function __construct()
{
   //Globales Datenbankobjekt holen
   $this->DB = $GLOBALS['DB'];
}
```

function addJavaScript()

Wir benötigen in diesem Fall eine externe JavaScript-Datei, die unser XMLHttpRequest-Objekt erstellt und die gesamte Funktionalität der »Suchmaschine« enthält. Dazu müssen wir diese Datei per <script>-Tag in die jeweilige HTML-Seite einbinden. Anschließend setzen wir den Pfad zur Datei *searchBlog.php* als globale JavaScript-Variable mit Namen dirToSearchScript. Dieser Pfad wird später für den AJAX-Aufruf benötigt.

Sollte der Benutzer in seinem Browser JavaScript abgeschaltet haben, wird durch den <noscript>-Bereich eine Fehlermeldung ausgegeben, die den Benutzer auf die Notwendigkeit von JavaScript zum Benutzen der »Suchmaschine« aufmerksam macht.

```
public function addJavaScript()
{
   //Einbinden der externen JavaScript-Datei
   echo "<script src='".PROJECT_HTTP_ROOT.
      "/scripts/AJAX/classes/AJAXJavaScript.js'".
      " type='text/javascript'>";
   echo "</script>";
   //Die Java-Script-Datei muss den Pfad zur Datei kennen
   //Als globale JavaScript-Variable setzen
```

```
    echo "<script type='text/javascript'>";
    echo "dirToSearchScript =       '".PROJECT_HTTP_ROOT."/scripts/
                                    AJAX/searchBlog.php';";
    echo "</script>";
    //Sollte der Benutzer JavaScript abgeschaltet haben,
    //erscheint folgende Fehlermeldung
    echo "<noscript>";
    echo "<div>";
    echo "Ohne aktiviertes JavaScript lässt sich ".
         "die Suchfunktion nicht benutzen!";
    echo "</div>";
    echo "</noscript>";
}
```

function displaySearchForm()

Wir benötigen für die Anzeige der »Suchmaschine« eine Auswahlliste (`<select>`-Liste) und ein einzeiliges Textfeld für die Eingabe des Suchbegriffs. Diese beiden Komponenten werden durch die Methode `displaySearchForm()` erstellt.

```
public function displaySearchForm()
{
    ...
    //Ergebnisauswahlliste
    echo "Ergebnisse:<br />";
    echo "<select onClick='loadEntry();'".
         " id='results' size=6>";
    echo "</select><br />";
```

Wie Sie sehen, wird die Auswahlliste leer, also ohne jegliche Auswahlmöglichkeit (`<option>`), erstellt. Die Optionen werden später durch eine JavaScript-Funktion dynamisch und ohne Neuladen der HTML-Seite hinzugefügt. Damit die Liste später mit JavaScript auch leicht angesprochen werden kann, geben wir der Auswahlliste eine eindeutige Bezeichnung durch das Attribut `id`. Um mehr als nur einen Eintrag der Auswahlliste auf einmal sehen zu können, setzen wir die Größe der Liste auf sechs anzuzeigende Optionen (`size`).

Der Befehl `onClick` wird für Sie neu sein, wenn Sie JavaScript noch nie zu Gesicht bekommen haben. Dabei sind diese Befehle sehr intuitiv zu verwenden: `onClick` innerhalb einer Liste bedeutet, dass bei einem Linksklick mit der Maus auf einen der Listeneinträge die angegebene JavaScript-Funktion (es können auch Folgen von Funktionen angegeben werden) ausgeführt wird. Hier wollen wir durch einen Klick auf einen Eintrag die später definierte JavaScript-Funktion `loadEntry()` ausführen lassen.

```
//Textfeld für den Suchbegriff
echo "Suchbegriff:<br />";
echo "<input id='name' onKeyup='actualize();' ".
    "type='text' value=''>";
...
}
```

Dem Textfeld geben wir ebenfalls eine eindeutige Bezeichnung durch das Attribut id und fügen die JavaScript-Anweisung onKeyup ein. Diese bedeutet, dass, wenn man sich in dem Textfeld befindet und eine Taste gedrückt hat, beim Loslassen dieser Taste der entsprechende Befehl (hier die später definierte JavaScript-Funktion actualize()) ausgeführt wird.

> **Hinweis**
>
> Wie Sie sehen, lassen sich manche JavaScript-Anweisungen nahtlos in HTML-Seiten einbetten. Anweisungen dieser Art können Ereignisse (Events) erkennen und Funktionen ausführen. Es gibt viele weitere dieser JavaScript-Funktionen, die beispielsweise Klicks mit der Maus erkennen, Mausbewegungen verfolgen oder Tastenberührungen erkennen. Da eine komplette Einführung in JavaScript den Rahmen dieses Buches bei weitem übersteigt, sollten Sie bei Interesse Bücher zu diesem Thema lesen oder auch in der umfangreichen deutschsprachigen Onlinereferenz SELFHTML unter *http://de.selfhtml.org/* blättern.

function displayResultIframe()

Diese sehr kurze Methode erstellt einen iframe, in dem wir später per JavaScript (jedoch nicht per *XMLHttpRequest*-Methode) den Inhalt eines gefundenen Eintrags zu einem Suchbegriff anzeigen können:

```
public function displayResultIframe()
{
    //Hinzufügen des iframes
    echo "<iframe id='entryContent' src='entryContent.php'".
        " frameborder=0></iframe>";
}
```

Wir vergeben auch hier eine eindeutige Bezeichnung, um den iframe später durch eine JavaScript-Funktion ansprechen zu können. Die Seite, die anfänglich angezeigt werden soll, ist das Skript *entryContent.php*.

function getSearchResult()

Diese Methode wird benutzt, um in der Tabelle blog nach dem im Textfeld eingegebenen Begriff zu suchen. Dazu muss zuerst der per GET-Methode übergebene Begriff ($_GET['name']) ausgelesen werden. Sollte dieser nicht gesetzt (was mit `isset()` überprüft wird) oder leer sein, wird die Methode mit dem Rückgabewert `false` beendet. Anderenfalls wird der Suchbegriff an die Variable `$searchString` gebunden.

```
public function getSearchResult()
{
   //Suchparameter aus der GET-Variablen holen
   if ((isset ($_GET['name'])) && ($_GET['name'] != ""))
   {
      $searchString = $_GET['name'];
   }
   else
   {
      //Kein Suchbegriff gesetzt -> Skript beenden.
      return false;
   }
```

Um die Tabelle `blog` nun nach einem passenden Eintrag zu durchsuchen, verwenden wir eine SQL-Abfrage der folgenden Art:

```
SELECT DISTINCT * FROM blog
WHERE content LIKE '%Suchbegriff%'
OR headline LIKE '%Suchbegriff%'
OR name LIKE '%Suchbegriff%';
```

Diese durchsucht den Inhalt, die Überschrift und den Namen jedes Blog-Eintrags und -Kommentars der Tabelle.

```
   //Die Tabelle des Blogs durchsuchen
   $sql = "SELECT DISTINCT * FROM blog WHERE ".
          "content LIKE '%".
          $this->DB->escapeString($searchString).
          "%' OR "."headline LIKE '%".
          $this->DB->escapeString($searchString).
          "%' OR "."name LIKE '%".
          $this->DB->escapeString($searchString)."%';";
   //Suche ausführen
   $data = $this->DB->query($sql);
```

Werden mit dieser SQL-Abfrage keine Datensätze gefunden, beenden wir die Methode mit der Rückgabe von `false`. Anderenfalls geben wir die gefundenen Einträge als JSON-Objekt zurück. Dazu rufen wir die Funktion `json_encode()` auf und übergeben ihr das Array `$data`. Somit werden alle zum übergebenen Suchbegriff gefundenen Suchtreffer aus der Tabelle `blog` zurückgegeben und lassen sich dann mit JavaScript verarbeiten.

```
//Wenn keine Datensätze gefunden wurden ...
if (count($data) == 0)
{
   return false;
}
   //Als JSON-codiertes Array zurückgeben
echo json_encode($data);
}
```

function displayEntry()

Diese Methode bekommt die Nummer eines Blog-Eintrags übergeben und stellt dessen Inhalt und Daten dar. Zunächst muss dazu überprüft werden, ob eine Nummer ($_GET['id']) übergeben wurde und nicht leer ist. Ist dies der Fall, lesen wir die Nummer und den Suchbegriff ($_GET['search']) aus den GET-Variablen aus. Den Suchbegriff benötigen wir später, da wir die gefundenen Stellen in dem Eintrag farblich hervorheben wollen. Sollte keine Nummer übergeben worden sein, wird eine entsprechende Fehlermeldung ausgegeben und die Methode per return false beendet.

```
public function displayEntry()
{
   //Überprüfen, ob die Nummer des Eintrags angegeben wurde.
   if (isset ($_GET['id']) && ($_GET['id'] != ""))
   {
      //Nummer und Suchbegriff holen
      $id = $_GET['id'];
      $search = $_GET['search'];
   }
   else
   {
      //Kein Eintrag gewählt
      echo "Kein Eintrag ausgewählt.";
      return false;
   }
```

Wir müssen nun zuerst den darzustellenden Eintrag aus der Tabelle blog laden; dies geschieht mit einer SQL-Abfrage folgender Art:

```
SELECT * FROM blog WHERE id = '1';
   $sql = "SELECT * FROM blog WHERE id = '".
         $this->DB->escapeString($id)."'";
   $result = $this->DB->query($sql);
```

Sollte in der Tabelle kein Eintrag mit der übergebenen Nummer gefunden worden sein, beenden wir die Methode mit einer entsprechenden Information:

```
//Falls eine nicht vorhandene Nummer übergeben wurde.
if(count($result)!=1)
{
    echo "Eintrag mit der Nummer ".$id.
         " nicht vorhanden.";
    return false;
}
```

Wir beginnen nun ein `<div>`-Element und geben zunächst die Überschrift des Eintrags und anschließend den Namen des Autors aus. Dazu rufen wir die Methode `colorizeString()` auf, der wir den auszugebenden Text und den Suchbegriff übergeben. Diese Methode hebt dann den Suchbegriff, sollte er in dem Text vorkommen, farblich hervor und gibt den Text aus.

```
//Überschrift ausgeben:
echo "<div style=''>";
echo "Überschrift: ".
$this->colorizeString($result[0]['headline'],
                     $search);
echo "<br />";
//Autornamen ausgeben:
echo "Name: ".
$this->colorizeString($result[0]['name'], $search);
echo "</div>";
```

Nun fehlt nur noch die Ausgabe des gesamten Inhalts des Kommentars bzw. des Eintrags. Da in der Datenbank die Zeilenumbrüche nicht mit HTML-Tags gespeichert sind, wandeln wir sie mit dem Befehl `nl2br()` in `<br />`-Tags um. So wird der Text im Browser so ausgegeben, wie er gespeichert wurde. Auch in diesem Text lassen wir den Suchbegriff durch `colorizeString()` hervorheben.

```
//HTML-Zeilenumbrüche hinzufügen
$text = nl2br($result[0]['content']);
//Text ausgeben
$this->colorizeString($text, $search);
}
```

Ein Beispiel für die Anzeige eines Blog-Eintrags durch diese Methode (mit farblich hervorgehobenem Suchbegriff »Test«) sehen Sie in Abbildung 17.3.

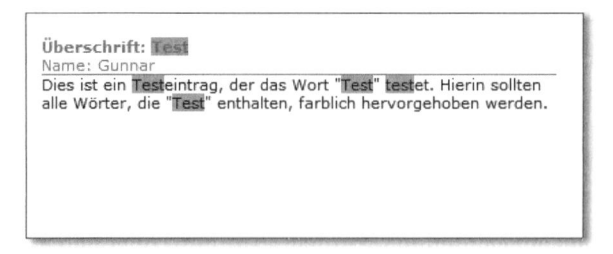

Abbildung 17.3 Anzeige eines gefundenen Eintrags durch »displayEntry()«

function colorizeString($text, $searchterm)

Dies ist eine rekursive Methode zum Hervorheben eines bestimmten Begriffes in einem Text. Wir übergeben dieser Methode die Parameter `$text`, also den zu kolorierenden Text, und den Parameter `$searchterm`, für den zu kolorierenden Begriff im Text. Wir beginnen dabei mit der Suche nach dem ersten Vorkommen des Suchbegriffes durch die Funktion `stripos()`. Dieser übergeben wir den zu durchsuchenden Text und den Suchbegriff. Dabei bekommen wir unabhängig von Groß- und Kleinschreibung die Anfangsposition des ersten Auftretens des Suchbegriffs im Text zurückgegeben. Diese speichern wir in `$pos`. Sollte der Begriff nicht im Text gefunden worden sein, bekommen wir `false` zurück. Wir prüfen dies mit der Bedingung `$pos === false` und geben, wenn es zutrifft, den gesamten Text aus, da keine zu kolorierenden Elemente gefunden wurden. Wichtig sind hierbei die **drei** Gleichheitszeichen bei der Überprüfung; denn wenn der gesuchte Begriff am Anfang des Textes steht, wird als Position 0 zurückgegeben. Eine Überprüfung von `$pos == false` würde dann ebenfalls zu `true` ausgewertet, und der gefundene Text (und alle potentiellen weiteren Funde desselbigen) würde nicht farblich hervorgehoben.

```
private function colorizeString($text, $searchterm)
{
   //Stelle finden!
   $pos = stripos($text, $searchterm);
   //Wurde nichts gefunden
   if ($pos === false)
   {
      //Suchbegriff nicht gefunden: Text ausgeben
      echo $text;
   }
```

Ist eine Position des Suchbegriffs gefunden worden, wollen wir den Textabschnitt davor ausgeben, dann den Suchbegriff hervorheben und anschließend den Resttext auf weitere Vorkommen des Suchbegriffs untersuchen. Mit dem Befehl substr() unter Angabe des Textes ($text) und der Anfangsposition (hier der Anfang des Strings, also 0) geben wir die Zeichen bis zur gefundenen Position des Suchbegriffes ($pos) aus. Anschließend erstellen wir mit einem <span>-Tag und den gewünschten CSS-Befehlen (hier mit der Hintergrundfarbe Orange) den farblich hervorgehobenen Bereich, schneiden den gesuchten Begriff wieder mit substr() aus und zeigen ihn an. Der auszuschneidende Bereich beginnt bei $pos und hat natürlich genau die Länge des Suchbegriffs (durch strlen($searchterm) berechnet). Anschließend schließen wir den <span>-Bereich. Somit ist der gefundene Suchbegriff farbig hervorgehoben.

```
else
{
   //Text vor der gesuchten Stelle des Suchbegriffs
   echo substr($text, 0, $pos);
   echo "<span style='background-color:orange'>";
   //Suchbegriff:
   echo substr($text, $pos, strlen($searchterm));
   echo "</span>";
```

Wir haben damit das erste Vorkommen in dem zu untersuchenden Text koloriert. Aber der gesuchte Begriff kann noch viele weitere Male im Text auftauchen, daher wollen wir den Resttext (alles nach der gefundenen Position) ebenfalls noch mit dieser Methode untersuchen. Dazu ermitteln wir zunächst die exakte Position hinter dem Suchbegriff durch die Nummer der Position ($pos) zuzüglich der Länge des Suchbegriffes durch den Befehl strlen() (strlen($searchterm)) und speichern die Position in $behindSearchterm. Dann rufen wir die Methode colorizeString() rekursiv auf. Dazu übergeben wir die folgenden Parameter:

- zu durchsuchender Text: Mit substr() schneiden wir den Resttext von $text aus, der hinter dem Suchbegriff beginnt (durch $behindSearchterm definiert), und schneiden so viele Zeichen aus, wie der Text noch lang ist. Dies lässt sich durch die gesamte Textlänge (strlen($text)) abzüglich der Zeichen bis hinter den Suchbegriff ($behindSearchterm) berechnen.
- zu kolorierender Suchparameter $searchterm

```
   //Position direkt hinter dem Suchbegriff
   $behindSearchterm = $pos +strlen($searchterm);
   //Erneut mit Rest-String rekursiv aufrufen
   $this->colorizeString(substr($text, $behindSearchterm,
       strlen($text)-$behindSearchterm), $searchterm);
   }
}
```

Listing 17.3 Klasse »AJAX«

Die sich rekursiv aufrufende Methode `colorizeString()` hebt alle Vorkommen eines Suchbegriffs farbig hervor. Wichtig ist, bei rekursiven Methodenaufrufen immer dafür zu sorgen, dass keine Endlosschleifen entstehen. Hier wird, sobald der Suchbegriff nicht mehr im Reststring gefunden wird, der gesamte übrig gebliebene Text ausgegeben und die Methode beendet. So kann hier niemals eine Endlosschleife entstehen, da irgendwann der restliche Text den Suchbegriff nicht mehr enthält (spätestens, wenn er auf 0 Zeichen geschrumpft ist).

17.2.3 AJAXJavaScript.js

Bisher haben wir noch keine AJAX-Technik verwendet und lediglich die Anzeige und die Suchfunktion implementiert. Nun werden wir die Funktionen der Datei *AJAXJavaScript.js* beschreiben. Folgende Funktionen sind in dieser Datei implementiert:

- **actualize()**
  wird aufgerufen, sobald in das Suchfeld ein Zeichen eingetragen wurde
- **triggered()**
  wird von JavaScript aufgerufen, sobald das `XMLHttpRequest`-Objekt das spezifizierte Skript (hier: *searchBlog.php*) aufgerufen und eine Antwort erhalten hat
- **loadEntry()**
  lädt das Skript *entryContent.php* unter Übergabe des Suchbegriffs und der korrekten Nummer eines Eintrags oder Kommentars in den erstellten iframe der Seite

Der Vorteil von JavaScript ist, dass die Syntax der von PHP sehr ähnelt. Daher werden wir hier nur kurz die zwei (für unseren Fall) wichtigen Unterschiede erläutern:

- Lokale Variablen werden mit dem Schlüsselwort `var` eingeleitet (bei globalen Variablen ohne). Dabei müssen Sie dem Variablennamen kein `$`-Zeichen voranstellen. Ein einfaches Beispiel für die Variablendeklaration ist: `var zahl = 2` oder `var text = "PHP 5 und MySQL 5"`.
- Methoden bzw. Funktionen von Objekten werden ähnlich denen in PHP aufgerufen, wobei der Pfeil durch einen Punkt (wie in Java) ersetzt wird. Die Funktion `open()` des Objekts `window` beispielsweise wird dann so aufgerufen: `window.open(...)`.

function actualize()

Diese Funktion wird bei jedem Loslassen einer gedrückten Taste im Suchfeld aufgerufen. So können wir den aktuellen Suchbegriff sofort an die Datenbank schicken. Wir müssen hier aber zunächst ein `XMLHttpRequest`-Objekt erstellen, das uns die Möglichkeiten der asynchronen Kommunikation über JavaScript ermöglicht. Da die Unterstützung der AJAX-Technologie in verschiedenen Browsern auch verschieden implementiert ist, müssen wir hier zunächst einen `try`-Block beginnen, der im Fehlerfall keine Fehlermeldung ausgibt, sondern einfach »ohne Murren« abbricht.

Der IE ermöglicht AJAX vor Version 7 nur als ActiveX-Komponente, in anderen Browsern wie dem Firefox oder Opera (und im IE ab Version 7) gibt es eine native Umsetzung. Um diesen Fall zu unterscheiden, fragen wir, ob der Browser das `XMLHttpRequest`-Objekt nativ unterstützt; dies kann durch die Existenz des Objekts `window.XMLHttpRequest` geklärt werden.

Wir fragen also, ob der Browser das Objekt unterstützt (`window.XMLHttpRequest`), und wenn dies der Fall ist, erstellen wir eine Instanz des `XMLHttpRequest`-Objektes (`new XMLHttpRequest()`), anderenfalls erstellen wir ein neues ActiveX-Objekt (`new ActiveXObject("Microsoft.XMLHTTP")`). In beiden Fällen haben wir eine Instanz eines `XMLHttpRequest`-Objektes an die globale Variable `xmlhttp` gebunden. Diese muss hier als globale Variable (also ohne `var`) definiert werden, da die Funktion `triggered()` später ebenfalls darauf zugreifen muss. Sollten beide Varianten nicht funktionieren, tritt ein Fehler auf, und JavaScript betritt automatisch den `catch`-Block. So können wir per `alert()` eine Popup-Meldung ausgeben, die den Besucher davon in Kenntnis setzt, dass AJAX nicht unterstützt wird. Daraufhin beenden wir die Funktion, indem wir `false` zurückgeben.

```
function actualize()
{
   try
   {
      // Gecko-Engines unterstuetzen XMLHttpRequest.
      // IE benutzt ActiveX.
      xmlhttp = window.XMLHttpRequest?
              new XMLHttpRequest():
              new ActiveXObject("Microsoft.XMLHTTP");
   }
   catch (e)
   {
      // Fehler: der Browser kommt mit AJAX nicht klar
      alert('AJAX wird nicht unterstützt!');
      return false;
   }
```

Wenn das `XMLHttpRequest`-Objekt korrekt erstellt werden konnte, bestimmen wir hier zunächst das Verhalten des Objekts. Wir setzen das Attribut `onready-`

statechange (das einen *Event Handler* repräsentiert) auf triggered. Dies bedeutet, dass, wenn das Objekt eine Antwort von dem später aufgerufenen Skript erhält (sich also der Zustand des Objekts ändert), automatisch die JavaScript-Funktion triggered() aufgerufen wird.

```
//Eventhandler setzen:
xmlhttp.onreadystatechange = triggered;
```

Nun wollen wir den konkreten Suchbegriff an das Suchskript schicken. Da wir in unserem HTML-Dokument allen Feldern eindeutige Bezeichner gegeben haben, können wir durch die Funktion getElementById() aus dem Objekt document eine Referenz auf das Eingabefeld bekommen. Den Wert des Feldes lesen wir direkt per Attribut value aus und speichern ihn in der lokalen Variablen name. Der Befehl open des XMLHttpRequest-Objektes weist dem Objekt ein Zielskript (bzw. dessen URL) und die Methode des Aufrufs zu. Hier wollen wir die Parameter per GET-Methode an die PHP-Datei *searchBlog.php* schicken, deren URL wir zuvor in der globalen Java-Script-Variable dirToSearchScript gesetzt haben. Wir hängen den Suchbegriff, der in der Variablen name gespeichert ist, als GET-Variable an. Der hier zusätzlich verwendete Befehl escape() maskiert den Suchbegriff noch für das Verschicken (in ASCII-Zeichen) per GET-Parameter.[5]

```
//Parameter steht im Textfeld:
var name = document.getElementById('name').value;
//open() ruft das angegebene Skript auf und
//sendet per GET die Parameter
xmlhttp.open('GET',dirToSearchScript +
             '?name=' + escape(name));
```

Die letzte Aktion in dieser Funktion ist das Absenden der Anfrage an das Zielskript per XMLHttpRequest-Funktion send(). Wir übergeben hier null als Parameter, da anderenfalls der Firefox diesen Funktionsaufruf nicht akzeptiert. Opera und IE ist dies egal.

```
//Die Anfrage senden:
xmlhttp.send(null);
}
```

function triggered()

Diese JavaScript-Funktion wird durch den Event Handler des XMLHttpRequest-Objekts aufgerufen, wenn sich der Status des Objekts ändert. Wir müssen daher zuerst überprüfen, inwiefern sich der Status des Objekts xmlhttp geändert hat.

---

5 Anderenfalls bekommen Sie Probleme mit Sonderzeichen oder den deutschen Umlauten.

Das Objekt hat zwei unterschiedliche Status. Der `readyState` kann folgende numerische Werte annehmen:

- 0: nicht initialisiert
- 1: lädt gerade
- 2: fertig geladen
- 3: interaktiv
- 4: fertig

Der `status` enthält einen numerischen HTML-Statuscode. Dies kann im Grunde alles von 200 (»OK«) über 404 (»Not found«) bis 505 (»HTTP Version not supported«) sein. In der `if`-Bedingung prüfen wir, ob der `readyState` nicht den Wert 4 (also »fertig«) hat und der HTML-Status nicht den Wert 200 (also »OK«) besitzt. Wenn dies so ist, geben wir `false` zurück und beenden somit die Funktion. Erst wenn beide Status den »OK«-Status erreicht haben (also 4 und 200), wird die Funktion fortgeführt.

```
function triggered()
{
    //Status überprüfen
    if ((xmlhttp.readyState != 4) || (xmlhttp.status != 200))
    {
        return false;
    }
```

Wir wollen nun – da das Resultat der Suche vorliegt – die Ergebnisse, die als JSON-Objekt von dem Skript *searchBlog.php* (durch die Methode `getSearchResult()` der Klasse `AJAX`) übermittelt wurden, in ein in JavaScript verwendbares JSON-Objekt umwandeln. Das Ergebnis der Anfrage bekommen wir durch den Aufruf der Funktion `responseText` des Objekts `xmlhttp`. Der hier aufgerufene Befehl `eval()` bewirkt, dass das JSON-Objekt, das in Textform vorliegt, als echtes Objekt an die Variable `results` gebunden wird. Nun haben wir das Ergebnis vorliegen und müssen die Auswahlliste bearbeiten. Wir holen es erst per `getElementById()`-Befehl über den Bezeichner `results` und binden es an die Variable `resultField`.

```
    //in xmlhttp.responseText steht die Antwort des
    //aufgerufenen Skripts als JSON-Objekt
    var results = eval(xmlhttp.responseText);
    //Die Select-Liste an eine Variable binden
    var resultField = document.getElementById('results');
```

Wir wollen nun die Liste leeren, damit anschließend nur die Einträge des aktuellen Suchergebnisses enthalten sind. Dazu speichern wir die Anzahl der Optionen der Auswahlliste in der Variablen `optionCount`. Wir greifen dazu auf das Attribute `options` und dessen »Unterattribut« `length` (die Anzahl der Optionen) zu. Anschließend definieren wir eine `for`-Schleife, die so oft wiederholt wird, wie Optionen in der Liste vorhanden sind. Nun wird innerhalb der Schleife jeweils auf die erste Option (`resultField.options[0]`) der Auswahlliste verwiesen, diese auf `null` gesetzt und somit gelöscht.

```
//SelectListe leeren
var optionCount = resultField.options.length;
for (var i = 0; i < optionCount; i++)
{
   resultField.options[0] = null;
}
```

> **Hinweis**
>
> In einer Auswahlliste wird nach dem Löschen einer Option immer wieder neu nummeriert, bzw. die Optionen werden über neue Indizes angesprochen. Daher kann in jedem Schleifendurchlauf der Eintrag an Stelle 0 des Arrays gelöscht werden. So sind am Ende der Schleife alle Optionen aus der Auswahlliste gelöscht.

Nun sollen die übermittelten Einträge in die Auswahlliste aufgenommen werden. Dies geschieht nur, wenn die Anzahl der Einträge in der Ergebnisliste (`result.length`) größer null ist; anderenfalls wird per Rückgabewert `false` abgebrochen. Wir beginnen mit einer `foreach`-Schleife, die für jeden Eintrag des JSON-Objektes `result` einmal durchlaufen wird, wobei in jedem Schritt eine neue Option zu der Auswahlliste hinzugefügt wird. Dafür erstellen wir eine neue Instanz des Objekts `Option`, das als Parameter den Namen der Option (hier: `unescape(results[i].headline)`) und den Wert der Option (hier: `results[i].id`) als Argumente erwartet. Wir verwenden hier `unescape()`, um mögliche Sonderzeichen, die in JavaScript codiert verarbeitet werden, in ihre textuelle Repräsentation zurückzuführen. Somit haben wir eine Option erstellt, die den Namen der Überschrift des gefundenen Eintrags und als Wert die eindeutige Nummer erhält. Wir können diese neue Option nun an die Auswahlliste `resultField` an der Stelle `options[i]` einfügen.

```
if(result.length == 0)
{
   return false;
}
//Alle gefundenen Einträge einfügen
```

```
   for (var i = 0; i < result.length; i++)
   {
      //Neuen Eintrag erstellen
      resultField.options[i] = new
      Option(unescape(results[i].headline),results[i].id);
   }
}
```

Mit Abschluss dieser Funktion existiert für jede Ergebniszeile der SQL-Abfrage aus der Methode `getSearchResult()` eine Option in der Auswahlliste mit dem Bezeichner 'results'.

function loadEntry()

Die letzte kleine JavaScript-Funktion dient lediglich dem Laden des Skriptes *entryContent.php* in einen iframe. Dazu binden wir den Wert der ausgewählten Option per `document.getElementById('results').value` an die Variable `id` und den aktuellen Suchbegriff per `document.getElementById('name').value` an die Variable `search`. Der iframe in unserem Beispiel hat den Bezeichner `entryContent`, und wir greifen in bekannter Weise darauf zu. Das Attribut `src` (»Source«) eines iframe-Elements bestimmt die darin angezeigte HTML-Seite. Sie setzen hier einfach den Wert auf das Skript *entryContent.php* und geben, als GET-Parameter angehängt, die Nummer des Eintrags aus der Variablen `id` und den Suchbegriff aus der Variablen `search` mit an.

```
function loadEntry()
{
   //Ausgewählter Eintrag
   var id = document.getElementById('results').value;
   var search = document.getElementById('name').value;
   //Seite in den iframe laden
   document.getElementById('entryContent').src =
       'entryContent.php?id=' + id + '&search=' + search;
}
```

Listing 17.4 AJAXJavaScript.js

Durch den Aufruf dieser Funktion wird der in der Auswahlliste ausgewählte Eintrag automatisch in den iframe unseres Beispiels geladen.

17.2.4 PHP-Skripte für das AJAX-Beispiel

Wir müssen nun noch die PHP-Skripte für unser AJAX-Beispiel implementieren. Wir benötigen hierfür drei Skripte:

- *index.php*: die Hauptseite der »Suchmaschine«
- *searchBlog.php*: das vom `XMLHttpRequest`-Objekt ausgeführte Skript zur Suche nach Einträgen
- *entryContent.php*: das Skript zur Darstellung eines gefundenen Eintrags

index.php

Zuerst müssen Sie die *common.php* sowie die `AJAX`-Klasse *class.AJAX.php* einbinden. Daraufhin erstellen Sie zunächst ein neues Objekt der Klasse `AJAX` mit dem Namen `$AJAX`. Es folgen die üblichen `HTML`-Methoden `printHead()` und `printBody()`, mit einem Unterschied zu den sonst üblichen Aufrufen: Dazwischen wollen wir den JavaScript-Code unseres Beispiels einbinden, damit dieser im Kopf der HTML-Datei zu finden ist. Dazu rufen Sie die Methode `addJavaScript()` des `AJAX`-Objekts auf.

```
<?php
require_once "../../common.php";
require_once PROJECT_DOCUMENT_ROOT."/scripts/AJAX/classes/
            class.AJAX.php";
//Neues AJAX-Objekt erstellen
$AJAX = new Scripts\AJAX();
//Kopf erstellen
System\HTML::printHead();
//JavaScript einfügen
$AJAX->addJavaScript();
//Body erstellen
System\HTML::printBody();
...
```

Nun benötigen Sie nur noch das Suchformular und dessen Ergebnisanzeige in Form der Auswahlliste, was durch die Methode `displaySearchForm()` ausgegeben wird, und den iframe zur Anzeige eines Blog-Eintrags oder -Kommentars, der durch die Methode `displayResultIframe()` erstellt wird. Anschließend beenden wir die Seite mit `printFoot()` des globalen `HTML`-Objekts.

```
//Inhalt der Seite:
$AJAX->displaySearchForm();
echo "<br />";
$AJAX->displayResultIframe();
//Ende der Seite
System\HTML::printFoot();
?>
```

Listing 17.5 index.php

searchBlog.php

Dieses Skript wird von unserem XMLHttpRequest-Objekt aufgerufen und sein Ergebnis intern (in der JavaScript-Funktion triggered()) verarbeitet. Hier werden zuerst die benötigten Skripte (*common.php* und *class.AJAX.php*) eingebunden, dann wird ein neues AJAX-Objekt erstellt und daraufhin die Suchfunktion der AJAX-Klasse getSearchResult() aufgerufen.

```php
<?php
require_once "../../common.php";
require_once PROJECT_DOCUMENT_ROOT."/scripts/AJAX/classes/
            class.AJAX.php";
//Neues AJAX-Objekt erstellen
$AJAX = new Scripts\AJAX();
//Suche ausführen
$AJAX->getSearchResult();
?>
```

Listing 17.6 searchBlog.php

entryContent.php

Das letzte Skript unseres Beispiels dient der Anzeige eines in der Ergebnisliste ausgewählten Eintrags im iframe. Die eingebundenen Skripte sind dieselben wie zuvor. Hier wird, abgesehen von den üblichen (hier ausgeblendeten) HTML-Methoden, nur die Methode displayEntry() des AJAX-Objekts aufgerufen und damit der ausgewählte Eintrag mit koloriertem Suchbegriff angezeigt.

```php
<?php
require_once "../../common.php";
require_once PROJECT_DOCUMENT_ROOT."/scripts/AJAX/classes/
            class.AJAX.php";
//Neues AJAX-Objekt erstellen
$AJAX = new Scripts\AJAX();
...
$AJAX->displayEntry();
...
?>
```

Listing 17.7 entryContent.php

Nun ist unser AJAX-Beispiel fertig und kann für die Suche innerhalb der Überschrift, des Namens und des Inhalts aller Blog-Einträge benutzt werden. In Abbildung 17.4 ist eine Ansicht der »Suchmaschine« in Aktion zu sehen.

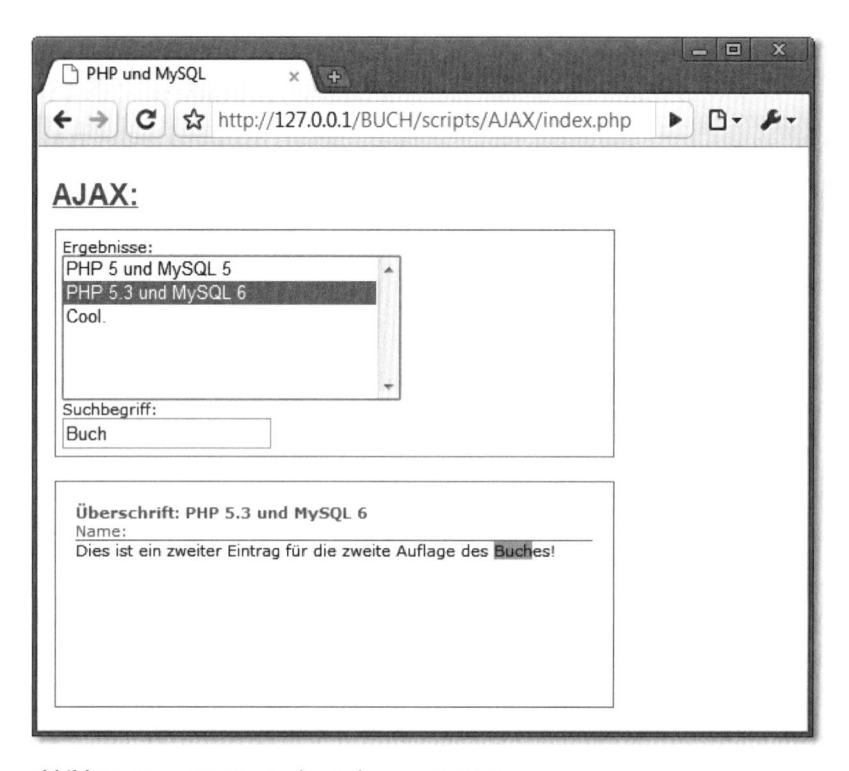

Abbildung 17.4 Fertige »Suchmaschine« mit AJAX

17.2.5 PHPLiveX im Einsatz

Nun, da Sie wissen, wie Sie Funktionalitäten mit AJAX auf eigene Faust realisieren, können wir Sie beruhigen: Sie müssen nicht jedes Mal den gesamten JavaScript-Code selbst programmieren. Wie so oft gibt es natürlich auch für die Verwendung von AJAX nützliche »Helferlein«. Gerade im Bereich JavaScript und AJAX erleichtern Ihnen unzählige Programm-Bibliotheken die Arbeit. Für die Verbindung von PHP und AJAX existiert die kleine, aber ungemein praktische Open-Source-Bibliothek *PHPLiveX*[6], die von *Arda Beyazolu* entwickelt wurde. Sie erlaubt es nicht nur, funktionalen programmierten Code, sondern sogar objektorientierte Klassen zu »ajaxifizieren« und durch JavaScript und AJAX anzusprechen. Als Programmierer müssen Sie dann nur sehr wenig JavaScript-Code schreiben; im Grunde beschränkt sich dieser auf die Fakten:

- Wie wird eine AJAX-Funktion aufgerufen (meist per Schaltfläche)?
- Welche AJAX-Funktion wird aufgerufen?

---

6 Erhältlich unter *http://www.phplivex.com* in Version 2.6, Stand 02.01.2012.

- Was geschieht, während man auf die Antwort wartet? (Gängig bei länger laufenden Abfragen ist hier die Anzeige einer Grafik, die den Wartemodus symbolisiert.)
- Was geschieht mit dem Ergebnis der Anfrage (welches HTML-Element wird mit Daten versorgt?)?

Alle anderen Schritte sind mit PHP-Code zu verwirklichen und werden im folgenden Beispiel anhand einer rudimentären Wiki-»Suchmaschine« erläutert. Wir benötigen zunächst die Klasse `WikiSearch`, deren Funktionen in Abbildung 17.5 dargestellt sind.

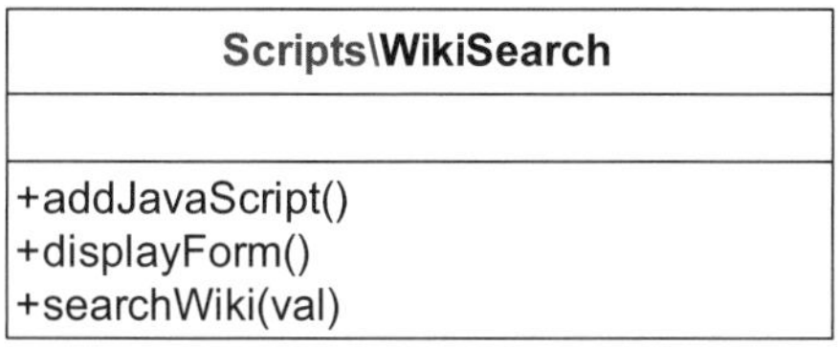

Scripts\WikiSearch
+addJavaScript() +displayForm() +searchWiki(val)

Abbildung 17.5 UML-Diagramm der Klasse »WikiSearch«

function addJavaScript()

Durch den Aufruf dieser Funktion wird die selbstgeschriebene JavaScript-Datei (wird später erläutert) für die Interaktion mit den AJAX-Komponenten in die HTML-Seite eingebunden. Dafür benötigen wir das `<script>`-Tag und geben den Pfad zur *wikiSearch.js*-Datei im `src`-Teil an.

```
public function addJavaScript()
{
   //Einbinden der externen JavaScript-Datei
   echo "<script src='".PROJECT_HTTP_ROOT."/scripts/AJAX/
       classes/wikiSearch.js' type='text/javascript'>";
   echo "</script>";
```

Im zweiten Teil der Funktion können Sie das `<noscript>`-Tag erkennen; dieses wird von Browsern ausgelesen, wenn JavaScript ausgeschaltet ist. In diesem Fall geben wir eine Hinweismeldung aus, die besagt, dass die Funktionalität der Wiki-Suche nicht ohne JavaScript funktioniert. In diesem Codeteil können Sie gegebenenfalls auch einen Link auf eine Suchseite platzieren, die ohne JavaScript auskommt (und die hier nicht implementiert wird).

```
   //Sollte der Benutzer JavaScript abgeschaltet haben,
   //erscheint folgende Fehlermeldung
   echo "<noscript>";
   echo "<div style='border:1px solid red;
```

```
            background-color:white;color:red;font-weight:bold;'>";
   echo "Ohne aktiviertes JavaScript lässt sich die Wiki-Suche
         nicht benutzen!";
   echo "</div>";
   echo "</noscript>";
}
```

function displayForm()

Um die Suchmaske sowie den Ergebnisbereich für dieses Beispiel zu generieren, implementieren wir die Funktion `displayForm()`. Hierin erstellen wir ein `input`-Feld mit der eindeutigen ID `wikisearch`; dies wird später im JavaScript-Code ein wichtiger Punkt sein. Zusätzlich spendieren wir dem Feld einen JavaScript-Event-Handler `onKeyUp`. Dieses Element überwacht das `input`-Feld und ruft hier nach jedem Drücken und Loslassen einer Taste die JavaScript-Funktion `searchWiki()` auf (solange das Feld ausgewählt ist, also den sogenannten *Fokus* besitzt).

```
public function displayForm()
{
   echo 'Suche nach Einträgen des Wikis:<br />';
   //Feld für die Sucheingabe
   echo '<input id="wikisearch" onKeyUp="searchWiki();"
        class="standardField" type="text" name="wikisearch">';
```

Hier folgt die Ausgabe des *Preloader*-Elements. Initial ist es ausgeblendet (`visibility:hidden`) und wird durch JavaScript so lange angezeigt, wie die Funktion, die per AJAX aufgerufen wird, tätig ist. Dies ist keineswegs notwendig, aber sicherlich sinnvoll, da wir einem Nutzer der Suche dadurch optisch mitteilen, dass im Hintergrund gearbeitet wird. Wir zeigen hier eine typisch rotierende Grafik an (*loading.gif*). Anschließend geben wir ein leeres HTML-Element mit dem Namen (`id`) `searchFor` aus, innerhalb dessen wir später anzeigen werden, nach welchem Begriff gesucht wurde. Den Abschluss der Funktion bildet das ebenfalls leere Element mit dem Namen `results`.

```
   //Element für den Preloader
   echo '<span id="pr" style="visibility:hidden;">
        <img style=" ... " src="'.PROJECT_HTTP_ROOT.'/images/
                                  loading.gif" /></span>';
   ...
   //Element für die Anzeige des Suchwortes
   echo '<span id="searchFor"></span>';
   //Element für die Anzeige der Suchergebnisse
   echo '<div id="results" style=" ... "></div>';
}
```

Wundern Sie sich nicht über die vielen leeren Elemente, die scheinbar keinen großen Sinn haben. Sie werden später durch JavaScript anhand ihres Namens angesprochen und dynamisch mit Inhalt (dem Suchbegriff und den Suchergebnissen) gefüllt. In Abbildung 17.6 sehen Sie die durch diese Funktion erzeugte HTML-Ausgabe.

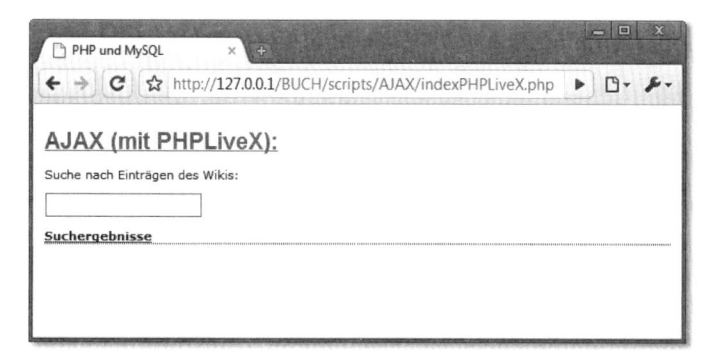

Abbildung 17.6 Ansicht des erzeugten Eingabefeldes durch »displayForm()«

> **Hinweis**
>
> In der Funktion displayForm() haben wir – im Gegensatz zu dem, was der Name vermuten lässt – kein HTML-Formular definiert; lediglich ein input-Feld existiert. Die Senden-Funktionalität wird hier allein durch den JavaScript-Befehl onKeyUp erledigt und macht somit eine submit-Schaltfläche eines gängigen Formulars überflüssig.

function wikiSearch($val)

Die wichtigste Funktion der Klasse WikiSearch ist die gleichnamige Funktion. Diese erwartet einen Parameter val, der für einen Suchbegriff steht. Im ersten Schritt bauen wir eine SQL-Abfrage, die einen JOIN über die Tabellen der Wiki-Einträge (wikitopics) und deren Inhalte (wikientries) vornimmt und innerhalb der Texteinträge auf Vorkommen des Suchbegriffs val testet. Eine Suche nach dem Begriff »Test« sähe dann folgendermaßen aus:

```
SELECT * FROM wikitopics t
LEFT JOIN wikientries e ON t.id = e.topicId
WHERE e.text LIKE '%Test%';
```

Durch diese Abfrage erhalten wir alle Einträge des Wikis, die den Suchbegriff enthalten (auch ältere Revisionen eines Eintrags). Wichtig ist hier auch das Maskieren des Parameters val, was hier ebenso wie die Datenbankabfrage direkt auf dem globalen Datenbankobjekt $GLOBALS['DB'] ausgeführt wird. Anschließend bereiten wir die Ausgabevariable output vor und setzen einen Farbwert für die später folgende Ausgabe der Suchergebnisse (bgcolor). Hier ist zusätzlich eine Skriptverzögerung von einer Sekunde durch den Befehl sleep(1) eingebaut, um Ihnen den Preloader wenigstens kurz zu zeigen. Ansonsten würde die Funktion (bei der Menge der Testdaten in der Datenbank) viel zu schnell bearbeitet. Dies ist natürlich nur zur Veranschaulichung eingebaut und sollte in jedem Fall bei Verwendung dieses Skriptes entfernt werden.

```
public function searchWiki($val)
{
   $results = $GLOBALS['DB']->query("SELECT * FROM  wikitopics
     t LEFT JOIN wikientries e ON t.id = e.topicId WHERE
     e.text LIKE '%".$GLOBALS['DB']->escapeString(val)."%';");

   $output = '';
   $bgcolor = '#dedede;';
   //Verzögerung zur Verdeutlichung des Preloaders hinzugefügt
     sleep(1);
```

Nun überprüfen wir, ob wir dem Suchbegriff entsprechende Treffer aus der Datenbank erhalten haben. Dazu zählen wir per count() die Elemente von results. Ist dies gleich null, geben wir eine entsprechende Hinweismeldung zurück und beenden somit die Funktion.

```
   //Sind Treffer vorhanden?
   if(count($results)==0)
    {
      //Falls keine Suchtreffer gefunden wurden,
      //wird dies auch mitgeteilt.
      return 'Keine Ergebnisse für die Sucheingabe <strong>'.
             htmlentities($val,ENT_QUOTES,"UTF-8").
             '</strong> gefunden.';
    }
```

Andernfalls sind Suchtreffer vorhanden, und wir beginnen eine foreach-Schleife, die jeden Suchtreffer einmal durchlaufen wird. Um die optische Gestaltung der Suchtrefferanzeige zu verbessern, wechseln wir die Hintergrundfarbe der Anzeige bei jedem Schleifendurchlauf (hier von den grauen Farbwerten c3c3c3c auf dedede und umgekehrt). Dafür verwenden wir hier die verkürzte if...then...else-Schreibweise. Anschließend erstellen wir zunächst ein <div>-Element mit der entsprechenden Hintergrundfarbe und schließen daraufhin das Topic an: Dafür setzen wir einen Link, der den Namen des Topics (htmlentities($wikientry['topic'], ENT_QUOTES, "UTF-8")) ausgibt und auf den Wiki-Eintrag direkt verweist. Dazu zeigen wir auf das Wiki (*PROJECT_HTTP_ROOT.'/scripts/Wiki/index.php*) und übergeben die GET-Parameter der Eintragsnummer (id=$wikientry['id']) und der Revision (revision.$wikientry['revision']).

```
    //Für alle Suchtreffer eine Schleife durchlaufen
    foreach($results as $wikientry)
    {
        //Hintergrundfarbe alternieren
        $bgcolor = ($bgcolor == '#dedede;')? '#c3c3c3;'
                                            : '#dedede;';
        //Suchtreffer ausgeben
         $output .= '<div style="background:'.$bgcolor.';">';
         $output .= '<em>Topic</em>: <strong>';
         $output .= '<a href="'.PROJECT_HTTP_ROOT.'/scripts/
                    Wiki/index.php?id='.$wikientry['id'].'
                    &revision='.$wikientry['revision'].'">'.
                    htmlentities($wikientry['topic'],
                    ENT_QUOTES,"UTF-8").'</a></strong>';
```

Anschließend fügen wir die Revisionsnummer zur Anzeige hinzu, wobei hier ein Maskieren nicht notwendig ist. Wie Sie später erfahren werden, ist in diesem Attribut immer eine Zahl gespeichert. Im letzten Schritt geben wir noch den Autor des Wiki-Eintrags aus (wiederum maskiert). Ist die Schleife für alle Suchergebniseinträge durchgelaufen, geben wir den zusammengesetzten String output zurück, damit er angezeigt werden kann.

```
             $output .= ' (<em>Revision:'.
                    $wikientry['revision']. '</em>)';
         $output .= '<br />';
         $output .= '<em>Autor</em>: <strong>'.htmlentities(
                    $wikientry['user'],ENT_QUOTES,"UTF-8").
                    '</strong>';
             $output .= '</div>';
    }
    return $output;
}
```

Listing 17.8 Klasse »WikiSearch«

Wie bereits erwähnt, benötigen wir zusätzlich zu der WikiSearch-Klasse ein klein wenig JavaScript. Dieser Code ist in der Datei *wikiSearch.js* zu finden.

wikiSearch.js

In der Datei *wikiSearch.js* nehmen wir auf die HTML-Elemente der aktuellen Seite Bezug. Zunächst benötigen wir den vom Benutzer eingegeben Suchbegriff, der in dem `input`-Feld mit dem Namen (der `id`) `wikiSearch` eingegeben wird. Diesen erhalten wir, indem wir mit dem JavaScript-Befehl `document.getElementById()` auf den DOM[7]-Baum der HTML-Seite zugreifen und nach der ID `wikiSearch` suchen. So erhalten wir eine Referenz auf das Objekt und können auf das Attribut `value` zugreifen, das uns die Zeichenkette zurückgibt, die im Textfeld steht. Der Suchbegriff wird hier in der Variablen `val` gespeichert. Durch dasselbe Vorgehen erhalten wir Objektreferenzen der später dynamisch zu füllenden `<div>`-Elemente `searchFor` und `results`.

```
function searchWiki()
{
   val = document.getElementById("wikisearch").value;
   //Die HTML-Elemente
   searchForObj = document.getElementById("searchFor");
   resultsObj = document.getElementById("results");
```

> **Hinweis**
>
> Bitte beachten Sie hier, dass die JavaScript-Variable, an die ein HTML-Element gebunden wird (hier beispielsweise `searchForObj`), nicht den gleichen Namen wie eine `id` der HTML-Seite tragen darf. Dies führt bei manchen Browsern zu Ausführungsfehlern (so beobachtet im Internet Explorer).

Im nächsten Schritt prüfen wir die Anzahl an Zeichen des Suchbegriffs (`val.length`), und nur, wenn diese größer als zwei ist, fahren wir mit dem nächsten Teil – der Suche – fort. Dazu greifen wir auf das Objekt `wk` und dessen Methode `searchWiki` zu. Dieses Objekt wurde bisher nicht definiert, da es später automatisch durch PHPLiveX erstellt wird. Interessant ist, dass die Funktion `searchWiki` hier nicht nur einen Parameter übergeben bekommt (was der eigentlichen Methodensignatur der PHP-Funktion entspräche), sondern zwei Parameter. Der erste Parameter ist der Suchbegriff, der in `val` gespeichert ist. Dieser wird an die PHP-Funktion weitergegeben. Dementsprechend hätte eine Funktion mit zwei erforderlichen Parametern in der »ajaxifizierten« Variante drei Parameter. Der zweite Parameter wird von PHPLiveX benötigt und sieht nicht aus wie ein üblicher Parameter, wie wir es von PHP gewohnt sind. Er ist aber ein JSON-Objekt, das hier zwei interne Parameter enthält. Der erste Parameter des JSON-Objekts ist dabei eine Funktion, der wir den Namen `onFinish` geben. Wir machen uns an dieser Stelle die Eigenschaft von JavaScript zunutze, dass man Funktionen definieren und als Parameter übergeben kann. Das Geniale hieran:

---

7 DOM steht für »Document Object Model« und beschreibt eine Schnittstelle zur Bearbeitung einer HTML-Seite. Definiert wird diese Schnittstelle vom W3C: *http://www.w3.org/DOM/*.

Die Funktion wird erst später aufgerufen, wenn PHPLiveX von der AJAX-Anfrage ein Ergebnis zurückgesendet bekam. Dann wird dieser Funktion direkt das Rückgabeergebnis als Argument übergeben (response). Innerhalb der Funktion setzen wir durch obj.innerHTML den HTML-Code in den jeweiligen <div>-Elementen. Das resultObj, das die Ergebnisliste repräsentiert, schreiben wir den Code, der als Resultat des Aufrufs der Methode searchWiki zurückgegeben wird. In das searchForObj schreiben wir den Text »Suche nach« und schließen den Suchbegriff an, so dass ein Suchender nachvollziehen kann, nach welchem Suchbegriff gesucht wurde. Der zweite Parameter im JSON-Objekt wird mit dem Wert preloader bezeichnet und übergibt PHPLiveX den Namen des Elements, das als Preloader agieren soll. Dies ist hier das <div>-Element mit dem Namen pr, das unsere *Loading*-Grafik enthält, die dann während der laufenden AJAX-Anfrage eingeblendet wird.

```
if(val.length > 2)
{
   wk.searchWiki(val, {
      "onFinish": function(response){
                  resultsObj.innerHTML = response;
                  searchForObj.innerHTML = 'Suche nach
                  <strong>' + val + '</strong>:';},
      'preloader':'pr'});
}
```

Wenn wir den else-Zweig der if-Anweisung erreichen, ist der Suchbegriff zu kurz (also weniger oder genau 3 Zeichen), und wir löschen alle Inhalte, die in den <div>-Elementen für die »Suche nach«-Box und der Ergebnisliste stehen. Dies erreichen wir durch das Setzen eines leeren Strings für das Attribut innerHTML eines HTML-Elements.

```
   else
   {
      resultsObj.innerHTML = '';
      searchForObj.innerHTML = '';
   }
}
```

Listing 17.9 wikiSearch.js

Mehr JavaScript benötigen wir an dieser Stelle nicht; den gesamten AJAX-Aufruf-Code, der für den Aufruf der Klassenmethode searchWiki benötigt wird, erzeugt PHPLiveX automatisch.

17 | Web 2.0-Technologien

indexPHPLiveX.php

Der letzte Schritt für die Implementierung der Wiki-Suche durch PHPLiveX wird nun in der *indexPHPLiveX.php*-Datei vollzogen. Zu Beginn des Skriptes binden wir erst die benötigten PHP-Skripte ein. Dies sind natürlich zum einen die *common.php*, zum anderen die WikiSearch-Klasse selbst und die PHPLiveX-Klasse, die im Ordner *extLibs/PHPLiveX* abgelegt ist. Daran anschließend erstellen wir durch das Instantiieren eines neuen Objekts (new Scripts\WikiSearch()) zunächst ein Objekt der Klasse WikiSearch; hier als wk abgekürzt. Dann folgt das Ausgeben des HTML-Kopfelements. Bevor wir nun den Body des Dokuments beginnen, fügen wir durch den Befehl $wk->addJavaScript() die benötigte JavaScript-Datei in die HTML-Datei ein.

```
<?php
require_once "../../common.php";
require_once PROJECT_DOCUMENT_ROOT."/scripts/AJAX/classes/
            class.WikiSearch.php";
require_once PROJECT_DOCUMENT_ROOT."/extLibs/
            PHPLiveX/PHPLiveX.php";
//Neues Ajax-Objekt erstellen
$wk = new Scripts\WikiSearch();
//Kopf erstellen
System\HTML::printHead();
//JavaScriptCode einbinden
$wk->addJavaScript();
//Body erstellen
System\HTML::printBody();
```

Nun erstellen wir ein Objekt der Klasse PHPLiveX und nennen es ajax. Der wichtigste Part ist nun, die von uns später per JavaScript aufgerufene Funktion durch PHPLiveX zu »ajaxifizieren«. Dies bedeutet, dass PHPLiveX den für den Aufruf der Funktion benötigten JavaScript-Code automatisch erstellt. Durch den Aufruf der Funktion AjaxifyObjectsMethods lässt sich dies erledigen. Im Falle von einfachen Funktionen übergebe man deren Namen als Argument, im Falle von Klassenmethoden als zweidimensionales Array: Der erste Eintrag trägt den Namen des instantiierten Objekts einer Klasse. Dies ist hier das Objekt wk der Klasse WikiSearch. Der Wert dieses Eintrags ist ein weiteres Array, in dem wir die jeweiligen zu behandelnden Funktionen der Klasse angeben können (in diesem Fall nur die Funktion searchWiki). Wichtig ist der anschließende Aufruf der Funktion Run() der Klasse PHPLiveX; erst dieser erstellt den JavaScript-Code für den späteren AJAX-Aufruf. Hier übergeben wir zwei Parameter: Der erste, false, gibt an, dass die benötigte JavaScript-Datei *phplivex.js* nicht in die Seite eingebettet, sondern über eine Pfadangabe benutzt werden soll. Der zweite Parameter ist dieser Pfad, der auf die JavaScript-Datei zeigt, hier im Ordner */extLibs/PHPLiveX* des Projektes.

```
//PHPLiveX-Objekt erstellen
$ajax = new PHPLiveX();
//Die Funktion unseres WikiSearch-Objektes "ajaxifizieren"
$ajax->AjaxifyObjectMethods(array("wk" =>
                                  array("searchWiki")));
//JavaScript-Code für den späteren Aufruf erzeugen.
//Dies muss innerhalb der HTML-Tags aufgerufen werden.
$ajax->Run(false,PROJECT_DOCUMENT_ROOT."/extLibs/
                          PHPLiveX/phplivex.js");
```

Im letzten Schritt zeigen wir durch den Aufruf von `$wk->displayForm()` nur noch das Suchformular an und schließen die HTML-Seite per `printFoot()`.

```
//Suchformular anzeigen
$wk->displayForm();
//Ende der Seite
System\HTML::printFoot();
?>
```

Listing 17.10 indexPHPLiveX.php

Wenn Sie nun das Skript *indexPHPLiveX.php* aufrufen, wird die eigene JavaScript-Datei eingefügt, die Klassen-Funktion »ajaxifiziert«, und der dafür benötigte JavaScript-Code generiert. Geben Sie jetzt einen Suchbegriff in das Eingabefeld ein, etwa »Gunnar«, erhalten Sie ein entsprechendes Suchergebnis. Dieses ist in Abbildung 17.7 dargestellt.

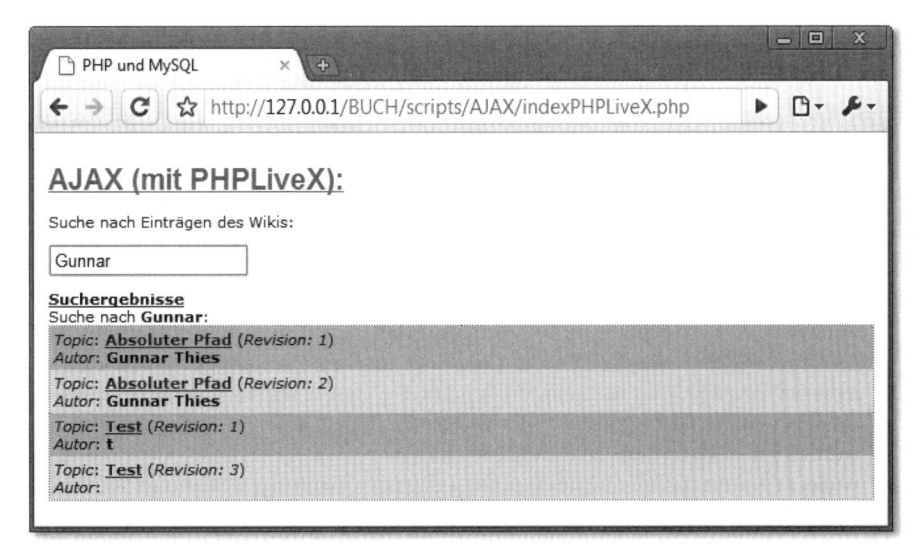

Abbildung 17.7 Suche nach einem Begriff in der Wiki-Suche

17.3 Web-API

Die Abkürzung *API* für *Application Programming Interface*, die ganz generell eine festgeschriebene Verbindung zu den Funktionalitäten eines IT-Systems (Schnittstelle) beschreibt, existiert schon lange. Die Verbindung einer API[8] mit dem Wort »Web« ist dagegen etwas neuer. Sogenannte *Web-APIs* haben durch den Web 2.0-Boom enorm an Bedeutung gewonnen. Dabei werden Schnittstellen beschrieben, die den Zugriff auf Funktionalitäten eines IT-Systems über das Internet ermöglichen. Die wohl prominentesten Beispiele bilden hier die »Amazon Web Services« und »Google Maps«, die sich über eine definierte Schnittstelle von anderen Anwendungen »anfragen« lassen und eine gewisse Funktionalität zur Verfügung stellen. Dies können Dienste sein, die Datenbankabfragen stellen und Daten zurückgeben, ebenso wie Dienste, die das Ausführen von Prozessen anstoßen. Am einfachsten ist die Vorstellung, dass Sie eine PHP-Klasse implementieren, deren Methoden nicht nur auf dem eigenen Server verwendet werden können, sondern von jedem Server (bzw. jedem Nutzer) im World Wide Web. So könnten wir beispielsweise den lesenden Datenbankzugriff auf interessante Daten kapseln und als Funktion anbieten. Diese Funktionen werden im Allgemeinen als »Services« bezeichnet. In diesem Bereich haben sich vor allem Webservices und REST[9]-Services einen Namen gemacht. Beide Arten erläutern wir im Folgenden kurz.

17.3.1 Webservices

Webservices verwenden grundsätzlich ein spezifisches XML-Nachrichtenformat, das SOAP[10] genannt wird. Darin ist genau vorgegeben, welche Elemente innerhalb einer Nachricht vorhanden sein müssen (also beispielsweise als Antwort eines Service-Aufrufs). Dies ist im Groben der SOAP-Header, der Angaben zur Nachricht und den gegebenenfalls zu verwendenden Aktionen (ebenso Informationen zu Verschlüsselung oder Transaktionen usw.) umfasst; der SOAP-Body enthält dagegen den konkreten Nachrichteninhalt, z. B. Datensets. Ein Webservice wird im Normalfall durch ein spezielles XML-Dokument beschrieben, das dem

---

8 API ist eines der aus dem Englischen ins Deutsche übernommenen Wörter, bei denen der Artikel nicht klar ist. Man liest und hört von einer API ebenso wie von einem API. »Die« ist motiviert durch die Wortbedeutung als Schnittstelle, »das« durch das »Interface« im Wort.
9 »**Re**presentational **S**tate **T**ransfer«; diesem liegt das Prinzip des Internets zugrunde, wonach jede URL als Ressource anzusehen ist.
10 Früher als Abkürzung für »Simple Object Access Protocol«, mittlerweile nur noch als »SOAP« bezeichnet.

Standard der Web Service Description Language (WSDL) entspricht: Dieses WSDL-Dokument definiert die verschiedenen Methoden, deren Eingabe- und Rückgabewerte (auch Datentypen) und die Möglichkeit des Aufrufes (sogenannte *Endpoints*), die als URL angegeben werden. Weitere Informationen zum WSDL-Standard, zu SOAP sowie zu diversen Webservice-Standards finden Sie beim *World Wide Web Consortium* unter *www.w3.com*. Den schematischen Ablauf bei Verwendung eines Webservices aus PHP heraus sehen Sie in Abbildung 17.8. Auf der linken Seite ist ein PHP-Skript skizziert, das im ersten Schritt mittels SOAP-Funktion die Service-Beschreibung eines Webservices anfordert. Dies ist sehr einfach durch die folgende Codezeile möglich:

```
$soapClient = new SoapClient("myExample.wsdl");
```

Dadurch erhalten wir ein Service-Client-Objekt, das die WSDL-Datei des Web-Service-Anbieters bekommen hat.

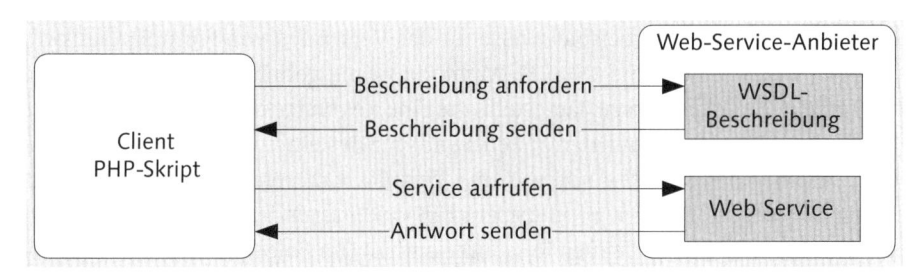

Abbildung 17.8 Webservice im Einsatz

Dies ermöglicht den Aufruf einer Methode des Services, da innerhalb des WSDL-Dokuments beschrieben ist, welche URL mit welchen Parametern aufzurufen ist. Dies geht wiederum ganz einfach:

```
$return = $soapClient->test($params);
```

Wir rufen hier also die Methode `test()` mit den Parametern der Variablen `$params` auf. Der Service wird dadurch aufgerufen und das Ergebnis zurückgegeben und in der Variablen `$return` gespeichert.

> **Hinweis**
>
> Die Möglichkeiten des SOAP-Clients in PHP sind vielfältig. Es lassen sich diverse Parameter setzen und ebenfalls leicht Webservices selbst schreiben. Dies werden wir hier nicht weiter vertiefen. Zu diesem Thema finden sich aber viele Tutorials und Erläuterungen im Internet. Der erste Anlaufpunkt ist hierbei immer *www.php.net*.

17.3.2 REST-Services

Representational State Transfer[11] (REST) ist die Bezeichnung für einen Architekturstil, der die vorhandenen Web-Technologien in einer webgerechten Art einzusetzen versucht. Wichtig bei REST ist, dass jede URL als Ressource verstanden wird. Solch eine Ressource lässt sich dann mittels der HTTP-Methoden PUT, GET, POST und DELETE bearbeiten. Folgende Möglichkeiten werden hierbei vorgesehen:

- POST: Anlegen einer neuen Ressource
- GET: Abfragen der Repräsentation einer Ressource
- PUT: Ändern/Überschreiben einer Ressource
- DELETE: Löschen einer Ressource

Der pure REST-Ansatz sieht nur diese vier Methoden vor, um ein Objekt (Ressource) zu bearbeiten. Die POST- und GET-Methode haben wir in diesem Buch des Öfteren verwendet (beispielsweise für das Versenden von Formularen usw.), dagegen sind die PUT und DELETE-Methode wenig gebräuchlich. In Abbildung 17.9 ist eine Service-Anfrage dargestellt, die eine Ressource unter der URL */resource* bearbeitet. Der Client (auf der linken Seite) sendet einen POST-Request an die URL */resource* des Service-Anbieters und veranlasst diesen dazu, eine neue Ressource anzulegen. Dabei wird in diesem Fall eine passende URL zurückgesendet, die die Nummer (ID) der neuen Ressource enthält (im Folgenden die Nummer 2). Anschließend wird ein PUT-Request an diese URL geschickt, der beispielsweise aus einem Formular heraus Parameterangaben enthält, die geändert werden sollen.

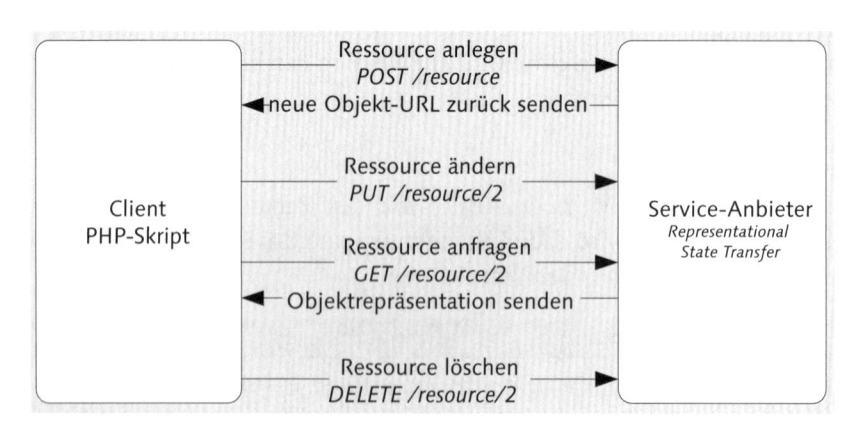

Abbildung 17.9 Darstellung einer echten REST-Schnittstelle

---

11 Roy Fielding beschreibt REST im Rahmen seiner Dissertation im Jahre 2000. Zu finden unter: *http://www.ics.uci.edu/~fielding/pubs/dissertation/top.htm*.

Als dritter Schritt folgt eine GET-Anfrage an den Service-Anbieter, die eine Objektrepräsentation an das Clientskript zurückschickt. Eine solche GET-Anfrage können Sie auch direkt in die Adresszeile des Browser eingeben und den Rückgabewert betrachten, da der Browser so grundsätzlich GET-Anfragen stellt. Im letzen Schritt schicken wir ein DELETE-Request an dieselbe URL, der den Service-Anbieter dazu veranlasst, die Ressource mit der Nummer 2 zu löschen.

Viele neue Webapplikationen bieten REST-Services neben herkömmlichen Webservices an. Dabei ist oftmals aber kein echter REST-Stil implementiert. Die Ressourcenorientierung ist meist etwas zu starr und unflexibel, so dass man Methodenaufrufe »RESTlike« oder »RESTful« programmiert. Man verwendet zwar meistens noch für sich sprechende URLs, diese werden aber fast ausschließlich über die GET-Methode aufgerufen und erhalten diverse Parameter mitgegeben (so beispielsweise die aufzurufende Service-Methode). In Abbildung 17.10 ist eine »RESTlike« Schnittstelle analog zur echten REST-Schnittstelle aus Abbildung 17.9 dargestellt. Um eine Ressource anzulegen, wird die URL */resource/2?method=create&param...* aufgerufen. Die auszuführende Methode wird hier also per GET-Parameter *method=create* aufgerufen, und es werden entsprechende weitere Parameter übergeben. Um eine Ressource zu verändern, schicken wir den Methodennamen change und die entsprechenden Parameter an den Service-Anbieter. Die restlichen Aufrufe für das Anfragen und Löschen einer Ressource verlaufen analog dazu.

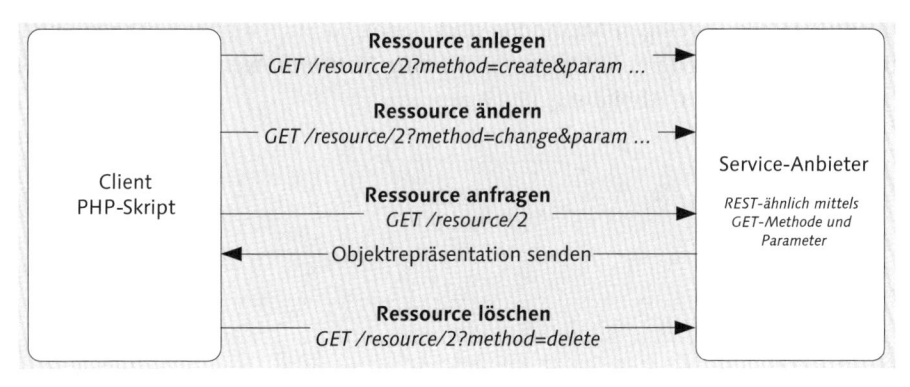

Abbildung 17.10 Darstellung einer gebräuchlichen »RESTlike« Schnittstelle

Wir steigen hier nicht weiter in die Thematik von Services und serviceorientierten Architekturen (SOA) ein, da dies den Rahmen dieses Kapitels bei weitem sprengen würde. Wir werden hier aber beide REST-Arten implementieren: zum einen eine echte REST-API, die hier einfache Ressourcen (bestehend aus jeweils einer Datei mit einem String) verarbeiten kann, zum anderen eine »RESTlike«

API, die mittels GET-Methode dieselben Ressourcen per JSON zur Verfügung stellt.

17.3.3 Interface für unsere eigene Web-API

Um unsere eigene API zu implementieren, definieren wir zunächst ein Interface, das die zwingend notwendigen Methoden einer API deklariert. Jede Klasse, die dieses Interface implementiert, muss daher diese Funktionen anbieten. So gehen wir sicher, dass ein Aufruf einer API-Methode immer funktioniert, und zwar unabhängig von der jeweiligen Implementierung. Das Interface folgt hier dem UML-Diagramm in Abbildung 17.11.

```
         Interface
     Scripts\WebAPI\API
────────────────────────────
+__construct(data)
+isGET()
+isPOST()
+isPUT()
+isDELETE()
```

Abbildung 17.11 Interface für API-Klassen

Die später implementierten Klassen für eine REST- sowie eine JSON-API implementieren die jeweiligen Methoden und bilden so eine vergleichbar verwendbare API. Jede weitere API-Implementierung lässt sich hierauf aufbauen; dies stellt sich dar wie in Abbildung 17.12 gezeigt.

```
                    ┌──────────────────┐
                    │   Interface:     │
                    │    Web API       │
                    └────────┬─────────┘
            ┌────────────────┼────────────────┐
┌───────────┴──────────┐ ┌───┴──────────────┐ ┌─────┐
│ Implementierte Klasse:│ │Implementierte Klasse:│ │ ... │
│       RESTAPI         │ │      JSONAPI         │ │     │
└───────────────────────┘ └──────────────────────┘ └─────┘
```

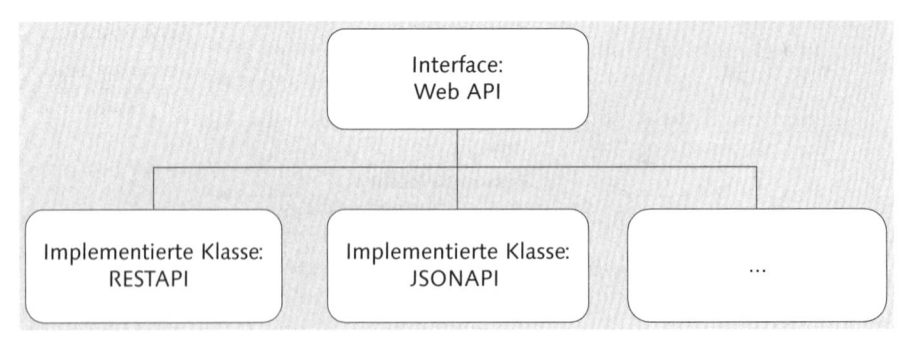

Abbildung 17.12 Schematische Darstellung der einzelnen API-Klassen

In Listing 17.11 ist der Code der API komplett beschrieben. Im Namespace `Scripts\WebAPI` angesiedelt, werden die Methodenrümpfe des Interfaces definiert.

```php
<?php
namespace Scripts\WebAPI;

interface API
{
    public function __construct($data);
    public function isGET();
    public function isPOST();
    public function isPUT();
    public function isDELETE();
}
?>
```

Listing 17.11 Interface API

17.3.4 REST-API

Wir wollen im Folgenden eine der REST-Architektur folgende API besprechen. Die dafür benötigte Klasse nennen wir RESTAPI und implementieren das Interface API. Die Klassendefinition sieht daher so aus:

```
class RESTAPI implements API
```

Wir werden die API so implementieren, dass sich zwei verschiedene Ressourcen anlegen lassen (*test* und *file* genannt), die hier einfach als Dateien gespeichert werden und jeweils nur einen String enthalten, der den Wert der Ressource darstellt. Die vier HTTP-Methoden dienen dann dem Anlegen einer Datei (POST), dem Ändern des Inhalts (PUT), dem Ansehen einer Datei (GET) und dem Löschen einer Datei (DELETE), wie in Abbildung 17.13 dargestellt.

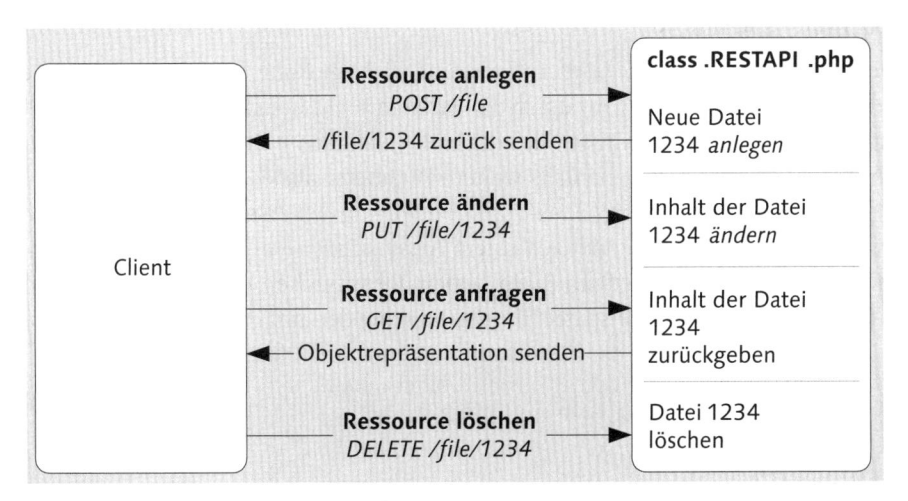

Abbildung 17.13 Funktionsübersicht der Klasse »RESTAPI«

Zusätzlich zu den zu implementierenden Funktionen des Interfaces API benötigen wir Funktionen innerhalb der RESTAPI. Eine Übersicht über die enthaltenen Funktionen ist im UML-Diagramm der Klasse zu sehen (siehe Abbildung 17.14).

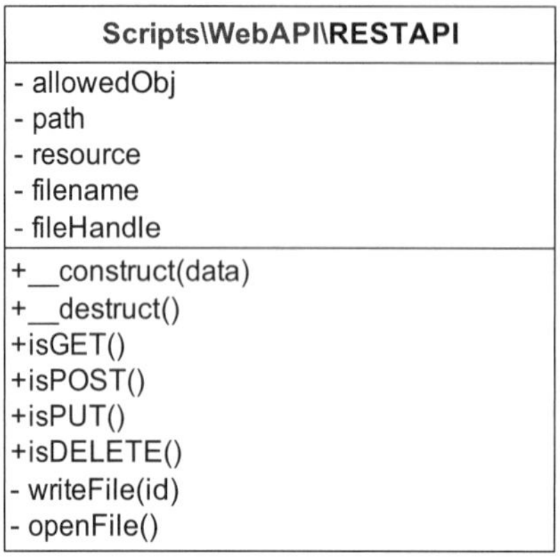

```
         Scripts\WebAPI\RESTAPI
- allowedObj
- path
- resource
- filename
- fileHandle
+ __construct(data)
+ __destruct()
+ isGET()
+ isPOST()
+ isPUT()
+ isDELETE()
- writeFile(id)
- openFile()
```

Abbildung 17.14 UML-Diagramm der Klasse »RESTAPI«

Die privaten Variablen der Klasse sind bei Initialisierung eines Objekts alle leer oder null, mit Ausnahme der Variablen $allowedObj. Darin ist ein Array gesetzt, das die erlaubten Ressourcen per String beschreibt:

```
//Erlaubte Objekte
private $allowedObj = array('file','test');
```

Hier ermöglichen wir das Anlegen von Dateien mit dem Namen *file* und dem Namen *test*.

function __construct()

Der Konstruktor der RESTAPI übernimmt eine wichtige Rolle, denn hier werden die Bestandteile der URL als Array durch die Variable $data übergeben, mit der die API aufgerufen wurde. Daraus lassen sich dann die gewünschte Ressource, die Nummer der Ressource und gegebenenfalls weitere Parameter auslesen. Diese Informationen sind für die Ausführung einer Funktion wichtig. Im ersten Schritt verwenden wir den Befehl implode(), der aus einem Array wieder eine Zeichenkette zusammensetzt, und zwar mit dem angegebenen Trennzeichen (hier /). Diesen Pfad ($this->path) können wir später für eine Anzeige der aufgerufenen URL verwenden. Ein typisches Array, das hier übergeben wird, sieht folgendermaßen aus:

```
Array(
    [0] => REST,
    [1] => file,
    [2] => 23)
```

Die dazu passende URL lautet dann REST/file/23. REST bezeichnet hier die aufzurufende API und wird – da diese Information nicht mehr wichtig ist – durch den Befehl array_shift() entfernt. Dieser Befehl löscht den ersten Eintrag eines Arrays.

```
public function __construct($data)
{
   //Original-Pfad    (nur für Debug-Zwecke)
   $this->path = implode('/',$data);
   //erstes Element (die API-Bezeichnung wird gelöscht)
   array_shift($data);
```

Nun prüfen wir, ob die Angabe der Ressource gültig ist. Der Eintrag an der nun ersten Stelle in $data bezeichnet die Ressource (in unserem Beispiel file). Daher fragen wir durch den Befehl in_array(), ob dieser Eintrag in dem Array $this->allowedObj enthalten ist. Dieser muss daher entweder »test« oder »file« lauten. Sollte diese Prüfung zu false ausgewertet werden, zeigen wir eine Fehlermeldung an, die auf die korrekte Schreibweise einer Anfrage hinweist, und geben false zurück (und brechen somit die Ausführung des Konstruktors ab).

```
   //Prüfen, ob der erste Parameter ein erlaubtes
   //Objekt bezeichnet
   if(!in_array($data[0],$this->allowedObj))
   {
      echo '<div style="color:red;">';
      echo 'Bitte geben Sie eine gültige Ressource an.';
      echo '</div>';
      return false;
   }
```

Nun müssen wir gegebenenfalls den zweiten gesetzten Parameter der URL prüfen. Dieser kann im Falle einer gültigen POST-Anfrage leer sein, alle drei anderen Request-Arten benötigen hier eine Nummer. Wir prüfen mit einer Bedingung, ob ein zweiter Parameter gesetzt ist (isset($data[1]), und anschließend, ob dieser auch numerisch ist (is_numeric($data[1]). Wir speichern diesen Wert in einer lokalen Variablen $id. Intval() verwenden wir, da die Prüfung is_numeric() jeglichen Zahlenwert auf true auswertet. Wir wollen hier aber lediglich ganze Zahlen zur Basis 10 erhalten (1, 2, 3, 4, 5 etc). Wir speichern schließlich den Ressourcennamen in der Variablen $this->resource und den Namen der anzulegenden Datei in $this->filename. Wir greifen in diesem Fall also auf Ressourcen im Pfad */scripts/WebAPI/API/files/* zu.

```
   if(isset($data[1]) AND is_numeric($data[1]))
   {
```

```
            //ID der angesprochenen Ressource
            $id = intval($data[1]);
            //Ressourcenname
            $this->resource = $data[0].'/'.$id;
            //Dateiname festlegen
            $this->filename = PROJECT_DOCUMENT_ROOT.'/scripts/
                    WebAPI/API/files/'.$data[0].'/'.$id;
        }
```

Sollte kein zweiter Parameter angegeben worden sein, speichern wir lediglich den ersten Parameter als Ressourcenname (hier also entweder »file« oder »test«). Als Dateiname `$this->filename` speichern wir eine Referenz auf den jeweiligen Ordner, in dem die Ressourcendateien später angelegt werden (beispielsweise *WebAPI/API/files/file*).

```
        else
        {
            //Keine ID angegeben: nur POST zum Anlegen
            //einer neuen Ressource ist erlaubt
            $this->resource = $data[0];
            //Filename verweist auf ein Verzeichnis
            $this->filename = PROJECT_DOCUMENT_ROOT.'/scripts/
                    WebAPI/API/files/'.$data[0];
        }
    }
```

function writeFile($id)

Neben den durch das Interface vorgeschriebenen Funktionen benötigen wir einige Hilfsfunktionen, die eine neue Datei anlegen und eine vorhandene Datei öffnen. Für das Anlegen ist die Funktion `writeFile()` zuständig. Diese Funktion wird nur durch die Methode `isPOST()` ausgeführt, da in der `RESTAPI` dadurch eine neue Ressource angelegt wird. Der einzige Parameter dieser Funktion erwartet eine eindeutige ID, die als Name der Ressource verwendet wird.

Im ersten Schritt prüfen wir mit `is_dir()`, ob der zuvor gespeicherte Dateiname auf ein Verzeichnis verweist. Wir wollen in diesem Pfad dann eine neue Ressourcendatei anlegen. Sollte der Pfad kein Verzeichnis sein, geben wir eine entsprechende Meldung zurück. Falls also ein zweiter Parameter mit der URL übergeben und damit ein POST-Request ausgelöst wurde, führen wir keine Aktion aus.

Der Befehl `fopen()` öffnet eine Datei des Dateisystems und gibt einen sogenannten *File Handle* zurück, der einen Zeiger auf die Datei darstellt. Der Funktion übergeben wir als ersten Parameter den Dateinamen `$this->filename`, den wir im Konstruktor gesetzt haben, und als zweiten Parameter die Art des Öffnens der

Datei: hier w+ für schreibenden und lesenden Zugriff am Anfang der Datei und das Anlegen einer neuen Datei, falls diese noch nicht existiert (was hier oft der Fall ist). Den File Handle speichern wir in der Variablen $this->fileHandle. Sollte er false sein, konnte die Datei nicht geöffnet werden, und wir geben anschließend direkt eine Fehlermeldung aus.

```
private function writeFile()
{
   //Ist der Pfad ein Verzeichnis?
   if(!is_dir($this->filename))
   {
      echo '<div style="color:red;">';
      echo 'Keine gültige URL für POST.';
      echo '</div>';
      return false;
   }
   //Öffnen der Datei
   $this->fileHandle = @fopen($this->filename.'/'.$id,'w+');
   if(!$this->fileHandle)
   {
      echo '<div style="color:red;">';
      echo 'Probleme mit dem Dateisystem.';
      echo '</div>';
      return false;
   }
   return true;
}
```

Ist die Datei erfolgreich angelegt und geöffnet, geben wir hier schließlich true zurück.

> **Tipp**
>
> Das @ vor dem Befehl fopen() unterdrückt die Ausgabe von Fehlermeldungen, die beim Öffnen auftreten können. Da wir selbst eine Fehlermeldung ausgeben, benötigen wir dieses Verhalten von fopen() nicht und stellen es daher einfach ab.

function openFile()

openFile() ist eine weitere Hilfsfunktion, die ebenfalls eine Datei öffnet, diese aber nicht anlegt, wenn sie nicht existiert. openFile() wird von der Methode isPOST() verwendet, da dort eine bestehende Ressource geöffnet und verändert wird. Im ersten Schritt prüfen wir mit Hilfe des Befehls is_file() und unter Angabe des Dateinamens, ob die angefragte Ressource (also die entsprechende Datei) existiert. Ist dies der Fall, öffnen wir sie analog zu der Vorgehensweise in der Funktion writeFile(). Der Unterschied besteht zum einen in der Abfrage, ob die Datei existiert, und zum anderen wollen wir die beiden Funktionen `writeFile()` (für PUT) und `openFile()` (für POST) funktional getrennt halten.

```php
private function openFile()
{
   if(is_file($this->filename))
   {
      //Öffnen der Datei
      $this->fileHandle = @fopen($this->filename,'w+');
      if(!$this->fileHandle)
      {
         echo '<div style="color:red;">';
         echo 'Probleme mit dem Dateisystem.';
         echo '</div>';
         return false;
      }
   }
```

Sollte die angefragte Ressource (Datei) nicht existieren, geben wir an dieser Stelle eine separate Fehlermeldung aus, die darauf hinweist. Somit kann der diese Ressource aufrufende Nutzer erkennen, dass er eine nicht existierende Ressource angefragt hat. Anschließend geben wie ein `false` zurück, damit etwaige Operationen, die auf dem Öffnen der Datei beruhen, abgebrochen werden können.

```php
   else
   {
      echo '<div style="color:red;">';
      echo 'Ressource: '.$this->resource.' ist nicht vorhanden.';
      echo '</div>';
      return false;
   }
   return true;
}
```

function __destruct()

Am Ende der Laufzeit eines Skriptes ruft die PHP-Umgebung jede eventuell vorhandene `__destruct()`-Funktion eines Objektes auf. Daher schließen wir in diesem Fall den File Handle auf eine gegebenenfalls geöffnete Datei. Durch die `if`-Bedingung prüfen wir, ob dieser gesetzt ist, und schließen ihn durch den Befehl `fclose()`. So wird der Dateizugriff ordentlich beendet.

```php
public function __destruct()
{
   if($this->fileHandle) fclose($this->fileHandle);
}
```

function isGET()

Hier wird nun die erste vom Interface geforderte Methode implementiert. `isGET()` ist die Funktion, die wir später bei einem HTTP-GET-Request aufrufen werden. Zuerst geben wir eine Hinweismeldung aus, die den aufgerufenen Pfad anzeigt (`$this->path`). Anschließend prüfen wir, ob die Ressource gesetzt ist (`$this->resource`). Sollte dies nicht der Fall sein, brechen wir die Bearbeitung der Funktion direkt durch die Rückgabe von `false` ab.

```php
public function isGET()
{
   echo '<strong>GET</strong> wurde aufgerufen auf
         path: '.$this->path;
   //Im Fehlerfall des Konstruktors: abbrechen
   if(($this->resource==''))return false;
```

Nun testen wir, ob wir eine zum Dateinamen (der im Konstruktor gesetzt wurde) passende Datei finden. Ist dies der Fall, wollen wir den kompletten Inhalt der Datei einlesen und ausgeben. Der Befehl `readfile()` erledigt dies für uns. Ist die Ressource nicht zu finden, teilen wir dies dem Nutzer (durch den `else`-Teil) mit.

```php
   //Anzeigen des Dateiinhalts der angesprochenen Ressource:
   if(is_file($this->filename))
   {
      echo '<div style="color:green;">';
      readfile($this->filename);
      echo '</div>';
   }
   else
   {
      echo '<div style="color:red;">';
      echo 'Ressource: '.$this->resource.' ist nicht vorhanden.';
      echo '</div>';
   }
}
```

function isPOST()

Für das Anlegen von Ressourcen wird die Funktion `isPOST()` aufgerufen. Die erste Aktion ist hier analog zur vorhergehenden Funktion die Ausgabe des Pfades, der aufgerufen wurde. Anschließend erstellen wir eine neue ID für die anzulegende Ressource. Dafür verwenden wir den Befehl `time()`, der die aktuelle Zeit als Zeitstempel zurückgibt. Dann wird zweierlei überprüft: zuerst, ob eine Ressource angegeben wurde, anschließend, ob der Aufruf der Hilfsfunktion `writeFile()` true zurückgibt (also ob eine Datei angelegt werden konnte). Sollte eine der beiden Bedingungen unwahr sein, beenden wir die Funktion durch die Rückgabe von `false`.

```
public function isPOST()
{
   echo '<strong>POST</strong> wurde aufgerufen auf
         path: '.$this->path;
   //Neue ID generieren
   $id = time();
   //Im Fehlerfall des Konstruktors, abbrechen
   if(($this->resource=='') OR (!$this->writeFile($id)))
   return false;
```

Wenn wir hier ankommen sind, wurde die zur Ressource gehörende Datei angelegt bzw. geöffnet. Nun wollen wir den Inhalt der Ressource setzen. Da wir in diesem einfachen Fall der RESTAPI lediglich eine Zeichenkette in die Ressource schreiben, verwenden wir dafür den Befehl `fwrite()`. Als ersten Parameter übergeben wir den File Handle der Datei (`$this->fileHandle`) und als zweiten Parameter den POST-Parameter `postparam`, der den zu schreibenden neuen String enthält. Anschließend zeigen wir eine Erfolgsmeldung an.

```
   //Dateiinhalt schreiben
   fwrite($this->fileHandle,$_POST['postparam']);
   echo '<div style="color:green;">';
   echo 'Ressource:'.$this->resource.' wurde angelegt.';
   echo '</div>';
}
```

> **Hinweis**
>
> Da wir hier nur eine einfache Zeichenkette pro Ressource speichern, ist die Funktion dementsprechend einfach. Für komplexere Anwendungen werden Sie hier am besten mit Arrays arbeiten, die dann in eine Datei serialisiert gespeichert werden und bei GET-Anfragen per JSON-Objekt an einen Nutzer ausgegeben werden.

function isPUT()

Mit der Funktion `isPUT()` ändern wir eine bestehende Ressource im System. Die Pfadausgabe am Anfang ist bereits aus den vorangehenden Funktionen bekannt. Anschließend wird zunächst wieder die Existenz einer Ressourcenangabe getestet und die Funktion `openFile()` aufgerufen, die versucht, die angegebene Ressourcendatei zu öffnen. Sollte bei der ersten oder zweiten Bedingung `false` zurückgegeben werden, brechen wir die Abarbeitung der Funktion ab.

```
public function isPUT()
{
```

```
echo '<strong>PUT</strong> wurde aufgerufen auf
    path: '.$this->path;
//Im Fehlerfall des Konstruktors abbrechen
if(($this->resource=='') OR (!$this->writeFile()))
    return false;
```

An dieser Stelle öffnen wir einen `try...catch`-Block, der den weiteren Code umschließt: das Schreiben einer Zeichenkette in die Ressourcendatei. Wir werden später per PUT-Methode den Inhalt einer Datei (bzw. einen Parameter) an diese Methode schicken, um die Ressource zu ändern. Um hier auf die per PUT-Methode übermittelten Daten (die Zeichenkette) zugreifen zu können, müssen wir auf den Inputstream von PHP zugreifen, denn diese Daten werden nicht in einer superglobalen Variablen bereitgestellt, wie wir es von POST- oder GET-Daten gewohnt sind. Um die PUT-Daten zu lesen, öffnen wir per `fopen()`-Befehle den *Inputstream* `php://input`. Als zweiten Parameter geben wir `r` an (lesender Zugriff am Anfang der Datei / des Streams). Wir wollen nun alle gesendeten Daten auslesen. Der Befehl `fread()` liest dann pro Iteration jeweils 1.024 Bytes Daten aus dem zuvor geöffneten File Handle (`$s`), so lange, bis das Ende der Datei erreicht ist. Innerhalb der Schleife greifen wir auf den geöffneten File Handle unserer Ressourcendatei zu und schreiben die vom *Inputstream* gelesenen Daten direkt per `fwrite()` hinein. Dazu geben wir den File Handler (`$this->fileHandler`), die zu schreibenden Bytes (`$kb`) und die Anzahl an zu schreibenden Bytes (`1024`) an. Ist die Datei vom *Inputstream* komplett gelesen und auf dem Server gespeichert, schließen wir ihn per `fclose()` und geben eine Erfolgsmeldung aus.

```
try
{
    //Input der PUT-HTTP Methode
    $s = fopen("php://input", "r");
    while($kb = fread($s, 1024))
    {
        fwrite($this->fileHandle, $kb, 1024);
    }
    fclose($s);
    echo '<div style="color:green;">';
    echo 'Ressource: '.$this->resource.' wurde angelegt.';
    echo '</div>';
```

Sollte ein Fehler in einer der genannten Methodenaufrufe auftreten, wird der `catch`-Teil aufgerufen, der lediglich eine kurze Fehlermeldung ausgibt.

```
}catch(Exception $e)
{
    echo 'Fehler aufgetreten';
```

```
    }
    //Generell sollte man diesen Header schicken!
    //header("HTTP/1.1 201 Created");
}
```

> **Hinweis**
>
> Bei einem PUT-Methodenaufruf sollte eigentlich ein korrekte Header an den aufrufenden Client zurückgeschickt werden; dies wäre in diesem Fall der am Ende der Datei auskommentierte Header `HTTP/1.1 201 Created`. Wir geben hier aber Text aus (die Erfolgsmeldung), um die Funktionalität bzw. den Erfolg der Aktion direkt sichtbar im Browser darzustellen.

function isDelete()

Die letzte zu implementierende Funktion ist `isDelete()` zum Löschen einer Ressource. Die ersten Zeilen dienen wieder der Ausgabe der Aufrufmeldung und dem Testen auf einen gesetzten Ressourcennamen. Anschließend prüfen wir durch die Abfrage von `is_file()` unter Angabe des Dateinamens der Ressource, ob diese im Dateisystem existiert. Ist dies der Fall, wird mit `unlink()` das Löschen der Datei veranlasst. Dieser Befehl gibt bei Erfolg `true` zurück, so dass wir eine Erfolgsmeldung anzeigen, andernfalls geben wir eine Fehlermeldung aus, dass die Datei nicht gelöscht werden konnte.

```
public function isDELETE()
{
   echo '<strong>DELETE</strong> wurde aufgerufen auf
         path: '.$this->path;
    //Im Fehlerfall des Konstruktors abbrechen
   if($this->resource=='')return false;
   //Element wird gelöscht..
   if(is_file($this->filename))
   {
      if(unlink($this->filename))
      {
         echo '<div style="color:green;">';
         echo 'Ressource <em>'.$this->resource.'</em>
               wurde gelöscht.';
         echo '</div>';
      }
      else
      {
         echo '<div style="color:red;">';
         echo 'Ressource: '.$this->resource.' konnte
               nicht gelöscht werden.';
```

```
            echo '</div>';
        }
    }
```

Sollte die Datei nicht existieren, geben wir eine entsprechende Fehlermeldung aus.

```
    else
    {
        echo '<div style="color:red;">';
        echo 'Ressource: '.$this->resource.
            ' ist nicht vorhanden.';
        echo '</div>';
    }
}
```

Listing 17.12 Klasse »RESTAPI«

Damit haben wie die Implementierung der Klasse RESTAPI beendet und so eine der REST-Architektur folgende Schnittstelle realisiert. Im nächsten Abschnitt besprechen wir zunächst die Klasse JSONAPI, bevor wir die Verwendung der beiden API-Klassen erläutern.

17.3.5 JSON-API

Nachdem wir eine klassische REST-API implementiert haben, werden wir an dieser Stelle eine JSON-API implementieren, die lediglich GET-Aufrufe entgegennimmt. Dabei verwenden wir ebenfalls die durch die REST-API angelegten Ressourcen. Im Gegensatz zur vorherigen API haben wir hier nun alle Freiheiten bei der Wahl von Funktionen, da wir den Funktionsnamen einfach als GET-Parameter durch den Benutzer angeben lassen. Benötigte weitere Parameter werden auf dieselbe Weise übergeben. Wir werden hier lediglich zwei über die API aufrufbare Funktionen implementieren:

- getAllFiles: Diese Funktion listet alle aktuell verfügbaren Ressourcen aus dem Dateisystem auf.
- getFileByName: Diese Funktion sucht eine spezielle Ressource aus und gibt deren Inhalt zurück.

Die Ergebnisse der Aufrufe werden jeweils als JSON-Objekt zurückgegeben. Sollte eine falsche Methode aufgerufen oder eine HTTP-Methode wie PUT, DELETE oder POST als Anfrage gesendet werden, gibt die JSON-API eine Erläuterung zur Verwendung der Funktionen zurück. Dieses Verhalten ist in Abbildung 17.15 verdeutlicht.

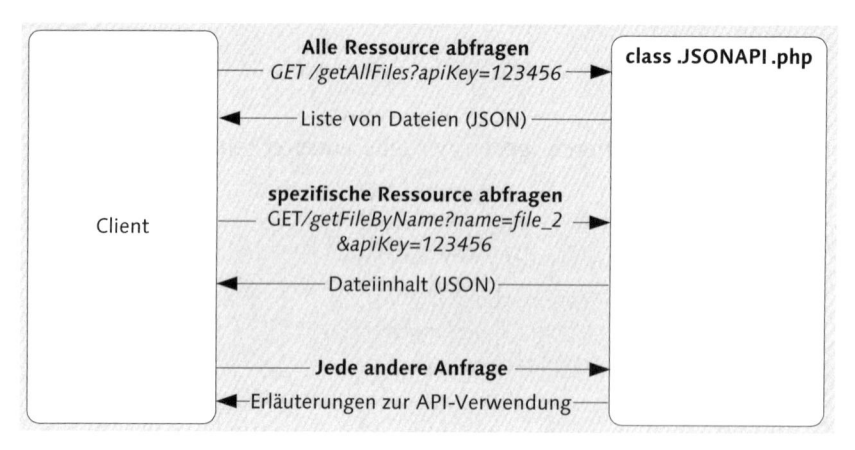

```
                    Alle Ressource abfragen      class .JSONAPI .php
                    GET /getAllFiles?apiKey=123456
                    ───────────────────────────►
                    ◄── Liste von Dateien (JSON) ──

                    spezifische Ressource abfragen
   Client           GET/getFileByName?name=file_2
                    &apiKey=123456
                    ───────────────────────────►
                    ◄──── Dateiinhalt (JSON) ────

                    ──── Jede andere Anfrage ────►
                    ◄─Erläuterungen zur API-Verwendung─
```

Abbildung 17.15 Funktionsübersicht der Klasse »JSONAPI«

Wir haben hier zusätzlich eine Identifikationsabfrage eingebaut: Ein Schlüssel (ein sogenannter *API-Key*) muss als Parameter mit jedem Aufruf gesendet werden. Dadurch lässt sich der Aufrufende identifizieren.

> **Hinweis**
>
> Bitte beachten Sie, dass die Identifizierung an dieser Stelle in keiner Weise ausreichend ist. Jede Person, die den GET-Aufruf abfangen kann, könnte sich mit dem API-Key Zugang zu den Funktionen der API verschaffen. Eine sicherere Methode der Identifizierung ist lediglich durch die Kombination von API-Key, geheimem Schlüssel und eines Hash-Werts aus diesen Angaben (oder alternativ bzw. zusätzlich durch eine SSL-Verschlüsselung der Verbindung) zu erreichen. Ein gutes Beispiel bietet Amazon mit seinen diversen »Web Services«, die zum Teil ein solches Verfahren zur sicheren Authentisierung von Nutzern anwenden.

Auch die Klasse `JSONAPI` implementiert das Interface API und dessen Methoden und setzt sich aus folgenden Funktionen zusammen (siehe Abbildung 17.16).

```
         Scripts\WebAPI\JSONAPI
──────────────────────────────────────
- apiKey
──────────────────────────────────────
+ __construct(data)
+ isGET()
+ isPOST()
+ isPUT()
+ isDELETE()
- checkAPIKey()
- getAllFiles()
- getAPIDetails()
- getFilesByName()
- printError(message)
```

Abbildung 17.16 UML-Diagramm der Klasse »JSONAPI«

Die Klassenvariable `$apiKey` ist im Folgenden fest auf den Wert `123456` eingestellt. Dieser sollte bei einer echten Verwendung der API besser in der Datenbank für jeden Nutzer verwaltet und bei Bedarf nachgeschaut werden.

function __construct()

Auch diesem Konstruktor werden analog zu dem der REST-API die URL-Teile des Aufrufs der Array (`$data`) übergeben. Das Array enthält im ersten Eintrag die aufgerufene API und im zweiten den Methodenaufruf; die GET-Parameter werden normal in der Variablen `$_GET` übergeben. Folgendes Array ist ein Beispiel für den Aufruf der Methode `getAllFiles`:

```
Array (
   [0] => JSON
   [1] => getAllFiles
)
```

Der erste Parameter wird nur der Vollständigkeit halber angegeben, interessant ist für uns hier nur der zweite Parameter. Wir prüfen zunächst innerhalb einer `if`-Abfrage per `isset()`, ob der zweite Parameter gesetzt ist. Nach positivem Ergebnis speichern wir den Methodennamen als `$this->method`. Sollte kein zweiter Parameter übergeben worden sein, speichern wir eine leere Zeichenkette (was später zur Anzeige der Erläuterung zur API führt).

```
public function __construct($data)
{
   //Im zweiten Parameter stehen der Methodenaufruf
   //und die Parameter (per & getrennt)
   if(isset($data[1]))
   {
      $this->method = $data[1];
   }
   else
   {
      $this->method = '';
   }
   //Alle Daten sind UTF-8
   header('Content-Type: text/html; charset=utf-8');
}
```

Die letzte Zeile setzt einen Header, der dem Browser mitteilt, dass die gesendeten Daten UTF-8-codiert sind.

function isGET()

Da die HTTP-GET-Methode die einzige ist, die wir für die Verwendung der `JSONAPI` vorgesehen haben, ist die `isGET()`-Methode auch die einzige, die wirklich mit Programmlogik gefüllt wird. Durch ein `switch` entscheiden wir, welche Methode auszuführen ist: Dies ist entweder die Methode `getAPIDetails()`, `getAllFiles()` oder `getFileByName()`. Sollte die per GET-Parameter übergebene Zeichenkette zu keiner Methode passen, geben wir eine Fehlermeldung aus, die erläutert, dass die übergebene Methode nicht unterstützt wird. Dies erreichen wir mit der Methode `printError()`.

```
public function isGET()
{
    //Auflösen der aufgerufenen Methode und deren Parameter:
    switch($this->method)
    {
        case 'getAPIDetails': $this->getAPIDetails();break;
        case 'getAllFiles': $this->getAllFiles();break;
        case 'getFileByName': $this->getFileByName();break;
        default: $this->printError('Die Methode <strong>'.
                                    $this->method.'</strong>');
    }
}
```

function isPOST(), isPUT(), isDELETE()

An dieser Stelle fassen wir drei Methoden zusammen, da sie fast identisch sind. Durch das Implementieren des Interfaces sind wir gezwungen, auch die Methoden `isPOST()`, `isPUT()` und `isDelete()` innerhalb der Klasse vorzuhalten. Da wir diese Methoden in der JSON-API aber nicht verwenden, enthalten sie nur einen Aufruf für die Anzeige einer Fehlermeldung. So geben wir aus, dass die spezifische HTTP-Methode nicht unterstützt wird. Auch hier rufen wir die interne Methode `printError()` auf und übergeben den Namen der Anfrageart (hier: POST, analog dazu PUT oder DELETE für die weiteren Methoden).

```
public function isPOST()
{
    $this->printError('<strong>POST</strong>');
}
```

function printError()

Hiermit geben wir lediglich ein `<div>`-Element aus, das die übergebene Nachricht durch den Text »wird nicht unterstützt« ergänzt und rot darstellt. Anschließend geben wir noch per interner Methode `getApiDetails()` die korrekte Verwendung der API als Text aus.

```
private function printError($message)
{
   //Fehlermeldung ausgeben
   echo '<div style="color:red;">';
   echo $message.' wird nicht unterstützt.<br />';
   echo '</div>';
   //Details der API ausgeben
   $this->getApiDetails();
}
```

In Abbildung 17.17 sehen Sie einen Aufruf der JSON-API und den daraus resultierenden Fehler, der durch die Angabe der nicht vorhandenen Methode `getAll` provoziert wurde.

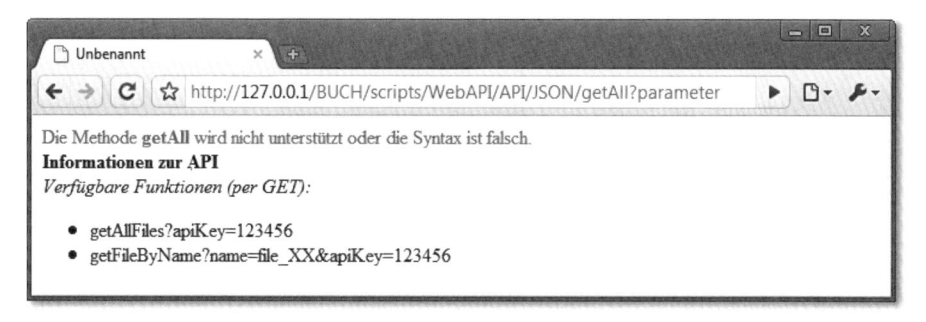

Abbildung 17.17 Fehlermeldung bei falschem Aufruf der API

function getAPIDetails()

Hier bestätigen wir lediglich die Verwendung der API in Textform. Dazu geben wir ein Beispiel für beide vorhandene Funktionen (die dritte, `getAPIDetails`, beschreiben wir nicht, da man bei einem Fehler automatisch diese Ausgabe erhält).

```
private function getAPIDetails()
{
   echo '<strong>Informationen zur API</strong><br>';
   echo '<em>Verfügbare Funktionen:</em><ul>';
   echo '<li>getAllFiles?apiKey=123456</li>';
   echo '<li>getFileByName?name=xxx
         &apiKey=123456</li>';
   echo '</ul>';
}
```

Die Ausgabe der Erläuterungen für unsere API sehen Sie unter dem roten Text der Fehlermeldung in Abbildung 17.17.

function getAllFiles()

Hier folgt die erste der beiden Zugriffsmethoden. Zunächst wird per interner Methode `checkAPIKey()` überprüft, ob der übergebene API-Key valide ist. Sollte hier ein `false` zurückgeliefert werden, brechen wir sofort ab. Andernfalls geben wir in der Variablen `$dir` das Verzeichnis an, in dem die Ressourcen (durch die `RESTAPI`-Klasse) gespeichert wurden. Um nun die Ressourcendateien zu finden und aufzulisten, verwenden wir den Befehl `glob()`. Dieser erwartet als einzigen Parameter ein Muster, nach dem er dann sucht. Wir übergeben ihm daher eine Kombination aus dem zuvor angegebenen Verzeichnis und dem zusätzlichen Muster *. So findet `glob()` alle Ressourcendateien wie beispielsweise die Datei *D:/xampp/htdocs/BUCH/scripts/WebAPI/API/files/file/123456* und gibt ein Array mit Dateien zurück.

```
private function getAllFiles()
{
    //Prüfen auf gültigen API-Key
    if(!$this->checkAPIKey())return false;
    //Alle Dateien in folgendem Verzeichnis suchen.
    $dir = PROJECT_DOCUMENT_ROOT.'/scripts/WebAPI/
        API/files/file/';
    //gesuchte Ressourcen-Dateien beginnen mit "file"
    $fileResources = glob($dir."*");
```

Da wir lediglich den Dateinamen ausgeben möchten, verwenden wir anschließend den Befehl `array_map()`, der es erlaubt, eine Funktion auf alle Elemente eines Arrays auszuführen. Er erwartet als ersten Parameter den Funktionsnamen[12] und als zweiten Parameter das Array. Der Befehl `basename()` gibt für einen kompletten Dateipfad das letzte Element, also den reinen Dateinamen, zurück. Dadurch erreichen wir, dass im Array `$fileResources` nun nur noch Dateinamen stehen. Wie im Abschnitt über JSON beschrieben, verwenden wir abschließend den Befehl `json_encode()`, um aus einem PHP-Array ein JSON-Objekt (bzw. JSON-Array) zu erstellen und auszugeben.

```
    //Nur den Namen der Datei (nicht den ganzen Pfad)
    $fileResources = array_map("basename", $fileResources);
```

---

12 Der Funktionsname wird hierbei als Zeichenkette in Anführungszeichen angegeben. Sie können an dieser Stelle auch eine eigens geschriebene Funktion angeben.

```
    //Dateien als Array zurückgeben
    echo json_encode($fileResources);
}
```

Der Rückgabewert des API-Aufrufs bei drei angelegten Ressourcen sieht dann beispielsweise so aus:

["1229709220","1229709222","1229709215"]

Dies ist ein normales JSON-Array, das die im System angelegten Ressourcen anzeigt.

function getFileByName()
Mit dieser Funktion erlauben wir den Zugriff auf den Inhalt einer spezifischen Ressource. Im ersten Schritt der Methode überprüfen wir, ob der übergebene API-Schlüssel korrekt ist. Im Fehlerfall wird wie gewohnt abgebrochen. Im nächsten Schritt überprüfen wir per `isset()` den GET-Parameter `name`. Sollte dieser nicht angegeben sein, beenden wir die Bearbeitung und geben eine entsprechende Fehlermeldung aus.

```
private function getFileByName()
{
    //Prüfen auf gültigen APIKey
    if(!$this->checkAPIKey())return false;
    //Wurde ein Name übergeben:
    if(!isset($_GET['name']))
    {
        $this->printError('Es wurde kein <strong>name</strong>
                        übergeben. Dieser Aufruf ');
        return false;
    }
```

Wurden ein korrekter API-Schlüssel und ein Name im Aufruf übergeben, speichern wir zunächst den Dateipfad, an dem die angeforderte Datei liegen müsste, wenn sie denn existiert. Anschließend prüfen wir dies mit der Funktion `is_file()`, die auf die Existenz einer Datei im angegebenen Verzeichnis testet. Bekommen wir ein positives Ergebnis, erstellen wir das Array `$data` und setzen das Attribut `filename` auf den übergebenen Namen `$_GET['name']`. Dann lesen wir den Inhalt der Ressourcendatei durch `file_get_contents()` komplett aus und setzen ihn als Attribut `content`. Es folgt der letzte Schritt: ein JSON-Objekt durch den Befehl `json_encode()` zu erstellen und auszugeben.

```
    //Prüfen, ob es eine Datei dieses Namens gibt:
    $file = PROJECT_DOCUMENT_ROOT.'/scripts/WebAPI/API/
            files/file/'.$_GET['name'];
```

```
if(is_file($file))
{
   $data['filename'] = $_GET['name'];
   $data['content'] = file_get_contents($file);
   echo json_encode($data);
}
```

Sollte die Datei mit dem angegebenen Namen nicht existieren, erstellen wir eine Fehlermeldung, indem wir die Methode `$this->printError()` mit einer entsprechenden Meldung aufrufen.[13]

```
else
{
   $this->printError('Es wurde kein <em>File</em>
          des Namens <strong>'.
          htmlentities($_GET['name'],ENT_QUOTES,"UTF-8").
          '</strong> gefunden. Dieser Aufruf ');
}
}
```

Das Ergebnis einer solchen Anfrage auf die Datei *file_2* könnte dann beispielsweise so aussehen:

```
{"filename":"file_2","content":"Hello, world!"}
```

function checkAPIKey()

Die letzte Funktion der Klasse JSONAPI wird verwendet, um den API-Schlüssel zu verifizieren, den der Benutzer der API eingeben muss. Wir prüfen hierbei lediglich per if-Abfrage, ob zum einen ein GET-Parameter des Namens apiKey überhaupt übergeben wurde und zum anderen, ob dieser dem in der Klasse konfigurierten Schlüssel ($this->apiKey) entspricht. Sollte eine der beiden Abfragen negativ ausfallen, geben wir direkt eine entsprechend lautende Fehlermeldung aus, andernfalls geben wir true zurück.

```
private function checkAPIKey()
{
   if(!isset($_GET['apiKey']) OR
      ($_GET['apiKey']!=$this->apiKey))
   {
      $this->printError('Es wurde kein (oder kein gültiger)
          <strong>apiKey</strong> übergeben. Dieser Aufruf ');
```

---

13 Wir verwenden hier wieder einmal das Maskieren von durch den Benutzer eingegebenen Parametern durch htmlentities(), bevor wir diese anzeigen.

```
        return false;
    }
    return true;
}
```

> **Hinweis**
>
> Der API-Key ist für dieses Beispiel einfach fest auf den Wert »123456« gesetzt. In einer nächsten Ausbaustufe sollte hier natürlich eine (Datenbank-) Tabelle mit gültigen Schlüsseln hinterlegt und abgefragt werden, um verschiedene Nutzer zu identifizieren.

17.3.6 Verwendung und Aufruf der API-Klassen

Das Praktische an APIs (vor allem REST-APIs) ist ihr Aufruf über eine spezielle URL pro Ressource. Gehen wir also davon aus, dass eine Ressource des Namens *file* mit der Nummer 2 (als Beispiel auf dem lokalen Rechner) unter der folgenden URL aufzurufen ist:

*http://127.0.0.1/BUCH/scripts/WebAPI/API/**REST/file/2***

Wenn Sie dies so über einen Browser aufrufen, erhalten Sie normalerweise einen »Not found«-Fehler (Fehler 404), da diese URL nicht existiert. Wir müssten ja für jede mögliche Ressource (gerade im Falle von REST) die entsprechenden Ordner im Dateisystem anlegen. Dies ist natürlich nicht sonderlich sinnvoll. Wir benötigen an dieser Stelle eine Möglichkeit, URLs, die einem bestimmten Muster entsprechen, auf ein spezifisches PHP-Skript umzuleiten. Innerhalb dieses Skriptes wird dann die URL aufgelöst, die API-Klasse instantiiert und die jeweils erforderliche Methode ausgeführt.

In unserem Beispiel sollte nun die Klasse `RESTAPI` und dort die Methode `GET` mit den Parametern `file/2` aufgerufen werden.

Zunächst kümmern wir uns um das Problem der URLs, die auf ein Skript verweisen sollen. Dazu existiert das Modul `rewrite` (meist `mod_rewrite` genannt) des Apache Webservers, das es erlaubt, spezifische Regeln für den Umgang mit URLs festzulegen. Die einfachste und auch übersichtlichste Verwendung von `mod_rewrite` erreichen wir durch das Anlegen einer *.htaccess*-Datei, die wir in die betroffenen Verzeichnisse legen. Diese Dateien werden für die Konfiguration des Verhaltens des Webservers für alle in diesem Ordner liegenden Dateien verwendet. Die populärste Verwendung ist sicherlich der Passwortschutz für einzelne Verzeichnisse durch die Angabe von erlaubten Benutzern und deren Passwörtern (in einer zusätzlichen *.htpasswd*- und gegebenenfalls auch *.htgroup*-Datei). Wir haben folgende Dateistruktur in unserem System vorliegen (siehe Abbildung

17.18) und wollen nun, dass für jeden Aufruf einer URL unserer API die Klasse *class.Resolver.php* im Pfad *WebAPI/classes/class.Resolver.php* aufgerufen wird.

```
▲ 📁 WebAPI
   ▲ 📁 API
      ▲ 📁 files
         ▲ 📁 file
              📄 1229709175
              📄 1229709220
              📄 1229711018
         ▷ 📁 test
   ▲ 📁 classes
        📄 class.JSONAPI.php
        📄 class.Request.php
        📄 class.Resolver.php
        📄 class.RESTAPI.php
        📄 interface.API.php
     📄 index.php
```

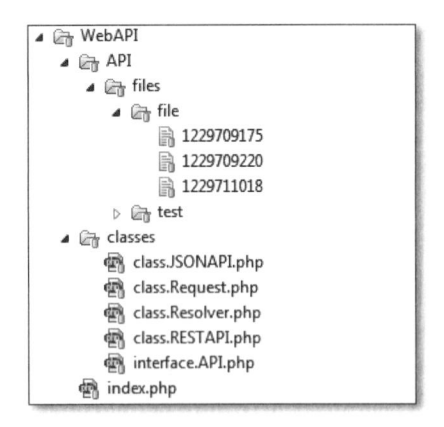

Abbildung 17.18 Struktur des Ordners »WebAPI«

Dies erreichen wir nun, indem wir die Datei *.htaccess* im Ordner *WebAPI/API/* anlegen, die folgenden Inhalt hat:

```
RewriteEngine on
RewriteRule ^(.*)$
../classes/class.Resolver.php?path=$1&%{QUERY_STRING}
```

Listing 17.13 Inhalt der ».htaccess«-Datei zur Umleitung auf den Resolver

Diese Zeilen besagen, dass zunächst das `Rewrite`-Modul des Apache angeschaltet werden soll und dass jeder Aufruf, der auf eine URL innerhalb dieses Ordners (oder Ebenen darunter) verweist, an das Skript *class.Resolver.php* geleitet wird. Durch die Angabe `RewriteRule` (»Umschreibe-Regel«) bestimmen wir, welchem Muster eine Anfrage genügen muss, um an den Resolver geschickt zu werden. Durch den regulären Ausdruck `^(.*)$` leiten wir an dieser Stelle jegliche Anfrage weiter (der Punkt mit Stern steht hierbei für eine beliebige Anzahl beliebiger Zeichen). Dieser Teil der URL wird in der Variablen `$1` gespeichert. Der Trick ist nun, diese URL-Angaben als Parameter an den Resolver zu übergeben. Dazu geben wir als Weiterleitung hinter dem Dateinamen per GET-Parameter (also hinter dem Fragezeichen) zuerst `path=$1` an und dann durch `%{QUERY_STRING}` noch die ursprünglichen GET-Parameter der Original-URL. Diese Angaben in der *.htaccess*-Datei führen dazu, dass alle Anfragen auf eine URL unter *http://127.0.0.1/BUCH/scripts/WebAPI/API/* auf den Resolver geleitet werden, der dann die Anfrage bearbeitet. Dieses Verfahren ist in Abbildung 17.19 bildlich dargestellt.

```
http://127.0.0.1/BUCH/htdocs/scripts/WebAPI/API/REST/file/2?getParam=2

Resolver wird aufgerufen: .htaccess-RewriteRule      path=$1        %{QUERY_STRING}

http://127.0.0.1/BUCH/htdocs/scripts/WebAPI/classes/class.Resolver.php?path=REST/file/2&getParam=2
```

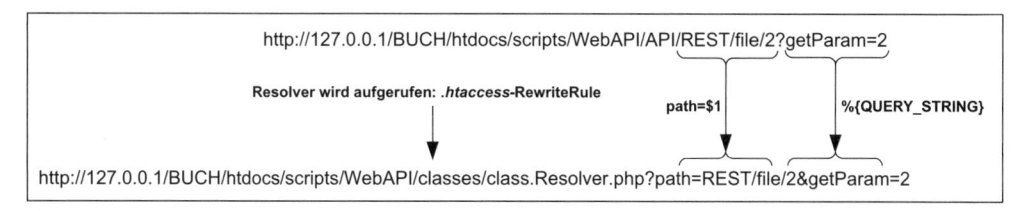

Abbildung 17.19 Ablauf des Umschreibens einer URL durch »mod_rewrite«

Somit leiten wir nun alle Anfragen auf unsere Web-APIs (sei es nun JSON oder REST) auf den Resolver um, egal, welche URL unterhalb des API-Ordners aufgerufen wird. Im Folgenden beschreiben wir nun den Resolver.

> **Hinweis**
>
> Durch die Rewrite-Regel in der *.htaccess*-Datei haben wir so auch effektiv verhindert, dass ein Benutzer direkt auf eine Ressource-Datei (im Ordner *files* unter *API*) zugreifen kann. Denn eine solche Anfrage wird auch zu unserem Resolver umgeleitet, der dann im Zweifel mit den Angaben innerhalb der URL nichts anfangen kann und daher einen Fehler ausgibt. Versuchen Sie einfach einmal selbst, mit einem Browser auf eine der Textdateien direkt zuzugreifen.

Falls bei Ihnen noch immer ein Fehler bei dem Zugriff auf die URL gemeldet wird, ist das `mod_rewrite`-Modul wahrscheinlich noch nicht aktiviert. Daher müssen Sie zwei weitere Einstellungen tätigen bzw. prüfen.[14] Bitte vergewissern Sie sich, dass in Ihrer *httpd.conf*-Datei (im Pfad *xampplite\apache\conf*) die folgende Zeile nicht auskommentiert ist (also kein # am Anfang der Zeile steht), damit wird das Modul im Apache aktiviert:

```
LoadModule rewrite_module modules/mod_rewrite.so
```

Außerdem muss eine Direktive des Apache gesetzt werden, die es Verzeichnissen erlaubt, durch eine *.htaccess*-Datei das Standardverhalten des Webservers zu überschreiben. Dies ist meist aus Sicherheitsgründen verboten und lässt sich in derselben *httpd.conf*-Datei anpassen. Suchen Sie das Vorkommen des folgenden Textes (wobei der hinter `Directory` angegebene Pfad dem Pfad zu Ihrem *htdocs*-Verzeichnis entsprechen muss):

```
<Directory "D:/xampplite/htdocs">
    Options FollowSymLinks
    AllowOverride All
```

---

14 Wir beziehen uns hierbei auf die Standardversion des XAMPP-Pakets von *apachefriends.org*.

```
    Order deny,allow
    Deny from all
</Directory>
```

Überprüfen Sie bitte, ob hinter `AllowOverride` ein `All` steht. Nur dann werden die innerhalb der *.htaccess*-Datei definierten Regeln für das `Rewrite`-Modul ausgeführt.

> **Hinweis**
>
> Diese Anleitung trifft auf das XAMPP-Paket unter Windows zu. Apache-Installationen unter Linux sind immer abhängig von der eingesetzten Distribution. Daher müssen Sie dort die `Directory`-Konfiguration gegebenenfalls auch in anderen Konfigurationsdateien suchen. Bei Fragen dazu sollten Sie immer die zur Distribution gehörende Anleitung oder entsprechende Foren im Internet konsultieren.

17.3.7 Klasse »Resolver«

Hier beschreiben wir nun noch die Klasse, die jeden API-Aufruf auf die jeweils angesprochene API umleitet. Die Struktur der Klasse `Resolver` ist im UML-Diagramm in Abbildung 17.20 dargestellt.

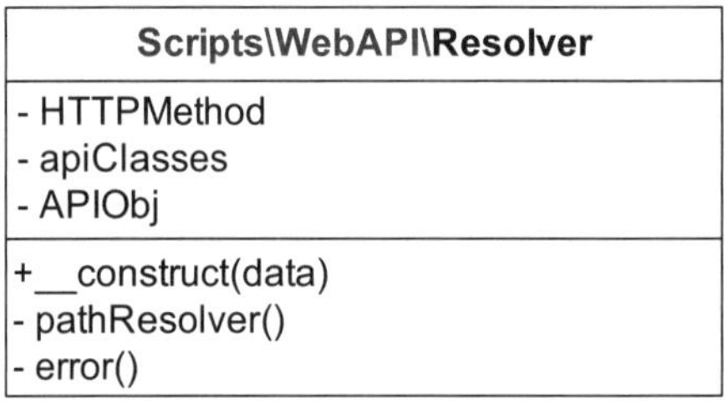

Scripts\WebAPI\Resolver
- HTTPMethod - apiClasses - APIObj
+ __construct(data) - pathResolver() - error()

Abbildung 17.20 UML-Diagramm der Klasse »Resolver«

In der Klassenvariable `$HTTPMethod` wird später die Art der HTTP-Anfrage (GET, POST, PUT oder DELETE) gespeichert. Die Variable `$apiClasses` enthält ein Array mit den Werten »JSON« und »REST« und repräsentiert direkt die verfügbaren API-Klassen, die angesprochen werden können.[15] Die Variable `$APIObjekt` speichert dann das erstellte API-Objekt für die weitere Verwendung innerhalb der Klasse.

---

15 Die beiden Klassen *class.RESTAPI.php* und *class.JSONAPI.php* werden natürlich per `require_once` zu Beginn des *Resolvers* eingebunden.

function __construct()

Innerhalb des Konstruktor der Klasse wird zunächst die Methode des Aufrufs aus der superglobalen Variable $_SERVER ausgelesen. Diese ist dort als REQUEST_METHOD gespeichert. Anschließend lösen wir den Pfad des Aufrufs (die URL) durch die interne Methode pathResolver() auf (innerhalb dieser Methode wird auch ein Objekt der jeweiligen API-Klasse erstellt). Ist dies geschehen, bleibt lediglich das Aufrufen der gewünschten Methode: Durch switch() und die Frage nach der HTTP-Methode rufen wir dann die jeweilige Methode des innerhalb der pathResolver()-Methode erstellten API-Objektes auf. Da unsere WebAPI-Klassen das Interface API implementieren, wissen wir auch, dass diese Methoden in jedem Fall implementiert sind. Sollte keine der zugelassenen HTTP-Methoden verwendet worden sein, geben wir eine Fehlermeldung aus:

```
public function __construct()
{
   //Die Anfrage-Methode aus der Server-Variable erfahren
   $this->HTTPMethod = $_SERVER['REQUEST_METHOD'];
   //Auflösen des Pfades (und Instantiieren des API-Objektes)
   $this->pathResolver();

   //Die jeweilige Behandlung auswählen:
   switch($this->HTTPMethod)
   {
      case 'GET': $this->APIObj->isGET();break;
      case 'POST': $this->APIObj->isPOST();break;
      case 'PUT': $this->APIObj->isPUT();break;
      case 'DELETE': $this->APIObj->isDELETE();break;
      default: $this->error();
   }
}
```

function pathResolver()

Die Funktion pathResolver() löst die aufgerufene URL auf und überprüft, ob eine API existiert, die die Anfrage entgegennehmen kann. Im ersten Schritt prüfen wir, ob die GET-Variable path leer ist. Dies ist der Fall, wenn die URL *http://127.0.0.1/BUCH/scripts/WebAPI/API* ohne weitere Verfeinerung angegeben wurde, also keine API spezifiziert wurde (und der mod_rewrite-Befehl daher keine Pfadangaben mitschicken konnte). In einem solchen Fall brechen wir mit die() und Ausgabe einer entsprechenden Fehlermeldung die Abarbeitung des Skriptes ab. Andernfalls beginnen wir, den Pfad anhand des Slashes in seine Bestandteile aufzulösen. Der Befehl explode() unter Angabe eines Trennzeichens »/« und der aufzutrennenden Zeichenkette ($_GET['path']) gibt daraufhin ein

Array zurück. Ein Pfad wäre z. B. *REST/file/2*, was in einem Array der folgenden Form resultiert:

```
Array (
    [0] => REST
    [1] => file
    [2] => 2
)
```

Im ersten Element des Arrays sollte nun die Bezeichnung der entsprechend aufzurufenden API stehen (hier REST). Daher prüfen wir per in_array(), ob diese API-Bezeichnung als Wert in dem Array $this->apiClasses als erlaubte API definiert ist. Sollte dies nicht der Fall sein, geben wir eine entsprechende Fehlermeldung aus und brechen auch hier das Skript per die() ab.

```
private function pathResolver()
{
    //Wenn keine API angegeben wurde.
    if($_GET['path']=="") die('Keine API angegeben.');
    //Der erste Parameter ist der Pfad (aufsplittet am Slash)
    $data = explode('/',$_GET['path']);

    //Ist eine Klasse für die Behandlung vorgesehen?
    if(!in_array($data[0],$this->apiClasses))
        die('Keine API namens <em>'.$data[0].'</em> vorhanden!');
```

An dieser Stelle angekommen, sind wir sicher, dass die per URL angegebene API existiert und wir daher ein Objekt der API erstellen können. Da wir hier auf dynamische Klassenerstellung zurückgreifen, geben wir zunächst den Klassennamen in einer Variablen an. Dazu übergeben wir den vollständigen Namen inklusive Namespace und speichern ihn in der Variablen $api. Für unser Beispiel also:

```
$api = 'Scripts\WebAPI\RESTAPI';
```

Dann intantiieren wir mittels dieser Klassenangabe ein neues Objekt der API-Klasse und übergeben die Pfadangaben per Variable $data an den Konstruktor des neuen API-Objekts.

```
    //API-Objekt festlegen:
    $api = 'Scripts\WebAPI\'.$data[0].'API';
    //API-Objekt erstellen
    $this->APIObj = new $api($data);
}
```

function error()

Die Funktion `error()` gibt lediglich eine Fehlermeldung aus, dass die aufgerufene HTTP-Methode nicht unterstützt wird:

```
private function error()
{
    echo 'Die HTTP-Methode '.$this->HTTPMethod.'
        wird nicht unterstützt';
}
```

Listing 17.14 Die Klasse »Resolver«

Nach der Klassendefinition ist in der Datei *class.Resolver.php* noch eine Zeile für die automatische Instantiierung der Klasse eingebaut, da jeder URL-Aufruf einer API durch das Umschreiben der URL direkt die Klasse aufruft. Die Zeile sieht so aus:

```
new Resolver();
```

> **Tipp**
>
> Sie können sehr einfach weitere APIs erstellen, indem Sie eine Klasse vom Interface API erben lassen und die neue API im *Resolver* einerseits per `require_once` einbinden und im Array `$apiClasses` als erlaubte API eintragen. Anschließend lässt sich eine neue API direkt aufrufen.

17.3.8 Klasse »Request«

Natürlich lassen sich Teile der REST-API sowie die JSON-API (komplett) über den Browser testen. Wir implementieren nun aber zusätzlich eine weitere Klasse für das (vollständige) schnelle Testen der beiden APIs. Die Klasse Request erlaubt das Aufrufen einer beliebigen URL per GET, POST, PUT oder DELETE. Die Methoden aus Abbildung 17.21 sind dabei implementiert.

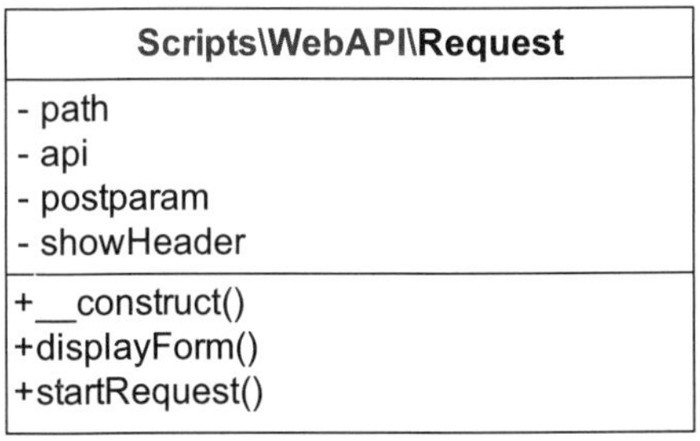

Scripts\WebAPI\Request
- path - api - postparam - showHeader
+__construct() +displayForm() +startRequest()

Abbildung 17.21 UML-Diagramm der Klasse »Request«

function __construct()

Der Konstruktor der Klasse dient nur dem Setzen von Parametern, die bei einem zuvor ausgeführten Aufruf eingegeben wurden. Diese sollen im Formular (das per Funktion `displayForm()` erstellt wird) gesetzt bleiben. Später werden dort die Parameter `path`, `api`, `postparam` und `showHeader` per Formular übergeben und hier per `isset()`-Befehl abgefragt und entweder auf den im POST-Array übergebenen Wert gesetzt oder leer gelassen.

```
public function __construct()
{
    //Pfad, API und POST-Param merken
    $this->path = isset($_POST['path']) ? $_POST['path'] : '';
    $this->api = isset($_POST['api']) ? $_POST['api'] : '';
    $this->postparam = isset($_POST['postparam']) ?
                       $_POST['postparam'] : '';
    $this->showHeader = isset($_POST['showHeader']) ?
                        $_POST['showHeader'] : '';
}
```

function displayForm()

Die Funktion `displayForm()` zeigt ein einfaches Formular an, in dem Sie eine Anfrage an eine der beiden implementierten APIs senden können. Zunächst erstellen wir ein Formular, das per POST-Methode abgeschickt wird. Dann fügen wir folgende Elemente in das Formular ein:

- Auswahlliste für die API (entweder JSON oder REST) mit vorselektiertem Eintrag
- Eingabefeld für die weiteren Bestandteile der URL
- Schaltfläche zum Absenden mit dem Wert »GET«
- Schaltfläche zum Absenden mit dem Wert »DELETE«
- Eingabefeld für den Wert des `postparam`, der gesendet wird
- Schaltfläche zum Absenden mit dem Wert »PUT«
- Schaltfläche zum Absenden mit dem Wert »POST«
- Checkbox für die optionale Anzeige des HTTP-Headers

```
public function displayForm()
{
    //Formular erstellen:
    echo '<form method="post">';
    echo 'API:<select name="api">';
```

Je nachdem, ob der Wert `$this->api` auf »JSON« oder »REST« gesetzt ist, wird in der Auswahlliste in der jeweiligen Option ein `selected` eingefügt, was dazu führt, dass diese Option vorselektiert ist.

```
$selected = ($this->api == 'JSON') ? 'selected' : '';
echo '<option '.$selected.' value="JSON">JSON</option>';
$selected = ($this->api == 'REST') ? 'selected' : '';
echo '<option '.$selected.' value="REST">REST</option>';
echo '</select>';
```

Der Wert der Pfadvariablen `$this->path` wird im Eingabefeld immer angezeigt (beim ersten Aufruf ist dieser leer).

```
echo 'PATH:<input type="input" name="path" value="'.
    htmlentities($this->path,ENT_QUOTES,"UTF-8").'"/>';
```

Dann erstellen wir die verschiedenen Schaltflächen zum Absenden des Formulars:

```
echo '<input type="submit" name="method" value="GET"/>';
echo '<input type="submit" name="method" value="DELETE"/>';
```

Hier folgt das Eingabefeld für den Parameter, der für das Versenden per PUT- und POST-Methode relevant ist. Der Wert `$this->postparam` wird hier angezeigt. Ebenfalls wird eine Schaltfläche für das Abschicken des Formulars per PUT- und POST-Methode hinzugefügt.

```
echo '<input type="text" name="postparam"
    value="'.$this->postparam.'"/>';
echo '<input type="submit" name="method" value="PUT"/>';
echo '<input type="submit" name="method" value="POST"/>
    <br />';
```

Schließlich wird hier noch die Checkbox für das optionale Anzeigen des HTTP-Headers erzeugt. Diese ist, falls `$this->showHeader` gesetzt ist, bereits vorselektiert, indem ein `checked` in den HTML-Code der Checkbox geschrieben wird.

```
$checked = ($this->showHeader) ? 'checked' : '';
echo '<input type="checkbox" '.$checked.' name="showHeader"
    value="showHeader"/>HTTP-Header anzeigen';
echo '</form>';
}
```

Das hierdurch erstellte Formular sieht dann aus wie in Abbildung 17.22.

Abbildung 17.22 Formular zum Testen der Web-APIs

function startRequest()

Die wichtigste Funktion der Klasse ist natürlich die zum Absenden eines HTTP-Aufrufs. Dies erledigt die Funktion `startRequest()`. Als Erstes wird überprüft, ob eine Methode des Sendens ausgewählt wurde. Diese sollte als Parameter `$_POST['method']` übergeben worden sein; ist dieser nicht gesetzt, wird sofort abgebrochen. Andernfalls wird ein neues cURL-Objekt erstellt. *cURL* ist eine PHP-Erweiterung, die es ermöglicht, mittels verschiedener Protokolle mit einem Server zu kommunizieren. Durch den Befehl `curl_init()` erstellen wir ein cURL-Objekt. Im Folgenden verwenden wir häufig den Befehl `curl_setopt()` zum Setzen diverser Optionen für die aufzubauende Verbindung. Diesem übergeben wir dabei als ersten Parameter immer ein cURL-Objekt, als zweiten Parameter die zu setzende Option und als dritten Parameter den konkreten Wert der Option.

```
public function startRequest()
{
   //Wenn keine Methode ausgewählt wurde, abbrechen!
   if(!isset($_POST['method']))return false;
   //Neues cURL-Objekt erstellen
   $ch = curl_init();
```

Als Nächstes setzen wir die Ziel-URL des cURL-Aufrufs. Wir übergeben das cURL-Objekt `$ch` und setzen den Parameter `CURLOPT_URL` auf eine URL unter dem Verzeichnis `API` (damit die `rewrite`-Regel in der *.htaccess*-Datei greifen kann). Die Variable `$this->api` ist dann entweder »JSON« oder »REST« (aus der Auswahlliste des Formulars); `$this->path` ist eine beliebige Eingabe des Benutzers. Wenn der HTTP-Header bei der Ausgabe der Antwort ausgegeben werden soll, setzen wir den Parameter `CURLOPT_HEADER` auf 1. Die Ausgabe erfolgt hierbei automatisch.

```
   //URL für den Aufruf setzen
   curl_setopt($ch, CURLOPT_URL, PROJECT_HTTP_ROOT.'
         /scripts/WebAPI/API/'.$this->api.'/'.$this->path);
```

```
//Soll der HTTP-Header angezeigt werden?
if($this->showHeader != '')
        curl_setopt($ch, CURLOPT_HEADER, 1);
//Die Parameter für die jeweilige Methode setzen
```

Hier folgt nun die Entscheidung, welche Form des HTTP-Requests wir losschicken. Daher entscheiden wir mit `switch()`, welche Methode ausgeführt wird. Der einfachste Fall ist das `GET`: Hierbei wird der Befehl `curl_exec()` mit Übergabe des cURL-Objekts aufgerufen und damit der Request ohne Angabe weiterer Parameter an die angegebene URL per `GET`-Methode geschickt (`GET` ist der Standardfall bei cURL). Die Parameter aus der superglobalen Variable `$_GET` werden hierbei automatisch mitgesendet. Das `break` verhindert das Aufrufen weiterer Optionen des `switch()` und beendet diese Abfrage. Im Falle eines POST-Requests setzen wir den Parameter `CURLOPT_POST` auf `true` und legen damit fest, dass wir die Anfrage per `POST`-Methode schicken wollen. Nun schicken wir hierbei die POST-Parameter ebenfalls mit, indem wir die Option `CURLOPT_POSTFIELDS` auf `$_POST` setzen. Anschließend senden wir den Request per `curl_exec()`.

```
switch($_POST['method'])
{
    case 'GET':
        curl_exec($ch);
        break;
    case 'POST':
        curl_setopt($ch, CURLOPT_POST, true);
        curl_setopt($ch, CURLOPT_POSTFIELDS, $_POST);
        curl_exec($ch);
        break;
```

Wollen wir einen `DELETE`-Request senden, setzen wir die Option `CURLOPT_CUSTOMREQUEST` mit dem Parameter `DELETE` und senden diesen ab.

```
    case 'DELETE':
    //Speziellen Request absetzen: DELETE
    curl_setopt($ch, CURLOPT_CUSTOMREQUEST,"DELETE");
    curl_exec($ch);
    break;
```

Der komplexeste Vorgang ist das Senden eines PUT-Requests. Zunächst setzen wir hierfür die Option `CURLOPT_PUT` auf `true`. Wichtig zu wissen ist, dass der PUT-Request immer das Senden einer Datei umfasst. Da wir hier eine einfache Ressource mit nur einer Zeichenkette schicken wollen (ebenfalls den Inhalt des Eingabefeldes), legen wir zunächst die Zeichenkette fest (`$putString`) und erstellen eine temporäre Datei mittels des Befehls `tmpfile()`. Dort hinein schreiben wir mit `fwrite()` die Zeichenkette. Anschließend folgt ein wichtiger Punkt: Der Dateizeiger steht nach dem Schreiben der Zeichenkette nun am Ende der Datei `$putData` und muss an den Anfang der Datei zurück, sonst wird eine leere Datei mitgeschickt. Mit `fseek()` lässt sich der Zeiger innerhalb einer Datei explizit setzen, also setzen wir ihn auf 0 (den Anfang der Datei). Dann geben wir durch die Option `CURLOPT_INFILE` und die Datei `$putData` an, dass wir die Datei mitschicken. Wichtig ist hier außerdem die Länge der mitgesendeten Datei; dazu setzen wir die Option `CURLOPT_INFILESIZE` auf die Anzahl der Zeichen innerhalb der Datei (`strlen($putData)`). Anschließend senden wir den PUT-Request ab.

```
        case 'PUT':
          curl_setopt($ch,CURLOPT_PUT,true);
          //Der zu sendende String (Inhalt des Textfelds)
          $putString = $this->postparam;
          //temporäre Datei erstellen
          $putData = tmpfile();
          //Datei schreiben
          fwrite($putData, $putString);
          //Dateizeiger wieder auf den Anfang der Datei setzen
          fseek($putData, 0);
          //Datei zum Übertragen per PUT einlesen
          curl_setopt($ch, CURLOPT_INFILE, $putData);
          //Länge der Datei setzen (Wichtig!!!)
          curl_setopt($ch,
              CURLOPT_INFILESIZE,strlen($putString));
          curl_exec($ch);
          //FileHandler der temporären Datei schließen
          fclose($putData);
          break;
```

Sollte keine passende Methode übergeben worden sein, geben wir eine entsprechende Fehlermeldung aus. Das Ende der Funktion besteht dann noch im Schließen des cURL-Objektes.

```
        default:
            echo 'Keine gültige HTTP-Methode für den
            Aufruf angegeben!';
        }
    //cURL-Objekt schließen und damit aufräumen
    curl_close($ch);
}
```

Listing 17.15 Klasse »Request«

> **Hinweis**
>
> Durch das Aufrufen von `curl_exec()` wird der Rückgabewert des Requests automatisch ausgegeben. Daher ist hier keine explizite Ausgabe per `echo` oder `print_r` definiert.

17.3.9 index.php

Zu guter Letzt erstellen wir noch die *index.php*-Datei, die zur Anzeige des Formulars und der Request-Ergebnisse dient. Zunächst binden wir wie immer die *common.php* und zusätzlich die Datei *class.Request.php* ein. Es folgen die üblichen HTML-Kopf- und -Körper-Elemente. Anschließend instantiieren wir ein neues Request-Objekt `$req` und zeigen direkt das Formular per Aufruf der Methode `displayForm()` an. Im Anschluss erstellen wir eine Überschrift für die Antwort auf den Request und setzen ein `<div>`-Element um den konkreten Aufruf, der per `$req->startRequest()` ausgeführt wird.

```
<?php
require_once "../../common.php";
require_once "classes/class.Request.php";
//übliche HTML-Elemente ...
//Neues Request-Objekt
$req = new Scripts\WebAPI\Request();
//Formlar anzeigen
$req->displayForm();
//Antwortfenster
echo '<div>Antwort des Aufrufs</div><br />';
echo '<div style="border:1px solid gray;">';
//Request absetzen
$req->startRequest();
echo '</div>';
...
?>
```

Listing 17.16 »index.php« für die Anzeige der Web-API-Testseite

Nun ist unsere Web-API komplett fertig implementiert und lässt sich mit Hilfe der `Request`-Klasse komplett testen. In Abbildung 17.23 sehen Sie ein Beispiel für das Aufrufen der `RESTAPI` mittels des GET-Befehls auf den Pfad */file/1229711018*. Das Antwortfenster zeigt den kompletten HTTP-Header der Antwort sowie die Bestätigung, dass dieser Aufruf per GET ausgeführt wurde, und den Inhalt der Ressource (der beim Anlegen zuvor durch das Textfeld gesetzt wurde) in der letzten Zeile.

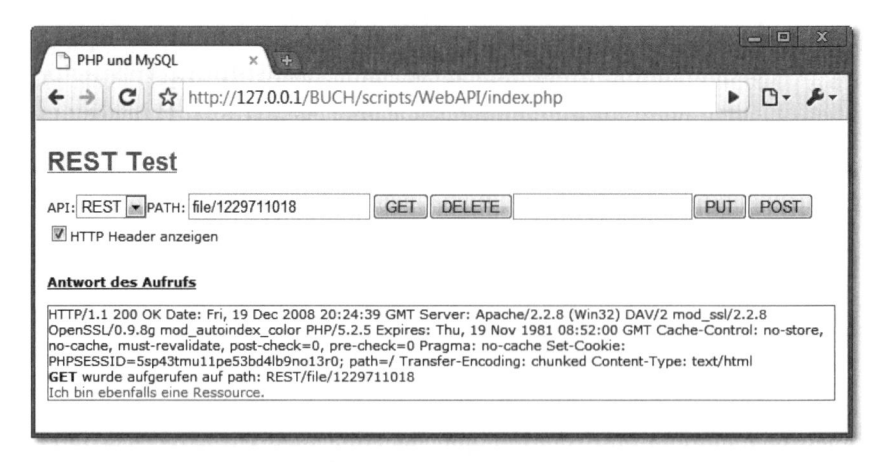

Abbildung 17.23   Test der Web-API mittels GET-Aufruf

> **CD-ROM zum Buch**
>
> Der Code ist komplett auf der CD enthalten, und Sie sollten sich für das Testen der Web-APIs ein wenig Zeit nehmen, um die verschiedenen Möglichkeiten auszuprobieren. Denken Sie daran, dass Sie die JSON-API auch komplett über die URL-Eingabeleiste eines Browsers austesten können, und versuchen Sie dies auch einmal.

17.4   jQuery

jQuery ist eine kleine JavaScript-Bibliothek, die es ermöglicht, auf einfachem Wege und mit wenig Aufwand grafische Effekte für die eigene Website zu erstellen. So können Sie Fenster ein- und ausblenden, Stylesheet-Klassen dynamisch ändern und auf Mauseingaben reagieren. Um die Funktionalitäten von jQuery verwenden zu können, müssen wir die Bibliothek zunächst in ein HTML-Dokument einbinden. Die Bibliothek kann in verschiedenen Versionen heruntergeladen werden: Es existieren eine Entwicklerversion (mit lesbarem Code) und eine komprimierte Version, die dann nicht mehr wirklich lesbar, dafür aber umso schlanker ist. Wir verwenden hier die Version 1.7.1 (in der komprimierten Variante), die lediglich 92 kB groß ist. Um die Bibliothek einfach einzubinden, erweitern wir die Funktion `printHead()` der Basisklasse `HTML` um folgende Zeile:

```
echo '<script src="'.PROJECT_HTTP_ROOT.'/extLibs/jquery/
    jquery-1.7.1.min.js"></script>';
```

Damit haben wir die jQuery-Bibliothek eingebunden und können auf ihre Funktionalitäten zugreifen, sobald wir ein HTML-Dokument mit der `printHead()`-Funktion erstellen.

Da JavaScript meist auf schon existierenden HTML-Elementen des Dokuments arbeitet[16], sollte sichergestellt werden, dass der JavaScript-Code erst dann ausgeführt wird, wenn das Dokument vollständig geladen wurde. JavaScript kennt für dieses Ereignis den Befehl window.onload, in jQuery wird hierfür folgendes Konstrukt verwendet, das den JavaScript-Code im Rumpf aufnimmt:

```
$(document).ready(function(){
  //Hier folgt der JavaScript-Code
});
```

Hier (und in den folgenden Beispielen) können Sie sehen, wie jQuery funktioniert. Zunächst sprechen wir mit der Syntax $(Identifier) ein oder mehrere HTML-Elemente an, hier das Dokument. Das Dollar-Zeichen $ wird immer als Kurzform statt des Bezeichners jQuery verwendet. Der Identifier kann hierbei beispielsweise ein Name eines HTML-Elements sein ($("#eindeutigerName")) oder eine spezielle Cascading-Stylesheet-Angabe ($("ul#list li")), wobei hier z. B. alle Einträge der Liste mit dem Namen list betroffen wären. An die Auswahl lassen sich dann Funktionen oder Methoden anhängen. Das Interessante an jQuery ist hierbei das eingebaute »Builder«-Prinzip, das als Ergebnis einer Methode immer das angesprochene Element zurückgibt, so dass sich Funktionen für ein Element beliebig aneinanderreihen lassen (die sogenannte *Chainability*). Eine Reihung von *slide*-Funktionen beispielsweise würde das angesprochene Fenster (des Namens click) mehrmals auf- und zuklappen lassen:

```
$("#click").slideUp(300).slideDown(300).slideUp(300);
```

Im Folgenden werden drei wichtige Eigenschaften von jQuery exemplarisch aufgezeigt:

- das Ändern von CSS-Angaben und -Klassen eines Elements
- visuelle Effekte für HTML-Elemente
- Callback-Funktion für Aufrufe externer Datenquellen (z. B. JSONAPI)

Ändern von CSS-Angaben

Um die CSS-Attribute eines Elements zu erfragen oder zu ändern, können Sie folgende Funktionen verwenden (siehe Tabelle 17.1). Dies stellt nur eine Auswahl der Funktionen von jQuery dar.

---

16 Alternativ können natürlich per JavaScript neue Elemente erstellt werden.

Funktionen	Wirkung
`$("testDiv").css("border");`	Gibt den spezifischen Wert eines CSS-Attributs zurück.
`$("testDiv").css("color:gray");`	Setzt den CSS-Wert (auch mehrere) des angegebenen Elements.
`$("testDiv").css("color","gray");`	Setzt einen einzigen CSS-Parameter.
`$("testDiv").addClass("classA");`	Ordnet einem Element eine CSS-Klasse zu.
`$("testDiv").removeClass("classA");`	Entfernt die Zuordnung einer CSS-Klasse zu einem Element.

Tabelle 17.1 Auswahl möglicher CSS-Änderungen durch jQuery

Das Beispielskript der CD-ROM zum Buch verwendet jQuery, um die Listenelemente (Fade, Slide und Animate) farbig hervorzuheben, wenn der Mauszeiger darüberfährt. Die Liste ist aus folgendem HTML-Code zusammengesetzt:

```
echo '<ul id="list">';
echo '<li id="fade">Fade</li>';
echo '<li id="slide">Slide</li>';
echo '<li id="animate">Animate</li>';
echo '</ul>';
```

Um nun den entsprechenden Effekt zu erzielen, wird folgender Code implementiert:

```
$("ul#list li").hover(
    //Effekt bei Mouse-over
    function(){$(this).css('background','yellow');},
    //Effekt bei Mouse-Out
    function (){   $(this).css('background','transparent');}
);
```

Wir fügen den Hover-Effekt zu allen Listenelementen der Liste `list` hinzu (`"ul#list li"`). Das erste Argument der Methode wird aufgerufen, wenn die Maus über einen Listenpunkt geführt wird; die zweite Methode wird aufgerufen, sobald die Maus den Link verlässt. Durch die Angabe `$(this)` greifen wir auf das Element zu, das das Ereignis ausgelöst hat. Mit `css('background','yellow')` setzen wir den Hintergrund des Listeneintrags auf Gelb. Wird die Maus wieder weitergeführt, setzen wir die Hintergrundfarbe zurück auf `transparent`. Durch diese Kurzform von jQuery sparen Sie sich viel Arbeit im Vergleich zum eigenen Codieren der Effekte. Denn egal, wie lang die Liste wird, die Angabe gilt für alle Listenpunkte.

Visuelle Effekte für HTML-Elemente

Es gibt einige eingebaute visuelle Effekte, die jQuery bereits mitbringt und die sich einfach anwenden lassen. Diese lassen sich in vier Grundbereiche einteilen und auf jedes HTML-Element anwenden:

- *Basics:* grundlegende Effekte für das Anzeigen oder Ausblenden
- *Fading:* Effekt für sanftes Ein- und Ausblenden
- *Sliding:* »Schiebe«-Effekte
- *Custom:* selbsterstellte Effekte (beispielsweise eine Animation)

Im Folgenden zeigen wir anhand eines Beispiels, wie die Effekte Fading, Sliding sowie Animation umgesetzt werden können. Hierbei gehen wir von einem `<div>`-Element aus, das die ID »demo« besitzt.

Um das Element ein- und auszublenden (Fading), verwenden wir folgenden Java-Script-Code. Dieser Code ist wiederum innerhalb einer `$(document).ready`-Funktion untergebracht, damit das gesamte Dokument geladen wird. Zunächst wählen wir eine Menge an HTML-Elementen aus; hier alle Listenelemente der Liste list (`$("ul#list li")`). Dann definieren wir für diese Elemente eine Funktion, die bei einem Klick auf eines der Elemente ausgeführt wird (`click(function() ...`). Durch eine `if`-Abfrage der ID des angeklickten Elements (`this.id`) erfragen wir, ob dies der Link für das Faden ist. Da wir das `<div>`-Element mit der ID »demo« mit einem Effekt ein- oder ausblenden wollen, verwenden wir in den nächsten Schritten den Code `$("#demo")`, der das entsprechende HTML-Element ermittelt. In einer weiteren `if`-Abfrage prüfen wir durch den Befehl `is()`, ob das Attribut hidden für das Element gesetzt ist – also ob es aktuell nicht sichtbar ist. Sollte dies der Fall sein, blenden wir es ein. Mit dem Befehl `fadeIn()` blenden wir das Element ein (hier mit der Option slow, also langsam). Andernfalls blenden wir das Element wieder aus; dafür existiert der Befehl `fadeOut()`.

```
$("ul#list li").click(function()
{
   //Faden
   if(this.id == 'fade')
   {
      if ($("#demo").is(":hidden"))
      {
         $("#demo").fadeIn('slow');
      }else{
         $("#demo").fadeOut('slow');
      }
   }
```

Dies ist schon der gesamte JavaScript-Code, der notwendig ist, um ein Element dynamisch ein- und auszublenden. Analog dazu ist der Code für das Ein- und Ausfahren (»Sliden«) aufgebaut:

```
//Sliden
if(this.id == 'slide')
{
    if ($("#demo").is(":hidden"))
    {
        $("#demo").slideDown(500);
    }else{
        $("#demo").slideUp(500);
    }
}
```

Der Unterschied besteht hier in den Befehlen `slideDown()` und `slideUp()`, die ein Element aus- und einklappen. Die Zahlen geben dabei die Zeit in Millisekunden an, die der Effekt dauern soll. So wird hier der Effekt in beiden Fällen eine halbe Sekunde andauern. Schließlich folgt noch der Code für das Animieren des HTML-Elements. Für eine Animation rufen Sie den Befehl `animate()` auf einem Element auf und übergeben als erstes Argument eine Reihe an CSS-Angaben (wie Breite, Farbe, Rand). Das zweite Argument gibt die Zeit an, die die Animation dauern soll. Um zu entscheiden, welche Animation ausgeführt werden soll, fragen wir den Inhalt des Elements ab. Dies erreichen wir durch den Befehl `html()` auf dem Element. Sollte der gesetzte Text im Element dem Text »Breite Textbox« entsprechen, führen wir den ersten Block aus. Darin setzen wir den Text des Elements durch die Verwendung von `text()` auf »Normale Textbox« und führen die anschließend definierte Animation aus ($("#demo").animate(...)). In diesem Fall wird das Element in die Ausgangslage zurückversetzt, die beim Laden der Seite bestand. Die Animation dauert hier dann 1,5 Sekunden. Andernfalls setzen wir den Text »Breite Textbox« und animieren das Element mit der zweiten hier definierten Animation.

```
//Animieren
if(this.id == 'animate')
{
    if($("#demo").html()=='Breite Textbox')
    {
        $("#demo").text('Normale Textbox');
        $("#demo").animate({
            width: "150px", opacity: 1, ... }, 1500 );
    }else{
        $("#demo").text('Breite Textbox');
```

```
        $("#demo").animate({
            width: "200px", opacity: 0.4, ... }, 1500 );
        }
    }
});
```

Listing 17.17 Visuelle Effekte durch jQuery

In Abbildung 17.24 sehen Sie den Mouse-over-Effekt über dem Listeneintrag ANIMATE und das bereits animierte Element (zu erkennen an der Beschriftung BREITE TEXTBOX).

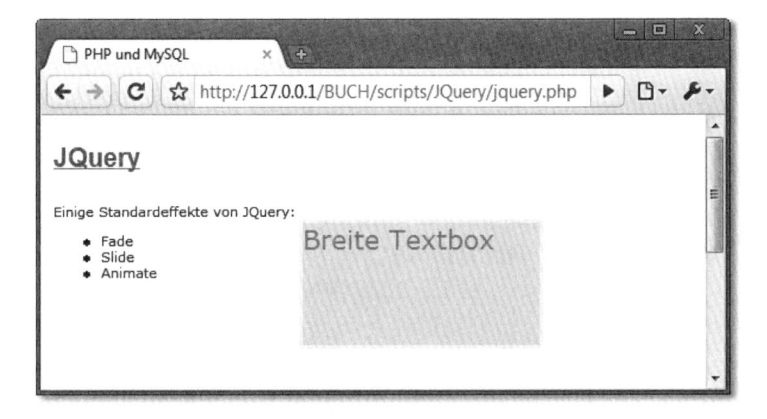

Abbildung 17.24 Visuelle Effekte von jQuery in Aktion

> **CD-ROM zum Buch**
>
> Probieren Sie diese Effekte unbedingt einmal selbst aus. Der Code ist auf der Buch-CD enthalten und lässt sich leicht erweitern oder anpassen.

Callback-Aufrufe

Ein Callback-Aufruf mittels jQuery erlaubt es zu definieren, welche Funktion ausgeführt werden soll, wenn eine andere Funktion zuvor abgearbeitet wurde. Wir wollen dies hier durch die Verwendung des Befehls getJSON() zeigen, der es ermöglicht, einen HTTP-GET-Request abzuschicken und dann die kommenden Daten mittels einer Callback-Funktion zu verarbeiten. Der Befehl kann drei Parameter verarbeiten: die aufzurufende URL, optionale Variablen für das Senden an den Server (der URL) und eine Callback-Funktion. Im Folgenden geben wir lediglich eine URL und die Callback-Funktion an. Zunächst definieren wir einen Click Handler für das Element mit dem Namen »startAjax« (dies wird ein einfacher Textlink für den Aufruf der Methode). Das Element des Namens »ajaxDemo«

zeigt dann zunächst den Text »Laden ...« an. Diesen Text setzen wir per `text()`-Funktion. Anschließend rufen wir die Funktion `getJSON()` auf und übergeben als Erstes die URL, die in diesem Fall auf unsere vorher implementierte Funktion `getAllFiles` der JSON-API verweist. Diese gibt bekanntlich ein JSON-Array mit allen vorhandenen Ressourcen zurück. Als zweiten Parameter übergeben wir der `getJSON`-Funktion eine Funktion mit einem Eingabeparameter `data`. Dieser Parameter repräsentiert den Rückgabewert des URL-Aufrufs. Die hier definierte Callback-Funktion wird erst dann ausgeführt, wenn eine Antwort des GET-Requests angekommen ist.

```
$("#startAjax").click(function()
{
    $("#ajaxDemo").text("Laden ...");
    $.getJSON("<?php echo PROJECT_HTTP_ROOT;?>/scripts/WebAPI/
            API/JSON/getAllFiles?apiKey=123456",
        function(data){
            $("#ajaxDemo").text("");
            $.each(data, function(){
                $("#ajaxDemo").append("Datei: <em>" + this
                                    + "</em><br />");
            });//Ende der each-Funktion
    });//Ende des getJSON-Befehls
});//Ende der click-Funktion
```

Die Callback-Funktion löscht zunächst den Text des HTML-Elements, um anschließend durch den Befehl `$.each()` über die Variable `data` zu iterieren. Dies ist analog zu einer `foreach`-Schleife in PHP zu betrachten. Da `data` ein JSON-Array ist, funktioniert diese Iteration ohne weiteres. Hier wird erneut eine Funktion implementiert, die für jeden Schleifendurchlauf per Befehl `append()` Text an den bereits existierenden Text des HTML-Elements anhängt. Da das Array `data` lediglich Dateinamen enthält, geben wir hier einfach eine Liste von Dateinamen untereinander an. Um diese JavaScript-Funktion aufzurufen, definieren wir noch folgende HTML-Fragmente:

```
echo '<span id="startAjax">Klicken Sie hier</span>';
echo '<div id="ajaxDemo" style=" ... "></div>';
```

Nun wird durch Klick auf das `<span>`-Element die `getJSON`-Funktion aufgerufen und durch den GET-Request eine Liste an vorhandenen Ressourcen durch die JSON-API im `<div>`-Element angezeigt. Das Ergebnis ist in Abbildung 17.25 dargestellt.

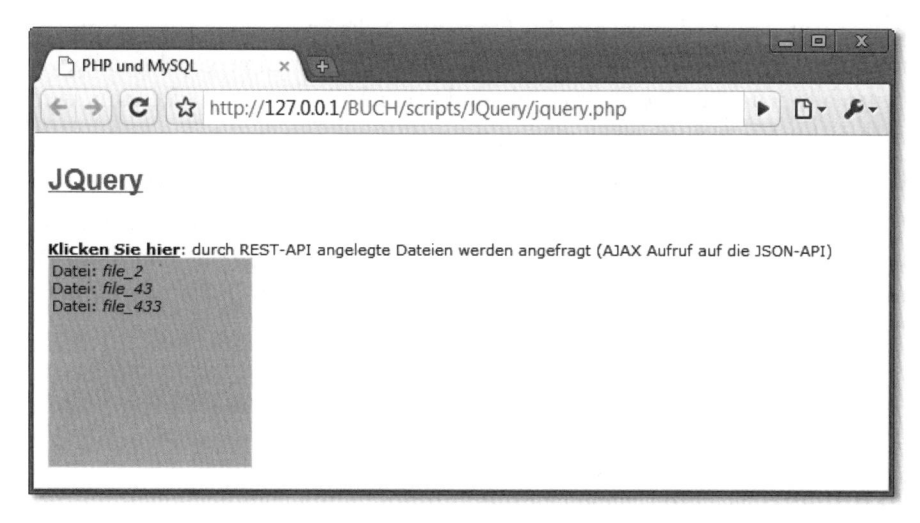

Abbildung 17.25 AJAX-Aufruf mittels Callback-Funktion in jQuery

17.5 Web-Feeds

Eine sehr verbreitete Anwendung, die durch den Web 2.0-Boom besonders an Beachtung erlangte, sind sogenannte *Feeds*[17]. Die Grundidee ist der von Newsgroups (die schon sehr viel länger existieren) sehr ähnlich: Es werden Nachrichten veröffentlicht, die mit einem gängigen E-Mail-Programm, einem Newsreader oder gegebenenfalls sogar dem Browser anzusehen sind. Im Gegensatz zu Newsgroups, in denen angemeldete Nutzer Nachrichten schreiben können (die also eher einem Forum oder Blog gleichen), wird ein Feed nur konsumiert. Die Möglichkeit, auf eine Meldung zu antworten, existiert normalerweise nicht. Oft werden Feeds daher als Nachrichtenquelle verwendet, die die neuesten Meldungen zu einem Thema, einer Webseite, Börsennachrichten usw. zusammenfasst. Mittlerweile haben viele Websites und Dienste im Internet einen Feed. Um einen Feed zu lesen, muss er abonniert werden.

17.5.1 Technologie hinter Web-Feeds

Ein Feed besteht immer aus einer einzelnen Datei, die eine beliebige Anzahl an Newseinträgen enthält. Gängige Newsreader (mit Sicherheit auch Ihr E-Mail-Programm oder Online-Newsreader) fragen diese ab und zeigen alle gefundenen Einträge chronologisch an. Die aktuellsten Einträge stehen meist oben und sind oft (analog zu E-Mail-Programmen) als »nicht gelesen« markiert. Feeds folgen dem

---
17 Aus dem Englischen: »to feed« = füttern.

Pull-Prinzip, was bedeutet, dass Ihr Programm selbständig einen Feed anfordern muss und dann die gespeicherte Version mit der geladenen vergleicht, um gegebenenfalls neue Einträge anzuzeigen. Sind keine Änderungen zu erkennen, wird auch nichts Neues angezeigt.

Es gibt zwei bekannte, konkurrierende Formate bei Feeds: *Atom*[18] und *RSS*. Beide Formate werden durch ein XML-Schema beschrieben, das sich im Aufbau leicht unterscheidet. Wir gehen im Folgenden nur auf das RSS-Format ein, da es im Moment etwas weiter verbreitet ist. In Abbildung 17.26 sehen Sie eine einfache Feed-Datei im XML-Format.

```
1  <?xml version="1.0" encoding="UTF-8"?>
2  <rss version="2.0">
3      <channel>
4          <title>Buch Feed</title>
5          <link>www.phpundmysql.de</link>
6          <description>RSS-Feed zum Buch.</description>
7          <language>de-de</language>
8          <item>
9              <title>Neuer Eintrag</title>
10             <description><![CDATA[ Inhalt ]]></description>
11             <pubDate>Thu, 27 Nov 2008 18:24:18 +0100</pubDate>
12         </item>
13     </channel>
14 </rss>
```

Abbildung 17.26 Quellcode einer RSS-Feed-Datei

Eine solche RSS-Datei (hier in Version 2) besteht in unserer Implementierung[19] aus folgenden Teilen, die ineinander verschachtelt sind:

- Wurzelelement: rss mit Versionsangabe
- darunter ein oder mehrere Kanäle des Feeds: channel
- Diese enthalten immer mehrere Angaben zum Kanal und
- dann beliebig viele News-Einträge item (mit deren Angaben).

Ein channel besitzt einen Titel (title), einen Link auf die Webpräsenz des Feeds (link), eine kurze Beschreibung (description) und die verwendete Sprache innerhalb des Feeds (language). Diese Daten werden dann durch den Feedreader angezeigt. Ein Eintrag des Feeds (genauer: des jeweiligen Kanals des Feeds) besitzt hier nur die unbedingt nötigen Elemente: Titel (title), den gesamten Text

---

18 Nähere Informationen zum Atom-Standard finden Sie beispielsweise unter: *http://de.wikipedia.org/wiki/Atom_(Format)*.

19 Für die exakte Spezifikation des RSS-Formats schauen Sie z. B. unter folgender URL nach: *http://www.rssboard.org/*.

des Eintrags (`description`) und das Datum, an dem der Eintrag zum Feed hinzugefügt wurde (`pubDate`). Oft werden zumindest noch der Autor des Eintrags und ein weiterer Link für den Volltext des Eintrags eingebunden; dies haben wir hier nicht weiter berücksichtigt.

17.5.2 Erstellen von Feed und Einträgen

Zunächst implementieren wir eine Verwaltungsklasse, die das Anlegen eines Feeds und seiner Einträge ermöglicht: die Klasse `AdminFeedContent`. Wir wollen die Feed-Inhalte in zwei Tabellen speichern, die zum einen die einzelnen Feeds und zum anderen deren Einträge speichern. An dieser Stelle verwenden wir zur Abwechslung (und Demonstration) nicht die MySQL-Datenbank, sondern eine SQLite-Datenbank. Die Struktur der Tabellen `feed` (siehe Tabelle 17.2) und `entry` (siehe Tabelle 17.3) ist im Folgenden dargestellt.

Attributname	Attributtyp
id	integer, **Primärschlüssel**
title	varchar(250)
link	varchar(250)
description	varchar(250)
language	varchar(8)

Tabelle 17.2 Tabelle »feed«

Attributname	Attributtyp
id	integer, **Primärschlüssel**
feedId	integer
title	varchar(100)
content	text
created	integer

Tabelle 17.3 Tabelle »entry«

Beide Tabellen werden durch die Klasse `AdminFeedContent` bei einem ersten Aufruf der Klasse angelegt, falls Sie nicht existieren sollten. Alle Methoden der Klasse können Sie in Abbildung 17.27 sehen.

Die private Variable `$db` wird für das Speichern der Datenbankverbindung verwendet. `$message` dient der Anzeige einer Erfolgs- oder Fehlermeldung bei der Verwaltung des Feeds und seiner Einträge. In `$feeds` werden alle in der Datenbank vorhandenen Feeds gespeichert.

```
┌─────────────────────────────────────┐
│   Scripts\RSS\AdminFeedContent      │
├─────────────────────────────────────┤
│ - db                                │
│ - message                           │
│ - feeds                             │
├─────────────────────────────────────┤
│ +__construct()                      │
│ - initFeedDatabase()                │
│ - actionHandler()                   │
│ +message()                          │
│ +listFeedsForHead()                 │
│ +listFeeds()                        │
│ +displayCreateFeedForm()            │
│ +displayFeedEntryForm()             │
└─────────────────────────────────────┘
```

Abbildung 17.27 UML-Diagramm der Klasse »AdminFeedContent«

function __construct()

Im Konstruktor der Klasse öffnen wir zuerst eine Datenbankverbindung. Dies erreichen wir durch das Erstellen einer Instanz der Klasse SQLite. Unter Angabe des Dateinamens *feed.db* wird die bereits existierende Datei geöffnet oder andernfalls einfach angelegt und geöffnet. Anschließend rufen wir die interne Funktion initFeedDataBase() auf, die überprüft, ob die Tabellen für die Verwaltung der Feeds bereits erstellt wurden. Anschließend rufen wir die Funktion actionHandler() auf, die Aktionen zum Anlegen, Löschen usw. ausführt.

```
public function __construct()
{
    //Initialisieren der Datenbankverbindung
    $this->db = new \System\Database\SQLite("feed.db");
    //Sicherstellen, dass die DB mit den
    //entsprechenden Tabellen existiert:
    $this->initFeedDataBase();
    //Action Handler
    $this->actionHandler();
```

Der letzte Schritt besteht im Erfragen aller vorhandenen Feeds (und ihrer jeweiligen Anzahl durch count() über die Einträge) und das Speichern in der Variablen $this->feeds. Diese Information benötigen wir später für die Darstellung der Übersicht sowie die Zuordnung eines neuen Eintrags zu einem Feed.

```
    //Alle Feeds auslesen:
    $this->feeds = $this->db->query(
       "SELECT feed.*,count(entry.id) as count
         FROM feed LEFT JOIN entry ON feed.id = entry.feedId
         GROUP BY feed.id ");
}
```

function initFeedDatabase()

Die Funktion `initFeedDatabase()` überprüft durch die Abfrage `SELECT * FROM feed` lediglich, ob die Tabellen `feed` (und damit auch `entry`) bereits angelegt sind. Kommt auf diese Abfrage hin ein `false` zurück, gibt es die Tabellen noch nicht, und sie müssen angelegt werden. Es erfolgt daher die Ausgabe einer Meldung und einer Liste, die das erfolgreiche Anlegen der Tabellen bestätigt. Folgende Statements werden für das Anlegen der Tabellen an die SQLite-Datenbank geschickt (vgl. Sie Tabelle 17.2 und Tabelle 17.3):

```
CREATE TABLE [feed] (
    [id] INTEGER NOT NULL PRIMARY KEY,
    [title] VARCHAR(250) NOT NULL,
    [link] VARCHAR(250) NOT NULL,
    [description] VARCHAR(250) NULL,
    [language] VARCHAR(8) NOT NULL);
```
Für die Tabelle entry:
```
CREATE TABLE [entry] (
    [id] INTEGER NOT NULL PRIMARY KEY,
    [feedId] INTEGER NOT NULL,
    [title] VARCHAR(100) NOT NULL,
    [content] TEXT NULL,
    [created] INTEGER NULL)
```

Die Funktion sieht folgendermaßen aus:

```
private function initFeedDataBase()
{
   if($this->db->query("SELECT * FROM feed")===false)
   {
      echo 'Datenbank wird erstellt';
      echo '<ul>';
      //Datenbankstruktur erstellen
      $this->db->query("CREATE TABLE [feed] ( ... ) ");
          echo '<li>Tabelle <strong>feed</strong>
              wurde erstellt</li>';
      //Die Tabelle für die Einträge:
      $this->db->query("CREATE TABLE [entry] ( ... )");
      echo '<li>Tabelle <strong>entry</strong>
              wurde erstellt</li>';
      echo '</ul>';
   }
}
```

Bei Ihrem ersten Aufruf der Klasse sollte daher ganz am Anfang der HTML-Datei die Ausgabe laut Abbildung 17.28 erscheinen.

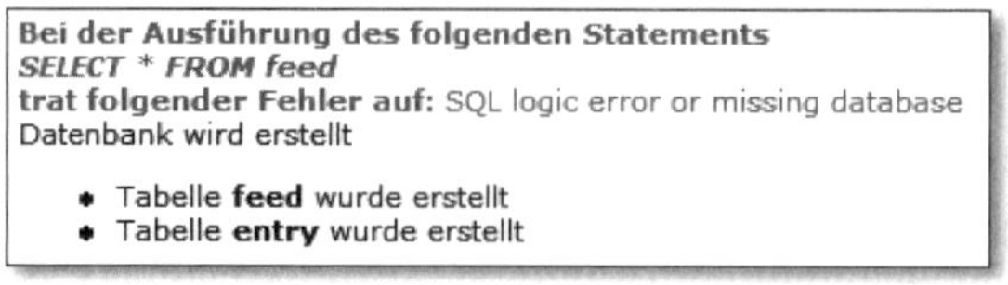

> **Bei der Ausführung des folgenden Statements**
> *SELECT * FROM feed*
> **trat folgender Fehler auf:** SQL logic error or missing database
> Datenbank wird erstellt
> - Tabelle **feed** wurde erstellt
> - Tabelle **entry** wurde erstellt

Abbildung 17.28 Erstellen der Tabellen »feed« und »entry«

function actionHandler()

Der Action Handler wird verwendet, um alle Aktionen zu verarbeiten, die per GET- oder POST-Aufruf an die Klasse geschickt werden. Im Folgenden wird der Befehl `sqlite_escape_string()` durch `ses()` ersetzt, damit die Übersichtlichkeit des Codes nicht verlorengeht. Folgende Möglichkeiten bestehen hier:

- Erstellen eines neuen Feeds
- Löschen eines Feeds
- Anlegen eines Eintrags

Der erste Fall ist das Anlegen eines neuen Feeds in der Datenbank. Dazu muss `feedTitle` als `REQUEST`-Parameter (also `POST` oder `GET`) übergeben worden sein und darf auch nicht leer sein. Dies überprüfen wir mit `isset()` und der Prüfung auf einen nicht leeren String (`$_REQUEST['feedTitle']!=''`). Sollten beide Bedingungen zu `true` auswerten, prüfen wir, ob ein Feed mit dem übergebenen Namen bereits in der Tabelle existiert (dann wird dieser natürlich nicht erneut angelegt). Wir schicken mittels Zugriff auf das Datenbankobjekt (`$this->db`) und dessen Funktion `query()` eine SQL-Abfrage zur SQLite-Datenbank, die nach den Vorkommen eines Eintrags in der `feed`-Tabelle mit dem übergebenen Namen sucht (im Beispiel nach dem Feed des Namens »Test Feed«).

```
SELECT *
FROM feed
WHERE title = 'Test Feed';
```

Sollte hier kein Datensatz zurückgeliefert werden, was wir mit dem Befehl `count()` auf der Variable `$data` prüfen, folgt das Anlegen des neuen Feeds:

```
private function actionHandler()
{
   //Anlegen eines Feeds
   if(isset($_REQUEST['feedTitle']) AND
            ($_REQUEST['feedTitle']!=''))
   {
      //Prüfen, ob schon vorhanden:
      $data = $this->db->query("SELECT * FROM feed WHERE
```

```
    title = :title",array(":title"=>$_REQUEST['feedTitle']));
if(count($data)== 0)
{
```

Das Anlegen eines Feeds wird durch folgenden SQL-Befehl erledigt:

```
INSERT INTO feed (title,link,description,language) VALUES
('Name des Feeds', 'Link des Feeds','Beschreibung','de-de');
```

Alle variablen Abfrageparameter werden in einem Array als zweiter Parameter übergeben, so dass die PDO-Klasse die Parameter automatisch maskiert. So wird beispielsweise dem Ausführen schädlichen SQL-Codes vorgebeugt. Wir rufen mit diesem Statement dann die Funktion `query()` des Datenbankobjekts auf. Anschließend speichern wir eine Erfolgsmeldung in der Variablen `$this->message`, die später angezeigt wird, und beenden die Funktion durch `return`. Wie bei jeder direkten Ausgabe von Variablen, die direkt durch den Benutzer eingegeben wurden, maskieren wir hier die Variable `$_REQUEST['feedTitle']` per `htmlentities()`-Befehl.

```
    //Feed anlegen:
    $this->db->query("INSERT INTO feed (title, link,
              description, language) VALUES
                (:feedTitle, :link, :description,'de-de')",
          array(':feedTitle' => $_REQUEST['feedTitle'],
      ':link' => $_REQUEST['link'],
            :description' => $_REQUEST['description']));

    $this->message = '<span style="color:green";>Feed
        <strong>'.htmlentities($_REQUEST['feedTitle'],
              ENT_QUOTES,"UTF-8").'</strong> wurde
              angelegt!</span>';
    return;
```

Sollte der Feed bereits vorhanden sein, wird stattdessen nur eine entsprechende Warnmeldung in `$this->message` gespeichert:

```
    }else
    {
       $this->message =  '<span style="color:red";>
          Ein Feed mit dem Namen
          <strong>'.htmlentities($_REQUEST['feedTitle'],
          ENT_QUOTES,"UTF-8").'</strong>
          ist bereits vorhanden!</span>';
       return;
    }
 }
```

Hier folgt der Code für das Anlegen eines Eintrags innerhalb eines Feeds. Dafür muss `title` in der `REQUEST`-Variablen gesetzt sein. Die zweite `if`-Abfrage überprüft, ob die übergebenen Parameter `title` und `content` leer sind. Ist dies nicht der Fall, wird mit dem folgenden SQL-Ausdruck ein Eintrag in der Tabelle `entry` angelegt:

```
INSERT INTO entry (feedId, title, content, created)
VALUES ('feedId', 'Titel des Eintrags', 'Inhalt', 123456789);
```

Für das Attribut `created` wird hier der aktuelle Zeitstempel per `time()`-Befehl übergeben.

```
//Anlegen eines Eintrags
if(isset($_REQUEST['title']))
{
    if(($_REQUEST['title']!='') AND
              ($_REQUEST['content']!=''))
    {
        //Eintragen
        $this->db->query("INSERT INTO entry (feedId, title,
                    content, created) VALUES (:feedId,
                    :title, :content, :time )",
                array(':feedId'=> $_REQUEST['feedId'],
                    ':title' => $_REQUEST['title'],
                    ':content' => $_REQUEST['content'],
                    ':time' => time()));
    }
}
```

Die letzte abzuhandelnde Aktion ist das Löschen eines kompletten Feeds. Dies wird mit der in `REQUEST` gesetzten Variable `deleteFeed` eingeleitet. Sollte diese gesetzt sein, werden im ersten Schritt alle Einträge aus der `entry`-Tabelle und anschließend der Feed aus der `feed`-Tabelle gelöscht. Für die `DELETE`-Statements auf die beiden Tabellen wird die übergebene Variable `$_REQUEST['id']` vor der Abfrage mit dem Befehl `intval()` in gültige Zahlen umgewandelt.

```
#Feed komplett löschen
if(isset($_REQUEST['deleteFeed']))
{
    //Zuerst alle Einträge löschen:
    $this->db->query("DELETE FROM entry WHERE
            feedID = '".intval($_REQUEST['id'])."';");
    //Dann den Feed löschen:
    $this->db->query("DELETE FROM feed WHERE id =
                '".intval($_REQUEST['id'])."';");
```

```
        header('Location: '.basename($_SERVER['PHP_SELF']));
    }
}
```

> **Hinweis**
>
> Die `actionHandler()`-Funktion lässt sich weiter ausbauen, beispielsweise um Funktionen für das Ändern von angelegten Feeds und/oder Einträgen. Aber beachten Sie hierbei, dass einmal durch einen Newsreader eingelesene Feed-Einträge normalerweise selbst bei einer nachträglichen Änderung nicht aktualisiert werden. Änderungen an einem bereits veröffentlichten News-Eintrag sind daher nicht unbedingt ratsam.

function message()

Diese Funktion gibt lediglich die interne Variable `$this->message` aus, falls diese nicht leer ist.

```
public function message()
{
    if($this->message != "")
    {
        echo $this->message;
    }
}
```

function listFeedsForHead()

Es gibt verschiedene Möglichkeiten, auf Feeds zu verlinken. Eine davon ist das Angeben eines Links auf einer Webseite. Eine andere Möglichkeit (die sehr verbreitet ist) ermöglicht das Angeben einer oder mehrerer Feed-Links im Header einer HTML-Datei. Diese Angaben führen auch dazu, dass in der URL-Eingabezeile der gängigen Browser ein Feed-Icon erscheint, das dem Benutzer anzeigt, dass von dieser Seite ein Feed abonniert werden kann. In Abbildung 17.29 können Sie nach der URL und vor dem Sternsymbol das Feed-Icon erkennen.

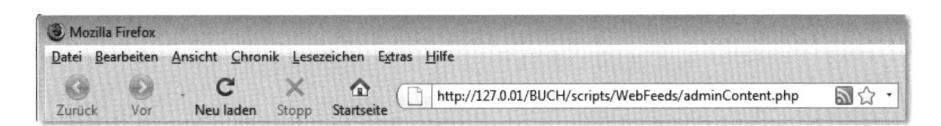

Abbildung 17.29 URL-Zeile mit Feed-Icon

Folgender Code erstellt für alle in der Datenbank angelegten Feeds die entsprechenden Einträge für den Header. Klickt ein Benutzer dann auf das Feed-Icon, erhält er eine Auswahl der zu abonnierenden Feeds. Wir beginnen mit einer `foreach`-Schleife, die über alle Feeds in `$this->feed` iteriert. Für jeden Feed geben wir ein link-Element aus, das den Typ application/rss+xml hat. Dadurch wird einem Newsreader oder einem Browser erläutert, um welchen Typ von Inhalt es sich handelt. Das Attribut title (hier mit RSS 2.0 und dem Titel des Feeds benannt) gibt den Namen des Feeds an. Schließlich wird mittels href-Attribut angegeben, unter welcher URL der Feed-Inhalt aufgerufen werden kann. Wir verweisen hier auf die Datei *rss.php* (unter Angabe einer ID), die später noch erläutert wird.

```
public function listFeedsForHead()
{
   //Jeden Feed mit RSS 2.0 anbieten
   foreach($this->feeds as $feed)
   {
      echo '<link rel="alternate" type="application/rss+xml" ';
      echo 'title="RSS 2.0: '.$feed['title'].'
         "href="'.PROJECT_HTTP_ROOT.'/scripts/
         RSS/rss.php?id='.$feed['id'].'" />';
   }
}
```

function listFeeds()

Die nächsten drei Funktionen dienen der visuellen Darstellung der Feeds und ihrer Einträge und dem Anlegen derselben. Die Funktion listFeeds() listet lediglich die vorhandenen Feeds und die Anzahl der Einträge darin auf. Wir erstellen daher eine Tabelle (<table>), deren erste Zeile die Überschrift »Feedübersicht« trägt. Im Anschluss daran zählen wir mittels count() die Einträge des Arrays $this->feeds (die Anzahl an Feeds). Ist die Anzahl größer null, erstellen wir eine Tabelle mit den Spalten Titel, Einträge und einer leeren Spalte (<th />). Daraufhin iterieren wir mit einer foreach-Schleife über die vorhandenen Feeds.

```
public function listFeeds()
{
   echo '<table style=" ... ">';
   //Überschrift
   echo '<tr><td colspan="4" style=" ... ">Feedübersicht
      </td></tr>';
   if(count($this->feeds)>0)
   {
      echo '<tr><th style=" ... ">Titel</th>
         <th style=" ... ">Einträge</th><th />';
      foreach($this->feeds as $feed)
      {
```

Für jeden Feed im Array geben wir den Titel (`$feed['feed.title']`) und die Anzahl an Einträgen (`$feed['count']`) aus. Zusätzlich dazu erstellen wir einen Link zum Löschen des gesamten Feeds, der auf das aktuelle Skript verweist und den Parameter `deleteFeed` nebst der Feed-Nummer (`$feed['feed.id']`) übergibt.

```
      echo '<tr><td>';
      echo $feed['title'].'<br /></td>';
      echo '<td>'.$feed['count'].'</td>';
      echo '<td><a href="?deleteFeed&id='.$feed['id'].
           '" style=" ... ">Feed komplett löschen</a></td>';
      echo '</tr>';
   }
  }
  echo "</table>";
}
```

> **Hinweis**
> Bei einem SQL-JOIN in Verbindung mit der SQLite-Engine werden die Arraybezeichner automatisch folgendermaßen benannt: Tabellenname gefolgt vom Attributnamen. Daher wird hier im Array `$this->feeds` innerhalb der `foreach`-Schleife auf `$feed['id']` zugegriffen, wenn der Zugriff auf die ID des Feeds erfolgen soll.

function displayCreateFeedForm()

Um einen neuen Feed anzulegen, wird folgendes Formular verwendet. Die Daten werden per POST-Methode versendet (`method="post"`). Wir legen auch hier wieder eine Tabelle an, die eine Überschrift »Feed anlegen« erhält. Anschließend erstellen wir eine Zeile mit der Bezeichnung `Titel` und einem Eingabefeld mit Namen `feedTitle`, ein Eingabefeld mit dem Namen `link` zur Eingabe eines Links, der auf die Webseite des RSS-Feeds verweist, und ein Textfeld mit Namen `description` für die Beschreibung des Feeds. Das letzte Formularelement ist eine Schaltfläche für das Abschicken des Formulars.

```
public function displayCreateFeedForm()
{
   echo '<form method="post">';
   echo '<table style=" ... ">';
   //Überschrift
   echo '<tr><td colspan="4" style=" ... ">
        Feed anlegen</td></tr>';
   echo '<tr>';
   echo '<td>Titel:</td><td><input class="standardField"
        type="text" name="feedTitle"/></td>';
   echo '<td>Link:</td><td><input class="standardField"
```

```
                    type="text" name="link"/></td>';
        echo '</tr><tr>';
        echo '<td>Beschreibung:</td>';
        echo '<td colspan="3"><textarea class="standardTextArea"
                    name="description" cols=30 rows=10></textarea></td>';
        echo '</tr><tr>';
        echo '<td colspan="4"><input class="standardSubmit"
                    type="submit" value="Feed anlegen"/></td></tr>';
        echo '</table>';
        echo '</form>';
}
```

function displayFeedEntryForm()

Die Funktion `displayFeedEntryForm()` erstellt ein Formular für die Eingabe eines neuen Eintrags für einen Feed. Die Struktur ist analog zu der der vorherigen Funktion, diesmal mit der Überschrift »Eintrag anlegen«. Hier muss zunächst die Möglichkeit bestehen, einen Feed für den neuen Eintrag auszuwählen. Dazu erstellen wir eine Auswahlliste durch das HTML-Element `<select>`, das den Namen `feedId` erhält. Die einzelnen Auswahloptionen der Liste erstellen wir mit einer `foreach`-Schleife über die vorhandenen Feeds. Jedem Optionselement weisen wir durch das Attribut `value` einen Wert (hier die ID des jeweiligen Feeds: `$feed['id']`) und den Namen des Feeds (`$feed['title']`) als Anzeigewert zu. So erstellen wir eine Liste mit allen vorhandenen Feeds, aus der Sie auswählen können, welcher Feed einen neuen Eintrag bekommt.

```
public function displayFeedEntryForm()
{
    echo '<form method="post">';
    echo '<table style=" ... ">';
    //Überschrift
    echo '<tr><td colspan="2" style=" ... ">
            Eintrag anlegen</td></tr>';
    //Feed auswählen:
    echo '<tr><td>Feed:</td>';
    echo '<td>';
    echo '<select class="standardSelect" name="feedId">';
    foreach($this->feeds as $feed)
    {
        echo '<option value="'.$feed['id'].'">'.
                htmlentities($feed['title'],ENT_QUOTES,
                "UTF-8").'</option>';
    }
    echo '</select>';
    echo '</td></tr>';
```

Hier folgen wieder ein paar weitere Formularelemente:

- input-Feld: Titel des Eintrags (title)
- textarea: Text (content)
- Schaltfläche für das Absenden des Formulars

```
    echo '<tr>';
    echo '<td>';
    echo 'Titel des Eintrags:</td>';
    echo '<td><input class="standardField" type="text"
          name="title"/></td>';
    echo '</tr>';
    echo '<tr><td>Text:</td>';
    echo '<td><textarea class="standardTextArea" name="content"
          cols="30" rows="10"></textarea></td>';
    echo '</tr>';
    echo '<tr><td colspan="2">';
    echo '<input type="submit" class="standardSubmit"
          name="Eintrag anlegen"/>';
    echo '</td></tr>';
    echo '</table>';
    echo '</form>';
    }
```

Listing 17.18 Klasse »AdminFeedContent«

Durch die Datei *adminContent.php* wird dann die Klasse AdminFeedContent zur Verwaltung der Feeds verwendet. Im ersten Schritt werden die notwendigen Dateien eingebunden. Wie üblich die *common.php* sowie die Datenbankklasse SQLite und natürlich die Klasse AdminFeedContent.

```
<?php
require_once "../../common.php";
require_once "../../inc/classes/DB/class.SQLite.php";
require_once "classes/class.AdminFeedContent.php";
```

Hier erstellen wir ein Objekt der Klasse AdminFeedContent und speichern es unter dem Namen $feedContent. Im Anschluss daran legen wir den HTML-Kopf an und rufen dann die Methode listFeedsForHead() auf, um die Feeds auch durch die Feed-Icons in der URL-Zeile aufrufbar zu gestalten. Anschließend werden die Methode message() zur Ausgabe etwaiger Meldungen und dann alle Anzeigefunktionen (listFeeds(), displayCreateFeedForm() und displayFeedEntryForm()) nacheinander aufgerufen.

```
$feedContent = new Scripts\RSS\AdminFeedContent();
//Kopf erstellen
System\HTML::printHead();
$feedContent->listFeedsForHead();
...
$feedContent->message();
$feedContent->listFeeds();
$feedContent->displayCreateFeedForm();
$feedContent->displayFeedEntryForm();
...
?>
```

Listing 17.19 adminContent.php

Rufen Sie nun die Datei *adminContent.php* auf, können Sie die Feeds verwalten und sehen die Ansicht aus Abbildung 17.30.

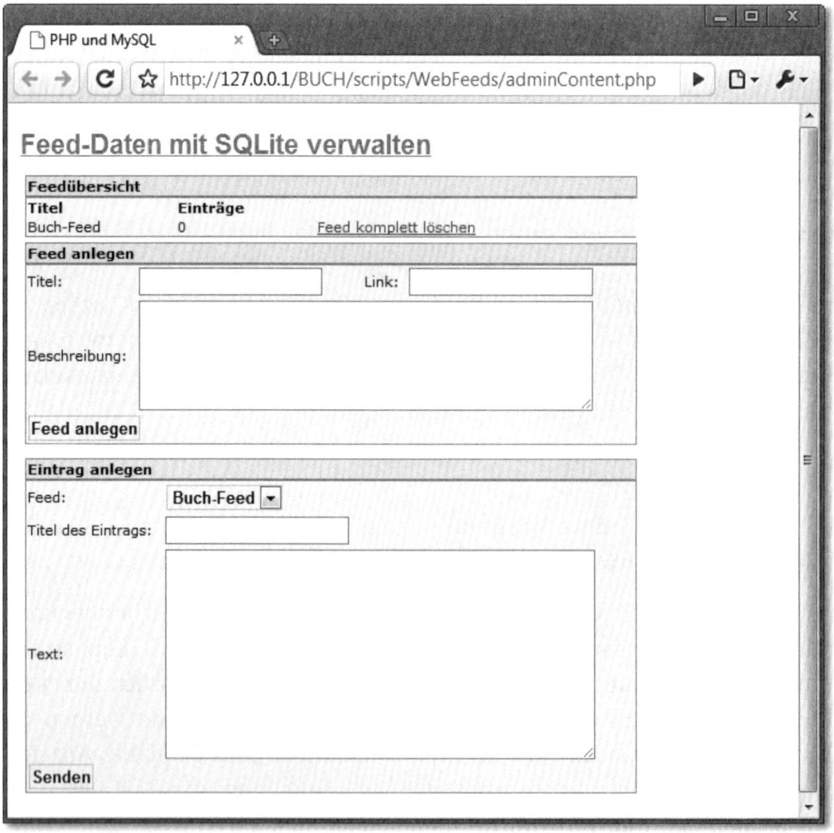

Abbildung 17.30 Ansicht der Feed-Verwaltung durch »adminContent.php«

17.5.3 RSS-Feed zur Verfügung stellen

Um nun aus den Daten der Datenbank einen RSS-Feed zur Verfügung zu stellen, implementieren wir eine weitere Klasse. Die Klasse XMLFeed erstellt die XML-Struktur eines RSS-Feeds und benötigt dazu die in Abbildung 17.31 dargestellten Methoden.

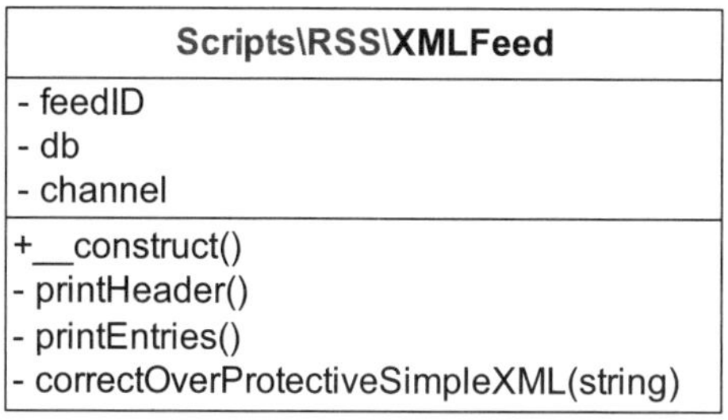

Scripts\RSS\XMLFeed
- feedID - db - channel
+__construct() - printHeader() - printEntries() - correctOverProtectiveSimpleXML(string)

Abbildung 17.31 UML-Diagramm der Klasse »XMLFeed«

Die Variable $feedID speichert die Nummer des Feeds, der angezeigt werden soll. $db speichert die Verbindung zur Datenbank, und $channel ist eine Hilfsvariable, die für den Konstruktionsprozess der XML-Datei benötigt wird.

function __construct($feedID)

Dem Konstruktor der Klasse XMLFeed übergeben wir eine Integerzahl, die $feedID, damit der korrekte Feed aus der Datenbank zusammengebaut werden kann. Diese Zahl wird im ersten Schritt an die Klassenvariable $this->feedID gebunden (für spätere Verwendung). Anschließend wird eine Datenbankverbindung zur Feed-Datenbank (*feed.db*) mittels SQLite erstellt. Das Datenbankobjekt speichern wir in $this->db.

```
public function __construct($feedID)
{
    $this->feedID = $feedID;
    //Verbindung zur Feed-Datenbank aufbauen
    $this->db = new \System\Database\SQLite("feed.db");
```

Nun folgt das Erstellen einer XML-Struktur mit Hilfe der PHP-Erweiterung SimpleXML. Diese erlaubt durch einfache Befehle und Funktionen das Erstellen kompletter XML-Dateien. Wir verwenden hier zunächst den Befehl simplexml_load_string(), der aus der angegebenen Zeichenkette eine XML-Datei zu erstellen versucht und ein Objekt der Klasse SimpleXML zurückgibt. Die hier übergebene Zeichenkette ist die Grundstruktur einer RSS-2.0-XML-Datei.

```
<?xml version="1.0" encoding="UTF-8"?>
<rss version="2.0"/>
```

Wir speichern diesen Rumpf unserer XML-Datei (das `SimpleXML`-Objekt) in der Variablen `$this->xml`. Anschließend rufen wir die internen Funktionen `printHeader()` und `printEntries()` auf, die das Kopfelement des Feeds und seine Einträge zum XML-Dokument hinzufügen.

```
//XML-Struktur-Datei einlesen
$this->xml = simplexml_load_string('<?xml version="1.0"
            encoding="UTF-8"?><rss version="2.0"/>');
//Header ausgeben und Grundstruktur des Feeds erstellen
    $this->printHeader();
//Einträge hinzufügen
    $this->printEntries();
//Ausgeben der XML-Datei (utf8-codiert!)
    echo html_entity_decode($this->xml->asXML(),
                ENT_COMPAT,"UTF-8");
}
```

Der letzte Schritt besteht in der Ausgabe des gesamten XML-Dokuments. Dafür rufen wir auf dem `SimpleXML`-Objekt `$this->xml`, in dem die gesamte konstruierte Feed-Struktur steckt, die Methode `asXML()` auf. Dadurch erhalten wir eine Zeichenkette mit den kompletten XML-Daten. Um gegebenenfalls Umlaute in korrektes UTF-8 zu codieren[20], rufen wir zusätzlich den Befehl `html_entity_decode()` auf und übergeben ihm die XML-Daten. Den Rückgabewert dieses Aufrufs – UTF-8-codiertes XML – können wir sorglos per `echo` ausgeben.

function printHeader()

Die Funktion `printHeader()` wird dazu verwendet, das Kopfelement eines Feeds zu erzeugen und den entsprechenden Inhaltstyp auszugeben, damit ein Newsreader oder Browser den Inhalt entsprechend behandeln kann. Die Einfachheit von SimpleXML zeigt sich direkt im ersten Schritt: Durch den Aufruf der Methode `addChild()` auf der Variablen `$this->xml`, die die XML-Grundstruktur des Feeds enthält, wird ein neues Kind-Element namens `channel` hinzugefügt. Dadurch sieht die XML-Datei nun so aus:

```
<?xml version="1.0" encoding="UTF-8"?>
<rss version="2.0">
    <channel />
</rss>
```

---

[20] Andernfalls können Zeichensatzfehler auftreten, die in manchen Newsreadern oder Browsern dazu führen, dass keine Einträge angezeigt werden.

Anschließend fragen wir die Datenbank nach dem Feed-Datensatz mit der dem Konstruktor übergebenen `$feedID` und speichern den Datensatz in der Variablen `$headerData`.

```
private function printHeader()
{
    //Channel hinzufügen
    $this->channel = $this->xml->addChild('channel');
    //Einträge des Feeds auslesen:
    $headerData = $this->db->query('SELECT * FROM feed WHERE id =
              :feedId',array(':feedId'=> $this->feedID));
```

Die nächste Abfrage prüft, ob `$headerData` keinen Datensatz enthält. Sollte dies so sein, wird mit einer entsprechenden Fehlermeldung, die auf das Fehlen eines Feeds mit der übergebenen ID hinweist, die Abarbeitung des Skriptes per `die()` abgebrochen. Andernfalls setzen wir zunächst per `header()`-Befehl den Inhaltstyp der Ausgabe (`Content-Type`) auf RSS-Feed (`application/rss+xml`). Dies dient anderen Programmen zur korrekten Darstellung bzw. Interpretation des Inhalts. Anschließend werden per `addChild()`-Befehl dem `channel`-Element die folgenden Elemente hinzugefügt:

- `<title>`-Element
- `<link>`-Element
- `<description>`-Element
- `<language>`-Element

```
    if(count($headerData)==0)die('Es konnte kein Feed mit
            der Nummer '.$this->feedID.' gefunden werden');
    //Feedtype ausgeben
    header("Content-Type: application/rss+xml");
    $feed = $headerData[0];
    //XML-Struktur erzeugen:
    $this->channel->addChild('title',$feed['title']);
    $this->channel->addChild('link', $feed['link']);
    $this->channel->addChild('description',
                      $feed['description']);
    $this->channel->addChild('language', $feed['language']);
}
```

Nach Ausführung von `printHeader()` entspricht die Feed-XML-Datei (`$this->xml`) folgendem Muster:

```
<?xml version="1.0" encoding="UTF-8"?>
<rss version="2.0">
```

```
<channel>
   <title>Buch-Feed</title>
   <link>www.phpundmysql.de</link>
   <description>RSS-Feed zum Buch.</description>
   <language>de-de</language>
</channel>
</rss>
```

function printEntries()

Die letzte benötigte Funktion fügt zum Rumpf des XML-Dokuments noch die Einträge des Feeds hinzu. Daher fragen wir zunächst alle Feed-Einträge aus der Tabelle entry ab, die der ID des Feeds entsprechen, und speichern sie in der Variablen $entries. Dann durchlaufen wir mit einer foreach-Schleife alle Einträge des Feeds.

```
private function printEntries()
{
   //Einträge des Feeds auslesen:
   $entries = $this->db->query('SELECT * FROM entry WHERE feedId
                = :feedId',array(':feedId'=> $this->feedID));

   foreach($entries as $entry)
   {
```

Wir benötigen für jeden Eintrag des Feeds ein eigenes <item>-Element. Daher erstellen wir dieses, indem wir den Befehl addChild() auf der XML-Struktur von $this->channel ausführen. Dies führt dazu, dass <item> als neues Kind-Element unter <channel> angeordnet wird. Um aber weitere Unterelemente zu <item> hinzufügen zu können, speichern wir dieses Element in $item ab. Dann fügen wir die Daten des Eintrags hinzu; wiederum mit dem Befehl addChild() für den Titel ($entry['title']), den Inhalt ($entry['content']) und das Veröffentlichungsdatum ($entry['created']) eines jeden Eintrags.

```
      $item = $this->channel->addChild('item');
      $item->addChild('title',$entry['title']);
      $item->addChild('description',
                '<![CDATA['.$entry['content'].']]>');
      $item->addChild('pubDate',date("r",$entry['created']));
   }
}
```

Listing 17.20 Klasse »XMLFeed«

Die Besonderheit beim Hinzufügen des Inhalts (content) eines Feed-Eintrags ist hier, dass wir den Inhalt mit der Zeichenfolge <![CDATA[umhüllen. Dies hat den einfachen, aber wichtigen Grund, dass so alle Zeichen im Inhalt vorkommen dürfen – also auch spitze Klammern und Umlaute –, die sonst zu einem XML-Fehler führen würden. Denn durch das CDATA-Element erklären wir einem XML-Parser, dass darauf beliebige Textdaten folgen. Diese werden dann mit der Zeichenfolge]]> beendet. Das Veröffentlichungsdatum, das als Zeitstempel in der Datenbank gespeichert wird, lassen wir durch die Funktion date() und die Angabe "r" in eine dem RFC 2882 entsprechende Zeitangabe umwandeln.

17.5.4 Einsatz des RSS-Feeds

Um den RSS-Feed nun in Aktion zu betrachten, müssen wir noch eine weitere kleine PHP-Datei erstellen. Diese nennen wir *rss_xml.php* und fügen folgende Codezeilen hinzu. Zunächst binden wir die *common.php* sowie die Datei *class.SQLite.php* (für den Datenbankzugriff) und natürlich die *class.XMLFeed.php* ein. Anschließend fragen wir nach, ob eine GET-Variable mit Namen id angegeben wurde. Ist dies der Fall, erstellen wir ein neues Objekt der Klasse XMLFeed und übergeben die Variable $_GET['id'] als Nummer des Feeds an den Konstruktor des Objekts. Dann wird der komplette Feed erstellt und ausgegeben. Sollte keine id angegeben worden sein, geben wir hier nur eine entsprechende Fehlermeldung aus.

```
<?php
require_once "../../common.php";
require_once "../../inc/classes/DB/class.SQLite.php";
require_once 'classes/class.XMLFeed.php';

if(isset($_GET['id']))
{
   new Scripts\RSS\XMLFeed($_GET['id']);
}
else echo "Keine ID mitgegeben.";
?>
```

Listing 17.21 rss_xml.php

Haben wir nun (mindestens) einen Feed über die Verwaltung angelegt, rufen wir für unser Beispiel die URL

http://127.0.01/BUCH/scripts/WebFeeds/rss_xml.php?id=1

auf und erhalten als Ergebnis einen fertigen RSS-Feed (Abbildung 17.32 zeigt die Feed-Ansicht im Firefox 3).

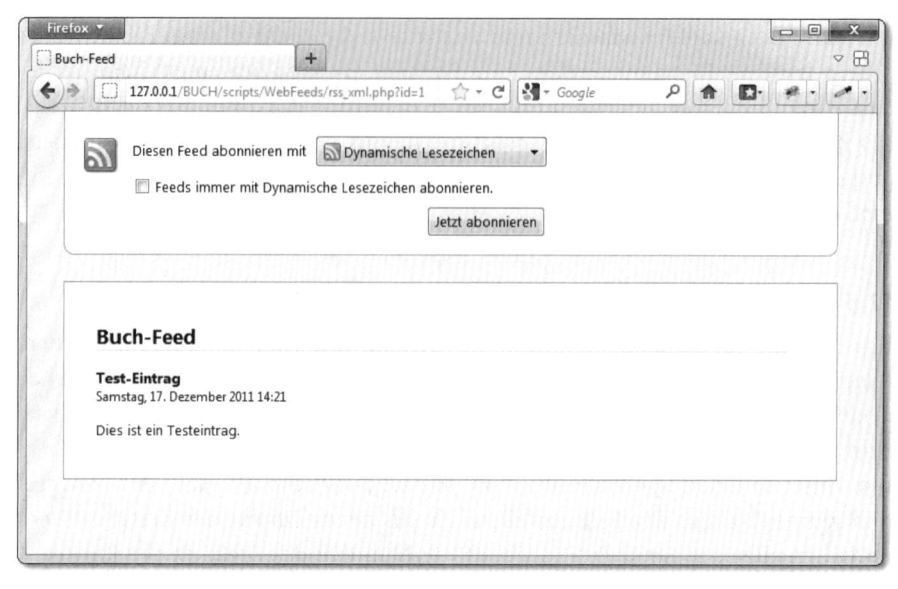

Abbildung 17.32 Ansicht eines fertigen RSS-Feeds

Der zugrundeliegende XML-Code ist in Abbildung 17.33 dargestellt.

```xml
<?xml version="1.0" encoding="UTF-8"?>
<rss version="2.0">
    <channel>
        <title>Buch Feed</title>
        <link>www.phpundmysql.de</link>
        <description>RSS-Feed zum Buch.</description>
        <language>de-de</language>
        <item>
            <title>Neuer Eintrag</title>
            <description>
                <![CDATA[Dies ist ein Testeintrag, der mit wenig Inhalt auskommen
                muss. Er zeigt aber immerhin die Struktur und Funktion eines RSS-Feed.]]>
            </description>
            <pubDate>Thu, 27 Nov 2008 18:24:18 +0100</pubDate>
        </item>
    </channel>
</rss>
```

Abbildung 17.33 XML-Code des RSS-Feeds

Zwei Anwendungsarten, die u. a. durch das Web 2.0 sehr bekannt wurden, sind Blogs und Wikis. Hier wollen wir beide als Basisversionen implementieren, um Ihnen ihre Funktionsweisen zu verdeutlichen.

18   Blogs und Wikis

Je erschwinglicher die Domainangebote im Internet werden, desto mehr Privatpersonen legen sich eigene Domains zu, die beispielsweise dem Präsentieren der eigenen Person, der Familie oder der Hobbys dienen. Das Internet wird so also zum interaktiven Präsentationsmedium, über das man sich der »Weltöffentlichkeit« zeigen kann.

Die Anfänge der Interaktivität auf privaten Seiten begannen mit Online-Gästebüchern, in denen sich Besucher eintragen können. Bald darauf folgten auch schon Foren, in denen mehr oder weniger interessante Themen durch asynchrone Kommunikation behandelt werden. Die erste synchrone Kommunikation wurde mit Chaträumen erreicht, in denen sich die einzelnen Internetnutzer direkt »unterhalten« können.

Immer größerer Beliebtheit erfreuen sich *Blogs*: Dies ist die Kurzform des zusammengesetzten Begriffs »Weblog« – also eines Zusammenschlusses der Wörter »Web« (»Netz«; gemeint ist das Internet) und »Log« (»Protokoll«). Blogs sind Onlinetagebücher, die von dem Besitzer immer wieder durch aktuelle Eintragungen erneuert und erweitert werden. Hier sei auf die deutsche Blogger-Community unter *http://www.blogger.de* und auf den wohl bekanntesten internationalen Blog-Anbieter *http://wordpress.com/* verwiesen. Oft findet man im Internet auch Weblogs, bei denen Gäste zu jedem Eintrag Kommentare abgeben können. Das kommt Ihnen bekannt vor? Allerdings. Dies ist im Grunde nicht viel mehr als die Kreuzung zwischen einem Forum und einem Gästebuch in neuem Gewand und mit einer zusätzlichen Regel: Das Thema wird immer durch einen Eintrag des Weblog-Besitzers eingeleitet, zu dem dann Gäste Stellung nehmen können. Mittlerweile gibt es auch weitere Varianten des Weblogs, z. B. das Photo-Blog (*Phlog*) oder das Video-Blog (*Vlog*).[1] Auch dies sind im Grunde wiederum Ableitungen

---

1   Weitere Hintergrundinformationen zu »Blog« finden Sie beispielsweise bei *http://de.wikipedia.org/wiki/Blog*.

aus einer normalen Bildergalerie mit zusätzlichen interaktiven Erweiterungen. Hier hat sich der Dienst *www.flickr.com* einen Namen gemacht.

Eine andere erfolgreiche Form von Web 2.0-Diensten sind *Wikis*. Das bekannteste Beispiel hierfür ist *Wikipedia*, eine Online-Enzyklopädie, die eine Vielzahl an Begriffen und deren Erläuterungen enthält.[2] Aber im Gegensatz zu gedruckten Lexika wird hier der gesamte Inhalt von Benutzern des WWW erstellt und gewartet. Dabei setzt man auf den Effekt der Masse, so dass falsche oder fehlerhafte Inhalte erkannt und verbessert werden. Ein Wiki ermöglicht es jedem Nutzer, einen Beitrag zu ändern und zu speichern. Hierbei ist es wichtig, dass eine Versionsverwaltung existiert, so dass keine Textversion verlorengeht und man immer wieder auf vorherige Versionen eines Beitrags zugreifen kann (und im Zweifel auch wieder zu einer früheren Version zurückkehren kann).

Wir werden nun im Folgenden auf die Entwicklung eines einfachen Blogs sowie auf die eines Wikis eingehen.

18.1 Blog

Unser Blog soll uns – als Onlinetagebuch – die Möglichkeit geben, zu jeder Tages- und Nachtzeit einen Eintrag vorzunehmen. Dabei wird absteigend nach Datum sortiert, so dass ein Besucher direkt den neuesten Eintrag lesen kann. Darüber hinaus soll ein Besucher des Blogs zu einem existierenden Eintrag einen Kommentar abgeben können. So können spannende lineare Diskussionen (in der Art eines einfachen Forums) entstehen.

Das Erstellen eines neuen Eintrags ist normalerweise nur dem Besitzer des Blogs erlaubt, daher sollte dieser Bereich durch einen Log-in geschützt sein. Wir werden die Funktionalität aufteilen in einerseits das Schreiben und Löschen von Einträgen und andererseits das Anschauen und Schreiben von Kommentaren. Dafür werden wir das Log-in-Skript aus dem Sicherheitskapitel verwenden und einbauen, so dass ohne einen Log-in nur das Anschauen des Blogs und Erstellen von Kommentaren möglich ist. Das Schaubild in Abbildung 18.1 verdeutlicht die Trennung.

Wie Sie sehen, legen wir eine Tabelle an, die die Daten des Blogs speichert. Die Tabelle `blog` enthält dabei alle Einträge und Kommentare des Blogs (siehe Tabelle 18.1).

---

[2] *http://de.wikipedia.org/*.

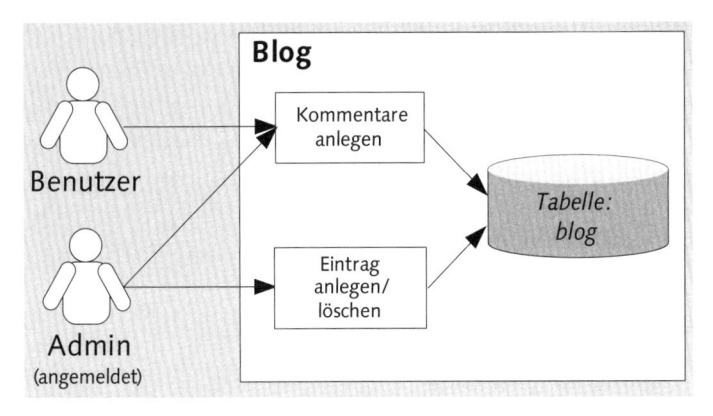

Abbildung 18.1 Darstellung der rollenspezifischen Blog-Methoden

Attributname	Attributtyp
id	int(11), Primärschlüssel, auto_increment
blogid	int(11)
name	varchar(100)
headline	varchar(200)
date	int(11)
content	longtext

Tabelle 18.1 »blog«-Datenbanktabelle

Der Primärschlüssel der Tabelle ist ein Integer-Datentyp und wird in id als auto_increment-Wert gespeichert. Das Attribut blogid zeigt an, zu welchem Eintrag die Zeile gehört: Bei Kommentaren wird hier also die Nummer (id) des zugehörigen Eintrags gespeichert, bei einem Blog-Eintrag (im Folgenden nur als »Eintrag« bezeichnet) verweist blogid auf die eigene Zeile. In name wird der Name des Benutzers hinterlegt, der diesen Kommentar angelegt hat; bei einem Eintrag bleibt dieses Feld leer (da ihn der Admin angelegt hat und daher kein Name vergeben wird). Die Überschrift des Eintrags oder des Kommentars wird in headline, das Datum in date und der Text in content gespeichert. Diese Daten genügen, um ein rudimentäres Blog zu erstellen.

18.1.1 Klasse »Blog«

Die Klasse Blog enthält alle Methoden, die zum Administrieren und Betrachten des Blogs nötig sind. Im Klassendiagramm in Abbildung 18.2 sind sie aufgelistet.

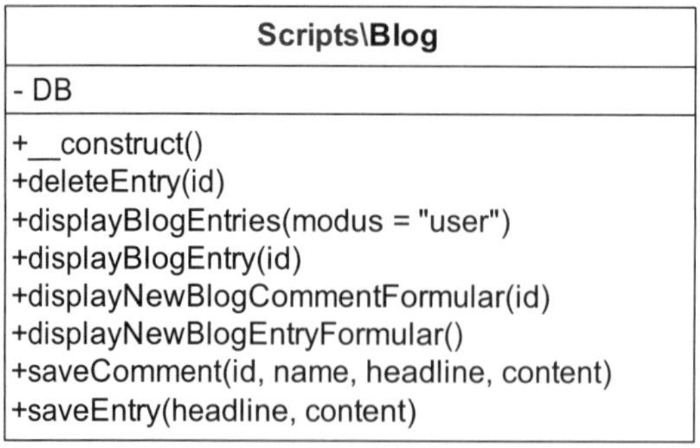

Scripts\Blog
- DB
+__construct() +deleteEntry(id) +displayBlogEntries(modus = "user") +displayBlogEntry(id) +displayNewBlogCommentFormular(id) +displayNewBlogEntryFormular() +saveComment(id, name, headline, content) +saveEntry(headline, content)

Abbildung 18.2 UML-Diagramm der Klasse »Blog«

function __construct()

Der Konstruktor des Blogs bindet, in Ihnen schon bekannter Art und Weise, das globale Datenbankobjekt an die Variable $DB:

```
public function __construct()
{
   //globales Datenbankobjekt holen
   $this->DB = $GLOBALS['DB'];
}
```

function displayBlogEntries($modus = »user«)

Die Methode `displayBlogEntries()` wird zur Darstellung einer Übersicht der Blog-Einträge verwendet. So werden alle Einträge und deren Inhalt angezeigt. Zusätzlich wird ein Link erstellt, der zur erweiterten Seite verweist; auf dieser werden dann auch alle Kommentare angezeigt.

Als optionaler Parameter wird der Modus übergeben. Dieser ist standardmäßig als "user" eingestellt und kann anderenfalls als "admin" übergeben werden. Der Modus wird benutzt, um die Einträge entweder zu administrieren oder nur anzuzeigen. Zunächst holen wir alle Blog-Einträge aus der Tabelle `blog`. Dazu verwenden wir folgendes SQL-Statement:

```
SELECT * FROM `blog` WHERE id = blogid
ORDER BY date DESC;
```

Die Sortierung erfolgt hier absteigend, damit der neueste Eintrag an erster Stelle der Übersicht steht. Außerdem beschränken wir die Ergebnismenge auf Zeilen, deren `id` und `blogid` übereinstimmen; daher stehen in der Ergebnismenge nur die Einträge, nicht die Kommentare des Blogs.

```
public function displayBlogEntries($modus = "user")
{
   //Alle Einträge laden
   $sql = "SELECT * FROM `blog` WHERE id = blogid ".
          "ORDER BY date DESC";
   $result = $this->DB->query($sql);
```

Für jeden Eintrag durchlaufen wir nun die folgende foreach-Schleife: Wir bauen darin eine Tabelle für jeden Eintrag auf, die zunächst die mit htmlentities() codierte Überschrift ($entry['headline']) anzeigt. Ebenfalls in derselben Zeile der Tabelle geben wir das Datum der Erstellung ($entry['date']) an. Dazu verwenden wir den Befehl date() und geben als Formatierung des Zeitstempels "d.m.Y H:i" vor. Dies ergibt eine Zeitangabe der Art: »24.12.2008 20:15«. In einer neuen Zeile (die sich per colspan='2' über die zwei obigen Tabellenfelder erstreckt) geben wir, ebenfalls per htmlentities() codiert, den Inhalt des Eintrags ($entry['content']) aus.

```
   //Jeden Eintrag darstellen
   foreach ($result as $entry)
   {
      echo "<table><tr><th>".
           htmlentities($entry['headline'],ENT_QUOTES,
                "UTF-8").
           "</th>";
      echo "<td>".date("d.m.Y   H:i", $entry['date']).
           " Uhr</td></tr>";
      echo "<tr><td colspan='2'>".
           nl2br(htmlentities($entry['content'],
                      ENT_QUOTES,"UTF-8")).
           "</td></tr>";
      echo "<tr><td>";
```

Wir benötigen nun noch die Anzeige der Kommentare zu einem Eintrag. Mit der folgenden SQL-Abfrage erhalten wir die Anzahl unter der Angabe der aktuellen id des Eintrags:

```
SELECT count(*) as comments FROM `blog`
WHERE blogid = '1' AND blogid != id;
```

Wir speichern diese Anzahl der Kommentare anschließend in der Variablen $comments.

```
      //Anzahl der Kommentare laden
      $sql = "SELECT count(*) as comments FROM `blog` ".
             "WHERE blogid = '".$entry['blogid']."' ".
```

18 | Blogs und Wikis

```
            "AND blogid != id;";
$sqlResult = $this->DB->query($sql);
$comments = $sqlResult[0]['comments'];
```

Nun folgt nur noch ein Link, der unter den Eintrag gesetzt wird. Er kann zwei Ausprägungen annehmen: Entweder befinden wir uns im `user`-Modus, dann geben wir einen Link zur Anzeige des Eintrags inklusiver aller seiner Kommentare aus, oder im `admin`-Modus, dann dient der Link zum Löschen des Eintrags und aller zugehörigen Kommentare.

```
//Normaler Benutzer ...
if($modus=="user")
{
```

Wurden bisher noch keine Kommentare abgegeben, so ist die Anzahl in `$comments` gleich 0. In diesem Fall darf ein Nutzer den ersten Kommentar schreiben und wird zum Skript *showBlogEntry.php* unter der Angabe der Nummer (`id`) des Eintrags weitergeleitet.

```
if ($comments == 0)
{
   echo "<a href='showBlogEntry.php?id=".
        $entry['id'].
        "'>Ersten Kommentar abgeben</a>";
}
else
{
```

Ist dagegen bereits mindestens ein Kommentar vorhanden, zeigt der Link zusätzlich die Anzahl der Kommentare an und verzweigt auf dieselbe Seite wie der Link zuvor.

```
   echo "<a href='showBlogEntry.php?id=".
        $entry['id'].
        "'>Kommentare ansehen (".
        $comments.")</a>";
   }
}
```

Sollte der `admin`-Modus aktiviert sein, so kann man durch Klicken auf den Link den Eintrag nebst zugehörigen Kommentaren löschen. Dazu wird unter Angabe der Nummer des Eintrags auf das Skript *adminBlog.php* verwiesen.

```
//Administrator...
else if($modus=="admin")
{
```

```
        echo "<a href='adminBlog.php?id=".
            $entry['blogid'].
            "'>Eintrag und alle Kommentare
            l&ouml;schen</a>";
    }
```

Nach der Abarbeitung eines Durchgangs der `foreach`-Schleife wird die anfänglich geöffnete Tabelle jeweils wieder ordentlich beendet.

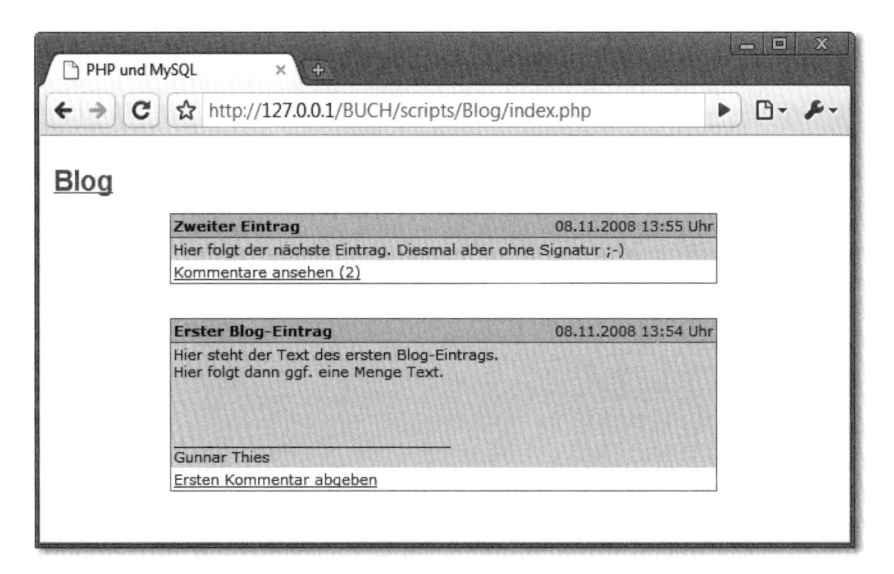

```
    echo "</td></tr>";
    echo "</table>";
    echo "<br /><br />";
    }
}
```

Abbildung 18.3 Standardübersicht aller Blog-Einträge

function displayBlogEntry($id)

Diese Methode zeigt einen einzigen ausgewählten Eintrag des Blogs und alle zugehörigen Kommentare an. Dazu wird als Parameter die Nummer des Eintrags ($id) übergeben. Zunächst wird durch eine SQL-Abfrage der Art

```
SELECT * FROM blog WHERE id = '1';
```

der entsprechende Eintrag geladen. Die Ergebnismenge $result sollte nun exakt eine Ergebniszeile enthalten. Ist dies nicht der Fall, wird eine entsprechende Fehlermeldung ausgegeben.

```
public function displayBlogEntry($id)
{
   //Den spezifischen Eintrag laden
   $sql = "SELECT * FROM blog WHERE id = '".
          $this->DB->escapeString($id)."';";
   $result = $this->DB->query($sql);
   //Falls kein Eintrag mit dieser Nr. vorhanden ist
   if(count($result)==0)
   {
      echo "Dieser Eintrag ist nicht vorhanden!";die();
   }
```

Konnte der Eintragsdatensatz geladen werden, wird dieser in der Variablen $entry gespeichert. Wir wollen nun den Eintrag anzeigen. Dazu geben wir zuerst eine Überschrift »Eintrag« und einen Link aus, mit dem wir zur Blog-Übersicht zurückspringen können:

```
//Eintrag steht in $result[0]
$entry = $result[0];
echo "<h1>Eintrag:</h1>";
echo "<a href='index.php'>Zur&uuml;ck zur Blog-
     &Uuml;bersicht</a><br />";
```

Die folgende Tabelle haben wir schon in derselben Art in der Methode displayBlogEntries() vorgestellt. Damit stellen wir den Eintrag in einer Tabelle dar.

```
echo "<table><tr><th>".
     htmlentities($entry['headline'],ENT_QUOTES,"UTF-8").
     "</th>";
echo "<td>".date("d.m.Y  H:i", $entry['date']).
     " Uhr</td></tr>";
echo "<tr><td>".
     nl2br(htmlentities($entry['content'],ENT_QUOTES,
           "UTF-8")).
     "</td></tr>";
echo "</table>";
echo "<br /><br />";
```

Nun folgt die Ausgabe aller Kommentare zu diesem Blog-Eintrag. Zunächst erstellen wir eine Überschrift »Kommentare« und laden anschließend mit einer SQL-Abfrage folgender Art alle Kommentare zu dem Eintrag aus der Datenbank:

```
SELECT * FROM blog WHERE blogid = '1'
AND blogid != id ORDER BY date ASC;
```

Wichtig ist hierbei, dass alle Kommentare als `blogid` die Nummer (`id`) des Eintrags gespeichert haben und so als zugehörig identifiziert werden können. Die Bedingung `blogid != id` sorgt dafür, dass der Eintrag selbst nicht in der Ergebnismenge enthalten ist. Wir ordnen die Kommentare hier nach dem Datum aufsteigend, da der neueste Kommentar – anders als die Einträge des Blogs – wie bei einem Forum in der zeitlichen Reihenfolge unter den anderen stehen soll.

```
echo "<h1>Kommentare:</h1>";
//Kommentare:
$sql = "SELECT * FROM blog WHERE blogid = '".
       $this->DB->escapeString($id).
       "' AND blogid != id ORDER BY date ASC;";
$result = $this->DB->query($sql);
```

Um die Kommentare durchzunummerieren, verwenden wir einen Laufindex (`$i`), der bei 1 beginnt.

```
$i = 1;
```

Nun folgt eine `foreach`-Schleife, die jeden Kommentar einzeln anzeigt. Zunächst geben wir die Überschrift (`$comment['headline']`), den Namen des Autors des Kommentars (`$comment['name']`) und das Datum der Abgabe aus. Dies steht alles in einer Tabellenzeile und wird aus Sicherheitsgründen per `htmlentities()` maskiert. Das Datum wird in der gängigen Form per `date()` generiert.

```
foreach ($result as $comment)
{
   //Überschrift
   echo "<table><tr><td>".$i.") <b>".
        htmlentities($comment['headline'],ENT_QUOTES,
             "UTF-8").
        "</b>";
   echo " [".
        htmlentities($comment['name'],ENT_QUOTES,
             "UTF-8")."]";
   echo "</td>";
   echo "<td>".date("d.m.Y H:i",$comment['date'])." Uhr";
   echo "</td></tr>";
```

Nun folgt noch der Inhalt des Kommentars (`$comment['content']`). Dieser erstreckt sich über die gesamte Tabelle und wird zunächst per `htmlentities()` maskiert. Anschließend ersetzt der Befehl `nl2br()` die Zeilenumbrüche des gespeicherten Textes durch HTML-Zeilenumbrüche der Art `<br />`. So wird der Inhalt korrekt wiedergegeben.

```
        echo "<tr><td colspan='2'>".
             nl2br(htmlentities($comment['content'],
                                ENT_QUOTES,"UTF-8"));
        echo "</td></tr>";
        echo "</table>";
        echo "<br /><br />";
```

Nach jedem Schleifendurchgang inkrementieren wir die Laufvariable `$i`, damit die Anzeige der Kommentarnummer fortlaufend nummeriert ist.

```
        $i++;
    }
}
```

Abbildung 18.4 zeigt ein Beispiel für die Anzeige der Kommentare eines Eintrags.

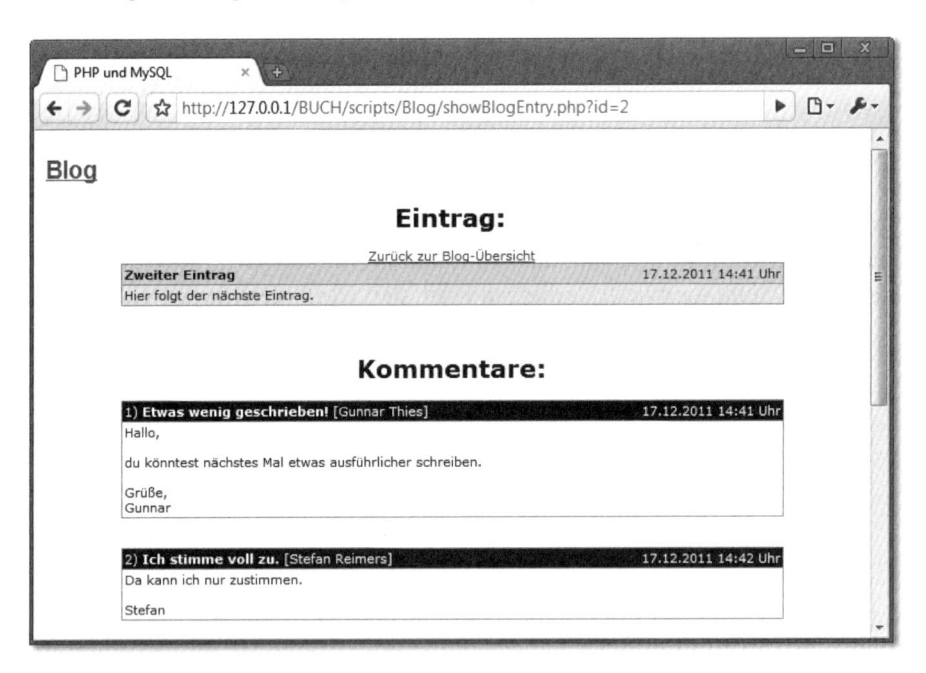

Abbildung 18.4 Detaillierte Anzeige eines Blog-Eintrags mit Kommentaren

function displayNewBlogEntryFormular()

Um dem Blog einen neuen Eintrag hinzuzufügen, erstellen wir ein Formular mit einem Feld für die Überschrift und einem Textfeld für den Inhalt. Das Formular ruft unter Verwendung der POST-Methode die eigene Seite auf (`action=''`). Wir »verpacken« das Formular wieder in eine Tabelle, um die einzelnen Felder untereinander anzuordnen.

```
public function displayNewBlogEntryFormular()
{
    echo "<form action='' method='post'>";
    echo "<table><tr><th colspan='2'>";
    echo "Neuer Blog-Eintrag</th></tr>";
    echo "<tr>";
    echo "<td>&Uuml;berschrift:</td>";
```

Das erste `input`-Feld trägt den Namen `headline` und übergibt die Überschrift des neuen Eintrags.

```
    echo "<td><input type='text' name='headline'></td>";
    echo "</tr><tr>";
    echo "<td>Text:</td>";
```

Dieses Textfeld mit dem Namen `content` nimmt den gesamten Text auf, den der Eintrag enthalten soll:

```
    echo "<td><textarea name='content'></textarea></td>";
    echo "</tr>";
    echo "<tr><td colspan='2'>";
```

Nun fehlt nur noch die Submit-Schaltfläche, mit der wir das Formular abschicken können. Ihr wird der Wert `save` zugeordnet, der beim Abschicken des Formulars übertragen wird. Klickt ein Besucher hierauf, wird per POST-Methode das Formular an die Seite geschickt, auf der sich dieses Formular befindet (durch die »Zielangabe« `action=''` im `<form>`-Tag).

```
    echo "<input type='submit' name='save'
           value='Speichern'>";
    echo "</td></tr>";
    echo "</table>";
    echo "</form>";
}
```

Wir können dann im Zielskript beispielsweise die Existenz des POST-Parameters `$_POST['save']` überprüfen, um eine geeignete Routine zum Speichern eines Eintrags (die folgende `saveEntry()`-Methode) anzustoßen.

function saveEntry($headline, $content)

Mit der Methode `saveEntry()` speichern wir einen Eintrag des Blogs in der Tabelle `blog`. Zunächst ist es wichtig, dass nicht jeder Benutzer einfach einen neuen Eintrag hinzufügen kann; daher überprüfen wir durch die statische Methode `checkLoginStatus()` der `Security`-Klasse, ob der Benutzer am System angemeldet ist.³ Sollte er nicht angemeldet sein, so passiert innerhalb dieser Methode nichts. Die zu übergebenden Parameter `$headline` und `$content` enthalten die Überschrift und den Inhalt des Eintrags.

```
public function saveEntry($headline, $content)
{
   //Ist der Benutzer angemeldet?
   if(\System\Security::checkLoginStatus())
   {
```

Innerhalb der Schleife setzen wir nun eine SQL-Abfrage zusammen, die einen Eintrag zur Tabelle `blog` hinzufügt. Wir speichern hier die Überschrift, den Inhalt des Eintrags und das aktuelle Datum als Zeitstempel (per `time()`):

```
INSERT INTO blog (headline,content,date) VALUES ('Überschrift',
'Inhalt des Eintrags...', 1130000000);
      $sql = "INSERT INTO blog (headline,content,date)".
             " VALUES ".
             "('".$this->DB->escapeString($headline).
             "','"."'".$this->DB->escapeString($content).
             "',".time().");";
      $this->DB->query($sql);
```

Da die `blogid` später als Ordnungskriterium unter den Kommentaren und Einträgen genutzt wird, muss sie noch gesetzt werden. Sie ist identisch mit der Eintragsnummer, also der per `auto_increment` vergebenen `id` des Eintrags. Sie ist gespeichert in dem Feld `insert_id` des *mysqli*-Objekts. Wir ändern den gerade angelegten Eintrag daher mit einer SQL-Abfrage folgender Art:

```
UPDATE blog SET blogid = 1 WHERE id = 1;
      //Auch die "blogid" setzen
      $insert_id = $this->DB->MySQLiObj->insert_id;
      $sql = "UPDATE blog SET blogid = ".$insert_id.
             " WHERE id = ".$insert_id.";";
      $this->DB->query($sql);
   }
}
```

Nach Abschluss dieser Methode – natürlich nur, wenn der aufrufende Benutzer am System eingeloggt ist – wurde ein neuer Eintrag gespeichert.

---

3 Hier verwenden wir die Sitzungsverwaltung und den Login aus Abschnitt 15.2, »Sitzungen mit der Datenbank verwalten«.

function displayNewBlogCommentFormular($id)

Wir wollen aber auch die Möglichkeit haben, Kommentare zu einem Eintrag abzugeben. Dafür müssen wir zunächst ein Formular erstellen. Dieses hat im Vergleich zur Eingabe eines Eintrags zwei zusätzliche Felder: eines zur Eingabe des Namens des Autors und ein verstecktes Feld (type='hidden'), das die Nummer des Eintrags überträgt. Die Nummer des Eintrags wird im Parameter $id übergeben. Da diese Methode darüber hinaus dem Formular der Methode displayNewBlogEntryFormular() sehr ähnelt, werden wir nicht weiter darauf eingehen.

```
public function displayNewBlogCommentFormular($id)
{
    echo "<form action='' method='post'>";
    echo "<input type='hidden' name='id' value='".$id."'>";
    echo "<table><tr><th colspan='2'>".
        "Neuer Kommentar</th></tr>";
    echo "<tr><td>Name:</td>";
    echo "<td><input type='text' name='name'></td>";
    echo "</tr><tr><td>&Uuml;berschrift:</td>";
    echo "<td><input type='text' name='headline'></td>";
    echo "</tr><tr><td>Text:</td>";
    echo "<td><textarea name='content'></textarea></td>";
    echo "</tr><tr><td colspan='2'>";
    echo "<input type='submit' name='save'
        value='Speichern'>";
    echo "</table>";
    echo "</form>";
}
```

function saveComment($id, $name, $headline, $content)

Um einen Kommentar zu speichern, benötigen wir die Methode saveComment(). Diese ist nicht vor Ausführung durch einen normalen Benutzer gesichert, da sie jeder ausführen darf. Daher übergeben wir hier die Parameter für die Eintragsnummer ($id), den Namen des Autors ($name), die Überschrift ($headline) und den Inhalt des Kommentars ($content) und erstellen lediglich eine SQL-Abfrage folgender Art und führen sie aus:

```
INSERT INTO blog (blogid,name,headline,date,content) VALUES ('1',
'Gunnar','Neuer Kommentar', 1130000001,'Hier steht der Inhalt des
Kommentars.');
```

Selbstverständlich werden alle übergebenen Parameter per escapeString()-Funktion des Datenbankobjekts maskiert, da sie der Methode per POST-Parameter übergeben wurden und daher als nicht sicher einzustufen sind.

```
public function saveComment($id, $name, $headline, $content)
{
   $sql = "INSERT INTO blog".
          " (blogid,name,headline,date,content) VALUES ".
          "('".$this->DB->escapeString($id)."',".
          "'".$this->DB->escapeString($name)."',".
          "'".$this->DB->escapeString($headline).
          "','".time().",".
          "'".$this->DB->escapeString($content)."')";
   $this->DB->query($sql);
}
```

function deleteEntry($id)

Die letzte Methode der Klasse Blog, deleteEntry(), ermöglicht es uns, einen Eintrag mit allen seinen Kommentaren aus der Datenbank zu löschen. Diese Methode wurde von uns analog zur Methode saveEntry() wieder gegen die Ausführung von nicht angemeldeten Benutzern gesichert. Ist der Benutzer am System angemeldet, werden einfach alle Zeilen der Tabelle blog gelöscht, die bei blogid die entsprechende Nummer gespeichert haben. So wird der Eintrag inklusive aller seiner Kommentare aus der Tabelle entfernt. Folgende SQL-Abfrage wird verwendet:

```
DELETE FROM blog WHERE blogid = '1';
public function deleteEntry($id)
{
   //Benutzer angemeldet?
   if(\System\Security::checkLoginStatus())
   {
      //Eintrag und Kommentare löschen
      $sql = "DELETE FROM blog WHERE blogid = ".
             "'".$this->DB->escapeString($id)."';";
      $this->DB->query($sql);
   }
}
```

Listing 18.1 Klasse »Blog«

Sollte der Benutzer nicht angemeldet sein, geschieht gar nichts.

> **Hinweis**
>
> Um in unserem Blog auch Rollenunterscheidung einzubauen – also z. B. dürfen nur angemeldete Benutzer einen Kommentar schreiben –, könnten wir die entsprechenden Methoden (beispielsweise saveComment()) ebenfalls durch die Abfrage des Benutzernamens in der Sitzung schützen. Dann müssten wir aber auch die Methoden saveEntry() und deleteEntry() erweitern, damit nicht nur der Anmeldestatus, sondern auch die Rolle des angemeldeten Benutzers überprüft wird.

18.1.2 Blog in der praktischen Anwendung

Um das Blog nun wirklich zu benutzen, werden wir drei Skripte schreiben, die die Klasse Blog verwenden:

- *index.php*
  zeigt eine Übersicht über alle Blog-Einträge
- *showBlogEntry.php*
  zeigt einen spezifischen Eintrag und dessen Kommentare sowie ein Formular zum Hinzufügen von Kommentaren
- *adminBlog.php*
  zeigt alle Blog-Einträge mit je einem Link, um diese zu löschen, und eine Maske zum Erstellen von neuen Einträgen

index.php

In diesem Skript binden wir zunächst die *common.php* und anschließend die Klasse Blog im Skript *class.Blog.php* ein.

```
<?php
require_once "../../common.php";
require_once PROJECT_DOCUMENT_ROOT."/scripts/Blog/classes/
              class.Blog.php";
...
```

Nun erstellen wir zuerst ein neues Objekt der Klasse Blog namens $BLOG, um daraufhin dessen Methode displayBlogEntries() aufzurufen, die uns innerhalb des <div>-Elements eine Übersicht über alle Einträge des Blogs zeigt.

```
//Neues Blog-Objekt erstellen
$BLOG = new Scripts\Blog();
//Anzeige aller Blog-Einträge
echo "<div id='centerBox' style='width:100%;'>";
$BLOG->displayBlogEntries();
echo "</div>";
...
?>
```

Listing 18.2 index.php

showBlogEntry.php

Dieses Skript wird aufgerufen, wenn ein Benutzer auf einen Link eines Eintrags klickt. Zunächst werden wieder die beiden soeben beschriebenen Skripte eingebunden. Anschließend wollen wir in Erfahrung bringen, welcher Eintrag geladen werden soll. Die Nummer wurde entweder per POST-Parameter oder per GET-

Parameter übergeben. Ist einer der beiden Parameter gesetzt (per `isset` geprüft), so wird `$id` auf den übergebenen Wert gesetzt. Sollte der Wert in keinem der beiden globalen Arrays (POST oder GET) enthalten sein, so behandeln wir diesen Skriptaufruf wie einen Fehler und laden per `header()`-Befehl wieder das Ausgangsskript des Blogs, *index.php*.

```php
<?php
require_once "../../common.php";
require_once PROJECT_DOCUMENT_ROOT."/scripts/Blog/classes/
            class.Blog.php";
//Die Nummer des Eintrags auslesen:
if(isset($_POST['id']))
{
   $id = $_POST['id'];
}
else if(isset($_GET['id']))
{
   $id = $_GET['id'];
}
else
{
   header('Location: index.php');
}
```

Um hinzugefügte Slashes aus den Parametern zu entfernen, rufen wir die Methode `globalStripSlashes()` auf. Anschließend erstellen wir ein neues Objekt der Klasse `Blog`.

```
//Überflüssige Slashes entfernen
System\Security::globalStripSlashes();
//Neues Blog-Objekt erstellen
$BLOG = new Scripts\Blog();
```

Dieses Skript kann auf zwei Arten aufgerufen worden sein: entweder per Link der Übersichtsseite (*index.php*), um alle Kommentare zu einem Eintrag zu betrachten, oder durch das Klicken auf SPEICHERN im Formular am Ende dieses Skriptes, was zum Speichern eines neuen Kommentars führen soll. Tritt der zweite Fall ein, so ist im POST-Array der Parameter `save` gesetzt, und wir betreten die `if`-Abfrage zum Speichern eines Kommentars. Darin rufen wir die Methode `saveComment()` des `Blog`-Objekts auf. Die nötigen Parameter wurden im POST-Array übergeben und sind folgende: die Nummer des Eintrags (`$_POST['id']`), der Name des Autors (`$_POST['name']`), die Überschrift des Kommentars (`$_POST['headline']`) und der zu speichernde Inhalt (`$_POST['content']`).

```
//Wenn gespeichert werden soll:
if(isset($_POST['save']))
{
    $BLOG->saveComment($_POST['id'],$_POST['name'],
            $_POST['headline'],$_POST['content']);
    header("Location: showBlogEntry.php?id=".
            intval($_POST['id']));
}
```

> **Tipp**
>
> Das Aufrufen der `header()`-Funktion nach dem Speichern eines Kommentars bewirkt hier, dass das Skript (hier: *showBlogEntry.php*) erneut geladen wird, jedoch nur mit dem angegebenen GET-Parameter (`id`); die POST-Parameter des vorigen Skriptaufrufes sind nun natürlich nicht mehr enthalten.
>
> Dies hat den Vorteil, dass der Benutzer, wenn er den »Neu laden«-Knopf seines Browsers anklickt, keine weiteren Kommentare anlegt, da die Parameter nicht mehr vorhanden sind. Somit ist die *Reload-Problematik*, die bei Einträgen von Benutzern in die Datenbank auftreten kann, neutralisiert. Wichtiger Punkt hierbei ist das Anhängen des Parameters `$_POST['id']` nach der Bearbeitung mit dem Befehl `intval()`, der nur den numerischen Teil des Parameters zurückgibt. So haben wir die Gefahr von HTTP Response Splitting neutralisiert!

Hier wird nun (nach den üblichen HTML-Methoden) die Methode `displayBlogEntry()` mit der übergebenen Eintragsnummer aufgerufen, die den Eintrag nebst zugehörigen Kommentaren anzeigt. Danach zeigen wir das Formular zum Anlegen neuer Kommentare mit dem Aufruf von `displayNewBlogCommentFormular()` an.

```
...
echo "<div id='centerBox' style='width:100%;'>";
$BLOG->displayBlogEntry($id);
$BLOG->displayNewBlogCommentFormular($id);
echo "</div>";
...
?>
```

Listing 18.3 showBlog.php

adminBlog.php

Wir haben bisher die Möglichkeit, Einträge anzuschauen und Kommentare dazu zu speichern. Das Skript *adminBlog.php* erlaubt uns schließlich noch, Einträge anzulegen. Zuerst binden wir die beiden benötigten Skripte ein, entfernen die überflüssigen Slashes und erstellen ein Objekt der Klasse `Blog`.

```
<?php
require_once "../../common.php";
require_once PROJECT_DOCUMENT_ROOT."/scripts/Blog/classes/
            class.Blog.php";
//Überflüssige Slashes entfernen
System\Security::globalStripSlashes();
//Erstellen eines Blog-Objektes
$BLOG = new Scripts\Blog();
```

Hier wird überprüft, ob ein neuer Eintrag gespeichert werden soll. Dies ist der Fall, wenn der POST-Parameter save gesetzt ist. Innerhalb der if-Bedingung rufen wir dann die Methode saveEntry() mit den Parametern für die Überschrift ($_POST['headline']) und den Inhalt des Eintrags ($_POST['content']) auf. Anschließend laden wir das Skript per header() neu.

```
if(isset($_POST['save']))
{
    $BLOG->saveEntry($_POST['headline'],$_POST['content']);
    header("Location: adminBlog.php");
}
```

Sollte der GET-Parameter id übergeben worden sein, so wurde innerhalb der Übersicht über die Einträge auf den Link zum Löschen eines Eintrags geklickt. Daraufhin rufen wir die Blog-Methode deleteEntry() unter Verwendung des Parameters der Eintragsnummer ($_GET['id']) auf. Anschließend folgt wiederum das Neuladen des Skriptes per header().

```
if(isset($_GET['id']))
{
    $BLOG->deleteEntry($_GET['id']);
    header("Location: adminBlog.php");
}
...
```

Nachdem die Behandlung der möglichen Parameterübergaben im Skript beendet ist, überprüfen wir nun, ob der Benutzer am System angemeldet ist. Dies geschieht, wie schon in der Klasse Blog, durch die Methode checkLoginStatus(). Wird true zurückgegeben, so darf die Administratorsicht der Einträge angezeigt werden.

> **Hinweis**
>
> Falls Sie sich wundern, warum wir erst jetzt diese Überprüfung vornehmen und nicht schon vor dem Anlegen oder Löschen der Einträge: Der Grund ist, dass die Methoden intern jeweils den Benutzer überprüfen. So wird diese Login-Status-Abfrage erst hier fällig, wenn die bereits erwähnten if-Abfragen nicht ausgeführt wurden.

```
//Überprüfen, ob eingeloggt:
if(!System\Security::checkLoginStatus())
{
```

Der Benutzer ist nicht angemeldet, also geben wir einen entsprechenden Hinweis auf das Login-Skript aus Kapitel 15, »Sichere Webanwendungen«, aus, bei dem sich der Benutzer anmelden kann. Dann folgt das korrekte Beenden (bzw. Schließen) der HTML-Seite durch `printFoot()` und, ganz wichtig: Der Befehl `die();` beendet die Abarbeitung des Skriptes an dieser Stelle. Anderenfalls würde der nachfolgende Code ebenfalls noch ausgeführt.

```
    echo "Sie sind nicht angemeldet.<br />";
    echo "Bitte loggen Sie sich &uuml;ber das Skript
          'Authentifizierungscheck' des Kapitels
          <i>Sichere Webanwendungen</i> ein!";
    //Ende der Seite
    System\HTML::printFoot();
    die();
}
```

Wenn der Benutzer korrekt am System angemeldet ist, wird hier innerhalb eines `<div>`-Elements das Formular für das Anlegen neuer Einträge angezeigt (`displayNewBlogEntryFormular()`). Anschließend geben wir die Übersicht der Blog-Einträge im Administrator-Modus durch den Aufruf der Methode `displayBlogEntries("admin")` aus (also mit den Links zum Löschen der Einträge).

```
echo "<div id='centerBox' style='width:100%;'>";
$BLOG->displayNewBlogEntryFormular();
$BLOG->displayBlogEntries("admin");
echo "</div>";
...
?>
```

Listing 18.4 adminBlog.php

CD-ROM zum Buch

In Abbildung 18.3 und Abbildung 18.4 konnten Sie bereits das Aussehen des Blogs betrachten, daher verweisen wir an dieser Stelle auf das Beispiel auf der CD-ROM zum Buch. Dort können Sie das Blog unter Kapitel 18, »Blogs und Wikis«, testen und anschauen.

18.2 Ein konkretes Mehrbenutzersystem: Wiki

Ein Wiki[4] ist ursprünglich eine Zusammenstellung von Themen, die von den Internetnutzern frei bearbeitet und erstellt werden können. Dabei sind meist alle Themen von jedem veränderbar. Es gibt wenige oder keine festgelegten Rollen von Administratoren oder Superusern; die Inhalte werden geschrieben und immer wieder überarbeitet. Das Konzept sieht dabei vor, dass fehlerhafte Einträge von anderen Benutzern korrigiert und »überschrieben« werden, so dass die im Wiki enthaltenen Informationen möglichst korrekt sind. Dass dieses Konzept im Großen und Ganzen gut funktioniert, zeigt das wohl bekannteste Wiki, die *Wikipedia*[5], die eine Online-Enzyklopädie darstellt. Wikipedia ist in ca. 270 Sprachversionen im Internet erreichbar, und es existieren zurzeit über 1.328.509 deutsche Artikel darin (Stand: Dezember 2011).

Ein Wiki kann natürlich ebenso im Intranet oder in einem geschlossenen Benutzerkreis verwendet werden, um Informationen aufzubereiten und zur Verfügung zu stellen. Das Konzept ist beliebig anpassbar.

Scripts\Wiki
- DB
- shownRevisionNo
- id
- currentRevisionNo
- edit
+__construct()
- actionHandler()
+showExistingTopics()
+showNewTopicWindow()
+showTopicWindow()
+saveEditedTopic()
+saveNewTopic()
- generateButtons(topic)
- generateInfos(topic)
- generateRevisionHistory()
- generateShowComponent(topic)
- generateEditComponent(topic)

Abbildung 18.5 UML-Diagramm der Klasse »Wiki«

Wir wollen hier nun ein einfaches Wiki selbst implementieren, das es ermöglicht, Themen – sogenannte *Topics* – anzulegen und zu überarbeiten. Es werden hierbei für ein Thema lediglich dessen Name, der Name des Autors, die Versionsnummer des Themas (im Folgenden als »Revisionsnummer« bezeichnet), der Inhalt selbst und das jeweilige Erstellungsdatum gespeichert. In großen Wikis,

---

4 »wiki« ist ein hawaiianisches Wort und bedeutet »schnell«.
5 Die deutsche Wikipedia ist unter *http://de.wikipedia.org* zu erreichen. Wikipedia arbeitet jedoch mit verschiedenen Rollen und dementsprechenden Rechten.

wie beispielsweise Wikipedia, werden darüber hinaus natürlich weitere Daten gespeichert, die die Suche und die Verknüpfung von Themen erleichtern. Die UML-Darstellung in Abbildung 18.5 zeigt die Klasse `Wiki` und deren Methoden.

Um die einzelnen Themen und ihre bearbeiteten Revisionen komfortabel zu speichern, werden wir dafür zwei Tabellen anlegen. Die erste Tabelle, `wikitopics`, enthält nur eine Aufzählung der einzelnen Themen (siehe Tabelle 18.2).

Attributname	Attributtyp
id	int(11), **Primärschlüssel**
topic	varchar(250),unique

Tabelle 18.2 »wikitopics«-Datenbanktabelle

`Id` ist hierbei der Primärschlüssel, der das Thema eindeutig bestimmt. In `topic` wird der eindeutige Name des Themas gespeichert. Da dieser `UNIQUE` sein muss – das heißt, kein Thema darf die gleiche Bezeichnung besitzen –, könnten wir auch ihn als Primärschlüssel wählen und das Attribut `id` entfernen. Ein numerischer Primärschlüssel ist aber unserer Meinung nach besser zu handhaben und birgt den Vorteil der leichten Überprüfung auf Gültigkeit (da er später als GET-Parameter übergeben und geprüft werden muss). Weitere Attribute dieser Tabelle könnten beispielsweise »Datum des Anlegens« oder »Kategorie des Themas« sein.

Die zweite Tabelle, `wikientries`, enthält die einzelnen Revisionen von Einträgen zu den in `wikitopics` gespeicherten Themen (siehe Tabelle 18.3).

Attributname	Attributtyp
topicID	int(11), **Primärschlüssel und Fremdschlüssel auf** id **von** wikitopics
revision	tinyint(4), **Primärschlüssel**
text	text
createdAt	int(11)
user	varchar(100)

Tabelle 18.3 »wikientries«-Datenbanktabelle

Der Primärschlüssel der Tabelle setzt sich aus den Attributen `topicID` und `revision` zusammen. `topicID` wird auch als Fremdschlüssel auf die `id` in der Tabelle `wikitopics` verwendet und zeigt damit auf das zugehörige Thema. Um die Version des Textes zu speichern, wird ihre Nummer in `revision` abgelegt. Der Inhalt des Eintrags wird komplett in `text` hinterlegt, der damit bis zu 65.535 Zeichen enthalten kann (dies sollte fürs Erste genügen). Zusätzlich werden das Datum der Überarbeitung bzw. der Erstellung des Eintrags in `createdAt` als Zeitstempel und der Name des Bearbeiters in `user` gespeichert.

18.2.1 Die Klasse »Wiki«

Wir werden nun die Methoden der Klasse Wiki einzeln vorstellen. Im Unterschied zu den meisten Klassen, die bisher vorgestellt wurden, enthält die Klasse Wiki aber in einigen Methoden relativ viel HTML-Code, der lediglich dem Layout des Inhalts dient. Daher werden wir an geeigneten Stellen HTML-Code kürzen bzw. entfernen, um nicht von der eigentlichen Logik der Methode abzulenken. Das genaue Aussehen des PHP-Codes ist natürlich auf der CD-ROM zum Buch nachzuschauen.

function __construct()

Der Konstruktor bindet nur das globale Datenbankobjekt an die private Variable $DB, um die Datenbankverbindung nutzen zu können. Anschließend wird die interne Funktion actionHandler() aufgerufen, die gegebenenfalls übergebene Parameter in Funktionsaufrufe umwandelt. Diese werden wir als Letztes beschreiben, da sie auf andere Funktionen der Klasse zugreift, die zuvor bekannt sein sollten.

```
public function __construct($targetScript)
{
   //Globales Datenbankobjekt holen
   $this->DB = $GLOBALS['DB'];
   //ActionHandler aufrufen
   $this->actionHandler();
}
```

function showExistingTopics()

Diese Methode showExistingTopics() erstellt eine Liste aller verfügbaren Themen des Wikis und zeigt diese in einem <div>-Element im Browser an. Zunächst werden dafür ein äußeres und ein inneres <div>-Element angelegt. Das innere Element erhält ein Formular mit einer Schaltfläche, das auf sich selbst verweisend den Wert newTopic als post-Wert übergibt. Dies ermöglicht uns später, die Maske zum Eingeben neuer Themen aufzurufen.

```
public function showExistingTopics()
{
   echo "<div>";
   echo "<div>";
   echo "<form action='' method='post'>";
   echo "<input type='submit' name='newTopic'
         value='Topic anlegen'>";
   echo "</form>";
   echo "</div>";
```

Nachdem das innere `<div>`-Element beendet wurde, sollen nun noch alle Themen alphabetisch geordnet angezeigt werden. Der SQL-Befehl

`SELECT * FROM wikitopics ORDER BY topic;`

liefert alle Themen in der Ergebnismenge `$result` zurück. So können wir anschließend durch eine `foreach`-Schleife alle Themen durchgehen.

```
//Alle Themen (alphabetisch geordnet) holen
$sql = "SELECT * FROM wikitopics ORDER BY topic";
$result = $this->DB->query($sql);
//Für jeden Eintrag ein Formular anlegen und anzeigen
foreach ($result as $topic)
{
```

Innerhalb der Schleife erstellen wir für jedes Thema ein Formular mit einer Schaltfläche. Die Schaltfläche trägt hierbei den Namen des Themas (`$topic['topic']`). Immens wichtig an dieser Stelle ist die Maskierung des Themennamens per `htmlentities()`, da anderenfalls Zeichen wie »<« oder »>« im Namen den HTML-Formular-Code aufbrächen. Zusätzlich erhält das Formular den Primärschlüssel des Themas (`$topic['id']`), um den korrekten Eintrag aus den Tabellen `wikitopics` bzw. `wikientries` laden zu können.

```
        echo "<form id='noSpaces' action='' method='post'>";
        echo "<input type='hidden' name='id'
              value='".$topic['id']."'>";
        echo "<input type='submit' name='submit'
              value='".htmlentities($topic['topic'],
                          ENT_QUOTES,"UTF-8")."'>";
        echo "</form>";
    }
    echo "</div>";
}
```

Wir haben nun eine Liste aller Themen dargestellt, die durch Klick auf eine entsprechende Submit-Schaltfläche eines Themas das Neuladen der Seite veranlasst und den `post`-Parameter `id` übergibt. Dadurch kann der aktuellste Eintrag eines Themas geladen und angezeigt werden.

function showNewTopicWindow()

Diese Methode besteht lediglich aus statischem HTML-Code und ist hier in der stark gekürzten Fassung ohne jegliche Stylesheet-Angaben gezeigt. Sie besteht aus einem `<div>`-Element, das ein Formular enthält. Innerhalb des Formulars werden drei Felder definiert:

- Eingabefeld für das Thema
- Eingabefeld für den Autornamen
- Textfeld für den Inhalt des Themas

Die Submit-Schaltfläche schickt das Formular an sich selbst und übergibt neben den drei POST-Werten für den Themen-, den Autornamen und den Inhalt auch den Wert Speichern, damit bei einem Neuladen der Seite die Speicherroutine (saveNewTopic()) aufgerufen wird.

```
public function showNewTopicWindow()
{
   echo "<div>";
   echo "Neues Topic anlegen";
   echo "<form action='' method='post'>";
   echo "Topic:<input type='text' name='topic'><br />";
   echo "Name:<input type='text' name='name'><br />";
   echo "Text:<textarea name='text'>";
   echo "</textarea><br />";
   echo "<input type='submit' name='saveNewTopic'
       value='Speichern'>";
   echo "</form>";
   echo "</div>";
}
```

Das Aussehen des Formulars zum Anlegen eines neuen Topics innerhalb unseres Wikis ist in Abbildung 18.6 gezeigt.

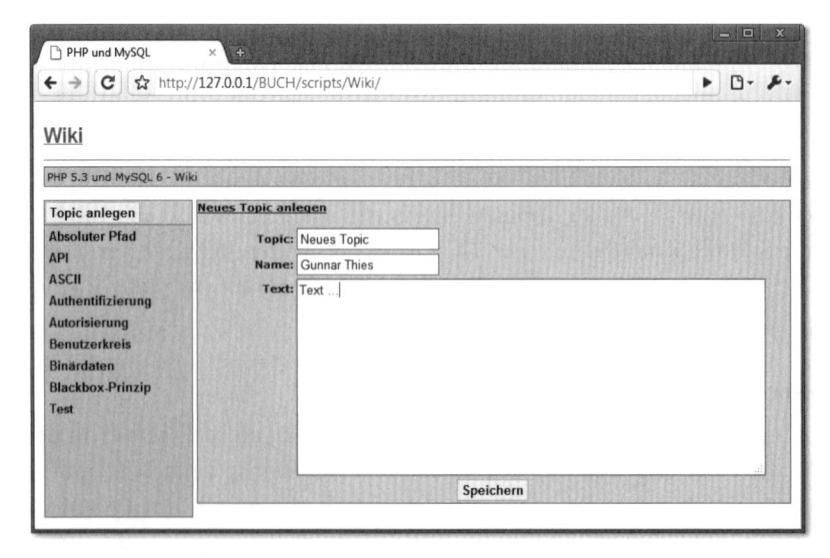

Abbildung 18.6 Anlegen eines neuen Topics

function showTopicWindow()

Die Methode `showTopicWindow()` erfüllt mehrere Aufgaben. Sie zeigt entweder eine Ansicht mit der aktuellsten Revision des gewählten Themas oder – wenn der Editiermodus angeschaltet wurde – ein Bearbeitungsfenster an. Die innerhalb der Methode verwendeten Objektvariablen werden in der Funktion `actionHandler()` durch den Aufruf des Konstruktors gesetzt: Dies sind die eindeutige Nummer des Themas (`$id`), die anzuzeigende Nummer der Revision (`$currentRevisionNo`) und `true` oder `false` für den Editiermodus (`$edit`).

Zunächst wird durch `is_int()` und `intval()` überprüft, ob die aktuell gesetzte Revisionsnummer eine Integer-Zahl ist. Der Befehl `intval()` versucht, die übergebene Variable in eine Integer-Zahl zu konvertieren. `is_int()` prüft anschließend, ob es eine korrekte Integer-Zahl ist. Ist dies der Fall, wird sie der Klassenvariablen `$shownRevisionNo` zugewiesen. Ist sie keine Integer-Zahl, so bleibt der am Anfang der Klasse standardmäßig deklarierte Wert der Revisionsnummer `null` bestehen.

```
public function showTopicWindow()
{
    if(is_int(intval($this->currentRevisionNo)))
    {
        $this->shownRevisionNo = $this->currentRevisionNo;
    }
```

Wir beginnen nun ein `<div>`-Element und überprüfen nach dieser Methode, ob die Objektvariable `$id` eine Integer-Zahl ist, um das gewünschte Thema aus der Datenbank zu laden. Wir müssen hier zwei Fälle unterscheiden:

- Es wurde keine Revisionsnummer übergeben (diese ist also noch `null`), und wir müssen daher die aktuellste Version des Themas laden, da in der Wiki-Themenübersicht auf ein Thema geklickt wurde.
- Es wurde eine Revisionsnummer übergeben; daher laden wir nur die gewählte Version des Themas. Es wurde in der Revisionsübersicht also auf eine spezifische Revision des Themas geklickt.

```
echo "<div>";
if (is_int(intval($this->id)))
{
    //Auswahl des anzuzeigenden Revisions-Eintrags:
    if ($this->shownRevisionNo == null)
    {
        //Einträge in der Revisionsreihenfolge holen
```

Um alle Versionen eines Themas aus der Tabelle in absteigender Reihenfolge zu holen (also aktuellstes Thema an erster Stelle), werden wir folgende Beispiel-SQL-Abfrage benutzen:

```
SELECT e.*,t.* FROM wikientries e LEFT JOIN
wikitopics t ON e.topicID = t.id WHERE e.topicID = 1
ORDER BY e.revision DESC;
```

Sind für dieses Thema keine Einträge vorhanden,[6] was wir durch `count()` erfahren, wird die Bearbeitung des Skriptes per `die()` beendet. Anderenfalls wählen wir das aktuellste Thema aus, das sich durch die absteigende Sortierung nach Revisionsnummern an erster Stelle der Ergebnismenge befindet.

```
            $sql = "SELECT e.*,t.* FROM ".
                " wikientries e LEFT JOIN wikitopics t ".
                " ON e.topicID = t.id WHERE e.topicID ='".
                $this->id."' ORDER BY e.revision DESC";
            $result = $this->DB->query($sql);
            //Falls ungültige ID angegeben wurde: abbrechen!
            if(count($result) == 0){die();}
            //Den neuesten nehmen...
            $topic = $result[0];
        }
        else
        {
```

Wurde eine Revisionsnummer übergeben, so wird nur diese eine Version des Themas geladen. Dafür verwenden wir eine SQL-Abfrage der folgenden Art:

```
SELECT e.*,t.* FROM wikientries e LEFT JOIN
wikitopics t ON e.topicID = t.id
WHERE e.topicID=1 AND e.revision = 2;
```

Auch in diesem Fall überprüfen wir die Anzahl der Zeilen in der Ergebnismenge und brechen im Fehlerfall (kein Ergebnis) ab. Anderenfalls setzen wir das `$topic` auf die erste und einzige Zeile der SQL-Abfrage.

```
            //Nur den einen Eintrag holen
            $sql = "SELECT e.*,t.* FROM ".
                " wikientries e LEFT JOIN wikitopics t ".
                " ON e.topicID = t.id WHERE e.topicID='".
                $this->id."' AND e.revision = '".
                $this->shownRevisionNo."'";
            $result = $this->DB->query($sql);
            //Falls ungültige ID angegeben wurde: abbrechen!
            if(count($result) == 0){die();}
            $topic = $result[0];
        }
```

---

6 Dies kann eigentlich nicht passieren, da ein Thema immer im Verbund mit einem Eintrag angelegt wird. Es müsste also ein Datenbankfehler vorliegen.

Da uns die Daten des anzuzeigenden Themas nun vorliegen, rufen wir die Methoden auf, die die Schaltflächen, die Informationen und das Thema an sich darstellen.

Dazu rufen wir zunächst `generateButtons()` auf und übergeben das gewählte Thema. Die Methode ist für die korrekte Darstellung der Editier-Schaltfläche oberhalb des Textfensters zuständig. Daran anschließend übergeben wir der Methode `generateInfos()` ebenfalls den Parameter `$topic`, um die Informationen zu dem Thema anzeigen zu lassen.

```
//Zunächst obere Knopfleiste:
$this->generateButtons($topic);
//Darunter die Informationen des Eintrags
$this->generateInfos($topic);
```

Nun überprüfen wir noch die Variable `$edit` und zeigen entweder das Bearbeitungsfenster durch `generateEditComponent()` oder das Anzeigefenster durch `generateShowComponent()` an. Zuletzt schließen wir das `<div>`-Element.

```
        //dann das Editierfenster oder nur die Anzeige
        if ($this->edit)
        {
            $this->generateEditComponent($topic);
        }
        else
        {
            $this->generateShowComponent($topic);
        }
    }
    echo "</div>";
}
```

function generateButtons($topic)

Die Methode `generateButtons()` generiert nur die Schaltfläche, die es ermöglicht, in den Bearbeitungsmodus des Wiki umzuschalten. Wir definieren ein Formular, das per POST-Methode auf sich selbst verweist. Darin enthalten sind zwei versteckte `input`-Felder: Das erste übergibt den eindeutigen Schlüssel des Themas unter dem Namen `id`, das zweite übergibt den Parameter `edit` als `true`. Die Schaltfläche zum Abschicken des Formulars trägt den Namen `Editieren`.

```
private function generateButtons($topic)
{
    echo "<form action='' method='post'>";
    echo "<input type='hidden' name='id'
          value='".$topic['topicID']."'>";
```

```
    echo "<input type='hidden' name='edit' value='true'>";
    echo "<input type='submit' name='edit'
        value='Editieren'>";
    echo "</form>";
}
```

function generateInfos($topic)

Um die Informationen zu einem Thema anzuzeigen, rufen wir die Methode `generateInfos()` auf. Ihr übergeben wir den Datensatz der aktuellen Revision des Themas (`$topic`). Wenn wir im Bearbeitungsmodus sind (`$edit` also `true` ist), so wird zunächst ein Formular begonnen, das die Themennummer (`topicID`) sowie das Feld `save` als versteckte `input`-Felder enthält. Dieses Formular wird erst später mit der Methode `generateEditComponent()` wieder geschlossen, da dort erst das Textfenster und die Schaltfläche zum Speichern generiert werden.

```
private function generateInfos($topic)
{
    //Prüfen, ob im Bearbeitungsmodus ...
    if ($this->edit)
    {
        echo "<form action='' method='post'>";
        echo "<input type='hidden' name='id'
            value='".$topic['topicID']."'>";
        echo "<input type='hidden' name='save' value='true'>";
```

Die HTML-Konstrukte zum Strukturieren der Informationen wurden hier wieder entfernt, daher sehen Sie im Listing nur noch das Thema an sich, das durch `htmlentities()` für die Anzeige maskiert wird. Anschließend wird noch ein Textfeld für den Namen des Autors angezeigt.

```
        ...
        echo "Topic:".htmlspecialchars($topic['topic']);
        echo "Autor:<input type='text' name='user'>";
        ...
    }
```

Sollten wir uns nicht im Bearbeitungsmodus befinden, werden hier der Themenname, der Autorname sowie das Datum der Erstellung angezeigt. Wird rufen dann noch die Methode `generateRevisionHistory()` auf, die eine Dropdown-Liste mit allen vorhandenen Revisionsnummern zur Auswahl anzeigt.

```
    else
    {
        ...
        echo "Topic:".htmlspecialchars($topic['topic']);
```

```
      echo "Autor:".htmlspecialchars($topic['user']);
      $this->generateRevisionHistory();
      echo "Erstellt am:".date("d.m.Y   H:i:s",
         $topic['createdAt']);
   }
}
```

function generateRevisionHistory()

Mit `generateRevisionHistory()` wird eine Liste aller Revisionsnummern des Themas erstellt. Wir generieren wieder ein Formular, das es ermöglicht, aus der Dropdown-Liste (mit `<select>` eingeleitet) eine Revisionsnummer auszuwählen und laden zu lassen. Über einen SQL-Befehl der Art

```
SELECT revision FROM wikientries e LEFT JOIN
wikitopics t ON e.topicID = t.id WHERE e.topicID = 1
ORDER BY e.revision ASC;
```

erhalten wir alle Revisionsnummern von der niedrigsten zur höchsten geordnet in der Ergebnismenge.

```
private function generateRevisionHistory()
{
   echo "Revision:";
   echo "<form action='' method='post'>";
   echo "<select name='revision'>";
   //Einträge in der Revisionsreihenfolge holen
   $sql = "SELECT e.*,t.id,t.topic FROM wikientries e ".
         "LEFT JOIN wikitopics t ON e.topicID = t.id ".
         " WHERE e.topicID = '".$this->id."' ".
         " ORDER BY e.revision ASC";
   $result = $this->DB->query($sql);
```

Wir wollen nun innerhalb der `SELECT`-Liste erreichen, dass die Nummer der gerade gewählten Version des Themas vorselektiert ist. Daher überprüfen wir die Variable `$shownRevisionNo`: Ist sie `null`, so setzen wir das zu selektierende Element `$chosenRevision` auf die Anzahl der Einträge in der Ergebnismenge. Somit wird der aktuellste Eintrag selektiert. Anderenfalls setzen wir die zu selektierende Nummer auf die vorgegebene Revisionsnummer.

```
   if ($this->shownRevisionNo == null)
   {
      //aktuellste Revisionsnummer
      $chosenRevision = count($result);
   }
```

```
else
{
   //gewählte Revisionsnummer
   $chosenRevision = $this->shownRevisionNo;
}
```

Nun wollen wir alle vorhandenen Revisionsnummern auch in die SELECT-Liste eintragen. Dazu durchlaufen wir mit einer foreach-Schleife die Ergebnismenge. Mit einer if-Abfrage setzen wir die Variable $selected bei einer Übereinstimmung der zu selektierenden und der gerade durchlaufenen Revisionsnummer auf den Wert selected; damit wird später der richtige Eintrag automatisch selektiert.

```
foreach ($result as $entry)
{
   if ($entry['revision'] == $chosenRevision)
   {
      $selected = " selected";
   }
   else
   {
      $selected = "";
   }
```

Hier fügen wir der SELECT-Liste eine Option hinzu, die als Wert und als Name die Revisionsnummer der gerade durchlaufenen Zeile der Ergebnismenge trägt. Durch den Einbau der Variablen $selected wird hier in genau einem Fall auch der Eintrag selektiert, und zwar genau bei der bereits überprüften Übereinstimmung von gewählter und aktueller Listen-Revisionsnummer.

```
   echo "<option".$selected." value='".
        $entry['revision']."'>".
        $entry['revision']."</option>";
}
echo "</select></td>";
```

Nachdem die Liste vollständig ist, fügen wir noch ein verstecktes Feld mit der eindeutigen Nummer des Themas ($id) und eine Submit-Schaltfläche mit der Aufschrift »Anschauen« hinzu und beenden das Formular.

```
   echo "<input type='hidden' name='id'
        value='".$this->id."'>";
   echo "<input type='submit' name='submit'
        value='Anschauen'></td>";
   echo "</form>";
}
```

function generateShowComponent($topic)

Diese Methode dient lediglich zur Anzeige des Textes der ausgewählten Version des Themas. Es werden durch nl2br() noch Zeilenumbrüche hinzugefügt, damit der Text auch an den korrekten Stellen umbrochen wird.[7]

```
private function generateShowComponent($topic)
{
   echo "<div>";
   echo nl2br($topic['text']);
   echo "</div>";
}
```

function generateEditComponent($topic)

Die Komponente zur Bearbeitung eines Wiki-Eintrags wird durch die Methode generateEditComponent() erstellt. Der übergebene Parameter ist ein einzelner Datensatz, der die aktuellste Version des Themas enthält.

Wir benötigen zunächst ein Textfeld, in das wir den gesamten Inhalt des aktuellen Themas ($topic['text']) laden.

```
private function generateEditComponent($topic)
{
   echo "<div>";
   echo "<textarea name='text'>";
   echo $topic['text'];
   echo "</textarea>";
```

Anschließend benötigen wir die Anzahl an Versionen des Themas, um eine neue Revisionsnummer korrekt zu vergeben. Daher zählen wir die Anzahl mit der folgenden SQL-Abfrage:

```
SELECT count(*) as revisions FROM wikientries
WHERE topicID = 1;
```

Den um eins erhöhten Stand setzen wir als verstecktes Eingabefeld als Parameter revision:

```
   //Anzahl der Datensätze zu diesem Topic zählen:
   $sql = "SELECT count(*) as revisions FROM wikientries ".
       " WHERE topicID = ".
       $this->DB->escapeString($topic['topicID']).";";
   $count = $this->DB->query($sql);
```

---

[7] Die in der Datenbank gespeicherten Revisionen enthalten zwar Zeilenumbrüche, diese werden aber im HTML-Code nicht dargestellt und müssen daher erst hinzugefügt werden.

```
echo "<input type='hidden' value='".
    ($count[0]['revisions'] + 1)."' name='revision'>";
```

Schließlich fehlt nur noch die Schaltfläche, um die bearbeitete Version des Themas zu speichern. Daraufhin schließen wir dieses Formular.

```
echo "<input type='submit' value='Speichern'>";
echo "</form>";
```

Der letzte Zusatz ist die Schaltfläche (innerhalb eines weiteren Formulars) zum Abbrechen der Bearbeitung, ohne die Änderung zu speichern. Darin übergeben wir die Nummer des Themas, damit wir durch ein erneutes Laden der Seite wieder zu dem gerade gewählten Thema und der aktuellsten Revisionsnummer springen.

```
echo "<form action='' method='post'>";
echo "<input type='hidden' name='id'
    value='".$topic['topicID']."'>";
echo "<input type='submit' class='standardSubmit'
    value='Abbrechen'>";
echo "</form>";
echo "</div>";
}
```

Das Ergebnis des Aufrufs dieser Methode für das Topic »Absoluter Pfad« ist in Abbildung 18.7 gezeigt.

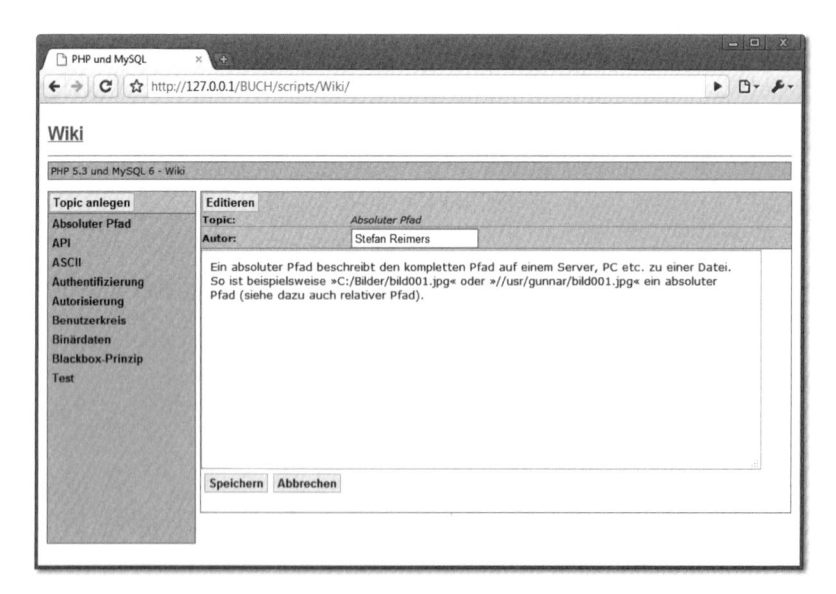

Abbildung 18.7 Editieren eines Topics im Wiki

function saveNewTopic()

Nun folgen noch die zwei Methoden zum Anlegen und Speichern von Themen in unserem Wiki. Die Methode `saveNewTopic()` speichert ein neues Thema und übernimmt dazu die Parameter direkt aus dem POST-Array. Wichtig ist hierbei natürlich, dass die Parameter alle per `escapeString()`-Funktion des Datenbankobjekts maskiert werden, damit keine schädlichen SQL-Befehle ausgeführt werden können. Man könnte sich hier, da gerade dieser Teil allen Besuchern der Website zugänglich ist, auch verstärkte Sicherheitsmechanismen vorstellen. Wir beschränken uns jedoch auf die Maskierung der Variablen in der SQL-Abfrage.

Der folgende SQL-Befehl erstellt ein neues Thema in der Tabelle wikitopics:

```
INSERT INTO wikitopics (topic) VALUES ('Titel des Themas');
```

Im Anschluss daran wird die für das gerade angelegte Thema vergebene `topicID` (der Primärschlüssel der Tabelle wikitopics) aus dem Datenbankobjekt ausgelesen. Diese ist bei automatisch vergebenen Schlüsseln (hier ein Auto-Increment-Primärschlüssel) über die Variable `insert_id` des *mysqli*-Objekts erreichbar.

```
public function saveNewTopic()
{
    $sql= "INSERT INTO wikitopics (topic) VALUES ".
        "('".$this->DB->escapeString($_POST['topic'])."')";
    $result = $this->DB->query($sql);
    //TopicID aus dem Datenbankobjekt auslesen
    $topicID = $this->DB->MySQLiObj->insert_id;
```

Darauf folgend wird der Text des Themas – also die erste Version mit der Revisionsnummer 1 – in der Tabelle wikientries durch eine SQL-Abfrage folgender Art gespeichert:

```
INSERT INTO wikientries (topicID,revision,text,createdAt,user)
VALUES (1,1,'Text des Themas...',113000000,'Gunnar Thies')
```

Dabei werden die `topicID` des Themas, die Revisionsnummer, der Text dieser Revision, die Zeit des Anlegens und der Autorname gespeichert.

```
    $sql = "INSERT INTO wikientries ".
      "(topicID,revision,text,createdAt,user)".
      "VALUES (".$topicID.",1,."'".
      $this->DB->escapeString(htmlentities($_POST['text'],
                              ENT_QUOTES,"UTF-8")).
      "','".time().",."'".
      $this->DB->escapeString($_POST['name'])."')";
    $this->DB->query($sql);
```

Zum Schluss laden wir noch durch das Setzen eines neuen Headers die *index.php* neu und übergeben die `topicID` des neu angelegten Themas, damit dieses sofort angezeigt wird.

```
    header("Location: index.php?id=".$topicID);
}
```

function saveEditedTopic()

Mit dieser Methode können wir nun ein bestehendes Thema um eine zusätzliche Revision erweitern. Dazu werden die `topicID` des Themas, die Revisionsnummer, der Text und der Autorname aus dem übergebenen POST-Array nach der Maskierung per `escapeString()` in eine SQL-Abfrage folgender Art eingebunden:

```
INSERT INTO wikientries (topicID,revision,text,createdAt,user)
VALUES (1,2,'Dies ist ein neuer Text', 1130000000,'Gunnar');
```

Die Funktion sieht dann folgendermaßen aus:

```
public function saveEditedTopic()
{
   $sql = "INSERT INTO wikientries
      (topicID,revision,text,createdAt,user)".
      "VALUES (".$this->DB->escapeString($_POST['id']).
      ",".$this->DB->escapeString($_POST['revision']).",".
      "'".
      $this->DB>escapeString(htmlentities($_POST['text'],
                                   ENT_QUOTES,"UTF-8")).
      "','".time().",'".
      $this->DB->escapeString($_POST['user'])."')";
      $this->DB->query($sql);
}
```

function actionHandler()

Die Funktion `actionHandler()` wird direkt durch den Aufruf des Konstruktors, also beim Erstellen eines Wiki-Objekts, aufgerufen. Darin werden die gegebenenfalls abgeschickten Formulare verarbeitet, die das Anlegen und Ändern von Wiki-Einträgen veranlassen.

Zunächst wird die `$id` gesetzt, wenn sie dem Skript, das die Wiki-Klasse erstellt, entweder als POST- oder als GET-Wert übergeben wurde. Es wird das superglobale REQUEST-Array verwendet, dass GET und POST-Werte enthält. Anschließend weisen wir der Revisionsnummer sowie dem Bearbeitungsmodus den jeweils übergebenen Wert zu. Sind die Werte nicht übergeben worden, so bleiben die innerhalb der Klasse gesetzten Standardwerte bestehen. Dies sind folgende Werte:

- Die Nummer eines Themas (`$id`) ist leer (ein leerer String).
- Die Revisionsnummer (`$currentRevisionNo`) ist auf `null` gesetzt.
- Der Bearbeitungsmodus (`$edit`) ist standardmäßig ausgeschaltet; also `false`.

```
private function actionHandler()
{
    //Die ID eines Wiki-Eintrags:
    if (isset($_REQUEST['id']))
        $this->id = intval($_REQUEST['id']);
      //Revisions-Nr
    if (isset($_REQUEST['revision']))
          $this->currentRevisionNo = intval($_REQUEST['revision']);
      //Edit-Modus
    if (isset ($_POST['edit']))        $this->edit = true;
```

Nachdem die Werte gesetzt sind, wird überprüft, ob eine Aktion ausgelöst werden soll. Hierbei gibt es zwei Möglichkeiten: Entweder soll ein vorhandener Eintrag gespeichert oder ein neuer Eintrag angelegt werden. Im ersten Fall ist die POST-Variable `$_POST['save']` gesetzt, und die Funktion `saveEditedTopic()` wird aufgerufen. Im zweiten Fall ist die POST-Variable `$_POST['saveNewTopic']` gesetzt, und wir rufen die Funktion `saveNewTopic()` auf. Sollte keine der beiden Variablen gesetzt sein, wird an dieser Stelle keine weitere Aktion aufgerufen.

```
    //Zunächst überprüfen, ob gespeichert werden soll
    //Verändertes Topic soll gespeichert werden.
    if (isset ($_POST['save']))     $this->saveEditedTopic();
    //Neues Topic soll angelegt werden.
    if (isset ($_POST['saveNewTopic']))
    $this->saveNewTopic();
}
```

Listing 18.5 Klasse »Wiki«

18.2.2 Wiki in der Praxis

Um die Klasse `Wiki` nun auch für ein funktionierendes Wiki zu benutzen, legen wir die folgende *index.php* an.

Zunächst werden natürlich wieder die *common.php* und die benötigte Klasse (*class.Wiki.php*) eingebunden. Wichtig ist anschließend das Aufrufen der Methode `globalStripSlashes()` der statischen `Security`-Klasse; damit werden die Parameter des `POST`- und `GET`-Arrays von überflüssigen Slashes »gereinigt«.

```
<?php
require_once "../../common.php";
```

```
require_once "classes/class.Wiki.php";
//Slashes entfernen
System\Security::globalStripSlashes();
```

Nun erstellen wir ein Objekt der Klasse `Wiki` mit dem Namen `$Wiki`:

```
//Neues Wiki-Objekt anlegen
$Wiki = new Scripts\Wiki();
//üblichen HTML-Methoden
```

Um die grafische Darstellung des Wikis zu beginnen, geben wir zuerst eine Überschrift aus:

```
//Wiki-Überschrift erstellen:
echo "<div style=' ... '>";
echo "<span style='font-size:20pt;'>PHP 5.3 und".
    " MySQL6 - Wiki</span>";
echo "</div>";
echo "<br />";
```

Es erfolgt nun die Ausgabe einer Liste aller Themen des Wikis. Die CSS-Angaben in der Klasse `Wiki` (die Sie in vollem Umfang auf der CD-ROM zum Buch einsehen können) bedingen die Ausgabe der Liste auf der linken Seite. Wir rufen lediglich die Methode `showExistingTopics()` auf:

```
//Auf der linke Seite die Liste der Topics anzeigen
$Wiki->showExistingTopics();
```

Um auch das Hauptfenster entsprechend der gerade auszuführenden Aktion anzuzeigen, überprüfen wir den Status der POST-Variablen `newTopic`. Ist diese gesetzt, muss die Maske für die Eingabe eines neuen Themas angezeigt werden. In diesem Fall rufen wir `showNewTopicWindow()` auf. Anderenfalls erfolgt die normale Anzeige des Themas durch den Aufruf der Funktion `showTopicWindow()`.

```
//Grafische Anzeige des Wikis
if (isset ($_POST['newTopic']))
{
   //Maske für neues Topic
   $Wiki->showNewTopicWindow();
}
else
{
   $Wiki->showTopicWindow();
}
```

Die Seite endet wie immer mit der Methode `printFoot()`:

```
//Ende der Seite
System\HTML::printFoot();
?>
```

Listing 18.6 Wiki-Anwendung durch »index.php«

Die Ansicht eines Themas (hier ein Auszug aus dem Index: »Absoluter Pfad«) mit unserem fertigen Wiki und der *index.php* ist in Abbildung 18.8 zu sehen.

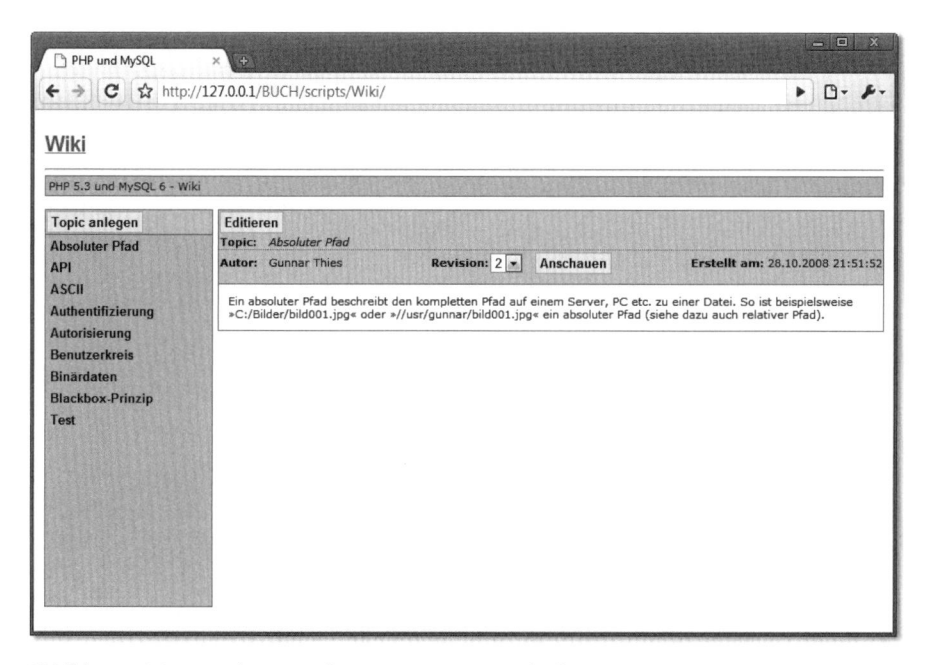

Abbildung 18.8 Ansicht eines Themas in unserem Wiki (hier: Revision 2)

> **Hinweis**
>
> Natürlich lassen sich noch viele weitere Verbesserungen an unserem Wiki vornehmen, da bisher weder eine Benutzerauthentifizierung noch das Sperren eines Themas bei Bearbeitung durch einen Benutzer eingebaut sind. Aber durch leichte Modifikationen der `Wiki`-Klasse erhalten Sie ein Wiki mit Log-in und Themensperre bei Bearbeitung.

So, wie man eine Wohnung nach seinem eigenen Geschmack verschönert und mit persönlicher Note ausstattet, können Sie auch Internetseiten persönlicher gestalten, beispielsweise mit eigenen Fotoalben.

19 Bildergalerien

Mit der Verbreitung der digitalen Fotokameras steigt tendenziell auch die Anzahl der Fotos, die man knipst, denn man »verbraucht« kein Filmmaterial und kann Fotos, die nicht gelungen sind, jederzeit wieder löschen. Ein Problem und zugleich auch der Vorteil der digitalen Fotografie liegt aber genau in der Menge der Fotos. Früher hatte man nach einem Familienfest oder einem Urlaub mal eben ein paar Filme verknipst und die dann auch zum Entwickeln gebracht. Nun hat man seine knapp 500 Fotos auf der »Karte« und muss erst einmal prüfen, welche Aufnahmen etwas geworden sind, so dass sich bei ihnen Abzüge lohnen. Viele Fotos bleiben daher unentwickelt, fristen ein einsames Dasein auf der Festplatte und werden nur manchmal herausgekramt. Der Vorteil liegt aber in der digitalen Form und der damit verbundenen Möglichkeit, die Fotos ohne große Umwege leicht online darzubieten, ohne sie umständlich einscannen zu müssen.

19.1 Standard-Bildergalerie

Eine Bildergalerie, die in digitaler Form über das Internet erreichbar ist, schafft hier Abhilfe: Denn hier können alle Fotos (auch die »nicht entwicklungswürdigen«) gezeigt werden – in Kategorien geordnet und mit Beschriftung versehen. So können Sie komplette Urlaubsimpressionen oder die letzten Partybilder allen Ihren Freunden und Bekannten über das Internet präsentieren. Aus diesem Grund entwickeln wir hier nun eine einfache Bildergalerie.

19.1.1 Klassenübersicht: Bildergalerie

Um eine Bildergalerie zu implementieren, teilen wir die Funktionalität auf drei Hauptklassen auf. Wir benötigen eine Klasse, um die Fotoalben und deren Fotos zu administrieren, das heißt Hochladen, Benennen und auch Löschen der Fotos sowie Fotoalben. Dafür werden wir die Klasse `Admin` erstellen. Wie der Name schon andeutet, sind diese Funktionalitäten nur durch einen angemeldeten

Administrator ausführbar. Darüber hinaus muss es eine Klasse zur Anzeige der Alben und Fotos geben, die von einem unangemeldeten Besucher zu benutzen ist: Dies wird die Klasse `Gallery` sein. Da wir die Fotos und zusätzliche Informationen dazu in der Datenbank ablegen, benötigen wir eine weitere Klasse, die dafür sorgt, dass ein Foto aus der Datenbank geladen und korrekt angezeigt werden kann. Dafür erstellen wir die Klasse `Picture`.

Da wir in den Klassen `Admin` und `Gallery` jeweils ähnliche Grundfunktionalitäten benötigen, nutzen wir die Vorteile (hier die Vererbung) der objektorientierten Programmierung und erstellen eine abstrakte Oberklasse `AbstractGallery`, die vier abstrakte Methoden vorgibt. Die davon abgeleiteten Klassen müssen diese dann in der eigenen Implementierung »mit Leben füllen«. Abbildung 19.1 zeigt das Klassendiagramm.

Das Speichern von Bildern in einer Datenbank ist immer wieder ein Streitpunkt unter Programmierern. Ein häufig genannter Punkt ist hierbei der hohe Aufwand beim Auslesen von binären Dateien aus der Datenbank gegenüber dem Auslesen aus einem Verzeichnis.

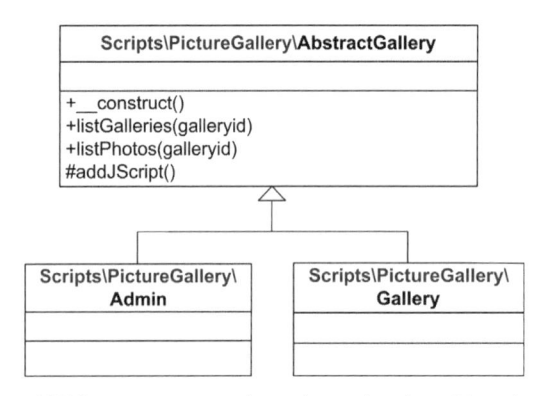

```
┌─────────────────────────────────────────┐
│  Scripts\PictureGallery\AbstractGallery │
├─────────────────────────────────────────┤
├─────────────────────────────────────────┤
│ +__construct()                          │
│ +listGalleries(galleryid)               │
│ +listPhotos(galleryid)                  │
│ #addJScript()                           │
└─────────────────────────────────────────┘
                    △
          ┌─────────┴─────────┐
┌───────────────────────┐  ┌───────────────────────┐
│ Scripts\PictureGallery\│  │ Scripts\PictureGallery\│
│        Admin          │  │        Gallery        │
├───────────────────────┤  ├───────────────────────┤
├───────────────────────┤  ├───────────────────────┤
└───────────────────────┘  └───────────────────────┘
```

Abbildung 19.1 UML-Klassenhierarchie der Bildergalerie

Dies sollte aber (wenn Sie keine extrem großen Bilder in die Datenbank laden) mittlerweile kein Problem mehr sein, da das Laden eines Bildes aus der Datenbank gegenüber dem Laden aus einem Verzeichnis keine eklatanten Performance-Unterschiede aufweist. Vielmehr sehen wir den Mehrwert einer Speicherung des Fotos in der Datenbank darin, dass die Metadaten zu einem Foto in derselben Zeile mit dem Foto gespeichert werden, also beispielsweise das Datum des Einstellens, eine Bildunterschrift und möglicherweise auch mehr. Wir müssen nur die jeweilige Zeile löschen, um das Foto und seine Daten zu entfernen. Hätten wir stattdessen die Fotos in einem (oder mehreren) Verzeichnis(sen) und die Metadaten der Fotos in der Datenbank gespeichert, müssten wir bei jedem Löschvorgang beide »Speicher« bereinigen, um die Konsistenz zu bewahren.

Sie kennen wahrscheinlich die Möglichkeit, per `<img>`-Tag ein Bild in einer HTML-Seite anzuzeigen; dies erfolgt meist durch die Angabe des Pfades (`src`) zum Bild (hier relativ zum Pfad der HTML-Seite).

```
<img src='../Bilder/Beispiel.png'/>
```

Es gibt aber auch eine weitere Möglichkeit der Quellenangabe: Sie können ein Skript angeben, das direkt ein Bild in den Ausgabepuffer schreibt und somit anzeigt. Dies kann ein selbst erstelltes Bild (wie in Kapitel 15, »Sichere Webanwendungen«, bereits verwendet) oder auch ein aus der Datenbank ausgelesenes Bild sein. Dazu geben wir einfach ein PHP-Skript mit den nötigen Parametern an:

```
<img src='showPicture.php?photoid=1&thumbnail=true'/>
```

Wie wir später sehen werden, würde durch diesen Aufruf das Bild mit der Nummer 1 (`photoid=1`) als Vorschaubild (Thumbnail: `thumbnail=true`) angezeigt. Der Ablauf des Ladens und Darstellens eines Fotos in unserer Bildergalerie wird in Abbildung 19.2 genauer dargestellt:

1. In einer HTML-Seite wird innerhalb eines `<img>`-Tags auf das Skript *showPicture.php* (inklusive Parameter) verwiesen.
2. In *showPicture.php* wird eine Instanz der Klasse `Picture` erstellt.
3. Die Instanz lädt ein Bild aus der Tabelle `photos` und schreibt es in den Ausgabepuffer, was zur Anzeige in der HTML-Seite führt.

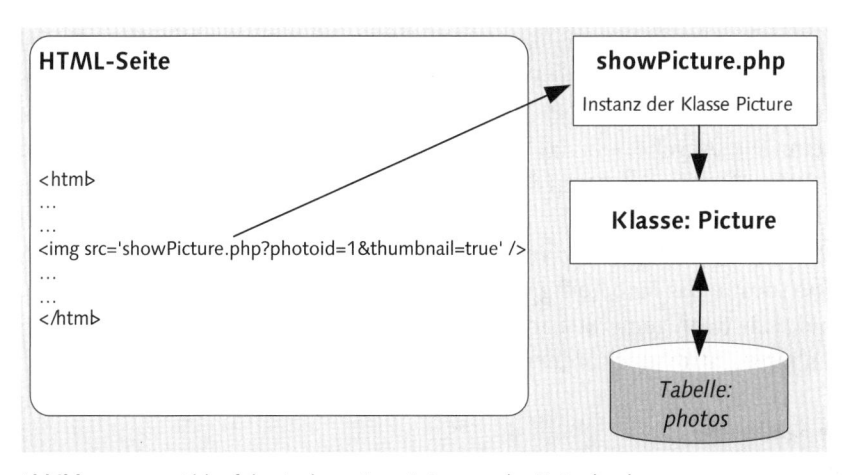

Abbildung 19.2 Ablauf des Ladens eines Fotos aus der Datenbank

Tabelle »photos«

Um die einzelnen Fotos in der Datenbank zu speichern, legen wir die Tabelle photos an. Wir möchten hierbei aber nicht nur die binäre Datei zu einer eindeutigen Nummer speichern, sondern auch weitere beschreibende Daten. Die Tabelle weist die in Tabelle 19.1 gezeigte Struktur auf.

Attributname	Attributtyp
id	int(11), **Primärschlüssel**, auto_increment
thumbnail	tinyint(1), **Primärschlüssel**
galleryid	int(11)
name	varchar(255)
data	mediumblob
edgewise	tinyint(1)
date	int(11)

Tabelle 19.1 »photos«-Datenbanktabelle

Wir haben hierbei einen zusammengesetzten Primärschlüssel aus der Nummer des Fotos (id) und der Ausprägung des Fotos im Bezug auf die Größe (thumbnail ist 0 oder 1). Dies benötigen wir, um zwei Versionen desselben Fotos speichern zu können: einmal im Großformat (wir haben hierfür 640 × 480 Pixel gewählt) und als Vorschaubild im Kleinformat (hier 100 × 75 Pixel). Daher gibt es ein Foto zweimal mit derselben Nummer; aber für das »große« ist bei thumbnail eine »0« gespeichert, für das »kleine« eine »1«. In galleryid speichern wir die Nummer der zugehörigen Galerie (die auf eine existierende Nummer der Tabelle galleries verweist). In name können Sie eine Bezeichnung oder Erklärung des Fotos ablegen, um die Bildergalerie interessanter zu gestalten und nicht eine reine Fotoliste darzustellen. Das Feld data enthält die Binärdaten des hochgeladenen Fotos. Durch den Datentyp MEDIUMBLOB darf die Datei bis zu 16 Megabyte groß sein. Die Angabe, ob das Foto hochkant oder »normal« aufgenommen wurde, kann als »1« oder »0« in edgewise gespeichert werden. Dies ist vor allem später für die korrekte Anzeige des Fotos wichtig, da es entsprechend skaliert werden muss. Schließlich wird in date ein Zeitstempel als int(11) gespeichert, der angibt, wann das Foto hochgeladen wurde. Somit lassen sich die Fotos später chronologisch (wohlgemerkt nach ihren Hochladezeitpunkten, nicht den Zeitpunkten ihrer Entstehung) ordnen.

Tabelle »galleries«

Um die einzelnen Fotos auch noch in verschiedene Kategorien einzuteilen, legen wir die Tabelle galleries an (siehe Tabelle 19.2).

Attributname	Attributtyp
Id	int(11), Primärschlüssel
Name	varchar(255)

Tabelle 19.2 »galleries«-Datenbanktabelle

Wir speichern hierin lediglich die Nummer der Galerie (id) als Primärschlüssel und ihren Namen (name).

Wir haben die Grundlagen auf Seiten der Datenbank erstellt und beginnen nun, die einzelnen Klassen der Bildergalerie zu implementieren.

19.1.2 Klasse »AbstractGallery«

Zunächst wollen wir die abstrakte Klasse AbstractGallery vorstellen, die als Oberklasse für die einzelnen »Gallery«-Klassen benutzt wird. Wichtig ist hier das Schlüsselwort Abstract vor der Klasse, um diese als abstrakte Klasse zu definieren. Somit muss jede Klasse, die hiervon erbt, die hierin aufgeführten abstrakten Methoden implementieren (in diesem Fall existieren nur als abstrakt gekennzeichnete Methoden darin). Das UML-Diagramm dieser Klasse ist bereits in Abbildung 19.1 dargestellt.

```
abstract class AbstractGallery
{
   //Die Klasse muss einen Konstruktor besitzen
   abstract public function __construct();
   //Alle Galerien der Tabelle/DB anzeigen
   abstract public function listGalleries($galleryid);
   //Alle Fotos einer "Galerie" anzeigen
   abstract public function listPhotos($galleryid);
   //Nötiger JavaScript-Code
   abstract protected function addJScript();
}
```

Listing 19.1 Klasse »AbstractGallery«

Die abstrakten Methoden sind hier folgende:

- ▶ __construct()
  der Konstruktor
- ▶ listGalleries(...)
  die Darstellung der Galerien mit Übergabe der Nummer der zurzeit gewählten Galerie als Parameter $galleryid

- `listPhotos(...)`

  die Darstellung der Fotos einer Galerie mit Übergabe der Nummer der zurzeit gewählten Galerie als Parameter `$galleryid`

- `addJScript()`

  eine Methode zum Hinzufügen von JavaScript-Code (dieser wird zum Aufruf eines Fotos verwendet)

Die Methode `addJScript()` ist hierbei als `protected` deklariert, da sie nur innerhalb der erbenden Klasse benutzt werden soll. Alle anderen Methoden sind durch die Angabe `public` auch von außen verwendbar.

> **Hinweis**
>
> Sollten Sie sich bereits mit objektorientierter Programmierung beschäftigt haben, sehen Sie sicherlich, dass unsere abstrakte Klasse auch als Interface implementiert werden könnte, denn es werden keinerlei Implementierungsdetails in der Klasse selbst definiert. Dies ist an sich richtig, doch müssen bei einem Interface in PHP alle Methoden als öffentlich (also `public`) definiert werden.
>
> Wir möchten hier aber die Methode `addJScript()` als geschützt (also nur durch die Instanzen der eigenen Klasse aufrufbar) definieren und wählen daher eine abstrakte Klasse, die die Definition von `protected`-Methoden erlaubt.

19.1.3 Klasse »Admin«

Dies ist die umfangreichste Klasse der Bildergalerie, da sie die gesamten Verwaltungsfunktionen wie Hinzufügen und Löschen von Galerien und Fotos enthält. Im Klassendiagramm in Abbildung 19.3 sind alle Methoden dargestellt.

Scripts\PictureGallery\Admin
- DB
+__construct()   +listGalleries(galleryid)   +showNewGalleryFormular()   +addGallery(galleryname)   +deleteGallery(galleryid)   +listPhotos(galleryid)   +uploadPhoto(photoname, galleryid)   +deletePhoto(photoid)   +showPhotoUploadFormular(galleryid)   -getResizedImage(width, height)   #addJScript()

Abbildung 19.3 UML-Diagramm der Klasse »Admin«

Um von der Oberklasse `AbstractGallery` zu erben, muss die Klasse `Admin` mit folgendem Code beginnen:

```
class Admin extends AbstractGallery
{
    //Methoden
}
```

Dies stellt sicher, dass die Oberklasse durch `Admin` erweitert wird (durch das Schlüsselwort `extends`) und ihre als abstrakt gekennzeichneten Methoden implementiert (bzw. implementieren muss, da anderenfalls ein Fehler gemeldet wird).

function __construct()

Der Konstruktor überprüft zunächst, ob der ausführende Benutzer am System angemeldet ist. Dies ist der Fall, wenn die Methode `checkLoginStatus()` der `Security`-Klasse `true` als Wert zurückgibt. Zum Anmelden benutzen wir das Skript aus Kapitel 15, »Sichere Webanwendungen«. Sollte der Benutzer nicht angemeldet sein, wird das Skript direkt per `die()`-Befehl beendet, da ein unzulässiger Aufruf der Klasse stattfand. Dies verhindert so auch jeglichen unzulässigen Methodenaufruf, da ohne korrekte Anmeldung kein Objekt erstellt wird. Damit können wir uns weitere Benutzerabfragen in der Klasse sparen. Sollte der Benutzer korrekt angemeldet sein, wird das globale Datenbankobjekt an die private Variable `$DB` gebunden.

```
public function __construct()
{
    //Überprüfen, ob eingeloggt:
    if(!\System\Security::checkLoginStatus()) die();
    //Globales Datenbankobjekt einbinden
    $this->DB = $GLOBALS['DB'];
}
```

> **Hinweis**
>
> Sie kennen jetzt zwei ähnliche Möglichkeiten, eine Klasse gegen das unbefugte Benutzen zu sichern. In den Klassen des Blogs haben wir einzelne Methoden mit der Benutzerverifizierung ausgestattet, da die Klasse an sich auch von unangemeldeten Benutzern verwendet werden durfte. Hier schützen wir die gesamte Klasse durch eine einzige Überprüfung im Konstruktor, die weitere Abfragen in den Methoden überflüssig macht, denn nur angemeldete Benutzer können ein Objekt der Klasse erstellen. Dies ist aber so nur möglich, weil alle Methoden dieser Klasse einem Administrator vorbehalten sind.

function listGalleries($galleryid)

`listGalleries()` ist die erste von der Oberklasse vorgegebene Methode, die wir implementieren. Hiermit werden alle in der Tabelle `galleries` gespeicherten Galerien angezeigt. Die Übergabe des Parameters `$galleryid` wird hier ignoriert,

19 | Bildergalerien

muss aber erfolgen (beispielsweise als null), da die abstrakte, geerbte Methode dies vorschreibt.[1]

Zunächst wollen wir aber die Namen aller Fotoalben bzw. Galerien und die Anzahl der jeweils dazu gespeicherten Fotos aus der Datenbank holen. Dazu benutzen wir die folgende SQL-Abfrage, die per LEFT JOIN einen Verbund aus der galleries- und photos-Tabelle erstellt.

```
SELECT g.id as id,g.name,count(p.id) AS photoCount
FROM galleries g LEFT JOIN photos p ON g.id = p.galleryid
GROUP BY g.name;
public function listGalleries($galleryid)
{
   //Holen der Galerienamen und der Anzahl der
   //dazu gespeicherten Fotos
   $sql = "SELECT g.id as id,g.name,count(p.id) ".
          "AS photoCount FROM galleries g ".
          "LEFT JOIN photos p ON g.id = p.galleryid ".
          "GROUP BY g.name";
   $result = $this->DB->query($sql);
```

Wir beginnen nun die Ausgabe einer HTML-Tabelle mit der Überschrift »Galerien« und durchlaufen die Ergebnismenge $result der SQL-Abfrage per foreach-Schleife.

```
//HTML-Tabelle für die Struktur
echo "<table style='width:100%;' border='0'>";
echo "<tr><th colspan='2'>Galerien:</th></tr>";
foreach($result as $gallery)
{
   echo "<tr><td>";
```

Für jede existierende Galerie wird ihr per htmlentities() maskierter Name ($gallery['name']) als Link auf das Skript *indexAdmin.php* unter Übergabe der Galerienummer ($gallery['id']) ausgegeben. So lässt sich eine Galerie zur Bearbeitung auswählen.

```
echo "<a href='indexAdmin.php?galleryid=".
     $gallery['id']."'><b>".
     htmlentities($gallery['name'],ENT_QUOTES,"UTF-8").
     "</b></a></td>";
```

---

[1] Wir benötigen den Parameter nur für die Klassen Gallery und FlashGallery.

Um leere und gefüllte Galerien zu unterscheiden, haben wir in dieser SQL-Abfrage auch die Anzahl der Fotos pro Galerie als Spalte `photoCount` gespeichert. An dieser Stelle fragen wir nun, ob deren Wert »0« ist – also keine Fotos in der Galerie existieren. Ist dies der Fall, zeigen wir einen Link zum Löschen der Galerie an, denn diese darf ohne weiteres gelöscht werden. Existieren Fotos in der Galerie, wird deren Anzahl statt eines Links angezeigt: Somit kann eine mit Fotos »befüllte« Galerie gar nicht erst gelöscht werden.

```
if($gallery['photoCount'] == 0)
{
```

Der Link zum Löschen einer Galerie verweist auch auf das Skript *indexAdmin.php* und übergibt die Galerienummer und den Parameter `deleteGallery` als `true`.

```
    echo "<td><a class='standardSubmit' ".
        "href='indexAdmin.php?galleryid=".
        $gallery['id']."&deleteGallery=true'>".
        "L&ouml;schen</a></td>";
}
else
{
```

Sollten sich bereits Fotos in der Galerie befinden, zeigen wir anstatt eines »Lösch«-Links die Anzahl der Fotos an. Dazu dividieren wir die in `photoCount` gespeicherte Anzahl des jeweiligen Eintrags durch zwei, denn wir haben pro Foto ein Vorschaubild und die »normale« Version in der Datenbank gespeichert. Die dann ausgegebene Zahl entspricht der realen Anzahl an Fotos in der Galerie.

```
    echo "<td>Fotos:".
        ($gallery['photoCount']/2)."</td>";
}
echo "</tr>";
```

Ist die Ausführung der `foreach`-Schleife am Ende angelangt, schließen wir die HTML-Tabelle und beenden die Methode:

```
}//ENDFOREACH
echo "</table>";
}
```

function showNewGalleryFormular()

Um auch neue Galerien zu unserer Bildergalerie hinzufügen zu können, benötigen wir noch ein entsprechendes Formular. Die Methode `showNewGalleryFormular()` gibt ein solches aus. Das Formular ruft das eigene Skript auf (action=''), das wiederum *indexAdmin.php* ist, und enthält lediglich zwei Parameter:

- `galleryname` enthält den gewünschten Namen der neuen Galerie als Textfeld.
- `addGallery` fungiert als Parameter des Submit-Knopfes.

Hierbei werden die beiden Angaben als `post`-Parameter übergeben.

```
public function showNewGalleryFormular()
{
   echo "<form action='' method='post'>";
   echo "Galeriename:";
   echo "<input type='text' name='galleryname'>";
   echo "<input type='submit' name='addGallery'
         value='Anlegen'>";
   echo "</form>";
}
```

Der Aufruf der beiden Methoden `listGalleries($galleryid)` und `showNewGalleryFormular()` hintereinander (und zusätzlichem `<div>`-Rahmen) führt zur Ausgabe in Abbildung 19.4.

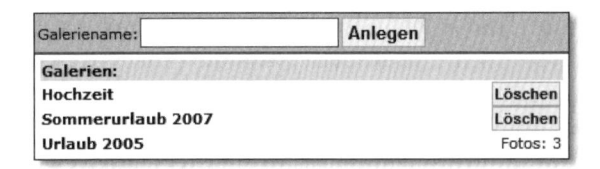

Abbildung 19.4 Übersicht über vorhandene Galerien

Es folgen noch die beiden Methoden, die zum Anlegen und Löschen der Galerien benötigt werden: `addGallery` und `deleteGallery`.

function addGallery()

Die Methode `addGallery()` wird vom Skript *indexAdmin.php* aus aufgerufen und bekommt den Namen einer neu anzulegenden Galerie übergeben (`$galleryname`). Sollte dieser leer sein, geschieht nichts, anderenfalls wird die folgende SQL-Abfrage generiert:

```
INSERT INTO galleries (name) VALUES ('Galeriename');
```

und an die Datenbank geschickt:

```
public function addGallery($galleryname)
{
   if ($galleryname != "")
```

```
    {
        $sql = "INSERT INTO galleries (name) VALUES ('".
            $this->DB->escapeString($galleryname)."');";
        $this->DB->query($sql);
    }
}
```

> **Tipp**
>
> Eine mögliche und nützliche Erweiterung für die `addGallery()`-Methode wäre die Abfrage, ob bereits eine Galerie mit dem übergebenen Namen existiert. Dann könnten keine zwei identisch benannten Galerien angelegt werden.

function deleteGallery()

Der Methode zum Löschen einer Galerie übergeben wir als Parameter die Nummer der Galerie (`$galleryid`). Anschließend maskieren wir diese per `escapeString`-Funktion und betten sie in die folgende SQL-Abfrage ein:

```
DELETE FROM galleries WHERE id = '1' AND
(SELECT count( id ) AS anzahl FROM photos
WHERE galleryid ='1') = 0;
```

Wenn die Galerie doch noch Fotos enthält, was sich durch die zweite Abfrage herausstellen würde, wird sie nicht gelöscht. Existieren wirklich keine Fotos mehr für die Galerie mit der übergebenen Nummer, wird sie aus der Datenbank entfernt.

```
public function deleteGallery($galleryid)
{
    //ID maskieren
    $id = $this->DB->escapeString($galleryid);
    //Galerie nur löschen, wenn keine Fotos enthalten sind
    $sql = "DELETE FROM galleries WHERE id = '".$id."'".
        " AND (SELECT count( id ) AS anzahl FROM photos".
        " WHERE galleryid ='".$id."') = 0";
    $this->DB->query($sql);
}
```

> **Hinweis**
>
> Der Aufruf dieser Methode mit einer fehlerhaften Galerienummer ist nicht über die Oberfläche möglich; dennoch können Sie den GET-Parameter `galleryid` in der URL-Zeile des Browser sehr leicht ändern, um das Löschen einer beliebigen nicht leeren Galerie zu veranlassen. Das Löschen von befüllten Galerien wird dann aber durch die SQL-Abfrage verhindert.

function listPhotos($galleryid)

Die aufwendigste Methode in dieser Klasse, `listPhotos()`, ist die Darstellung der einzelnen Fotos einer Galerie, da wir hier alle Daten eines Fotos, eine Vorschau sowie die Möglichkeit zum Löschen eines Fotos implementieren müssen.

Die ersten beiden Schritte dienen der Überprüfung der übergebenen Galerienummer (`$galleryid`). Ist die Galerienummer nicht übergeben worden (also `null`) oder ist eine Galerie (nach Überprüfung der Existenz per SQL-Abfrage) mit der übergebenen Nummer nicht vorhanden, wird in beiden Fällen eine passende Fehlermeldung ausgegeben und die Methode beendet, indem der Wert `null` zurückgeliefert wird. Die Abarbeitung des nachfolgenden Codes beginnt somit erst gar nicht.

```
public function listPhotos($galleryid)
{
   //Falls keine Nummer angegeben
   if ($galleryid == null)
   {
      echo "Keine Galerie ausgew&auml;hlt.";
      //Methode beenden.
      return null;
   }
   //Name der Galerie:
   $sql = "SELECT name FROM galleries WHERE id = '".
         $this->DB->escapeString($galleryid)."'";
   $result = $this->DB->query($sql);
   //Falls keine Galerie mit dieser Nummer vorhanden
   if (count($result) != 1)
   {
      echo "Galerie nicht vorhanden.";
      //Methode beenden.
      return null;
   }
```

Wenn die Galerie vorhanden ist, wird die Abarbeitung der Methode fortgeführt. Zunächst wird aber die Methode `addJScript()` dieser Klasse aufgerufen, die speziellen JavaScript-Code zur HTML-Seite hinzufügt, der es ermöglicht, durch den Klick auf ein Vorschaubild dessen normale (größere) Version in einem neuen Fenster zu öffnen. Anschließend wird der Name der Galerie (`$result[0]['name']`) in einer konstruierten Tabelle als Überschrift angezeigt.

```
   //JavaScript hinzufügen:
   $this->addJScript();
   //Beginnen mit der Konstruktion der Tabelle
```

```
echo "<table border='0'>";
echo "<tr><th colspan='5'>Fotos der Galerie".
     "<i>".htmlentities($result[0]['name'],ENT_QUOTES,
                       "UTF-8").
     "</i>:</th></tr><tr>";
```

Nachdem die Existenz der Galerie geklärt ist, folgt das Laden der Vorschaubilder aus der Tabelle photos mit einer SQL-Abfrage folgender Art:

```
SELECT * FROM photos WHERE thumbnail = 1
AND galleryid = '1' ORDER BY date;
```

Dabei werden alle Bilder der ausgewählten Galerie nach dem Datum des Hinzufügens geordnet.

```
$sql = "SELECT * FROM photos WHERE thumbnail = 1 ".
       "AND galleryid = '".
       $this->DB->escapeString($galleryid).
       "' ORDER BY date";
$result = $this->DB->query($sql);
```

Wir benötigen nun noch einen Laufindex $i, der mit dem Anfangswert 0 initialisiert wird und dazu dient, jeweils drei Fotos pro Zeile anzuzeigen. Dann können wir die foreach-Schleife über die Ergebnismenge $result beginnen:

```
$i = 0;
foreach ($result as $photo)
{
```

Um die bereits angesprochenen drei Bilder pro Zeile zu erreichen, benutzen wir den Modulo-Operator (%) von PHP, den wir bereits in Kapitel 4, »Einführung in PHP«, erläutert haben. Dadurch erreichen wir, dass nach jedem dritten Bild eine neue Zeile der Tabelle (durch </tr><tr>) begonnen wird. Zu jedem Bild geben wir dann den Namen ($photo['name']), das Datum des Hinzufügens zur Galerie ($photo['date'], durch die date()-Funktion angepasst) und einen Link zum Löschen des Bildes an. Der Link zum Löschen des Bildes verweist wiederum auf das Skript *indexAdmin.php* und übergibt folgende Parameter:

- galleryid
  die Nummer der Galerie (um die bearbeitete Galerie nach dem Löschen wieder aufzurufen)
- photoid
  die Nummer des zu löschenden Fotos
- deletePhoto
  Anweisung zum Löschen des Fotos (wird auf true gesetzt)

```
//Reihe mit je drei Bildern
if ($i % 3 == 0) echo "</tr><tr>";
echo "<td>".htmlentities($photo['name'],ENT_QUOTES,
                "UTF-8");
echo "<br />".date("d.m.Y H:i", $photo['date']);
echo "<br /><a href='indexAdmin.php?galleryid=".
    $galleryid."&photoid=".$photo['id'].
    "&deletePhoto=true'>L&ouml;schen</a><br />";
echo "</td><td>";
```

Nun muss schließlich noch das Vorschaubild des Fotos angezeigt werden. Dazu benötigen wir zunächst die mit dem Bild gespeicherte Information, ob das Foto hochkant oder normal dargestellt werden soll. Dies ist im Parameter `$photo['edgewise']` gespeichert. Ist dieser »0«, gehen wir von einer Skalierung der anzuzeigenden Grafik von 100 Pixeln in der Breite und 75 Pixeln in der Höhe aus. Die Hochkantvariante beträgt in der Breite nur 56 Pixel.

```
if ($photo['edgewise'] == 0)
{
    //Normal
    $width = 100;
    $height = 75;
}
else
{
    //Hochkant
    $width = 56;
    $height = 75;
}
```

Es folgt die reine Anzeige des Vorschaubildes, indem wir als Quelle (`src = »Source«`) auf das Skript *showPicture.php* verweisen. Diesem übergeben wir zwei Parameter: die Fotonummer (`$photo['id']`) und den Parameter `thumbnail` – zum Laden des Vorschaubildes statt des Originals –, und zwar mit `true` belegt. Als `alt`[2]-Attribut geben wir den Namen des Bildes an.

```
echo "<img src='".HTTP_ROOT.
    "/scripts/pictureGallery/showPicture.php?".
    "&photoid=".
    $photo['id']."&thumbnail=true'".
    " alt='".htmlentities($photo['name'],
                ENT_QUOTES,"UTF-8")."' ".
```

---

2 Das `alt`-Attribut enthält eine Zeichenkette, die von Browsern angezeigt wird, wenn sich das Bild nicht laden lässt.

Die Angabe `onClick` innerhalb eines `<img>`-Tags ruft den in Klammern angegebenen JavaScript-Code auf, wenn mit der linken Maustaste auf die Grafik geklickt wird, in unserem Fall die JavaScript-Funktion `showPicture()` mit den Werten der Fotonummer und der Angabe, ob Hochkantfoto oder normales Foto. Diese wird in der Methode `addJScript()` der Klasse definiert. Zuletzt werden noch die Höhe und Breite der Grafik als CSS-Angabe durch die bereits im Voraus gesetzten Parameter `$height` und `$width` bestimmt. Damit ist gewährleistet, dass die Grafik auch in den richtigen Proportionen dargestellt wird. Am Ende der Schleife wird die Laufvariable `$i` inkrementiert.

```
            "onClick='showPicture(".$photo['id'].",".
            $photo['edgewise'].");'".
            "style='height:".$height."px; ".
            "width:".$width."px;'>";
        echo "</td>";
        $i ++;
    }
    echo "</td></tr></table>";
}
```

Zum Schluss der Methode wird die Tabelle korrekt beendet. Wir benötigen nun noch ein Formular, das zum Hochladen eines Fotos genutzt werden kann.

function showPhotoUploadFormular($galleryid)

Wir übergeben der Methode `showPhotoUploadFormular()` wiederum die Galerienummer (`$galleryid`), die dann im Formular als versteckter Parameter mitgeschickt werden kann. Zunächst überprüfen wir mit folgender SQL-Abfrage, ob die Galerie überhaupt existiert:

```
SELECT name FROM galleries WHERE id = '1';
```

Ist die Galerie vorhanden (die Ergebnismenge also genau 1) und die Galerienummer nicht `null`, geben wir das Formular aus;

```
public function showPhotoUploadFormular($galleryid)
{
    //Name der Gallery:
    $sql = "SELECT name FROM galleries WHERE id = '".
        $this->DB->escapeString($galleryid)."'";
    $result = $this->DB->query($sql);
    if (($galleryid != null) && (count($result) == 1))
    {
```

Das Formular verweist auf sich selbst unter Verwendung der POST-Methode. Wir benutzen hier nun aber als `enctype` das `multipart/form-data`-Format, das es ermöglicht, mit dem Formular größere Datenmengen – hier z. B. ein Bild – zu verschicken. Anschließend konstruieren wir eine Tabelle und erstellen ein Textfeld, das die Beschreibung des Fotos aufnimmt, und ein Feld des Typs `file`. Letzteres enthält automatisch eine »Durchsuchen«-Schaltfläche, die es ermöglicht, eine Datei vom heimischen Rechner aus auszuwählen. Schließlich fehlt noch die Abschicken-Schaltfläche mit Namen uploadPhoto.

```
        echo "<form action='' method='post' ".
             "enctype='multipart/form-data'>";
        echo "<table>";
        echo "<tr><td>Fotoname:</td><td>";
        echo "<input type='text' name='photoname'>";
        echo "</td><td>Foto:</td><td>";
        echo "<input type='file' name='photo'>";
        echo "</td><td>";
        echo "<input type='hidden' name='galleryid' ".
             "value='".$galleryid."'>";
        echo "<input type='submit' name='uploadPhoto' ".
             "value='Hochladen'>";
        echo "</td></tr></table>";
        echo "</form>";
    }
}
```

Wenn wir nun die beiden Methoden showPhotoUploadFormular() und listPhotos() im Skript *indexAdmin.php* einbinden, können wir Fotos zu einer Galerie hinzufügen, wie in Abbildung 19.5 zu sehen.

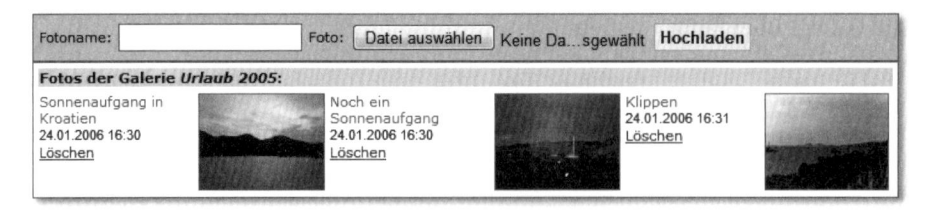

Abbildung 19.5 Admin-Ansicht einer Galerie

function uploadPhoto($photoname, $galleryid)

Das konkrete Hochladen eines Fotos erfolgt durch die Methode uploadPhoto(). Dafür ist es wichtig zu wissen, dass die Daten eines input-Feldes des Typs file nicht in den POST-Parametern zu finden sind, sondern in dem globalen Array $_FILES übergeben werden. Darin befinden sich folgende Parameter:

- `name`
  der Name des Fotos (beispielsweise *MeinBild.JPG*)
- `type`
  der Typ des Bildes (beispielsweise im Firefox: `image/jpeg`, oder im IE: `image/pjpeg`)
- `tmp_name`
  der Pfad zur angelegten temporären Datei auf dem Server
- `error`
  Fehlercode zwischen 0 und 4. 0, der bedeutet, dass die Datei erfolgreich hochgeladen wurde
- `size`
  die Größe der hochgeladenen Datei in Bytes

Im ersten Schritt müssen wir einige Überprüfungen vornehmen, damit die Methode nur ausgeführt wird, wenn ein korrektes Foto hochgeladen wird. Zunächst testen wir also, ob eine temporäre Datei angelegt wurde (bzw. ob der Name der angelegten Datei übergeben wurde); die Variable `$_FILES['photo']['tmp_name']` darf also nicht leer sein. Auch die Dateigröße (`$_FILES['photo']['size']`) darf nicht 0 Byte betragen. Darüber hinaus gibt es eine weitere Beschränkung unserer Bildergalerie: Es dürfen ausschließlich Bilder im JPEG-Format hochgeladen werden. Dies liegt an der automatischen Bildgrößen-Korrektur durch die Methode `getResizedImage()`, die in unserer Version nur mit JPEG-Bildern funktioniert. Daher muss der Typ der hochgeladenen Datei in `$_FILES['photo']['type']` entweder als `image/jpeg` (für Firefox, Opera usw.) oder als `image/pjpeg` (für IE) gespeichert sein.

```
public function uploadPhoto($photoname, $galleryid)
{
    //Foto muss angegeben worden und ein JPEG sein
    if (($_FILES['photo']['tmp_name'] != "") &&
        ($_FILES['photo']['size'] > 0) &&
        (($_FILES['photo']['type'] == "image/jpeg") ||
         ($_FILES['photo']['type'] == "image/pjpeg")))
    {
```

Sind alle Bedingungen erfüllt, kann mit dem Speichern des Fotos in der Datenbank begonnen werden. Hierbei wird eine Kopie des hochgeladenen Fotos zunächst per Methode `getResizedImage()`, unter Übergabe der gewünschten Größe von 640 Pixeln in der Breite und 480 Pixeln in der Höhe, in `$resizedPicture` gespeichert. Anschließend soll genau diese Kopie in der Tabelle `photos` mit einer SQL-Abfrage folgender Art gespeichert werden:

19 | Bildergalerien

```
INSERT INTO photos
(thumbnail,galleryid,name,data,edgewise,date)
VALUES (0,'71','Name des Fotos',Fotodaten...,0,1130000000);
    //Bild in der korrekten Größe einlesen (640x480)
    $resizedPicture = $this->getResizedImage(640, 480);
    $sql =
    "INSERT INTO photos(thumbnail,galleryid,".
    "name,data,edgewise,date) VALUES (0,'".
    $this->DB->escapeString($galleryid)."','".
    $this->DB->escapeString($photoname)."','".
    $this->DB->escapeString($resizedPicture['data'])."',".
    $resizedPicture['edgewise'].",".time().")";
    //SQL-Abfrage abschicken
    $this->DB->query($sql);
```

Ist das Foto gespeichert, wird die von der Datenbank automatisch vergebene Nummer aus dem *mysqli*-Objekt erfragt. Diese ist als insert_id vorhanden und wird in der Variablen $id zwischengespeichert, um dem im Folgenden in der Datenbank abzulegenden Vorschaubild die gleiche Nummer zuzuweisen. Dazu wird wiederum eine Kopie des Bildes mit den Maßen 100 × 75 erstellt und in $resizedPicture gespeichert.

```
//Nummer des Fotos erfragen
$id = $this->DB->MySQLiObj->insert_id;
//Bild in der korrekten Thumbnail-Größe einlesen
$resizedPicture = $this->getResizedImage(100, 75);
```

Das Speichern des frisch erstellten Vorschaubildes wird durch die folgende SQL-Abfrage bewerkstelligt:

```
INSERT INTO photos (id,thumbnail,galleryid,name,data,edgewise,date)
VALUES (1,1,'71','Name des Fotos',Fotodaten...,0,1130000000);
    $sql =
    "INSERT INTO photos (id,thumbnail,galleryid,name,".
    "data,edgewise,date) VALUES "."(".$id.",1,'".
    $this->DB->escapeString($galleryid)."','".
    $this->DB->escapeString($photoname)."','".
    $this->DB->escapeString($resizedPicture['data'])."',".
    $resizedPicture['edgewise'].",".time().")";
    //SQL-Anfrage abschicken
    $this->DB->query($sql);
    }
}
```

Nach dem Aufruf dieser Methode existiert das jeweilige Foto in zwei Versionen in der Datenbank: einmal mit den Maßen 640 × 480 (bzw. als Hochkantversion mit 360 × 480) und als Vorschaubild mit den Maßen 100 × 75 (bzw. 56 × 75).

function deletePhoto($photoid)

Um ein Foto aus der Datenbank zu löschen, muss lediglich die Fotonummer per Parameter $photoid an die Methode deletePhoto() übergeben werden. Da die Fotos immer eine eindeutige Nummer besitzen (durch AUTO_INCREMENT des Primärschlüssels id) und diese für Vorschaubild und Original identisch ist, werden mit folgender SQL-Abfrage beide Bilder aus der Datenbank gelöscht:

```
DELETE FROM photos WHERE id = '1';
public function deletePhoto($photoid)
{
    $sql = "DELETE FROM photos WHERE id = '".
        $this->DB->escapeString($photoid)."';";
    $this->DB->query($sql);
}
```

function getResizedImage($width, $height)

Die Methode getResizedImage() spielt eine gewichtige Rolle für das Speichern der Fotos in der Datenbank. Sie ist dafür zuständig, jedwedes Foto in eine spezifische Größe zu bringen. So lassen sich in unserem Fall alle Fotos auf die Größe von 640 × 480 skalieren. Das Praktische an dieser Methode ist, dass sie selbst erkennt, ob ein Foto hochkant vorliegt oder nicht, und dementsprechend die angeforderte Skalierung selbständig vornimmt. Dabei wird die gewünschte Höhe beibehalten und lediglich die Breite angepasst.

Um den Verlauf des Erstellens und Skalierens deutlich zu machen, haben wir in Abbildung 19.6 eine Übersicht der wichtigsten Aktionen der Methode dargestellt.

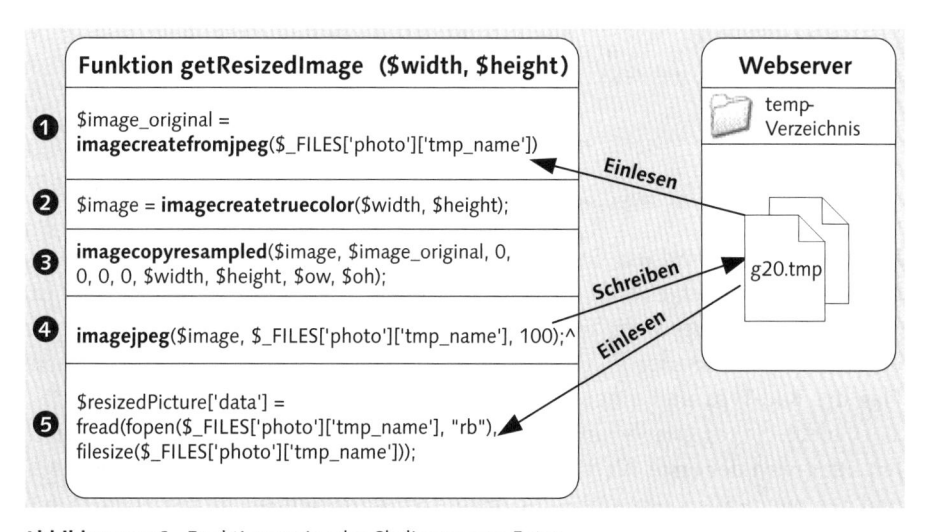

Abbildung 19.6 Funktionsweise des Skalierens von Fotos

Folgende Befehle darin sind zu erläutern:

❶ `imagecreatefromjpeg`: Es wird ein neues JPEG-Bild (bzw. eine Ressource: `$image_original`) durch das Auslesen des in der temporären Datei liegenden Fotos erstellt.

❷ `imagecreatetruecolor`: Ein leeres Bild im JPEG-Format mit der spezifizierten Größe wird angelegt (`$image`).

❸ `imagecopyresampled`: Hiermit wird das übergebene Originalbild (`$image_original`) skaliert und in das per `$image` repräsentierte Bild geschrieben.

❹ `imagejpeg`: Damit wird das skalierte Bild (`$image`) in die temporäre Datei zurückgeschrieben.

❺ Hier wird das nun skalierte Bild per `fread` aus der temporären Datei eingelesen und im `$resizedPicture`-Array gespeichert.

Der vierte und fünfte Schritt mögen etwas unnötig erscheinen, da wir erst das fertig skalierte Bild in die Datei zurückschreiben, um es dann anschließend wieder auszulesen; der Grund liegt darin, dass das fertig skalierte Bild (`$image`) entweder direkt ausgegeben oder aber in eine Datei geschrieben werden kann, andere Optionen haben wir mit dem Befehlsumfang leider nicht. Da wir aber die binären Daten per `return` an die aufrufende Methode zurückgeben wollen, müssen wir diesen Umweg beschreiten.

Wir übergeben dieser Methode beim Aufruf die Parameter für die Höhe (`$height`) und die Breite (`$width`) des zu skalierenden Fotos. Zu Beginn legen wir ein leeres Array `$resizedPicture` an, das später die Daten des Fotos enthalten wird. Das Format wird zunächst als normales Foto (also im Format 4 : 3) im Array (`$resizedPicture['edgewise'] = 0`) festgelegt.

```
private function getResizedImage($width, $height)
{
    $resizedPicture = array ();
    //Hochkant: Standard ist 0;
    $resizedPicture['edgewise'] = 0;
```

Im ersten Schritt wird das Originalbild per `imagecreatefromjpeg()`-Befehl »eingelesen«. Dazu übergeben wir den Pfad, der im `$_FILES`-Array gespeichert ist. Anschließend erfragen wir die Originalgröße des Bildes. Dazu verwenden wir den Befehl `getimagesize()`, der ein Array mit der Breite, der Höhe sowie einem Flag des Bild-Typs und einer in HTML verwendbaren Zeichenkette zurückgibt. Der Befehl `list()` erlaubt uns das Zuweisen von Arraywerten direkt an Variablen. Hier wird der erste Wert des Arrays (die Breite des Bildes) der Variablen `$ow` und der zweite Wert (die Höhe des Bildes) der Variablen `$oh` zugewiesen. Durch diesen Befehl sparen wir uns eine zweite Zeile für die Zuweisung der Werte.

```
$image_original =
    imagecreatefromjpeg($_FILES['photo']['tmp_name']);
//Grafikgröße einlesen
list ($ow, $oh) =
    getimagesize($_FILES['photo']['tmp_name']);
```

Wir müssen nun entscheiden, ob ein Hochkantfoto vorliegt. Dazu überprüfen wir, ob die Bildhöhe größer als die Bildbreite ist. Ist dies der Fall, skalieren wir die Breite des Bildes auf ¾ der Höhe und setzen den Wert `edgewise` im Rückgabearray `$resizedPicture` auf 1. So kann die aufrufende Methode später erkennen, dass es sich um ein Hochkantfoto handelt, und diese Information mit in die Datenbank schreiben.

```
//Bei Hochkantfotos muss die Skalierung geändert werden
if ($ow < $oh)
{
    //Hochkant-Foto: Größe einheitlich
    $width = round($height * (3 / 4));
    $resizedPicture['edgewise'] = 1;
}
```

Nun erstellen wir ein leeres JPEG-Bild mit der gewünschten Größe durch den Befehl `imagecreatetruecolor()`. Danach erfolgt die Skalierung des Fotos durch einen einfachen Befehl: `imagecopyresampled()`. Dieser benötigt folgende zehn Parameter, um einen Teil eines Bildes zu kopieren und zu skalieren:

- das Zielbild (`$image`)
- das Quellbild (`$image_original`)
- X- und Y-Werte der Einfügeoperation des kopierten Teils in das Zielbild (hier 0, 0, also oben links)
- X- und Y-Werte des zu kopierenden Teils des Quellbildes (hier 0, 0, ebenfalls oben links)
- Breite und Höhe des kopierten Teilbildes im Zielbild (hier die gewünschte, übergebene Größe)
- Breite und Höhe des zu kopierenden Teils des Quellbildes (hier die Originalgröße des Bildes, damit alles kopiert und in das neue Bild skaliert wird)

```
//Bild mit der gewünschten Größe erstellen
$image = imagecreatetruecolor($width, $height);
//Größe anpassen
imagecopyresampled($image, $image_original, 0, 0, 0, 0,
                   $width, $height, $ow, $oh);
```

Anschließend schreiben wir das fertig skalierte Bild ($image) in die temporäre Datei des Originalbildes. Daraufhin lesen wir es von dort in den Teil $resizedPicture['data'] des Rückgabearrays ein. Dazu öffnen wir die Datei per fopen() (im Modus rb, der das Lesen von binären Dateien von Anfang an ermöglicht) und lesen per fread() die gesamte Datei ein. Das Auslesen der korrekten Dateigröße erfolgt mit dem Befehl filesize() unter der Angabe der temporären Datei.

```
//In das temp-File zurückschreiben
imagejpeg($image, $_FILES['photo']['tmp_name'], 100);
//Von dort einlesen (in der skalierten Größe)
$resizedPicture['data'] =
    fread(fopen($_FILES['photo']['tmp_name'], "rb"),
    filesize($_FILES['photo']['tmp_name']));
```

Schlussendlich löschen wir die Ressourcen $image und $image_original per imagedestroy()-Befehl und geben das Array $resizedPicture an die aufrufende Methode zurück.

```
    imagedestroy($image);
    imagedestroy($image_original);
    return $resizedPicture;
}
```

> **Hinweis**
>
> Es gibt hier zwei restriktive Punkte, auf die wir hinweisen müssen: Zunächst einmal kann diese Methode nur den Dateitypen JPEG behandeln, da die hier verwendeten Befehle zur Skalierung nur dafür ausgelegt sind. Würden wir die Methode weiter ausbauen, könnten ebenso GIF- und PNG-Format verarbeitet werden. Des Weiteren geht die Methode davon aus, dass ein Foto, das skaliert werden soll, entweder genau im Maßstab 4 zu 3 (beispielsweise ein Foto mit 1.400 × 1.050 Pixeln) oder hochkant im Maßstab 3 zu 4 (dann mit 1.050 × 1.400 Pixeln) vorliegt. Stimmen die Maßstäbe des hochgeladenen Bildes nicht, sieht das Bild nach der Speicherung in der Datenbank und bei darauf folgender Anzeige natürlich verzerrt aus.

function addJScript()

addJScript(), die letzte Methode, die wir für die Klasse Admin implementieren, dient dem Hinzufügen von JavaScript-Code zur HTML-Seite. Bei einem Aufruf der Methode wird eine etwas andere Art der Ausgabe angewandt, als dies sonst unser Vorgehen war. Wir geben hier nichts mit echo- oder print-Befehl aus, sondern beenden das PHP-Skript durch ?> und schreiben dann den entsprechenden Code direkt in die HTML-Seite. Anschließend öffnen wir das PHP-Skript mit <?php wieder. Dieses Vorgehen klappt wunderbar, und wir können, ohne PHP-Syntax zu benutzen, innerhalb der PHP-Klasse JavaScript-Code schreiben. Die

einzelne JavaScript-Funktion `showPicture()`, die wir hier implementieren, öffnet ein neues Browserfenster und lädt das Skript *bigPicture.php* unter Übergabe der Fotonummer. Somit wird die Großansicht eines Vorschaubildes angezeigt (wenn wir auf ein Vorschaubild klicken, siehe Methode `listPhotos()`).

Wir beginnen mit der Angabe, dass eine Skriptsprache folgt, hier JavaScript (`<script language="JavaScript">`). Anschließend definieren wir eine Funktion (ähnlich zu PHP), die jedoch keinen Bezeichner wie `private` oder `public` benötigt. Innerhalb der `if`-Abfrage klären wir, ob der übergebene Parameter `edgewise` »0« ist (also ein normales Foto) oder »1« (also ein Hochkantfoto); je nachdem wird die Breite auf 640 bzw. 360 Pixel gesetzt.

```
protected function addJScript()
{
   ?>
   <script language="JavaScript">
   function showPicture(id,edgewise)
   {
      if(edgewise == "0")
      {
         var width = 640;
      }
      else
      {
         var width = 360;
      }
```

Nun öffnen wir mit dem JavaScript-Befehl `window.open()` ein neues Browserfenster. Dazu übergeben wir drei Parameter:

- die zu öffnende Seite: das Skript *bigPicture.php* unter Angabe der Fotonummer und der Angabe des Formats als GET-Parameter
- den Titel des zu öffnenden Fensters (»Vorschau«)
- einen zusammengesetzten String aus den Angaben `dependent` (sollte das Hauptfenster geschlossen werden, schließt sich auch das Anzeigefenster), der Breite (`width`) und der Höhe (`height`) des Fensters sowie die Position des Fensters auf dem Bildschirm (hier links oben)

```
      window.open("<?php echo HTTP_ROOT ?>
                  /scripts/pictureGallery/bigPicture.php?
                  edgewise=" + edgewise + "&photoid=" + id,
                  "Vorschau", "dependent=yes,width=" +
                  width + ",height=480,left=0,top=0");
   }
```

Zum Beenden des JavaScript-Teils innerhalb einer HTML-Seite schreiben wir `</script>` und beginnen anschließend wieder das PHP-Skript, um die Methode `addJScript()` ordentlich per geschweifter Klammer zu schließen:

```
    </script>
    <?php
}
```

Listing 19.2 Klasse »Admin«

Nun haben wir die Klasse `Admin` vollständig implementiert und müssen nur noch das Skript *indexAdmin.php*, das die Admin-Ansicht darstellt, fertigstellen.

indexAdmin.php

Wir verwenden das Skript *indexAdmin.php*, um die Verwaltung der Bildergalerie unter Verwendung der Klasse `Admin` zu ermöglichen. Daher werden innerhalb des Skriptes mehrere Parameter abgefragt und, wenn zutreffend, zu der gewünschten Methode weitergeleitet. Zunächst binden wir natürlich die *common.php* und die *class.Admin.php* ein. Es wird auch die Methode `globalStripSlashes()` des globalen `Security`-Objektes aufgerufen. Darauf folgen die üblichen Befehle zur Generierung der HTML-Seite (hier mit ... abgekürzt).

```
<?php
require_once "../../common.php";
require_once PROJECT_DOCUMENT_ROOT."/scripts/pictureGallery/
            classes/class.Admin.php";
System\Security::globalStripSlashes();
...
```

Nun soll zunächst überprüft werden, ob der Benutzer am System angemeldet ist. Hier unterscheiden wir nicht zwischen Administrator oder normal angemeldetem Benutzer; wir gehen vielmehr davon aus, dass nur der Administrator sich am System anmelden kann. Sollte er nicht angemeldet sein, wird eine Informationsmeldung ausgegeben und das Skript per `die()` beendet.

```
//Überprüfen, ob eingeloggt:
if(!System\Security::checkLoginStatus())
{
    echo "Sie sind nicht angemeldet.<br />";die();
}
```

Jetzt erstellen wir ein Objekt der Klasse `Admin`, dem wir den Namen `$Admin` geben. Anschließend setzen wir die Variable `$chosenGallery` auf `null`, da zu dem jetzigen Zeitpunkt noch keine Galerie ausgewählt sein soll (dies wird durch die kommenden Abfragen geklärt).

```
//Klasse instantiieren
$Admin = new Scripts\PictureGallery\Admin();
//Anfangs keine Galerie gewählt
$chosenGallery = null;
```

Es folgt eine Reihe von Abfragen, die die GET- oder POST-Variablen überprüfen. Hier wird zunächst geklärt, ob der Parameter `galleryid` in den Variablen (GET oder POST) vorkommt, und wenn, ob er numerisch ist. Ist dies der Fall, wird die Variable `$chosenGallery` auf den jeweils übergebenen Wert gesetzt. Somit können die später aufgerufenen Methoden die gewünschte Galerie anzeigen.

```
//Falls eine Galerie gewählt wurde
if(isset($_GET['galleryid']))
{
   if(is_numeric($_GET['galleryid']))
   {
      $chosenGallery = $_GET['galleryid'];
   }
}
else if(isset($_POST['galleryid']))
{
   if(is_numeric($_POST['galleryid']))
   {
      $chosenGallery = $_POST['galleryid'];
   }
}
```

Wenn das Formular zum Erstellen einer neuen Galerie abgeschickt wurde, ist im POST-Array die Variable `addGallery` gesetzt. Um eine neue Galerie daraufhin auch anzulegen, rufen wir die Methode `addGallery()` des `Admin`-Objektes `$Admin` auf. Dabei übergeben wir den Namen der Galerie (`$_POST['galleryname']`) als Argument. Der zweite mögliche Fall ist das Löschen einer Galerie. Dabei ist der GET-Parameter `deleteGallery` gesetzt, und wir rufen die Methode `deleteGallery()` unter Übergabe der Galerienummer (`$_GET['galleryid']`) auf.

```
//Hinzufügen einer Galerie
if(isset($_POST['addGallery']))
{
   $Admin->addGallery($_POST['galleryname']);
}
//Löschen einer Galerie
if(isset($_GET['deleteGallery']))
{
   $Admin->deleteGallery($_GET['galleryid']);
}
```

Für die Verwaltung von Fotos gibt es auch zwei mögliche Methodenaufrufe: Ein Foto soll in der Datenbank entweder gespeichert oder gelöscht werden. Im ersten Fall ist der POST-Parameter `uploadPhoto` gesetzt, und wir rufen die Methode `uploadPhoto()` unter Übergabe des Fotonamens (`$_POST['photoname']`) und der gewählten Galerie (`$chosenGallery`) auf. Im zweiten Fall ist der GET-Parameter `deletePhoto` gesetzt, und wir rufen die Methode `deletePhoto()` unter Übergabe der Fotonummer (`$_GET['photoid']`) auf.

```
//Foto hochladen
if(isset($_POST['uploadPhoto']))
{
    $Admin->uploadPhoto($_POST['photoname'],$chosenGallery);
}
//Foto löschen
if(isset($_GET['deletePhoto']))
{
    $Admin->deletePhoto($_GET['photoid']);
}
```

Zu guter Letzt folgt noch die Anzeige der Galerie- und Fotoliste nebst zugehörigen Verwaltungselementen. Dazu umschließen wir jedes Element mit einem `<div>`-Tag (hier fehlen die CSS-Angaben) zur besseren optischen Darstellung. Zuerst geben wir das Formular zum Hinzufügen einer Galerie aus (`showNewGalleryFormular()`), anschließend die Liste aller Galerien (`listGalleries(null)`).[3] Danach folgen die Darstellung des Foto-Upload-Formulars (`showPhotoUploadFormular($chosenGallery)`) und die Liste aller Fotos der gewählten Galerie (`listPhotos($chosenGallery)`).

```
//Darstellung der Elemente
echo "<div>".$Admin->showNewGalleryFormular()."</div>";
echo "<div>".$Admin->listGalleries(null)."</div>";
echo "<div>".
$Admin->showPhotoUploadFormular($chosenGallery)."</div>";
echo "<div>".$Admin->listPhotos($chosenGallery)."</div>";
...
?>
```

Listing 19.3 indexAdmin.php

---

3 Wir übergeben hier das Argument `null`, da dieser Parameter in der Funktion `listGalleries()` der Implementierung der `Admin`-Klasse nicht benötigt wird. Er wird aber von zwei weiteren, von `AbstractGallery` erbenden Klassen benötigt und daher in der abstrakten Klasse spezifiziert.

Der Aufruf des Skriptes *indexAdmin.php* führt zu der Ansicht in Abbildung 19.7.

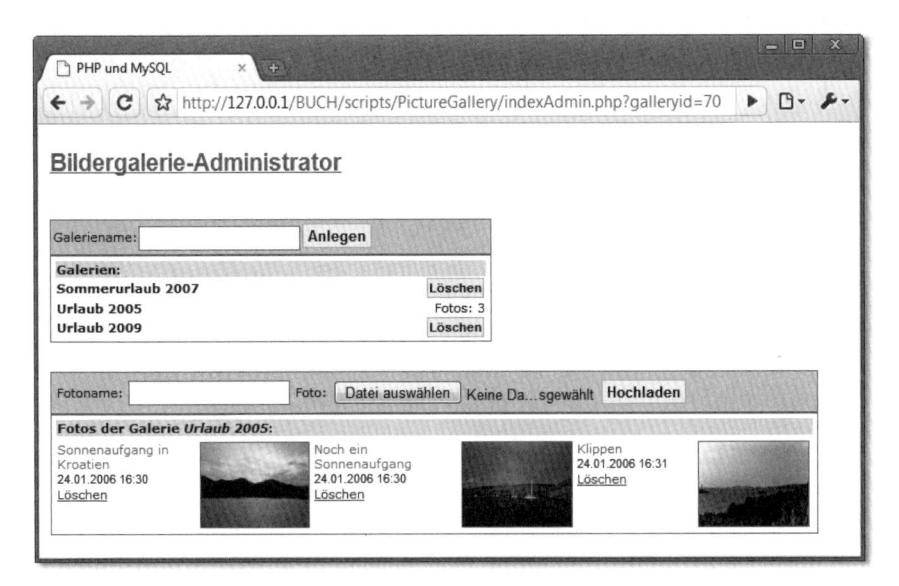

Abbildung 19.7 Administrator-Ansicht der Bildergalerie

19.1.4 Klasse »Gallery«

Nun gibt es auch die Klasse `Gallery`, die die Besuchersicht auf die Galerie ermöglicht. Die Ansichtskomponente erbt ebenfalls von der abstrakten Klasse `AbstractGallery` und enthält daher die in Abbildung 19.8 dargestellten Methoden.

Scripts\PictureGallery\Gallery
- DB
+__construct() +listGalleries(galleryid) +listPhotos(galleryid) #addJScript()

Abbildung 19.8 UML-Diagramm der Klasse »Gallery«

Die vier in der Oberklasse als abstrakt deklarierten Methoden werden in der Klasse `Gallery` implementiert. Die Implementierung ähnelt der von unserer Klasse `Admin`, mit einigen kleinen Unterschieden:

▸ Im Konstruktor `__construct()` wird lediglich das globale Datenbankobjekt der privaten Variablen `$DB` zugewiesen, die Sicherheitsabfrage entfällt jedoch, da alle Besucher die Galerie betreten dürfen.

- Die Methode `listPhotos()` ist, bis auf den Link zum Löschen eines Fotos (der hierin natürlich fehlt), identisch.
- Die Methode `addJScript()` ist komplett identisch mit der Implementierung in der Klasse `Admin`.
- Nur die Methode `listGalleries()` ist anders implementiert und wird im Folgenden beschrieben.

function listGalleries($galleryid)

Im Gegensatz zur Anzeige der Galerien im Admin-Modus wird hier nur eine Dropdown-Liste (`<select>`-Liste) erstellt, die Galerien zur Auswahl bereitstellt, die mindestens ein Bild enthalten. Dazu holen wir zunächst mit der folgenden SQL-Abfrage eine Liste mit zugehöriger Bildanzahl aus den Tabellen `photos` und `galleries`:

```
SELECT g.id as id,g.name,count(p.id) AS photoCount FROM
galleries g LEFT JOIN photos p ON g.id = p.galleryid GROUP BY g.name;
public function listGalleries($galleryid)
{
    $sql = "SELECT g.id as id,g.name,count(p.id) AS ".
           "photoCount FROM galleries g ".
           "LEFT JOIN photos p ON g.id = p.galleryid ".
           "GROUP BY g.name";
    $result = $this->DB->query($sql);
```

Um die einzelnen Galerien zur Auswahl bereitzustellen, generieren wir ein Formular, das sich selbst aufruft und eine `<select>`-Liste mit Namen `galleryid` enthält. Dabei durchlaufen wir für die Erstellung der einzelnen Listenpunkte eine `foreach`-Schleife unter Verwendung der Ergebnismenge `$result`. Sollte eine Galerie mindestens ein Foto beinhalten, wird per `<option>`-Tag eine Auswahlmöglichkeit zur Liste hinzugefügt.

```
    echo "<form action='' method='post'>";
    echo "Galerien:<select name='galleryid'>";
    foreach($result as $gallery)
    {
        if($gallery['photoCount']>0)
        {
```

Um den gerade ausgewählten Eintrag in der Liste bei jedem Laden der HTML-Seite als Vorauswahl zu selektieren, überprüfen wir die der Methode übergebene Galerienummer (`$galleryid`): Sollte diese der Nummer der gerade zu durchlaufenden Zeile der Ergebnismenge entsprechen, speichern wir den String »selected« in der Variablen $selected; anderenfalls einen leeren String. Diesen erstellen wir, da die Angabe von »selected« innerhalb eines `<option>`-Tags dazu führt, dass der so gekennzeichnete Eintrag vorselektiert wird. Der Eintrag selbst erhält als Wert die Galerienummer ($gallery['id']) und als Bezeichnung den Namen der Galerie ($gallery['name']), gefolgt von der realen Anzahl an Bildern der Galerie ($gallery['photoCount']/2) in Klammern.

```
        $selected = ($galleryid == $gallery['id'])?
                "selected":"";
        echo "<option ".$selected.
            " value='".$gallery['id']."'>".
            htmlentities($gallery['name'],ENT_QUOTES,
                "UTF-8").
            " (".($gallery['photoCount']/2).")</option>";
    }
}
```

Sind alle Galerien in der Liste enthalten, wird sie geschlossen. Wir fügen noch eine Submit-Schaltfläche hinzu, damit man das Formular abschicken kann, und schließen das Formular ebenfalls.

```
    echo "</select>";
    echo "<input type='submit' value='Anschauen'>";
    echo "</form>";
}
```

Listing 19.4 Klasse »Gallery«

index.php

Um die Besucheransicht der Bildergalerie zu generieren, benötigen wir noch das Skript *index.php*. Hierin werden zunächst wieder die benötigten Skripte eingebunden (*common.php* und *class.Gallery.php*). Danach wird ein neues Objekt der Klasse Gallery angelegt, das den Namen $gallery trägt. Darauf erstellen wir die Variable $galleryid, der wir anfangs den Wert null zuweisen, da noch keine Galerie ausgewählt wurde. Die folgende Abfrage klärt, ob der POST-Parameter $_POST['galleryid'] bereits gesetzt ist und daher die Galerienummer auf den per POST-Parameter übergebenen Wert gesetzt werden muss.

```
<?php
require_once "../../common.php";
require_once PROJECT_DOCUMENT_ROOT."/scripts/PictureGallery/
            classes/class.Gallery.php";
...
```

19 | Bildergalerien

```
$gallery = new Scripts\PictureGallery\Gallery();
$galleryid = null;
if(isset($_POST['galleryid']))
{
   $galleryid = $_POST['galleryid'];
}
```

Nun folgt lediglich noch die Ausgabe der Galerieliste (`$gallery-> list-Galleries($galleryid)`) und der Liste der Fotos der ausgewählten Galerie (`$gallery->listPhotos($galleryid)`).

```
echo "<div>".$gallery->listGalleries($galleryid)."</div>";
echo "<div>".$gallery->listPhotos($galleryid)."</div>";
...
?>
```

Listing 19.5 index.php

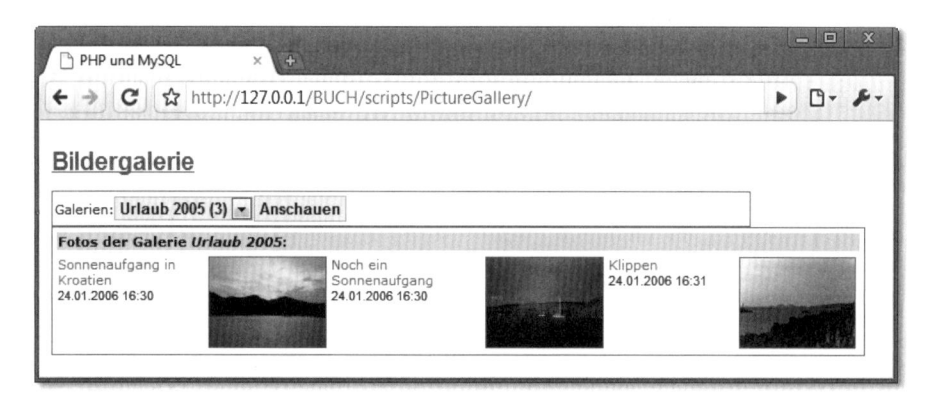

Abbildung 19.9 Bildergalerie aus der Besucheransicht

Die dadurch erzeugte Ansicht für einen normalen Besucher der Bildergalerie ist in Abbildung 19.9 dargestellt und unterscheidet sich nicht wesentlich von der Admin-Ansicht.

19.1.5 Klasse »Picture«

Die Klasse `Picture` ist die letzte Klasse, die wir implementieren müssen, damit die Bildergalerie einsatzbereit ist. Sie wird zur Anzeige eines Bildes aus der Datenbank benutzt. Das in Abbildung 19.10 gezeigte UML-Diagramm beschreibt den Funktionsumfang der Klasse.

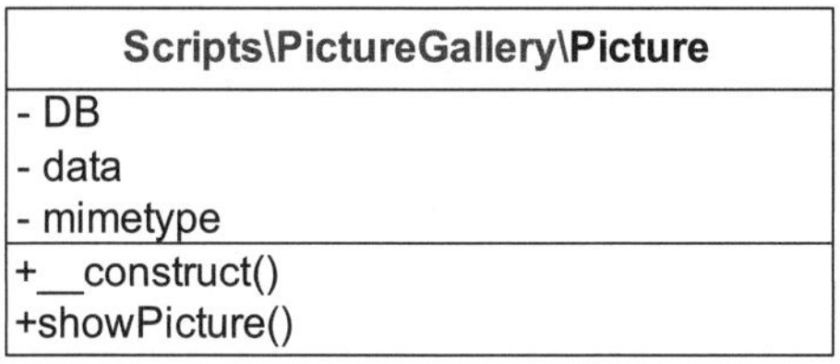

Scripts\PictureGallery\Picture
- DB - data - mimetype
+__construct() +showPicture()

Abbildung 19.10 UML-Diagramm der Klasse »Picture«

function __construct

Dem Konstruktor von Picture müssen zwei Parameter übergeben werden: Der erste ist die Nummer des zu ladenden Fotos ($photoid), der zweite ist die Angabe, ob das Vorschaubild oder das Originalbild dargestellt werden soll ($thumbnail). In gängiger Manier binden wir zuerst das globale Datenbankobjekt ein. Daran anschließend setzen wir die nötige SQL-Abfrage zusammen; sie besteht aus dem statischen Teil:

```
SELECT * FROM photos WHERE id = '1' AND
```

und einem der folgenden variablen Teile:

```
thumbnail = 1
```

wenn das Vorschaubild geladen werden soll, oder

```
thumbnail = 0
```

wenn das Originalbild geladen werden soll. Die Entscheidung für den ersten oder zweiten variablen Teil erfolgt durch die Überprüfung des Parameters $thumbnail:

```
public function __construct($photoid, $thumbnail)
{
   //globales Datenbankobjekt holen
   $this->DB = $GLOBALS['DB'];
   $sql = "SELECT * FROM photos WHERE ".
          " id = '".$this->DB->escapeString($photoid)."'";
   if($thumbnail === true)
   {
      $sql .= " AND thumbnail = 1";
   }
   else
   {
      $sql .= " AND thumbnail = 0";
   }
```

Ist die SQL-Abfrage zusammengesetzt, wird das Ergebnis in `$result` gespeichert. Wenn ein Bild mit der Nummer in der Tabelle `photos` gefunden wurde, speichern wir die Daten des Fotos in der Variablen `$data`:

```
$result = $this->DB->query($sql);
if(count($result)==1)
{
    $this->data = $result[0];
}
}
```

Die Variable `$data` enthält nun im Feld `data` das Foto und kann in der folgenden Methode benutzt werden, um das Foto auszugeben.

function showPicture()

Die Methode `showPicture()` ist lediglich dazu da, das in `$data` gespeicherte Foto auszugeben. Dazu setzen wir zunächst den Header der Ausgabe auf den Typ `image/jpeg`, der dem Browser (auch IE) zu verstehen gibt, dass ein Bild des Typs JPEG ausgegeben werden soll. Anschließend schreiben wir einfach die Daten des Fotos per `echo` in die Ausgabe:

```
public function showPicture()
{
    header('Content-type: image/jpeg');
    echo $this->data['data'];
}
```

Listing 19.6 Klasse »Picture«

Um nun ein Bild auch wirklich in einer HTML-Seite ausgeben zu können, benötigen wir noch zwei Skripte, die die Klasse `Picture` benutzen.

showPicture.php

Das Skript *showPicture.php* haben wir bereits in den Klassen `Admin` und `Gallery` innerhalb eines `<img>`-Tags als Argument der `src`-Angabe aufgerufen. Durch den in der Methode `showPicture()` der Klasse `Picture` gesetzten Header kann ein Bild aus der Datenbank direkt ausgegeben werden. Dieses Skript dient demnach nur dem Aufruf eines Objekts der Klasse `Picture`. Zunächst werden die beiden benötigten Skripte eingebunden. Anschließend wird der per GET-Methode zu übergebende Parameter `thumbnail` in der Variablen `$thumbnail` gespeichert. Damit wird festgelegt, ob das Vorschaubild oder das Originalbild geladen werden soll.

```php
<?php
require_once "../../common.php";
require_once PROJECT_DOCUMENT_ROOT."/scripts/pictureGallery/
            classes/class.Picture.php";
if(isset($_GET['thumbnail']))
{
   $thumbnail = true;
}
else
{
   $thumbnail = false;
}
```

Nun erstellen wir ein Objekt der Klasse `Picture` und übergeben die Fotonummer (`$_GET['photoid']`) und die zuvor abgefragte Thumbnail-Angabe (`$thumbnail`). Anschließend geben wir das Bild per `showPicture()`-Methode direkt aus.

```php
//Neues Objekt der Klasse Picture
$photo = new Scripts\PictureGallery\Picture(
                      $_GET['photoid'],$thumbnail);
$photo->showPicture();
?>
```

Listing 19.7 showPicture.php

Der Aufruf dieses Skriptes zur Darstellung eines Bildes erfolgt wie in den bereits beschriebenen Methoden, und zwar für ein Thumbnail:

```
<img src='showPicture.php?photoid=1&thumbnail=true' />
```

oder für die Anzeige eines normalen Bildes:

```
<img src='showPicture.php?photoid=1 ' />
```

bigPicture.php

Das Skript *bigPicture.php* benutzt *showPicture.php*, um ein Bild in Originalgröße in einem Extrafenster (das wir per JavaScript öffnen) darzustellen. Wir speichern die übergebenen Parameter, ob das Bild hochkant ist oder nicht (`$_GET['edgewise']`), und die Nummer des anzuzeigenden Fotos (`$_GET['photoid']`) in den Variablen `$edgewise` und `$photoid`. Im Anschluss setzen wir in Abhängigkeit von dem Parameter `$edgewise` die Breite des Fotos: entweder 640 Pixel oder – bei einem Hochkantfoto – 360 Pixel.

```php
<?php
require_once "../../common.php";
...
$edgewise = $_GET['edgewise'];
$photoid  = $_GET['photoid'];
$height = 480;
if($edgewise == 0)
{
   $width   = 640;
}
else
{
   $width   = 360;
}
```

Nun geben wir ein `<img>`-Tag aus, in dem wir in nun bekannter Art innerhalb der `src`-Angabe das Skript *showPicture.php* aufrufen. Wichtig sind hierbei die in der `style`-Angabe getroffenen Festlegungen zur Größe und Breite des Bildes. So wird jedes Foto, egal, ob hochkant oder normal, korrekt angezeigt.

```php
echo "<img style='height:".$height."px;width:".
    $width."px;'"."src='".HTTP_ROOT.
    "/scripts/pictureGallery/showPicture.php?photoid=".
    $photoid."'>";
...
?>
```

Listing 19.8 bigPicture.php

Ein in PHP erstelltes Objekt wird am Ende einer Skript-Abarbeitung zerstört. Möchte man dieses jedoch weiterverwenden, muss man sich einige Kniffe überlegen: Persistente Objekte, die in der Datenbank abgelegt werden, ermöglichen dies.

20 Dauerhafte Objektspeicherung

20.1 Persistenz

Persistenz bezeichnet die Dauerhaftigkeit einer Sache. In unserem Zusammenhang sollen einzelne Datensätze als Objekte existieren und über die gesamte Dauer der Laufzeit eines Skriptes, und darüber hinaus, bestehen. Wenn wir einen Datensatz anlegen, wird dieser normalerweise als INSERT-Statement an die Datenbank übergeben und damit angelegt. Mit einem persistenten Objekt setzen wir die Attribute des Objektes an beliebiger Stelle des Skriptes und speichern erst zum Schluss des Skriptes das Objekt. In einem nachfolgenden Skript lässt sich dieses Objekt dann einfach wieder aus der Datenbank laden und steht zur Verfügung. Dieser Ansatz ist bereits in dem Open-Source-Projekt *Propel* verwirklicht worden.[1] Dabei wird von Propel aus der MySQL-Tabellenstruktur eine Klasse automatisch erstellt und als PHP-Klasse in einer Datei gespeichert. Diese kann dann zur Verwaltung persistenter Objekte verwendet werden.

20.2 Umsetzung persistenter Objekte

Unser Ansatz ist von Propel zu unterscheiden, da wir hier keine feste Datenbankstruktur voraussetzen, vielmehr kann unser Skript generisch *zur Laufzeit* ein persistentes Objekt der spezifischen Tabelle anlegen. Bei Propel (unter Verwendung der Datenbankabstraktionsschicht Creole) wird die Datenbankstruktur *während* der Programmierung eingelesen und der passende PHP-Code einmal erstellt. Ändert sich nun ein Detail an der Datenbank, muss der Objektcode erneut erstellt werden. Möchte (oder muss) man aber Weiterentwicklungen an dem von Propel automatisch generierten Code vornehmen, müssen diese nach

---

1 *http://propel.phpdb.org/trac/*.

jeder Änderung an der Datenbank (und der anschließenden Code-Erstellung) erneut durchgeführt werden.[2]

Unsere Lösung übersteht jede Änderung an der Tabellenstruktur ohne Anpassung des Skriptes. Wir müssen nur die Klasse Object einbinden und können bei bestehender Datenbankverbindung mit persistenten Objekten arbeiten. In Abbildung 20.1 ist die Struktur der Klassen aufgezeigt. In einem Skript werden die beiden Klassen Object und Attribute eingebunden. Daraufhin wird ein neues Objekt der Klasse Object erstellt. Intern liest dieses die Tabellenstruktur aus der Datenbank aus und erstellt die benötigten Attribute-Objekte. Daraufhin lassen sich alle Methoden der Klasse nutzen, um abschließend das Objekt zu speichern.

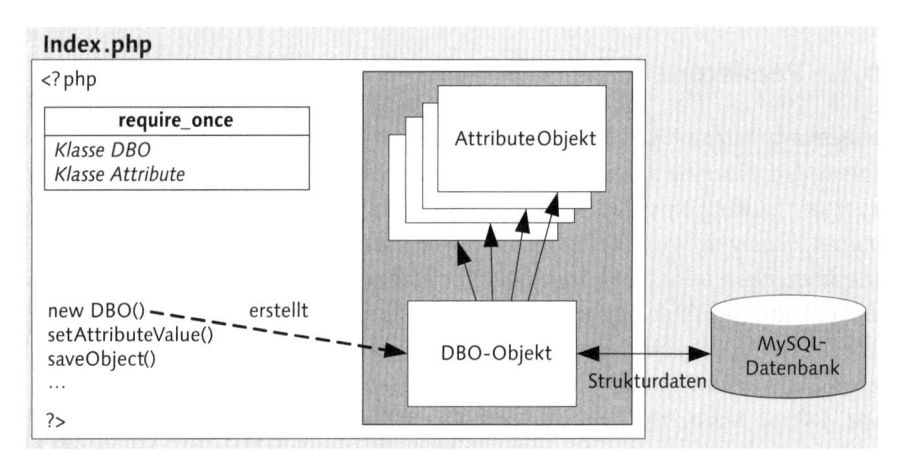

Abbildung 20.1 Anwendungsübersicht der persistenten Datenbankobjekte

20.2.1 Klasse Attribute

Um später in der Hauptklasse Object die einzelnen Attribute eines persistenten Objektes darzustellen, benötigen wir die Hilfsklasse Attribute mit der in Abbildung 20.2 gezeigten Struktur. Diese Klasse ist zur Vereinfachung der Klasse Object gedacht, und so wird es für jedes Object-Objekt mehrere Attribute-Objekte geben, und zwar so viele, wie die Tabelle der Datenbank Attribute besitzt.

Die Klasse Attribute besitzt drei private Attribute, die den Typ ($type), den Wert ($value) und den etwaigen Schlüssel ($key) eines Attributs speichern. Daneben

---

[2] Wenn die Struktur der Datenbank von Anfang an feststeht und sich während des Projektes nicht mehr ändert, ist dies natürlich zu vernachlässigen. Aber mal ehrlich – jeder noch so gute Datenbankentwurf ändert sich mit der Projektlaufzeit ein wenig.

existieren lediglich der Konstruktor, zwei Getter- sowie eine Setter-Methode, um das Attribut zu bearbeiten.

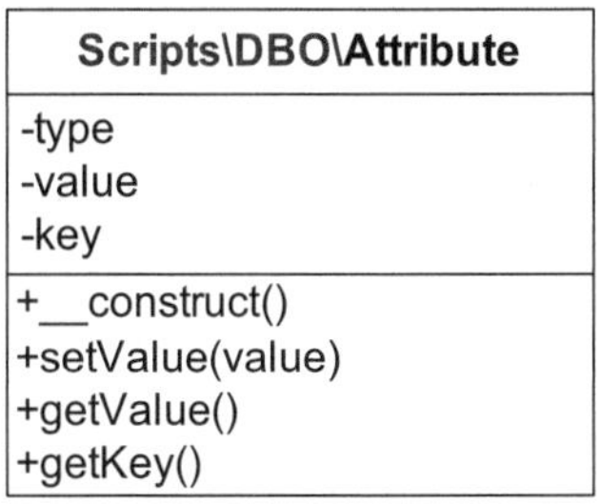

```
Scripts\DBO\Attribute
-type
-value
-key
+__construct()
+setValue(value)
+getValue()
+getKey()
```

Abbildung 20.2 UML-Diagramm der Klasse »Attribute«

function __construct($type,$key,$value)

Um ein Objekt der Klasse Attribute zu erzeugen, übergeben wir den Typ, den Schlüsselwert sowie optional den Wert des zu erstellenden Attributs. Wird der Wert nicht mit übergeben, ist er zunächst null. In dieser Methode werden nur die übergebenen Argumente an die privaten Variablen der Klasse gebunden.

```
public function __construct($type,$key,$value = null)
{
    //Werte setzen
    $this->type  = $type;
    $this->value = $value;
    $this->key   = $key;
}
```

function setValue($value)

Diese Methode setzt den Wert des Attribute-Objektes neu.

```
public function setValue($value)
{
    $this->value = $value;
}
```

function getValue()

Ein Aufruf dieser Methode gibt den aktuellen Wert des Attribute-Objektes zurück.

```
public function getValue()
{
    return $this->value;
}
```

function getKey()

Diese Methode gibt den eventuell gesetzten Schlüssel des `Attribute`-Objektes zurück. Dies kann entweder

- `'PRI'` (Primärschlüssel),
- `'FK'` (Fremdschlüssel) oder
- `'UNI'` (UNIQUE-Wert)

sein.

```
public function getKey()
{
   return $this->key;
}
```

Listing 20.1 Klasse »Attribute«

20.2.2 Klasse Object

Um einen Überblick über die zu implementierenden Methoden zu bekommen, zeigen wir zunächst die UML-Darstellung der Hauptklasse `Object` in Abbildung 20.3.

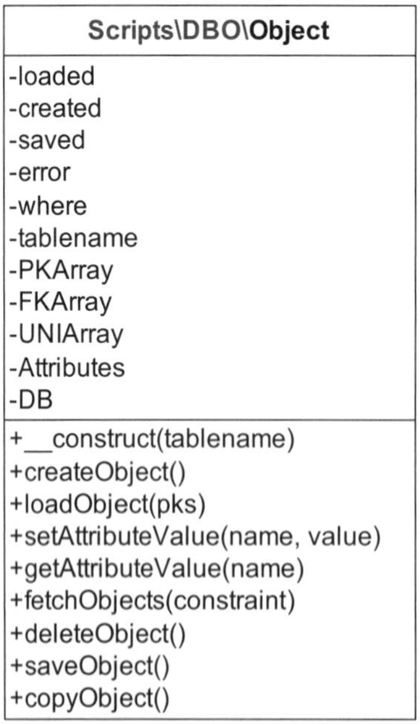

Scripts\DBO\Object
-loaded
-created
-saved
-error
-where
-tablename
-PKArray
-FKArray
-UNIArray
-Attributes
-DB
+__construct(tablename)
+createObject()
+loadObject(pks)
+setAttributeValue(name, value)
+getAttributeValue(name)
+fetchObjects(constraint)
+deleteObject()
+saveObject()
+copyObject()

Abbildung 20.3 UML-Diagramm der Klasse »Object«

Mit diesen Methoden lassen sich die grundlegenden Operationen auf Datenbanken bewerkstelligen. Natürlich gibt es dabei auch Einschränkungen, die wir später erläutern werden.

function __construct($tablename)

Dem Konstruktor der Klasse wird als Argument der Name der Tabelle übergeben, für die ein persistentes Objekt erstellt werden soll. Zunächst wird dieser Name in der Klassenvariablen `$tablename` gespeichert, um später darauf Zugriff zu haben. Um aber überhaupt in Interaktion mit der MySQL-Datenbank zu treten, benötigen wir das globale Datenbankobjekt, das durch das Basissystem zur Verfügung gestellt wird. Wir holen es, indem wir die Referenz darauf aus dem superglobalen Array `$GLOBALS` extrahieren. Um ein persistentes Datenbankobjekt zur Verfügung zu stellen, müssen wir nun die Struktur der gewünschten Tabelle in Erfahrung bringen. Der SQL-Befehl `DESCRIBE $tablename`, der an die Datenbank geschickt wird, erfüllt diese Aufgabe. Dann testen wir zunächst, ob das Ergebnis der Datenbankabfrage `false` war. Dies kann nur passieren, wenn die übergebene Tabelle nicht in der Datenbank existiert oder die Datenbankverbindung fehlerhaft ist. Wir geben hier immer die Fehlermeldung mit Hinweis auf die wohl nicht existente Tabelle aus und unterscheiden nicht, ob die Verbindung zur Datenbank fehlte oder die Tabelle bei bestehender Verbindung nicht gefunden werden konnte.[3] Die Methode wird dann mit dem Rückgabewert `false` beendet. Anderenfalls wird das Ergebnis – ebenfalls zur späteren Wiederverwendung – in der Klassenvariablen `$tableStructure` gespeichert.

```
public function __construct($tablename)
{
    //Namen der Tabelle speichern
    $this->tablename = $tablename;
    //Datenbankverbindung holen
    $this->DB = $GLOBALS['DB'];
    //SQL-Beschreibung der Tabelle holen
    $sql = "DESCRIBE ".$tablename;
    $result = $this->DB->query($sql);
    //Prüfen, ob die Tabelle existiert.
    if($result===false)
    {
        echo "Die Tabelle ".$this->tablename.
            " ist nicht vorhanden.";
        return false;
```

---

[3] Das Fehlen einer Verbindung zur Datenbank wird von uns bereits in der Klasse `DB` abgefangen und mit dem Abbruch des Skriptes und einer entsprechenden Fehlermeldung quittiert.

```
}
//Ergebnis der Struktur speichern
$this->tableStructure = $result;
```

Der zweite Teil der Methode untersucht die einzelnen Felder des SQL-Ergebnisses. Wir durchlaufen mit einer foreach-Schleife die Ergebnismenge und prüfen in jeder Zeile das Attribut Key, also einen eventuell gesetzten Primär-, Fremd- oder UNIQUE-Schlüssel, mit einer switch-Anweisung. Um später diese Informationen zur Hand zu haben, werden die Bezeichnungen der Attribute (Field) in den jeweiligen eindeutig benannten Arrays der Klasse gespeichert (siehe Tabelle 20.1).

Attribut: »Key«	Zugehöriges Array
PRI	$PKArray (Primary Key)
FK	$FKArray (Foreign Key)
UNI	$UNIArray (UNIQUE)

Tabelle 20.1 Schlüsselwerte der Attribute und die zugehörigen Arrays

```
//Schleife der Attribute durchgehen:
foreach($result as $attribute)
{
   $currentKey = $attribute['Key'];
   switch($currentKey)
   {
      case 'PRI': array_push($this->PKArray,
                            $attribute['Field']);break;
      case 'FK' : array_push($this->FKArray,
                            $attribute['Field']);break;
      case 'UNI': array_push($this->UNIArray,
                            $attribute['Field']);break;
   }
} //ENDFOR
}
```

Nachdem ein Objekt der Klasse Object erstellt wurde, ist die Struktur der Tabelle rudimentär untersucht worden. Der nächste wichtige Bestandteil der Klasse ist nun die Information, ob entweder ein bestehender Datensatz aus der Datenbank geladen oder ein neuer Datensatz angelegt werden soll. Das Anlegen wird mit der folgenden Methode eingeleitet:

function createObject()

Die Klasse enthält zwei boolesche Variablen, die den aktuellen Zustand des Objektes angeben. $loaded zeigt an, ob bereits ein Datensatz geladen wurde;

`$created` informiert über ein erstelltes Objekt. Bevor die Methode `createObject()` dann ein Objekt erstellt, werden diese beiden Variablen überprüft. Ist nur einer der beiden Werte `true`, wird mit einer Fehlermeldung abgebrochen, da bereits eine Aktion Erstellen oder Laden durchgeführt wurde.

```
public function createObject() {
   //Abfangen, ob bereits ein Objekt erstellt
   //oder geladen wurde.
   if(($this->loaded === true) || ($this->created === true))
   {
      echo "Es wurde bereits ein Objekt erstellt/geladen.";
      return false;
   }
```

Wenn beide Variablen auf `false` gesetzt waren, wird die Methode weiter ausgeführt und zunächst die Variable `$created` auf `true` gesetzt. Somit ist sichergestellt, dass nur einmal ein Datensatz pro Objekt erstellt (oder geladen) werden kann. Anschließend wird anhand der gespeicherten Struktur für jedes Attribut der Tabelle ein Objekt der Hilfsklasse `Attribute` angelegt. Wir übergeben dem Konstruktor von `Attribute` den Typ des Attributs und den eventuell gesetzten Schlüssel. Der Wert ist noch nicht bekannt und wird durch den Konstruktor der `Attribute`-Klasse mit `null` initialisiert. Mit der Konstruktion `$array = array ($attribute['Field'] => new Attribute(...))` erstellen wir ein Hilfsarray, das wir am Ende der Methode dem Klassenarray `$attributes` hinzufügen und das als Bezeichnung den Attributnamen trägt und das erstellte `Attribute`-Objekt referenziert. Damit haben wir später die Möglichkeit, aus dem `$attributes`-Array eine Referenz auf das korrekte `Attribute`-Objekt zu erhalten.

```
   //Setzen, dass ein Objekt erstellt wird.
   $this->created = true;
   //Alle Attribute anlegen
   foreach ($this->tableStructure as $attribute)
   {
      $array = array ($attribute['Field'] =>
         new Attribute($attribute['Type'],
                 $attribute['Key']));
      //Das erstellte Array zu den Attributen hinzufügen
      $this->Attributes = $this->Attributes + $array;
   }//ENDFOR
}
```

function loadObject($pks)

Für den Fall, dass wir einen vorhandenen Datensatz der spezifizierten Tabelle laden möchten, gibt es die Methode `loadObject(...)`. Um hierbei einen Datensatz eindeutig zu identifizieren, muss dessen Primärschlüssel (oder die Kombination der Primärschlüssel, wenn es einen zusammengesetzten Primärschlüssel gibt) an die Methode per Array übergeben werden. Das Array muss dabei folgender Beispielstruktur entsprechen:

```
array( 'id' => '1',
       'userId' => '2')
```

Es entsprechen dann hierbei id und userId den Namen der Primärschlüsselattribute der Tabelle und die angegebenen Werte (1 und 2) jeweils den gewünschten Ausprägungen, nach denen der Datensatz aus der Datenbank geladen werden soll.

Der erste Schritt – die Überprüfung auf einen bereits erstellten oder geladenen Datensatz – verläuft analog zu dem der Methode createObject(). Hiernach wird, falls nicht vorher abgebrochen wurde, das Attribut $loaded auf true gesetzt, um ein erneutes Laden oder Erstellen zu unterbinden.

```
public function loadObject($pks)
{
   //Abfangen, ob bereits ein Objekt erstellt
   //oder geladen wurde.
   if (($this->loaded == true) || ($this->created == true))
   {
      echo "Es wurde bereits ein Objekt erstellt/geladen.";
      return false;
   }
   //Setzen, dass ein Datensatz geladen wurde.
   $this->loaded = true;
```

An dieser Stelle muss zunächst eine einfache Überprüfung erfolgen, ob die Anzahl der übergebenen Primärschlüssel und die Anzahl der aus der Struktur ausgelesenen Primärschlüssel übereinstimmen. Dies gewährleistet, dass ein Datensatz auch gefunden werden kann.

```
   //Überprüfen, ob alle Primärschlüssel gesetzt wurden.
   if (count($pks) != count($this->PKArray))
   {
      return false;
   }
```

> **Hinweis**
>
> Einzig die Überprüfung der Primärschlüsselanzahl im übergebenen Array $pks ist im Grunde genommen nicht ausreichend, da hier trotz korrekter Anzahl auch Nicht-Primärschlüssel-Attribute stehen könnten.

> Dies ist nicht weiter problematisch, da daraus lediglich ein leeres Ergebnis der Datenbankabfrage resultieren würde. Schöner und korrekter wäre aber dennoch die Überprüfung der Primärschlüsselattributnamen, um gegebenenfalls eine aussagekräftige Fehlermeldung auszugeben.

Nun kommt der wichtigste Teil der Methode, in dem der Zusammenbau des SQL-Statements abhängig von dem übergebenen Array $pks erfolgt. Der Rumpf der Abfrage beginnt immer mit derselben Struktur:

```
SELECT * FROM tabellenname WHERE
```

Daran anknüpfend wird das Array $pks mit einer for-Schleife durchlaufen und jeder der Primärschlüssel in der Form

```
'Primarschlüsselname' = 'Ausprägung'
```

an das Statement angefügt. Nach jedem Primärschlüssel des Arrays wird im Falle weiterer, folgender Primärschlüssel ein AND eingefügt. Schlussendlich ergibt diese for-Schleife ein gültiges SQL-Statement.

```
//SQL-Statement zusammenbauen:
$sql = "SELECT * FROM ".$this->tablename;
$where = " WHERE ";
for ($i = 0; $i < count($this->PKArray); $i ++)
{
    $sql .= $this->PKArray[$i]." = 
        ".$pks[$this->PKArray[$i]];
    //AND hinzufügen.
    if (($i +1) < count($pks))
    {
        $sql .= " AND ";
    }
} //ENDFOR
//Zusammensetzen des Rumpfes und der WHERE-Klausel:
//Primärschlüssel-WHERE-Klausel speichern
$this->where = $where;
$sql .= $where;
```

Wir speichern nun noch den WHERE-Teil des SQL-Statements in der Variablen $where, um später beim Speichern des geladenen Objektes auf diesen Teil zurückgreifen zu können. Dann fügen wir das SQL-Statement zusammen. Unserem Beispiel des Primärschlüssel-Arrays folgend, wäre das erstellte SQL-Statement folgendermaßen aufgebaut:

```
SELECT * FROM Tabellenname WHERE
'id' = '1' AND 'userId' = '2'
```

20 | Dauerhafte Objektspeicherung

Nun wird dieses SQL-Statement an die Datenbank geschickt und die Ergebnismenge in der Variablen `$data` gespeichert. Um anschließend in Erfahrung zu bringen, ob das SQL-Statement einen Datensatz als Ergebnis hatte, prüfen wir die Anzahl der Arrayelemente. Ist kein Datensatz gefunden worden, geben wir eine entsprechende Fehlermeldung aus, setzen die Variable `$error` auf `true` und liefern `false` zurück.

```
//Versuch, die Daten nach den Primärschlüsseln zu holen
$data = $this->DB->query($sql);
//Wenn kein passender Datensatz gefunden wurde,
//Fehlermeldung ausgeben
if (count($data) == 0)
{
   echo "Kein Datensatz gefunden.";
   $this->error = true;
   return false;
}
```

Falls ein Datensatz gefunden wurde, werden hier die Attribute der Tabelle erstellt, wiederum analog zu der Methode `createObject()` anhand der Tabellenstruktur in `$tableStructure`. Es besteht allerdings ein Unterschied: Dem Konstruktor der `Attribute`-Objekte wird hier als Wert nicht `null` übergeben, sondern der aus der Datenbank geladene Wert des Attributs. Dieser ist in `$data[0][$attribute['Field']]` gespeichert.

```
else
{
   foreach($this->tableStructure as $attribute)
   {
      $array = array($attribute['Field']
      => new Attribute($attribute['Type'],
                  $attribute['Key'],
                  $data[0][$attribute['Field']]));
      //Das erstellte Array zu den Attributen hinzufügen
      $this->Attributes = $this->Attributes + $array;
   } //ENDFOR
}
```

Bei erfolgreichem Abschluss der Methode (also einem gefundenem Datensatz) ist jeder Wert des Datensatzes in seinem eigenen `Attribute`-Objekt gespeichert und kann daraufhin jederzeit geändert werden. Dies wird durch die folgende Methode gewährleistet.

function setAttributeValue($name, $value)

Um einen Wert zu ändern oder zu setzen, müssen der Methode `setAttributeValue()` der Name des Attributs als `$name` und der zu setzende Wert als `$value` übergeben werden. Zunächst wird hier aber die Klassenvariable `$error` überprüft: Ist sie auf `true` gesetzt, ist in der Verarbeitung (z. B. beim Laden eines Datensatzes) ein Fehler aufgetreten. Dann soll die Methode nicht ausgeführt werden, da das Array der Attribute leer ist und kein Ergebnis zurückgegeben werden kann. Sollte kein Fehler vermerkt sein, kann hier eine Logik für das Testen des zu setzenden Wertes implementiert werden. Letztlich wird per `array_key_exists()` überprüft, ob der übergebene Name im Array `$attributes` existiert: Ist dies der Fall, wird der Wert über die Methode `setValue()` des `Attribute`-Objekts neu gesetzt; anderenfalls wird eine Fehlermeldung ausgegeben.

```
public function setAttributeValue($name, $value)
{
   //Falls ein Fehler auftrat,
   //z.B. kein Datensatz geladen werden konnte.
   if ($this->error == true)
   {
      return false;
   }
   //Wert überprüfen
   //...
   //Wert setzen, wenn Name im Array vorhanden
   if (array_key_exists($name,$this->Attributes))
   {
      $this->Attributes[$name]->setValue($value);
   }
   else
   {
      echo "Das Attribut ".$name." ist nicht vorhanden.";
   }//ENDIF
}
```

> **Hinweis**
>
> Wenn Sie die persistenten Objekte in Projekten nutzen wollen, müssen Sie die hier aus Übersichtlichkeit ausgesparte Prüfung der Werte in jedem Fall implementieren. Es dürfen beispielsweise einem Integer-Feld keine Strings übergeben werden. Ist dies in nur einem der Attribute der Fall und findet keinerlei Gültigkeitsprüfung des Wertes statt, wird es beim Speichern des Objektes durch die Methode `saveObject()` unweigerlich zu einem Fehler kommen. Damit sind alle diesem Objekt übergebenen Werte verloren, denn MySQL führt das gesamte SQL-Statement unserer Speicherfunktion nicht aus, da ein Fehler beim Eintragen des Strings in ein Integer-Feld auftrat. Aus diesem Grund werden wir der Gültigkeitsprüfung von Werten im nächsten Abschnitt noch einige Zeit widmen.

function getAttributeValue($name)

Neben dem Setzen des Attributwertes benötigen wir auch eine Methode zum Auslesen, nämlich `getAttributeValue()`. Hierbei wird der Name des Attributs übergeben und nach Prüfung, ob der Name im Array `$attributes` enthalten ist, ausgegeben. Voraussetzung dafür ist ebenfalls, dass kein Fehler in vorigen Methodenaufrufen auftrat.

```
public function getAttributeValue($name)
{
   //Falls ein Fehler auftrat,
   //z.B. kein Datensatz geladen werden konnte.
   if ($this->error == true)
   {
      return false;
   }
   //Wert zurückgeben, wenn Name im Array vorhanden
   if (array_key_exists($name,$this->Attributes))
   {
      return $this->Attributes[$name]->getValue($name);
   }
   else
   {
      echo "Das Attribut ".$name." ist nicht vorhanden.";
   }//ENDIF
}
```

function saveObject()

Um ein persistentes Objekt dauerhaft in der Datenbank zu speichern, muss die Methode `saveObject()` zwei unterschiedliche Methoden beherrschen:

- Das Speichern eines neuen Datensatzes bzw. Objekts verlangt ein `INSERT`-Statement.
- Das Speichern von Änderungen an einem aus der Datenbank geladenen Datensatz bzw. Objekt verlangt ein `UPDATE`-Statement.

Der erste Schritt besteht – wie immer – aus der Überprüfung auf einen eventuell aufgetretenen Fehler. Im negativen[4] Fall, also wenn kein Fehler aufgetreten ist, wird in der ersten `if`-Abfrage direkt überprüft, ob ein Objekt erstellt wurde (`$created` müsste dann `true` sein).

---

4 In diesem Zusammenhang ist ein negativer Wert der Variablen `$error` eher positiv, da kein Fehler aufgetaucht ist. Lassen Sie sich also nicht verwirren. Andersherum wäre es noch komplizierter: Variable `$noError` === `false`, wenn ein Fehler aufgetreten ist? Nein, danke.

```php
public function saveObject()
{
   //Falls ein Fehler auftrat,
   //z.B. kein Datensatz geladen werden konnte.
   if ($this->error == true)
   {
      return false;
   }
```

Speichern eines neuen Objektes

Haben wir ein Objekt neu erstellt, müssen wir ein INSERT-Statement aus allen Attributen der Tabellenstruktur zusammenbauen.

Das Grundgerüst des SQL-INSERT-Statements wird zuerst an die Variable $sql gebunden:

```
INSERT INTO Tabellenname (
```

Die öffnende Klammer ist hier sehr wichtig, denn innerhalb der Klammer schreiben wir alle Namen der Attribute in das Statement. Dazu durchlaufen wir anschließend die Tabellenstruktur in $tableStructure und fügen zu dem Abfragestring $sql immer den in der Tabellenstruktur an der aktuellen Position gespeicherten Attributnamen $this->tableStructure[$i]['Field'] hinzu. Solange der letzte Attributname der Struktur nicht erreicht ist, fügen wir ein Komma zum Abfragestring hinzu.

```php
   //Unterscheidung zwischen INSERT- und UPDATE-Statement
   if ($this->created === true)
   {
      $sql = "INSERT INTO ".$this->tablename." (";
      for ($i=0; $i<count($this->tableStructure); $i++)
      {
         $sql .= "`".$this->tableStructure[$i]['Field']."`";
         //Komma hinzufügen:
         if (($i +1) < count($this->tableStructure))
         {
            $sql .= ",";
         } //ENDIF
      } //ENDFOR
      $sql .= ") VALUES (";
```

Der Zwischenstand des SQL-Statements besteht jetzt aus dem Rumpf und allen Attributnamen der Abfrage. Das heißt, wir haben diesen String erstellt (anhand des Beispiels mit den zwei Primärschlüsseln):

20 | Dauerhafte Objektspeicherung

```
INSERT INTO Tabellenname ('id','userId') VALUES (
```

Um das Statement zu vervollständigen, müssen wir noch die einzutragenden Werte der Attribute hinzufügen. Dies geschieht mit Hilfe einer zweiten `for`-Schleife, die erneut die Tabellenstruktur einzeln durchgeht. Diesmal wird das jeweilige `Attribute`-Objekt aus dem Array `$Attributes` angesprochen und seine Methode `getValue()` aufgerufen. Das Ergebnis wird dem String `$sql` angefügt (analog dazu erfolgt wieder das Setzen der Kommas).

```
//Werte anfügen
for ($i=0; $i<count($this->tableStructure); $i++)
{
    $sql .= "'".$this->Attributes[
            $this->tableStructure[$i]['Field']]
            ->getValue()."'";
    //Komma hinzufügen:
    if (($i +1) < count($this->tableStructure))
    {
        $sql .= ",";
    } //ENDIF
} //ENDFOR
$sql .= ")";
```

Damit ist unser SQL-Statement komplett abgeschlossen und sieht folgendermaßen aus:

```
INSERT INTO Tabellenname ('id','userId') VALUES ('1','2')
```

Über das Datenbankobjekt `$DB` schicken wir dann dieses fertige SQL-Statement an die Datenbank. Wenn das Statement ausgeführt werden konnte, wird ein `true` zurückgegeben, und wir setzen die Klassenvariable `$saved` auf `true` und geben `true` zurück, damit andere Methoden (z. B. `deleteObject()`) »sehen« können, dass das Objekt gespeichert wurde. Konnte das Statement nicht ausgeführt werden, geben wir `false` zurück. So kann das Programm erkennen, dass das Objekt nicht gespeichert werden konnte, und gegebenenfalls Maßnahmen ergreifen.

```
    $result = $this->DB->query($sql);
    if($result === true)
    {
        $this->saved = true;
return true;
    }
    else
    {
        return false;
    }
```

Speichern eines zuvor geladenen Objektes

Der zweite mögliche Fall ist das Speichern von Änderungen an einem Datensatz. Dies ist der Fall, wenn $loaded auf true gesetzt ist. In diesem Fall sieht das Grundgerüst des SQL-Statements ein wenig anders aus als im vorigen Fall:

UPDATE Tabellenname SET

Anschließend werden, analog zu der vorigen Vorgehensweise, der Attributname und der Wert des Attributs aus dem jeweils zugehörigen Attribute-Objekt in einer for-Schleife dem $sql-String hinzugefügt. Der gängigen UPDATE-Syntax entsprechend, geschieht dies innerhalb einer for-Schleife:

```
   }
   else if ($this->loaded === true)
   {
      $sql = "UPDATE ".$this->tablename." SET ";
      for ($i=0; $i<count($this->tableStructure); $i++)
      {
         $sql .= "`".$this->tableStructure[$i]['Field']."` =
         '".$this->Attributes[
         $this->tableStructure[$i]['Field']]
         ->getValue()."'";
         //Komma hinzufügen:
if (($i +1) < count($this->tableStructure))
         {
   $sql .= ",";
         } //ENDIF
      } //ENDFOR
      //Die WHERE-Klausel des Primärschlüssels hinzufügen
      $sql .= $this->where;
      //Fertiges Statement.
      $result = $this->DB->query($sql);
      if($result === true)
      {
         $this->saved = true;
   return true;
      }
      else
      {
         return false;
      }
   } //ENDIF
}
```

Schließlich wird wiederum die fertige SQL-Abfrage

```
UPDATE Tabellenname SET 'id' = '1' AND 'userId' = '2'
WHERE Primärschlüssel = '1'
```

an die Datenbank geschickt und `$saved` auf `true` gesetzt (falls das Statement erfolgreich ausgeführt wurde). Die Methode `saveObject()` hat nun das persistente Objekt in der Tabelle als Datensatz gespeichert bzw. den vorhandenen Datensatz geändert.

> **Wichtig**
>
> Wir haben bereits bei der Methode `setAttributeValue()` angemerkt, dass eine Gültigkeitsprüfung bei Anwendung des Skriptes unbedingt zu implementieren ist. Bei unkorrekten Werten würde zumindest der `INSERT`-Statement-Teil versagen und nichts in der Datenbank speichern.

Zum jetzigen Zeitpunkt können Sie bereits Objekte erstellen, laden, bearbeiten und speichern. Es fehlen noch weitere obligatorische Methoden zum Löschen und Kopieren eines Objektes sowie eine Methode für das Laden mehrerer Objekte aus der Datenbank.

function deleteObject()

Die Methode zum Löschen eines Objektes, `getAttributeValue()`, ist relativ schnell erklärt, denn mit ihr wollen wir erreichen, dass ein bereits gespeicherter Datensatz aus der Datenbank gelöscht wird. Also muss im Anschluss an die schon bekannte Fehlerkontrolle überprüft werden, ob entweder ein Datensatz aus der Datenbank geladen wurde (`$loaded` ist `true`) oder ein neuer Datensatz bereits gespeichert wurde (`$created` ist `true`). Im Falle eines noch nicht gespeicherten (neu erstellten) Objektes brauchen wir nichts zu löschen, da die Datenbank noch keine Eintragungen über das Objekt enthält. Wurde der Datensatz geladen, müssen wir nur die in `$where` gespeicherte `WHERE`-Klausel an ein `DELETE FROM Tabellenname` anhängen und das Statement ausführen. Das übliche Überprüfen des Ergebnisses der Abfrage an die Datenbank wird hier nicht mehr explizit aufgeführt.

```
public function deleteObject()
{
   //Falls ein Fehler auftrat,
   //z.B. kein Datensatz geladen werden konnte.
   if ($this->error == true)
   {
      return false;
   }
```

```
//Überprüfen, ob gelöscht werden muss.
//Dies ist nur der Fall bei geladenen
//oder gespeicherten Objekten.
if($this->loaded === true)
{
    $sql = "DELETE FROM ".$this->tablename.$this->where;
    $result = $this->DB->query($sql);
    //gängige Überprüfung des Erfolgs des Ergebnisses ...
}
else if($this->saved === true)
```

Wurde der Datensatz nicht geladen, sondern erstellt und gespeichert, müssen wir das SQL-Statement neu aufbauen, da die WHERE-Klausel noch nicht gespeichert ist. Daher setzen wir mit den im Array $PKArray enthaltenen Primärschlüsseln, wie schon bei der Methode loadObject(), die WHERE-Klausel für das SQL-Statement über eine for-Schleife zusammen. Wir verwenden hierfür wieder die Attribute-Objekte aus dem Array $Attributes in der gängigen Weise der vorigen Methoden.

```
    $sql = "DELETE FROM ".$this->tablename." WHERE ";
    //Schleife für die Primärschlüsselbedingung.
    for ($i = 0; $i < count($this->PKArray); $i ++) {
        $sql .= $this->PKArray[$i]." =
         ".$this->Attributes[$this->PKArray[$i]]
           ->getValue();
        //AND hinzufügen.
        if (($i +1) < count($this->PKArray)) {
   $sql .= " AND ";
}
    } //ENDFOR
```

Das erstellte SQL-Statement der Form

```
DELETE FROM test WHERE 'id' = '1' AND 'userId' = '2'
```

schicken wir an die Datenbank und löschen somit die Eintragungen über das Objekt.

```
    $result = $this->DB->query($sql);
    //gängige Überprüfung ...
   } //ENDIF
}
```

Das explizite Löschen der Objekte der Klasse Attribute sowie des Objektes der Klasse Object, die nach dem Löschen aus der Datenbank natürlich noch existieren, lassen wir hier außen vor, da PHP am Ende des Skriptes dies sowieso automatisch erledigt.

> **Tipp**
>
> In manchen Fällen, in denen ein Datensatz von weiteren Datensätzen anderer Tabellen der Datenbank als Fremdschlüssel referenziert wird, darf dieser nicht gelöscht werden. Daher hätte das Löschen per `deleteObject()` keinerlei Effekt, da die Datenbank sich weigert, einen noch verwendeten Fremdschlüssel zu löschen. Diesen Fall werden wir aber hier nicht weiter betrachten.

function copyObject()

Die Methode `copyObject()` zum Kopieren eines bestehenden `Object`-Objektes setzt sich hauptsächlich aus den klasseneigenen Methoden `createObject()` und `setAttributeValue()` zusammen. Zuerst erfolgt die typische Fehlerabfrage. Daraufhin wird zunächst ein neues `Object`-Objekt angelegt und an den Namen `$newDBO` gebunden. Um ein neues Objekt zu erstellen, wird dessen Methode `createObject()` aufgerufen.

```
public function copyObject()
{
   //Falls ein Fehler auftrat,
   //z.B. kein Datensatz geladen werden konnte.
   if ($this->error == true)
   {
      return false;
   }
   $newDBO = new \Scripts\DBO\Object($this->tablename);
   $newDBO->createObject();
```

Im weiteren Verlauf der Methode übergeben wir die Daten des aktuellen Objekts per `setAttributeValue()` an das gerade neu erstellte Objekt. Dafür durchlaufen wir eine for-Schleife, um jeden Attributwert zu setzen. Mit der Abfrage auf den Schlüsselwert eines Attributs verhindern wir in jedem Schleifendurchlauf, dass der (die) Wert(e) des Primärschlüssels des aktuellen Objektes auch dem kopierten Objekt übergeben wird (werden).[5] Sind alle Werte des neuen Objektes gesetzt, wird es von der Methode als Rückgabewert zurückgegeben.

```
   //Daten des aktuellen Objektes übernehmen.
   foreach($this->tableStructure as $attribute)
   {
```

---

5 Um das Beispiel einfach zu halten, gehen wir davon aus, dass der Primärschlüssel entweder auf `AUTO_INCREMENT` steht oder »von Hand« gesetzt wird.

```
       //Wenn kein PK, dann setzen.
       if ($attribute['Key'] != "PRI")
       {
          $newDBO->setAttributeValue(
             $attribute['Field'],
             $this->Attributes[
                     $attribute['Field']]->getValue());
       } //ENDIF
    } //ENDFOREACH
    //$newDBO->saveObject();
    return $newDBO;
}
```

> **Hinweis**
>
> Das automatische Speichern des kopierten Objektes ($newDBO->saveObject()) – was eigentlich wünschenswert wäre – ist hier auskommentiert, da es nur funktionieren würde, wenn der oder die Primärschlüssel als AUTO_INCREMENT-Werte spezifiziert wären. Wenn man diese(n) von Hand setzen muss, wird das Speichern aufgrund eines fehlenden Primärschlüssels nicht durchgeführt.

function fetchObjects($constraint)

Die letzte Methode der Klasse Object, fetchObjects(), erlaubt das Laden von mehreren Objekten in einem Array. Damit haben Sie beispielsweise die Möglichkeit, eine Auflistung von Daten zu erstellen oder spezifische Objekte (Datensätze) zu gruppieren. Dazu müssen Sie der Methode als Argument nur eine *gültige* WHERE-Klausel übergeben. Im Gegensatz zu allen anderen Methoden dieser Klasse wird hier nicht von SQL abstrahiert. Natürlich ist es möglich (in Propel auch gängig), eine Befehlssyntax einzubauen, die ohne »echtes« SQL auskommt. Da dies an dieser Stelle aber sehr aufwendig wäre, bleiben wir hier bei der Übergabe einer SQL-WHERE-Klausel.

In der Methode wird zuerst das SQL-Statement mit dem eventuell angehängten Argument an $sql gebunden und an die Datenbank geschickt. Wird kein Statement übergeben (bzw. ein leeres), werden alle Datensätze aus der Tabelle geladen. Wenn die Abfrage keinen einzigen Datensatz zurückliefert, brechen wir mit der Rückgabe von false die Methode ab.

```
public function fetchObjects($constraint)
{
    $sql = "SELECT * FROM ".$this->tablename;
    if($constraint != "")
    {
       $sql.= " WHERE ".$constraint;
    }
```

20 | Dauerhafte Objektspeicherung

```
$result = $this->DB->query($sql);
if (count($result) == 0)
{
    return false;
}
```

Im weiteren Verlauf wollen wir aus den in der Datenbank gefundenen Datensätzen `Object`-Objekte erstellen. Dazu benötigen wir zunächst ein leeres Ergebnisarray (`$resultArray`), das die zu erstellenden Objekte aufnehmen wird. Durch die `for`-Schleife gehen wir nun die Ergebnismenge nach und nach durch.

```
$resultArray = array();
//die PKs jedes Datensatzes holen
//und daraus ein Objekt erstellen
foreach($result as $row)
{
```

Innerhalb der `foreach`-Schleife benötigen wir ein leeres Hilfsarray (`$pks`) für die Primärschlüsselwerte des aktuellen Datensatzes. Durch die darauf folgende (innere) `foreach`-Schleife erstellen wir das zum Laden von Objekten aus der Datenbank benötigte Primärschlüssel-Array. Die Schleife geht das Primärschlüssel-Array `$PKArray` durch, um alle Primärschlüsselwerte aus dem Datensatz der Ergebnismenge zu bestimmen.

```
//Hilfs-Array zur Aufnahme der Primärschlüssel
$pks = array();
//Primärschlüssel durchgehen
foreach($this->PKArray as $PK)
{
```

Wir erstellen nun ein Array, das dem Namen des Primärschlüssels (`$PK`) den dazugehörigen Wert (`$row[$PK]`) aus dem Datensatz zuordnet. Dann fügen wir dieses neue Array dem Hilfsarray `$pks` hinzu; so haben wir das nötige Array in der korrekten Struktur erstellt, um anschließend ein Objekt über die Methode `loadObject()` zu laden.

```
    $pks = $pks + array($PK => $row[$PK]);
}//END INNER FOREACH
```

Hier wird ein neues temporäres `Object`-Objekt für die aktuelle Tabelle erstellt und danach der richtige Datensatz – anhand des Arrays `$pks` – geladen. Um das Objekt auch nach Abarbeitung der Methode zur Verfügung zu stellen, fügen wir es per `array_push()`-Befehl dem Ergebnisarray hinzu. Ist die `foreach`-Schleife bei dem letzten Datensatz angelangt, wird die Schleife beendet und das Ergebnisarray zurückgegeben.

```
    //Erstellen eines Objektes mit diesem Primärschlüssel.
    $tempObj = new Scripts\DBO\Object($this->tablename);
    $tempObj->loadObject($pks);
    //In das Ergebnis-Array reinpacken.
    array_push($resultArray,$tempObj);
  }//END OUTER FOREACH
  return $resultArray;
}
```

Listing 20.2 Klasse »Object«

Damit haben wir eine funktionsfähige persistente Objektklasse fertiggestellt. Selbstverständlich sind die Methoden so noch nicht operativ zu gebrauchen, da fast keine Fehlerbehandlungen oder Gültigkeitsprüfungen enthalten sind. Gerade im Bezug auf Primär- und Fremdschlüsselbeziehungen müssten die Skripte weiter abgesichert und optimiert werden.

20.3 Gültigkeitsprüfung von Parametern

Wir haben im vorigen Abschnitt bemängelt, dass in den Klassen der persistenten Objekte die Fehlerbehandlung unzureichend ist. Insbesondere Werte, die vom Benutzer eingegeben wurden, haben wir ungeprüft an die Datenbank weitergegeben. Dies wollen wir ändern, indem wir für jeden der 27 Datentypen der MySQL-Datenbank Prüfverfahren implementieren, damit der Wert auf Gültigkeit getestet werden kann, bevor er an die Datenbank geschickt wird.[6]

20.3.1 Konfigurationsdatei der Gültigkeitsprüfung

Um die Gültigkeit eines Wertes zu überprüfen, müssen wir für jeden MySQL-Datentyp wissen, welchen Wertebereich dieser abdeckt. Daher haben wir die vorhandenen Datentypen zunächst in fünf Typgruppen gegliedert (siehe Tabelle 20.2).

Typgruppe	zugehörige Datentypen
Numeric (numerische Typen)	tinyint, smallint, int, mediumint, bigint
ComplexNumeric (komplexe numerische Typen)	float, decimal, double

Tabelle 20.2 Liste mit Datentypgruppen für die Datenüberprüfung

---

[6] Dies ist speziell eine Prüfung auf Gültigkeit mit den MySQL-Datentypen und hat nichts mit den in Kapitel 11, »Sicherheit«, besprochenen Filtern von PHP zu tun.

Typgruppe	zugehörige Datentypen
Date (Datum- und Zeittypen)	datetime, date, timestamp, time, year
String (Stringtypen – Zeichenmengen)	varchar, char, tinytext, text, mediumtext, longtext
Byte (Bytetypen)	tinyblob, blob, mediumblob, longblob, varbinary, binary
Sets (Mengentypen)	set, enum

Tabelle 20.2 Liste mit Datentypgruppen für die Datenüberprüfung (Forts.)

Jede dieser Typgruppen enthält mehrere Typen, die wiederum verschiedene Wertebereiche umfassen. Um diese in der Prüfklasse zu benutzen, benötigen wir eine Konfigurationsdatei (*config.CheckDataValidity.php*), die für jeden Wertebereich die untere und obere Grenze (bei numerischen Werten), die Struktur des Aufbaus des Datentyps (bei Datum- und Zeittypen) oder die maximal mögliche Anzahl an Zeichen bzw. Bytes (bei String- und Bytetypen) definiert. Für Mengentypen werden die Definitionsbereiche direkt aus der Tabellenstruktur ausgelesen, um eingegebene Werte auf Gültigkeit zu prüfen.

Mengentypen

Die beiden Bezeichnungen der Mengentypen werden hier nur als Array `$setTypesArray` zur Verfügung gestellt. Dieses Array wird später – wie auch die folgenden Arrays – von der Klasse `Check` eingebunden.

```
<?php
/** Mengentypen **/
$setTypesArray = array("ENUM","SET");
```

Numerische Typen

Das Array `$numericTypesArray` bezeichnet alle numerischen Typen der Datenbank, damit später darauf zugegriffen werden kann. Die einfachen numerischen Typen haben jeweils vier Wertebereichsdefinitionen, da diese als SIGNED- oder UNSIGNED-Werte in der Datenbank spezifiziert sein können. Daher sind hier die Konstanten jeweils als Bezeichner_MIN|MAX und Bezeichner_UNSIGNED_MIN|MAX definiert. Damit ist festgelegt, welche untere und obere Wertebereichsgrenze für die Typen existiert.[7]

---

7 Alle Werte sind der Spezifikation der MySQL-6.0-Datenbank entnommen.
Sollten sich Änderungen im Wertebereich ergeben, müssen diese nur in dieser Konfigurationsdatei eingearbeitet werden.

```php
/** Numerische Typen **/
$numericTypesArray = array("TINYINT","SMALLINT","MEDIUMINT",
"BIGINT","INT",);
//TINYINT
define('TINYINT_MIN',-128);
define('TINYINT_MAX',127);
define('TINYINT_UNSIGNED_MIN',0);
define('TINYINT_UNSIGNED_MAX',255);
//SMALLINT
define('SMALLINT_MIN',-32768);
define('SMALLINT_MAX',32767);
define('SMALLINT_UNSIGNED_MIN',0);
define('SMALLINT_UNSIGNED_MAX',65535);
//MEDIUMINT
define('MEDIUMINT_MIN',-8388608);
define('MEDIUMINT_MAX',8388607);
define('MEDIUMINT_UNSIGNED_MIN',0);
define('MEDIUMINT_UNSIGNED_MAX',16777215);
//INT
define('INT_MIN',-2147483648);
define('INT_MAX',2147483647);
define('INT_UNSIGNED_MIN',0);
define('INT_UNSIGNED_MAX',4294967295);
//BIGINT
define('BIGINT_MIN',-9223372036854775808);
define('BIGINT_MAX',9223372036854775807);
define('BIGINT_UNSIGNED_MIN',0);
define('BIGINT_UNSIGNED_MAX',18446744073709551615);
```

Komplexe numerische Typen

Es gibt drei weitere »komplexe« numerische Typen, von denen nur `float` und `double` eine feste obere und untere Grenze haben. Der Datentyp `decimal` wird individuell beschrieben, da die Anzahl der Vorkomma- und Nachkommastellen aus der Tabellenstruktur ausgelesen werden muss. Diese Typen werden im Array `$complexNumericTypesArray` benannt.

```php
/** Komplexe numerische Typen **/
$complexNumericTypesArray = array("FLOAT","DOUBLE","DECIMAL");
//FLOAT
define('FLOAT_MIN',-3.40282e+038);
define('FLOAT_MAX',3.40282e+038);
//DOUBLE
define('DOUBLE_MIN',-1.7976931348623157E+308);
define('DOUBLE_MAX',1.7976931348623157E+308);
```

Datum- und Zeittypen

Alle Datum- und Zeittypen werden im Array `$dateTypesArray` aufgelistet. Um die Gültigkeit eines Datum- oder Zeittyps zu validieren, muss seine festgelegte Struktur über einen regulären Ausdruck geprüft werden. Die Muster eines Datentyps sind jeweils im Kommentar angegeben und werden durch den darauf folgenden regulären Ausdruck beschrieben. Die Ausnahme bildet hierbei der Datentyp date: Er wird später durch die PHP-Funktion `checkdate()` überprüft.

```
/****Datum- und Zeittypen****/
$dateTypesArray =
array("DATETIME","DATE","TIMESTAMP","TIME","YEAR");
//[Jeweils YEAR-MONTH-DAY]
//DATETIME -> Muster: 0000-00-00 00:00:00
define('DATETIME_REGEXP','/^[0-9]{4}-[0-9]{2}-[0-9]{2}\s[0-9]{2}:
[0-9]{2}:[0-9]{2}$/');
//DATE: nicht nötig
//TIMESTAMP -> Muster: 00000000000000 (maximal 14-stellig,
//minimal 0 stellig)
define('TIMESTAMP_REGEXP','/^[0-9]{0,14}$/');
//TIME -> Muster: 00:00:00
define('TIME_REGEXP','/^[0-9]{2}:[0-9]{2}:[0-9]{2}$/');
//YEAR -> Muster: 0000
define('YEAR_REGEXP','/^[0-9]{4}$/');
```

Zeichenmengentypen

Die Zeichenmengentypen haben nur jeweils eine obere Grenze an verfügbaren Zeichen, die gespeichert werden können. Mit der Funktion `pow()` lässt sich der im Kommentar angegebene mathematische Ausdruck berechnen. Damit lässt sich eine Basiszahl (hier immer 2) mit einem Exponenten potenzieren. Somit ist die maximale Zeichenanzahl des jeweiligen Typs festgelegt. Die Namen der Typen werden im Array `$stringTypesArray` zur Verfügung gestellt.

```
/**** Zeichenmengentypen ****/
$stringTypesArray =
array("VARCHAR","CHAR","TINYTEXT","MEDIUMTEXT","LONGTEXT",
      "TEXT");
//VARCHAR
define('VARCHAR_MAXCHARS',pow(2,16)-1); //2^16 - 1 Zeichen
//CHAR
define('CHAR_MAXCHARS',pow(2,8)-1);     //2^8  - 1 Zeichen
//TINYTEXT
define('TINYTEXT_MAXCHARS',pow(2,8)-1); //2^8  - 1 Zeichen
//MEDIUMTEXT
```

```
define('MEDIUMTEXT_MAXCHARS',pow(2,24)-1); //2^24 - 1 Zeichen
//LONGTEXT
define('LONGTEXT_MAXCHARS',pow(2,32)-1);   //2^32 - 1 Zeichen
//TEXT
define('TEXT_MAXCHARS',pow(2,16)-1);       //2^16 - 1 Zeichen
```

Bytetypen

Die Bytetypen sind analog zu den Zeichenmengentypen zu betrachten, da sie im Grunde die gleichen maximalen Größen haben, diese aber in Bytes angegeben werden. Das Array `$byteTypesArray` benennt die Bytetypen. Wir benutzen wiederum die Funktion `pow()`, um die Anzahl an maximal zu speichernden Bytes zu definieren.

```
/** Bytetypen **/
$byteTypesArray = array("TINYBLOB","MEDIUMBLOB","LONGBLOB","BLOB",
"VARBINARY","BINARY");
//TINYTEXT
define('TINYBLOB_MAXBYTES',pow(2,8)-1);     //2^8  - 1 Bytes
//MEDIUMTEXT
define('MEDIUMBLOB_MAXBYTES',pow(2,24)-1);  //2^24 - 1 Bytes
//LONGTEXT
define('LONGBLOB_MAXBYTES',pow(2,32)-1);    //2^32 - 1 Bytes
//LONGTEXT
define('BLOB_MAXBYTES',pow(2,16)-1);        //2^16 - 1 Bytes
//BINARY
define('BINARY_MAXBYTES',pow(2,8)-1);       //2^8  - 1 Bytes
//VARBINARY
define('VARBINARY_MAXBYTES',pow(2,16)-1);   //2^16 - 1 Bytes
?>
```

Listing 20.3 Konfigurationsdatei »config.CheckDataValidity.php«

Die Datei *config.CheckDataValidity.php* definiert alle in MySQL möglichen Datentypen, um diese als »Regeln« in der Prüfklasse zu benutzen. Die Arrays mit den Datentypnamen werden definiert, um die Typgruppen auseinanderzuhalten und für jede Gruppe (statt für jeden Typ) eine Prüfmethode anwenden zu können.

20.3.2 Gültigkeitsprüfungsklasse

Die Klasse `Check` soll die konkrete Überprüfung eines Wertes im Hinblick auf den festgelegten Datentyp übernehmen. Diese Klasse verdeutlichen wir zunächst wieder durch ein UML-Diagramm in Abbildung 20.4.

```
┌─────────────────────────────────────┐
│      Scripts\DataValidity\Check     │
├─────────────────────────────────────┤
│ - specificType                      │
│ - generalType                       │
│ - signed                            │
│ - value                             │
│ - typeString                        │
│ - numericTypesArray                 │
│ - complexNumericTypesArray;         │
│ - dateTypesArray;                   │
│ - stringTypesArray;                 │
│ - byteTypesArray;                   │
│ - setTypesArray;                    │
├─────────────────────────────────────┤
│ +checkData(typestring,value)        │
│ - parseType()                       │
│ - parseSpecificArray()              │
│ - checkNumericType()                │
│ - checkComplexNumericType()         │
│ - checkDecimalType()                │
│ - checkDateType()                   │
│ - checkStringType()                 │
│ - checkByteType()                   │
│ - checkSetType()                    │
│ - getSetOptions()                   │
└─────────────────────────────────────┘
```

Abbildung 20.4 UML-Diagramm der Klasse »Check«

Der grobe Ablauf einer Wertüberprüfung verläuft in folgenden Schritten:

1. Durch den Aufruf von `checkData()` und die Übergabe des zu prüfenden Typs und dessen Wert wird die Prüfung angestoßen.
2. Der Aufruf der Methode `parseType()` bestimmt den Typ des Tabellenattributs.
3. Daraufhin wird intern die jeweils zu benutzende spezifische Prüfmethode aufgerufen, die dann auf die Konstanten der Konfigurationsdatei zurückgreift.
4. Die Methode `parseType()` gibt schließlich ein `true` für gültige Werte oder ein `false` für nicht gültige Werte zurück.

Am Anfang des Skriptes der Klasse muss zunächst die Konfigurationsdatei *config.CheckDataValidity.php* eingebunden werden, um auf die Wertebereiche sowie die Typarrays zugreifen zu können:

```
<?php
require_once "config.checkDataValidity.php";
...
```

function checkData()

Die Methode `checkData()` muss vom Benutzer ausgeführt werden und speichert zunächst den übergebenen Typ des Wertes (`$typestring`) sowie dessen Wert

($value) in Klassenvariablen und ruft anschließend die private Methode parseType() zur Bestimmung des Datentyps auf:

```
public function checkData($typestring, $value)
{
   //Typestring speichern
   $this->typestring = $typestring;
   //Den Wert speichern.
   $this->value = $value;
   //Den Typ festlegen:
    $this->parseType();
```

Nun rufen wir die dem zuvor bestimmten Datentyp entsprechende Prüfmethode auf. Über eine switch-Anweisung werden die verschiedenen Fälle unterschieden. Dabei wird der in $generalType gesetzte Wert überprüft. Falls es sich bei dem Typ um einen komplexen numerischen Typ handelt, wird auch noch der decimal-Typ über eine if-Verzweigung unterschieden.

```
   switch($this->generalType)
   {
      case "Numeric": return $this->checkNumericType();
      case "ComplexNumeric":
         //Für decimal eine eigene Routine
         if ($this->specificType == "DECIMAL")
         {
            return $this->checkDecimalType();
         }
         else
         {
            return $this->checkComplexNumericType();
         }
      case "Set"   : return $this->checkSetType();
      case "Date"  : return $this->checkDateType();
      case "String": return $this->checkStringType();
      case "Byte"  : return $this->checkByteType();
      //Falls keiner der vorigen Fälle...nicht bekannter Typ
      default: return false;
   }
}
```

Die einzelnen Prüfmethoden geben jeweils einen booleschen Wert zurück. Damit ist das Ergebnis des Aufrufs der Methode checkData() entweder true für einen gültigen Wert oder false für einen ungültigen Wert.

> **Hinweis**
>
> Falls keiner der Fälle in der `switch`-Anweisung zutrifft, ist der Typ des Attributs in der `parseType()`-Methode nicht erkannt worden, und es wird `false` zurückgegeben. Dies könnte auftreten, wenn eine andere Version der MySQL-Datenbank benutzt wird (frühere oder spätere Version als 6.0).

function parseType()

Die Methode `parseType()` untersucht die übergebene Typbezeichnung auf Übereinstimmung mit einer der Bezeichnungen aus der Konfigurationsdatei. Wir benötigen hierzu eine boolesche Variable `$searching`, die wir anfangs auf `false` setzen. Wir beginnen die Prüfung bei den numerischen Typen, indem wir der privaten Methode `parseSpecificArray()` das zu untersuchende Array mit Typbezeichnungen und als zweites Argument die darauf zutreffende Bezeichnung des allgemeinen Typs übergeben. Die Methode `parseSpecificArray()` untersucht den gespeicherten Typstring auf eine Übereinstimmung mit dem übergebenen Typarray und gibt im Erfolgsfall `true` zurück. Wird `false` zurückgegeben, müssen wir weitersuchen, da keine Übereinstimmung gefunden wurde. Wir verwenden hier direkt die superglobalen Typarrays (zunächst `$GLOBALS['numericTypes Array']`), die in der Konfigurationsdatei spezifiziert sind.

```
private function parseType()
{
    //Zeigt an, ob schon ein zutreffender Typ gefunden wurde.
    $searching = true;
    //Typ des $typestrings nacheinander in
    //allen Typ-Arrays testen.
    /****NUMERIC TYPES****/
    $searching = $this->parseSpecificArray(
               $GLOBALS['numericTypesArray'],"Numeric");
```

Wir prüfen nun im Weiteren jede Typgruppe unserer Konfigurationsdatei, bis eine Übereinstimmung gefunden wurde. Ist `$searching` nach der vorherigen Prüfung der numerischen Typen `false`, war der übergebene Typ kein numerischer Typ, und wir suchen weiter bei den Mengentypen.

```
    /*****SET AND ENUM******/
    if($searching==false)
    {
        $searching = $this->parseSpecificArray(
                   $GLOBALS['setTypesArray'],"Set");
    }
    //weitere Typ-Arrays
    . . .
}
```

Der weitere Code ist hier nicht mehr dargestellt, da er analog zu dieser `if`-Abfrage aufgebaut ist. Es werden noch die Typgruppen der komplexen numerischen Typen, der Datum- und Zeittypen, der Zeichenmengentypen und der Bytetypen in der gleichen Weise untersucht. Ist das Ergebnis für `$searching` einmal `true`, werden alle folgenden Überprüfungen übersprungen, da der Typ des Attributs festgelegt ist.

function parseSpecificArray($typeArray,$generalType)

Um nun den spezifischen Typ eines Attributes zu erhalten, werden wir hier den Typ des Typstrings mit dem übergebenen Typarray vergleichen. Das Typarray wird in der vorherigen Methode `parseType()` übergeben.

Haben wir beispielsweise den Typstring `tinyint(4)` an das Objekt zur Überprüfung übergeben, passiert Folgendes:

1. Es wird jedes Element des übergebenen Typarrays auf Übereinstimmung mit dem Typstring überprüft.
2. Wird eine Übereinstimmung gefunden, werden der (gefundene) spezifische sowie der generelle Typ gesetzt, und `true` wird zurückgegeben.
3. Findet die Methode keine Übereinstimmung, wird `false` zurückgegeben.

Die Überprüfung des numerischen Typarrays (`$GLOBALS['numericTypeArray']`) ergäbe für unser Beispiel eine Übereinstimmung zwischen dem ersten Eintrag `TINYINT` und dem Typstring `tinyint(4)`. Daraufhin würde der `$generalType` auf `"Numeric"` gesetzt und der `$specificType` auf `"TINYINT"`. So wird später der richtige Wertebereich überprüft und die richtige Prüfmethode aufgerufen.

Um die Überprüfung zu starten, setzen wir den internen Zeiger des übergebenen Typarrays per `reset()` auf das erste Element des Arrays. Anschließend durchlaufen wir das Array mit einer `while`-Schleife, um die im Array gespeicherten Namensbezeichnungen mit der vorliegenden Bezeichnung (`$this->typestring`) zu vergleichen.

```
private function parseSpecificArray($typeArray,$generalType)
{
    //Zurücksetzen des Zeigers im jeweiligen Array
    reset($typeArray);
```

Für jeden Eintrag des zu prüfenden Typarrays prüfen wir, ob im `$typestring` des Objekts der aktuelle Typbezeichner des Arrays vorkommt. Dabei übergeben wir der Funktion `stripos()` als ersten Parameter die zu untersuchende Zeichenfolge (den Typstring) und als zweiten Parameter eine Suchzeichenfolge (die hier aus dem Typarray stammt). Wir lassen jeweils die Zeichenfolge durch `strtolower()`

in Kleinbuchstaben umwandeln, um die Vergleichbarkeit zu gewährleisten. Die Funktion `stripos()` liefert `false` zurück, falls die Zeichenfolge nicht gefunden wurde. In diesem Fall wird nur der Zeiger im Array per `next()`-Befehl auf den nächsten Eintrag gesetzt. Wird eine Übereinstimmung zwischen Typstring und einem Wert des Typarrays gefunden, werden der spezifische Typ (in `$specificType`) und der allgemeine Typ (in `$generalType`) gespeichert. Anschließend geben wir `true` zurück, um alle nachfolgenden Überprüfungen der Methode `parseType()` zu verhindern.

```
//So lange durchlaufen, wie Elemente im Array sind
//und noch nichts gefunden wurde.
while ($type = current($typeArray))
{
   //Den Typestring prüfen...
   if (stripos(strtolower($this->typestring),
        strtolower($type)) !== false)
   {
      $this->specificType = $type;
      $this->generalType = $generalType;
      return false;
   }//ENDIF
   //Zeiger weiterrücken.
   next($typeArray);
}
}
```

function checkNumericType()

Die Methode `checkNumericType()` prüft einen numerischen Wert auf Gültigkeit. Daher benötigen wir die in der Konfigurationsdatei festgelegten Wertebereichs-Konstanten des Typs, die wir hier zunächst zusammensetzen. Da numerische Werten als `SIGNED` oder `UNSIGNED` in der Datenbank festgelegt sein können, wird hier (nach der Methode wie in `parseType()`) mit `stripos()` der Typstring auf das Wort »unsigned« hin überprüft. Kommt es im Typstring vor, wird `$signed` auf `false` gesetzt.

```
private function checkNumericType()
{
   //Hier noch prüfen, ob der Typ "unsigned" ist
   if (stripos(strtolower($this->typestring),
                "unsigned") !== false)
   {
      $this->signed = false;
   }
```

Da wir nun den genauen Typ kennen, setzen wir die Werte für den minimalen und den maximalen Wert zusammen. Die Bezeichnung der Konstanten (wie in der Konfigurationsdatei zu sehen) setzt sich aus der Typbezeichnung (`$specificType`), im Falle eines `UNSIGNED`-Typs dem Wort »UNSIGNED« und jeweils der Silbe »MIN« bzw. »MAX« zusammen.

```
//Minimum-Konstante
$minConstant = $this->specificType."_";
if (!$this->signed)
{
    $minConstant .= "UNSIGNED_";
}
$minConstant .= "MIN";
//Maximum-Konstante
$maxConstant = $this->specificType."_";
if (!$this->signed)
{
    $maxConstant .= "UNSIGNED_";
}
$maxConstant .= "MAX";
```

Für unser Beispiel des `tinyint(4)` trüge die Variable `$minConstant` die Bezeichnung `TINYINT_MIN`, die Variable `$maxConstant` die Bezeichnung `TINYINT_MAX`. Durch diese Bezeichnungen lassen sich mit dem Befehl `constant()` die Werte der Konstanten der Konfigurationsdateien erfragen.

Es folgt nun zunächst der Test, ob der zu prüfende Wert überhaupt ein numerischer Wert ist. Die Funktion `is_numeric()` prüft einen Parameter auf einen numerischen Wert und liefert `true` zurück, falls dies zutrifft.

```
//Der Wert des numerischen Typs muss numerisch sein
//und zwischen den beiden Grenzen liegen.
if (is_numeric($this->value))
{
```

Dann prüfen wir, ob der Wert größer oder gleich dem minimalen Wert ist *und* zusätzlich kleiner oder gleich dem maximalen Wert ist – also in dem definierten Wertebereich liegt. Ist dies der Fall, geben wir als Rückgabewert `true` zurück, da der Wert somit gültig ist. Anderenfalls ist der Wert nicht im korrekten Wertebereich, und wir geben für einen ungültigen Wert ein `false` zurück.

```
    if (($this->value >= constant($minConstant)) &&
        ($this->value <= constant($maxConstant)))
    {
       //Gültig
       return true;
```

```
        }
        else
        {
        //Ist zu groß oder zu klein
        return false;
        }
    }
```

Wenn der übergebene Wert keine endliche Zahl ist, müssen wir ebenfalls ein `false` zurückgeben, da der Wert dann ohnehin ungültig ist:

```
    else
    {
    //Ist keine Zahl
    return false;
    }
}
```

function checkComplexNumericType()

Die Methode `checkComplexNumericType()` überprüft `float`- und `double`-Werte auf ihre Gültigkeit. Um aber nicht mehr Quelltext als nötig zu beschreiben, werden wir hier bei sehr ähnlicher Struktur von Methoden diese nicht komplett abbilden, denn diese Methode läuft im Grunde gleich ab wie die Prüfung der numerischen Typen. Allerdings gibt es zwei kleine Unterschiede:

▸ Bei komplexen numerischen Typen ändern sich die Maximalwerte durch die Angabe von SIGNED oder UNSIGNED nicht, lediglich das Speichern negativer Werte wird durch die Angabe von UNSIGNED verboten. Daher werden die Konstanten für den Wertebereich einfach durch `$minConstant = $this->specificType."_MIN"` bzw. `$maxConstant = $this->specificType."_MAX"` gebildet.

▸ Der nächste Unterschied liegt in der Abfrage der Wertebereiche, indem bei gesetztem `$signed = false` der untere Wertebereich nicht negativ, sondern eben 0 ist.

> **Tipp**
> Diese Methode können Sie (wie jedes hier vorgestellte Codebeispiel) über unsere PHP-Codevorschau auf der CD-ROM betrachten.

function checkDecimalType()

`checkDecimalType()` ist ein Sonderfall der komplexen numerischen Typen, da wir bei einer Dezimalzahl keine Wertebereiche angeben können. Sie wird in der

Datenbank beschrieben, indem Sie die Anzahl an Stellen insgesamt angeben und dann die darin enthaltene Anzahl an Nachkommastellen spezifizieren. Die Spezifikation `DECIMAL(10,4)` würde beispielsweise bedeuten, dass eine gültige Zahl maximal sechs Stellen vor dem Punkt (es wird die englische Schreibweise benutzt, also ein Dezimalpunkt statt des deutschen Kommas) und maximal vier Stellen danach besitzen darf (negative Zahlen sind ebenfalls erlaubt und kosten keine Stelle).

- 1.3, 12243.34 oder 100000.4353 wären demnach gültige Zahlen.
- 4.25784, 0.12345 oder 1343456.3 wären ungültige Zahlen, da sie die maximal erlaubten Stellen der Dezimalzahl überschreiten.

Im ersten Schritt der Methode überprüfen wir, ob der Wert eine negative Zahl ist. Er müsste dann an erster Stelle ein Minus enthalten. Wenn dem so ist, wird das Minus per `substr()`-Befehl entfernt, da es für die Gültigkeitsprüfung, die auf der Anzahl der Ziffern vor und nach dem Dezimalpunkt basiert, nicht ausschlaggebend ist.

```
private function checkDecimalType()
{
   //Überprüfen, ob ein Minus vorhanden ist.
   //Dieses muss an erster Stelle stehen.
   if($this->value[0]=="-")
   {
      //Das Minus entfernen, da es für die Gültigkeit
      //keinen Unterschied macht.
      $this->value = substr($this->value,1,
                     strlen($this->value));
   }
```

Die Methode muss nun aus dem Typstring die Spezifikation des Dezimaltyps auslesen, um eine Zahl auf Gültigkeit testen zu können. Um die konkreten Werte der Dezimalstellen aus einer Angabe wie `DECIMAL(10,4)` auslesen zu können, benutzen wir folgenden regulären Ausdruck: `/\(((\d*),(\d*)\)/`

Dieser erlaubt die Suche nach Ziffern vor und nach dem Komma innerhalb runder Klammern. Unter Benutzung des Befehls `preg_match_all()` werden in einem zweidimensionalen Array die gefundenen Treffer zurückgeliefert. Für diesen Typstring und die Zahl 101,45 wäre dies:

- Position 0,0: Gesamtes Ergebnis, also 101,45
- Position 1,0: 101 (also die gesamten Dezimalstellen)
- Position 2,0: 45 (also die Nachkommastellen)

Genau den zweiten und dritten Eintrag (dort jeweils den ersten Eintrag) im zweidimensionalen Array benötigen wir für die Angabe der erlaubten Dezimalstellen eines Wertes.

```
$result = array();
//Regulärer Ausdruck
preg_match_all("/\((\d*),(\d*)\)/",
               $this->typestring,$result);
//Gesamtstellen: decimal(20,2)...
$digits = $result[1][0];
//Nachkommastellen
$digitsRightFromPoint = $result[2][0];
$digitsLeftFromPoint = $digits - $digitsRightFromPoint;
//Der Wert kann einen Punkt enthalten.
$point = stripos($this->value, ".");
```

Nun erfolgt die Prüfung des Wertes anhand der Typdefinition. Dafür überprüfen wir den Wert von `$point`. Ist dieser `false`, existiert kein Dezimalpunkt in dem Wert. Daher setzen wir die Variable `$point` auf die gesamte Stringlänge des Wertes, damit wir später den Textteil richtig extrahieren (in dem Fall dann den ganzen String), anderenfalls würden wir einen Textteil von Zeichen 0 bis 0 erhalten – einen leeren String. In der Variablen `$left` speichern wir nun den Textteil bis zum Punkt, also die Vorkommastellen, in der Variablen `$right` den Textteil nach dem Komma, also die Nachkommastellen.

```
//Wenn kein Punkt vorhanden, nur linken Teil nehmen.
//Der Punkt wird hier als String-Länge gesetzt.
if($point === false)
{
    $point = strlen($this->value);
}
//Die Teile vor und hinter dem Punkt
$left = substr($this->value, 0, $point);
$right = substr($this->value, $point +1,
               (strlen($this->value) - $point));
```

Um die Gültigkeit der einzelnen Teile zu prüfen, müssen wir reguläre Ausdrücke verwenden. Denn es gilt für jeden Teil: Es dürfen **keine** bis **n** Ziffern in dem jeweiligen Ausdruck stehen, wobei **n** für die Anzahl an definierten Ziffern vor bzw. hinter dem Komma steht. Ein regulärer Ausdruck der Form `/^[0 - 9]{0,6}$/` prüft dies (hier wären 0 bis 6 Ziffern erlaubt). Anschließend an diese Definition werden der rechte und linke Teilausdruck per `preg_match()` auf Gültigkeit geprüft. Sind beide Ergebnisse `true`, wird `true` zurückgegeben, anderenfalls `false`.

```
//Linker und rechter Prüfwert als regulärer Ausdruck
$leftRegexp = "/^[0-9]{0,".$digitsLeftFromPoint."}$/";
$rightRegexp = "/^[0-9]{0,".$digitsRightFromPoint."}$/";
if ((preg_match($leftRegexp, $left)) &&
            (preg_match($rightRegexp, $right)))
{
    return true;
}
else
{
return false;
}
}
```

function checkDateType()

Um einen Datumstyp zu prüfen, haben wir in der Konfigurationsdatei reguläre Ausdrücke definiert, die in `checkDateType()` nun zum Einsatz kommen. Zunächst überprüfen wir, ob der Typ DATE vorliegt. Dazu vergleichen wir die Bezeichnung des Typs in Großbuchstaben (`strtoupper($this->specificType)`) mit dem String "DATE". Stimmt der Typ überein, spalten wir den übergebenen Wert per `explode()`-Funktion an der Stelle des Trennstriches auf. Damit erhalten wir im Falle des Datentyps DATE (beispielsweise »2006-02-01«) ein Array mit dem Wert des Jahres, des Monats und des Tages (`$parts`). Die PHP-Funktion `checkdate()` überprüft ein übergebenes Datum auf Plausibilität mit dem gregorianischen Kalender und gibt `true` oder `false` zurück. Der Funktion werden die Parameter in der Reihenfolge Monat (`$parts[1]`), Tag (`$parts[2]`) und Jahr (`$parts[0]`) übergeben. Das Ergebnis des Tests geben wir direkt zurück.

```
private function checkDateType()
{
    //Wenn Datentyp DATE:
    if(strtoupper($this->specificType)=="DATE")
    {
        //Jahr, Monat und Tag aufspalten
        $parts = explode("-",$this->value);
        return checkdate($parts[1],$parts[2],$parts[0]);
    }
```

Ist der Datumstyp nicht DATE, müssen wir zuerst die Konstantenbezeichnung zusammensetzen. Diese besteht aus dem spezifischen Typ mit einem angehängten »_REGEXP«. Anschließend prüfen wir mit `preg_match()` den regulären Ausdruck (den wir per `constant()`-Befehl an `$regexpString` binden) gegen den zu prüfenden Wert. Ist das Muster korrekt, ergibt dieser Ausdruck `true`, und wir

geben dieses auch zurück; anderenfalls ist der Ausdruck ungültig, und es wird
`false` zurückgegeben.

```
//Konstantennamen zusammenbauen und holen
$regexpString = constant(strtoupper(
        $this->specificType)."_REGEXP");
//Wert mit regulärem Ausdruck prüfen
return preg_match($regexpString, $this->value);
}
```

> **Hinweis**
>
> Die regulären Ausdrücke überprüfen nur das Muster eines Datums- und Zeittyps, nicht dessen logische Gültigkeit. Das heißt, man kann hier (außer bei dem Typ DATE) syntaktisch korrekte Werte angeben, und der Wert ist gültig, da er dem Muster entspricht. Beispielsweise wird so der Wert »99:99:99« für eine Zeitangabe (TIME) als gültig angesehen. Die logische Gültigkeit sollte entweder durch entsprechend vorgegebene Eingabemasken und/oder nachträglich implementierte Tests gewährleistet werden. Die MySQL-Datenbank wird hier dann einen Nullstring in das Feld eintragen.

function checkStringType()

Um einen Stringtyp zu prüfen, testet `checkStringType()` lediglich dessen Länge. Um die maximal erlaubte Länge eines Stringtyps zu bekommen, setzen wir den Konstantennamen nach soeben erläutertem Verfahren zusammen. Diesmal hängen wir an den spezifischen Typnamen ein »_MAXCHARS« und binden den Wert der Konstanten per `constant()` an die Variable `$maxChars`. Anschließend berechnen wir die Länge des übergebenen Wertes mit dem Befehl `strlen()`, der die genaue Anzahl an Zeichen im String zurückgibt. Ist diese kleiner oder gleich der maximal erlaubten Zeichnanzahl, geben wir `true` zurück, anderenfalls `false`.

```
private function checkStringType()
{
   $maxChars = constant(strtoupper(
            $this->specificType)."_MAXCHARS");
   //Liegt die Zeichenanzahl des Strings
   //unter der MAXCHARACTER-Anzahl
   if (strlen($this->value) <= $maxChars)
   {
      return true;
   }
   else
   {
      return false;
   }
}
```

function checkByteType()

Die Methode ist analog zu `checkStringType()` aufgebaut, mit zwei Unterschieden:

▶ Die Konstante des Typs bekommt ein »_MAXBYTES« angehängt.
▶ Es wird die Größe des Wertes (der normalerweise eine Datei sein wird) mit der maximal erlaubten Anzahl verglichen. Dazu muss der Wert bereits die Anzahl an Bytes enthalten!

> **Hinweis**
> Die Überprüfung von Bytetypen ist vor dem Hintergrund von Internetapplikationen ein wenig sinnlos. PHP bietet die Möglichkeit der Dateigrößenberechnung erst, wenn eine Datei auf den Server geladen wurde. Wenn man nun also davon ausgeht, dass man in eine Datenbank eine Datei speichern möchte, die zu groß für den spezifizierten Bytetype ist, erfährt man von der Ungültigkeit erst, nachdem die Datei komplett hochgeladen wurde. Der Vollständigkeit halber ist diese Methode aber dennoch implementiert.

function checkSetType()

Zu guter Letzt bleibt noch die Methode `checkSetType()` übrig, die die beiden Mengentypen `set` und `enum` überprüft. Zunächst wird die Methode `getSetOptions()` aufgerufen, die ein Array mit allen Elementen des Mengentyps zurückgibt (dies wird anschließend erläutert). Nun wird der spezifische Typ überprüft. Ist er ein `enum`-Typ, ist eine einzige Abfrage des Arrayinhalts ausreichend. Bei dem `enum`-Typ darf der Wert genau einem Wert aus dem Array der Menge (`$availableOptions`) entsprechen. Durch den Befehl `in_array()` überprüfen wir, ob der Wert des ersten zu übergebenden Parameters im Array, das als zweiter Parameter übergeben wird, enthalten ist. Kommt der Wert darin vor, wird `true` zurückgegeben, anderenfalls `false`. In diesem Fall geben wir das Ergebnis direkt als Rückgabewert zurück.

```
private function checkSetType()
{
   //Array mit den möglichen Optionen des "Sets"
   $availableOptions = $this->getSetOptions();
   //Testroutine für ENUM
   if ($this->specificType == "ENUM")
   {
      //Der Wert muss einem aus dem Array entsprechen:
      return in_array($this->value, $availableOptions);
   }
```

Anderenfalls ist der Typ `set`. Bei diesem Typ übergibt man ein Array mit zu prüfenden Werten, denn ein `set`-Typ kann mehrere Optionen speichern. Daher benutzen wir den Befehl `array_diff()`, der überprüft, welche Werte des als erster Parameter übergebenen Arrays *nicht* in dem als zweiter Parameter übergebenen Array enthalten ist. Der Rückgabewert der Funktion ist dabei ein Array mit den nicht vorkommenden Werten. Da hier alle zu überprüfenden Werte aus der Menge der möglichen Werte des `set`-Typs stammen müssen, muss das Array (`$result`) leer sein, denn nur dann sind alle Werte gültige Werte aus den Werten des `set`-Typs. Daher zählen wir die Werte im Array und geben ein `true` zurück, falls keine vorhanden sind. Sind im Array `$result` Einträge enthalten, sind dies zwangsläufig ungültige Werte, und wir geben `false` zurück.

```
else
if ($this->specificType == "SET")
{
   //...
   $result = array_diff($this->value, $availableOptions);
   if (count($result) == 0)
   {
      return true;
   }
   else
   {
      return false;
   }
}
}
```

> **Tipp**
>
> Wir werden im nächsten Kapitel die automatische Formulargenerierung besprechen, mit der sich Formulare erstellen lassen, die die Falscheingabe bei `enum`- und `set`-Typen erschweren. Dort wird eine Auswahlliste aus den möglichen Werten des Typs automatisch ausgegeben, und der Benutzer kann keine Fehleingabe vornehmen. Aber dies ist dennoch nicht ganz sicher; daher sind Gültigkeitsprüfungen obligatorisch.

function getSetOptions()

Die Hilfsmethode für die Überprüfung von Mengentypen, `getSetOptions()`, gibt in einem Array die möglichen Optionen der Menge zurück. Der Typstring eines `set`-Typs sieht beispielsweise so aus:

```
SET('value1','value2','value3')
```

Um die einzelnen Werte daraus zu extrahieren, müssen wir zunächst den Textteil ab der öffnenden Klammer bis zur schließenden Klammer per `substring()` ausschneiden. Die Positionen der öffnenden Klammern erhalten wir nach gängigem

Verfahren mit der `stripos()`-Funktion. Die schließende Klammer suchen wir mit `strripos()`, da diese Funktion bei einem String die Suche vom Ende her beginnt.

```
private function getSetOptions()
{
   //Position der ersten Klammer
   $firstBracket = stripos($this->typestring, "(");
   //Position der schließenden Klammer (Rückwärts-Suche)
   $secondBracket = strripos($this->typestring, ")");
   //Alles dazwischen holen: set('value1','value2' ...)
   //dann haben wir die Liste 'value1', 'value2' ...
   $valueList = substr($this->typestring,
   ($firstBracket +1), ($secondBracket - $firstBracket -1));
```

An dieser Stelle haben wir bereits den Teil: `'value1','value2','value3'` in der Variablen `$valueList` gespeichert. Nun müssen wir die einzelnen Werte voneinander trennen. Hierzu gibt es die nützliche Funktion `explode()`, die es ermöglicht, einen String anhand eines anzugebenden Trennzeichens (hier das Komma) in Teile zu spalten und als Array zurückzugeben. Anschließend durchlaufen wir mit einer `for`-Schleife das Array und schneiden jeweils den Textteil von der ersten bis zur vorletzten Stelle aus, um die Hochkommas der einzelnen Werte zu entfernen. Als Ergebnis haben wir dann ein Array dieser Form:

```
Array ( [0] => value1 [1] => value2 [2] => value3 )
```

Dieses Array geben wir als Rückgabewert zurück, damit die Menge an gültigen Optionen eines Mengentyps in der Methode `checkSetType()` benutzt werden kann.

```
   //beim Komma trennen:
   $values = explode(",", $valueList);
   for ($i = 0; $i < count($values); $i ++)
   {
      $values[$i] = substr($values[$i], 1,
                    strlen($values[$i]) - 2);
   }
   return $values;
}
```

Listing 20.4 Die Klasse »CheckDataValidity«

20.3.3 Gültigkeitsprüfung in die Klasse »Object« einbauen

Um Ihnen ein Beispiel der Gültigkeitsprüfung in Aktion vorzustellen, werden wir noch kurz unsere persistenten Objekte mit einer Prüfroutine ausstatten. Dazu müssen wir nur drei Erweiterungen in den Klassen `Object` und `Attribute` vornehmen.

In der Klasse `Attribute` benötigen wir die zusätzliche Methode `getType()`, die den Typ eines `Attribute`-Objektes zurückgibt.

```
public function getType()
{
    return $this->type;
}
```

In der Klasse `Object` müssen wir zunächst die Gültigkeitsprüfungsklasse einbinden:

```
require_once PROJECT_DOCUMENT_ROOT."/scripts/CheckDataValidity
          /classes/class.CheckDataValidity.php";
```

Wir ergänzen nun die Methode `setAttributeValue()` folgendermaßen:

```
public function setAttributeValue($name, $value)
{
    //Fehlerprüfung ... keine Änderungen
    ...
```

Dann folgt der neue Teil: Wir erstellen ein Objekt der Klasse `Check`. Daraufhin rufen wir die Methode `checkData()` des Objektes auf und übergeben den Typ des Attributs sowie den zu prüfenden Wert. Gibt diese Methode `true` zurück, ist der Wert gültig, und der Wert darf wie gehabt gesetzt werden. Wird der Wert als ungültig eingestuft, passiert in der Methode nichts weiter. Es wird also kein Wert gesetzt.

```
    //Wert überprüfen
    $cv = new \Scripts\DataValidity\Check();
    //Wert nur setzen, wenn gültig.
    if($cv->checkData(
        $this->Attributes[$name]->getType(),$value))
    {
        //Wert setzen, wenn Name im Array vorhanden
        ...
    }
}
```

Diese kleine Erweiterung verhindert nun einen Versuch, ungültige Daten zu speichern. Es werden im Falle eines neu erstellten Objektes bei ungültigen Werten eben Nullwerte bzw. Standardwerte in die Datenbank eingetragen.

In dieser Art lässt sich die Klasse Check auch in jeder anderen Klasse anwenden, um Werte auf ihre Gültigkeit hin zu überprüfen. In Kapitel 21, »Automatische Formulargenerierung«, benötigen wir diese Überprüfung ebenfalls.

20.4 Objekt-Serialisierung in Cookies mittels Traits

An dieser Stelle wollen wir ein praktisches Beispiel für die Verwendung von Traits beschreiben. Dieses Konstrukt kam in der Version 5.4 neu dazu und ermöglicht das Inkludieren von Funktionalität in eine Klasse, ohne auf Vererbung angewiesen zu sein. Dies ist insbesondere für Querschnittsfunktionen interessant, die in diversen Klassen verwendet werden sollen, die aber nicht in einer Vererbungshierarchie zueinander stehen.

20.4.1 Implementierung eines Traits

Folgendes Szenario soll umgesetzt werden: Wir wollen für beliebige Klassen die Möglichkeit haben, die Werte einer Instanz (die Variablenwerte) in ein Cookie zu speichern. So lassen sich persistente Zustände sichern und zu einem beliebigen Zeitpunkt wieder aufrufen. Beispielsweise ließe sich so der aktuellen Stand eines Warenkorbs (die hineingelegten Produkte) eines anonymen Nutzers einer E-Commerce-Anwendung sichern. Bei einem erneuten Besuch könnte dann der Warenkorb einfach aus dem Cookie wiederhergestellt werden.

Um dieses Ziel zu erreichen, erstellen wir daher zunächst die Datei *trait.CookieSerializer.php*, die drei Methoden enthält:

1. serialize: Diese Methode serialisiert die Daten einer Klasse und speichert sie in einem Cookie.
2. loadFromCookie: Diese statische Methode lädt die Daten aus einem Cookie.
3. deleteCookie: Hiermit wird ein Cookie gelöscht.

function serialize()

Um die Attribute einer Klasse zu speichern, müssen wir zunächst in Erfahrung bringen, welche dies sind. Dafür verwenden wir eine Reflektor-Klasse, die uns über die Metadaten einer Klasse (Methoden und Attribute) Auskunft geben kann. Mit der magischen Konstante __CLASS__ übergeben wir dem Konstruktor von ReflectionClass den Namen der Klasse, in deren Kontext der Trait verwendet wird. Durch die Methode getProperties() erhalten wir daraufhin alle öffentlichen Attribute der Klasse.

```
public function serialize()
{
   //Reflektor-Klasse erzeugen
   $reflector = new ReflectionClass(__CLASS__);
   //Alle Variablen in ein Array laden
   $properties = $reflector->getProperties();
```

Wir benötigen nun zuerst ein leeres Array, in das wir die zu serialisierenden Daten speichern können. Anschließend durchlaufen wir alle Attribute der Klasse in einer `foreach`-Schleife und speichern jeden Wert eines vorhandenen Attributs in das Array. Zu guter Letzt rufen wir die Funktion `setcookie()` auf und übergeben die folgenden Parameter:

1. Den Namen der Klasse: Unter diesem Namen wird das Cookie abgelegt.
2. Die zu speichernden Werte der Attribute: Diese werden per Funktion `serialize()` in eine Stringform gebracht und sind damit speicherbar.
3. Das Ablaufdatum des Cookies: Nach Ablauf des Zeitpunkts dieses Zeitstempels wird das Cookie automatisch gelöscht. Wir nehmen hier den aktuellen Zeitstempel und addieren 10 Tage hinzu.
4. Den Servernamen: Durch die Angabe des Servernamens (`$_SERVER['SERVER_ADDR']`) ist das Cookie nur für den Server lesbar, der es auch ausgestellt hat. Dies ist eine wichtige Sicherheitsmaßnahme, damit keine anderen Skripte oder Server das Cookie auslesen können.

```
   //Leeres Array für die Werte
   $values = array();
   //Die Werte in ein Array schreiben:
   foreach($properties as $prop)
   {
      //Name der Property/der Variable
      $name = $prop->getName();
      //Variable setzen
      $values[$name] = $this->$name;
   }
   //Cookie setzen (10 Tage gültig)
   setcookie(__CLASS__, serialize($values),
       time() +60*60*24*10, '/',$_SERVER['SERVER_ADDR']);
   //Erfolg vermelden
   return true;
}
```

function loadFromCookie()

Um die Daten einer zuvor gespeicherten Instanz einer Klasse wieder laden zu können, bestimmen wir zunächst erneut den Klassennamen. Anschließend verwenden wir die globale Variable $_COOKIE, die einen Zugriff auf die gesetzten Cookies ermöglicht. Damit prüfen wir, ob ein Cookie mit dem Namen der aktuellen Klasse gespeichert ist. Sollte dies nicht der Fall sein, so brechen wir an dieser Stelle ab und geben ein false zurück. Ist ein Cookie vorhanden, so wenden wir den Befehl unserialize() an, um den serialisierten String wieder in eine Arrayform umzuwandeln. Dieses Array speichern wir in der Variablen $data. Im Anschluss erzeugen wir ein leeres Objekt der aktuellen Klasse. Nun folgt der wichtigste Schritt: In einer foreach-Schleife weisen wir alle Werte, die im serialisierten Cookie gespeichert waren, dem entsprechenden Attribut des zuvor noch leeren Objekts zu. Den Abschluss der Methode bildet die Rückgabe des nun »wiederhergestellten« Objekts.

```
public static function loadFromCookie()
{
    //Klassenname bestimmen
    $classname = __CLASS__;
    //Gibt es einen Cookie?
    if(!isset($_COOKIE[$classname]))return false;
    //Cookie von serialisierter Form wieder in Array umwandeln
    $data = unserialize($_COOKIE[$classname]);
    //Leeres Objekt erstellen
    $obj = new $classname();
    //Die Werte in das erstellte Objekt schreiben:
    foreach($data as $key => $value)
    {
        //Alle Werte einzeln den Objektattributen zuweisen
        $obj->$key = $value;
    }
    //Objekt zurückgeben
    return $obj;
}
```

> **Hinweis**
>
> Das Vorgehen an dieser Stelle, im Trait ein leeres Objekt zu initialisieren, funktioniert natürlich nur, wenn der Konstruktor der Klasse keine Parameter erwartet.

Zu guter Letzt wollen wir ein Cookie auch löschen können. Dazu dient die Methode deleteCookie(). Sie ist recht einfach: Der Rumpf beginnt ähnlich wie das Laden des Cookies. Zuerst wird der Klassenname der aktuellen, den Trait benutzenden Klasse ermittelt. Mit diesem Namen wird überprüft, ob ein Cookie für die Klasse vorhanden ist. Sollte ein Cookie gespeichert sein, wollen wir es löschen. In PHP existiert keine explizite Löschmethode für ein Cookie. Der gängige Weg ist, die Gültigkeitsdauer eines Cookies auf einen vergangenen Zeitpunkt zu setzen. Daher rufen wir hier die Methode `setcookie()` auf und übergeben den Klassennamen (der für das Anlegen des Cookies verwendet wurde), einen leeren Inhalt sowie einen vergangenen Zeitpunkt als dritten Parameter. Dafür verwenden wir den Befehl `time()` für die aktuelle Zeit und ziehen davon 60 Minuten ab. So wird das Cookie automatisch vom Browser gelöscht.

```php
public static function deleteCookie()
{
   $classname = __CLASS__;
   //Gibt es ein Cookie?
   if(isset($_COOKIE[$classname]))
   {
      //Cookie-Ablaufdatum wird auf eine vergangene Zeit
      //gesetzt (und damit automatisch gelöscht)
      setcookie(__CLASS__, '',time()-3600, '/',
               $_SERVER['SERVER_ADDR']);
   }
}
```

Listing 20.5 Trait »CookieSerializer«

Nachdem der Code für das Trait geschrieben ist, wollen wir ihn auch verwenden. Dazu benötigen wir zunächst eine sehr einfache Klasse mit ein paar Attributen. Um die Klasse mit den Eigenschaften des Traits zu versehen, müssen wir lediglich `use` und den Namen des Traits angeben, in diesem Fall also die Zeile `use CookieSerializer;`. Die drei weiteren Attribute sollen lediglich der Datenspeicherung dienen.

```php
class Customer
{
   use CookieSerializer;
   public $givenname = '';
   public $lastname = '';
   public $age = '';
}
```

Listing 20.6 Klasse »Customer«

Die Verwendung der nun durch den Trait erweiterten Klasse ist simpel: Sie können die Funktionen aufrufen, als seien sie innerhalb der Klasse implementiert.

Das Anlegen eines Cookies erfolgt durch die folgenden Codezeilen:

```php
$c = new Customer();
$c->givenname = 'Manfred';
$c->lastname = 'Müller';
```

```
$c->age = 43;
$c->serialize();
```

Das Laden des gerade angelegten Cookies erreichen wir durch:

```
Customer::loadFromCookie()
```

Das Löschen eines Cookies der Klasse `Customer` erledigen wir mittels:

```
Customer::deleteCookie();
```

Beachten Sie hierbei, dass die Methoden für das Laden und Löschen aufgerufen werden wie statische Methoden der Klasse `Customer`, denn so sind sie auch im Trait programmiert.

20.4.2 Verwendung mehrerer Traits

Was ist nun aber, wenn Sie diverse Traits innerhalb einer Klasse verwenden möchten, die gegebenenfalls auch einmal identische Methodennamen verwenden? Dies lässt sich über die Verfeinerung des `use`-Statements zu Beginn der Klassendefinition erreichen.

Gehen wir einmal davon aus, dass ein weiterer Trait mit Namen `DummySerializer` existiert, der ebenfalls die Methode `serialize()` implementiert und der folgendermaßen implementiert ist:

```
trait DummySerializer
{
    public function serialize()
    {
        echo "<p>Funktion 'serialize' aus <strong>trait
            ExampleSerializer</strong> aufgerufen. Es wurde daher
kein Cookie der Klasse <em>".__CLASS__."</em>
angelegt.</p>";
        return false;
    }
}
```

Listing 20.7 Trait »DummySerializer«

Nun wollen wir die beiden Traits in einer Klasse `Car` verwenden. Die Klassendefinition sieht zunächst folgendermaßen aus:

```
class Car
{
    use CookieSerializer, DummySerializer;
    public $tires = 0;
```

```
    public $color = '';
    public $owner = '';
}
```

Listing 20.8 Klasse »Customer«

Möchten wir nun die Funktion `serialize()` aufrufen, so kann der Interpreter nicht entscheiden, welche der beiden in den Traits implementierten Methoden aufzurufen ist. Daher wird eine Fehlermeldung ausgegeben, die auf den Namenskonflikt hinweist (siehe Abbildung 20.5).

> **Fatal error**: Trait method serialize has not been applied, because there are collisions with other trait methods on Car in **D:\Entwicklung\xampp\htdocs\BUCH\scripts \Traits\classes\exampleClasses.php** on line **34**

Abbildung 20.5 Fehlermeldung bei Namenskonflikt der Trait-Methoden

Um dieses Problem mit identischen Methodennamen zu umgehen, können Sie angeben, welche Funktionen aus einem Trait verwendet werden sollen. Dazu erweitern Sie das `use`-Statement mit dem Bezeichner `insteadof`. Der folgende Code führt dann dazu, dass die `serialize()`-Methode des `DummySerializers` anstatt des `CookieSerializers` verwendet wird und der Code damit wieder fehlerfrei ausgeführt wird.

```
use CookieSerializer, DummySerializer
{
    DummySerializer::serialize insteadof CookieSerializer;
}
```

> **CD-ROM zum Buch**
>
> Sie finden dieses Beispiel zum Testen auch auf der Buch-CD. Dort ist zu beobachten, dass nur die Instanz der Klasse `Customer` tatsächlich in ein Cookie gespeichert wird. Die Klasse `Car`, die den `DummySerializer` verwendet, wird nicht serialisiert.

Einige Websysteme werden hauptsächlich zum Speichern und Bearbeiten von Daten benötigt. Sie bestehen dann größtenteils aus Masken und Formularen. Mit automatischer Formulargenerierung können Sie sich hier einige Arbeit ersparen.

21   Automatische Formularerstellung

In diesem Kapitel widmen wir uns der automatischen Generierung von Formularen aus den Metadaten einer beliebigen Tabelle einer MySQL-Datenbank. Dies soll uns vor allem Arbeit abnehmen bei der Erstellung von Formularen, die Daten speichern, verändern und bearbeiten sollen. Solche Formulare begegnen uns immer wieder, beispielsweise beim Blog oder bei der Bildergalerie.

Es gibt hierfür bereits einige gute Open-Source-Entwicklungen, die aus Tabellenmetadaten Formulare erstellen;[1] dabei finden sich aber wenige, die »on the fly« Formulare generieren. Bei den meisten wird ein Skript beauftragt, die Struktur der Tabelle auszulesen und daraus den Bau eines Formulars zu bewerkstelligen. Dies ist uns zu unflexibel. Bei unserer Lösung müssen wir keinerlei Angaben außer den Tabellennamen machen und können so auch jederzeit neue Attribute zur Tabelle hinzufügen, ohne den Quellode des jeweiligen PHP-Skriptes zu verändern – das Formular wird zur Aufrufzeit erstellt. Natürlich ist nicht alles automatisierbar, aber vieles.

Grundsätzlich ist es natürlich nicht sinnvoll, »das Rad immer wieder neu zu erfinden«, aber manchmal benötigt man spezifische Funktionen, die in einer kommerziellen oder freien Software so nicht vorhanden sind, und möchte dann selbst die Software programmieren; außerdem: »Übung macht den Meister«. Daher werden wir im Folgenden eine automatische Formulargenerierung implementieren, die einfache Eingabemasken erstellen kann.

Zunächst wollen wir uns einmal den Ablauf einer automatischen Formulargenerierung anschauen (siehe Abbildung 21.1). Das Herzstück unseres Ablaufs ist die Klasse `SimpleAutomaticFormular`: Hierin existieren die Methoden zum Erstellen des Formulars, Überprüfen der Werte und Speichern der Daten. Da unser Formular nicht vorgefertigt ist, sondern komplett dynamisch generiert wird, beginnt der

---

1   Zum Beispiel Formitable (*http://sourceforge.net/projects/formitable/*), DB_Table oder DB_ DataObject_FormBuilder (zu finden unter *http://pear.php.net*).

Prozess mit der Instantiierung eines Objekts der Klasse `SimpleAutomaticFormular` durch einen Benutzer. Im Objekt wird dann die Struktur der spezifizierten Tabelle abgefragt und gespeichert (hier die Tabelle `autoformtest`). Anhand dieser Tabellenstruktur wird eine Formularstruktur aufgebaut und schließlich angezeigt.

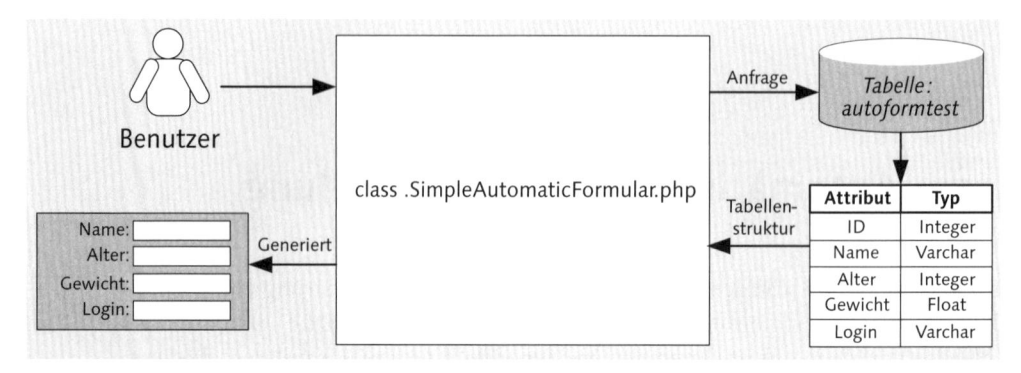

Abbildung 21.1 Verlauf der Generierung eines Formulars

Um ein Formular korrekt dem Vorbild der Tabelle nachzubilden, benötigen wir natürlich mehr Informationen als nur den Namen der Attribute der Tabelle. Der SQL-Befehl `DESCRIBE` gibt alle Attributinformationen zurück, die wir benötigen. Mit der SQL-Abfrage

```
DESCRIBE autoformtest;
```

bekommen wir ein Array mit folgenden Daten zurückgeliefert (hier nur der Auszug des ersten Feldes der Ergebnismenge in einer Arraystruktur):

```
Array(
   [0] => Array
   (
      [Field] => id
      [Type] => int(10) unsigned
      [Null] => NO
      [Key] => PRI
      [Default] =>
      [Extra] => auto_increment
   )
   ...
)
```

Somit erhalten wir die wichtigen Informationen zur Generierung eines Formulars über den Namen (`Field`), den Typ (`Type`), den erlaubten Nullwert (`Null`), eine mögliche Schlüsselbeziehung (`Key`), den Standardwert (`Default`) und Extrainformationen (`Extra`) eines Attributs.

Automatische Formularerstellung | 21

Zusätzlich dazu benötigen wir Informationen zu definierten Fremdschlüsseln, falls diese benutzt werden. Dies funktioniert allerdings nur, wenn die verweisende und die Zieltabelle die InnoDB-Engine benutzen. Dazu greifen wir auf die System-Datenbank *INFORMATION_SCHEMA* zu. Darin sind in der Tabelle KEY_COLUMN_USAGE alle vorkommenden Schlüssel beschrieben. Wir suchen also Informationen zu dem als Fremdschlüssel identifizierten Attribut der aktuellen Tabelle (der aktuellen Datenbank). Folgende SQL-Abfrage beschafft die benötigten Informationen:

```
SELECT * FROM information_schema.KEY_COLUMN_USAGE WHERE table_schema
= 'Datenbankname' AND table_name = 'Tabelle' AND column_name =
'identifiziertesAttribut';
```

Die von der Datenbank zurückgegebenen Daten enthalten (unter Angabe der Datenbank *galileo*, der Tabelle autoformtest und des Attributs login) folgende Informationen:

```
Array
(
    [0] => Array
        (
            [CONSTRAINT_CATALOG] =>
            [CONSTRAINT_SCHEMA] => galileo
            [CONSTRAINT_NAME] => autoformtest_foreignkey1
            [TABLE_CATALOG] =>
            [TABLE_SCHEMA] => galileo
            [TABLE_NAME] => autoformtest
            [COLUMN_NAME] => login
            [ORDINAL_POSITION] => 1
            [POSITION_IN_UNIQUE_CONSTRAINT] => 1
            [REFERENCED_TABLE_SCHEMA] => galileo
            [REFERENCED_TABLE_NAME] => user
            [REFERENCED_COLUMN_NAME] => login
        )
)
```

Sie können hier gut sehen, dass das Attribut login (COLUMN_NAME) der Tabelle autoformtest (TABLE_NAME) als Fremdschlüssel auf das Attribut login (REFERENCED_COLUMN_NAME) der Tabelle user (REFERENCED_TABLE_NAME) verweist. Diese Informationen erlauben uns später, die Anzeige der Fremdschlüsselbeziehung als Auswahlliste darzustellen, so dass man direkt einen Wert aus der Fremdschlüsseltabelle auswählen kann. Da so nur Werte gewählt werden können, die in der Fremdschlüsseltabelle auch enthalten sind, kann hier kein Eingabefehler auftreten.

963

> **Hinweis**
>
> Bitte beachten Sie, dass die Klasse SimpleAutomaticFormular nur in Verbindung mit der InnoDB-Engine wirklich ohne Konfiguration funktioniert. Wenn Sie dennoch mit fiktiven Fremdschlüsseln arbeiten wollen (beispielsweise mit der MyISAM-Engine), sollten Sie einfach eine zusätzliche Methode hinzufügen, die die Konfigurationsparameter für das Fremdschlüsselattribut und die Zieltabelle sowie die Primärschlüssel der Zieltabelle speichert und anhand der Daten eine Auswahlliste erstellt.

21.1 Klasse »SimpleAutomaticFormular«

Nun wollen wir die benötigten Methoden der Klasse SimpleAutomaticFormular näher beschreiben. Dazu ist in Abbildung 21.2 das UML-Diagramm dargestellt.

Scripts\SimpleAutomaticFormular
-DB -errorArray -FKArray -structureData -tablename
+__construct($tablename) - buildButtons() - buildForeignKeyInputRow(attributename, attributetype) - buildInputRow(attributename, attributetype) - checkAttributes() - checkInput(attributename, attributetype, nullAllowed) - getValue(attributename) +printFormular() +printList() - saveNewRecord() +setForeignKeyStructure(attributename, FKArray)

Abbildung 21.2 UML-Diagramm der Klasse »SimpleAutomaticFormular«

function __construct($tablename)

Dem Konstruktor der Klasse SimpleAutomaticFormular übergeben wir einen Tabellennamen als Parameter. Dieser wird benötigt, um die Struktur der Tabelle für die spätere Konstruktion eines Formulars aus der Datenbank zu erfragen. Zunächst binden wir aber das globale Datenbankobjekt an die Variable $DB. Anschließend speichern wir den übergebenen Tabellennamen in der Variablen $tablename. Um die Tabellenstruktur zu erhalten, benutzen wir die SQL-Abfrage (mit DESCRIBE) wie oben beschrieben und speichern das Ergebnis in $structureData.

```
public function __construct($tablename)
{
   //Globales Datenbankobjekt holen
   $this->DB = $GLOBALS['DB'];
   //Namen der Tabelle speichern
   $this->tablename = $tablename;
   //Die Tabellenstruktur auslesen
   $sql = "DESCRIBE ".$tablename;
   //... und speichern
   $this->structureData = $this->DB->query($sql);
```

Das generierte Formular wird später zur Speicherung der Daten sich selbst aufrufen. Damit in diesem Fall vor dem Speichern eine Überprüfung der eingegebenen Daten stattfinden kann, wird direkt hier im Konstruktor der Prüfvorgang angestoßen. Wichtig ist hierbei, dass dieser nur ausgeführt werden darf, wenn das Formular an sich selbst geschickt wurde, nicht bereits beim ersten Laden des Formulars. Anderenfalls würden Felder, die keine Nullwerte enthalten dürfen, beim ersten Laden des Formulars sofort als fehlerhaft ausgefüllt angezeigt. Die folgende if-Abfrage überprüft daher, ob die $POST-Variable ein Feld mit Namen send_ sowie angehängtem Tabellennamen enthält (per isset()): Ist dies der Fall, wurde das Formular an sich selbst geschickt, und wir rufen die Methode checkAttributes() auf. Sollte diese einen Fehler entdecken, wird dieser in das Array $errorArray eingetragen.

```
   //Wenn das Formular abgeschickt wurde, sollen
   //auch die Attribute überprüft werden:
   if (isset ($_POST['send_'.$tablename]))
   {
      $this->checkAttributes();
```

Nur wenn die Anzahl der eingetragenen Fehler im Array $errorArray null beträgt, darf gespeichert werden. Dann rufen wir die Methode saveNewRecord() auf und setzen einen Location-Header neu, damit das Formular mit leeren Daten neu geladen wird. Durch den Befehl basename() erhalten wir bei einem Pfad den Teil nach dem letzten Slash (beispielsweise *index.php* bei */Buch/scripts/SimpleAutomaticFormular/index.php*) und führen dies auf dem aktuellen Skript ($_SERVER['PHP_SELF']) aus.

```
      //Wenn in Ordnung, wird gespeichert
      if (count($this->errorArray) == 0)
      {
         $this->saveNewRecord();
         header("Location: ".
                basename($_SERVER['PHP_SELF']));
```

```
      }
   }
}
```

Wenn die Daten alle fehlerfrei eingegeben wurden, wird der Datensatz gespeichert und durch den Header das Formular wieder leer dargestellt, um weitere Daten einzugeben. Sollten Fehler auftauchen, wird die Speicherfunktion nicht aufgerufen und das Formular (wie später zu sehen ist) mit den entsprechenden Fehlermeldungen angezeigt.

function printFormular()

Die parameterlose Methode `printFormular()` wird aufgerufen, um das Formular für die im Konstruktor angegebene Tabelle zu generieren und auszugeben. Dazu wird zunächst das Formular begonnen und so konfiguriert, dass es per POST-Methode (`method='post'`) an sich selbst geschickt wird (`action=''`). Anschließend öffnen wir eine HTML-Tabelle, geben eine passende Überschrift mit dem Tabellennamen aus und beginnen eine `foreach`-Schleife, die alle Strukturdaten der Tabelle durchläuft.

```
public function printFormular()
{
   //Das Formular ausgeben:
   echo "<form action='' method='post'>";
   echo "<table cellspacing=0 cellpadding=2>";
   echo "<tr><th colspan='2'>";
   echo "Eintrag für Tabelle: ".$this->tablename;
   echo "</th></tr>";
   //Für jede Zeile des Ergebnisses eine Zeile
   foreach ($this->structureData as $field)
   {
```

Wir müssen nun innerhalb der Schleife für jedes Attribut entscheiden, ob es ein Primärschlüssel, ein Fremdschlüssel oder ein »normales« Attribut ist. Daher überprüfen wir den Schlüsselwert `Key` eines jeden Attributs (`$field`). Da wir hier Primärschlüssel aus Prinzip nicht anzeigen wollen und diese nur als AUTO_INCREMENT-Werte zulassen (also im Endeffekt ein Primärschlüssel mit reinem ID-Charakter), tun wir im Falle eines Primärschlüsselattributs (durch PRI gekennzeichnet) nichts.

```
      //Entscheiden, ob PK angezeigt werden darf
      if ($field['Key'] == "PRI")
      {
         //Wird nicht behandelt.
      }
```

Ist das Attribut ein Fremdschlüssel, ist der Wert als MUL gespeichert. In diesem Fall rufen wir die Methode buildForeignKeyInputRow() auf und übergeben den Datensatz ($field) des Attributs.

> **Hinweis**
>
> Auch normale Indizes haben hier das MUL, daher prüfen wir später in der Methode buildForeignKeyInputRow(), ob dies wirklich ein Fremdschlüssel ist oder ob lediglich ein Index vorliegt, denn eine Spalte mit einem Index muss mit der Methode build-InputRow() angelegt werden.

```
    //Prüfen, ob Fremdschlüssel (oder Index)
    else if ($field['Key'] == "MUL")
    {
        //Fremdschlüssel-Auswahlliste erstellen
        $this->buildForeignKeyInputRow($field);
    }
```

Im letzten Fall ist das Attribut weder ein Primär- noch ein Fremdschlüssel und wird daher als normales Eingabefeld angezeigt. Dies wird durch den Aufruf der Methode buildInputRow() unter Übergabe des Attribut-Datensatzes angestoßen:

```
    else
    {
        //Normales Eingabefeld ausgeben
        $this->buildInputRow($field);
    }
}
```

Zum Schluss werden noch die nötigen Schaltflächen für das Formular per Methodenaufruf buildButtons() hinzugefügt und sowohl Tabelle als auch Formular beendet.

```
    //alle Eingabefelder sind fertig "gebaut"
    $this->buildButtons();
    echo "</table>";
    echo "</form>";
}
```

> **Hinweis**
>
> Bei unserer einfachen Formulargenerierung gehen wir davon aus, dass es nur einen Primärschlüssel gibt und dieser automatisch per AUTO_INCREMENT einen fortlaufenden Wert erhält. Wird ein Datenbankentwurf umfangreicher und komplexer, wird diese Annahme nicht mehr ausreichen. Dann müssten wir zumindest eine Eingabe des Primärschlüssels erlauben und eine Überprüfung der UNIQUE-Eigenschaft einbauen, die fehlerhafte Primärschlüsseleingaben erkennt.

function getValue($attributename)

Um in einem fehlerhaft ausgefüllten Formular die übergebenen Werte nach einem Abschicken an sich selbst anzeigen zu können, müssen diese aus dem $POST-Array ausgelesen werden. Um dies nicht immer in den einzelnen Methoden zu wiederholen, haben wir die Methode getValue() implementiert, der wir den Namen des jeweiligen Attributs per Parameter ($attributename) übergeben. Ein Wert des automatischen Formulars ist immer aus dem Tabellennamen mit Unterstrich und angehängtem Attributnamen zusammengesetzt. Der Bezeichner des Attributs age in der Tabelle autoformtest wäre demnach: autoformtest_age.

Es wird hier nun überprüft (per isset()), ob der Wert im $_POST-Array gesetzt ist. Ist dies der Fall, wird er zurückgegeben.

```
private function getValue($attributename)
{
   //Überprüfen, ob der Wert gesetzt ist.
   if (isset ($_POST[$this->tablename."_".$attributename]))
   {
      return $_POST[$this->tablename."_".$attributename];
   }
   else
```

Sollte der Wert nicht gesetzt sein, gibt diese Methode einen leeren String zurück an die aufrufende Methode:

```
   {
      //Leeren Wert zurückgeben
      return "";
   }
}
```

function buildInputRow($field)

Die Methode buildInputRow() erstellt ein normales Eingabefeld für ein Attribut der Tabelle. Dazu übergeben wir ihr die Daten des Attributs in einem Array ($field). Zunächst erfragen wir den Wert des Attributs per getValue()-Methode, um ihn später im Feld anzeigen zu können. Sollte er noch nicht gesetzt sein, ist der Rückgabewert ein leerer String, und das Feld wird leer dargestellt. Nun beginnen wir eine Tabellenzeile und geben zuerst den Namen des Feldes ($field['Field']) aus.

```
private function buildInputRow($field)
{
   //Wert des Attributs holen
   $value = $this->getValue($field['Field']);
```

```
//Eingabefeld darstellen
echo "<tr><td>";
echo $field['Field'];
echo ":</td><td>\n";
```

Die farbliche Gestaltung des Feldes wird von dem Auftreten eines Fehlers bestimmt. Daher wird der Stil zunächst als leerer String in der Variablen $style angegeben. Ist ein Fehler aufgetreten, müsste im Fehlerarray ($errorArray) ein Schlüssel mit dem Namen des Attributs vorhanden sein. Der Befehl array_key_exists() überprüft dies und speichert im Fehlerfall eine Stilangabe mit rotem Rahmen (border:1px solid red;) und roter Schrift (color:red;) in der Variablen $style.

```
//CSS-Style des Feldes
$style = "";
//Überprüfen, ob ein Fehler bei der Prüfung gefunden wurde
if (array_key_exists($field['Field'], $this->errorArray))
{
    $style="style='border:1px solid red; ".
           "color:red;font-weight:bold;'";
}
```

Schließlich wird das Eingabefeld noch erstellt und sein Wert dabei durch die Angabe value='".$value."' angezeigt. Beim ersten Laden des Formulars ist dieser leer, bei einem erneuten Aufruf (unabhängig von einem aufgetretenen Fehler) ist es der zuvor eingegebene Wert. Ist nun ein Fehler in diesem Attribut aufgetreten, sorgt die eingebundene Variable $style für den roten Rahmen. Anderenfalls ist $style leer, und ein normales Eingabefeld mit dem zuvor eingetragenen Wert wird angezeigt.

```
//Feld anzeigen
echo "<input type='text' ".$style." ".
     "class='standardField' value='".$value."' ".
     "name='".$this->tablename."_".$field['Field']."'>";
echo "</td></tr>\n";
}
```

> **Hinweis**
>
> Durch die rote Umrandung und Schriftfarbe kann der Benutzer schnell erkennen, welche Felder er falsch ausgefüllt hat.

function buildForeignKeyInputRow($field)

Um eine Auswahlliste für ein Fremdschlüsselattribut zu erstellen, wird die Methode buildForeignKeyInputRow() aufgerufen. Auch dieser Methode übergeben wir das Array `$field` mit den Attributdaten. Zunächst legen wir den Namen des Attributes in der Variablen `$attributename` fest (für spätere Verwendung). Anschließend benötigen wir erst einmal die Informationen über die Fremdschlüsselbeziehung des Attributs. Dazu verwenden wir die oben beschriebene SQL-Abfrage über die Tabelle KEY_COLUMN_USAGE. Ihr Ergebnis speichern wir in der Variablen `$FKData`.

```
private function buildForeignKeyInputRow($field)
{
   //Attributnamen setzen
   $attributename = $field['Field'];
   //Die Fremdschlüsselbeziehung aus der Datenbank
   //holen und untersuchen
   $sql="SELECT * FROM information_schema.KEY_COLUMN_USAGE".
      " WHERE table_schema = '".DB_NAME."' AND ".
      " table_name = '".$this->tablename."' AND ".
      " column_name = '".$attributename."';";
   $FKData = $this->DB->query($sql);
```

An dieser Stelle müssen wir überprüfen, ob dieses Attribut wirklich ein Fremdschlüssel oder nur ein normaler Index ist:

```
   //Ist FKData leer, so ist es nur
   //ein Index und kein Fremdschlüssel
   if(count($FKData) == 0)
   {
      //Doch ein normales Eingabefeld anzeigen
      $this->buildInputRow($field);
      //Methode beenden
      return true;
   }
```

Die Fremdschlüsselangaben zur referenzierten Tabelle (REFERENCED_TABLE_NAME) und zum darin referenzierten Attribut (REFERENCED_COLUMN_NAME) speichern wir in je einer Variablen `$FKTable` bzw. `$FKColumn`. Anschließend müssen wir nachschauen, ob zusätzlich vom Benutzer ein Name spezifiziert wurde, der als Anzeigename der Fremdschlüsseltabelle dienen soll (dies ist über die Methode `setForeignKeyStructure()` möglich). Dieser wäre im zweidimensionalen Fremdschlüssel-Array `$FKArray` an der Position des Attributnamens unter `FKshowName` gespeichert. Per `isset()`-Befehl überprüfen wir das Vorkommen. Ist der Wert gesetzt, weisen wir ihn der Variablen `$FKshowName` zu, anderenfalls wird der Wert auf den verweisenden Attributnamen gesetzt.

```
   //Fremdschlüsselattribute festlegen
   $FKTable = $FKData[0]['REFERENCED_TABLE_NAME'];
```

```
$FKColumn = $FKData[0]['REFERENCED_COLUMN_NAME'];
//Überprüfen, ob ein Attribut der Fremdschlüsseltabelle
// als anzuzeigen definiert wurde.
if(isset($this->FKArray[$attributename]['FKshowName']))
{
    $FKshowName =
        $this->FKArray[$attributename]['FKshowName'];
}
else
{
    $FKshowName = $FKColumn;
}
```

> **Hinweis**
>
> Falls Sie sich fragen, warum wir an dieser Stelle so kompliziert vorgehen, sei Folgendes gesagt: Wenn Sie einen Fremdschlüssel auf eine Tabelle legen, deren Primärschlüssel nur aus einer Zahl besteht, werden als Optionen der Auswahlliste nur diese Zahlen angezeigt. Denken Sie sich hierfür beispielsweise eine Tabelle, die Personendaten speichert und jeweils eindeutige Zahlenwerte als Primärschlüssel vergibt, müssten Sie die Zuordnung zu einer Person über deren Nummer vornehmen. Damit Sie die Möglichkeit haben, einfach das Attribut Name der Fremdschlüsseltabelle als Option anzeigen zu lassen, haben wir dies hier konfigurierbar gestaltet. Das Feld übergibt hierbei aber immer noch den Wert des Primärschlüssels.

Nun holen wir den Wert der Auswahlliste per getValue()-Methode. Dieser ist entweder nicht gesetzt (beim ersten Laden des Formulars) oder auf eine der Optionen gestellt (auch die Standardoption mit leerem Wert ist möglich). Die Konfiguration des Fremdschlüssels geht nun noch einen Schritt weiter: Es soll zusätzlich zum Wählen des Anzeigeattributs eine Einschränkung auf spezifische Tupel der Fremdschlüsseltabelle möglich sein. So können wir (so wie der Name des Anzeigeattributs übergeben wurde) auch eine Bedingung als SQL-Abfrage übergeben, die dann ausgeführt wird. So werden nur die in der eingeschränkten SQL-Ergebnismenge vorkommenden Einträge als Optionen zur Auswahl angezeigt. Die SQL-Abfrage sollte sich hierbei natürlich auf die Fremdschlüsseltabelle beziehen. Diese Abfrage haben wir als »Constraint« bezeichnet, und sie ist – wenn sie gesetzt ist – im Array $FKArray gespeichert ($FKArray [$attributename]['constraint']). Ist diese Einschränkung angegeben und nicht leer, setzen wir die Variable $sql auf diese Abfrage, anderenfalls wird folgende SQL-Abfrage gespeichert:

```
SELECT * FROM Fremdschlüsseltabelle
```

21 | Automatische Formularerstellung

Anschließend wird die SQL-Abfrage ausgeführt:

```
//Wert des Attributs holen (wenn bereits ausgewählt)
$value = $this->getValue($attributename);
//Wenn kein Constraint angegeben
if ((isset($this->FKArray[$attributename]['constraint']))
  &&($this->FKArray[$attributename]['constraint'] != ""))
{
    //Constraint an die Datenbank schicken ...
    $sql = $this->FKArray[$attributename]['constraint'];
}
else
{
    $sql = "SELECT * FROM ".$FKTable.";";
}
$result = $this->DB->query($sql);
```

> **Hinweis**
>
> Falls Sie eine Beschränkung in Form einer SQL-Abfrage formulieren, sollten Sie sich bewusst sein, dass die Verantwortung allein bei Ihnen liegt, denn wir haben in diese Klasse keinerlei Sicherheitsfunktionen eingebaut. Sie müssen sich also sicher sein, dass die SQL-Abfrage auch eine Ergebnismenge enthält, die mindestens den Primärschlüssel oder zusätzlich den von Ihnen konfigurierten Attributnamen umfasst, den Sie anzeigen wollen. Sollte dies nicht der Fall sein, wird das Formular nicht korrekt funktionieren.

Nun erstellen wir die Auswahlliste als Zeile der Tabelle. Dazu geben wir zunächst den Namen des Attributs aus. Anschließend folgt die Definition einer leeren Stil-Variablen ($style). Die Überprüfung des Fehlers erfolgt analog zur Methode buildInputRow(). Sollte ein Fehler aufgetreten sein, wird die Stil-Variable auf »rot« gesetzt.

```
//Fremdschlüssel-Auswahlliste erstellen
echo "<tr><td>";
echo $attributename;
echo ":</td><td>";
//CSS-Stil der Auswahlliste
$style = "";
//Überprüfen, ob ein Fehler bei der Prüfung gefunden wurde
if (array_key_exists($attributename,$this->errorArray))
{
    $style = "style='border:1px solid red;".
            "background-color:red;'";
}
```

Nun definieren wir die Auswahlliste für den Fremdschlüssel und benennen sie nach dem Tabellennamen mit angehängtem Unterstrich sowie dem Namen des

Attributs. Die Stil-Variable wird ebenfalls eingebaut, so dass die Auswahlliste im Fehlerfall rot umrandet eingeblendet wird. Anschließend erstellen wir eine Standardoption, die keinen Wert besitzt. Diese Option ermöglicht, auch einen Nullwert (wenn dieser erlaubt ist) anzugeben.

```
echo "<select ".$style." name='".
    $this->tablename."_".$attributename."'>";
echo "<option value=''>-</option>";
```

Durch eine `foreach`-Schleife über `$result` erstellen wir für jede Ergebniszeile der obigen SQL-Abfrage eine Auswahloption. Den Wert der Option lesen wir aus der Zeile unter Angabe des gewählten Anzeigenamens `$FKColumn` aus (`$entry[$FKColumn]`) und speichern ihn in der Variablen `$optionValue`. Um einen möglicherweise bereits gesetzten Wert vorzuselektieren, überprüfen wir, ob der aktuelle Wert der Schleife (`$optionValue`) dem Wert aus der POST-Variablen (per `getValue()`-Methode gesetzter Wert `$value`) entspricht. Im positiven Fall wird die Option per `selected`-Angabe vorselektiert, anderenfalls normal angezeigt. Nun geben wir noch den Anzeigenamen der Option aus und beenden diese.

```
//Für jeden Eintrag der Fremdschlüsseltabelle
//eine Option erstellen
foreach ($result as $entry)
{
   $optionValue = $entry[$FKColumn];
   //Überprüfen, ob bereits ein Feld gewählt ist...
   if ($value == $optionValue)
   {
      echo "<option selected value='".$optionValue."'>";
   }
   else
   {
      echo "<option value='".$optionValue."'>";
   }
   echo $entry[$FKshowName];
   echo "</option>";
}
```

Ist die `foreach`-Schleife durchgelaufen, beenden wir die Auswahlliste und die Tabellenzeile.

```
echo "</select>";
echo "</td></tr>\n";
}
```

function checkAttributes()

Die Methode `checkAttributes()` wird aufgerufen, wenn das Formular einmal an sich selbst geschickt worden ist und die eingegebenen Daten getestet werden sollen. Daher durchlaufen wir alle Attribute, die in den Strukturdaten der Tabelle stehen (`$structureData`), mit einer `foreach`-Schleife. Da wir den Primärschlüssel nicht selbst eingeben dürfen, überprüfen wir ihn nicht; daher fragen wir per `if` ab, ob der Schlüssel des aktuellen Attributs ein Primärschlüssel ist (`$attribute['Key'] != "PRI"`). Ist dies der Fall, geschieht nichts weiter in dem Schleifendurchlauf.

```
private function checkAttributes()
{
   //Jedes Attribut (außer Primärschlüssel) testen:
   foreach ($this->structureData as $attribute)
   {
      //Wenn kein Primärschlüssel, dann testen
      if ($attribute['Key'] != "PRI")
      {
```

Sollte das Attribut kein Primärschlüssel der Tabelle sein, rufen wir die Methode `checkInput()` auf und übergeben ihr den Attributnamen, den Attributtyp und Status der Nullwerte (ob erlaubt oder nicht). Der Rückgabewert ist entweder `true` oder `false`. Sollte in `$result` danach nicht `true` stehen (`if(!$result)`), ist der Wert nicht erlaubt, und wir tragen in das Fehlerarray `$errorArray` unter dem Namen des Attributs eine 1 ein. Dies signalisiert später, dass bei diesem Attribut ein Fehler aufgetreten ist.

```
         //Checken der Komponenten:
         $result = $this->checkInput($attribute['Field'],
               $attribute['Type'], $attribute['Null']);
         if (!$result)
         {
            //Fehler eintragen
            $this->errorArray[$attribute['Field']] = 1;
         }
      }
   }
}
```

Nach Abschluss der `foreach`-Schleife sind im Fehlerarray `$errorArray` alle Attribute aufgelistet, bei denen fehlerhafte Eingaben vorkamen. Ist das Array leer, ist kein Fehler aufgetreten.

function checkInput($attributename, $attributetype, $nullAllowed)

Wir haben in Abschnitt 20.3.2, »Gültigkeitsprüfungsklasse«, eine Gültigkeitsprüfung durch die Klasse `Check` implementiert. Diese werden wir hier nun verwenden, um eingegebene Daten des Benutzers auf Gültigkeit zu überprüfen. Da die Datentypen des jeweiligen Eingabefeldes bekannt sind, ist die Überprüfung reine Formsache. Die Methode `checkAttributes()` ruft für jedes Attribut (außer Primärschlüsselattributen) `checkInput()` auf und bekommt folgende Parameter übergeben: den Attributnamen, den Attributtyp und den booleschen Wert, ob Nullwerte erlaubt sind oder nicht.

Im ersten Schritt überprüfen wir, ob für das aktuell zu bearbeitende Attribut ein POST-Wert gesetzt ist. Wir rufen dazu die Methode `getValue()` auf, die uns unter Angabe des Attributnamens den Attributwert oder einen leeren String zurückgibt.

```
private function checkInput($attributename, $attributetype,
$nullAllowed)
{
   //Ist der Wert gesetzt
   $value = $this->getValue($attributename);
```

Die nächste Überprüfung gilt den Nullwerten. Wenn ein Nullwert erlaubt ist, wurde für `$nullAllowed` ein `true` übergeben; ist er für dieses Attribut nicht erlaubt, wurde `false` übergeben. Wenn nun Nullwerte nicht erlaubt sind und der Attributwert aber leer ist, geben wir `false` als Ergebnis der Prüfung des Attributwertes zurück (und beenden somit die Methode), damit ein Fehler gemeldet wird.

```
   //Ist null verboten und trotzdem null?
   if (($nullAllowed == "NO") && ($value == ""))
   {
      return false;
   }
```

Im letzten Prüfschritt erstellen wir ein Objekt der Klasse `Check` und übergeben den Typ und den Wert des Attributs anschließend an die Methode `checkData()`. Das Ergebnis der Prüfung ist entweder `true` oder `false`, je nachdem, ob der Wert gültig war oder nicht. Dies geben wir hier dann als Methodenrückgabewert zurück.

```
   //Checkobject erstellen:
   $DV = new DataValidity\Check();
   //Testergebnis zurückgeben
   return $DV->checkData($attributetype, $value);
}
```

> **Hinweis**
>
> Mit dieser Methode lassen sich so nicht alle Datentypen testen. Beispielsweise muss der Datentyp DATE zur Verarbeitung mit der Überprüfungsklasse Check in einer bestimmten Form vorliegen, was hier nicht der Fall wäre. Für das später gezeigte Beispiel ist diese Methode aber ausreichend.

function setForeignKeyStructure($attributename, $array)

Um die Fremdschlüsselkonfiguration zu setzen, existiert die Methode setForeignKeyStructure(). Hier übergeben wir den Attributnamen des Fremdschlüssels ($attributename) und ein Array mit den Konfigurationsparametern ($array). Das Array muss hierbei nach folgender Art aufgebaut sein und im aufrufenden Skript (später *index.php*) gesetzt sein:

```
$fk =    array ("FKshowName" => "password",
                "constraint" => "");
```

Wenn die Konfiguration des Fremdschlüssels vorgenommen wird, muss mindestens der Parameter FKshowName gesetzt sein. Dieser spezifiziert das Attribut, das in der Auswahlliste des Fremdschlüssels später angezeigt wird. Zusätzlich kann optional der Parameter constraint gesetzt werden. Dieser muss dann eine vollständige und gültige SQL-Abfrage enthalten, die die Ergebnismenge aus der Fremdschlüsseltabelle beschränkt. Eine gültige SQL-Abfrage wäre beispielsweise:

```
SELECT * FROM Tabellenname WHERE Attribut LIKE '%A%';
```

In der Methode selbst speichern wir nur das übergebene Konfigurationsarray ($array) unter dem Namen des Attributs ($attributename) im Array $FKArray.

```
public function setForeignKeyStructure($attributename, $array)
{
    //FK-Struktur in das assoziative Array speichern
    $this->FKArray[$attributename] = $array;
}
```

> **Hinweis**
>
> Auch hier müssen wir bei dem Einsatz der Methode vorsichtig sein, da die SQL-Abfrage keinerlei Überprüfung unterzogen wird. Also muss die Abfrage unbedingt mit Bedacht gewählt werden, da bei einer fehlerhaften SQL-Abfrage die Dropdown-Liste keine Einträge enthalten würde.

function buildButtons()

Diese Methode erstellt die beiden Schaltflächen, die zum Zurücksetzen der Eingabefelder oder zum Abschicken des Formulars benötigt werden. Wir verwenden hierfür normale `<input>`-Elemente mit den gängigen Werten. Lediglich der Name der Submit-Schaltfläche wird auf `send_` mit angehängtem Tabellennamen gesetzt, damit dieser Parameter im Konstruktor der Klasse ausgelesen werden kann.

```
private function buildButtons()
{
   //Eingabefeld darstellen
   echo "<tr><td colspan='2'>";
   echo "<input type='reset' value='Reset'>";
   echo "<input type='submit' ".
        "name='send_".$this->tablename."' value='Senden'>";
   echo "</td></tr>\n";
}
```

function saveNewRecord()

Um einen Datensatz in der Tabelle zu speichern, wird bei Bestehen der Überprüfung diese Methode aufgerufen, die eine zur Tabelle passende SQL-Abfrage automatisch zusammensetzt. Dabei wird eine SQL-Abfrage der folgenden Art generiert.

Wir beginnen mit dem Rumpf:

```
INSERT INTO 'Tabellenname' (
```

Dann fügen wir per `foreach`-Schleife den Namen jedes Nicht-Primärschlüsselattributs, getrennt durch Komma, hinzu:

```
'Attributname1','Attributname2', ...
```

Es folgt ein Zwischenteil, der die Angabe der Werte einleitet:

```
) VALUES (
```

Anschließend durchlaufen wir die zweite `foreach`-Schleife, die nun die konkreten Werte der oben aufgelisteten Attribute anfügt:

```
'Wert des Attributs1','Wert des Attributs2',...
```

Schließlich folgt der Endteil:

```
);
```

Durch diesen Aufbau wird eine korrekte SQL-Abfrage erstellt und so ein neuer Datensatz angelegt.

Zuerst wird also der Rumpf der Abfrage in der Variablen `$sql` gespeichert. In der ersten `foreach`-Schleife fügen wir dann den Attributnamen (`$attribute['Field']`) eines jeden Nicht-Primärschlüsselattributs in Hochkommas an die Variable `$sql` an. Dabei wird jedem Attributnamen ein Komma angehängt.

```php
private function saveNewRecord()
{
   //Anfangsteil
   $sql = "INSERT INTO `".$this->tablename."` (";
   //Attributnamen schreiben:
   foreach ($this->structureData as $attribute)
   {
      if ($attribute['Key'] != "PRI")
      {
         //Attribut einfügen
         $sql .= "`".$attribute['Field']."`,";
      }
   }
```

Da dem letzten Attributnamen kein Komma folgen darf (weil hier die Klammer der Attributnamenaufzählung geschlossen wird), muss es per `substr()` abgeschnitten werden. Es wird also der String vom ersten Zeichen an (0) bis zum Ende des Strings (`strlen($sql)`) minus einem Zeichen genommen. Anschließend folgt der Mittelteil () VALUES (), der zur Aufzählung der Werte überleitet.

```php
//Letztes Komma abtrennen
$sql = substr($sql,0,strlen($sql)-1);
//Jetzt folgen die konkreten Werte
$sql .= ") VALUES (";
```

In der zweiten `foreach`-Schleife gehen wir ebenfalls alle Nicht-Primärschlüsselattribute durch. Hierbei müssen wir den Wert aus der POST-Variablen erfragen. Dies erreichen wir mit dem Aufruf der Methode `getValue()` unter Angabe des Attributnamens.

```php
foreach ($this->structureData as $attribute)
{
   if ($attribute['Key'] != "PRI")
   {
      //Wert des Feldes
      $value = $this->getValue($attribute['Field']);
```

Nun fügen wir den Wert des Attributs an die SQL-Abfrage an und setzen anschließend ein Komma. Dies geschieht für alle Attribute der gespeicherten Struktur.

```php
      //Attribut einfügen
      $sql .= "'".$this->DB->escapeString($value)."',";
   }
}
```

Auch hier muss das letzte Komma vom SQL-String in `$sql` abgetrennt werden. Daraufhin schließend wir die SQL-Abfrage mit Klammer und Semikolon ab und schicken sie an die Datenbank.

```
   //Letztes Komma abtrennen
   $sql = substr($sql,0,strlen($sql)-1);
   //Statement schließen ...
   $sql .= ")";
   //Speichern
   $data = $this->DB->query($sql);
}
```

function printList()

Um bei jeder Tabelle einen schnellen Überblick über die eingetragenen Daten zu erhalten, haben wir an dieser Stelle noch eine Methode zur Darstellung der Tabelleninhalte implementiert. Dafür holen wir mit folgender SQL-Abfrage alle Daten aus der Tabelle:

```
SELECT * FROM Tabellenname;
```

Anschließend öffnen wir eine HTML-Tabelle und durchlaufen per `foreach`-Schleife die Ergebnismenge `$result`, die alle Zeilen der abgefragten Tabelle enthält. Darin öffnen wir eine HTML-Tabellenzeile mit `<tr>` und implementieren eine zweite `foreach`-Schleife, die nun jedes Attribut einer Tabellenzeile durchläuft und es innerhalb von `<td>`-Tags ausgibt.

```
public function printList()
{
   //Alle Einträge der Tabelle holen
   $sql = "SELECT * FROM ".$this->tablename;
   $result = $this->DB->query($sql);
   echo "<table>";
   //Jede Zeile in eigener Tabellenzeile anzeigen
   foreach ($result as $line)
   {
      echo "<tr>";
      foreach ($line as $attrib)
      {
         echo "<td>".$attrib."</td>";
      }
      echo "</tr>";
   }
   echo "</table>";
}
```

Listing 21.1 Klasse »SimpleAutomaticFormular«

Sind beide `foreach`-Schleifen durchgelaufen, haben wir eine HTML-Tabelle mit allen Attributen und Zeilen der ausgewählten Datenbanktabelle erstellt. Die oben gezeigte Möglichkeit (mit zwei `foreach`-Schleifen), um Ergebnismengen in einer Tabellenstruktur darzustellen, erreicht dasselbe wie unser allererstes PHP-Skript in Kapitel 6, »Einführung in MySQL«.

Wir haben nun die Implementierung der `SimpleAutomaticFormular`-Klasse abgeschlossen und betrachten im Folgenden die Anwendung der Klasse in der Praxis.

21.2 Automatische Formulargenerierung anwenden

Um nun ein automatisch generiertes Formular zu erhalten, müssen wir einige wenige Befehle ausführen. Zuerst müssen wir die Dateien *common.php* und *class.SimpleAutomaticFormular.php* einbinden. Anschließend erstellen wir nach dem Entfernen der eventuell vorhandenen Slashes zuerst ein Objekt der Klasse `SimpleAutomaticFormular` mit dem Namen `$AF`. Als Parameter haben wir die Tabelle `autoformtest` übergeben. Die durch die Punkte angedeuteten HTML-Befehle für die Seitenstruktur lassen wir außen vor.

```php
<?php
require_once "../../common.php";
require_once PROJECT_DOCUMENT_ROOT."/scripts/SimpleAutoForm/
            classes/class.SimpleAutomaticFormular.php";
System\Security::globalStripSlashes();
//Erstellen eines Objekts der Klasse SimpleAutomaticFormular
$AF = new Scripts\SimpleAutomaticFormular("autoformtest");
...
```

Nun folgen nur noch zwei Befehlsaufrufe: das Ausgeben bzw. das Generieren des Formulars zur Eingabe neuer Datensätze (`printFormular()`) und anschließend die Anzeige der gesamten Tabelle (`printList()`).

```php
//Formular ausgeben
$AF->printFormular();
echo "<br />";
//Ausgabe der Tabelle
$AF->printList();
...
?>
```

Listing 21.2 index.php

Mehr als diese Befehle sind nicht nötig, um ein automatisch generiertes Formular zu erhalten, in das wir neue Daten einpflegen können. Abbildung 21.3 zeigt die Ausgabe des Formulars.

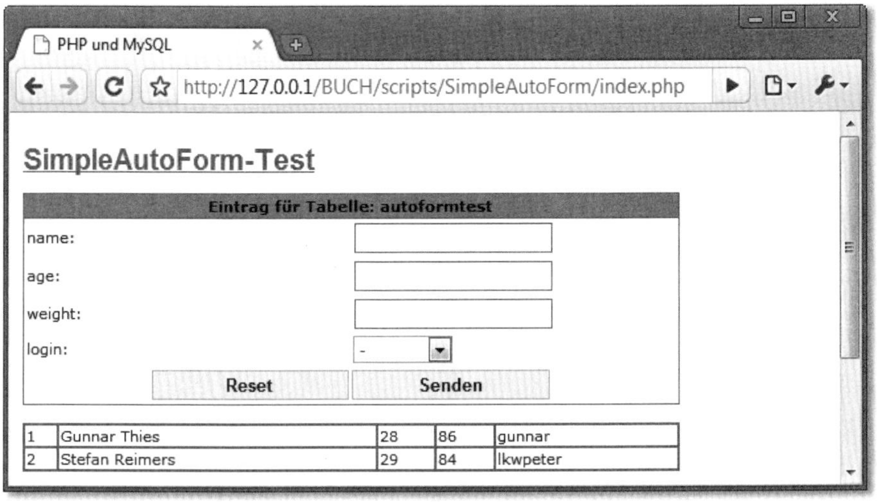

Abbildung 21.3 Automatisch generiertes Formular der Tabelle »autoformtest«

21.3 Verbesserungsvorschläge

Wir könnten diese Klasse nun noch sehr verbessern, da die bisherigen Methoden noch nicht ausreichen, um eine befriedigende Generierung aller Tabellen zu gewährleisten. Beispielsweise werden hier weder zusammengesetzte Primärschlüssel noch Nicht-`AUTO_INCREMENT`-Primärschlüssel unterstützt. Die Datentypen wie `DATE`, `SET` und `ENUM` und alle binären Datentypen werden auch nicht unterstützt und lassen somit keine flexiblen Tabellenentwürfe zu.

Folgende Verbesserungsvorschläge sind als Denkanstoß zu nennen:

- vollständige Unterstützung aller möglichen Datentypen der MySQL-Datenbank
- Spezifizierung der anzuzeigenden Tabellenattribute (ein Attribut kann so einen Anzeigenamen zugewiesen bekommen, unabhängig von dem Bezeichner in der Datenbank)
- Spezifizierung von Standardwerten (damit vorgegebene Werte in die Eingabefelder eingetragen werden können)

- Eingabe von Primärschlüsseln (auch zusammengesetzter) und automatische UNIQUE-Überprüfung
- Angabe von zusätzlichem Text für jedes Feld der Tabelle (Beschreibungs- oder Hilfstexte)
- vollständige Wertüberprüfung aller Werte durch die Check-Klasse

Je größer eine Webapplikation wird, desto mehr Code muss geschrieben werden. Um dabei den Überblick zu behalten, existieren entsprechende Programmier-Paradigmen. Dazu gehört u.a. das Model-View-Controller-Prinzip, das für aufgeräumten Code sorgt und hier im Folgenden erläutert wird.

22 Model View Controller

Model View Controller (MVC) ist ein Architekturmuster, das die Software-Entwicklung in drei grundlegende Teile unterteilt. Ein Teil ist das Datenmodell (*Model*), das die Datenhaltung beschreibt, ein weiterer Teil betrifft die Darstellung (*View*). Der dritte Teil ist die Programmlogik (*Controller*), die die Abläufe einer Anwendung steuert. Im Gegensatz zu der bisherigen Programmierung in diesem Buch werden für jeden dieser Teile eigene Klassen bzw. Skripte angelegt. Die Motivation zur Entwicklung eines solchen Musters resultierte aus der oft miteinander verwobenen Programmlogik und des Codes zur Darstellung der Anwendung. Durch MVC wird das Datenmodell idealerweise ein einziges Mal pro Objekt implementiert. Anschließend lässt sich ein solches Modell von beliebig vielen Darstellungsklassen verwenden. Die Kommunikation zwischen Datenmodell und Darstellung wird durch einen Controller vorgenommen. MVC kam zum ersten Mal in der Programmiersprache Smalltalk[1] vor. Mittlerweile wird das MVC-Muster in vielen verschiedenen Programmiersprachen (darunter natürlich auch PHP) angewendet.

Modell (Model)

Ein Modell enthält grundsätzlich die jeweils für den aktuellen Anwendungskontext relevanten Daten. Die Implementierung enthält in einigen Fällen auch Geschäftslogik. Oft existiert für jedes Objekt der Realwelt eine Modellklasse und auf der Datenbankseite eine Tabelle.

Darstellung (View)

Die Darstellung ist für die Anzeige und für die Entgegennahme von Benutzerinteraktionen zuständig. Dazu benötigt die View-Klasse die Daten aus dem Modell.

---

[1] *http://de.wikipedia.org/wiki/Smalltalk-80_(Programmiersprache).*

Hierin werden im Falle von Webanwendungen alle Formulare und HTML-Elemente implementiert.

Programmlogik (Controller)

Die Programmlogik ist für die Verwaltung der Darstellung (gegebenenfalls auch mehrerer gleichzeitig) und für das Holen und Aktualisieren der benötigten Daten zuständig. Aktionen, die von einem Benutzer in einem View ausgelöst werden, werden hier ebenfalls verarbeitet. Das Manipulieren von Daten allerdings ist nicht Sache der Programmlogik.

Diese Trennung von Funktionalität in drei Bereiche hat mehrere Vorteile: Die Flexibilität der Anwendung wird gesteigert, Änderungen an der Anwendung sind leichter vorzunehmen, und eine Wiederverwendbarkeit des Codes an anderer Stelle wird erleichtert. Es gibt diverse unterschiedliche Umsetzungen des MVC-Musters; in Abbildung 22.1 ist die von uns präferierte Sichtweise dargestellt.

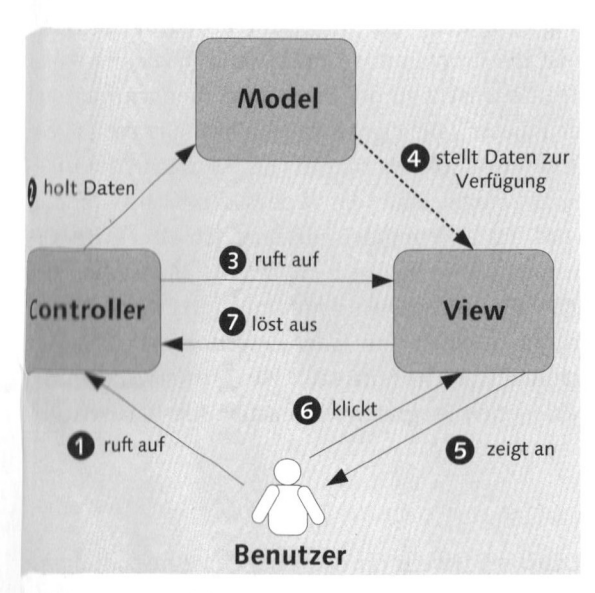

Abbildung 22.1 Model-View-Controller-Muster

Grundlegend wird der Controller als Erstes aufgerufen. Er prüft dann, welche Daten er anzeigen muss und ob gegebenenfalls eine Aktion ausgeführt werden soll. Anschließend stößt der Controller die Anzeige des Views an, die Zugriff auf die bereitgestellten Daten erhält. Löst der Benutzer der Anwendung eine Aktion im View aus, wird dies dem Controller entsprechend signalisiert, und der »Kreislauf« beginnt von vorn.

Da es sich hierbei um ein PHP-Buch handelt, gehen wir natürlich im Weiteren nur auf MVC-Muster innerhalb von PHP-Anwendungen ein. Aber keine Angst, wir werden hier kein Framework selbst programmieren. Dies würde den Rahmen des Kapitels bei weitem sprengen. Es gibt dafür mittlerweile auch sehr gute Frameworks, die Ihnen große Teile der Arbeit bei der Programmierung einer Webanwendung abnehmen. Wir können und wollen an dieser Stelle keine Aufzählung vorhandener Lösungen einfügen, da die Liste bei Erscheinen des Buches möglicherweise nicht mehr aktuell ist.[2] Wir haben uns in diesem Rahmen für *CakePHP* entschieden, da dieses Framework aus unserer Sicht sehr einfach und intuitiv zu nutzen ist und nicht zuletzt auch eine große Benutzerbasis hat und daher viele Möglichkeiten der Hilfestellung für neue Nutzer bietet.

Die konkrete Umsetzung des MVC-Musters in CakePHP sieht folgendermaßen aus (siehe Abbildung 22.2): Im ersten Schritt ruft ein Benutzer eine URL auf, die der Dispatcher (englisch für »Verteiler«) verarbeitet. Dieser ermittelt dann den aufzurufenden Controller. Im dritten Schritt lädt er die Daten aus der Modelklasse, die sich mit der Datenbank verbindet, und erhält die benötigten Daten. Im fünften Schritt wird einer der (zugehörigen) Views aufgerufen und dem Benutzer angezeigt. Dieser kann durch den View ermöglichte Aktionen ausführen, die dann ebenfalls wieder an den Dispatcher geschickt werden. Somit beginnt der Kreislauf wieder von vorn.

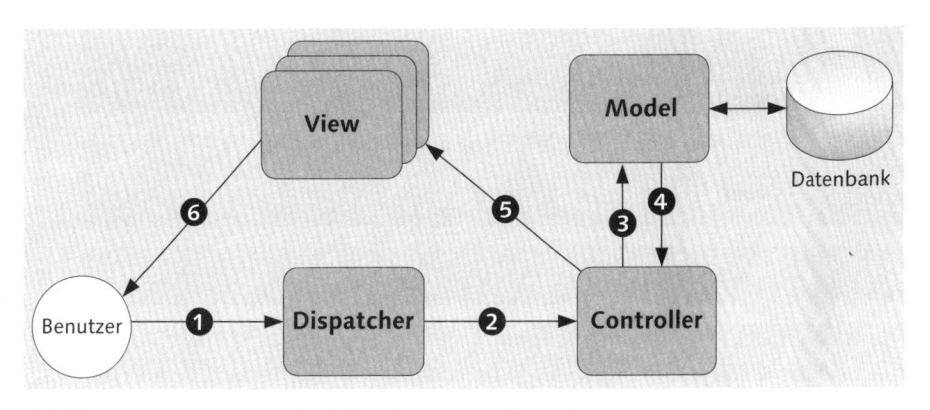

Abbildung 22.2 Umsetzung des MVC-Musters in CakePHP

Der Dispatcher arbeitet nach einem in diesem Buch bereits vorgestellten Muster: Er ruft eine URL auf, die das `mod_rewrite`-Modul des Apache Webservers auflöst, wie in Kapitel 17, »Web 2.0-Technologien«, bei der Realisierung der REST-API

---

2 Geben Sie in der Suchmaschine Ihrer Wahl einfach einmal »MVC Frameworks PHP« ein, und sehen Sie selbst, wie viele Frameworks es gibt.

erläutert. Dabei wird überprüft, ob ein Controller des angegebenen Namens vorhanden ist. Sollte der Controller existieren, wird anschließend ermittelt, ob ein passendes Datenmodell existiert, um zuletzt auf den jeweils aufgerufenen View hin zu überprüfen. Wie Sie das Modul `rewrite` im Apache Webserver aktivieren, lesen Sie bitte in Kapitel 17 nach.

22.1 Installation und Konfiguration von CakePHP

Um mit CakePHP zu arbeiten, müssen wir natürlich zunächst die Software in aktueller Version aus dem Internet herunterladen. Dazu gehen wir auf die Webseite *http://www.cakephp.org* und wählen unter DOWNLOADS die neueste stabile Version aus (zur Drucklegung war dies 2.0.3). Diese Datei entpacken wir mit einem geeigneten Programm in das *htdocs*-Verzeichnis (in unserem Fall *D:/xampplite/htdocs*). Anschließend sollte dort ein neuer Ordner mit dem Namen *cake* und der Versionsnummer enthalten sein. Durch das Umbenennen des Ordners in *cake* können wir später im Browser einfach darauf zugreifen.

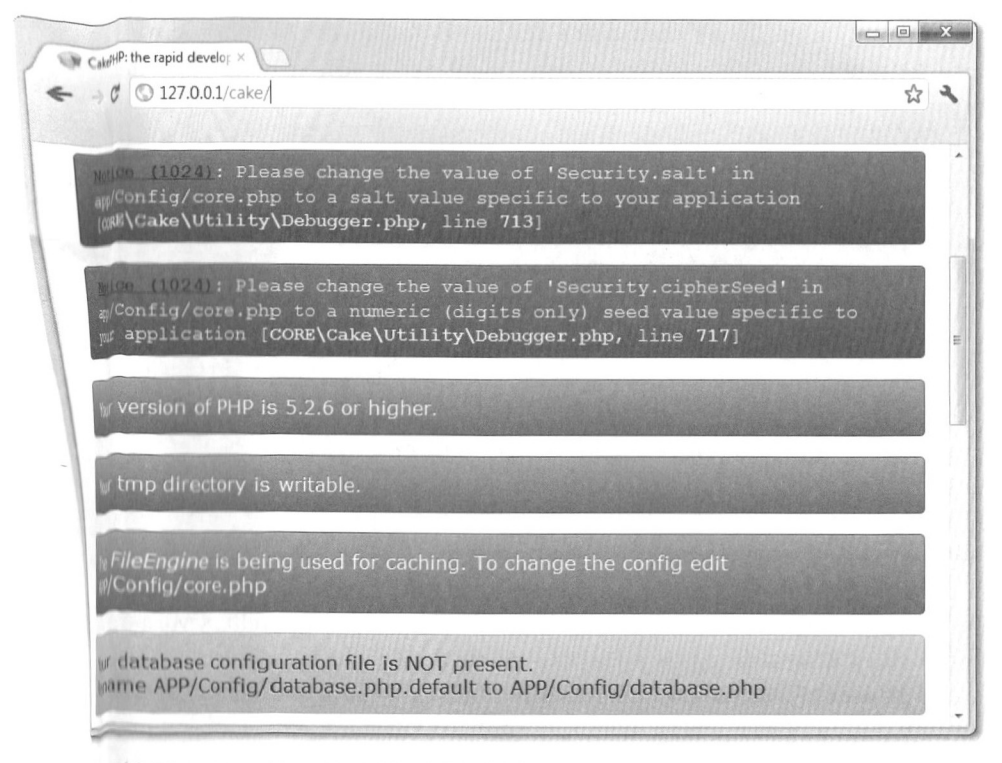

Abbildung 22.3 Erster Kontakt mit CakePHP

Nun können wir bereits die Startseite unserer CakePHP-Installation aufrufen (unter der URL *http://127.0.0.1/cake*) und bekommen einige Hinweise angezeigt: Der Wert für `Security.salt` und `Security.cipherSeed` in der Datei *app/Config/core.php* ist noch anzupassen (siehe Abbildung 22.3). Diese Werte sollen nicht auf dem Standard stehen bleiben, der bei der heruntergeladenen Version enthalten war, da sie für sicherheitsrelevante Aktionen verwendet werden. Öffnen Sie einfach die Datei *app/Config/core.php*, und ändern Sie die Werte der beiden Parameter nach Belieben.

Eine weitere Meldung teilt uns Folgendes mit: »Your database configuration file is not present.« Dies bedeutet lediglich, dass wir noch keine Verbindung zur Datenbank angegeben haben. Ohne diese kann CakePHP aber nicht funktionieren, da die Daten der Modelle aus der Datenbank bezogen werden. Daher führen wir im Folgenden zwei Schritte aus:

- Anlegen einer frischen Datenbank zur Nutzung mit CakePHP
- Anpassen der Konfigurationsdatei für die Datenbank
- Sie sollten mittlerweile mit der Benutzung des Datenbank-Administrationswerkzeugs phpMyAdmin vertraut sein; wir legen damit einfach eine neue Datenbank mit Namen *cake* (und Codierung `utf8_general_ci` für Collation und Zeichensatz) an. Das entsprechende Formular erreichen wir über die Startseite von phpMyAdmin. Nachdem die Datenbank angelegt ist, können wir auch den zweiten Schritt ausführen und die Konfigurationsdatei anpassen. Wir finden die entsprechende Datei *database.php.default* unter dem Pfad */app/config* in unserem *cake*-Ordner. Diese Datei ist die Vorlage, die wir anpassen müssen. Zuerst ändern wir den Namen der Datei in *database.php*. Somit wird diese von CakePHP gefunden. Die Datei besteht lediglich aus einer Klassendefinition `DATABASE_CONFIG` mit Variablen, die jeweils eine Arraydefinition enthalten. Darin werden die relevanten Datenbankverbindungsdaten abgelegt. Wir benötigen hierin nur eine Variable, die folgendermaßen aussehen sollte:

```
public $default = array(
    'datasource' => 'Database/Mysql',
    'persistent' => false,
    'host' => 'localhost',
    'login' => 'root',
    'password' => '',
    'database' => 'cake',
    'prefix' => '',
    'encoding' => 'utf8',
);
```

Listing 22.1 Datenbankkonfiguration in CakePHP

Der Parameter `datasource` bezeichnet den Datenbanktyp (`mysql`); `host`, `login`, `password` und `database` sind die gängigen Angaben für die Datenbankverbindung, wie wir sie auch in den Datenbankklassen verwenden. Der Parameter `persistent` ermöglicht den Aufbau einer persistenten Verbindung zur Datenbank. Durch `encoding` können wir die Datenbankverbindung auf den Zeichensatz UTF-8 einstellen. Der Parameter `prefix` ist eine weitere interessante Option: Diese Angabe ermöglicht es, innerhalb einer Datenbank mehrere CakePHP-Instanzen parallel zu verwenden bzw. eine MySQL-Datenbank auch für andere Zwecke zu nutzen, ohne Namenskonflikte zu bekommen. Durch `prefix` wird jeder Tabelle, die wir verwenden wollen, dieses spezifizierte Präfix vorangestellt. Wenn wir beispielsweise die Tabelle `books` einmal für CakePHP verwenden möchten, sie aber in derselben Datenbank erneut benötigen, definieren wir hier einfach ein Kürzel. So können wir beispielsweise `cake_` als Präfix definieren und die Tabelle `cake_books` in der Datenbank anlegen. Dies hat vor allem für Kunden von Hosting-Providern, die nur eine MySQL-Datenbank anbieten, großen Nutzen. Gerade die Tabellen und Klassennamen sind ein sehr wichtiger Bestandteil von CakePHP, da hierüber viele Einstellungen bzw. Beziehungen festgelegt werden. Rufen wir nun erneut die Startseite auf, sind die Warnmeldungen verschwunden. Jetzt steht der Verwendung von CakePHP nichts mehr im Wege.

22.2 Prinzipien in CakePHP

CakePHP ist in großen Teilen an das Framework *Ruby on Rails* angelehnt. Dieses auf der Programmiersprache *Ruby* basierende Werkzeug konfiguriert die meisten der Beziehungen zwischen Klassen und Tabellen der Datenbank und auch großen Teilen die Funktionalität des Frameworks durch vorgegebene Namenskonventionen. Daher stammt das Motto »convention over configuration« (englisch für »Konvention vor Konfiguration«), denn man spart sich eine große Anzahl an Konfigurationsdateien und folgt stattdessen gewissen Konventionen bei der Benennung von Tabellen der Datenbank und Modellen, Controllern und Views. Sie werden sich wundern, wie wenige Dateien für die Konfiguration benötigt werden. Haben Sie das Konzept einmal verstanden, schreiben Sie relativ schnell guten Code. Um das Verständnis zu fördern, haben wir in Abbildung 22.4 die Verzeichnisstruktur des CakePHP-Frameworks als Übersicht dargestellt und werden im Folgenden die einzelnen Ordner und deren Zweck kurz erläutern.

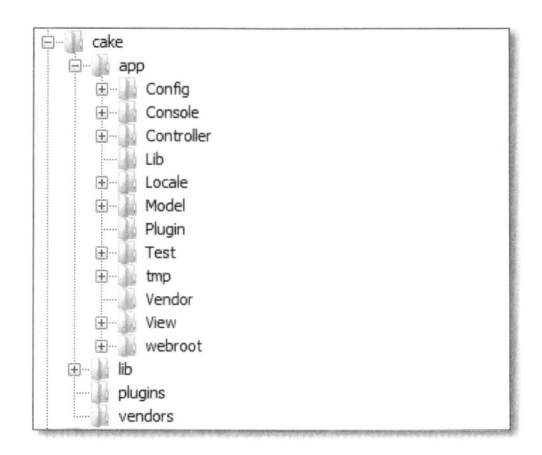

Abbildung 22.4 Verzeichnisstruktur des CakePHP-Frameworks

Ordner: »app«

Den Ordner *config* haben Sie bereits durch die Konfiguration der Datenbank kennengelernt. Die Ordner *controllers*, *models* sowie *views* sind logischerweise für die PHP-Klassen der Controller, Modelle und Ansichten vorgesehen. CakePHP findet dort gespeicherte Klassen automatisch (also vergessen Sie unzählige `require`-Zeilen), erwartet diese aber auch mit korrekter Namensgebung. Der Ordner *vendors* ist für das Ablegen von Dritthersteller-Software vorgesehen. Der Ordner *webroots* ist schließlich für alle benötigten CSS-Skripte, Bilder und weitere webrelevante Dateien gedacht, die innerhalb einer (CakePHP-)Website angezeigt und verwendet werden können. Auf die restlichen Ordner werden wir in dieser kurzen Einleitung nicht eingehen.

Ordner: »lib«

Hierin sind alle Kernklassen des Frameworks enthalten. Aber keine Sorge, diese Klassen werden wir hier nicht weiter betrachten. Den Kern des Frameworks können Sie getrost so belassen, wie er ist.

22.3 MVC mit CakePHP umsetzen

Wie bereits erläutert, dreht sich in CakePHP alles um Namenskonventionen, daher gehen wir nun zur Erläuterung der Funktionalität von folgendem trivialen Anwendungsfall aus:

Wir haben eine Tabelle mit Büchern und eine Tabelle mit Buchautoren. Jedes Buch kann von mehreren Autoren geschrieben worden sein. Umgekehrt kann jeder Autor mehrere Bücher geschrieben haben.

Zuerst legen wir nun die beiden Tabellen in der Datenbank an, damit wir sie in CakePHP verwenden können. Die Tabelle für die Bücher (books) enthält die in Tabelle 22.1 beschriebenen Attribute. Wir benötigen dabei eine eindeutige ID, einen Titel des Buches (title) sowie die Anzahl der Seiten (pages) und den Verleger des Buches (publisher).

Attributname	Attributtyp
id	int, Primärschlüssel
title	varchar(300)
pages	int
publisher	varchar(300)

Tabelle 22.1 Tabelle »books«

Die Tabelle der Autoren (authors) ist noch kleiner und setzt sich aus den folgenden Attributen zusammen (siehe Tabelle 22.2): eindeutige ID, Vor- (firstname) und Nachname (lastname) des Autors.

Attributname	Attributtyp
id	int, Primärschlüssel
firstname	varchar(300)
lastname	varchar(300)

Tabelle 22.2 Tabelle »authors«

Nun sind wir bereit für das Erstellen der Modelle, Controller und Views. Aber CakePHP hat hierfür ein Werkzeug, um uns die Arbeit sehr zu erleichtern: Mit im Framework enthalten ist das PHP-Skript *bake.php* im Ordner *app/Console*, das über eine Kommandozeile aufgerufen werden kann. Dieses Skript kann diverse Aufgaben zur Code-Erstellung übernehmen. Wir konzentrieren uns hier auf die *bake-Shell*, die aus einer vorhandenen Datenbanktabelle vom Controller über das Model bis hin zum View alles automatisch erstellen kann. Die dabei entstehenden Klassen sind sehr generisch und eignen sich für einen ersten Testbetrieb, sollten aber später verfeinert werden. Die Shell *acl* ist bspw. für das Erstellen von »Access Control Lists« (ACL) zuständig und regelt damit auf Tabellenebene den Zugriff von Benutzern auf Objekte (dazu müssen allerdings die vorgesehenen Tabellen innerhalb der Datenbank vorhanden sein). Die ACL werden wir hier nicht weiter besprechen, da diese Funktionalität doch recht komplex werden kann. Gute Anleitungen hierzu finden Sie aber unter der Webadresse *www.cakephp.org*.

Um das Konsolenskript *bake.php* ausführen zu können, müssen wir aber die Möglichkeit haben, den PHP-Parser über die Kommandozeile aufzurufen. Dies ist im Standardfall (hier wieder für Windows-Nutzer) aber noch nicht konfiguriert. Hierfür muss lediglich der Pfad zur Datei *php.exe* (im Ordner *php* in einer XAMPP-Version) als Systemvariable angegeben werden. Bitte lesen Sie für Ihr spezifisches Betriebssystem nach, wie Sie eine Systemvariable setzen können. Unter Windows Vista rufen Sie einfach innerhalb der SYSTEMSTEUERUNG den Menüpunkt SYSTEM und dann ERWEITERTE SYSTEMEIGENSCHAFTEN auf. Unter dem Punkt SYSTEMVARIABLEN lässt sich dann der Pfad zum PHP-Interpreter in der Variablen PATH per Semikolon getrennt eingeben. Wenn Sie nun eine Konsole aufrufen (STARTMENÜ • AUSFÜHREN • »cmd« eingeben), können Sie hier PHP-Skripte ausführen. Wir navigieren nun innerhalb der Konsole zu dem Ordner *cake/app/Console/* des *htdocs*-Verzeichnisses und führen dann den Befehl

```
php cake.php bake
```

aus. Ist alles korrekt eingerichtet, und die Datenbank läuft und ist innerhalb von CakePHP konfiguriert, sollte die Ausgabe aus Abbildung 22.5 in der Konsole erscheinen.

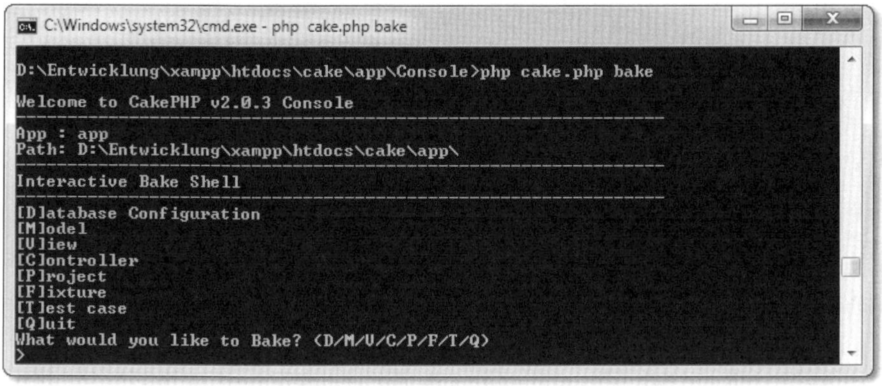

Abbildung 22.5 Erfolgreicher Aufruf von »bake.php«

Wir haben nun u. a. die folgenden drei Möglichkeiten: Entweder können wir einen Controller, ein Modell oder einen View erstellen (»backen«). Mit Hilfe eines interaktiven Dialogs werden wir dann durch die Erstellung dieser Komponenten geführt. CakePHP findet hierbei automatisch die in der Datenbank existierenden Tabellen. Hier können Sie zum ersten Mal eine der Konventionen austesten: Wir haben die beiden Tabellen `books` und `authors` angelegt, die jeweils mit einer englische Bezeichnung im Plural benannt sind. Wenn Sie eine Tabelle nun mit einem englischen Bezeichner im Singular anlegen, wird diese Tabelle von dem Skript gar nicht erst angezeigt.

Zuerst wollen wir nun eine Modellklasse erstellen lassen. Dazu geben wir in der ersten Abfrage (Model, View oder Controller) ein »M« ein. Anschließend bestätigen wir, dass wir die Standard-Datenbankverbindung verwenden möchten (default). Dann wählen wir das zu erstellende Modell (hier Author). Die Frage nach einem displayField beantworten wir mit »y« und wählen den Nachnamen (lastname). Dieses Feld wird für die Anzeige eines Datensatzes der Tabelle Author verwendet. Die daraufhin gestellten Fragen verneinen wir alle durch die Eingabe von »n« und erhalten somit eine abschließende Bestätigung der Dialogeingaben (siehe Abbildung 22.6).

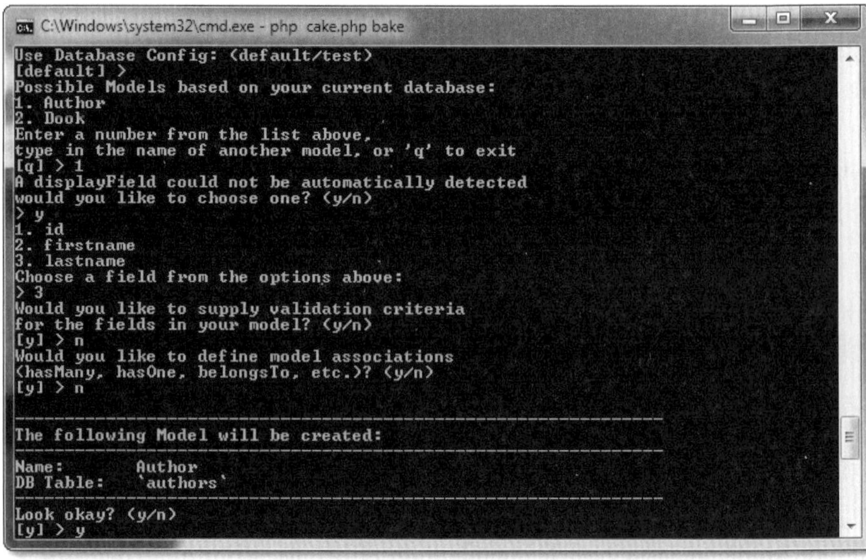

Abbildung 22.6 Kontrollansicht des »bake.php«-Dialogs

Nun geben wir »y« ein, um das Modell von *bake.php* erstellen zu lassen. Die Frage nach dem Erstellen von Testdateien verneinen wir. Dieselben Schritte führen wir noch für den Controller aus (»C« auswählen). Zuerst wird wieder der Autor ausgewählt. Die Anfrage des Controllers zum Dynamic Scaffolding müssen Sie unbedingt mit »y« beantworten. Das Scaffolding bewirkt, dass auch ohne weiteren Quellcode in den Klassen (und ohne das Existieren eines einzigen Views) das Anlegen, Ändern und Löschen von Datensätzen funktioniert. Die Formularelemente der Views werden von CakePHP dynamisch »on the fly« erzeugt. Nach der Ausführung dieser zwei Vorgänge sind nun folgende Dateien neu erstellt worden:

- der Controller für Autoren unter *controllers/authors_controller.php*
- das Modell für Autoren unter *models/author.php*

Die Inhalte der beiden Dateien sind noch sehr unspektakulär, da weder Angaben zu etwaigen Fremdschlüsselbeziehungen oder Validierung innerhalb des Modells gemacht noch Funktionen im Controller angelegt wurden:

```php
<?php
App::uses('AppModel', 'Model');
/**
 * Author Model
 *
 */
class Author extends AppModel {
/**
 * Display field
 *
 * @var string
 */
    public $displayField = 'lastname';
}
```

Listing 22.2 Automatisch erstellte Modell-Klasse für die Tabelle »authors«

Wie Sie in Listing 22.2 sehen, ist innerhalb der Modell-Klasse lediglich der Namen `Author` definiert. Allerdings erweitert die Klasse die Elternklasse `AppModel` des Frameworks, um deren Funktionalitäten zu erben. Die Klasse des Controllers (siehe Listing 22.3) ist ebenfalls kurz und enthält den Namen `Authors` und die Variable `$scaffold`. Diese macht den großen Unterschied: Da sie definiert ist, werden alle Grundfunktionalitäten des Frameworks für die Tabelle `authors` bereitgestellt – Übersicht (*view*), Anlegen (*add*), Ändern (*edit*) und Löschen (*delete*) von Datensätzen. Dadurch ist es auch unnötig, Views anzulegen, da diese automatisch (bei Aufruf durch den Nutzer) erzeugt werden.

```php
<?php
App::uses('AppController', 'Controller');
/**
 * Authors Controller
 *
 */
class AuthorsController extends AppController {
/**
 * Scaffold
 *
 * @var mixed
 */
```

```
    public $scaffold;
}
```

Listing 22.3 Automatisch erstellte Controller-Klasse für die Tabelle »authors«

Um nun endlich die Autorensicht zu testen, geben Sie folgende URL ein:

http://127.0.0.1/cake/authors

> **Tipp**
>
> Sollte sich Ihr Datenmodell während der Anfangsphase eines Projektes häufig ändern, ist es eine kluge Wahl, die Views gar nicht erst zu erstellen, sondern die Controller-Einstellung zunächst auf *Scaffolding* zu belassen. Somit können Sie ein sich änderndes Tabellenschema ohne eine Änderung im Code direkt testen. Andernfalls ziehen Änderungen am Datenmodell grundsätzlich Änderungen am Design der Views nach sich.

Sie sehen dann folgende Übersicht (hier zur Verdeutlichung bereits mit zwei angelegten Autoren, siehe Abbildung 22.7) und können von dort aus Datensätze anlegen, ändern und löschen.

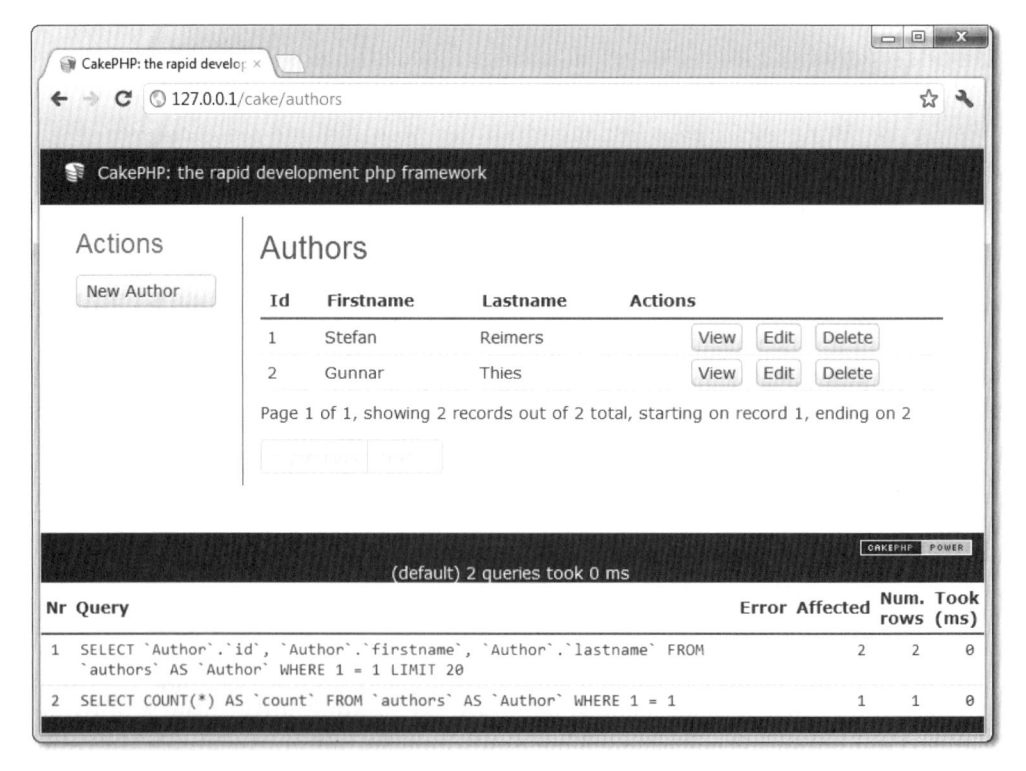

Abbildung 22.7 Übersicht über alle Autoren (mit Scaffolding)

Der von CakePHP erzeugte Standard-View enthält unter der URL *authors* bzw. *authors/index* immer eine Listenansicht, von der aus Sie neue Elemente (Autoren) anlegen oder vorhandene Elemente löschen, ändern und anzeigen lassen können.

Wenn Sie beispielsweise einen neuen Autor anlegen wollen, klicken Sie auf den Link NEW AUTHOR und erhalten die in Abbildung 22.8 gezeigte Ansicht, in der Sie neue Datensätze erstellen können.

Bedenken Sie, dass für die Anzeige dieser Ansichten keinerlei Code geschrieben wurde und alles »on the fly« von CakePHP erzeugt wird. Später werden wir die Views dennoch erstellen, um sie anzupassen.

Dieselben Schritte können Sie jetzt auch noch für die Tabelle `books` durchführen und somit anschließend auch Bücher verwalten.

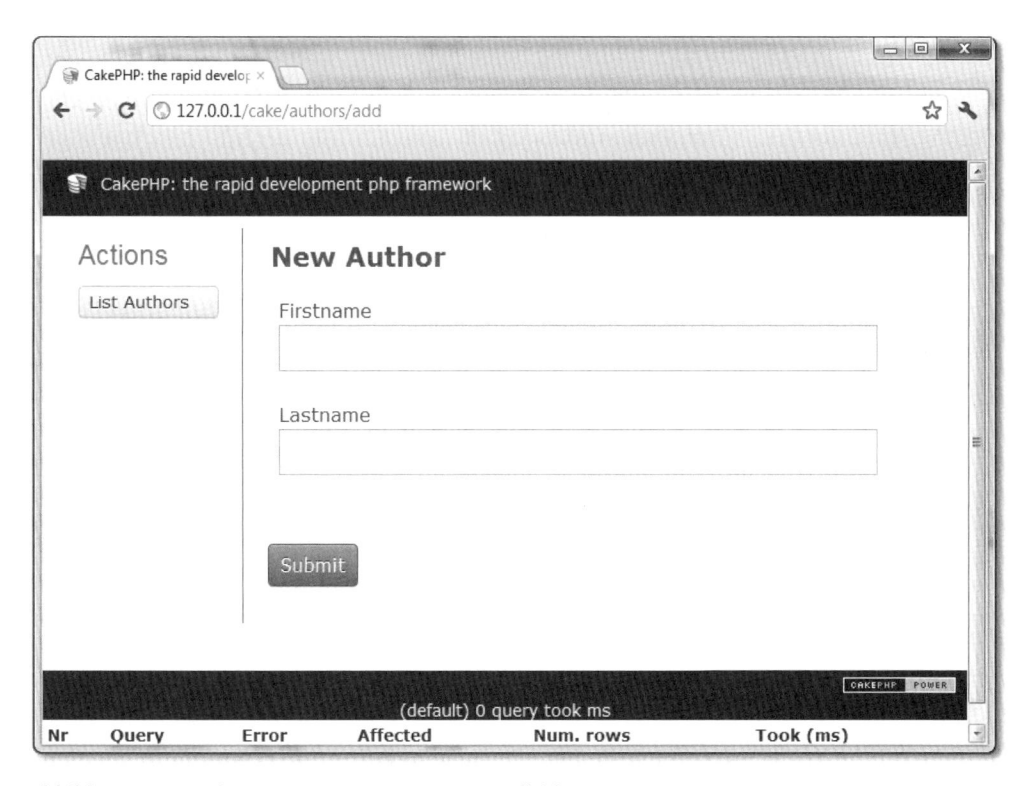

Abbildung 22.8 Anlegen neuer Datensätze (mit Scaffolding)

22.3.1 HABTM-Modell

Lassen Sie uns nun einen etwas ausgereifteren und realistischeren Ansatz konfigurieren (denn implementieren müssen wir an dieser Stelle noch immer nichts). Wir wollen hier sogenannte *Has-and-belongs-to-many-(HABTM-)Beziehungen* zwischen zwei Tabellen herstellen. Dies bedeutet, dass wir eine m:n-Beziehung definieren; mit anderen Worten: Jedes Buch kann von mehreren Autoren geschrieben worden sein, und jeder Autor kann mehrere Bücher geschrieben haben. Eine HABTM-Beziehung benötigt grundsätzlich eine Verbindungstabelle, um in diesem Fall die Verbindungen zwischen Buch und Autor abbilden bzw. speichern zu können. Struktur und Name dieser Tabelle sind für die Verwendung mit CakePHP ebenfalls vorgeschrieben. Der Name wird aus dem Plural der beiden zu verbindenden Tabellen gebildet, wobei diese in alphabetischer Reihenfolge genannt werden. Unsere Verbindungstabelle heißt an dieser Stelle daher authors_books und benötigt eine eigene ID sowie jeweils eine ID für die beiden zu verbindenden Tabellen (siehe Tabelle 22.3).

Attributname	Attributtyp
id	int, Primärschlüssel
author_id	int
book_id	int

Tabelle 22.3 HABTM-Verbindungstabelle

Nachdem wir diese Tabelle in der MySQL-Datenbank erstellt haben, führen wir erneut das *bake*-Skript aus und wählen die Option des Erstellens eines Models für die Tabelle books. Diesmal achten wir aber darauf, dass wir bei der Abfrage »Would you like to define model associations« ein »y« eingeben. Damit können wir hier die Verbindung zu den Autoren herstellen. Im Anschluss wird daher nachgefragt, welche Verbindung konfiguriert werden soll (hierbei verweist CakePHP automatisch auf die einzige gefundene Verbindungstabelle AuthorsBooks). Dies sind die möglichen Verbindungen:

- Autor kann zu einem AuthorsBook zugeordnet werden (»hasOne«)
- Autor kann mehreren AuthorBooks zugeordnet werden (»hasMany«)
- Autor hat eine HABTM-Beziehung zu Büchern

Wir stimmen an dieser Stelle der vorgeschlagenen HABTM-Beziehung zu (siehe Abbildung 22.9). Die diversen anschließenden Fragen können wir wieder alle verneinen (bis auf das Überschreiben der bisherigen Modell-Datei und das »Backen« an sich).

Dieselbe Prozedur führen wir für das Model der Tabelle authors durch und geben dort an, dass eine HABTM-Beziehung zu Books besteht. Das war schon alles. Durch das Scaffolding in den Controllern sind keine weiteren Aktionen mehr notwendig.

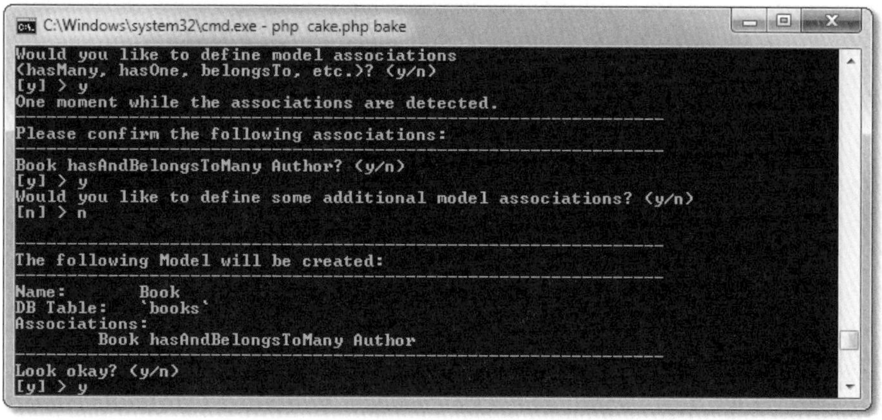

Abbildung 22.9 HABTM-Beziehung konfigurieren

Wir schauen uns nun erneut das Modell von Author an, das sich geringfügig verändert hat (siehe Listing 22.4).

```
<?php
...
class Author extends AppModel {
...
//The Associations below have been created with all possible keys,
those that are not needed can be removed
/**
 * hasAndBelongsToMany associations
 *
 * @var array
 */
    public $hasAndBelongsToMany = array(
        'Book' => array(
        'className' => 'Book',
            'joinTable' => 'authors_books',
            'foreignKey' => 'author_id',
            'associationForeignKey' => 'book_id',
            'unique' => true,
            ...
        )
    );
}
```

Listing 22.4 Autor-Modell mit HABTM-Beziehung mit Büchern

Die einzige Änderung zu dem zuvor erstellten Modell ist, dass die Variable $hasAndBelongsToMany zum Modell hinzugefügt wurde. Diese Variable ist ein

Array, das wiederum ein assoziatives Array Book enthält. Darin wurden durch unsere Angaben im Dialog folgende Daten automatisch gesetzt:

- className: Name der Klasse, die mit diesem Modell verbunden ist (Book)
- joinTable: die Tabelle, in der die Zuordnungsdaten gespeichert werden (authors_books)
- foreignKey: Der Schlüssel, der für die Verbindung zu dieser Tabelle (also der Autoren-Tabelle) verwendet werden soll. Dies muss nicht unbedingt der Primärschlüssel sein (author_id)
- associationForeignKey: der Schlüssel der Tabelle, mit der verbunden werden soll (book_id)
- Das Modell Book enthält ebenfalls ein solches Array, lediglich mit anderen Daten (außer des joinTable-Parameters).

Wir rufen nun einmal die URL *http://127.0.0.1/cake/books* auf und legen ein neues Buch an. Dabei sehen wir, dass eine zusätzliche Möglichkeit zur Auswahl des Autors erscheint (dies wird aber nur in der Einzelansicht eines Buches angezeigt, nicht in der Gesamtliste). Das Gleiche können wir auf der Seite der Autoren beobachten – eine Auswahlliste mit den Namen aller Bücher ist hinzugekommen (siehe Abbildung 22.10).

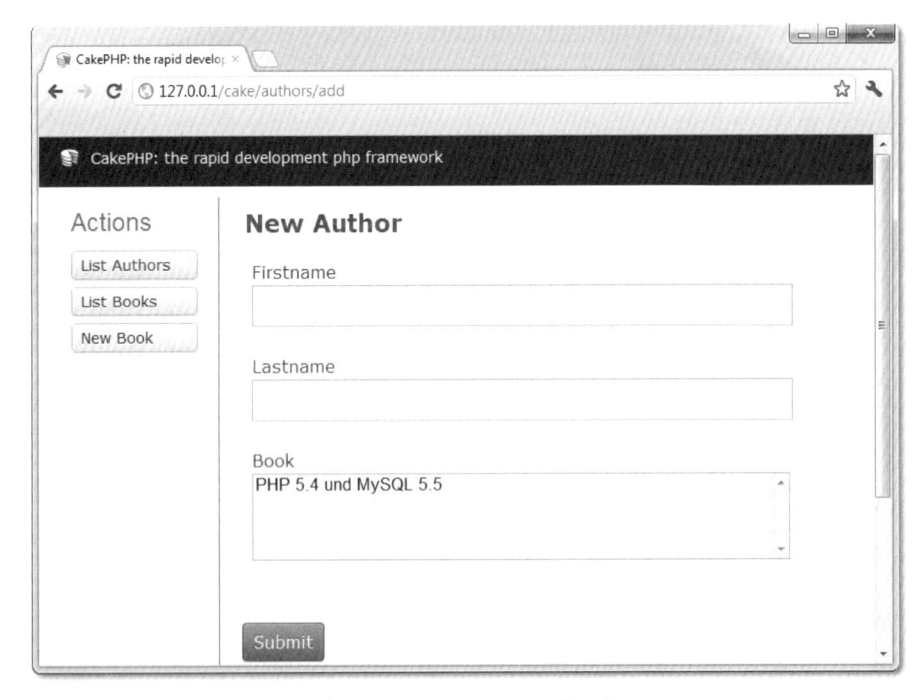

Abbildung 22.10 HABTM-Beziehung zwischen Autor und Buch

22.3.2 Validierung von Modell-Attributen

Nun wollen wir einen weiteren Anwendungsfall für das CakePHP-Framework betrachten: die Validierung von zu speichernden Parametern durch die Modellklasse, bevor diese in der Datenbank gespeichert werden. Dazu müssen wir natürlich wieder mal die »Bäckerei« bemühen. Wir rufen das *bake*-Skript auf und erstellen das Modell (des Autors) wie gewohnt. Bei der Frage nach »Would you like to supply validation criteria for the fields in your model?« antworten wir mit »y«. Darauf wird jedes einzelne Feld der Tabelle im Dialog abgefragt, und diverse Validierungsmöglichkeiten werden zur Auswahl angeboten.

Wir verwenden hier für die ID keine Validierung, da diese automatisch erstellt wird. Bei den Feldern `firstname` und `lastname` geben wir eine Validierung mittels `notempty` an. So können wir verhindern, dass ein Autor ohne Namen angelegt wird. Anschließend »backen« wir das Skript einfach fertig. Nun versuchen wir, einen Autor ohne Namen anzulegen, und erhalten dann eine entsprechende Fehlermeldung (siehe Abbildung 22.11).

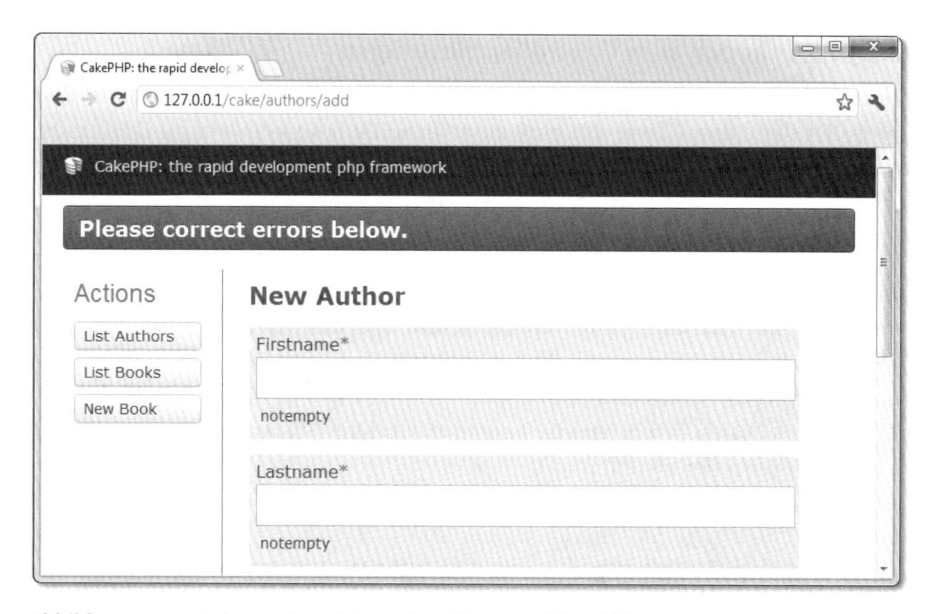

Abbildung 22.11 Anlegen eines Autors ohne Namen schlägt fehl

Der nun zum Modell hinzugefügte Code ist folgender (siehe Listing 22.5): Es wird eine Variable (Array) `$validate` definiert, die die Elemente `firstname` und `lastname` mit der jeweiligen Validierungsoption speichert. In diesem Beispiel hat CakePHP einfach die Konstante `VALID_NOT_EMPTY` für beide Attribute konfiguriert, was dann dafür sorgt, dass beide Attribute mindestens ein Zeichen enthalten müssen.

```
public $validate = array(
    'firstname' => array(
       'notempty' => array('rule' => array('notempty')),    ),
    'lastname' => array(
       'notempty' => array('rule' => array('notempty'))
       ,
);
```

Listing 22.5 Validierung innerhalb des Modells »Autor«

> **Hinweis**
>
> Dies sind nur die einfacheren Validierungsmöglichkeiten. Wir können selbstverständlich auch weitere Validierungsregeln definieren. Wertebereiche, reguläre Ausdrücke und natürlich jeweils eigene Fehlermeldungen sind einfach zu konfigurieren. Dazu werden dann keine Konstanten zu den Attributen gespeichert, sondern jeweils assoziative Arrays mit weiteren Parametern.

22.3.3 Methoden zum Controller hinzufügen

Um nun doch in den Code von CakePHP einzusteigen, wollen wir zunächst den Controller der Autor-Klasse um eine zusätzliche Funktion erweitern. Dazu müssen wir diesen aber zunächst durch das *bake*-Skript so erstellen, dass Scaffolding nicht mehr verwendet wird. Dadurch wird dann zum ersten Mal auch echter Funktionscode in der Klasse erstellt.

Wir wählen im Auswahlmenü CONTROLLER aus, dann die Autor-Klasse und beantworten die Frage nach dem Überschreiben und dem Erstellen der Standard-Views (»Would you like to create some basic class methods?«) mit »y«. Alle anderen Fragen verneinen wir. Nach dem Übersichtsdialog (der wie in Abbildung 22.12 aussehen sollte) beantworten wir die Fragen nach dem Überschreiben erneut und lassen den Controller erstellen.

Abbildung 22.12 Erstellen des Autor-Controllers ohne Scaffolding

Wir werden an dieser Stelle nicht den gesamten Code des Controllers besprechen. Wenn Sie diesen aber betrachten, sehen Sie, dass hier die Standardfunktionen index, view, add, edit und delete angelegt wurden. Jede dieser Funktionen repräsentiert einen URL-Aufruf und verweist damit auf einen entsprechend benannten View. Rufen wir nun erneut die URL *http://127.0.0.1/cake/authors* auf, erhalten wir eine entsprechende Fehlermeldung (siehe Abbildung 22.13), da kein View gefunden wurde.

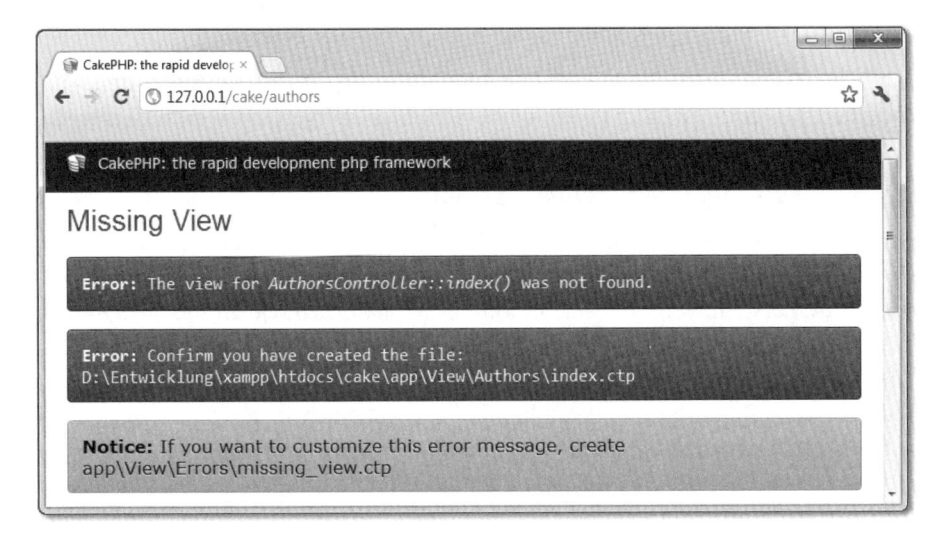

Abbildung 22.13 Fehlermeldung bei nicht existierendem View

Dies ist das Resultat des Ausschaltens von Scaffolding. Die Fehlermeldungen sind aber meist sehr aussagekräftig und lassen sich daher gut beheben. Bevor wir im nächsten Abschnitt die Views erstellen lassen, erweitern wir den Controller noch um eine Funktion bigIndex(). Diese Funktion verweist dann später automatisch auf den noch anzulegenden View *big_index.ctp*.

function bigIndex()

Da der normale Standard-View (*index*) nur eine Übersicht über die Autoren und keine Rückschlüsse auf die zugeordneten Bücher erlaubt, wollen wir dies durch die Funktion bigIndex ermöglichen. Der Code ist hier gegenüber dem der Funktion index() nur geringfügig verändert. Im ersten Schritt geben wir durch das Setzen von $this->Author->recursive auf 1 an, dass alle zugehörigen Daten (hier also die Buchzuordnungen) zusätzlich (rekursiv) geladen werden sollen. Somit stehen diese später auch im View zur Verfügung. Dann werden die konkreten Daten mit $this->set() gesetzt. Der erste Parameter steht für den Namen der Variablen, die später im View zur Verfügung stehen soll, der zweite Parameter beschreibt die Daten, die dafür geholt werden sollen. Wir definieren damit also die Variable $authors mit den gesamten Autorendaten ($this->Author->findAll()).

```
public function bigIndex()
{
   $this->Author->recursive = 1;
   $this->set('authors', $this->paginate());
}
```

Listing 22.6 Funktion für die Anzeige aller Autorendaten

Damit haben wir eine weitere einfache Funktion im Controller geschaffen, die über die URL *http://127.0.0.1/cake/authors/bigIndex* aufgerufen werden kann.

22.3.4 Views anpassen (selbst backen)

Um die im Controller definierten Funktionen auch nutzen zu können, muss jeweils für jede Funktion ein View im Ordner *views/authors* (oder entsprechend *views/books*) erstellt werden. Hierfür können wir natürlich wieder das *bake*-Skript verwenden. Wir rufen es auf und wählen das Erstellen von Views. Wir wählen dann die Views für Autor (erste Option) und verneinen alle weiteren Fragen. Aber Vorsicht: Damit werden bestehende Views überschrieben. Somit hat Cake-PHP die grundlegenden Views für *index*, *add*, *edit* und *delete* angelegt. Die Dateiendung ist *ctp*, und es wird für jede Controller-Funktion eine zugehörige Funktion vorausgesetzt (wenn diese nicht als `private` deklariert ist). Die Dateibenennungen in CakePHP werden immer als einzelne kleingeschriebene Wörter mit trennendem Bindestrich vorausgesetzt. Im Gegensatz dazu sind Klassen- und Funktionsbezeichnungen in sogenannter *Höckerschreibweise* (*CamelCase*) geschrieben: Wörter werden zusammengeschrieben und beginnen immer mit einem Großbuchstaben (außer bei Funktionen und Variablen, bei denen auch der erste Buchstabe kleingeschrieben wird). So haben wir die Funktion im Controller `bigIndex` genannt, den View dafür nennen wir nun aber *big_index.ctp*.

Im Folgenden stellen wir kurz den generellen Aufbau des erstellten Views *index.ctp* vor (siehe Listing 22.7): Als Erstes wird ein `<div>`-Element definiert, das den restlichen HTML-Code enthält. Darin wird eine Überschrift dargestellt und anschließend eine Tabelle für die Autorenübersicht zusammengebaut. Diese zeigt zunächst die Überschriften `ID`, `Firstname`, `Lastname` und `Actions` als `<th>`-Elemente.

```
<div class="authors index">
<h2><?php echo __('Authors');?></h2>
<table cellpadding="0" cellspacing="0">
<tr>
<th><?php echo $this->Paginator->sort('id');?></th>
<th><?php echo $this->Paginator->sort('firstname');?></th>
<th><?php echo $this->Paginator->sort('lastname');?></th>
<th class="actions"><?php echo __('Actions');?></th>
</tr>
```

Durch die alternative Schreibweise des `foreach`-Befehls wird der nachfolgende HTML-Code bis zum Ende der `foreach`-Schleife bei `<?php endforeach; ?>` für jeden Autor in der Variablen `$authors` ausgeführt. Die Variable `$authors` wurde im Controller per `$this->set` gesetzt und ist damit hier einfach zugreifbar. Innerhalb der Schleife werden Tabellenelemente `<td>` erzeugt, die die ID, den Vor- und den Nachnamen des Autors in der Tabelle anzeigen. Das assoziative Array `$author` enthält für jeden Autor die Daten, beispielsweise den Vornamen in `$author['Author']['firstname']`.

```
<?php$i = 0;
foreach ($authors as $author): ?>
<tr>
<td><?php echo h($author['Author']['id']); ?> </td>
<td><?php echo h($author['Author']['firstname']);
?> </td>
<td><?php echo h($author['Author']['lastname']); ?> </td>
```

Im Folgenden wird die Funktion `$html->link()` verwendet, die einen Link erzeugt, der folgende Parameter übergeben bekommt:

1. Linktitel
2. Ziel-URL
3. gegebenenfalls HTML-Attribute
4. Nachricht, die bestätigt werden muss (*Confirmation Message*)

So wird hier auf das Editieren des aktuellen Autors verwiesen, indem der Link mit dem Titel »Edit« und der Ziel-URL */authors/edit/* und dem Anhängen der ID des Autors an die URL erfolgt (`$author['Author']['id']`). Beim Löschen eines Autors wird zusätzlich eine Sicherheitsabfrage gestellt, die bei Nichtbestätigung dazu führt, dass dem Link nicht gefolgt wird.

```
<td class="actions">
<?php echo $this->Html->link(__('View'),
    array('action' => 'view', $author['Author']['id'])); ?>
<?php echo $this->Html->link(__('Edit'),
    array('action' => 'edit', $author['Author']['id'])); ?>
<?php echo $this->Form->postLink(__('Delete'),
array('action' => 'delete', $author['Author']['id']), null, __('Are you sure you want to delete # %s?',
    $author['Author']['id'])); ?>
</td>
</tr>
<?php endforeach; ?>
</table>
```

```
...
</div>
```
Listing 22.7 Automatisch erstellter View »index.ctp«

Wir wollen nun aber einen eigenen View erstellen, der zusätzlich zu der Übersicht über die Autoren auch die den Autoren zugeordneten Bücher anzeigt. Daher kopieren wir den View *index.ctp* und nennen die Kopie *big_index.ctp*.

Wir erweitern den Tabellenkopf um folgendes Element:

```
<th><?php echo $this->Paginator->sort('books');?></th>
```

Anschließend erweitern wir die vorhandene `foreach`-Schleife um das folgende Tabellenelement, das in einer eigenen `foreach`-Schleife über alle Bücher eines Autors iteriert und deren Titel als Listenelemente ausgibt.

```
<td><ul><?php
    foreach($author['Book'] as $book)
    {
        echo '<li>'.$book['title'].'</li>';
    }
?></ul></td>
```

Rufen wir nun die URL *http://127.0.0.1/cake/authors/bigIndex* auf, erhalten wir die Ansicht über alle Autoren nebst den diesen Autoren zugeordneten Büchern (siehe Abbildung 22.14).

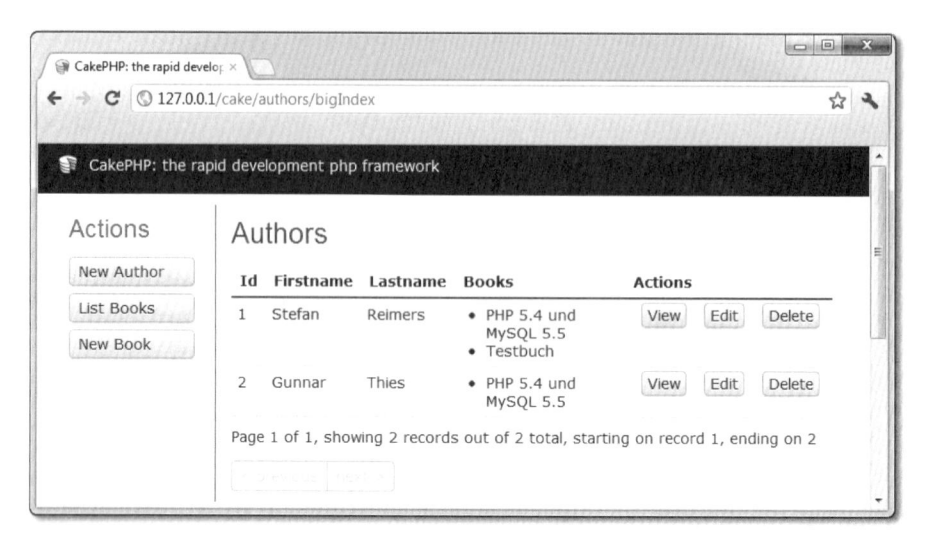

Abbildung 22.14 Eigener View »bigIndex« mit Buchansicht

22.4 Ausblick

Wir konnten an dieser Stelle nur eine sehr kurze Einführung in CakePHP geben. CakePHP bietet aber viele weitere tolle Möglichkeiten, die wir kurz aufführen wollen.

Kernkomponenten

CakePHP hat folgende Kernkomponenten bereits integriert: *Access Control List* (ACL, wie bereits kurz erläutert), Authentifizierungsmethoden, Cookie-Unterstützung, E-Mail, Request Handling, Pagination, Sicherheitskomponenten und Sessionunterstützung. Hierbei sind in allen Komponenten spezielle vereinfachte Funktionsaufrufe für CakePHP realisiert und meist durch gute Tutorials oder API-Beschreibungen erläutert. Darüber hinaus sind weitere Kernfunktionalitäten wie bspw. XML-Unterstützung, Caching und Logging eingebaut.

Verhalten (Behaviours)

Behaviours ermöglichen zusätzliche Funktionalität in Modellen und erweitern diese auf einfache Weise. Hierzu gehören ACL, Containable (zum speziellen Filtern von Datenabfragen), Translate (Unterstützung für mehrsprachige Anwendungen) oder Tree (ermöglicht eine einfache Baumdarstellung).

Helper (Hilfsfunktionen)

Die eingebauten *Helper* sind sehr hilfreich für die Erfüllung von Standardaufgaben in Webapplikationen. Bereits implementiert sind u. a. folgende Helper: *AJAX, Cache, Form, HTML, JavaScript, Number, Paginator, RSS, Session, Text* und *Time*. Diese erlauben durch die Verwendung in Controller und View eine vereinfachte Benutzung von Funktionalität (beispielsweise das Blättern durch viele Datensätze durch den *Paginator*-Helper).

Alle Komponenten, wie Behaviours oder Helper, können Sie selbst beliebig erweitern oder implementieren. Dabei können wiederkehrende Aufgaben unabhängig von einem Controller, Modell oder View gekapselt werden.

Um weiter in das Thema CakePHP einzusteigen, empfehlen wir Ihnen das Lesen der diversen Cake-Blogs, -Tutorials und nicht zuletzt der Dokumentation selbst. Des Weiteren gibt es natürlich auch Bücher, die sich ausschließlich mit diesem Thema befassen.

Anhang

A	PHP-Referenz	1009
B	MySQL-Referenz	1039
C	Open Source in der Praxis: Lizenzen	1059
D	Glossar	1065
E	Inhalt der CD-ROM	1071

A PHP-Referenz

In dieser Referenz wollen wir Ihnen alle in diesem Buch benutzten PHP-Befehle kurz erläutern. Dies soll natürlich kein Ersatz für das PHP-Manual sein, aber Sie können wenigstens die Parameter- und Rückgabewerte nachschlagen.

Um einen schnellen Überblick über die Syntax eines PHP-Befehls zu erhalten, sind die PHP-Befehle in alphabetischer Reihenfolge aufgelistet und ihre Parameter kurz erklärt. An erster Stelle steht immer der Rückgabewert des Befehls, anschließend fettgedruckt der Name des Befehls, dann folgen in Klammern die obligatorischen und optionalen Parameter.

addslashes

string **addslashes** (string $zeichenkette)
Maskiert $zeichenkette. Dies betrifft alle enthaltenen einfachen und doppelten Anführungsstriche sowie die Backslashes.

array

array **array** ([mixed ...])
Initialisiert ein Array, leer oder mit dem gegebenen Inhalt.

array_diff

array **array_diff** (array $array1, array $array2 [, array ...])
Hiermit vergleichen Sie die Inhalte des $array1 mit den danach angegebenen Arrays. Die Rückgabe ist ein Array mit den Werten, die in $array1 vorkommen, aber sonst in keinem Array enthalten sind.

array_key_exists

bool **array_key_exists** (mixed $schlüssel, array $sucharray)
Überprüft das Vorkommen eines Schlüssels in einem Array. Das Ergebnis ist entweder true oder false.

array_map

array **array_map** (mixed $callbackFunktion, array $array1 [, array ...])
Hiermit wird eine spezifische Callback-Funktion auf jedes Element des Arrays $array1 angewendet. Dabei wird lediglich der Name der Callback-Funktion ($callbackFunktion) angegeben, nicht ihr Aufrufparameter. Bei mehr als einem Parameter benötigen Sie daher ein zweidimensionales Array, auf dessen zweiter Stufe die Werte des Arrays mit den Aufrufparametern der Callback-Funktion korrespondieren.

array_pop

mixed **array_pop** (array $array)

Entfernt das letzte Element von $array und gibt es zurück. Ist $array leer, wird NULL zurückgeliefert.

array_push

int **array_push** (array $array, mixed $variable [, mixed ...])

Durch array_push wird die Variable $variable (oder auch weitere) an das angegebene Array angehängt.

array_search

mixed **array_search** (mixed $nadel, array $heuhaufen [, bool $striktModus])

Sucht $nadel in $heuhaufen. Ist $striktModus gesetzt und true, ist die Suche typsicher.

array_shift

mixed **array_shift** (array &$array)

Liefert das erste Element des $array und löscht es aus dem Array. Anschließend werden numerische Schlüssel neu sortiert (es wird bei 0 begonnen).

asort

bool **asort** (array $array [, int $sortierFlags])

Sortiert $array und behält die Schlüssel-Wert-Beziehungen bei. Über $sortierFlags wird festgelegt, ob die Werte als Zahlen (SORT_NUMERIC), Zeichenketten (SORT_STRING) oder ohne Typumwandlung (SORT_REGULAR) für die Sortierung verglichen werden sollen.

basename

string **basename** (string $pfad [, string $suffix])

Extrahiert den letzten Teil eines Pfades, also den Dateinamen, aus dem angegebenen String. Durch die optionale Angabe eines Suffixes (beispielsweise .php) kann auch dieses abgeschnitten werden.

ceil

float **ceil** (float $wert)

Rundet $wert auf die nächsthöhere ganze Zahl auf.

checkdate

bool **checkdate** (int $monat, int $tag, int $jahr)

Prüft das Datum auf Gültigkeit. Auch Schaltjahre werden berücksichtigt.

chr

`string chr ( int $asciiZeichen )`
Gibt zu einer angegebenen Nummer das zugehörige ASCII-Zeichen zurück.

class_alias

`bool class_alias ( string $original, string $ersatz )`
Belegt eine vorhandene Klasse mit einem alternativen Namen. Sowohl der Original-Klassenname als auch sein Ersatz werden nicht über Referenzen, sondern als String definiert.

class_exists

`bool class_exists ( string $klasse [, bool $autoload] )`
Prüft, ob eine Klasse existiert. Nur wenn `$autoload` auf `false` gesetzt ist, wird nicht versucht, die Funktion `__autoload()` auszuführen.

constant

`mixed constant ( string $konstantenname )`
Gibt den Wert der definierten Konstanten mit dem Namen `$konstantenname` zurück. Sollte die Konstante (noch) nicht definiert sein, wird ein Fehler ausgelöst.

count

`int count ( mixed $variable [, int $modus] )`
Zählt die Anzahl an Elementen in der Variablen, die typischerweise ein Array ist. Um auch die Anzahl von Elementen in mehrdimensionalen Arrays zu erhalten, lässt sich `$modus` auf `COUNT_RECURSIVE` setzen (Standard ist `COUNT_NORMAL`).

create_function

`string create_function ( string $parameter, string $rumpf )`
Definiert eine Funktion analog zum `function`-Statement. Sowohl Eingabeparameter als auch Funktionsrumpf werden als String angegeben.

curl_close

`void curl_close ( resource $ch )`
Beendet eine cURL-Session und gibt alle Ressourcen frei.

curl_exec

`mixed curl_exec ( resource $ch )`
Führt eine zuvor angelegte cURL-Session (`$ch`) aus, nachdem sie initialisiert und ihre Parameter (per `curl_setopt()`) gesetzt wurden.

curl_init

resource curl_init ([string $url])

Erzeugt eine neue cURL-Session und gibt einen cURL-Handler zurück. Die optionale URL kann bereits hier angegeben werden (oder später durch curl_setopt() gesetzt werden).

curl_setopt

bool **curl_setopt** (resource $ch , int $option , mixed $value)

Setzt diverse Parameter für eine bestehende cURL-Session ($ch). Der Bezeichner der Option wird durch $option angegeben, der Wert der Option durch $value. Es existieren Dutzende von Optionen, daher stellen wir diese hier nicht weiter vor.

current

mixed **current** (array $array)

Gibt das Element aus $array zurück, auf das der interne Zeiger momentan verweist.

date

string **date** (string $format [, int $zeitstempel])

Hiermit lässt sich ein Datum formatieren. Dabei können Sie einen Zeitstempel übergeben, anderenfalls wird die aktuelle Zeit genommen. Das Format lässt sich durch einen String aus den in Tabelle A.1 angegebenen Optionen zusammensetzen.

Option	Erklärung	Ausprägung
a	kleingeschriebene Angabe von *ante* oder *post meridiem*	am oder pm
A	großgeschriebene Angabe von *ante* oder *post meridiem*	AM oder PM
B	Swatch-Internet-Zeit	000 bis 999
c	Datum nach ISO 8601	2006-01-01T00:00:00+01:00
d	Tag des Monats	01 bis 31
D	Tag der Woche (englisch)	Mon, Thu, Wed, ...
F	Monatsbezeichnung (englisch)	January, ...
g	Stunden im 12-Stunden-Rhythmus (ohne führende Null)	1 bis 12
G	Stunden im 24-Stunden-Rhythmus (ohne führende Null)	0 bis 23

Tabelle A.1 Optionen für Datumsformatierung

Option	Erklärung	Ausprägung
h	Stunden im 12-Stunden-Rhythmus (mit führender Null)	01 bis 12
H	Stunden im 24-Stunden-Rhythmus (mit führender Null)	00 bis 23
i	Minuten (mit führender Null)	00 bis 59
I	Sommerzeitzusatz	1 im Falle der Sommerzeit, sonst 0
j	Tag des Monats (ohne führende Null)	1 bis 31
l	Tag der Woche (ausgeschrieben, englisch)	Sunday, Monday, ...
L	Schaltjahrzusatz	1 im Falle eines Schaltjahrs, sonst 0
m	Monatszahl (mit führender Null)	01 bis 12
M	Monatsname (kurz, englisch)	Jan, Feb, ...
n	Monatszahl (ohne führende Null)	1 bis 12
O	Vergleich zur GMT-Time in Stunden	z. B. Berlin: +0100
r	Datum nach RFC 2822	Sun, 01 Jan 2006 00:00:00 +0100
s	Sekunden (mit führender Null)	00 bis 59
S	englischer Anhang für Ordinalzahlen bei Monatstageszählung	st, nd, rd oder th
t	Anzahl der Monatstage	28 bis 31
T	Zeitzone des Servers	CET, EST, MDT, ...
U	Unix-Zeitstempel in Sekunden (Zählung seit dem 1. Januar 1970)	1136070000
w	Tag der Woche (numerisch, mit Sonntag beginnend)	0 bis 6
W	Nummer der Woche nach ISO 8601 (Wochenbeginn ist hier der Montag)	0 bis 52
Y	Jahreszahl (vierstellig)	Beispiel: 2006
y	Jahreszahl (zweistellig)	Beispiel: 06
z	Tag des Jahres	0 bis 365
Z	Verschiebung der Zeitzone in Sekunden (westwärts: negativ, ostwärts: positiv)	43200 bis 43200

Tabelle A.1 Optionen für Datumsformatierung (Forts.)

dbx_close

```
bool dbx_close ( object $datenbankObjekt )
```
Schließt eine offene Datenbankverbindung.

dbx_connect

```
object dbx_connect ( mixed $modul, string $server, string
$databank, string $benutzer, string $passwort [, int $persistent] )
```
Öffnet eine Verbindung zu einer Datenbank. Als $modul wird der Datenbanktyp angegeben, z. B. DBX_MYSQL für MySQL-Datenbanken. Ist $persistent auf DBX_PERSISTENT gesetzt, wird eine beständige Datenbankverbindung aufgebaut.

dbx_error

```
string dbx_error ( object $datenbankObjekt )
```
Gibt eine Fehlermeldung für die offene Datenbankverbindung an.

dbx_escape_string

```
string dbx_escape_string ( object $datenbankObjekt, string $text )
```
Maskiert $text für die gefahrlose Eingabe in die Datenbank.

dbx_fetch_row

```
mixed dbx_fetch_row ( object $ergebnisObjekt )
```
Ruft eine Zeile aus dem Datenbankergebnis $ergebnisObjekt ab, das für die offene Datenbankverbindung besteht. Dies ist nur möglich, wenn die Abfrage ungepufferte Ergebnisse enthält. Ist das Ergebnis komplett durchlaufen, wird 0 geliefert.

dbx_query

```
mixed dbx_query ( object $datenbankObjekt, string $sqlAbfrage [, int $flags] )
```
Schickt eine Datenbankabfrage ab. Über den optionalen Parameter $flags wird gesteuert, ob das Ergebnis als numerisches (DBX_RESULT_INDEX) oder assoziatives Array (DBX_RESULT_ASSOC) zurückgegeben werden soll – oder als Kombination daraus (DBX_RESULT_INDEX| DBX_RESULT_ASSOC). Darüber hinaus lässt sich festlegen, ob das Ergebnis gepuffert werden soll oder nicht (DBX_RESULT_UNBUFFERED).

define

```
int define ( string $name, mixed $wert [, int $caseInsensitive] )
```
Setzen einer Konstanten mit dem Namen $name und dem Wert $wert. Als Standard ist $caseInsensitive auf 1 gesetzt, also wird zwischen Groß- und Kleinschreibung unterschieden. Wird dies auf 0 gesetzt, gibt es keine Unterscheidung.

die

```
void die()
```
Bricht die Ausführung des Skriptes sofort ab.

echo

```
void echo ( string $zeichenkette [, string ...] )
```
Da echo() keine Funktion, sondern ein Sprachkonstrukt von PHP ist, müssen die Klammern nicht benutzt werden. So erreichen Sie die Ausgabe der angegebenen Zeichenkette im aktuellen Dokument. Zu benutzen in der Form:
```
echo "Hallo, ich bin Text";
```

empty

```
bool empty ( mixed $variable )
```
Prüft, ob $variable leer ist, also beispielsweise leere Zeichenketten, false, NULL, leere Arrays oder die Zahl 0.

end

```
mixed end ( array $array )
```
Setzt den internen Zeiger von $array auf das letzte Element.

error_reporting

```
int error_reporting ( [int $level] )
```
Hiermit setzen wir die Fehlerbehandlung innerhalb von PHP. Es gibt verschiedene anzugebende Werte, die in Tabelle A.2 aufgezählt sind.

Die nachfolgenden Parameter können Sie dann beispielsweise in folgender Form verwenden:
```
error_reporting(E_ERROR | E_WARNING | E_PARSE);
```

Bitwert	Konstante	Bitwert	Konstante
1	E_ERROR	2	E_WARNING
4	E_PARSE	8	E_NOTICE
16	E_CORE_ERROR	32	E_CORE_WARNING
64	E_COMPILE_ERROR	128	E_COMPILE_WARNING
256	E_USER_ERROR	512	E_USER_WARNING
1024	E_USER_NOTICE	2048	E_STRICT
4096	E_RECOVERABLE_ERROR	8192	E_DEPRECATED
16384	E_USER_DEPRECATED	30719	E_ALL

Tabelle A.2 Optionen der Fehlerbehandlung

explode

array **explode** (string $trennzeichen, string $zeichenkette [, int $teilanzahl])

Der String in $zeichenkette wird anhand des Trennzeichens $trennzeichen in Teile aufgespaltet und als Array zurückgegeben. Die Angabe $teilanzahl kann eine Maximalzahl der Teile vorschreiben. Ist diese erreicht, wird nicht weiter aufgespaltet, sondern der Reststring in das letzte Element des Arrays gespeichert und dieses zurückgegeben.

fclose

bool **fclose** (resource $zeiger)

Beendet den Zugriff auf eine Datei, deren Handler per $zeiger übergeben wird, und gibt die Ressource damit frei.

feof

bool **feof** (resource $datei)

Prüft, ob der interne Zeiger auf die geöffnete Datei $datei am Ende steht.

fgetc

string **fgetc** (resource $datei)

Liest ein Zeichen aus der Datei $datei und versetzt den internen Zeiger.

fgets

string **fgets** (resource $datei [, int $länge])

Liest eine Zeile aus der Datei $datei und versetzt den internen Zeiger. Ist $länge gegeben, werden nur so viele Zeichen eingelesen.

file

array **file** (string $dateiname [, int $includePfad])

Liest eine Datei $dateiname in ein Array ein. Steht $includePfad auf 1, wird auch das Standardverzeichnis nach $dateiname durchsucht.

file_exists

bool **file_exists** (string $dateiname)

Prüft, ob eine Datei namens $dateiname existiert.

file_get_contents

string **file_get_contents** (string $dateiname [, int $includePfad])
Liest die angegebene Datei ein und gibt den Inhalt als Zeichenkette zurück. Steht $includePfad auf 1, wird auch das Standardverzeichnis nach $dateiname durchsucht.

file_put_contents

int **file_put_contents** (string $dateiname, mixed $daten [, int $flags])
Schreibt die Zeichenkette $daten in die Datei $dateiname. Die Datei wird standardmäßig überschrieben. Geben Sie jedoch FILE_APPEND unter $flags an, wird $daten an den bisherigen Dateiinhalt angehängt.

filesize

int **filesize** (string $dateiname)
Gibt die Größe der Datei in Bytes an.

filter_has_var

bool **filter_has_var** (int $array, string $feld)
Prüft, ob in einem vorgegebenen superglobalen Array $array ein Feld namens $feld definiert ist.

filter_id

int **filter_id** (string $bezeichnung)
Gibt den numerischen Wert eines Filters mit dem Namen $bezeichnung an. Der numerische Wert wird in Funktionen wie filter_input() verwendet.

filter_input

mixed **filter_input** (int $array, string $feld [, int $filter [, mixed $optionen]])
Filtert ein einzelnes Feld $feld eines globalen Arrays $array anhand eines bestimmten Filters. Der $filter wird durch seinen numerischen Wert oder gleichwertigen Konstantennamen angegeben. Je nach verwendetem Filter müssen Sie noch $optionen angeben, beispielsweise in Form eines assoziativen Arrays.

filter_input_array

mixed **filter_input_array** (int $type, mixed $definition)
Führt die Filterung auf superglobale Arrays wie filter_input() durch. Diese Funktion filtert jedoch mehrere Einzelfilter auf einmal. Die Einzelfilter werden durch $definition festgelegt.

filter_list

array **filter_list** (void)
Erzeugt ein Array mit allen Filtern, die für die PHP-Filter-Erweiterung definiert sind.

filter_var

mixed **filter_var** (mixed $variable [, int $filter [, mixed $optionen]])
Filtert eine Variable $variable beliebigen Datentyps – mit Ausnahme von Ressourcen – anhand eines bestimmten Filters $filter. Je nach verwendetem Filter müssen Sie noch $optionen angeben, beispielsweise in Form eines assoziativen Arrays.

filter_var_array

mixed **filter_var_array**(int $array, mixed $definition)
Führt die Filterung auf Arrays wie filter_var() durch. Diese Funktion filtert jedoch mehrere Einzelfilter auf einmal. Die Einzelfilter werden durch $definition festgelegt.

floor

float **floor** (float $wert)
Rundet $wert auf die nächstkleinere ganze Zahl ab.

fopen

resource **fopen** (string $dateiname, string $modus)
Öffnet eine Datei oder URL, die durch $dateiname repräsentiert wird, in dem angegebenen Modus und gibt einen Zeiger auf die Ressource zurück. Die in Tabelle A.3 aufgelisteten Lese- und Schreibmodi stehen zur Verfügung.

Mit einem nachgestellten + (also a+, r+, w+) wird die Datei für simultanen Lese- und Schreibzugriff geöffnet. Ein zusätzliches b lässt die Dateioperation zwischen binären und Textdateien unterscheiden.

Modus	Zugriff	Dateizeiger	Sonstiges
r	lesen	Dateianfang	–
w	schreiben	Dateianfang	Dateilänge wird auf 0 Bytes gesetzt; Datei wird angelegt, wenn sie nicht besteht.
a	schreiben	Dateiende	Datei wird erzeugt, wenn sie nicht besteht.

Tabelle A.3 Dateizugriffsmodi

fread

Analog zu fgets().

fseek

int **fseek** (resource $handle , int $offset [, int $whence])

Setzt den Dateizeiger der angegebenen Ressource $handle auf den in $offset übergebenen Wert (Anzahl an Bytes). Der optionale Parameter $whence erlaubt die folgenden Angaben:

- ▶ SEEK_SET: Setzt die Position auf die Anzahl der in $offset angegebenen Bytes.
- ▶ SEEK_CUR: Setzt die Position auf die aktuelle Stelle plus die in $offset angegebenen Bytes.
- ▶ SEEK_END: Setzt die Position ans Ende der Datei plus die in $offset angegebenen Bytes.

fwrite

int **fwrite** (resource $zeiger, string $zeichenkette [, int $länge])

Damit schreiben Sie die Zeichenkette $zeichenkette in eine geöffnete Datei, die Sie per $zeiger übergeben. Mit dem Parameter $länge können Sie die Anzahl zu schreibender Bytes begrenzen (unabhängig von der Länge der Zeichenkette).

get_class

string **get_class** (object $objekt)

Gibt die Klasse zurück, von der $objekt eine Instanz ist.

get_class_methods

array **get_class_methods** (mixed $klasse)

Gibt die Namen aller öffentlich zugänglichen Methoden von $klasse zurück.

get_class_vars

array **get_class_vars** (string $klasse)

Liefert ein Array mit den Attributen einer Klasse $klasse.

get_defined_constants

array **get_defined_constants** ( )

Liefert ein Array mit allen definierten Konstanten des globalen Gültigkeitsbereichs zurück.

get_defined_functions

array **get_defined_functions** ( )

Gibt die Namen aller definierten Funktionen im aktuellen Skript zurück.

get_defined_vars

array **get_defined_vars** ( )
Liefert alle definierten Variablen des globalen Gültigkeitsbereichs zurück.

getimagesize

array **getimagesize** (string $dateiname [, array $bildinformationen])
Ermittelt die Größe einer Bilddatei, die durch $dateiname spezifiziert ist. Durch den optionalen Parameter $bildinformationen lassen sich weitere Informationen auslesen. Die Informationen werden anschließend als Array zurückgegeben.

gettype

string **gettype** (mixed $variable)
Liefert den Datentyp von $variable.

glob

array **glob** (string $pattern [, int $flags])
Durchsucht ein Verzeichnis nach dem angegebenen Muster ($pattern) und liefert alle zutreffenden Dateien und Verzeichnisse als Array zurück. Durch $flags lassen sich weitere Parameter für die Suche bzw. Rückgabe setzen.

Flag	Bedeutung
GLOB_MARK	Fügt jedem gefundenen Verzeichnis einen Slash hinzu.
GLOB_NOSORT	Gibt Dateien ohne Sortierung zurück.
GLOB_NOCHECK	Wenn keine Dateien gefunden wurden, wird das Suchmuster zurückgegeben.
GLOB_NOESCAPE	Metazeichen werden nicht durch einen Backslash maskiert.
GLOB_BRACE	Erweitert das Muster {a,b,c} so, dass im Muster 'a', 'b', oder 'c' gilt.
GLOB_ONLYDIR	Es werden nur Verzeichnisse und keine Dateien zurückgeliefert.
GLOB_ERR	Stoppt die Suche bei Fehlern.

Tabelle A.4 Flags für die Funktion »glob«

goto

goto label;
Definiert eine Sprungmarke, bei deren Erreichen der Code an einer anderen Stelle weiter ausgeführt wird. Das Label muss an anderer Stelle wie folgt erzeugt werden:
label:
...

header

int **header** (string $zeichenkette [, bool $ersetzen
[, int $httpAntwortCode]])

Setzt eine neue HTTP-Anfangsinformation (Header) mit der spezifizierten $zeichenkette. Durch den optionalen Parameter $ersetzen können Sie bestimmen, ob gleichartige Header überschrieben oder zusätzlich hinzugefügt werden sollen. Der ebenfalls optionale Parameter $httpAntwortCode legt den HTTP-Statuscode fest (*200 OK*; *404 Seite nicht gefunden* ...)

htmlentities

string **htmlentities** (string $zeichenkette [, int $maskierung
[, string $zeichensatz]])

Spezielle Sonderzeichen in $zeichenkette werden in ihre jeweilige HTML-Repräsentation umgewandelt. Es lassen sich als optionale Angabe die Art der Maskierung und der zu benutzende Zeichensatz festlegen. Gültige Angaben für den $maskierung sind in Tabelle A.4 erläutert.

Konstante	Beschreibung
ENT_COMPAT	Konvertiert doppelte Anführungszeichen.
ENT_QUOTES	Konvertiert doppelte und einfache Anführungszeichen.
ENT_NOQUOTES	Konvertiert weder doppelte noch einfache Anführungszeichen.

Tabelle A.5 Optionen für den Maskierungsstil

htmlspecialchars

string **htmlspecialchars** (string $zeichenkette [, int
$maskierungsstil [, string $zeichensatz]])

Wandelt ebenfalls einige Zeichen, die in $zeichenkette vorkommen, in HTML-Entitäten um. Dies betrifft aber lediglich die in Tabelle 20.5 aufgezählten Zeichen.

Für den Maskierungsstil und den Zeichensatz gelten dieselben Regeln wie unter htmlentities() beschrieben.

Zeichen	HTML-Entitäten
&	&
"	"
'	'
<	<
>	>

Tabelle A.6 HTML-Entitäten für Sonderzeichen

imagecopyresampled

```
bool imagecopyresampled ( resource $zielbild, resource $quellbild, int
$zielXWert, int $zielYWert, int $quellXWert, int $quellYWert, int
$zielbreite, int $zielhöhe, int $quellbreite, int $quellhöhe )
```

Kopiert einen Teil eines Bildes und kann diesen auf eine beliebige Größe skalieren. Dabei geben Sie alle Parameter in zweifacher Ausführung an – der erste immer für das Zielbild, das aus der Funktion resultiert, und der zweite für das Quellbild, aus dem kopiert wird. Die anzugebenden Parameter sind in Tabelle A.6 dargestellt, dabei steht der »*« im Parameternamen für die Angabe quell oder ziel.

Die korrekte Verwendung dieses Befehls können Sie am Beispiel in Kapitel 19, »Bildergalerien«, nachlesen.

Parameter	Beschreibung
ressource $*bild	Image-Ressource
int $*XWert	horizontaler Startpunkt des Bildes
int $*YWert	vertikaler Startpunkt des Bildes
int $*breite	Breite des Bildes
int $*höhe	Höhe des Bildes

Tabelle A.7 Parameter für Bildoperation

imagecreatefromjpeg[1]

```
int imagecreatefromjpeg ( string $dateiname )
```

Das durch den Dateinamen $dateiname angegebene Bild wird (von einer URL oder aus einer Datei) eingelesen und als JPEG-Bild angelegt.

imagecreatetruecolor

```
resource imagecreatetruecolor ( int $größeX, int $größeY )
```

Erzeugt ein leeres (schwarzes) Bild mit der angegebenen Größe in Pixel.

imagedestroy

```
int imagedestroy ( int $bild )
```

Löscht ein Bild aus dem Speicher bzw. gibt den durch die Ressource eines Bildes belegten Speicher wieder frei.

---

[1] Um die Funktionen der image*-Gruppe nutzen zu können, muss in Ihrer PHP-Version die GD-Bibliothek enthalten sein.

imagejpeg

int **imagejpeg** (int $bild [, string $dateiname [, int $qualitätsstufe]])

Gibt das per $bild übergebene Bild (im Format JPEG) im Browser aus oder schreibt es in eine Datei. Der zweite Fall tritt ein, wenn Sie den optionalen Parameter $dateiname angeben. Der dritte Parameter $qualitätsstufe ermöglicht die Angabe einer Qualitätsstufe, in der das Bild ausgegeben bzw. gespeichert werden soll (0–100).

implode

string **implode** (string $verbundzeichen, array $teilearray)

Diese Funktion schreibt alle im Array $teilearray vorkommenden Strings in einen zusammenhängenden String. Dabei wird als Trennzeichen die in $verbundzeichen angegebene Zeichenkette verwendet.

in_array

bool **in_array** (mixed $nadel, array $heuhaufen [, bool $striktModus])

Um in einem Array $heuhaufen nach einem spezifischen Wert zu suchen ($nadel), können Sie in_array() verwenden. Der Rückgabewert ist true, falls der Wert gefunden wurde, anderenfalls false. Setzen Sie den optionalen Parameter $striktModus auf true, wird auch der Typ potentieller Treffer auf Übereinstimmung überprüft.

include_once

void **include_once** (string $skript)

Bindet $skript ein. Bei einem Fehler wird die Ausführung des Skriptes ab dem nächsten Befehl fortgeführt.

intval

int **intval** (mixed $variable [, int $basis])

Konvertiert den als $variable angegebenen Wert in einen int-Typ. Standardmäßig wird die Basis 10 benutzt, dies können Sie aber durch den optionalen Parameter $basis anpassen.

is_array

bool **is_array** (mixed $variable)

Überprüft, ob die angegebene Variable vom Typ Array ist.

is_bool

bool **is_bool** (mixed $variable)

Überprüft, ob die angegebene Variable ein boolescher Wert ist.

is_dir

```
bool is_dir ( mixed $verzeichnisname )
```
Überprüft, ob $verzeichnisname auch wirklich ein Ordner ist.

is_file

```
bool is_file ( mixed $dateiname )
```
Überprüft, ob $dateiname auch wirklich eine Datei ist.

is_finite

```
bool is_finite ( float $wert )
```
Überprüft, ob der angegebene Wert eine gültige endliche Zahl ist.

is_float

```
bool is_float ( float $wert )
```
Überprüft, ob der angegebene Wert eine Fließkommazahl ist. Synonym zu is_double().

is_int

```
bool is_int ( mixed $variable )
```
Überprüft, ob der angegebene Wert vom Typ int ist.

is_null

```
bool is_null ( mixed $variable )
```
Überprüft $variable auf den Wert NULL.

is_numeric

```
bool is_numeric ( mixed $variable )
```
Überprüft, ob der angegebene Wert eine Nummer oder eine Zahlenzeichenkette ist.

is_object

```
bool is_object ( mixed $objekt )
```
Überprüft, ob $objekt auch wirklich ein Objekt ist.

is_readable

```
bool is_readable ( mixed $dateiname )
```
Überprüft, ob $dateiname lesbar ist.

is_string

bool **is_string** (mixed $variable)
Überprüft, ob der angegebene Wert eine Zeichenkette ist.

is_writeable

bool **is_writeable** (mixed $dateiname)
Überprüft, ob sich in die angegebene Datei schreiben lässt.

isset

bool **isset** (mixed $variable [, mixed $variable [, ...]])
Überprüft, ob die angegebene Variable gesetzt ist. Hierbei reicht bereits ein leerer String als Wert der Variablen, damit diese Funktion true zurückgibt.

json_decode

mixed **json_decode** (string $json [, bool $assoc])
Liefert eine Objektrepräsentation der übergebenen Zeichenkette ($json) zurück, beispielsweise als Array. Wird $assoc als true angegeben, wird als Ergebnis ein assoziatives Array geliefert.

json_encode

string **json_encode** (mixed $value)
Serialisiert ein Objekt/Array in eine JSON-Zeichenkette.

ksort

bool **ksort** (array $array [, int $sortierFlags])
Sortiert $array nach den Schlüsselwerten und gibt eine (Miss-)Erfolgsmeldung zurück. Die $sortierFlags sind identisch mit denen bei asort().

list

void **list** (mixed ...)
list() kann Variablen die Werte aus einem Array direkt in einem Aufruf zuweisen. List() ist wie echo() keine Funktion, sondern ein Sprachkonstrukt. Folgender Code zeigt die Benutzung des Befehls:
$array = array('Rot', 'Grün', 'Blau');
// Auflisten aller Variablen des Arrays
list($r, $g, $b) = $array;
Anschließend hat $r den Wert »Rot«, $g den Wert »Grün« usw.

ltrim

string **ltrim** (string $zeichenkette)
Schneidet Leerraum auf der linken Seite von $zeichenkette ab.

mail

bool **mail** (string $empfänger, string $betreff, string $nachricht [, string $zusätzlicheHeader [, string $zusätzlicheParameter]])
Hiermit verschicken Sie eine E-Mail an den Empfänger $empfänger mit dem Betreff $betreff und dem Inhalt $nachricht. Um diese Funktion zu nutzen, muss allerdings sendmail korrekt konfiguriert sein. Durch zusätzliche Header-Informationen und Parameter können Sie u. a. Absender, Carbon Copy und Blind Carbon Copy angeben.

mcrypt_create_iv

string **mcrypt_create_iv** (int $größe [, int $quelle])
Erzeugt einen Initialisierungsvektor für eine Zwei-Wege-Verschlüsselung. Der Parameter $quelle wird über Konstanten angegeben, z. B. MCRYPT_RAND.

mcrypt_decrypt

string **mcrypt_decrypt** (string $algorithmus, string $schlüssel, string $daten, string $modus [, string $iVektor])
Entschlüsselt die Zeichenkette $daten mit den angegebenen Werten, die mit denen bei der Verschlüsselung übereinstimmen müssen. Für $algorithmus und $modus existieren Konstanten des Moduls mcrypt.

mcrypt_encrypt

string **mcrypt_encrypt** (string $algorithmus, string $schlüssel, string $daten, string $modus [, string $iVektor])
Verschlüsselt eine Zeichenkette $daten. Die übrigen Parameter stimmen mit denen von mcrypt_decrypt() überein.

mcrypt_get_iv_size

int **mcrypt_get_iv_size** (string $algorithmus, string $modus)
Bestimmt die Länge des Initialisierungsvektors, der für eine spezielle Kombination von $algorithmus und $modus gebraucht wird.

md5

string **md5** (string $zeichenkette [, bool $rohdaten])
Dadurch wird ein 32-Zeichen-Hash-Wert der angegebenen Zeichenkette erstellt und zurückgegeben. Ist $rohdaten gesetzt und true, wird der Rückgabewert als binärer String der Länge 16 geliefert.

md5_file

string **md5_file** (string $dateiname [, bool $rohdaten])
Berechnet einen Hash-Wert für die unter $dateiname angegebene Datei.

microtime

mixed **microtime** ([bool $alsFloat])
Erzeugt eine Zeichenkette aus einem Zeitstempel und den Mikrosekunden für den aktuellen Zeitpunkt. Ist $alsFloat gegeben und true, ist der Rückgabewert eine Fließkommazahl.

mktime

int **mktime** ([int $stunde [, int $minute [, int $sekunde [,
int $monat [, int $tag [, int $jahr [, int $sommerWinterzeit]]]]]]])
Gibt den Unix-Zeitstempel für das angegebene Datum zurück. Werden keine der optionalen Parameter angegeben, wird der aktuelle Zeitstempel genommen.

mysqli_affected_rows

int **mysqli_affected_rows** (mysqli $verbindungsobjekt)
Gibt die Anzahl an betroffenen Tabellenzeilen der letzten SQL-Abfrage des mysqli-Objekts an.

mysqli_close

bool **mysqli_close** (mysqli $verbindungsobjekt)
Schließt eine offene mysqli-Verbindung.

mysqli_connect

mysqli **mysqli_connect** ([string $server [, string $benutzer
[,string $passwort [, string $datenbankname [, int $port
[, string $socket]]]]]])
Stellt eine Verbindung zu einem MySQL-Server her.

mysqli_error

string **mysqli_error** (mysqli $verbindungsobjekt)
Gibt die Fehlermeldung für die zuletzt ausgeführte SQL-Operation zurück. Ist dabei kein Fehler aufgetreten, liefert die Funktion eine leere Zeichenkette.

mysqli_fetch_array

mixed **mysqli_fetch_array** (mysqli_result $ergebnismenge [, int $ergebnistyp])

Das Ergebnis einer mysqli-Abfrage (ein Objekt der Klasse mysqli_result) wird als Array zurückgegeben. Der Ergebnistyp $ergebnistyp ist optional und kann entweder als numerisches Array (MYSQLI_NUM), als assoziatives Array (MYSQLI_ASSOC) oder in beiden Formen (MYSQLI_BOTH) zurückgegeben werden. Als Standard wird das Ergebnis als numerisches und assoziatives Array zurückgegeben.

mysqli_fetch_assoc

array **mysqli_fetch_assoc** (mysqli_result $ergebnismenge)

Gibt analog zu mysqli_fetch_array() eine Ergebnismenge zurück, allerdings direkt (ohne weitere Angabe von Parametern) als assoziatives Array.

mysqli_num_rows

int **mysqli_num_rows** (object $ergebnisobjekt)

Gibt die Anzahl an Datensätzen zurück, die im Ergebnis ($ergebnisobjekt) vorhanden sind.

mysqli_query

mixed **mysqli_query** (mysqli $verbindungsobjekt, string $sqlAbfrage [, int $ergebnismodus])

Die übergebene SQL-Abfrage $sqlAbfrage wird an die Datenbank geschickt. Sie bekommen anschließend ein mysqli_result-Objekt zurück. Der optionale Ergebnismodus kann zum einen den Wert MYSQLI_USE_RESULT annehmen. Das Ergebnis wird dann sukzessiv aus der Datenbank abgerufen (über fetch-Methoden). Die Alternative ist MYSQLI_STORE_RESULT, wodurch das gesamte Ergebnis an PHP übertragen wird.

mysqli_real_escape_string

string **mysqli_real_escape_string** (mysqli $verbindungsobjekt, string $zeichenkette)

Um eine Zeichenkette für die Benutzung innerhalb einer SQL-Abfrage zu maskieren, können Sie mysqli_real_escape_string() verwenden.

next

mixed **next** (array $array)

Mit next() wird der Zeiger innerhalb eines Arrays auf den nächsten Eintrag gesetzt.

nl2br

string **nl2br** (string $zeichenkette)

Alle Vorkommen eines Zeilenumbruchs in einem String werden durch das HTML-Tag <br/> zur Anzeige im Browser ersetzt.

number_format

string **number_format** (float $zahl, int $nks, string $nksChar, string $tausendChar)

Formatiert eine durch $zahl angegebene Zahl. Die Nachkommastellen definieren Sie durch $nks. Das Trennzeichen vor den Nachkommastellen bestimmen Sie durch $nksChar, den teilweise üblichen Trenner an Tausenderstellen durch $tausendChar.

parse_url

array **parse_url** (string $url)

Zerlegt $url in die logischen Bestandteile, aus denen eine Internetadresse bestehen kann: Protokoll, Server, Port, Benutzername, Passwort, Pfad, GET-Parameter, Ankerstelle.

pathinfo

mixed **pathinfo** (string $pfad)

Teilt eine Pfadangabe $pfad in die Bestandteile Verzeichnisname, Dateiname, Dateierweiterung auf. Rückgabewert ist ein assoziatives Array.

phpinfo

bool **phpinfo** ()

Zeigt Informationen zur momentanen Konfiguration an.

pow

number **pow** (number $basis, number $exponent)

Potenziert die Zahl $basis mit dem Exponenten $exponent. Rückgabewert ist wiederum eine Zahl.

preg_grep

array **preg_grep** (string $muster, array $eingabe [, int $flags])

Durchsucht das Array $eingabe anhand des regulären Ausdrucks $muster. Als Ausgabe erhalten Sie wiederum ein Array, in dem alle Elemente aus $eingabe enthalten sind, die dem $muster entsprechen.

preg_match

int **preg_match** (string $suchmuster, string $zeichenkette [, array $treffer [, int $flags [, int $versatz]]])

Sucht in $zeichenkette nach einem Vorkommen von $suchmuster. Nach dem ersten Fund wird die Suche abgebrochen. Ist $treffer angegeben, enthält das Array die Suchergebnisse. $flags kann lediglich eine Ausprägung annehmen:
PREG_OFFSET_CAPTURE bewirkt, dass $treffer auch die Position des Fundes enthält. Über $versatz können Sie eine Startposition in $zeichenkette festlegen, falls die Suche nicht am Stringanfang beginnen soll. Der Rückgabewert der Funktion – neben $treffer – ist die Anzahl der Funde, also 0 oder 1, wodurch sich die Funktion auch für boolesche Suchen eignet.

preg_match_all

int **preg_match_all** (string $suchmuster, string $zeichenkette,
array $treffer [, int $flags [, int $versatz]])

Sucht alle Vorkommen von $suchmuster in $zeichenkette. Die Ergebnisse werden in $treffer zurückgeliefert. Die $flags können die folgenden Ausprägungen annehmen:

- PREG_PATTERN_ORDER
  Sortiert das Trefferarray chronologisch nach den Unterabfragen aus $suchmuster. $treffer[0] enthält alle Funde, $treffer[1] alle Ergebnisse für die erste Unterabfrage usw.
- PREG_SET_ORDER
  Das Trefferarray ist nach Vorkommen der Funde sortiert. $treffer[0] enthält den ersten Treffer und alle geklammerten Unterausdrücke aus $suchmuster.
- PREG_OFFSET_CAPTURE
  Das Trefferarray enthält auch die Position der Funde.

Dadurch wird das Trefferarray mehrdimensional. Der $versatz bewirkt, dass die Suche an einer festgelegten Position der $zeichenkette begonnen wird.

preg_replace

mixed **preg_replace** (mixed $muster, mixed $ersatz,
mixed $zeichenkette [, int $anzahl])

Ersetzt alle Vorkommen von $muster in $zeichenkette durch $ersatz. Die $anzahl legt eine Obergrenze fest, wie viele Ersetzungen durchgeführt werden sollen.

preg_split

array **preg_split** (string $muster, string $zeichenkette
[, int $anzahl [, int $flags]])

Teilt $zeichenkette anhand von $muster in Teile. Rückgabewert ist ein Array. $anzahl bestimmt, wie viele Teile maximal entstehen dürfen. $flags kann die folgenden drei Teile enthalten:

- PREG_SPLIT_NO_EMPTY: keine leeren Zeichenketten erzeugen
- PREG_SPLIT_DELIM_CAPTURE: Unterausdrücke ebenfalls auswerten
- PREG_SPLIT_OFFSET_CAPTURE: Position der Treffer mit angeben

print_r

bool **print_r** (mixed $nichtSkalar)

Gibt ein Array oder ein Objekt rekursiv aus, das heißt, es werden alle Bestandteile auch mehrstufig dargestellt.

rand

```
int rand ( [ int $minimum [, int $maximum]] )
```
Gibt einen Pseudo-Zufallswert zurück, der zwischen dem optionalen Minimal- und Maximalwert liegt. Wird kein Wertebereich angegeben, liegt der Wert zwischen 0 und dem systemspezifischen Maximalwert (bei uns z. B. 32.767).

rawurlencode

```
string rawurlencode ( string $zeichenkette )
```
Codiert eine URL nach RFC 1738; das heißt, alle Sonderzeichen werden durch ihre Entsprechungen mit Prozentzeichen zur Verwendung in einer URL ersetzt.

realpath

```
string realpath ( string $pfad )
```
Berechnet einen absoluten Pfad, indem alle relativen Teile »übersetzt« werden.

register_shutdown_function

```
int register_shutdown_function ( string $funktion )
```
Legt eine Funktion $function fest, die beim Beenden eines PHP-Skriptes ausgeführt wird.

reset

```
mixed reset ( array $array )
```
Setzt den internen Zeiger eines Arrays auf die Anfangsposition (das erste Element).

require_once

```
void require_once ( string $skript)
```
Mit require_once() binden Sie weitere Dateien (beispielsweise PHP-Skripte) in ein Skript ein. Sollte die Datei nicht gefunden werden, wird im Gegensatz zu include_once() die Ausführung des Skriptes abgebrochen.

round

```
double round ( double $wert [, int $präzision] )
```
Die Funktion round() rundet den übergebenen double-Wert $wert auf die in $präzision angegebenen Stellen nach dem Komma. Definieren Sie keine Nachkommastellenanzahl, wird auf eine ganze Zahl ab- oder aufgerundet.

rsort

```
bool rsort ( array $array [, int $sortierFlags] )
```
Sortiert ein Array $array in umgekehrter Reihenfolge. Die $sortierFlags stimmen mit denen bei asort() überein.

rtrim

string **rtrim** (string $zeichenkette)
Schneidet Leerraum von einer Zeichenkette an der rechten Seite ab.

session_destroy

bool **session_destroy** (void)
Beendet die laufende Sitzung des aktuellen Benutzers.

session_id

string **session_id** ([string $id])
Setzt oder ermittelt die Sitzungs-ID des aktuellen Browserfensters.

session_name

string **session_name** ([string $name])
Setzt oder ermittelt den Namen $name der aktuellen Sitzung.

session_regenerate_id

bool **session_regenerate_id** ([bool $alteSessionLöschen])
Generiert eine pseudozufällige neue Sitzungs-ID. Wird $alteSessionLöschen als true übergeben, wird die zugehörige alte Sitzungsdatei (bzw. die Daten in der Datenbank bei unserer Sitzungsverwaltung) gelöscht.

session_save_path

string **session_save_path** ([string $pfad])
Ermittelt den Ordner auf der Festplatte des Servers, in dem die Sitzungsdaten gespeichert werden. Ist $pfad angegeben, wird der Pfad neu gesetzt.

session_set_save_handler

bool **session_set_save_handler** (string $öffnen, string $schließen, string $lesen, string $schreiben, string $löschen, string $gc)
Mit diesem Befehl lässt sich die Sitzungsverwaltung von PHP überschreiben. Dafür müssen Sie aber die vorhandenen obligatorischen Funktionen der Sitzungsverwaltung durch eigene Funktionen oder Methoden ersetzen, die Sie durch die sechs Parameter angeben. Daher benötigen Sie Funktionen bzw. Methoden für das Öffnen, das Schließen, das Lesen, das Schreiben und das Löschen von Sitzungen sowie eine Funktion bzw. Methode zur »Garbage Collection«.

session_start

bool **session_start** (void)
Startet eine Sitzung oder führt eine vorher gestartete Sitzung fort.

set_error_handler

string **set_error_handler** (callback $fehlerbehandlung)
Um die in PHP eingebaute Fehlerbehandlung zu überschreiben, lässt sich der Befehl set_error_handler() verwenden. Als Argument muss eine Funktion oder Methode übergeben werden, die im Fehlerfall aufgerufen werden soll.

setcookie

bool **setcookie** (string $name [, string $wert [, int $lebenszeit [, string$pfad [, string $domain [, bool $ssl]]]]])
Legt ein Cookie auf der Festplatte des Clients ab. Der Inhalt ist in $wert anzugeben. $lebenszeit ist ein Zeitpunkt in der Zukunft (Setzen) oder Vergangenheit (Löschen). $ssl gibt an, dass eine sichere Verbindung genutzt werden soll.

settype

bool **settype** (mixed $variable, string $typ)
Führt eine Typkonvertierung durch. Der neue Datentyp $typ wird dabei $variable zugewiesen.

simplexml_load_file

mixed **simplexml_load_file** (string $datei [, string $klasse [, int $optionen [, string $ns [, bool $is_prefix]]]])
Lädt eine externe XML-Datei in ein SimpleXML-Objekt. In $klasse können Sie optional eine Zielklasse für das Objekt angeben, die von SimpleXML abgeleitet sein muss. Alternativ lässt sich ein Objekt über die Funktionen simplexml_load_string() oder simplexml_import_dom() auch aus einem String oder DOM-Objekt laden.

sha1

string **sha1** (string $zeichenkette [, bool $rohdaten])
Berechnet einen Hash-Wert von $zeichenkette. Heraus kommt eine 40-stellige hexadezimale Zeichenkette. Ist $rohdaten angegeben und true, wird das Ergebnis als binärer String ausgegeben (20 Zeichen).

sha1_file

string **sha1_file** (string $datei [, bool $rohdaten])

Berechnet einen Hash-Wert von $datei. Heraus kommt eine 40-stellige hexadezimale Zeichenkette. Ist $rohdaten angegeben und true, wird das Ergebnis als binärer String ausgegeben (20 Zeichen).

spl_classes

array **spl_classes** (void)

Gibt ein Array mit allen Klassen zurück, die für die Standard PHP Library (SPL) definiert sind.

sort

bool **sort** (array $array [, int $sortierFlags])

Führt eine Sortierung auf $array durch. Die $sortierFlags sind identisch mit denen, die Sie bei asort() nachlesen können.

stripos

int **stripos** (string $heuhaufen, string $nadel [, int $beginnDerSuche])

stripos() ermöglicht die Suche nach einer Zeichenkette ($nadel) innerhalb eines Strings ($heuhaufen), ohne auf Groß- und Kleinschreibung zu achten (im Gegensatz zu strpos()), und gibt, wenn die Zeichenkette gefunden wurde, deren Anfangsposition zurück. Wird nichts gefunden, liefert diese Funktion false. Der optionale Parameter $beginnDerSuche kann verwendet werden, um erst ab einer bestimmten Position des Strings mit der Suche nach der »Nadel« zu beginnen.

stripslashes

string **stripslashes** (string $zeichenkette)

Entfernt alle Backslashes (»\«) aus der übergebenen Zeichenkette und gibt die Zeichenkette zurück. Im Falle eines doppelten Backslashes wird nur einer der beiden entfernt.

strlen

int **strlen** (string $zeichenkette)

Ermittelt die Länge einer Zeichenkette $zeichenkette und gibt den numerischen Wert zurück.

strstr

string **strstr** (string $heuhaufen, string $nadel)

Findet das erste Vorkommen der $nadel im $heuhaufen. Zurückgegeben wird die restliche Zeichenkette inklusive $nadel.

strtolower

string **strtolower** (string $zeichenkette)
Wandelt alle Zeichen der übergebenen Zeichenkette in Kleinbuchstaben um und gibt den resultierenden String zurück.

strtotime

int **strtotime** (string $zeit [, int $zeitstempel])
Durch diesen Befehl ist es möglich, eine »verbal« angegebene Zeitangabe in einen Zeitstempel umzuwandeln. Es werden hierbei nur englische Angaben erkannt. Die Syntax folgt hierbei dem GNU Date. Eine mögliche Angabe ist beispielsweise:
strtotime("28 February 2006")

strtoupper

string **strtoupper** (string $zeichenkette)
Wandelt analog zu strtolower() alle Zeichen der übergebenen Zeichenkette in Großbuchstaben um und gibt den resultierenden String zurück.

sqlite_array_query

array **sqlite_array_query** (resource $datenbankressource , string $abfrage [,int $ergebnisTyp [, bool $binärCodiert]])
Setzt die SQL-Abfrage $abfrage an die geöffnete $datenbankressource ab und bekommt ein Ergebnisarray zurück. Mit $ergebnisTyp können Sie beeinflussen, wie die Spalten des Ergebnisses ins Array geschrieben werden:
- SQLITE_BOTH: Indizierung durch Namen und Spaltennummern
- SQLITE_ASSOC: Indizierung lediglich durch Namen (assoziatives Array)
- SQLITE_NUM: Indizierung lediglich mit Spaltennummern

$binärCodiert ist standardmäßig auf true gestellt und stellt sicher, dass die zurückgelieferten Daten binärcodiert werden.

sqlite_close

void **sqlite_close** (resource $datenbank)
Schließt eine offene Datenbankverbindung.

sqlite_error_string

string **sqlite_error_string** (int $error_code)
Gibt eine menschenlesbare Fehlerbeschreibung für den übergebenen $error_code zurück.

sqlite_last_error

int **sqlite_last_error** (resource $datenbank)

Gibt den Fehlercode des zuletzt aufgetretenen Fehlers der Datenbankressource $datenbank als Integer-Wert aus.

sqlite_open

resource **sqlite_open** (string $datenbankdatei [, int $modus [, string $&fehler]])

Öffnet die durch $Datenbankdatei angegebene SQLite-Datenbankdatei (oder erstellt diese, wenn sie nicht vorhanden ist). Der Modus spezifiziert die Berechtigung auf die Datenbank. So kann eine reine Leseberechtigung gesetzt werden (wird aber aktuell von der SQLite-Bibliothek nicht beachtet). In $&Fehler wird eine gegebenenfalls aufgetretene Fehlermeldung geschrieben.

substr

string **substr** (string $zeichenkette, int $start [, int $länge])

Durch substr() lässt sich eine beliebige Zeichenkette aus einem String $zeichenkette ausschneiden. Dabei übergeben wir die Position des ersten »Schnitts« in $start und optional die Länge bzw. Anzahl der auszuschneidenden Zeichen. Geben Sie die Länge nicht an, wird der komplette restliche String ab $start abgeschnitten und zurückgegeben.

tmpfile

resource **tmpfile** (void)

Erstellt eine neue temporäre Datei im Schreibmodus. Diese wird beim Schließen direkt wieder gelöscht.

time

int **time** ( )

Liefert den aktuellen Unix-Zeitstempel, das heißt die Anzahl Sekunden seit Jahresbeginn 1970.

trigger_error

void **trigger_error** (string $fehlerNachricht [, int $fehlerTyp])

Löst eine benutzerdefinierte Fehlermeldung $fehlerNachricht für die folgenden Ausnahmearten ($fehlerTyp) aus:

- E_USER_NOTICE,
- E_USER_WARNING
- E_USER_ERROR

trim

```
string trim ( string $zeichenkette )
```
Hiermit werden Leerräume am Anfang und Ende einer Zeichenkette entfernt. Leerräume sind hierbei \n, \r, \t, \v, \0 und normale Leerzeichen. Anschließend wird der gekürzte String zurückgegeben.

unlink

```
bool unlink ( string $filename )
```
Löscht die angegebene Datei aus dem Dateiverzeichnis.

unset

```
void unset ( mixed $variable [, mixed $variable [, mixed ...]] )
```
Löschen von einer oder mehreren Variablen.

usleep

```
void usleep ( int $mikrosekunden )
```
Diese Angabe lässt das aktuelle Skript um die Anzahl an in $mikrosekunden angegebenen Mikrosekunden mit der Abarbeitung der Befehle warten. Das Skript wird sozusagen »schlafen gelegt«. Verwandt damit ist der Befehl sleep(), der allerdings im Sekundenbereich operiert.

B MySQL-Referenz

Wir wollen Ihnen an dieser Stelle einen Überblick über die im Buch verwendeten (My)SQL-Kommandos geben. Die Referenz stellt die Syntax und die Parameter auf kleinem Raum dar.

Anders als in den vorigen Abschnitten sind die Befehle hier alphabetisch geordnet. Zur Einordnung in den Kontext sind die Befehle im Index aufgelistet.

ADDDATE
ADDDATE (datum, INTERVAL anzahl typ)

Zum angegebenen datum werden genau anzahl Einheiten (z. B. 10) von typ (z. B. DAY) dazugezählt.

ADDTIME
ADDTIME (ausdruck1,ausdruck2)

Addiert zu ausdruck1, der eine Zeit- oder Datumsangabe sein kann, die Zeitangabe ausdruck2.

AES_DECRYPT
AES_DECRYPT (verschlZeichenkette, schlüssel)

Entschlüsselt eine Zeichenkette verschlZeichenkette, die mit dem Algorithmus »Advanced Encryption Standard« verarbeitet wurde. Der schlüssel muss identisch sein mit demjenigen, der für die Verschlüsselung benutzt wurde.

AES_ENCRYPT
AES_ENCRYPT (zeichenkette, schlüssel)

Verschlüsselt zeichenkette mit dem Algorithmus »Advanced Encryption Standard« (vormals »Rijndael 128«) unter Verwendung des angegebenen Schlüssels.

ALTER
Dient zum Verändern von Strukturen (Daten-Manipulations-Sprache).

ALTER DATABASE [dbName]
[[DEFAULT] CHARACTER SET zeichensatz
 | [DEFAULT] COLLATE sortierung]

Aktualisiert den zeichensatz (z. B. latin1) und die sortierung (z. B. latin1_general_ci) einer Datenbank mit dem Namen dbName.

```
ALTER [DEFINER = { user | CURRENT_USER }] EVENT
evtName
ON SCHEDULE evtSteuerung
[ON COMPLETION [NOT] PRESERVE]
[RENAME TO evtNameNeu]
[ENABLE | DISABLE | DISABLE ON SLAVE]
[COMMENT 'kommentar']
DO sqlKommando;
```

Setzt Änderungen am Event `evtName` um. Elemente des Events, die auf dem alten Stand verbleiben sollen, können ausgelassen werden. Zusätzlich zu den Optionen des CREATE EVENT bietet sich im ALTER die Möglichkeit einer Umbenennung.

```
ALTER PROCEDURE spName
SQL SECURITY {DEFINER | INVOKER}
```

Setzt neue Sicherheitsparameter für eine Stored Procedure `spName`. Die Prozedur kann dann entweder mit den Rechten des Aufrufers (INVOKER) oder des Autors (DEFINER) ausgeführt werden.

```
ALTER [IGNORE] TABLE tblName
ADD [COLUMN] attrDefinition [FIRST | AFTER attrName]
| ADD PARTITION (partDef)
| ADD PRIMARY KEY (attrName [, attrName ...])
| ADD UNIQUE [indexname] (attrName [, attrName ...])
| ALTER [COLUMN] attrName
{SET DEFAULT wert | DROP DEFAULT}
| CHANGE [COLUMN] attrName attrDefinition
[FIRST | AFTER attrName]
| MODIFY [COLUMN] attrDefinition
[FIRST | AFTER attrName]
| DROP [COLUMN] attrName
| DROP PARTITION partNamen
| DROP PRIMARY KEY
| REBUILD PARTITION partNamen
| REMOVE PARTITIONING
| RENAME tblNameNeu
| REORGANIZE PARTITION partName INTO (partDef)
| CONVERT TO CHARACTER SET zeichensatz
[COLLATE sortierung]
| [DEFAULT] CHARACTER SET zeichensatz
[COLLATE sortierung]
```

Verändert die Struktur einer Datenbanktabelle mit dem Namen `tblName`. Die Optionen sind:

- Eine Spalte hinzufügen. Die Struktur der Attributdefinition können Sie aus der Anweisung CREATE TABLE in diesem Abschnitt ablesen. Optionale Positionsangaben sorgen für die Einsortierung der neuen Spalte an erster Stelle oder nach `attrName`.
- Hinzufügen eines Primärschlüssels aus einem oder mehreren Attributen mit den Namen `attrName`

- Hinzufügen eines UNIQUE-Indexes auf die Spalte(n) attrName. Der Index bekommt optional den Namen indexName.
- Aktualisierung des Standardwertes für ein Attribut attrName. Neuer Standardwert ist wert.
- Neudefinition einer Spalte über CHANGE oder MODIFY. Die Syntax für Attributdefinitionen lässt sich aus dem Kommando CREATE TABLE in diesem Abschnitt ablesen.
- Entfernen einer Spalte attrName
- Entfernen eines Primärschlüssels
- Umbenennung der Tabelle
- Setzen von zeichensatz und sortierung
- Verwaltung von Partitionen

```
ALTER
[ALGORITHM = {UNDEFINED | MERGE | TEMPTABLE}]
VIEW vName
[(attrListe)]
AS selectKommando
[WITH [CASCADED | LOCAL] CHECK OPTION]
```

Verändert die Struktur einer Sicht. Der Algorithmus, mit dem der Inhalt der Sicht erzeugt wird, lässt sich optional über ALGORITHM angeben. MERGE schreibt die Abfrage an die Sicht auf Gegenstücke der darunterliegenden Tabellen um (mit Hilfe der SELECT-Abfrage, über die die Sicht erzeugt wurde). TEMPTABLE erzeugt eine temporäre Tabelle. Über attrListe können Sie eine Liste mit Bezeichnern für die Spalten der Sicht angeben. selectKommando ist eine gültige Datenbankabfrage, die auch spezifischer Abfragerechte auf alle beteiligten Tabellen bedarf.

AVG

AVG ([DISTINCT] attr)

Berechnet den Durchschnitt aller durch attr angegebenen Werte.

BEGIN

BEGIN [WORK]

Startet eine Transaktion. Die Angabe des Wortes WORK ist freiwillig und besteht aus Kompatibilitätsgründen zu anderen Datenbankmanagementsystemen.

CALL

CALL spName

Ruft die Stored Procedure auf, die den Namen spName trägt. Dieses Kommando lässt sich aber nicht direkt aus einem SELECT aufrufen. Die Rückgabewerte (von OUT- bzw. INOUT-Parametern) werden in Variablen geschrieben.

CASE

Führt eine Anweisung bedingt aus. Das CASE existiert in mehreren Versionen, sowohl für den Gebrauch in SELECT-Anweisungen als auch für Stored Procedures. Begonnen wird mit der bedingten Ausführung in Datenbankabfragen (SELECT):

Variante mit Referenzwert:

```
CASE referenzwert
WHEN vergleich THEN konsequenz
[WHEN vergleich THEN konsequenz...]
[ELSE konsequenz]
END
```

Alle Vorkommen von vergleich werden mit referenzwert verglichen. Besteht Gleichheit, wird die jeweilige konsequenz ausgeführt. Ist kein Vergleichswert passend, wird optional die konsequenz aus dem ELSE-Zweig ausgeführt. Das Konstrukt endet mit END.

Variante ohne Referenzwert:

```
CASE
WHEN bedingung THEN konsequenz
[WHEN bedingung THEN konsequenz...]
[ELSE konsequenz]
END
```

Jeder WHEN-Zweig hat eine eigene Bedingung. Die Auswertung findet von oben nach unten statt. Trifft eine Bedingung zu, wird die Konsequenz ausgeführt.

Die CASE-Syntax für Stored Procedures unterscheidet sich minimal von der vorigen. Im Besonderen heißt das, dass die Konstrukte mit END CASE statt mit END abgeschlossen werden.

Variante mit Referenzwert:

```
CASE variable
    WHEN wert THEN anweisungen
    [WHEN wert THEN anweisungen] ...
    [ELSE anweisungen]
END CASE
```

Variante ohne Referenzwert:

```
CASE
    WHEN bedingung THEN anweisungen
    [WHEN bedingung THEN anweisungen] ...
    [ELSE anweisungen]
END CASE
```

CAST

CAST (ausdruck AS typ)

Teilt ausdruck einen neuen Datentyp zu. Für typ sind die Werte aus Tabelle B.1 gültig.

Typ	Beschreibung
SIGNED	vorzeichenbehafteter Integerwert
UNSIGNED	vorzeichenloser Integerwert
CHAR	Zeichenkette
BINARY	Binäre Zeichenkette; binäre Vergleiche unterscheiden zwischen Groß- und Kleinschreibung
DATE	Datum im Format JJJJ-MM-TT
DATETIME	Datum und Zeit im Format JJJJ-MM-TT SS:MM:SS
TIME	Zeit im Format SS:MM:SS

Tabelle B.1 Werte für »type«

CEIL

CEIL (zahl)
Rundet zahl auf den nächsthöheren ganzzahligen Wert.

COMMIT

COMMIT [AND [NO] CHAIN] [[NO] RELEASE]
Schließt eine Transaktion ab und schreibt die Ergebnisse fest. AND CHAIN sorgt dafür, dass im Anschluss automatisch eine neue Transaktion gestartet wird. RELEASE beendet die Verbindung zum Datenbankserver.

CONCAT

CONCAT (zeichenkette1,zeichenkette2 ...)
Verbindet mehrere Zeichenketten zeichenketteN zu einer einzigen. Es wird kein Trennzeichen eingesetzt.

CONCAT_WS

CONCAT_WS (trennzeichen,zeichenkette1,zeichenkette2 ...)
Verbindet mehrere Zeichenketten. Zwischen den Bestandteilen wird trennzeichen eingefügt.

COUNT

COUNT ([DISTINCT] attr)
Zählt die Vorkommen von attr. Das DISTINCT sorgt dafür, dass mehrfache Vorkommen eines Wertes außer Acht gelassen werden.

CREATE

Legt eine neue Datenbankstruktur an.

```
CREATE DATABASE [IF NOT EXISTS] dbName
[DEFAULT] CHARACTER SET zeichensatz
[DEFAULT] COLLATE sortierung
```

Erzeugt eine Datenbank dbName. Um sich vor einer Fehlermeldung zu schützen, die auftritt, wenn eine Datenbank mit diesem Namen bereits existiert, können Sie IF NOT EXISTS angeben. Zusätzlich lassen sich Standardwerte für zeichensatz und sortierung angeben, die sich auf Tabellen auswirken, wenn dort keine entsprechenden anderen Werte festgelegt sind.

```
CREATE [DEFINER = { user | CURRENT_USER }] EVENT
[IF NOT EXISTS]
evtName
ON SCHEDULE evtSteuerung
[ON COMPLETION [NOT] PRESERVE]
[ENABLE | DISABLE | DISABLE ON SLAVE]
[COMMENT 'kommentar']
DO sqlKommando;
```

Erzeugt einen Event evtName, der zeitgesteuert ausgeführt wird. Die Ausführungszeit bestimmt sich aus evtSteuerung. Einmalig oder regelmäßig wird dann sqlKommando zur Ausführung gebracht, das sich aus einem oder mehreren SQL-Befehlen zusammensetzt.

```
CREATE [UNIQUE | FULLTEXT] INDEX indexName
[USING indexType]
ON tblName (attrName [(length)],...)
```

Legt einen Index mit dem Namen indexName an. Es muss eine Tabelle mitsamt Spalte festgelegt werden, für die der Index gelten soll. Optional lässt sich auch der Typ des Indexes (z. B. BTREE) angeben, diese Wahl trifft anderenfalls das Datenbanksystem.

```
CREATE PROCEDURE [dbName.]spName
([param1 [, param2 ...]])
[LANGUAGE SQL]
[SQL SECURITY {DEFINER | INVOKER}]
spKoerper
```

Erzeugt eine neue Stored Procedure, die den Namen spName trägt. Die Angabe der Parameter muss der nachstehenden Syntax folgen, also einen Namen sowie einen Datentyp umfassen und festlegen, um welche Art Parameter es sich handelt:

```
[ IN | OUT | INOUT ] paramName typ
```

Als Sicherheitseinstellung können Sie bestimmen, ob die Prozedur mit den Rechten des Aufrufers (INVOKER) oder des Autors (DEFINER) ausgeführt werden soll. Der spKoerper legt den Rumpf der Prozedur fest. Darin können u. a. SQL-Anweisungen, Variablenzuweisungen oder dafür ausgelegte Kontrollstrukturen enthalten sein.

```
CREATE [TEMPORARY] TABLE [IF NOT EXISTS] tblName
[(attrDef, attrDef ...)]
[PRIMARY KEY (attrName, ...)]
[[DEFAULT] CHARACTER SET zeichensatz
```

```
[COLLATE sortierung]]
[ENGINE=storageEngine]
[PARTITION BY partTyp
 partDef]
```

Erzeugt eine Tabelle mit dem Namen `tblName`. Die Attributdefinition ist wie folgt aufgebaut:

```
attrName datentyp [NOT NULL | NULL]
[DEFAULT standardwert]
[AUTO_INCREMENT]
[UNIQUE [KEY] | [PRIMARY] KEY]
```

Der zentrale `PRIMARY KEY` muss nur dann gesetzt werden, wenn er nicht in einer der Attributsdefinitionen festgelegt wurde. Mit den Angaben zu `zeichensatz` und `sortierung` lassen sich die Standardwerte der Datenbank überschreiben. Über `ENGINE` nehmen Sie explizit Einfluss darauf, welche Storage Engine Sie für die Tabelle einsetzen wollen.

Die Partitionierungsdefinition richtet sich je nach den Partitionierungstypen, die in Kapitel 9, »Fortgeschrittenes MySQL«, nachzuschlagen sind.

```
CREATE TRIGGER trigName
{BEFORE | AFTER}
{INSERT | UPDATE | DELETE}
ON tblName
FOR EACH ROW triggerBefehl
```

Erzeugt einen Trigger mit Namen `trigName`, dessen Ausführungszeitpunkt, -ereignis und -tabelle Sie bei der Definition festlegen müssen. Ein `ALTER` ist nicht möglich. Der `triggerBefehl` definiert, was bei einem auftretenden Ereignis geschehen soll (SQL-Kommando).

```
CREATE USER benutzer
[IDENTIFIED BY [PASSWORD] 'passwort']
[, benutzer [IDENIFIED BY [PASSWORD] 'passwort'] ... ]
```

Legt ein neues Benutzerkonto mit dem Bezeichner `benutzer` an. Optional lässt sich ein Passwort festlegen. Sie können mit einer Anweisung auch mehrere Benutzerkonten erzeugen.

```
CREATE [OR REPLACE]
[ALGORITHM = {UNDEFINED | MERGE | TEMPTABLE}]
VIEW vName
[(attrListe)]
AS selectKommando
[WITH [CASCADED | LOCAL] CHECK OPTION]
```

Erzeugt oder ersetzt (`OR REPLACE`) eine Sicht `vName`. Die Attribute der Sicht können Sie über die optionale Liste `attrListe` benennen. Die Anzahl der Attribute in der Liste muss mit der Anzahl der Attribute in `selectKommando` übereinstimmen. Das `WITH CHECK OPTION` dient dazu, Einfügeoperationen in Sichten auf ungültige Resultate in den darunterliegenden Tabellen zu prüfen.

Partitionsattribute müssen nicht zwangsläufig 1 : 1 verwendet werden. Stattdessen lassen sen sie sich über Ausdrücke weiterverarbeiten. Darin sind jedoch in MySQL 5.5 nur die in Tabelle B.2 aufgelisteten Funktionen erlaubt (Stand MySQL-Version 5.5.2).

Funktion	
ABS	CEILING
DAY	DAYOFMONTH
DAYOFWEEK	DAYOFYEAR
DATEDIFF	EXTRACT
FLOOR	HOUR
MICROSECOND	MINUTE
MOD	MONTH
QUARTER	SECOND
TIME_TO_SEC	TO_DAYS
TO_SECONDS	UNIX_TIMESTAMP
WEEKDAY	YEAR
YEARWEEK	

Tabelle B.2 Erlaubte Funktionen von CREATE

DATE_FORMAT

`DATE_FORMAT ( datum, format )`

Über `DATE_FORMAT` lassen sich Datums- und Zeitangaben (`datum`) in ein beliebiges Ausgabeformat bringen. Das `format` besteht aus einem oder mehreren der Elemente aus Tabelle B.3.

Bei der Auswertung versucht MySQL, so viele Elemente in `format` zu erkennen wie möglich. Um das Prozentzeichen abzubilden, ohne dass es verarbeitet wird, müssen Sie `%%` schreiben. Das aktuelle Datum in der Form »TT.MM.JJJJ« erhalten Sie mit der Anweisung:

`SELECT DATE_FORMAT(NOW(),'%e.%c.%Y');`

Muster	Beschreibung
%a	Name des Wochentages, abgekürzt (Sun ... Sat)
%b	Name des Monats, abgekürzt (Jan ... Dec)
%c	Monat, numerisch ohne führende 0 (0 ... 12)
%D	Tag des Monats mit englischem Suffix (0th, 1st, 2nd, 3rd, ...)
%d	Tag des Monats, numerisch mit führender 0 (00 ... 31)
%e	Tag des Monats, numerisch ohne führende 0 (0 ... 31)
%f	Mikrosekunden (000000 ... 999999)
%H	Stunden mit führender 0 (00 ... 23)
%h	Stunde mit führender 0, zwölfstündig (01 ... 12)

Tabelle B.3 Elemente für »format«

Muster	Beschreibung
%I	Stunde mit führender 0, zwölfstündig (01 ... 12)
%i	Minuten, numerisch mit führender 0 (00 ... 59)
%j	Tag des Jahres (001 ... 366)
%k	Stunden ohne führende 0 (0 ... 23)
%l	Stunde ohne führende 0, zwölfstündig (1 ... 12)
%M	Name des Monats (January ... December)
%m	Monat, numerisch mit führender 0 (00 ... 12)
%p	AM oder PM
%r	Zeit, zwölfstündig mit anschließendem AM oder PM
%S	Sekunden mit führender 0 (00 ... 59)
%s	Sekunden mit führender 0 (00 ... 59)
%T	Zeit, 24-stündig
%U	Woche des Jahres mit führender 0, Sonntag als erster Wochentag (00 ... 53)
%u	Woche des Jahres mit führender 0, Montag als erster Wochentag (00 ... 53)
%V	Woche des Jahres mit führender 0, Sonntag als erster Wochentag (01 ... 53), wird verwendet mit %X.
%v	Woche des Jahres mit führender 0, Montag als erster Wochentag (01 ... 53), wird verwendet mit %x.
%W	Name des Wochentages (Sunday ... Saturday)
%w	Tag der Woche (0 = Sonntag ... 6 = Samstag)
%X	Jahr der Woche, mit Sonntag als erstem Wochentag, wird verwendet mit %V, vierstellig.
%x	Jahr der Woche, mit Montag als erstem Wochentag, wird verwendet mit %v, vierstellig.
%Y	Jahr, vierstellig
%y	Jahr, zweistellig

Tabelle B.3 Elemente für »format«

DAYNAME

DAYNAME (datum)

Gibt den Namen des Wochentages für ein gegebenes datum zurück.

DAYOFMONTH

DAYOFMONTH (datum)

Gibt den Tag des Monats von datum als numerischen Wert zurück. Der Wertebereich ist 1 bis 31.

DAYOFWEEK

`DAYOFWEEK ( datum )`

Gibt den Wochentag von `datum` in numerischer Form zurück. Die Nummerierung beginnt mit 1 am Sonntag. Der Wertebereich erstreckt sich von 1 bis 7.

DAYOFYEAR

`DAYOFYEAR ( datum )`

Berechnet, der wievielte Tag des Jahres in `datum` angegeben ist. Das Ergebnis kann zwischen 1 und 366 liegen (Schaltjahr).

DECLARE

`DECLARE varName typ [DEFAULT wert]`

Erzeugt eine lokale Variable in einer Stored Procedure. `varName` muss ein eindeutiger Bezeichner sein, `typ` einer der MySQL-Datentypen, und das optionale `DEFAULT wert` spezifiziert einen Wert für die Variable. Wird kein Standardwert gesetzt, ist `varName` gleich `NULL`.

DELETE

```
DELETE [IGNORE] FROM tblName
[WHERE bedingung]
[ORDER BY attrName LIMIT n]
```

Löscht Daten aus einer Tabelle `tblName`, die durch `bedingung` eingegrenzt werden. Ohne die Bedingung wird der gesamte Tabelleninhalt gelöscht (analog zu `TRUNCATE`). Wird die optionale `ORDER BY`-Klausel angegeben, werden die Löschungen in der dadurch festgelegten Reihenfolge durchgeführt und nur so viele Datensätze entfernt, wie mit `LIMIT` angegeben ist.

DELIMITER

`DELIMITER zeichen`

Setzt das Befehlsendzeichen auf einen neuen Wert (`zeichen`). Dies wird u. a. dann notwendig, wenn Sie Stored Procedures schreiben, die das Semikolon (standardmäßiges Befehlsendzeichen) nativ benutzen. Die Interpretation des Befehls kann dadurch nicht entscheiden, wann die Stored Procedure beendet ist.

DESCRIBE

`DESCRIBE tblName [attrName]`

Liefert Metadaten zu der angegebenen Tabelle `tblName`. Die Informationen umfassen den Namen, Datentyp, Standardwert, die Indizes und Bedingungen (`NULL`) für alle Attribute. Geben Sie zusätzlich `attrName` an, wird das Ergebnis auf diese Spalte begrenzt.

DROP

Löscht Datenbankstrukturen (Daten-Definitions-Sprache).

`DROP DATABASE [IF EXISTS] dbName`

Löscht eine Datenbank mit dem Namen `dbName`. Um keinen Fehler zu erzeugen, wenn die Datenbank nicht existiert, lässt sich optional `IF EXISTS` anlegen.

`DROP EVENT [IF EXISTS] evtName`

Entfernt den Event `evtName`.

`DROP PROCEDURE [IF EXISTS] spName`

Entfernt eine Stored Procedure `spName`.

`DROP [TEMPORARY] TABLE [IF EXISTS]`
`tblName [, tblName ...]`

Löscht eine oder mehrere Tabellen endgültig aus der Datenbank. Es kann sich dabei um permanent gespeicherte oder um temporäre Tabellen handeln.

`DROP TRIGGER [tblName].trigName`

Entfernt einen Trigger `trigName`, der für die Tabelle `tblName` definiert wurde.

`DROP USER benutzer [, benutzer ...]`

Löscht ein oder mehrere Benutzerkonten.

`DROP VIEW [IF EXISTS] vName [, vName...]`

Entfernt eine oder mehrere Sichten.

EXPLAIN

`EXPLAIN tblName.`

Synonym zu `DESCRIBE tblName`.

EXTRACTVALUE

`EXTRACTVALUE ( xml, xpath )`

Extrahiert XML-Fragmente aus einem XML-Gesamtstring. Die Abfrage wird in XPath formuliert.

FIND_IN_SET

`FIND_IN_SET ( nadel, heuhaufen )`

Sucht die `nadel` im `heuhaufen`. Bei `heuhaufen` handelt es sich um eine kommaseparierte Liste aus Werten, wie sie von den Mengentypen in MySQL verwendet wird.

FLOOR

`FLOOR ( zahl )`

Rundet `zahl` auf den nächstkleineren ganzzahligen Wert ab.

FOREIGN KEY

```
FOREIGN KEY (attrName [,attrName...])
REFERENCES tblName (attrName [,attrName...])
[ON DELETE
{CASCADE | NO ACTION | SET NULL | RESTRICT}]
[ON UPDATE
{ CASCADE | NO ACTION | SET NULL | RESTRICT }]
```

Die Definition eines Fremdschlüssels ist Bestandteil einer CREATE TABLE- oder ALTER TABLE-Anweisung.

Legt einen Fremdschlüssel für das Attribut attrName an. Ein Schlüssel kann sich auch über mehrere Attribute erstrecken. Über REFERENCES muss die Quelle des Schlüssels mit Tabellen und Attribut festgelegt werden. Bei zusammengesetzten Fremdschlüsseln müssen die Attributlisten in ihrer Größe übereinstimmen. Ferner können für Lösch- und Aktualisierungsoperationen auf der referenzierten Tabelle Handlungsanweisungen gegeben werden, um Anomalien vorzubeugen. Referentielle Integrität wird nur mit manchen Storage Engines in MySQL erreicht, z. B. InnoDB.

FROM_UNIXTIME

```
FROM_UNIXTIME ( zeitstempel )
```

Erzeugt eine Repräsentation des MySQL-Datentyps TIMESTAMP für den gegebenen Unix-Zeitstempel.

GRANT

```
GRANT recht [(attrListe)] [, recht (attrListe) ...]
ON [{TABLE | PROCEDURE}]
{* | *.* | dbName.* | dbName.tblName}
TO benutzer [IDENTIFIED BY [PASSWORD] 'passwort']
[, benutzer [IDENTIFIED BY [PASSWORD] 'passwort' ...]
[WITH { GRANT OPTION
        | MAX_QUERIES_PER_HOUR zahl
        | MAX_UPDATES_PER_HOUR zahl
        | MAX_CONNECTIONS_PER_HOUR zahl
        | MAX_USER_CONNECTIONS zahl}]
```

Teilt einem Benutzerkonto (benutzer) Rechte zu. Das recht kann sich auf die generelle Verwendung, auf Tabellen oder auf Attributsebene beziehen. Es existiert eine Reihe von Rechten bzw. Privilegien in MySQL, die in Tabelle B.4 aufgelistet sind.

Es lassen sich über die Angabe des Passwortes auch neue Benutzerkonten bei der Zuweisung von Rechten erstellen. Die GRANT OPTION dient dazu, die Verbindungen des Benutzerkontos mengenmäßig einzuschränken.

Recht	Beschreibung/relevante SQL-Anweisungen
ALL	alle Rechte (außer GRANT OPTION)
ALTER	ALTER {DATABASE | TABLE} (DDL)
ALTER ROUTINE	{ALTER | DROP} PROCEDURE
CREATE	CREATE {DATABASE | TABLE} (DDL)
CREATE ROUTINE	CREATE PROCEDURE
CREATE TABLESPACE	CREATE TABLESPACE
CREATE TEMPORARY TABLES	CREATE TEMPORARY TABLE
CREATE USER	Anlegen, Löschen, Umbenennen von Benutzer-Accounts, darüber hinaus REVOKE
CREATE VIEW	CREATE VIEW
DELETE	DELETE (DML)
DROP	DROP {DATABASE | TABLE} (DDL)
EVENT	{CREATE | ALTER | DROP} EVENT
EXECUTE	Ausführen von Stored Procedures
FILE	INTO OUTFILE und LOAD DATA INFILE
GRANT OPTION	Weitergabe von Rechten
INDEX	{CREATE | DROP} INDEX
INSERT	INSERT (DML)
LOCK TABLES	LOCK TABLES für alle Tabellen, auf die Lesezugriff besteht
PROCESS	SHOW FULL PROCESSLIST
REFERENCES	derzeit unbenutzt
RELOAD	FLUSH
REPLICATION CLIENT	Erlaubt die Suche nach Replikationsservern.
REPLICATION SLAVE	Log-Dateien vom Replikationsserver lesen
SELECT	SELECT (DML)
SHOW DATABASES	SHOW DATABASES
SHOW VIEW	SHOW CREATE VIEW
SHUTDOWN	Server herunterfahren
SUPER	weitreichende Rechte, um Prozesse zu beenden (KILL) und über das eigene Verbindungsmaximum hinaus eine Verbindung aufzubauen
TRIGGER	{CREATE | DROP} TRIGGER
UPDATE	UDPATE (DML)
USAGE	keine Rechte

Tabelle B.4 Rechte bzw. Privilegien

IF

Das IF-Konstrukt existiert in mehreren Varianten, einmal für die Verwendung in SELECT-oder ähnlichen Abfragen, ein zweites Mal für den Gebrauch in Stored Procedures. Die Syntax der ersten Variante lautet:

IF (bedingung,konsequenz,alternative)

Ist bedingung true, wird konsequenz ausgewertet, anderenfalls alternative. In Stored Procedures hingegen ist das Konstrukt komplexer:

```
IF bedingung THEN anweisungen
   [ELSEIF bedingung THEN anweisungen] ...
   [ELSE anweisungen]
END IF
```

Es können auch mehreren Alternativen bestehen, die in einem ELSEIF- oder ELSE-Zweig angegeben werden. Das ELSEIF kann weitere unabhängige Bedingungen definieren.

IFNULL

IFNULL (vergleich,alternative)

IFNULL prüft vergleich auf den Wert NULL. Fällt der Test positiv aus, wird alternative geliefert, anderenfalls vergleich selbst.

INSERT

Fügt Daten in die Tabelle tblName ein. Das INSERT besteht in drei Varianten:

```
INSERT [IGNORE] INTO tblName
SET attrName=ausdr [, attrName=ausdr ...]
```

Hierbei werden die Attribute, die weder ihren Standardwert noch NULL enthalten sollen, in einer Liste aus Zuweisungen explizit angegeben. Die Abfrage kann fehlschlagen, wenn ein Attribut, das keinen Standardwert besitzt, nicht in der Liste enthalten ist.

```
INSERT [IGNORE] INTO tblName
[(attrName [, attrName ...])]
VALUES (ausdr | DEFAULT [, ausdr | DEFAULT ...])
[, (ausdr | DEFAULT [, ausdr | DEFAULT ...])]
```

Bei der VALUES-Variante können mehrere Datensätze auf einmal eingetragen werden. Die Attribute, die Werte bekommen sollen, werden in der Attributsliste (attrName ...) festgelegt. Diese muss nicht zwingend die Reihenfolge der Tabellendefinition einhalten. Die Wertelisten müssen jedoch genauso sortiert sein wie die Attributsliste. Alternativ können Sie die Attributsliste auch weglassen, wenn Sie in den Wertelisten alle Attribute in der korrekten Reihenfolge belegen.

```
INSERT [IGNORE] INTO tblName
SELECT FROM WHERE
```

Die letzte Variante fügt Daten aus einer Tabelle, die über ein SELECT ausgesucht wurden, in eine andere Tabelle ein. Nützlich ist dies beim Einfügen von Massendaten. Die Strukturen der Ergebnismenge und von tblName müssen übereinstimmen.

INSTALL

`INSTALL PLUGIN pluginName SONAME 'codeDatei';`
Installiert ein MySQL-Plugin, in der Regel eine Storage Engine, im laufenden Serverbetrieb. Der Server muss für die Funktionseinführung nicht heruntergefahren werden.

ITERATE

`ITERATE bezeichner`
Dient zur Flusskontrolle in Kontrollstrukturen. Bricht den aktuellen Schleifendurchlauf ab und startet einen neuen.

LEAVE

`LEAVE bezeichner`
Bricht eine Schleife ab, die über `bezeichner` festgelegt wird. Nützlich ist der Bezeichner vor allem bei verschachtelten Schleifen.

LOOP

```
[bezeichner:] LOOP
    anweisungen;
END LOOP [bezeichner]
```
Dabei handelt es sich um eine einfache Schleife für Stored Procedures. Die Schleife läuft so lange, bis ein `LEAVE` ausgeführt wird.

LTRIM

`LTRIM ( zeichenkette )`
Entfernt Leerraum an der linken Seite der `zeichenkette`.

MAKE_SET

`MAKE_SET (bits,zeichenkette1,zeichenkette2 ...)`
Erzeugt eine Menge aus den angegebenen Zeichenketten. Über `bits` wird gesteuert, welche der Strings in die Menge aufgenommen werden sollen. `bits` kann unterschiedliche Repräsentationen annehmen, die binär ausgewertet werden.

MATCH...AGAINST

`MATCH ( attrListe ) AGAINST ( suche )`
Suche in `attrListe`, die mit einem Volltextindex belegt wurde. Gesucht wird nach `suche`.

MAX
`MAX ( attr )`
Findet und liefert den höchsten Wert der durch `attr` selektierten Daten.

MD5
`MD5 ( zeichenkette )`
Verschlüsselt `zeichenkette` mit dem MD5-Algorithmus. Das Ergebnis ist eine 32-stellige hexadezimale Zeichenkette.

MIN
`MIN ( attr )`
Findet und liefert den tiefsten Wert der durch `attr` selektierten Daten.

NOW
`NOW ()`
Liefert den aktuellen Zeitpunkt. Das Format richtet sich nach dem Kontext, in dem die Funktion aufgerufen wurde.

NULLIF
`NULLIF ( ausdruck1, ausdruck2 )`
Ergibt `NULL`, wenn die Argumente gleich sind, anderenfalls liefert die Funktion `ausdruck1` zurück.

OPTIMIZE
`OPTIMIZE TABLE tblName [, tblName ...]`
Defragmentiert eine oder mehrere Tabellen `tblName`, wenn große Teile daraus gelöscht wurden. Nötig ist dies nur, wenn die Tabellen Attribute enthalten, die mit einem Datentyp variabler Länge definiert sind, beispielsweise `VARCHAR`. Dann entstehen Lücken in den Daten, also ungenutzter Raum zwischen Datensätzen, der sich nicht problemlos füllen lässt.

POWER
`POWER ( basis, exponent )`
Liefert den mathematischen Wert von `basis` potenziert mit `exponent`.

RAND

RAND ([startwert])

Erzeugt eine Zufallszahl zwischen 0 und 1. Ist startwert gegeben, wird er für die interne Berechnung der Zufallszahl benutzt.

REGEXP

ausdruck REGEXP muster

Durchsucht ausdruck anhand des regulären Musters muster. Werden ein oder mehrere Vorkommen für das Muster gefunden, liefert die Funktion 1, anderenfalls 0. Reguläre Ausdrücke in MySQL orientieren sich zu einem gewissen Grad an der für PHP vorgestellten Syntax.

REPEAT

```
[bezeichner:] REPEAT
    anweisungen
    UNTIL bedingung
END REPEAT [bezeichner]
```

REPEAT bezeichnet ein Schleifenkonstrukt für Stored Procedures, das mindestens einmal durchlaufen wird. Das Abbruchkriterium ist als bedingung im Schleifenrumpf enthalten.

REVOKE

```
REVOKE recht [(attrListe)] [, recht [(attrListe)] ...]
ON [{TABLE | PROCEDURE}]
{ * | *.* | dbName.* | dbName.tblName}
FROM benutzer [, benutzer ...]
```

Damit lassen sich Rechte, die an benutzer vergeben wurden, wieder entziehen. Die Rechte sind selbstverständlich identisch mit denen, die Sie über GRANT vergeben und aus Tabelle B.3 ablesen können.

ROLLBACK

ROLLBACK [AND [NO] CHAIN] [[NO] RELEASE]

Beendet eine Transaktion und verwirft deren Ergebnisse. Über AND CHAIN wird danach eine weitere Transaktion angestoßen. Ein RELEASE bewirkt, dass die Verbindung zum Datenbankserver abgebrochen wird.

RTRIM

RTRIM (zeichenkette)

Entfernt Leerraum an der rechten Seite der zeichenkette.

SELECT

```
SELECT [DISTINCT] attrName [, attrName]
[INTO OUTFILE 'dateiName']
[FROM tblName [, tblName]
[WHERE bedingung]
[GROUP BY attrName [ASC | DESC] [, ...]]
[ORDER BY attrName [ASC | DESC] [, ...]]
[WITH_ROLLUP]
[LIMIT [position, ] zeilenanzahl] ]
```

Fragt Daten aus den in FROM spezifizierten Tabellen tblName ab. Zwischen den Tabellen können verschiedene Arten von Verknüpfungen bestehen (JOIN). Welche Attribute aus der daraus entstehenden Relation ausgegeben werden sollen, entscheidet die SELECT-Liste attrName [, ...].

Um das Ergebnis weiter einzugrenzen, können Sie im WHERE eine bedingung oder eine logische Kombination mehrerer Bedingungen festlegen, die von jedem Datensatz erfüllt werden muss. Das Sortieren oder Gruppieren der Ergebnismenge erreichen Sie über ORDER BY- bzw. GROUP BY-Klauseln. WITH ROLLUP sorgt für Aggregationen, und LIMIT beschränkt die Datenmenge auf eine bestimmte Anzahl Tupel.

SET

Über den Befehl SET können Sie gezielt Parameter oder Systemvariablen setzen:

`SET PASSWORD [FOR benutzer] = PASSWORD('passwort')`

Setzt das passwort, das benutzer zur Authentifizierung am Datenbankserver benötigt. Das Passwort wird obendrein über die Funktion verschlüsselt.

`SET AUTOCOMMIT = {0 | 1}`

Setzt die Systemvariable AUTOCOMMIT.

SHA1 bzw. SHA

`SHA ( zeichenkette )`

Führt eine Ein-Weg-Verschlüsselung auf zeichenkette aus. Der Rückgabewert ist ein 40-stelliger hexadezimaler String.

SHOW

Zeigt Metadaten der MySQL-Instanz an. In MySQL 5 sollten Sie jedoch gleichwertige Informationen aus der Metadatenbank *INFORMATION_SCHEMA* abfragen, anstatt die SHOW-Anweisung zu benutzen.

SQRT

`SQRT ( zahl )`

Berechnet die (Quadrat-)Wurzel des angegebenen Wertes zahl.

SUBDATE

SUBDATE (datum, INTERVAL anzahl typ)

Von dem angegebenen datum werden genau anzahl Einheiten (z. B. 10) von typ (z. B. DAY) abgezogen. Es handelt sich um das Gegenstück zu ADDDATE().

SUM

SUM ([DISTINCT] attr)

Berechnet die Summe aller Vorkommen, die durch attr beschrieben werden. Wenn Sie zusätzlich DISTINCT benutzen, werden nur diejenigen Daten in die Berechnung einbezogen, deren Wert noch nicht in das Ergebnis eingegangen ist.

START TRANSACTION

START TRANSACTION

Beginnt eine neue Transaktion. Es handelt sich also um ein Synonym für BEGIN [WORK]. Durch Absetzen des Kommandos START TRANSACTION wird automatisch der AUTOCOMMIT-Modus abgeschaltet.

SUBSTRING

SUBSTRING (zeichenkette, position, länge)

Gibt einen Teil der angegebenen zeichenkette zurück. Als Begrenzer dienen die Werte position und länge. Der erste legt die Anfangsposition in zeichenkette fest, der zweite die Anzahl der auszuschneidenden Zeichen.

TO_DAYS

TO_DAYS (datum)

Gibt die Anzahl der Tage zurück, die zwischen dem 31.12.-1 und dem datum vergangen sind. Im Fehlerfall liefert die Funktion NULL zurück.

TO_SECONDS

TO_SECONDS (ausdruck)

Gibt die Anzahl der Tage zurück, die zwischen dem 31.12.-1 und dem ausdruck vergangen sind. Bei dem Ausdruck muss es sich um einen Wert vom Type date oder datetime handeln. Im Fehlerfall liefert die Funktion NULL zurück.

TRIM

TRIM (zeichenkette)

Schneidet Leerraum an beiden Enden von zeichenkette ab.

UNINSTALL

UNINSTALL PLUGIN pluginName;

Deinstalliert ein MySQL-Plugin, das vorher mit INSTALL PLUGIN hinzugefügt worden ist.

UNIX_TIMESTAMP

`UNIX_TIMESTAMP ()`
Erzeugt den Unix-Zeitstempel für die aktuelle Sekunde.

UPDATE

```
UPDATE [IGNORE] tblName
SET attrName=ausdr [, attrName=ausdr]
[WHERE bedingung]
[ORDER BY attrName LIMIT n]
```
Aktualisiert Daten (Daten-Manipulations-Sprache).
Innerhalb der Tabelle `tblname` werden alle Datensätze mit neuen Werten belegt, die der `bedingung` in der `WHERE`-Klausel genügen. Neue Werte werden analog zu der `SET`-Variante des `INSERT`-Befehls in einer Liste von Zuweisungen spezifiziert. Ist das `ORDER BY` gesetzt, werden die Aktualisierungen in der dadurch entstehenden Reihenfolge vorgenommen und nur so viele Tupel erneuert, wie durch das `LIMIT` angegeben.

UPDATEXML

`UPDATEXML ( xml, xpath, ersatz_xml)`
Aktualisiert einen XML-String. Die Stelle, an der `ersatz_xml` eingesetzt werden soll, wird über einen XPath-Ausdruck definiert. Die Funktion liefert den geänderten Gesamtstring zurück.

UNION

`UNION [ALL]`
Verbindet die Ergebnisse zweier `SELECT`-Abfragen. Die Struktur der Abfragen muss übereinstimmen, das heißt, es müssen gleich viele Attribute in jeder Abfrage vorkommen. Das `UNION` kann mehrfach benutzt werden, um mehr als zwei Ergebnismengen miteinander zu verbinden.

USE

`USE dbName`
Wechselt die aktuell benutzte Datenbank.

WHILE

```
[bezeichner:] WHILE bedingung DO
    anweisungen
END WHILE [bezeichner]
```
Ein Schleifenkonstrukt für Stored Procedures. Die `bedingung` im Schleifenkopf wird vor jeder Ausführung des Rumpfes geprüft. Als Konsequenz muss `anweisung` nicht zwangsläufig ausgeführt werden (anders als bei `REPEAT`).

C   Open Source in der Praxis: Lizenzen

Die in diesem Buch verwendete Software ist zu großen Bestandteilen Open Source. Das betrifft nicht nur die Programme zur Skriptsprache PHP und das Datenbankmanagementsystem MySQL, sondern auch Webserver, Administrationssoftware usw. Für Open-Source-Software besteht in der Praxis eine Reihe von Lizenzen, die neben den Rechten der Anwender auch deren Pflichten definieren. Dieser Abschnitt soll Ihnen die unterschiedlichen Alternativen und deren Fallstricke näherbringen.

Die Open Source Initiative (OSI) bemisst Software bzw. deren Lizenzen an den folgenden drei Gesichtspunkten:

- Quelltexte müssen offenliegen.
- Die Software darf genutzt, in ihrer ursprünglichen Form kopiert und weitergegeben werden.
- An der Software dürfen Anpassungen vorgenommen werden. Auch diese veränderte Version darf im Sinne des vorigen Punktes vervielfältigt und verbreitet werden.

Besonders im dritten Punkt unterscheiden sich gängige Open-Source-Lizenzen. Wenn die Lizenz einer Open-Source-Software umfasst, dass abgeleitete Software wiederum unter die gleiche Lizenz gestellt werden muss, spricht man in Anlehnung an das Copyright von dem sogenannten *Copyleft*. Die drei Lizenzen, die wir im Weiteren vorstellen wollen, sind nicht nur die am häufigsten genutzten, sondern unterscheiden sich auch in ihrer Einstellung zum Copyleft.

C.1   GPL

Etwa drei Viertel aller Open-Source-Anwendungen setzen auf die GNU GPL[1] (General Public License). Sie gehört zu den ältesten Open-Source-Lizenzen und nimmt seit ihrer ersten Veröffentlichung 1989 eine Vorreiterrolle ein.

In der GPL sind vier Grundfreiheiten definiert, die den Anforderungen der Open Source Initiative stark ähneln:

1. Der Lizenznehmer hat die Freiheit, die Software zu jedem Zeck einzusetzen.
2. Der Quellcode darf studiert und angepasst werden.

---

[1] Eine aktuelle Version des Lizenztextes finden Sie unter *http://opensource.org/licenses/gpl-license.php*.

3. Das Programm darf in Originalfassung beliebig kopiert und weitergegeben werden.
4. Das Programm darf auch in veränderter Form beliebig kopiert werden.

Gleichzeitig enthält die GPL aber auch Bedingungen für den Gebrauch. Zum einen müssen abgeleitete Programme einer GPL-lizenzierten Software ebenfalls vollständig unter dieselbe Lizenz gestellt werden. Das betrifft sowohl Programme als auch Programmbibliotheken. Ferner ist Bedingung, dass kompilierter Software stets der Quelltext beiliegt oder dieser leicht erreichbar ist. Und natürlich muss bei der Weitergabe der Software, egal, ob im Originalzustand oder verändert, der Text der GPL-Lizenz selbst enthalten sein.

Wenn eine Softwarelizenz verlangt, dass eine Weiterentwicklung des Produkts unter die gleiche Lizenz gestellt werden muss (Copyleft), umfasst das im Falle der GPL die sogenannte *Infizierung*. Unabhängige Software muss demnach auch unter die gleiche Lizenz gestellt werden, wenn sie mit einem GPL-Produkt zusammengeführt wird. Dies ist allerdings nur der Fall, wenn beide Programme auf Quelltextebene untrennbar miteinander verbunden und veröffentlicht werden. Infizierung wirkt sich hingegen nicht aus, wenn lizenzierte und nichtlizenzierte Software lediglich gemeinsam veröffentlicht werden oder wenn die Software gemeinsam eingesetzt, ihre Quelltexte aber nicht veröffentlicht werden. Der letzte Aspekt ist hier besonders wichtig, weil auch Webapplikationen in diesen Bereich fallen. Sie können demnach GPL-Software für Ihre Webseiten einsetzen. Solange Sie Ihren entstandenen Quellcode nicht weitergeben wollen, müssen Sie sich keine Sorgen um die Infizierung machen.

Sinn und Zweck des Copylefts ist es, den Open-Source-Charakter einer Software langfristig zu erhalten. Dahinter steht die Idee, dass Quellcode auf Wissen beruht, das mit der Veröffentlichung der Allgemeinheit übergeben wird. Die Infizierung stellt sicher, dass freies Wissen auch frei bleibt. In nicht geringem Maße fußt die GPL also auch auf Ideologie. So ist es nicht möglich, GPL-lizenzierte Software in proprietäre Produkte einzubauen und zu verbieten, davon Kopien anzufertigen.

In der zweiten Version der GPL, die 1991 freigegeben wurde, wurde auf die Diskussion lokaler Patentrichtlinien und des Urheberrechts reagiert. Sollte die freie Veröffentlichung einer Software durch Patente verhindert werden, darf sie nicht unter die GPL gestellt werden, zumal beide Arten von Lizenzen nicht kompatibel sind. Aus diesem Grund darf die freie Verbreitung auch lokal beschränkt werden. Wenn Sie Software also in Deutschland frei verteilen dürfen, muss das in den Nachbarländern nicht automatisch der Fall sein. Die dritte Version der Lizenz ist Anfang 2006 zur Begutachtung der Öffentlichkeit vorgestellt worden. Auch dabei wurde Wert darauf gelegt, inwieweit die GPL mit nationalem Recht kompatibel ist.

Prominentester Vertreter GPL-lizenzierter Software ist das Betriebssystem Linux. Bekanntlich schließt die GPL nicht aus, dass Distributionen verkauft werden können. Die Verkäufer dürfen lediglich nicht gegen die Grundfreiheiten verstoßen, die bereits definiert wurden, das heißt, der Quelltext muss einer Distribution beiliegen oder auf Anfrage nachgeliefert werden. Außerdem darf der Käufer beliebig viele Kopien der Distribution herstellen und – gegen Entgelt oder ohne – weitergeben. Die Lizenz schließt lediglich die Haftung des Verkäufers aus, mit dem Zusatz »sofern das rechtlich möglich ist«. Entstandene Schäden können demnach nicht geltend gemacht werden, es sei denn, Haftung kann durch geltende Gesetze – wie in Deutschland – nicht vollkommen, aber weitgehend ausgeschlossen werden.[2]

C.2 LGPL

Die GNU LGPL[3] (*Lesser General Public License,* ursprünglich *Library General Public License*) setzt an einem »Schwachpunkt« der GPL an: der Behandlung von Programmbibliotheken.

In einer Programmbibliothek werden nützliche Funktionalitäten mitsamt einer Schnittstelle gesammelt. Verschiedene Programme können auf eine Bibliothek zurückgreifen, um »das Rad nicht immer neu zu erfinden«. Softwareprodukte, die GPL-lizenzierte Programmbibliotheken einbinden, werden dadurch infiziert, müssen also selbst unter die GPL gestellt werden. Im Hinblick darauf verhindert die GPL die Entwicklung von Standardbibliotheken, die auch für den gemeinsamen Einsatz mit proprietärer Software interessant sind.

LGPL-lizenzierte Programmbibliotheken dürfen von Ihrer Software dynamisch gelinkt, das heißt zur Laufzeit eingebunden werden, ohne dass der Lizenzzwang auf Ihre Software übergreift. Denn im Rahmen der LGPL wird Ihr Produkt in diesem Fall nicht als Weiterentwicklung der Programmbibliothek gesehen. Das gilt sowohl für Open-Source- als auch für proprietäre Software.

Abgesehen von der Freiheit, Programmbibliotheken dynamisch ohne Infizierung einzubinden, verhält sich die LGPL wie ihr Vorgänger. Das bedeutet, Sie dürfen LGPL-lizenzierte Software einsetzen, kopieren und – zumal der Quellcode offen-

---

2 Näheres dazu in den deutschen Verbraucherschutz- und Produkthaftungsgesetzen unter *http://www.gesetze-im-internet.de/.*
3 Einzusehen unter *http://opensource.org/licenses/lgpl-license.php.*

liegt – beliebig verändern. Es handelt sich bei der LGPL um eine Lizenz mit eingeschränktem Copyleft: Eine Weiterentwicklung (der Programmbibliothek) muss unter die gleiche Lizenz gestellt werden – oder wahlweise unter die strengere GPL. Letzteres ist möglich, um Kompatibilität zwischen den beiden Lizenzen zu erreichen, wenn Vertreter beider Seiten gemeinsam genutzt werden.

Seit Herbst 2005 setzt das freie Office-Paket OpenOffice.org auf die GNU LGPL. Es steht in Version 3 kostenlos auf den gleichnamigen Servern[4] zur Verfügung und ist ein Open-Source-Abkömmling der kostenpflichtigen Software StarOffice aus dem Hause Sun. Der Unterschied zwischen den beiden Versionen ist, dass aus OpenOffice.org Komponenten entfernt wurden, die ihrerseits lizenziert und damit nicht kompatibel mit der LGPL sind.

OpenOffice.org baut seinerseits auf freien Formaten auf, wie etwa dem standardisierten OpenDocument.[5] Dabei handelt es sich um eine XML-Repräsentation von Dokumenten, die in OpenOffice.org mit eingebundenen Ressourcen – z. B. Grafiken in einem Brief – in einem Archiv gesammelt werden. In anderen Worten: Eine Datei im Format *.odt, die Sie mit dem freien Office-Paket erstellt haben, ist hintergründig ein ZIP-Archiv, das Sie mit jeder beliebigen kompatiblen Software öffnen und verarbeiten können (z. B. mit KOffice unter Unix).

C.3 BSD

Am wenigsten restriktiv von den hier vorgestellten generellen Open-Source-Lizenzen ist die BSD[6] (Berkeley Software Distribution). Aus eigenem Hause wird die Lizenz sowohl vom Copyright als auch vom Copyleft abgegrenzt.

Sie dürfen BSD-lizenzierte Software einsetzen, kopieren und verändern. Veränderte Software muss weder unter die ursprüngliche Lizenz gestellt noch muss der Quellcode mitgeliefert werden. Damit eignet sich die Lizenz auch als Basis proprietärer Software. Lediglich der Hinweis zum Copyright des ursprünglichen Autors muss in Derivaten verbleiben.

Die BSD-Lizenz ist äußerst kurz und besteht darüber hinaus in verschiedenen Versionen. Die ursprüngliche Version enthält vier Klauseln, u. a. eine sogenannte *Werbe-Klausel*. Diese besagt, dass beim Bewerben eines Produktes, das unter der BSD-Lizenz steht, immer ein Vermerk auf die Berkeley-Universität in Kalifornien enthalten sein muss. Im Nachhinein wurde diese Klausel restlos entfernt.

---

4 Eine Version der Software erhalten Sie unter *http://www.openoffice.org/*.
5 Nachzulesen unter *http://www.oasis-open.org/*.
6 Siehe *http://opensource.org/licenses/bsd-license.php*.

Auf eine BSD-artige Lizenz setzt u. a. die Webserver-Software Apache, die auch in XAMPP eingesetzt wird. Sie ist nicht nach BSD benannt, sondern heißt *Apache License* in der aktuellen Version 2. Sie schließt also explizit die Infizierung, die Beigabe von Quellcode und die Verwendung des Namens »Apache« in abgeleiteten Produkten aus.

C.4 PHP License

Die heutige *PHP License 3.0*[7] gehört zu den BSD-artigen Lizenzen. Sie ähnelt dem Gegenstück der Firma Apache und wird seit PHP 4 als alleinige Grundlage benutzt. In den Vorgängerversionen bis PHP 3 wurde zusätzlich die GPL eingesetzt.

Neben den vielen Freiheiten, die durch die BSD abzuleiten sind, schließt die PHP-Lizenz eindeutig aus, dass Derivate der Software unter dem Namen »PHP« betrieben werden oder »PHP« im Namen enthalten. Die einzige Ausnahme stellt der Namenszusatz »for PHP« dar. Wohl zu unterscheiden ist dies von Open-Source-Projekten, die PHP einsetzen, wie beispielsweise phpMyAdmin.

C.5 MySQL-Lizenz

Um die Lizenzierung von MySQL gab es beim Wechsel von MySQL 3 auf MySQL 4 reichlich Wirbel: Die vormals verwendete LGPL wurde durch GPL Version 2 ersetzt. Dadurch traten Inkompatibilitäten mit den Lizenzen anderer Software auf, darunter beispielsweise PHP. Es kam so weit, dass PHP-Versionen nach der Lizenzumstellung der Datenbanksoftware die MySQL-Schnittstelle nicht mehr standardmäßig aktiviert hatten. Stattdessen wurde die dateibasierte Datenbanksoftware SQLite eingeführt.

Als Reaktion auf die Inkompatibilitäten und die folgenden heißen Diskussionen fügte MySQL seiner Lizenz eine Ausnahmeliste[8] hinzu. Darin enthalten sind 20 Softwarelizenzen, für die die freie Verwendung in Zusammenhang mit MySQL erlaubt wird.

---

7 Einzusehen unter *http://opensource.org/licenses/php.php*.
8 Nachzulesen ist die Liste im offiziellen Handbuch der Datenbanksoftware, das Sie unter *http://dev.mysql.com/doc/* herunterladen können.

C.6 Lizenzen im Überblick

Die Auswahl von Software unter Berücksichtigung ihrer Lizenz ist eine Aufgabe, vor der man immer wieder steht. Tabelle C.1 zeigt Ihnen die vorgestellten Lizenztypen im Überblick. Die Lizenzen für MySQL und PHP sind implizit in den Einträgen für GPL und BSD enthalten.

Lizenz	Copyleft	gültig mit nicht-freier Software	Modifikationen müssen frei sein	frei nach OSI
GPL	ja	nein	ja	ja
LGPL	bedingt	ja	ja	ja
BSD	nein	ja	nein	ja

Tabelle C.1 Lizenzen im Überblick

D Glossar

Absoluter Pfad. Ein absoluter Pfad beschreibt den kompletten Pfad auf einem Server, PC usw. zu einer Datei. So ist beispielsweise *C:/Bilder/bild001.jpg* oder *//usr/gunnar/bild001.jpg* ein absoluter Pfad (siehe dazu auch »relativer Pfad«).

API. Eine API bezeichnet die Programmierschnittstelle z. B. von einer Programmbibliothek, im Englischen mit »Application Programming Interface« betitelt. Darunter versteht man einen Satz von Funktionen oder Methoden, die ein Programmierer aufrufen kann, um die Funktionalitäten der Bibliothek einzusetzen.

ASCII. Die Abkürzung ASCII steht für »American Standard Code for Information Interchange« und ist eine Codierung der 26 Buchstaben des englischen Alphabets sowie der Ziffern und einiger Steuerzeichen. ASCII ist ein 7-Bit-Code, der hauptsächlich zur Darstellung von Text benutzt wird.

Authentifizierung. Die Authentifizierung beschreibt das Vorhaben, eine Person anhand von »gegebenen« Merkmalen zu identifizieren. Dies ist im einfachsten Fall ein Passwort und geht bis zu biometrischen Merkmalen. Einfach zu merken ist die Frage der Authentifizierung: Wer bist du?

Autorisierung. Im Gegensatz zur Authentifizierung ist die Autorisierung für die Zuweisung von Rechten zu einer bereits identifizierten Person zuständig (sie folgt also zeitlich und logisch gesehen nach einer erfolgreichen Authentifizierung). Die Frage hier ist: Was darfst du?

Benutzerkreis. Ein Benutzerkreis beschreibt in unserem Fall Anwender, die gemeinsam ein System nutzen können. Beispielsweise können diese über den Login das Blog benutzen oder Ähnliches.

Binärdaten. Binärdaten sind Daten, die nicht in ASCII-Form (als Text) vorliegen, sondern in einer Folge von 0 und 1.

Blackbox-Prinzip. Als Blackbox bezeichnet man in der Programmierung ein System, dessen interne Abläufe man nicht kennt, z. B. eine Programmbibliothek. Solange ein Anwender weiß, welche Art von Eingaben das System erwartet und welche Ausgaben dabei zu erwarten sind, solange er also die Programmierschnittstelle (API) kennt, lässt sich mit einer Blackbox arbeiten.

Blog. Eine Webseite, die wie ein persönliches Tagebuch geführt wird. Darin kann ein Autor Artikel einstellen, die dann von Lesern des Blogs kommentiert werden können.

Buffer-Overflow. Ein Buffer-Overflow ist ein Pufferüberlauf. Dies ist eine häufige Sicherheitslücke in heutiger Software. Dabei wird eine (zu) große Menge an Daten an einen zu kleinen Speicherbereich übergeben, in der Hoffnung, damit einen Fehler der Software zu provozieren.

Cache. Der Cache bezeichnet im Allgemeinen einen Zwischenspeicher. Hier gehen wir hauptsächlich auf den Browser-Cache ein, der Webinhalte wie Bilder und HTML-Seiten zwischenspeichert.

Cascading Stylesheets. Cascading Stylesheets (CSS) sind eine (Skript-)Ergänzung für HTML-Seiten, mit der sich das Aussehen (teilweise auch Verhalten) von HTML-Elementen stark beeinflussen lässt.

Cronjob. Ein Cronjob beschreibt eine zeitlich festgelegte, automatisierte Ausführung eines Programms oder Skriptes. Cronjobs lassen sich – abhängig vom Angebot Ihres Webhosters – frei konfigurieren. Unter *http://www.cronjob.de* können Sie sich darüber hinaus kostenlos Cronjobs einrichten lassen.

DIN-Norm. Das Deutsche Institut für Normung ist sozusagen ein Standardisierungsgremium, das verbindliche Vorgaben aller Art herausbringt, die sogenannten *Normen*.

Endlosschleife. Gewollt oder ungewollt: Eine programmierte Schleife kann endlos laufen. Dies geschieht, wenn die Abbruchbedingung der Schleife niemals den Wert annimmt, auf den bei jedem neuen Schleifendurchlauf geprüft wird. In den meisten Fällen ist dies ein Programmierfehler; gewollte Endlosschleifen werden etwa für das Spooling von Druckern verwendet, die immer eingeschaltet sind und darauf warten, ein neues Dokument zu empfangen und zu drucken.

Ergebnismenge. Eine Ergebnismenge ist das Resultat einer SQL-Abfrage, das eine Anzahl an Tupeln (Zeilen) enthält. Neben dem SELECT können auch die Befehle SHOW, DESCRIBE und EXPLAIN Ergebnismengen an liefern.

Feed. RSS- oder Atom-Feeds sind XML-Dokumente, die sich über eindeutige und sich nicht ändernde Webadressen (URLs) abrufen lassen und zumeist für Kurznachrichten verwendet werden. Diese lassen sich durch sogenannte *Feedreader* abonnieren und ermöglichen es damit, über den Inhalt des jeweiligen Feeds auf dem Laufenden gehalten zu werden. Mittlerweile werden auch viele Blogs auf diesem Wege abonnierbar.

Flag. In der Programmierung werden Flags eingesetzt, die den Status eines meist binären Sachverhalts repräsentieren. Das Flag lässt sich im allgemeinen Sprachgebrauch setzen oder nicht setzen und hat demnach die Werte 1 oder 0.

Forum. In einem Forum (auf das Internet bezogen) können Benutzer ihre Meinung zu Themen äußern und miteinander durch das Schreiben von Nachrichten asynchron, also nicht zwingend gleichzeitig wie in einem Chat, diskutieren.

FTP. Das File Transfer Protocol ist anders als HTTP speziell auf den Transport von Dateien über das Internet ausgelegt. Standardmäßig nutzt FTP den Port 21.

Globale Variable. Eine globale Variable ist überall in einem PHP-Skript oder einer PHP-Klasse erreichbar. Sie ist dann ohne Umwege über ihren Namen ansprechbar (beispielsweise die superglobalen Arrays $_POST und $_GET).

Gregorianischer Kalender. Der weitläufig eingesetzte gregorianische Kalender stammt aus dem 16. Jahrhundert und wird u. a. auch von MySQL und PHP benutzt.

Hash. Ein Hash ist ein Wert (Prüfsumme), der durch spezifische Berechnungsschritte aus einem String, einem Text oder einer Datei berechnet werden kann. Dieser Wert ist dann (so gut wie) eindeutig und lässt sich nicht zurückberechnen. Während die Quellen, aus denen der Hash berechnet wird, ganz unterschiedliche Größen haben können, ist der Hash-Wert eines Algorithmus immer gleich lang. Wir benutzen beispielsweise einen Hashing-Algorithmus, um die Passwörter von Benutzern zu berechnen und zu überprüfen. Dies wird ebenfalls häufig benutzt, um die Korrektheit von Dateien im Internet nachzuweisen. So können Sie eine Datei herunterladen und anschließend einen Hash-Wert berechnen lassen, um diesen mit dem bekannten Wert zu vergleichen. Ist der Hash-

Wert nicht identisch, ist die heruntergeladene Datei fehlerhaft.

HTML-Header. Der Header bezeichnet die Kopfdaten einer HTML-Seite. Diese beschreiben für den Browser den Inhalt (HTML, Bild usw.) oder die auszuführenden Aktionen (beispielsweise Reload der Seite, Weiterleitung).

HTTP. Das Hypertext Transfer Protocol wird für den Transport von Daten über das Internet eingesetzt, etwa für Webseiten. Ihr Webbrowser agiert dabei als Client, der mit einem Server im Internet Kontakt aufnimmt. Die Kommunikation zwischen den beiden Maschinen findet dann anhand festgelegter HTTP-Nachrichten und in der Regel über Port 80 statt.

iframe. Ein iframe ist ein HTML-Element, das es ermöglicht, eine Seite in einer Seite anzuzeigen. Dieser iframe verhält sich ansonsten wie ein normaler Frame: Er kann neu geladen werden, Skripte ausführen usw.

IP-Adresse. Die IP-Adresse beschreibt die Adresse eines internetfähigen Gerätes (Computer, Server, Handy usw.). Die IP-Adresse liegt zurzeit noch in der Form *127.0.0.1* (IP Version 4) vor. Jeder der vier Zahlenblöcke kann einen Wert zwischen 0 und 255 annehmen (1 Byte). Theoretisch sind damit ca. 4 Milliarden IP-Adressen abbildbar (manche IP-Bereiche sind jedoch belegt). Dennoch werden die verfügbaren IP-Adressen global gesehen mittlerweile knapp. Mit der Einführung der IPv6 wird der IP-Adressraum deshalb drastisch erweitert: auf über 340 Sextillionen Adressen.

JavaScript. JavaScript ist eine Skriptsprache, die für die Erweiterung von HTML-Seiten verwendet werden kann. Dadurch lassen sich dynamische und funktionale Webseiten gestalten. Dabei werden die JavaScript-Komponenten clientseitig und nicht auf dem Server ausgeführt. Die Verwandtschaft zu Java besteht lediglich im Namen, es gibt sonst keinerlei Zusammenhang.

Linux-Distribution. Firmen wie Red Hat oder Novell benutzen die Kernfunktionen des Open-Source-Betriebssystems Linux und schnüren daraus eigene Pakete, sogenannte *Distributionen*. Diese Pakete haben alle ihr eigenes Aussehen, ähneln sich jedoch aufgrund ihres gemeinsamen Ursprungs in der Bedienung.

Manipulation. In der Fachsprache heißt es: Daten werden manipuliert. Dabei ist der Begriff aber nicht auf die gleiche Weise negativ besetzt, wie es im allgemeinen Sprachgebrauch der Fall ist. »Manipulation« bedeutet also lediglich »Veränderung«.

Metatags. Metatags beschreiben den Inhalt einer HTML-Seite. So können mit Metatags beispielsweise Angaben zu dem Autor, dem Inhalt, der Codierung, der Sprache und vielem mehr gemacht werden.

MIME-Type. MIME steht für »Multipurpose Internet Mail Extensions« und beschreibt die Struktur und den Aufbau einer E-Mail. Zusätzlich wird dieses Format im HTTP-Protokoll verwendet und bezeichnet das Format eines zu ladenden Inhalts in einem Webbrowser. Durch die Angabe des MIME-Types kann der Browser entsprechend reagieren. Bei der Angabe eines PDF-MIME-Types wird beispielsweise automatisch der Acrobat Reader im Browser geöffnet.

Model View Controller. Ein Programmiermuster, bei dem der Code der Datenmodelle (Model), der Geschäftslogik (Controller) und der Sichten (Views) einer Anwendung in separaten Dateien abgelegt wird. Dies ermöglicht u. a. eine leichtere Pflege und Wartbarkeit des Codes bei großen Projekten.

Newsgroups. Newsgroups sind virtuelle Diskussionsplattformen, in denen (angemeldete) Benutzer miteinander diskutieren können, indem sie eine Nachricht zu einem Thema schreiben, neue Themen beginnen oder einfach nur die Nachrichten anderer lesen. Eine Newsgroup ist ebenso wie Foren in Threads (einzelne Diskussionsfäden) organisiert. Im Unterschied zu Foren, sind Newsgroups eher E-Mail- als webbasiert und werden daher meist durch E-Mail-Programme unterstützt.

Overhead. Als Overhead bezeichnet man im Allgemeinen eine für die zu erreichende Aufgabenstellung überdimensionierte unnütze Anstrengung, also generell alle unnötigen Verarbeitungsschritte in einem Programm oder Skript.

Parser. PHP-Skripte müssen vor der Auslieferung an den Webbrowser verarbeitet werden. Diese Aufgabe übernimmt der PHP-Parser, der das Skript Stück für Stück einliest, Variablen und Befehle auswertet und daraus eine HTML-Ausgabe erzeugt.

Performance. Die »Leistung« eines Systems bezeichnet man im Allgemeinen als *Performance* (oder deutsch: Performanz). Dies ist häufig auf die Schnelligkeit und Belastbarkeit eines Systems bezogen.

Port. Die Kommunikation mehrerer Computer über das Internet verläuft über Ports. Stellen Sie sich Ihren Rechner einmal als Raum vor, in dem Sie sich befinden. Dieser Raum hat 65.535 Türen, sogenannte *Ports*, nach außen. Wenn Sie eine Webseite abrufen wollen, öffnen Sie Tür Nummer 80 und fragen nach der Seite, eine E-Mail holen Sie über Tür Nummer 25 usw.

Puffer. Ein Puffer ist ein Zwischenspeicher, der zwischen Datenquelle und dem Ort der Verwendung eingerichtet wird. Sinn und Zweck eines Puffers ist es, Daten vorzuhalten, um beispielsweise zu garantieren, dass der Ort der Verwendung einen stetigen Strom an Daten bekommt, oder um Daten zu speichern, damit sie als Ganzes ausgeliefert werden können.

RAM. Der flüchtige Hauptspeicher eines Computers wird auch als *RAM* bezeichnet. Die Abkürzung entstammt einer Eigenschaftsbeschreibung des Speichers: Wenn lesender und schreibender Zugriff möglich ist, heißt der Speicher »Random Access Memory«.

Relativer Pfad. Im Gegensatz zum absoluten Pfad beschreibt der relative Pfad nur den Weg von dem aktuellen Ort zu einem anderen Verzeichnis oder einer Datei. So binden wir beispielsweise die *common.php* in allen Skripten generell mit der Angabe eines relativen Pfades ein, da wir den absoluten Pfad nicht kennen. Der relative Pfad wird in der Art *../../Verzeichnis/common.php* angegeben.

Release Candidate. Bevor eine Software in neuer Version auf den Markt kommt, werden in der Regel Vorabversionen veröffentlicht, sogenannte *Release Candidates*. Anwender können die neuen Funktionen dann testen und eventuelle Fehler oder Probleme an die Entwickler melden. Ist die Testphase abgeschlossen, folgt die Veröffentlichung der eigentlichen Version.

Reload-Problematik. Wenn ein Formular per POST- oder GET-Variablen in einem Skript eine Aktion (wie beispielsweise das Speichern eines neuen Datensatzes) anstößt und der Benutzer nach der Verarbeitung auf den »Neu laden«-Knopf des Browsers klickt, werden die Daten erneut gesendet. Daraus resultiert – sofern der Programmierer der Webseite keine entsprechenden Maßnahmen getroffen hat – das wiederholte Ausführen des Skriptes und womöglich das Anlegen eines neuen identischen Datensatzes. Dieses Verhalten verhindern Sie am besten durch eine HTTP-Weiterleitung nach der Ausführung der Aktion, z. B. per PHP-Befehl `header()` oder per HTML.

SMTP. Über das Simple Mail Transfer Protocol können Sie E-Mails über das Internet verschicken. Damit steht SMTP als Transportprotokoll auf gleicher Stufe mit FTP oder HTTP. SMTP-Kommunikation verläuft in der Regel über Port 25.

Steuerzeichen. Steuerzeichen regeln den Textfluss von Dokumenten. Die bekanntesten Steuerzeichen bzw. diejenigen, mit denen der Programmierer am häufigsten zu tun hat, sind Zeilenumbrüche (\r\n). Es gibt jedoch auch Tabulatoren (\t) oder Seitenumbrüche (\f).

Stoppwortliste. Stoppwortlisten werden in linguistischen Indizes und auch bei Suchmaschinen eingesetzt. Sie enthalten Wörter aus dem allgemeinen Sprachgebrauch, die jedoch als semantisch wertlos eingestuft werden. Das trifft u. a. auf Wörter wie »und«, »oder«, »dann«, »die« zu.

Tupel. Ein Tupel ist ein Satz von Attributen, der zusammengehört. In der Welt der Datenbanken ist ein Tupel mit einem Datensatz gleichzusetzen.

Validierung. Die Validierung bezeichnet die Überprüfung von Inhalt auf Korrektheit.

Web-API. Siehe **API**.

Workaround. Unter einem Workaround versteht man die provisorische Umgehung eines bekannten Problems eines Systems.

XML. Die Abkürzung XML steht für »Extensible Markup Language« und beschreibt eine Form der Speicherung von semistrukturierten Daten. Dabei werden Daten innerhalb einer Tag-Struktur ähnlich der von HTML beschrieben.

Zeitstempel. Ein Zeitstempel bezeichnet eine Folge von Zahlen, die die Anzahl an Sekunden seit dem Unix-Zeitrechnungsbeginn am 1. Januar 1970 definiert. So ist beispielsweise der Unix-Zeitstempel 1136070000 die Anzahl an Sekunden seit dem 01.01.1970 bis zum 01.01.2006.

E Inhalt der CD-ROM

Auf der beiliegenden CD-ROM finden Sie alle Beispiele aus dem Buch in einem integrierten Codeviewer, der Ihnen mit Listing-Navigation und Syntax-Highlighting eine komfortable Lernansicht ermöglicht.

> **Hinweis**
> Wenn Sie Windows mit aktivierter Autostart-Funktion nutzen, startet der Codeviewer direkt nach Einlegen der CD-ROM. Ansonsten können Sie ihn auch über die Datei *index.html* im Hauptverzeichnis der CD-ROM öffnen.

Auf der CD-ROM befinden sich drei Hauptordner. Die Ordner *Showroom* und *Praxisteil-Code* enthalten zum einen Dateien zur Anzeige der Listings und zum anderen den PHP-Code des Praxisteils. Der Ordner *Software* beinhaltet Folgendes:

- *CakePHP-2.0.3*
  Das MVC-Framework CakePHP benötigen Sie für Kapitel 22, »Model View Controller«.

- *WAMP*
  Ein für Windows-Betriebssysteme fertig konfiguriertes Paket mit Apache, PHP 5.4 und MySQL 5.5 (sowie 5.6) und dem gesamten im Buch beschriebenen Code.

Entpacken Sie einfach den Inhalt der Datei *wamp.zip* auf Ihre Festplatte, und nehmen Sie anschließend die beiden folgenden Schritte vor: Starten Sie den Apache-Server und die MySQL-Datenbank durch einen Doppelklick auf die Datei *apache_start* sowie *mysql55-server-start*. Anschließend können Sie per Browser auf die Adresse *http://127.0.0.1* navigieren und alle Codebeispiele live erleben.

Index

$_COOKIE 135
$_ENV 138
$_FILES 132, 896
$_GET 132
$_POST 131
$_REQUEST 134
$_SERVER 138
$_SESSION 136
$GLOBALS 139, 703
*AMP-System 44
.htaccess 196, 803
__autoload() 159
__call() 159
__callStatic() 159
__clone() 159, 176
__construct() 151
__desctruct() 152
__get() 159
__invoke() 159
__isset() 159
__set() 159
__set_state() 159
__sleep() 159
__toString() 159
__unset() 159
__wakeup() 159

A

Abbruchbedingung 122
Abhängigkeit
 mehrwertige 558
 transitive 557
Absoluter Pfad 1065
abstract 166
Access Control List → ACL 990
ACID 477
ACL 990
ACSII 1065
ActiveX 518
addChild() 839
ADDDATE() 238, 1039
addslashes() 505, 1009
ADDTIME() 1039
AES_DECRYPT() 513, 1039

AES_ENCRYPT() 513, 1039
AFTER 435
Aggregation 384
Ajax 26, 31
ALTER 1039
ALTER DATABASE 224
ALTER EVENT 465
ALTER PROCEDURE 423
ALTER TABLE 225, 456
ALTER VIEW 415
American Standard Code for Information
 Interchange → ASCII 1065
AMP-System 44
Anfrageexpansion 399
Anführungsstriche 78
 doppelte 79
Anonyme Funktion 109
ANSI 430, 497
Apache 43
Apache Friends 44
Apache License 1063
API 780, 1065
API-Key 796
Application Programming Interface → API
 780, 1065
ARCHIVE 485
Archivtabelle 485
Array 77, 90
 assoziatives 90, 209, 274, 300, 338
 numerisches 274, 338
 superglobales 205, 526
 zweidimensionales 196
Array Dereferencing 106
array() 90, 1009
array_diff() 952, 1009
array_key_exists() 94, 925, 969, 1009
array_map() 1009
array_pop() 96, 361, 1010
array_push() 96, 361, 712, 934, 1010
array_reduce() 110
array_search() 94, 1010
array_shift() 1010
ASCII 1065
asort() 92, 357, 1010
asXML() 838

Attribut
  statisches 173
Auswertung
  bedingte 382
Authentifizierung 640, 1065
AUTO_INCREMENT 212, 263
AUTOCOMMIT 478
autoload() 159
Autorisierung 1065
AVG() 386, 1041

B

Backslash 307
basename() 670, 965, 1010
B-Baum 394
Bedingte Auswertung 382
BEFORE 435
BEGIN 477, 1041
Benutzerkreis 1065
Berkeley Software Distribution 1062
BETWEEN 221
Binärdaten 1065
Binäre Texttypen 233
Binärtypen 234
Binnenmajuskel 99
BIT 231
Bit-Muster 241
Blackbox 29, 103
Blackbox-Prinzip 1065
Blog 843, 1065
Boolesche Suchanfrage 399
Boolescher Wert 77
break 117
Browser 34
Brute-Force-Attacke 508
BSD 347, 495, 1062, 1063, 1064
Buffer-Overflow → Pufferüberlauf 1065

C

Cache 1065
CakePHP 985
CALL 422, 1041
call() 159
Callback 108, 821
callStatic() 159
CamelCase 1002
Carriage Return 79

Cascading Stylesheets → CSS 1065
CASE 383, 426, 1042
CAST 228
CAST() 1042
CD-ROM zum Buch 45, 83
CEIL() 1043
ceil() 85, 232, 1010
CHAR 234
checkdate() 292, 938, 949, 1010
CHM 72
chr() 1011
class 149
class_alias() 184, 1011
class_exists() 151, 1011
clone 176
clone() 159, 176
Closure 110
Codevervollständigung 72, 102
Collation 201, 211, 224, 386, 396, 404, 472
COMMIT 477, 1043
Compiled HTML Help → CHM 72
CONCAT() 234, 1043
CONCAT_WS() 235, 1043
const 151
constant() 945, 1011
construct() 151
Convention over Configuration 988
Cookie 135
Copyleft 1059, 1060
COUNT() 385, 1043
count() 718, 1011
CREATE 1044
CREATE DATABASE 210
CREATE EVENT 459
CREATE INDEX 396
CREATE PROCEDURE 418
CREATE TABLE 211
CREATE TRIGGER 435
CREATE USER 377
CREATE VIEW 409
create_function() 109, 1011
Creole 321, 915
Cronjob 38, 1066
Cross-Site-Scripting 378, 516, 616
  clientseitiges 518
  serverseitiges 516
CSS 36, 1065
CSV 488
CSV-Datei 195

cURL 812
curl_close() 1011
curl_exec() 813, 814, 1011
curl_init() 812, 1012
curl_setopt() 812, 1012
current() 95, 1012

D

Data Mining 441
Data Source Name 330, 608
date() 290, 717, 847, 1012
DATE_FORMAT() 229, 237, 290, 1046
Datei
  externe 143
Dateiendung 28
Datenabstraktion 320
Datenbank-Administrations-Sprache 201
Datenbankentwurf 549
Datenbankmanagementsystem 320
Datenbankserver 26
Datenbanksystem
  relationales 198
Daten-Definitions-Sprache 201, 210, 224, 379, 420
Daten-Manipulations-Sprache 201, 209, 214, 282, 379, 420
Datenmodell 247, 549
Datensicherheit 476
Datenstruktur 394
Datentypen 76, 212
DATETIME 236
DAYNAME() 238, 1047
DAYOFMONTH() 238, 1047
DAYOFWEEK() 238, 1048
DAYOFYEAR() 238, 1048
DBA 321
DBX 321
dbx_close() 324, 1014
dbx_connect() 322, 1014
dbx_error() 326, 1014
dbx_escape_string() 326, 1014
dbx_fetch_row() 325, 1014
dbx_query() 324, 1014
Debugging 625
DECLARE 424, 1048
DEFAULT 212
default 119
define() 99, 1014

Defragmentierung 474
Dekrementierung 84
DELETE 223, 1048
DELIMITER 421, 1048
Denial of Service 40
Denormalisierung 559
deprecated 596
DESCRIBE 257, 405, 1048
desctruct() 152
Destruktor 151
Deutsches Institut für Normung → DIN 1066
die() 140, 861, 1015
DIN 1066
DIN-Norm 1066
Dispatcher 985
DISTINCT 217, 386
do...while 121
DOM 35, 36, 570
DOUBLE 231
Drizzle 18
DROP 226, 1049
DROP DATABASE 227
DROP EVENT 467
DROP PROCEDURE 423
DROP TABLE 227
DROP TRIGGER 440
DROP USER 378
DROP VIEW 415
DTD 197, 564

E

echo() 73, 81, 1015
Eclipse 72, 102
ELSE 383
elseif 114
Elternklasse 163
empty() 501, 1015
enctype 895
END 383
End of File 298
end() 95, 1015
Endlosschleife 1066
ENGINE 469
Entität 198, 550
Entitätstyp 550
Entity-Relationship-Modell 549, 550, 557
ENUM 240

Ergebnismenge 1066
error_reporting() 141, 190, 1015
Event 458
Exception 187, 362, 433
EXPLAIN 257, 406, 1049
explode() 313, 808, 949, 953, 1016
extends 163, 887
Extensible Markup Language 197
Extensible Markup Language → XML 563, 1069
Externe Datei 143
EXTRACTVALUE 589, 1049

F

false (falsch) 87
fclose() 297, 704, 790, 1016
Feed 1066
Feed → RSS-Feed 824
Fehlerbehandlung 697
Fehlererkennung 71
feof() 298, 1016
Fetching 208, 270
fgetc() 1016
fgets() 298, 1016
Fibonacci 127
file() 299, 1016
file_exists() 302, 1016
file_get_contents() 299, 1017
file_put_contents() 299, 1017
filesize() 902, 1017
filter_has_var() 1017
filter_id() 1017
filter_input() 527, 1017
filter_input_array() 1017
filter_list() 1018
filter_var() 529, 1018
filter_var_array() 1018
final 173
FIND_IN_SET() 241, 1049
Flag 1066
Fließkommazahl 77
FLOAT 231
Flooding 692
FLOOR() 232, 1049
floor() 85, 1018
fopen() 296, 704, 789, 902, 1018
for 122
foreach 123, 357

FOREIGN KEY() 1050
Fork 18, 493
Forum 1066
Fotoskalierung 899
FPDF 673
fread() 793, 902, 1018
Fremdschlüssel 199, 404, 476, 480, 555, 560
FROM 216
FROM_UNIXTIME() 240, 1050
fseek() 814, 1019
FTP 1066
FTP-Server 26
Funktion 102, 156
 anonyme 108, 109
 Gültigkeitsbereich 106
 Lambda 109
 Namenskonventionen 108
 rekursive 125
 Syntax 104
funktionale Abhängigkeit 556
Funktionsrumpf 103
fwrite() 298, 704, 1019

G

Ganzzahl 77
Ganzzahliger Wert 77
Garbage Collector 648, 651
General Public License → GPL 347, 494, 1059
GET 1068
get() 159
get_class() 150, 1019
get_class_methods() 154, 1019
get_class_vars() 154, 1019
get_defined_constants() 130, 1019
get_defined_functions() 130, 1019
get_defined_vars() 130, 1020
getimagesize() 900, 1020
Getter-Methode 188
Getter-Setter-Methode 154, 917
gettext 736
gettype() 78, 1020
glob() 800, 1020
global 107
Globale Gültigkeit 106
Globale Variable 1066
GLOBALS 139

Google 493
goto 128
goto() 1020
GPL 347, 494, 495, 497, 1059
GRANT 210, 379, 1050
Gregorianischer Kalender 236, 1066
GROUP BY 217, 389
Grundrechenarten 84
Gruppierung 387, 389
Gültigkeit
 globale 106
 lokale 106
Gültigkeitsbereich 109

H

Hacker 40
Haftung 1061
Has-and-belongs-to-many 996
Hash 1066
Hashing 506
header() 132, 523, 831, 858, 860, 876, 1021
HEAP-Engine 483
Höckerschreibweise 99
host 301
htaccess 196, 803
HTML 34
htmlentities() 847, 1021
HTML-Header 1067
htmlspecialchars() 205, 544, 616, 1021
HTML-Tag
 input 977
 noscript 754
 option 755
 script 754
 select 755
 span 761
HTTP 1067
 GET 31
 Header 32, 73, 505, 514
 POST 31
 Protokoll 32
 Statuscodes 32, 56
HTTP → HTTP-Protokoll 1067
HTTP Response Splitting 499, 505, 522, 859
httpd.conf 55
HTTP-Protokoll 31, 499
Hypertext Transfer Protocol → HTTP 1067

I

IF 425
if 111
IF EXISTS 226
IF() 382, 1052
IFNULL() 382, 1052
iframe 1067
ifsetor 116
if-then-else 112
IGNORE 214
imagecopyresampled() 901, 1022
imagecreatefromjpeg() 900, 1022
imagecreatetruecolor() 901, 1022
imagedestroy() 902, 1022
imagejpeg() 1023
implements 167
implode() 300, 787, 1023
IN 221
in_array() 94, 701, 951, 1023
include() 143, 176, 369
include_once() 1023
Index 394, 472
Infizierung 1060
INFORMATION_SCHEMA 379, 400
Initialisierung 151
Inkrementierung 84
InnoDB 475, 494, 719, 964
INSERT 214, 1052
INSERT...SELECT 221
INSERT...SET 214
INSERT...VALUES 214
INSTALL 1053
INSTALL PLUGIN 491
instanceof 150
Instantiierung 259
Instanz 97
Integer 77
Integrität 707
Interface 167
interface 167
INTO OUTFILE 217
Intrusion Detection 682
intval() 867, 1023
Inversion 306
invoke() 159
IP-Adresse 540, 1067
IS 221
is_array() 77, 524, 1023

is_bool() 77, 1023
is_dir() 303, 789, 1024
is_double() 77
is_file() 303, 1024
is_finite() 1024
is_float() 77, 1024
is_int() 77, 501, 867, 1024
is_integer() 77
is_null() 77, 1024
is_numeric() 945, 1024
is_object() 77, 1024
is_readable() 303, 1024
is_string() 77, 501, 1025
is_writeable() 303, 1025
isset() 74, 159, 501, 524, 1025
ITERATE 428, 1053
Iteration 119, 357

J

JavaScript 25, 35, 73, 518, 903, 1067
  alert() 763
  getElementById() 764
  onClick 755
  onKeyup 756
  split() 765
  unescape() 766
JavaScript Object Notation → JSON 749
JOIN 216, 390, 833
  INNER 392
  LEFT 393
  NATURAL 392
  OUTER 393
  RIGHT 394
JpGraph 665
jQuery 816
json_decode() 750, 1025
json_encode() 750, 802, 1025

K

Kalender 1066
  gregorianischer 1066
Kapselung 103, 422
Kardinalität 551
Kartesisches Produkt 216, 391
Kindklasse 163
Klasse 97, 149
  abstrakte 166

automatisches Laden 176
finale 173
Klassenbeziehungen 163
Klassendiagramm 148
Klassenhierarchie 165, 173
Klassenrumpf 149
Klonen 163, 174
Kommentar 100
Konfigurationsdateien 592
Konkatenation 80
Konsistenz 707
Konstante 99
Konstruktor 151
Kontrollstrukturen 424
ksort() 92, 357, 1025

L

LAMP 44
Laufindex 122
Launchpad 495
LEAVE 427, 1053
Lesser General Public License → LGPL 1061
LGPL 1061, 1064
Library General Public License → LGPL 1061
LIKE 219, 221
LIMIT 217, 220, 222
Line-Feed 79
Linux 43, 1061
Linux-Distribution 1067
list() 900, 1025
LOAD XML 587
locale 739
Logging 619, 663
Logging-Tabelle 486
Lokale Gültigkeit 106
LONGBLOB 234
LOOP 427, 1053
LTRIM() 235, 1053
ltrim() 81, 1026

M

Machine Object 738
Magische Funktion
  magische Konstante 593
mail() 702, 1026
MAKE_SET() 241, 1053

Index

MAMP 44
Manipulation 1067
Maria 487
MariaDB 18
Maskierung 79, 258, 291, 326, 505, 519
MATCH 398
MATCH...AGAINST() 1053
Mathematische Funktionen 232, 233
MAX() 386, 1054
MAXVALUE 449
mcrypt_create_iv() 512, 1026
mcrypt_decrypt() 512, 1026
mcrypt_encrypt() 510, 1026
mcrypt_get_iv_size() 512, 1026
MD5 507
MD5() 508, 1054
md5() 507, 1026
md5_file() 507, 1027
MD5-Algorithmus 416
MEDIUMTEXT 234
Mehrbenutzerbetrieb 478
Mehrbenutzersystem 707
Mehrwertige Abhängigkeit 558
MEMORY 483
Metadaten 187, 286, 375, 379, 400, 405
Metatag 1067
Method Chaining 106
Methode 96, 156
   abstrakte 166
   finale 173
   magische 159
   statische 173
Microsoft 43
microtime() 292, 1027
MIME 33, 1067
MIN() 386, 1054
Min-Max-Notation 551
mktime() 291, 678, 1027
mod_rewrite 803, 985
Model View Controller 983
Modulo 84, 451
Multipurpose Internet Mail Extensions → MIME 1067
Multipurpose Internet Mail Extensions → siehe MIME 33
Mustersuche 303
MVC 364
my.cnf 58
MyISAM 471

myisampack 475
MySQL
   Einführung 193
   Lizenz 1063
   my.cnf 58
MySQL 5.5 406, 431, 446, 449, 1045
MySQL AB 20
MySQL Administrator 242
MySQL Migration Toolkit 245
MySQL Query Browser 244
MySQL Workbench 247, 406, 560
MySQL-Datentypen 227
   Datums- und Zeittypen 236
   Mengentypen 240
   numerische Typgruppen 229
   Zeichenketten 233
MySQLI
   mysqli_result 270
MySQLi 30, 253
   affected_rows 263, 712
   auto_commit() 479
   change_user() 259
   character_set_name() 260
   client_encoding() 260
   client_info 262
   close() 257
   commit() 479
   connect() 256
   construct() 257
   errno 266
   error 266
   Fehlerbehandlung 265
   host_info 262
   info 263
   init() 267
   insert_id 263
   kill() 263
   more_results() 269
   multi_query() 269
   mysqli_real_escape_string() 254
   mysqli_stmt 280
   next_result() 269
   options() 268
   query() 257
   real_connect() 267
   real_escape_string() 254, 258
   rollback() 479
   select_db() 259
   server_info 262

sqlstate 266
stdClass 278
stmt_init() 281
store_result() 269
thread_id 263
use_result() 269
warning_count 266
mysqli 250
mysqli_affected_rows() 207, 1027
mysqli_close() 207, 1027
mysqli_connect() 206, 1027
mysqli_error() 207, 1027
mysqli_fetch_array() 1028
mysqli_fetch_assoc() 208, 1028
mysqli_init() 267
mysqli_num_rows() 207, 1028
mysqli_query() 206, 1028
mysqli_real_escape_string() 1028
MySQLi_Result
　data_seek() 279
　fetch_array() 274
　fetch_assoc() 276
　fetch_field() 272
　fetch_field_direct() 272
　fetch_object() 278
　fetch_row() 276
　field_count 273
　field_seek() 272
　free_result() 279
　num_rows 279
　result_metadata() 286
MySQLi_Stmt
　affected_rows 286
　bind_param() 283
　bind_result() 284
　close() 281
　errno 286
　error 286
　execute() 284
　fetch() 284
　num_rows 286
　prepare() 282
MySQLi-Klassen 255
MySQLi-Result
　fetch_fields() 273
　num_fields 273
mysqlnd 255
MySQL-Recht 377, 402
　ALTER ROUTINE 418

CREATE ROUTINE 418
CREATE USER 377
CREATE VIEW 415
DELETE 378
DROP 415
EXECUTE 418
GRANT OPTION 377
SHOW DATABASES 402
SHOW VIEW 415
SUPER 440
Übersicht 379
USAGE 379, 400
MySQL-Rechte 209
　CREATE 209
MySQL-Systemtabellen
　KEY_COLUMN_USAGE 963
MySQL-Variable 384

N

Namenskonventionen 98
Namensraum 184, 575
namespace 184
new 150
Newsgroup 1068
next() 95, 944, 1028
nl2br() 759, 873, 1028
Normalform 554
　dritte 557
　erste 555
　fünfte 558
　vierte 558
　zweite 556
Normalisierung 554
NOT 221
Notepad 72
NOW() 228, 236, 1054
NULL 212, 448
Null 77, 98
NULLIF 383, 1054
number_format() 738, 1029

O

Object Cloning 174
Object Dereferencing 106
Object Management Group → OMG 147
Objekt 77, 149
Objektorientierte Fehlerbehandlung 187

Objektorientierung 147, 163, 359
ODBC 322
OMG 147
Onlinetagebuch 844
Open Source 18, 43, 242, 1059
Open Source Initiative 1059
OpenOffice.org 1062
OPTIMIZE 1054
OPTIMIZE TABLE 474
Oracle 321
Oracle Corporation 18, 494
ORDER BY 217, 222, 389
OSI 1059
Overhead 1068

P

Parameterliste 104
parent 164
parse_url() 301, 1029
Parser 28, 1068
Partitionierung 441
   HASH 451
   horizontale 443
   KEY 453
   LIST 445
   LIST COLUMNS 447
   RANGE 447
   RANGE COLUMNS 449
   vertikale 443
Partitionierung → Subpartitionierung 454
PASSWORD() 378
Passwort 658
Patent 1060
path 301
pathinfo() 300, 1029
PDF-Format 672
PDFlib 673
PDFMaker 674
PDO 328, 347, 607
   beginTransaction() 335
   commit() 335
   construct() 330
   errorCode() 332
   errorInfo() 332
   exec() 331
   getAttribute() 333
   Prepared Statements 343
   query() 330

   quote() 331
   rollback() 335
   setAttribute() 333
PDOStatement
   bindParam() 344
   bindValue() 344
   closeCursor() 342
   columnCount() 342
   execute() 345
   fetch() 337
   fetchAll() 340
   fetchColumn() 341
   fetchObject() 341
   rowCount() 342
   setFetchMode() 339
PEAR 289, 317, 513
   DB 321
   MDB 321
   MDB2 321
PECL 289, 317, 319, 328
Performance 439, 469, 559, 1068
PERFORMANCE_SCHEMA 406
Perl 305
Pfad
   absoluter 1065
   relativer 1068
Phar 364
PHP
   Array 90
   Datentypen 76
   Destruktor 151
   Einführung 71
   Funktion 156
   ganzzahlige Werte 84
   grundlegende Syntax 74
   Klasse 149
   Konstruktor 151
   Lizenz (Licence 3.0) 1063
   Methode 156
   Objekt 149
   Objekte 96
   Objektorientierung 147
   php.ini 59
   Ressourcen 98
   String 78
   Variable 74
PHP 5 18, 149, 151, 156, 187, 253, 321, 328, 505, 668, 673
PHP 5.1 292, 321, 322, 507

PHP 5.1.2   523
PHP Data Objects → PDO   607
PHP Extension and Application Repository
   → PEAR   317, 513
PHP Extension Community Library → PECL
   317
php.ini   59, 296, 329
   allow_url_fopen   296, 507, 518
   include_path   296
   register_globals   130, 499
PHP-Bereich   72
PHPDoc   101
PHPEdit   72
PHP-Editor   71
phpinfo()   138, 1029
PHPLiveX   770
PHP-Modul   29, 60
phpMyAdmin   53, 249, 381, 396, 560
pi()   85
Pipe   307, 309
Platzhalter   282, 385
Pluggable Storage Engine   491
Port   1068
port   302
Portable Object   738
POST   1068
PostgreSQL   321
pow()   938, 1029
POWER()   233, 1054
Prädikat   567
preg_grep()   312, 1029
preg_match()   311, 662, 948, 1029
preg_match_all()   312, 662, 947, 1030
preg_replace()   313, 1030
preg_split()   313, 1030
Preloader   772
Prepared Statement   253, 280, 336, 607
prev()   95
Primärschlüssel   198, 641
PRIMARY KEY   211
print   73
print_r()   92, 1030
Programmierung
   objektorientierte   254
   prozedurale   254
Programmlogik   984
Propel   915
Prüfsumme   1066
Puffer   375, 1068
Pufferüberlauf   1065

R

Race Hazard   654
RAM   1068
RAND()   280, 1055
rand()   722, 1031
Random Access Memory → RAM   1068
rawurlencode()   1031
readfile()   791
realpath()   302, 1031
Recovery   488
Red Hat   1067
Referentielle Integrität   200, 475, 480, 560
Referenz   106
REGEXP   1055
REGEXP()   311
register_shutdown_function()   647, 1031
Reguläre Ausdruck   315
Regulärer Ausdruck   303, 311, 502
Rekursion   125
Rekursive Funktion   125
Relation   198, 550
Relationstyp   550
Relativer Pfad   1068
Release Candidate   1068
Reload-Problematik   1068
REPEAT   428, 1055
Representational State Transfer   782
require()   143, 176, 369
require_once()   146, 1031
Reservierte Sonderzeichen   306
reset()   95, 943, 1031
RESIGNAL   434
Ressource   77
Reverse Engineering   248
REVOKE   380, 1055
RewriteEngine   804
ROLLBACK   477, 1055
ROUND()   233
round()   85, 1031
ROW_FORMAT   474
rsort()   92, 1031
RSS-Feed   824
RTRIM()   235, 1055
rtrim()   81, 1032
Rückgabewert   103
Rundung   85

S

Safe Mode 61
Scaffolding 992
scheme 301
Schleife 119
Schnittstelle → Interface 167
Secure Socket Layer → SSL 515
SELECT 201, 216, 257, 410, 1056
   SELECT FROM WHERE 216
   Vergleichsmöglichkeiten 220
SERIAL 231
serialize() 160
Server
   virtueller privater 38
Serverseitige Skriptsprache 28
SESSION 136
Session Fixation 521
Session Hijacking 500, 521
session_destroy() 136, 651, 657, 1032
session_id() 137, 1032
session_name() 137, 1032
session_regenerate_id() 522, 656, 1032
session_save_path() 137, 1032
session_set_save_handler() 1032
session_start() 136, 1033
Session-ID 134
SET 241, 1056
SET PASSWORD 378
set() 159
set_error_handler() 142, 700, 1033
set_state() 159
setcookie() 135, 1033
settype() 78, 1033
SGML 34
SHA1 508
SHA1() 509, 1056
sha1() 509, 1033
sha1_file() 509, 1034
SHOW 257, 401, 493, 1056
Sicherheit 499
Sicherheitskopie 243
SIGNAL 431
Simple Mail Transfer Protocol → SMTP 1069
SimpleXML 569
simplexml_load_file() 1033
simplexml_load_string() 838
Sitzung 134

Sitzungsverwaltung 646
Skriptsprache
   serverseitige 28
sleep() 159
SMTP 1069
SOAP 780
Sonderzeichen 78
   reserviertes 306
sort() 92, 357, 1034
SourceForge 45
Speicherung
   dynamische 474
   komprimierte 475
   statische 474
Sperren 478
spl_classes() 357, 1034
Spoofing 692
Spooling 1066
Sprach-Debug-Modus 733
SQL 19, 201
SQL Injection 519
SQL-Abfrage 1066
SQLite 346, 614, 1063
sqlite_array_query() 1035
sqlite_close() 1035
sqlite_error_string() 1035
sqlite_escape_string() 828
sqlite_last_error() 1036
sqlite_open() 1036
SQL-Kommandos 209
SQLSTATE 266, 332, 430
SQRT() 233, 1056
SSL 513, 515
Stack 96, 360
Standard PHP Library 356
StarOffice 1062
START TRANSACTION 477, 1057
static 173
Steuerzeichen 1069
Stoppwortliste 398, 1069
Storage Engines 200, 334, 394, 442, 469
Stored Procedure 417
str_replace() 82
STRICT_ALL_TABLES 240
stripos() 760, 943, 1034
stripslashes() 1034
strlen() 76, 761, 950, 1034
strpos() 82
strripos() 953

strstr() 82, 1034
strtolower() 943, 1035
strtotime() 294, 652, 1035
strtoupper() 1035
SUBDATE() 238, 1057
Subpartitionierung 450, 454
Subselect 223
substr() 82, 761, 947, 1036
SUBSTRING() 235, 1057
Suchanfrage
 boolesche 399
Suchfunktion 305
Suchmaschine 397
Suchmuster 305
SUM() 387, 1057
Sun Microsystems 17, 494, 496
SUSE 1067
switch-Konstrukt 117
Syntax-Highlighting 71, 81, 102, 244

T

tblName 214
TDDSG → Teledienstdatenschutzgesetz 139
Teledienstdatenschutzgesetz 139
TEMPORARY 211
TEXT 234
time() 289, 688, 1036
TIMESTAMP 236
TINYINT 229
tmpfile() 814, 1036
TO_DAYS() 1057
TO_SECONDS() 1057
toString() 159
Traits 955
Transaktion 376, 420, 436, 475
Transitive Abhängigkeit 557
Traversion 127
Trigger 435
trigger_error() 602, 1036
TRIM() 235, 1057
trim() 81, 1037
true (wahr) 87
try...catch 189
Tupel 198, 450, 1069
Type Hint 156
Typkonvertierung 78, 228, 502

U

UltraEdit 72
UML 147
Unified Modeling Language 147
Unified Modeling Language → UML 147
UNINSTALL 1057
UNION 388, 1058
UNIQUE 212
UNIX_TIMESTAMP() 240, 1058
unlink() 794, 1037
Unscharfe Suchkriterien 303
unserialize() 160
unset() 74, 159, 1037
UNSIGNED 230
Unterabfrage 221
UPDATE 222, 1058
UPDATEXML 590, 1058
Urheberrecht 1060
USE 1058
use 185
usleep() 722, 1037
UTF-8 497, 598

V

Validierung 524, 1069
VALUES 214
var_export() 161
VARCHAR 234
Variable 74, 423
 globale 1066
Verarbeitungsprinzipien
 FIFO 96
 HIFO 96
 LIFO 96
 LOFO 96
Vererbung 163
Verschlüsselung 506
 Ein-Weg- 506
 Zwei-Wege- 509, 512
Verzeichnisfunktionen 300
Verzeichnisschutz 53
vi 72
View 408
Virtueller privater Server 38
Volltextindex 397

W

Wagenrücklauf 79
wakeup() 159
WAMP 44
Wartung 104, 434
Web Cache Poisoning 523
Webbrowser 27
Webhosting 37
Webserver 26
Wert
 boolescher 77
 ganzzahliger 77
WHERE 217
WHILE 429, 1058
while 119
Whitelist 523
Wiederholung 119
Wiederholungsgruppe 555
Wiederverwendung 104
Wiki 844
Workaround 1069
WSDL 781

X

XAMPP 44
 Control Panel 49
 Installation 45
 Sicherheitslücken 52

XAMPP Lite 48
XHTML 73
XML 73, 563, 1069
 Namenskonventionen 572
XML Schema 197
XPath 565
XQuery 197, 581
XSLT 565
XtraDB 402

Z

Zeichenkette 77, 303, 307
Zeichensatz 472
Zeiger 95, 269, 346, 353
Zeitstempel 236, 289, 1069
Zend Engine 18
Zend Studio 72
ZEROFILL 230
Zugriffsmodifizierer
 private 153
 protected 153
 public 152
Zuweisung 74
 pass-by-reference 75, 107
 pass-by-value 75, 106

- Design Patterns, PHPUnit, XDebug, Subversion, CouchDB

- Sicherheit, Errorhandling, Debugging

- Zend Studio, jQuery, Frameworks, MVC-Architektur

Carsten Möhrke

Besser PHP programmieren
Handbuch professioneller PHP-Techniken

Besser PHP programmieren bietet Know-how und Grundlagen zur Theorie des Programmierens und Lösungsansätze aus der Praxis. Darunter finden sich viele grundsätzliche Informationen zum Umgang mit PHP.

880 S., 4. Auflage 2012, mit DVD, 39,90 Euro
ISBN 978-3-8362-1741-5

www.galileocomputing.de/2831

Frank Bongers, Maximilian Vollendorf

jQuery
Das Praxisbuch

Mit jQuery kann man zaubern. Auch JavaScript-Muffel kommen mit dem Framework schnell zu Ergebnissen, die sich sehen lassen können. Dieses Buch zeigt Ihnen, wie Sie die Funktionen von jQuery effektiv auf Ihren Webseiten einsetzen können. Inkl. Entwicklung mobiler Anwendungen mit jQuery Mobile

730 S., 2. Auflage 2011, mit DVD,
34,90 Euro
ISBN 978-3-8362-1810-8

www.galileocomputing.de/2930

Sascha Kersken

Apache 2.4
Das umfassende Handbuch

Das deutschsprachige Standardwerk zu Apache! Neben den Grundlagen der Konfiguration und Anwendung werden alle Optionen umfassend dargestellt. Auch zu allen professionellen Themen und Neuerungen von Apache 2 wie Multiprotokollsupport, Load Balancing, Entwicklung von eigenen Modulen, CGI, PHP und Tomcat finden Sie Hilfe.

1.024 S., 4. Auflage 2012, mit DVD,
49,90 Euro
ISBN 978-3-8362-1777-4

www.galileocomputing.de/2632

Das gesamte Buchprogramm: www.galileocomputing.de

- Einstieg, Praxis, Referenz

- Inkl. HTML5, JavaScript-Frameworks, jQuery, OOP

- Für Einsteiger, Fortgeschrittene und Profis

Christian Wenz

JavaScript
Das umfassende Handbuch

Alle wichtigen Webtechnologien greifen auf HTML5, CSS3 und eben JavaScript zurück. Auch wenn man JavaScript-Frameworks wie jQuery einsetzt, ist es nötig, JavaScript-Grundlagen zu beherrschen. Ein umfassender Einstieg in JavaScript und viele praktische Beispiele, das zeichnet dieses Handbuch aus! So lernen Sie JavaScript von Grund auf. Nach der Lektüre werden Sie JavaScript verstehen und sicher anwenden können.

ca. 600 S., mit DVD, 39,90 Euro
ISBN 978-3-8362-1979-2, Januar 2013

www.galileocomputing.de/3209

Galileo Press

Peter Kröner

Video-Training: HTML5 und CSS3

Die neuen Webstandards im praktischen Einsatz

Peter Kröner zeigt Ihnen in diesem Video-Training, wie Sie HTML5 und CSS3 schon jetzt für Ihre Projekte einsetzen, um standardkonforme und zukunftssichere Webseiten zu entwickeln. Lernen Sie live am Bildschirm vom HTML5-Profi und Experten für Webstandards!

DVD, Windows, Mac und Linux,
9 Stunden Spielzeit, 39,90 Euro
ISBN 978-3-8362-1831-3

www.galileocomputing.de/2976

Sebastian Erlhofer

Suchmaschinen-Optimierung

Das umfassende Handbuch

Das bewährte Standardwerk von Sebastian Erlhofer in aktueller Auflage: Alles zu den Grundlagen mit Erklärungen zu den Funktionsweisen von Suchmaschinen und praktischen Tipps zur Ranking-Optimierung. Eine in vielen Auflagen bewährte Mischung aus Theorie und Praxis - aktuell zu den neuen Google-Algorithmen und SEO-Trends

734 S., 6. Auflage, 39,90 Euro
ISBN 978-3-8362-1898-6

www.galileocomputing.de/3077

Leseprobe im Web!

- Geodaten, Videos, Sound, Grafiken, Bewegungssensoren u.v.m.

- Arbeit mit jQuery Mobile, Sencha, PhoneGap

- Inkl. Entwicklung von Tablet-Magazinen

Florian Franke, Johannes Ippen

Apps mit HTML5 und CSS3
für iPad, iPhone und Android

Entdecken Sie die Möglichkeiten von HTML5 und CSS3 für die Entwicklung von modernen Apps. Schnell erhalten Sie ein Gefühl für die technischen und gestalterischen Möglichkeiten einer mobilen Anwendung. Sie erstellen erste Apps, gestalten Zeitschriften und Bücher für iPad und Co. und nutzen alle Möglichkeiten der mobilen Geräte. Inkl. Ausbau zu nativen Programmen und dem Einsatz von JavaScript-Frameworks.

441 S., 2012, mit DVD, 29,90 Euro
ISBN 978-3-8362-1848-1

www.galileocomputing.de/3005

»Die Autoren haben mit ihrem Buch ganze Arbeit geleistet. Der Leser erhält eine umfassende,Abhandlung zu dem spannenden Thema WebApps. «
der webdesigner

Galileo Press

Ingo Chao, Corina Rudel

Fortgeschrittene CSS-Techniken

Inkl. Debugging und Performance-Optimierung

In drei umfangreichen Teilen zeigen Ihnen die beiden Autoren Corina Rudel und Ingo Chao die Vielfalt der CSS-Prinzipien anhand von vielen Kurzbeispielen, stellen kompetent den Umgang mit Inkonsistenzen in modernen Browsern dar und vermitteln professionelle Debugging-Techniken.

454 S., 3. Auflage 2012, komplett in Farbe, mit DVD, 44,90 Euro
ISBN 978-3-8362-1695-1

www.galileocomputing.de/2511

Heiko Stiegert

Modernes Webdesign mit CSS

Schritt für Schritt zur perfekten Website

In ausführlichen Praxisworkshops zeigt Ihnen Heiko Stiegert, wie Sie moderne und professionelle Webdesigns standardkonform mit CSS realisieren. Attraktive Beispiele demonstrieren dazu sowohl die Gestaltung einzelner Seitenelemente als auch das Layout ganzer Websites.

444 S., 2011, komplett in Farbe, mit DVD, 39,90 Euro
ISBN 978-3-8362-1666-1

www.galileodesign.de/2455

Begleiten Sie uns: www.facebook.com/GalileoPressVerlag

In unserem Webshop finden Sie unser aktuelles
Programm mit ausführlichen Informationen,
umfassenden Leseproben, kostenlosen Video-Lektionen –
und dazu die Möglichkeit der Volltextsuche in allen Büchern.

www.galileocomputing.de

Galileo Computing

Wissen, wie's geht.